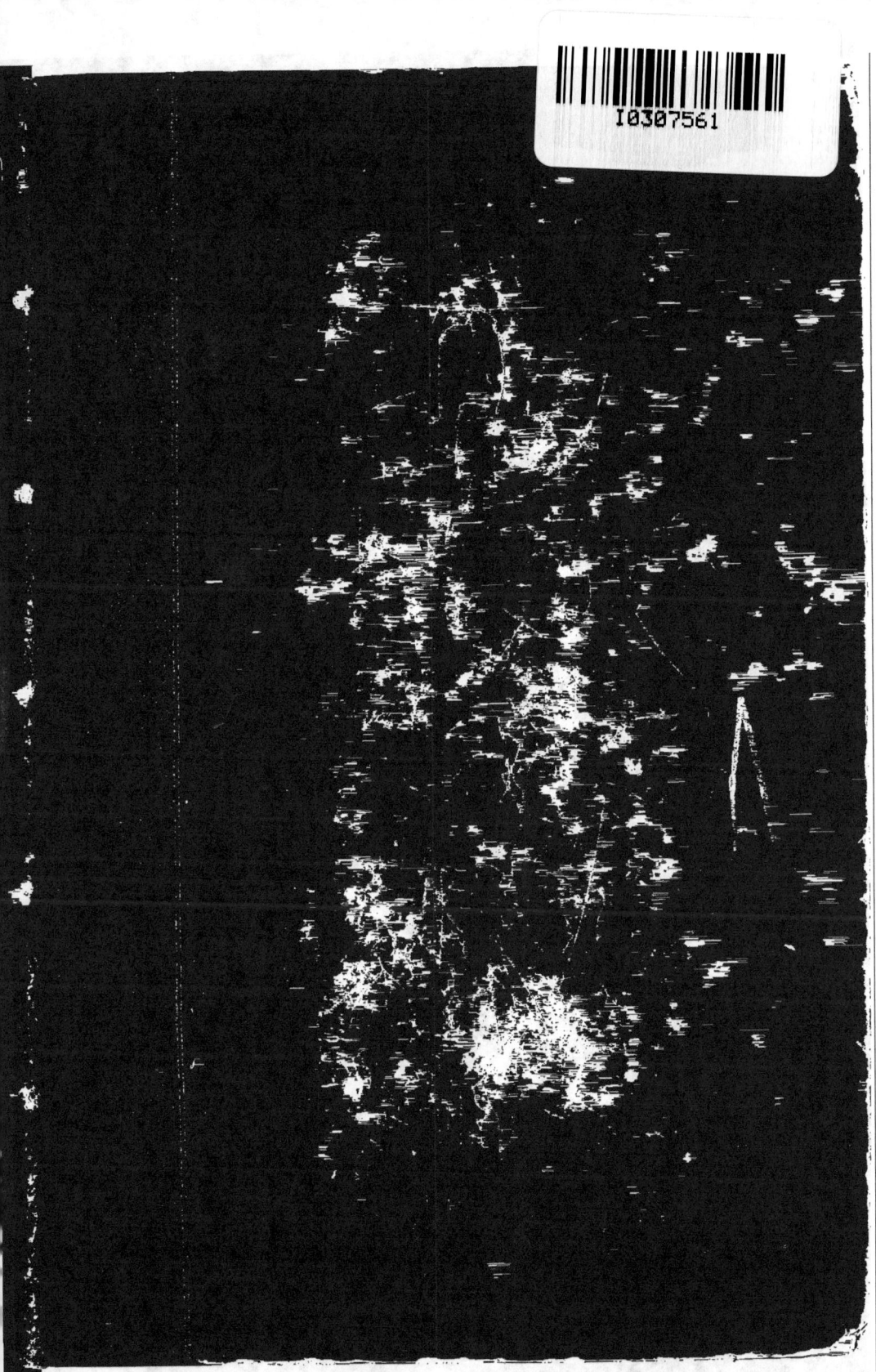

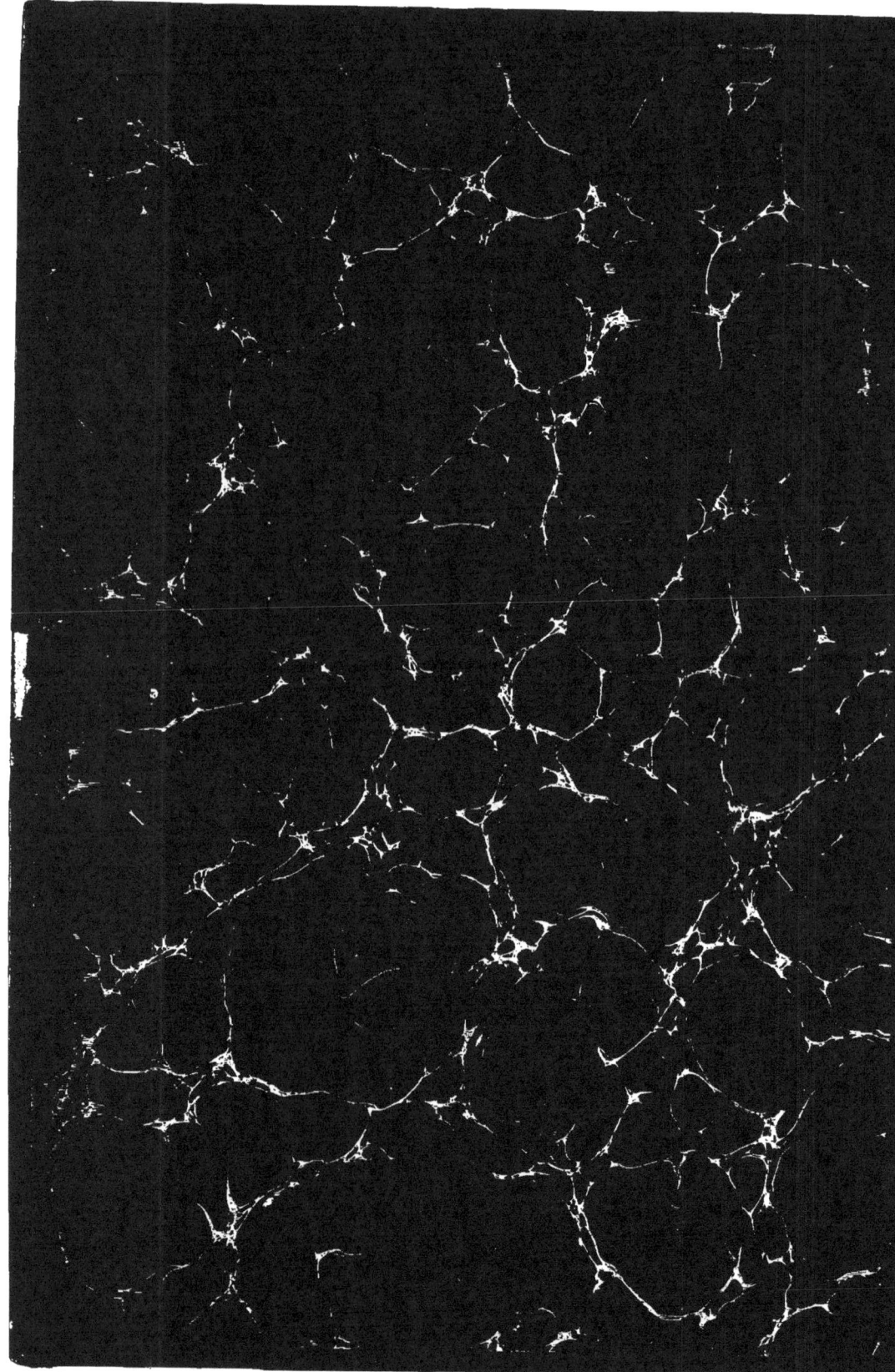

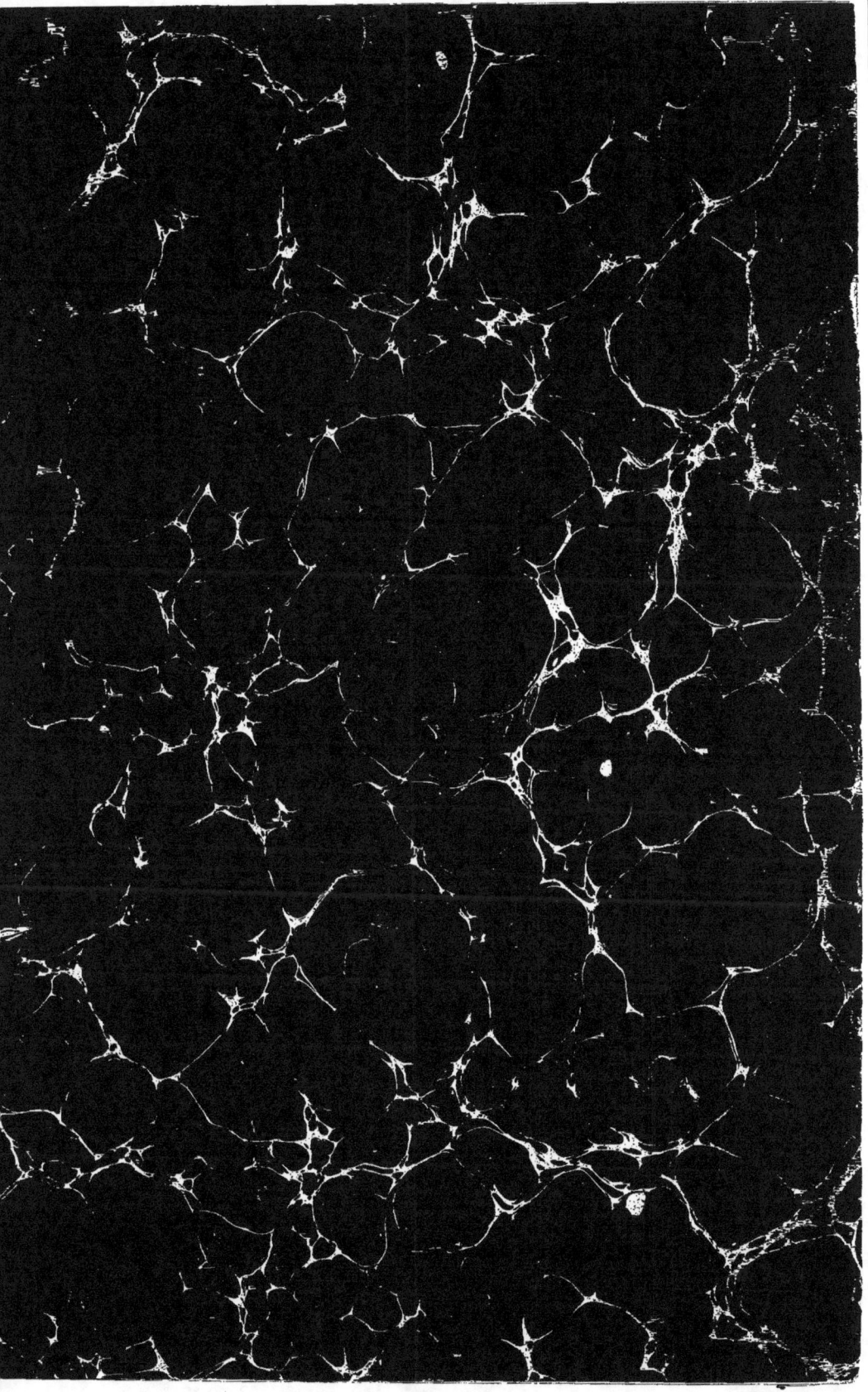

OEUVRES COMPLÈTES

DE SAINT AUGUSTIN

ÉVÊQUE D'HIPPONE

TABLE DES OUVRAGES COMPRIS DANS LE TOME XXIV

La Cité de Dieu (Livre ix à xx).

Traduits par M. H. BARREAU, docteur ès-lettres.

Saint-Amand (Cher). — Imp. de Destenay.

ŒUVRES COMPLÈTES

DE

SAINT AUGUSTIN

ÉVÊQUE D'HIPPONE

TRADUITES EN FRANÇAIS ET ANNOTÉES

PAR MM.

PÉRONNE
Chanoine titulaire de Soissons, ancien professeur
d'Écriture sainte et d'éloquence sacrée.

ÉCALLE
Professeur au grand séminaire de Troyes, traducteur
de la *Somme contre les Gentils*.

VINCENT
Archiprêtre de Vervins.

CHARPENTIER
Doct. en théol., trad. des *Œuvres de S. Bernard*.

H. BARREAU
Docteur ès-lettres et en philosophie, chevalier de plusieurs ordres.

renfermant

LE TEXTE LATIN ET LES NOTES DE L'ÉDITION DES BÉNÉDICTINS

TOME VINGT-QUATRIÈME

LA CITÉ DE DIEU (SUITE).

PARIS

LIBRAIRIE DE LOUIS VIVÈS, ÉDITEUR

RUE DELAMBRE, 13

1873

DE
LA CITÉ DE DIEU
(SUITE)

LIVRE NEUVIÈME

Après avoir montré dans le livre précédent qu'il fallait rejeter le culte des démons, qui eux-mêmes par des preuves multipliées, se révèlent comme des esprits mauvais; saint Augustin, dans ce livre, s'adresse à ceux qui établissent une distinction entre les démons, disant que les uns sont bons et les autres méchants. Il établit que cette différence n'existe nullement, et démontre qu'on ne saurait attribuer à aucun d'eux, mais au Christ seul, le pouvoir de remplir les fonctions de médiateur entre Dieu et les hommes.

CHAPITRE PREMIER.

Récapitulation du livre précédent; sujet qu'on doit traiter dans celui-ci.

Quelques-uns (parmi les philosophes) ont cru qu'il y avait des divinités bonnes et des divinités mauvaises; d'autres, ayant meilleure opinion des dieux, ont pensé que ce serait manquer à l'honneur et au respect qu'on leur doit, si l'on affirmait que parmi eux il s'en trouve de mauvais. Or, ceux qui ont prétendu que certains dieux étaient bons, quelques autres, méchants, ont aussi donné aux démons le nom de dieux; parfois cependant, mais plus rarement, ils ont appelé les dieux démons. Toutefois ils conviennent que Homère lui-même (1) a appelé démon ce Jupiter, qu'ils considèrent comme le roi et le chef de tous les autres. Quant à ceux qui prétendent que les dieux sont tous bons, et d'une bonté bien supérieure à celle des hommes les meilleurs, certains faits reprochés aux démons les émeuvent avec raison. Ils ne peuvent nier ces faits, d'un autre côté, ne voulant pas les attribuer à des divinités qui, selon eux, sont

(1) Plutarque, Livre sur la Cessation des Oracles.

DE CIVITATE DEI
(SEQUITUR)

LIBER NONUS

Postquam dixit in superiore libro de abjiciendo dæmonum cultu, quippe qui mali spiritus se ipsi prodant multis argumentis; in isto jam libro iis occurrit Augustinus, qui dæmonum differentiam asserunt, aliorum malorum, bonorum, aliorum; qua ipse explosa differentia, probat nulli omnino dæmoni, sed uni Christo munus mediatoris hominum ad beatitudinem posse competere.

CAPUT PRIMUM.

Ad quem articulum disputatio præmissa pervenerit, et quid discutiendum sit de residua quæstione.

Et bonos et malos deos esse quidam opinati sunt: quidam vero de diis meliora sentientes, tantum eis honoris laudisque tribuerunt, ut nullum deorum malum credere auderent. Sed illi qui deos quosdam bonos, quosdam malos esse dixerunt, dæmones quoque appellaverunt nomine deorum: quanquam et deos, sed rarius, nomine dæmonum; ita ut ipsum Jovem, quem volunt esse regem ac principem ceterorum, ab Homero fateantur dæmonem nuncupatum. Hi autem, qui omnes deos nonnisi bonos esse asserunt, et longe præstantiores eis hominibus qui boni perhibentur, merito moventur dæmonum factis, quæ negare non possunt, eaque nullo modo a diis, quos omnes bonos volunt, committi posse existimantes, differentiam inter deos et dæmones adhibere coguntur; ut quidquid eis merito displicet in operibus vel affectibus pravis, quibus vim suam manifestant occulti spiritus, id credant esse dæmonum, non

toutes bonnes, ils sont forcés d'admettre une différence entre les dieux et les démons. Il suit de là, qu'ils attribuent, non aux dieux, mais aux démons, tout ce qui leur paraît justement répréhensible dans les actes, ou dans les tendances mauvaises, par lesquelles les esprits invisibles manifestent leur puissance. Mais comme ils font de ces mêmes démons des médiateurs entre les dieux et les hommes, de telle sorte, que nul des dieux ne communique avec ces derniers, pour écouter leurs prières ou exaucer leurs demandes; d'un autre côté, cette opinion étant celle des Platoniciens, les principaux et les plus illustres des philosophes, j'ai dû examiner avec eux, comme étant les adversaires les plus sérieux, cette question à savoir : si le culte de plusieurs dieux était utile pour obtenir cette vie heureuse, qui doit suivre la mort. Aussi, dans le livre précédent, nous avons recherché si véritablement, ils pouvaient être les protecteurs, les avocats des hommes vertueux auprès des dieux bons, ces démons, qui font leurs délices de choses que les hommes sages et honnêtes ont en horreur et condamnent ; tels que les sacriléges, les impuretés, les crimes, les aventures attribuées par les poètes, non pas à des hommes quelconques, mais à ces dieux eux-mêmes, à ces démons enfin, qui se complaisent dans les pratiques de la magie et ses coupables inventions ; j'ai montré que pareille chose était impossible.

CHAPITRE II.

Si parmi les démons, auxquels les dieux sont supérieurs, il s'en rencontre de bons, qui puissent aider l'homme à parvenir au véritable bonheur.

Ce livre donc, comme je l'ai promis à la fin du précédent, traitera de la différence, (s'ils veulent bien en admettre), non pas entre les dieux, qui selon eux, sont tous bons, non pas même entre les dieux et les démons, puisque d'après leur doctrine, les premiers sont à une immense distance des hommes, tandis qu'ils établissent les seconds médiateurs entre les dieux et les hommes; mais, de la différence entre les démons eux-mêmes. C'est la question qu'il nous faut maintenant examiner. Plusieurs, en effet, prétendent que parmi les démons, les uns sont bons, les autres mauvais; que ce soit l'opinion des Platoniciens, ou celle de n'importe quels autres philosophes, ce point demande à être étudié sérieusement. Il ne faut pas, en effet, que personne, égaré et séduit par les ruses des esprits mauvais, sous prétexte de se concilier les dieux, qu'il croit tous être bons et auxquels il désire être uni après sa mort, s'imagine devoir recourir à ces bons démons comme à des médiateurs, et qu'ainsi il s'éloigne du Dieu véritable, de qui, avec qui, et en qui seul l'âme humaine, c'est-à-dire l'âme rai-

deorum. Sed quia eosdem dæmones inter homines et deos ita medios constitutos putant, tanquam nullus deus homini misceatur, ut hinc perferant desiderata, inde referant impetrata, atque hoc platonici præcipui philosophorum ac nobilissimi sentiunt, cum quibus, velut cum excellentioribus, placuit istam examinare quæstionem, utrum cultus plurimorum deorum prosit ad consequendam vitam beatam, quæ post mortem futura est : libro superiore quæsivimus, quo pacto dæmones, qui talibus gaudent, qualia boni et prudentes homines aversantur et damnant, id est sacrilega, flagitiosa, facinorosa, non de quolibet homine, sed de ipsis diis figmenta poetarum, et magicarum artium sceleratam puniendamque violentiam, possint quasi propinquiores et amiciores diis bonis conciliare homines bonos; et hoc nulla ratione posse, compertum est.

CAPUT II.

An inter dæmones, quibus diis superiores sunt, sit aliqua pars bonorum, quorum præsidio ad veram beatitudinem possit humana anima pervenire.

Proinde hic liber, sicut in illius fine promisimus, disputationem continere debebit de differentia, (si quam volunt esse), non deorum inter se, quos omnes bonos dicunt; nec de differentia deorum et dæmonum, quorum illos ab hominibus longe lateque sejungunt, istos inter deos et homines collocant; sed de differentia ipsorum dæmonum, quod ad præsentem pertinet quæstionem. Apud plerosque enim usitatum est dici alios bonos, alios malos dæmones, quæ sive sit etiam platonicorum, sive quorumlibet sententia, nequaquam ejus est negligenda discussio, ne quisquam velut dæmones bonos sequendos sibi esse arbitretur, per quos tanquam medios, diis quos

sonnable et intelligente, peut obtenir sa béatitude.

CHAPITRE III.

Ce que dit des démons Apulée; il leur attribue l'intelligence sans leur accorder aucune vertu.

Quelle différence y a-t-il donc entre les bons et les mauvais démons? Apulée, philosophe platonicien, en parlant d'une manière générale, s'étend longuement sur leurs corps aériens; mais il ne dit pas un seul mot des qualités de l'âme qu'ils devraient posséder s'ils étaient réellement bons! Il a gardé le silence sur ce qui devrait faire leur bonheur; mais il n'a pu dissimuler ce qui les rend misérables. Il avoue que leur âme, à laquelle il accorde l'intelligence, non-seulement n'est pas douée de la vertu nécessaire pour résister toujours aux penchants déraisonnables de l'esprit, mais que cette âme, comme celle des hommes insensés, est en butte, d'une certaine manière, aux troubles et aux agitations. Voici ce qu'il écrit à ce sujet : « C'est, dit-il, de cette sorte de démons que les poètes veulent parler quand, sans s'éloigner beaucoup de la vérité, ils prétendent que les dieux protecteurs ou amis de quelques hommes, élèvent et favorisent les uns, affligent et persécutent les autres. Ainsi, pitié, colère, tristesse, joie, ils éprouvent toutes les passions, qui agitent les hommes et soulèvent dans leurs âmes des orages et des tempêtes; troubles et agitations, qui ne sauraient atteindre la paix profonde des divinités célestes. » (*Livre du démon de Socrate*.) Certes, ces paroles sont claires, il ne s'agit pas ici de la partie inférieure de l'âme; non, c'est l'esprit même de ces démons, l'esprit, par lequel ils sont des créatures raisonnables, que Apulée nous montre troublé par les passions comme une mer orageuse. D'où il suit qu'on ne saurait pas même les comparer à des hommes sages; ceux-ci, exposés par la faiblesse de leur nature à ces troubles de l'esprit, savent, même dans les conditions de cette vie, résister avec courage; et jamais ces agitations ne les portent à approuver ou à faire ce qui les détournerait du chemin de la sagesse et des règles de la justice. Ces démons ressemblent donc, sinon par leurs corps, du moins par leurs mœurs, aux hommes insensés et injustes. (Je devrais dire qu'ils sont plus mauvais, à cause de leur malice invétérée et incurable malgré leur châtiment). Leur esprit balloté par la tempête, selon le mot du philosophe, ne se rattache par aucune partie à la vérité et à la vertu, seuls ancres qui puis-

---

omnes bonos credit, dum conciliari affectat et studet, ut quasi cum eis possit esse post mortem, irretitus malignorum spirituum deceptusque fallacia, longe aberret a vero Deo, cum quo solo, et in quo solo, et de quo solo, anima humana, id est rationalis et intellectualis, beata est.

CAPUT III.

Quæ dæmonibus Apuleius adscribat; quibus cum rationem non subtrahat, nihil virtutis assignat.

Quæ igitur est differentia dæmonum bonorum et malorum? quandoquidem platonicus Apuleius, de his universaliter disserens, et tam multa loquens de aeriis eorum corporibus, de virtutibus tacuit animorum, quibus essent præditi, si boni essent. Tacuit ergo beatitudinis causam; indicium vero miseriæ tacere non potuit, confitens eorum mentem, qua rationales esse perhibuit, non saltem imbutam munitamque virtute, passionibus animi irrationabilibus nequaquam cedere, sed ipsam quoque, sicut stultarum mentium mos est, procellosis quodammodo perturbationibus agitari. Verba namque ejus de hac re ista sunt : « Ex hoc ferme dæmonum numero, » inquit, « poetæ solent, haudquaquam procul a veritate, osores et amatores quorumdam hominum deos fingere; hos prosperare et evehere, illos contra adversari et affligere. Igitur et misereri, et indignari, et angi, et lætari, omnemque humani animi faciem pati, simili motu cordis et salo, mentis per omnes cogitationum æstus fluctuare. Quæ omnes turbellæ tempestatesque procul a deorum cœlestium tranquillitate exsulant. » (*De deo Socratis*.) Num est in his verbis ulla dubitatio, quod non animorum aliquas inferiores partes, sed ipsas dæmonum mentes, quibus rationalia sunt animalia, velut procellosum salum dixit passionum tempestate turbari? ut ne hominibus quidem sapientibus comparandi sint, qui hujusmodi perturbationibus animorum, a quibus humana non est immunis infirmitas, etiam cum eas hujus vitæ conditione patiuntur, mente imperturbata resistunt, non eis cedentes ad aliquid approbandum vel perpetrandum, quod exorbitet ab itinere sapientiæ et lege justitiæ : sed stultis mortalibus et injustis, non corporibus, sed moribus similes, (ut non dicam deteriores, eo quo vetustiores et debita pœna insanabiles), ipsius quoque mentis, ut iste appellavit, salo fluctuant; nec in veritate atque virtute, qua turbulentis

sent assurer contre les orages des passions mauvaises.

CHAPITRE IV.

Sentiments des Péripatéticiens et des Stoïciens au sujet des passions qui agitent l'âme.

1. Il y a deux opinions parmi les philosophes, au sujet de ces mouvements de l'âme que les Grecs appellent : πάθη, mais que les Latins nomment, les uns comme Cicéron « perturbations, » d'autres « affections, » d'autres enfin, « passions, »comme Apulée, qui se rapproche davantage du grec. Certains philosophes disent que ces «perturbations, affections, passions,» (comme on voudra les nommer), atteignent même l'âme du sage; mais que chez lui elles sont modérées, soumises à la raison, que l'esprit leur commande et sait les contenir dans de justes limites. Ceux qui pensent ainsi, ce sont les Platoniciens et les disciples d'Aristote, ce dernier, du reste, fut disciple de Platon et auteur de l'école péripatéticienne. D'autres, comme les Stoïciens, ne veulent point que ces passions aient aucun accès dans l'âme du sage. Cicéron, dans son livre : *De finibus bonorum et malorum*, montre qu'entre ces derniers et les disciples de Platon ou d'Aristote la différence est plutôt dans les mots que dans les choses. En effet, les Stoïciens ne veulent pas qu'on appelle « biens » *bona*, mais « avantages » *commoda*, tout ce qui est extérieur et regarde le corps; suivant eux il n'y a d'autres biens que la vertu, c'est-à-dire, l'art de bien vivre qui ne réside que dans l'âme. Les premiers se conformant à l'usage, appellent simplement biens, même les avantages naturels; ils les considèrent comme frêles et de peu d'importance, comparés à la vertu, qui nous apprend à bien vivre. Il suit de là que soit qu'on appelle ces choses extérieures « biens » ou « avantages », de chaque côté on en a la même opinion ; et sur ce point, les Stoïciens n'ont que le privilége d'avoir raffiné sur les mots. Il me semble, de plus, que lorsqu'on demande si l'âme du sage est exposée aux passions, ou si elle en est exempte, les Stoïciens encore font une querelle plutôt sur les mots que sur les choses. Je pense qu'à ce sujet également, ce qui les sépare des disciples de Platon et d'Aristote, c'est la manière de s'exprimer et non le fond des choses.

2. Laissant de côté les autres preuves, et ne voulant pas être long, je citerai un seul fait pour démontrer ce que j'avance. Aulu-Gelle, écrivain élégant, facile et de connaissances va-

---

et pravis affectionibus repugnatur, ex ulla animi parte consistunt.

CAPUT IV.

De perturbationibus quæ animo accidunt, quæ sit Peripateticorum Stoicorumque sententia.

1. Duæ sunt sententiæ philosophorum, de his animi motibus, quæ Græci πάθη, nostri autem quidam, sicut Cicero, perturbationes, quidam affectiones, vel affectus, quidam vero, sicut iste de græco expressius, passiones vocant. Has ergo perturbationes, sive affectiones, sive passiones quidam philosophi dicunt etiam in sapientem cadere, sed moderatas rationique subjectas, ut eis leges quodammodo, quibus ad necessarium redigantur modum, dominatio mentis imponat. Hoc qui sentiunt, platonici sunt sive aristotelici, cum Aristoteles discipulus Platonis fuerit, qui sectam peripateticam condidit. Aliis autem, sicut stoicis, cadere ullas omnino hujuscemodi passiones in sapientem non placet. Hos autem, id est stoicos, Cicero in libris : « *De Finibus bonorum et malorum*. » verbis magis quam rebus adversus platonicos seu peripateticos certare convincit : quandoquidem stoici nolunt bona appellare, sed commoda corporis et externa; eo quod nullum bonum volunt esse hominis præter virtutem, tanquam artem bene vivendi, quæ nonnisi in animo est. Hæc autem isti simpliciter et ex communi loquendi consuetudine appellant bona; sed in comparatione virtutis, qua recte vivitur, parva et exigua. Ex quo fit, ut ab utrisque quodlibet vocentur, seu bona, seu commoda, pari tamen æstimatione pensentur, nec in hac quæstione stoici delectentur, nisi novitate verborum. Videtur ergo mihi etiam in hoc, ubi quæritur utrum accidant sapienti passiones animi, an ab eis sit prorsus alienus, de verbis eos potius quam de rebus facere controversiam. Nam et ipsos nihil hinc aliud quam platonicos et peripateticos sentire existimo, quantum ad vim rerum attinet, non ad vocabulorum sonum.

2. Ut enim alia omittam quibus id ostendam, ne longum faciam, aliquid unum quod sit evidentissimum dicam. In libris quibus titulus est « *Noctium Atticarum*, » scribit Agellius (a), vir elegantissimi eloquii, et multæ ac facundæ scientiæ, se navigasse aliquando cum quodam philosopho nobili stoico. Is

---

(a) Sic Vind. et Mss. et Am. Er. et Lov. *A. Gellius*.

riées, raconte, dans ses *Nuits attiques*, (Livre XIX, chapitre I.), un voyage qu'il fit sur mer avec un célèbre stoïcien. Ce philosophe, comme le dit longuement Aulu-Gelle, dont j'abrége le récit, fut saisi de frayeur et pâlit en voyant, par un temps affreux, le navire balloté par une mer dangereuse. Sa frayeur fut remarquée par ceux qui étaient présents; quoique étant eux-mêmes en danger, ils contemplaient avec curiosité, quelle contenance garderait le philosophe dans ce péril. La tempête passée, chacun se trouvant en sûreté, les conversations et même les plaisanteries recommencèrent. Un riche Asiatique, qui se trouvait du nombre des passagers, s'adresse au philosophe, le raille de sa terreur et de son effroi pendant la tempête, tandis que lui-même n'avait témoigné aucune émotion au milieu du danger dont ils avaient été menacés. Ce philosophe lui fit la réponse qu'Aristippe, disciple de Socrate, avait faite à un homme semblable, dans une circonstance analogue : à savoir qu'un misérable bouffon avait raison de ne pas craindre pour sa vie, mais que pour lui, il avait dû trembler pour la vie d'Aristippe. A cette réponse, le riche fut obligé de se taire ; alors Aulu-Gelle demanda au philosophe, non pour le plaisanter, mais pour s'instruire, quelle avait été la cause de sa frayeur. Celui-ci, pour éclairer un homme qui semblait avoir un vif désir d'apprendre, tira aussitôt de sa cassette un livre du stoïcien Epictète, dans lequel étaient renfermées des maximes conformes aux préceptes de Zénon, de Chrysippe qui, comme on le sait, sont les chefs de l'école stoïcienne. Aulu-Gelle dit avoir lu dans ce livre que, selon ces philosophes, les impressions de l'âme, qu'ils appellent *Phantasias*, causées en dehors de la volonté par des accidents terribles ou effrayants, doivent nécessairement produire, même chez le sage, une certaine émotion ; en sorte qu'un frémissement de crainte ou de tristesse peut prévenir l'assentiment de l'âme et de la raison ; mais que cependant, l'esprit ne considère point ces accidents comme un mal, qu'il répugne à ces impressions et refuse d'y consentir. Selon eux, ce qui est au pouvoir du sage, ce qui établit une différence entre le philosophe et celui qui ne l'est pas, c'est que le dernier laisse vaincre et entraîner son esprit par ces impressions, tandis que le premier, contraint de les subir par nécessité, reste véritablement et fermement convaincu de ce qu'il doit raisonnablement fuir ou rechercher. J'ai raconté comme je l'ai pu, moins élégamment qu'Aulu-Gelle, mais d'une manière plus courte et plus claire, à mon avis, ce qu'il dit avoir lu dans le livre d'Épictète, qui lui-même avait exposé et reproduit les sentiments des Stoïciens.

philosophus, sicut latius et uberius, quod ego breviter attingam, narrat Agellius, cum illud navigium horribili cœlo et mari periculosissime jactaretur, vi timoris expalluit. (Lib. XIX, Cap. I.) Id animadversum est ab eis qui aderant, quamvis in mortis vicinia, curiosissime adtentis, utrumne philosophus animo turbaretur. Deinde tempestate transacta, mox ut securitas præbuit colloquendi vel etiam garriendi locum, quidam ex his, quos navis illa portabat, dives luxuriosus Asiaticus philosophum compellat, illudens quod extimuisset atque palluisset, cum ipse mansisset intrepidus in eo quod impendebat exitio. At ille Aristippi Socratici responsum retulit, qui cum in re simili eadem verba ab homine simili audisset, respondit illum pro anima nequissimi nebulonis merito non fuisse sollicitum, se autem pro Aristippi anima timere debuisse. Hac illo divite responsione depulso, postea quæsivit Agellius a philosopho non exagitandi animo, sed discendi, quænam illa ratio esset pavoris sui. Qui ut doceret hominem sciendi studio naviter accensum, protulit statim de sarcinula sua Stoici Epicteti librum, in quo ea scripta essent, quæ congruerint decretis Zenonis et Chrysippi, quos fuisse Stoicorum principes novimus. In eo libro se legisse dicit Agellius, hoc Stoicis placuisse, quod animi visa, quas appellant phantasias, nec in potestate est utrum et quando incidant animo, cum (a) veniunt ex terribilibus et formidabilibus rebus, necesse esse etiam sapientis animum moveant ; ita ut paulisper vel pavescat metu, vel tristitia contrahatur, tamquam his passionibus prævenientibus mentis et rationis officium : nec ideo tamen in mente fieri opinionem mali, nec approbari ista eisque consentiri. Hoc enim esse volunt in potestate, idque interesse censent inter animum sapientis et stulti, quod stulti animus eisdem passionibus cedit, atque accommodat mentis assensum ; sapientis autem, quamvis eas necessitate patiatur, retinet tamen de his quæ appetere vel fugere rationabiliter debet, veram et stabilem inconcussa mente sententiam. Hæc ut potui, non quidem commodius Agellio, sed certe brevius, et, ut puto, planius exposui, quæ ille

(a) Sic plerique Mss. At editi, *cum veniant.*

3. S'il en est ainsi, il n'y a point ou presque point de différence entre le sentiment des Stoïciens et celui des autres philosophes, au sujet des passions et des troubles de l'âme. De part et d'autre, on prétend qu'elles ne doivent point dominer l'esprit et la raison du sage. Et si les Stoïciens disent que le sage n'y est pas soumis, c'est peut-être parce que ces passions ne sauraient ni obscurcir ni souiller cette qualité, par laquelle il est réellement sage. Son esprit peut en subir l'impression, sans que, néanmoins, la sérénité de son âme soit troublée par ces choses, qu'ils appellent avantages ou désavantages, ne voulant pas leur donner le nom de biens ou de maux. Certes, si le philosophe dont parle Aulu-Gelle n'eût point estimé ce que le naufrage allait lui enlever, c'est-à-dire cette vie et la conservation de son corps, le péril ne lui eût point inspiré une telle crainte et la pâleur de son visage n'aurait pas trahi son effroi. Il pouvait cependant, tout en éprouvant cette émotion, rester ferme dans sa conviction, que cette vie, que la conservation de son corps, menacées par cette épouvantable tempête, n'étaient pas des biens rendant, comme la justice, bons ceux qui les possèdent. Qu'ils refusent d'appeler ces choses biens, et ne consentent à voir en elles que des avantages, c'est simplement une question de mots. Qu'importe, en effet, qu'on les nomme avec plus de précision, avantages que biens, si le stoïcien n'est pas moins troublé et effrayé que le péripatéticien, lorsqu'il s'agit de les perdre; ils ne leur donnent pas le même nom, mais tous deux ne les estiment-ils pas également ? Sans doute, tous deux conviennent que, s'ils étaient contraints de commettre un crime ou une action honteuse pour conserver ces biens ou ces avantages, ils aimeraient mieux sacrifier ce qui n'intéresse que la vie ou la santé du corps, que de faire une chose opposée à la justice. L'âme, ainsi affermie dans ce sentiment, ne permet pas que ces émotions prévalent contre sa raison, encore qu'elles puissent se produire dans la partie inférieure d'elle-même ; il y a plus, elle les domine, elle les repousse, et en leur résistant, elle affirme en elle le règne de la vertu. C'est ainsi que Virgile nous montre Énée, quand il dit : En vain ses larmes coulent, son âme demeure inébranlable. (*Énéid.* Liv. IV.)

CHAPITRE V.

Les passions qui peuvent affecter l'âme des chrétiens, ne les entraînent pas au vice, mais leur fournissent l'occasion de pratiquer la vertu.

Il n'est pas nécessaire de traiter ici longue-

---

se in Epicteti libro legisse commemorat, cum ex decretis Stoicorum dixisse atque sensisse.

3. Quæ si ita sunt, aut nihil, aut pene nihil distat inter Stoicorum aliorumque philosophorum opinionem de passionibus et perturbationibus animorum : utrique enim mentem rationemque sapientis ab earum dominatione defendunt. Et ideo fortasse dicunt eas in sapientem non cadere Stoici, quia nequaquam ejus sapientiam, qua utique sapiens est, ullo errore obnubilant, aut labe subvertunt. Accidunt autem animo sapientis, salva serenitate sapientiæ, propter illa quæ commoda vel incommoda appellant, quamvis ea nolint dicere bona vel mala. Nam profecto si nihil penderet ex re illa philosophus, quas amissurum se naufragio sentiebat, sicuti est vita ista salusque corporis ; non ita illud periculum perhorresceret, ut palloris etiam testimonio proderetur. Veruntamen et illam poterat permotionem pati, et fixam tenere mente sententiam, vitam illam salutemque corporis, quorum amissionem minabatur tempestatis immanitas, non esse bona quæ illos quibus inessent facerent bonos, sicut facit justitia. Quod autem aiunt ea nec bona appellanda esse, sed commoda : verborum certamini, non rerum examini deputandum est. Quid enim interest, utrum aptius bona vocentur, an commoda ; dum tamen ne his privetur, non minus Stoicus, quam Peripateticus pavescat et palleat ; ea non æqualiter appellando, sed æqualiter æstimando ? Ambo sane, si bonorum istorum seu commodorum periculis ad flagitium vel facinus urgeantur, ut aliter ea retinere non possint, malle se dicunt hæc amittere quibus natura corporis salva et incolumis habetur, quam illa committere quibus justitia violatur. Ita mens, ubi fixa est ista sententia, nullas perturbationes, etiamsi accidant inferioribus animi partibus, in se contra rationem prævalere permittit : quin immo eis ipsa dominatur, eisque non consentiendo, sed potius resistendo regnum virtutis exercet. Talem describit etiam Virgilius Æneam, ubi ait : « Mens immota manet, lacrymæ volvuntur inanes. » (*Æneid.* IV.)

CAPUT V.

Quod passiones, quæ Christianos, animos afficiunt, non in vitium trahant, sed virtutem exerceant.

Non est nunc necesse copiose ac diligenter ostendere, quid de istis passionibus doceat Scriptura divi-

ment et d'une manière complète ce qu'enseigne, au sujet des passions, la sainte Écriture, qui contient toute la science chrétienne. Elle soumet l'âme elle-même à Dieu, pour qu'il la gouverne et vienne à son secours; les passions, elle les met sous l'empire de l'esprit, afin qu'il les modère, les réprime et les fasse servir à sa sanctification. Dans notre religion, on s'inquiète moins de l'irritation de l'âme pieuse que du sujet de sa colère, de sa tristesse que du motif qui l'a causée; on ne demande pas si elle craint, mais pourquoi elle craint. Qu'on s'irrite contre les pécheurs pour les corriger, qu'on s'afflige avec ceux qui sont dans la peine pour les délivrer, qu'on craigne de voir périr celui qui est dans le danger; je ne sais pas vraiment si un homme sensé pourrait trouver en cela quelque chose de répréhensible. Les Stoïciens ont coutume, il est vrai, de blâmer la compassion comme un défaut; mais, avec combien plus de convenance, le philosophe dont nous avons parlé, eut-il éprouvé les émotions de la pitié pour sauver un homme, que celle de la crainte en face du naufrage. Comme Cicéron exprime des sentiments meilleurs, plus humains et plus conformes à ceux des âmes pieuses, lorsqu'il dit à la louange de César : « Parmi les vertus, il n'en est point de plus admirable, de plus attrayante que la miséricorde. » (*Discours pour Ligarius.*)

Qu'est-ce, en effet, que la miséricorde, sinon la compassion de notre cœur pour la misère d'autrui, sentiment qui nous porte à lui venir en aide, si nous le pouvons. Ce mouvement est conforme à la raison, quand la miséricorde, sauvegardant la justice, secourt un indigent ou pardonne à celui qui se repent. Cicéron, cet admirable orateur, ne balance pas à appeler vertu cette compassion, que les Stoïciens ne rougissent point de placer au rang des vices. Et pourtant, comme l'enseigne le livre d'Épictète, ce célèbre stoïcien qui rapporte les axiomes de Zénon et de Chrysippe, fondateurs de la secte, ces philosophes admettent des émotions de ce genre dans l'âme du sage, qu'ils prétendent cependant être exempte de tout défaut. Il suit de là, qu'ils ne considèrent point ces émotions comme des vices, lorsque le sage les subit sans qu'elles puissent rien ni sur sa raison, ni sur la fermeté de son esprit. Leur opinion alors, ressemble à celle des Péripatéticiens et des disciples de Platon. Mais, comme l'observe Cicéron(*Orateur, liv.* I),n'y a-t-il pas longtemps que l'esprit sophistique des Grecs, plus amoureux de la dispute que de la vérité, se complait dans ces querelles de mots? On pourrait encore demander avec raison si éprouver ces émotions, même dans les actions vertueuses n'est pas quelque chose qui appartienne à l'infirmité humaine; en effet, les saints Anges pu-

na, qua Christiana eruditio continetur. Deo quippe illam ipsam mentem subjicit regendam et juvandam, mentique passiones ita moderandas atque frenandas, ut in usus justitiæ convertantur. Denique in disciplina nostra non tam quæritur utrum pius animus irascatur, sed quare irascatur; nec utrum sit tristis, sed unde sit tristis; nec utrum timeat, sed quid timeat. Irasci enim peccanti, ut corrigatur; contristari pro afflicto, ut liberetur; timere periclitanti, ne pereat ; nescio utrum quisquam sana consideratione reprehendat. Nam et misericordiam Stoicorum est solere culpare : sed quanto honestius ille Stoicus misericordia perturbaretur hominis liberandi, quam timore naufragii. Longe melius et humanius, et piorum sensibus accommodatius Cicero in Cæsaris laude locutus est, ubi ait : « Nulla de virtutibus tuis, nec admirabilior, nec gratior misericordia est. » (*Orat.* II, *pro Ligario.*) Quid est autem misericordia, nisi alienæ miseriæ quædam in nostro corde compassio, qua utique si possumus, subvenire compellimur? Servit autem motus iste rationi, quando ita præbetur misericordia, ut justitia conservetur, sive cum indigenti tribuitur, sive cum ignoscitur pœnitenti. Hanc Cicero, locutor egregius, non dubitavit appellare virtutem, quam Stoicos inter vitia numerare non pudet : qui tamen, ut docuit liber Epicteti nobilissimi Stoici, ex decretis Zenonis et Chrysippi, qui hujus sectæ primas (*supple*, *partes*) habuerunt, hujusmodi passiones in animum sapientis admittunt, quem vitiis omnibus liberum volunt. Unde fit consequens, ut hæc ipsa non putent vitia, quando sapienti sic accidunt, ut contra virtutem mentis rationemque nihil possint, et una sit eademque sententia Peripateticorum, vel etiam Platonicorum, et ipsorum Stoicorum : sed, ut ait Tullius, verbi controversia jam diu torquet homines Græculos contentionis cupidiores, quam veritatis. (*In* I. *de Oratore.*) Sed adhuc merito quæri potest, utrum (*a*) ad vitæ præsentis pertineat infirmitatem, etiam in quibusque bonis officiis hujusmodi

---

(*a*) In Mss. nonnullis, *utrum cum ad vita*, etc. Paulo post in sola editione Lov. *Sancti vero Angeli cum et sine ira puniant.*

nissent sans colère ceux dont la loi éternelle de Dieu leur a confié le châtiment; ils soulagent les affligés sans éprouver cette compassion pour la misère; ils ne tremblent pas pour ceux qu'ils aiment et secourent au milieu du péril; et cependant, par l'habitude de notre langage humain, nous nous servons de ces termes en parlant d'eux; c'est la ressemblance des œuvres, et non de la conformité des émotions, qui nous fait leur appliquer ce langage. L'Écriture dit de même que Dieu est irrité, et cependant, aucune passion ne saurait l'atteindre. On emploie ce mot pour exprimer l'effet de sa vengeance et nullement le trouble intérieur de son esprit.

CHAPITRE VI.

A quelles passions, de l'aveu d'Apulée, sont soumis ces démons qui, selon lui, protègent les hommes auprès des dieux.

Remettant à un autre temps ce qui concerne les saints Anges, voyons comment les Platoniciens avouent que ces démons, établis médiateurs entre les dieux et les hommes, sont soumis aux agitations produites par les passions. S'ils avaient, en effet, une âme supérieure à toutes ces perturbations, et dominant les émotions que peuvent causer les diverses passions, Apulée n'aurait pas dit qu'ils sont tourmentés par les troubles du cœur et les tempêtes de l'intelligence, comme par une mer agitée. Et pourtant, c'est ce disciple de Platon lui-même, qui l'avoue : leur esprit, c'est-à-dire ce qui les rend des êtres raisonnables, la partie supérieure de leur âme, dans laquelle devrait habiter la vertu et la sagesse, si réellement ils possédaient ces dons, et qui devrait dominer et réfréner ces troubles de la partie inférieure de l'âme, est, comme il le dit, livrée à toutes les agitations de la passion, comme une mer à tous les souffles de la tempête. L'intelligence des démons est donc soumise aux influences de la volupté, de la terreur, de la colère, et à celles de toutes les passions de ce genre. Quelle est donc la partie de leur âme, libre et possédant la sagesse, qui puisse les rendre agréables aux dieux, et capables de concilier aux hommes de bien l'amitié de ces derniers? Est-ce que leur esprit, subjugué et tyrannisé par les passions vicieuses, n'emploie pas, pour tromper et pour séduire, tout ce qu'il possède de raison naturelle, avec d'autant plus d'ardeur qu'il est dominé par un plus violent désir de nuire.

perpeti affectus : sancti vero Angeli et sine ira puniant, quos accipiunt æterna Dei lege puniendos, et miseris sine miseriæ compassione subveniant, et periclitantibus eis quos diligunt, sine timore opitulentur; et tamen istarum nomina passionum consuetudine locutionis humanæ etiam in eos usurpentur, propter quamdam operum similitudinem, non propter affectionum infirmitatem : sicut ipse Deus secundum Scripturas irascitur, nec tamen ulla passione turbatur. Hoc enim verbum vindictæ usurpavit affectus, non illius turbulentus affectus.

CAPUT VI.

Quibus passionibus dæmones, confitente Apuleio, exagitentur, quorum ope homines apud eos asserit adjuvari.

Qua interim de sanctis Angelis quæstione dilata, videamus quemadmodum dicant Platonici medios dæmones inter deos et homines constitutos istis passionum æstibus fluctuare. Si enim mente ab his libera eisque dominante motus hujuscemodi (*a*) paterentur, non eos diceret Apuleius simili motu cordis et salo mentis per omnes cogitationum æstus fluctuare. Ipsa igitur mens eorum, id est, pars animi superior, qua rationales sunt, in qua virtus et sapientia, si ulla eis esset, passionibus turbulentis inferiorum animi partium regendis moderandisque dominaretur; ipsa, inquam, mens eorum, sicut iste Platonicus confitetur, salo perturbationum fluctuat. Subjecta est ergo mens dæmonum passionibus libidinum, formidinum, irarum, atque hujuscemodi ceteris. Quæ igitur pars in eis libera est composque sapientiæ, qua placeant diis, et ad bonorum (*b*) morum similitudinem hominibus consulant; cum eorum mens passionum vitiis subjugata et oppressa, quidquid rationis naturaliter habet, ad fallendum et decipiendum tanto acrius intendat, quanto eam magis possidet nocendi cupiditas?

(*a*) Editi, *non paterentur* : male ac refragantibus Mss. — (*b*) Sic probæ notæ Mss. At editio Lov. omittit *morum* : cujus vocis loco Vind. et Am. habent *deorum*. Denique pro *bonorum*. Er. habet *horum*.

CHAPITRE VII.

Les Platoniciens prétendent que les poètes diffament les dieux, lorsqu'ils les montrent opposés les uns aux autres; ce qui, suivant eux, ne convient qu'aux démons.

Or, si quelqu'un prétend que ce n'est pas de tous, mais seulement des mauvais démons que les poètes ont dit, sans trop s'éloigner de la vérité, que les dieux haïssaient ou protégeaient certains hommes, et que de ceux-là seulement Apulée affirme que leur esprit troublé flotte au gré de toutes les passions, comment pourrions-nous admettre cette réponse? En effet, lorsqu'il avance cette assertion, il ne parle pas seulement d'une portion des démons, des mauvais par exemple, mais il traite de tous, parlant de ces corps aériens qui les rendent intermédiaires entre les dieux et les hommes. Voici, selon lui, en quoi consiste la fiction des poètes; c'est qu'ils font dieux un certain nombre de ces démons; ils leur donnent les noms des divinités, et par une licence poétique restée impunie, ils leur attribuent des rôles de protecteurs ou d'ennemis à l'égard de certains hommes. Or, les dieux sont très-éloignés de ces pratiques des démons, et par le séjour bienheureux qu'ils occupent, et par la plénitude de leur félicité. Le tort des poètes, c'est donc d'appeler dieux ceux qui ne le sont pas, de les représenter sous des noms divins, combattant entre eux pour des hommes dont ils épousent ou rejettent les intérêts. Mais il ajoute que ces fictions s'éloignent peu de la vérité, parce que ces démons, improprement appelés dieux, sont tels, en effet, que les poètes les représentent. De ce genre, dit-il, fut cette Minerve qui, au milieu de l'assemblée des Grecs, comprima la fureur d'Achille; (APULÉE, *de Deo Socratis*). Mais que la véritable Minerve qu'il croit être une véritable déesse, soit réellement intervenue, oh non! c'est une fiction poétique. Selon lui, elle habite parmi les dieux, qui tous sont bons et heureux, loin du commerce des hommes dans les régions les plus élevées de l'éther. Qu'il y ait eu quelque démon favorable aux Grecs et contraire aux Troyens, ou bien un autre, épousant les intérêts de ces derniers contre ceux des Grecs, si le même poète leur a donné les noms de Vénus ou de Mars, c'est une fiction, car les divinités appelées de ces noms, étrangères à toutes ces passions, habitent les palais célestes. Mais que les démons aient combattu entre eux pour ceux qu'ils aimaient, contre ceux qui avaient encouru leur inimitié, c'est une invention d'Homère qui, selon Apulée lui-même, ne s'éloigne pas de la vérité. Et de fait, les poètes n'ont dit de ces démons que ce qu'il en dit lui-même, en les montrant comme les hommes sou-

CAPUT VII.

Quod Platonici figmentis poetarum infamatos asserant deos de contrariorum studiorum certamine, cum hæ partes dæmonum, non deorum sint.

Quod si quisquam dicit, non ex omnium, sed ex malorum dæmonum numero esse, quos poetæ quorumdam hominum osores et amatores deos non procul a veritate contingunt : hos enim dixit Apuleius, salo mentis per omnes cogitationum æstus fluctuare : quomodo istud intelligere poterimus, quando cum hoc diceret, non quorumdam, id est malorum, sed omnium dæmonum mediatetem propter aeria corpora, inter deos et homines describebat? Hoc enim ait fingere poetas, quod ex istorum dæmonum numero deos faciunt, et eis deorum nomina imponunt, et quibus voluerint hominibus ex his amicos inimicosque distribuunt ficti carminis impunita licentia; cum deos ab his dæmonum moribus, et cœlesti loco et beatitudinis apulentia remotos esse perhibeant. Hæc est ergo fictio poetarum, deos dicere qui dii non sunt, eosque sub deorum nominibus inter se decertare propter homines, quos pro studio partium diligunt vel oderunt. Non procul autem a veritate dicit hanc esse fictionem; quoniam deorum appellati vocabulis qui dii non sunt, tales tamen describuntur dæmones, quales sunt. Denique hinc esse dicit Homericam illam Minervam, quæ mediis cœtibus Graium cohsbindo Achilli intervenit. (APUL. *de deo Socratis*.) Quod ergo Minerva illa fuerit, poeticum vult esse figmentum ; eo quod Minervam deam putat, eamque in ter deos, quos omnes bonos beatosque credit, in alta ætheria sede collocat, procul a conversatione mortalium. Quod autem aliquis dæmon fuerit Græcis favens Trojanisque contrarius, sicut alius adversus Græcos Trojanorum opitulator, quem Veneris seu Martis nomine idem poeta commemorat, quos deos iste talia non agentes in cœlestibus habitationibus ponit ; et hi dæmones pro eis quos amabant, contra eos quos oderant, inter se decertaverint, hoc non procul a veritate poetas dixisse confessus est. De his quippe ista dixerunt, quos hominibus simili motu cordis et salo mentis per omnes cogitationum æstus fluctuare testatur, ut possint amores et odia, non pro justitia, sed

mis, par la mobilité de leur cœur et l'inconstance de leur esprit, aux impressions diverses et à tous les orages des passions; d'où il suit que leur amour ou leur haine peut leur faire épouser un parti et les diviser entre eux, sans aucun égard pour les règles de la justice. C'est ainsi qu'on voit le peuple, à leur exemple, se partager dans les spectacles pour des chasseurs et des cochers. (*Enarr. sur le Psaume* XXXIX, n. 8 *et* 9 *et sur le Psaume* LIII, n. 10.) Ce philosophe platonicien semble avoir eu à cœur d'empêcher qu'on attribuât aux dieux eux-mêmes ces fictions des poètes, tout en laissant croire qu'elles peuvent s'appliquer aux démons intermédiaires.

CHAPITRE VIII.

Comment Apulée définit les dieux célestes, les hommes et les démons intermédiaires.

Mais examinons attentivement la définition qu'Apulée donne des démons; certes, son intention est de les comprendre tous dans cette définition. Les démons, dit-il, sont des êtres animés, leur âme est sujette aux passions, leur esprit est doué de raison, leur corps est aérien, et leur durée éternelle. Or, de ces cinq qualités, il n'en est aucune qui soit commune à ces esprits et aux hommes de bien, et qui ne puisse s'appliquer aux esprits mauvais. En effet, un peu plus haut, après avoir parlé des dieux célestes, il donne la définition de l'homme placé, selon lui, au dernier degré des êtres intelligents, afin que, ayant traité des esprits les plus élevés, et de ceux qui appartiennent à la dernière classe, il puisse s'occuper des démons qui, selon lui, forment une classe intermédiaire. « Les hommes, dit-il, brillent par leur raison, jouissent de la parole, ils ont une âme immortelle, et des membres qui doivent périr; esprits légers et inconstants, corps grossiers et corruptibles, de mœurs différentes, quoique soumis aux mêmes erreurs; témérité dans l'audace, opiniâtreté dans l'espérance, travail stérile, fortune incertaine; individuellement sujets à la mort, mais immortels comme genre, se succédant les uns aux autres par des générations successives; durée éphémère, sagesse tardive, mort prompte, vie pleine d'angoisses, tel est le partage des hommes qui habitent la terre. » (*Du démon de Socrate.*) Dans cette longue définition, parmi les choses qui appartiennent à la plupart des hommes, a-t-il oublié cette tardive sagesse, qu'il savait n'être le partage que d'un petit nombre? S'il n'en eût pas parlé,

---

sicut populus similis eorum in Venatoribus et Aurigis, secundum suarum studia partium, pro aliis adversus alios exercere. (*Enarr. in Psal.* XXXIX. n. 8 *et* 9, *et in Psal.* LIII, n. 10.) Id enim videtur philosophus curasse Platonicus, ne cum hæc a poetis canerentur, non a dæmonibus mediis, sed ab ipsis diis, quorum nomina poetæ fingendo ponunt, fieri crederentur.

CAPUT VIII.

De diis cœlestibus et dæmonibus aeriis hominibusque terrenis Apuleii Platonici definitio.

Quid illa ipsa definitio dæmonum, parumne intuenda est, (ubi certe omnes determinando complexus est,) quod ait dæmones esse genere animalia, animo passiva, mente rationalia, corpore aeria, tempore æterna? In quibus quinque commemoratis, nihil dixit omnino (f. quo), quod dæmones cum bonis saltem hominibus id viderentur habere commune, quod non esset in malis. Nam ipsos homines cum aliquanto latius describendo complecteretur, suo loco de illis dicens, tamquam de infimis atque terrenis, cum prius dixisset de cœlestibus diis (APULEIUS, *lib. de deo Socratis*); ut commendatis duabus partibus ex summo et infimo (*a*) ultimis, tertio loco de mediis dæmonibus loqueretur :
« Igitur homines, inquit, ratione (*b*) cluentes,
« oratione pollentes, immortalibus animis, mo-
« ribundis membris, levibus ex anxiis mentibus,
« brutis et obnoxiis corporibus, dissimilibus mori-
« bus, similibus erroribus, pervicaci audacia, per-
« tinaci spe, casso labore, fortuna caduca, singil-
« latim mortales, cuncti tamen universo genere
« perpetui, vicissim sufficienda prole mutabiles, vo-
« lucri tempore, tarda sapientia, cita morte, querula
« vita terras incolunt. » (*De deo Socratis.*) Cum hic tam multa diceret, quæ ad plurimos homi-

---

(*a*) Editi, *ad ultimum*. Castigantur ad veteres libros, quorum lectionem confirmat illud infra, cap. XII, dictum, *de duabus naturæ partibus ultimis, id est summis atque infimis.* — (*b*) Mira hic codicum varietas. Vind. et probæ notæ Mss. habent, *ratione gaudentes*. Er. Lov. etc. *plaudentes*. Alii quidam Mss. *serventes*. Nonnulli, *fruentes*. Sed verius Colbertinus codex, ut apud Apuleium, *cluentes*. id est *excellentes*.

cette définition si soignée du genre humain n'eût point été complète. Ainsi lorsqu'il veut vanter l'excellence des dieux, il assure que ce qui fait leur gloire, c'est cette béatitude, à laquelle par la sagesse les hommes désirent parvenir. Certes, s'il avait voulu montrer que parmi les démons, il s'en trouvait de bons, il n'eût pas manqué, en les définissant, d'indiquer un point par où ils étaient associés soit à la béatitude des Dieux, soit à la sagesse des hommes. Or, dans la définition qu'il en a donnée, il ne mentionne aucun caractère qui puisse distinguer les bons des mauvais. De peur d'offenser, non pas ces démons, mais leurs adorateurs, au milieu desquels il vivait, il n'a pas osé dire tout ce qu'il pensait de leur malice. Cependant il a suffisamment indiqué aux hommes prudents ce qu'ils devaient en penser, lorsqu'il a séparé de ces démons les dieux qu'il affirme être tous bons et heureux, les déclarant étrangers à leurs passions, ou comme il le dit, à ces émotions troublées, et ne leur accordant de commun avec les démons que l'éternité des corps. Il a insinué d'une manière claire que, par leur esprit, ce n'était pas aux dieux, mais aux hommes, que ressemblaient les démons; encore cette ressemblance ne tombe-t-elle pas sur le bien de la sagesse, auquel tout homme peut avoir part, mais sur les troubles et les agitations des passions qui dominent les hommes insensés et méchants, mais dont l'homme sage et vertueux sait se préserver de telle sorte qu'il préfère les éviter que d'avoir à les combattre. Si Apulée avait prétendu que ce n'était pas l'éternité des corps, mais l'éternité des esprits que les démons avaient de commun avec les dieux, il n'eût pas séparé les hommes de cette société, puisque, comme platonicien, il croyait, sans aucun doute, que l'âme est immortelle. En effet, en définissant l'espèce humaine, il dit que les hommes ont un esprit immortel, et des corps sujets à la mort. D'où il suit que si les hommes ne sont pas éternels comme les dieux, c'est parce qu'ils ont un corps mortel, tandis que les démons au contraire ne ressemblent à ces mêmes dieux que par l'immortalité de leurs corps.

CHAPITRE IX.

L'intercession des démons peut-elle procurer aux hommes la faveur des dieux.

Quels sont donc ces médiateurs, par lesquels les hommes doivent se concilier l'amitié des dieux? Quoi! l'âme, par laquelle ils ressemblent à l'homme, et qui, chez ce dernier, est ce qu'il y a de plus excellent, c'est chez eux la partie la

---

nes pertinent, numquid etiam illud tacuit, quod noverat esse paucorum, ubi ait, tarda sapientia? quod si prætermisisset, nullo modo recte genus humanum descriptionis hujus tam intenta diligentia terminasset. Cum vero deorum excellentium commendaret, ipsam beatitudinem, quo volunt homines per sapientiam pervenire, in eis affirmavit excellere. Proinde si aliquos dæmones bonos vellet intelligi, aliquid etiam in ipsorum descriptione poneret, unde vel cum diis aliquam beatitudinis partem, vel cum hominibus qualemcumque sapientiam putarentur habere communem. Nunc vero nullum bonum eorum commemoravit; quo boni discernuntur a malis. Quamvis et eorum malitia liberius exprimendæ pepercerit, non tam ne ipsos, quam ne cultores eorum apud quos loquebatur, offenderet: significavit tamen prudentibus, quid de illis sentire deberent; quando quidem deos, quos omnes bonos beatosque credi voluit, ab eorum passionibus, atque, ut ait ipse, turbelis omni modo separavit, sola illos corporum æternitate conjungens; animo autem non diis, sed hominibus similes dæmones, apertissime inculcans: et hoc non sapientiæ bono, cujus et homines possunt esse participes; sed perturbatione passionum, quæ stultis malisque dominatur, a sapientibus vero et bonis ita regitur, ut malint eam non habere, quam vincere. Nam si non corporum, sed animorum æternitatem cum diis habere dæmones vellet intelligi, non utique homines ab hujus rei consortio separaret: quia et hominibus æternos esse animos, procul dubio sicut Platonicus sentit. Ideo cum hoc genus animantium describeret, immortalibus animis, moribundis membris dixit esse homines. Ac per hoc si propterea communem cum diis æternitatem non habent homines, quia corpore sunt mortales: propterea ergo dæmones habent, quia corpore sunt immortales.

CAPUT IX.

An amicitia cœlestium deorum per intercessionem dæmonum possit homini provideri.

Quales igitur mediatores sunt inter homines et deos, per quos ad deorum amicitias homines ambiant, qui hoc cum hominibus habent deterius, quod est in animante melius, id est animum; hoc autem habent cum diis melius, quod est in animante

plus dégradée? Le corps qui constitue la partie inférieure de l'homme, voilà ce qu'il y a de plus noble en eux, ce par quoi ils ressemblent aux dieux? L'être animé est composé d'un corps et d'une âme, cette dernière est, sans contredit, plus excellente que le corps; fût-elle vicieuse et misérable, elle est certes supérieure au corps même sain et dans la plénitude de ses forces. C'est qu'elle est d'une nature plus noble, et que la souillure même des vices ne saurait l'abaisser au niveau du corps; ainsi l'or, bien que flétri, a plus de valeur que l'argent et le plomb le plus pur. Ces médiateurs, qui doivent unir les dieux aux hommes, notre nature terrestre à la nature divine, ont de commun avec les premiers un corps immortel, et se rattachent aux derniers par une âme corrompue ; comme si la religion qui, selon ces philosophes, doit, par l'entremise des démons, réunir l'homme à la divinité, consistait non dans l'âme mais dans le corps! Pour quel crime donc, ou par suite de quel châtiment ces intermédiaires trompeurs et perfides sont-ils ainsi suspendus en quelque sorte la tête en bas, de manière à toucher aux dieux par leur corps, partie inférieure des êtres animés, et aux hommes par l'esprit qui en est la partie supérieure? Unis aux divinités célestes par le corps qui doit obéir, ils sont malheureux avec les pauvres mortels par l'âme qui devrait dominer! En effet, le corps est un esclave; comme le dit Salluste (*In Catilina*) : « L'âme doit commander et le corps obéir. » Il ajoute ensuite : « Celui-ci nous est commun avec les brutes, l'autre nous est commun avec les dieux.» Comme il parlait des hommes, il a pu dire que comme les animaux sans raison nous avions un corps mortel. Mais ces médiateurs que les philosophes établissent entre nous et les dieux peuvent dire : Ceci nous est commun avec les dieux, cela nous est commun avec les hommes. Or, comme je l'ai dit, liés et suspendus la tête en bas, c'est le corps, qui devrait être l'esclave, qui touche aux dieux, et c'est l'âme, qui devrait être souveraine, qui les relie aux malheureux mortels; ils sont élevés dans la partie inférieure et abaissés dans la portion supérieure de leur être. En conséquence, si, parce que leurs corps ne sont pas, comme ceux des êtres terrestres, soumis à la mort, et exposés à se séparer de l'âme, si, dis-je, on prétend, pour cette raison, les associer à l'éternité des dieux, ces corps doivent être regardés non comme un sujet éternel de gloire, mais comme un lien qui les attache à une damnation sans fin.

---

deterius, id est corpus? Cum enim animans, id est, animal ex anima constet et corpore, quorum duorum anima est utique corpore melior; etsi vitiosa et infirma, melior certe corpore etiam sanissimo atque firmissimo; quoniam ejus natura excellentior nec labe vitiorum postponitur corpori; sicut aurum etiam sordidum argento seu plumbo, licet purissimo, carius æstimatur. Isti mediatores deorum et hominum, per quos interpositos divinis humana junguntur, cum diis habent corpus æternum, vitiosum autem cum hominibus animum ; quasi religio qua volunt diis homines per dæmones jungi, in corpore sit, non in animo constituta. Quænam tandem istos mediatores falsos atque fallaces quasi capite deorsum nequitia vel pœna suspendit, ut inferiorem animalis partem. id est, corpus cum superioribus, superiorem vero, id est, animum cum inferioribus habeant, et cum diis cœlestibus in parte serviente conjuncti, cum hominibus autem terrestribus in parte dominante sint miseri? Corpus quippe servum est, sicut etiam Sallustius ait ; « Animi imperio, corporis servitio magis utimur. » (SALLUST. *in Catil.*) Adjunxit autem ille, « Alterum nobis cum diis, alterum cum belluis commune est. » Quoniam de hominibus loquebatur, quibus, sicut belluis, mortale corpus est. Isti autem, quos inter nos et deos mediatores nobis philosophi (*a*) providerunt, possunt quidem dicere de animo et corpore, Alterum nobis cum diis, alterum cum hominibus commune est : sed, sicut dixi, tamquam in perversum ligati atque suspensi, servum corpus cum diis beatis, dominum animum cum hominibus miseris (*b*) habentes, parte inferiore exaltati, superiore dejecti. Unde etiam si quisquam propter hoc eos putaverit æternitatem habere cum diis, quia nulla morte, sicut animalium terrestrium, animi eorum solvuntur a corpore : nec sic existimandum est eorum corpus tamquam honoratorum æternum vehiculum, sed æternum vinculum (*c*) damnatorum.

(*a*) Plures probæ notæ Mss. *prodiderunt.* — (*b*) Verbum *habentes* non est in Mss. — (*c*) Vind. Am. et Er. *damnandorum.*

CHAPITRE X.

Plotin croit que dans ce corps éternel, les démons sont plus misérables que les hommes dans un corps mortel.

Plotin, qui vécut presque de notre temps (1), est considéré comme celui qui a le mieux compris la doctrine de Platon. Or, parlant de l'âme humaine il dit : « Le Père plein de miséricorde l'a attachée à des liens mortels. » Il pensait donc que c'était un trait de miséricorde de Dieu le Père, d'avoir donné aux hommes un corps sujet à la mort, pour qu'ils ne fussent pas toujours retenus au milieu des misères de cette vie. La perversité des démons a été jugée indigne d'une telle compassion. En butte aux misères de l'âme et des passions, ils n'ont pas, comme l'homme, reçu un corps soumis à la mort, mais un corps immortel. Leur corps serait préférable à celui des hommes, si, partageant avec nous la mortalité du corps, ils possédaient comme les dieux une âme bienheureuse. Leur condition serait semblable à celle de la nature humaine, si, avec un esprit assujetti aux passions, ils avaient du moins mérité d'avoir un corps mortel; encore faudrait-il qu'ils fussent capables d'acquérir quelque sainteté pour être délivrés de leurs misères, même par la mort. Or, maintenant, non-seulement ils ne sont pas plus heureux que les hommes par leur âme soumise aux passions, mais ce lien d'un corps, qui ne doit pas mourir, les rend plus malheureux encore. Apulée n'admet pas que quelque progrès dans la justice ou la connaissance de la sagesse, puisse jamais élever ces démons au rang des dieux, puisqu'il enseigne clairement que leur état est éternel.

CHAPITRE XI.

Opinion des Platoniciens, qui prétendent qu'après la mort les hommes deviennent des démons.

Ce même philosophe enseigne, il est vrai, que les âmes humaines deviennent elles-mêmes des démons ; celles des bons se transforment en *Lares*, et celles des méchants en *Lemures* ou *Larves* : s'ils ont flotté entre le bien et le mal et que leurs mérites soient incertains, alors ce sont les *Mânes*. Pour peu qu'on veuille réfléchir, qui ne voit quel gouffre une telle opinion ouvre aux mœurs dépravées! Et de fait, si les hommes même les plus pervers, s'imaginent

(1) Plotin, disciple d'Ammonius et maître de Porphyre, dont il sera question au livre suivant, naquit l'an 205, à Lycopolis, en Égypte, et mourut sous le règne d'Aurélien, en 270. Philosophe orgueilleux et bizarre, son platonisme mêlé de mysticisme fut de mode sous Gallien. Ses ouvrages recueillis en dix livres, appelés *Ennéades*, sont la source du Néoplatonisme païen. A la renaissance, il acquit une certaine célébrité. Marsile Ficin a traduit et édité ses ouvrages.

CAPUT X.

Quod secundum Plotini sententiam, minus miseri sint homines in corpore mortali, quam dæmones in æterno.

Plotinus certe nostræ memoriæ (a) vicinis temporibus, Platonem ceteris excellentius intellexisse laudatur. Is cum de humanis animis ageret : « Pater, « inquit, misericors mortalia illis vincula faciebat. » Ita hoc ipsum quod mortales sunt homines corpore, ad misericordiam Dei patris pertinere arbitratus est, ne semper hujus vitæ miseria tenerentur. Hac misericordia indigna judicata est iniquitas dæmonum, quæ in animi passivi miseria, non mortale, sicut homines, sed æternum corpus accepit. Essent quippe feliciores hominibus, si mortale cum eis haberent corpus, et cum diis beatum animum. Essent autem pares hominibus, si cum animo misero corpus saltem mortale cum eis habere meruissent : si tamen adquirerent aliquid pietatis, ut ab ærumnis vel in morte requiescerent. Nunc vero non solum feliciores hominibus non sunt animo misero, sed etiam miseriores sunt perpetuo corporis vinculo. Non enim aliqua pietatis et sapientiæ disciplina proficientes, intelligi voluit ex dæmonibus fieri deos, cum apertissime dixerit dæmones æternos.

CAPUT XI.

De opinione Platonicorum, qua putant animas hominum dæmones esse post corpora.

Dicit quidem et animas hominum dæmones esse, et ex hominibus fieri Lares, si boni meriti sunt; Lemures, si mali, seu Larvas : Manes autem deos dici, si incertum est bonorum eos, seu malorum esse meritorum. In qua opinione, quantam voraginem aperiant sectandis perditis moribus, quis non

(a) Sic Am. et Mss. At Vind. Er. et Lov. *vicinus.*

être transformés un jour en Larves ou en dieux Mânes, ils deviendront d'autant plus scélérats qu'ils ont plus d'envie de faire le mal, puisqu'ils croiront qu'après leur mort, on leur offrira, pour les exciter à nuire, certains sacrifices, comme des honneurs dûs à des dieux. En effet, Apulée dit que les Larves sont des hommes transformés en démons malfaisants. Mais ici surgit une question autre que celle qui nous occupe. Pour lui, il dit que c'est pour cette raison que les Grecs appellent les bienheureux Εὐδαίμονες, parce que ce sont de bons esprits, de bons démons, confirmant ainsi ce qu'il a dit, que les âmes des hommes sont aussi des démons.

CHAPITRE XII.

De trois attributs contraires, qui, selon les Platoniciens, distinguent la nature des dieux de celle des hommes.

Mais ici nous parlons de ces démons, dont, selon lui, la nature est intermédiaire entre celle des dieux et celle des hommes; de ces démons animaux raisonnables, sujets aux passions, ayant un corps aérien et d'une durée éternelle. Après avoir placé les dieux dans le ciel si élevé, et les hommes sur cette terre si abaissée, et les avoir ainsi séparés par leur séjour et par la noblesse de leur nature, il conclut en ces termes : « Vous avez donc, dit-il, deux sortes d'êtres animés, les dieux extrêmement différents des hommes par la sublimité de leur séjour, par l'éternité de leur vie et par la perfection de leur nature. Nulle communication prochaine n'existe entre eux, puisque l'habitation des premiers est séparée de celle des derniers par un si vaste intervalle, que d'un côté règne une vie éternelle et sans défaillance, de l'autre une existence frêle et sujette à la mort; là-haut des esprits élevés à la béatitude, ici des êtres courbés sous le poids de leur misère. » (APULÉE, *du démon de Socrate*.) Il me paraît, dans ce passage, signaler les trois points contraires des deux natures extrêmes, de la plus élevée et de la plus infime, car les trois caractères d'excellence qu'il a assignés aux dieux, il les répète en d'autres termes, pour leur opposer, chez l'homme, les infirmités contraires. Aux dieux appartient la sublimité du séjour, la perpétuité de la vie, la perfection de la nature. Il répète donc, en d'autres termes, ces qualités pour leur opposer les trois défauts contraires appartenant à la nature humaine. Il dit, en effet, qu'un immense intervalle sépare le séjour élevé des dieux de cette terre infime ; il avait dit plus haut la sublimité du séjour. Et cette force de vie éternelle et sans

videat, si vel paululum adtendat? Quando quidem quamlibet nequam fuerint homines, vel Larvas se fieri dum opinantur, vel dum Manes deos; tanto pejores fiunt, quanto sunt nocendi cupidiores : ut etiam quibusdam sacrificiis tamquam divinis honoribus post mortem se invitari opinentur, ut noceant. Larvas quippe dicit esse noxios dæmones ex hominibus factos. Sed hinc alia quæstio est. Inde autem perhibet appellari Græce beatos Εὐδαίμονες, quod boni sint animi, hoc est, boni dæmones; animos quoque hominum dæmones esse confirmans.

CAPUT XII.

De ternis contrariis, quibus secundum Platonicos deorum et hominum natura distinguitur.

Sed nunc de his agimus, quod in natura propria descripsit inter deos et homines genere animalia, mente rationalia, animo passiva, corpore aeria, tempore æterna. Nempe cum prius deos in sublimi cœlo, homines autem in terra infima disjunctos locis, et naturæ dignitate secerneret, ita conclusit : « Habetis, « inquit, interim bina animalia ; deos ab hominibus « plurimum differentes, loci sublimitate, vitæ perpe- « tuitate, naturæ perfectione; nullo inter se propinquo « communicatu, cum et habitacula summa ab infimis « tanta (APUL. *de deo Socratis*) intercapedo fastigii « dispescat ; et vivacitas illic æterna et indefecta sit, « hic caduca et subcisiva ; et ingenia illa ab beatitu- « dinem sublimata, hæc ad miserias infimata (*a*). » Hic terna video commemorata contraria de duabus naturæ partibus ultimis, id est, summis atque infimis. Nam tria quæ proposuit de diis laudabilia, eadem repetivit, aliis quidem verbis, ut eis alia tria adversa ex hominibus redderet. Tria deorum hæc sunt : loci sublimitas, vitæ perpetuitas, perfectio naturæ. Hæc aliis verbis ita repetivit, ut eis tria contraria humanæ conditionis opponeret : cum et habitacula, inquit, summa ab infimis tanta intercapedo fastigii dispescat : quia dixerat loci sublimitatem. Et vivacitas illic, inquit, æterna et indefecta sit, hic caduca et subcisiva : quia dixerat vitæ perpetuitatem subli-

---

(*a*) Apud Apuleium, *tanta intercapedine fastigii dispescant.*

défaillance opposée à notre vie frêle et mortelle, c'est ce qu'il avait désigné par éternité de vie. Et quand il parle de ces esprits élevés à la béatitude, les opposant à ceux qui sont courbés sous le poids de la misère, c'est ce qu'il a indiqué par la perfection de la nature. Donc, séjour élevé, éternité, béatitude, voilà les trois attributs qu'il accorde aux dieux. Séjour infime, mortalité, misère, tels sont les trois attributs contraires qui, selon lui, sont le partage des hommes.

CHAPITRE XIII.
Les démons, s'ils ne sont ni associés au bonheur des dieux, ni à la misère des hommes, peuvent-ils être des intermédiaires entre les uns et les autres ?

1. De ces trois attributs opposés des dieux et des hommes, nous n'avons pas à disputer sur le séjour ; puisque Apulée place les démons entre les premiers et les derniers. En effet, entre un séjour sublime et un séjour infime, il peut parfaitement se trouver un lieu intermédiaire. Restent les deux autres, qui demandent un sérieux examen pour voir s'ils sont étrangers aux démons, ou si on peut les leur accorder de manière à justifier leur médiation. Or, ces attributs ne sauraient leur être étrangers. Nous avons bien pu convenir qu'entre un séjour élevé et un séjour infime, il pouvait se trouver un lieu intermédiaire ; mais les démons étant des êtres raisonnables, nous ne pouvons pas dire avec raison qu'ils ne sont ni heureux ni malheureux, comme seraient des plantes privées de sentiment, ou des brutes qui n'ont pas d'intelligence. Il est nécessaire que tout être qui possède la raison soit heureux ou malheureux. Ce serait également raisonner sans justesse, que de prétendre que les démons ne sont ni mortels ni éternels; car tout être vivant ou vit éternellement, ou voit sa vie se terminer par la mort. De plus, Apulée lui-même convient que les démons sont éternels. Que reste-t-il donc sinon que ces médiateurs aient l'un de ces attributs supérieurs et partagent l'autre avec les hommes? En effet, s'ils possèdent les deux attributs inférieurs ou les deux supérieurs, ils ne seront plus médiateurs, mais ils s'élèveront d'un côté, ou retomberont de l'autre. Nous avons démontré qu'ils ne peuvent être privés de ces deux attributs; c'est donc en prenant l'un à la nature supérieure, l'autre à la nature inférieure qu'ils pourront être médiateurs. Mais ce n'est pas la nature inférieure qui peut leur donner l'éternité, elle ne la possède pas elle-même, c'est donc celui-là qu'ils partagent avec les dieux ; et, par conséquent, il ne leur reste plus pour remplir leur rôle de médiateurs, que de prendre le troisième attribut à la nature humaine, c'est-à-dire sa misère.

---

mata, hæc ad miserias infimata : quia dixerat naturæ perfectionem. Tria igitur ab eo posita sunt deorum, id est, locus sublimis, æternitas, beatitudo : et his contraria tria hominum, id est, locus infimus, mortalitas, miseria.

CAPUT XIII.
Quomodo dæmones, si nec cum diis beati, nec cum hominibus sunt miseri, inter utramque partem sine utriusque communione sint medii.

1. Inter hæc terna deorum et hominum, quoniam dæmones medios posuit, de loco nulla est controversia. Inter sublimem quippe et infimum, medius locus aptissime habetur et dicitur. Cetera bina restant, quibus cura adtentior adhibenda est, quemadmodum vel aliena esse a dæmonibus ostendantur, vel sic eis distribuantur, ut medietas videtur exposcere. Sed ab eis aliena esse non possunt. Non enim sicut dicimus locum medium nec esse summum, nec infimum, ita dæmones cum sint animalia rationalia, nec beatos esse, nec miseros, sicuti sunt arbusta vel pecora, quæ sunt sensus vel rationis expertia, recte possumus dicere. Quorum ergo ratio mentibus inest, aut miseros esse aut beatos necesse est. Item non possumus recte dicere, nec mortales esse dæmones, nec æternos. Omnia namque viventia aut in æternum vivunt, aut finiunt morte quod vivunt. Jam vero iste tempore æternos dæmones dixit. Quid igitur restat, nisi ut hi medii de duobus summis unum habeant, et de duobus infimis alterum? Nam si utraque de imis habebunt, aut utraque de summis, medii non erunt, sed in alterutram partem vel resilient, vel recumbent. Quia ergo his binis, sicut demonstratum est, carere utrisque non possunt, acceptis ex utraque parte singulis mediabuntur. Ac per hoc quia de infimis habere non possunt æternitatem, quæ ibi non est, unum hoc de summis habent : et ideo non alterum ad complendam medietatem suam, quod de infimis habeant, nisi miseriam.

2. En conséquence, selon les Platoniciens, une heureuse éternité ou une béatitude éternelle est le partage des grands dieux, une misère mortelle ou une mortalité misérable est celui des hommes; quant aux dieux médiateurs, leur lot est une éternité de misère ou une misère éternelle. Et de fait, avec les cinq qualités, qu'il leur attribue dans sa définition, Apulée ne prouve point, comme il l'avait promis, qu'ils soient médiateurs. Trois de ces qualités leur sont communes avec nous, la nature animale, l'esprit doué de raison, l'âme sujette aux passions; une leur est commune avec les dieux, l'éternité de la durée; l'autre qui consiste à avoir un corps aérien leur est particulière. Comment seraient-ils des intermédiaires, s'ils n'ont qu'un attribut qui les rapproche de la condition la plus élevée, et trois qui les relient à la plus infime? Ne voit-on pas combien ils s'éloignent du milieu pour incliner et s'abaisser vers la nature inférieure? Mais peut-être pourrait-on appuyer leur rôle de médiateurs sur ce corps aérien qui leur est propre, comme un corps céleste est particulier aux dieux, un corps terrestre aux hommes, et sur ce qu'ils possèdent deux qualités communes aux natures supérieure et inférieure, l'existence et la raison. Ce philosophe, en parlant des Dieux et des hommes, dit, en effet : « Vous avez deux sortes d'êtres animés. »

Et l'on sait que les Platoniciens ne présentent les dieux que comme des êtres raisonnables. Restent donc deux autres attributs : L'assujettissement aux passions et l'éternité, l'un leur est commun avec les hommes, l'autre ils le partagent avec les dieux; ce qui alors les fait demeurer dans un juste équilibre, ne les élevant pas vers les uns et ne les abaissant pas jusqu'aux autres. C'est là l'éternité misérable ou l'éternelle misère des démons. En effet, celui qui enseigne que leur âme est assujettie aux passions, aurait dit également qu'elle était misérable, s'il n'eût rougi pour leurs adorateurs. Or, puisque de l'aveu des Platoniciens, c'est la Providence de Dieu, et non l'aveugle hasard qui gouverne le monde, cette misère éternelle ne serait pas le partage des démons, si grande n'était leur perversité.

3. Si donc, on appelle avec raison bons démons (*eudæmones*) les âmes bienheureuses, on ne saurait donner ce nom aux démons, que ces philosophes établissent comme médiateurs entre les hommes et les dieux. Quel est donc le séjour de ces bons démons qui, au-dessus des hommes et au-dessous des dieux, aident ceux-ci et protégent ceux-là? S'ils sont bons et éternels, sans aucun doute, ils sont également heureux. En effet, la béatitude éternelle les approchant autant des dieux qu'elle les éloigne des

---

2. Est itaque secundum Platonicos, sublimium deorum vel beata æternitas, vel æterna beatitudo : hominum vero infimorum vel miseria mortalis, vel mortalitas misera : dæmonum autem mediorum vel misera æternitas, vel æterna miseria. Nam et quinque illis, quæ in definitione dæmonum posuit, non eos medios, sicut promittebat, ostendit ; quoniam tria dixit eos habere nobiscum, quod genere animalia, quod mente rationalia, quod animo passiva sunt; cum diis autem unum, quod tempore æterna ; et unum proprium, quod corpore aeria. Quomodo ergo medii, quando unum habent cum summis, tria cum infimis? Quis non videat relicta medietate, quantum inclinentur et deprimantur ad infima? Sed plane ibi etiam medii possunt ita inveniri, ut unum habeant proprium, quod est corpus aerium, sicut et illi de summis atque infimis singula propria, dii corpus æthereum, hominesque terrenum; duo vero communia sint omnibus, quod genere sunt animalia, et mente rationalia. Nam et ipse cum de diis et hominibus loqueretur : « Habetis, inquit, bina ani-

malia. » Et non solent isti deos nisi rationales mente perhibere. Duo sunt residua, quod sunt animo passiva, et tempore æterna : quorum habent unum cum infimis. cum summis alterum, ut proportionali ratione librata medietas neque sustollatur in summa, neque in infima deprimatur. Ipsa est autem illa dæmonum misera æternitas, vel æterna miseria. Qui enim ait, animo passiva, etiam misera dixisset, nisi (a) eorum cultoribus erubuisset. Porro quia providentia summi Dei, sicut etiam ipsi fatentur, non fortuita temeritate regitur mundus, numquam esset istorum æterna miseria, nisi esset magna malitia.

3. Si igitur beati recte dicuntur eudæmones, non sunt eudæmones dæmones quos inter homines et deos isti in medio locaverunt. Quis ergo est locus bonorum dæmonum, qui supra homines, infra deos, istis præbeant adjutorium, illis ministerium? Si enim boni æternique sunt, profecto et beati sunt. Æterna autem beatitudo medios eos esse non sinit, quia multum diis comparat, multumque ab hominibus separat. Unde frustra isti conabuntur ostendere, quo-

---

(a) Editi, *pro eorum cultoribus*. Abest *pro* a Mss.

hommes, ne leur permet pas cette position intermédiaire. Ainsi, c'est donc vainement que ces philosophes chercheront à démontrer comment les bons démons, étant immortels et heureux, peuvent tenir le milieu entre les dieux immortels et bienheureux, et les hommes mortels et misérables. Puisqu'ils partagent avec la nature divine ces deux choses, la béatitude et l'immortalité, et qu'ils n'ont rien en cela de commun avec la nature humaine, malheureuse et sujette à la mort, comment ne seraient-ils pas plutôt éloignés des hommes et réunis aux dieux, que placés comme intermédiaires entre les uns et les autres? Et de vrai, ils seraient réellement intermédiaires, s'ils avaient les deux attributs dont nous avons parlé, communs, non pas avec une même nature, mais l'un avec la nature humaine, et l'autre avec la nature divine. Ainsi l'homme tient une sorte de milieu entre les brutes et les anges. La brute est un animal privé de raison et sujet à la mort; l'ange est un être animé, raisonnable et immortel. L'homme se trouve ainsi intermédiaire, inférieur à l'ange et supérieur à la brute; mortel comme cette dernière, et possédant la raison comme les anges; c'est un animal raisonnable et sujet à la mort. Donc, quand nous cherchons un être intermédiaire entre les immortels jouissant de la félicité, et les mortels sujets à tant de misères, il faut que ce soit ou un mortel bienheureux, ou un immortel misérable.

CHAPITRE XIV.

Les hommes, étant mortels, peuvent-ils jouir d'une véritable béatitude?

De savoir si l'homme est à la fois bienheureux et mortel, c'est une grande question parmi les philosophes. Les uns, considérant la condition humaine avec des pensées humbles, soutiennent que l'homme est incapable de la félicité, tant qu'il est exposé à la mort. D'autres, exaltant cette même nature, n'ont pas craint d'avancer que le sage, quoique mortel, pouvait être heureux. Si ces derniers ont raison, pourquoi ne pas établir ce sage lui-même, comme intermédiaire entre les hommes malheureux et les dieux immortels qui jouissent du bonheur? Ne partage-t-il pas la béatitude avec les uns, et la mortalité avec les autres? Certes, si ce sage est heureux, il ne porte envie à personne, (car quoi de plus misérable que l'envie!) et par cela même il aide, de tout son pouvoir, les mortels malheureux à acquérir la béatitude; afin que, devenus immortels après leur trépas, ils puissent partager la félicité des anges immortels.

modo dæmones boni, si et immortales sunt et beati, recte medii constituantur inter deos immortales ac beatos et homines mortales ac miseros. Cum enim utrumque habeant cum diis, et beatitudinem scilicet et immortalitatem, nihil autem horum cum hominibus et miseris et mortalibus, quo non potius remoti sunt ab hominibus diisque conjuncti, quam inter utrosque medii constituti? Tunc enim medii essent, si haberent et ipsi duo quædam sua, non cum binis alterutrorum, sed cum singulis utrorumque communia : sicut homo medium quiddam est, sed inter pecora et angelos; ut quia pecus est animal irrationale atque mortale, angelus autem rationale et immortale, medius homo esset, inferior angelis, superior pecoribus, habens cum pecoribus mortalitatem, rationem cum angelis, animal rationale mortale. Ita ergo cum quærimus medium inter beatos immortales miserosque mortales, hoc invenire debemus, quod aut mortale sit beatum, aut immortale sit miserum.

CAPUT XIV.

An homines cum sint mortales, possint vera beatitudine esse felices.

Utrum autem et beatus et mortalis homo esse possit, magna est inter homines questio. Quidam enim conditionem suam humilius inspexerunt, negaveruntque hominem capacem esse posse beatitudinis, quamdiu mortaliter vivit. Quidam vero extulerunt se, et ausi sunt dicere, sapientiæ compotes, beatos esse posse mortales. Quod si ita est, cur non ipsi potius medii constituuntur inter mortales miseros et immortales beatos, beatitudinem habentes cum immortalibus beatis, mortalitatem cum mortalibus miseris? Profecto enim si beati sunt, invident nemini; (nam quid miserius invidentia?) et ideo mortalibus miseris, quantum possunt, ad consequendam beatitudinem (a) consulunt; ut et etiam immortales valeant esse post mortem; et Angelis immortalibus beatisque conjungi.

(a) Sic Mss. Editi vero, *consulant.*

CHAPITRE XV.

De Jésus-Christ homme-Dieu médiateur entre Dieu et les hommes.

1. Mais si, ce qui est beaucoup plus probable et plus digne de foi, tous les hommes sont nécessairement sujets aux misères, tant qu'ils demeurent soumis à la mort, il faut chercher un médiateur, qui non-seulement soit homme, mais qui de plus soit Dieu. Lui seul par sa mortalité bienheureuse, retirant les hommes de cette misère mortelle, les conduira à l'heureuse immortalité. Il ne fallait pas que cet intermédiaire fût exempt de la mort, ni qu'il y demeurât toujours assujetti. Il est devenu mortel, non par un affaiblissement de la divinité du Verbe, mais en s'associant à une chair infirme. Il n'est pas demeuré dans cette chair mortelle, mais il l'a ressuscitée des morts; car c'est le fruit propre de sa médiation, que ceux, pour la délivrance desquels il s'est fait médiateur, ne restent pas éternellement dans la mort même de la chair. Ainsi il a fallu que celui qui est médiateur entre Dieu et nous, eut une mortalité passagère et une félicité permanente, que semblable aux mortels par ce qui passe, il pût les faire passer de la mort à cette vie qui dure éternellement. Les bons anges ne sauraient donc être des intermédiaires entre les mortels malheureux et les immortels bienheureux, puisque eux-mêmes jouissent de la félicité et sont exempts de la mort; mais les mauvais anges peuvent tenir ce milieu, car ils sont immortels comme les uns et malheureux comme les autres. A ces derniers est contraire le bon médiateur, qui à leur immortalité et à leur misère a opposé sa mortalité temporelle, tout en conservant sa félicité éternelle. C'est ainsi que, par l'humilité de sa mort et la douceur de sa béatitude, il a détruit dans ceux, dont les cœurs sont purifiés par la foi en lui, l'influence de ces immortels orgueilleux, de ces misérables acharnés à nuire, se servant de leur immortalité pour entraîner les hommes dans leur malheur; c'est ainsi, dis-je, qu'il a délivré les siens de leur domination immonde.

2. Quel médiateur choisira donc pour l'unir à l'immortelle félicité, l'homme mortel et misérable, si éloigné des immortels et des bienheureux? Ce qui pourrait plaire dans l'immortalité des démons est misérable, ce qui pourrait répugner dans la mortalité du Christ est déjà passé. Là, misère éternelle qu'on doit redouter; ici, béatitude sans fin qu'on doit aimer, la mort n'est plus à craindre, n'ayant pu être éternelle. L'immortel malheureux ne se pose en intermédiaire, que pour empêcher de parvenir à l'immortalité bienheureuse; parce que l'obstacle, c'est-à-dire son éternel malheur subsiste tou-

---

CAPUT XV.

De Mediatore Dei et hominum, homine Christo Jesu.

1. Si autem, quod multo credibilius et probabilius disputatur, omnes homines, quamdiu mortales sunt, etiam miseri sint necesse est, quærendus est medius, qui non solum homo, verum etiam Deus sit; ut homines ex mortali miseria ad beatam immortalitatem hujus medii beata mortalitas interveniendo perducat. Quem neque non fieri mortalem oportebat, neque permanere mortalem. Mortalis quippe factus est, non infirmata Verbi divinitate, sed carnis infirmitate suscepta : non autem permansit in ipsa carne mortalis, quam resuscitavit a mortuis : quoniam ipse fructus est mediationis ejus, ut nec ipsi, propter quos liberandos mediator effectus est, in perpetua vel carnis morte remanerent. Proinde mediatorem inter nos et Deum, et mortalitatem habere oportuit transeuntem, et beatitudinem permanentem : ut per id quod transit, congrueret morituris; et ad id quod permanet, transferret ex mortuis. Boni igitur Angeli inter miseros mortales et beatos immortales medii esse non possunt; quia ipsi quoque et beati et immortales sunt : possunt autem medii esse angeli mali; quia immortales sunt cum illis, miseri cum istis. His contrarius est Mediator bonus, qui adversus eorum immortalitatem et miseriam, et mortalis esse ad tempus voluit, et beatus in æternitate persistere potuit : ac sic eos et immortales superbos, et miseros noxios, ne immortalitatis jactantia seducerent ac miseriam, et suæ mortis humilitate et suæ beatitudinis benignitate destruxit in eis, quorum corda per suam fidem mundans, ab illorum immundissima dominatione liberavit.

2. Homo itaque mortalis et miser longe sejunctus ab immortalibus et beatis, quid eligat medium, per quod immortalitati et beatitudini copuletur? Quod possit delectare in dæmonum immortalitate, miserum est : quod possit offendere in Christi mortalitate, jam non est. Ibi ergo cavenda est miseria sem-

jours. Le mortel bienheureux (Jésus-Christ) intervient pour rendre immortels, après le passage de la mort, ceux qui l'ont subie, (du reste sa résurrection en est la preuve), et pour donner aux malheureux cette félicité que lui même n'a jamais perdue. Autre est donc l'intermédiaire mauvais qui sépare les amis, autre le bon médiateur qui réconcilie les ennemis. Les intermédiaires qui séparent sont nombreux, parce que la multitude des bienheureux trouve sa félicité dans la possession du Dieu unique. Privée de cette jouissance, la foule malheureuse des mauvais anges s'oppose plutôt comme un obstacle, qu'elle n'intervient comme un secours à l'acquisition de cette béatitude. Cette multitude bourdonne et, en quelque sorte, rugit pour empêcher d'arriver à cet unique bien qui nous rend heureux ; bien pour l'acquisition duquel nous avions besoin, non de plusieurs, mais d'un seul et unique médiateur, celui même dont l'union forme notre félicité, c'est-à-dire le Verbe incréé de Dieu, par qui toutes choses ont été faites. Cependant, ce n'est pas parce qu'il est le Verbe qu'il est le médiateur, car l'éternité et la béatitude souveraine du Verbe mettent une distance infinie entre lui et les misérables mortels ; mais c'est comme homme qu'il est médiateur. Il nous montre par là, que, pour atteindre la béatitude, nous n'avons pas besoin de chercher d'autre intermédiaire qui puisse nous y faire arriver par degré, puisque Dieu, source de toute félicité, en revêtant notre humanité, nous enseigne le chemin le plus court pour participer à sa divinité. En nous délivrant de la mortalité et des misères, il nous unit aux anges mortels et bienheureux, non pas pour nous rendre participants de l'immortalité ou d'un bonheur qui vienne des anges ; mais il nous associe à cette auguste Trinité, dont la participation fait la félicité des anges eux-mêmes. Ainsi inférieur aux anges, lorsque pour être médiateur il prit la forme d'esclave (*Philip.* II, 7), il leur resta supérieur comme Dieu ; il est ici-bas la voie qui conduit à la vie, là-haut, il est la vie elle-même.

CHAPITRE XVI.

Les Platoniciens ont-ils raison d'enseigner que les dieux du ciel, pour ne pas contracter de souillures terrestres, évitent le commerce des hommes; que c'est par l'entremise des démons que ces derniers obtiennent l'amitié des dieux?

1. Elle est contraire à la vérité cette opinion de Platon qui, selon le même Apulée, affirme

---

piterna : hic mors timenda non est, quæ esse non potuit sempiterna, et beatitudo amanda est sempiterna. Ad hoc quippe se interponit medius immortalis et miser, ut immortalitatem beatam transire non sinat, quoniam persistit quod impedit, id est, ipsa miseria : ad hoc autem se interposuit mortalis et beatus, ut mortalitate transacta, et ex mortuis faceret immortales, quod in se resurgendo monstravit, et ex miseris beatos, unde numquam ipse discessit. Alius est ergo medius malus, qui separat amicos: alius bonus, qui reconciliat inimicos. Et ideo multi sunt medii separatores, quia multitudo quæ beata est, unius Dei participatione fit beata; cujus participationis privatione misera multitudo malorum angelorum, quæ se opponit potius ad impedimentum, quam interponit ad beatitudinis adjutorium, etiam ipsa multitudine obstrepit quodam modo, ne possit ad illud unum beatificum bonum perveniri, ad quod ut perduceremur ; non multis, sed uno mediatore opus erat ; et hoc ipso eo, cujus participatione simus beati, hoc est, Verbo Dei non facto, per quod facta sunt omnia. Nec tamen ob hoc mediator est, quia Verbum : maxime quippe immortale et maxime beatum Verbum longe est a mortalibus miseris; sed mediator per quod homo : eo ipso ostendens utique ad illud non solum beatum, verum etiam beatificum bonum non oportere quæri alios mediatores, per quos arbitremur nobis perventionis gradus esse moliendos; quia beatus et beatificus Deus factus particeps humanitatis nostræ compendium præbuit participandæ divinitatis suæ. Neque enim nos a mortalitate et miseria liberans ad Angelos immortales beatosque ita perducit, ut eorum participatione etiam nos immortales et beati simus; sed ad illam Trinitatem, cujus et Angeli participatione beati sunt. Ideo quando in forma servi (*Philip.* II, 7), ut mediator esset, infra Angelos esse voluit, in forma Dei super Angelos mansit : idem in inferioribus via vitæ, qui in superioribus vita.

CAPUT XVI.

An rationabiliter Platonici definierint deos cœlestes declinantes terrena contagia, hominibus non misceri, quibus ad amicitiam deorum dæmones suffragentur.

1. Non enim verum est, quod idem Platonicus ait dixisse Platonem, Nullus deus miscetur homini. « Et

qu'aucun dieu ne communique avec les hommes. « Et c'est, dit-il (APULÉE, *du démon de Socrate*), la principale marque de leur nature sublime de n'être souillée par aucun contact avec les hommes. » Il avoue donc que les démons sont souillés par ce contact; et alors comment peuvent-ils purifier ceux dont le commerce les souille eux-mêmes? Ne sont-ils pas, les uns et les autres, également impurs, les démons par leurs communications avec les hommes, et ces derniers par le culte qu'ils rendent à ces démons? Que si ceux-ci peuvent se mêler aux hommes et communiquer avec eux sans contracter de souillures, ils sont donc meilleurs que les dieux que souillerait cette communication? En effet, on atteste que le privilége des dieux, c'est d'être tellement élevés au-dessus de la nature humaine, qu'ils ne peuvent être souillés par le contact des hommes. Quant au Dieu souverain, créateur de toutes choses, celui que nous nommons le vrai Dieu, Apulée écrit que, selon Platon, il est le seul au-dessus de toute expression, et dont la faiblesse du langage humain ne saurait donner même une représentation imparfaite; à peine les sages, quand un effort vigoureux de l'âme les a autant que possible détachés du corps, peuvent-ils avoir de ce dieu une idée, lumière pure qui brille dans leur âme aussi rapide que l'éclair, qui sillonne les plus profondes ténèbres. (APULÉE, *Ibid*.) Si donc, ce Dieu vraiment maître et souverain, brillant, bien que rarement, et comme la vive lumière d'un rapide éclair, brillant, dis-je, par une sorte de présence intelligible, devient, sans contracter de souillure, présent à l'âme du sage, qui, autant que possible, s'est dégagée du corps, pourquoi placer ces dieux si loin et dans un séjour si élevé, dans la crainte qu'ils ne soient souillés par le commerce des hommes? Ne suffit-il pas de voir seulement ces corps célestes, dont la lumière éclaire la terre autant qu'il en est besoin. Or, si les astres, que ce philosophe appelle tous des dieux visibles, ne sont point souillés par les regards des hommes, ces mêmes regards ne sauraient donc souiller les démons même en les voyant de plus près? Mais peut-être est-ce la parole des hommes qui flétrit cette pureté des dieux, que le regard ne saurait ternir, et c'est pour cela sans doute que les démons sont établis comme des intermédiaires pour leur transmettre cette parole, et les sauvegarder ainsi de toute souillure! Parlerai-je des autres sens? Mais quand les dieux eux-mêmes seraient présents, ils ne pourraient être souillés par l'odorat, puisque les démons si rapprochés de nous ne le sont ni par les émanations qu'exhalent les corps vivants, ni par les odeurs infectes répandues par les cadavres immolés sur leurs

---

hoc præcipuum eorum sublimitatis ait esse specimen, quod nulla adtrectatione hominum contaminantur. » (APULEIUS, *lib. de deo Socratis*.) Ergo dæmones contaminari fatetur : et ideo eos a quibus contaminantur, mundare non possunt, omnesque immundi pariter fiunt, et dæmones contrectatione hominum, et homines cultu dæmonum. Aut si et contrectari miscerique hominibus, nec tamen contaminari, dæmones possunt, diis profecto meliores sunt : quia illi si miscerentur, contaminarentur. Nam hoc deorum dicitur esse præcipuum, ut eos sublimiter separatos humana contrectatio contaminare non possit. Deum quidem summum omnium creatorem, quem nos verum Deum dicimus, sic a Platone prædicari asseverat, « quod ipse sit solus qui non possit penuria sermonis humani quavis oratione vel modice comprehendi ; vix autem sapientibus viris, cum se vigore animi, quantum licuit, a corpore removerint, intellectum hujus Dei, et id quoque interdum velut in altissimis tenebris rapidissimo coruscamine lumen candidum intermicare. » (APUL. *Ibid*.) Si ergo supra omnia vere summus Deus intelligibili quadam præsentia, etsi interdum, etsi tamquam rapidissimo coruscamine lumen candidum intermicans, adest tamen sapientium mentibus, cum se quantum licuit, a corpore removerint, nec ab eis contaminari potest; quid est quod isti dii propterea constituuntur longe in sublimi loco, ne contrectatione contaminentur humana? Quasi vero aliud corpora illa ætheria quam videre sufficiat, quorum luce terra, quantum sufficit, illustratur. Porro si non contaminantur sidera, cum videntur, quos deos omnes visibiles dicit : nec dæmones hominum contaminantur adspectu, quamvis de proximo videantur. An forte vocibus humanis contaminarentur, qui acie non contaminantur oculorum ; et ideo dæmones medios habent, per quos eis voces hominum nuntientur, a quibus longe absunt, ut incontaminatissimi perseverent? Quid jam de ceteris sensibus dicam? Non enim olfaciendo contaminari vel dii possent, si adessent, vel cum adsunt dæmones, possunt vivorum corporum vaporibus humanorum, si tantis sacrificiorum cadaverinis non contaminantur nidoribus. In gustandi au-

autels? Quant au goût, ils ne sont point soumis à la nécessité de soutenir une nature mortelle, et la faim ne les force pas à demander des aliments aux hommes. Le toucher est en leur pouvoir. Quoique le contact appartienne particulièrement au sens du toucher, quelle nécessité les presse d'avoir ce contact? ne peuvent-ils pas, s'ils le veulent, dans leur commerce avec les hommes, se borner à voir et à être vus, à entendre et à être entendus. Satisfaits de jouir de la présence et de l'entretien des dieux, les hommes n'oseraient aspirer à ce contact; que s'ils poussaient la témérité jusque-là, comment pourraient-ils toucher un dieu ou un démon malgré lui, eux qui ne peuvent toucher un moineau à moins de l'avoir rendu captif.

2. Les dieux pourraient donc se mêler corporellement aux hommes, les voir et en être vus, leur parler et les entendre. Et, comme je l'ai dit, si ce commerce avec les hommes souillait les dieux, tandis qu'il laisse purs les démons, il faudrait dire alors que ces derniers sont exempts d'un défaut, qui appartient aux premiers. Si au contraire les démons eux-mêmes sont souillés par ce contact, de quelle utilité peuvent-ils être aux hommes pour leur procurer cette vie heureuse, qui doit suivre la mort? Souillés eux-mêmes, peuvent-ils donner à ceux dont ils sont les médiateurs cette pureté qui doit les réunir aux dieux purs? Et s'ils sont incapables de procurer aux hommes ce bienfait, à quoi donc peut servir leur médiation amicale? Serait-ce pour que les hommes au sortir de cette vie, au lieu de se réunir aux dieux par l'entremise des démons, restent au contraire conjointement souillés avec eux, et par conséquent misérables avec eux? Peut-être dira-t-on que ces démons sont comme des éponges qui absorbent les souillures des hommes, et qu'ils deviennent d'autant plus sales qu'ils les ont mieux purifiés. S'il en est ainsi, les dieux, qui pour rester purs évitent le voisinage et le commerce des hommes, ne répugnent donc pas au contact plus impur des démons? Mais peut-être que les dieux peuvent purifier les démons souillés par le commerce des hommes, et qu'ils n'ont pas la même puissance à l'égard de ces derniers? Qui donc, à moins d'être abusé par la malice perfide des démons, oserait avoir de telles pensées? Quoi! si l'on est souillé pour voir ou pour être vu, ne sont-ils pas vus par les hommes ces astres, flambeaux du monde, et les autres corps célestes qu'Apulée appelle des dieux visibles? Les démons qui ne peuvent être visibles que s'ils y consentent, sont donc plus que les dieux à l'abri de ces souillures? Que si ce qui rend impur, c'est de voir et non d'être vu, alors ces philosophes doivent nier que les hommes soient vus par ces astres étincelants, que cependant ils appellent des dieux, lorsqu'ils répandent leurs

---

tem sensum nulla necessitate reficiendæ mortalitatis urgentur, ut fame adacti cibos ab hominibus quærant. Tactus vero in potestate est. Nam licet ab eo potissimum sensu contrectatio dicta videatur, hactenus tamen, si vellent, miscerentur hominibus, ut viderent et viderentur, audirent et audirentur. Tangendi autem quæ necessitas? Nam neque homines id concupiscere auderent, cum deorum vel dæmonum bonorum conspectu vel colloquio fruerentur. Et si in tantum curiositas progrederetur, ut vellent; quonam pacto quispiam posset invitum tangere Deum, vel dæmonem, qui nisi captum non potest passerem?

2. Videndo igitur visibusque se præbendo et loquendo et audiendo, dii corporaliter misceri hominibus possent. Hoc autem modo dæmones si miscentur, ut dixi, et non contaminantur, dii autem contaminarentur, si miscerentur; incontaminabiles dicunt dæmones, et contaminabiles deos. Si autem contaminantur et dæmones, quid conferunt hominibus ad vitam post mortem beatam, quos contaminati mundare non possunt; ut eos mundos diis incontaminatis possint adjungere, inter quos et illos medii constituti sunt? Aut si hoc eis beneficii non conferunt, quid prodest hominibus dæmonum amica mediatio? An ut post mortem non ad deos homines per dæmones transeant, sed simul vivant utrique contaminati, ac per hoc neutri beati? Nisi forte quis dicat more spongiarum vel hujuscemodi rerum mundare dæmones amicos suos, ut tanto ipsi sordidiores fiant, quanto fiunt homines eis velut tergentibus mundiores. Quod si ita est, contaminatioribus dii miscentur dæmonibus, qui ne contaminarentur, hominum propinquitatem contrectationemque vitarunt. An forte dii possunt ab hominibus contaminatos mundare dæmones, nec ab eis contaminari, et eo modo non possent et homines? Quis talia sentiat, nisi quem fallacissimi dæmones deceperunt? Quid, quod si videri et videre contaminat, videntur ab hominibus dii, quos visibiles dicit, clarissima mundi lumina et cetera sidera, tutioresque sunt dæmones ab ista hominum contaminatione, qui non

rayons. Pourtant ces rayons éclairent les choses les plus viles sans perdre leur pureté, et les dieux seraient souillés s'ils avaient commerce avec les hommes, quand même pour les secourir le contact serait nécessaire! Et de fait, la terre est touchée par les rayons du soleil et de la lune, sans que pour cela la pureté de leur lumière soit flétrie.

CHAPITRE XVII.

Pour obtenir la vie bienheureuse, les hommes avaient besoin d'un médiateur tel que Jésus-Christ, et non tel que le serait un démon.

Que je suis étonné de voir des hommes aussi instruits, professant que les choses corporelles et sensibles ne sont rien en comparaison des choses immatérielles et intelligibles, parler de contact corporel, lorsqu'il s'agit de la vie bienheureuse. Que font-ils de cette parole de Plotin disant : « Il faut fuir vers la patrie bien-aimée; là est le Père, là sont tous les biens. Quel navire, ajoute-t-il, quel chemin peut y conduire? La ressemblance avec Dieu. » Si donc plus on ressemble à Dieu plus aussi on s'en rapproche, une seule chose nous en sépare, notre dissemblance avec lui. Or plus notre âme s'attache aux objets temporels et périssables, et plus elle s'éloigne de ce dieu incorporel, éternel et immuable. Pour guérir cette âme, il faut un médiateur, car nul rapport ne peut exister entre la pureté immortelle qui habite au ciel, et les choses périssables et impures qui se trouvent ici-bas. Ce médiateur ne doit point par un corps immortel se rattacher à l'ordre supérieur, et à l'ordre inférieur par une âme malade et sujette à nos infirmités, autrement il serait plus disposé à envier notre guérison qu'à la procurer; non, il faut qu'associé à nos misères par un corps périssable, il possède une sainteté immortelle de l'âme; que par cette glorieuse ressemblance, et non par la distance des lieux, il demeure uni aux gloires de la divinité, et qu'ainsi il prête à notre purification et à notre délivrance un secours véritablement divin. Loin de ce dieu, la pureté par essence, la crainte de se souiller en s'unissant à la nature humaine, ou en vivant comme homme au milieu des hommes. Son Incarnation nous a donné ces deux enseignements salutaires et importants : que le vrai dieu ne contractait point de souillure en revêtant notre chair, et qu'il ne fallait pas croire

---

possunt videri, nisi velint? Aut si non videri, sed videre contaminat, negent ab istis clarissimis mundi luminibus, quos deos opinantur, videri homines, cum radios suos terras usque pertendant. Qui tamen eorum radii per quæque immunda diffusi non contaminantur : et dii contaminarentur, si hominibus miscerentur, etiamsi esset necessarius in subveniendo contactus. Nam radiis solis et lunæ terra contingitur, nec istam contaminat lucem.

CAPUT XVII.

Ad consequendam vitam beatam, quæ in participatione est summi boni, non tali mediatore indigere hominem qualis est dæmon, sed tali qualis unus est Christus.

Miror autem plurimum tam doctos homines, qui cuncta corporea et sensibilia (a), præ incorporalibus et intelligibilibus, postponenda judicaverunt, cum agitur de beata vita, corporalium contrectationum facere mentionem. Ubi est illud Plotini, ubi ait, « Fugiendum est igitur ad (b) carissimam patriam, et ibi pater, et ibi omnia? Quæ igitur classis, in-quit, aut fuga? Similem deo fieri. » Si ergo deo quanto similior, tanto fit quisque propinquior ; nulla est ab illo alia longinquitas quam ejus dissimilitudo, Incorporali vero illi æterno et incommutabili tanto est anima hominis dissimilior, quanto rerum temporalium mutabiliumque cupidior. Hoc ut sanetur, quoniam immortali puritati, quæ in summo est, ea quæ in imo sunt mortalia et immunda convenire non possunt, opus est quidem mediatore; non tamen tali qui corpus quidem habeat immortale propinquum summis, animum autem morbidum similem infimis; quo morbo nobis invideat potius ne sanemur, quam adjuvet ut sanemur : sed tali qui nobis infimis ex corporis mortalitate coaptatus, immortali spiritus justitia, per quam non locorum distantia, sed similitudinis excellentia mansit in summis, mundandis liberandisque nobis vere divinum præbeat adjutorium. Qui profecto incontaminabilis Deus absit ut contaminationem timeret ex homine quo indutus est, aut ex hominibus inter quos (c) in homine conversatus est. Non enim parva sunt hæc interim duo, quæ salubriter sua incarnatione monstravit, nec (d) carne posse contaminari veram divi-

---

(a) Ex editis duo Er. et Lov. omittunt *præ*. — (b) Editi. *clarissimam*. At Mss. *carissimam* ; juxta Græcum Plotini Ennead. I, lib. VI. — (c) Nonnulli Mss. sed non melioris notæ, *homo conversatus est*. — (d) Sic Vind. Am. et Mss. At Er. et Lov. *nec in carne*.

les démons meilleurs que nous, bien qu'ils n'eussent point un corps charnel. C'est lui qui, selon la parole de la Sainte-Écriture, est « Jésus-Christ, homme médiateur entre Dieu et les hommes. » (I. *Timoth.* II, 5.) Mais ce n'est pas ici le lieu de parler, comme je voudrais le faire, de la divinité qui le rend toujours égal à son Père, et de la nature humaine par laquelle il est devenu semblable à nous.

CHAPITRE XVIII.

La perfidie des démons, tout en promettant de conduire les hommes à Dieu, ne cherche qu'à les éloigner du chemin de la vérité.

Mais les démons, ces médiateurs perfides, bien que plusieurs manifestations de leurs esprits impurs les montrent pervers et misérables, cherchent cependant, aidés par les lieux qu'ils occupent et par la subtilité de leurs corps, à détourner et à empêcher le progrès des âmes; loin de nous aider à monter vers Dieu, ils nous écartent de la voie qui doit nous y conduire. En effet, ce n'est point par une hauteur mesurable, mais par une élévation spirituelle, par la ressemblance de l'âme, que nous devons monter vers Dieu, et cette voie corporelle, où la justice ne sert pas de guide, est trompeuse et pleine d'erreurs : N'est-ce pas dans cette voie corporelle, qui, suivant les défenseurs des démons, est disposée selon la hauteur des éléments, que sont placés les esprits aériens comme médiateurs entre les hommes d'ici-bas et les dieux du ciel; n'enseignent-ils pas d'un autre côté que la principale prérogative des dieux, c'est de ne pouvoir, à raison de l'immense intervalle qui les sépare des hommes, être souillés par le contact de ces derniers. Ils pensent donc que les démons contractent plutôt les souillures de la nature humaine qu'ils ne sont capables de la purifier, et que les dieux eux-mêmes subiraient ces flétrissures, si une grande distance ne les en préservait. Qui donc serait assez malheureux pour se croire purifié dans une voie, où ces philosophes nous disent que les hommes communiquent leurs souillures, que les démons les contractent et que les dieux eux-mêmes sont susceptibles de les subir! Ah! choisissons plutôt celle où l'on ne rencontre point les démons impurs, où les hommes sont purifiés par le Dieu de toute sainteté, et introduits par lui dans la société incorruptible des anges.

---

nitatem, nec ideo putandos dæmones nobis esse meliores, quia non habent carnem. Hic est, sicut eum prædicat sancta Scriptura, « Mediator Dei et hominum homo Christus Jesus, » (I. *Tim.* II, 5) de cujus et divinitate qua Patri est semper æqualis, et humanitate qua nobis factus est similis, non hic locus est ut competenter pro nostra facultate dicamus.

CAPUT XVIII.

Quod fallacia dæmonum, dum sua intercessione viam spondet ad Deum, hoc adnitatur, ut homines a via veritatis avertat.

Falsi autem illi fallacesque mediatores dæmones, qui cum per spiritus immunditiam miseri ac maligni multis effectibus clareant, per corporalium tamen locorum intervalla et per aeriorum corporum levitatem a provectu animorum nos avocare atque avertere moliuntur (*a*), non viam præbent ad Deum; sed, ne via teneatur, impediunt. Quando quidem et in ipsa via corporali, quæ falsissima est et plenissima erroris, qua non iter agit justitia; quoniam non per corporalem altitudinem, sed per spiritualem, hoc est, incorporalem similitudinem ad Deum debemus adscendere; in ipsa tamen corporali via, quam dæmonum amici per elementorum gradus ordinant, inter ætherios deos et terrenos homines aeriis dæmonibus mediis constitutis, hoc deos opinantur habere præcipuum, ut propter hoc intervallum locorum contrectatione non contaminentur humana. Ita dæmones contaminari potius ab hominibus, quam homines mundari a dæmonibus credunt, et deos ipsos contaminari potuisse, nisi loci altitudine munirentur. Quis tam infelix est, ut ista via mundari se existimet, ubi homines contaminantes, dæmones contaminati, dii contaminabiles prædicantur; et non potius eligat viam, ubi contaminantes magis dæmones evitentur, et ab (*b*) incontaminabili Deo ad ineundam societatem incontaminatorum Angelorum homines a contaminatione mundentur?

(*a*) Lov. *et non viam. Particula et abest ab aliis libris.* — (*b*) Sola editio Lov. *et ab incommutabili Deo.*

CHAPITRE XIX.

Le nom de démons pris en mauvaise part même par ceux qui les adorent.

Mais pour ne pas paraître disputer sur les mots, puisque quelques-uns de ces adorateurs des démons, parmi lesquels se trouve Labéon, prétendent que quelquefois ces démons sont appelés anges par d'autres auteurs, il me semble devoir dire ici quelques mots au sujet des bons anges. Les Platoniciens ne nient pas l'existence de ces esprits, mais ils aiment mieux les appeler de bons démons que leur donner le nom d'anges. Pour nous, nous voyons bien par le langage de l'Écriture, qui est la règle de notre foi, qu'il y a des anges bons et mauvais ; mais nulle part elle n'enseigne qu'il y ait de bons démons. Partout où le mot démon se rencontre, il désigne des esprits mauvais. Du reste, ce sens est tellement admis que, même chez les peuples païens, qui prétendent qu'on doit adorer plusieurs dieux et aussi les démons, il n'y a presque aucun homme, fut-il savant et érudit, qui oserait dire comme un éloge à un simple serviteur : Tu as un démon avec toi.

Quel que soit l'homme auquel ces paroles seraient adressées, elles seraient certainement prises pour une injure. Puisque presque tout le monde prend en mauvaise part ce nom de démon, quelle raison nous oblige à de plus longues explications sur ce point. Ne pouvons-nous pas, en employant le terme d'ange, échapper à toute signification équivoque.

CHAPITRE XX.

Quelle science rend les démons orgueilleux.

Cependant si nous consultons nos livres saints, l'origine même de ce nom de démon mérite d'être connue. Ils ont reçu cette dénomination, qui vient de la langue grecque, en raison de leur science (1). Or l'Apôtre inspiré par l'Esprit-Saint a dit : « La science enfle, mais la charité édifie. » (I. *Cor.* VIII, 1.) Ce qui montre avec évidence que la science n'est utile que lorsque la charité l'accompagne ; sans cette dernière, elle gonfle le cœur et le remplit en quelque sorte de la bouffissure d'un vain orgueil. Or, chez les démons, la science existe sans la charité ; c'est pourquoi ils sont tellement orgueilleux, tellement gonflés par la superbe,

(1) Platon *(in Cratilo)* dit que Δαίμων vient de Δαήμων, qui signifie *habile, adroit, savant.* (Voy. Lactance, Liv. II).

CAPUT XIX.

Quod appellatio dæmonum jam nec apud cultores eorum assumatur in significationem alicujus boni.

Sed ne de verbis etiam nos certare videamur, quoniam nonnulli istorum, ut ita dixerim, dæmonicolarum, in quibus et Labeo est, eosdem perhibent ab aliis angelos dici, quos ipsi dæmones nuncupant, jam mihi de bonis Angelis aliquid video disscerendum, quos isti esse non negant, sed eos bonos dæmones vocare quam angelos malunt. Nos autem, sicut Scriptura loquitur, secundum quam Christiani sumus, angelos quidem partim bonos, partim malos, numquam vero bonos dæmones legimus : sed ubicumque illarum litterarum hoc nomen positum reperitur, sive dæmones, sive dæmonia dicantur, non nisi maligni significantur spiritus. Et hanc loquendi consuetudinem in tantum populi usquequaque seculi sunt, ut eorum qui pagani appellantur, et deos multos ac dæmones colendos esse contendunt, nullus fere sit tam litteratus et doctus, qui audeat in laude vel servo suo dicere : Dæmonem habes : sed cuilibet hoc dicere voluerit, non se aliter accipi, quam maledicere voluisse, dubitare non possit. Quæ igitur nos caussa compellit, ut post offensionem aurium tam multarum, ut jam pene sint omnium, quæ hoc verbum non nisi in malam partem audire consueverunt, quod diximus cogamur exponere, cum possimus angelorum nomine adhibito, eamdem offensionem quæ nomine dæmonum fieri poterat, evitare ?

CAPUT XX.

De qualitate scientiæ, quæ dæmones superbos facit.

Quamquam etiam ipsa origo hujus nominis, si divinos intueamur libros, aliquid affert cognitione dignissimum. Δαίμονες enim dicuntur, quoniam vocabulum Græcum est, ob scientiam nominati. Apostolus autem Spiritu-Sancto locutus ait, « Scientia inflat, caritas vero ædificat. » (I. *Cor.* VIII, 1.) Quod recte aliter non intelligitur, nisi scientiam tunc prodesse, cum caritas inest ; sine hac autem inflare, id est, in superbiam inanissimæ quasi ventositatis extollere. Est ergo in dæmonibus scientia sine cari-

qu'ils se sont fait rendre, et se font rendre encore tous les jours, autant qu'ils le peuvent, par les hommes qu'ils séduisent, les honneurs divins et le culte religieux, qu'ils savent n'être dus qu'à Dieu seul. Quelle est la puissance de l'humilité du Dieu, qui a paru parmi nous sous la forme d'esclave, pour anéantir cette superbe des démons sous lesquels le genre humain était justement asservi, c'est ce que ne peuvent comprendre ces hommes tout bouffis d'une arrogance impure, et ressemblant aux démons non par leur science mais par leur orgueil.

CHAPITRE XXI.

De quelle manière le Seigneur a voulu être connu des démons.

Quant aux démons, ils le savent si bien, qu'ils disaient au Seigneur revêtu de la faiblesse de notre chair : « Qu'y a-t-il de commun entre nous et toi, Jésus de Nazareth? Es-tu venu nous perdre avant le temps? » (*Marc*, I, 24; *Matth*. VIII, 29.) Parole qui montre clairement qu'ils avaient la connaissance de ces grands mystères, mais qu'ils n'avaient point la charité. En effet, ils craignaient d'en recevoir leur châtiment, mais ils n'aimaient pas la justice qui était en lui. Or, il s'est manifesté à eux autant qu'il l'a voulu, et il l'a voulu autant qu'il le fallait. Ils ne l'ont pas connu comme les saints anges, qui jouissent de son éternité bienheureuse, en tant qu'il est Verbe de Dieu ; mais il s'est révélé à eux pour leur inspirer la terreur, puisqu'il venait par sa puissance arracher à leur pouvoir tyrannique ceux qui étaient prédestinés à son royaume, à cette gloire toujours vraie et vraiment éternelle. Il s'est donc manifesté aux démons non en tant qu'il est la vie éternelle, la lumière incorruptible qui éclaire les justes, lumière qui, par la foi en ce Sauveur purifie les cœurs ; mais par certains effets passagers de sa puissance, et par des signes de sa présence cachée, qui pouvait être plus sensible à la nature angélique de ces esprits mauvais, qu'à l'infirmité humaine. Car enfin, lorsqu'il a jugé convenable de supprimer pour un instant ces signes, et de mieux voiler ce qu'il est, le prince des démons a douté de lui, et voulant savoir s'il était le Christ, il l'a tenté (*Matth*. IV, 3); mais il ne l'a tenté qu'autant qu'il l'a permis; le Christ fait homme voulant ainsi nous offrir un exemple au milieu des tentations. Quand après cette tentation, les anges, ainsi qu'il est écrit, c'est-à-dire les anges bons et saints, et par cela même terribles et redoutables aux esprits impurs, s'avancèrent pour le

---

tate, et ideo tam inflati, id est, tam superbi sunt, ut honores divinos et religionis servitutem, quam vero Deo deberi sciunt, sibi (*a*) sategerint exhiberi, et quantum possunt, et apud quos possunt, adhuc agunt. Contra superbiam porro dæmonum, qua pro meritis possidebatur genus humanum, Dei humilitas (*b*) quæ in forma servi apparuit, quantam virtutem habeat, animæ hominum nesciunt immunditia elationis inflatæ, dæmonibus similes superbia, non scientia.

CAPUT XXI.

Ad quem modum Dominus voluerit dæmonibus innotescere.

Ipsi autem dæmones etiam hoc ita sciunt, ut eidem Domino infirmitate carnis induto dixerint, « Quid nobis et tibi, Jesu Nazarene? Venisti ante tempus perdere nos. » (*Marc*. I, 24; *Matth*. VIII, 29.) Clarum est in his verbis, quod in eis et tanta scientia erat, et caritas non erat. Pœnam quippe suam formidabant ab illo, non in illo justitiam diligebant. Tantum vero eis innotuit, quantum voluit : tantum autem voluit, quantum oportuit. Sed innotuit, non tamen sicut sanctis Angelis, qui ejus secundum id quod Dei Verbum est, participata æternitate perfruuntur ; sed sicut eis terrendis innotescendum fuit, ex quorum tyrannica quodam modo potestate fuerat liberaturus prædestinatos in suum regnum et gloriam semper veracem et veraciter sempiternam. Innotuit ergo dæmonibus, non per id quod est vita æterna, et lumen incommutabile quod illuminat pios, cui videndo per fidem, quæ in illo est, corda mundantur ; sed per quædam temporalia suæ virtutis effecta et occultissimæ signa præsentiæ, quæ angelicis sensibus etiam malignorum spirituum potius quam infirmitati hominum possent esse conspicua. Denique quando ea paululum supprimenda judicavit, et aliquanto altius latuit, dubitavit de illo dæmonum princeps, cumque tentavit (*Matth*. IV, 3), an Christus esset explorans, quantum se tentari ipse permisit, ut hominem quem gerebat, ad nos-

---

(*a*) Viud. et Mss. *satis egerint*. Sic aliis locis constanter, *satis ago*, pro *satago*. — (*b*) Viud. Am. Et. et plures Mss. *quæ in Christo apparuit*. Nonnulli veteres libri, *qui in Christo*, etc.

servir, les démons apprirent de plus en plus à connaître sa grandeur ; quoique revêtu d'une chair infirme et méprisable, il ordonnait et nul n'osait lui résister.

CHAPITRE XXII.

Différence entre la science des saints anges et celle des démons.

Aussi au regard des bons anges, toute cette science des choses matérielles et périssables, qui rend les démons si vains, paraît vile et méprisable. Ce n'est pas qu'ils en soient privés ; mais parce que l'amour de Dieu qui les sanctifie leur est beaucoup plus cher ; en comparaison de la bonté éternelle et ineffable de celui dont le saint amour les enflamme, ils méprisent tout ce qui est au-dessous de lui, tout ce qui n'est pas lui, sans en excepter eux-mêmes, afin de jouir par tout ce qui les rend bons de ce bien suprême, source de leur bonté. Par là même, ils connaissent avec plus de certitude toutes ces choses temporelles et passagères, parce qu'ils en voient la raison fondamentale dans le Verbe de Dieu par lequel le monde a été créé, raison qui approuve les unes, réprouve les autres, mais qui les ordonne toutes. Les démons ne voient pas dans la sagesse de Dieu ces causes éternelles et fondamentales des événements temporels, mais à l'aide de certains signes qui nous échappent, leur expérience plus grande que celle des hommes, pénètre bien plus loin que nous dans l'avenir. Parfois aussi, c'est ce qu'ils ont dessein de faire qu'ils prédisent. Enfin, ils se trompent souvent, et les anges jamais. C'est autre chose en effet de conjecturer des choses temporelles et muables, d'après ce qui est également soumis aux temps et aux changements, et d'y mêler quelques effets également temporaires et muables de sa volonté et de sa puissance, ce qui parfois est permis au démon ; c'est autre chose aussi de prévoir les changements des événements temporels dans les lois éternelles et immuables de Dieu, toujours vivant dans sa sagesse ; de connaître, par la participation à l'esprit divin, la volonté de Dieu aussi infaillible qu'elle est puissante. Une juste disposition de la Providence a accordé ce privilége aux saints anges. Ils ne sont pas seulement éternels, mais ils sont aussi bienheureux. Le bien qui fait leur félicité, c'est le Dieu qui les a créés. Ils jouissent de son propre bonheur et s'énivrent de sa contemplation.

træ imitationis temperaret exemplum. Post illam vero tentationem, cum Angeli, sicut scriptum est, ministrarent ei, boni utique et sancti, ac per hoc spiritibus immundis metuendi et tremendi, magis magisque innotescebat dæmonibus quantus esset, ut ei jubenti, quamvis in illo contemptibilis videretur carnis infirmitas, resistere nullus auderet.

CAPUT XXII.

Quid intersit inter scientiam sanctorum Angelorum, et scientiam dæmonum.

His igitur Angelis bonis omnis corporalium temporaliumque rerum scientia, qua inflantur dæmones, vilis est : non quod earum ignari sint, sed quod illis Dei, qua sanctificantur, caritas cara est, præ cujus non tantum incorporali, verum etiam incommutabili et ineffabili pulchritudine, cujus sancto amore inardescunt, omnia quæ infra sunt, et quod illud est non sunt, seque ipsos inter illa contemnunt, ut ex toto quod boni sunt, eo bono ex quo boni sunt, perfruantur. Et ideo certius etiam temporalia et mutabilia ista noverunt ; quia eorum principales caussas in Verbo Dei conspiciunt, per quod factus est mundus : quibus caussis quædam probantur, quædam reprobantur, cuncta ordinantur. Dæmones autem non æternas temporum caussas et quodam modo cardinales in Dei Sapientia contemplantur, sed quorumdam signorum nobis occultorum majore experientia multo plura quam homines futura prospiciunt. Dispositiones quoque suas aliquando prænuntiant. Denique sæpe isti, numquam illi omnino falluntur. Aliud est enim temporalibus temporalia et mutabilibus mutabilia conjectare, eisque temporalem et mutabilem (*a*) modum suæ voluntatis et facultatis inserere, quod dæmonibus certa ratione permissum est : aliud autem in æternis atque incommutabilibus Dei legibus, quæ in ejus Sapientia vivunt, mutationes temporum prævidere, Deique voluntatem, quæ tam certissima quam potentissima est (*b*) omnium, Spiritus ejus participatione cognoscere ; quod sanctis Angelis recta discretione donatum est. Itaque non solum æterni, verum etiam beati sunt. Bonum autem quo beati sunt, Deus illis est, a quo creati sunt. Illius quippe indeclinabiliter participatione et contemplatione perfruuntur.

(*a*) Aliquot Mss. *motum*. — (*b*) Sic Er. et Mss. At Vind. Am. et Lov. *quam potentissima est divini Spiritus*, etc.

CHAPITRE XXIII.

C'est à tort que les païens appellent dieux les démons; cependant, souvent l'Écriture applique ce nom aux saints Anges et aux hommes justes.

1. Si les Platoniciens aiment mieux appeler ces anges des dieux que des démons, et les mettre au nombre de ceux qui, selon Platon leur maître, ont été créés par le Dieu suprême; j'y consens, car je ne veux pas leur faire une querelle de mots. Et de fait, s'ils prétendent qu'ils sont immortels et bienheureux, en ce sens toutefois, qu'ils sont les créatures du Dieu souverain, et que leur félicité consiste à lui demeurer unis, ils sont d'accord avec nous, quelque différence qu'il y ait dans la manière de s'exprimer. Que tel soit le sentiment de tous les Platoniciens ou du moins des plus habiles, leurs écrits en font foi. Ce qui fait qu'il n'y a entre eux et nous presque aucun désaccord, lorsqu'ils appellent dieux des créatures immortelles et bienheureuses, c'est que nos saintes Écritures les désignent elles-mêmes sous ce titre. Nous y lisons : « Le Seigneur, Dieu des dieux, a parlé. » (*Ps.* XLIX, 1.) Et ailleurs : « Rendez gloire au Dieu des dieux. » (*Ps.* CXXXV, 2.) Et encore : « Roi puissant sur tous les dieux. » (*Ps.* XCIV, 3)

Quant à ce passage : « Il est terrible sur tous les dieux » (*Ps.* XCV, 4), ce qui suit explique dans quel sens il faut l'entendre. Voici, en effet, le verset suivant : « Car tous les dieux des nations sont des démons; mais c'est le Seigneur qui a fait les Cieux. » Le Psalmiste a dit sur tous les dieux, mais sur les dieux des nations, c'est-à-dire sur ceux que les nations considèrent comme tels, et qui ne sont que des démons. Aussi, il est terrible pour ces derniers, et c'est sous l'impression de cette terreur qu'ils disaient au Seigneur : « Es-tu venu pour nous perdre? » (*Marc.* I, 24.) Mais quand il est dit : « Le Dieu des dieux, » on ne peut pas comprendre qu'il s'agisse du Dieu des démons, et gardons-nous bien d'entendre ces paroles : « Roi puissant sur tous les dieux, » comme s'il s'agissait encore ici de ces esprits mauvais. L'Écriture sainte donne aussi ce nom à quelques hommes du peuple de Dieu : « J'ai dit : vous êtes des dieux; vous êtes tous les fils du Très-Haut. » (*Ps.* LXXXI, 6.) On peut comprendre que c'est au sujet de ces dieux qu'il est appelé le « Dieu des dieux, » et qu'il est le roi puissant sur ces dieux, lorsqu'on le nomme : « Roi puissant sur tous les dieux. »

2. Cependant, dira-t-on, si l'on appelle dieux ces hommes, parce qu'ils appartiennent à un peuple auquel Dieu a parlé, soit par les Anges,

---

CAPUT XXIII.

Nomen deorum falso adscribi diis gentium, quod tamen et Angelis sanctis et hominibus justis ex divinarum Scripturarum auctoritate commune est.

1. Hos si Platonici malunt deos, quam dæmones dicere, eisque annumerare, quos a summo Deo conditos deos scribit eorum auctor et magister Plato; dicant quod volunt : non enim cum eis de verborum controversia laborandum est. Si enim sic immortales, ut tamen a summo Deo factos, etsi non per se ipsos, sed ei a quo facti sunt adhærendo, beatos esse dicunt; hoc dicunt quod dicimus, quolibet eos nomine appellent. Hanc autem Platonicorum esse sententiam, sive omnium, sive meliorum, in eorum litteris inveniri potest. Nam et de ipso nomine, quo hujusmodi immortalem beatamque creaturam deos appellant; ideo inter nos et ipsos pene nulla dissensio est, quia et in nostris sacris litteris legitur, « Deus deorum Dominus locutus est. (*Ps.* XLIX, 1.) Et alibi, « Confitemini Deo deorum. » (*Ps.* CXXXV, 2.) Et alibi, « Rex magnus super omnes deos. ». (*Ps.* XCIV, 3.) Illud

autem ubi scriptum est, « Terribilis est super omnes deos : » (*Ps.* XCV, 4) cur dictum sit, deinceps ostenditur. Sequitur enim, « Quoniam omnes dii gentium dæmonia, Dominus autem cœlos fecit. Super omnes » ergo « deos » dixit, sed « gentium, » id est, quos gentes pro diis habent, quæ sunt « dæmonia : » ideo « terribilis, » sub quo terrore Domino dicebant, « Venisti perdere nos ? » (*Marc.* I, 24.) Illud vero ubi dicitur, « Deus deorum, » non potest intelligi Deus dæmoniorum : et « Rex magnus super omnes deos, » absit ut dicatur Rex magnus super omnia dæmonia. Sed homines quoque in populo Dei, eadem Scriptura deos appellat. « Ego, » inquit, « dixi, Dii estis, et filii Excelsi omnes. » (*Ps.* LXXXI, 6.) Potest itaque intelligi horum deorum Deus, qui dictus est « Deus deorum : » et super hos deos Rex magnus, qui dictus est « Rex magnus super omnes deos. »

2. Verumtamen cum a nobis quæritur, si homines dicti sunt dii, quod in populo Dei sunt, quem per Angelos vel per homines alloquitur Deus; quanto magis immortales eo nomine digni sunt, qui ea fruuntur beatitudine, ad quam Deum colendo cupiunt homines pervenire ? quid respondebimus, nisi

soit par les hommes, combien plus doit-on donner ce titre aux esprits immortels qui jouissent de cette béatitude, à laquelle les hommes aspirent en servant Dieu? Que répondre, sinon que ce n'est pas sans raison que la sainte Écriture a donné le nom de dieux aux hommes plus clairement qu'aux esprits immortels et bienheureux, auxquels nous devons, selon la promesse de Dieu, devenir semblables au jour de la résurrection. Elle l'a fait de peur que notre faiblesse, frappée de leur excellence, ne tombât dans l'infidélité, en cherchant quelque dieu parmi eux; ce qui est facile à éviter parmi les hommes. Les hommes du peuple de Dieu ont dû être appelés dieux plus clairement, afin que leur foi fût confirmée, et qu'ils fussent assurés que celui qui s'appelait le Dieu des dieux, était réellement leur Dieu. En effet, bien que les esprits bienheureux et immortels qui habitent les Cieux, reçoivent parfois le titre de dieux, jamais ils n'ont été appelés les dieux des dieux, c'est-à-dire les dieux de ces hommes choisis dans le peuple élu, auxquels s'adresse cette parole : « Je l'ai dit : vous êtes des dieux; tous vous êtes les fils du Très-Haut. » (*Ps.* LXXXI, 6.) De là, ces mots de l'Apôtre : « Encore que plusieurs soient appelés dieux au ciel et sur la terre, et qu'ainsi il y ait plusieurs dieux et plusieurs seigneurs, nous n'avons cependant qu'un seul Dieu, le Père, qui a créé toutes choses et dans lequel nous subsistons; nous n'avons qu'un seul Seigneur, Jésus-Christ, par lequel toutes choses ont été faites et nous-mêmes par lui. » (I. *Corinth.* VIII, 5.)

3. Dans une chose si claire et qui ne permet pas le moindre doute, il n'est pas nécessaire de disputer plus longtemps sur un nom. Mais lorsque nous disons que les Anges, par lesquels Dieu annonce aux hommes sa volonté, sont du nombre de ces esprits immortels et bienheureux, ces philosophes ne s'accordent plus avec nous. Ils pensent que ce rôle est rempli, non par ces esprits immortels et bienheureux qu'ils appellent dieux, mais par des démons, qu'ils veulent bien reconnaître immortels, sans oser leur accorder la félicité. Ou du moins, s'ils sont immortels et bienheureux, ce ne sont pourtant que de bons démons et non pas des dieux habitant le ciel, et éloignés à une immense distance du contact des hommes. Quoiqu'il semble n'être question ici que d'une dispute de mots, toutefois, le nom de démons est tellement odieux, que nous devons faire tous nos efforts pour le rejeter lorsqu'il s'agit des saints Anges. Concluons donc, pour terminer ce livre, que ces esprits immortels et bienheureux, simples créatures, sous quelque nom qu'on les désigne, ne peuvent être des médiateurs capables de procu-

---

non frustra in Scripturis sanctis expressius homines nuncupatos deos, quam illos immortales et beatos, quibus nos æquales futuros in resurrectione promittitur, ne scilicet propter illorum excellentiam ali quem eorum nobis constituere deum infidelis auderet infirmitas? Quod in homine facile est evitare. Et evidentius dici debuerunt homines dii in populo Dei, ut certi ac fidentes fierent, esse eum Deum suum, qui dictus est« Deus deorum » quia et si appellentur dii immortales illi et beati, qui in cœlis sunt; non tamen dicti sunt dii deorum, id est, dii hominum in populo Dei constitutorum, quibus est dictum; « Ego dixi, Dii estis, et filii Excelsi omnes. » (*Ps.* LXXXI, 6.) Hinc est quod ait Apostolus ; « Et si sunt qui dicuntur dii, sive in cælo, sive in terra; sicuti sunt dii multi, et domini multi : nobis tamen unus Deus Pater, ex quo omnia, et nos in ipso, et unus Dominus Jesus Christus, per quem omnia, et nos per ipsum. (I. *Cor.* VIII, 5.)

3. Non multum ergo de nomine disceptandum est, cum res ipsa ita clareat, ut a scrupulo dubitationis aliena sit. Illud vero quod nos ex corum immortalium beatorum numero missos Angelos esse dicimus, qui Dei voluntatem hominibus annuntiarent, illis (*a*) autem non placet qui hoc ministerium non per illos quos deos appellant, id est, immortales et beatos, sed per dæmones fieri credunt, quos immortales tantum, non etiam beatos audent dicere ; aut certe ita immortales ac beatos, ut tamen dæmones bonos, non deos sublimiter collocatos et ab humana contrectatione semotos; quamvis nominis controversia videatur, tamen ita detestabile est nomen dæmonum, ut hoc modis omnibus a sanctis Angelis nos removere debeamus. Nunc ergo ita liber iste claudatur, ut sciamus immortales ac beatos, quodlibet vocentur, qui tamen facti et creati sunt, medios non esse ad immortalem beatitudinem perducendis mortalibus miseris, a quibus utraque differentia separantur. Qui autem medii sunt communem habendo immortalitatem cum superioribus, mise-

(*a*) Particula *autem* desideratur in sola editione Lov.

rer aux misérables mortels, la béatitude éternelle ; car ils n'ont de commun avec eux, ni la mortalité ni la misère. Quant à ces autres médiateurs reliés à l'ordre supérieur par l'immortalité et à l'ordre inférieur par leur misère, comme cette dernière est une punition de leur malice, qui les a privés de la béatitude, ils sont plus disposés à nous envier la félicité qu'à nous la procurer. Les défenseurs des démons n'ont donc aucun motif convenable pour nous déterminer à invoquer le secours de ces esprits, que nous devons plutôt éviter comme trompeurs et perfides. Quant à ces esprits bons, et par conséquent, non-seulement immortels, mais bienheureux, que, selon eux, nous devons honorer comme des dieux par des cérémonies et des sacrifices, afin d'être conduits par leur intermédiaire à la vie bienheureuse, nous allons, avec l'aide de Dieu, montrer dans le livre suivant, que ces esprits, quels qu'ils soient, sous n'importe quel nom on les désigne, ne veulent pas que ces hommages religieux soient rendus, sinon au Dieu unique, qui les a créés, et dont la possession forme leur béatitude.

LIVRE DIXIÈME

Dans ce Livre, le saint évêque d'Hippone enseigne que les bons Anges ne veulent point pour eux de ces honneurs divins, appelés culte de *Latrie*, lequel consiste en des sacrifices ; que ce culte n'appartient qu'au seul Dieu véritable, dont les anges eux-mêmes sont les serviteurs. Il discute ensuite contre Porphyre (1) sur la manière dont l'âme est purifiée et délivrée.

CHAPITRE PREMIER.

Les Platoniciens admettent que Dieu seul est l'auteur de la béatitude des hommes et des Anges ; si ces derniers désirent, comme le veulent ces philosophes, qu'on leur rende le culte de Latrie, *qui n'est dû qu'à Dieu.*

1. Un sentiment incontestable pour quiconque a l'usage de la raison, c'est que tous les hommes veulent être heureux. Mais quels sont ceux qui sont heureux ? Comment le deviennent-ils ? A ce sujet, de nombreuses et graves controverses se sont élevées, et pour les résoudre, les philosophes ont dépensé leurs études et leurs soins. Citer ici et examiner leurs diverses opinions, serait trop long et parfaitement inu-

(1) Voir au sujet de ce philosophe la note mise au chap. xxviii de ce même livre.

riam cum inferioribus, quoniam merito malitiæ sunt miseri, beatitudinem quam non habent, invidere nobis possunt potius quam præbere. Unde nihil habent amici dæmonum quod nobis dignum afferant, cur eos tamquam adjutores colere debeamus, quos potius ut deceptores evitare debemus. Quos autem bonos, et ideo non solum immortales, verum etiam beatos deorum nomine sacris et sacrificiis propter vitam beatam post mortem adipiscendam colendos putant, qualescumque illi sint, et quolibet vocabulo digni sint, non eos velle per tale religionis obsequium nisi unum Deum coli, a quo creati et cujus participatione beati sunt, adjuvante ipso, in sequenti libro diligentius disseremus.

LIBER DECIMUS

In quo docet Augustinus divinum honorem, qui Latriæ cultus dicitur et sacrificiis agitur, nolle Augelos bonos exhibere nisi uni Deo, cui et ipsi serviunt. De principio subinde ac via purgandæ ac liberandæ animæ disputat contra Porphyrium.

CAPUT PRIMUM.

Veram beatitudinem sive angelis, sive hominibus, per unum Deum tribui, etiam Platonicos definisse : sed utrum hi, quos ob hoc ipsum colendos putant, uni tantum Deo, an etiam sibi sacrificari velint, esse quærendum.

1. Omnium certa sententia est, qui ratione quoquo modo uti possunt, beatos esse omnes homines velle. Qui autem sint, vel unde fiant, dum mortalium quærit infirmitas, multæ magnæque contro-

tile. Si les lecteurs se rappellent ce que nous avons dit au livre huitième, sur le choix des philosophes avec lesquels nous devions traiter de cette vie bienheureuse, qui doit suivre la mort; si nous pouvions y parvenir en honorant le seul Dieu véritable, créateur des dieux mêmes; ou si, pour y parvenir, il fallait rendre un culte religieux à plusieurs dieux; qu'ils n'attendent pas que nous retombions ici dans des redites, puisqu'il suffit, pour leur en rafraîchir le souvenir, qu'ils relisent ce que nous avons dit, si par hasard ils l'avaient oublié. Nous avons choisi les Platoniciens, sans contredit, les plus éminents parmi les philosophes, parce que, tout en reconnaissant que l'âme de l'homme, quoique immortelle, raisonnable et intelligente, ne saurait être heureuse sans participer à la lumière de ce Dieu, son créateur et celui de l'univers, ils soutiennent que nul ne peut arriver à cette vie bienheureuse, à laquelle tous les hommes aspirent, si un amour chaste et pur ne l'attache au seul bien suprême, qui n'est autre que le Dieu immuable. Mais, comme ces philosophes, soit entraînés par la vanité et les erreurs populaires, soit « s'évanouissant, » selon le mot de l'Apôtre, « dans leurs pensées, » (*Rom.* I, 21) ont cru et voulu faire croire qu'il faut adorer plusieurs dieux, à tel point, que certains d'entre eux ont enseigné qu'il fallait rendre, même aux démons, les honneurs divins et leur offrir des sacrifices, nous avons longuement répondu à ces derniers. Nous allons maintenant examiner et discuter, autant que Dieu nous en donnera la grâce, comment les esprits immortels et bienheureux placés dans les demeures célestes, dominations, principautés, puissances, qu'ils appellent dieux, bons démons ou anges avec nous, veulent que nous pratiquions la religion et cultivions la piété. Enfin, pour parler plus clairement, nous examinerons : s'il est agréable à ces esprits bienheureux, que nous leur offrions des sacrifices, et que nous leur présentions nos hommages religieux ainsi que nos personnes : ou s'ils préfèrent que ces honneurs soient réservés uniquement à leur Dieu, qui est aussi le nôtre.

2. C'est, en effet, ce genre de culte que l'on doit à la divinité, ou pour me servir d'un terme plus énergique, à la « Déité. » Pour le désigner en un seul mot, je ne vois point de terme latin assez précis; je me servirai donc au besoin d'une expression grecque pour rendre ma pensée. Nos auteurs ont traduit par *servitus,* service, le mot λατρεία, « Latrie, » toutes les fois qu'ils l'ont rencontré dans l'Écriture; mais les Grecs ont coutume de désigner par un autre terme ce service, ou cette servitude due aux hommes, et dont parle l'Apôtre (*Ephes.* VI, 5), lorsqu'il recommande

versiæ concitatæ sunt; in quibus philosophi sua studia et otia contriverunt; quas in medium adducere atque discutere, et longum est, et non necessarium. Si enim recolit qui hæc legit, quid in libro egerimus octavo in eligendis philosophis, cum quibus hæc de beata vita, quæ post mortem futura est, quæstio tractaretur, utrum ad eam uni Deo vero, qui etiam est deorum affector, an plurimis diis religione sacrisque serviendo, pervenire possimus ; non etiam hic eadem repeti exspectat, præsertim cum possit relegendo, si forte oblitus est, (*a*) adminiculari memoriam. Elegimus enim Platonicos omnium philosophorum merito nobilissimos : propterea, quia (*b*) sicut sapere potuerunt, licet immortalem ac rationalem vel intellectualem hominis animam, nisi participato lumine illius Dei, a quo et ipsa et mundus factus est, beatam esse non posse : ita illud quod omnes homines appetunt, id est, vitam beatam, quemquam isti assecuturum negant, qui non illi uni optimo, qui est incommutabilis Deus, puritate casti amoris adhæserit. Sed quia ipsi quoque sive cedentes vanitati errorique populorum, sive, ut ait Apostolus, « evanescentes in cogitationibus suis, » (*Rom.* I, 21) multos deos colendos ita putaverunt, vel putari voluerunt, ut quidam eorum etiam dæmonibus divinos honores sacrorum et sacrificiorum deferendos esse censerent, quibus jam non parva ex parte respondimus : nunc videndum ac disserendum est, quantum Deus donat, immortales ac beati in cœlestibus, sedibus, dominationibus, principatibus, potestatibus constituti, quos isti deos, et ex quibus quosdam vel bonos dæmones, vel nobiscum angelos nominant, quomodo credendi sint velle a nobis religionem pietatemque servari; hoc est, ut apertius dicam, utrum etiam sibi, an tantum Deo suo, qui etiam noster est, placeat eis ut sacra faciamus et sacrificemus, vel aliqua nostra seu nos ipsos religionis ritibus consecremus.

2. Hic est enim divinitati, vel si expressius dicendum est, deitati debitus cultus, propter quem uno verbo significandum, quoniam mihi satis idoneum non occurrit Latinum, Græco ubi necesse est insinuo

(*a*) Plures Mss. *adjuvare.* — (*b*) Particula *sicut* abest a Mss. et ab editis Vind. Am. Er.

aux esclaves la soumission à leurs maîtres. Or, le mot « Latrie, » dans le langage des Écritures, signifie toujours, ou du moins presque toujours, cette servitude qui se rapporte au culte de Dieu. Si donc, nous employions le mot *cultus*, ce genre d'hommages ne semblerait pas dû uniquement à Dieu. En effet, on dit que nous honorons (*colere*) les hommes lorsque, soit par notre souvenir, soit par notre présence, nous nous montrons respectueux à leur égard. Ce mot même n'est pas seulement employé pour rappeler les choses, où nous faisons l'aveu de notre dépendance, mais il s'étend aussi à celles qui dépendent de nous; car c'est de *cultus* ou *colere* que viennent *agricolæ* laboureurs, *coloni* colons, *incolæ* habitants. Les dieux eux-mêmes ne sont appelés *cœlicolæ* que parce qu'ils habitent (*colunt*) le ciel, non pas qu'ils le révèrent, mais parce qu'ils y ont leur séjour. C'est comme si l'on disait « colons du ciel, » encore le mot colons a-t-il ici une signification différente de celle par laquelle il désigne des colons ou des fermiers, obligés de cultiver un sol qui appartient à un autre. Ce terme a ici le même sens que dans ce vers du prince des poètes latins : « Il fut une ville antique, des colons Tyriens l'habitaient. » (*Virgile, Enéid*. I.) Le poète ici appelle colons du mot latin *incolendo*, et non *agricultura*. C'est en ce sens, que les villes fondées par des citoyens sortis d'une grande cité, comme l'essaim d'une ruche, sont appelées colonies. C'est pourquoi, encore que, selon une certaine acception, le culte ne soit réellement dû qu'à Dieu seul, cependant, ce mot ayant des sens divers, on ne peut rendre en latin par ce seul terme le culte que nous devons à Dieu.

3. Le mot « Religion » lui-même, quoiqu'il semble plus particulièrement désigner, non toutes sortes de cultes, mais celui qu'on rend à Dieu, (ce qui fait que les Latins l'emploient pour traduire l'expression grecque, θρησκεία), ne saurait être employé. En effet, une locution latine habituelle, non pas aux ignorants, mais bien aux plus instruits, c'est qu'il faut être fidèle à la « religion » des alliances, des affinités et de toutes les amitiés. Ce terme n'exclut donc pas l'équivoque, et lorsqu'il est question du culte de la divinité, nous ne pouvons pas dire rigousement : « La religion n'est autre chose que le culte de Dieu, » puisque ce serait arbitrairement

---

quid velim dicere. Λατρείαν, quippe nostri, ubicumque sanctarum Scripturarum positum est interpretati sunt servitutem. Sed ea servitus, quæ debetur hominibus, secundum quam præcipit Apostolus (*a*), servos dominis suis subditos esse debere, (*Ephes*. VI, 5) alio nomine Græce nuncupari solet : λατρεία, vero secundum consuetudinem qua locuti sunt qui nobis divina eloquia condiderunt, aut semper, aut tam frequenter ut pene semper, ea dicitur servitus, quæ pertinet ad colendum Deum. Proinde si tantummodo cultus ipse dicatur, non soli Deo deberi videtur. Dicimur enim colere etiam homines, quos honorifica vel recordatione vel præsentia frequentamus. Nec solum ea quibus nos religiosa humilitate subjicimus, sed quædam etiam quæ subjecta sunt nobis, coli perhibentur. Nam ex hoc verbo et agricolæ et coloni et incolæ vocantur : et ipsos deos non ob aliud appellant cœlicolas, nisi quod cœlum colant; non utique venerando, sed inhabitando; tamquam cœli quosdam colonos : non sicut appellantur coloni, qui conditionem debent genitali solo propter agriculturam sub dominio possessorum ; sed, sicut ait quidam Latini eloquii magnus auctor, « Urbs antiqua fuit, Tyrii tenuere coloni. » (*Virgil. Æneid*. I.) Ab incolendo enim colonos vocavit, non ab agricultura. Hinc et civitates a majoribus civitatibus velut populorum examinibus conditæ, coloniæ nuncupantur. Ac per hoc cultum quidem non deberi nisi Deo, propria quadam notione verbi hujus omnino verissimum est : sed quia et aliarum rerum dicitur cultus, ideo Latine uno verbo significari cultus Deo debitus non potest.

3. Nam et ipsa religio quamvis distinctius, non quemlibet, sed Dei cultum significare videatur ; unde isto nomine interpretati sunt nostri eam quæ Græce θρησκεία dicitur : tamen quia Latina loquendi consuetudine, non imperitorum, verum etiam doctissimorum, et cognationibus humanis atque affinitatibus et quibusque necessitudinibus dicitur exhibenda religio ; non eo vocabulo vitatur ambiguum, cum de cultu deitatis vertitur quæstio, ut fidenter dicere valeamus, religionem non esse nisi Dei cultum; quoniam videtur hoc verbum a significanda observantia propinquitatis humanæ (*b*) insolenter auferri. Pietas quoque proprie Dei cultus intelligi solet, quam Græci εὐσέβεια vocant. Hæc tamen et erga parentes officiose haberi dicitur. More autem vulgi hoc nomen etiam in operibus misericordiæ frequentatur :

(*a*) In eo, quem citat, Apostoli loco Græce est, οἱ δοῦλοι, *servi*. Idipsum passim observat Augustinus. In Exodum q. 94. Δουλεία, inquit, *debetur Deo tamquam Domino*, λατρεία *vero non nisi Deo tamquam Deo*. Item in Genesim q. 61, et lib. XV, contra Faust. cap. IX, et lib. XX, cap. XXI, etc. — (*b*) Nonnulli Mss. *insolenter*.

enlever à ce mot la signification qu'il a dans les relations entre les hommes. Le mot « Piété » (en grec εὐσέβεια,) signifie, à proprement parler, le culte de Dieu. Cependant, ce terme sert aussi à désigner l'accomplissement des devoirs envers les parents, et le peuple l'emploie même pour désigner les œuvres de miséricorde; ce sens vient, je pense, de ce que Dieu recommande particulièrement ces œuvres, déclarant qu'elles lui sont autant et plus agréables que les sacrifices; c'est dans cette signification qu'on l'a appliqué à Dieu même en l'appelant « pieux. » Cependant, les Grecs dans leur langue n'emploient pas en ce sens le mot εὐσέβης, quoique le peuple emploie parmi eux celui d'εὐσέβεια pour désigner la miséricorde. Aussi, en certains endroits de l'Écriture, on a préféré, pour s'exprimer d'une manière plus précise, au lieu d'εὐσέβεια, qui signifie « culte légitime, » employer celui de θεοσέβεια, dont le sens propre est culte de Dieu. Nous ne pourrions donc rendre l'une ou l'autre de ces expressions par un seul mot. C'est pourquoi nous disons que ce que les Grecs appellent λατρεία, mot que les Latins traduisent par servitude, mais servitude uniquement consacré à Dieu : que ce qui s'appelle en grec θρησκεία, en latin religion, mais religion qui nous rattache à Dieu seul : enfin, que cette θεοσέβεια ou culte de Dieu, dont nous ne pouvons exprimer le sens par un seul mot; nous disons que tout ce que ces diverses expressions comprennent, n'est vé- ritablement dû qu'à Dieu, au seul vrai Dieu, qui divinise ses adorateurs. Quels que soient donc ces êtres immortels et bienheureux qui habitent les demeures célestes, s'ils ne nous aiment pas, s'ils ne désirent pas notre bonheur, ils ne méritent pas nos hommages. S'ils ont pour nous de l'affection, s'ils veulent notre félicité, certes, ils désirent que nous puisions le bonheur à la source où ils l'ont puisé eux-mêmes. Est-ce que le principe de leur félicité, pourrait être différent de celui qui doit causer la nôtre?

CHAPITRE II.

Sentiment de Plotin sur l'illumination des âmes.

Mais, sur ce dernier point, nous n'avons aucun différend avec ces illustres philosophes. Ils ont su, ils ont longuement écrit dans leurs livres, que la source de la félicité des Anges était aussi celle de notre bonheur. Dans ces esprits bienheureux se répand une lumière intelligible, distincte d'eux-mêmes, et qui est leur Dieu; elle les embellit, elle les éclaire, et c'est en y participant qu'ils sont parfaits et bienheureux. Très souvent Plotin, en exposant le sentiment de Platon, assure que, même cette âme, qu'il croit être l'âme du monde, n'a point d'autre principe de sa félicité que celui qui doit faire la nôtre; que ce principe est une lumière, qui n'est pas cette âme elle-même, mais par laquelle elle

---

quod ideo arbitror evenisse, quia hæc fieri præcipue Deus mandat, eaque sibi vel pro sacrificiis, vel præ sacrificiis placere maluerunt. Ex qua loquendi consuetudine factum est, ut et Deus ipse dicatur pius : (II. Par. xxx, 9. Eccli. II, 13) quem sane Græci nullo suo sermonis usu εὐσέβης vocant; quamvis εὐσέβεια pro misericordia illorum etiam vulgus usurpet. Unde in quibusdam Scripturarum locis, ut distinctio certior appareret, non εὐσέβεια, quod ex bono cultu, sed θεοσέβεια, quod ex Dei cultu compositum resonat, dicere maluerunt. Utrumlibet autem horum nos uno verbo enuntiare non possumus. Quæ itaque λατρεία, Græce nuncupatur, et Latine interpretatur servitus, sed ea qua colimus Deum : vel quæ θρησκεία Græce, Latine autem religio dicitur, sed ea quæ nobis est erga Deum : vel quam illi θεοσέβεια, nos vero non uno verbo exprimere, sed Dei cultum possumus appellare; hanc ei tantum Deo deberi dicimus, qui verus est Deus, facitque suos cultores deos. Quicumque igitur sunt in cœlestibus habitationibus inmortales et beati, si nos non amant nec beatos esse nos volunt, co- lendi utique non sunt. Si autem amant et beatos volunt, profecto inde volunt, unde et ipsi sunt : an aliunde ipsi beati, aliunde nos?

CAPUT II.

De superna illuminatione quid Plotinus Platonicus senserit.

Sed non est nobis ullus cum his excellentioribus philosophis in hac quæstione conflictus. Viderunt enim, suisque litteris multis modis copiosissime mandaverunt, hinc illos, unde et nos, fieri beatos, objecto quodam lumine intelligibili, quod Deus est illis, et aliud est quam illi, a quo illustrantur, ut clareant, atque ejus participatione perfecti beatique subsistant. Sæpe multumque Plotinus asserit sensum Platonis explanans, ne illam quidem, quam credunt esse universitatis animam, aliunde beatam esse quam nostram : idque esse lumen quod ipsa non est, sed a quo creata est, et quo intelligibiliter illuminante intelligibiliter lucet. Dat etiam similitudinem ad illa

a été créée, et qui, l'illuminant d'une clarté intelligible, la fait elle-même briller intelligiblement. Pour faire comprendre les réalités de ces choses invisibles, il emploie même une comparaison tirée des corps célestes les plus remarquables, comme si l'une était le soleil et l'autre la lune; on croit, en effet, que la lune reçoit sa lumière des rayons du soleil. Ce grand platonicien enseigne donc que l'âme raisonnable, ou, pour mieux dire, l'âme intellectuelle ayant la même nature que les âmes des immortels bienheureux, qu'il affirme résider dans les demeures célestes, ne reconnaît point de nature supérieure à elle, sinon celle du Dieu, créateur du monde et duquel elle a reçu l'existence. Ces âmes supérieures ne reçoivent leur félicité et la lumière de l'intelligence pour comprendre la vérité, que d'où ces dons nous viennent à nous-mêmes. Doctrine conforme à celle de l'Evangile où nous lisons : « Il fut un homme envoyé de Dieu dont le nom était Jean. Il vint comme témoin pour rendre témoignage à la lumière, afin que tous crussent par lui. Il n'était pas lui-même la lumière, mais il était venu pour rendre témoignage à la lumière. Cette lumière était la véritable, qui éclaire tout homme venant en ce monde. » (*Jean,* I, 6.) On voit clairement par cette distinction que l'âme raisonnable ou intellectuelle, telle qu'elle était en saint Jean, ne pouvait être à elle-même sa propre lumière, et qu'elle ne brille que par sa participation à la véritable lumière. L'Évangéliste en convient lui-même lorsqu'il lui rend témoignage en disant : « Nous avons tous reçu de sa plénitude. » (*Ibid.* 16.)

CHAPITRE III.

Quoique reconnaissant Dieu comme créateur de toutes choses, les Platoniciens ont méconnu le culte qui lui est dû, en rendant des honneurs divins aux anges bons ou mauvais.

1. Les choses étant ainsi, si les Platoniciens ou les autres philosophes, qui ont professé ce sentiment, connaissant ce Dieu, le glorifiaient comme tel et lui rendaient grâces; s'ils ne s'évanouissaient pas dans la vanité de leurs pensées, et ne devenaient pas parfois auteurs, parfois complices des erreurs populaires, ils avoueraient certainement que pour les esprits immortels et bienheureux, comme pour nous, mortels et misérables, afin d'arriver à l'immortalité et à la béatitude, on ne doit adorer que l'unique Dieu des dieux, qui est leur Dieu comme le nôtre.

2. C'est à lui que nous devons, soit dans toutes les cérémonies extérieures, soit en nous-mêmes, rendre ce culte que les Grecs appellent *Latrie*. Car tous ensemble, et chacun en particulier, nous sommes ses temples; il daigne ha-

---

incorporea de his cœlestibus (*a*) conspicuis amplisque corporibus, tamquam ille sit sol, et ipsa sit luna. Lunam quippe solis objectu illuminari putant. Dicit ergo ille magnus Platonicus, animam rationalem, (sive potius intellectualis dicenda sit, ex quo genere etiam immortalium beatorumque animas esse intelligit, (*b*) quos in cœlestibus sedibus habitare non dubitat) non habere supra se naturam, nisi Dei, qui fabricatus est mundum, a quo et ipsa facta est : nec aliunde illis supernis præberi vitam beatam, et lumen intelligentiæ veritatis, quam unde præbetur et nobis; consonans Evangelio, ubi legitur, « Fuit homo missus a Deo, cui nomen erat Johannes : hic venit in testimonium, ut testimonium perhiberet de lumine, ut omnes crederent per cum. Non erat ille lumen, sed ut testimonium perhiberet de lumine. Erat lumen verum, quod illuminat omnem hominem venientem in hunc mundum. (*Joan.* 1, 6, etc.). In qua differentia satis ostenditur, animam rationalem vel intellectualem, qualis erat in Joanne, sibi lumen esse non posse, sed alterius veri luminis participatione lucere.

Hoc et ipse Joannes fatetur, ubi ei perhibens testimonium dicit, « Nos omnes de plenitudine ejus accepimus. » (*Ibid.* 16.)

CAPUT III.

De vero Dei cultu, a quo Platonici, quamvis creatorem universitatis intellexerint, deviarunt colendo angelos sive bonos sive malos honore divino.

1. Quæ cum ita sint, si Platonici, vel quicumque alii ista senserunt, cognoscentes Deum sicut Deum glorificarent, et gratias agerent, nec evanescerent in cogitationibus suis, nec populorum erroribus partim auctores fierent, partim resistere non auderent; profecto confiterentur, et illis immortalibus ac beatis, et nobis mortalibus ac miseris, ut immortales ac beati esse possimus, unum Deum deorum colendum, qui et noster est et illorum.

2. Huic nos servitutem, quæ λατρεία Græce dicitur, sive in quibusque sacramentis, sive in nobis ipsi de-

---

(*a*) Vox *conspicuis* abest a plerisque Mss. — (*b*) Er. et Lov, *quæ.* Alii libri, *quos.*

biter et dans la société unie de tous, et dans chacun en particulier ; il n'est pas plus grand dans tous que dans chacun, car sa nature n'est pas soumise aux accidents de l'étendue et de la division. Lorsque notre cœur s'élève vers lui, il devient son autel; son Fils unique est le prêtre qui le fléchit pour nous; nous lui offrons des victimes sanglantes, quand nous combattons jusqu'à l'effusion de notre sang pour la défense de sa vérité. Nous brûlons devant lui l'encens le plus suave, lorsque sa présence nous enflamme d'un pieux et saint amour. Nous lui consacrons, nous lui offrons et les dons qu'il nous a faits, et nos propres personnes, et pour que le temps ne nous expose point à devenir oublieux et ingrats, à certains jours, par des fêtes solennelles, nous rappelons et célébrons le souvenir de ses bienfaits. Nous lui faisons un sacrifice d'humilité et de louange sur l'autel de notre cœur embrasé d'une ardente charité. Pour jouir de sa présence, pour lui être unis, autant que cela est possible, nous nous purifions de toute souillure des péchés et des passions mauvaises, nous nous consacrons à lui. Il est la source de notre félicité, la fin de tous nos désirs. Nous attachant donc, ou plutôt nous rattachant à lui, car nous l'avions perdu par notre négligence, nous « reliant » donc à lui, (de là vient, dit-on, le mot de « religion, ») nous tendons à lui par l'amour, afin de trouver en lui le repos ; là nous rencontrons le bonheur, parce qu'en lui est notre perfection. Le bien souverain au sujet duquel les philosophes ont élevé tant de disputes, n'est autre pour nous que d'être unis à ce Dieu ; l'âme intellectuelle, étreinte par ses embrassements spirituels, s'il est permis de s'exprimer ainsi, est échauffée et rendue féconde en véritables vertus. Il nous est commandé d'aimer ce bien véritable de tout notre cœur, de toute notre âme et de toutes nos forces. C'est vers lui que doivent nous conduire ceux qui nous aiment, c'est vers lui que nous dirigeons ceux qui nous sont chers. Ainsi sont accomplis ces deux préceptes qui renferment toute la loi et les prophètes : « Vous aimerez le Seigneur votre Dieu de tout votre cœur, de toute votre âme, de tout votre esprit, et votre prochain comme vous-même. » (*Matth.* XXII, 37.) Afin donc que l'homme apprît à s'aimer, on lui a indiqué une fin à laquelle il devait rapporter toutes ses actions pour être heureux, car celui qui s'aime n'a qu'un désir, celui d'être heureux ; cette fin c'est d'être uni à Dieu. Quand donc on recommande à celui qui sait déjà s'ai-

bemus. Hujus enim templum simul omnes, et singuli templa sumus ; quia et omnium concordiam, et singulos inhabitare dignatur : non in omnibus quam in singulis major ; quoniam nec mole distenditur, nec partitione minuitur. Cum ad illum sursum est, ejus est altare cor nostrum : ejus Unigenito eum sacerdote placamus : ei cruentas victimas cædimus, quando usque ad sanguinem pro ejus veritate certamus : ei suavissimum adolemus incensum, cum in ejus conspectu pio sanctoque amore flagramus : ei dona ejus in nobis, nosque ipsos vovemus, et reddimus : ei beneficiorum ejus solemnitatibus festis et diebus statutis dicamus sacramusque memoriam, ne voluminc temporum ingrata subrepat oblivio : ei sacrificamus hostiam humilitatis et laudis in ara cordis igne (*a*) fervidæ caritatis. Ad hunc videndum, sicut videri potest, eique cohærendum, ab omni peccatorum et cupiditatum malarum labe mundamur, et ejus (*b*) nomine consecramur. Ipse enim fons nostræ beatitudinis, ipse omnis appetitionis est finis. Hunc eligentes, vel potius religentes, amiseramus enim negligentes : hunc ergo religentes, unde et religio (*c*) dicta perhibetur, ad eum dilectione tendimus, ut perveniendo quiescamus : ideo beati, quia illo fine perfecti. Bonum enim nostrum, de cujus fine inter philosophos magna contentio est, nullum est aliud, quam illi cohærere : cujus unius anima intellectualis incorporeo, si dici potest, amplexu, veris impletur fecundaturque virtutibus. Hoc bonum diligere in toto corde, in tota anima, et in tota virtute præcipimur. Ad hoc bonum debemus, et a quibus diligimur duci, et quos diligimus ducere. Sic complentur duo illa præcepta, in quibus tota Lex pendet et Prophetæ : « Diliges Dominum Deum tuum in toto corde tuo, et in tota anima tua, et in tota mente tua ; et diliges proximum tuum tamquam te ipsum. (*Matth.* XXII, 37.) Ut enim homo sese diligere nosset, constitutus est ei finis, quo referret omnia quæ ageret, ut beatus esset. Non enim qui se diligit, aliud esse vult quam beatus. Hic autem finis est adhærere Deo. Jam igitur scienti diligere se ipsum, cum mandatur de proximo diligendo sicut se

(*a*) Aliquot Mss. *fervidam*. Et nonnulli, *fervidæ*. — (*b*) Libri quidam, *nomini*. — (*c*) Cicero in II, de nat. deor. religionem a relegendo dictam putat, *Qui omnia*, inquit, *quæ ad cultum Dei pertinerent, diligenter pertractarent, et quasi relegerent, sunt dicti religiosi ex relegendo.* At Lactantius in lib. IV. cap. XXVIII, a religando religionem mavult esse nominatam.

mer comme il doit, d'aimer son prochain comme soi-même, que lui recommande-t-on, sinon de l'exciter autant qu'il est possible à l'amour de Dieu? Voilà le culte de Dieu, ou la vraie religion, la piété légitime, le service qui n'est dû qu'à Dieu seul. Toute puissance immortelle quelle qu'elle soit, et quelque vertu qu'elle possède, si elle nous aime comme elle-même, doit vouloir que, pour être heureux, nous soyons soumis à celui auquel elle est soumise elle-même pour être heureuse. Si donc elle n'adore pas Dieu, elle est malheureuse, car Dieu lui manque; si au contraire elle l'adore, elle ne veut nullement être honorée à la place de Dieu. En effet, elle approuve et confirme de toutes les forces de son amour la parole divine qui nous annonce : « Que quiconque sacrifie à des dieux autres que le vrai Dieu sera exterminé. » (*Exod.* XXII, 20.)

CHAPITRE IV.

Que c'est au seul vrai Dieu qu'on doit offrir des sacrifices.

Et, pour ne pas parler ici des autres devoirs qui appartiennent à la religion; certes, aucun homme n'oserait dire qu'on doive offrir des sacrifices à un autre qu'à Dieu. Il est vrai qu'une déférence excessive ou une flatterie coupable, ont accordé aux hommes des honneurs qui font partie du culte divin; cependant ceux auxquels on attribuait ces honneurs, ces hommages et même, si l'on veut, ces adorations, étaient toujours considérés comme des hommes. Mais quel homme s'avisa jamais d'offrir des sacrifices, sinon à celui qu'il savait, qu'il pensait, ou qu'il feignait être Dieu? Que l'usage de sacrifices offerts à Dieu soit antique, c'est ce que montre clairement l'exemple des deux frères Caïn et Abel. Dieu rejeta le sacrifice de l'aîné et agréa celui du plus jeune.

CHAPITRE V.

Dieu n'a pas besoin de sacrifices; s'il en a prescrit dans l'ancienne loi, c'était comme figure des sacrifices intérieurs qu'il demande.

Cependant qui serait assez insensé pour croire que Dieu a besoin des choses que nous lui offrons en sacrifice? Plusieurs passages de l'Écriture Sainte affirment le contraire. Qu'il nous suffise de rappeler cette parole du Psalmiste : « J'ai dit au Seigneur : vous êtes mon Dieu; vous n'avez nullement besoin de mes biens. » (*Ps.* XV, 2.) Aussi non-seulement Dieu n'a pas besoin de victimes, ni d'aucune chose terrestre et corruptible qu'on lui sacrifie, mais il n'a pas même besoin de la justice de l'homme, et tous

---

ipsum, quid aliud mandatur, nisi ut ei, quantum potest, commendet diligendum Deum? Hic est Dei cultus, hæc vera religio, hæc recta pietas, hæc tantum Deo debita servitus. Quæcumque igitur immortalis potestas quantalibet virtute prædita, si nos diligit sicut se ipsam, id vult esse subditos, ut beati simus, cui et ipsa subdita beata est. Si ergo non colit Deum, misera est, quia Deo privatur : si autem colit Deum, non vult se coli pro Deo. Illi enim potius divinæ sententiæ suffragatur, et dilectionis viribus favet, qua scriptum est : « Sacrificans diis eradicabitur, nisi Domino soli. » (*Exod.* XXII, 20.)

CAPUT IV.

Quod uni vero Deo sacrificium debeatur.

Nam, ut alia nunc taceam, quæ pertinent ad religionis obsequium, quo colitur Deus; sacrificium certe nullus hominum est qui audeat dicere deberi, nisi Deo. Multa denique de cultu divino usurpata sunt, quæ honoribus deferrentur humanis, sive humilitate nimia, sive adulatione pestifera; ita tamen ut quibus ea deferrentur, homines haberentur, qui dicuntur colendi et venerandi; si autem eis multum additur, et adorandi : quis vero sacrificandum censuit, nisi ei quem Deum aut scivit, aut putavit, aut finxit? Quam porro antiquus sit in sacrificando Dei cultus, duo illi fratres Cain et Abel satis indicant (*Gen.* IV), quorum majoris Deus reprobavit sacrificium, minoris adspexit.

CAPUT V.

De sacrificiis quæ Deus non requirit, sed ad significationem eorum observari voluit quæ requirit.

Quis autem ita desipiat, ut existimet aliquibus usibus Dei esse necessaria, quæ in sacrificiis offeruntur? Quod cum multis locis divina Scriptura testetur, ne longum faciamus, breve illud de Psalmo commemorare sufficerit : « Dixi Domino, Deus meus es tu; quoniam bonorum meorum non eges. » (*Psal.* XV, 2.) Non solum igitur pecore, vel qualibet alia re corruptibili atque terrena, sed ne ipsa quidem justitia hominis Deus egere credendus est, totumque quod recte colitur Deus, homini prodesse,

les hommages que rend un culte légitime, sont utiles à l'homme et nullement à Dieu. En effet, celui qui boit à une source dira-t-il que cette source en profite? et, en contemplant la lumière, oserait-on dire qu'on lui rend service? Relativement à ces sacrifices d'animaux offerts à Dieu par les anciens patriarches, sacrifices que les fidèles lisent dans l'Écriture Sainte, mais qu'ils n'offrent plus, il ne faut les considérer que comme des figures de ce qui se passe maintenant en nous, pour nous unir à Dieu, et diriger notre prochain vers cette union. Le sacrifice visible est donc le sacrement, c'est-à-dire le signe sacré du sacrifice invisible. Aussi, l'âme pénitente chez le prophète, ou mieux le prophète lui-même implorant la clémence divine, s'exprime ainsi : « Si vous aviez voulu des sacrifices, je vous en aurais offert; mais les holocaustes ne vous sont pas agréables. Le sacrifice qui plaît à Dieu est un esprit pénétré de douleur; Dieu ne méprisera point un cœur contrit et humilié. » (*Ps.* L, *v.* 18 *et* 19.) Voyons donc comment le psalmiste dit, dans ce même passage, que Dieu ne veut point de sacrifices et montre qu'il en réclame. C'est que Dieu refuse le sacrifice d'un animal égorgé, mais il désire le sacrifice d'un cœur contrit. Ce qu'il ne veut pas est donc la figure de ce qu'il désire; il affirme que Dieu repousse les sacrifices dans le sens selon lequel les insensés s'imaginent qu'il les désire, c'est-à-dire pour y éprouver une vaine jouissance. En effet, s'il ne voulait pas que les sacrifices qu'il aime, et, en particulier, celui d'un cœur contrit et humilié par le repentir, fussent figurés par ceux qu'on a cru lui être agréables, il n'aurait pas ordonné dans l'Ancienne Loi qu'on lui offrît ces derniers. Aussi devaient-ils être changés dans un temps fixe et déterminé, de peur qu'on ne crût que Dieu trouvait son plaisir, et nous notre avantage dans ces choses qui n'étaient que figuratives. De là, ce que nous lisons dans un autre Psaume : « Si j'ai faim, je ne vous le dirai pas; le monde et tout ce qu'il renferme est à moi. Mangerai-je la chair des taureaux, ou boirai-je le sang des boucs. » (*Ps.* XLIX, *v.* 12 *et* 13.) Comme s'il disait : Ces choses me fussent-elles nécessaires, je ne vous les demanderai pas, elles sont en ma puissance. Ensuite expliquant ce que figuraient ces victimes, il ajoute : « Offrez à Dieu un sacrifice de louanges, et rendez vos vœux au Très-Haut. Invoquez-moi au jour de la tribulation, je vous délivrerai et vous me glorifierez. » (*Ibid,* 14 *et* 15.) Nous lisons également dans un autre prophète : « Que ferai-je pour gagner le Seigneur et pour me concilier mon Dieu Très-

---

non Deo. Neque enim fonti se quisquam dixerit (*a*) profuisse, si biberit; aut luci, si viderit. Nec quod ab antiquis patribus (*b*) taïa sacrificia facta sunt in victimis pecorum, quæ nunc Dei populus (*c*) legit, non facit, aliud intelligendum est, nisi rebus illis eas res fuisse significatas, quæ aguntur in nobis, ad hoc (*d*) ut inhæreamus Deo, et ad eumdem finem proximo consulamus. Sacrificium ergo visibile invisibilis sacrificii sacramentum, id est, sacrum signum est. Unde ille pœnitens apud Prophetam, vel ipse Propheta quærens Deum peccatis suis habere propitium : « Si voluisses, inquit, sacrificium, dedissem utique, holocaustis non delectaberis. Sacrificium Deo spiritus contribulatus, cor contritum et humiliatum Deus non spernet. » (*Psal.* L, 18 et 19.) Intueamur quemadmodum ubi Deum dixit nolle sacrificium, ibi Deum ostendit velle sacrificium. Non vult ergo sacrificium trucidati pecoris, sed vult sacrificium contriti cordis. Illo igitur quod eum nolle dicit, hoc significatur quod eum velle subjecit. Sic itaque illa Deum nolle dixit, quomodo ab stultis ea velle creditur, velut suæ gratia voluptatis. Nam si ea sacrificia quæ vult, quorum hoc unum est, cor contritum et humiliatum dolore pœnitendi, nollet eis (*e*) sacrificiis significari, quæ velut sibi delectabilia desiderare putatus est, non utique de his offerendis in Lege vetere præcepisset. Et ideo mutanda erant opportuno certoque jam tempore, ne ipsi Deo desiderabilia, vel certe in nobis acceptabilia, ac non potius quæ his significata sunt, crederentur. Hinc et alio loco Psalmi alterius : « Si esuriero, inquit, non dicam tibi; meus est enim orbis terræ, et plenitudo ejus. Numquid manducabo carnes taurorum, aut sanguinem hircorum potabo » (*Psal.* XLIX, 12 et 13)? tamquam diceret : Utique si mihi necessaria essent, non a te repeterem, quæ habeo in potestate. Deinde subjungens quid illa significent : « Immola, inquit, Deo sacrificium laudis, et redde Altissimo vota tua. Et invoca me in die tribulationis, et eximam te, et glorificabis me. » (*Ibid.* 14 et 15.) Item apud alium Prophetam : « In quo, inquit, apprehendam Dominum, assumam Deum meum excelsum? Si ap-

---

(*a*) Omnes Mss. *consuluisse*. — (*b*) Mss. *alia sacrificia*. — (*c*) Vind. Am. et Er. *populus legitime non facit*. — (*d*) Lov. *ad hoc tantum*. Abest *tantum* a ceteris libris. — (*e*) Plures MM. *eis sibi sacrificiis*.

Haut? Lui offrirai-je des holocaustes, lui immolerai-je de jeunes taureaux? Le Seigneur agréera-t-il le sacrifice de mille béliers ou de dix mille boucs engraissés? Lui offrirai-je, pour expier mes péchés, mes premiers-nés, les fruits de mes entrailles, pour racheter mon âme? O homme, on t'annonce ce qui est bon et ce que le Seigneur demande de toi; observe la justice, aime la miséricorde et sois prêt à marcher avec le Seigneur ton Dieu. »(*Michée*, VI, 6.) Ces paroles du prophète distinguent assez clairement que Dieu ne recherche pas ces sacrifices de victimes, mais les sacrifices dont ils étaient la figure. Il est dit aussi dans l'épitre adressée aux Hébreux : « Souvenez-vous de faire le bien et d'exercer la charité envers les pauvres; c'est par de tels sacrifices qu'on plaît à Dieu. » (*Hébr.* XIII, 16.) Aussi, quand il est dit : « J'aime mieux la miséricorde que le sacrifice » (*Osée*, VI, 6), cela signifie seulement qu'il préfère un sacrifice à l'autre; car ce que tout le monde appelle sacrifice n'est que la figure du véritable sacrifice. Or, ce vrai sacrifice, c'est la miséricorde, d'où ce mot de l'Apôtre que je viens de citer : « C'est par de tels sacrifices qu'on plaît à Dieu. » C'est pourquoi toutes ces prescriptions divines, que nous lisons au sujet des divers sacrifices, qui devaient être offerts, soit dans le tabernacle, soit dans le temple, doivent être interprétées comme figurant l'amour de Dieu et l'amour du prochain ; « car dans ces deux préceptes, » comme il est écrit, « sont renfermés toute la loi et les prophètes. » (*Matth.* XXII, 40.)

CHAPITRE VI.

Du sacrifice véritable et parfait.

Aussi le véritable sacrifice, c'est toute œuvre que nous accomplissons, pour nous unir à Dieu par une union sainte, et que nous rapportons à ce bien souverain, qui seul peut nous rendre réellement heureux. La miséricorde elle-même, par laquelle on vient en aide au prochain, si elle n'est pas exercée en vue de Dieu, n'est plus un sacrifice. Car, encore qu'il soit accompli ou offert par un homme, le sacrifice est une chose divine; c'est pourquoi les anciens Latins l'ont également désigné sous ce nom. Aussi, l'homme spécialement consacré à Dieu et voué à son service est un sacrifice, en tant qu'il meurt au

---

prehendam illum in holocaustis, in vitulis anniculis? Si acceptaverit Dominus in millibus arietum, aut in denis millibus hircorum pinguium ? Si dedero primogenita mea (*a*) pro impietate mea, fructum ventris mei pro peccato animæ meæ? Si annuntiatum est tibi, homo, bonum, aut quid Dominus exquirat a te, nisi facere judicium (*b*) et diligere misericordiam, et paratum esse ire cum Domino Deo tuo » (*Mich.* VI, 6, *etc.*)? Et in hujus Prophetæ verbis utrumque distinctum est, satisque declaratum, illa sacrificia per se ipsa non requirere Deum, quibus significantur hæc sacrificia quæ requirit Deus. In epistola quæ (*c*) inscribitur ad Hebræos : « Bene facere, inquit, et communicatores esse nolite oblivisci : talibus enim sacrificiis (*d*) placetur Deo. » (*Hebr*, VIII, 16.) Ac per hoc ubi scriptum est : « Misericordiam (*e*) volo quam sacrificium » (*Ose.* VI, 6); nihil aliud quam sacrificio sacrificium prælatum oportet intelligi : quoniam illud quod ab omnibus appellatur sacrificium, signum est veri sacrificii.

Porro autem misericordia verum sacrificium est ; unde dictum est quod paulo ante commemoravi : « Talibus enim sacrificiis placetur Deo. » Quæcumque igitur in ministerio tabernaculi sive templi multis modis de sacrificiis leguntur divinitus esse præcepta, ad dilectionem Dei et proximi (*f*) significandam referuntur. « In his enim duobus præceptis, ut scriptum est, tota lex pendet et prophetæ. » (*Matth.* XXIII, 40.)

CAPUT VI.

De vero perfectoque sacrificio.

Proinde verum sacrificium est omne opus (*g*) quod agitur, ut sancta societate inhæreamus Deo, relatum scilicet ad illum finem boni, quo veraciter beati esse possimus. Unde et ipsa misericordia qua homini subvenitur, si propter Deum non sit, non est sacrificium. Etsi enim ab homine fit vel offertur, tamen sacrificium res divina est: ita ut hoc quoque vocabu-

---

(*a*) Non pauci Mss. *impietatis*: omisso, *pro et mea*. — (*b*) Apud Lov. additur, *et justitiam*: quod hic a ceteris libris et a Scriptura sacra abest. — (*c*) Hac citandi ratione significari dicit Lud. Vives, incertum esse auctorem epistolæ ad Hebræos : quam tamen inter Paulinas quatuordecim numerat incunctanter Augustinus in libro de doctrina Christiana secundo cap. VIII. Et vero hic nonnulli probæ notæ Mss. Corbiensis, Colbertinus etc. non habent *inscribitur,* sed *scribitur.* — (*d*) Editi, *placatur Deus*. At Mss. *placatur Deo* : nec minus apte respondet Græco, εὐαρεστεῖται ὁ θεὸς, quod est, *conciliatur Deus.* — (*e*) Editi, *magis volo.* Abest *magis* a Mss. — (*f*) Vind. Am. Er. et Mss. *significando.* — (*g*) Plerique Mss. *quo agitur.*

monde pour vivre à Dieu; ce genre de sacrifice rentre dans la miséricorde que chacun exerce envers soi-même. C'est pour cette raison qu'il est écrit : « Ayez pitié de votre âme en vous rendant agréable à Dieu. » (*Eccli.* XXX, 24.) Lorsque nous mortifions notre corps par la tempérance, c'est un sacrifice; si, comme nous le devons, nous agissons ainsi pour Dieu, afin que nos membres ne deviennent point des instruments dévoués au péché, mais des instruments d'iniquité de justice consacrés à Dieu. L'Apôtre nous exhortant à cette mortification écrit : « Mes frères, je vous supplie, par la miséricorde de Dieu, de faire de vos corps une hostie vivante, sainte et agréable à Dieu; que votre culte soit spirituel. »(*Rom.* XII, 1.) Si donc, rapporté à Dieu par un bon et légitime usage, ce corps, dont l'âme se sert comme d'un esclave ou d'un instrument qui lui est soumis, peut être un sacrifice; à combien plus forte raison, l'âme elle-même, quand elle s'offre à Dieu, afin qu'embrasée de son amour, elle se dépouille de la concupiscence du siècle, et se réforme avec docilité sur cet immuable modèle, devient-elle un sacrifice d'autant plus agréable à Dieu, qu'elle est ornée des dons qu'il lui a faits. N'est-ce pas ce que l'Apôtre insinue au même endroit : « Ne vous conformez point au siècle, dit-il, mais transformez-vous par un renouvellement d'esprit, cherchez à connaître ce que Dieu veut, ce qui est bon, ce qui lui plaît, ce qui est parfait. » (*Ibid.* 2.) Mais puisque les véritables sacrifices sont les œuvres de miséricorde, exercées soit envers nous-mêmes, soit à l'égard du prochain, lorsqu'elles se rapportent à Dieu, (car les œuvres de miséricorde n'ont d'autre but que de nous arracher à notre misère pour nous rendre heureux par la participation à ce bien dont il est dit : « S'attacher à moi, c'est le bien, ») (*Ps.* LXXII, 28) il suit de là que la *Cité* rachetée tout entière, c'est-à-dire, l'assemblée et la société des saints, est offerte à Dieu comme un sacrifice universel, par le pontife souverain, qui, dans sa Passion, s'est lui-même offert pour nous, afin que nous devinssions les membres de ce chef auguste, selon cette forme d'esclave dont il s'est revêtu. Aussi, l'Apôtre nous exhorte à faire de nos corps une hostie vivante, sainte et agréable à Dieu, à lui rendre un culte spirituel, à ne point nous conformer à ce siècle, mais à nous transformer par un renouvellement d'esprit, enfin, à rechercher ce que Dieu veut, ce qui est bon, ce qui lui plaît, ce qui est parfait; toutes choses qui font de nous-mêmes un sacrifice; puis il ajoute : « Je

lo id Latini veteres appellaverint. Unde ipse homo Dei (*a*) nomine consecratus, et Deo (*b*) votus, inquantum mundo moritur ut Deo vivat, sacrificium est. Nam et hoc ad misericordiam pertinet, quam quisque in se ipsum facit. Propterea scriptum est : « Miserere animæ tuæ placens Deo. » (*Eccli.* XXX, 24.) Corpus etiam nostrum cum per temperantiam castigamus, si hoc, quemadmodum debemus, propter Deum facimus, ut non exhibeamus membra nostra arma iniquitatis peccato, sed arma justitiæ 1 eo (*Rom.* VI, 13), sacrificium est. Ad quod exhortans Apostolus ait : « Obsecro itaque vos, fratres, per miserationem Dei, ut exhibeatis corpora vestra hostiam vivam, sanctam, Deo placentem, rationabile obsequium vestrum. » (*Rom.* XII, 1.) Si ergo corpus, quo inferiore tamquam famulo, vel tamquam instrumento utitur anima, cum ejus bonus et rectus usus ad Deum refertur, sacrificium est; quanto magis anima ipsa cum se refert ad Deum, ut igne amoris ejus accensa, formam concupiscentiæ sæcularis amittat, eique tamquam incommutabili formæ subdita reformetur, hinc ei placens, quod ex ejus pulchritudine acceperit, fit sacrificium? Quod idem Apostolus consequenter adjungens : « Et nolite, inquit, conformari huic sæculo reformamini in novitate mentis vestræ, ad probandum (*c*) vos quæ sit voluntas Dei, quod bonum et beneplacitum, et perfectum. » (*Ibid.* 2.) Cum igitur vera sacrificia opera sint misericordiæ, sive in nos ipsos, sive in proximos, quæ referuntur ad Deum; opera vero misericordiæ non ob aliud fiant, nisi ut a miseria liberemur, ac per hoc ut beati simus; quod non fit, nisi bono illo de quo dictum est : « Mihi autem adhærere Deo, bonum est : » (*Ps.* LXXII, 28) profecto efficitur, ut tota ipsa redempta Civitas, hoc est congregatio societasque sanctorum, universale sacrificium offeratur Deo per sacerdotem magnum, qui etiam se ipsum obtulit in passione pro nobis, ut tanti capitis corpus essemus, secundum formam servi. Hanc enim obtulit, in hac oblatus est : quia secundum hanc mediator est, in hac sacerdos, in hac sacrificium est. Cum itaque nos hortatus esset Apostolus, ut exhibeamus corpora nostra hostiam vivam, sanctam, Deo placentem, rationabile obsequium nostrum, et non conformemur huic sæculo, sed reformemur in novitate mentis nostræ; ad probandum quæ sit voluntas Dei, quod

(*a*) Editi, *nomini*. Castigantur ex Mss. et ex alio simili, loco supra cap. III. — (*b*) Sic Mss. At editi, *Deo devotus*. — (*c*) In editis deerat *vos* : quod huc revocamus ex Mss.

LIVRE X. — CHAPITRE VII.

vous recommande à tous, par la grâce de Dieu, qui m'a été donnée, de ne pas chercher à savoir plus qu'il ne convient, mais de savoir avec sobriété, selon la mesure de foi que Dieu a donnée à chacun. De même qu'il y a plusieurs membres dans le corps, et que tous n'ont pas les mêmes fonctions; ainsi tout en étant plusieurs, nous faisons un seul corps en Jésus-Christ, distincts et cependant membres les uns des autres, nous avons des dons différents selon la grâce qui nous a été donnée. » Tel est le sacrifice des chrétiens : « tous ensemble former un seul corps en Jésus-Christ. » (*Rom.* XII, 3.) C'est ce que l'Église pratique dans le Sacrement de l'autel, bien connu des fidèles; elle y apprend qu'elle est elle-même offerte à Dieu dans l'oblation qu'elle lui présente.

CHAPITRE VII.

Les saints Anges qui nous aiment ne réclament pas nos hommages, ils désirent au contraire que nous les adressions à Dieu.

Quant à ces esprits immortels et bienheureux, placés avec justice dans les demeures célestes, ils jouissent de la possession de leur Créateur; son éternité les affermit, sa vérité les confirme, sa grâce les sanctifie. Comme ils nous aiment d'un amour compatissant, qu'ils désirent que de mortels et misérables, nous devenions immortels et bienheureux ; ils ne veulent point de nos sacrifices, mais ils les réclament pour celui-là seul dont ils sont eux-mêmes le sacrifice conjointement avec nous. En effet, nous ne formons avec eux qu'une seule Cité, dont le Psalmiste a dit : « On a dit de toi des choses honorables, ô Cité de Dieu. » (*Ps.* LXXXVI, 3.) Une partie de ses membres est ici-bas voyageuse en nous, l'autre triomphe en eux. C'est de cette Cité souveraine dont la volonté de Dieu est la loi intellectuelle et immuable, c'est pour ainsi dire de cette Curie (*curia*) suprême, car on s'y occupe de nos intérêts (*ibi cura de nobis*), que par le ministère des anges est descendue vers nous cette sainte Écriture, où nous lisons : « Celui qui sacrifiera à d'autres dieux qu'au Seigneur sera exterminé. » (*Exod.* XXII, 20.) Tant de miracles ont confirmé cette Écriture, cette loi et ces préceptes, qu'on voit clairement à qui ces esprits, désireux de nous voir associés à leur félicité, veulent que nous offrions nos sacrifices.

bonum et beneplacitum et perfectum, quod totum sacrificium ipsi nos sumus : « Dico enim, inquit, per gratiam Dei, quæ data est mihi, omnibus qui sunt in vobis, non plus sapere, quam oportet sapere, sed sapere ad temperantiam; sicut unicuique Deus partitus est fidei mensuram. Sicut enim in uno corpore multa membra habemus, omnia autem membra non eosdem actus habent : ita multi unum corpus sumus in Christo; singuli autem, alter alterius membra, habentes dona diversa secundum gratiam, quæ data est nobis. » Hoc est sacrificium Christianorum : « multi unum corpus in Christo. » (*Rom.* XII, 3.) Quod etiam sacramento altaris fidelibus noto frequentat Ecclesia, ubi ei demonstratur, quod in ea (*b*) re quam offert, ipsa offeratur.

CAPUT VII.

Quod sanctorum Angelorum ea sit in nos dilectio, ut nos non suos, sed unius veri Dei velint esse cultores.

Merito illi in cœlestibus sedibus constituti, immortales et beati, qui Creatoris sui participatione congaudent, cujus æternitate firmi, cujus veritate certi, cujus munere sancti sunt; quoniam nos mortales et miseros, ut immortales beatique simus, misericorditer diligunt, nolunt nos sibi (*c*) sacrificare; sed ei, cujus et ipsi nobiscum sacrificium se esse noverunt. Cum ipsis enim sumus una Civitas Dei, cui dicitur in Psalmo : (*d*) « Gloriosa dicta sunt de te, Civitas Dei ; » (*Ps.* XXXVI, 3) cujus pars in nobis peregrinatur, pars in illis opitulatur. De illa quippe superna Civitate, ubi Dei voluntas intelligibilis, atque incommutabilis lex est, de illa superna quodam modo curia (geritur namque ibi cura de nobis) ad nos ministrata per Angelos sancta illa Scriptura descendit, ubi legitur : « Sacrificans diis eradicabitur, nisi Domino soli. (*Exod.* XXII, 20.) Huic scripturæ, huic legi, talibus præceptis tanta sunt adtestata miracula, ut satis appareat, cui nos sacrificare velint immortales ac beati, qui hoc nobis volunt esse quod sibi.

(*a*) Sic Mss. At editi, *in ea oblatione quam offert*. — (*b*) Aliquot Mss. *sacrificari*. — (*c*) Hic et aliis locis probæ notæ Mss. *Gloriosissima*.

CHAPITRE VIII.

Miracles que Dieu a opérés pour confirmer la foi des fidèles dans les promesses qu'il avait faites par le ministère des anges.

Peut être paraitrai-je trop long, si je rappelle les miracles si anciens, opérés pour confirmer la vérité des promesses faites à Abraham des milliers d'années avant leur accomplissement; à savoir, qu'en sa race seraient bénies toutes les nations. Qui ne serait surpris, en effet, de voir l'épouse stérile de ce patriarche lui donner un fils, dans un âge où la femme, même féconde, ne peut plus enfanter? Qui n'admirerait que, dans un sacrifice de ce même Abraham, une flamme céleste coure au milieu des victimes immolées (1)? que des Anges, qu'il reçoit comme des hôtes mortels, lui prédisent la naissance d'un fils, et lui annoncent l'embrasement de Sodome par le feu du ciel? que, peu avant cet embrasement, ces mêmes anges arrachent le neveu du patriarche, Loth, à la ruine de cette ville; que la femme de ce dernier, ayant regardé en arrière, soit soudain changée en une statue de sel, mystérieux exemple, qui nous apprend que, lorsqu'on est dans la voie de sa délivrance, il ne faut rien regretter de ce qu'on abandonne? Mais combien grands furent les miracles opérés par Moïse pour délivrer le peuple de Dieu de la servitude des Égyptiens; s'il fut permis aux mages de Pharaon, c'est-à-dire du roi d'Égypte, qui opprimait ce peuple, de faire quelques prodiges, ce fut pour rendre leur défaite plus éclatante. Ils opéraient par les charmes et les enchantements de la magie, auxquels se livrent les mauvais anges et les démons; pour Moïse, d'autant plus puissant, que c'était à l'aide des bons anges, et au nom du Seigneur, créateur du ciel et de la terre, qu'il faisait ses miracles, il triompha facilement de leurs prestiges. Aussi, dès la troisième plaie, les mages furent impuissants; dix plaies, symboles de profonds mystères, sont frappées par la main de Moïse; elles triomphent de la dureté de cœur de Pharaon et des Égyptiens, qui consentent au départ du peuple de Dieu. Bientôt ils se repentent et se mettent à sa poursuite; la mer s'ouvre et offre un passage aux Hébreux, qui la traversent à pied sec, puis les flots se réunissant engloutissent et noient les Égyptiens. Parlerai-je des autres prodiges qui, pendant que le peuple errait dans le désert, se multiplièrent avec une puissance surprenante. Un

---

(1) « Je n'aurais pas dû, dit saint Augustin, *(Rétractations, liv.* II, *chap.* XLIII,) donner comme un miracle cette flamme venue du ciel, qui, au sacrifice d'Abraham, avait couru entre les victimes immolées, puisque le saint Patriarche ne l'avait aperçue que dans une vision.

CAPUT VIII.

De miraculis, quæ Deus ad corroborandam fidem piorum, etiam per Angelorum ministerium promissis suis adhibere dignatus est.

Nam nimis vetera si commemorem, longius quam sat est revolvere videbor, quæ miracula facta sint adtestantia promissis Dei, quibus ante annorum millia prædixit Abrahæ, quod in semine ejus omnes gentes benedictionem fuerant habituræ. *(Gen.* XVIII, 18.) Quis enim non miretur eidem Abrahæ filium peperisse conjugem sterilem, eo tempore senectutis, quo (*a*) parere nec fecunda jam posset; *(Gen.* XXI, 2), atque in ejusdem Abrahæ sacrificio flammam cœlitus factam inter divisas victimas cucurrisse; *(Gen.* XV, 17) eidemque Abrahæ prædictum ab Angelis cœleste incendium Sodomorum, quos Angelos hominibus similes hospitio susceperat, et per eos de prole ventura Dei promissa tenuerat; *(Gen.* XVIII, 20) ipsoque imminente jam incendio, miram de Sodomis per eosdem Angelos liberationem Lot filii fratris ejus: cujus uxor in via retro respiciens, atque in salem repente conversa, *(Gen.* XIX, 17) magno admonuit sacramento, neminem in via liberationis suæ præterita desiderare debere? Illa vero quæ et quanta sunt, quæ jam per Moysen pro populo Dei de jugo servitutis eruendo in Ægypto mirabiliter gesta sunt, ubi magi Pharaonis, hoc est, regis Ægypti, qui populum illum dominatione deprimebat, ad hoc facere quædam mira permissi sunt, ut mirabilius vincerentur? *(Exod.* VII, 10.) Illi enim faciebant veneficiis et incantationibus magicis, quibus sunt mali angeli, hoc est, dæmones dediti: Moyses autem tanto potentius, quanto justius in nomine Domini, qui fecit cœlum et terram, servientibus Angelis, eos facile superavit. Denique in tertia plaga deficientibus magis, decem plagæ per Moysen magna mysteriorum dispositione completæ sunt; quibus ad Dei populum dimittendum, Pharaonis et Ægyptiorum dura corda

---

(*a*) Sic melioris notæ Mss. At editi, *quo nec parere, nec esse fecunda jam posset.*

morceau de bois est jeté, sur l'ordre de Dieu, dans une eau qu'on ne pouvait boire : elle perd son amertume et rafraichit le peuple altéré. La manne tombe du ciel pour apaiser sa faim; comme on ne doit en recueillir qu'une certaine quantité, tout ce qui dépasse la mesure devient la proie des vers, excepté la veille du sabbat, où la double mesure demeure incorruptible, parce que le lendemain il n'était pas permis d'en recueillir. Le peuple désire se nourrir de chair, il semble impossible d'en trouver assez pour cette grande multitude; des oiseaux tombent dans le camp, et la convoitise est rassasiée jusqu'au dégoût. Les ennemis viennent à la rencontre des Hébreux et s'opposent à leur passage; Moïse prie, les bras étendus en forme de croix, ils sont taillés en pièces, sans qu'il périsse un seul des enfants d'Israël. Des séditieux s'élèvent parmi le peuple de Dieu, ils veulent se séparer de cette société divinement instituée; la terre s'entr'ouvre et les dévore vivants, exemple visible d'un châtiment invisible. Frappé de la verge, un rocher fournit une eau suffisante pour étancher la soif de cette grande multitude. Les morsures mortelles des serpents,

juste châtiment des péchés du peuple, sont guéries par la vue d'un serpent d'airain élevé sur bois, afin que le peuple fut consolé dans son affliction, que la mort fut représentée détruite par la mort, c'est-à-dire par l'image de la mort crucifiée. Ce serpent fut conservé en mémoire de ce prodige; mais, dans la suite, le peuple égaré, commençant à l'honorer comme une idole, le roi Ézéchias, consacrant sa puissance au service de Dieu, le brisa avec une piété digne des plus grands éloges.

CHAPITRE IX.

Rites magiques employés dans le culte des démons; Porphyre, instruit dans cette science, semble blâmer les uns et approuver les autres.

1. Ces miracles et beaucoup d'autres, qu'il serait trop long de rapporter, avaient lieu pour établir le culte du seul Dieu véritable, et pour détruire celui des fausses divinités. Ils s'opéraient par une foi simple et une pieuse confiance, et non par les charmes et les enchantements produits par une curiosité criminelle qu'ils appellent soit Magie, soit du nom détes-

cesserunt. Moxque pænituit, et cum abscedentes Hebræos consequi conarentur, illis diviso mari per siccum transeuntibus, unda hinc atque hinc in sese redeunte cooperti et oppressi sunt. (*Exod.* xiv, 22.) Quid de illis miraculis dicam, quæ cum in deserto idem populus ductaretur, stupenda divinitate crebruerunt; aquas quæ bibi non poterant, misso in eas, sicut Deus præceperat, ligno, amaritudine caruisse, sitientesque satiasse : (*Exod.* xv, 25) manna esurientibus venisse de cœlo; (*Exod.* xvi, 14) et cum esset colligentibus constituta mensura, quidquid amplius quisque collegerat, exortis vermibus putruisse; ante diem vero sabbati duplum collectum, quia sabbato colligere non licebat, nulla putredine violatum : desiderantibus carne vesci, quæ tanto populo nulla sufficere posse videbatur, volatilibus castra completa, et cupiditatis ardorem fastidio satietatis exstinctum : (*Num.* xi, 31) obvios hostes transitumque prohibentes atque prœliantes, orante Moyse, manibusque ejus in figuram crucis extentis, nullo Hebræorum cadente prostratos : (*Exod.* xvii, 11) seditiosos in populo Dei, ac sese ab ordinata divinitus societate dividentes, ad exemplum visibile invisibilis pœnæ, vivos terra dehiscente submersos : (*Num.* xvi, 32) virga percussam petram tantæ multitudini abundan-

tia fluenta fudisse : (*Exod.* xvii, 6; *Num.* xx, 8) serpentum morsus mortiferos, (*a*) pœnam justissimam peccatorum, in ligno exaltato atque prospecto æneo serpente sanatos, ut et populo subveniretur afflicto, et mors morte destructa, velut crucifixæ mortis similitudine signaretur? (*Num.* xxi, 6. 9.) Quem sane serpentem propter facti memoriam reservatum, cum postea populus errans tamquam idolum colere cœpisset, Ezechias rex religiosa potestate Deo serviens, cum magna pietatis laude contrivit. (IV. *Reg.* xviii, 4.)

CAPUT IX.

De illicitis artibus erga dæmonum cultum, in quibus Porphyrius Platonicus, quædam probando, quædam quasi improbando, versatur.

1. Hæc et alia multa hujuscemodi, quæ omnia commemorare nimis longum est, fiebant ad commendandum unius Dei veri cultum, et multorum falsorumque prohibendum. Fiebant autem simplici fide atque fiducia pietatis, non incantationibus et carminibus nefariæ curiositatis arte compositis, quam vel magiam, vel detestabiliore nomine goetiam, vel honorabiliore theurgiam vocant, qui quasi

(*a*) Editi, *immissos ad pœnam*. Abest *immissos ad* a Mss.

table de « Goétie » soit enfin plus honorablement « Théurgie » (1). Ils cherchent à établir une sorte de distinction entre ces choses; ces hommes pernicieux qui se livrent à des pratiques défendues, et que le vulgaire nomme magiciens, sont selon eux adonnés à la Goétie; quant à ceux qui cultivent la Théurgie, ils méritent des éloges; comme si les uns et les autres n'étaient pas enchaînés au culte perfide des démons, qu'ils honorent sous le titre d'Anges.

2. En effet, Porphyre lui-même, bien qu'il promette une certaine purification de l'âme par la Théurgie, n'avance cependant cette assertion qu'en hésitant et comme s'il en rougissait; mais il nie que personne à l'aide de cet art puisse revenir à Dieu; en sorte qu'on le voit flotter indécis entre les maximes de la philosophie et les dangers d'une curiosité sacrilège. Tantôt il nous avertit de fuir cet art comme trompeur, dangereux dans la pratique et prohibé par les lois; tantôt, il semble céder à ceux qui en ont fait l'éloge, et il déclare qu'il est utile pour purifier une partie de l'âme, non pas cette partie intellectuelle, qui perçoit la vérité des choses intelligibles sans aucune forme corporelle, mais cette partie spirituelle qui reçoit les images des corps. Il prétend que cette dernière peut, par certaines consécrations théurgiques, appelés « Télètes (2), » devenir apte à recevoir l'inspiration des esprits et des anges qui lui fait voir les dieux. Cependant il avoue que ces Télètes n'apportent à l'âme intellectuelle aucune purification, qui la rende capable de voir son Dieu, ni de contempler la vérité. D'où l'on peut comprendre quels dieux révèlent ces consécrations théurgiques, et quelle vision elles procurent, vision dans laquelle on ne voit pas la vérité. Enfin, il dit que l'âme raisonnable, ou intellectuelle, terme qu'il préfère, peut s'élever dans les régions supérieures sans même que sa partie spirituelle ait été purifiée par quelque cérémonie théurgique; il ajoute que cette dernière, bien qu'ayant reçu cette purification ne parvient point pour cela à l'immortelle éternité. Quoiqu'il établisse une différence entre les démons et les anges, assignant pour séjour à ceux-là l'air, à ceux-ci l'éther ou l'empyrée; quoiqu'il nous conseille de rechercher l'amitié de quelque démon, qui nous soulève un peu au-

(1) Goétie de γόος, *hurlement, cri*, genre de magie qui consistait dans l'évocation des morts. *Théurgie*, évocation des démons intermédiaires par des cérémonies, des sacrifices et des conjurations. — (2) Voir sur ce mot, la note du chap. XXIII de ce même livre.

conantur ista discernere, et illicitis artibus deditos alios damnabiles, quos et maleficos vulgus appellat, hos enim ad goetiam pertinere dicunt; alios autem laudabiles videri volunt, quibus theurgiam deputant; cum sint utrique ritibus fallacibus dæmonum obstricti sub nominibus angelorum.

2. Nam et Porphyrius quamdam quasi purgationem animæ per theurgiam, cunctanter tamen et pudibunda quodam modo disputatione promittit; reversionem vero ad Deum hanc artem præstare cuiquam negat : ut videas eum inter vitium sacrilegæ curiositatis et philosophiæ professionem sententiis alternantibus fluctuare. Nunc enim hanc artem tamquam fallacem et in ipsa actione (*V. infra cap.* XXVIII) periculosam et legibus prohibitam, cavendam monet : nunc autem velut ejus laudatoribus cedens, utilem dicit esse mundandæ parti animæ, non quidem intellectuali, qua rerum intelligibilium percipitur veritas, nullas habentium similitudines corporum; sed spirituali, qua corporalium rerum capiuntur imagines. Hanc enim dicit per quasdam consecrationes theurgicas, quas teletas vocant, idoneam fieri atque aptam susceptioni spirituum et angelorum (*a*), et ad videndos deos. Ex quibus tamen theurgicis teletis fatetur intellectuali animæ nihil purgationis accedere, quod eam faciat idoneam ad videndum Deum suum, et perspicienda ea quæ (*b*) vere sunt. Ex quo intelligi potest, qualium deorum vel qualem visionem fieri dicat theurgicis consecrationibus, in qua non ea videntur quæ vere sunt. Denique animam rationalem, sive quod magis amat dicere, intellectualem, in (*c*) superna posse dicit evadere, etiamsi quod ejus spiritale est, nulla theurgica fuerit arte purgatum : porro autem a theurgo spiritalem purgari hactenus, ut non ex hoc ad immortalitatem æternitatemque perveniat. Quamquam itaque discernat a dæmonibus angelos acria esse loca dæmonum, ætheria vel empyrea disserens angelorum, et admoneat utendum alicujus dæmonis amicitia, quo subvectante vel paululum possit elevari a terra quisque

(*a*) Hic editi omittunt et : quod plerique habent Mss. — (*b*) Sic omnes prope Mss. At editi hoc tantum loco, *vera sunt;* præter Er. qui altero etiam infra loco habet *vera*, pro *vere*. — (*c*) Mss. *in sua posse :* paucis exceptis, qui habent, *insuper posse*.

dessus de cette terre après notre mort, (car il admet une autre voie pour arriver à la céleste société des anges); cependant il montre qu'il faut craindre le commerce des démons, quand, par une sorte d'aveu formel, il dit que l'âme tourmentée après sa mort a en horreur le culte des démons qui ont cherché à la séduire. Et cette même Théurgie qu'il recommande comme nous unissant aux anges et aux dieux, il ne peut s'empêcher de convenir qu'elle traite avec des puissances, qui envient à l'âme sa purification, ou favorisent la malice de ceux qui la jalousent. Rapportant à ce sujet la plainte de je ne sais quel Chaldéen il s'exprime ainsi : « Un homme vertueux de Chaldée se plaint qu'ayant fait d'immenses efforts pour purifier une âme, toute sa peine fut inutile, parce qu'un homme puissant dans cet art, poussé par la jalousie, avait lié ces puissances conjurées par des rites sacrés, et les avait empêchées d'accorder ce qu'on leur demandait. » Donc, ajoute Porphyre, l'un avait lié et l'autre n'avait pu rompre ces liens. Il montre par cet exemple que la Théurgie est une science aussi capable de faire le mal, que d'opérer le bien soit chez les dieux, soit chez les hommes; que les dieux eux-mêmes éprouvent et subissent ces troubles et ces passions que Apulée attribue aux démons et aux hommes. Et cependant il distingue les dieux des uns et des autres par l'élévation de leur résidence céleste, et se conforme ainsi aux sentiments de Platon.

CHAPITRE X.

De la Théurgie qui, par l'invocation des démons, promet à l'âme une purification illusoire.

Voici donc un autre disciple de Platon, Porphyre, qu'on regarde comme plus instruit qu'Apulée, qui avance que les dieux eux-mêmes peuvent, par je ne sais quelle puissance théurgique, être soumis aux passions et aux troubles. Des conjurations ont pu les effrayer et les empêcher de purifier une âme; celui qui leur commandait le mal les a tellement effrayés, qu'ils n'ont pû être délivrés de cette terreur, et exaucer la prière de celui qui leur demandait le bien, encore qu'il se servit pour cela du même art de la Théurgie. Qui donc, à moins d'être un esclave misérable des démons, et totalement étranger à la grâce du véritable libérateur, ne verrait dans tout ceci les ruses et les impostures de ces mêmes démons? Et de fait, s'il s'agissait ici de dieux bons, est-ce que l'homme bienveillant, qui veut purifier une âme, n'aurait pas plus de puissance sur eux que l'envieux qui cherche à s'y opposer? Que si l'homme pour lequel on les implorait eût semblé

post mortem, aliam vero viam esse perhibeat ad angelorum superna consortia; cavendam tamen dæmonum societatem expressa quodam modo confessione testatur, ubi dicit animam post mortem luendo pœnas, cultum dæmonum a quibus circumveniebatur horrescere : ipsamque theurgiam, quam velut conciliatricem angelorum deorumque commendat, apud tales agere potestates negare non potuit, quæ vel (*f.* ipsi) ipsæ invideant purgationi animæ, vel artibus serviant invidorum, querelam de hac re Chaldæi nescio cujus expromens : « Conqueritur, inquit, vir in Chaldæa bonus, purgandæ animæ magno (*a*) in molimine frustratos sibi esse sucessus, cum vir ad eadem potens tactus invidia adjuratas sacris precibus potentias alligasset, ne postulata concederent. Ergo et ligavit ille, inquit, et iste non solvit. » Quo indicio dixit apparere theurgiam esse tam boni conficiendi quam mali et apud deos et apud homines disciplinam, pati etiam deos, et ad illas perturbationes passionesque deduci, quas communiter dæmonibus et hominibus Apuleius adtribuit; deos tamen ab eis ætheriæ sedis altitudine separans, et Platonis asserens in illa discretione sententiam.

CAPUT X.

De theurgia, quæ falsam purgationem animis dæmonum invocatione promittit.

Ecce nunc alius Platonicus, quem doctiorem ferunt, Porphyrius, per nescio quam theurgicam disciplinam etiam ipsos deos obstrictos passionibus et perturbationibus dicit : quoniam sacris precibus adjurari terrerique potuerunt, ne præstarent animæ purgationem, et ita terreri ab eo qui imperabat malum, ut ab alio qui poscebat bonum, per eamdem artem theurgicam solvi illo timore non possent, et ad dandum beneficium liberari. Quis non videat hæc omnia fallacium dæmonum esse commenta, nisi eorum miserrimus servus et a gratia veri liberatoris alienus? Nam si hæc apud deos agerentur bonos, plus ibi utique valeret beneficus purgator animæ,

---

(*a*) Sic Mss. At editi, *magno molimine :* absque particula *in*.

à ces dieux justes, indigne de cette purification, au moins ils n'auraient pas dû trembler devant un homme envieux, être arrêtés, comme le dit Porphyre, par la crainte d'une divinité plus puissante, mais refuser par un jugement libre la grâce qu'on leur demandait. Chose surprenante, ce vertueux Chaldéen, qui veut purifier une âme par des cérémonies théurgiques, ne trouve pas quelque Dieu supérieur qui, soit en inspirant plus d'effroi à ces dieux épouvantés, les oblige à accorder le bienfait, soit en comprimant celui qui les effraie, leur permette de concéder librement la grâce qu'on leur demande! Pourquoi donc peut-on trouver un Dieu plus puissant qui les terrifie et n'en peut-on rencontrer un qui les délivre de cette crainte? Quoi! on trouve un Dieu qui exauce l'envieux et empêche par la terreur les dieux de faire le bien, et on n'en trouve point qui soit propice à l'homme de bien et qui rassure la bienveillance des dieux? O sublime Théurgie! ô admirable purification des âmes, dans laquelle une impure jalousie est plus puissante pour empêcher le bien, qu'une volonté droite pour l'obtenir! Ou plutôt, ô perfidie des esprits mauvais, qu'il faut fuir et détester pour s'attacher à la doctrine du salut! Ah, lorsque les sacriléges auteurs de ces purifications impures voient, comme le dit Porphyre avec leur esprit soi-disant purifié des images d'anges ou de démons merveilleusement belles, si toutefois cela est vrai, c'est l'accomplissement de cette parole de l'apôtre : « Que Satan se transforme en ange de lumière » (II. *Cor.* XI, 14); ce sont des illusions de celui qui, avide de retenir par des cérémonies trompeuses, les âmes misérables sous le joug de cette multitude de faux dieux, cherche à les empêcher de rendre un culte légitime au vrai Dieu, seul capable de les purifier et de les guérir. Comme Protée, il revêt toutes sortes de formes, persécuteur acharné, auxiliaire perfide et toujours cherchant à nuire.

CHAPITRE XI.

Lettre de Porphyre à Anébonte, prêtre égyptien, dans laquelle il demande des éclaircissements sur la diversité des démons.

1. Ce même Porphyre montre plus de sagesse dans la lettre qu'il écrit à l'égyptien Anébonte, où, sous prétexte de le consulter et de s'instruire, il dévoile et ruine tout cet art sacrilége. Là, il se déclare contre tous les démons, qu'il dit follement attirés par la fumée des

---

quam malevolus impeditor. Aut si diis justis homo, pro quo agebatur, purgatione videbatur indignus, non utique ab invido territi, nec, sicut ipse dicit, per metum valentioris numinis impediti, sed judicio libero id negare debuerunt. Mirum est autem, quod benignus ille Chaldæus, qui theurgicis sacris animam purgare cupiebat, non invenit aliquem superiorem Deum, qui vel plus terreret atque ad benefaciendum cogeret territos deos, vel ab eis terrentem compesceret, ut libere benefacerent : si tamen theurgo bono sacra defuerunt, quibus ipsos deos, quos invocabat animæ purgatores, prius ab illa timoris peste purgaret. Quid enim caussæ est, cur Deus potentior adhiberi possit a quo terreantur, nec possit a quo purgentur? An invenitur Deus qui exaudiat invidum, et timorem diis incutiat ne benefaciant; nec invenitur Deus qui exaudiat benevolum, et timorem diis auferat ut benefaciant? O theurgia præclara! o animæ prædicanda purgatio! ubi plus imperat immunda invidentia, quam impetrat pura beneficentia : immo vero malignorum spirituum cavenda et detestanda fallacia (*a*), et salutaris audienda doctrina. Quod enim qui has sordidas purgationes sacrilegis ritibus operantur, quasdam mirabiliter pulchras, sicut iste commemorat, vel angelorum imagines vel deorum, tamquam purgato spiritu vident, (si tamen vel tale aliquid vident); illud est quod Apostolus dicit : « Quoniam satanas transfigurat se velut ange!um lucis. » (II. *Cor.* XI, 14.) Ejus enim sunt illa phantasmata, qui miseras animas multorum, falsorumque deorum fallacibus sacris cupiens irretire, et a vero veri Dei cultu, quo solo mundantur et sanantur, avertere, sicut de Proteo dictum est : « Formas se vertit in omnes, » (VIRG. IV, *Georg.*) : hostiliter insequens, fallaciter subveniens, utrobique nocens.

CAPUT XI.

De epistola Porphyrii ad Anebontem Ægyptium, in qua petit de diversitate dæmonum se doceri.

1. Melius sapuit iste Porphyrius, cum ad Anebontem scripsit Ægyptium, ubi consulenti similis et quærenti, et prodit artes sacrilegas et evertit. Et ibi quidem omnes dæmones reprobat, quos dicit ob imprudentiam trahere humidum vaporem, et ideo non

---

(*a*) Sola editio Lov. *quam salutaris audienda doctrina.*

sacrifices. Il en conclut que leur résidence n'est point l'éther, mais l'air ou le globe même de la lune. Cependant il n'ose attribuer à tous les démons ces impostures, ces perversités, ces inepties, qui le choquent avec raison. Il dit, en effet, comme les autres qu'il y a de bons démons, quoiqu'il convienne que tous sont également imprudents. Il s'étonne que les dieux soient non-seulement attirés par les sacrifices, mais qu'ils soient contraints et forcés d'accomplir la volonté des hommes ; si les dieux se distinguent des démons, en ce qu'ils sont incorporels, tandis que ces derniers ont un corps, comment peut-on appeler dieux le soleil, la lune et les autres astres brillants dans le ciel qui, indubitablement, sont des corps. Comment, si ce sont des dieux, les uns peuvent-ils être bons et les autres, malfaisants ; enfin comment, s'ils sont corporels, peuvent-ils s'unir aux dieux incorporels. Il demande encore, sous forme de doute, si, chez les devins ou chez ceux qui opèrent des prestiges, on doit admettre des âmes plus puissantes, ou si ce pouvoir leur vient de quelques esprits étrangers. Il soupçonne que cette puissance leur vient plutôt d'ailleurs, parce qu'ils se servent de pierres ou d'herbes pour lier des personnes, ouvrir des portes fermées et opérer d'autres effets merveilleux. De là vient, dit-il, que plusieurs admettent un certain genre d'esprits, dont le propre serait d'écouter les vœux des hommes ; genre essentiellement trompeur, revêtant toutes les formes, adoptant tous les sentiments, se donnant tantôt pour dieux, tantôt pour démons, tantôt pour les âmes des trépassés. Ce sont eux qui font ce qui se produit de bien ou de mal ; du reste, ils ne sont d'aucun secours pour ce qui est véritablement bien, ils ne le connaissent même pas ; conseillers pernicieux, ils persécutent et retardent quelquefois les partisans zélés de la vertu ; gonflés d'orgueil et d'impudence, ils se repaissent de l'odeur des sacrifices et sont sensibles à la flatterie. Enfin, Porphyre rapporte les autres vices de ces esprits perfides et mauvais ; ils s'insinuent dans l'âme, ils trompent par des illusions les sens de l'homme, soit qu'il veille ou qu'il dorme ; il ne dit pas que tel soit son sentiment, mais il expose tout cela comme des doutes fondés, en disant que telle est l'opinion de quelques-uns. Il était difficile à ce grand philosophe de connaître et d'accuser hardiment toute cette société de démons, que la moindre pauvre femme chrétienne découvre sans peine et déteste librement. Peut-être aussi craignait-il d'offenser cet Anébonte auquel il écrivait, pontife illustre de semblables mystères, et les

in æthere, sed in aere esse sub luna, atque (*a*) in ipso lunæ globo : verumtamen non audet omnes fallacias et malitias et ineptias, quibus merito moveatur, omnibus dæmonibus dare. Quosdam namque benignos dæmones more appellat aliorum, cum omnes generaliter imprudentes esse fateatur. Miratur autem quod non solum dii alliciantur victimis, sed etiam compellantur atque cogantur facere quod homines volunt : et si corpore et incorporalitate dii a dæmonibus distinguuntur, quomodo deos esse existimandum sit solem et lunam, et visibilia cetera in cœlo, quæ corpora esse non dubitat ; et si dii sunt, quomodo alii benefici, alii malefici esse dicantur ; et quomodo incorporalibus, cum sint corporei, conjungantur. Quærit etiam veluti dubitans, utrum in divinantibus et quædam mira facientibus animæ sint (*b*) potentiores, an aliqui spiritus extrinsecus veniant, per quos hæc valeant. Et potius venire extrinsecus conjicit, eo quod lapidibus et herbis adhibitis, alligent quosdam, et aperiant clausa ostia, vel aliquid ejusmodi mirabiliter operentur. Unde dicit alios opinari esse quoddam genus, cui exaudire sit proprium, natura fallax, omniforme, multimodum, simulans deos et dæmones et animas defunctorum ; et hoc esse quod efficiat hæc omnia quæ videntur bona esse vel prava ; cœterum circa ea quæ vere bona sunt nihil opitulari, immo vero ista nec nosse, sed et male conciliare, et insimulare atque impedire nonnumquam virtutis sedulos sectatores, et plenum esse temeritatis et fastus, gaudere nidoribus, adulationibus capi, et cetera quæ de hoc genere fallacium malignorumque spirituum, qui extrinsecus in animam veniunt, humanosque sensus sopitos vigilantesve deludunt, non tamquam sibi persuasa confirmat, sed tam tenuiter suspicatur aut dubitat, ut haec alios asserat opinari. Difficile quippe fuit tanto philosopho cunctam diabolicam societatem vel nosse, vel fidenter arguere, quam quælibet anicula Christiana nec (*c*) nosse cunctatur, et liberrime detestatur. Nisi forte iste, et ipsum, ad quem scribit, Anebontem tamquam talium sacrorum præclarissimum antistitem, et alios talium operum tamquam divino-

---

(*a*) Editio Lov. omittit *in*, nec non paulo post, *et malitias*. Utrumque habent ceteri libri. — (*b*) Mss. loco *potentiores*, habent *passiones*. — (*c*) Mss. *nec cunctatur esse*.

autres admirateurs de ces œuvres, qu'ils considéraient comme divines et se rapportant au culte des dieux.

2. Ce philosophe poursuit, et sous forme de questions, il rappelle des choses qui, sérieusement examinées, ne peuvent être attribuées qu'à des puissances malignes et trompeuses. Pourquoi, après les avoir invoqués comme bons, leur commande-t-on comme aux plus détestables d'exécuter les volontés injustes de l'homme? Pourquoi eux qui poussent les hommes à des unions incestueuses, n'exaucent-ils pas la prière de celui qui n'est pas resté pur; pourquoi défendent-ils à leurs prêtres de manger la chair des animaux de peur d'être souillés par les vapeurs qui s'en exhalent, quand eux-mêmes se repaissent et des vapeurs et de la graisse des victimes; pourquoi le contact d'un cadavre est-il interdit à l'initié, quand les mystères eux-mêmes se célèbrent le plus souvent avec le cadavre de bêtes immolées; comment enfin un homme esclave de toutes sortes de vices, peut-il faire des menaces non-seulement à un démon ou à l'âme de quelque trépassé, mais au soleil même, à la lune ou à tout autre dieu céleste, les frapper de vaines terreurs pour leur arracher la vérité. En effet, il menace de briser le ciel et d'autres choses également impossibles à l'homme, afin que ces dieux, comme des enfants imbéciles, épouvantés par ces vaines et ridicules menaces, exécutent ce qu'on leur commande. Porphyre raconte à ce propos qu'un certain Chérémon, habile dans cette science sacrée ou plutôt sacrilége, a écrit que les mystères d'Isis et d'Osiris, son mari, si célèbres chez les Égyptiens, ont une force invincible pour contraindre les dieux à faire ce qu'on leur commande, quand l'enchanteur menace de divulguer ou de détruire ces mystères, quand il annonce d'une voix terrible, que s'ils ne lui sont pas propices, et qu'il ne soit pas exaucé, il déchirera les membres d'Osiris. Ce philosophe s'étonne avec raison qu'un homme fasse ces menaces vaines et insensées aux dieux, et non pas à des divinités du dernier ordre, mais aux dieux célestes, brillant d'une radieuse lumière; et que ces imprécations, loin de rester impuissantes, les contraignent violemment, les frappent de terreur et les obligent à exécuter sa volonté. Ou plutôt sous prétexte d'étonnement et de rechercher la cause de pareils effets, il laisse à entendre qu'ils sont produits par ces mêmes esprits, dont plus haut il a décrit le genre, comme étant admis par quelques philosophes; esprits trompeurs, non par leur nature comme il le dit, mais par malice, qui feignent tour à tour d'être

---

rum et ad deos colendos pertinentium admiratores verecundatur offendere.

2. Sequitur tamen, et ea velut inquirendo commemorat, quæ sobrie considerata tribui non possunt nisi malignis et fallacibus potestatibus. Quærit enim cur tamquam melioribus invocatis, quasi pejoribus imperetur, ut injusta hominis præcepta exsequantur : cur adtrectatum re Venerea non exaudiant imprecantem, cum ipsi ad incestos quosque concubitus quoslibet ducere non morentur : cur animantibus suos antistites oportere abstinere denuntient, ne vaporibus profecto corporeis polluantur, ipsi vero et aliis vaporibus illiciantur et nidoribus hostiarum : cumque a cadaveris contactu prohibeatur inspector, plerumque illa cadaveribus celebrentur : quid sit, quod non dæmoni vel alicui animæ defuncti, sed ipsi soli et lunæ aut cuicumque cælestium, homo cuilibet vitio obnoxius intendit minas, eosque terrritat falso, ut eis extorqueat veritatem. Nam et cælum se collidere comminatur, et cetera similia homini impossibilia, ut illi dii tamquam insipientissimi pueri falsis et ridiculis comminationibus territi, quod imperatur efficiant. Dicit etiam scripsisse Chæremonem quemdam talium sacrorum vel potius sacrilegiorum peritum, ea quæ apud Ægyptios sunt celebrata rumoribus, vel de Iside, vel de Osiride marito ejus, maximam vim habere cogendi deos, ut faciant imperata, quando ille qui carminibus cogit, ea se prodere vel evertere comminatur, ubi se etiam Osiridis membra dissipaturum terribiliter dicit, si facere jussa neglexerint. Hæc atque hujusmodi vana et insana diis hominem minari, nec quibuslibet, sed ipsis cælestibus et sideria luce fulgentibus, nec sine effectu, sed violenta potestate cogentem, atque his terroribus ad facienda quæ voluerit perducentem, merito Porphyrius admiratur : immo vero sub specie mirantis et caussas rerum talium requirentis, dat intelligi illos hæc agere spiritus, quorum genus superius sub aliorum opinatione descripsit, non, ut ipse posuit, natura, sed vitio fallaces, qui simulant deos et animas defunctorum, dæmones autem non, ut ait ipse, simulant, sed plane sunt. Et quod ei videtur herbis et lapidibus et animantibus et sonis certis quibusdam ac vocibus, et figurationibus atque figmentis, quibusdam etiam observatis in cæli conversione motibus siderum, fabricari in terra ab hominibus potestates idoneas variis effectibus exsequendis, totum hoc ad eosdem ipsos dæmones perti-

dieux, âmes des trépassés ou démons ; que dis-je ? non, ils ne feignent pas d'être démons, car ils le sont réellement ! Et quant à ce qu'il pense, qu'à l'aide d'herbes, de pierres, d'animaux, de certaines formules, de quelques figures bizarres, des observations faites sur le mouvement des astres, les hommes peuvent former sur la terre des puissances capables de produire des effets merveilleux ; tout cela est l'œuvre de ces mêmes démons, se jouant des âmes qu'ils ont asservies, et trouvant leurs délices dans l'aveuglement des hommes. Donc où Porphyre a sur ce sujet réellement des doutes qu'il cherche à éclaircir, et cependant il rapporte des choses qui montrent avec évidence, que ces prestiges ne viennent point des puissances, qui nous aident à obtenir la vie bienheureuse, mais qu'on doit les attribuer aux démons imposteurs. Où, pour juger plus favorablement de ce philosophe, écrivant à un égyptien adonné à ces erreurs et se croyant fort habile, il n'a pas voulu l'offenser pas une autorité doctorale, ni le froisser par une contradiction manifeste ; mais avec l'humilité d'un homme qui interroge et cherche à s'instruire, il a voulu l'amener à réfléchir, et lui montrer combien toutes ces choses sont méprisables et doivent être évitées. Enfin, à la fin de sa lettre, il le prie de lui enseigner quelle est, d'après la sagesse égyptienne, la voie qui conduit à la béatitude. Quant à ceux qui n'ont de commerce avec les dieux que pour les importuner au sujet d'un esclave fugitif, d'une terre à acquérir, à l'occasion d'un mariage, d'un marché ou d'autre chose de ce genre, il convient que c'est en vain que ceux-là paraissent professer la sagesse. Ces divinités avec lesquelles ils sont en rapport, eussent-elles annoncé la vérité sur tout le reste, puisqu'elles ne disent rien qui dispose et qui convienne à la béatitude, ne sont ni des dieux, ni de bons démons, mais elles sont ou celui qu'on appelle trompeur, ou une pure invention de l'imposture humaine.

CHAPITRE XII.

Des miracles que le vrai Dieu opère par le ministère des saints Anges.

Cependant, comme par le moyen de ces arts théurgiques, il s'opère des choses surprenantes et telles, qu'elles surpassent toute la puissance des hommes, que faut-il en conclure? Sinon que si toutes ces choses merveilleuses, qu'on dit et qui semblent être l'œuvre d'un pouvoir supérieur, dès-lors qu'elles ne se rapportent pas au culte du vrai Dieu, dont la jouissance seule, d'après les aveux et les témoignages nombreux des Platoniciens, constituent la béatitude de l'âme, ne sont, à les juger sainement, que des illusions et des embûches séduisantes des esprits

net ludificatores animarum sibimet subditarum, et voluptaria sibi ludibria de hominum erroribus exhibentes. Aut ergo re vera dubitans et inquirens ista Porphyrius, ea tamen commemorat, quibus convincantur et redarguantur, nec ad eas potestates quæ nobis ad beatam vitam capessendam favent, sed ad deceptores dæmones pertinere monstrentur ; aut ut meliora de philosopho suspicemur, eo modo voluit hominem Ægyptium talibus erroribus deditum, et aliqua magna se scire opinantem, non superba quasi auctoritate doctoris offendere, nec aperte adversantis altercatione turbare, sed quasi quærentis et discere cupientis humilitate ad ea cogitanda convertere, et quam sint contemnenda vel etiam devitanda monstrare. Denique prope ad epistolæ finem petit se ab eo doceri, quæ sit ad beatitudinem via ex Ægyptia sapientia. Ceterum illos quibus conversatio cum diis ad hoc esset, ut ob inveniendum fugitivum vel prædium comparandum, vel propter nuptias vel mercaturam vel quid hujusmodi, mentem divinam inquietarent, frustra eos videri dicit coluisse sapientiam. Illa etiam ipsa numina cum quibus conversarentur, etsi de ceteris rebus vera prædicerent, quoniam tamen de beatitudine nihil cautum nec satis idoneum monerent, nec deos illos esse, nec benignos dæmones, sed aut illum qui dicitur fallax, aut humanum omne commentum.

CAPUT XII.

De miraculis quæ per sanctorum Angelorum ministerium Deus verus operatur.

Verum quia tanta et talia geruntur his artibus, ut universum modum humanæ facultatis excedant : quid restat, nisi ut ea quæ mirifice prædici tamquam divinitus prædici vel fieri videntur, nec tamen ad unius Dei cultum referuntur, cui simpliciter inhærere, fatentibus quoque Platonicis et per multa testantibus, solum beatificum bonum est, malignorum dæmonum ludibria et seductoria impedimenta, quæ vera pietate cavenda sunt, prudenter intelligantur ? Porro autem quæcumque miracula, sive per Angelos, sive

mauvais, qui doivent être évitées par quiconque est véritablement pieux? Quant aux miracles, quels qu'ils soient, opérés par les anges ou de toute autre manière, dont le but est d'établir le culte du vrai Dieu, source unique de la vie bienheureuse, nous devons croire que ce Dieu lui-même les produit par ces esprits, qui nous aiment d'une affection pieuse et vraie. En effet, on ne doit point écouter ceux qui prétendent que le Dieu invisible ne saurait faire des prodiges qui tombent sous le sens; ils avouent eux-mêmes qu'il est le Créateur du monde, et certes, ils ne peuvent nier que ce monde ne soit visible. Quelque merveille qui arrive ici-bas, elle est assurément moins surprenante que la création de cet univers, c'est-à-dire du ciel, de la terre et de tout ce qu'il renferme qui, sans aucun doute, sont l'œuvre de Dieu. De même que l'intelligence humaine ne saurait comprendre le Créateur, ainsi la manière dont il produit ces œuvres la dépasse. Aussi, quoique les merveilles qui resplendissent dans la nature visible semblent perdre leur prix, parce que nous sommes accoutumés à les voir, cependant, si nous les considérons mûrement, elles sont plus étonnantes que les miracles les plus extraordinaires et les plus rares. Car, de toutes les merveilles qui s'opèrent par l'homme, l'homme lui-même est la plus grande. C'est pourquoi Dieu, qui a fait les choses visibles, le ciel et la terre, ne dédaigne pas d'opérer des miracles visibles au ciel et sur la terre, pour exciter l'âme, trop attachée aux choses qu'on voit, à honorer sa majesté invisible. Quant au lieu et au temps où il les opère, c'est le secret de sa sagesse immuable qui règle l'avenir comme s'il était déjà le présent. Auteur des temps, il n'en subit point le changement; il connaît l'avenir comme il connaît le passé; il exauce ceux qui le prient, comme il voit d'avance ceux qui devront un jour l'invoquer. Quand les anges écoutent nos prières, c'est lui qui les écoute en eux, comme dans son véritable temple spirituel, dignité que partagent aussi les hommes justes; ses ordres, qui s'exécutent dans le temps, sont conformes à sa loi éternelle.

CHAPITRE XIII.

Dieu invisible s'est souvent fait voir, non selon son essence, mais de la manière dont il pouvait être vû par ceux qui ont joui de cette faveur.

Et qu'on ne soit pas surpris s'il est dit que Dieu, tout en étant invisible, s'est montré souvent aux Patriarches sous une forme visible. (*Gen.* XXXII, *Exod.* XXXIII, *Nomb.* XII, etc.) En effet, comme le son, qui exprime une pensée conçue dans le secret de l'intelligence, n'est pas la pensée elle-même, ainsi, l'apparence sous laquelle

quocumque modo ita divinitus fiunt, ut Dei unius, in quo solo beata vita est, cultum religionemque commendent, ea vere ab eis vel per eos, qui nos secundum veritatem pietatemque diligunt, fieri, ipso Deo in illis operante, credendum est. Neque enim audiendi sunt, qui Deum invisibilem visibilia miracula operari negant; cum ipse etiam secundum ipsos fecerit mundum, quem certe visibilem negare non possunt. Quidquid igitur mirabile fit in hoc mundo, profecto minus est quam totus hic mundus, id est, cælum et terra et omnia quæ in eis sunt, quæ certe Deus fecit. Sicut autem ipse qui fecit, ita modus quo fecit occultus est et incomprehensibilis homini. Quamvis itaque miracula visibilium naturarum videndi assiduitate viluerint; tamen cum ea sapienter intuemur, inusitatissimis rarissimisque majora sunt. Nam et omni miraculo quod fit per hominem, majus miraculum est homo. Quapropter Deus qui fecit visibilia cœlum et terram, non dedignatur facere visibilia miracula in cœlo vel in terra, quibus ad se invisibilem colendum excitet animam adhuc visibilibus deditam: ubi vero et quando faciat, incommutabile consilium penes ipsum est, in cujus dispositione jam tempora facta sunt quæcumque futura sunt. Nam temporalia movens, temporaliter non movetur; nec aliter novit facienda, quam facta; nec aliter invocantes exaudit, quam invocaturos videt. Nam et cum exaudiunt Angeli ejus, ipse in eis exaudit, tamquam in vero, nec manufacto templo suo, sicut in (a) hominibus sanctis suis; ejusque temporaliter fiunt jussa, æterna ejus lege conspecta.

CAPUT XIII.

De invisibili Deo, qui se visibilem sæpe præstiterit, non secundum quod est, sed secundum quod poterant ferre cernentes.

Nec movere debet, quod cum sit invisibilis, sæpe visibiliter Patribus apparuisse memoratur. (*Gen.* XXXII *Exod.* XXXIII, *Num.* XII, etc.) Sicut enim sonus quo auditur sententia in silentio intelligentiæ constituta, non est hoc quod ipsa: ita et species qua visus est

---

(a) Sic Mss. At editio Lov. *Sicut in omnibus sanctis ejus quæ temporaliter fiunt jussa.*

u a paru ce Dieu invisible de sa nature, n'était pas Dieu lui-même. Toutefois, il se manifestait sous une apparence corporelle, comme la pensée se révèle par le son de la voix. Les Patriarches n'ignoraient pas que cette apparence visible, sous laquelle ils voyaient le Dieu invisible, n'était pas lui-même. Il parle à Moïse, et Moïse lui parle, et pourtant ce dernier disait : « Si j'ai trouvé grâce devant vous, découvrez-vous à moi, que je sois bien sûr de vous voir vous-même. » (*Exod.* XXXIII, 13.) Comme la loi de Dieu devait être donnée, non à un seul homme ou à un petit nombre de sages, mais à toute une nation, à un peuple nombreux ; en présence de ce même peuple, les anges la publient d'une voix terrible ; d'étonnants prodiges ont lieu sur cette montagne, où un seul homme recevait cette loi, sous les yeux de la multitude surprise et tremblante du spectacle auquel elle assistait. Car le peuple d'Israël ne crut pas Moïse, comme les Lacédémoniens crurent Lycurgue, quand il prétendit avoir reçu de Jupiter ou d'Apollon les lois qu'il établissait. Et de fait, cette loi donnée au peuple, dans laquelle était ordonné le culte d'un seul Dieu, devait être environnée de signes merveilleux et frappants, autant que la divine Providence les jugeait nécessaires ; et cela, en présence du peuple, pour lui apprendre que, dans la promulgation de cette même loi, la créature n'était que l'instrument du Créateur.

CHAPITRE XIV.

Toutes choses étant entre les mains de la Providence du seul vrai Dieu, on peut l'honorer, non-seulement pour les biens éternels, mais même pour les biens temporels.

Or, comme l'éducation d'un homme en particulier, ainsi l'éducation convenable du genre humain, dont le peuple de Dieu était le représentant, a subi certains accroissements, se rapportant à l'âge et au temps, pour s'élever des choses visibles et temporelles aux choses éternelles et invisibles. Au temps même où les promesses divines annonçaient des récompenses visibles, le culte d'un seul Dieu était recommandé, afin que, même pour ces biens périssables, l'homme sût qu'il ne devait s'adresser qu'à son seul créateur et maître. Car, celui-là serait un insensé qui oserait nier que tous les biens, que les anges ou les hommes peuvent faire à d'autres hommes, ne sont pas dans la dépendance du seul Dieu tout-puissant. Parlant de la Providence, Plotin, disciple de Platon, prouve par la beauté des fleurs et des feuilles, qu'elle s'étend depuis le Dieu suprême, splendeur intelligible et ineffable, jusques aux choses les plus basses

---

Deus in natura invisibili constitutus, non erat quod ipse. Verumtamen ipse in eadem specie corporali videbatur, sicut illa sententia ipsa in sono vocis auditur : nec illi ignorabant, invisibilem Deum in specie corporali, quod ipse non erat, se videre. Nam et loquebatur cum loquente Moyses, et ei tamen dicebat, « Si inveni gratiam ante te, ostende mihi temetipsum, scienter ut videam te. (*Exod.* XXXIII, 13.) Cum igitur oporteret Dei legem in edictis Angelorum terribiliter dari, non uni homini paucisve sapientibus, sed universæ genti et populo ingenti, coram eodem populo magna facta sunt in monte, ubi lex per unum dabatur, conspiciente multitudine metuenda ac tremenda quæ fiebant. Non enim populus Israël sic Moysi credidit, quemadmodum suo Lycurgo Lacedæmonii, quod a Jove seu Apolline leges, quas condidit, accepisset. Cum enim lex dabatur populo, qua coli unus jubebatur Deus, in conspectu ipsius populi, quantum sufficere divina providentia judicabat, mirabilibus rerum signis ac motibus apparebat, ad eamdem legem dandam (*a*) Creatori servire creaturam.

CAPUT XIV.

De uno Deo colendo, non solum propter æterna, sed etiam propter temporalia beneficia, quia universa in ipsius providentiæ potestate consistunt.

Sicut autem unius hominis, ita humani generis, quod ad Dei populum pertinet, recta eruditio per quosdam articulos temporum tamquam ætatum profecit accessibus, ut a temporalibus ad æterna capienda et a visibilibus ad invisibilia surgeretur ; ita sane ut etiam illo tempore quo visibilia promittebantur divinitus præmia, unus tamen colendus commendaretur Deus, ne mens humana vel pro ipsis terrenis vitæ transitoriæ beneficiis cuiquam nisi vero animæ Creatori ac Domino subderetur. Omnia quippe quæ præstare hominibus vel Angeli vel homines

---

(*a*) Lov. *dandam docentem.* Abest *docentem* ab editis aliis et a nostris Mss.

et les plus petites. Il assure que ces créatures si frêles, et qui doivent durer si peu, n'auraient point ces proportions si convenables à leur forme, si elles ne les tenaient de cette beauté intelligible et immuable, qui renferme en soi toutes les perfections. C'est ce que Notre-Seigneur Jésus-Christ enseigne lui-même quand il dit : « Considérez les lis des champs ; ils ne travaillent pas, ils ne filent pas. Eh bien, je vous le dis, Salomon lui-même dans toute sa gloire n'a jamais été vêtu comme l'un d'eux. Si Dieu revêt si magnifiquement une herbe des champs subsistant aujourd'hui, et qui demain sera jetée au four, combien aura-t-il plus soin de vous, hommes de peu de foi ? » (*Matth.* VI, 28.) C'est donc avec raison que l'âme humaine, encore faible par son attache aux choses d'ici-bas, s'accoutume à n'attendre que du seul vrai Dieu, même les biens passagers et terrestres nécessaires à cette vie fugitive; biens méprisables, en comparaison des trésors éternels de l'autre vie. Aussi le désir de posséder ces mêmes biens, n'éloigne point cette âme du culte de celui dont elle ne pourra jouir, qu'en méprisant et en dédaignant ces frivoles avantages.

CHAPITRE XV.

Comment la Providence de Dieu se sert du ministère des saints Anges.

Il a donc plu à la divine providence de régler les temps de telle sorte que, comme je l'ai dit et comme nous le voyons aux actes des Apôtres, (*Act.* VII, 53), la loi qui ordonnait le culte du seul Dieu véritable fût publiée par le ministère des Anges. Dans cette circonstance, Dieu voulut paraître visiblement, non en sa propre substance, toujours invisible aux yeux mortels, mais par des marques sensibles, que la créature soumise à son créateur donnait de sa présence. On entendit s'exprimer dans un langage humain, articulant les mots l'un après l'autre, ce Dieu, par sa nature étranger au langage matériel, sensible et passager, et dont la parole est esprit, intelligence, et, pour ainsi parler, éternité ; car cette parole n'a ni commencement ni fin. Ils l'entendent dans toute sa pureté, non avec les oreilles du corps, mais avec l'esprit, ces ministres, ces envoyés qui, éternellement heureux, jouissent de sa vérité immuable; elle leur révèle d'une manière ineffable les ordres qu'ils doivent exécuter dans ce monde apparent et visible,

CAPUT XV.

De ministerio sanctorum Angelorum, quo providentiæ Dei serviunt.

possunt, in unius esse Omnipotentis potestate quisquis diffitetur, insanit. De providentia certe Plotinus Platonicus disputat, eamque a summo Deo, cujus est intelligibilis atque ineffabilis pulcritudo, usque ad hæc terrena et ima pertingere, flosculorum atque foliorum pulcritudine comprobat : quæ omnia quasi abjecta et velocissime pereuntia decentissimos formarum suarum numeros habere non posse confirmat, nisi inde formentur, ubi forma intelligibilis et incommutabilis simul habens omnia perseverat. Hoc Dominus Jesus ibi ostendit, ubi ait : « Considerate lilia agri (*a*), non laborant, neque nent. Dico autem vobis, quia nec Salomon in tanta gloria sua sic amictus est, sicut unum ex eis. Quod si fœnum agri, quod hodie est et cras in clibanum mittitur, Deus sic vestit, quanto magis vos modicæ fidei ? (*Matth.* VI, 28, etc.) » Optime igitur anima humana adhuc terrenis desideriis infirma, ea ipsa quæ temporaliter exoptat bona infima atque terrena vitæ huic transitoriæ necessaria, et præ illius vitæ sempiternis beneficiis contemnenda, non tamen nisi ab uno Deo exspectare consuescit, ut ab illius cultu etiam in istorum desiderio non recedat, ad quem contentu eorum et ab eis aversione perveniat.

Sic itaque divinæ providentiæ placuit ordinare temporum cursum, ut quemadmodum dixi, et in Actibus Apostolorum legitur (*Act.* VII, 53), lex in edictis Angelorum daretur de unius veri Dei cultu, in quibus et persona ipsius Dei, non quidem per suam substantiam, quæ semper corruptibilibus oculis invisibilis permanet, sed certis indiciis per subjectam Creatori creaturam visibiliter appareret, et syllabatim per transitorias temporum morulas humanæ linguæ vocibus loqueretur, qui in sua natura non corporaliter, sed spiritaliter; non sensibiliter, sed intelligibiliter; non temporaliter, sed, ut ita dicam, æternaliter, nec incipit loqui, nec desinit : quod apud illum sincerius audiunt, non corporis aure, sed mentis, ministri ejus et nuntii, qui ejus veritate incommutabili perfruuntur immortaliter beati ; et quod faciendum modis ineffabilibus audiunt, et usque in ista visibilia atque sensibilia perducendum, incunctanter atque indifficulter efficiunt.

(*a*) Ita Mss. Editi vero hic addunt, *quomodo crescunt :* et infra pro *in tanta*, habent *in omni*.

ordres qu'ils exécutent promptement et sans difficulté. Or, cette loi a été donnée selon l'ordre des temps; comme je l'ai dit, elle renfermait avant tout des promesses terrestres qui, toutefois, étaient la figure de promesses éternelles; mais peu comprenaient ce mystère, quoique plusieurs s'acquittassent des cérémonies extérieures. Cependant, et les paroles et toutes les cérémonies prêchent ouvertement dans cette loi le culte d'un seul Dieu, non pas d'un dieu quelconque, mais de celui qui a fait le ciel, la terre, toute âme et tout esprit qui n'est pas lui-même. Il est le créateur : tous les êtres ont été produits par lui; pour exister et pour être parfaits, tous ont besoin de celui qui les a créés.

CHAPITRE XVI.

En ce qui concerne la vie bienheureuse, sont-ce les Anges qui exigent pour eux les honneurs divins, ou ceux qui réclament ces honneurs pour Dieu seul, qui méritent notre confiance?

1. Quels anges donc méritent notre confiance, quand il s'agit de la vie éternelle et bienheureuse? Faut-il ajouter foi à ceux qui, réclamant des hommes un culte et des sacrifices, veulent qu'on leur rende des honneurs divins; devons-nous croire plutôt ceux qui disent que ce culte n'est dû qu'au seul Dieu créateur de toutes choses, qui recommandent d'accorder ces honneurs divins à celui-là seul, dont ils assurent que la contemplation fera notre félicité, comme elle fait aujourd'hui la leur? Cette contemplation de Dieu est d'une beauté si élevée et tellement digne d'amour, que Plotin ne craint pas d'avouer que quels que soient les biens dont on jouisse, on est très-malheureux dès qu'on en est privé. Or, comme les anges, par des signes merveilleux, nous invitent, les uns à ne rendre qu'à Dieu seul le culte de latrie, et que les autres le réclament pour eux-mêmes, avec cette différence cependant, que les premiers défendent de rendre aux derniers les honneurs divins, tandis que ceux-ci n'osent défendre le culte rendu au seul Dieu véritable. Quels sont ceux que nous devons croire de préférence? Que les Platoniciens, que tous les philosophes, quelle que soit leur secte, nous répondent à ce sujet. Qu'ils nous disent aussi ce qu'ils en pensent, les Théurges, ou plutôt les Périurges, car ce nom convient mieux à tous ces arts malfaisants. Enfin, que les hommes, s'ils ont encore un reste de cette intelligence qui en fait des êtres raisonnables, nous disent, s'il faut offrir des sacrifices à ces dieux ou à ces anges qui les réclament pour eux, ou si cet honneur doit être réservé à celui-là seul pour lequel les bons anges le réclament, déclarant qu'on ne doit ni leur sacrifier à eux-

---

Hæc autem lex distributione temporum data est, quæ prius haberet, ut dictum est, promissa terrena, quibus tamen significarentur æterna, quæ visibilibus sacramentis celebrarent multi, intelligerent pauci. Unius tamen Dei cultus apertissima illic et vocum et rerum omnium contestatione præcipitur, non unius de turba, sed qui fecit cœlum et terram, et omnem animam, et omnem spiritum qui non est quod ipse. Ille enim fecit, hæc facta sunt : atque ut sint et bene se habeant, ejus indigent a quo facta sunt.

CAPUT XVI.

An de promerenda beata vita his angelis sit credendum, qui se coli exigunt honore divino ; an vero illis qui non sibi, sed uni Deo sancta præcipiunt religione serviri.

1. Quibus igitur angelis de beata et sempiterna vita credendum esse censemus? Utrum eis qui se religionis ritibus coli volunt, sibi sacra et sacrificia flagitantes a mortalibus exhiberi; an eis qui hunc omnem cultum uni Deo creatori omnium deberi dicunt, eique reddendum vera pietate præcipiunt, cujus et ipsi contemplatione beati sunt, et nos futuros esse promittunt? Illa namque visio Dei tantæ pulcritudinis visio est, et tanto amore dignissima, ut sine hac quibuslibet aliis bonis præditum atque abundantem, non dubitet Plotinus infelicissimum dicere. Cum ergo ad hunc unum quidam angeli, quidam vero ad se ipsos latria colendos signis mirabilibus excitent ; et hoc ita ut illi istos coli prohibeant, isti autem i lum prohibere non audeant; quibus potius sit credendum, respondeant Platonici, respondeant quicumque philosophi, respondeant theurgi, vel potius (a) periurgi : hoc enim sunt illæ omnes artes vocabulo digniores. Postremo respondeant homines, si (b) ullus naturæ suæ sensus, quo rationales creati sunt, ex aliqua parte vivit in eis : respondeant, inquam, eisne sacrificandum sit diis vel angelis qui sibi sacrificari jubent, an illi uni, cui jubent hi qui et sibi et istis prohibent? Si nec illi nec isti ulla miracula facerent, sed tantum præcipe-

---

(a) Nonnulli codices, *perturgi*. Quidam, *perteurgi*. Alii, *periurgi*. — (b) Aliquot Mss. *illius*.

mêmes ni à ces dieux prétendus? N'y eût-il, de part et d'autre, aucun signe merveilleux, ne suffirait-il pas que les uns osassent réclamer pour eux des sacrifices, tandis que les autres déclareraient qu'on ne doit les offrir qu'à Dieu seul, pour que la piété pût distinguer, d'un côté le faste de l'orgueil, et de l'autre la religion légitime. J'irai plus loin. Ceux qui demandent un culte divin, fussent-ils les seuls à opérer des prodiges pour frapper l'esprit des hommes, tandis que ceux qui défendent ce culte sacrilége et veulent qu'on n'adore que Dieu seul, dédaigneraient de faire ces choses surprenantes, leur autorité devrait encore prévaloir sur tous ceux qui jugent selon les lumières de la raison, et non d'après l'impression des sens. Mais lorsque Dieu, pour confirmer la vérité de sa parole, opère par ces esprits immortels, insoucieux de leur propre gloire et zélés pour la sienne, des miracles plus grands, plus certains, plus suprenants, pour empêcher que ces esprits, qui réclament pour eux les honneurs divins, ne viennent à persuader trop facilement l'erreur à des esprits faibles, par le moyen des prodiges dont ils ont frappé leurs sens; qui donc serait assez insensé pour ne pas embrasser la vérité, qui offre à son admiration des miracles beaucoup plus éclatants.

2. Je ne veux pas parler ici de ces effets étonnants, produits de temps en temps par des causes naturelles inconnues, établies cependant et réglées par la Providence divine, comme la naissance des monstres, des phénomènes extraordinaires au ciel ou sur la terre, soit qu'ils effraient simplement les hommes, soit qu'ils leur causent quelques dommages, toutes choses que les démons artificieux prétendent faussement pouvoir être conjurées et adoucies par le culte qu'on leur rend. Non, je parle de ces miracles des dieux du paganisme, que l'histoire a enregistrés, et dans lesquels on reconnaît avec évidence leur force et leur pouvoir. Par exemple, ce qu'on raconte des Pénates, qu'Énée dans sa fuite avait apportés de Troie, et qui d'eux-mêmes passèrent dans un autre lieu; que Tarquin ait coupé une pierre avec un rasoir (1); qu'un serpent d'Épidaure ait accompagné Esculape naviguant vers Rome; qu'une faible femme (2), pour rendre témoignage de sa chasteté, ait traîné avec sa ceinture ce navire porteur de la grande déesse, que les efforts de tant d'hommes et de tant de bœufs n'avaient pu mouvoir; qu'une vestale (3), accusée de s'être laissée corrompre, se soit justifiée en portant dans un crible, sans la répandre, de l'eau puisée dans le Tibre; ces pro-

(1) Ce fut Actius Navius qui, sur l'ordre de Tarquin, coupa cette pierre. (Voir Cicéron, liv. I. *De Divinatione*, et liv. II, *de Natura deorum*, et Tite-Live, liv. I). — (2) Cicéron appelle cette femme Claudia Quintia. *de Arusp. responsis*. (Voir aussi Ovide, Fastes, liv. IV, et Tite-Live, liv. XXXIX). — (3) Tuccia était le nom de cette vestale. (Voir Valère Maxime, liv. VIII, chap. 1).

rent, alii quidem ut sibi sacrificaretur, alii vero id vetarent, sed uni tantum juberent Deo; satis deberet pietas ipsa discernere quid horum de fastu superbiæ, quid de vera religione descenderet. Plus etiam dicam : si tantum hi mirabilibus factis humanas permoverent mentes, qui sacrificia sibi expetunt, illi autem qui hoc prohibent, et uni tantum Deo sacrificari jubent, nequaquam ista visibilia miracula facere dignarentur; profecto non sensu corporis, sed ratione mentis præponenda eorum esset auctoritas : cum vero Deus id egerit ad commendanda eloquia veritatis suæ, ut per istos immortales nuntios, non sui fastum, sed majestatem illius prædicantes, faceret majora, certiora, clariora miracula, ne infirmis piis illi qui sacrificia sibi expetunt, falsam religionem facilius persuaderent, eo quod sensibus eorum quædam stupenda monstrarent; quem tandem ita desipere libeat, ut non vera eligat quæ sectetur, ubi et ampliora invenit quæ miretur?

(*a*) Vind. Am. et Mss. *dæmonicis*.

2. Illa quippe miracula deorum gentilium, quæ commendat historia, non ea dico quæ intervallis temporum occultis ipsius mundi caussis, verumtamen sub divina providentia constitutis et ordinatis monstrosa contingunt; quales sunt inusitati partus animalium, et cælo terraque rerum insolita facies, sive tantum terrens, sive etiam nocens, quæ procurari atque mitigari (*a*) dæmoniacis ritibus fallacissima eorum astutia perhibentur : sed ea dico, quæ vi ac potestate eorum fieri satis evidenter apparet, ut est quod effigies deorum Penatium quas de Troja Æneas fugiens advexit, de loco in locum migrasse referuntur; quod cotem Tarquinius novacula secuit; quod Epidaurius serpens Æsculapio naviganti Romam comes adhæsit : quod navim qua simulacrum matris Phrygiæ vehebatur, tantis hominum boumque conatibus immobilem redditam, una muliercula zona alligatam ad suæ pudicitiæ testimonium movit et traxit; quod virgo Vestalis, de cujus corruptione

diges, et tant d'autres du même genre, ne sont nullement comparables en puissance et en grandeur à ceux qui eurent lieu, d'après l'Écriture sainte, parmi le peuple de Dieu. A plus forte raison, ne saurait-on leur comparer ces prestiges de la magie et de la théurgie condamnés, défendus et punis par les lois des peuples mêmes qui adoraient de tels dieux ; prestiges, qui le plus souvent n'étaient que mensonges et illusions destinés à tromper les sens, tels que faire descendre la lune sur la terre pour que, comme le dit Lucain (Lucain, liv. VI), elle dépose de plus près son écume sur les herbes. Bien que plusieurs de ces prestiges semblent égaler par leur grandeur quelques miracles des hommes pieux, toutefois, la fin pour laquelle ils sont opérés, fait ressortir dans les nôtres une incomparable excellence. Les uns ont pour but de recommander le culte de plusieurs dieux, d'autant moins dignes d'honneur qu'ils s'en montrent plus avides ; les autres n'ont pour fin que la gloire du vrai Dieu, qui témoigne dans l'Écriture qu'il n'a pas besoin de ces honneurs, et qui le prouve ensuite en repoussant plus tard cette sorte de sacrifices. Si donc il est des anges qui réclament pour eux des sacrifices, on doit leur préférer ceux qui n'en veulent point pour eux-mêmes, mais pour le Dieu créateur de l'univers, dont ils sont eux-mêmes les serviteurs. Ils nous montrent par là combien est sincère l'amour qu'ils nous portent, car ce n'est point à eux qu'ils veulent nous soumettre par un culte religieux, mais à celui auquel ils sont restés fidèles, dont la contemplation fait leur bonheur, et vers lequel ils désirent nous voir parvenir. Que s'il est des anges qui demandent des sacrifices, non pour un Dieu unique, mais pour plusieurs, ne les réclamant pas pour eux-mêmes, mais pour les dieux dont ils sont les anges, nul doute encore qu'on ne doive leur préférer ces anges du Dieu des dieux, qui commandent de sacrifier à lui seul et non à aucun autre ; surtout puisque aucun n'ose défendre de sacrifier à ce Dieu unique, dont ils nous recommandent le culte. Or si, comme le prouve leur astuce orgueilleuse, les anges, qui veulent qu'on les honore par des sacrifices et non le seul vrai Dieu, ne sont ni de bons anges, ni les anges du Dieu bon, mais de mauvais démons ; quel secours plus puissant contre eux que celui du seul vrai Dieu, que servent les bons anges ; ces anges qui réclament le sacrifice, non pour eux, mais pour ce seul Dieu suprême, dont nous devons être nous-mêmes le sacrifice ?

quæstio vertebatur, aqua impleto cribro de Tiberi, neque perfluente, abstulit controversiam. Hæc ergo atque alia hujusmodi nequaquam illis quæ in populo Dei facta legimus, virtute ac magnitudine conferenda sunt : quanto minus ea quæ illorum quoque populorum, qui tales deos coluerunt, legibus judicata sunt prohibenda atque plectenda, magica scilicet vel theurgica ? quorum pleraque specie tenus mortalium sensus imaginaria ludificatione decipiunt, quale est lunam deponere, donec suppositas, ut ait Lucanus (Lucanus, lib. VI), proprior despumet in herbas : quædam vero etsi nonnullis piorum factis videantur opere coæquari, finis ipse quo discernuntur, incomparabiliter hæc nostra ostendit excellere. Illis enim multi tanto minus sacrificiis colendi sunt, quanto magis hæc expetunt : his vero unus commendatur Deus, qui se nullis talibus indigere, et Scripturarum suarum testificatione, et eorundem postea sacrificiorum remotione demonstrat. Si ergo angeli sibi expetunt sacrificium, præponendi eis sunt illi qui non sibi, sed Deo creatori omnium, cui serviunt. Hinc enim ostendunt quam sincero amore nos diligunt, quando per sacrificium non sibi, sed ei nos subdere volunt, cujus et ipsi contemplatione beati sunt, et ad eum pervenire, a quo ipsi non recesserunt. Si autem angeli qui non uni, sed plurimis sacrificia fieri volunt, non sibi, sed eis diis volunt, quorum deorum angeli sunt ; etiam sic eis præponendi sunt illi qui unius Dei deorum angeli sunt, cui sacrificari sic jubent, ut alicui alteri vetent ; cum eorum nullus huic vetet, cui uni isti sacrificari jubent. Porro si, quod magis indicat eorum superba fallacia, nec boni, nec bonorum deorum angeli sunt, sed dæmones mali, qui non unum solum ac summum Deum, sed se ipsos sacrificiis coli volunt ; quod (a) majus quam unius Dei contra eos eligendum est præsidium, cui serviunt Angeli boni, qui non sibi, sed illi jubent ut sacrificio serviamus, cujus nos ipsi sacrificium esse debemus ?

(a) Aliquot Mss. magis.

CHAPITRE XVII.

De l'Arche d'alliance et des miracles opérés pour confirmer la loi, et établir l'autorité des promesses divines.

C'est pourquoi la loi de Dieu, promulguée par le ministère des anges, et qui recommandait d'adorer le seul Dieu suprême à l'exclusion de tous les autres, était renfermée dans l'arche appelée arche du témoignage. Ce nom fait assez comprendre que Dieu, honoré par tous ces signes extérieurs, n'est point renfermé ni contenu dans un lieu, encore que de cette arche il donnât des réponses et se manifestât aux hommes par des signes sensibles; mais que là il daignait manifester sa volonté. La loi elle même était écrite sur des tables de pierre et, comme je l'ai dit, renfermée dans l'arche; tout le temps que les Israélites voyagèrent dans le désert, des prêtres la portaient avec le respect qui lui était dû (*Exod.* XIII, 21), ainsi que le tabernacle, qui avait également reçu le nom de tabernacle du témoignage. Voici le signe qui l'accompagnait : pendant le jour, c'était une colonne de nuée qui, la nuit, brillait comme une colonne de feu; quand cette nuée marchait, les Hébreux levaient leur camp pour s'arrêter là où elle s'arrêtait. (*Exod.* XL, 34.) Mais, outre le prodige dont je viens de parler, et les oracles qui sortaient de l'arche, d'autres miracles éclatants rendirent témoignage à cette loi. Le peuple entre dans la terre promise, et lorsque l'arche franchit le Jourdain, ce fleuve s'arrête, les eaux supérieures s'amoncellent, tandis que celles du bas s'écoulent et laissent un libre passage et à l'arche et au peuple qui la suit. (*Jos.* III, 16.) Cette même arche est portée sept fois autour de la première ville ennemie et idolâtre qui se rencontre, soudain les murailles de la cité tombent d'elles-mêmes sans assaut et sans le secours des béliers. (*Jos.* VI, 20). Plus tard, lorsque les Israélites sont établis dans la terre promise, en punition de leurs péchés, cette arche tombe au pouvoir des ennemis, qui s'en emparent et la placent avec honneur dans le temple de leur dieu le plus vénéré; ils ferment les portes; mais en les ouvrant le lendemain, ils trouvent cette idole, qu'ils invoquaient, gisante et affreusement mutilée. (I. *Rois*, v, 2.) Étonnés de ces prodiges, et frappés d'une plaie honteuse, ils rendent l'arche du témoignage divin au peuple à qui ils l'ont ravie. Or, comment eut lieu ce renvoi? Ils la placent sur un char auquel ils attachent deux génisses, qu'ils viennent de séparer des petits qu'elles allaitaient, et, pour s'assurer s'il y a là quelque puissance divine, ils les laissent aller en liberté. Celles-ci, insensibles aux mugissements de leurs veaux affamés, sans guide et sans conducteur, pren-

CAPUT XVII.

De Arca Testamenti miraculisque signorum, quæ ad commendandam Legis ac promissionis auctoritatem divinitus facta sunt.

Proinde lex Dei, quæ in edictis data est Angelorum, in qua unus Deus deorum religione sacrorum jussus est coli, alii vero quilibet prohibiti, in Arca erat posita, quæ Arca testimonii nuncupata est. Quo nomine satis significatur, non Deum, qui per illa omnia colebatur, circumcludi solere, vel contineri loco, cum responsa ejus et quædam humanis sensibus darentur signa ex illius Arcæ loco, sed voluntatis ejus hinc testimonia perhiberi. Quod etiam ipsa lex erat in tabulis conscripta lapideis, et in Arca, ut dixi, posita; quam tempore peregrinationis in eremo, cum Tabernaculo quod similiter appellatum est Tabernaculum testimonii, cum debita sacerdotes veneratione portabant (*Exod.* XIII, 21) : signumque erat, quod per diem nubes apparebat, quæ sicut ignis nocte fulgebat : quæ nubes cum moveretur, castra movebantur; et ubi staret, castra ponebantur. (*Exod.* XL, 34.) Reddita sunt autem illi legi magni miraculi testimonia, præter ista quæ dixi, et præter voces quæ ex illius Arcæ loco edebantur. Nam cum terram promissionis intrantibus eadem Arca transiret Jordanem, fluvius ex parte superiore subsistens, et ex inferiore decurrens, et ipsi et populo siccum præbuit transeundi locum. (*Jos.* III, 16.) Deinde civitatis, quæ prima hostilis occurrit, more gentium deos plurimos colens, septies Arca circumacta, muri repente ceciderunt, nulla manu oppugnati, nullo ariete percussi. (*Jos.* VI, 20.) Post hæc etiam cum jam in terra promissionis essent, et eadem Arca propter eorum peccata fuisset ab hostibus capta, hi qui cam ceperant, in templo Dei sui, quem præ ceteris colebant, honorifice collocarunt, abeuntesque clauserunt, apertoque postridie, simulacrum cui supplicabant, invenerunt collapsum deformiterque confractum. (I. *Reg.* v. 2.) Deinde ipsi prodigiis acti, deformiusque puniti, Arcam divini

nent directement le chemin qui conduit chez les Hébreux, reportant ce signe mystérieux à ceux qui en faisaient l'objet de leur vénération. (I. *Rois*, vi, 7.) Choses, sans doute, petites pour Dieu, mais grandes par les enseignements salutaires et terribles qu'elles peuvent donner aux hommes. En effet, les philosophes, et surtout les Platoniciens, sont loués comme plus éclairés que les autres, ainsi que je l'ai remarqué plus haut, en ce que s'appuyant sur les beautés sans nombre, qu'on remarque non-seulement dans les corps vivants, mais même dans la plante et l'herbe des champs, ils enseignent que la Providence divine s'occupe même des moindres choses d'ici-bas. Or, combien cette divine assistance paraît-elle plus évidente dans ces prodiges, qui ont lieu pour confirmer une religion, qui défend de sacrifier à aucune créature du ciel, de la terre, ou des enfers, réservant cet honneur au seul Dieu, qui aimant et aimé constitue seul la béatitude; religion qui, déterminant le temps de ces sacrifices et annonçant leur transformation par un pontife supérieur, nous montre que Dieu n'en a pas besoin, mais qu'ils ne sont que la figure d'oblations plus parfaites; religion enfin, qui, tout en reconnaissant que ces hommages sont inutiles à la gloire du Dieu unique, nous excite à nous attacher à lui avec amour, et à lui rendre un culte dont tous les avantages sont pour nous.

CHAPITRE XVIII.

Réfutation de ceux qui prétendent qu'on ne doit pas croire les livres saints, au sujet des miracles faits en faveur du peuple de Dieu.

Dira-t-on que ces miracles sont faux, qu'ils ont été inventés, que les livres qui les rapportent sont menteurs? Quiconque parle ainsi et prétend qu'au sujet des miracles on ne doit croire aucun écrivain, peut également dire qu'il n'y a point de dieux qui s'occupent des choses de ce monde. En effet, c'est seulement par des prodiges, plus surprenants qu'utiles aux hommes, que les dieux du paganisme ont établi leur culte; l'histoire profane elle-même l'atteste. Aussi, n'ai-je pas entrepris cet ouvrage, déjà parvenu à ce dixième livre, pour combattre ceux qui nient l'existence de la divinité, ou qui affirment qu'elle ne se mêle nullement des choses humaines. Non; mon but est de réfuter ceux qui préfèrent leurs dieux à notre Dieu, fondateur de la sainte et glorieuse Cité, qui ignorent qu'invisible et immuable lui-même, il est le créateur de ce monde visible et muable,

testimonii populo, unde ceperant, reddiderunt. Ipsa autem redditio qualis fuit? Imposuerunt eam plaustro, eique juvencas, a quibus vitulos sugentes abstraxerant, subjunxerunt, et eas quo vellent ire siverunt, etiam hinc vim divinam explorare cupientes. (I. *Reg.* vi, 7.) At illæ sine homine duce atque rectore, ad Hebræos viam pertinaciter, gradientes, nec revocatæ mugitibus esurientium filiorum, magnum sacramentum suis cultoribus reportarunt. Hæc atque hujusmodi Deo parva sunt, sed magna terrendis salubriter erudiendisque mortalibus. Si enim philosophi, præcipueque Platonici, rectius ceteris sapuisse laudantur, sicut paulo ante commemoravi, quod divinam providentiam hæc quoque rerum infima atque terrena administrare docuerunt, numerosarum testimonio pulcritudinum, quæ non solum in corporibus animalium, verum in herbis etiam fœnoque gignuntur; quanto evidentius hæc adtestantur divinitati, quæ ad horam prædicationis ejus fiunt, ubi ea religio commendatur quæ omnibus cœlestibus, terrestribus, infernis sacrificari vetat, uni Deo tantum jubens, qui solus diligens et dilectus beatos facit, eorumque sacrificiorum tempora imperata præfiniens, eaque per meliorem sacerdotem in melius mutanda prædicens, non ista se appetere, sed per hæc alia potiora significare testatur; non ut ipse his honoribus sublimetur, sed ut nos ad eum colendum, eique cohærendum igne amoris ejus accensi, quod nobis, non illi bonum est, excitemur.

CAPUT XVIII.

Contra eos qui de miraculis, quibus Dei populus eruditus est, negant ecclesiasticis libris esse credendum.

An dicet aliquis ista falsa esse miracula, nec fuisse facta, sed mendaciter scripta? Quisquis hoc dicit, si de his rebus negat omnino ullis litteris esse credendum, potest etiam dicere nec deos ullos curare mortalia. Non enim se aliter colendos esse persuaserunt, nisi mirabilium operum effectibus, quorum et historia gentium testis est, quarum dii se ostentare mirabiles, potius quam utiles ostendere potuerunt. Unde hoc opere nostro, cujus hunc jam decimum librum habemus in manibus, non eos suscepimus refellendos, qui vel ullam esse vim divinam negant, vel humana non curare contendunt; sed eos qui nostro Deo conditori sanctæ et gloriosissimæ Civi-

et le dispensateur de la vie bienheureuse, qui consiste non dans la jouissance de ses créatures, mais dans la possession de lui-même. Son Prophète inspiré par la Vérité a dit : « Le bien, pour moi, consiste à s'attacher à Dieu. » (*Ps.* LXXII, 27.) On sait que cette question du bien suprême, auquel doivent se rapporter tous les devoirs, est débattue parmi les philosophes. Le Psalmiste n'a pas dit : Le bien, pour moi, consiste à regorger de richesses, à être décoré de la pourpre et du sceptre, à être couronné du diadème ; ni comme quelques philosophes n'ont pas rougi de l'avancer : Le bien, pour moi, c'est la volupté du corps ; ni selon l'opinion plus noble de philosophes plus sages : La vertu de mon âme est, pour moi, le bien suprême. Nullement ; mais il a dit : « Le bien, pour moi, consiste à s'attacher à Dieu. » Voilà ce qu'il avait appris de celui dont les anges, confirmant leur enseignement par des miracles, avaient déclaré que seul il avait droit aux sacrifices. Aussi était-il lui-même devenu le sacrifice de ce Dieu dont l'amour l'embrasait, et dont il désirait ardemment les chastes et ineffables embrassements. Or, si ceux qui adorent plusieurs dieux, quels que soient d'ailleurs ceux qu'ils reconnaissent pour tels, ne doutent point des miracles qu'on leur attribue, s'appuyant soit sur l'autorité de l'histoire, soit sur celle de la magie, ou, ce qu'ils jugent plus convenable, sur celle de la théurgie, sur quoi peuvent-ils s'appuyer pour refuser de croire à nos miracles attestés par ces livres saints, dont l'autorité est d'autant plus grande, que le Dieu auquel seul ils ordonnent de sacrifier, est plus élevé que tous les autres dieux ?

CHAPITRE XIX.

La vraie religion enseigne pourquoi les sacrifices visibles sont offerts au seul Dieu véritable et invisible.

Ceux qui pensent que les sacrifices visibles conviennent aux autres dieux, mais qu'au Dieu invisible, doivent être seulement offerts les sacrifices invisibles tels que les hommages d'une âme pure et d'une volonté droite ; honneurs les plus grands et les plus excellents appartenant au Dieu le plus grand et le plus excellent. Ceux-là, certes, ignorent que ces sacrifices visibles sont aux sacrifices invisibles ce que les paroles sont aux pensées qu'elles expriment. De même que les prières et les louanges exprimées par nos paroles lui sont offertes, comme

---

talis deos suos præferunt, nescientes eum ipsum esse etiam mundi hujus visibilis et mutabilis invisibilem et incommutabilem conditorem, et vitæ beatæ non de his quæ condidit, sed de se ipso verissimum largitorem. Ejus enim Propheta veracissimus ait, « Mihi autem adhærere Deo, bonum est. » (*Ps.* LXXII, 28.) De fine namque boni inter philosophos quæritur, ad quod adipiscendum omnia officia referenda sunt. Nec dixit iste, Mihi autem divitiis abundare, bonum est ; aut insigniri purpura et sceptro, vel diademate excellere ; aut, quod nonnulli etiam philosophorum dicere non erubuerunt : Mihi voluptas corporis bonum est ; aut quod melius velut meliores dicere visi sunt, Mihi virtus animi mei bonum est ; sed : « Mihi, inquit, adhærere Deo, bonum est. » Hoc cum docuerat, cui uni tantummodo sacrificandum sancti quoque Angeli ejus (*a*) miraculorum etiam contestatione monuerunt. Unde et ipse sacrificium ejus factus erat, cujus igne intelligibili correptus ardebat, et in ejus ineffabilem incorporeumque complexum sancto desiderio ferebatur. Porro autem si multorum deorum cultores, (qualescumque deos suos esse arbitrentur,) ab eis facta esse miracula, vel civilium rerum historiæ, vel libris magicis, sive, quod honestius putant, theurgicis credunt, quid caussæ est, cur illis litteris nolint credere, ista facta esse, quibus tanto major debetur fides, quanto super omnes est magnus, cui uni soli sacrificandum esse præcipiunt ?

CAPUT XIX.

Quæ ratio sit visibilis sacrificii, quod uni vero et invisibili Deo offerri docet vera religio.

Qui autem putant hæc visibilia sacrificia diis aliis congruere, illi vero tamquam invisibili invisibilia, et majori majora, meliorique meliora, qualia sunt puræ mentis et bonæ voluntatis officia ; profecto nesciunt, hæc ita esse signa illorum, sicut verba sonantia signa sunt rerum. Quocirca sicut orantes atque laudantes ad eum dirigimus significantes voces, cui res ipsas in corde quas significamus offerimus : ita sacrificantes non alteri visibile sacrificium offerendum esse noverimus, quam illi cujus in cordibus nostris invisibile sacrificium nos ipsi esse debemus. Tunc nobis favent, nobisque congaudent, atque ad hoc ipsum nos pro suis viribus adjuvant Angeli quique virtutesque superiores et ipsa bonitate

---

(*a*) Sic. Mss. At editi, *Angeli legalium sacrificiorum contestatione monuerunt.*

le signe des pensées de notre cœur, ainsi, quand nous lui offrons des sacrifices, nous devons savoir qu'à lui seul appartiennent ces sacrifices visibles, dont nous-mêmes nous devons être dans le fond de nos cœurs le sacrifice invisible. C'est alors que nous sourient, se réjouissent avec nous, et nous aident de tout leur pouvoir, les anges et les vertus supérieures, dont la bonté et la piété font la puissance. Que si nous voulons leur rendre de tels hommages, ils leur déplaisent ; et, lorsqu'il leur est permis de se manifester aux hommes, ils défendent formellement de leur rendre un tel culte. Nous en trouvons des exemples dans les livres saints ; quelques-uns ont cru devoir rendre aux anges ce culte d'adoration et de sacrifices que nous devons à Dieu ; les anges les en ont empêchés, et leur ont ordonné de le rendre à Celui seul auquel il appartient. (*Apoc.* XIX et XXII.) Les hommes saints et amis de Dieu ont imité les bons anges. En effet, Paul et Barnabé ayant opéré une guérison miraculeuse en Lycaonie, on les prit pour des dieux, les Lycaoniens voulurent leur immoler des victimes ; leur pieuse humilité refusa ces hommages, et ils leur firent connaître le Dieu en qui ils devaient croire. (*Act.* XIV.) C'est parce qu'ils savent que ces honneurs ne sont dus qu'au vrai Dieu, que les esprits de mensonge les réclament pour eux avec tant d'orgueil. En effet, ce n'est pas, comme le dit Porphyre et comme d'autres l'ont pensé, la vapeur des victimes qui leur plaît, non, ce sont les honneurs divins. Certes, ces vapeurs ne leur manquent pas et, s'ils en voulaient davantage, ils pourraient s'en procurer eux-mêmes. Ces esprits arrogants, qui s'attribuent la divinité, se complaisent, non dans les vapeurs d'une victime qu'on brûle, mais dans les hommages de l'âme qui les invoque ; par là, ils la trompent, ils la soumettent à leur empire, et lui ferment le chemin qui la conduirait au vrai Dieu, empêchant que cette âme ne devienne le sacrifice du Dieu véritable, dès lors qu'elle offre à tout autre des sacrifices impies.

CHAPITRE XX.

Que le Médiateur entre Dieu et les hommes a voulu être lui-même le sacrifice souverain et véritable.

C'est pour cela que Jésus-Christ, le véritable Médiateur entre Dieu et les hommes, devenu tel en tant qu'il a pris la forme d'esclave, bien que par sa nature divine il ait droit au sacrifice, ainsi que son Père avec lequel il forme un même Dieu, a cependant comme homme préféré être lui-même le sacrifice que le recevoir, afin de ne donner à personne le prétexte de croire

---

ac pietate potentiores. Si autem illis hæc exhibere voluerimus, non libenter accipiunt, et cum ad homines ita mittuntur, ut eorum præsentia sentiatur, apertissime vetant. Sunt exempla in litteris sanctis. Putaverunt quidam deferendum Angelis honorem, vel adorando, vel sacrificando, qui debetur Deo, et eorum sunt admonitione prohibiti, jussique hoc ei deferre, cui uni fas esse noverunt. (*Apoc.* XIX et XXII.) Imitati sunt Angelos sanctos etiam sancti homines Dei. Nam Paulus et Barnabas in Lycaonia facto quodam miraculo sanitatis putati sunt dii, eisque Lycaonii immolare victimas voluerunt, quod a se humili pietate removentes, eis in quem crederent annuntiaverunt Deum. (*Act.* XIV.) Nec ob aliud fallaces illi superbe sibi hoc exigunt, nisi quia vero Deo deberi sciunt. Non enim re vera, ut ait Porphyrius, et nonnulli putant, cadaverinis nidoribus, sed divinis honoribus gaudent. Copiam vero nidorum magnam habent undique, et si amplius vellent, ipsi sibi poterant exhibere. Qui ergo divinitatem sibi arrogant spiritus, non cujuslibet corporis fumo, sed supplicantis animo delectantur, cui decepto subjectoque dominentur, intercludentes iter ad Deum verum, ne sit homo illius sacrificium, dum sacrificatur cuipiam præter illum.

CAPUT XX.

De summo veroque sacrificio, quod ipse Dei et hominum Mediator effectus est.

Unde verus ille Mediator, in quantum formam servi accipiens mediator effectus est Dei et hominum homo Christus Jesus, cum in forma Dei sacrificium cum Patre sumat, cum quo et unus Deus est, tamen in forma servi sacrificium maluit esse quam sumere, ne vel hac occasione quisquam existimaret cuilibet sacrificandum esse creaturæ. Per hoc et sacerdos est, ipse offerens, ipse et oblatio. Cujus rei sacramentum esse voluit quotidianum Ecclesiæ sacrificium (*a*); quæ cum ipsius capitis corpus sit, se ipsam per ipsum

---

(*a*) Editiones tres Vind. Am. Er. *esse voluit Ecclesiæ sacrificium; cum ipsius corporis ipse sit caput, et ipsius capitis ipsa sit corpus, tam ipsa per ipsum, quam ipse per ipsam suetus offerri. Hujus veri sacrificii,* etc.

qu'on pouvait rendre cet honneur à quelque créature. Il est à la fois et le prêtre qui offre, et la victime offerte. Il a voulu ainsi figurer le sacrifice que chaque jour offre l'Église, qui, étant le corps de ce chef divin, apprend par son exemple à s'offrir elle-même. Les anciens sacrifices des saints étaient autant de figures diverses et multipliées de ce véritable sacrifice, comme on exprime une même chose sous des formes variées, pour éviter de causer l'ennui en insistant sur son importance. Tous les sacrifices figuratifs ont disparu devant ce sacrifice auguste et véritable.

CHAPITRE XXI.

Pouvoir donné aux démons; il sert à la glorification des saints, qui triomphent de ces esprits, non en leur offrant des sacrifices, mais en restant fidèles à Dieu.

Or, le pouvoir qui, à des temps prévus et déterminés, est accordé aux démons d'exciter leurs adorateurs à persécuter cruellement la Cité de Dieu, de réclamer des sacrifices, non-seulement de ceux qui leur en offrent ou qui sont disposés à leur en offrir, mais de les exiger même par la violence de ceux qui les leur dé-

nient, ce pouvoir, dis-je, loin d'être funeste à l'Église, lui est au contraire avantageux. Il complète le nombre des Martyrs (*Apocal.* VI, 11), citoyens d'autant plus illustres et plus honorés de la Cité céleste, qu'ils ont combattu plus courageusement, et jusqu'à l'effusion de leur sang, contre les fureurs de l'impiété. Nous servant d'un langage plus élégant, nous pourrions, si la langue ecclésiastique le permettait, les appeler nos « héros. » Ce mot, dit-on, vient de Junon, qui en grec se nomme Ἥρα, d'où vient que, dans les fables des Grecs, je ne sais lequel de ses fils est appelé « Héros. » Le sens mystique de cette fable, c'est que Junon préside à l'air, séjour qu'ils assignent aux démons ainsi qu'aux âmes des morts illustres. Pour nous, si le langage de l'Église le permettait, nous appellerions nos martyrs : Héros; non pas qu'ils habitent l'air avec les démons, mais parce qu'ils ont triomphé des démons, des puissances aériennes, et même de Junon elle-même, quelle qu'elle soit, de cette Junon que les poëtes, non sans motif, nous représentent comme ennemie de la vertu, et jalouse des âmes courageuses qui aspirent au ciel. Cependant après lui avoir fait dire : « Énée est mon vainqueur, » (*Eneid.* l. VII.) Virgile retombe malheureusement et cède à sa puis-

---

discit offerre. Hujus veri sacrificii multiplicia variaque signa erant sacrificia prisca sanctorum, cum hoc unum per multa figuraretur, tamquam verbis multis res una diceretur, ut sine fastidio multum commendaretur. Huic summo veroque sacrificio cuncta sacrificia falsa cesserunt.

CAPUT XXI.

De modo potestatis dæmonibus datæ ad glorificandos sanctos (a) *per tolerantiam passionum, qui aerios spiritus non placando ipsos, sed in Deo permanendo vicerunt.*

Moderatis autem præfinitisque temporibus, etiam potestas permissa dæmonibus, ut hominibus quos possident excitatis, inimicitias adversus Dei Civitatem tyrannice exerceant, sibique sacrificia non solum ab offerentibus sumant, et a volentibus expetant, verum etiam ab invitis persequendo violenter extorqueant, non solum perniciosa non est, sed etiam utilis invenitur Ecclesiæ, ut Martyrum nume-

rus impleatur (*Apoc.* VI, 11): quos Civitas Dei tanto clariores et honoratiores cives habet, quanto fortius adversus (b) impietatis peccatum etiam usque ad sanguinem certant. Hos multo elegantius, si ecclesiastica loquendi consuetudo pateretur, nostros heroas vocaremus. Hoc enim nomen a Junone dicitur tractum, quod Græce Juno Ἥρα, appellatur; et ideo nescio quis filius ejus secundum Græcorum fabulas, Heros fuerit nuncupatus : hoc videlicet veluti mysticum significante fabula, quod aer Junoni deputatur, ubi volunt cum dæmonibus heroas habitare, quo nomine appellant alicujus meriti animas defunctorum. Sed a contrario Martyres nostri heroes nuncuparentur, si, ut dixi, usus ecclesiastici sermonis admitteret; non quod eis esset cum dæmonibus in aere societas, sed quod eosdem dæmones, id est, aerias vincerint potestates; et in eis ipsam, quidquid putatur significare, Junonem, quæ non usquequaque inconvenienter a poetis inducitur inimica virtutibus, et cœlum petentibus viris fortibus invida. Sed rursus et succumbit infeliciter ceditque Virgilius, ut cum

---

(a) Editi, *qui pertulerunt jam passionem.* Emendantur a Mss. — (b) Editi, *adversus impietatem potestatum.* Alia quæ omnium est Mss. lectio, videtur præferenda : nam perspicue alludit Augustinus ad illud Hebr. XII, 4. *Nondum enim usque ad sanguinem restitistis adversus peccatum repugnantes.*

sance, quand il montre Hélénus donnant à Enée ce prétendu pieux conseil : « Rendez à Junon des hommages volontaires, et apaisez cette puissante souveraine par des dons suppliants. » (*Enéid.* liv. III.) Ce qui fait dire à Porphyre, bien qu'il ne l'avance que comme une opinion étrangère, qu'un dieu bon ou un bon génie ne saurait assister celui qui l'invoque, si le mauvais n'a été d'abord apaisé. Selon eux, les divinités mauvaises sont donc plus puissantes que les bonnes, puisque celles-ci ne peuvent aider si les premières ne sont conjurées ; les bonnes ne peuvent secourir si les méchantes s'y opposent, et celles-ci peuvent nuire sans que les bonnes soient capables de les en empêcher. Il n'en est pas ainsi dans la religion véritable et vraiment sainte. Ce n'est pas de cette sorte que nos martyrs ont vaincu Junon, c'est-à-dire les puissances de l'air, qui portent envie aux âmes pieuses. Non, ce n'est point par des offrandes suppliantes, c'est par des vertus divines que nos héros, s'il est permis d'employer ce mot, ont triomphé de *Héra*. Certes, en domptant l'Afrique par sa valeur, Scipion n'a-t-il pas mérité le surnom d'Africain plus glorieusement, que s'il l'avait acquis en apaisant l'ennemi par des présents !

CHAPITRE XXII

D'où vient aux saints leur pouvoir sur les démons; comment le cœur est purifié.

Ces puissances de l'air, ennemies de la piété, les serviteurs de Dieu vraiment pieux les repoussent, non pas en les apaisant, mais en les exorcisant ; ils triomphent de leurs assauts, non pas en les suppliant, mais en implorant contre elles le secours de leur Dieu. Elles ne peuvent ni vaincre, ni subjuguer une âme sans la connivence du péché. Elles sont domptées au nom de celui qui s'est revêtu de la nature humaine, qui a vécu sans péché, afin qu'étant à la fois le prêtre et le sacrifice, les péchés fussent remis par lui, c'est-à-dire, par Jésus-Christ homme, médiateur entre Dieu et les hommes, qui, effaçant nos péchés, nous réconcilie avec Dieu. Le péché seul sépare l'homme de Dieu ; nous n'en sommes purifiés que par la bonté, la miséricorde de Dieu, et nullement en vertu de nos mérites, ou par notre propre puissance. En effet, le mérite que nous pouvons nous attribuer, si faible qu'il soit, n'est qu'un don de la bonté divine. Combien notre orgueil s'exalterait pendant cette vie terrestre, si jusques à no-

---

apud eum illa dicat; « Vincor ab Ænea ; » (*Æneid.* VII), ipsum Æneam admoneat Helenus quasi consilio religioso, et dicat;

« Junoni cane vota libens, dominamque potentem Supplicibus supera donis. » (*Æneid.* III.)

Ex qua opinione Porphyrius, quamvis non ex sua sententia, sed ex aliorum, bonum dicit deum vel genium non venire in hominem, nisi malus fuerit ante placatus : tamquam fortiora sint apud eos numina mala quam bona ; quando quidem mala impediunt adjutoria bonorum, nisi eis placata dent locum, malisque nolentibus bona prodesse non possunt; nocere autem mala possunt, non sibi valentibus resistere bonis. Non est ista veræ veraciterque sanctæ religionis via : non sic Junonem, hoc est, aerias potestates piorum virtutibus invidentes nostri Martyres vincunt. Non omnino, si dici usitate possel, heroes nostri supplicibus donis, sed virtutibus divinis Heram superant. Commodius quippe Scipio Africanus est cognominatus, quod virtute Africam vicerit, quam si hostes donis placasset, ut parcerent.

CAPUT XXII.

Unde sit sanctis adversum dæmones potestas, et unde cordis vera purgatio.

Vera pietate homines Dei aeriam potestatem inimicam contrariamque pietati exorcizando ejiciunt, non placando (*a*) ; omnesque tentationes adversitatis ejus vincunt orando, non ipsam, sed suum Deum adversus ipsam. Non enim aliquem vincit, aut subjugat, nisi societate peccati. In ejus ergo nomine vincitur, qui hominem assumsit, egitque sine peccato, ut in ipso sacerdote ac sacrificio fieret remissio peccatorum, id est, per Mediatorem Dei et hominum hominem Christum Jesum, per quem facta peccatorum purgatione reconciliamur Deo. Non enim nisi peccatis homines separantur a Deo, quorum in hac vita non fit nostra virtute, sed divina miseratione purgatio; per indulgentiam illius, non per nostram potentiam. Quia et ipsa quantulacumque virtus, quæ dicitur nostra, illius est nobis bonitate concessa. Multum autem nobis in hac carne tribueremus, nisi usque ad ejus depositionem sub

---

(*a*) Sic Mss. At editi, *omnes tentationes adversitatesque ejus.*

tre mort nous ne vivions, en quelque sorte, sous le joug du pardon. C'est donc par le Médiateur que nous avons reçu la grâce, et que, souillés dans la chair du péché, la ressemblance de la chair du péché a effacé nos souillures. Cette grâce de Dieu, effet de sa miséricorde infinie, nous guide par la foi pendant cette vie, et après la mort elle nous élevera à la plénitude de la perfection, par la contemplation de l'immuable vérité.

CHAPITRE XXIII.

Des Principes *par, lesquels, selon les Platoniciens, s'opère la purification de l'âme.*

Porphyre dit encore que les oracles ont répondu que les *Télètes* (1), en l'honneur de la lune ou du soleil, ne pouvaient nous purifier, nous indiquant ainsi que l'homme ne saurait l'être par les télètes d'aucun des dieux. Car quelles télètes produiront cet effet, si celles de la lune et du soleil, les premiers des dieux célestes, sont impuissantes? Il ajoute que, d'après le même oracle, les *Principes* peuvent purifier ; sans doute de peur qu'après avoir dit que les télètes du soleil et de la lune ne pouvaient le faire, on ne s'imaginât que celles de quelque dieu du commun avaient ce pouvoir. Or, nous savons ce que Porphyre, comme platonicien, entend par *Principes*. C'est Dieu le Père et Dieu le Fils, qu'il appelle en grec l'intelligence ou la pensée du Père. Quant au Saint-Esprit, il n'en dit rien, ou du moins rien de clair, encore que je ne comprenne pas quel est cet autre qu'il place entre le Père et le Fils. Si, comme Plotin dans sa dissertation sur les trois substances principales, il avait voulu par cet autre désigner la nature de l'âme, il n'aurait pas dit qu'il tient le milieu entre le Père et le Fils. Plotin, en effet, place l'âme raisonnable après l'intelligence du Père, tandis que Porphyre dit que cet autre est intermédiaire entre les deux. Peut-être a-t-il désigné comme il a pu, ou comme il a voulu, ce que nous appelons le Saint-Esprit, que nous reconnaissons être non-seulement l'Esprit du Père ou du Fils, mais appartenir à tous deux. Le langage des philosophes est libre, et ils ne craignent de blesser les oreilles pieuses, lorsqu'ils traitent des questions les plus difficiles à comprendre. Pour nous, notre langage doit être précis, afin de ne pas fournir, en usant de termes incorrects, occasion à des opinions impies.

(1) *Télètes.* Nous employons ce mot qui renferme les trois idées de sacrifice, de mystères, d'initiation, et plus particulièrement ce dernier sens. Sa racine est Τελέω *finir, terminer, accomplir,* d'où Τελοῦμαι, être accompli, être parfait, être initié. Il est certain que les Télètes n'étaient point des sacrifices ordinaires, mais qu'elles étaient accompagnées de purifications et d'initiations.

venia viveremus. Propterea ergo nobis per Mediatorem præstita est gratia, ut polluti carne peccati carnis peccati similitudine mundaremur. Hac Dei gratia, qua in nos ostendit magnam misericordiam suam, et in hac vita per fidem regimur, et post hanc vitam per ipsam speciem incommutabilis veritatis ad perfectionem plenissimam perducemur.

CAPUT XXIII.

De principiis, in quibus Platonici purgationem animæ esse profitentur.

Dicit etiam Porphyrius divinis oraculis fuisse responsum, non nos purgari lunæ teletis atque solis : ut hinc ostenderetur nullorum deorum teletis hominem posse purgari. Cujus enim teletæ purgant, si lunæ solisque non purgant, quos inter cælestes deos præcipuos habent? Denique eodem dicit oraculo expressum, principia posse purgare ; ne forte cum dictum esset non purgare teletas solis et lunæ, alicujus alterius Dei de turba valere ad purgandum teletæ crederentur. Quæ autem dicat esse principia tamquam Platonicus, novimus. Dicit enim Deum Patrem et Deum Filium, quem Græce appellat paternum intellectum, vel paternam mentem : de Spiritu autem sancto, aut nihil, aut non aperte aliquid dicit ; quamvis quem alium dicat horum medium, non intelligo. Si enim tertiam, sicut Plotinus, ubi de tribus principalibus substantiis disputat, animæ naturam etiam iste vellet intelligi, non utique diceret horum medium, id est, Patris et Filii medium. Postponit quippe Plotinus animæ naturam paterno intellectui : iste autem cum dicit medium, non postponit, sed interponit. Et nimirum hoc dixit potuit, sive ut voluit, quod nos Spiritum-Sanctum, nec Patris tantum, nec Filii tantum, sed utriusque Spiritum dicimus. Liberis enim verbis loquuntur philosophi, nec in rebus ad intelligendum difficillimis offensionem religiosarum aurium pertimescunt. Nobis autem ad certam regulam loqui fas est, ne verborum licentia etiam de rebus quæ his significantur, impiam gignat opinionem.

CHAPITRE XXIV.

Du seul et véritable Principe, qui purifie et renouvelle la nature humaine.

Aussi, nous ne disons point qu'il y ait deux ou trois principes, de même que, lorsque nous parlons de Dieu, il ne nous est point permis de dire qu'il y a deux ou trois dieux. Cependant, parlant de chacun, soit du Père, soit du Fils, soit du Saint-Esprit, nous avouons que chacun d'eux est Dieu, sans toutefois enseigner comme les sabelliens hérétiques, que le Père est le même que le Fils, et que le Saint-Esprit est le même que le Père et le Fils. Nous disons que le Père est le père du Fils, que le Fils est le fils du Père, et que le Saint-Esprit est l'Esprit du Père et du Fils, sans être ni le Père ni le Fils. Il est donc vrai de dire que le « Principe, » et non les « Principes » comme disent les Platoniciens, purifie l'homme. Mais Porphyre, esclave de ces puissances jalouses, dont il rougissait et qu'il craignait d'attaquer ouvertement, n'a pas voulu comprendre que ce Principe était Notre-Seigneur Jésus-Christ, dont l'incarnation nous purifie. Il la méprise dans cette chair qu'il a prise pour expier nos crimes; sublime mystère qu'il n'a pu comprendre à cause de cet orgueil, que le bon et véritable Médiateur a détruit par son humilité; ce dernier s'est montré aux mortels dans une chair mortelle, tandis que les faux et perfides médiateurs, n'ayant point cette mortalité se sont enorgueillis, et, se targuant de n'être point sujets à la mort, ont trompé les hommes misérables et mortels, en leur promettant une assistance trompeuse. Ce Médiateur, bon et véritable, a montré que le péché seul était un mal, et non la substance ou la nature de la chair, puisqu'il a pu sans péché l'unir en lui avec l'âme de l'homme, la posséder, la quitter par la mort, et la transformer par la résurrection. Cette mort, châtiment du péché, que, quoique exempt de péché, il a voulu subir lui-même, il nous a montré qu'il ne fallait pas pécher pour l'éviter, mais plutôt, s'il était besoin, la subir pour la justice. Sa mort a pu satisfaire pour nos fautes, parce qu'il ne la souffrait pas pour ses propres péchés. Ce Platonicien ne le reconnaît point pour le « Principe, » autrement il le reconnaîtrait pour celui qui nous purifie. Ce n'est, en effet, ni la chair, ni l'âme qui sont le Principe, mais le Verbe par qui tout a été créé. La chair donc ne purifie point par elle-même, mais par le Verbe qui l'a prise, lorsque

CAPUT XXIV.

De uno veroque principio, quod (a) solum naturam humanam purgat et renovat.

Nos itaque ita non dicimus duo vel tria principia, cum de Deo loquimur, sicut nec duos deos vel tres nobis licitum est dicere : quamvis de unoquoque loquentes, vel de Patre, vel de Filio, vel de Spiritu-Sancto, etiam singulum quemque Deum esse fateamur; nec dicamus tamen quod hæretici Sabelliani, eumdem esse Patrem, qui est et Filius, et eumdem Spiritum-Sanctum, qui est et Pater et Filius, sed Patrem esse Filii Patrem, et Filium Patris Filium, et Patris et Filii Spiritum-Sanctum nec Patrem esse nec Filium. Verum itaque dictum est, non purgari hominem nisi principio, quamvis pluraliter sint apud eos dicta principia. Sed subditus Porphyrius invidis potestatibus, de quibus et erubescebat, et eas libere redarguere formidabat, noluit intelligere Dominum Christum esse principium, cujus incarnatione purgamur. Eum quippe in ipsa carne contempsit, quam propter sacrificium nostræ purgationis assumsit : magnum scilicet sacramentum ea superbia non intelligens, quam sua ille humilitate dejecit verus benignusque Mediator, in ea se ostendens mortalitate mortalibus, quam maligni fallaces-que mediatores non habendo se superbius extulerunt, miserisque hominibus adjutorium deceptorium velut immortales mortalibus promiserunt. Bonus itaque verusque Mediator ostendit peccatum esse malum, non carnis substantiam vel naturam; quæ cum anima hominis et suscipi sine peccato potuit, et haberi, et morte deponi, et in melius resurrectione mutari : nec ipsam mortem, quamvis esset pœna peccati, quam tamen pro nobis sine peccato ipse persolvit, peccando esse vitandam; sed potius, si facultas datur, pro justitia perferendam. Ideo enim solvere potuit moriendo peccata, quia et mortuus est, et non pro (b) suo peccato. Hunc ille Platonicus non cognovit esse principium; nam cognosceret purgatorium. Neque enim principium est, aut anima humana; sed Verbum per quod facta sunt omnia. Non ergo caro per se ipsam mundat, sed per Verbum a quo suscepta est, cum « Verbum caro factum est, et habitavit in nobis. » (*Joan.* 1, 14.)

(a) Editi, solam. Verius Mss. *solum.* — *(b) In Mss. et non pro peccato :* ubi supplendum relinquebatur, *suo.*

« le Verbe a été fait chair, et qu'il a habité parmi nous. » (*Jean*, I, 14.) Parlant de la manducation mystique de sa chair, ceux qui ne l'avaient pas compris se retirent scandalisés en disant : Cette parole est dure, et qui pourrait l'entendre. » (*Jean*, VI, 61.) Il répond à ceux qui demeurent : « C'est l'Esprit qui vivifie, mais la chair ne sert de rien. » C'est donc le Principe, par l'âme et la chair qu'il a prises, qui purifie l'âme et la chair des croyants. Aussi, aux Juifs lui demandant qui il était, il répondit qu'il était le Principe. Certes, charnels, faibles, et pécheurs comme nous le sommes, enveloppés dans les ténèbres de l'ignorance, nous ne pourrions comprendre cette vérité, si lui-même ne nous avait purifiés et guéris par ce que nous étions et par ce que nous n'étions pas. Nous étions hommes, mais nous n'étions pas justes ; dans son Incarnation, le Verbe, a pris la nature humaine, mais juste et exempte de péché. Voilà le Médiateur qui nous a tendu la main lorsque nous étions abattus et terrassés. Voilà cette race préparée par le ministère des anges (*Gal.* III, 19), lorsqu'ils publiaient la loi ; cette loi qui d'un côté prescrivait le culte d'un seul Dieu, et de l'autre annonçait la venue de ce médiateur.

CHAPITRE XXV.

Que tous les saints qui ont vécu, soit du temps de la loi, soit avant, ont été justifiés par la foi au mystère de Jésus-Christ.

C'est par la foi en ce mystère, accompagnée d'une vie sainte que les anciens justes ont été justifiés, non-seulement avant la loi donnée au peuple Hébreu, (car alors même les révélations de Dieu ou des anges ne leur ont point manqué,) mais même sous le règne de la loi, bien que la promesse des biens spirituels y fussent cachés sous la figure de biens temporels ; c'est pour cette raison qu'elle est appelée Ancien Testament. Ils avaient alors des Prophètes, dont la voix, comme celle des Anges renouvelait cette promesse. De ce nombre était celui dont je citais plus haut le sentiment si noble et si divin touchant le souverain bien de l'homme. « Pour moi, le bien suprême c'est d'être uni à Dieu. » (*Ps.* LXXII, 28.) Dans ce même Psaume est indiquée d'une manière évidente la différence des deux testaments, de l'ancien et du nouveau. Au sujet des promesses charnelles et terrestres, voyant les impies comblés de cette sorte de biens, il dit que ses pieds ont chancelé, qu'il a failli tomber comme s'il eût en vain

---

Nam de carne sua manducanda mystice loquens, cum hi qui non intellexerunt offensi recederent, dicentes, « Durus est hic sermo, quis eum potest audire ? » (*Joan.* VI, 61.) respondit manentibus celeris : « Spiritus est qui vivificat, caro autem non prodest quidquam. » Principium ergo suscepta anima et carne et animam credentium mundat et carnem. Ideo quærentibus Judæis quis esset, respondit se esse principium. (*Joan.* III, 25.) Quod utique carnales, infirmi, peccatis obnoxii, et ignorantiæ tenebris obvoluti nequaquam percipere possemus, nisi ab eo mundaremur atque sanaremur, per hoc quod eramus et non eramus. Eramus enim homines, sed justi non eramus. In illius autem incarnatione natura humana erat, sed justa, non peccatrix erat. Hæc est mediatio, qua manus lapsis jacentibusque porrecta est : hoc est semen dispositum per Angelos (*Gal.* III, 19), in quorum edictis et lex dabatur, qua et unus Deus coli jubebatur, et hic Mediator venturus promittebatur.

CAPUT XXV.

Omnes sanctos et sub legis tempore, et sub prioribus sæculis, in sacramento et fide Christi justificatos fuisse.

Hujus sacramenti fide etiam justi antiqui mundari pie vivendo potuerunt, non solum ante quam lex populo Hebræo daretur, (neque enim eis prædicator Deus vel Angeli defuerunt) sed ipsius quoque legis temporibus, quamvis in figuris rerum spiritalium habere (*a*) videretur promissa carnalia, propter quod vetus dicitur Testamentum. Nam et Prophetæ tunc erant, per quos, sicut per Angelos, eadem promissio prædicata est : et ex illorum numero erat, cujus tam magnam divinamque sententiam de boni humani fine paulo ante commemoravi, « Mihi autem adhærere Deo, bonum est. » (*Psal.* LXXII, 28.) In quo plane Psalmo duorum Testamentorum, quæ dicuntur vetus et novum, satis est declarata

---

(*c*) Er. et Lov. *viderentur*. Alii libri, *videretur*, scilicet lex.

servi le Seigneur, puisque cette félicité qu'il attendait de lui, il la voyait devenir le partage des impies; il ajoute que, voulant approfondir cette prospérité des méchants, il s'est beaucoup tourmenté, jusqu'à ce que, pénétrant dans le sanctuaire de Dieu, il eût compris quelle fin attendait ceux que dans son ignorance il croyait heureux. Alors, il les a vus humiliés en cela même qui les avait enorgueillis, disparaître et périr à cause de leurs iniquités; ce comble de félicité temporelle n'était plus pour eux que comme le songe d'un homme qui s'éveille, et se voit tout-à-coup privé des joies trompeuses, qui avaient bercé son sommeil. Et comme ici-bas dans la Cité terrestre ils se croyaient grands. « Seigneur, dit-il, dans votre Cité vous anéantirez leur image. » (*Ps.* LXXII, 20.) Il montre cependant qu'il lui a été avantageux de n'attendre même ces biens terrestres que du seul vrai Dieu, souverain maître de tout, quand il ajoute : « Je suis devenu comme une brute devant vous, et j'étais toujours avec vous. » (*Ibid.* 23.) « Comme une brute, » c'est-à-dire sans intelligence. J'aurais dû, en effet, ne réclamer de vous que les biens, qui ne pouvaient m'être communs avec les méchants, et non ceux qui, en les voyant prodigués aux impies, m'ont fait croire que c'était en vain que je vous avais servi, puisqu'ils étaient le partage de ceux mêmes qui vous méprisaient. Cependant « j'étais toujours avec vous, » parce que je ne me suis point adressé à d'autres dieux pour obtenir ces choses que je désirais. Il ajoute ensuite : « Vous m'avez tenu par la main droite, vous m'avez conduit selon votre volonté, et vous m'avez élevé avec gloire. » (*Ibid.* 24.) Comme s'ils n'appartenaient qu'à la gauche ces biens, dont l'abondance accordée aux impies l'avait scandalisé. « Qu'ai-je dans le ciel, et que vous ai-je demandé sur la terre? » Il se fait des reproches, il se blâme avec raison, puisque ayant au ciel un si grand bien, (ce qu'il connait enfin), il a demandé à son Dieu sur la terre une félicité périssable, fragile et grossière. « Dieu de mon cœur, s'écrie-t-il, mon cœur et ma chair sont tombés en défaillance. » Heureuse défaillance, qui fait passer des choses de la terre à celles du ciel. Aussi lisons-nous dans un autre Psaume : « Mon âme languit et meurt d'amour dans les tabernacles du Seigneur. » (*Ps.* LXXXIII, 3). Et ailleurs : « Mon âme est tombée en défaillance dans l'attente de votre salut. » (*Ps.* CXVIII, 81.) Cependant, tout en parlant de cette défaillance du cœur et du corps, il ne dit pas : Dieu de mon corps et de ma chair, mais seulement : « Dieu de mon cœur, » parce que c'est le cœur qui purifie la chair. D'où cette parole du Seigneur : « Puri-

---

distinctio. Propter carnales enim terrenasque promissiones, cum eas impiis abundare perspiceret, dicit pedes suos pene fuisse commotos, et effusos in lapsum propemodum gressus suos, tamquam frustra Deo ipse servisset, cum ea felicitate, quam de illo exspectabat, contemptores ejus florere perspiceret; seque in rei hujus inquisitione laborasse, volentem cur ita esset apprehendere, donec intraret in sanctuarium Dei, et intelligeret in novissima eorum, qui felices videbantur errantii. Tunc eos intellexit in eo quod se extulerunt, sicut dicit, fuisse dejectos, et defecisse ac perisse propter iniquitates suas; totumque illud culmen temporalis felicitatis ita eis factum tamquam somnium evigilantis, qui se repente invenit suis quæ somniabat fallacibus gaudiis destitutum. Et quoniam in hac terra vel civitate terrena magni sibi videbantur : « Domine, inquit, in civitate tua imaginem eorum ad nihilum rediges. » (*Psal.* LXXII, 20.) Quod huic tamen utile fuerit, etiam ipsa terrena non nisi ab uno vero Deo quaerere, in cujus potestate sunt omnia, satis ostendit, ubi ait : « Velut pecus factus sum apud te, et ego semper tecum. (*Ibid.* 23.) Velut pecus » dixit, utique non intelligens. Ea quippe a te desiderare debui, quæ mihi cum impiis non possunt esse communia ; non ea quibus eos cum abundare cernerem, putavi me incassum tibi servisse, quando et illi hæc haberent, qui tibi servire noluissent. Tamen « ego semper tecum, » qui etiam in talium rerum desiderio deos alios non quæsivi. Ac per hoc sequitur : « Tenuisti manum (*a*) dexteræ meæ, et in voluntate tua deduxisti me, et cum gloria assumsisti me : » (*Ibid.* 24 *etc.*) tamquam ad sinistram cuncta illa pertineant, quæ abundare apud impios cum vidisset, pene collapsus est. « Quid enim mihi est, inquit, in cœlo, et a te quid volui super terram? » Reprehendit se ipsum, justeque sibi displicuit : quia cum tam magnum bonum haberet in cœlo, (quod post intellexit), rem transitoriam, fragilem, et quodammo'o luteam felicitatem a suo Deo quæsivit in terra. « Defecit, inquit, cor meum et caro mea, Deus cordis mei : defectu utique bono ab inferioribus ad su-

---

(*a*) Lov. *dexteram meam* : dissentientibus ceteris libris.

fiez l'intérieur, et l'extérieur sera pur. »(*Matth.* XXIII, 26.) Le Prophète dit ensuite que Dieu est son partage, non pas seulement quelque chose qui vienne de lui, mais Dieu lui-même. « Dieu de mon cœur, dit-il, et mon partage pour toujours. » (*Ps.* LXXII, 26.) Parmi cette foule d'objets que les hommes désirent, Dieu seul lui a paru digne de son choix. « Voici, dit-il, que ceux qui s'éloignent de vous périront, vous livrez à sa perte toute âme adultère qui s'éloigne de vous » (*Ibid.* 27.), c'est-à-dire, qui se prostitue au culte des dieux étrangers. Il ajoute ensuite cette parole, au sujet de laquelle j'ai cru devoir rappeler une partie de ce Psaume : « Le bien, pour moi, c'est de m'attacher à Dieu, » de ne pas m'en éloigner, de ne pas offrir à cette foule de dieux des hommages adultères. Or, cette union avec Dieu ne sera parfaite, que lorsque sera affranchi en nous tout ce qui doit être délivré. Maintenant il faut faire ce qui suit : « Mettre en Dieu notre espérance. » (*Ibid.* 28.) « Voir ce que l'on espère ce n'est plus l'espérance, dit l'Apôtre (*Rom.* VII, 24); peut-on espérer voir ce que l'on voit déjà? Que si nous ne voyons pas ce que nous espérons, nous l'attendons par la patience. » Confirmés dans cette espérance, faisons ce que la suite du Psaume nous indique, soyons, selon nos faibles moyens, des Anges de Dieu, c'est-à-dire des messagers annonçant ses volontés et publiant sa gloire et sa grâce. En effet, après avoir dit : « Mettre en Dieu son espérance, » il ajoute : « afin de publier vos louanges aux portes de Sion. » Sion c'est la glorieuse Cité de Dieu ; elle ne connaît et n'adore que le seul vrai Dieu. C'est elle que nous annoncent les saints anges, nous conviant à leur société, nous invitant à devenir leurs concitoyens. Ils ne veulent pas que nous les honorions comme nos dieux, mais que nous servions avec eux celui qui est leur Dieu et le nôtre. Ils ne réclament pas de nous des sacrifices, mais ils désirent que nous-mêmes nous soyons avec eux un sacrifice agréable à Dieu. Or, quiconque considère ces choses sans entêtement et sans prévention, ne peut douter que ces esprits immortels et bienheureux, qui, loin de nous porter envie, (et seraient-ils bienheureux, s'ils étaient tourmentés par l'envie?) nous aiment et désirent nous voir associés à leur bonheur, nous sont plus utiles et plus propices, quand nous adorons avec eux un seul Dieu, Père, Fils et Saint-Esprit, que si nous leur offrions à eux-mêmes un culte et des sacrifices.

---

perna. Unde in alio Psalmo dicitur, « Desiderat et deficit anima mea in atria Domini. » (*Psal.* LXXXIII, 3.) Item in alio : « Defecit in salutare tuum anima mea. » (*Psal.* CXVIII, 81.) Tamen cum de utroque dixisset, id est, de corde et carne deficiente, non subjecit, Deus cordis et carnis meæ : sed, « Deus cordis mei. » Per cor quippe caro mundatur. Unde dicit Dominus, « Mundate quæ intus sunt, et quæ foris sunt munda erunt. » (*Matth.* XXIII, 26.) Partem deinde suam dicit ipsum Deum, non aliquid ab eo, sed ipsum : « Deus, inquit, cordis mei, et pars mea Deus in sæcula : » (*Psal.* LXXII, 26) quod inter multa quæ ab hominibus eliguntur, ipse illi placuerit eligendus. « Quia ecce, inquit, qui longe se faciunt a te, peribunt : perdidisti omnem qui fornicatur abs te ; » (*Ibid.* 27) hoc est, qui multorum deorum vult esse prostibulum. Unde sequitur illud, propter quod et cetera de eodem Psalmo dicenda visa sunt : « Mihi autem adhærere Deo, bonum est : » (*Ibid.* 28) non longe ire, non per plurima fornicari. Adhærere autem Deo tunc perfectum erit, cum totum quod liberandum est, fuerit liberatum. Nunc vero fit illud quod sequitur : « Ponere in Deo spem meam. » (*Ibid.*) « Spes enim quæ videtur, non est spes : quod enim videt quis, quid sperat ? » ait Apostolus. « Si autem quod non videmus speramus, per patientiam exspectamus. » (*Rom.* VIII, 24.) In hac autem spe nunc constituti agamus quod sequitur, et simus nos quoque pro modulo nostro angeli Dei, id est, nuntii ejus, annuntiantes ejus voluntatem, et gloriam gratiamque laudantes. Unde cum dixisset, « Ponere in Deo spem meam : ut annuntiem, inquit, omnes laudes tuas in portis filiæ Sion. » Hæc est gloriosissima Civitas Dei ; hæc unum Deum novit et colit : hanc Angeli sancti annuntiaverunt, qui nos ad ejus societatem invitaverunt, civesque suos in illa esse voluerunt ; quibus non placet ut eos colamus tamquam nostros deos, sed cum eis et illorum et nostrum Deum ; nec eis sacrificemus, sed cum ipsis sacrificium Deo simus. Nullo itaque dubitante, qui hæc deposita maligna obstinatione considerat, omnes immortales beati, qui nobis non invident, (neque enim si viderent, essent beati,) sed potius nos diligunt, ut et nos cum ipsis beati simus ; plus nobis favent, plus adjuvant, quando unum Deum cum illis colimus, Patrem et Filium et Spiritum-sanctum, quam si eos ipsos per sacrificia coleremus.

CHAPITRE XXVI.

Faiblesse de Porphyre hésitant entre la confusion du vrai Dieu et le culte des démons.

Je ne sais pourquoi, mais il me semble que Porphyre rougissait pour ses amis les théurges. Il connaissait jusqu'à un certain point ces vérités, mais il n'osait les affirmer librement contre le culte de plusieurs dieux. Il enseigne, en effet, qu'il est des anges qui descendent ici-bas pour révéler aux théurges des choses divines; qu'il en est d'autres qui viennent annoncer la volonté du Père, la sagesse et la profondeur de ses desseins. Or, est-il croyable que ces anges, messages de la volonté du Père, veuillent nous soumettre à un autre que celui dont ils annoncent la volonté? Aussi ce philosophe nous donne-t-il l'excellent conseil de les imiter plutôt que de les invoquer. Nous ne devons donc pas craindre de déplaire à ces esprits immortels et bienheureux, serviteurs du Dieu unique, en ne leur sacrifiant point. Cet honneur, ils ne l'ignorent pas, n'est dû qu'au seul Dieu, dont l'union fait leur bonheur; pour eux ils ne veulent ni de ces offrandes figuratives ni du sacrifice réel, représenté par ces symboles. C'est aux démons, orgueilleux et misérables, qu'appartient cette audace; mais qu'ils en sont éloignés ces esprits pieux et soumis à Dieu, dont toute la félicité consiste à lui demeurer uni! Leur amitié sincère nous aide à obtenir le même bonheur, loin de chercher à nous soumettre à leur empire, ils nous annoncent au contraire celui sous le joug duquel nous serons associés à leur douce paix. O philosophe, pourquoi crains-tu encore de parler librement contre ces puissances, ennemies des véritables vertus et hostiles aux dons du vrai Dieu? Déjà tu es convenu que les anges, qui annoncent la volonté du Père, diffèrent de ceux que je ne sais quel art fait descendre près des théurges? Pourquoi les honorer encore en prétendant qu'ils annoncent des secrets divins? Quoi donc peuvent annoncer de divin ceux qui n'annoncent pas la volonté du Père? Ne sont-ce pas ces esprits, dont un homme jaloux a par ses conjurations enchaîné l'influence, les empêchant de purifier une âme, sans qu'une bonne divinité désireuse de cette purification ait pu, tu l'as dit toi même, les délivrer de ces charmes et leur rendre leur pouvoir? Douterais-tu encore que ce ne soient des démons mauvais, ou feindrais-tu de l'ignorer pour ne pas froisser les

CAPUT XXVI.

De inconstantia Porphyrii, inter confessionem veri Dei et cultum dæmonum fluctuantis.

Nescio quomodo (quantum mihi videtur) (*a*) amicis suis theurgis erubescebat Porphyrius. Nam ista utcumque sapiebat, sed contra multorum deorum cultum (*b*) non libere defendebat. Et angelos quippe alios esse dixit, qui deorsum descendentes hominibus theurgicis divina pronuntient; alios autem qui in terris ea quæ Patris sunt, et altitudinem ejus profunditatemque declarent. Num igitur hos angelos, quorum ministerium est declarare voluntatem Patris, credendum est velle nos subdi, nisi ei cujus nobis annuntiant voluntatem? Unde optime admonet etiam ipse Platonicus, imitandos eos potius quam invocandos. Non itaque debemus metuere, ne immortales et beatos uni Deo subditos non eis sacrificando offendamus. Quod enim non nisi uni vero Deo deberi sciunt, cui et ipsi adhærendo beati sunt, procul dubio neque per ullam significantur figuram, neque per ipsam rem qua sacramentis significatur, sibi exhiberi volunt. Dæmonum est hæc arrogantia superborum atque miserorum, a quibus longe diversa est pietas subditorum Deo, nec aliunde quam illi cohærendo beatorum. Ad quod bonum percipiendum etiam nobis sincera benignitate oportet ut faveant, neque sibi arrogent quo eis subjiciamur; sed eum annuntient, sub quo eis in pace sociemur. Quid adhuc trepidas, o philosophe, adversus potestates et veris virtutibus et veri Dei muneribus invidas habere liberam vocem? Jam distinxisti angelos qui Patris annuntiant voluntatem, ab eis angelis qui ad theurgos homines, nescios qua deducti arte, descendunt. Quid adhuc eos honoras, ut dicas pronuntiare divina? Quæ tandem divina pronuntiant, qui non voluntatem Patris nuntiant? Nempe illi sunt, quos sacris precibus invidus alligavit, ne præstarent animæ purgationem; nec a bono, ut dicis, purgare (*c*) cupiente ab illis vinculis solvi et suæ potestati reddi potuerunt. Adhuc dubitas hæc maligna

---

(*a*) Editi, *pro amicis*. Abest *pro* a Mss. — (*b*) Editi, *sed contra multorum deorum cultum Deum verum non libere defendebat*. Istud *Deum verum* glossema est, quod non habent Mss. Ergo *defendebat* referendum ad ista quæ *utcumque sapiebat* Porphyrius. — (*c*) Editi, *cupientes*, Emendantur ex Mss.

théurges, qui ont exploité ta crédulité, et t'ont enseigné ces pernicieuses extravagances que tu estimes tant? Et cette puissance, que dis-je, cette peste odieuse, non pas maîtresse, mais de ton aveu même, esclave des envieux, oses-tu bien l'élever par delà cette atmosphère et jusqu'aux cieux, la placer parmi vos dieux célestes, et déshonorer les astres mêmes par cette association impie?

CHAPITRE XXVII.

Impiété de Porphyre dépassant même les erreurs d'Apulée.

Combien est plus humaine et plus tolérable l'erreur d'Apulée, comme toi disciple de Platon; encore qu'il honore les démons, cependant après avoir, volontairement ou non, avoué qu'ils sont soumis aux passions et aux troubles de l'âme, il les place au-dessous de la lune et dans les régions inférieures. Quant aux dieux supérieurs, qui habitent les espaces éthérés, qu'ils soient visibles, comme le soleil, la lune et les autres astres, ou qu'ils soient de ceux qu'il juge invisibles, il fait tous ses efforts pour les montrer exempts de tous les troubles causés par les passions. Pour toi cette science ne te vient pas de Platon, mais des Chaldéens; voilà les maîtres qui t'ont appris à élever jusqu'aux sommets du ciel empyrée, jusqu'à la hauteur du firmament, les vices des hommes, afin que vos dieux pussent livrer à vos théurges des secrets divins. Cependant tu te juges toi-même par ta vie intellectuelle au-dessus de ces choses divines; comme philosophe, tu ne crois pas avoir besoin de ces purifications théurgiques. Pourtant tu les imposes aux autres; c'est le salaire que tu paies à tes maîtres, tu cherches à attirer à ces pratiques, que tu avoues être inutiles pour toi dont l'esprit est capable de choses plus sublimes, ceux qui ne sont pas philosophes. Ainsi donc, a ton instigation quiconque est étranger à la philosophie, science ardue et qui est le partage d'un petit nombre, doit recourir aux théurges pour être purifié, non pas dans l'âme intellectuelle, mais du moins dans l'âme spirituelle. Or le nombre de ceux qui n'entendent rien à la philosophie étant incomparablement le plus grand, c'est aux écoles secrètes et prohibées des théurges tes maîtres, et non à celles de Platon, que tu les obliges de se rendre! Se donnant comme des dieux célestes, ces impurs démons, dont tu te fais le prédicateur et l'envoyé, t'ont fait cette promesse : que ceux dont

esse dæmonia; vel te fingis fortasse nescire, dum non vis theurgos offendere, a quibus curiositate deceptus, ista perniciosa et insana pro magno beneficio didicisti? Audes istam invidiam, non potentiam, sed pestilentiam, et non dicam dominam, sed quod tu fateris, ancillam potius invidorum, isto acre transcenso levare in cœlum, et inter deos vestros etiam sidereos collocare, vel ipsa quoque sidera his opprobriis infamare?

CAPUT XXVII.

De impietate Porphyrii, qua etiam Apuleii transcendit errorem.

Quanto humanius et tolerabilius consectaneus tuus Platonicus Apuleius erravit, qui tantummodo dæmones a luna et infra ordinatos agitari morbis passionum mentisque turbellis, honorans quidem eos, sed volens nolensque confessus est; deos tamen cœli superiores ad ætheria spatia pertinentes, sive visibiles, quos conspicuos lucere cernebat, solem ac lunam et cetera ibidem lumina, sive invisibiles quos putabat, ab omni labe istarum perturbationum (*a*) quanta potuit disputatione discrevit? Tu autem dicisti hoc non a Platone, sed a Chaldæis magistris (*b*), ut in ætherias vel empyreas mundi sublimitates et firmamenta cœlestia extollere vitia humana, ut possent dii vestri theurgis pronuntiare divina : quibus divinis te tamen per intellectualem vitam facis altiorem, ut tibi videlicet tamquam philosopho theurgicæ artis purgationes nequaquam necessariæ videantur; sed aliis eas tamen importas, ut hanc veluti mercedem reddas magistris tuis, quod eos qui philosophari non possunt, ad ista seducis, quæ tibi tamquam superiorum capaci esse inutilia confiteris; ut videlicet quicumque a philosophiæ virtute remoti sunt, quæ ardua nimis atque paucorum est, te auctore theurgos homines, a quibus non quidem in anima intellectuali, verum saltem in anima spiritali purgentur, inquirant; et quoniam istorum quos philosophari piget, incomparabiliter major est multitudo, plures ad secreto et illicitos magistros tuos, quam ad scholas Platonicas venire cogantur. Hoc enim tibi immundissimi dæmones, deos ætherios se esse fingentes, quorum prædicator et angelus factus es, promiserunt; quod in anima spiritali theurgica arte purgati, ad Patrem quidem non redeunt, sed super aerias plagas inter deos ætherios

(*a*) Editi, *perturbationum alienos*. Abest *alienos* a Mss. — (*b*) Editi, addunt, *tuis*.

l'âme spirituelle était purifiée par la Théurgie, ne pouvant il est vrai retourner au Père, habiteront les plages aériennes avec les dieux de l'éther. Certes, elle ne prête pas l'oreille à ces extravagances cette multitude d'hommes que le Christ est venu affranchir de la domination des démons. Par sa grande miséricorde, ils sont purifiés en lui de toutes les souillures de l'âme, de l'esprit et du corps. C'est pour cela qu'il s'est revêtu de l'homme tout entier, à l'exception du péché, afin de délivrer de la lèpre du péché, l'homme tout entier. Plût à Dieu que tu l'eusses connu, et qu'au lieu de chercher ta guérison dans ta propre force, humaine, fragile et impuissante, ou dans une curiosité pernicieuse tu l'eusses cherché en lui ; elle eût été plus sûre ! Non il ne t'aurait pas trompé celui que, de ton aveu, vos oracles appellent saint et immortel ! N'est-ce pas de lui que le prince des poètes a dit, poétiquement il est vrai, car il s'adresse à une autre personne, mais avec vérité si l'on applique ses paroles au Christ : « Sous ta conduite, s'il reste encore quelques traces de notre crime, effacées, elles délivreront la terre de ses craintes éternelles. » (*Virg. Egl.* IV.) Ce qu'il dit ici peut s'expliquer même à ceux qui ont fait de grands progrès dans la voie de la justice : les crimes peuvent disparaître, mais à raison de la misère de cette vie, il en demeure des traces, qui ne peuvent être effacées que par le sauveur, dont il est question dans ces vers. Virgile, en effet, semble indiquer qu'il ne parle pas ainsi de lui-même, quand il dit au quatrième vers de cette même Eglogue : « Il est arrivé, le dernier âge prédit par la Sybille de Cumes. » Par où l'on voit avec évidence que cette Sybille lui a fourni cette pensée. Quant aux Théurges, ou mieux aux démons qui prennent la forme et l'apparence de dieux, par de de vains fantômes et des illusions mensongères ils souillent au lieu de purifier l'âme humaine. Car comment pourraient-ils produire la pureté ces êtres qui sont essentiellement impurs? S'il en était autrement, seraient-ils liés par les charmes d'un homme envieux, et réduits, soit par crainte ou par jalousie, à refuser ce bienfait illusoire qu'ils semblaient vouloir accorder? Mais, ô philosophe, tes aveux nous suffisent; tu conviens que par ces opérations théurgiques l'âme intellectuelle, c'est-à-dire notre intelligence ne saurait être purifiée, et que l'âme spirituelle, c'està-dire la partie inférieure de notre raison, ne saurait par ces moyens, qui selon toi la purifient, acquérir l'immortalité. Pour le Christ, il promet la vie éternelle, c'est pourquoi, malgré vos colères et votre grand étonnement, le

habitabunt. Non audit ista hominum multitudo, propter quos a dæmonum dominatu liberandos Christus advenit. In illo enim habent misericordissimam purgationem, et mentis, et spiritus, et corporis sui. Propterea quippe totum hominem sine peccato ille suscepit, ut totum quo constat homo, a peccatorum peste sanaret. Quem tu quoque utinam cognovisses, eique te potius, quam vel tuæ virtuti, quæ humana, fragilis et infirma est, vel perniciosissimæ curiositati sanandum tutius commisisses. Non enim te decepisset, quem vestra, ut tu ipse scribis, oracula sanctum immortalemque confessa sunt. (*V. infra lib.* XIX, *c.* XXIII.) De quo etiam poeta nobilissimus, poetice quidem, quia in alterius adumbrata persona, veraciter tamen, si ad ipsum referas, dixit :

Te duce, si qua manent sceleris vestigia nostri,
Irrita perpetua solvent formidine terras.
(Vingil. *Eclog.* IV.)

Ea quippe dixit, quæ etiam multum proficientium in virtute justitiæ possunt, propter hujus vitæ infirmitatem, etsi non scelera, scelerum tamen manere vestigia, quæ non nisi ab illo Salvatore sanantur, de quo iste versus expressus est. Nam hoc utique non a se ipso se dixisse Virgilius in Eclogæ ipsius quarto ferme versu indicat, ubi ait :

Ultima Cumæi venit jam carminis ætas.

Unde hoc a Cumæa Sibylla dictum esse incunctanter apparet. Theurgi vero illi, vel potius dæmones, deorum species figurasque fingentes, inquinant potius quam purgant humanum spiritum falsitate phantasmatum et deceptoria vanarum ludificatione formarum. Quomodo enim purgent hominis spiritum, qui immundum habent proprium ? Alioquin nullo modo carminibus invidi hominis ligarentur, ipsumque inane beneficium quod præstaturi videbantur, aut metu premerent, aut simili invidentia denegarent. Sufficit quod purgatione theurgica, neque intellectualem animam, hoc est, mentem nostram, dicis posse purgari, et ipsam spiritalem, id est, nostræ animæ partem mente inferiorem, quam tali arte purgari posse asseris, immortalem tamen æternamque non posse hac arte fieri confiteris. Christus autem vitam promisit æternam : unde ad eum mundus, vobis quidem stomachantibus, mirantibus tamen stupentibusque concurrit. Quid prodest quia negare non potuisti errare homines theurgica

monde court à lui. Quoi donc, ô Porphyre, tu ne peux nier que la théurgie ne soit une science trompeuse, abusant de l'aveuglement et de la sottise des hommes pour les égarer; tu ne peux nier que ce soit une erreur manifeste d'offrir aux anges et aux puissances des prières et des sacrifices ; et cependant, crainte de paraître avoir inutilement acquis ces connaissances, tu envoies les hommes aux Théurges, afin que ces derniers purifient l'âme spirituelle de gens qui ne vivent pas de la vie intellectuelle!...

CHAPITRE XXVIII.

Pourquoi Porphyre n'a point connu la véritable sagesse qui est le Christ; cause de son aveuglement.

Tu entraînes donc les hommes dans une erreur manifeste ; et tu ne rougis point d'un tel crime, toi qui te vantes d'aimer la sagesse et la vertu! Si tu les eusses réellement et fidèlement aimées, tu aurais reconnu le Christ qui est la vertu et la sagesse de Dieu, et l'orgueil d'une vaine science ne t'aurait pas poussé à te révolter contre son humilité salutaire (1). Tu avoues cependant que l'âme spirituelle peut être purifiée par la continence sans le secours des pratiques théurgiques, et sans ces télètes, à l'étude desquelles tu as inutilement dépensé tant de temps. Parfois tu dis aussi que les télètes n'élèvent point l'âme après la mort; en sorte qu'elles semblent inutiles après cette vie même à ce que tu appelles l'âme spirituelle. Cependant tu dis et redis tout cela de diverses manières, dans le seul but, à mon avis, de paraître savant dans ce genre de connaissances, de plaire aux esprits avides de ces sciences défendues et de leur en inspirer la curiosité. Mais tu as raison, quand tu dis que ces arts sont dangereux tant en eux-mêmes que par la défense des lois. Plaise à Dieu que leurs misérables partisans t'entendent, qu'ils s'en éloignent de peur d'y périr, ou mieux qu'ils n'en approchent nullement. Tu conviens du moins qu'il n'est point de télètes qui puisse délivrer de l'ignorance, et des vices nombreux qui en sont la suite, cela n'appartient qu'à l'esprit ou intelligence du Père, qui connaît sa volonté. Tu ne crois pas que le Christ soit cette intelligence ; tu le méprises à cause de ce corps qu'il a pris dans le

(1) Porphyre, né près de Tyr, dans le bourg de Batanée, en 233, avait d'abord embrassé le christianisme. Un sujet de mécontentement que lui donnèrent les chrétiens de Césarée, et peut-être plus encore l'inconstance de son esprit le lui fireut abandonner. Dès lors, il se déclara l'adversaire implacable de la religion chrétienne. Saint Méthode, Eusèbe, Apollinaire, saint Augustin, saint Jérôme, etc., ont réfuté ses sophismes et ses calomnies. Il mourut sous le règne de Dioclétien.

disciplina, et quam plurimos fallere per cæcam insipientemque sententiam, atque esse certissimum errorem, agendo et supplicando ad principes angelosque decurrere ; et rursum quasi ne operam perdidisse videaris ista (*a*) discendo, mittis homines ad theurgos, ut per eos anima spiritalis purgetur illorum, qui non secundum intellectualem animam vivunt?

CAPUT XXVIII.

Quibus persuasionibus Porphyrius obcæcatus non potuerit veram sapientiam, quod est Christus, agnoscere.

Mittis ergo homines in errorem certissimum. Neque hoc tantum malum te pudet, cum virtutis et sapientiæ profitearis amatorem. Quam si vere ac fideliter amasses, Christum Dei virtutem et Dei sapientiam cognovisses, nec ab ejus saluberrima humilitate tumore inflatus vanæ scientiæ resiluisses. Confiteris tamen etiam spiritalem animam sine theurgicis artibus et sine teletis, quibus frustra discendis elaborasti, posse continentiæ virtute purgari. Aliquando etiam dicis, quod teletæ non post mortem elevant animam ; ut jam nec eidem ipsi, quam spiritalem vocas, aliquid post hujus vitæ finem prodesse videantur : et tamen versas hæc multis modis et repetis, ad nihil aliud, quantum existimo, nisi ut talium quoque rerum quasi peritus appareas, et placeas illicitarum artium curiosis, vel ad eas facias ipse curiosos. Sed bene, quod metuendam dicis hanc artem (*b*) vel legum periculis, vel ipsius actionis. Atque utinam hoc saltem abs te miseri audiant, et inde, ne illic absorbeantur, abscedant, aut eo penitus non accedant. Ignorantiam certe et propter eam multa vitia per nullas teletas purgari dicis, sed per solum πατρικὸν νοῦν, id est, paternam mentem sive intellectum, qui paternæ est voluntatis conscius.

(*a*) Sic Mss. At editi, *dicendo*. — (*b*) *Vel legum periculis*; quia lege civiles pœnas magicæ arti constituerunt : *vel ipsius actionis* ; nam periculosa res est, nisi rite exerceatur. Irritantur enim dæmones et magna inferunt mala imperite excantanti, quod multis exemplis ostenderunt : quippe amant perfectam impietatem, a qua difficilis sit ad pietatem recursus, ideo terroribus ad eam homines impellunt. LUD. VIVES.

sein d'une femme, et de l'humiliation de la croix ; sans doute tu ne daignes pas t'abaisser jusque-là, toi qui te juges capable d'acquérir une plus haute sagesse. Pour lui, il accomplit ce que les saints Prophètes inspirés par l'esprit de la vérité ont annoncé de lui : « Je confondrai la sagesse des sages, et je regretterai la prudence des prudents. » (II. *Cor.* I, 19. — *Isaïe*, XXIX, 14.) Cette sagesse qu'il confond et qu'il rejette, ce n'est pas celle qu'il donne, mais celle que s'arrogent certains hommes, et qui ne vient pas de lui. Ainsi, après avoir rappelé ce passage du Prophète, l'Apôtre ajoute : « Que sont devenus les sages ? où sont les docteurs de la loi ? où sont les savants de ce siècle ? Dieu n'a-t-il pas convaincu de folie la sagesse de ce monde. En effet, le monde n'ayant pas voulu avec sa sagesse, reconnaître Dieu dans sa divine sagesse, il a plu à Dieu de sauver par la folie de la prédication, ceux qui croiraient en lui. Les Juifs demandent des miracles, les Grecs recherchent des discours sages et éloquents. Pour nous, nous prêchons Jésus-Christ crucifié, scandale pour les Juifs, folie pour les Gentils ; mais pour les élus d'entre les juifs et les gentils, le Christ est la force et la sagesse de Dieu. Car ce qui paraît en Dieu une folie est plus sage que les hommes, et ce qui semble en Dieu une faiblesse est plus fort que les hommes. » (I. *Cor.* I, 20 et suiv.) Ceux qui se croient sages et forts par leur propre vertu, méprisent cette folie et cette faiblesse ; mais c'est la grâce qui guérit la faiblesse de ceux, qui confessant humblement leur misère, ne se targuent point avec orgueil de leur béatitude mensongère.

CHAPITRE XXIX.

De l'Incarnation de Notre-Seigneur Jésus-Christ que l'impiété des Platoniciens rougit de reconnaître.

1. Tu reconnais le Père et son Fils, que tu appelles l'âme ou l'intelligence du Père ; tu reconnais entre eux un intermédiaire, que je pense être le Saint-Esprit, et selon votre coutume, tu les appelles trois Dieux. Ici, malgré l'inexactide de votre langage, vous voyez d'une manière vague, et à travers je ne sais quelle ombre, le but où l'on doit tendre. Mais vous refusez de reconnaître l'Incarnation du fils immuable de Dieu, source de notre salut, qui nous fait parvenir à cette félicité que nous croyons, et dont nous n'avons ici bas qu'une connaissance imparfaite. Vous voyez donc, quoique de loin et confusément, la patrie où nous devons demeurer ; mais vous ne suivez point la voie qui doit

Hunc autem Christum esse non credis : contemnis enim eum propter corpus ex femina acceptum et propter crucis opprobrium, excelsam videlicet sapientiam spretis atque abjectis infimis idoneus de superioribus carpere. At ille implet, quod Prophetæ sancti de illo veraciter prædixerunt : « Perdam sapientiam sapientium, et prudentiam prudentium reprobabo. » (I. *Cor.* I, 19.—*Isai.* XXIX, 14.) Non enim suam in eis perdit et reprobat, quam ipse donavit ; sed quam sibi arrogant, qui non habent ipsius. Unde commemorato isto prophetico testimonio, sequitur et dicit Apostolus : « Ubi sapiens ? ubi scriba ? ubi conquisitor hujus sæculi ? Nonne stultam fecit Deus sapientiam hujus mundi ? Nam quoniam in Dei sapientia non cognovit mundus per sapientiam Deum, placuit Deo per stultitiam prædicationis salvos facere credentes. Quoniam quidem Judæi signa petunt, et Græci sapientiam quærunt : nos autem prædicamus, inquit, Christum crucifixum ; Judæis quidem scandalum, Gentibus autem stultitiam ; ipsis vero vocatis Judæis et Græcis Christum Dei virtutem et Dei sapientiam : quoniam stultum Dei sapientius est hominibus, et infirmum Dei fortius est hominibus. » (I. *Cor.* I, 20 etc.) Hoc quasi stultum et infirmum tamquam sua virtute sapientes fortesque contemnunt. Sed hæc est gratia, quæ sanat infirmos, non superbe jactantes falsam beatitudinem suam sed humiliter potius veram miseriam confitentes.

CAPUT XXIX.

De incarnatione Domini nostri Jesu Christi quam confiteri Palonicorum erubescit impietas.

1. Prædicas Patrem et ejus Filium, quem vocas paternum intellectum seu mentem ; et horum medium, quem putamus te dicere Spiritum-sanctum, et more vestro appellas tres deos. Ubi, etsi verbis indisciplinatis utimini, videtis tamen qualitercumque. et quasi per quædam tenuis imaginationis umbracula, quo nitendum sit : sed incarnationem incommutabilis Filii Dei, qua salvamur, ut ad illa quæ credimus, vel ex quantulacumque parte intelligimus, venire possimus, non vultis agnoscere. Itaque videtis utcumque, etsi de longinquo, etsi acie caligante, patriam in qua manendum est, sed viam qua eundum est non tenetis. Confiteris tamen gratiam, quando quidem ad Deum per virtutem intelligentiæ pervenire, paucis dicis esse concessum. Non enim

y conduire. Tu reconnais pourtant la grâce, lorsque tu dis qu'il est donné à un petit nombre d'arriver à Dieu par la lumière de l'intelligence. Tu ne dis pas en effet : Il a plu à un petit nombre ou, un petit nombre voulu, mais : il est donné; en t'exprimant tu reconnais la grâce et l'insuffisance de l'homme. Tu l'indiques encore plus clairement lorsque, suivant le sentiment de Platon, (*In Phædon. et Epaminonda*) tu conviens que dans cette vie l'homme ne peut aucunement atteindre la perfection de la sagesse, mais que la providence et le bon vouloir de Dieu peuvent après cette vie suppléer ce qui manque aux hommes, qui ont vécu d'une vie intellectuelle. Oh! si tu avais connu la grâce de Dieu par Notre-Seigneur Jésus-Christ, tu aurais pu voir dans cette Incarnation, qui lui fait prendre le corps et l'âme de l'homme, le plus admirable exemple de la grâce. Hélas! que dis-je? Tu es mort, je le sais, et quant à toi, je te parle en vain; mais peut-être que mes paroles seront utiles à ceux qui t'estiment, qu'un vague amour de la sagesse, ou la curiosité pour ces arts que tu ne devais pas apprendre, attirent vers toi; en te parlant, c'est à eux que je m'adresse. La grâce de Dieu a-t-elle pu le manifester plus admirablement que dans ce mystère où le Fils unique de Dieu, immuable en lui-même, revêt la nature humaine, et donne aux hommes un gage de son amour? Immortel, immuable, juste et bienheureux, une distance immense le sépare des hommes mortels, sujets au changement, pécheurs et misérables; il a comme médiateur revêtu la forme humaine, afin que les hommes pussent venir à lui. Comme il a mis dans notre nature le désir d'être heureux et immortels, tout en conservant sa béatitude, il a voulu être mortel pour nous accorder ce que nous désirons, et nous apprendre par ses souffrances à mépriser ce que nous craignons.

2. Mais pour vous soumettre à cette vérité, vous aviez besoin de l'humilité, vertu qui répugne à vos esprits orgueilleux. Qu'y a-t-il donc d'incroyable à dire que Dieu a pris l'âme et le corps de l'homme, pour vous surtout que vos doctrines devraient pousser à cette croyance? Vous avez une si haute idée de l'âme intellectuelle, qui cependant, n'est autre que l'âme de l'homme, que vous enseignez qu'elle peut devenir consubstantielle à l'intelligence du Père, intelligence qui, selon vous, est le Fils de Dieu? Qu'y a-t-il donc d'incroyable qu'une âme intellectuelle ait été d'une manière ineffable et mystérieuse prise pour le salut de plusieurs. Quant au corps, l'essence même de notre nature nous dit qu'il doit être uni à l'âme pour que l'homme existe et soit parfait. Si cette union n'était un fait ordinaire, elle paraîtrait, certes, plus in-

---

dicis, paucis placuit, vel pauci voluerunt : sed cum dicis esse concessum, procul dubio, Dei gratiam, non hominis sufficientiam confiteris. Uteris etiam hoc verbo apertius, ubi Platonis (*In Phædone et Epaminonda*) sententiam sequens, nec ipse dubitas, in hac vita hominem nullo modo ad perfectionem sapientiæ pervenire, secundum intellectum tamen viventibus omne quod deest, providentia Dei et gratia, post hanc vitam posse compleri. O si cognovisses Dei gratiam per Jesum Christum Dominum nostrum, ipsamque ejus incarnationem, qua hominis animam corpusque suscepit, summum esse exemplum gratiæ videre potuisses. Sed quid faciam? Scio me frustra loqui mortuo : sed quantum ad te attinet : quantum autem ad eos, qui te magni pendunt, et te vel qualicumque amore sapientiæ, vel curiositate artium, quas non debuisti discere, diligunt, quos potius in tua compellatione alloquor, fortasse non frustra. Gratia Dei non potuit gratius commendari, quam ut ipse unicus Dei Filius in se incommutabiliter manens (*a*) induceret hominem, et spem dilectionis suæ daret hominibus, homine medio, quo ad illum ab hominibus veniretur, qui tam longe erat immortalis a mortalibus, incommutabilis a commutabilibus, justus ab impiis, beatus a miseris. Et quia naturaliter indidit nobis, ut beati immortalesque esse cupiamus, manens beatus, suscipiensque mortem, ut nobis tribueret quod amamus, perpetiendo docuit contemnere quod timemus.

2. Sed huic veritati ut possetis adquiescere, humilitate opus erat, quæ cervici vestræ difficillime persuaderi potest. Quid enim incredibile dicitur, præsertim vobis qui talia sapitis, quibus ad hoc credendum vos ipsos admonere debeatis; quid, inquam, vobis incredibile dicitur, cum Deus dicitur assumsisse humanam animam et corpus? Vos certe tantum tribuitis animæ intellectuali, quæ anima utique humana est, ut eam consubstantialem paternæ illi menti, quem Dei Filium confitemini, fieri posse dicatis? Quid ergo incredibile est, si aliqua una intellectualis anima modo quodam ineffabili et singulari pro multorum salute suscepta est? Corpus vero animæ cohærere, ut

(*a*) Vind. Am. Er. et plures Mss. *induceretur hominem*. Et iidem libri post *homine medio*, habent *qua ad illum*.

croyable que la première. En effet, il est plus facile d'admettre l'union d'un esprit, quoique humain et muable à un autre esprit divin et immuable, que l'union d'un corps à un esprit ou, pour parler votre langage, l'union de l'incorporel à l'incorporel, que celle de la substance corporelle à la substance incorporelle. Serait-ce par hasard l'enfantement merveilleux d'une vierge qui vous répugnerait? Mais, loin de vous blesser, vous devez, au contraire, être édifiés de voir une vie pleine de merveilles, commencer par une naissance miraculeuse. Est-ce ce corps vaincu par la mort, transformé par la résurrection, élevé glorieux et immortel vers les cieux; est-ce là ce qui vous offense? Refusez-vous de le croire, parce que Porphyre, dans ses livres du *Retour de l'âme*, que j'ai souvent cités, inculque fréquemment que l'âme, pour demeurer bienheureuse avec Dieu, doit éviter le contact des corps? Mais, vous devriez plutôt rejeter ce sentiment de Porphyre, puisqu'il est contraire à ces choses incroyables, que vous admettez avec lui, touchant l'âme de ce monde visible, de ce corps immense de l'univers. Vous dites, d'après Platon, que ce monde est un animal, et un animal très-heureux, vous ajoutez-même qu'il est éternel. (PLATON *in Timœo.*) Comment donc, lié constamment à un corps, serait-il perpétuellement heureux, si l'âme, pour être heureuse, doit éviter le contact des corps? Dans vos livres, vous enseignez non-seulement que le soleil et les astres sont des corps, ce que tout le monde admet avec vous; mais, croyant étaler une science plus élevée, vous affirmez que ce sont des animaux bienheureux et éternellement unis à des corps. Pourquoi, lorsqu'on veut vous persuader la foi chrétienne, oubliez-vous, ou feignez-vous d'oublier les doctrines que vous prêchez et que vous enseignez? Pourquoi, des sentiments qui sont les vôtres, et que vous contredites vous-mêmes, vous empêchent-ils d'être chrétiens, sinon parce que le Christ est venu dans l'humilité et que vous êtes des orgueilleux? Quel sera l'état des corps saints après la résurrection, c'est une question qui peut être débattue parmi ceux qui sont versés dans la connaissance de nos saintes Écritures; mais nous ne doutons point qu'ils ne doivent être éternels, et conformes à celui dont le Christ ressuscité nous offre le modèle. Ces corps, quels qu'ils soient, immortels et incorruptibles, n'empêcheront point l'âme de s'unir à Dieu par la contempla-

homo totus et plenus sit, natura nostra ipsa teste cognoscimus. Quod nisi usitatissimum esset, hoc profecto esset incredibilius : facilius quippe in fidem recipiendum est, etsi humanum divino, tibi mutabilem incommutabili, tamen spiritum spiritui, aut ut verbis utar quæ in usu habetis, incorporeum incorporeo, quam corpus incorporeo cohærere. An forte vos offendit inusitatus corporis partus ex virgine? Neque hoc debet offendere, immo potius ad pietatem suscipiendam debet adducere, quod mirabilis mirabiliter natus est. An vero quod ipsum corpus morte depositum, et in melius resurrectione mutatum, jam incorruptibile, (*a*) neque mortale in superna subvexit? Hoc fortasse credere recusatis, intuentes Porphyrium in his ipsis libris, ex quibus multa posui, quos de regressu animæ scripsit, tam crebro præcipere, omne corpus esse fugiendum, ut anima possit beata permanere cum Deo. Sed ipse potius ista sentiens corrigendus fuit, præsertim cum de anima mundi hujus visibilis et tam ingentis corporeæ molis, cum illo tam incredibilia sapiatis. Platone quippe auctore (*In Timæo*), animal esse dicitis mundum, et animal beatissimum, quod vultis esse etiam sempiternum. Quomodo ergo nec umquam solvetur a corpore, nec umquam carebit beatitudine, si ut anima beata sit, corpus est omne fugiendum? Solem quoque istum et cetera sidera, non solum in libris vestris corpora esse fatemini, quod vobiscum omnes homines et conspicere non cunctantur, et dicere : verum etiam altiore, ut putatis, peritia, hæc esse animalia beatissima perhibetis, et cum his corporibus sempiterna. Quid ergo est, quod cum vobis fides Christiana suadetur, tunc obliviscimini, aut ignorare vos fingitis, quid disputare aut docere soleatis? Quid caussæ est cur, propter opiniones vestras, quas vos ipsi oppugnatis, Christiani esse nolitis, nisi quia Christus humiliter venit, et vos superbi estis? Qualia sanctorum corpora in resurrectione futura sint, potest aliquanto scrupulosius inter Christianarum Scripturarum doctissimos disputari : futura tamen sempiterna minime dubitamus; et talia futura, quale (*b*) sua resurrectione Christus demonstravit exemplum. Sed qualiacumque sint, cum incorruptibilia prorsus et immortalia, nihiloque animæ contemplationem, qua in Deo figitur, impedientia prædicentur; vosque etiam dicatis esse in cœlestibus immortalia corpora immortaliter beatorum ; quid est quod, ut beati simus, omne corpus fugiendum esse opina-

(*a*) Sic Mss. Editi vero, *atque immortale.* — (*b*) Sola editio Lov, *quale resurrectionis suæ Christus demonstravit exemplo.*

tion; du reste, vous-mêmes, ne placez-vous pas dans les cieux, les corps immortels d'êtres éternellement bienheureux? Que devient donc cette opinion que pour être heureux, il faut fuir le contact des corps, opinion que vous alléguez comme un prétexte pour ne pas embrasser la religion chrétienne? Ah! je l'ai déjà dit; la véritable raison, c'est que le Christ est humble, et que vous êtes bouffis d'orgueil! Rougiriez-vous par hasard de vous convertir? Mais c'est là le cachet de la superbe! Quoi des savants, disciples de Platon, craignent de devenir les disciples du Christ qui, par son Esprit, inspirant un pauvre pêcheur lui a révélé et fait dire : « Au commencement était le Verbe, et le Verbe était en Dieu et le Verbe était Dieu. Au commencement il était en Dieu ; toutes choses ont été faites par lui et rien n'a été fait sans lui. Ce qui a été fait était vie en lui, et la vie était la lumière des hommes, et la lumière luit dans les ténèbres et les ténèbres ne l'ont point comprise? » *(Jean* I, 1 et suiv.) Le saint vieillard Simplicien, depuis évêque de Milan, nous disait souvent qu'un Platonicien aurait voulu que ces paroles, qui commencent l'Évangile de saint Jean, fussent écrites en lettres d'or et placées dans l'endroit le plus apparent des églises. Mais les orgueilleux ont refusé de prendre ce Dieu pour leur maître, parce que « le Verbe a été fait chair et a habité parmi nous. » Ces malheureux, non contents d'être malades, tirent vanité de leur maladie et rougissent du remède qui pourrait les guérir. Conduite étrange qui, loin de les élever, rend leur chute plus lourde et plus affligeante.

CHAPITRE XXX.

Enseignements de Platon que Porphyre a rejetés et qu'il a réformés.

Si l'on pense qu'il serait téméraire de toucher à la doctrine de Platon, pourquoi Porphyre lui-même y a-t-il fait certains changements et en choses importantes. Il est constant que Platon enseigne la migration de l'âme humaine après la mort, même dans le corps des brutes *(Phédon, Timée,* et X^e *liv. de la Rép.)* C'était aussi le sentiment de Plotin, maître de Porphyre; toutefois, ce dernier le rejette avec raison. Il croit que nos âmes retournent, non dans le corps qu'elles ont habité, mais dans d'autres corps humains. Il lui répugnait de penser qu'une mère, transformée peut-être en mule, ne devînt la bête de somme de son fils; et cependant, il ne lui répugne point d'admettre que, transformée en

---

mini, ut fidem Christianam quasi rationabiliter fugere videamini ; nisi quia illud est, quod iterum dico, Christus est humilis, vos superbi? An forte corrigi pudet? Et hoc vitium non nisi superborum est. Pudet videlicet doctos homines ex discipulis Platonis fieri discipulos Christi, sicut a sancto sene Simpliciano, qui postea Mediolanensi Ecclesiæ præsedit episcopus, solebamus audire, aureis litteris conscribendum, et per omnes Ecclesias in locis eminentissimis proponendum esse dicebat. Sed ideo viluit superbis Deus ille magister, quia « Verbum caro factum est, et habitavit in nobis : » ut parum sit miseris quod ægrotant, nisi se in ipsa etiam ægritudine extollant, et de medicina qua sanari poterant, erubescant. Non enim hoc faciunt ut erigantur, sed ut cadendo gravius affligantur.

CAPUT XXX.

Quanta Platonici dogmatis Porphyrius refutaverit, et dissentiendo correxerit.

Si post Platonem aliquid emendare existimatur indignum, cur ipse Porphyrus nonnulla et non parva emendavit? Nam Platonem, *(In Phædone, in Timæo, et lib.* X *de repub.)* animas hominum post mortem revolvi usque ad corpora bestiarum, scripsisse certissimum est. Hanc sententiam *(a)* Porphyrii doctor tenuit et Plotinus : Porphyrio tamen jure displicuit. In hominum sane, non sua quæ dimiserant, sed alia nova corpora redire humanas animas arbitratus est. Puduit scilicet illud credere, ne mater fortasse filium

---

(a) Ante editi, *Plato doctor tenuit.* Postea Vind. Am. Er. sit prosequuntur : *et Platonis discipulo Porphyrio tamen jure displicuit.* Lov. autem, *et Plotinus discipulo Porphyrio tamen,* etc. Locum restituunt libri veteres hic maxime inter se consentientes. Plotinus certe Platonis opinionem de reditu animarum in quævis corpora secutus est in Ennead III, liv. IV, cap. II. Ipse vero Porphyrius scribit se decimo Gallieni imperatoris anno Romani et Græcia venisse, cum Plotinus annum fere quinquagesimum nonum ageret, audisseque illum quinque annos.

jeune fille, elle puisse devenir l'épouse de ce même fils. Combien sont plus convenables les enseignements donnés par les saints anges, par les Prophètes inspirés de l'Esprit divin, par le Sauveur, dont ils ont été les hérauts en prédisant sa venue, et par les Apôtres, envoyés pour annoncer l'Évangile à l'univers entier? Selon eux l'âme, au lieu de ces nombreuses transmigrations dans divers corps, reviendra, une fois seulement, habiter de nouveau celui qu'elle a occupé. Cependant, comme je l'ai dit, Porphyre adoucit grandement cette doctrine, en admettant seulement la migration de l'âme dans des corps d'hommes, et en niant qu'elle puisse être emprisonnée dans le corps des brutes. Il dit aussi que Dieu a donné une âme au monde, afin que, connaissant les maux dont la nature est la source, elle recoure au Père et se préserve à jamais de la contagion de la matière. Bien qu'il y ait à reprendre dans ce sentiment, puisque l'âme a été donnée au corps pour faire le bien et que le mal, si elle ne le faisait, lui serait inconnu; cependant, c'est un amendement considérable aux opinions platoniciennes, de convenir que l'âme, purifiée de tous ses vices et unie au Père, sera pour jamais délivrée des misères de ce monde. Par cet enseignement, il ruine ce dogme platonicien si connu (PLATON, *Phédon*), que par une révolution continuelle, les hommes passent sans cesse de la vie à la mort et de la mort à la vie. Doctrine que Virgile semble avoir empruntée à Platon; quand il dit que les âmes purifiées, après avoir séjourné dans les Champs-Élysées, (nom sous lequel la fable semble désigner le séjour des bienheureux), sont appelés au fleuve du Léthé, (PLATON, *livre X de la République*), c'est-à-dire de l'oubli du passé, « afin que, dégagées de tout souvenir, elles montent aux régions terrestres, et désirent de nouveau retourner dans des corps. » (*Énéide livre VI*.) Porphyre rejette avec raison ce sentiment. En effet, n'est-ce pas une folie de croire que, de cette vie, qui ne peut être réellement bienheureuse que par la certitude qu'elle sera éternelle, les âmes désirent habiter de nouveau ce monde avec des corps sujets à la corruption, comme si le résultat de leur purification était de les porter à se souiller de nouveau. Et de fait, si cette purification parfaite leur fait oublier tous les maux, et que cet oubli leur inspire le désir d'habiter des corps, où le mal viendra de nouveau les atteindre, n'est-il pas évident que cette félicité suprême devient la cause de leur malheur, leur sagesse, la source de leur folie, et leur purifi-

---

in mulam revoluta vectaret : et non puduit hoc credere, (a) ubi revoluta mater in puellam filio forsitan nuberet. Quanto creditur honestius quod sancti et veraces Angeli docuerunt, quod Prophetæ Dei Spiritu acti locuti sunt, quod ipse quem venturum Salvatorem præmissi nuntii prædixerunt, quod Apostoli qui orbem terrarum Evangelio repleverunt? Quanto, inquam, honestius creditur, reverti semel animas ad corpora propria, quam reverti toties ad diversa? Verumtamen, ut dixi, ex magna parte in hac opinione correctus est Porphyrius, ut saltem in solos homines humanas animas præcipitari posse sentiret; belluinos autem carceres evertere minime dubitaret. Dicit etiam Deum ad hoc animam mundo dedisse, ut materiæ cognoscens mala, ad Patrem recurreret, nec aliquando jam talium polluta contagione teneretur. Ubi etsi aliquid inconvenienter sapit, magis enim data est corpori, ut bona faceret ; non enim mala disceret, si faceret: in eo tamen aliorum Platonicorum opinionem, et non in re parva emendavit, quod mundatam ab omnibus malis animam et cum Patre constitutam, numquam jam mala mundi hujus passuram esse confessus est. Qua sententia profecto abstulit, quod esse Platonicum maxime perhibetur, (PLATO *in Phædone*) ut mortuos ex vivis, ita vivos ex mortuis semper fieri : falsumque esse ostendit, quod platonice videtur dixisse Virgilius, in campos Elysios purgatas animas missas, (quo nomine tamquam per fabulam videntur significari gaudia beatorum,) ad fluvium (V. PLAT. *in lib.* X *de repub.*) Letheum evocari, hoc est, ad oblivionem præteritorum :

Scilicet immemores supera ut convexa revisant,
Rursus et incipiant in corpora velle reverti.
(*Æneid.* VI)

Merito displicuit hoc Porphyrio : quoniam re vera credere stultum est, ex illa vita, quæ beatissima esse non poterit nisi de sua fuerit æternitate certissima, desiderare animas corporum corruptibilium labem, et inde (b) ista remeare, tamquam hoc agat summa purgatio, ut inquinatio requiratur. Si enim quod perfecte mundantur, hoc efficit, ut omnium obliviscantur malorum, malorum autem oblivio facit corporum desiderium, ubi rursus implicentur malis; profecto erit infelicitatis caussa, summa felicitas; et stultitiæ caussa, perfectio sapientiæ; et immunditiæ caussa, summa (c) mundatio. Nec veritate ibi beata erit ani-

---

(a) Sic Mss. At editi, *ne revoluta*. — (b) Nonnulli codices, *ad istam*. — (c) Sic Mss. At editi, *munditia*.

cation, l'origine de nouvelles souillures. Quelque temps que l'âme séjourne dans ces lieux, elle ne peut être véritablement heureuse, là où il faut qu'elle soit trompée pour jouir de la félicité. Non, elle ne peut être heureuse, si elle ne jouit de la sécurité, et cette sécurité consisterait pour elle à se croire faussement bienheureuse pour toujours, tandis qu'un jour elle reviendra malheureuse ! Comment cette âme, dont une illusion cause la joie, pourrait-elle se réjouir de la vérité. C'est ce qu'a vu Porphyre, quand il dit que l'âme purifiée retourne au Père pour être à jamais affranchie de toute souillure du corps. C'est donc à tort que certains Platoniciens ont pensé que cette révolution de l'âme, tour à tour sortant et rentrant dans ce monde, était nécessaire. Et quand même cela serait vrai, de quoi servirait de le savoir? A moins pourtant, que les Platoniciens ne s'imaginent nous être supérieurs, parce que nous ignorons en cette vie ce qu'eux-mêmes ne sauront plus, malgré leur purification et leur sagesse, dans une vie meilleure, où leur beatitude à eux-mêmes reposera sur une illusion. Que, s'il serait absurde et insensé de s'arrêter à cette pensée, il faut, certes, convenir que le sentiment de Porphyre est préférable à l'opinion de ceux qui ont rêvé ces perpétuelles migrations des âmes de la félicité à la misère. S'il en est ainsi, voici donc un Platonicien qui corrige en mieux la doctrine de Platon ; il voit ce que celui-ci n'a pas vu, et préférant la vérité à un homme, il ne craint pas de réformer la doctrine d'un maître aussi grand et aussi respecté.

CHAPITRE XXXI.

Réfutation de l'erreur des Platoniciens qui prétendent que l'âme est coéternelle à Dieu.

Pourquoi donc, dans ces questions qui dépassent la portée de l'esprit humain, ne pas nous en rapporter de préférence à Dieu, qui nous enseigne que l'âme n'est point coéternelle à la divinité, qu'elle a été créée et tirée du néant. La raison qui empêchait les Platoniciens de croire cette vérité est uniquement celle-ci : que ce qui n'a pas toujours été ne saurait durer toujours. Cependant, parlant du monde et des dieux que le Dieu suprême y a créés, Platon (*In Timæo*) affirme clairement qu'ils ont eu un commencement, que pourtant, ils n'auront point de fin, la volonté toute puissante de leur Créateur voulant qu'ils soient éternels. Mais ils ont trouvé une manière d'entendre ce passage ; il s'agit selon eux, non d'un commencement de temps, mais d'un commencement de cause. « Si, disent-ils, le pied d'un homme avait été de toute éternité imprimé dans la poussière, la trace demeure

---

tua, quamdiucumque erit, ubi oportet fallatur, ut beata sit. Non enim beata erit, nisi secura. Ut autem secura sit, falso putabit semper se beatam fore ; quoniam aliquando erit et misera. Cui ergo gaudendi caussa falsitas erit, quomodo de veritate gaudebit ? Vidit hoc Porphyrius, purgatamque animam ob hoc reverti dixit ad Patrem, ne aliquando jam malorum polluta contagione teneatur. Falso igitur a quibusdam Platonicis est creditus quasi necessarius orbis ille, ab eisdem abeundi et ad eadem revertendi. Quod etiamsi verum esset, quid hoc scire prodesset, nisi forte inde se nobis auderent præferre Platonici, quia id nos in hac vita jam nesciremus, quod ipsi in alia meliore vita purgatissimi et sapientissimi fuerant nescituri, et falsum credendo beati futuri ? Quod si absurdissimum et stultissimum est dicere, Porphyrii profecto est præferenda sententia, his qui animarum circulos alternante semper beatitate et miseria suspicati sunt. Quod si ita est, ecce Platonicus in melius a Platone dissentit : ecce vidit, quod ille non vidit, nec post talem ac tantum magistrum refugit correctionem, sed homini præposuit veritatem.

CAPUT XXXI.

Contra argumentum Platonicorum, quo animam humanam Deo asserunt esse coæternam.

Cur ergo non potius divinitati credimus de his rebus, quas humano ingenio pervestigare non possumus, quæ animam quoque ipsam non Deo coæternam, sed creatam dicit esse, quæ non erat ? Ut enim hoc Platonici nollent credere, hanc utique causam idoneam sibi videbantur afferre, quia nisi quod semper antea fuisset, sempiternum deinceps esse non posset. Quamquam et de mundo et de his quos in mundo deos a Deo factos scribit Plato, (*In Timæo*) apertissime dicat eos esse cœpisse, et habere initium, finem tamen non habituros, sed per Conditoris potentissimam voluntatem in æternum permansuros esse perhibeat. Verum id quomodo intelligant, invenerunt, non esse hoc videlicet temporis, sed substitutionis initium. « Sicut enim, inquiunt, si pes ex æternitate semper fuisset in pulvere, semper ei subesset vestigium, quod tamen vestigium a calcante factum nemo dubitaret, nec alterum altero prius esset, quam-

rait toujours sous le pied. Personne cependant ne pourrait douter que le pied ne fût l'auteur de cette trace, et pourtant, le premier, quoique auteur de l'autre, ne l'aurait pas précédée. Ainsi, le monde et les dieux créés qu'il renferme, ont toujours été, parce que celui qui les a faits a toujours existé, et cependant ils ont été faits. » Mais si l'âme a toujours été, faut-il dire aussi qu'elle a toujours été misérable ? Or, s'il y a en elle quelque chose qui ne soit pas éternel et qui ait commencé dans le temps, ne peut-il pas se faire aussi qu'elle-même, n'existant pas auparavant, ait commencé dans le temps ? D'ailleurs, la béatitude dont elle jouit après les maux de cette vie, béatitude solide et éternelle, ainsi que l'avoue Platon lui-même, a eu, sans aucun doute, un commencement dans le temps, et cependant elle doit durer toujours. Il croule donc tout entier ce raisonnement, par lequel on soutient qu'il ne peut y avoir d'éternellement durable que ce qui n'a point eu de commencement. En effet, voici la béatitude de l'âme qui, ayant commencé dans le temps, doit néanmoins durer toujours. Que l'infirmité humaine cède donc à l'autorité divine, en ce qui concerne la véritable religion, croyons ces esprits bienheureux et immortels, qui ne demandent point pour eux des honneurs, qu'ils savent être uniquement dus à leur Dieu et au nôtre ; qui ne nous demandent des sacrifices, je l'ai déjà dit, et je ne saurais trop le répéter, que pour celui dont nous devons être avec eux le sacrifice ; sacrifice qui doit être offert par ce pontife qui, suivant la nature humaine qu'il a prise, et selon laquelle il a voulu être prêtre, a daigné lui-même, en donnant sa vie, se faire sacrifice pour nous.

CHAPITRE XXXII.

Voie universelle de délivrance pour les âmes, vainement cherchée par Porphyre, et découverte seulement par la grâce du Christ.

1. La voilà cette religion qui renferme la voie universelle de la délivrance des âmes, car aucune ne peut être délivrée que par cette voie. C'est en quelque sorte une voie royale, la seule qui conduise à un royaume, non pas temporel et chancelant, mais solide et éternel. Lorsque Porphyre dit, vers la fin de son premier livre sur le *Retour de l'âme*, qu'il n'a pas encore rencontré une secte qui contienne la voie universelle de la délivrance de l'âme, que ni la philosophie la plus sage, ni la discipline sévère des philosophes de l'Inde, ni les enseignements des

---

vis alterum ab altero factum esset : sic, inquiunt, et mundus atque in illo dii creati, et semper fuerunt semper exsistente qui fecit, et tamen facti sunt. » Numquid ergo si anima semper fuit, etiam miseria ejus semper fuisse dicenda est ? Porro si aliquid in illa, quod ex æterno non fuit, esse cœpit ex tempore, cur non fieri potuerit, ut ipsa esset ex tempore, quæ antea non fuisset ? Deinde beatitudo quoque ejus post experimentum malorum firmior et sine fine mansura, sicut iste confitetur, procul dubio cœpit ex tempore, et tamen semper erit, cum antea non fuerit. Illa igitur omnis argumentatio dissoluta est, qua putatur nihil esse posse sine fine temporis, nisi quod initium non habet temporis. Inventa est enim animæ beatitudo, quæ cum initium temporis habuerit, finem temporis non habebit. Quapropter divinæ auctoritati humana cedat infirmitas, eisque beatis et immortalibus de vera religione credamus, qui sibi honorem non expetunt, quem Deo suo, qui etiam noster est, deberi sciunt ; nec jubent, ut sacrificium faciamus, nisi ei tantummodo, cujus et nos cum illis, ut sæpe dixi et sæpe dicendum est, sacrificium esse debemus, per eum sacerdotem offerendi, qui in (a) homine quem suscepit, secundum quem et sacerdos esse voluit, etiam usque ad mortem sacrificium pro nobis dignatus est fieri.

CAPUT XXXII.

De universali via animæ liberandæ, quam Porphyrius male quærendo non reperit, et quam sola gratia Christiana reservavit.

1. Hæc est religio, quæ universalem continet viam animæ liberandæ ; quoniam nulla nisi hac liberari potest. Hæc est enim quodam modo regalis via, quæ una ducit ad regnum, non temporali fastigio nutabundum, sed æternitatis firmitate securum. Cum autem dicit Porphyrius in primo juxta finem de regressu animæ libro, nondum (b) receptam unam quamdam sectam, quæ universalem contineat viam animæ liberandæ, vel a philosophia verissima ali-

---

(a) Quidam haud melioris notæ libri, *in forma quam suscepit, secundum quam*, etc. — (b) Vind. Am. Er. *nondum receptum in unam quamdam sectam*. Sic etiam plerique Mss. qui mox tamen ab editis illis in verbo *qua* dissentiunt, et habent *quod*.

Chaldéens, ni aucune autre école, n'ont pu lui en donner connaissance, il avoue, certes, qu'il en existe une, mais qu'il ne la connaît pas encore. Ainsi, tout ce qu'il avait étudié avec tant de soin au sujet de cette délivrance de l'âme, tout ce qu'il croyait, ou plutôt qu'il paraissait aux autres savoir à ce sujet, ne le satisfaisait pas. Il sentait qu'il lui manquait encore une autorité supérieure, qu'il pût suivre dans une chose de si grande importance. Lorsqu'il convient que cette voie universelle de délivrance ne lui avait pas encore été révélée par la philosophie la plus vraie, il indique assez clairement, je pense, ou que cette philosophie à l'étude de laquelle il s'était livré n'était pas la plus vraie, ou du moins qu'elle n'enseignait point cette voie. Comment peut-elle être vraie, la philosophie qui n'enseigne pas cette délivrance? Car, est il une autre voie universelle de délivrance pour l'âme, sinon celle par laquelle toutes sont délivrées et sans laquelle aucune ne peut l'être. Lorsqu'il ajoute que ni la discipline sévère des Indiens, ni les enseignements des Chaldéens, ni toute autre école, ne lui ont fait connaître cette voie, il confesse clairement que ce qu'il avait appris dans l'Inde ou dans la Chaldée n'enseignait pas ce moyen universel de délivrance de l'âme. Et de fait, il n'a pu cacher qu'il tenait des Chaldéens ces oracles divins, dont il parle si souvent. Quelle est donc cette voie universelle de délivrance qui, selon lui, ne se trouve ni dans la philosophie la plus vraie, ni dans les enseignements de ces peuples renommés pour leurs connaissances divines, parce que leur curiosité s'était surtout occupée de connaître et d'adorer toutes sortes d'anges. Quelle est cette voie qu'aucune tradition historique n'a portée à sa connaissance? Quelle est donc enfin cette voie universelle, sinon celle qui, n'étant pas particulière à une nation, mais commune à tous les peuples, a été divinement octroyée? Qu'il doive en être ainsi, ce philosophe d'un esprit supérieur n'hésite pas à le croire. En effet, il ne pense pas que la Providence divine ait pu laisser le genre humain privé de ce moyen universel de délivrance. Car il ne dit pas qu'un secours si grand et si précieux n'existe pas, il dit seulement qu'il n'est point encore venu à sa connaissance. Faut-il s'en étonner? Ne vivait-il pas dans un temps où Dieu permettait que cette voie universelle de la délivrance de l'âme, qui n'est autre que la religion chrétienne, fût persécutée par les adorateurs des idoles et des démons comme par les princes de la terre; ce qui avait lieu pour compléter et consacrer le nombre des martyrs, c'est-à-dire de ces témoins de la vérité qui, par leur constance, devaient nous apprendre, qu'on doit supporter toutes sortes de

---

qua, vel ab Indorum moribus ac disciplina, aut inductione Chaldæorum, aut alia qualibet via, nondumque in suam notitiam eamdem viam historiali cognitione perlatam; procul dubio confitetur esse aliquam, sed nondum in suam venisse notitiam. Ita ei non sufficiebat quidquid de anima liberanda studiosissime didicerat, sibique, vel potius aliis nosse ac tenere videbatur. Sentiebat enim adhuc sibi deesse aliquam præstantissimam auctoritatem, quam de re tanta sequi oporteret. Cum autem dicit, vel a philosophia verissima aliqua nondum in suam notitiam pervenisse sectam, quæ universalem contineat viam animæ liberandæ; satis, quantum arbitror, ostendit, vel eam philosophiam, in qua ipse philosophatus est, non esse verissimam, vel ea non contineri talem viam, et quomodo jam potest esse verissima, qua non continetur hæc via? Nam quæ alia via est universalis animæ liberandæ, nisi qua universæ animæ liberantur, ac per hoc sine illa nulla anima liberatur? Cum autem addit et dicit, vel ab Indorum moribus et disciplina, vel ab inductione Chaldæorum, vel alia qualibet via; manifestissima voce testatur, neque illis quæ ab Indis, neque illis quæ a Chaldæis didicerat, hanc universalem viam animæ liberandæ contineri; et utique se a Chaldæis oracula divina sumpsisse, quorum assiduam commemorationem facit, tacere non potuit. Quam vult ergo intelligi animæ liberandæ universalem viam nondum receptam, vel ex aliqua verissima philosophia, vel ex earum gentium doctrinis, quæ magnæ velut in divinis rebus habebantur, quia plus apud eas curiositas valuit quorumque angelorum cognoscendorum et colendorum, nondumque in suam notitiam historiali cognitione perlatam? Quænam ista est universalis via, nisi quæ non suæ cuique genti propria, sed universis gentibus quæ communis esset, divinitus impertita est? Quam certe iste homo non mediocri ingenio præditus esse non dubitat. Providentiam quippe divinam sine ista universali via liberandæ animæ genus humanum relinquere potuisse non credit. Neque enim ait non esse, sed hoc tantum bonum tantumque adjutorium nondum receptum, nondum in suam notitiam esse perlatum : nec mirum. Tunc enim Porphyrius erat in rebus humanis, quando ista libe-

peines corporelles plutôt que de trahir la véritable religion et de dissimuler la vérité. Porphyre était témoin de ces persécutions (1), il croyait qu'elles allaient anéantir cette voie sainte, et par conséquent, qu'elle n'était point la voie universelle par laquelle les âmes doivent être délivrées; il ne comprenait pas que ces épreuves qui l'effrayaient, et qu'il craignait d'avoir à subir en embrassant cette voie, étaient justement ce qui devait la confirmer et la rendre plus inébranlable.

2. La voilà donc cette voie universelle de délivrance que la divine miséricorde ouvre à toutes les nations. Celles qui la connaissent déjà, comme celles qui la connaîtront, n'ont et n'auront pas le droit de dire : « Pourquoi maintenant, ou pourquoi si tard, » parce que les desseins de celui qui la révèle sont impénétrables pour l'intelligence humaine. Porphyre lui-même semble le reconnaître lorsqu'il dit que ce don de Dieu n'a pas encore été reçu, et qu'il n'est pas encore venu à sa connaissance. Et cependant il ne nie pas qu'il ne puisse réellement exister, bien qu'il n'ait pas encore été accepté, et qu'il n'en ait lui-même aucune connaissance. La voilà donc, dis-je, cette voie universelle de délivrance pour les croyants, au sujet de laquelle Abraham fidèle entendit cet oracle divin : « En votre semence seront bénies toutes les nations. » (*Gen.* XXII, 18.) Il était Chaldéen de naissance; mais afin qu'il pût mieux recueillir les effets d'une telle promesse, et que de lui sortît cette semence disposée par la main des anges (*Gal.* III, 19) dans la main du médiateur universel, source de la délivrance générale des âmes (*Gen.* XII, 1), il reçoit l'ordre d'abandonner son pays, de quitter sa famille et la maison paternelle. Ainsi, délivré d'abord des superstitions chaldéennes, il adore avec amour le seul vrai Dieu et croit fidèlement à ses promesses. C'est bien là la voie universelle dont le prophète inspiré a dit : « Que Dieu ait pitié de nous, qu'il nous bénisse. Qu'il fasse briller sur nous la lumière de sa face et qu'il ait pitié de nous; afin que nous connaissions votre voie sur la terre, et le salut que vous accordez à toutes les nations. » (*Ps.* LXVI, 2.) Aussi, longtemps après le Sauveur, ayant pris sa chair de la race d'Abraham, disait de lui-même : « Je suis la voie, la vérité et la vie. » (*Jean,* XIV, 6.) C'est de cette voie universelle que longtemps auparavant il avait été prophétisé : « Dans les derniers temps, la montagne sur laquelle se bâtira la maison du Seigneur sera fondée sur le haut des monts; elle

---

(1) Porphyre, comme nous l'avons dit, vivait sous Dioclétien. A cette époque, eut lieu la persécution la plus terrible. On pensait que la religion chrétienne n'y survivrait pas, témoins tant d'inscriptions en l'honneur de cet empereur, qui commencent par ces mots : *Nomine Christiano deleto.* Le nom chrétien étant détruit.

---

randæ animæ universalis via, quæ non est alia quam religio Christiana, oppugnari permittebatur ab idolorum dæmonumque cultoribus regibusque terrenis, propter asserendum et consecrandum Martyrum numerum, hoc est, testium veritatis, per quos ostenderetur, omnia corporalia mala pro fide pietatis et commendatione veritatis esse toleranda. Videbat ergo ista Porphyrus, et per hujusmodi persecutiones cito istam viam perituram, et propterea non esse ipsam liberandæ animæ universalem putabat, non intelligens hoc quod eum movebat, et quod in ejus electione perpeti metuebat, ad ejus confirmationem robustioremque commendationem potius pertinere.

2. Hæc est igitur animæ liberandæ universalis via, id est, universis gentibus divina miseratione concessa; cujus profecto notitia ad quoscumque jam venit, et ad quoscumque ventura est, nec debuit, nec debebit ei dici : Quare modo ? et Quare sero ? quoniam mittentis consilium non est humano ingenio penetrabile. Quod sensit etiam iste, cum dixit, nondum receptum hoc donum Dei, et nondum in suam notitiam fuisse perlatum. Nec enim propterea verum non esse judicavit, quia nondum in suam fidem receptum fuerat, vel in notitiam nondum pervenerat. Hæc est, inquam, liberandorum credentium universalis via, de qua fidelis Abraham divinum accepit oraculum : « In semine tuo benedicentur omnes gentes. » (*Gen.* XXII, 18.) Qui fuit quidem gente Chaldæus, sed ut talia promissa perciperet, et ex illo propagaretur semen dispositum per Angelos (*Gal.* III, 19.) in manu Mediatoris, in quo esset ista liberandæ animæ universalis via, hoc est omnibus gentibus data (*Gen.* XII, 1), jussus est discedere de terra sua et de cognatione sua et de domo patris sui. Tunc ipse primitus a Chaldæorum superstitionibus liberatus, unum verum Deum sequendo coluit, cui hæc promittenti fideliter credidit. Hæc est universalis via, de qua in sancta prophetia dictum est : « Deus misereatur nostri, et benedicat nos ; illuminet vultum suum super nos, et misereatur nostri : ut cognoscamus in terra viam tuam, in omnibus gentibus salutare tuum. (*Psal.* LXVI, 2 *et* 3.) Unde

s'élèvera au-dessus des collines ; toutes les nations y accourons en foule. Plusieurs peuples y viendront en disant : « Venez, montons à la montagne du Seigneur, à la montagne du Dieu de Jacob ; il nous annoncera sa voie et nous la suivrons, car la loi sortira de Sion et la parole du Seigneur, de Jérusalem. » (*Is.* II, 2.) Cette voie n'est donc pas pour un seul peuple, mais pour toutes les nations. La loi et la parole du Seigneur ne sont restés enfermées ni dans Sion ni dans Jérusalem, mais elles en sont sorties pour se répandre dans l'univers entier. Aussi le Médiateur lui-même, après sa résurrection, disait-il à ses apôtres effrayés : « Il fallait qu'à mon sujet s'accomplît tout ce qui a été écrit dans la loi, dans les prophètes et dans les Psaumes. Alors il leur ouvrit l'esprit pour qu'ils eussent l'intelligence des Écritures, et il leur dit : Il fallait que le Christ souffrît et qu'il ressuscitât le troisième jour d'entre les morts, et qu'en son nom fussent prêchées la pénitence et la rémission des péchés à toutes les nations en commençant par Jérusalem. » (*Luc,* XXIV, 44.) C'est donc là cette voie universelle de la délivrance de l'âme que les saints anges et les saints prophètes ont annoncée, dès qu'ils l'ont pu, au petit nombre d'hommes qui reconnaissaient la grâce de Dieu ; et d'abord ils l'ont annoncée au peuple hébreu, dont la république était en quelque sorte consacrée à prophétiser et à figurer par son tabernacle, son temple, son sacerdoce et ses sacrifices, par ses livres sacrés, parfois évidents et parfois mystérieux, la réunion de la Cité de Dieu composée de toutes les nations. Mais le médiateur présent lui-même en ce monde et ses bienheureux apôtres, manifestant la grâce du testament nouveau, ont révélé plus clairement cette voie, annoncée déjà aux âges précédents d'une manière plus ou moins cachée selon la diversité des temps, selon qu'il avait plu au Dieu souverainement sage de la faire connaître par les signes merveilleux, dont j'ai parlé plus haut. Et ce ne sont plus seulement des visions angéliques qu'on aperçoit, ou des paroles prophétiques d'envoyés célestes qu'on entend ; non, mais à la voix de ces hommes de Dieu qu'inspirent une piété simple, les esprits impurs sont chassés des corps, les maladies et les infirmités sont guéries ; les bêtes farouches, les monstres de la mer, les oiseaux, le bois, les éléments, les astres se soumettent aux ordres divins ; l'enfer est vaincu, les morts ressus-

---

tanto post ex Abrahæ semine carne suscepta, de se ipso ait ipse Salvator : « Ego sum via, et veritas, et vita. » (*Joan.* XIV, 6.) Hæc est universalis via, de qua tanto ante tempore prophetatum est : « Erit in novissimis diebus manifestus mons (*a*) domus Domini, paratus in cacumine montium, et extolletur super colles ; et venient ad eum universæ gentes, et ingredientur nationes multæ, et dicent, Venite adscendamus in montem Domini et in domum Dei Jacob, et annuntiabit nobis viam suam, et ingrediemur in ea. Ex Sion enim prodiet lex, et verbum Domini ab Jerusalem. (*Is.* II, 2 et 3.) Via ergo ista non est unius gentis, sed universarum gentium. Et lex verbumque Domini non in Sion et Jerusalem remansit ; sed inde processit, ut se per universa diffunderet. Unde ipse Mediator post resurrectionem suam discipulis trepidantibus ait : « Oportebat impleri quæ scripta sunt in Lege, et Prophetis, et Psalmis de me. Tunc aperuit illis sensum, ut intelligerent Scripturas, et dixit eis, Quia oportebat Christum pati, et resurgere a mortuis tertio die, et prædicari in nomine ejus pœnitentiam et remissionem peccatorum per omnes gentes, incipientibus ab Jerusalem. » (*Luc.* XXIV, 44.) Hæc est igitur universalis animæ liberandæ via, quam sancti Angeli sanctique Prophetæ prius in paucis hominibus, ubi potuerunt, Dei gratiam reperientibus, et maxime in Hebræa gente, cujus erat ipsa quodam modo sacrata respublica, in prophetationem et prænuntiationem Civitatis Dei ex omnibus gentibus congregandæ, et tabernaculo et templo et sacerdotio et sacrificiis significaverunt, et eloquiis quibusdam manifestis, plerisque mysticis, prædixerunt ; præsens autem in carne ipse Mediator, et beati ejus Apostoli jam Testamenti novi gratiam revelantes apertius indicarunt, quæ aliquanto occultius superioribus sunt significata temporibus, pro ætatum generis humani distributione ; sicut eam Deo sapienti placuit ordinare, mirabilium operum divinorum, quorum superius pauca jam posui, contestantibus signis. Non enim apparuerunt tantummodo visiones angelicæ, et cœlestium ministrorum sola verba sonuerunt : verum etiam hominibus Dei verbo simplicis pietatis agentibus spiritus immundi de hominum corporibus ac sensibus pulsi sunt ; vitia corporis languoresque sanati ; fera animalia terrarum et aquarum, volatilia cœli, ligna, elementa, sidera, divina jussa fecerunt, inferna cesserunt, mortui revixerunt : exceptis ipsius

(*a*) In veteribus libris omittitur *domus Domini*.

citent. Je ne parle point ici des miracles propres et particuliers au Sauveur lui-même, surtout de sa naissance et de sa résurrection ; l'une nous révélant le mystère d'un enfantement virginal, et l'autre nous donnant un exemple de cette résurrection, qui aura lieu à la fin des temps. Cette voie purifie l'homme tout entier, et lui prépare à lui mortel, l'immortalité de tout son être : il n'aura plus à chercher une purification spéciale pour cette partie que Porphyre nomme intellectuelle, une autre pour la partie dite spirituelle, une autre, enfin, pour le corps, le purificateur parfait, le tout puissant Rédempteur a pourvu à l'œuvre totale et complète. En dehors de cette voie, qui n'a jamais été fermée au genre humain ni dans les temps anciens de la promesse, ni dans les jours de l'accomplissement, personne n'a été, n'est et ne sera jamais délivré.

3. Quand Porphyre affirme qu'il n'a rien trouvé dans l'histoire, qui lui ait appris cette universelle délivrance des âmes, que veut-il donc de plus célèbre que ce qui nous en a été révélé, et qui a acquis dans le monde entier le souverain degré d'autorité? Que trouvera-t-il de plus fidèle, alors que les récits du passé joints aux prédictions de l'avenir, nous prouvent par l'accomplissement que nos yeux aperçoivent la certitude des espérances qui nous sont données? Ni Porphyre, ni aucun platonicien ne peut mépriser les prédictions dont il s'agit, sous prétexte qu'elles ont pour objet des choses terrestres et qui se rapportent à la vie présente : je comprends leurs dédains pour de vulgaires prédictions dues à je ne sais quelles pratiques ou artifices secrets. Ils disent que tout cela n'est rien, et ne mérite aucun égard; en cela, ils ont raison. En effet, ces sortes de prédictions, se font, ou par la connaissance préalable des causes dont on annonce l'effet, comme il arrive au médecin de préciser à l'avance les différentes phases d'une maladie, qu'il a reconnues aux signes précurseurs qui l'annonçaient : ou par la suggestion des esprits impurs, qui font connaître les plans qu'ils ont formés, se réservant ensuite d'en procurer l'exécution par la séduction des esprits, l'excitation de la faiblesse humaine. Mais rien de semblable ne se trouve chez les saints, qui ont suivi cette voie de l'universelle délivrance des âmes, leurs prédictions sont d'un ordre tout différent ; non sans doute qu'ils ignorent les faits

---

Salvatoris propriis singularibusque miraculis, maxime nativitatis et resurrectionis ; in quorum uno maternæ virginitatis tantummodo sacramentum, in altero autem etiam eorum qui in fine resurrecturi sunt, demonstravit exemplum. Hæc via totum hominem mundat, et immortalitati mortalem ex omnibus quibus constat partibus præparat. Ut enim non alia purgatio ei parti quæreretur, quam vocal intellectualem Porphyrius, alia ei quam vocat spiritalem, aliaque ipsi corpori, propterea totum suscepit veracissimus potentissimusque mundator atque salvator. Præter hanc viam, quæ partim cum hæc futura prænuntiantur, partim cum facta nuntiantur, numquam generi defuit humano, nemo liberatus est, nemo liberatur, nemo liberabitur.

3. Quod autem Porphyrius universalem viam animæ liberandæ nondum in suam notitiam historiali cognitione dicit esse perlatam : quid hac historia vel illustrius inveniri potest, quæ universum orbem tanto apice auctoritatis obtinuit, vel fidelius, in qua ita narrantur præterita, ut futura etiam prædicantur ; quorum multa videmus impleta, ex quibus ea quæ restant sine dubio speremus implenda? Non enim potest Porphyrius, vel quicumque Platonici, etiam in hac via quasi terrenarum rerum et ad istam vitam mortalem pertinentium, divinationem prædictionemque contemnere : quod merito in aliis (a) vaticinationibus et quorumlibet modorum vel artium divinationibus faciunt. Negant enim hæc vel magnorum hominum, vel magni esse pendenda : et recte. Nam vel inferiorum fiunt præsensione caussarum, sicut arte medicinæ quibusdam antecedentibus signis plurima (b) eventura valetudini prævidentur ; vel immundi dæmones sua disposita facta prænuntiant (c) quorum jus et in mentibus atque cupiditatibus iniquorum ad quæque congruentia facta ducendis quodam modo sibi vindicant, et in materia infima fragilitatis humanæ. Non talia sancti homines in ista universali animarum liberandarum via gradientes, tamquam magna prophetare curarunt : quamvis et ista eos non fugerint, et ab eis sæpe prædicta sint, ad eorum fidem faciendam, quæ mor-

---

(a) Veteres libri, *vaticinantibus*. — (b) Sic Mss. At editi, *ventura*. — (c) Editi, *et in quorumvis mentibus atque cupiditatibus iniquorum, congrua factis dicta vel dictis facta compensant, ut sibi jus quodam modo vindicent in materia infirma fragilitatis humanæ.* Corriguntur auctoritate Mss. qui sic habent : *quorum* (intellige factorum suorum) *jus et in mentibus atque cupiditatibus iniquorum ad quæque congruentia* (id est cupiditatibus iisdem pravis consentanea) *facta ducendis quodam modo sibi vindicant, et in materia infima,* etc.

de cette nature; bien souvent ils en ont prédit eux-mêmes pour la confirmation de ce que les sens ne pouvaient atteindre, ou dont l'expérience ne pouvait être prompte et facile. Les faits vraiment grands, les faits divins qu'il leur était donné de lire dans les décrets de Dieu pour les révéler aux hommes étaient : la venue du Christ dans la chair, et les merveilles accomplies en sa personne ou opérées en son nom, le repentir des pécheurs et la conversion des volontés, la rémission des péchés, la grâce de la justification, la foi des âmes pieuses, la multitude des esprits gagnés à la foi dans le monde entier, la chûte des idoles et la ruine du culte rendu aux démons, l'épreuve des tentations, la purification des fidèles, l'affranchissement complet du mal, le jour du jugement, la résurrection des morts, la damnation éternelle de tous les impies, et le règne sans fin de la très-glorieuse Cité de Dieu dans le bonheur éternel de sa présence. Voilà les grandes choses annoncées dans les Écritures de cette voie bienheureuse. L'accomplissement de plusieurs de ces promesses, déjà réalisé sous nos yeux, est pour notre piété la garantie infaillible de tout le reste. Ceux qui ne croient pas, et qui par suite ne comprennent pas la rectitude de cette voie, qui mène jusqu'à la vue de Dieu, et à l'éternelle union avec lui, peuvent bien, malgré les Écritures qui la proclament, essayer leurs forces à la combattre, jamais ils ne pourront en triompher.

4. Jusqu'ici j'ai tâché, avec l'aide du seul Dieu et véritable Seigneur, de satisfaire aux pieux désirs de quelques-uns, sans répondre sans doute à l'attente de tous, de réfuter dans ces dix livres les attaques des impies qui osent préférer leurs vaines divinités au fondateur de la Cité sainte que j'ai essayé de faire connaître. De ces livres, les cinq premiers s'adressent à ceux qui veulent adorer les dieux à cause des biens temporels qu'ils en attendent, les cinq autres à ceux qui s'attachent à leur culte en vue des biens qu'ils espèrent après la mort. Maintenant, fidèle aux engagements que j'ai pris dans le premier livre, je vais essayer, avec l'aide de Dieu à développer ce qui me paraîtra digne de remarque sur l'origine, les progrès et la fin de ces deux Cités, qui ne nous apparaissent ici-bas que mêlées et confondues.

---

talium sensibus non poterant intimari, nec ad experimentum celeri facilitate perduci. Sed alia erant vere magna atque divina, quæ quantum dabatur, cognita Dei voluntate, futura muntiabant. Christus quippe in carne venturus, et quæ in illo tam clara perfecta sunt atque in ejus nomine impleta, pænitentia hominum et ad Deum conversio voluntatum, remissio peccatorum, gratia justitiæ, fides piorum et per universum orbem in veram divinitatem multitudo credentium, culturæ simulacrorum dæmonumque subversio et a tentationibus exercitatio, proficientium purgatio et liberatio ab omni malo, judicii dies, resurrectio mortuorum, societatis impiorum æterna damnatio, regnumque æternum gloriosissimæ Civitatis Dei conspectu ejus immortaliter perfruentis, in hujus viæ Scripturis prædicta atque promissa sunt : quorum tam multa impleta conspicimus, ut recta pietate futura esse cetera confidamus. Hujus viæ rectitudinem usque ad Deum videndum eique in æternum cohærendum, in (a) sanctarum Scripturarum, qua prædicatur atque asseritur, veritate, quicumque non credunt, et ob hoc nec intelligunt, oppugnare possunt, sed expugnare non possunt.

4. Quapropter in decem libris istis, etsi minus quam nonnullorum de nobis exspectabat intentio, tamen quorumdam studio, quantum verus Deus et Dominus adjuvare dignatus est, satisfecimus, refutando contradictiones impiorum, qui Conditori sanctæ Civitatis, de qua disputare instituimus, deos suos præferunt. Quorum decem librorum quinque superiores adversus eos conscripti sunt, qui propter hujus vitæ hujus deos colendos putant; quinque autem posteriores adversus eos qui cultum deorum propter vitam, quæ post mortem futura est, servandum existimant. Deinceps itaque, ut in primo libro polliciti sumus, de duarum Civitatum, quas in hoc sæculo perplexas diximus invicemque permixtas, exortu et procursu et debitis finibus, quod dicendum arbitror, quantum divinitus adjuvabor, expediam.

(a) Sic Mss. Editi vero, *in sanctuario Scripturarum esse locatam, qua prædicantur*, etc.

LIVRE ONZIÈME

Ici commence la seconde partie de l'ouvrage qui traite de la naissance, des progrès et du sort qui attend chacune des deux Cités, la Cité terrestre et la Cité céleste (1). Dans ce livre, saint Augustin montre le commencement de ces Cités, dû à la séparation des bons et des mauvais anges ; à ce sujet, il parle de l'origine du monde, racontée dans la Sainte Écriture, au commencement du Livre de la Genèse.

CHAPITRE PREMIER.

Seconde partie de cet ouvrage ; on commence à traiter de l'origine et de la fin des deux Cités.

Nous appelons Cité de Dieu, celle à qui rend témoignage cette Écriture, qui, par une disposition spéciale de la Providence, et non point par le mouvement capricieux des esprits, a obtenu une éminente supériorité sur tous les monuments des lettres humaines, et assujetti à sa divine autorité les intelligences de tout genre. C'est cette Écriture qui dit : « On te rend un glorieux témoignage, ô Cité de Dieu. » (*Ps.* LXXXVI, 3.) Et dans un autre Psaume : « Le Seigneur est grand et digne de louanges infinies dans la Cité de notre Dieu, sur sa sainte montagne, multipliant les joies de la terre entière. » (*Ps.* XLVII, 2 et 3.) Et un peu plus loin, dans le même Psaume : « Comme nous avions entendu, ainsi nous avons vu dans la Cité du Dieu des vertus, dans la Cité de notre Dieu ; Dieu l'a fondée pour l'éternité. » De même ailleurs : « Le fleuve impétueux réjouit la Cité de Dieu, le Très-Haut a sanctifié son tabernacle, Dieu est au milieu d'elle ; elle ne sera point ébranlée. » Ces témoignages et d'autres, qu'il serait trop long de rapporter, nous font connaître qu'il y a une Cité de Dieu, dont nous désirons être les citoyens, avec toute l'ardeur de l'amour que

(1) La seconde partie de cet ouvrage, dit saint Augustin (*Rétractations*, livre II, chapitre XLIII), renferme douze livres. Les quatre premiers traitent de l'origine des deux Cités, la Cité de Dieu et la Cité du monde ; les quatre suivants, de leurs progrès et de leurs développements ; enfin les quatre derniers, de la fin diverse qui les attend. Comme nous l'avons dit dans la Préface, mise à la tête de cet ouvrage, saint Augustin composait le onzième livre, lorsque, d'après ses conseils, Paul Orose entreprenait son *Histoire*. C'était en l'année 416 ou 417 (Voir ce que dit Orose, dans la Préface que nous venons de citer, tome XXIII de cette édition, page 433.)

LIBER UNDECIMUS

Incipit Operis hujus pars altera, quæ est de duarum Civitatum, terrenæ et cœlestis, exortu, et procursu, ac debitis finibus. Hoc primum libro Civitatum earumdem exordia quomodo in angelorum bonorum et malorum discretione præcesserint, demonstrat Augustinus, eaque occasione agit de constitutione mundi quæ sacris litteris in principio libri Geneseos describitur.

CAPUT PRIMUM.

De ea parte Operis, qua duarum Civitatum, id est, cœlestis ac terrenæ, initia et fines incipiunt demonstrari.

Civitatem Dei dicimus, cujus ea Scriptura testis est, quæ non fortuitis motibus animorum, sed plane summæ dispositione providentiæ super omnes omnium gentium litteras, omnia sibi genera ingeniorum humanorum divina excellens auctoritate subjecit. Ibi quippe scriptum est : « Gloriosa dicta sunt de te, Civitas Dei. » (*Psal.* LXXXVI, 3.) Et in alio Psalmo legitur : « Magnus Dominus, et laudabilis valde in Civitate Dei nostri, in monte sancto ejus, dilatans exsultationes universæ terræ. » (*Psal.* XLVII, 2 et 3.) Et paulo post in eodem Psalmo : « Sicut audivimus, ita et vidimus, in Civitate Domini virtutum, in Civitate Dei nostri, Deus fundavit eam in æternum. » (*Ibid.* 9.) Item in alio : « Fluminis impetus lætificat Civitatem Dei, sanctificavit tabernaculum suum Altissimus, Deus in medio ejus non commovebitur. » (*Psal.* XLV, 5 et 6.) His atque hujusmodi testimoniis, quæ omnia commemorare nimis longum est, didicimus esse quamdam Civitatem Dei, cujus cives (*a*) esse concupiscimus illo amore, quem nobis illius Conditor inspiravit. Huic Conditori sanctæ Civitatis, cives terrenæ Civitatis deos suos præferunt, ignorantes eum esse Deum deorum,

(*a*) Mss. plerique, *concupivimus*. Et quidam, *concupimus*.

nous inspire le fondateur de cette sainte Cité. Les citoyens de la Cité terrestre préfèrent leurs dieux à ce divin fondateur; ignorant qu'il est le Dieu des dieux, non celui de ces faux dieux, qui dans leur orgueil impie, se trouvant privés de sa lumière immuable et commune à tous, et par suite réduits à je ne sais quelle puissance amoindrie, cherchent à se grandir eux-mêmes et se font rendre les honneurs divins par des hommes séduits et trompés; mais bien de ces dieux remplis d'une sainte piété, qui se soumettent à lui sans chercher à se donner des adorateurs, qui leur rendent un culte qui n'est dû qu'à lui, sans revendiquer pour eux-mêmes les honneurs divins. Nous avons combattu les ennemis de cette sainte Cité dans les dix livres publiés jusqu'ici, nous l'avons fait selon la mesure de nos forces, avec l'aide de notre Seigneur et Roi. Maintenant, sachant bien ce qu'on demande encore de moi, fidèle aux engagements que j'ai pris, toujours confiant dans ce même secours de notre divin Roi, je vais essayer de raconter l'origine, les progrès et la fin de ces deux Cités, qui pendant cette vie se trouvent toujours, comme nous l'avons fait remarquer, mêlées et confondues. Je commencerai par faire voir la première origine de ces deux Cités dans la séparation des Anges.

CHAPITRE II.

De la connaissance de Dieu. C'est seulement par Jésus-Christ, médiateur entre Dieu et les hommes, qu'on peut arriver à cette connaissance.

Ce n'est que par un effort puissant et extrêmement rare, que l'esprit s'élève au-dessus de la créature corporelle ou incorporelle, dont l'observation nous fait découvrir l'inconstance et les variations, pour arriver jusqu'à l'immuable substance de Dieu, et apprendre de lui-même, que tout ce qui n'est pas lui, n'existe que pour avoir été fait par lui. Pour ces leçons mystérieuses Dieu ne parle pas à l'homme par le moyen de quelque créature corporelle, comme une voix, qui se ferait entendre aux oreilles en frappant l'air compris entre la source de la parole et l'organe où elle est reçue; ce n'est pas non plus par quelque image spirituelle, ayant la ressemblance des objets matériels, comme il arrive dans les songes et autres semblables visions, où il semble que l'oreille entend les sons de la voix, la parole paraissant venir d'un corps, avec les différences de lieux qui sont le propre des corps, où tout enfin ressemble à ce que présente les réalités corporelles. Non, il parle par sa vérité, qui se révèle elle-même à l'esprit, et non au corps, en tous

non deorum falsorum, hoc est. impiorum et superborum, qui ejus incommutabili omnibusque communi luce privati, et ob hoc ad quamdam egenam potestatem redacti, suas quodam modo privatas potentias consectantur, honoresque divinos a deceptis subditis quærunt, sed deorum piorum atque sanctorum, qui potius se ipsos uni subdere quam multos sibi, potiusque Deum colere quam pro Deo coli delectantur. Sed hujus sanctæ Civitatis inimicis, decem superioribus libris, quantum potuimus, Domino et Rege nostro adjuvante respondimus. Nunc vero quid a me jam exspectetur agnoscens, meique non immemor debiti, de duarum Civitatum, terrenæ scilicet et cœlestis, quas in hoc interim sæculo perplexas quodam modo diximus invicemque permixtas, exortu et excursu et debitis finibus, quantum valuero, disputare, ejus ipsius Domini et Regis nostri ubique opitulatione fretus aggrediar : primumque dicam quemadmodum exordia duarum istarum Civitatum in angelorum diversitate præcesserint.

CAPUT II.

De cognoscendo Deo, ad cujus notitiam nemo hominum pervenit, nisi per Mediatorem Dei et hominum hominem Jesum Christum.

Magnum est et admodum rarum universam creaturam corpoream et incorpoream consideratam compertamque mutabilem intentione mentis excedere, atque ad incommutabilem Dei substantiam pervenire, et illic discere ex ipso, quod cunctam naturam quæ non est quod ipse, non fecit nisi ipse. Sic enim Deus cum homine non per aliquam creaturam loquitur corporalem, corporalibus instrepens auribus, ut inter sonantem et audientem aeria spatia verberentur; neque per ejusmodi spiritalem quæ corporum similitudinibus figuratur, sicut in somniis vel quo alio tali modo; nam et sic velut corporis auribus loquitur, quia velut per corpus loquitur et velut interposito corporalium locorum intervallo; multum enim similia sunt talia visa corporibus : sed loquitur ipsa veritate, si quis sit idoneus

ceux qui sont capables de la recevoir. Il parle en l'homme à ce qui est le plus excellent dans sa nature, à ce qui n'est inférieur qu'à Dieu. En effet, comme on le comprend très-bien, ou du moins comme la foi l'enseigne, l'homme ayant été créé à l'image de Dieu, il est clair qu'il se rapproche plus de la grandeur de Dieu par la partie supérieure de son être que par celle qu'il a de commune avec les animaux. Mais comme l'esprit, doué naturellement de raison et d'intelligence, se trouve affaibli et obscurci par des vices invétérés, au point de ne pouvoir plus s'attacher à cette immuable lumière et en jouir, ni même en soutenir l'éclat, jusqu'au jour où, renouvelé par un perfectionnement de chaque jour, et affranchi enfin, il pourra se trouver capable d'un bonheur si grand, il fallait qu'il fût d'abord pénétré et purifié par la foi. Or, afin qu'il pût y marcher avec une complète assurance, la vérité elle-même, le Fils de Dieu, revêtant l'humanité sans dépouiller la divinité, établit et fonda cette foi, pour que l'homme pût trouver son Dieu par le moyen de l'Homme-Dieu. Voilà le médiateur entre Dieu et les hommes, Jésus-Christ-homme : c'est par ce qu'il est homme qu'il est le médiateur et la voie. Si entre celui qui veut parvenir et le but qu'il veut atteindre il y a une voie, le succès est possible ; mais si cette voie n'existe pas ou n'est pas connue ; à quoi servira-t-il de connaître le but ? C'est la voie assurée contre toutes les erreurs que le même soit à la fois Dieu et homme ; comme Dieu il est le but, comme homme il est sa voie.

CHAPITRE III.

De l'autorité des Ecritures canoniques inspirées par le Saint-Esprit.

Après avoir parlé d'abord par les prophètes, il a parlé par lui-même, puis par ses apôtres, autant qu'il l'a cru nécessaire ; enfin, il a donné cette Écriture que nous appelons Canonique, dont l'autorité est suprême, et dans laquelle s'éclaire notre foi sur toutes les choses qu'il nous importe de savoir, et que cependant nous ne pouvons découvrir nous-mêmes. Car si notre propre témoignage suffit pour nous affirmer tout ce qui est à notre portée, ce que nous apprennent nos sens intérieurs ou extérieurs, ce que nous appelons *présent*, comme étant *près de nos sens,* de nos yeux par exemple ; il est certain aussi que ce qui est éloigné de nos sens ne pouvant nous être affirmé par notre propre témoignage, nous cherchons d'autres témoins qui nous attesteront ce qui aura été à

---

ad audiendum mente, non corpore. Ad illud enim hominis ita loquitur, quod in homine ceteris quibus homo constat est melius, et quo ipse Deus solus est melior. Cum enim homo rectissime intelligatur, vel si hoc non potest, saltem credatur factus ad imaginem Dei ; profecto ea sui parte est propinquior superiori Deo, qua superat inferiores (*supple*, partes) suas, quas etiam cum pecoribus communes habet. Sed quia ipsa mens, cui ratio et intelligentia naturaliter inest, vitiis quibusdam tenebrosis et veteribus invalida est, non solum ad inhærendum fruendo, verum etiam ad (*a*) perferendum incommutabile lumen, donec de die in diem renovata atque sanata fiat tantæ felicitatis capax, fide primum fuerat imbuenda atque purganda. In qua ut fidentius ambularet ad veritatem, ipsa veritas Deus Dei Filius homine assumpto, non Deo consumpto, eamdem constituit atque fundavit fidem, ut (*b*) ad hominis Deum iter esset homini per hominem Deum. Hic est enim mediator Dei et hominum homo Christus Jesus. Per hoc enim mediator, per quod homo, per hoc et via. Quoniam si inter eum qui tendit et illud quo tendit, via media est, spes est perveniendi : si autem desit, aut ignoretur qua eundum sit, quid prodest nosse quo eundum sit ? Sola est autem adversus omnes errores via munitissima, ut idem ipse sit Deus et homo, quo itur Deus, qua itur homo.

CAPUT III.

De auctoritate canonicæ Scripturæ, divino Spiritu conditæ.

Hic prius per Prophetas, deinde per se ipsum, postea per Apostolos, quantum satis esse judicavit, locutus, etiam Scripturam condidit, quæ canonica nominatur, eminentissimæ auctoritatis, cui fidem habemus de his rebus quas ignorare non expedit, nec per nosmetipsos nosse idonei sumus. Nam si ea sciri possunt testibus nobis, quæ remota non sunt a sensibus nostris, sive interioribus sive etiam exterioribus ; unde et præsentia nuncupantur, quod ita ea dicimus esse præsensibus, sicut præ oculis quæ

(*a*) Vind. Er. et unus e Mss. *ad perfruendum merendo incommutabile lumen*. Am. *ad perferendum merendo*, etc. Tres Mss. *ad perfruendum incommutabili lumine.* — (*b*) Vox *hominis* omissa est à Vind. et Lov.

portée de leurs sens. Ainsi, comme sur les choses visibles, que nous n'avons pas vues nous-mêmes, nous croyons à ceux qui ont vu, et ainsi du reste pour tout ce qui se connaît par n'importe lequel des sens corporels, de même en sera-t-il pour les choses qui tombent sous le sens de l'esprit et de la raison. Et il faut bien accepter ici ce mot de *sens*, puisque l'usage en a bien fait dériver celui de *sentiment*. Nous devons donc dans les choses invisibles, que nos sens ne peuvent atteindre, nous en rapporter au témoignage de ceux qui les ont vues préparées, ou les ont contemplées à l'état de réalité présente dans la lumière céleste et incorporelle.

CHAPITRE IV.

Condition du monde; elle n'est pas étrangère au temps, elle n'a point été réglée par un nouveau dessein de Dieu, comme s'il avait voulu par la suite ce qu'il n'aurait point voulu au commencement.

1. De tous les êtres visibles, le plus grand c'est le monde; de tous les êtres invisibles le plus grand c'est Dieu. Le monde nous le voyons; Dieu nous le croyons. Que Dieu ait fait le monde, c'est ce dont il n'est point de plus sûr témoin que Dieu lui-même. Où avons-nous entendu son témoignage? Nulle part mieux que dans l'Écriture qui nous dit : « Au commencement Dieu créa le ciel et la terre. » (*Gen.* I, 1.) Est-ce que le prophète était présent quand Dieu créa le ciel et la terre? Non, mais là était présente la Sagesse de Dieu par laquelle tout a été fait; Sagesse qui se répand quand il lui plaît dans les âmes saintes, fait les amis de Dieu et les prophètes, auxquels elle révèle intérieurement ses œuvres sans aucun bruit de paroles. Ces mêmes prophètes entendent aussi le témoignage des anges, qui contemplent sans cesse la face du Père (*Matth.* XIII, 10), et annoncent ses volontés à qui il convient. Il était un de ces saints prophètes, celui qui a écrit : « Au commencement Dieu a fait le ciel et la terre. » Témoin parfait, d'autant plus apte à nous transmettre l'oracle divin, que l'esprit de Dieu qui lui apprend ces grandes vérités de notre foi, lui révèle aussi tant de siècles à l'avance, la future existence de notre foi même.

2. Mais pourquoi Dieu s'est-il déterminé à créer alors le ciel et la terre que jusque-là il avait laissés dans le néant? Si en faisant cette remarque on veut laisser entendre que le mon-

---

præsto sunt oculis : profecto ea quæ remota sunt a sensibus nostris, quoniam nostro testimonio scire non possumus, de his alios testes requirimus, eisque credimus a quorum sensibus remota esse vel fuisse non credimus. Sicut ergo de visibilibus, quæ non vidimus, eis credimus qui viderunt, atque ita de ceteris quæ ad suum quemque sensum corporis pertinent : ita de his quæ animo ac mente sentiuntur, (quia et ipse rectissime dicitur sensus, unde et sententia vocabulum accepit,) hoc est, de invisibilibus quæ a nostro sensu (*a*) interiore remota sunt, iis nos oportet credere, qui hæc in illo incorporeo lumine disposita didicerunt, vel manentia contuentur.

CAPUT IV.

De conditione mundi, quod nec intemporalis sit, nec novo Dei ordinata consilio, quasi postea voluerit, quod antea noluerit.

1. Visibilium omnium maximus est mundus, invisibilium omnium maximus est Deus. Sed mundum esse conspicimus, Deum esse credimus. Quod autem Deus mundum fecerit, nulli tutius credimus, quam ipsi Deo. Ubi eum audivimus? Nusquam interim nos melius quam in Scripturis sanctis, ubi dixit propheta ejus : « In principio fecit Deus cœlum et terram. » (*Gen.* I, 1.) Numquidnam ibi fuit iste propheta, quando fecit Deus cœlum et terram? Non : sed ibi fuit Sapientia Dei, per quam facta sunt omnia, quæ in animas etiam sanctas se transfert, amicos Dei et Prophetas constituit, eisque opera sua sine strepitu intus enarrat. Loquuntur eis quoque Angeli Dei, qui semper vident faciem Patris (*Matth.* XIII, 10), voluntatemque ejus quibus oportet annuntiant. Ex his unus erat iste propheta, qui dixit et scripsit, « In principio fecit Deus cœlum et terram. » Qui tam idoneus testis est per quem Deo credendum sit, ut eodem Spiritu Dei, quo hæc sibi revelata cognovit, etiam ipsam fidem nostram futuram tanto ante prædixerit.

2. Sed quid placuit Deo æterno tunc facere cœlum et terram, quæ antea non fecisset? Qui hoc dicunt, si mundum æternum (*b*) sine ullo initio, et ideo nec a Deo factum videri volunt, nimis aversi sunt a veritate, et lethali morbo impietatis insaniunt. Exceptis enim propheticis vocibus, mundus ipse ordina-

---

(*a*) Lov. *exteriore*, dissentientibus editis aliis et Mss. — (*b*) Hic sola editio Lov. addit, *existimarent*.

de est éternel et qu'il n'a point été fait par Dieu, on se jette loin de la vérité, on prouve clairement qu'on est atteint de la maladie funeste de l'impiété. Car en dehors même du témoignage des prophètes, le monde lui-même par ses révolutions et ses mouvements si parfaitement ordonnés, par la beauté si remarquable qu'il offre aux regards, est aussi une voix qui crie, proclamant et qu'il a été créé, et qu'il n'a pu l'être que par un Dieu, dont la grandeur et la beauté sont ineffables autant qu'invisibles. Quant à ceux qui reconnaissent que le monde a été créé, voulant bien, comme conséquence, admettre en lui un commencement non de temps, mais seulement de création, (comme si sa création, à peine compréhensible en ce sens, eût été faite de toute éternité,) ils peuvent bien, par cette subtilité, s'imaginer avoir mis Dieu à couvert de l'accusation d'un mouvement capricieux, par lequel il se serait enfin déterminé à une création, à laquelle il n'aurait point pensé auparavant. Mais je ne vois pas trop comment ils pourront conserver ce semblant d'avantage quand il s'agira d'autres créations, de celle de l'âme surtout. En effet, s'ils font l'âme co-éternelle à Dieu, on demandera d'où lui est venue cette nouvelle misère qu'elle n'avait point de toute éternité ; et cette question ne pourra trouver de réponse. Car si on attribue à l'âme une succession de misères et de félicités, il faudra dire que ces alternatives subsisteront toujours ; ce qui entraînera cette conséquence absurde, que l'âme ne peut être appelée heureuse, pas même au temps de sa félicité, si elle peut alors prévoir sa misère et sa honte future. Que si elle ne prévoit point ces tristes choses, mais se persuade qu'elle sera toujours heureuse, son bonheur n'est alors que le fruit d'une erreur. Peut-on véritablement concevoir quelque chose de plus insensé ! Si on se retranche à dire que l'âme a eu ces vicissitudes heureuses ou malheureuses pendant les siècles infinis qui ont précédé, mais que délivrée maintenant elle ne pourra plus retomber dans le mal ; il faudra toujours reconnaître qu'elle n'a jusqu'alors jamais joui du bonheur ; que c'est maintenant seulement qu'elle commence une félicité qui n'est plus trompeuse, et avouer en même temps qu'ainsi il lui survient quelque chose de nouveau, et d'une grande et capitale importance, qu'elle n'a jamais connu pendant l'éternité de sa création. Si on nie que Dieu ait eu éternellement le dessein de cet heureux changement, on nie qu'il soit l'auteur de la félicité de l'âme, ce qui est une monstrueuse impiété. Si on dit que c'est par un nou-

tissima sua mutabilitate et mobilitate et visibilium omnium pulcherrima specie quodam modo tacitus et factum se esse, et non nisi a Deo ineffabiliter atque invisibiliter magno et ineffabiliter atque invisibiliter pulchro fieri se potuisse proclamat. Qui autem a Deo quidem factum fatentur, non tamen eum volunt temporis habere, sed suæ creationis initium, ut modo quodam vix intelligibili semper sit factus, dicunt quidem aliquid, unde sibi Deum videntur velut a fortuita temeritate defendere, ne subito illi venisse credatur in mentem, quod numquam ante venisset, facere mundum, et accidisse illi voluntatem novam, cum in nullo sit omnino mutabilis : sed non video quomodo eis possit in ceteris rebus ratio ista subsistere, maximeque in anima, quam si Deo coæternam esse contenderint, unde illi acciderit nova miseria, quæ numquam antea per æternum, nullo modo poterunt explicare. Si enim alternasse semper ejus miseriam et beatitudinem dixerint, necesse est dicant etiam semper (a) alternaturam; unde illa eos sequetur absurditas, ut etiam cum beata dicitur, in hoc utique non sit beata, si futuram suam miseriam et turpitudinem prævidet ; si autem non prævidet, nec se turpem ac miseram fore, sed beatam semper existimat, falsa opinione sit beata : quo dici stultius nihil potest. Si autem semper quidem per sæcula retro infinita cum beatitudine alternasse animæ miseriam putant, sed nunc jam de cetero cum fuerit liberata, ad miseriam non esse redituram, nihilo minus convincuntur numquam eam fuisse vere beatam, sed deinceps esse incipere nova quadam nec fallaci beatitudine ; ac per hoc fatebuntur accidere illi aliquid novi, et hoc magnum atque præclarum, quod numqnam retro per æternitatem accidisset. Cujus novitatis caussam si Deum negabunt in æterno habuisse consilio, simul eum negabunt beatitudinis ejus auctorem ; quod nefandæ impietatis est : si autem dicent etiam ipsum novo consilio excogitasse, ut de cetero sit anima in æternum beata, quomodo eum alienum ab ea, quæ illis quoque displicet, mutabilitate monstrabunt ? Porro si ex tempore creatam, sed nullo ulterius tempore pe-

(a) Er. *semper alternare naturam.* Aliquot Mss. *semper alternasse naturam.* Et quidam, *semper alternatam naturam.*

veau dessein qu'il a voulu ainsi que l'âme commençât à être heureuse pour toujours, comment réussir ensuite à écarter de lui cette idée de mutabilité, qu'on veut repousser à tout prix. Enfin, si on veut que l'âme ait été créée dans le temps, pour ne jamais finir, comme les nombres qui ont un commencement et point de fin ; et qu'ainsi après avoir éprouvé la misère et reçu sa délivrance, elle doit jouir ensuite d'un bonheur sans fin, on voudra bien sans doute admettre aussi que tout cela se produit sans nuire à l'immutabilité des conseils divins. Alors il n'y a plus de raison pour ne pas convenir que le monde a été fait dans le temps, sans que sa création prouve un changement dans les volontés, ou dans les desseins éternels de Dieu.

CHAPITRE V.

On ne doit pas plus admettre de temps infinis avant la création, que d'espaces infinis dans le monde.

Nous nous adresserons maintenant à ceux qui, reconnaissant avec nous que Dieu est le créateur du monde, croient nous embarrasser par leurs questions sur le temps ; et d'abord qu'ils répondent eux-mêmes à ce que nous demanderons sur le lieu de la création. On veut savoir pourquoi le monde a été fait à tel moment et non à tel autre, je veux savoir moi, pourquoi en ce lieu plutôt qu'en tout autre. Car si on imagine avant la naissance du monde des temps infinis pendant lesquels, dit-on, Dieu ne pouvait s'abstenir de créer, je veux qu'on suppose aussi en dehors du monde des espaces infinis. Si l'on ose dire que Dieu ne pouvait non plus se dispenser de semer ces merveilles de sa puissance créatrice, nous voilà ramenés aux songes creux d'Epicure, et à ses mondes sans fin, avec cette seule différence qu'il les fait résulter de la rencontre fortuite des atômes, qui les fait ou les défait successivement ; tandis qu'ici il faudra dire qu'ils sont l'ouvrage de Dieu, puisqu'on veut qu'il ne puisse pas s'abstenir de peupler toutes ces immensités d'espaces sans fin qui sont en dehors du monde, et que tous ces mondes inconnus ne pourront jamais être détruits ; comme, du reste, on le proclame déjà du monde que nous habitons. Car ici nous avons affaire à ceux qui reconnaissent avec nous que Dieu est incorporel, qu'il est le créateur de tout

rituram, tamquam (*a*) numerum, habere initium, sed non habere finem fatentur, et ideo semel expertam miserias, si ab eis fuerit liberata, numquam miseram postea futuram, non utique dubitabunt hoc fieri manente incommutabilitate consilii Dei. Sic ergo credant et mundum ex tempore fieri potuisse, nec tamen ideo Deum in eo faciendo æternum consilium voluntatemque mutasse.

CAPUT V.

Tam non esse cogitandum de infinitis temporum spatiis ante mundum, quam nec de infinitis locorum.

Deinde videndum est istis, qui Deum conditorem mundi esse consentiunt, et tamen quærunt de mundi tempore quid respondeamus, quid ipsi respondeant de mundi loco. Ita enim quæritur cur potius tunc et non antea factus sit, quemadmodum quæri potest cur hic potius ubi est et non alibi. Nam si infinita spatia temporis ante mundum cogitant, in quibus eis non videtur Deus ab opere cessare potuisse, similiter (*b*) cogitent extra mundum infinita spatia locorum, in quibus si quisquam dicat non potuisse vacare omnipotentem, nonne consequens erit, ut innumerabiles mundos cum Epicuro somniare (*c*) cogantur ; ea tantum differentia, quod eos ille fortuitis motibus atomorum gigni asserit et resolvi, isti autem opere Dei factos dicturi sunt, si cum per interminabilem immensitatem locorum extra mundum circumquaque patentium vacare noluerint, nec eosdem mundos, quod etiam de isto sentiunt, ulla caussa posse dissolvi ? Cum enim agimus qui et Deum incorporeum, et omnium naturarum quæ non sunt quod ipse, creatorem nobiscum sentiunt ; alios autem nimis indignum est ad istam disputationem religionis admittere (*d*) : maxime quod apud eos qui multis diis sacrorum obse-

---

(*a*) Editi, *tamquam verum.* Verius Mss. *tamquam numerum.* Numerus enim habet quidem initium ab unitate, sed finem per se in quo sistat non habet : quippe quantocumque addito numero, major semper adjici potest. — (*b*) Nonnulli Mss. *cogitant.* — (*c*) Sic Mss. At editi, *cogatur.* — (*d*) In editione Lov. omissum est, *maxime quod apud eos; et* verba sit male sunt colligata : *Alios autem nimis indignum est ad istam disputationem religionis admittere, qui multis diis sacrorum obsequium deferendum putant. Isti philosophi, ceteros,* etc., quasi ipsi cum quibus agere de religione non indiguum videtur (haud dubie Platonici) non cum aliis etiam putarint diis multis deferendum sacrorum obsequium.

ce qui existe en dehors de lui. Quant aux autres nous ne voulons nullement les admettre dans cette discussion religieuse : d'autant plus que dans ce parti des adorateurs des faux dieux, s'il est quelques philosophes plus en renom, ils ne doivent le crédit dont ils jouissent, qu'à cette cause unique que, tout éloignés qu'ils sont encore de la vérité, ils ont pourtant quelque chose déjà qui les en rapproche plus que le vulgaire. Dira-t-on que cette substance de Dieu, qu'on ne limite à aucun lieu, qu'on ne circonscrit dans aucun espace, qu'on déclare présente tout entière à tout et partout d'une manière invisible, (et cette notion est la seule acceptable,) dira-t-on que la substance de Dieu est absente de ces grands espaces qui sont en dehors du monde, et qu'elle est réduite à ce monde, à cet espace si petit comparé à une si vaste immensité ? Nos adversaires n'oseront pas, je pense, en venir à une pareille folie. Donc comme ils reconnaissent que ce monde tout grand qu'il puisse être, est pourtant fini et limité, et qu'il est l'œuvre de Dieu, s'ils demandent encore à propos des temps infinis qui ont précédé la création, pourquoi Dieu y demeurait oisif, qu'ils se répondent à eux-mêmes, ce qu'ils pourront répondre à ceux qui leur demandent, pourquoi Dieu n'a pas rempli de ses créatures les espaces infinis qui sont hors du monde. Et de même qu'on ne saurait attribuer au hasard et non à un acte de la divine sagesse, que le monde ait été créé dans le lieu qu'il occupe et non ailleurs, quoique ce lieu n'ait en lui aucun mérite ou titre, qui le rendît préférable à ces immenses espaces partout répandus, la raison humaine ne pouvant pénétrer le secret de Dieu; de même aussi nous ne pouvons croire qu'il soit venu rien de fortuit en Dieu, parce qu'il a créé le monde en un temps plutôt qu'en un autre, alors que des temps infinis se sont écoulés avant la création, et qu'aucune différence n'a existé entre ces temps, qui rendît les uns préférables aux autres. S'ils disent que c'est une vaine hypothèse que celle des lieux infinis, puisqu'il n'y a point de lieux en dehors du monde, je leur répondrai, que c'est aussi une vaine imagination que celle qui nous montre des temps infinis, pendant lesquels Dieu était oisif, puisqu'avant le monde il n'y avait point de temps.

CHAPITRE VI.

Le monde et le temps ont eu le même commencement, on ne peut dire que l'un ait précédé l'autre.

Si la vraie différence entre l'éternité et le

---

quium deferendum putant, isti philosophos ceteros nobilitate atque auctoritate vicerunt, non ob aliud, nisi quia longo quidem intervallo, verumtamen reliquis propinquiores sunt veritati. An forte substantiam Dei, quam nec includunt, nec determinant, nec distendunt loco, sed eam, sicut de Deo sentire dignum est, fatentur incorporea præsentia ubique totam, a tantis locorum extra mundum spatiis absentem esse dicturi sunt, et uno tantum, atque in comparatione illius infinitatis tam exiguo loco, in quo mundus est, occupatam ? Non opinor eos in hæc vaniloquia progressuros. Cum igitur unum mundum ingenti quidem mole corporea, finitum tamen et loco suo determinatum, et operante Deo factum esse dicant : quod respondent de infinitis extra mundum locis, cur in eis ab opere Deus cesset ; hoc sibi respondeant, de infinitis ante mundum temporibus, cur in eis ab opere Deus cessaverit. Et sicut non est consequens, ut fortuito potius quam ratione divina Deus, non alio, sed isto in quo est loco, mundum constituerit, cum pariter infinitis ubique patentibus nullo excellentiore merito posset hic eligi, quamvis eamdem divinam rationem, qua id factum est, nulla possit humana comprehendere (*a*) : ita non est consequens, ut Deo aliquid existimemus accidisse fortuitum, quod illo potius quam anteriore tempore condidit mundum, cum æqualiter anteriora tempora per infinitum retro spatium præterissent, nec fuisset aliqua differentia unde tempus tempori eligendo præponeretur. Quod si dicunt inanes esse hominum cogitationes, quibus infinita imaginantur loca, cum locus nullus sit præter mundum : respondetur eis, isto modo inaniter homines cogitare præterita tempora vacationis Dei, cum nullum tempus sit ante mundum.

CAPUT VI.

Creationis mundi et temporum unum esse principium, nec aliud alio præveniri.

Si enim recte discernuntur æternitas et tempus, quod tempus sine aliqua (*b*) mobili mutabilitate

---

(*a*) Viud. Am. Er. post *comprehendere*, addunt *natura*. Lov. *mens*. Superfluo : nam in veteribus libris subaudiendum relinquitur, *ratio*. — (*b*) Sic Vind. Am. Er. et plures Mss. At Lov. *mobili mobilitate*.

temps consiste en ce que le temps ne peut se concevoir sans son incessante mobilité, tandis que l'éternité ne connait point de changement; qui ne voit qu'il n'y aurait point eu de temps, s'il n'y avait eu quelque créature en marquant le passage par quelque mouvement, mouvement et changement qui amenant la succession d'éléments, qui ne peuvent exister ensemble, offre des intervalles plus ou moins considérables qui sont le temps? Puisque Dieu, dont l'éternité ne peut admettre aucun changement, est le créateur et l'ordonnateur des temps, je ne vois pas comment on peut dire qu'il a créé le monde après un espace quelconque de temps, à moins qu'on ne dise aussi qu'avant la création, il y avait quelque créature dont les vicissitudes marquaient le temps. Or les Écritures sacrées souverainement véridiques nous disant que : Au commencement Dieu créa le ciel et la terre, nous font entendre que rien n'avait été créé auparavant; sans cela elles diraient de ces créatures premières, qu'elles ont été faites au commencement; ainsi le monde n'a pas été créé dans le temps, mais avec le temps. Car ce qui se fait dans le temps, se fait avant un certain temps et après un certain autre, après le temps qui est déjà passé, et avant celui qui doit venir; or avant la création, il n'y avait aucun temps passé, puisqu'il n'y avait aucune créature dont les changements pussent faire le temps. Le monde a été fait avec le temps, si le mouvement été créé avec lui, comme cela est évident par l'ordre même des six ou sept premiers jours qui ont leur matin et leur soir, jusqu'à ce que Dieu ayant en six jours achevé son œuvre, commence enfin ce grand et mystérieux repos du septième jour. Mais de quelle nature sont ces jours? Il est fort difficile peut-être impossible à la pensée de le concevoir, et bien plus encore à la langue de l'exprimer.

CHAPITRE VII.

De la nature de ces jours, qui ont eu leur soir et leur matin avant la création du Soleil.

Les jours que nous connaissons ont leur matin par le lever et leur soir par le coucher du Soleil : mais les trois premiers jours de la création n'avaient point de soleil, puisque cet astre n'a été créé qu'au quatrième jour (1), l'Écriture nous apprend que Dieu fit d'abord la lumière, puis qu'il la sépara des ténèbres, appelant la lumière jour, et les ténèbres nuit. (*Gen.* I, 4.) Mais quelle était cette lumière, et par quelles alternatives faisait-elle ces matins et ces soirs, c'est ce qui tout-à-fait hors de notre por-

(1) Voyez ce que dit saint Augustin sur le même sujet dans ses ouvrages sur la Genèse.

---

non est, in æternitate autem nulla mutatio est; quis non videat quod tempora non fuissent, nisi creatura fieret, quæ aliquid aliqua motione mutaret; cujus motionis et mutationis cum aliud atque aliud, quæ simul esse non possunt, cedit atque succedit, in brevioribus vel productioribus morarum intervallis tempus sequeretur? Cum igitur Deus, in cujus æternitate nulla est omnino mutatio, creator sit temporum et ordinator, quomodo dicatur post temporum spatia mundum creasse, non video; nisi dicatur ante mundum jam aliquam fuisse creaturam, cujus motibus tempora currerent. Porro si litteræ sacræ maximeque veraces ita dicunt : In principio fecisse Deum cœlum et terram (*Gen.* I, 4), ut nihil antea fecisse intelligatur, quia hoc potius in principio fecisset dicerctur, si quid fecisset ante cetera cuncta quæ fecit; procul dubio non est mundus factus in tempore, sed cum tempore. Quod enim fit in tempore, et post aliquod fit, et ante aliquod tempus; post id quod præteritum est, ante id quod futurum est; nullum autem posset esse præteritum, quia nulla erat creatura, cujus mutabilibus motibus ageretur. Cum tempore autem factus est mundus, si in ejus conditione factus est mutabilis motus, sicut videtur se habere etiam ordo ille primorum sex vel septem dierum, in quibus mane et vespera nominantur, donec omnia quæ his diebus Deus fecit, sexto perficientur die, septimoque in magno mysterio Dei vacatio commendetur. Qui dies cujusmodi sint, aut perdifficile nobis, aut etiam impossibile est cogitare, quanto magis dicere.

CAPUT VII.

De qualitate primorum dierum, qui ante quam sol fieret, vesperam et mane traduntur habuisse.

Videmus quippe istos dies notos non habere vesperam nisi de solis occasu, nec mane nisi de solis exortu : illorum (*a*) autem priores tres dies sine sole peracti sunt, qui quarto die factus refertur. Et primitus quidem lux verbo Dei facta, atque inter ipsam et tenebras Deus separasse narratur, et eamdem

(*a*) Confer. libros de Genesi ad lit.

tée, nous ne pouvons absolument le saisir, et cependant nous devons le croire sans aucune hésitation. Est-ce une lumière corporelle placée dans les régions supérieures, et aux feux de laquelle se sera plus tard allumé l'astre du jour ? Ou bien s'agit-il de cette sainte Cité, demeure des anges et des esprits bienheureux, dont parle l'Apôtre quand il dit : « La Jérusalem d'en haut, notre mère éternelle dans les cieux. » (*Gal.* IV, 26) Et ailleurs : « Vous êtes tous fils de la lumière, fils du jour; nous ne sommes pas enfants de la nuit ou des ténèbres. » (I. *Thess.* v, 5.) On peut toutefois comprendre dans ce jour un soir et un matin, car la science de la créature est comme un soir par comparaison avec la science du Créateur. Elle devient matin et le commencement du jour, quand elle se rapporte à la gloire et à l'amour du Créateur, et n'a plus de soir ensuite tant qu'on ne se sépare point du Créateur pour aimer la créature. Il est à remarquer que l'Écriture en développant l'ordre de ces jours, ne fait nulle mention de nuits; elle ne dit nulle part, et il y eut la nuit, mais bien « du soir et du matin il y eut un jour. » (*Gen.* I, 5) Et ainsi pour le second jour et ceux qui suivirent; car la connaissance de la créature à moins d'éclat en elle-même, que quand elle se connaît elle-même dans la sagesse de Dieu comme dans l'art qui l'a produite ; c'est pourquoi le mot de soir est plus convenable que celui de nuit, et du reste le soir fait place au matin, comme, je l'ai dit, quand la science se rapporte à la louange et à l'amour du Créateur; et quand elle procède ainsi dans la connaissance de soi-même, c'est un premier jour; dans la connaissance du firmament, qui sépare les eaux supérieures des inférieures et porte le nom de ciel, c'est le second jour; dans la connaissance de la terre, de la mer et des plantes qui se reproduisent sur la terre et y vivent par leurs racines, c'est le troisième jour; dans la connaissance des deux grands flambeaux du monde et de tous les astres, c'est le quatrième jour ; dans la connaissance des poissons qui nagent dans l'eau où des oiseaux qui volent dans l'air, c'est le cinquième jour ; dans la connaissance enfin de tous les animaux terrestres et de l'homme lui-même c'est le sixième jour.

lucem vocasse diem, tenebras autem noctem (*Gen.* I, 4) : sed qualis illa sit lux, et quo alternante motu, qualemque vesperam et mane fecerit, remotum est a sensibus nostris ; nec ita ut est, intelligi a nobis potest; quod tamen sine ulla hæsitatione credendum est. Aut enim aliqua lux corporea est, sive in superioribus mundi partibus longe a conspectibus nostris, sive unde sol postmodum accensus est : aut lucis nomine significata est sancta Civitas, in sanctis Angelis et spiritibus beatis, de qua dicit Apostolus : « Quæ sursum est Jerusalem, mater nostra æterna in cœlis. » (*Gal.* IV, 26.) Ait quippe et alio loco : « Omnes enim vos filii lucis estis, et filii diei ; non sumus noctis neque tenebrarum. » (*a*) (I. *Thess.* v. 5.) Si tamen et vesperam diei hujus et mane aliquatenus congruenter intelligere valeamus. Quoniam scientia creaturæ in comparatione scientiæ Creatoris quodam modo vesperascit : itemque lucescit et mane fit, cum et ipsa refertur ad laudem dilectionemque Creatoris; nec in noctem vergitur, ubi non Creator creaturæ dilectione relinquitur. Denique Scriptura cum illos dies dinumeraret ex ordine, nusquam interposuit vocabulum noctis. Non enim ait alicubi, Facta est nox : sed : « Facta est vespera et factum est mane dies unus. » (*Gen.* I, 5.) Ita dies secundus, et ceteri. Cognitio quippe creaturæ in se ipsa decoloratior est, ut ita dicam, quam cum in Dei Sapientia cognoscitur, velut in arte qua facta est. Ideo vespera congruentius quam nox dici potest : quæ tamen, ut dixi, cum ad laudandum et amandum refertur Creatorem, recurrit in mane. Et hoc cum facit in cognitione sui ipsius, dies unus est : cum in cognitione firmamenti, quod inter aquas inferiores et superiores cœlum appellatum est, dies secundus : cum in cognitione terræ ac maris omniumque gignentium, quæ radicibus continuata sunt terræ, dies tertius : cum in cognitione luminarium majoris et minoris omniumque siderum, dies quartus : cum in cognitione omnium ex aquis animalium natatilium atque volatilium dies quintus : cum in cognitione omnium animalium terrenorum atque ipsius hominis dies sextus.

(*a*) Sic Mss. At editi, *Fit tamen et vespera diei hujus et mane aliquatenus : quoniam scientia creaturæ*, etc.

CHAPITRE VIII.

Comment il faut entendre ce repos, dans lequel entra le Créateur au septième jour, après avoir achevé l'œuvre des six jours.

Dieu cessa toutes ses œuvres après six jours et se reposa sanctifiant le septième, et ici nous devons bien nous garder de la puérile conception d'un repos commandé par la fatigue, car Dieu « a dit et tout a été fait » (*Ps.* CXLVIII 5); tout a été fait par sa parole intelligible et éternelle, sans succession de temps, sans bruit de paroles. Le repos de Dieu signifie le repos de ceux qui se reposent en Dieu, comme la joie de la maison, signifie la joie de ceux qui se réjouissent dans la maison, bien que, ce ne soit pas la maison elle-même, mais quelque autre chose qui produise la joie. A plus forte raison si la maison elle-même faisait par sa beauté la joie de ceux qui l'habitent, de sorte qu'on la puisse appeler joyeuse non-seulement par cette figure de langage qui nous fait prendre le contenant pour le contenu, comme dans ces locutions : le théâtre applaudit, les prairies mugissent, pour les spectateurs applaudissent dans le théâtre, les bœufs mugissent dans la prairie; mais bien aussi par cette autre qui nous fait prendre la cause pour l'effet, comme quand on dit une lettre joyeuse, pour signifier la joie que causera sa lecture. C'est pourquoi le prophète a parlé d'une manière tout-à-fait juste quand il a dit que Dieu se repose, pour indiquer le repos de ceux qui reposent en lui, et dont il est lui-même l'auteur. Il veut aussi annoncer à ceux à qui il s'adresse, et pour qui a été inspirée sa prophétie, qu'eux-mêmes un jour après les bonnes œuvres que Dieu opère en eux et par eux, s'ils ont pu s'unir à lui par la foi, ils trouveront en lui un repos éternel. C'est ce qui était également figuré par ce repos du Sabbat, que devait garder le peuple de Dieu sous l'ancienne loi. Mais ce sujet reviendra pour être traité plus à fond quand il en sera temps.

CHAPITRE IX.

Ce qu'il faut penser de la condition des anges, d'après les témoignages de l'Ecriture.

Maintenant donc, puisque j'en suis aux premiers commencements de cette sainte Cité, et que j'ai à parler d'abord des saints Anges, qui en sont une partie considérable, dont le bonheur est d'autant plus grand qu'ils n'ont jamais souffert notre malheureux exil, je tâcherai, avec

CAPUT VIII.

Quæ qualisve intelligenda sit Dei requies, qua post opera sex dierum requievit in septimo.

Cum vero in die septimo requiescit Deus ab omnibus operibus suis, et sanctificat cum nequaquam est accipiendum pueriliter tamquam Deus laboraverit operando, qui « dixit, et facta sunt » (*Psal.* CXLVIII, 5), verbo intelligibili et sempiterno, non sonabili et temporali. Sed requies Dei requiem significat eorum qui requiescunt in Deo, sicut lætitia domus, lætitiam significat eorum qui lætantur in domo, etiamsi non eos domus ipsa, sed alia res aliqua lætos facit. Quanto magis, si eadem domus pulcritudine sua faciat lætos habitatores, ut non solum eo loquendi modo læta dicatur, quo significamus per id quod continet id quod continetur; sicut : Theatra plaudunt, prata mugiunt, cum in illis homines plaudant, in his boves mugiant : sed etiam illo quo significatur per efficientem id quod efficitur; sicut læta epistola dicitur, significans eorum lætitiam, quos legentes efficit lætos. Convenientissime itaque cum Deum requievisse prophetica narrat auctoritas, significatur requies eorum qui in illo requiescunt, et quos facit ipse requiescere. Hoc etiam hominibus quibus loquitur, et propter quos utique conscripta est promittente prophetia, quod etiam ipsi post bona opera quæ in eis et per eos operatur Deus, si ad illum prius in ista vita per fidem quodam modo accesserint, in illo habebunt requiem sempiternam. Hoc enim et sabbati vacatione ex præcepto legis in vetere Dei populo figuratum est, unde suo loco diligentius arbitror disserendum.

CAPUT IX.

De angelorum conditione quid secundum divina testimonia sentiendum sit.

Nunc, quoniam de sanctæ Civitatis exortu dicere institui, et prius quod ad sanctos Angelos adtinet dicendum putavi, quæ hujus Civitatis et magna pars est, et eo beatior, quod nunquam peregrinata, quæ hinc divina testimonia suppetant, quantum satis videbitur, Deo largiente, explicare curabo. Ubi de mundi constitutione sacræ litteræ loquuntur, non evidenter dicitur utrum vel quo ordine creati sint angeli ; sed si prætermissi non sunt, vel cœli nomi-

le secours de Dieu, et autant qu'il paraîtra nécessaire, de mettre en lumière tout ce que la sainte Écriture nous apprend sur ce sujet. En parlant de la Création du monde, les saintes Lettres ne précisent ni l'ordre, ni même le fait de la création des Anges; mais, s'il est vrai qu'ils n'ont point été oubliés, ils sont désignés sous le nom de ciel, là où il est dit : « Au commencement, Dieu créa le ciel et la terre : » (*Gen.* I, 1) ou plutôt dans cette lumière qui nous occupe en ce moment. Ce qui me fait croire qu'ils n'ont point été passés sous silence, c'est ce qui est écrit; que Dieu se reposa après l'accomplissement de toutes ses œuvres, alors que le livre sacré a débuté par ces paroles : « Au commencement, Dieu créa le ciel et la terre. » Ce qui indique qu'il n'avait rien créé avant le ciel et la terre; puis donc qu'il a commencé par le ciel et la terre, et que cette terre, faite au commencement était, comme il est dit plus loin, invisible et confuse, et que la lumière n'existant point encore, les ténèbres étaient répandues sur la face de l'abîme, c'est-à-dire sur ce mélange confus de terre et d'eau, car, là où n'est pas la lumière, là, nécessairement, sont les ténèbres. Puisque toutes choses enfin se sont ensuite coordonnées à mesure de leur création, opérée dans les six jours, comment les Anges auraient-ils été passés sous silence, comme s'ils n'étaient point compris dans ces œuvres, à la suite desquelles, Dieu se reposa le septième jour? Que les Anges soient l'ouvrage de Dieu, c'est ce qui n'est pas clairement exprimé ici, bien qu'on ne puisse dire absolument que rien ne l'indique ; mais la sainte Écriture se déclare en termes très-clairs en différents passages. Ainsi, dans le cantique des trois jeunes hommes dans la fournaise, après ces paroles : « Ouvrages du Seigneur, bénissez tous le Seigneur, » (*Dan.* III, 57) les Anges sont nommés dans l'énumération de ces ouvrages du Seigneur. Et dans les psaumes on trouve : « Louez le Seigneur du haut des cieux, louez-le dans les hauteurs célestes, louez-le, vous ses Anges, louez-le, vous ses vertus; louez-le, soleil et lune ; louez-le, étoiles et lumière ; louez-le cieux des cieux, et que toutes les eaux qui sont sous le ciel, louent le nom du Seigneur : car il a dit, et tout a été fait : il a commandé, et tout a été créé. » (*Ps.* CXLIII.) Ici, encore, la divine parole nous montre clairement que les Anges ont été créés par Dieu, quand elle dit d'une manière absolue : « Il a dit, et tout a été fait. » Or, qui osera croire que les Anges ont été créés après tous les ouvrages assignés à chacun des six jours? Et s'il se trouve quelqu'un d'assez insensé pour en venir à cet excès, n'est-il pas réfuté par cette Écriture également inspirée, qui fait dire à

---

ne, ubi dictum est, « In principio fecit Deus cœlum et terram; » (*Gen.* I, 1) vel potius lucis hujus, de qua loquor, significati sunt. Non autem prætermissos esse hinc existimo, quod scriptum est requievisse Deum in septimo die ab omnibus operibus suis quæ fecit, cum liber ipse ita sit exorsus, « In principio fecit Deus cœlum et terram : » ut ante cœlum et terram nihil aliud fecisse videatur. Cum ergo a cœlo et terra cœperit, atque ipsa terra quam primitus fecit, sicut Scriptura consequenter eloquitur, invisibilis et incomposita, nondumque luce facta, utique tenebræ fuerint super abyssum, id est, super quamdam terræ et aquæ indistinctam confusionem, ubi enim lux non est, tenebræ sint necesse est ; deinde omnia creando disposita sint, quæ per sex dies consummata narrantur; quomodo angeli prætermitterentur, tamquam non essent in operibus Dei, a quibus in die septimo requievit ? Opus autem Dei esse angelos, hic quidem etsi non prætermissum, non tamen evidenter expressum est : sed alibi hoc sancta Scriptura clarissima voce testatur. Nam et in hymno trium in camino virorum cum prædictum esset, « Benedicite omnia opera Domini Domino : » (*Dan.* III, 17) in exsecutione eorumdem operum, etiam angeli nominati sunt. Et in Psalmo canitur : « Laudate Dominum de cælis, laudate eum in excelsis. Laudate eum omnes angeli ejus, laudate eum omnes virtutes ejus. Laudate eum sol et luna, laudate eum omnes stellæ et lumen. Laudate eum cæli cælorum, et aquæ quæ super cœlos sunt, laudent nomen Domini. Quoniam ipse dixit, et facta sunt: ipse mandavit, et creata sunt. » (*Ps.* CXLVIII, 1. *etc.*) Etiam hic apertissime a Deo factos esse angelos divinitus dictum est, cum eis inter cetera cælestia commemoratis, infertur ad omnia, « Ipse dixit, et facta sunt. » Quis porro audebit opinari, post (*a*) omnia ista quæ sex diebus enumerata sunt, angelos factos. Sed et si quisquam ita desipit, redarguit istam vanitatem illa Scriptura paris auctoritatis, ubi Deus dicit, « Quando facta sunt sidera, laudaverunt me voce magna omnes angeli mei. » (*Job.* XXXVIII, 7. *sec* LXX.) Jam ergo erant angeli, quando facta sunt sidera. Facta sunt

---

(*a*) Sola editio Lov. *post communia omnia ista.* Et paulo post, *pari auctoritate* : dissentientibus ceteris libris.

Dieu : « Quand les astres ont été créés, tous mes Anges ont élevé la voix pour chanter mes louanges. » (*Job.* XXXVIII, 7, *selon les Septante.*) Les Anges existaient donc quand les astres ont été créés, c'est-à-dire au quatrième jour. Dirons-nous qu'ils ont été créés au troisième jour? Cela est impossible, car les œuvres de ce jour sont clairement indiquées, c'est la séparation de la terre et des eaux, et la production des genres et espèces particulières à chacun de ces deux éléments, la terre étant réservée à tout ce qui peut s'attacher à elle par des racines. Indiquerons-nous plutôt le second jour? Pas davantage : c'est celui où a été créé le firmament appelé ciel, entre les eaux supérieures et les eaux inférieures, ce même firmament auquel ont été suspendus les astres dans le quatrième jour. Si donc les Anges appartiennent à l'œuvre des six jours, ils sont cette lumière qui a été appelée jour, et non pas le premier jour, mais un jour pour en recommander l'unité. Et le second jour, le troisième et ceux qui suivent, ne sont pas d'autres jours, mais le même, répété pour remplir les nombres six ou sept qui se rapportent à l'ordre de la connaissance, le premier à celle des ouvrages de Dieu, le second à celle de son repos. Car, lorsque Dieu a dit : « Que la lumière soit, et » que « la lumière fût, » si par cette lumière, il faut entendre les Anges, il est clair qu'ils ont été créés participants de la lumière éternelle qui est la sagesse immuable de Dieu, par laquelle tout a été fait et que nous appelons le Fils unique de Dieu; afin qu'éclairés par cette même lumière qui les avait créés, ils devinssent lumière et fussent appelés jours, à cause de la participation à cette lumière immuable, à ce jour qui est le Verbe de Dieu, par lequel toutes choses et les Anges mêmes ont été créés. Car « la vraie lumière qui éclaire tout homme venant en ce monde, » (*Jean* I, 9) éclaire aussi tout ange pur pour qu'il soit lumière, non pas en lui-même, mais en Dieu, dont il ne peut se détourner sans devenir impur ; comme le sont devenus tous ceux qu'on appelle esprits impurs, qui ne sont plus lumière dans le Seigneur, mais ténèbres en eux-mêmes, privés qu'ils sont de toute participation à la lumière éternelle. Le mal, en effet, n'est point une substance, c'est le nom par lequel on désigne la perte du bien.

CHAPITRE X.

De la simple et immuable Trinité, Père, Fils et Saint-Esprit, un seul Dieu, en qui l'attribut ne diffère pas de la substance.

Il n'y a donc qu'un seul bien simple et par conséquent immuable, c'est Dieu. Par lui ont

---

autem quarto die. Numquidnam ergo die tertio factos esse dicemus? Absit. In promtu est enim, quid illo die factum sit. Ab aquis utique terra discreta est, et distinctas sui generis species duo ista elementa sumpserunt ; et produxit terra quidquid ei radicitus inhæret. Numquidnam secundo? Ne hoc quidem. Tunc enim firmamentum factum est inter aquas superiores et inferiores, cœlumque appellatum est ; in quo firmamento facta sunt sidera quarto die. Nimirum ergo si ad istorum dierum opera Dei pertinent angeli, ipsi sunt lux illa quæ diei nomen accepit, cujus unitas ut commendaretur, non est dictus dies primus, sed dies unus. Nec alius est dies secundus, aut tertius, aut ceteri : sed idem ipse unus ad implendum senarium vel septenarium numerum repetitus est, propter senariam vel septenariam cognitionem ; senariam scilicet operum quæ fecit Deus, et septenariam quietis Dei. Cum enim dixit Deus, « Fiat lux, et facta est lux ; » si recte in hac luce creatio intelligitur angelorum, profecto facti sunt participes lucis æternæ, (*a*) quod est ipsa incommutabilis Sapientia Dei, per quam facta sunt omnia, quem dicimus unigenitum Dei Filium ; ut ea luce illuminati, qua creati, fierent lux, et vocarentur dies participatione incommutabilis lucis et diei, quod est Verbum Dei, per quod et ipsi et omnia facta sunt. « Lumen » quippe « verum, quod illuminat omnem hominem in hunc mundum venientem, » (*Joan.* I, 9) hoc illuminat et omnem angelum mundum, ut sit lux non in se ipso, sed in Deo : a quo si avertitur angelus, fit immundus ; sicut sunt omnes qui vocantur immundi spiritus, nec jam lux in Domino, sed in se ipsis tenebræ, privati participatione lucis æternæ. Mali enim nulla natura est ; sed amissio boni, mali nomen accepit.

CAPUT X.

De simplici et incommutabili Trinitate, Patris et Filii et Spiritus-sancti, unius Dei : cui non est aliud qualitas, aliud substantia.

1. Est itaque bonum solum simplex, et ob hoc solum incommutabile, quod est Deus. Ab hoc bono creata sunt omnia bona, sed non simplicia, et ob

---

(*a*) Editi, *quæ est.* At Mss. in hoc et similibus locis, *quod est.*

été créés tous les autres biens, ils ne sont pas simples, et par conséquent ils sont changeants; ils ont été créés, c'est-à-dire faits, non pas engendrés. Car, ce qui est engendré par le bien simple est simple aussi ; il est ce qu'est le bien qui l'a engendré. Nous les appelons Père et Fils, avec le Saint-Esprit, ils sont un seul Dieu, et cet Esprit du Père et du Fils reçoit, dans les saintes Lettres, comme dénomination propre, le nom de Saint-Esprit. Il est autre que le Père et le Fils, car il n'est ni le Père ni le Fils ; j'ai dit autre et non pas autre chose, car il est également le bien simple, immuable et éternel. Cette Trinité est un seul Dieu qui ne cesse pas d'être simple, parce qu'il est Trinité; car la substance de ce bien n'est pas simple, parce qu'il y a en elle, le Père seul, ou le Fils seul, ou le Saint-Esprit seul, nous n'en faisons pas non plus une Trinité nominale seulement et sans substance des personnes, comme l'hérésie de Sabellius; mais nous l'appelons simple parce qu'elle est ce qu'elle possède, abstraction faite des relations des Personnes. Le Père a un fils et il n'est pas Fils, le Fils a un père et il n'est pas Père ; mais considéré en lui-même, et sans rapport à un autre, il est ce qu'il a : ainsi, considéré en lui-même, on le dit vivant, car il possède la vie, et lui-même il est la vie.

2. C'est pour cela qu'on dit qu'il est une nature simple, pour qui ce n'est pas avoir, si la perte est possible, ou si l'être et la possession sont séparables, comme il arrive pour le vase qui n'est pas la liqueur, le corps la couleur, l'air la lumière et la chaleur, l'âme enfin la sagesse qui est en elle. Aucune de ces choses n'est ce qu'elle a : le vase n'est pas la liqueur, le corps la couleur, l'air la chaleur ou la lumière, l'âme la sagesse. Chacune de ces choses peut donc être séparée de ce qu'elle a et changer ses conditions, son état ou sa qualité, le vase peut perdre la liqueur dont il est rempli, le corps sa couleur, l'air peut devenir froid ou obscur, l'âme peut tomber dans la démence. Quand même le corps serait incorruptible, comme il le sera dans les saints, après la résurrection, il aurait bien l'incorruptibilité comme qualité inadmissible, mais cette substance corporelle qu'il posséderait, ne serait cependant pas l'incorruptibilité elle-même. Cette qualité dans un pareil corps est tout entière, en effet, dans chacune de ses parties, aussi grande dans l'une que dans toutes les autres, aucune partie n'étant plus incorruptible que les autres, tandis que le corps est plus grand en toutes ses parties qu'en une seule ; et comme chacune de ses parties est plus petite ou plus grande que les autres, celle qui est plus grande

hoc mutabilia. Creata sane, inquam, id est, facta, non genita. Quod enim de simplici bono genitum est, pariter simplex est, et hoc est quod illud de quo genitum est; quæ duo Patrem et Filium dicimus; et utrumque hoc cum Spiritu-sancto unus est Deus : qui Spiritus Patris et Filii, Spiritus sanctus propria quadam notione hujus nominis in sacris litteris nuncupatur. Alius est autem quam Pater et Filius, quia nec Pater est, nec Filius : sed alius dixi, non aliud; quia et hoc pariter simplex paritterque bonum est incommutabile et coæternum. Et hæc Trinitas unus est Deus : nec ideo non simplex, quia Trinitas. Neque enim propter hoc naturam istam boni simplicem dicimus, quia Pater in ea solus, aut solus Filius, aut solus Spiritus-sanctus; aut vero sola est ista nominis Trinitas sine (a) subsistentia personarum, sicut Sabelliani hæretici putaverunt : (b) sed ideo simplex dicitur, quoniam quod habet, hoc est, excepto quod relative quæque persona ad alteram dicitur. Nam utique Pater habet Filium, nec tamen ipse est Filius; et Filius habet Patrem, nec tamen ipse est Pater. In quo ergo ad se ipsum dicitur, non ad alterum, hoc est quod habet : sicut ad se ipsum dicitur (c) vivens, habendo utique vitam, et eadem vita ipse est.

2. Propter hoc itaque natura dicitur simplex, cui non sit aliquid habere, quod vel possit amittere; vel aliud sit habens, aliud quod habet; sicut vas aliquem liquorem, aut corpus colorem, aut aer lucem sive fervorem, aut anima sapientiam. Nihil enim horum est id quod habet : nam neque vas liquor est, nec corpus color, nec aer lux sive fervor, neque anima sapientia est. Hinc est quod etiam privari possunt rebus quas habent, et in alios habitus vel qualitates verti atque mutari, ut et vas evacuetur humore quo plenum est, et corpus decoloretur, et aer tenebrescat sive frigescat, et anima desipiat. Sed etsi sit corpus incorruptibile, quale sanctis in resurrectione promittitur, habet quidem ipsius incorruptionis inamissibilem qualitatem, sed manente substantia cor-

(a) Am. Er. et nonnulli Mss. *sine substantia.* — (b) Hic Vind. Am. et Er. addunt, *Pater qui genuit, simplex est et Filius qui genitus est, pariter simplex est, et hoc est quod illud de quo genitus est.* Sed hæc absunt a Lov. et a Mss. — (c) Mss. *vivus.*

n'est cependant pas plus incorruptible que celle qui est plus petite. Ainsi donc, autre chose est le corps qui n'est pas tout entier en chacune de ses parties, autre chose est l'incorruptibilité qui est tout entière en chaque partie, puisque chaque partie d'un corps incorruptible, différente des autres en grandeur, leur est absolument égale en incorruptibilité. Par exemple, le doigt est plus petit que la main, sans que cette différence en entraine aucune dans l'incorruptibilité, l'inégalité de la main et du doigt, n'empêche point la parfaite égalité dans l'incorruptibilité du doigt et de la main. Ainsi, bien que l'incorruptibilité soit inséparable du corps incorruptible, autre chose pourtant est la substance qui s'appelle corps, autre chose est la qualité de ce corps qui le fait dire incorruptible. De même, l'âme qui possède éternellement la sagesse après sa délivrance définitive et éternelle, sera sage par communication d'une sagesse indéfectible, qui pourtant ne sera pas elle-même. Si l'air était éclairé d'une lumière, à toujours permanente, il n'en faudrait pas moins reconnaître qu'autre chose est l'air, autre chose est cette lumière qui l'éclaire. Je ne dis pas cela pour faire entendre que l'âme soit un air quelconque, comme l'ont soutenu certains philosophes qui ne pouvaient concevoir aucune substance incorporelle ; (1) mais il y a, entre ces choses, avec d'immenses différences, certaines analogies qui nous permettent de dire, que l'âme incorporelle est éclairée de la lumière incorporelle de la sagesse de Dieu qui est simple, comme l'air qui est corps, s'éclaire de la lumière corporelle; et, de même que l'air privé de cette lumière, est pénétré par les ténèbres, (car ce mot de ténèbres, appliqué aux corps et aux lieux, ne signifie que la privation de la lumière), ainsi, l'âme se perd dans d'épaisses ténèbres, quand elle est privée de la lumière de la sagesse.

3. On appelle donc simple, ce qui est avant tout et véritablement divin, ce en quoi la qualité ne se peut séparer de la substance, ce qui n'emprunte à personne la divinité, la sagesse, la félicité. Si dans les saintes Écritures, l'esprit de sagesse est appelé multiple, c'est à cause de ses multiples attributs, mais il est lui-même tous ces attributs dans une ineffable unité ; il n'y a qu'une seule sagesse et non plusieurs; en elle, sont ces immenses et infinis trésors des intelligibles qui ren-

(1) Tels que Diogènes au témoignage d'Aristote, liv. Ier, *de l'Ame Anadème*, et Anaximènes au rapport de Tertullien, *de Anima*, chap. IX.

porali non hoc est, quod ipsa incorruptio. Nam illa etiam per singulas partes corporis tota est, nec alibi major, alibi minor; neque enim ulla pars est incorruptior quam altera : corpus vero ipsum majus est in toto quam in parte; et cum alia pars est in eo amplior, alia minor, non ea quæ amplior est incorruptior quam ea quæ minor. Aliud est itaque corpus, quod non ubique sui totum est : alia incorruptio, quæ ubique ejus tota est ; quia omnis pars incorruptibilis corporis etiam ceteris inæqualis æqualiter incorrupta est. Neque enim, verbi gratia, quia digitus minor est quam tota manus, ideo incorruptibilior manus quam digitus. Ita cum sint inæquales manus et digitus, æqualis est tamen incorruptibilitas manus et digiti. Ac per hoc quamvis a corpore incorruptibili inseparabilis incorruptibilitas sit; aliud est tamen substantia, qua corpus dicitur, aliud qualitas ejus, qua incorruptibile nuncupatur. Et ideo etiam sic non hoc est quod habet. Anima quoque ipsa, etiamsi semper sit sapiens, sicut erit cum (a) liberabitur in æternum ; participatione tamen incommutabilis sapientiæ sapiens erit, quæ non est quod ipsa.

Neque enim si aer infusa luce numquam deseratur, ideo non aliud est ipse, aliud lux qua illuminatur. Neque hoc ita dixerim, quasi aer sit anima : quod putaverunt quidam, qui non potuerunt incorpoream cogitare naturam. Sed habent hæc ad illa etiam in magna disparitate quamdam similitudinem, ut non inconvenienter dicatur, sic illuminari animam incorpoream luce incorporea simplicis sapientiæ Dei, sicut illuminatur aeris corpus luce corporea ; et sicut aer tenebrescit ista luce desertus, (nam nihil aliud quæ dicuntur locorum quorumcumque corporalium tenebræ, quam aer carens luce) ita tenebrescere animam sapientiæ luce privatam.

3. Secundum hoc ergo dicuntur illa simplicia, quæ principaliter vereque divina sunt, quod non aliud est in eis qualitas, aliud substantia, nec aliorum participatione, vel divina, vel sapientia, vel beata sunt. Ceterum dictus est in Scripturis sanctis Spiritus sapientiæ multiplex, eo quod multa in se habeat : sed quæ habet, hæc et est, et ea omnia unus est. (*Sap.* VII, 22.) Neque enim multæ, sed una sapientia est, in qua sunt (a) immensi quidam at-

— (a) Sic omnes Mss. At editi, *sicut erit cum a præsenti miseria liberabitur in æternum ; quia licet tunc sapiens sit in æternum, participatione tamen,* etc. — (b) Plures Mss. *infiniti quidam eique finiti thesauri*. Alii vero, *Infinita quædam, eique finiti thesauri*.

ferment les raisons invisibles et immuables de tout ce qu'elle a créé de visible et de changeant. Dieu ne fait absolument rien sans connaissance, ce qui ne se rencontre chez aucun artisan d'œuvres humaines. Si donc, il fait tout avec connaissance, il ne fait rien qu'il n'ait connu : d'où cette conclusion qui nous étonne et qui est pleine de vérité, c'est ce que ce monde qui ne pourrait nous être connu s'il n'existait pas, n'aurait aucunement pu exister s'il n'avait été connu de Dieu.

CHAPITRE XI.

Si l'on doit croire que cette félicité, dont les saints Anges ont joui aussitôt leur création, était aussi partagée par les Anges qui n'ont pas persévéré dans la justice.

Cela étant, on ne peut admettre aucun temps où ces esprits que nous appelons Anges ait été ténèbres : ils ont été lumière dès leur première origine, créés non-seulement pour exister et vivre, mais précisément pour vivre dans la lumière, la sagesse et le bonheur. Quelques-uns des Anges, s'étant détournés de cette lumière, n'ont pas obtenu la perfection de cette vie sage et heureuse, qui ne peut se concevoir sans une complète sécurité, une parfaite assurance de son éternelle durée ; mais ils ont conservé la vie raisonnable quoique privée de sagesse, et ils ne peuvent la perdre, quand même ils en auraient le désir. En quelle mesure participaient-ils à cette sagesse avant leur chute. C'est ce que personne n'osera définir. Comment dire qu'ils étaient égaux, sous ce rapport, à ceux dont le bonheur est vrai et complet, par la certitude qu'ils ont de n'en point déchoir ? S'ils avaient eu cette certitude, ils auraient également persévéré dans l'éternité de ce bonheur qui leur aurait été garanti à tout jamais ; s'ils ne l'avaient pas eue, leur vie, si longtemps qu'elle ait duré, ne pouvait être appelée vie éternelle, puisqu'elle devait avoir une fin ; car, c'est seulement la vie sans fin qui s'appelle vie éternelle. C'est pourquoi, bien que l'éternité ne fasse pas nécessairement le bonheur, (le feu des damnés devant bien aussi être éternel), cependant, l'éternité étant la condition de la vie vraiment heureuse, telle n'était pas celle des mauvais anges ; puisque devant finir elle n'était pas éternelle, et cela dans la double hypothèse ou qu'ils connaîtraient cette terrible vérité, ou qu'ils se flatteraient faussement d'un tout autre avenir ; s'ils connaissaient la vérité, la crainte devait empêcher leur félicité, s'ils l'ignoraient, l'erreur aussi mettait obstacle à leur complet bonheur. Si leur ignorance, suspendue entre l'in-

---

que infiniti thesauri rerum intelligibilium, in quibus sunt omnes invisibiles atque incommutabiles rationes rerum, etiam visibilium et mutabilium, quæ per ipsam factæ sunt. Quoniam Deus non aliquid nesciens fecit, quod nec de quolibet homine artifice recte dici potest : porro si sciens fecit omnia, ea utique fecit quæ noverat. Ex quo occurrit animo quiddam mirum, sed tamen verum, quod iste mundus nobis notus esse non posset, nisi esset ; Deo autem nisi notus esset, esse non posset.

CAPUT XI.

An ejus beatitudinis, quam sancti Angeli ab initio sui semper habuerunt, etiam illos spiritus qui in veritate non steterunt, participes fuisse credendum sit.

Quæ cum ita sint, nullo quidem modo secundum aliquod temporis spatium prius erant illi spiritus tenebræ, quos angelos dicimus : sed simul ut facti sunt, lux facti sunt : non tamen ita tantum creati, ut quoquo modo essent, et quoquo modo viverent; sed etiam illuminati, ut sapienter beateque viverent. Ab hac illuminatione aversi quidam angeli, non obtinuerunt excellentiam sapientis beatæque vitæ, procul dubio non nisi æterna est æternitatisque suæ certa atque secura : sed et rationalem vitam licet insipientem sic habent, ut eam non possint amittere, nec si velint. Quatenus autem ante quam peccassent, illius sapientiæ fuerint participes, definire quis potest? In ejus tamen participatione æquales fuisse istos illis, qui propterea vere plenequæ beati sunt, quoniam nequaquam de suæ beatitudinis æternitate falluntur, quomodo dicturi sumus ? quando quidem si æquales in ea fuissent, etiam isti in ejus æternitate mansissent pariter beati, quia pariter certi. Neque enim sicut vita quamdiucumque fuerit, ita æterna vita veraciter dici poterit, si finem habitura sit. Si quidem vita tantummodo vivendo, æterna vero finem non habendo nominata est. Quapropter quamvis non quidquid æternum, continuo beatum sit ; (dicitur enim etiam pœnalis ignis æternus,) tamen si vere perfecteque beata vita non nisi æterna est, non erat talis istorum, quandoque desitura, et propterea non æterna, sive id scirent, sive nescientes aliud putarent : quia scientes timor, nescientes error beatos esse utique non sinebat. Si autem hoc ita nesciebant, ut falsis incertisve non fiderent, sed

certitude et l'erreur, s'arrêtait à un doute sur la durée de leur félicité, sans qu'ils pussent arriver à une affirmation certaine ; évidemment un pareil doute à propos d'un si grand bien, suffisait à empêcher la plénitude du bonheur dont jouissent les bons Anges. Car nous ne resserrons pas l'extension de ce mot bonheur, au point de ne pouvoir plus l'attribuer qu'à Dieu, qui est heureux de telle sorte qu'on ne puisse rien concevoir au-delà, et qu'en comparaison le bonheur même des Anges, si grand qu'il soit ou puisse être, peut à peine compter pour quelque chose.

CHAPITRE XII.

Comparaison du bonheur des justes, qui ne possèdent pas encore l'effet des promesses divines, avec celui de nos premiers parents avant leur péché.

Mais quand il s'agit de la créature raisonnable et intellectuelle, nous ne croyons pas que la félicité doive s'attribuer exclusivement aux Anges. Qui osera nier, en effet, que nos premiers parents, avant leur péché, n'aient été heureux dans le Paradis terrestre, bien qu'ils ignorassent si cette félicité serait sans fin, (comme elle l'eut été, en effet, sans le péché)? Et chaque jour hésitons-nous à appeler heureux ceux que nous voyons passer leurs jours dans la piété et la justice, avec espérance de la glorieuse immortalité, ne laissant pas le crime étendre ses ravages dans leur conscience, attentifs chaque jour à solliciter le pardon, que la miséricorde divine accorde facilement aux fautes inséparables de la fragilité humaine? Ils sont bien assurés que la récompense ne saurait être refusée à leur persévérance, mais ils ne sont point assurés de cette persévérance même. Quel homme, en effet, peut savoir qu'il persévérera jusqu'à la fin dans la pratique ou le progrès de la justice, s'il n'en a eu quelque révélation certaine que Dieu incapable de tromper, veut bien accorder quelquefois, mais que par un jugement secret et toujours juste, il refuse de faire à tous? Ainsi, quand a la jouissance actuelle et présente, l'homme était plus heureux dans le Paradis que ne l'est aucun juste dans cette chair mortelle; mais quant à l'espérance des biens à venir, celui qui a l'assurance complète et bien établie qu'il possédera un jour dans la société des Anges et l'union avec Dieu, un bonheur pur et sans mélange, est plus heureux, au milieu même des souffrances et des tourments corporels, que ne l'était le premier homme, incertain de sa persévérance au milieu des joies du Paradis.

utrum sempiternum, an quandoque finem habiturum esset bonum suum, in neutram partem firma assensione ferrentur, ipsa de tanta felicitate cunctatio eam beatæ vitæ plenitudinem, quam in sanctis Angelis esse credimus, non habebat. Neque enim beatæ vitæ vocabulum ita contrahimus ad quasdam significationis angustias, ut solum Deum dicamus beatum : qui tamen ita vere beatus est, ut major beatitudo esse non possit : in cujus comparatione, quod Angeli beati sunt, sua quadam summa beatitudine, quanta esse in Angelis potest, quid aut quantum est?

CAPUT XII.

De comparatione beatitudinis justorum, necdum tenentium promissionis divinæ præmium, et primorum in paradiso hominum ante peccatum.

Nec ipsos (a) tantum, quod adtinet ad rationalem vel intellectualem creaturam, beatos nuncupandos putamus. Quis enim primos illos homines in paradiso negare audeat (b) beatos fuisse ante peccatum, quamvis de sua beatitudine quam diuturna vel utrum æterna esset incertos; (esset autem æterna, nisi peccassent) : cum hodie non impudenter beatos vocemus, quos videmus juste ac pie cum spe futuræ immortalitatis hanc vitam ducere sine crimine vastante conscientiam, facile impetrantes peccatis hujus infirmitatis divinam misericordiam. Qui licet de suæ perseverantiæ præmio certi sint, de ipsa tamen perseverantia sua reperiuntur incerti. Quis enim hominum se in actione profectuque justitiæ perseveraturum usque in finem sciat, nisi aliqua revelatione ab illo fiat certus, qui de hac re justo latentique judicio non omnes instruit; sed neminem fallit. Quantum itaque pertinet ad delectationem præsentis boni, beatior erat primus homo in paradiso, quam qualibet justus in hac infirmitate mortali : quantum autem ad spem futuri, beatior quilibet in quibuslibet cruciatibus corporis, cui non opinione, sed certa veritate manifestum est, sine fine se habiturum omni molestia carentem societatem Angelorum in participatione summi Dei, quam erat ille homo sui casus incertus in magna illa felicitate paradisi.

(a) Editiones tres, Vind. Am. et Er. *Nec ipsos enim huic tanta beatudini comparatos, quod adtinet ad rationalem vel intellectualem creaturam, beatos nuncupandos putamus.* Emendandi sunt ad Lov. et Mss. — (b) V. lib. de Corrept. et Gra. cap. x, et lib. II.

CHAPITRE XIII.

Tous les Anges ont-ils été créés dans une égale félicité, ceux qui tombèrent plus tard ignorant alors leur chute future? Les Anges fidèles n'ont-ils reçu l'assurance de leur persévérance qu'après la chute des mauvais Anges?

Chacun peut dès maintenant comprendre avec facilité, que deux choses constituent cette félicité à laquelle doit tendre toute nature intelligente, à savoir : la jouissance sans trouble de ce bien immuable qui est Dieu, et la persuasion sans doute présent et sans danger d'erreur que ce bien est assuré pour toujours. Une pieuse croyance nous fait attribuer ce bonheur aux anges de lumière; la raison nous fait conclure qu'il n'a jamais appartenu à ceux qui par leur faute se virent privés de cette sainte lumière. Nous devons cependant admettre qu'ils ont joui d'un certain bonheur dont ils ne connaissaient pas la durée, s'il est vrai qu'ils ont vécu quelque temps avant leur péché. Ou s'il paraît difficile d'admettre qu'à la création des anges, les uns n'ont reçu aucune révélation de leur chute ou de leur persévérance, tandis que les autres ont eu la certitude très-assurée de leur bonheur éternel. Si nous aimons mieux dire que dès leur création, tous ont reçu le même état de félicité, et qu'ils sont demeurés dans cette égalité, jusqu'à ce que, ceux qui sont les mauvais anges se soient, par leur révolte, séparés de la source de la bonté et de la lumière; il faut avouer qu'il est plus difficile encore de prétendre que les saints anges ont vécu dans l'incertitude de leur bonheur éternel, et qu'ils ont ignoré sur eux-mêmes ce que nous avons pu en apprendre nous, par le témoignage des Saintes-Écritures. Quel catholique ignore en effet, qu'aucun des bons anges ne deviendra jamais démon, et que jamais aussi aucun démon ne reviendra jamais à la société et au partage des bons Anges? C'est la Vérité même qui dans l'Évangile promet aux fidèles, aux saints qu'ils seront semblables aux Anges de Dieu, tandis qu'à eux aussi elle promet la vie éternelle. (*Matth*, XXII, 38 et XXV, 46.) Si donc nous étions assurés de ne jamais déchoir de cette bienheureuse immortalité, tandis que les anges n'en auraient pour eux aucune garantie, il faudrait dire que notre condition est non-seulement égale mais supérieure à la leur. Mais puisque la vérité infaillible dit que nous leur serons semblables, il faut bien qu'eux aussi soient assurés de leur bonheur éternel. Les démons n'ayant jamais eu cette assurance, car leur bonheur devant avoir un terme, ils ne

CAPUT XIII.

An ita unius felicitatis omnes Angeli sint creati, ut neque lapsuros se possent nosse qui lapsi sunt, et post ruinam labentium perseverantiæ suæ præscientiam acceperint qui steterunt.

Quocirca cuivis jam non difficulter occurrit utroque conjuncto effici beatitudinem, quam recto proposito intellectualis natura desiderat; hoc est, ut et bono incommutabili, quod Deus est, sine ulla molestia perfruatur, et in eo se in æternum esse mansuram, nec ulla dubitatione cunctetur, nec ullo errore fallatur. Hanc habere Angelos lucis pia fide credimus : hanc nec ante quam caderent (*a*), habuisse angelos peccatores, qui sua pravitate illa luce privati sunt, consequenti ratione colligimus; habuisse tamen aliquam, etsi non præsciam beatitudinem, si vitam egerunt ante peccatum, profecto credendi sunt. Aut si durum videtur, quando facti sunt angeli, alios credere ita factos ut non acciperent præscientiam vel perseverantiæ vel casus sui, alios autem ita ut veritate certissima æternitatem suæ beatitudinis nossent; sed æqualis felicitatis omnes ab initio creati sunt, et ita fuerunt, donec isti qui nunc mali sunt, ab illo bonitatis lumine sua voluntate cecidissent : procul dubio multo est durius nunc putare Angelos sanctos æternæ suæ beatitatis incertos, et ipsos de semetipsis ignorare, quod nos de illis per Scripturas sanctas nosse potuimus. Quis enim catholicus Christianus ignorat, nullum novum diabolum ex bonis Angelis ulterius futurum; sicut nec istum in societatem bonorum Angelorum ulterius rediturum? Veritas quippe in Evangelio sanctis (*b*) fidelibusque promittit, quod erunt æquales Angelis Dei (*Matth*. XXII, 38) : quibus etiam promittit, quod ibunt in vitam æternam. (*Matth*. XXV, 46.) Porro autem si nos certi sumus, nunquam nos ex illa immortali felicitate casuros, illi vero si certi non sunt : jam potiores, non æquales eis erimus. Sed quia nequaquam veritas fallit, et æquales eis erimus, profecto etiam ipsi certi sunt suæ felicitatis æternæ

(*a*) Confer. lib. II, de Genesi ad lit. a cap. XVI, usque ad XXVII. — (*b*) Sic Vind. Am. et Mss. At Er. et Lov. *sanctis fidelibus*, omisso *que*.

pouvaient avoir aucune garantie d'une heureuse éternité qui n'était point pour eux, on se trouve obligé de conclure : ou qu'ils n'étaient point égaux aux bons anges, ou si l'égalité existait, que les bons anges n'ont eu l'assurance de leur éternelle félicité qu'après la chute des autres. A moins qu'on ne prétende que la parole de l'Évangile : « Il était homicide dès le commencement et il n'a point persévéré dans la vérité » (*Jean.* VIII, 44); doit s'entendre en ce sens que le démon est homicide dès le commencement, non-seulement du genre humain, c'est-à-dire depuis la création de cet homme qu'il pouvait conduire à la mort par ses artifices, mais aussi dès sa propre origine, ayant aussitôt abandonné cette heureuse condition de vérité en laquelle il avait été créé ; ainsi, il n'aurait jamais eu de partage avec les saints anges, il se serait révolté dès le principe contre son Créateur, se complaisant avec orgueil, dans cette puissance qu'il osait bien s'attribuer à lui-même, le perfide, le menteur; mais il n'a pu échapper à la colère du Tout-Puissant. Il n'a pas su conserver par une pieuse soumission les biens qui lui avaient été accordés, et il affecte dans son audacieux orgueil de revendiquer ce qui ne peut être à lui. Ce serait en ce même sens qu'il faudrait entendre ce que dit l'apôtre saint Jean ; « que le démon pèche dès le commencement » (I. *Jean,* III, 8), c'est-à-dire que depuis sa création il a renoncé à la justice qu'on ne peut conserver que par une pieuse soumission de la volonté à Dieu. On peut penser ainsi sans avoir rien de commun avec l'hérésie des Manichéens, ni avec toutes ces écoles de pestilence, qui prétendent que le démon a de lui-même le mal comme d'un premier principe qu'on oppose ainsi à Dieu; sotte et vaine doctrine qui ne sait point remarquer que dans ces paroles de l'Évangile auxquelles elle veut être soumise aussi bien que nous, le Seigneur n'a pas dit : « il a été étranger à la vérité, » mais « il n'a point persévéré dans la vérité, » pour faire comprendre qu'il est déchu de cette vérité qui, en se communiquant à lui, l'aurait associé au bonheur éternel des saints anges, s'il avait été fidèle.

CHAPITRE XIV.

Ce que signifie cette parole dite à propos du démon; qu'il n'a point persévéré dans la vérité, parce que la vérité n'est point en lui.

Le Seigneur prévenant pour ainsi dire nos questions, nous explique aussitôt ce qui montre que le démon n'est point resté dans la vérité; c'est

---

Cujus illi alii quia certi non fuerunt, non enim erat corum æterna felicitas cujus certi essent, quæ finem fuerat habitura : restat ut aut impares fuerint, aut si pares fuerunt, post istorum ruinam illis certa scientia suæ sempiternæ felicitatis accesserit. Nisi forte quis dicat, id quod Dominus ait de diabolo in Evangelio : « Ille homicida erat ab initio, et in veritate non stetit » (*Joan.* VIII, 44); sic esse accipiendum, ut non solum homicida fuerit ab initio, id est, initio humani generis, ex quo utique homo factus est, quem decipiendo posset occidere : verum etiam ab initio suæ conditionis in veritate non steterit; et ideo numquam beatus cum sanctis Angelis fuerit, suo recusans esse subditus Creatori, et sua *(a)* per superbiam velut privata potestate lætatus, ac per hoc falsus et fallax; quia nec umquam potestatem Omnipotentis evadit, et qui per piam subjectionem noluit tenere quod vere est, affectat per *(b)* superbam elationem simulare quod non est : ut sic intelligatur etiam quod beatus Joannes apostolus ait : « Ab initio diabolus peccat » (II. *Joan.* III, 8); hoc est, ex quo creatus est, justitiam recusavit, quam nisi pia Deoque subdita voluntas habere non possit. Huic sententiæ quisquis adquiescit, non cum illis hæreticis sapit, id est, Manichæis; et si quæ aliæ pestes ita sentiunt, quod suam quoddam propriam tamquam ex adverso quodam principio diabolus habeat naturam malis qui tanta vanitate desipiunt ut cum verba ista Evangelica in auctoritate nobiscum habeant, non adtendant non dixisse Dominum, A veritate alienus fuit; sed : « In veritate non stetit : » ubi a veritate lapsum intelligi voluit : in qua utique si stetisset, ejus particeps factus, beatus cum sanctis Angelis permaneret.

CAPUT XIV.

Quo genere locutionis dictum sit de diabolo, quod in veritate non steterit, quia veritas non est in eo.

Subjecit autem indicium, quasi quæsissemus unde ostendatur quod in veritate non steterit, atque ait :

(a) Vind. Am. Er. et aliquot Mss. *et superbia sua.* Et infra editi, *elatus,* quo loco melioris notæ Mss. habent, *lætatus.* — *(b)* Nonnulli codices, *per superbiæ elationem.*

dit-il « que la vérité n'est point en lui. » Elle serait en lui, s'il y avait persévéré. Expression singulière : « il n'est pas demeuré dans la vérité, parce que la vérité n'est point en lui. » (*Jean*, VIII, 44) Elle semble dire que la cause de sa non persévérance dans la vérité, c'est que la vérité n'est point en lui, tandis qu'au contraire, si la vérité n'est point en lui, la cause en paraît être, qu'il n'a point persévéré dans la vérité. Une expression analogue se trouve dans le psaume : « J'ai crié, Seigneur, parce que vous m'avez exaucé » (*Ps.* XVI, 6); n'aurait-il pas fallu plus tôt; vous m'avez exaucé, parce que j'ai crié? Mais le psalmiste après avoir dit « J'ai crié » semble supposer qu'on lui demande quel indice il peut donner de ce qu'il avance, et aussitôt il donne, comme preuve de sa prière, ce fait que Dieu l'a exaucé; comme s'il disait; la preuve que j'ai crié vers vous, c'est que vous m'avez exaucé.

CHAPITRE XV.

Comment interpréter ce qui est écrit : « Que le démon pèche dès le commencement. »

Sur cette parole de saint Jean : « Le diable pèche dès le commencement » (I. *Jean*, III, 2); l'hérétique ne veut pas comprendre que si le péché vient de la nature, il n'y a plus de péché. Mais que répondrait-il aux témoignages prophétiques, par exemple quand Isaie, désignant le démon dans la personne du prince de Babylone, s'écrie : « Comment es-tu tombé du ciel Lucifer qui avait ton lever au matin? » (*Isaie.* XIV, 12); ou bien quand Ezéchiel dit : « Tu as été dans les délices du paradis de Dieu, tu as été orné de toutes sortes de pierres précieuses. » (*Ezech.* XXVIII, 13.) Ce qui prouve qu'il y a eu un moment où il était sans péché? Et du reste un peu plus loin il est dit expressément : « En tes jours tu as marché sans péché. » Si l'on ne peut convenablement donner un autre sens à ces paroles; il faudra bien aussi par ces autres : « Il n'a pas persévéré dans la vérité, » entendre qu'il a été d'abord dans la vérité, mais qu'il n'y est point resté; ce passage : « Le démon pèche dès le commencement », ne devra pas nous faire croire que le démon a péché dès sa création, mais, dès l'origine du péché, qui a précisément commencé avec son orgueil. Le passage de Job où il est dit à propos du démon « c'est le premier des ouvrages de Dieu, il l'a fait pour le donner en risée à ses anges » (*Job.* XL, 14, selon les Septante) passage au-

---

« Quia non est veritas in eo. » Esset autem in eo, si in illa stetisset. Locutione autem dictum vel minus usitata. Sic enim videtur sonare : « In veritate non stetit, quia non est veritas in eo » (*Joan.* VIII, 44), tamquam ea sit caussa, ut in veritate non steterit, quod in eo veritas non sit : cum potius ea sit caussa, ut in eo veritas non sit, quod in veritate non steterit. Ista locutio est et in Psalmo : « Ego clamavi, quoniam exaudisti me Deus » (*Psal.* XVI, 6) : cum dicendum fuisse videatur : Exaudisti me Deus, quoniam clamavi. Sed cum dixisset : « Ego clamavi; » tamquam ab eo quæreretur, unde se clamasse monstraret, ab effectu exauditionis Dei clamoris sui ostendit affectum; tamquam diceret : Hinc ostendo clamasse me, quoniam exaudisti me.

CAPUT XV.

Quid sentiendum sit de eo quod scriptum est, Ab initio diabolus peccat.

Illud etiam quod ait de diabolo Joannes : « Ab initio diabolus peccat »; non intelligunt (*a*), si naturale est, nullo modo esse peccatum. Sed quid respondetur propheticis testimoniis, sive quod Isaias ait, sub figurata persona principis Babyloniæ diabolum notans : « Quomodo cecidit Lucifer, qui mane oriebatur » (*Isai.* XIV, 12) : sive quod Ezechiel : « In deliciis paradisi Dei fuisti, omni lapide pretioso ornatus es « (*Ezech.* XXVIII, 13)? Ubi intelligitur fuisse aliquando sine peccato. Nam expressius ei paulo post dicitur : « Ambulasti in diebus tuis sine vitio. » Quæ si aliter convenientius intelligi nequeunt, oportet etiam illud quod dictum est : « In veritate non stetit », sic accipiamus, quod in veritate fuerit, sed non permanserit. Et illud, quod « ab initio diabolus peccat », non ab initio ex quo creatus est peccare putandus est; sed ab initio peccati, quod ab ipsius superbia cœperit esse peccatum. Nec illud quod scriptum est in libro Job, cum de diabolo sermo esset : « Hoc est initium figmenti Domini, quod fecit ad illudendum ab Angelis suis » (*Job.* XL, 14, sec. LXX); cui consonare videtur et Psalmus, ubi le-

---

(*a*) Probæ notæ Mss. *non intelligunt, si natura talis est.* Et nonnulli, *si naturalis est.* At Vind. Am. Er. locum glossemate auctum sit referunt : *non intelligunt qui inde volunt asserere peccati naturam, cum naturale nullum sit omnino peccatum.*

quel paraît se rapporter cette parole des psaumes : « Ce dragon que vous avez formé pour servir de jouet, »(*Ps.* cv, 26) devra nous faire comprendre qu'il a été créé capable de devenir la dérision des anges, mais que ce n'est qu'après le péché qu'il est tombé dans ce malheur. Le commencement de cette œuvre de ses mains appartient donc au Seigneur; car il n'y a aucune substance, fût-ce même celle des plus infimes bestioles qui n'ait été créée par celui de qui vient toute forme, toute espèce, tout ordre, et tout ce enfin qui appartient à l'essence des êtres qui existent, ou que la pensée peut concevoir; à plus forte raison faudra-t-il en dire autant de la nature angélique, la plus excellente de toutes celles que Dieu a créées!

CHAPITRE XVI.

Des degrés et des différences des créatures. Autre est l'ordre d'utilité, autre est l'ordre de raison.

Parmi tous les êtres qui existent, chacun en son ordre, et qui ne sont point Dieu le Créateur de tous; on préfère ceux qui ont la vie à ceux qui ne l'ont pas, ceux qui ont la faculté d'engendrer ou seulement de désirer, à ceux qui n'ont point de mouvement. Parmi les êtres vivants, on préfère ceux qui sentent à ceux qui ne sentent pas, les animaux aux plantes; parmi ceux qui sentent, ceux qui pensent passent avant ceux qui n'ont pas la pensée, les hommes avant les brutes. Parmi les êtres intelligents, les immortels, sont mis avant les mortels, les anges avant les hommes. Cet ordre est celui de l'excellence des natures : nous pouvons avoir une estimation toute différente selon l'utilité de chaque chose, et ainsi nous préférerons fort bien des choses insensibles aux objets doués de sensibilité, de sorte que nous voudrions même quelquefois, si nous le pouvions retrancher ces derniers de la nature, soit par ignorance du rang qu'ils y occupent, soit par préférence de nos avantages particuliers. Qui n'aimerait mieux avoir du pain que des rats, ou des écus que des puces? Et cela ne saurait étonner l'homme, dont pourtant la nature est si noble, peut descendre à une estimation telle, qu'on achètera plus cher, un cheval qu'un esclave, une perle qu'une servante? Ainsi avec la liberté d'appréciation, on voit une grande différence entre les considérations purement rationnelles, et les besoins de l'indigence ou la passion des désirs. La raison donne à chaque objet sa place dans l'ordre que fixe sa propre nature, le besoin ne considère que l'utilité qu'il

---

gitur : « Draco hic quem finxisti ad illudendum ei » (*Psal.* ciii, 26); sic intelligendum est, ut existimemus talem ab initio creatum, cui ab Angelis illuderetur, sed in hac pœna post peccatum ordinatum. Initium ergo ejus figmentum est Domini : non enim est ulla natura etiam in extremis infimisque bestiolis, quam non ille constituit, a quo est omnis modus, omnis species, omnis ordo, sine quibus nihil rerum inveniri vel cogitari potest : quanto magis angelica creatura, quæ omnia cetera quæ Deus condidit, naturæ dignitate præcedit?

CAPUT XVI.

De gradibus et differentiis creaturarum, quod aliter pendet usus utilitatis, aliter ordo rationis.

In his enim quæ quoquo modo sunt, et non sunt quod Deus est a quo facta sunt, præponuntur viventia non viventibus; sicut ea quæ habent vim gignendi vel etiam appetendi, his quæ isto motu carent, et in his quæ vivunt, præponuntur sentientia non sentientibus, sicut arboribus animalia. Et in his quæ sentiunt, præponuntur intelligentia non intelligentibus, sicut homines pecoribus. Et in his quæ intelligunt, præponuntur immortalia mortalibus, sicut angeli hominibus. Sed ista præponuntur naturæ ordine : est autem alius atque alius pro suo cujusque usu æstimationis modus, quo sit ut quædam sensu carentia quibusdam sentientibus præponamus, in tantum ut si potestas esset, ea prorsus de natura rerum auferre vellemus, sive quem in ea locum habeant ignorantes, sive etiam si sciamus, nostris ea commodis postponentes. Quis enim non domi suæ panem habere quam mures, nummos quam pulices malit? Sed quid mirum, cum ipsorum etiam hominum æstimatione, quorum certe natura tantæ est dignitatis, plerumque carius comparetur equus quam servus, gemma quam famula? Ita libertate judicandi plurimum distat ratio considerantis a necessitate indigentis, seu voluptate cupientis, cum ista quid per se ipsum in rerum gradibus pendat, necessitas autem quid propter quid expetat, cogitet; et ista quid verum luci mentis appareat, voluptas vero quid jocundum corporis sensibus blandiatur, exquirat. Sed tantum valet in naturis rationalibus quoddam veluti pondus voluntatis et amoris, ut cum ordine naturæ angeli hominibus,

poursuit, la raison ne prend garde qu'à la vérité qui se montre à l'esprit, la volupté ne recherche que ce qui peut flatter agréablement les sens. Mais dans les êtres raisonnables, le poids de la volonté et de l'amour est si considérable que l'ordre de nature plaçant les anges avant les hommes, la loi de justice, n'assure pas moins aux hommes vertueux la supériorité sur les mauvais anges.

CHAPITRE XVII.

Le mal n'appartient point à la nature, il est contre nature ; la volonté, non le Créateur, est cause efficiente du péché.

C'est donc à cause de sa nature, et non point à cause de sa malice, que le démon est dit : « le commencement de l'œuvre de Dieu » (*Job.* XL, 14); car assurément là où devait apparaître la malice, Dieu avait créé une nature non encore viciée. Le vice est tellement contre la nature, qu'il ne peut que nuire à la nature. Ce ne serait donc pas un vice de se séparer de Dieu, si la nature même qui a été séparée ne demandait plutôt à être avec Dieu, c'est ce qui fait que la volonté perverse est-elle même un puissant témoignage de la bonté de la nature. Mais Dieu, Créateur souverainement bon de toutes les natures bonnes, est aussi l'ordonnateur souverainement juste de toutes les volontés mauvaises ; et de même qu'elles se servent pour le mal des natures bonnes, ainsi, il se sert pour le bien, même des volontés mauvaises. C'est ainsi qu'il a voulu que le démon qu'il avait créé bon, et qui s'était jeté dans le mal par sa propre volonté, relégué aux régions les plus abaissées, servit de jouet à ses anges; c'est-à-dire que les tentations par lesquelles il s'efforce de nuire aux saints, tournassent à leur avantage. Et quand Dieu le créa, il n'ignorait certes pas sa perversion future, mais il prévoyait les biens qu'il ferait résulter de sa malice; c'est ce qui a fait dire au psalmiste : « Ce dragon que vous avez formé pour servir de jouet. »(*Ps.* CIII, 26), car assurément quand, dans sa bonté, il le créait bon, déjà dans sa prescience, il ordonnait les biens qui devraient résulter même de sa perversion.

CHAPITRE XVIII.

De la beauté de l'ensemble ; la divine disposition des choses rend cette beauté plus éclatante par l'opposition des contraires.

Dieu en effet n'aurait pas créé un seul ange, que dis-je, pas même un seul homme dont il aurait prévu la déchéance, s'il n'eût en même temps connu comment il les rendrait utiles aux justes, faisant briller par semblables antithèses, le poème admirable de l'ordre des siècles. C'est

tamen lege justitiæ boni homines malis angelis præferantur.

CAPUT XVII.

Vitium malitiæ non naturam esse, sed contra naturam, cui ad peccandum non Conditor caussa est, sed voluntas.

Propter naturam igitur, non propter malitiam diaboli, dictum recte intelligimus : « Hoc est initium figmenti Domini » (*Job.* XL, 14) : quia sine dubio ubi esset vitium malitiæ, natura non vitiata præcessit. Vitium autem ita contra naturam est, ut non possit nisi nocere naturæ. Non itaque esset vitium recedere a Deo, nisi naturæ, cujus id vitium est, potius competeret esse cum Deo. Quapropter etiam voluntas mala grande testimonium est naturæ bonæ. Sed Deus sicut naturam bonarum optimus creator est, ita malarum voluntatum justissimus ordinator ; ut cum male illæ utuntur naturis bonis, ipse bene utatur etiam voluntatibus malis. Itaque fecit ut diabolus institutione illius bonus, voluntate sua malus, in inferioribus ordinatus illuderetur ab Angelis ejus, id est, ut prosint tentationes ejus sanctis, quibus eas obesse desiderat. Et quoniam Deus cum eum conderet, futuræ malignitatis ejus non erat utique ignarus, et prævidebat quæ bona de malis ejus esset ipse facturus : propterea Psalmus ait : « Draco hic, quem finxisti ad illudendum ei, » (*Psal.* CIII, 26) ut in eo ipso quod eum finxit, licet per suam bonitatem bonum, jam per suam præscientiam præparasse intelligatur quomodo illo uteretur et malo.

CAPUT XVIII.

De pulcritudine universitatis, quæ per ordinationem Dei etiam ex contrariorum fit oppositione luculentior.

Neque enim Deus ullum, non dico angelorum, sed vel hominum crearet, quem malum futurum esse præscisset, nisi pariter nosset quibus eos bonorum usibus commodaret, atque ita ordinem sæculo-

en effet un des plus gracieux ornements du discours, que l'antithèse appelée en latin opposition, ou plus exactement contraste. Ce mot n'est pas en usage chez nous, bien que la chose qu'il désigne soit un des ornements de la langue latine ou plutôt de toutes les langues; c'est par des antithèses que saint Paul donne un tour si agréable à ses pensées, quand il dit dans la seconde épître aux Corinthiens : « Par les armes de justice à droite et à gauche, dans la gloire et les opprobres, dans la bonne et la mauvaise renommée, comme séducteurs et cependant véridiques, comme ignorés et néanmoins très-connus, comme morts et voici que nous vivons, châtiés et non détruits, tristes et toujours pleins de joie, pauvres et enrichissant plusieurs, comme n'ayant rien et possédant tout. » (II. *Cor.* VI, 7, etc.) De même que ces expressions opposées donnent de la grâce au discours, aussi l'éloquence de cette opposition de choses, non de paroles, fait la beauté de l'univers. C'est ce qui est très-clairement énoncé au livre de l'Ecclésiastique, où il est dit : « En face du mal est le bien, en face de la mort, la vie, de même le pécheur en face de l'homme pieux. Contemplez ainsi toutes les œuvres du Très-Haut, deux à deux, l'une opposée à l'autre. » (*Eccli.* XXXIII, 15.)

CHAPITRE XIX.

Comment il faut entendre ce qui est écrit : « Dieu sépara la lumière des ténèbres. »

L'obscurité même des Saintes Écritures a quelquefois cet avantage, de provoquer plusieurs explications que la vérité ne repousse point, et qui portent à l'esprit de nouvelles lumières; quand l'un entend d'une façon, l'autre d'une façon différente, tous s'appliquant également dans l'interprétation d'un passage obscur, à donner pour appui à leur opinion l'autorité de textes parfaitement clairs, et qui ne souffrent aucun doute. Il arrive ainsi dans cette multitude d'explications diverses, qu'on comprenne ou non le vrai sens de l'auteur sacré; il arrive, dis-je, qu'en scrutant ces mystérieuses obscurités, on en fait sortir quelques vérités. Je crois donc qu'il ne répugne aucunement aux œuvres de Dieu, que, par cette lumière créée d'abord, on entende les anges; puis, qu'on applique à la séparation des bons et des mauvais anges, ce qui est écrit : « Et Dieu sépara la lumière des té-

---

rum tamquam pulcherrimum carmen ex quibusdam quasi antithetis honestaret. Antitheta enim quæ appellantur, in ornamentis elocutionis sunt decentissima, quæ latine (*a*) appellantur opposita, vel quod expressius dicitur, contraposita. Non est apud nos hujus vocabuli consuetudo, cum tamen eisdem ornamentis locutionis etiam sermo latinus utatur, immo linguæ omnium gentium. His antithetis et Paulus apostolus in secunda ad Corinthios epistola, illum locum suaviter explicat, ubi dicit : « Per arma justitiæ a dextris et a sinistris, per gloriam et ignobilitatem, per infamiam et bonam famam; ut seductores, et veraces; ut qui ignoramur, et cognoscimur; quasi morientes, et ecce vivimus; ut coerciti, et non mortificati; ut tristes, semper autem gaudentes; sicut egeni, multos autem ditantes; tamquam nihil habentes, et omnia possidentes. » (II. *Cor.* VI, 7, etc.) Sicut ergo ista contraria contrariis opposita sermonis pulcritudinem reddunt : ita quadam, non verborum, sed rerum eloquentia contrariorum oppositione sæculi pulcritudo componitur. Apertissime hoc positum est in libro Ecclesiastico, hoc modo : « Contra malum bonum est, et contra mortem vita : sic contra pium peccator. Et sic intuere in omnia opera Altissimi, bina et bina, unum contra unum. » (*Eccli.* XXXIII, 15.)

CAPUT XIX.

Quid sentiendum videatur de eo quod scriptum est : « Divisit Deus inter lucem et tenebras. »

Quamvis itaque divini sermonis obscuritas etiam ad hoc sit utilis, quod plures sententias veritatis parit, et in lucem notitiæ producit, dum alius eum sic, alius sic intelligit; ita tamen ut quod in obscuro loco intelligitur, vel adtestatione rerum manifestarum, vel aliis locis minime dubiis asseratur; sive cum multa tractantur, ad id quoque perveniatur, quod sensit ille qui scripsit, sive id quidem lateat, sed ex occasione tractandæ profundæ obscuritatis alia quædam vera dicantur : non mihi videtur ab operibus Dei absurda sententia, si cum lux illa prima facta est, angeli creati intelliguntur, et inter sanctos Angelos et immundos fuisse discretum, ubi dictum est : « Et divisit Deus inter lucem et tenebras; et vocavit Deus lucem diem, et tenebras vocavit noctem. » (*Gen.* I, 4 et 5.) Solus quippe ille ista discernere potuit, qui potuit etiam prius quam caderent

---

(*a*) Plures non deterioris notæ Mss. *quæ Latine ut appellentur opposita.*

nèbres, et il appela la lumière jour, et les ténèbres nuit. » (*Gen.* I, 4 et 5.) Celui-là seul a du opérer cette séparation qui a pû, avant leur chute même, prévoir que certains anges deviendraient pécheurs et que, privés de la lumière de la vérité, ils demeureraient éternellement dans les ténèbres de leur orgueil. Quant à ce jour et à cette nuit de l'ordre commun, c'est-à-dire cette lumière et ces ténèbres vulgaires, il les a séparés par ces deux luminaires si connus, quand il a dit : « Qu'il soit fait au firmament du ciel des flambeaux pour luire sur la terre, et séparer le jour de la nuit. » (*Gen.* I, 14). Un peu plus loin il est dit : « Et Dieu fit deux grands flambeaux pour présider, le plus grand au jour, et le plus petit à la nuit, et aussi les étoiles; et Dieu les plaça au firmament du ciel, pour luire sur la terre, présider au jour et à la nuit, et séparer la lumière des ténèbres. » Mais cette lumière supérieure, la société des bons anges brillante des lumières intellectuelles de la vérité, qui a pu la séparer des ténèbres opposées, de ces esprits méchants, les anges mauvais éloignés de la lumière de justice, sinon celui pour qui le mal futur, mal non de nature mais de volonté, n'a pu, un seul instant, demeurer caché ou inconnu ?

CHAPITRE XX.

Comment il est dit après la séparation de la lumière et des ténèbres : « Dieu vit que la lumière est bonne. »

Enfin, il ne faut pas oublier qu'après ces paroles : « Que la lumière soit faite, et la lumière fut faite » (*Gen.* I, 3), le texte sacré ajoute aussitôt : « Et Dieu vit que la lumière est bonne » (*Gen.* I, 4) : non pas après qu'il eût séparé la lumière des ténèbres, et appelé la lumière jour, et les ténèbres nuit, pour ne pas sembler confondre dans l'approbation de Dieu et cette lumière et ces ténèbres. Pour ces ténèbres innocentes, que les astres du firmament séparent de la lumière qui frappe les yeux de notre corps, ce n'est pas avant, mais après la séparation qu'il est dit : « Et Dieu vit que cela était bon. » (*Gen.* I, 18.) Le texte porte en effet : « Et il les plaça dans le firmament du ciel pour luire sur la terre, présider au jour et à la nuit, et séparer la lumière des ténèbres. Et Dieu vit que cela était bon. » (*Gen.* I, 17 et 18.) L'un et l'autre lui plurent, parce que l'un et l'autre sont sans péché. Mais quand Dieu a dit : « Que la lumière soit faite, et la lumière fut faite. Et Dieu vit que la lumière est bonne; » quand il

præscire casuros, et lumine privatos veritatis in tenebrosa superbia remansuros. Nam inter istum nobis notissimum diem et noctem, id est, inter hanc lucem et has tenebras, vulgatissima sensibus nostris luminaria cœli ut dividerent, imperavit : « Fiant, inquit, luminaria in firmamento cœli, ut luceant super terram, et dividant inter diem et noctem. » (*Ibi* 14.) Et paulo post : « Et fecit, inquit, Deus duo luminaria magna, luminare majus in (*a*) principia diei, et luminare minus in principia noctis, et stellas : et posuit (*b*) illa Deus in firmamento cœli, lucere super terram, et præesse diei et nocti, et dividere inter lucem et tenebras. » Inter illam vero lucem, quæ sancta societas Angelorum est illustratione veritatis intelligibiliter fulgens, et ei contrarius tenebras, id est, malorum angelorum aversorum a luce justitiæ tetterrimas mentes, ipse dividere potuit, cui etiam futurum, non naturæ, sed voluntatis malum, occultum aut incertum esse non potuit.

CAPUT XX.

De eo quod post discretionem lucis atque tenebrarum dictum est. Et vidit Deus lucem, quia bona est.

Denique nec illud est prætereumdum silentio, quod ubi dixit Deus : « Fiat lux, et facta est lux ; » (*Gen.* I, 3); continuo subjunctum est : « Et vidit Deus lucem quia bona est » : non postea quam separavit inter lucem et tenebras, et vocavit lucem diem, et tenebras noctem, ne simul cum luce etiam talibus tenebris testimonium placiti sui perhibuisse videretur. Nam ubi tenebræ inculpabiles sunt, inter quas et lucem istam his oculis conspicuam luminaria cœli dividunt, non ante, sed post infertur : « Et vidit Deus quia bonum est. (*Gen.* I, 18.) Et posuit illa, inquit, in firmamento cœli, lucere super terram, et præesse diei et nocti, et separare inter lucem et tenebras. Et vidit Deus quia bonum est. » (*Gen.* I, 17 et 18.) Utrumque enim placuit, quia

---

(*a*) Plures Mss. hoc et altero loco, *in principio*. Sed excusis suffragatur Græca interpretatio LXX εἰς ἀρχάς. —
(*b*) Sic Mss. At editi, *illas*. Apud LXX, est, αὐτούς.

est écrit ensuite : « Et Dieu sépara la lumière des ténèbres, et Dieu appela la lumière jour, et les ténèbres nuit » ; il n'est point alors ajouté : « Et Dieu vit que cela était bon » ; pour ne pas appeler bonnes deux choses, dont l'une était mauvaise, par sa faute, et non par sa nature. Alors la lumière seule plut au créateur, parce que ces ténèbres des mauvais anges, bien qu'ayant leur place dans l'ordre divin, ne pouvaient en aucune manière recevoir l'approbation de Dieu.

CHAPITRE XXI.

De la science éternelle et de l'immuable volonté de Dieu ; toutes ses œuvres lui ont plu avant l'exécution comme après.

Que faut il entendre par ces paroles répétées après chaque création : « Dieu vit que cela est bon » (*Gen.* 1), sinon l'approbation de l'œuvre accomplie suivant l'art qui est la sagesse de Dieu ? Assurément Dieu n'attend pas la fin de son œuvre pour juger qu'elle est bonne, car rien n'aurait été créé, s'il ne l'avait connu auparavant. Lors donc qu'il trouve bonne une créature, qu'il n'aurait assurément point produite, s'il n'en avait connu la bonté avant de la tirer du néant, il n'apprend rien lui-même, mais il nous instruit. Platon est allé plus loin, il n'a pas craint de dire que Dieu s'était réjoui après avoir achevé la création de l'univers ; assurément ce philosophe n'était pas assez dénué de sens, pour croire que la création avait augmenté le bonheur de Dieu ; il a voulu montrer seulement que le monde amené à l'existence plût au divin architecte, comme il lui avait plu auparavant dans les plans de sa sagesse, et cela sans variation aucune dans la connaissance de Dieu, sans qu'il soit affecté d'une manière différente par ce qui sera, est ou a été déjà. Dieu ne voit pas comme nous l'avenir en avant, le présent en face, le passé en arrière, il a une manière d'apercevoir toute différente et infiniment élevée au-dessus de la nôtre. Sa pensée ne change pas en passant d'un objet à un autre, il voit tout d'un regard immuable : les choses qui se manifestent dans le temps, l'avenir qui n'est pas encore, le présent qui est aujourd'hui, le passé qui n'est plus ; il embrasse tout dans une stabilité toujours présente. Il ne voit pas autrement des yeux et autrement de l'esprit, car il n'est pas composé d'âme et de corps ; il ne voit pas aujourd'hui autrement qu'hier ou demain, car sa science, toute différente de la nôtre, ne

---

utrumque sine peccato est. Ubi autem dixit Deus : « Fiat lux, et facta est lux. Et vidit Deus lucem, quia bona est : » et postmodum infertur : « Et separavit Deus inter lucem et tenebras ; vocavitque Deus lucem diem, et tenebras vocavit noctem : » non hoc loco additum est : « Et vidit Deus quia bonum ; » ne utrumque appellaretur bonum, cum esset horum alterum malum, vitio proprio, non natura. Et ideo sola ibi lux placuit Conditori : tenebræ autem angelicæ, etsi fuerant ordinandæ, non tamen fuerant approbandæ.

CAPUT XXI.

De æterna et incommutabili scientia Dei ac voluntate, qua semper illi universa quæ fecit, sic placuerunt facienda, quemadmodum facta.

Quid est enim aliud intelligendum in eo quod per omnia dicitur : « Vidit Deus quia bonum est : » (*Gen.* 1) nisi operis approbatio secundum artem facti, quæ Sapientia Dei est ? Deus autem usque adeo non cum factum est, tunc didicit bonum, ut nihil eorum fieret, si ei fuisset incognitum. Dum ergo videt quia bonum est, quod nisi vidisset ante quam fieret, non utique fieret ; docet bonum esse, non discit. Et Plato quidem plus ausus est dicere, elatum esse scilicet Deum gaudio, mundi universitate perfecta. Ubi et ipse non usque adeo desipiebat, ut putaret Deum sui operis novitate factum beatiorem : sed sic ostendere voluit, artificii suo placuisse jam factum, quod placuerat in arte faciendum : non quod ullo modo Dei scientia varietur, ut aliud in ea (*a*) faciant quæ nondum sunt, aliud quæ jam sunt, aliud quæ fuerunt. Non enim more nostro ille vel quod futurum est prospicit, vel quod præsens est adspicit, vel quod præteritum est respicit ; sed alio modo quodam a nostrarum cogitationum consuetudine longe (*b*) alteque diverso. Ille quippe non ex hoc in illud cogitatione mutata, sed omnino incommutabiliter videt ; ita ut illa quidem quæ temporaliter fiunt, et futura nondum sint, et præsentia jam non sint, et præterita jam non sint, ipse vero hæc omnia stabili ac sempiterna præsentia comprehendat : nec aliter oculis, aliter mente ; non enim ex animo constat et corpore : nec aliter nunc, aliter antea, et aliter postea ; quoniam non sicut nostra, ita ejus quoque scientia trium temporum, præsentis videlicet et præteriti vel futuri va-

---

(*a*) Sic Vind. Am. et Mss. At Er. et Lov. *fiant*. — (*b*) Er. et Lov. *lateque*. Ceteri libri, *alteque*.

reçoit aucune atteinte de cette mobilité du temps présent, passé, futur ; « en lui n'existent ni le changement, ni les ombres du moment fugitif. » (*Jac.* 1, 17.) Son attention ne se porte pas successivement d'une pensée à une autre, dans son regard incorporel, se trouvent présentes à la fois toutes les choses qu'il connaît. Il pénètre le temps par sa connaissance indépendante du temps, comme il donne le mouvement aux choses du temps par une action qui n'est point mouvement. Il voit que son œuvre est bonne là même où il la voyait bonne avant de la produire : en voyant, il n'a point doublé sa science, il ne l'a augmentée en rien, elle ne pouvait aucunement être moindre avant qu'il eût créé ce qu'il voyait : il n'aurait pu produire des œuvres aussi accomplies, s'il ne les avait connues d'une science si parfaite que la création n'y pût rien ajouter. Si donc il s'était agi simplement de nous apprendre qui a créé la lumière, il suffisait de dire : « Dieu a fait la lumière; » s'il fallait nous apprendre non-seulement l'auteur, mais le moyen, c'était assez d'écrire : « Et Dieu a dit : que la lumière soit faite, et la lumière fut faite, » ainsi nous aurions su, non-seulement que Dieu a fait la lumière, mais aussi qu'il l'a faite par sa parole. Mais comme il y avait trois choses qu'il nous importait souverainement de connaître, à savoir, l'auteur, le moyen et le but de la création, il est écrit : « Dieu a dit : que la lumière soit faite, et la lumière fut faite. Et Dieu vit que la lumière est bonne. » Si nous demandons qui l'a créée? Nous trouvons la réponse « Dieu. » Par quel moyen? « Il a dit : que la lumière soit faite et la lumière fut faite. » Pour quel motif ? « Parce qu'elle est bonne. » Point d'auteur plus élevé que Dieu, pas de moyen plus puissant que sa parole, pas de motif plus excellent que celui qui nous est indiqué, pour qu'une œuvre bonne fût produite par Dieu qui est bon. Ce motif de la création, qu'un Dieu bon produisît des œuvres bonnes, Platon lui-même (*Timée*) l'a fort bien marqué. Etait-ce le fruit de ses lectures, ou des enseignements de ses maîtres? Avait-il par la force de son génie pu apercevoir au moyen des créatures visibles, les desseins cachés de Dieu, ou bien avait-il été instruit par ceux qui les avaient découverts avant lui? C'est ce que nous ne saurions dire.

CHAPITRE XXII.

De ceux qui trouvent à reprendre dans cet ensemble des créatures que nous attribuons à un Dieu bon, et veulent qu'il existe des natures mauvaises par essence.

Cependant cette cause que nous donnons à la création d'œuvres bonnes, je veux dire la bonté

rictate mutatur : « apud quem non est immutatio, nec momenti obumbratio. » (*Jac.* 1, 17.) Neque enim ejus intentio de cogitatione in cogitationem transit, in cujus incorporeo contuitu simul adsunt cuncta quæ novit. Quoniam tempora ita novit nullis suis temporalibus notionibus, quemadmodum temporalia movet nullis suis temporalibus motibus. Ibi ergo vidit bonum esse quod fecit, ubi bonum esse vidit ut faceret. Nec quia factum vidit, scientiam duplicavit, vel ex aliqua parte auxit, tamquam minoris scientiæ fuerit prius quam faceret quod videret : qui tam perfecte non operaretur, nisi tam perfecta scientia, cui nihil ex ejus operibus adderetur. Quapropter, si tantummodo nobis insinuandum esset quis fecerit lucem, sufficeret dicere, Deus fecit lucem. Si autem non solum quis fecerit, verum etiam per quid fecerit; satis esset ita enuntiari : « Et dixit Deus : Fiat lux, et facta est lux ; ut non tantum Deum, sed etiam per Verbum lucem fecisse nossemus. Quia vero tria quædam maxime scienda de creatura nobis oportuit intimari, quis eam fecerit, per quid fecerit, quare fecerit : « Deus dixit, inquit, Fiat lux, et facta est lux. Et vidit Deus lucem, quia bona est. » Si ergo quærimus, quis fecerit : « Deus est. » Si per quid fecerit : « Dixit : Fiat, et facta est. » Si quare fecerit : « quia bona est. » Nec auctor est excellentior Deo, nec ars efficacior Dei Verbo, nec caussa melior quam ut bonum crearetur a Deo bono. Hanc etiam Plato (*In Timæo.*) caussam condendi mundi justissimam dicit, ut a bono Deo bona opera fierent : sive ista legerit, sive ab his qui legerant forte cognoverit; sive acerrimo ingenio invisibilia Dei per ea quæ facta sunt, intellecta conpexerit, sive ab his qui ista conspexerant et ipse didicerit.

CAPUT XXII.

De his quibus in universitate rerum a bono Creatore bene conditarum quædam displicent, et putant nonnullam esse naturam malam.

Hanc tamen caussam, id est, ad bona creanda bonitatem Dei, hanc, inquam, caussam tam justam atque idoneam, quæ diligenter considerata et pie cogitata omnes contraversias quærentium mundi originem terminat, quidam hæretici non viderunt :

même de Dieu, cause si juste, si convenable, dont la considération méditée pieusement suffit à terminer toute discussion sur l'origine du monde; certains hérétiques n'ont point voulu l'admettre, sous prétexte que cette chair fragile et mortelle, qui souffre justement en punition du péché, est affligée de divers maux et accidents, le feu, le froid, les bêtes féroces et autres choses semblables. Ils ne veulent pas voir que toutes ces choses dans leur nature, et à leur place dans l'ensemble, dans l'ordre universel, ont leur excellence aussi, et contribuent pour leur part, à la beauté et au bien de la commune république, si pareil terme est permis ici; que nous-même si nous savons les employer à propos, en tirant souvent une merveilleuse utilité. Ainsi les poisons qui ont l'inconvénient de nuire par un usage intempestif, deviennent de salutaires médicaments pour celui qui sait les employer à propos; tandis que les choses mêmes qui semblent ne pouvoir donner qu'avantages et plaisirs, comme les aliments, les boissons, la lumière même deviennent nuisibles par un usage excessif ou inopportun. Ainsi la divine providence nous apprend à ne point blâmer sottement, mais à étudier soigneusement en chaque chose l'utilité qui peut s'y trouver; et si nos faibles lumières ne nous font rien découvrir, nous devons croire qu'il y a là quelque secret semblable à ceux que nous avons fini par découvrir ailleurs; or l'ignorance de ce secret sera pour le moment un exercice à notre humilité, un frein à notre orgueil. Mais dans la réalité, aucune substance n'est le mal, le mal ce n'est qu'un mot qui sert à désigner l'absence du bien; et de la terre au ciel, du monde visible au monde invisible, il y a des biens préférables aux autres; ils sont différents pour exister tous. Dieu, magnifique artisan des grandes choses n'est pas moins grand dans les petites, qui se doivent estimer non d'après leur grandeur, qui est presque nulle, mais selon la sagesse de leur auteur. Ainsi sur la face humaine, si vous rasez un sourcil, ce n'est rien en soi, et sur la totalité du corps; mais quelle perte pour la beauté qui ne consiste point dans l'étendue, mais dans l'harmonie et la symétrie des diverses parties! Il n'est pas très-étonnant que ceux qui croient à l'existence de quelque nature mauvaise, fruit d'un principe indépendant et ennemi, rejettent cette cause de la création que nous trouvons dans la bonté divine. Ils aiment mieux dire que Dieu, cédant à une nécessité extrême, a élevé ces remparts du monde pour se protéger contre la révolte du mal; et qu'à cette nature mauvaise il a mêlé, pour la vaincre et la contenir, la

---

quia egenam carnis hujus fragilemque mortalitatem, jam de justo supplicio venientem, dum ei non conveniunt, plurima ostendunt; sicut ignis, aut frigus, aut fera bestia, aut quid hujusmodi. Nec adtendunt, quam vel in suis locis naturisque vigeant, pulcroque ordine disponantur; quantumque universali rerum pro suis (*a*) portionibus decoris tamquam in communem rempublicam conferant, vel nobis ipsis, si eis congruenter atque scienter utamur, commoditatis adtribuant; ita ut venena ipsa quæ per inconvenientiam perniciosa sunt, convenienter adhibita in salubria medicamenta vertantur : quamque a contrario etiam hæc quibus delectantur, sicut cibus et potus et ista lux, immoderato et (*b*) inopportuno usu noxia sentiantur. Unde nos admonet divina providentia, non res insipienter vituperare, sed utilitatem rerum diligenter inquirere; et ubi nostrum ingenium vel infirmitas deficit, ita credere occultam, sicut erant quædam, quæ vix potuimus invenire : quia et ipsa utilitatis occultatio, aut humilitatis exercitatio est, aut elationis adtritio; cum omnino natura nulla sit malum, nomenque hoc non sit nisi privationis boni : sed a terrenis usque ad cœlestia, et a visibilibus usque ad invisibilia sunt aliis alia bona meliora; ad hoc inæqualia, ut essent omnia. Deus autem ita est artifex (*c*) magnus in magnis, ut minor non sit in parvis : quæ parva non sua granditate, nam nulla est, sed artificis sapientia metienda sunt : sicut : in specie (*d*) visibilis hominis, si unum radatur supercilium, quam propemodum nihil corpori, et quam multum detrahitur pulcritudini; quoniam non mole constat, sed parilitate ac dimensione membrorum. Nec sane multum mirandum est, quod hi qui non nullam malam putant esse naturam suo quodam contrario exortam propagatamque principio, nolunt accipere istam caussam creationis rerum, ut bonus Deus conderet bona; credentes cum potius ad hæc mundana molimina rebellantis adversum se mali extrema necessitate perductum, suamque naturam bonam malo coercendo superandoque miscuisse, quam turpissime pollutam et crudelissime captivatam et oppressam

(*a*) Nonnulli Mss. *positionibus*. — (*b*) Sic probæ notæ Mss. At editi, *importune*. — (*c*) Plures Mss. *maximus*. — (*d*) Vind. Am. et aliquot Mss. *visibili*.

bonté de sa propre nature, qui tristement souillée, durement opprimée par la plus cruelle servitude, ne peut ensuite être délivrée et purifiée qu'au prix des plus grands efforts ; encore le succès n'est-il pas complet. Mais Dieu se console de ne pouvoir arracher tout son être aux hontes de la corruption, s'il peut à ce prix donner des liens et une prison à son ennemi vaincu. Les Manichéens ne tomberaient pas dans cette folie, ou plutôt dans ce délire, s'ils connaissaient la vérité sur la nature de Dieu, nature immuable, incorruptible, incapable d'éprouver aucun dommage ; sur la nature de l'âme, qui a pu déchoir par sa volonté et souffrir la corruption du péché et, par suite, la privation de la lumière de l'immuable vérité ; qui n'est point une partie de Dieu, qui n'a point la nature divine, mais qui a été créée par Dieu infiniment éloignée de ses perfections, ainsi que l'enseigne la pure et saine doctrine du christianisme.

CHAPITRE XXIII.

Redressement d'une erreur dans la doctrine d'Origène.

Ce dont il faut bien plus s'étonner, c'est que, parmi ceux-là même qui croient comme nous qu'il n'y a qu'un principe unique de toutes choses, et que toute nature non divine n'a pu être créée que par Dieu, il s'en soit trouvé qui n'ont point voulu reconnaître à la création du monde cette cause si simple et si bonne, à savoir : qu'un Dieu bon produisit des œuvres bonnes, et qu'après Dieu, il existât des créatures qui ne seraient point ce qu'est Dieu, bonnes toutefois elles-mêmes et que la bonté seule de Dieu pouvait tirer du néant. Ils ont mieux aimé dire que les âmes, créatures de Dieu, et non assurément parties de Dieu, ayant péché en se séparant de leur créateur, et s'étant rendues coupables à des degrés différents, ont été précipitées du ciel sur la terre et reléguées comme dans une prison, en différents corps, selon leur culpabilité ; qu'ainsi la cause de la création du monde a été, non la volonté de produire des œuvres bonnes, mais de réprimer le mal. C'est le juste reproche qu'on fait à Origène ; cette idée, il l'a eue et l'a écrite dans son livre intitulé περὶ ἀρχῶν ou *Des Principes*. Je suis surpris plus qu'on ne saurait le dire qu'un homme si habile, si exercé dans les saintes Lettres n'ait pas, tout d'abord, remarqué combien cela est éloigné de ce que veut nous faire connaître la sainte Écriture, quand, avec la haute autorité que nous lui connaissons, elle nous dit après chacun des ouvrages de Dieu : « Et Dieu vit que cela est bon (*Gen.* I) ; » et quand tout est terminé, elle ajoute : « Et Dieu vit toutes les œuvres qu'il avait produites,

---

labore magno vix mundet ac liberet, non totam tamen ; sed quod ejus non potuerit ab illa inquinatione purgari tegmen ac vinculum futurum hostis victi et inclusi. Sic autem Manichæi non desiperent, vel potius insanirent, si Dei naturam, sicuti est, incommutabilem, atque omnino incorruptibilem crederent, cui nocere nulla res possit : animam vero quæ voluntate mutari in deterius et peccato corrumpi potuit, atque ita incommutabilis veritatis luce privari, non Dei partem, nec ejus naturæ quæ (*a*) Dei est, sed ab illo conditam longe imparem Conditori Christiana sanitate sentirent.

CAPUT XXIII.

De errore, in quo Origenis doctrina inculpatur.

Sed multo est mirandum amplius, quod etiam quidam, qui unum nobiscum credunt omnium rerum esse principium, ullamque naturam, quæ non est quod Deus est, nisi ab illo conditore esse non posse ; noluerunt tamen istam caussam fabricandi mundi tam bonam ac simplicem bene ac simpliciter credere, ut Deus bonus conderet bona, et essent post Deum quæ non essent quod est Deus, bona tamen quæ non faceret nisi bonus Deus. Sed animas dicunt, non quidem partes Dei, sed factas à Deo, peccasse a Conditore recedendo ; et diversis progressibus pro diversitate peccatorum, a cœlis usque ad terras, diversa corpora quasi vincula meruisse : et hunc esse mundum, camque caussam mundi fuisse faciendi, non ut conderentur bona, sed ut mala cohiberentur. Hinc Origenes jure culpatur. In libris enim quos appellat περὶ ἀρχῶν, id est, de principiis, hoc sensit, hoc scripsit. Ubi plus quam dici potest, miror hominem in ecclesiasticis litteris tam doctum et exercitatum, non adtendisse, primum quam hoc esset contrarium Scripturæ hujus tantæ auctoritatis intentioni, quæ per omnia opera Dei subjungens : « Et vidit Deus, quia bonum est ; » (*Gen.* 1) completisque omnibus inferens : « Et vidit Deus omnia, quæ fecit, et ecce bona valde ; » nullam aliam caussam faciendi mundi intelligi voluit, nisi ut bona fierent a bono

---

(*a*) Nonnulli Mss. *quæ Deus est.*

et elles étaient parfaitement bonnes » : évidemment elle nous montre par ces paroles que l'unique motif de la création était, que Dieu bon produisît des œuvres bonnes. Et ainsi, si le péché n'avait point paru, le monde serait rempli et orné de créatures bonnes, sans mélange de mauvaises; le péché ayant été commis, tout n'en a cependant pas été infecté, puisque dans les cieux, ceux qui ont gardé l'ordre de leur nature, l'emportent en nombre sur les autres. La volonté mauvaise qui n'a pas voulu garder cet ordre, n'a pu elle-même se soustraire aux lois par lesquelles Dieu dispose tout avec sagesse; tel un tableau est vraiment beau avec ses ombres habilement distribuées, tel le monde entier, si on sait le bien juger, conserve sa beauté même avec ses pécheurs, qui pourtant, considérés à part et en eux-mêmes, sont laideur et difformité.

2. Aussi bien Origène et ceux qui suivent sa doctrine, auraient-ils dû remarquer que s'il était vrai, comme ils le disent, que le monde a été fait pour servir de prison (1) aux âmes pécheresses, et leur faire subir des punitions variées comme la gravité même de leurs fautes; les âmes les moins coupables devraient recevoir des corps plus légers et moins imparfaits; les plus criminelles, au contraire, des corps plus lourds et plus imparfaits; et le démon, dont la malice surpasse tout, aurait dû avoir un corps de terre, ce qu'il y a de plus lourd et de plus abaissé, plutôt que l'homme, même prévaricateur. Au contraire, et cela vous fait voir que le mérite des âmes ne doit pas s'estimer aux qualités du corps, le démon si pervers a reçu un corps aérien, et l'homme, mauvais maintenant il est vrai, mais beaucoup moins que Satan, a reçu un corps de terre, même avant son péché. Puis, quoi de plus absurde que de croire que ce soleil a été créé unique dans un monde unique, non pour l'ornement et la beauté, ou même pour la conservation des substances terrestres, mais bien parce qu'une seule âme avait péché au degré qui demandait une pareille prison? Si donc il était arrivé que non pas une, mais deux, dix, cent eussent commis un semblable péché, le monde aurait eu, non pas un, mais dix, cent soleils! Ainsi, ce n'est plus l'admirable sagesse du Créateur qui a choisi ses moyens pour le salut ou l'embellissement du monde terrestre, c'est une certaine âme qui a fait dans le mal assez de progrès pour mériter, elle seule, un corps pareil! Laissons ces progrès des âmes, ceux qui en parlent ne savent ce qu'ils disent, hélas! avec de pareilles opinions, ne nous feront-

(1) Le latin dit : *Ergastula*. L'Esgartulum était une sorte d'étable, où l'on enfermait les esclaves.

Deo. Ubi si nemo peccasset, tantummodo naturis bonis esset mundus ornatus et plenus ; et quia peccatum est, non ideo cuncta sunt impleta peccatis, cum bonorum longe major numerus in cœlestibus suæ naturæ ordinem servet. Nec mala voluntas, quia naturæ ordinem servare noluit, ideo justi Dei leges omnia bene ordinantis effugit. Quoniam sicut pictura cum colore nigro, loco suo posita ; ita universitas rerum, si quis possit intueri, etiam cum peccatoribus pulcra est, quamvis per se ipsos consideratos sua deformitas turpet.

2. Deinde videre debuit Origenes, et quicumque ita sapiunt, si hæc opinio vera esset, mundum ideo factum, ut animæ pro meritis peccatorum suorum tamquam ergastula quibus pœnaliter includerentur, corpora acciperent, superiora et leviora quæ minus, inferiora vero et graviora quæ amplius peccaverunt; dæmones quibus deterius nihil est, terrena corpora quibus inferius et gravius nihil est, potius quam homines etiam (*a*) malos habere debuisse. Nunc vero ut intelligeremus animarum merita non qualitatibus corporum esse pensanda, aerium pessimus dæmon, homo autem et nunc licet malus, longe minoris mitiorisque malitiæ, et certe ante peccatum tamen luteum corpus accepit. Quid autem stultius dici potest, quam (*b*) per istum solem, ut in uno mundo unus esset, non decori pulcritudinis, vel etiam saluti rerum corporalium consuluisse artificem Deum, sed hoc potius evenisse, quia una anima sic peccaverat, ut tali corpore mereretur includi? Ac per hoc si contigisset, ut non una, sed duæ; immo decem, vel centum, similiter æqualiterque peccassent, centum soles haberet hic mundus. Quod ut non fieret, non opificis provisione mirabili ad rerum corporalium salutem decoremque consultum est, sed contigit potius tanta unius animæ progressione peccantis, ut sola corpus tale mereretur. Non plane animarum, de quibus nesciunt quid loquantur, sed eorum ipsorum qui talia sapiunt, multum longe a veritate et merito est coercenda progressio. Hæc ergo tria quæ superius commendavi, cum in unaquaque creatura requiruntur, quis eam fecerit, per quid fe-

(*a*) Mss. *etiam bonos*. Sic etiam Vind. et Am. Sed hi duo editi post *etiam bonos*, addunt *potius etiam quam malos*.
— (*b*) Particula *per* abest Mss. et ab editis Vind Am. et Er.

ils pas dire qu'il est grand temps et fort à propos de réprimer leurs tristes progrès hors de la vérité. Les trois choses dont j'ai parlé plus haut, et qui, pour chaque créature, amènent trois questions : quel est l'auteur, quel est le moyen, quel est le but de sa création, avec la triple réponse : Dieu, sa parole, sa bonté, peuvent elles, dans une profondeur mystérieuse, nous faire apercevoir le mystère de la sainte Trinité, en indiquant le Père, le Fils et le Saint-Esprit? Ou bien n'y a-t-il que l'obstacle qui nous empêche de rapporter à ce sens ce passage des saintes Écritures, ce serait une longue question à développer, puis rien ne nous presse de tout expliquer dans un même traité.

CHAPITRE XXIV.

De la sainte Trinité. — Toutes les œuvres de Dieu ont quelque chose qui nous rappelle ce mystère.

Nous croyons, nous tenons pour article de foi et nous enseignons que le Père a engendré le Verbe, c'est-à-dire la sagesse, par qui tout a été fait, Fils unique, un comme le Père, éternel comme lui, souverainement bon comme lui ; et que le Saint-Esprit est ensemble l'Esprit du Père et du Fils, qu'il leur est également coéternel et consubstantiel. C'est la Trinité à cause de la distinction des personnes, un seul Dieu à cause de la divinité inséparable, un seul Tout-Puissant à cause de l'inséparable Toute-Puissance, de manière pourtant, qu'en parlant en particulier des personnes, on proclame chacune Dieu et Tout-Puissant, et qu'en parlant des trois ensemble, on ne dise ni trois dieux, ni trois tout-puissants ; mais un seul Dieu Tout-Puissant ; tant est inséparable cette unité qui nous a été révélée. Faut-il appeler le Saint-Esprit la bonté du Père et du Fils, en tant qu'il est commun à tous les deux? C'est une question sur laquelle je n'oserais hasarder une réponse téméraire; je dirais plus facilement qu'il est la Sainteté des deux, prenant ce mot non pour qualité simplement, mais aussi pour substance et pour troisième personne en la Trinité. Ce qui me rend ici plus hardi, c'est que le Père étant esprit, le Fils étant esprit, le Père étant saint, le Fils étant saint; la troisième personne n'en est pas moins appelée d'une manière spéciale Esprit-Saint, comme étant la Sainteté substantielle et consubstantielle des deux. Mais si la bonté de Dieu n'est rien autre chose que sa sainteté, assurément, c'est piété et raison, et non présomption ni audace, que de chercher dans les ouvrages de Dieu quelques indices dont le langage secret exercera notre intelligence, et insinuera à notre esprit attentif le mystère auguste de la Trinité; quant à chaque chose nous pouvons toujours poser les mêmes questions : qui

---

cerit, quare fecerit, ut respondeatur Deus, per Verbum, quia (*a*) bona est, utrum altitudine mystica nobis ipsa Trinitas intimetur, hoc est, Pater, et Filius, et Spiritus-Sanctus; an aliquid occurrat, quod in loco Scripturarum id accipiendum esse prohibeat, multi sermonis est quæstio, nec omnia uno volumine ut explicemus urgendum est.

CAPUT XXIV.

De Trinitate divina, quæ per omnia opera sua significationis suæ sparsit indicia.

Credimus, et tenemus, et fideliter prædicamus, quod Pater genuerit Verbum, hoc est, Sapientiam, per quam facta sunt omnia, unigenitum Filium, unus unum, æternus coæternum, summe bonus æqualiter bonum ; et quod Spiritus-Sanctus simul et Patris et Filii sit Spiritus, et ipse consubstantialis et coæternus ambobus : atque hoc totum et Trinitas sit propter proprietatem personarum, et unus Deus propter inseparabilem divinitatem, sicut unus omnipotens propter inseparabilem omnipotentiam : ita tamen ut etiam cum de singulis quæritur, unusquisque eorum et Deus et omnipotens esse respondeatur; cum vero de omnibus simul, non tres dii vel tres omnipotentes, sed unus Deus omnipotens; tanta ibi est in tribus inseparabilis unitas, quæ sic se voluit prædicari. Utrum autem boni Patris et boni Filii Spiritus-Sanctus, quia communis ambobus est, recte bonitas dici possit amborum, non audeo temerariam præcipitare sententiam ; veruntamen amborum eum dicere sanctitatem facilius ausus fuero, non amborum quasi qualitatem, sed (*b*) ipsum quoque substantiam, et tertiam in Trinitate personam. Ad hoc enim me probabilius ducit, quod cum sit et Pater spiritus et Filius spiritus, et Pater sanctus et Filius sanctus, proprie tamen ipse vocatur Spiritus-sanctus, tamquam sanctitas substantialis et consubstantialis amborum. Sed si nihil aliud est bonitas divina quam sanctitas, profecto et illa diligentia rationis est, non

---

(*a*) Sic Vind. Am. et Mss. At Er. et Lov. *quia bonus est*. — (*b*) Sic Mss. Edito vero, *ipsam*.

l'a créée, par quel moyen, dans quel but enfin? C'est le Père du Verbe qui dit : « Qu'il soit fait. » Ce qui est fait à ce commandement, c'est le le Verbe qui le fait. Ce qui est écrit : « Dieu vit que cela est bon », nous fait entendre que ce n'est pour aucune nécessité, pour aucun besoin, mais par sa seule bonté que Dieu a tout fait, par ce seul motif que cela est bon, et l'Écriture n'a d'autre raison pour proclamer cette bonté de la créature, qui vient d'être appelée à l'existence, que de nous faire voir que l'œuvre qui vient d'être accomplie est en harmonie avec cette bonté, qui a été la raison de sa création. Et si dans cette bonté, on peut à juste titre voir l'Esprit-Saint, voilà toute la Trinité manifestée dans ses œuvres. C'est en elle que la Cité sainte des Anges du ciel a son origine, sa beauté, son bonheur. Si on demande d'où elle vient, nous répondons c'est Dieu qui l'a établie ; d'où elle a la sagesse, c'est Dieu qui l'éclaire; d'où est son bonheur, elle est en possession de Dieu. Dieu est le principe de son être, la lumière de ses regards, la récompense de sa fidélité; elle est, elle voit, elle aime, elle vit dans l'éternité de Dieu, elle brille dans sa lumière, elle se réjouit dans sa bonté.

CHAPITRE XXV.

Division de la philosophie en trois parties.

Autant qu'il est permis d'en juger, c'est encore là le principe de cette division en trois parties, que les philosophes ont introduite ou plutôt signalée dans la science de la sagesse; ils l'ont effectivement trouvée existante, il ne l'ont pas faite eux-mêmes. Cette division, qui comprend la physique, la logique, l'éthique, les termes correspondants, naturelle, rationelle, morale, sont depuis longtemps en usage dans notre langue, et j'en ai touché quelque chose au huitième livre de cet ouvrage. (*Chap.* IV *et suiv.*) Je ne veux pourtant point dire par là que les philosophes aient eu, à l'occasion de cette division en trois parties, quelque idée de la Trinité qui fût selon Dieu, bien que Platon, qui le premier, dit-on, l'a découverte ou mise en vogue, ne reconnaisse que Dieu pour auteur de toutes les natures, que lui pour dispensateur de l'intelligence et pour inspirateur de l'amour qui donne la vie sage et heureuse. Mais il est certain que malgré la diversité des opinions sur la nature des choses, le moyen de découvrir la vérité, et ce bien auquel doivent se rapporter toutes nos actions;

---

præsumtionis audacia, ut in operibus Dei secreto quodam loquendi modo, quo nostra exerceatur intentio, eadem nobis insinuata intelligatur Trinitas, unamquamque creaturam quis fecerit, per quid fecerit, propter quid fecerit. Pater quippe intelligitur Verbi, qui dixit : « Fiat. » Quod autem illo dicente factum est, procul dubio per Verbum factum est. In eo vero quod dicitur :« Vidit Deus quia bonum est; » satis significatur, Deum nulla necessitate, nulla suæ cujusquam utilitatis indigentia, sed sola bonitate fecisse quod factum est, id est, quia bonum est : quod ideo postea quam factum est, dicitur, ut res quæ facta est, congruere bonitati propter quam facta est, indicetur. Quæ bonitas si Spiritus-Sanctus recte intelligitur, universa nobis Trinitas in suis operibus intimatur. Inde est Civitatis sanctæ, quæ in sanctis Angelis sursum est, et origo, et informatio, et beatitudo. Nam si quæratur unde sit, Deus eam condidit: si unde sit sapiens, a Deo illuminatur : si unde sit felix, Deo fruitur : subsistens modificatur, contemplans illustratur, inhærens jocundatur; est, videt, amat; in æternitate Dei viget, in veritate Dei lucet, in bonitate Dei gaudet.

(*a*) Probæ notæ Mss. *invenienda*.

CAPUT XXV.

De tripertita totius Philosophiæ disciplina.

Quantum intelligi datur, hinc philosophi sapientiæ disciplinam tripertitam esse voluerunt; immo tripertitam esse animadvertere potuerunt : (neque enim ipsi instituerunt ut ita esset, sed ita esse potius invenerunt ;) cujus una pars appellaretur physica, altera logica, tertia ethica. Quarum nomina latina jam multorum litteris frequentata sunt, ut naturalis, rationalis, moralisque vocarentur : quas etiam in octavo libro (*Cap.* IV *et seq.*) breviter perstrinximus. Non quod sit consequens, ut isti in his tribus aliquid secundum Deum de Trinitate cogitaverint. Quamvis Plato primus istam distributionem reperisse et commendasse dicatur, cui neque naturarum omnium auctor nisi Deus visus est, neque intelligentiæ dator, neque amoris, quo bene beateque vivitur, inspirator. Sed certe cum et de natura rerum, et de ratione (*a*) indagandæ veritatis, et de boni sine ad quem cuncta quæ agimus referre debemus, diversi diversa sentiant : in his tamen tribus magnis et ge-

tous les philosophes s'accordent à tout réunir en ces trois grandes et générales questions; sur chacune d'elles, sans doute, il y a des systèmes différents et une grande divergence d'opinions; mais personne ne refuse de reconnaître qu'il y a une cause dans la nature, une méthode dans la science, une règle pour la vie. De même aussi, dans tout homme qui produit quelque œuvre, trois choses sont à considérer, la nature, l'art, l'usage; la nature s'estime par l'esprit, l'art par la science, l'usage par le fruit et le succès. Je sais bien qu'en langage strict, le fruit se rapporte à la jouissance, l'usage à l'utilité; la différence entre les deux, paraît être (1) que nous disons; jouir d'une chose, quand nous l'aimons pour elle-même, sans rapport à une autre; user d'une chose quand nous nous en servons pour arriver à une autre. En ce sens, nous disons qu'il ne faut pas jouir des biens présents, mais en user de façon à mériter la jouissance des biens éternels; et ne pas imiter les méchants qui veulent jouir de la fortune et se servir de Dieu, qui, au lieu d'employer leur fortune pour Dieu, honorent Dieu pour en obtenir la fortune. Toutefois, pour suivre l'usage qui a prévalu, nous disons user des fruits et jouir de l'usage. En effet, on dit très-bien les fruits de la terre, et cependant nous en usons dans le temps. C'est donc en ce sens que je prends le mot usage, quand, désignant les trois choses à considérer dans l'homme, je les appelle nature, doctrine, usage. Et telle est l'origine de cette division en trois parties, de la science qui conduit à la vie heureuse, naturelle à cause de la nature, rationnelle à cause de la doctrine, morale à cause de l'usage. Si donc, nous tenions de nous-mêmes notre nature, assurément nous aurions aussi produit notre sagesse, et nous n'aurions point besoin de la chercher dans la doctrine, c'est-à-dire dans un enseignement étranger; notre amour viendrait de nous, se rapporterait à nous, nous suffirait pour la vie heureuse, et ne tendrait en aucune façon à la jouissance d'un bien étranger. Mais notre nature ayant Dieu pour auteur de son être, assurément nous avons besoin de l'enseignement de Dieu pour arriver à la sagesse, et de l'intime suavité qui vient de lui, pour goûter un vrai bonheur.

(1) Liv. I, sur la Doctrine chrétienne, chap. III et IV.

neralibus quæstionibus omnis eorum versatur intentio. Ita cum in unaquaque earum quid quisque sectetur, multiplex sit discrepantia opinionum, esse tamen aliquam naturæ caussam, scientiæ formam, vitæ summam, nemo cunctatur. Tria etiam sunt quæ in unoquoque homine artifice spectantur, ut aliquid efficiat, natura, doctrina, usus : natura ingenio, doctrina scientia, usus fructu dijudicandus est. Nec ignoro quod proprie fructus fruentis, usus utentis sit; atque hoc interesse videatur, quod ea re frui dicimur, quæ nos non ad aliud referenda (a) per se ipsam delectat; uti vero ea re, quam propter aliud quærimus. Unde temporalibus magis utendum est, quam fruendum, ut frui mereamur æternis. Non sicut perversi, qui frui volunt nummo, uti autem Deo; quoniam non nummum propter Deum impendunt, sed Deum propter nummum colunt. Verumtamen eo loquendi modo, quem plus obtinuit consuetudo, et fructibus utimur, et usibus fruimur. Nam et fructus jam proprie dicuntur agrorum, quibus utique omnes temporaliter utimur. Hoc itaque (b) more usum dixerim in his tribus quæ in homine spectanda commonui, quæ sunt natura, doctrina, usus. Ex his propter obtinendam beatam vitam, tripertita, ut dixi, a philosophis inventa est disciplina, naturalis propter naturam, rationalis propter doctrinam, moralis propter usum. Si ergo natura nostra esset a nobis, profecto et nostram nos genuissemus sapientiam, nec eam doctrina, id est, aliunde discendo, perciperec uraremus; et noster amor a nobis profectus, et ad nos relatus, ad beate vivendum sufficeret, nec bono alio quo frueremur ullo indigeret : nunc vero quia natura nostra, ut esset, Deum habet auctorem; procul dubio ut vera sapiamus, ipsum debemus habere doctorem; ipsum etiam ut beati simus, suavitatis intimæ largitorem.

(a) Plures Mss. *nisi per se ipsam.* — (b) Sic Vind. Am. et Mss. At Er. et Lov. *modo.*

CHAPITRE XXVI.

L'image de l'auguste Trinité se trouve dans la nature de l'homme, même avant qu'il soit admis au bonheur céleste.

Et ne trouvons-nous pas aussi en nous une image de Dieu, c'est-à-dire de l'Auguste Trinité; image bien inégale assurément, puisqu'elle ne lui est point coéternelle, ou pour tout résumer en un mot, puisqu'elle n'est point de la même substance que lui; mais qui toutefois s'en éloigne moins qu'aucune autre créature, bien qu'elle ait besoin d'être réformée et perfectionnée pour s'approcher de lui par la ressemblance. En effet, nous sommes, nous savons que nous sommes et nous aimons cet être et cette connaissance; et dans ces trois choses aucune illusion ne nous peut tromper. Il n'en est point ici comme des choses extérieures que nous connaissons par le témoignage des sens, les couleurs par la vue, les sons par l'ouïe, les parfums par l'odorat, les saveurs par le goût, la dureté ou la mollesse des corps par le toucher. Tous ces objets sensibles produisent d'eux-mêmes des images fidèles, et cependant incorporelles, que nous agitons dans notre pensée, retenons dans notre mémoire, et qui nous font désirer les objets eux-mêmes; mais ici, sans fantôme aucun, sans illusion de l'imagination, je connais, avec une complète certitude que je suis, que je connais, que j'aime. Aucun argument des Académiciens ne pourra me troubler dans cette certitude; qu'ils me disent : mais si vous vous trompiez? Je réponds, si je me trompe, je suis; ce qui n'est pas ne peut pas se tromper, si donc je me trompe, je suis; et puisque je suis, même alors que je me trompe; comment me tromper en jugeant que je suis, quand il est certain que je suis, même si je me trompe (1)? Puisque je serais, moi qui me tromperais, lors même que je me tromperais; évidemment je ne me trompe pas, quand je dis que je suis; et il en faut conclure que je ne me trompe pas non plus quand je connais que je sais, car je connais que je suis absolument comme je sais que je suis. Et quand j'aime cet être et cette connaissance, cette troisième chose, cet amour m'est connu absolument comme tout le reste; je ne me trompe pas sur cet amour, puisque je ne me trompe pas sur les choses que j'aime; il y a plus, quand même ils seraient faux ces objets de mon amour, il resterait vrai que j'aime au moins des faussetés, et comment pourrait-on justement me reprendre d'aimer des choses fausses, si cet amour n'était pas lui-même une vérité? Mais quand ces choses sont

(1) On ne saurait douter que ce raisonnement ait fourni à Descartes l'origine de son fameux raisonnement; quiconque a lu le discours de la *Méthode* trouvera que saint Augustin l'emporte ici et par la précision et par la clarté sur le fondateur du Cartésianisme.

CAPUT XXVI.

De imagine summæ Trinitatis, quæ secundum quemdam modum in natura etiam necdum beatificati hominis invenitur.

Et nós quidem in nobis, tametsi non æqualem, immo valde longeque distantem, neque coæternam, et quo brevius totum dicitur, non ejusdem substantiæ, cujus est Deus, tamen qua Deo nihil sit in rebus ab eo factis natura propinquius, imaginem Dei, hoc est summæ illius Trinitatis, agnoscimus, adhuc reformationem perficiendam, ut sit etiam similitudine proxima. (*a*) Nam et sumus, et nos esse novimus, et (*b*) id esse ac nosse diligimus. In his autem tribus quæ dixi, nulla nos falsitas veri similis turbat. Non enim ea, sicut illa quæ foris sunt, ullo sensu corporis tangimus, velut colores videndo, sonos audiendo, odores olfaciendo, sapores gustando, dura et mollia contrectando sentimus, quorum sensibilium etiam imagines eis simillimas, nec jam corporeas, cogitatione versamus, memoria tenemus, et per ipsas in istorum desideria concitamur : sed sine ulla phantasiarum vel phantasmatum imaginatione ludificatoria, mihi esse me, idque nosse et amare certissimum est. Nulla in his veris Academicorum argumenta formido, dicentium : Quid si falleris? Si enim fallor, sum. Nam qui non est, utique nec falli potest : ac per hoc sum, si fallor. Quia ergo sum si fallo, quomodo esse me fallor, quando certum est me esse, si fallor? Quia igitur essem qui fallerer, etiam si fallerer; procul dubio in eo quod me novi esse, non fallor. Consequens est autem, ut etiam in eo quod me novi nosse, non fallar. Sicut enim novi me esse, ita novi etiam hoc ipsum, nosse me. Eaque duo cum amo, eumdem quoque amorem quiddam tertium, nec imparis æstimationis, eis quas novi rebus adjungo. Neque enim fallor amare me, cum in his quæ amo non fallar : quamquam etsi illa falsa essent, falsa me amare verum esset. Nam quo pacto recte reprehenderer et recte prohiberer ab amore falsorum, si me illa amare falsum esset? Cum

(a) Sola editio Lov. *dicatur.* — *(b)* Sic Mss. Editi vero, *et nostrum esse.*

certaines, qui pourra dire que l'amour qu'on leur porte, ne soit lui-même quelque chose de vrai et de certain? Il n'est personne qui ne désire être, comme il n'est personne qui ne désire être heureux. Comment, en effet, peut-on être heureux si l'on n'est pas?

CHAPITRE XXVII.

La substance, la science et leur amour.

1. L'amour de l'existence est une chose si naturelle que les malheureux eux-mêmes ne voudraient pas cesser d'être; et quand ils sentent le poids de leur malheur, ils ne demandent que la suppression de ce malheur, mais non celle de leur existence. Ceux mêmes qui se croient le plus malheureux, qui le sont en en effet, non pas seulement dans l'opinion des sages, à cause de leur folie, ou dans celle des soi-disant heureux, à cause de leur pauvreté, de leur état de mendicité; ceux-là, dis-je, si on leur proposait l'immortalité pour eux et aussi pour leur misère, à condition que s'ils ne voulaient pas demeurer toujours dans cette misère, ils cesseraient eux-mêmes d'exister; vous les verriez tressaillir de joie, et préférer d'être toujours ainsi, plutôt que de n'être plus. J'en appelle à leurs sentiments connus de tous. D'où vient qu'ils craignait la mort, et aiment mieux vivre dans leur triste sort que de le voir finir avec le trépas, sinon par ce fait très-évident, que la nature a horreur de la non-existence? C'est pourquoi, sachant bien qu'ils devront mourir, ils désirent, comme un grand bien, comme une grâce singulière, de prolonger tant soit peu leur vie misérable et d'éloigner leur dernier jour. Cela nous fait voir avec quelle reconnaissance ils accepteraient l'immortalité, même accompagnée des misères sans fin de l'état de mendicité. Il y a plus, les animaux mêmes dénués de raison et ne pouvant penser à tout cela, aussi bien les immenses dragons que les invisibles vermisseaux, ne prouvent-ils pas par tous les mouvements qu'ils font pour fuir la mort, combien ils tiennent à l'existence? Que dis-je? les plantes, les arbres privés de cette sensibilité qui se dérobe à la mort par un mouvement manifeste; ne les voyez-vous pas pour porter sans danger leur sommet dans les airs, descendre profondément leurs racines dans la terre, afin d'y chercher l'aliment et conserver ainsi leur être? Les corps inertes eux-mêmes privés non-seulement de la sensibilité, mais encore de cette vie qui se reproduit par semence, s'élèvent, s'abaissent ou se balancent

vero et illa vera atque certa sint, quis dubitet quod eorum, cum amantur, et ipse amor verus et certus est? Tam porro est qui esse se nolit, quam nemo est qui non beatus esse velit. Quomodo enim potest beatus esse, si nihil sit?

CAPUT XXVII.

De essentia et scientia, et utriusque amore.

1. Ita vero vi quadam naturali ipsum esse jucundum est, ut non ob aliud et hi qui miseri sunt nolint interire, et cum se miseros esse sentiant, non se ipsos de rebus, sed miseriam suam potius auferri velint. Illis etiam qui et sibi miserrimi apparent, et plane sunt, et non solum a sapientibus quoniam stulti, verum et ab his qui se beatos putant, miseri judicantur, quia pauperes atque mendici sunt, si quis immortalitatem daret, qua nec ipsa miseria moreretur, proposito sibi quod si in eadem miseria semper esse nollent, nulli et nusquam essent futuri, sed omni modo perituri, profecto exsultarent lætitia, et sic semper eligerent esse, quam omnino non esse. Hujus rei testis est notissimus sensus illorum. Unde enim mori metuunt, et malunt in illa ærumna vivere, quam eam morte finire, nisi quia satis apparet quam refugiat natura non esse? Atque ideo cum se noverint esse morituros, pro magno beneficio sibi hanc impendi misericordiam desiderant, ut aliquanto productius in eadem miseria vivant, tardiusque moriantur. Procul dubio ergo indicant immortalitatem, saltem talem quæ non habeat finem mendicitatis, quanta gratulatione susciperent. Quid, animalia omnia etiam irrationalia, quibus datum non est ista cogitare, ab immensis draconibus usque ad exiguos vermiculos, nonne sic esse velle, atque ob hoc interitum fugere omnibus quibus possunt motibus indicant? Quid, arbusta omnesque frutices, quibus nullus est sensus ad vitandam manifesta motione perniciem, nonne ut in auras tutum culminis germen emittant (*a*), altius terræ radices affigunt, quo alimentum trahant, atque ita suum quodam modo esse conservent? Ipsa postremo cor-

(*a*) Sic Vind. Am. et nonnulli Mss. Alii veteres libri habent, *aliud terræ radicis affigunt*. At Er. et Lov. *aliud terræ radices affigunt*.

dans une région intermédiaire pour conserver les conditions d'existence de leur nature.

2. Mais combien la nature humaine désire savoir, combien elle redoute l'erreur, c'est ce que nous pouvons apprécier par ce fait que tous aimeraient mieux la douleur avec une raison saine, que la joie dans la démence. Grande et admirable chose, dont l'homme seul de tous les animaux mortels se trouve capable; il en est qui ont le sens de la vue plus pénétrant pour saisir la lumière commune; mais pas un ne peut atteindre à cette lumière incorporelle, qui éclaire notre âme de ses rayons et la met en état de juger et d'apprécier; ce que nous pouvons d'autant mieux faire que nous participons davantage à cette lumière. Toutefois, les animaux sans raison ont dans leurs sens, non pas la science à aucun degré, mais quelque chose qui ressemble à une certaine science. Tous les autres objets corporels sont appelés sensibles, non parce qu'ils sentent eux-mêmes, mais parce qu'ils peuvent être sentis, et parmi eux, les plantes ont quelque chose qui ressemble à la sensibilité active en ce qu'elles se nourrissent et se reproduisent. Tous ces êtres corporels ont dans la nature leurs causes cachées, et ces formes qui font la beauté de ce monde visible, il les étalent devant nos yeux, comme si à défaut de la connaissance qui leur manque, ils voulaient prendre place dans la nôtre. C'est notre sens corporel qui les aperçoit, mais il est impuissant à prononcer un jugement; c'est pourquoi nous avons un autre sens, celui de l'homme intérieur, bien supérieur au premier, et qui connaît ce qui est juste et ce qui ne l'est pas, l'un par l'espèce intelligible, l'autre par la privation de cette espèce. Pour l'exercice de ce sens il n'est besoin ni de la pupille de l'œil, ni de l'ouverture de l'oreille, ni de l'aspiration des narines, ou de la sensation du goût, ni enfin d'aucun tact corporel. C'est par lui que je sais, qui je suis, que je suis assuré de le savoir, enfin que j'aime cet être et cette assurance, et que je suis certain de cet amour.

CHAPITRE XXVIII.

Si cet amour même par lequel nous aimons et l'être et la connaissance, nous le devons aimer d'autant plus que nous avons plus de ressemblance avec la divine Trinité.

Mais c'est assez parler de ces deux choses,

pora, quibus non solum sensus, sed nec ulla saltem seminalis est vita, ita tamen vel exsiliunt in superna, vel in ima descendunt, vel librantur in mediis, ut essentiam suam, ubi secundum naturam possunt esse, custodiant.

2. Jam vero nosse quantum ametur, quamque falli nolit humana natura, vel hinc intelligi potest, quod lamentari quisque sana mente mavult, quam lætari in amentia. Quæ vis magna atque mirabilis mortalibus, præter *(a)* homini, animantibus nulla est; licet eorum quibusdam ad istam lucem contuendam multo quam nobis sit acrior sensus oculorum : sed lucem illam incorpoream contingere nequeunt, qua mens nostra quodam modo irradiatur, ut de his omnibus recte judicare possimus. Nam in quantum eam capimus, in tantum id possumus. Verumtamen inest sensibus irrationalium animantium, etsi scientia nullo modo, at certe quædam scientiæ similitudo. Cetera autem rerum corporalium, non quia sentiunt, sed quia sentiuntur, sensibilia noncupata sunt. Quorum in arbustis hoc simile est sensibus, quod aluntur et *(b)* gignunt. Verumtamen et hæc et omnia corporalia latentes in natura caussas habent; sed formas suas, quibus mundi hujus visibilis structura formosa est, sentiendas sensibus præbent, ut pro eo quod nosse non possunt, quasi innotescere velle videantur. Sed nos ea sensu corporis ita capimus, ut de his non sensu corporis judicemus. Habemus enim alium interioris hominis sensum isto longe præstantiorem, quo justa et injusta sentimus, justa per intelligibilem speciem, injusta per ejus privationem. Ad hujus sensus officium non acies pupillæ, non foramen auriculæ, non spiramenta narium, non gustus faucium, non ullus corporeus tactus accedit. Ibi me et esse et hoc nosse certus sum, et *(c)* hæc amo atque amare me similiter certus sum.

CAPUT XXVIII.

An etiam ipsum amorem, quo et esse et scire diligimus, diligere debeamus, quo magis divinæ Trinitatis imagini propinquamus.

Sed de duobus illis, essentia scilicet et notitia, quantum amentur in nobis, et quemadmodum etiam in ceteris rebus quæ infra sunt, eorum reperiatur,

---

(a) Er. et Lov. *præter homines :* dissentientibus editis aliis et Mss. — *(b)* Sic Vind. Am. et Mss. At. Er. et Lov. *gignuntur.* — *(c)* Ita Mss. Editi vero, *et hoc amo.*

l'être et la connaissance, aussi bien que de l'amour que nous leur portons, et de la ressemblance éloignée, qui s'en trouve à un certain degré pourtant, dans les êtres inférieurs ; c'est assez pour le dessein que nous nous étions proposé dans cet ouvrage. Nous n'avons point dit encore si cet amour qui fait aimer le reste est aimé lui-même. Il l'est assurément, et la preuve en est que dans les hommes les plus dignes d'amour, il est aimé davantage. On n'appelle pas homme de bien celui qui connaît le bien, mais celui qui l'aime. Pourquoi donc n'aimerions-nous pas en nous cet amour même, qui nous fait aimer tout le bien que nous aimons? Il y a aussi un amour qui fait aimer ce qu'il ne faudrait pas aimer, et cet amour on le déteste en soi, quand on aime l'amour qui nous attache à ce qui est digne d'être aimé. Ces deux amours peuvent, en effet, exister ensemble dans l'homme ; et c'est le bien de l'homme que les progrès de l'amour qui nous fait bien vivre, soit la ruine de celui qui nous fait mal vivre, jusqu'au jour de la parfaite guérison, et de la transformation en bien de tout ce qu'il y a de vie en nous. Si nous étions brutes, nous aimerions la vie charnelle et sensuelle, cela suffirait à notre bien, et heureux avec cela, nous ne chercherions rien autre chose ; si nous étions arbres, nous ne manifesterions d'amour par aucun mouvement des sens, seulement nous aurions l'apparence d'un désir pour une fertilité plus riche et plus fructueuse ; si nous étions pierres, flots, vent, flamme ou quelque chose d'analogue, nous n'aurions ni sens, ni vie, et pourtant il y aurait en nous comme le besoin de notre place et de notre ordre naturel. Car les poids sont comme les amours des masses corporelles, soit que par la pesanteur elles descendent en bas ou par leur légèreté s'élèvent en haut. N'importe où aille le mouvement, le corps est entraîné par son poids comme le cœur par son amour. Puis donc que nous sommes des hommes créés à l'image de Dieu dont l'éternité est véritable, la vérité éternelle, la charité éternelle et véritable, comme il est lui-même éternelle, vraie et bienaimée Trinité, sans confusion, sans séparation ; parcourons la série de ces êtres placés au-dessous de nous ; s'ils ont l'être à un certain degré, avec la différence des espèces, la tendance à garder ou à poursuivre leur ordre naturel, c'est uniquement parce qu'ils ont été créés par celui qui est souverainement, qui possède la souveraine sagesse, la souveraine bonté. Suivons toutes ces œuvres d'un regard immobile pour y reconnaître les traces plus ou moins marquées de l'action du créateur ; nous admirerons ensuite son image en nous, et comme ce plus jeune fils dont parle l'Évangile, revenus à

etsi differens, quædam tamen similitudo, quantum suscepti hujus Operis ratio visa est postulare, satis diximus : de amore autem quo amantur, utrum et ipse amor ametur, non dictum est. Amatur autem : et hinc probamus, quod in (a) hominibus qui rectius amantur, ipse magis amatur. Neque enim vir bonus merito dicitur qui scit quod bonum est, sed qui diligit. Cur ergo et in nobis ipsis non eu ipsum amorem nos amare sentimus, quo amamus quidquid boni amamus? Est enim et amor, quo amatur et quod amandum non est : et istum amorem odit in se, qui illum diligit, quo id amatur quod amandum est. Possunt enim ambo esse in uno homine, et hoc bonum est homini, ut illo proficiente quo bene vivimus, iste deficiat quo male vivimus, donec ad perfectum sanetur, et in bonum commutetur omne quod vivimus. Si enim pecora essemus, carnalem vitam et quod secundum sensum ejus est amaremus ; idque esset sufficiens bonum nostrum, et secundum hoc cum esset nobis bene, nihil aliud quæreremus. Item si arbores essemus, nihil quidem sentiente motu amare possemus, verumtamen id quasi appetere videremur, quo feracius essemus uberius que fructuosæ. Si essemus lapides, aut fluctus, aut ventus, aut flamma, vel quid ejusmodi, sine ullo quidem sensu atque vita, non tamen nobis deesset quasi quidam nostrorum locorum atque ordinis appetitus. Nam velut amores corporum momenta sunt ponderum, sive deorsum gravitate, sive sursum levitate nitantur. Ita enim corpus pondere, sicut animus amore fertur, quocumque fertur. Quoniam igitur homines sumus, ad nostri Creatoris imaginem creati, cujus est vera æternitas, æterna veritas, æterna et vera caritas, estque (b) ipsa æterna et vera et cara Trinitas, neque confusa, neque separata ; in iis quidem rebus quæ infra nos sunt, quoniam et ipsa nec aliquo modo essent, nec aliqua specie continerentur, nec aliquem ordinem vel appeterent, vel tenerent, nisi ab illo facta essent qui summe est, qui summe sapiens est, qui summe bonus est ; tamquam per omnia quæ fecit mirabili stabilitate currentes, quasi quædam ejus alibi magis, alibi minus

(a) Sola editio Lov. *quod hominibus quæ rectius amantur.* — (b) Sic Mss. At editi, *estque ipse.*

nous-mêmes, nous nous lèverons pour revenir à celui dont nous nous étions séparés par le péché. En lui, notre être ne connaîtra pas la mort, notre connaissance n'aura point d'erreurs, et notre amour point d'égarements. Assurés maintenant que ces trois choses sont en nous; assurés, dis-je, non par un témoignage étranger, mais par le sentiment de leur présence, et la vue intérieure et infaillible que nous en avons; incertains toutefois par nous-mêmes de leur durée à toujours, ou de leur fin plus ou moins rapprochée; incertains aussi du but où elles doivent aboutir selon la bonté ou la malice des actes; incapables de pénétrer ces secrets par nos seules lumières, il nous faut avoir ou chercher des témoins étrangers dont la foi ne puisse laisser aucun doute. Le moment d'en parler n'est pas encore arrivé, il viendra en son temps. En ce livre où je traite de la Cité de Dieu, qui exempte de la mortalité et de l'exil d'ici-bas, possède le bonheur éternel des cieux, réunion des anges fidèles à Dieu, qui n'ont jamais failli et ne failliront jamais, bienheureux esprits dont Dieu a séparé dès le commencement, comme nous l'avons dit, ceux qui, déserteurs de l'éternelle lumière, sont devenus ténèbres; il me faut achever avec le secours d'en haut, d'expliquer de mon mieux, ce qui tient à ce sujet.

CHAPITRE XXIX.

De la science des Anges; ils connaissent la Trinité dans sa substance même, ils voient les causes premières de la création dans la science de son auteur, avant de la considérer en chaque chose créée.

Ce n'est point par le son des paroles que les saints anges reçoivent la connaissance de Dieu, mais par la présence même de l'immuable Vérité, c'est-à-dire par le Verbe son fils unique. Et le Verbe lui-même et le Père et le Saint-Esprit, Trinité inséparable avec la distinction des personnes et l'unité de substance, non pas trois dieux mais un seul Dieu; ils connaissent mieux ces vérités, que nous ne nous connaissons nous-mêmes. Là encore, c'est-à-dire dans la sagesse de Dieu, ils connaissent la créature, en son idéal premier beaucoup mieux qu'en elle-même; et, par suite, si bien qu'ils se connaissent en eux-mêmes, ils se connaissent dans l'art divin de leur création beaucoup mieux encore qu'en eux-mêmes. Là est donc pour eux la lumière du jour, et en eux-mêmes la lumière du soir, comme nous l'avons dit déjà. Il

---

impressa vestigia colligamus; in nobis autem ipsis ejus imaginem contuentes, tamquam minor ille Evangelicus filius ad nosmetipsos reversi surgamus (a) (*Luc.* xxxv, 18), ut ad illum redeamus, a quo peccando recesseramus. Ibi esse nostrum non habebit mortem, ibi nosse nostrum non habebit errorem, ibi amare nostrum non habebit offensionem. Nunc autem ista tria nostra quamvis certa teneamus, nec aliis ea credamus testibus, sed nos ipsi praesentia sentiamus, atque interiore veracissimo cernamus adspectu, tamen quam diu futura, vel utrum numquam defutura, et quo si bene, quo autem si male agantur, perventura sint, quoniam per nos ipsos nosse non possumus, alios hinc testes vel quaerimus, vel habemus; de quorum fide cur nulla debeat esse dubitatio, non est iste, sed posterior erit diligentius disserendi locus. In hoc autem libro de Civitate Dei, quae non peregrinatur in hujus vitae mortalitate, sed immortalis semper in coelis est, id est, de Angelis sanctis Deo cohaerentibus, qui nec fuerunt umquam, nec futuri sunt desertores, inter quos et illos qui aeternam lucem deserentes, tenebrae facti sunt, Deum primitus divisisse jam diximus, illo adjuvante quod coepimus, ut possumus explicemus.

(a) Editi, *et ab illam :* dissentientibus veteribus libris.

CAPUT XXIX.

De sanctorum Angelorum scientia, qua Trinitatem in ipsa ejus deitate noverunt, et qua operum caussas prius in operantis arte, quam in ipsis operibus artificis intuentur.

Illi quippe Angeli sancti non per verba sonantia Deum discunt; sed per ipsam praesentiam immutabilis veritatis, hoc est, Verbum ejus unigenitum : et ipsum Verbum et Patrem et eorum Spiritum-Sanctum; eamque esse inseparabilem Trinitatem, singulasque in ea personas esse unam substantiam; et tamen omnes non tres deos esse, sed unum Deum, ita noverunt, ut eis magis ista, quam nos ipsi nobis cogniti sumus. Ipsam quoque creaturam melius ibi, hoc est, in sapientia Dei, tamquam in arte qua facta est, quam in ea ipsa sciunt : ac per hoc et se ipsos ibi melius quam in se ipsis, verumtamen et in se ipsis. Facti sunt enim, et aliud sunt quam ille qui fecit. Ibi ergo tamquam in cognitione diurna, in se ipsis autem tamquam in vespertina, sicut supra jam diximus. Multum enim differt utrum in ea ratione cognoscatur aliquid secundum quam factum est, an

LIVRE XI. — CHAPITRE XXX.

y a en effet une grande différence, entre connaître une chose dans la raison ou le plan de son être, et la connaître en elle-même. Ainsi, la rectitude des lignes, la vérité des figures géométriques se connaissent tout autrement dans les conceptions de l'intelligence que dans le tracé effectif, et la justice tout autrement dans la vérité immuable que dans l'âme du juste. Il en est ainsi de tout le reste ; du firmament placé entre les eaux supérieures et les eaux inférieures avec le nom de ciel; des eaux réunis sous le ciel et laissant émerger la terre ; de la formation des plantes, des arbres, du soleil, de la lune, des étoiles; des animaux issus des eaux comme les oiseaux, les poissons, les monstres de la mer; de ceux qui marchent ou rampent sur la terre, et de l'homme enfin la plus excellente des créations terrestres. Tous ces êtres sont connus des anges dans le Verbe divin où sont immuables et éternels, l'art et les causes de leur création, bien autrement qu'en eux-mêmes, là plus clairement, ici plus confusément, différence nécessaire entre l'art et l'ouvrage ; toutefois quand l'ouvrage est rapporté à la louange et à la gloire du Créateur, il se produit comme la lueur du matin dans l'esprit de ceux qui le contemplent.

CHAPITRE XXX.
De la perfection du nombre six, le premier qui se forme de ses parties.

C'est à cause de la perfection du nombre six que l'Écriture attribue à la création, six jours, ou le même jour six fois répété. Aucun laps de temps n'était nécessaire à Dieu, qui pouvait assurément tout créer à la fois, et faire ensuite marquer le temps par les mouvements réguliers des créatures; mais le nombre six, par sa perfection, indique celle de l'œuvre de Dieu. Ce nombre est en effet le premier qui se forme par la réunion de ses parties, la sixième, la troisième, la moitié, un, deux et trois, dont l'addition donne six. Les parties comme je les entends ici sont celles qui sont un quotient exact de l'entier, comme la moitié, le quart ou toute autre fraction dont un nombre entier est le dénominateur; soit pour exemple le nombre neuf ; quatre est bien une partie de ce nombre, mais elle n'en est pas pour cela partie aliquote, un le sera parce qu'il est la neuvième partie, trois aussi parce qu'il est la troisième partie. Si vous réunissez ces deux parties aliquotes de neuf, un et trois, vous aurez quatre qui est bien loin du total neuf. De même pour dix ;

---

in se ipso. Sicut aliter scitur rectitudo linearum seu veritas figurarum, cum intellecta conspicitur, aliter cum in pulvere scribitur ; et aliter justitia in veritate incommutabili, aliter in anima justi. Sic deinde cetera, sicut firmamentum inter aquas superiores et inferiores, quod cœlum vocatum est ; sicut deorsum aquarum congeries terræque nudatio, et herbarum institutio atque lignorum ; sicut solis et lunæ stellarumque conditio ; sicut ex aquis animalium, volucrum scilicet atque piscium belluarumque natantium; sicut quorumcumque in terra gradientium atque repentium, et ipsius hominis, qui cunctis in terra rebus excelleret. Omnia hæc aliter in Verbo Dei cognoscuntur ab Angelis, ubi habent caussas rationesque suas, id est, secundum quas facta sunt, incommutabiliter permanentes, aliter in se ipsis (a), illic clariore, hic obscuriore cognitione, velut artis atque operum : quæ tamen opera cum ad ipsius Creatoris laudem venerationemque referuntur, tamquam mane lucescit in mentibus contemplantium.

(a) Mss. *illac clariore, hac obscuriore.*

CAPUT XXX.
De senarii numeri perfectione, qui primus partium suarum quantitate completur.

Hæc autem propter senarii numeri perfectionem, eodem die sexies repetito, sex diebus perfecta narrantur (**Gen.** 1, 31) : non quia Deo necessaria fuerit mora temporum, quasi qui non potuerit creare omnia simul, quæ deinceps congruis motibus peragerent tempora; sed quia per senarium numerum est operum significata perfectio. Numerus quippe senarius primus completur suis partibus, id est, sexta sui parte, et tertia, et dimidia; quæ sunt unum, et duo, et tria : quæ in summam ducta, sex fiunt. Partes autem in hac consideratione numerorum illæ intelligendæ sunt, quæ quotæ sint dici potest : sicut dimidia, tertia, quarta, et deinceps ab aliquo numero denominatæ. Neque enim, exempli gratia, quia in novenario numero quatuor pars aliqua ejus est, ideo dici potest quota ejus sit : unum autem potest, nam nona ejus est; et tria potest, nam tertia ejus

quatre en est une partie, comment dire laquelle ? On le peut de un puisque c'est tout juste le dixième : dix a encore sa cinquième partie, qui est deux et sa moitié qui est cinq, mais ces trois parties, le dixième, cinquième et moitié, c'est-à-dire un, deux, cinq, si vous les additionnez vous ne trouvez pas dix mais huit. Pour le nombre douze, il est surpassé par la somme de ses parties ; il a le douzième qui est un, le sixième deux, le quart trois, le tiers quatre, la moitié six ; or tous ces nombres réunis font seize et non pas douze seulement. J'ai cru devoir indiquer sommairement ces choses pour relever l'excellence du nombre six, le premier, ai-je dit, qui se forme de la somme de ses parties ; c'est dans ce nombre de jours que Dieu a achevé son ouvrage. Ainsi il ne faut point mépriser la raison numérique, plusieurs passages de la Sainte-Écriture en marquent toute l'importance aux esprits attentifs. Ce ne peut être en vain qu'il est dit à la louange de Dieu : « Vous avez tout disposé selon la mesure, le nombre et le poids. » (*Say.* XI, 21.).

CHAPITRE XXXI.

Du septième jour, en lequel sont la plénitude et le repos.

Mais au septième jour, ou au même jour répété sept fois, (nombre également parfait pour une autre raison) ; au septième jour est le repos de Dieu, et l'ordre de la sanctification. Dieu n'a pas voulu sanctifier ce jour par aucune œuvre, mais par son repos qui n'a point de soir. Il n'y a plus en effet de créature nouvelle dont la connaissance, différente dans le Verbe de Dieu et en elle-même, nous fasse distinguer un jour et un soir. On pourrait disserter longuement sur la perfection du nombre sept ; mais déjà ce livre est bien étendu, et peut-être, me faut-il prendre garde qu'on ne m'accuse à ce propos, d'avoir voulu faire un vain étalage de science, au lieu de m'attacher à ce qui est vraiment utile. Il faut donc ici tenir compte de ce qu'enseignent la modération et la gravité, pour ne pas laisser croire qu'en parlant trop du nombre, j'oublie le poids et la mesure. Il suffira d'avoir averti que le premier

---

est. Conjunctæ vero istæ duæ partes ejus, nona scilicet atque tertia, id est, unum et tria, longe sunt a tota summa ejus, quod est novem. Itemque in denario quaternarius est aliqua pars ejus ; sed quota sit dici non potest : unum autem potest ; nam decima pars ejus est. Habet et quintam, quod sunt duo : habet et dimidiam, quod sunt quinque. Sed hæ tres partes ejus, decima et quinta et dimidia, id est, unum et duo et quinque, simul ductæ non complent decem : sunt enim octo. Duodenarii vero partes numeri in summam ductæ, transeunt eum : habet enim duodecimam, quod est unum ; habet sextam quæ sunt duo ; habet quartam, quæ sunt tria ; habet tertiam, quæ sunt quatuor ; habet et dimidiam, quæ sunt sex : unum autem et duo et tria et quatuor et sex ; non duodecim, sed amplius, id est, sexdecim fiunt. Hoc breviter commemorandum putavi ad commendandam senarii numeri perfectionem, qui primus, ut dixi, partibus suis in summam redactis ipse perficitur : in quo perfecit Deus opera sua. Unde ratio numeri contemnenda non est, quæ in multis sanctarum Scripturarum locis, quam magni æstimanda sit, elucet diligenter intuentibus. Nec frustra in laudibus Dei dictum est, « Omnia in mensura et numero et pondere disposuisti. » (*Sap.* II, 21.)

CAPUT XXXI.

De die septimo, in quo plenitudo et requies commendatur.

In septimo autem die, id est, eodem die septies repetito, qui numerus etiam ipse alia ratione perfectus est, Dei requies commendatur, in qua primum sanctificatio sonat. (*Gen.* II, 2.) Ita Deus noluit istum diem in ullis suis operibus sanctificare, sed in requie sua, quæ non habet vesperam : neque ulla enim creatura est, ut etiam ipsa (*a*) aliter in Dei Verbo, aliter in se cognita, faciat aliam velut diurnam, aliam velut vespertinam notitiam. De septenarii porro numeri perfectione dici quidem plura possunt : sed et liber iste jam prolixus est ; et vereor ne occasione comperta, scientiolam nostram leviter magis quam utiliter jactare velle videamur. Habenda est itaque ratio moderationis atque gravitatis, ne forte cum de numero multum loquimur, mensuram et pondus negligere judicemur. Hoc itaque satis sit admonere, quod totus impar primus numerus ternarius est, totus par quaternarius : ex quibus duobus septenarius constat. Ideo pro universo sæpe ponitur, sicuti est : « Septies cadet justus, et resurget : » *Prov.* XXIV, 16) id est, quoties-

---

(*a*) *Ipsa* scilicet requies Dei, quæ non est aliqua creatura.

nombre tout impair, trois ; et le premier nombre tout pair, quatre ; pris ensemble donnent le nombre sept. C'est pour cela que ce nombre est souvent pris pour la généralité; ainsi : « Le juste tombera sept fois et se relèvera » (*Prov.* xxiv, 26) ; c'est-à-dire malgré toutes ses chutes, il ne périra point, ce qui doit s'entendre, non du péché, mais des tribulations qui nous abaissent et nous humilient; ainsi encore : « Je vous louerai sept fois le jour » (*Ps.* cxviii, 164) qui ailleurs est exprimé ainsi : « sa louange sera toujours dans ma bouche » (*Ps.* xxxiii, 1. » On citerait une foule d'autres passages dans lesquels la divine Écriture prend, comme j'ai dit, le nombre sept pour l'universalité. C'est pourquoi ce nombre désigne souvent aussi le Saint-Esprit, dont Notre-Seigneur a dit : « Il vous enseignera toute vérité. » (*Jean*, xvi, 13.) Là est le repos de Dieu, là on se repose en Dieu. Le repos en effet se trouve dans le tout, c'est-à-dire dans l'entière perfection, et le travail dans la partie. C'est pourquoi nous sommes dans le travail, dans la connaissance partielle (I. *Cor.* xiii, 9), c'est pour cela aussi que nous scrutons péniblement les Écritures. Mais les saints anges, dont l'union et la société glorieuse est l'objet de tous nos vœux dans ce laborieux exil, ont avec leur immuable éternité, et le bonheur du repos et la facilité de la connaissance. Ils nous aident sans peine; la fatigue étant absolument étrangère à la spirituelle et pure liberté de leurs mouvements.

CHAPITRE XXXII.

Il en est qui veulent que la création des Anges soit antérieure à celle du monde ; ce qu'il faut penser de cette opinion.

Si quelqu'un n'admet point mon interprétation, et dit qu'il ne s'agit pas des anges dans ces paroles : « Que la lumière soit faite, et la lumière fut faite, » (*Gen.* i. 3) mais bien et seulement de la lumière corporelle; enseignant que les anges avaient été créés auparavant, non-seulement avant le firmament appelé Ciel, et placé entre les eaux pour les séparer, mais aussi avant ce qui est exprimé par les paroles : « Au commencement Dieu créa le ciel et la terre, » (*Gen.* i, 1) et que ce mot : « au commencement, » ne signifie point la première des créations, celle des anges ayant précédé, mais indique seulement que Dieu a tout fait dans sa sagesse qui est son Verbe, et que l'Écriture appelle quelquefois de ce nom de principe ou commencement, par exemple quand aux Juifs qui lui demandent qui il est, le Sauveur répond qu'il est le commencement (*Jean*, viii, 25) ; si quelqu'un, dis-je, m'apporte ces doctrines, je

---

cumque ceciderit, non peribit. Quod non de iniquitatibus, sed de tribulationibus ad humilitatem perducentibus intelligi voluit. Et, « Septies in die laudabo te. » (*Ps.* cxviii, 16.) Quod alibi alio modo dictum est : « Semper laus ejus in ore meo. » (*Ps.* xxxiii, 1.) Et multa hujusmodi in divinis auctoritatibus reperiuntur, in quibus septenarius numerus, ut dixi, pro cujusque rei universitate poni solet. Propter hoc eodem sæpe numero significatur Spiritus-Sanctus, de quo Dominus ait, « Docebit vos omnem veritatem. » (*Joan.* xvi, 13.) Ibi requies Dei, qua requiescitur in Deo. In toto quippe, id est, in plena perfectione requies, in parte autem labor. Ideo laboramus, quamdiu ex parte scimus, sed cum venerit quod perfectum est, quod ex parte est evacuabitur. (I. *Cor.* xiii, 9.) Hinc est quod etiam. Scripturas istas cum labore rimamur. Sancti vero Angeli (*a*), ad quorum societatem et congregationem in hac peregrinatione laboriosissima suspiramus, sicut habent permanendi æternitatem, ita cognoscendi facilitatem et requiescendi felicitatem. Sine difficultate quippe nos adjuvant; quoniam spiritalibus motibus puris et liberis non laborant.

CAPUT XXXII.

De opinione eorum qui angelorum creationem anteriorem volunt esse, quam mundi.

Ne quis autem contendat, et dicat non sanctos Angelos esse significatos, in eo quod scriptum est, « Fiat lux, et facta est lux ; » (*Gen.* i, 3), quamlibet lucem tunc primum factam esse corpoream, aut opinetur, aut doceat : Angelos autem prius esse factos, non tantum ante firmamentum, quod inter aquas et aquas factum, appellatum est cœlum, sed ante illud quod dictum est, « In principio fecit Deus cœlum et terram : » (*Gen.* i, 4) atque illud quod dictum est, « In principio, » non ita dictum tamquam primum hoc factum sit, cum ante fecerit Angelos, sed quia omnia in sapientia fecit, quod est Verbum ejus, et ipsum Scriptura principium nominavit ; sicut ipse in Evangelio Judæis quærentibus

---

(*a*) Mss. omittunt particulam *ad* : et ex his nonnulli habent, *societati et congregationi*.

me garderai bien de les combattre et de répliquer quoi que ce soit ; d'autant que je suis ravi de trouver ainsi, au début du livre sacré de la Genèse, une mention de la Trinité. En effet, quand il est dit : « Au commencement Dieu créa le ciel et la terre, » nous devons entendre que le Père a créé par le Fils, comme chante le Psaume : « Que vos œuvres sont magnifiques, Seigneur ! Vous avez tout fait dans la sagesse : » (*Ps.* CIII, 24) et presque aussitôt vient une excellente mention de l'Esprit-Saint ; en effet, après avoir dit en quel état était d'abord la terre, ou plutôt ces amas confus des éléments, qui devaient fournir la matière du ciel et de la terre, l'Écriture ajoute aussitôt : « La terre était sans forme et sans aspect, et les ténèbres étaient sur l'abîme ; » (*Gen.* I, 2) puis pour compléter la mention de la Trinité, elle dit : « Et l'Esprit de Dieu était porté sur les eaux. » Que chacun adopte l'interprétation qui lui plaira davantage, car de ces profondeurs peuvent fort bien sortir des opinions diverses, qui ne s'écartent point de la règle de la foi ; seulement qu'il soit reconnu de tous : que les saints anges règnent avec Dieu dans le ciel, qu'ils ne sont point éternels, mais qu'ils ont reçu cependant une assurance certaine de leur félicité vraie et désormais sans fin.

Société sainte à laquelle sont appelés ces petits, dont le Seigneur a dit : « Ils seront égaux aux anges de Dieu : » (*Matth.* XXII, 30.) et de plus indiquant cette bienheureuse contemplation qui fait le bonheur des anges, il a dit : « Prenez garde de scandaliser un de ces petits, car je vous déclare que leurs anges, dans les cieux, voient sans cesse la face de mon Père qui est dans les cieux. » (*Matth.* XVIII, 10.)

CHAPITRE XXXIII.

Deux sociétés d'Anges ; leur différence et leur opposition ; on les a convenablement distinguées par les noms de lumière et de ténèbres.

Une partie des anges a péché, et par suite a été précipitée du Ciel dans les basses régions du monde, où elle demeure emprisonnée, jusqu'à la dernière condamnation du grand jour du jugement ; c'est ce que l'apôtre saint Pierre nous enseigne très-clairement quand il dit, que Dieu n'a point pardonné aux anges prévaricateurs, mais qu'il les a enfermés dans les cachots ténébreux de l'enfer, les réservant aux rigueurs de sa justice. (II. *Pierre*, II, 4.) Ainsi Dieu, soit de prescience, soit de fait, les a séparés des bons anges, personne n'en doute ;

---

quis esset, respondit se esse principium (*Joan.* VIII, 25) : non e contrario referam contentionem, maxime quia hoc me delectat plurimum, quod etiam in summo exordio sancti libri Geneseos Trinitas commendatur. Cum enim ita dicitur : « In principio fecit Deus cœlum et terram, » ut Pater fecisse intelligatur in Filio, sicut adtestatur Psalmus, ubi legitur : « Quam magnificata sunt, opera tua Domine ! omnia in sapientia fecisti ; » (*Ps.* CIII, 24) convenientissime paulo post commemoratur etiam Spiritus-Sanctus. Cum enim dictum esset, qualem terram Deus primitus fecerit, vel quam molem materiamve futuræ constructionis mundi cœli et terræ nomine nuncupaverit, subjiciendo et addendo, « Terra autem erat invisibilis et incomposita, et tenebræ erant super abyssum ; » (*Gen.* I, 2) mox ut Trinitatis commemoratio compleretur, « Et spiritus, inquit, Dei superferebatur super aquam. » (*Ibid.*) Proinde ut volet quisque accipiat, quod ita profundum est, ut ad exercitationem legentium a fidei regula non aberrantes plures possit generare sententias : dum tamen Angelos Sanctos in sublimibus (*a*) sedibus, non quidem Deo coæternos, sed tamen de sua sempiterna et vera felicitate securos et certos esse, nemo ambigat. Ad quorum societatem pertinere parvulos suos Dominus docens, non solum illud ait : « Erunt æquales Angelis Dei ; » (*Matth.* XXII, 30) verum ipsi quoque Angeli qua contemplatione fruantur, ostendit, ubi ait : « Videte, ne contemnatis unum ex pusillis istis dico ; enim vobis, quia Angeli eorum in cœlis semper vident faciem Patris mei, qui in cœlis est. » (*Matth.* XVIII, 10.)

CAPUT XXXIII.

De duabus angelorum societatibus diversis atque disparibus, quæ non incongrue intelliguntur lucis et tenebrarum nominibus nuncupatæ.

Peccasse autem quosdam angelos, et in hujus mundi ima detrusos, qui eis velut carcer est, usque ad futuram in die judicii ultimam damnationem, apostolus Petrus apertissime ostendit, dicens, quod Deus angelis peccantibus non pepercerit, sed carceribus caliginis inferi retrudens tradiderit in judicio puniendos reservari. (II. *Petr.* II, 4.) Inter hos ergo et illos, Deum vel præscientia vel opere divisisse

---

(*a*) Editi, *cœli sedibus*, Abest *cœli* a Mss.

ces derniers ont justement été appelés anges de lumière, personne ne le peut contester, quand nous-mêmes qui vivons dans la foi, qui espérons et ne possédons pas encore leur bonheur, nous sommes bien appelés lumière par l'Apôtre quand il nous dit : « Autrefois vous étiez ténèbres, maintenant vous êtes lumière dans le Seigneur. »(*Ephes.* v, 8.) Quant aux anges rebelles ils méritent, à tous égard, le nom de ténèbres qui leur a été donné, comme l'avouent tous ceux qui les connaissent, ou les croient pires que l'homme même infidèle. Et quand même il serait vrai que c'est d'une toute autre lumière qu'il est écrit : « Dieu dit que la lumière soit faite et la lumière fut faite, » (*Gen.* I, 3) d'autres ténèbres aussi qu'il s'agit dans le passage, « Dieu sépara la lumière des ténèbres ; » on voudrait bien encore nous pardonner d'avoir vu là ces deux sociétés angéliques si différentes; l'une jouissant de Dieu, l'autre enflée d'orgueil, l'une à qui l'on dit : « Adorez le Seigneur, vous tous ses anges, » (*Ps.* XCVI, 8) l'autre dont le chef a l'audace de dire : « Je te donnerai toutes ces choses si tu te prosternes pour m'adorer : » (*Matth.* IV, 9) l'une brûlant du saint amour de Dieu, l'autre perdue dans les fumées que produit l'amour impur de sa propre élévation ; l'une habitant le ciel des cieux, l'autre refoulée tumultueusement dans les plus infimes régions de l'air, tout cela selon qu'il est écrit : « Dieu résiste aux superbes, mais il donne sa grâce aux humbles; » (*Jac.* IV, 6 *et* I. *Pierre*, v, 5) l'une tranquille dans les lumières de la piété, l'autre agitée de passions ténébreuses; l'une toujours prête à exécuter les ordres de Dieu, soit pour une bienfaisante clémence, soit pour un juste châtiment, l'autre poussée par son orgueil jusqu'aux extrêmes de la passion de dominer et de nuire. L'une ministre de Dieu pour faire tout le bien qu'il lui plaît, l'autre enchaînée par la puissance de Dieu qui l'empêche de nuire autant quelle le voudrait; la première se jouant de la seconde par le bien qu'elle tire de ses fureurs mêmes, celle-ci jalouse de l'autre, quand elle la voit se compléter par le retour des exilés qui reviennent à la patrie. Ces deux sociétés d'Anges, qu'une foule de passages de la Sainte-Écriture nous montrent plus clairement, comme différentes et contraires, l'une bonne de nature et de volonté, l'autre bonne de nature, mais perverse de volonté; nous les avons reconnues nous, en ce livre de la Genèse, dans les expressions de lumière et des ténèbres, alors peut-être que l'auteur sacré n'a point pensé à ce sens. Il ne sera pas toutefois inutile, même dans cette supposition, d'avoir cherché à pénétrer l'obscurité de ce passage; car si nous n'avons pas réussi à

---

quis dubitet? illosque lucem merito appellari, quis contradicat? Quando quidem nos adhuc in fide viventes, et eorum æqualitatem adhuc sperantes, utique nondum tenentes, jam lux dicti ab Apostolo sumus : « Fuistis enim, inquit, aliquando tenebræ, nunc autem lux in Domino. » (*Ephes.* v, 8.) Istos vero desertores, tenebras apertissime nuncupari, profecto advertunt, qui pejores esse hominibus infidelibus sive intelligunt, sive credunt. Quapropter etsi alia lux in isto hujus libri loco intelligenda est, ubi legimus : « Dixit Deus, Fiat lux, et facta est lux ; » (*Gen.* I, 3) et aliæ tenebræ significatæ sunt in eo quod scriptum est : « Divisit Deus inter lucem et tenebras ; » nos tamen has duas angelicas societates, unam fruentem Deo, alteram tumentem (*a*) typho; unam cui dicitur : « Adorate eum omnes angeli ejus; » (*Ps.* XCVI, 8) aliam cujus princeps dicit : « Hæc omnia tibi dabo, si prostratus adoraveris me. » (*Matth.* IV, 9.) Unam Dei sancto amore flagrantem, alteram propriæ celsitudinis immundo amore fumantem; et quoniam, sicut scriptum est : « Deus superbis resistit, humilibus autem dat gratiam; » (*Jacob.* IV, 8; I. *Petr.* v, 5) illam in cœlis cœlorum habitantem, istam inde dejectam in hoc infimo aerio cœlo tumultuantem. Illam luminosa pietate tranquillam, istam tenebrosis cupiditatibus turbulentam; illam Dei nutu clementer subvenientem, juste ulciscentem, istam inde fastu subdendi et nocendi libidine exæstuantem; illam, ut quantum vult consulat, Dei (*b*) bonitati ministram; istam, ne quantum vult noceat, Dei potestate frenatam; illam huic illudentem, ut dolens prosit persecutionibus suis, hanc illi invidentem, cum peregrinos colligit suos. Nos ergo has duas societates angelicas inter se dispares atque contrarias, unam et natura bonam, et voluntate rectam; aliam vero natura bonam, sed voluntate perversam, aliis manifestioribus divinarum Scripturarum testimoniis declaratas, quod etiam in hoc libro, cui nomen est Genesis, lucis tenebrarumque vocabulis significatas existimavimus, etiamsi aliud sensit hoc loco forte qui scripsit,non est inutiliter obscuritas hujus pertractata sententiæ : quia etsi vo-

---

(a) Vind. Am. et plures Mss. *typo.* — *(b)* Sic Mss. At editi, *bonitatis.*

rencontrer le sens propre de l'auteur sacré, au moins sommes-nous assuré de ne pas nous être écarté de la règle de la foi, telle que nous la donnent une infinité de passages très-clairs de la Sainte-Écriture. Admettons, si l'on veut, qu'il ne s'agissait ici que de créations corporelles; on ne niera pas toutefois qu'elles ont une certaine analogie avec les spirituelles. Ce qui fait dire à l'apôtre : « Vous êtes tous fils de la lumière et du jour; nous ne sommes point fils de la nuit ni des ténèbres. » (I. *Thess.* v, 5.) Mais si j'ai eu le bonheur de découvrir le vrai sens de l'écrivain sacré; mon interprétation aura obtenu un bien meilleur résultat encore, puisque dès lors, on ne devra plus penser que cet homme rempli de la sagesse divine, ou plutôt l'Esprit-Saint dont il était l'organe, ait oublié les anges dans l'énumération des œuvres accomplies dans les six jours; soit que « au commencement » signifie la priorité, soit que, et ce sens est plus probable; « principe ou commencement » soit mis pour exprimer que Dieu a créé par son Verbe, quand il est dit : « *In principio*, dans le commencement Dieu créa le ciel et la terre. » Ces dernières paroles « ciel et terre » désignent l'ensemble des créatures, ou, ce que j'aime mieux, la création spirituelle et la corporelle, ou bien ces deux grandes œuvres qui contiennent toutes les autres; comme si Moïse avait voulu d'abord en un mot exprimer le tout, pour développer ensuite le détail des parties dans le nombre mystérieux des six jours.

CHAPITRE XXXIV.

Certaine opinion veut qu'en la création du firmament, les eaux séparées signifient les anges. — De ceux qui croient que les eaux n'ont pas été créées.

Il en est cependant qui ont pensé (1) que sous le nom « d'eaux » l'Écriture désigne la multitude des anges, et que dans le passage : « Que le firmament soit fait pour séparer les eaux, » (*Gen.* I, 6) il faut voir, au-dessus du firmament le séjour des anges, et au-dessous, ou ces eaux ordinaires, ou la foule des mauvais anges, ou bien le genre humain avec ses nations diverses. Dans ce sens on ne retrouve plus la création des anges, mais seulement leur séparation. Il y en a aussi qui poussent l'impiété jusqu'à nier que les eaux aient été créées par Dieu (2), sous prétexte qu'on ne lit nulle part : Dieu a dit, que les eaux soient faites. Ce

(1) Saint Augustin paraît avoir admis d'abord cette opinion, comme on l'apprend par ses *Confessions* (liv. XIII, chap. xv), mais il l'a condamnée ensuite dans ses *Rétractations* (liv. II, chap. vi); c'était aussi l'opinion d'Origène : elle est consacrée par saint Épiphane dans sa lettre à Jean de Jérusalem; et par saint Jérôme dans le livre à Pammachius contre les erreurs de Jean de Jérusalem. — (2) Voyez livre des *Hérésies*, chap. LXXVI.

luntatem auctoris libri hujus indagare nequivimus, a regula tamen fidei, quæ per alias ejusdem auctoritatis sacras litteras satis fidelibus nota est, non aberravimus. Etsi enim corporalia hic commemorata sunt opera Dei, habent procul dubio nonnullam similitudinem spiritalium, secundum quam dicit Apostolus : « Omnes enim vos filii lucis estis et filii diei; non sumus noctis, neque tenebrarum. » (I. *Thess.* v, 5.) Si autem hoc sensit etiam ille qui scripsit, ad perfectionem disputationis finem nostra pervenit intentio : ut homo Dei tam eximiæ divinæque sapientiæ, immo per eum Spiritus Dei in commemorandis operibus Dei, quæ omnia sexto die dicit esse perfecta, nullo modo angelos prætermisisse credatur : sive « In principio, » quia primo fecit; sive quod convenientius intelligitur, « In principio, » quia in Verbo unigenito fecit, scriptum sit, « In principio fecit Deus cœlum et terram : » (*Gen.* I, 1) quibus nominibus universalis est significata creatura, vel spiritalis et corporalis, quod est credibilius; vel magnæ duæ mundi partes, quibus omnia quæ creata sunt continentur, ut primitus eam totam proponeret, ac deinde partes ejus secundum mysticum dierum numerum exsequeretur.

CAPUT XXXIV.

De eo quod quidam putant, in conditione firmamenti aquarum discretarum nomine angelos significatos, et quod quidam aquas existimant non creatas.

Quamquam nonnulli putaverint aquarum nomine significatos quodam modo populos angelorum; et hoc esse quod dictum est : « Fiat firmamentum inter aquam et aquam; » (*Gen.* I, 6) ut supra firmamentum angeli intelligantur, infra vero vel aquæ istæ visibiles, vel malorum angelorum multitudo, vel omnium hominum gentes. Quod si ita est, non illic apparet ubi facti sunt angeli, sed ubi discreti. Quamvis et aquas, quod perversissimæ atque impiæ vanitatis est, negent quidam factas a Deo, quoniam nusquam scriptum est, Dixit Deus, Fiant aquæ. Quod possunt simili vanitate de terra dicere : nusquam

vain raisonnement ferait tout aussi bien conclure que la terre n'a pas été créée, puisqu'on ne voit pas davantage que Dieu ait dit : Que la terre soit faite. Il est vrai qu'ils répondent qu'il est écrit : « Au commencement Dieu a fait le ciel et la terre. » (*Gen.* I, 1.) Mais il faut entendre l'eau avec la terre; car elle est évidemment comprise dans le même terme. Et le psaume ne porte-t-il pas expressément : « La mer est à lui, et c'est lui qui l'a faite, et ses mains ont façonné la terre? » (*Ps.* XCIV, 1.) Quant à ceux qui par les eaux supérieures veulent entendre les anges, ils sont déterminés par cette raison, que c'est un élément pesant, et qu'ils ne comprennent point qu'une substance pesante et fluide puisse ainsi se tenir dans les hautes régions du monde. Grands logiciens assurément! S'ils avaient le pouvoir de faire l'homme ils se garderaient bien, pour ce beau motif, de placer à la tête, la pituite ou flegme comme disent les Grecs, car elle est l'eau dans les éléments de notre corps. Dans l'œuvre de Dieu cet élément a, très à propos, été assigné à la tête; mais dans les conjectures de ces gens cela doit paraître si absurde, que si ne voyant pas que cela est ainsi, ils apprenaient seulement par la Genèse que Dieu a placé un corps froid et liquide, pesant par conséquent, dans la partie la plus élevée du corps humain, ces peseurs d'éléments refuseraient de le croire; ou, s'ils n'osaient contredire ouvertement le témoignage de l'Écriture, ils le détourneraient à un sens allégorique. Si nous voulions examiner, une à une, toutes les choses que le livre sacré nous dit de l'origine du monde; nous ne saurions finir, et nous nous verrions entraîné bien loin du but que nous nous sommes proposé dans cet ouvrage. C'est pourquoi ayant, ce nous semble, assez parlé de ces deux sociétés des anges opposées et contraires, où se trouvent les germes des deux Cités que nous présente l'humanité, et dont il nous reste à traiter, nous devons ici terminer ce livre.

---

enim legitur, Dixit Deus, Fiat terra. Sed, inquiunt, scriptum est, « In principio fecit Deus cœlum in terram. » (*Gen.* I, 1.) Illic ergo et aqua intelligenda est : uno enim nomine utrumque comprehensum est. Nam « ipsius est mare, » sicut in Psalmo legitur, « et ipse fecit illud, et aridam (*a*) terram manus ejus finxerunt. » (*Ps.* XCIV, 3.) Sed hi qui in nomine aquarum quæ super cœlos sunt, angelos intelligi volunt, ponderibus elementorum monentur, et ideo non putant aquarum fluidam gravemque naturam in superioribus mundi locis potuisse constitui : qui secundum rationes suas si ipsi hominem facere possent, non ei pituitam, quod Græce φλεγμα dicitur, et tamquam in elementis corporis nostri aquarum vicem obtinet, in capite ponerent. Ibi enim sedes est phlegmatis, secundum Dei opus utique aptissime : secundum istorum autem conjecturam tam absurde, ut si hoc nesciremus, et in hoc libro similiter scriptum esset, quod Deus humorem fluidum et frigidum, ac per hoc gravem, in superiore omnibus ceteris humani corporis parte posuerit, isti trutinatores elementorum nequaquam crederent; et si auctoritati ejusdem Scripturæ subditi essent, aliquid aliud ex hoc intelligendum esse censerent. Sed quoniam si diligenter singula scrutemur atque tractemus, quæ in illo divino libro de constitutione mundi scripta sunt, et multa dicenda, et a proposito instituti Operis longe digrediendum est; jamque de duabus istis diversis inter se atque contrariis societatibus angelorum, in quibus sunt quædam exordia duarum etiam in rebus humanis Civitatum, de quibus deinceps dicere institui, quantum satis esse visum est, disputavimus, hunc quoque librum aliquando claudamus.

(*a*) Vind. Er. et Lov. omittunt *terram*. Habent potiores Mss. juxta Græc. LXX. Habet etiam editio Am. sed cum additamento sic : *et aridam, id est terram manus ejus finxerunt.*

LIVRE DOUZIÈME

Au début de ce livre, le saint recherche, au sujet des Anges, d'où est venue aux uns une volonté bonne, aux autres une volonté mauvaise, quelle a été la cause du bonheur des Anges restés fidèles, et du malheur de ceux qui se sont révoltés. Il parle ensuite de la création de l'homme, il montre qu'il n'est point éternel, qu'il a été créé dans le temps, et qu'il n'a d'autre auteur que Dieu même.

CHAPITRE PREMIER.

Les anges bons ou mauvais ont une même nature.

Avant de parler de la création de l'homme, où l'on verra apparaître, dès le commencement, les deux Cités parmi les hommes, comme nous en avons déjà constaté l'origine dans la société des anges, j'aurais encore plusieurs choses à dire, pour montrer qu'entre les anges et les hommes, il n'y a ni disconvenance, ni incompatibilité; qu'ainsi il n'existe pas réellement quatre Cités, deux des anges et deux des hommes, mais seulement deux Cités en sociétés, l'une composée de bons et l'autre de méchants, hommes ou anges.

2. Il n'est pas permis de douter que les inclinations contraires des bons et des mauvais anges, ne proviennent de leur volonté et de leurs désirs, sans qu'il soit possible de les attribuer à la différence de leur nature et de leur principe, puisque Dieu, qui n'a rien fait que de bon, est le créateur des uns et des autres. Les uns, constamment attachés au bien commun à tous, qui est Dieu lui-même, sont restés toujours dans son éternité, dans sa vérité, dans sa charité. Les autres, au contraire, préférant se complaire en leur propre excellence, comme s'ils eussent été eux-mêmes leur bien, se sont détachés du bien suprême, source de toute béatitude, pour descendre en eux-mêmes, et ainsi ils ont échangé l'éminente gloire de l'éternité, pour une élévation fastueuse; la certitude de la vérité, pour les artifices de la vanité; la charité mutuelle pour des rivalités factieuses, et par là ils sont devenus superbes, trompeurs et envieux. Il suit de là, que la cause de la béatitude

LIBER DUODECIMUS

In quo prius quidem de angelis inquirit Augustinus, unde nimirum aliis bona voluntas, aliis mala; et quæ caussa beatitudinis bonorum, quæ caussa miseriæ malorum angelorum fuerit. Postea vero de hominis institutione agit, docetque eum non ab æterno, sed in tempore esse conditum, nec alio auctore quam Deo.

CAPUT PRIMUM.

De una bonorum malorumque angelorum natura.

1. Antequam de institutione hominis dicam, ubi duarum Civitatum, quantum ad rationalium *(a)* mortalium genus attinet, apparebit exortus, sicut superiore libro apparuisse in angelis jam videtur; prius mihi quædam de ipsis angelis video esse dicenda, quibus demonstretur quantum a nobis potest, quam non inconveniens neque incongrua dicatur esse hominibus angelisque societas : ut non quatuor, duæ scilicet angelorum totidemque hominum, sed duæ potius Civitates, hoc est, societates, merito esse dicantur; una in bonis, altera in malis, non solum angelis, verum etiam hominibus constitutæ.

2. Angelorum bonorum et malorum inter se contrarios appetitus non naturis principiisque diversis, cum Deus omnium substantiarum bonus auctor et conditor utrosque creaverit, sed voluntatibus et cupiditatibus exstitisse, dubitare fas non est; dum alii constanter in communi omnibus bono, quod ipse illis Deus est, atque in ejus æternitate, veritate, caritate persistunt; alii sua potestate potius delectati, velut bonum suum sibi ipsi essent, a superiore communi omnium beatifico bono ad propria defluxerunt; et habentes elationis fastum pro excelsissima æternitate, vanitatis astutiam pro certissima veritate, studia partium pro individua caritate, superbi, fallaces, invidi effecti sunt. Beatitudinis igitur illorum caussa est, adhærere Deo. Quocirca istorum miseriæ caussa ex contrario est intelligenda, quod est,

(a) Editi, *mortaliumque.* Abest *quo* a Mss.

des uns, est tout entière dans leur union à Dieu, comme la cause du malheur des autres est également tout entière, dans leur séparation de Dieu. Si donc, lorsqu'on demande pourquoi ceux-ci sont heureux, on répond avec vérité : parce qu'ils sont restés fidèles à Dieu ; et lorsqu'on demande pourquoi ceux-là sont malheureux, on répond aussi avec vérité : parce qu'ils ont été infidèles à Dieu ; il faut en conclure que Dieu seul put rendre heureux la créature raisonnable et intelligente. Ainsi, bien que toute créature ne puisse être heureuse, (car la brute, le bois, la pierre et d'autres choses semblables, ne sauraient parvenir au bonheur,) celle néanmoins qui le peut ne le peut pas par elle-même, parce qu'elle a été créé de rien ; mais elle le peut par celui qui l'a créée. Elle est heureuse en possédant celui dont la perte la rend malheureuse. Or, celui qui est heureux, non par un autre, mais par lui-même, ne peut être malheureux parce qu'il ne peut se perdre.

3. Nous disons donc qu'il n'y a point de bien immuable, en dehors du seul vrai Dieu, qui est le bonheur même ; et que, pour ses créatures, elles sont bonnes à la vérité, parce qu'elles viennent de lui, mais qu'elles sont muables, parce qu'elles sont tirées, non de lui, mais du néant. Aussi ne sont-elles pas le souverain bien, puisque Dieu est un bien supérieur ; elles sont cependant de grands biens, ces créatures muables, qui, pour être heureuses, peuvent s'attacher au bien immuable, sans lequel, en toute vérité, elles sont nécessairement malheureuses. Et de ce que les autres créatures ne sauraient l'être, il ne s'ensuit pas qu'elles soient plus excellentes, comme les autres membres de notre corps ne sont pas plus nobles que les yeux, parce qu'ils ne peuvent devenir aveugles. Car, de même que la nature sensible, tout en souffrant, est supérieure à la pierre qui ne peut souffrir, ainsi la nature raisonnable, quoique malheureuse, est au-dessus de celle qui, pour être privée de sentiment ou de raison, est incapable de misère. Donc, puisque cette créature est d'une excellence telle que, malgré sa mutabilité, par son union au bien immuable, c'est-à-dire au Dieu souverain, elle trouve le bonheur qui peut seul remplir son indigence, et qu'il n'y a que Dieu qui puisse la remplir ; c'est assurément pour elle un vice de ne pas s'attacher à lui. Or, tout vice nuit à la nature et par conséquent il est contre la nature. Donc, la créature qui s'éloigne de Dieu diffère de celle qui s'unit à lui, non par sa nature, mais par un vice personnel. Ce vice même est une preuve de la grandeur et de la dignité supérieure de sa nature. Quand le vice est justement blâmé, la nature est certainement honorée ; car on ne blâme le vice avec justice, que parce qu'il

non adhærere Deo. Quamobrem si cum quæritur, quare illi beati sint; recte respondetur, quia adhærent Deo : et cum quæritur, cur isti sint miseri ; recte respondetur, quia non adhærent Deo : non est creaturæ rationalis vel intellectualis bonum, quo beata sit, nisi Deus. Ita quamvis non omnis beata possit esse creatura, (neque enim hoc minus adipiscuntur, aut capiunt feræ, ligna, saxa, et si quid ejusmodi est,) ea tamen quæ potest, non ex se ipsa potest, qui ea nihilo creata est; sed ex illo, a quo creata est. Hoc enim adepto beata, quo amisso misera est. Ille vero qui non alio, sed se ipso bono beatus est, ideo ipse miser non potest esse, quia non se potest amittere.

3. Dicimus itaque incommutabile bonum non esse, nisi unum verum beatum Deum : ea vero quæ fecit, bona quidem esse, quod ab illo; verumtamen mutabilia, quod non de illo, sed de nihilo facta sunt. Quamquam ergo summa non sint : quibus est Deus majus bonum : magna sunt tamen ea mutabilia bona, quæ adhærere possunt, ut beata sint, immutabili bono ; quod usque adeo bonum eorum est, ut sine illo misera esse necesse sit. Nec ideo cetera in hac creaturæ universitate meliora sunt, quia misera esse non possunt. Neque enim cetera membra corporis nostri, ideo dicendum est oculis esse meliora, quia cæca esse non possunt. Sicut autem melior est natura sentiens et cum dolet, quam lapis qui dolere nullo modo potest : ita rationalis natura præstantior est etiam misera, quam illa quæ rationis vel sensus est expers, et ideo in eam non cadit miseria. Quod cum ita sit, huic naturæ, quæ in tanta excellentia creata est ut licet ipsa sit mutabilis, inhærendo tamen incommutabili bono, id est, summo Deo, beatitudinem, consequatur, nec expleat indigentiam suam nisi utique beata sit, eique explendæ non sufficiat nisi Deus, profecto non illi adhærere, vitium est. Omne autem vitium naturæ nocet, ac per hoc contra naturam est. Ab illa igitur quæ adhæret Deo, non natura differt ista, sed vitio : quo tamen etiam vitio valde magna multumque laudabilis ostenditur ipsa natura. Cujus enim recte vitu-

déshonore une nature louable en elle-même. Comme donc, en appelant la cécité, le vice de l'œil, et la surdité, le vice de l'oreille, on témoigne que la vue est naturelle à l'œil et l'ouïe à l'oreille; ainsi, quand on dit que le vice de la créature angélique consiste dans l'éloignement de Dieu, on déclare formellement que l'union avec Dieu convient à sa nature. Mais qui pourrait jamais concevoir ou exprimer dignement, combien il est glorieux d'être uni à Dieu, afin de ne vivre que pour lui, de n'être sage que par lui, de ne se réjouir qu'en lui, et d'avoir la jouissance d'un si grand bien, sans que la nuit, l'erreur, ni aucun déplaisir puisse l'enlever? Ainsi donc, puisque tout vice nuit à la nature, le vice même des mauvais anges, qui sont séparés de Dieu, ne sert qu'à faire ressortir l'excellence de la nature, dans laquelle Dieu les a créés; nature si bonne que rien ne pourrait lui nuire, sinon de ne pas être avec Dieu.

CHAPITRE II.

Aucune nature, par ce qui constitue son essence, ne saurait être contraire à Dieu.

J'ai dit tout ceci, au sujet des anges apostats, afin que, quand nous parlons d'eux, personne ne s'imagine que leur nature émane d'un principe différent de Dieu et qu'il n'en est pas l'auteur. Mais il sera d'autant plus facile de se défendre de cette erreur impie, que l'on comprendra mieux le sens profond de cette parole du Seigneur à Moïse, lorsqu'un ange, par son ordre, l'envoyait dire aux enfants d'Israël : « Je suis celui qui suis. » (*Exod.* III, 24.) Puisque Dieu est la souveraine essence, c'est-à-dire qu'il est souverainement et par conséquent immuable; il a donné l'être aux choses qu'il a tirées du néant, mais il ne leur a pas donné d'être souverainement, comme il est lui-même; et il a donné avec ordre aux diverses natures, plus ou moins d'être, à chacune, selon son essence. Le mot « Essence » vient d'*Esse* (être), comme celui de « sagesse » vient de *sapere;* à la vérité, c'est un mot nouveau, dont les anciens auteurs ne se sont point servis, mais qui est aujourd'hui en usage, afin que notre langue ne fut pas privée de l'expression grecque : οὐσία, traduite littéralement par le mot « Essence. » Ainsi donc, le non-être seul est contraire à l'être souverain, auteur de tout ce qui est. Car ce qui n'est pas est contraire à ce qui est; et par conséquent, nulle essence n'est contraire à Dieu, l'essence souveraine et l'auteur de toutes les essences, quelles qu'elles soient.

tuperatur vitium, procul dubio natura laudatur. Nam recta vitii vituperatio est, quod illo dehonestatur natura laudabilis. Sicut ergo cum vitium oculorum dicitur cæcitas, id ostenditur, quod ad naturam oculorum pertinet visus; et cum vitium aurium dicitur surditas, ad earum naturam pertinere demonstratur auditus : ita cum vitium creaturæ angelicæ dicitur, quod non adhæret Deo, hinc apertissime declaratur, ejus naturæ ut Deo adhæreat, convenire. Quam porro magna sit laus, adhærere Deo, ut ei vivat, inde sapiat, illo gaudeat, tantoque bono sine morte, sine errore, sine molestia perfruatur, quis cogitare digne possit, aut eloqui? Quapropter etiam vitio malorum angelorum, quo non adhærent Deo, quoniam omne vitium naturæ nocet, satis manifestatur Deum tam bonam eorum creasse naturam, cui noxium sit non esse cum Deo.

CAPUT II.

Nullam essentiam Deo esse contrariam, quia ab eo qui summe est et semper est, hoc (a) *totum videtur diversum esse quod non est.*

Hæc dicta sint, ne quisquam, cum de angelis apostaticis loquimur, existimet eos aliam velut ex alio principio habere potuisse naturam, nec eorum naturæ auctorem Deum. Cujus erroris impietate tanto quisque carebit expeditius et facilius, quanto perspicacius intelligere potuerit, quod apud Moysen dixit Deus, quando Moysen mittebat ad filios Israel ; « Ego sum, qui sum. » (*Exod.* III, 14.) Cum enim Deus summa essentia sit, hoc est, summe sit et ideo immutabilis sit; rebus quas ex nihilo creavit, esse dedit, sed non summe esse, sicut ipse est; et aliis dedit esse amplius, aliis minus; atque ita naturas essentiarum gradibus ordinavit. Sicut enim ab eo quod est sapere, vocatur sapientia; sic ab eo quod est esse, vocatur essentia : novo quidem nomine, quo usi veteres non sunt Latini sermonis auctores, sed jam nostris temporibus usitato, ne deesset etiam linguæ nostræ, quod Græci appellant οὐσία. Hoc enim verbum e verbo expressum est, ut diceretur essentia. Ac per hoc ei naturæ, quæ summe est, qua faciente sunt quæcumque sunt, contraria natura non est, nisi quæ non est. Ei quippe quod est, non esse contrarium est. Et propterea Deo, id est, summæ essentiæ, et auctori omnium qualiumcumque essentiarum essentia nulla contraria est.

(a) **Quidam Mss.** *hoc in toto.*

CHAPITRE III.

Le mal tout en étant contraire à Dieu, ne saurait lui nuire; mais il nuit aux natures muables et sujettes aux changements.

Ceux que l'Écriture appelle ennemis de Dieu, résistent à son empire par leurs vices, et non par leur nature; ils ne peuvent lui nuire, mais ils se nuisent à eux-mêmes. Ils sont ennemis de Dieu par la résistance de leur volonté, et non par la puissance de nuire; car Dieu est immuable et absolument incorruptible. Or le vice de leur résistance à Dieu, n'est pas un mal pour Dieu, mais pour eux-mêmes. Et c'est là un mal précisément, parce qu'il corrompt en eux le bien de la nature. Ce n'est donc pas la nature, mais le vice qui est contraire à Dieu, comme le mal est contraire au bien. Qui oserait nier que Dieu soit le souverain bien? Le vice est donc contraire à Dieu, de même que le mal est contraire au bien. Or, la nature qu'il corrompt est un bien, et il est certainement contraire à ce bien; mais il n'est pas seulement un mal pour la nature qu'il corrompt, il lui est encore nuisible. Car, si le mal ne saurait nuire à Dieu, il peut nuire aux natures muables et corruptibles, bonnes cependant, et dont le vice même atteste la bonté; puisque si elles n'étaient pas bonnes le vice ne leur pourrait nuire. Et comment exerce-t-il sa funeste action, si ce n'est en leur faisant perdre leur intégrité, leur beauté, leur santé, leur vertu, et tous les autres biens de la nature que le vice a coutume d'enlever ou de flétrir? En effet, si le vice est absent, s'il ne fait perdre aucun bien, il ne nuit pas, et par conséquent il n'est pas. Mais que le vice existe et qu'il ne nuise point, c'est là une supposition impossible. D'où il suit que le vice, impuissant, il est vrai, à nuire au bien immuable, ne peut cependant nuire qu'au bien; car il n'existe que parce qu'il nuit. On pourrait dire aussi que le vice ne peut être dans le souverain bien, et que pour être, il lui faut un bien quelconque. Il n'y a donc que le bien qui puisse être seul; le mal ne saurait être seul nulle part. Les natures même corrompues par la mauvaise volonté, ne sont mauvaises qu'en tant que corrompues; car en tant que natures, elles sont bonnes. Et quand une nature est punie à cause de ses vices, outre qu'elle est bonne comme nature, c'est encore un bien qu'elle ne demeure pas impunie; car cela est juste, et tout ce qui est juste est certainement un bien. En effet,

CAPUT III.

De inimicis Dei, non per naturam, sed per contrariam voluntatem, quæ cum ipsis nocet, bonæ utique naturæ nocet: quia vitium si non nocet, non est.

Dicuntur autem in Scripturis inimici Dei, qui non natura, sed vitiis adversantur ejus imperio: nihil ei valentes nocere, sed sibi. Inimici enim sunt resistendi voluntate, non potestate lædendi. Deus namque immutabilis est, et omni modo incorruptibilis. Idcirco vitium quo resistunt Deo, qui ejus appellantur inimici, non est Deo, sed ipsis malum. Neque hoc ob aliud, nisi quia corrumpit in eis naturæ bonum. Natura igitur non est contraria Deo, sed vitium (a). Quia quod malum est, contrarium est bono. Quis autem neget Deum summe bonum? Vitium ergo contrarium est Deo, tamquam malum bono. Porro autem bonum est et natura quam vitiat; unde et huic bono utique contrarium est: sed Deo tantummodo tamquam bono malum: naturæ vero quam vitiat, non tantum malum. sed etiam noxium. Nulla quippe mala Deo noxia, sed mutabilibus corruptibilibusque naturis, bonis tamen ipsorum quoque testimonio vitiorum. Si enim bonæ non essent, eis vitia nocere non possent. Nam quid eis nocendo faciunt, nisi adimunt integritatem, pulcritudinem, salutem, virtutem, et quidquid boni naturæ per vitium detrahi sive minui consuevit? Quod si omnino desit, nihil boni adimendo non nocet, ac per hoc nec vitium est. Nam esse vitium, et non nocere, non potest. Unde colligitur, quamvis non possit vitium nocere incommutabili bono, non tamen posse nocere nisi bono: quia non inest, nisi ubi nocet. Hoc etiam isto modo dici potest, vitium esse nec in summo posse bono, nec nisi in aliquo bono. Sola ergo bona alicubi esse possunt, sola mala nusquam: quoniam naturæ etiam illæ quæ ex malæ voluntatis (b) vitio vitiatæ sunt, in quantum vitiosæ sunt, malæ sunt? in quantum autem naturæ sunt, bonæ sunt. Et cum in pœnis est natura vitiosa, excepto eo quod natura est, etiam hoc ibi bonum est, quod impunita non est. Hoc enim est justum, et omne justum procul dubio bonum. Non enim quisquam de vitiis naturalibus, se de voluntariis pœ-

---

(a) Nonnullis Mss. *sed vitium, quia malum est, contrarium est bono.* — (b) Plures et probæ notæ Mss. *initio.*

personne n'est puni pour des vices naturels, mais pour ceux dont la volonté s'est rendue coupable. Le vice même, qui, fortifié par une longue habitude, est devenu pour ainsi dire naturel, a son origine dans la volonté. Et nous ne parlons en ce moment que des vices de cette nature douée d'intelligence, et capable de discerner ce qui est juste de ce qui ne l'est pas.

CHAPITRE IV.

Que la nature des animaux, et même celle des êtres privés de vie, est bonne en elle-même et conforme à l'ordre général.

Pour ce qui est des animaux, des arbres, et des autres êtres sujets au changement et à la mort, et privés d'intelligence, de sentiment ou de vie, il serait ridicule de les rendre coupables des défauts qui corrompent leur nature moins élevée. Ils ont reçu ce mode d'existence de la volonté du Créateur, afin que, se succédant les uns aux autres, ils complètent la beauté inférieure du monde, beauté relative au rang qu'ils occupent dans l'univers. Ce qui est terrestre ne devait pas être égalé à ce qui est céleste; ou bien fallait-il priver le monde des beautés secondaires, sous prétexte que les autres sont préférables. Quand donc, dans les lieux mêmes où de pareilles choses se passent, nous voyons des êtres s'élever sur la ruine des autres, les plus faibles céder aux plus forts, puis les éléments dominés devenir vainqueurs à leur tour; tout ceci c'est l'ordre des choses passagères. Si la beauté de cet ordre ne nous plaît pas, c'est que, par la condition de notre nature mortelle, faisant partie nous-mêmes du plan général, nous ne pouvons bien comprendre les rapports de convenance, qui rattachent au tout ces petites parties qui nous déplaisent. Aussi, dans toutes les vues de la Providence qui dépassent la portée de notre raison, est-ce très-justement que la foi nous est recommandée, afin que nous n'ayons pas la téméraire audace de blâmer, en quoi que ce soit, l'œuvre du divin artisan. D'ailleurs, en y réfléchissant sérieusement, les défauts des choses terrestres, qui ne sont ni volontaires, ni coupables, servent très-bien à relever l'excellence des natures, dont il n'y en a pas une qui n'ait Dieu pour auteur et pour créateur. En effet, ce qui nous cause du déplaisir, c'est précisément que les défauts nous privent du bien qui est dans leur nature. Les natures mêmes, lorsqu'elles leur sont nuisibles, déplaisent souvent aux hommes qui ne les considèrent pas en elles-mêmes, mais d'après les avantages qu'ils en retirent. C'est ainsi que les Égyptiens détestaient cette multitude d'insectes, que Dieu leur envoya pour châtier leur orgueil. (*Exod.* VIII.) Mais alors, pourquoi ne pas blâ-

---

nas luit. Nam etiam quod vitium consuetudine nimiove progressu roboratum velut naturaliter inolevit, a voluntate sumsit exordium. De vitiis quippe nunc loquimur ejus naturæ, cui mens inest capax intelligibilis lucis, qua discernitur justum ab injusto.

CAPUT IV.

De natura irrationalium, aut vita carentium, quæ in suo genere atque ordine ab universitatis decore non discrepat.

Ceterum vitia pecorum et arborum, aliarumque rerum mutabilium atque mortalium, vel intellectu, sensu, vel vita omnino carentium, quibus eorum dissolubilis natura corrumpitur, damnabilia putare, ridiculum est : cum istæ creaturæ eum modum nutu Creatoris acceperint, ut cedendo ac succedendo peragant infimam pulcritudinem temporum in genere suo istius mundi partibus congruenter. Neque enim cœlestibus fuerant terrena coæquanda aut ideo universitati deesse ista debuerunt, quoniam sunt illa meliora. Cum ergo in his locis, ubi talia esse competebat, alia aliis deficientibus oriuntur, et succumbunt minora majoribus, atque in qualitates superantium superata vertuntur, rerum est ordo transeuntium. Cujus ordinis decus propterea nos non delectat, quoniam parti ejus pro conditione nostræ mortalitatis intexti, universum, cui particulæ quæ nos offendunt, satis apte decenterque conveniunt, sentire non possumus. Unde nobis, in quibus eam contemplari minus idonei sumus, rectissime creditur præcipitur providentia Conditoris, ne tanti artificis opus in aliquo reprehendere vanitate humanæ temeritatis audeamus. Quamquam et vitia rerum terrenarum non voluntaria, neque pœnalia, naturas ipsas, quarum nulla omnino est, cujus non sit auctor et conditor Deus, si prudenter adtendamus, eadem ratione commendant : quia et in eis hoc nobis pes vitium tolli displicet, quod in natura placet : nisi quia hominibus etiam ipsæ naturæ plerumque displicent, cum eis fiunt noxiæ, non eas consideran-

mer le soleil, de ce que certains juges font exposer à l'ardeur de ses rayons des malfaiteurs et des banqueroutiers. C'est donc la nature, considérée en elle-même et non dans ses avantages ou ses inconvénients pour nous, qui glorifie son auteur. Ainsi, il est certain que le feu éternel est bon de sa nature, et cependant il sera le tourment des damnés. Qu'y a-t-il de plus beau que le feu, par sa flamme, sa force, sa lumière? Qu'y a-t-il de plus utile pour échauffer, apprêter et cuire les aliments? Cependant, il n'y a rien de plus nuisible quand il brûle. Donc, un même élément peut être utile ou pernicieux, selon les différents usages qu'on en fait. Qui pourrait dire, en effet, tous les services qu'il rend au monde? Et il ne faut pas écouter ceux qui louent sa lumière et blâment son ardeur; car ils le considèrent, non dans sa nature, mais dans les avantages ou les inconvénients qui en résultent pour eux; ils sont bien aises de voir et ils ne voudraient pas être brûlés. Mais ils ne font pas attention que cette même lumière qui leur plaît, blesse les yeux malades, et que cette ardeur qui leur déplaît est un principe de vie pour certains animaux. (*Voir plus loin, liv.* XXI, *chap.* IV.).

CHAPITRE V.

Toutes les natures en elles-mêmes, et tous les changements qu'elles subissent montrent la sagesse du Créateur.

Il est donc certain que toutes les natures sont bonnes, parce qu'elles sont, et qu'ainsi elles ont leur mode, leur beauté et une certaine paix avec elles-mêmes. Et quand elles sont où elles doivent être selon l'ordre du monde, elles conservent leur être dans le degré qu'elles l'ont reçu. Celles qui n'ont pas le privilége d'être toujours, sont changées en mieux ou en pis, d'après l'usage et le mouvement des autres auxquelles elles sont soumises par la loi du Créateur; elles tendent d'elles-mêmes à la destruction voulue par la divine Providence, et qui a sa raison dans le gouvernement général de l'univers. En sorte que cette corruption des natures muables et mortelles, n'anéantit pas tellement ce qui était, que leur dissolution même ne donne naissance à ce qui doit être. Puisqu'il en est ainsi, Dieu, le souverain être et par conséquent l'auteur de toute essence qui n'est pas souverainement, (et parce qu'elle ne doit pas être son égale, puisqu'elle a été créée de rien, et parce qu'elle ne pourrait exister, si

---

libus, sed utilitatem suam; sicut illa animalia, quorum abundantia Ægyptiorum superbia vapulavit. (*Exod.* VIII.) Sed isto modo possunt et solem vituperare; quoniam quidam peccantes, vel debita non reddentes, poni a judicibus jubentur ad solem. Non itaque ex commodo vel incommodo nostro, sed per se ipsam considerata natura dat artifici suo gloriam. Sic est et natura ignis æterni sine ulla dubitatione laudabilis, quamvis damnatis impiis futura pœnalis. Quid enim est igne flammante, vigente, lucente pulcrius? quid calefaciente, curante, coquente utilius? quamvis eo nihil sit urente molestius. Idem igitur ipse (*a*) aliter appositus perniciosus, qui convenienter adhibitus commodissimus invenitur. Nam ejus in universo mundo utilitates verbis explicare quis sufficit? Nec audiendi sunt, qui laudant in igne lucem, ardorem autem vituperant : videlicet non ex sui natura, sed ex suo commodo vel incommodo. Videre enim volunt, ardere nolunt. Sed parum adtendunt eam ipsam lucem, quæ certe et illis placet, oculis infirmis per inconvenientiam nocere; et in illo ardore, qui eis displicet, nonnulla (*V. Infra, lib.* XXI, *cap.* IV) animalia per convenientiam salubriter vivere.

(*a*) Vind. Am. et Er. *pœnaliter appositus.*

CAPUT V.

Quod in omni naturæ specie ac modo laudabilis sit Creator.

Naturæ igitur omnes, quoniam sunt, et ideo habent modum suum, speciem suam, et quamdam secum pacem suam, profecto bonæ sunt. Et cum ibi sunt, ubi esse per naturæ ordinem debent, quantum acceperunt, suum esse custodiunt. Et quæ semper esse non acceperunt, pro usu motuque rerum, quibus Creatoris lege subduntur, in melius deteriusve mutantur, in eum divina providentia tendentes exitum, quem ratio gubernandæ universitatis includit : ita ut nec tanta corruptio, quanta usque ad interitum naturas mutabiles mortalesque perducit, sic faciat non esse quod erat, ut non inde fiat consequenter quod esse debeat. Quæ cum ita sint, Deus qui summe est, atque ob hoc ab illo facta est omnis essentia, quæ non summe est; (quia neque illi æqualis esse deberet, quæ de nihilo facta esset; neque ullo modo esse posset, si ab illo facta non esset :) nec ullorum vitiorum offensione vituperan-

elle n'avait pas été créée par lui.) Dieu ne saurait être blâmé à cause des défauts qui nous offusquent dans ces natures; il mérite, au contraire, nos louanges, si nous réfléchissons à l'ensemble de la création.

CHAPITRE VI.
Cause de la félicité des bons anges et de la misère des mauvais.

Ainsi, la véritable cause de la béatitude des bons anges est leur union à celui qui Est souverainement, tandis que la misère des mauvais anges consiste dans leur séparation de Dieu; ils se sont détournés de celui qui Est souverainement, pour se tourner vers eux-mêmes, qui n'ont pas l'être souverain : et n'est-ce pas ce vice qu'on appelle orgueil? Car, « l'orgueil est le commencement de tout péché. » (*Eccl.* xv, 15.) Ils n'ont pas voulu confier à Dieu le soin de leur grandeur; (*Ps.* LVIII, 10) et ceux qui pouvaient avoir plus d'être, s'ils fussent restés unis à l'essence souveraine, ont préféré avoir moins d'être, en se préférant à Dieu. Telle est la première faiblesse, la première misère, le premier vice de cette nature, qui n'avait pas été créée pour posséder la perfection de l'être, et qui néanmoins pouvait être heureuse, par la possession de celui qui Est souverainement; en s'en détournant, elle n'est pas, à la vérité, tombée dans le néant, mais elle est déchue de ce qu'elle était et par conséquent misérable. Si l'on recherche la cause efficiente de cette mauvaise volonté, on ne la trouvera point. Qui peut, en effet, produire la mauvaise volonté, puisque c'est elle-même qui veut l'œuvre mauvaise? La mauvaise volonté est donc la cause de tout acte mauvais, mais rien n'est la cause de la mauvaise volonté. Supposons que cette cause existe, elle a une volonté ou elle n'en a point : si elle en a une, elle est certainement bonne ou mauvaise : si elle est bonne, qui donc serait assez insensé pour prétendre qu'une bonne volonté en produise une mauvaise? Car, dans cette hypothèse, la bonne volonté serait la cause du péché, ce qui est le comble de l'absurdité. D'un autre côté, si la prétendue cause de la mauvaise volonté est elle-même une volonté mauvaise, je demande qui l'a faite et, pour en finir, quelle est la cause de la première mauvaise volonté. Car, la première mauvaise volonté n'est pas celle produite par une autre volonté mauvaise; mais, celle-là est la première, que nulle autre n'a faite. S'il y en a une antérieure, celle-là est la première qui a fait l'autre. Si l'on répond que rien ne l'a faite, et qu'ainsi elle a toujours été, je demande si elle a été dans une nature quelconque. Si elle n'a été dans aucune

---

dus, et omnium naturarum consideratione laudandus est.

CAPUT VI.
Quæ caussa sit beatitudinis Angelorum bonorum, et quæ caussa sit miseriæ angelorum malorum.

Proinde caussa beatitudinis Angelorum bonorum ea verissima reperitur, quod ei adhærent qui summe est. Cum vero caussa miseriæ malorum angelorum quæritur, ea merito occurrit, quod ab illo qui summe est aversi, ad se ipsos conversi sunt, qui non summe sunt : et hoc vitium quid aliud quam superbia nuncupatur? « Initium quippe omnis peccati, superbia. » (*Eccli.* x, 23.) Noluerunt ergo ad illum custodire fortitudinem suam (*Ps.* LVIII, 10) : et qui magis essent, si ei qui summe est adhærerent; se illi præferendo, id quod minus est prætulerunt. Hic primus defectus et prima inopia primumque vitium ejus naturæ, quæ ita creata est, ut nec summe esset, et tamen ad beatitudinem habendam, eo qui summe est frui posset, a quo aversa, non quidem nulla, sed tamen minus esset, atque ob hoc misera fieret. Hujus porro malæ voluntatis caussa efficiens si quæratur, nihil invenitur. Quid est enim quod facit voluntatem malam, cum ipsa faciat opus malum? Ac per hoc mala voluntas efficiens est operis mali, malæ autem voluntatis efficiens est nihil. Quoniam si res aliqua est, aut habet aut non habet aliquam voluntatem : si habet, aut bonam profecto habet, aut malam : si bonam, quis ita desipiat, ut dicat quod bona voluntas faciat voluntatem malam? Erit enim, si ita est, bona voluntas caussa peccati : quo absurdius putari nihil potest. Si autem res ista quæ putatur facere voluntatem malam, ipsa quoque habet voluntatem malam; etiam eam quæ fecerit res, consequenter interrogo : atque ut sit aliquis inquirendi modus, caussam primæ malæ voluntatis inquiro. Non est enim prima voluntas mala, quam (*a*) fecit voluntas mala : sed illa prima est, quam nulla fecit. Nam si præcessit a qua fieret, illa prior est, quæ alteram fecit. Si respondetur quod eam nulla

---

(*a*) Vind. Am. et Lov. *quam nulla fecit* (vel *fecit*) *voluntas etiam mala.* Castigantur ex Mss.

nature, elle n'a jamais existé : et si elle a été en quelqu'une, elle la corrompait donc, elle la viciait, elle lui était nuisible et par conséquent elle la privait du bien. Ainsi donc, la mauvaise volonté ne peut exister dans une mauvaise nature, mais dans une bonne, muable toutefois et à laquelle le vice est nuisible. Car si le vice n'a causé aucun mal, c'est qu'il n'était pas, et par conséquent il ne faut point dire qu'il y eut mauvaise volonté. Mais si le vice a nui à la nature, c'est assurément par privation ou diminution du bien qui était en elle. Il est donc impossible qu'il y ait éternellement mauvaise volonté, là où il y avait auparavant un bien naturel, auquel cette volonté pouvait nuire; et si cette volonté perverse n'était pas éternelle, je demande qui l'a faite. Tout ce qu'on peut dire à présent, c'est que la mauvaise volonté a été produite par une cause sans volonté. Mais alors cette cause est supérieure, ou inférieure, ou égale. Si elle est supérieure, elle est meilleure; comment est-elle sans volonté, ou plutôt comment n'en a-t-elle pas une bonne? Il en est de même, si elle est égale. Car, tant que deux êtres sont également de bonne volonté, il est impossible que l'un produise dans l'autre une volonté mauvaise. Reste cette dernière hypothèse, d'une cause inférieure et sans volonté, qui aurait rendu mauvaise la volonté de la nature angélique, la première coupable. Mais cette cause, si inférieure soit-elle, quand ce serait de la terre, le dernier des éléments, ne laisse pas d'être bonne en elle-même, comme nature; elle a sa mesure et sa beauté, dans son genre et dans son ordre. Comment donc ce qui est bon peut-il produire une volonté mauvaise? Comment, je le répète, un bien peut-il être cause d'un mal? C'est justement quand la volonté quitte ce qui est au-dessus d'elle, pour se tourner vers ce qui est au-dessous, qu'elle devient mauvaise : non pas que l'objet vers lequel elle se tourne soit un mal, mais le mal est dans l'action même. Ce n'est donc pas l'objet inférieur qui rend la volonté mauvaise, mais c'est la volonté elle-même qui se déprave par ses désirs déréglés. En effet, si deux individus également disposés d'esprit et de corps sont en présence d'une même beauté, et que cette vue excite dans l'un des mauvais désirs, tandis que l'autre conserve son cœur chaste, dites-moi pourquoi la volonté est-elle mauvaise dans l'un, et non dans l'autre? Quelle est la cause de ce désordre dans celui en qui il se produit? Ce n'est pas la beauté du corps,

res fecerit, et ideo semper fuerit; quæro utrum in aliqua natura fuerit. Si enim in nulla fuit, omnino non fuit : si autem in aliqua, vitiabat eam et corrumpebat, eratque illi noxia, ac per bono privabat. Et ideo in mala natura voluntas mala esse non poterat; sed in bona, mutabili tamen, cui vitium hoc posset nocere. Si enim non nocuit, non utique vitium fuit : ac per hoc nec mala voluntas fuisse dicenda est. Porro si nocuit, bonum auferendo vel minuendo utique nocuit. Non igitur esse potuit sempiterna voluntas mala in ea re, in qua bonum naturale præcesserat, quod mala voluntas nocendo posset adimere. Si ergo non erat sempiterna, quis eam fecerit, quæro. Restat ut dicatur, quod ea res fecerit malam voluntatem, in qua nulla voluntas fuit. Hæc utrum superior sit, requiro; an inferior, an æqualis. Sed si superior, utique melior : quomodo ergo nullius, ac non potius bonæ voluntatis? Hoc idem profecto et æqualis (a). Duo quippe quamdiu sunt pariter voluntatis bonæ, non facit alter in altero voluntatem malam. Relinquitur ut inferior res, cui nulla voluntas est, fecerit angelicæ naturæ, quæ prima peccavit, voluntatem malam. Sed etiam res ipsa quæcumque est inferior usque ad infimam terram, quoniam natura et essentia est, procul dubio bona est, habens modum et speciem suam in genere atque ordine suo. Quomodo ergo res bona efficiens est voluntatis malæ? Quomodo, inquam, bonum est caussa mali? Cum enim se voluntas relicto superiore ad inferiora convertit; sed quia perversa est ipsa conversio. Idcirco non res inferior voluntatem malam fecit, sed rem inferiorem prave atque inordinate ipsa (b) quæ facta est, appetivit. Si enim aliqui duo æqualiter affecti animo et corpore videant unius corporis pulcritudinem, qua visa unus eorum ad illicite perfruendum moveatur, alter in voluntate pudica stabilis perseveret, quid putamus esse caussæ, ut in illo fiat, in illo non fiat voluntas mala? Quæ illam res fecit, in quo facta est? Neque enim pulcritudo illa corporis; nam eam non fecit in ambobus : quando quidem amborum non dispariliter occurrit adspectibus. An caro intuentis in caussa est? cur non et illius : An vero animus? cur non utriusque? Ambos enim et animo et corpore æqualiter affectos fuisse prædiximus. An dicendum est, alterum eorum occulta maligni spiritus suggestione

(a) Sic Mss. At editi, *Hoc idem profecto, et æqualis si fuerit, dici potest.* — Omnes Mss. *quia facta est.*

puisque pour tous deux la vue a été la même et cependant l'impression différente. Est-ce la chair qui en est cause pour l'un? Mais pourquoi pas pour l'autre? Est-ce l'esprit en celui-ci, mais pourquoi pas en celui-là, puisque nous les supposons tous deux avec des dispositions égales? Dirons-nous que l'un a été tenté par une secrète suggestion du malin esprit, comme si le consentement à cette suggestion ou à toute autre insinuation semblable, ne dépendait pas de sa propre volonté? C'est la cause de ce consentement, de cette adhésion mauvaise de la volonté à la funeste persuasion du démon, que nous recherchons. Car enfin, pour terminer cette difficulté : si tous deux éprouvent la même tentation, que l'un cède et consente et que l'autre résiste, que peut-on dire autre chose, sinon que l'un a voulu demeurer chaste, et que l'autre ne l'a pas voulu? Et tout cela est uniquement le fait de la volonté, puisque tous deux avaient la même disposition de corps et d'esprit. Tous deux ont eu également la même beauté, tous deux ont été tentés également : qui donc a produit cette mauvaise volonté en un seul? Ceux qui voudront le savoir ne trouveront rien, en se rendant bien compte. Si nous disons que c'est lui-même qui l'a produite, qu'était-il lui-même avant cette volonté mauvaise, sinon une nature bonne faite par Dieu, le bien immuable? Quand donc l'un consent, tandis que l'autre refuse son consentement à des jouissances illégitimes, toujours dans la supposition qu'ils étaient tous deux dans la même disposition d'esprit et de corps, au moment où l'objet tentateur s'est présenté à leurs regards, prétendez-vous que le premier est l'auteur de sa mauvaise volonté, puisqu'auparavant il était bon; dites-moi alors s'il l'a produite en tant que nature, ou en tant que nature tirée du néant; et vous avouerez enfin que la mauvaise volonté n'a pas pour cause la nature, mais le néant dont elle est sortie? Car si la nature est cause de la volonté mauvaise, ne serons-nous pas obligés de dire que le mal vient du bien, et que le bien est la cause du mal, puisqu'une bonne nature produit une volonté mauvaise? Mais, est-il possible qu'une bonne nature, quoique muable, fasse quelque chose de mal, c'est-à-dire produise une volonté mauvaise, avant d'avoir cette mauvaise volonté?

CHAPITRE VII.

Il ne faut point chercher la cause efficiente de la mauvaise volonté.

Il est donc inutile de chercher la cause effi-

---

tentatum, quasi non eidem suggestioni et qualicumque suasioni propria voluntate consenserit? Hanc igitur consensionem, hanc malam quam male suadenti adhibuit voluntatem, quæ in eo res fecerit, quærimus. Nam ut hoc quoque impedimentum ab ista quæstione tollatur, si eadem tentatione ambo tententur, et unus ei cedat atque consentiat, alter idem qui fuerat, perseveret; quid aliud apparet, nisi unum voluisse, alterum noluisse a castitate deficere? Unde, nisi propria voluntate, ubi eadem fuerat in utroque corporis et animi affectio? Amborum oculis pariter visa est eadem pulcritudo, ambobus pariter institit occulta tentatio : propriam igitur in uno eorum voluntatem quæ res fecerit scire volentibus, si bene intueantur, nihil occurrit. Si enim dixerimus quod ipse eam fecerit, quid erat ipse ante voluntatem malam nisi natura bona, cujus auctor Deus, qui est incommutabile bonum? Qui ergo dicit eum qui consensit tentanti atque suadenti, cui non consensit alius, ad illicite utendum pulcro corpore, quod videndum ambobus pariter adfuit, cum ante illam visionem ac tentationem similes ambo animo et corpore fuerint, ipsum sibi fecisse voluntatem malam, quia utique bonus ante voluntatem malam fuerit ; quærat cur eam fecerit utrum quia natura est, an quia ex nihilo facta est : et inveniet voluntatem malam non ex eo esse incipere quod natura est, sed ex eo quod de nihilo natura facta est. Nam si natura caussa est voluntatis malæ, quid aliud cogimur dicere, nisi a bono fieri malum, et bonum esse caussam mali ? si quidem a natura bona sit voluntas mala. Quod unde fieri potest, ut natura bona, quamvis mutabilis, ante quam habeat voluntatem malam, faciat aliquid mali, hoc est, ipsam voluntatem malam ?

CAPUT VII.

Caussam efficientem malæ voluntatis non esse quærendam.

Nemo igitur quærat efficientem caussam malæ voluntatis : non enim est efficiens, sed deficiens; quia nec illa effectio est, sed defectio. Deficere namque ab eo quod summe est, ad id quod minus est, hoc est incipere habere voluntatem malam. Caussas porro defectionum istarum, cum efficientes non sint, ut dixi, sed deficientes, velle invenire, tale est ac si quisquam velit videre tenebras, vel audire silentium

ciente de la mauvaise volonté ; car cette cause n'est pas efficiente, mais déficiente ; elle n'est pas comme production, mais comme défaillance ; car déchoir de ce qui est souverainement, incliner vers ce qui a moins d'être, c'est commencer à avoir une volonté mauvaise. Or, vouloir trouver les causes de ces défaillances qui ne sont pas, je le répète, effectives, mais défectives, c'est comme si on voulait voir les ténèbres ou entendre le silence. Nous connaissons l'un et l'autre par les yeux et les oreilles, non pas en espèce, mais bien en tant que privation d'espèce. Ne me demandez donc pas ce que je sais ne pas savoir, si ce n'est pour apprendre à ignorer ce qu'on ne saurait savoir; car les choses qui ne se connaissent que par leur privation, ne se connaissent pour ainsi dire qu'en ne les connaissant pas, afin qu'en les connaissant, on les ignore. En effet, lorsque l'œil se promène sur des objets sensibles, il ne voit les ténèbres, qu'en commençant à ne plus voir. De même, c'est à l'oreille et non à un autre sens de percevoir le silence, et cependant elle ne s'en rend compte, qu'en n'entendant plus rien. Il en est ainsi pour les natures spirituelles, notre esprit les conçoit par son intelligence ; mais dès qu'elles dévient du bien, nous ne les concevons plus qu'en les ignorant, « car qui peut comprendre le péché ? » (*Psaume*, LXXXI, 13.)

CHAPITRE VIII.

Amour déréglé de la volonté, qui abandonne un bien immuable, pour s'attacher à un bien sujet au changement.

Ce que je sais, c'est que Dieu, par sa nature, ne saurait subir jamais, ni en aucune manière, de défaillance, et que les créatures tirées du néant y sont sujettes. Cependant, elles font d'autant plus de bien, qu'elles ont plus d'être et (alors comme elles font quelque chose) elles ont des causes efficientes : mais en tant qu'elles dévient du bien et qu'elles font le mal, (que peuvent-elles faire alors sinon des riens ?) elles n'ont que des causes défectives. Je sais aussi que la mauvaise volonté n'existerait pas en celui en qui elle se produit, s'il ne le voulait pas : et c'est pour cela que ces défaillances volontaires et non fatales sont justement punies. Car le mal ne consiste pas dans l'objet, vers lequel se porte la volonté, mais dans l'acte même de la volonté ; c'est-à-dire qu'il y a défaillance, non à cause des mauvaises natures, mais parce que, contre l'ordre même des natures, la volonté s'éloigne de l'être souverain pour tendre vers ce qui a moins d'être. En effet, l'avarice n'est pas le vice de l'or, mais de l'homme qui aime l'or d'un amour déréglé, au mépris de la justice infiniment préférable à l'or. De même

CAPUT VIII.

De amore perverso, quo voluntas ab incommutabili bono ad commutabile bonum deficit.

Hoc scio, naturam Dei numquam, nusquam, nulla ex parte posse deficere ; et ea posse deficere, quæ ex nihilo facta sunt. Quæ tamen quanto magis sunt, et bona faciunt, (tunc enim (*a*) aliquid faciunt,) caussas habent efficientes : in quantum autem deficiunt, et ex hoc mala faciunt, (quid enim tunc faciunt nisi vana ?) caussas habent deficientes. Itemque scio in quo sit mala voluntas, id in eo fieri, quod si nollet, non fieret : et ideo non necessarios, sed voluntarios defectus justa pœna consequitur. Deficitur enim non ad mala, sed male, id est, non ad malas naturas, sed ideo male, quia contra ordinem naturarum ad eo quod summe est, ab id quod mi-

quod tamen utrumque nobis notum est; neque illud nisi per oculos, neque hoc nisi per aures ; non sane in specie, sed in speciei privatione. Nemo ergo ex me scire quærat, quod me nescire scio, nisi forte ut nesciam discat, quod sciri non posse sciendum est. Ea quippe quæ non in specie, sed in ejus privatione sciuntur, si dici aut intelligi potest, quodam modo nesciendo sciuntur, ut sciendo nesciantur. Cum enim acies etiam oculi corporalis currit per species corporales, nusquam tenebras videt, nisi ubi cœperit non videre. Ita etiam non ad aliquem alium sensum, sed ad solas aures pertinet sentire silentium : quod tamen nullo modo nisi non audiendo sentitur. Sic species intelligibiles mens quidem nostra intelligendo conspicit ; sed ubi deficiunt, nesciendo condiscit. « Delicta enim quis intelligit ? » (*Ps.* LXXXI, 13.)

(*a*) Vind. Am, Er. *tunc enim aliquid faciunt, cum caussas habent* etc. Lov. *tunc enim cum aliquid faciunt, caussas habent*, etc. Expungenda particula *cum*, quæ a Mss. abest.

l'impureté n'est pas le vice des corps embellis par les grâces, mais de l'âme qui aime désordonnément les voluptés corporelles, au mépris de la tempérance qui nous unit à des beautés plus pures, parce qu'elles sont spirituelles et incorruptibles. Ainsi, la vaine gloire n'est pas le vice de la louange humaine, mais de l'âme qui recherche passionnément la louange des hommes, et méprise le témoignage de sa conscience. Enfin, l'orgueil n'est pas le vice de celui qui donne la puissance ou de la puissance même, mais de l'âme qui aime démesurément sa propre puissance, et méprise celle d'un autre plus juste et plus puissant. Ainsi, celui qui aime mal le bien d'une nature quelconque, en arrivant même au but de ses désirs, devient mauvais par le bien qu'il possède, et malheureux par la privation d'un plus grand bien.

CHAPITRE IX.

Le créateur de la nature des saints anges, est-il aussi l'auteur de leur bonne volonté, par la charité, qu'a répandue en eux le Saint-Esprit.

1. La mauvaise volonté n'a donc point de cause efficiente, ou, si je puis parler ainsi, de cause essentielle; elle est, pour les esprits muables, le principe qui diminue et corrompt le bien de la nature; et ce qui la rend telle, c'est la défaillance qui lui fait quitter Dieu, sans qu'on puisse trouver d'autre cause de cet état, que la défaillance même. Mais prenons garde de dire aussi que la bonne volonté n'a point non plus de cause efficiente, car on pourrait croire que la bonne volonté des saints anges est incréée et co-éternelle à Dieu. Puisqu'ils ont été créés eux-mêmes, pourquoi leur volonté ne le serait-elle point? Et si elle a été créée, l'a-t-elle été avec eux, ou bien ont-ils été quelque temps sans elle? Si, avec eux, nul doute qu'elle n'ait été créée par celui qui les a créés eux-mêmes; et dès le premier instant de leur création, ils se sont attachés à leur créateur, par le lien de l'amour qui les a créés. Et ils se sont séparés des autres anges, par leur constance dans la même bonne volonté, tandis que ceux-là ont changé par défaillance, c'est-à-dire par mauvaise volonté, en s'éloignant volontairement de la bonne. Mais, si les bons anges ont d'abord été sans cette bonne volonté, et qu'ils l'aient produite en eux-mêmes sans le secours de Dieu, ils se sont donc faits eux-mêmes meil-

---

nus est. Neque enim auri vitium est avaritia, sed hominis perverse amantis aurum, justitia derelicta, quæ incomparabiliter auro debuit anteponi. Nec luxuria est vitium pulcrorum suaviumque corporum, sed animæ perverse amantis corporeas voluptates, neglecta temperantia, qua rebus spiritaliter pulchrioribus et incorruptibiliter suavioribus coaptamur. Nec jactantia vitium est laudis humanæ, sed animæ perverse amantis laudari ab hominibus, spreto testimonio conscientiæ. Nec superbia vitium est dantis potestatem, vel ipsius etiam potestatis, sed animæ perverse amantis potestatem suam, potentioris justiore contemta. Ac per hoc qui perverse amat cujuslibet naturæ bonum, etiamsi adipiscatur ipse fit in bono malus, et miser meliore privatur.

CAPUT IX.

An sancti Angeli quem habent creatorem naturæ, eumdem habeant bonæ voluntatis auctorem per Spiritum-Sanctum in eis caritate diffusa.

1. Cum ergo malæ voluntatis efficiens naturalis, vel, si dici potest, essentialis nulla sit caussa; ab ipsa quippe incipit spirituum mutabilium malum, quo minuitur atque depravatur naturæ bonum, nec talem voluntatem facit nisi defectio, qua deseritur Deus, cujus defectionis etiam caussa utique deficit: si dixerimus nullam esse efficientem caussam etiam voluntatis bonæ, cavendum est, ne voluntas bonorum Angelorum, non facta, sed Deo coæterna esse credatur. Cum (*a*) ergo ipsi facti sint, quomodo illa non esse facta dicetur? Porro quia facta est, utrum cum ipsis facta est, an sine illa fuerunt prius? Sed si cum ipsis, non dubium quod ab illo facta sit, a quo et ipsi; simulque ut facti sunt, ei a quo facti sunt, amore cum quo facti sunt, adhæserunt. Eoque sunt isti ab illorum societate discreti, quod hi in eadem voluntate bona manserunt, illi ab ea deficiendo mutati sunt, mala scilicet voluntate, hoc ipso quod a (*b*) bona defecerunt : a qua non defecissent, si utique noluissent. Si autem boni Angeli fuerunt prius sine bona voluntate, eamque in se ipsis Deo non operante fecerunt; ergo meliores a se ipsis, quam ab illo facti sunt. Absit. Quid enim erant sine bona voluntate, nisi mali? Aut si propterea non mali, quia nec mala voluntas eis inerat, (neque enim ab ea, quam nondum cœperant habere, defecerant,) certe nondum tales, nondum tam boni, quam esse

---

(*a*) Vind. Am. et Lov. *Cum enim.* At Er. et Mss. *Cum ergo.* — (*b*) Sic Mss. Editi vero, *quod a bono defecerunt; a quo non defecissent, si utique voluissent.*

leurs qu'il ne les a créés. Loin de nous cette pensée! Car, qu'étaient-ils sans la bonne volonté, sinon méchants? Ou s'ils n'étaient pas méchants, parce qu'ils n'avaient pas de mauvaise volonté, (car, ils n'avaient pas pu perdre la bonne, qu'ils n'avaient point encore,) certainement ils n'étaient pas aussi bons que lorsqu'ils ont commencé à avoir la bonne volonté. Ou bien, s'il est vrai de dire qu'ils n'ont pu se rendre eux-mêmes meilleurs que Dieu ne les avait faits, puisque personne ne peut rien faire de meilleur que lui; il faut en conclure que cette bonne volonté, qui les a rendus meilleurs, ils n'ont pu l'avoir sans le secours du Créateur. Et lorsque cette bonne volonté, au lieu de les tourner vers eux-mêmes, qui avaient moins d'être, a fait qu'ils se sont tournés vers l'être souverain, afin qu'en s'attachant à lui, ils en eussent davantage et participassent à sa sagesse et à sa félicité suprême. Quelle conséquence devons-nous tirer de là? sinon que leur volonté, quelque bonne qu'elle fût, serait toujours demeurée pauvre et avec ses désirs stériles, si celui qui de rien a fait une bonne nature capable de le posséder, ne l'eût rendue meilleure en se donnant à elle, après lui en avoir inspiré un plus ardent désir?

2. Car, et c'est là encore une chose à éclaircir, si les bons anges sont les auteurs de leur bonne volonté, l'ont-ils produite par quelque volonté, ou non. S'ils n'en avaient point, ils n'ont rien produit. S'ils en avaient une, cette volonté était bonne ou mauvaise. Si elle était mauvaise, comment a-t-elle pu en produire une bonne? Si elle était bonne, ils avaient donc déjà une bonne volonté? Et quel autre en était l'auteur, si ce n'est celui qui les avait créés avec la bonne volonté, c'est-à-dire avec ce pur amour qui les unit à lui, leur donnant tout à la fois et la nature et la grâce? Aussi devons-nous croire que les saints anges n'ont jamais été sans la bonne volonté, c'est-à-dire sans l'amour de Dieu. Quant aux autres anges créés bons, et cependant devenus mauvais par leur propre volonté, qui ne vient point de leur nature originellement bonne, mais de leur défaillance volontaire du bien, car c'est l'éloignement du bien et non le bien qui est la cause du mal; ou ils ont reçu de Dieu une grâce moins forte que ceux qui ont persévéré; ou, s'ils ont tous été créés également bons, les uns sont tombés par leur mauvaise volonté, les autres aidés davantage sont parvenus à cette plénitude du bonheur, dont ils sont assurés de ne jamais déchoir, comme nous l'avons déjà montré, au livre précédent. Il faut donc reconnaître, en rendant de justes actions de grâces au Créateur, que ce n'est pas seulement des justes sur

---

cum voluntate bona cœperunt. Aut si non potuerunt se ipsos facere meliores, quam eos ille fecerat, quo nemo melius quidquam facit; profecto et bonam voluntatem, qua meliores essent, nisi operante adjutorio Creatoris habere non possent. Et cum id egit eorum voluntas bona, ut non ad se ipsos, qui minus erant, sed ad illum qui summe est, converterentur, eique adhærentes magis essent, ejusque participatione sapienter beate que viverent; quid aliud ostenditur, nisi voluntatem quamlibet bonam inopem fuisse in solo desiderio remansuram, nisi ille qui bonam naturam ex nihilo sui capacem fecerat, ex se ipso faceret implendo meliorem, prius faciens excitando avidiorem?

2. Nam et hoc discutiendum est, si boni Angeli ipsi in se fecerunt voluntatem bonam, utrum aliqua eam, an nulla voluntate fecerunt. Si nulla, utique nec fecerunt. Si aliqua, utrum mala, an bona. Si mala, quomodo esse potuit mala voluntas bonæ voluntatis effectrix? Si bona, jam ergo habebant. Et istam quis fecerat, nisi ille qui eos cum bona voluntate, id est, cum amore casto, quo illi adhærerent, creavit, simul (a) eis et condens naturam, et largiens gratiam? Unde sine bona voluntate, hoc est, Dei amore, numquam sanctos Angelos fuisse, credendum est. Isti autem, qui cum boni creati essent, tamen mali sunt, mala propria voluntate, quam bona natura non fecit, nisi cum a bono sponte deficit, ut mali caussa non sit bonum, sed defectus a bono, aut minorem acceperunt amoris divini gratiam, quam illi qui in eadem perstiterunt; aut si utrique boni æqualiter creati sunt, istis mala voluntate cadentibus, illi amplius adjuti, ad eam beatitudinis plenitudinem, unde se numquam casuros certissimi fierent, pervenerunt: sicut jam etiam in libro, quem sequitur iste, tractavimus. Confitendum est igitur cum debita laude Creatoris, non ad solos sanctos homines pertinere, verum etiam de sanctis Angelis posse dici, quod caritas Dei diffusa sit in eis per Spiritum-sanctum, qui datus est eis (*Rom.* v, 5); nec tantum hominum, sed primitus præcipueque Angelorum bonum esse, quod scriptum est: « Mihi

---

(*a*) Editi, *in eis*. Abest *in* a Mss.

la terre, mais encore des saints anges, que l'on peut dire que l'amour de Dieu a été répandu en eux par l'Esprit-Saint qui leur a été donné, (*Rom.* v, 5) et que ce n'est pas seulement du bien des hommes, mais premièrement et spécialement de celui des anges, dont il a été dit : « Mon bien est d'être étroitement uni à Dieu. » (*Ps.* LXXII, 28.) Tous ceux qui participent à ce bien ont entre eux et avec celui auquel ils sont unis une société sainte; ils sont l'unique Cité de Dieu, son vivant sacrifice, son même temple vivant. C'est de cette partie de la Cité de Dieu, qui doit être un jour réunie aux anges immortels, et qui est composée d'hommes mortels ; c'est de ceux-là, dont les uns poursuivent leur pélérinage ici-bas et les autres reposent dans les demeures secrètes destinées aux âmes, après la mort du temps, qu'il nous faut maintenant parler; comme nous l'avons fait pour les anges, nous dirons l'origine de cette partie de la Cité sainte, ouvrage d'un même Dieu Créateur. C'est d'un seul homme, que Dieu a créé d'abord, qu'est sorti tout le genre humain ; la Sainte-Écriture en fait foi et elle s'est justement acquise une merveilleuse autorité dans tout l'univers et chez tous les peuples, puisqu'entre autres prédictions vraies, sa parole toute divine a annoncé la croyance de ces peuples à ses témoignages.

CHAPITRE X.

Fausseté de ces traditions qui donnent aux temps passés tant de milliers d'années.

1. Méprisons donc les conjectures de ceux qui ne savent ce qu'ils disent, quand ils parlent de l'origine ou de la création du genre humain. En effet, les uns croient que les hommes, aussi bien que le monde, ont toujours été. Ainsi Apulée, dans son livre sur le *Démon de Socrate*, dit que chaque homme pris en particulier est mortel, mais que le genre humain ne l'est pas ; et quand on demande à ceux qui croient à la perpétuité de la race humaine, comment leur opinion peut se concilier avec les données de l'histoire qui nomme les premiers inventeurs des arts et des sciences, les premiers habitants de telle ou telle partie de la terre ou des îles, ils répondent qu'à des époques fixes, surviennent des déluges et des embrasements qui dépeuplent de vastes contrées, en sorte qu'il ne reste qu'un petit nombre d'habitants pour repeupler la terre. (SÉNEQ. *liv.* V, *des Quest. Nat.*, ch. XXVII *et* XXIX *et* CICER. *liv.* II, *de la Nature des Dieux*). Si bien que ceux qui viennent ensuite, apparaissent comme les premiers, tandis qu'ils ne font que renouveler et rétablir ce qui a été détruit par tant de calamités, qu'au reste un homme ne saurait venir que d'un autre

---

autem adhærere Deo, bonum est. » (*Psal.* LXXII, 28.) Hoc bonum quibus commune est, habent et cum illo cui adhærent et inter se societatem sanctam, et sunt una Civitas Dei, eademque vivum sacrificium ejus vivumque templum ejus. Cujus pars quæ conjungenda immortalibus Angelis ex mortalibus hominibus congregatur, et nunc mortaliter peregrinatur in terris, vel in eis qui morte obierunt, secretis animarum receptaculis sedibusque requiescit, eodem Deo creante, quemadmodum exorta sit, sicut de angelis dictum est, jam video esse dicendum. Ex uno quippe homine, quem primum Deus condidit, genus humanum sumsit exordium, secundum sanctæ Scripturæ fidem, quem mirabilem auctoritatem non immerito habet in orbe terrarum, atque in omnibus gentibus, quas sibi esse credituras inter cetera (*a*) vera quæ dixit, vera divinitate prædixit.

CAPUT X.

De falsitate ejus historiæ, quæ multa millia annorum præteritis temporibus adscribat.

1. Omittamus igitur conjecturas hominum nescientium quid loquantur de natura vel institutione generis humani. Alii namque, sicut de ipso mundo crediderunt, semper fuisse homines opinantur. Unde ait et (*In lib. de deo Socratis*) Apuleius, cum hoc animantium genus describeret : Singillatim mortales (*b*), cunctim tamen universo genere perpetui. Et cum illis dictum fuerit : si semper humanum genus fuit, quonam modo verum eorum loquatur historia, narrans qui fuerint quarumque rerum inventores, qui primi liberalium disciplinarum aliarumque artium institutores, vel a quibus primum illa vel illa regio parsque terrarum illa atque illa insula incoli cœperit. Respondent (*V.* Senec. *lib.* V. *nat. quæst.*

(*a*) Apud Er. et Lov. omissum est *vera*. — (*b*) Libri quidam. *cunctis* ut supra lib. IX. cap. VIII. At Apul. *cunctim*.

LIVRE XII. — CHAPITRE X.

d'homme. Mais ils disent ce qu'ils pensent et non ce qu'ils savent.

2. Ce qui les trompe encore, ce sont certaines traditions mensongères, (CICÉRON, *liv.* Ier, *de la Divination et Lactance liv.* VII, c. XIV) qui font remonter l'histoire des temps à plusieurs milliers d'années, tandis que, d'après la Sainte-Écriture, nous ne comptons pas encore six mille ans, depuis la création de l'homme. Aussi, sans m'arrêter longuement à ces histoires fabuleuses qui forgent des siècles à plaisir; qu'il suffise, pour montrer combien elles sont dénuées de toute autorité, de citer cette lettre d'Alexandre-le-Grand à sa mère Olympias, (*Plus haut, liv.* VIII, c. v) où il rapporte, sous le nom d'un certain prêtre Egyptien, des révélations tirées des archives sacrées de l'Egypte; cette lettre parle aussi des royaumes dont l'histoire grecque fait mention. Or, d'après cette lettre écrite par Alexandre, l'empire des Assyriens dépasserait en durée cinq mille ans ; tandis que l'histoire grecque ne lui donnerait guère que treize cents ans d'existence depuis le règne de Bélus, que les deux relations reconnaissent pour le premier roi des Assyriens. Quant à l'empire des Perses et des Macédoniens, jusqu'à Alexandre qui consultait ce prêtre à ce sujet, on lui donne plus de huit mille ans; tandis que les Grecs n'accordent aux Macédoniens, jusqu'à la mort d'Alexandre, que quatre cent quatre-vingt cinq ans d'existence, et aux Perses, jusqu'à la fin de leur empire par la victoire de ce prince, deux cent trente trois ans seulement (1). Les derniers calculs sont bien loin de ceux des Egyptiens, et quand bien même on les triplerait, on n'arriverait pas à leur compte. Il est vrai que les anciennes années Egyptiennes étaient très-courtes, puisqu'on a constaté qu'elles ne se composaient que de quatre mois. (PLINE, *liv.* VII.) D'où il suit que l'année pleine et vraie, qui ressemble maintenant à la nôtre, en comprendrait trois de leurs anciennes. Mais, je le répète; cela ne suffirait pas encore à faire concorder la chronologie des Egyptiens avec l'histoire grecque. Aussi faut-il ajouter foi à la chronologie des Grecs, parce qu'elle est en rapport avec la vérité de nos Saintes-Écritures. Or, si cette fameuse lettre d'Alexandre renferme de tels erreurs dans la supputation des années anciennes, qu'on ne saurait y croire; à combien plus forte raison faut-il se défier de ces histoires remplies d'antiquités fabuleuses,

(1) Voir, dans le volume précédent, là note que nous avons mise au chapitre VII du livre IV°, pag. 566.

c. XXVII et XXIX, et Cic. II, *de nat. deor.*) diluviis et conflagrationibus per certa intervalla temporum, non quidem omnia, sed plurima terrarum ita vastari, ut redigantur homines ad exiguam paucitatem, ex quorum progenie rursus multitudo pristina reparetur; ac sic identidem reparari et institui quasi prima, cum restituantur potius quæ fuerant illis nimiis vastationibus interrupta et exstincta ; ceterum hominis nisi ex homine exsistere omnino non posse. Dicunt autem quod putant, non quod sciunt.

2. Fallunt eos etiam quædam (*V. Cicer. lib.* I. *de divinat. et Lact. lib.* VII *et* XIV) mendacissimæ litteræ, quas perhibent in historia temporum multa annorum millia continere : cum ex litteris sacris ab institutione hominis nondum completa annorum sex millia computemus. Unde, ne multa disputem quemadmodum illarum litterarum, in quibus longe plura annorum millia referuntur, vanitas refellatur, et nulla in illis rei hujus idonea reperiatur auctoritas; illa epistola Alexandri Magni ad Olympiadem matrem suam (*V. supra lib.* VIII, c. v), quam descripsit narrationem cujusdam Ægyptii sacerdotis insinuans, quam protulit ex litteris quæ sacræ apud illos haberentur (*a*), continentem regna, quæ Græca quoque novit historia : in quibus regnum Assyriorum in eadem epistola Alexandri quinque millia excedit annorum ; in Græca vero historia mille ferme et trecentos habet ab ipsius Beli principatu, quem regem et ille Ægyptius in ejusdem regni ponit exordio. Persarum autem et Macedonum imperium usque ad ipsum Alexandrum, cui loquebatur, plus quam octo et annorum millium ille constituit : cum apud Græcos Macedonum usque ad mortem Alexandri quadringenti octoginta quinque reperiantur (*V. supra pag.* 91. *Not.* d.)? Persarum vero, donec ipsius Alexandri victoria finiretur, ducenti et triginta-tres computentur. Longe itaque hi numeri annorum illis Ægyptiis sunt minores, nec eis etiam si ter tantum computarentur, æquarentur. Perhibentur enim Ægyptii quondam tam breves annos habuisse, ut quaternis temporum mentibus finirentur. (*V. Plin. lib.* VII.) Unde annus plenior et verior, qualis nunc et nobis et illis est, tres eorum annos complectebatur antiquos. Sed nec sic quidem, ut dixi, Græca Ægyptiæ numero temporum concordat historia. Et ideo Græcæ potius fides habenda est : quia veritatem non excedit annorum, qui litteris nostris, quæ vere sacræ sunt, continentur. Porro si hæc epistola

(*a*) Sic Mss. At editi, *continet etiam regna.*

que l'on voudrait opposer à l'autorité de ces livres divins, qui annoncent la foi de tout l'univers à ce qu'ils contiennent. Toute la terre en effet, a vu selon ce qui a été prédit; et l'accomplissement fidèle des prédictions futures dont nous sommes les témoins, garantit la vérité des récits de la Sainte-Écriture dans le passé.

CHAPITRE XI.

De ceux qui pensent que le monde n'est pas éternel, mais qui supposent des mondes innombrables en un seul et même monde, se détruisant et renaissant sans cesse à des époques périodiques.

Il en est d'autres qui ne croient pas ce monde éternel; (*Voir Lactance, liv.* II, *c.* IX) soit qu'ils supposent des mondes à l'infini, soit qu'ils n'en admettent qu'un seul, mourant et renaissant toujours, à des époques périodiques (*Voy. plus loin, liv.* XVIII, *c.* XLI); mais alors de toute nécessité, ils avouent l'existence de l'homme avant la génération humaine. En effet, ils ne peuvent pas dire, comme pour les déluges et les embrasements qui désolent une partie de la terre, qu'il reste toujours quelques hommes pour réparer le genre humain. Si le monde entier périt, il n'y a plus rien dans le monde Mais comme ils croient que le monde même renaît de sa propre matière, il faut aussi que le genre humain renaisse de ses propres éléments, puis se multiplie par la voie de la génération comme les autres animaux.

CHAPITRE XII.

Ce qu'il faut répondre à ceux qui demandent pourquoi l'homme a été créé si tard.

Ce que j'ai répondu, en traitant de l'origine du monde, à ceux qui refusent de croire qu'il ait commencé d'être, selon l'opinion exprimée par Platon lui-même, (*In Timæo*) bien que plusieurs lui supposent un autre sentiment, je le répondrai encore, au sujet de la création de l'homme, à ceux qui également persuadés de son éternité, demandent pourquoi l'homme n'a pas été créé pendant les temps infinis qui ont précédé, et d'où vient qu'il a paru si tardivement, que, d'après les Saintes-Écritures, il n'y a pas encore six mille ans, depuis son origine. Si ce qui les choque, c'est le petit nombre d'années écoulées, à partir de la création de l'homme, telle que l'attestent nos livres saints; qu'ils considèrent que tout ce qui a une fin, ne saurait être de longue durée et que tous les

Alexandri, quæ maxime innotuit, multum abhorret in spatiis temporum a probabili fide rerum; quanto minus credendum est illis litteris, quas plenas fabulosis velut antiquitatibus proferre (*a*) voluerint contra auctoritatem notissimorum divinorumque librorum, quæ totum orbem sibi crediturum esse prædixit, et cui totus orbis, sicut ab ea prædictum est, credidit; quæ vera se narrasse præterita, ex his quæ futura prænuntiavit, cum tanta veritate implentur, ostendit.

CAPUT XI.

De his qui hunc quidem mundum non sempiternum putant, sed aut innumerabiles, aut eumdem unum certa conclusione sæculorum semper nasci et resolvi opinantur.

Alii vero qui mundum istum non existimant sempiternum (*V. Lact.* II, VI, IX), sive non eum solum, sed innumerabiles opinentur, sive solum quidem esse, sed certis sæculorum intervallis innumerabiliter oriri et occidere; necesse est fateantur hominum genus prius sine hominibus gignentibus extitisse. Neque enim ut alluvionibus incendiisque terrarum, quas illi non putant toto prorsus orbe contingere, et ideo paucos homines ex quibus multitudo pristina reparetur, semper remanere contendunt, ita et hi possunt putare quod (*b*) aliqui hominum pereunte mundo relinquantur in mundo : sed sicut ipsum mundum ex materia sua renasci existimant, ita in illo ex elementis ejus genus humanum, ac deinde a parentibus progeniem pullulare mortalium, sicut aliorum animalium.

CAPUT XII.

Quid respondendum sit his, qui primam conditionem hominis tardam esse causantur.

Quod autem respondimus, cum de mundi origine quæstio verteretur, eis qui nolunt credere non eum semper fuisse, sed esse cœpisse, sicut etiam Plato apertissime confitetur (*In Timæo*.), quamvis a nonnullis contra quam loquitur, sensisse credatur : hoc etiam de prima hominis conditione responderim, propter eos qui similiter moventur, cur homo per innumerabilia atque infinita retro tempora creatus

(*a*) Vind. Am. Er. et plures Mss. *voluerunt*. — (*b*) Vind. Am. et Mss. *quod aliquid hominum pereunte mundo relinquatur in mundo.*

espaces des siècles qui passent, ne sont qu'un pur néant, en comparaison de l'éternité qui demeure. Aussi, quand il y aurait, je ne dis pas, cinq ou six mille ans, mais soixante ou six cent mille ans, mais soixante ou six cents fois cent mille ans, que Dieu eût fait l'homme; et même quand on multiplierait ces chiffres jusqu'à ce qu'on atteigne la limite des nombres, on pourrait toujours demander pourquoi Dieu ne l'a pas fait plus tôt. Car ce repos éternel de Dieu, avant la création, est d'une immensité telle, que si on le compare aux années du temps, si nombreuses soient-elles, mais toujours limitées dans leur durée, il y aura encore plus de disproportion entre ce fini et cet infini, qu'il y en a entre la moindre goutte d'eau et l'Océan tout entier; parce que malgré l'extrême petitesse de l'une et l'incomparable grandeur de l'autre, ils ont néanmoins cela de commun, c'est qu'ils sont tous deux finis. Mais cet espace de temps qui commence et qui a un terme, quelle que soit son étendue, en regard de ce qui ne commence pas, je ne sais vraiment pas s'il faut l'estimer encore quelque chose, ou plutôt la regarder comme rien. En effet, défalquez de votre calcul les quantités les plus petites possibles, votre nombre diminue, et quelque grand qu'il soit, par des rattachements successifs, vous arriverez à ne plus avoir de terme pour l'exprimer; comme en retranchant de la vie d'un homme le jour actuel et successivement jusqu'au jour de sa naissance, vous arrivez bientôt au commencement. Mais de ce qui dure toujours, de ce qui est sans commencement, que l'on retranche, je ne dis pas quelques minutes, ni même certaines quantités d'heures, de jours, de mois ou d'années, mais des temps aussi longs que peuvent en comprendre des séries d'années incalculables, et qui cependant ne peuvent échapper insensiblement à une soustraction complète; que l'on retranche, dis-je, ces périodes immenses de temps, non pas seulement une fois, ni deux fois, mais encore et toujours : qu'arrive-t-il? qu'en résulte-t-il? puisqu'on n'arrive jamais à ce commencement qui n'est pas. Aussi, ce que nous demandons après cinq mille ans et plus, nos descendants pourraient le demander de même, après six cents fois cent mille ans, si la vie humaine se prolongeait jusque-là et que les hommes fus-

non sit, tamque sero sit conditus, ut minus quam sex millia sint annorum, ex quo esse cœpisse in sacris litteris invenitur. Si enim brevitas eos offendit temporis, quod tam pauci eis videntur anni, ex quo justitutus homo in nostris auctoritatibus legitur; considerent nihil esse diuturnum, in quo est aliquid extremum, et omnia sæculorum spatia definita, si *(a)* æternitati interminatæ comparentur, non exigua existimanda esse, sed nulla. Ac per hoc, si non quinque vel sex, verum etiam sexaginta millia, sive sexcenta, aut sexagies, aut sexcenties millies dicerentur annorum; aut itidem per totidem toties multiplicaretur hæc summa, ubi jam nullum numeri nomen haberemus, ex quo Deus hominem fecit; similiter quæri posset, cur ante non fecerit. Dei quippe ab hominis creatione cessatio retrorsus æterna sine initio tanta est, ut si ei conferatur quamlibet magna et ineffabilis numerositas temporum, quæ tamen fine conclusa certi spatii terminetur, nec saltem tanta videri debeat, quanta si humoris brevissimam guttam universo mari, etiam quantum Oceanus circumfluit, comparemus : quoniam istorum duorum unum quidem perexiguum est, alterum incomparabiliter magnum, sed utrumque finitum ; illud vero temporis spatium, quod ab initio aliquo progreditur et aliquo termino coercetur, magnitudine quantacumque tendatur, comparatum illi quod initium non habet, nescio utrum pro minimo, an potius pro nullo deputandum est *(b)*. Hinc enim si a fine vel brevissima singillatim momenta detrahantur, decrescente numero, licet tam ingenti, ut vocabulum non inveniat retrorsum redeundo; tanquam si hominis dies ab illo in quo nunc vivit, usque ad illum in quo natus est, detrahas ; quandoque ad initium illa detractio perducetur. Si autem detrahantur retrorsus in spatio, quod a nullo cœpit exordio, non dico singillatim minuta momenta, vel horarum aut dierum aut mensium aut annorum etiam quantitates; sed tam magna spatia, quanta illa summa comprehendit annorum, quæ jam dici a quibuslibet computoribus non potest, quæ tamen momentorum minutatim detractione consumitur; et detrahantur hæc tanta spatia, non semel atque iterum sæpiusque, sed semper : quid sit, quid agitur, quando numquam ad initium, quod omnino nullum est, pervenitur ? Quapropter quod nos modo quærimus post quinque millia et quod *(c)* excurrit annorum, possent et posteri etiam post annorum sexcenties millies eadem curiositate requirere, si in tantum hæc mortalitas hominum exoriendo et occum-

(a) Colbertinus Ms. *æternitatis interminio.* — *(b)* Sic Mss. At editi, *Huic.* — *(c)* Editi, *amplius excurrit.* Abest *amplius* a Mss.

sent alors aussi faibles et aussi ignorants que nous. Ceux qui furent avant nous, dans les premiers âges de la création, pouvaient faire la même question. Enfin, le premier homme lui-même, le lendemain ou le jour même de sa création, pouvait demander aussi pourquoi il n'avait pas été créé plus tôt. Et en quelque temps qu'il eût été créé, plus tôt, ou plus tard, ou maintenant, la difficulté touchant l'origine des choses temporelles resterait la même.

CHAPITRE XIII.

De la révolution imaginaire inventée par quelques philosophes, au moyen de laquelle, les siècles ayant terminé leur cours périodique, tout dans la nature, se renouvelle régulièrement dans le même ordre et la même forme.

1. Pour résoudre cette difficulté, les philosophes n'ont rien imaginé de mieux que certaines révolutions du temps, au moyen desquelles la nature se renouvelle et se reproduit constamment dans le même état. Ils prétendent que ces mouvements périodiques des siècles qui viennent et s'en vont, s'accompliront ainsi à jamais; soit que le monde demeure au milieu de ces révolutions; soit qu'à certaines époques, il succombe et renaisse, reproduisant toujours comme nouveau l'image du passé, qui est aussi celui de l'avenir. Et l'âme immortelle, même en possession de la sagesse, est aussi, forcément, le jouet de cette mobilité qui la fait passer sans cesse d'une fausse béatitude à une véritable misère. Comment, en effet, serait-elle heureuse, quand elle n'est jamais assurée de son bonheur, ou parce qu'au sein même de la vérité, elle ignore grossièrement sa misère future, ou parce qu'au sein de la béatitude, elle craint malheureusement sa disgrâce. Ou si l'on dit que de la misère elle s'élève à la félicité, pour ne plus revenir à sa première condition, il arrivera donc dans le temps, quelque chose de nouveau, qui ne finit point avec le temps? Pourquoi alors, n'en serait-il pas ainsi du monde? Pourquoi aussi, n'en serait-il pas de même de l'homme, créé dans le monde? A quoi bon ces révolutions chimériques, inventées par une sagesse fausse et trompeuse, si ce n'est à nous détourner des droits sentiers de la saine doctrine.

2. C'est pour cela, sans doute, que quelques-uns (Orig. *Liv.* III *des Princip. chap.* III), pour appuyer leur opinion à ce sujet, invoquent ce passage de Salomon dans son livre de l'Ecclésiaste : « Qu'est-ce qui a été? Ce qui sera.

---

bendo, et imperita perseveraret infirmitas. Potuerunt et qui fuerunt ante nos ipsis recentibus hominis creati temporibus istam movere quæstionem. Ipse denique primus homo, vel postridie, vel eodem die postea quam factus est, potuit inquirere, cur non ante sit factus. Et quandocumque antea factus esset, non vires tunc alias et alias nunc, vel etiam postea, ista de initio rerum temporalium controversi reperiret.

CAPUT XIII.

De revolutione sæculorum, quibus certo fine conclusis, universa semper in eumdem ordinem eamdemque speciem reditura quidam philosophi crediderunt.

1. Hanc autem se philosophi mundi hujus non aliter putaverunt posse vel debere dissolvere, nisi ut circumitus temporum inducerent, quibus eadem semper fuisse renovata atque repetita in rerum natura, atque ita deinceps fore sine cessatione asseveraret volumina venientium præetereuntiumque sæculorum : sive in mundo permanente isti circumitus fierent, sive certis intervallis oriens et occidens mundus eadem semper quasi nova, quæ transacta et quæ ventura sunt, exhiberet. A quo ludibrio prorsus immortalem animam, etiam cum sapientiam perceperit, liberare non possunt, euntem sine cessatione ad falsam beatitudinem, et ad veram miseriam sine cessatione redeuntem. Quomodo enim vera beatitudo est, de cujus numquam æternitate confiditur, dum anima venturam miseriam aut imperitissime in veritate nescit, aut infelicissime in beatitudine pertimescit? Aut si ad miserias numquam ulterius reditura, ex his ad beatitudinem pergit; fit ergo aliquid novi in tempore, quod finem non habet temporis. Cur non ergo et mundus? Cur non et homo factus in mundo? ut illi nescio qui falsi circumitus a falsis sapientibus fallacibusque comperti, in doctrina sana tramite recti itineris evitentur.

2. Nam quidam et illud quod legitur in libro Salomonis, qui vocatur Ecclesiastes : « Quid est quod fuit? Ipsum quod erit. Et quid est quod factum est? Ipsum quod fiet : et non est omne recens sub sole. (*a*) Quis loquatur, et dicat, Ecce hoc novum est? Jam fuit in sæculis quæ fuerunt ante nos : » (*Eccle.* I,

(*a*) Editi, *nec quisquam loquitur et dicit.* Corriguntur ad Mss.

Qu'est-ce qui s'est fait? Ce qui se fera. Il n'y a rien de nouveau dans le soleil. Qui élèvera la voix pour dire : Ceci est nouveau? Il est déjà arrivé dans les siècles qui nous ont précédé. » (*Ecclésiaste* I, 9.) Mais ces paroles doivent s'entendre seulement des choses dont l'auteur sacré a parlé auparavant, comme de la suite des générations, des phénomènes solaires, de la chute des torrents, ou du moins de tout ce qui naît et meurt dans le monde. En effet, il y a eu des hommes avant nous, il y en a avec nous, il y en aura après nous ; et il en est de même des animaux et des plantes. Les monstres mêmes, dont la naissance est un prodige, bien que différents entre eux, et que plusieurs n'aient paru qu'une fois, sont cependant semblables en ceci, qu'ils sont tous des monstres, qu'ils ont été et qu'ils seront; ainsi, ce n'est pas un fait nouveau qu'un monstre naisse sous le soleil. Or, d'après l'interprétation de plusieurs, le sage aurait voulu faire entendre par ces paroles, que toutes choses sont déjà arrivées dans la prédestination de Dieu, et qu'ainsi il n'y a rien de nouveau sous le soleil. Mais à Dieu ne plaise que nous nous éloignions de la vraie foi, en pensant que Salomon ait voulu parler ici de ces révolutions imaginaires, au moyen desquelles le temps et les choses du temps recommencent. Comme si, par exemple, le philosophe Platon, qui autrefois, à Athènes, a formé des disciples dans une école appelée l'Académie, avait fait la même chose antérieurement, pendant une infinité de siècles ; et que, à des intervalles éloignés mais certains, le même Platon dût reproduire les mêmes enseignements, dans la même ville, dans la même école, devant les mêmes disciples, et cela pendant des siècles sans fin. Dieu nous garde répéterais-je, de croire de telles extravagances. Car, le Christ est mort une fois pour nos péchés, et ressuscité d'entre les morts : il ne meurt plus, la mort n'a plus d'empire sur lui : (*Rom.* VI, 9) et nous aussi, après la résurrection, nous serons toujours avec le Seigneur, (I. *Tess.* IV, 16), à qui nous disons maintenant, suivant la pieuse invitation du Psalmiste : « Vous nous conserverez, Seigneur, et vous nous garderez depuis cette génération jusque dans l'éternité. » (*Ps.* XI, 8.) Mais, il me semble que les paroles qui suivent, conviendraient bien à ces philosophes : « Les impies vont en tournant. » (*Ibid. v.* 9.) Non pas que leur vie doive repasser par ces cercles imaginaires, mais parce que leur fausse science ressemble à un dédale d'erreurs.

---

9) propter hos circumitus in eadem redeuntes et in eadem cuncta revocantes, dictum intelligi volunt, (*Origenes lib.* III, περὶ ἀρχῶν *cap.* III). quod ille aut de his rebus dixit, de quibus superius loquebatur, hoc est, de generationibus aliis euntibus, aliis venientibus, de solis anfractibus, de torrentium lapsibus ; aut certe de omnium rerum generibus, quæ oriuntur, atque occidunt. Fuerunt enim homines ante nos, sunt et nobiscum, et erunt post nos; ita quæque animantia, vel arbusta. Monstra quoque ipsa, quæ inusitata nascuntur, quamvis inter se diversa sint, et quædam eorum semel facta narrentur, tamen secundum id quod generaliter miracula et monstra sunt, utique et fuerunt, et erunt; nec recens et novum est, ut monstrum sub sole nascatur. Quamvis hæc verba quidam sic intellexerint, tanquam in prædestinatione Dei jam facta fuisse omnia, sapiens ille voluisset intelligi, et ideo nihil recens esse sub sole. Absit autem a recta fide, ut his Salomonis verbis illos circumitus significatos esse credamus, quibus illi putant sic eadem temporum temporaliumque rerum volumina repeti, ut verbi gratia, sicut isto sæculo Plato philosophus in urbe Atheniensi, in ea schola quæ (*a*) Academia dicta est, discipulos docuit, ita per innumerabilia retro sæcula, multum prolixis quidem intervallis, sed tamen certis, et idem Plato in eadem civitas et eadem schola iidemque discipuli repetiti, et per innumerabilia deinde sæcula repetendi sint : absit, inquam, ut nos ista credamus. Semel enim Christus mortuus est pro peccatis nostris : resurgens autem a mortuis jam non moritur, et mors ei ultra non dominabitur : (*Rom.* IV, 9) et nos post resurrectionem semper cum Domino erimus, (I. *Thess.* IV, 16) cui modo dicimus, quod sacer admonet Psalmus : « Tu, Domine, servabis nos, et custodies nos a generatione hac in æternum. » (*Ps.* XI, 8.) Satis autem istis existimo convenire quod sequitur : « In circumitu impii ambulant : (*Ibid.* 9) non quia per circulos quos opinantur, eorum vita est recursura; sed quia modo talis est erroris eorum via, id est falsa doctrina.

(*a*) Vind. Am. et plerique Mss. *Academica*.

CHAPITRE XIV.

Dieu n'a pas créé l'homme dans le temps, par une résolution nouvelle, ni par un changement de volonté.

Mais qu'y a-t-il d'étonnant, qu'égarés dans ces tours et détours, nos philosophes ne puissent trouver d'entrée, ni d'issue? Ils ne connaisnaissent ni l'origine du genre humain, ni la fin qu'il doit avoir; car, ils ne sauraient pénétrer la profondeur des conseils de Dieu. Eternel et sans commencement, il a cependant donné un commencement aux temps; et l'homme qui n'avait pas encore été créé, il l'a fait dans le temps, non par une soudaine et nouvelle résolution, mais par un dessein éternel et immuable. Qui pourrait sonder cet abîme insondable, et connaître ces impénétrables secrets? Qui dira comment Dieu, sans changer de volonté, a créé dans le temps, l'homme temporel, qui fut le premier humain, et comment par un seul, il a multiplié sa race? Aussi, après avoir dit : « Vous nous conserverez, Seigneur, et vous nous garderez depuis cette génération jusqu'à l'éternité. » (*Ps.* xi, 8) et confondu les partisans de cette opinion folle et impie, qui prive l'âme de la délivrance et de la béatitude éternelle, le psalmiste ajoute aussitôt : « Les impies vont en tournant; » comme si on lui eût demandé : Quelle est donc là-dessus votre croyance, votre sentiment, votre pensée? Faut-il croire qu'il a plu à Dieu tout-à-coup de créer l'homme, après avoir été une éternité sans le créer, lui en qui rien de nouveau ne peut survenir, et en qui il n'y a rien de muable? Et il répond aussitôt, en parlant à Dieu lui-même : « Selon la profondeur de vos conseils, vous avez multiplié les enfants des hommes. » (*Ibid. v.* 9.) Comme s'il eût dit : que les hommes en pensent ce qu'ils voudront; qu'ils disputent là-dessus à leur fantaisie : « C'est selon la profondeur de vos conseils, que nul ne saurait pénétrer, que vous avez multiplié les enfants des hommes. » Car, c'est un profond mystère que Dieu ait toujours été; et que dans le temps, il ait voulu créer le premier homme, sans changer de dessein ni de volonté.

CAPUT XIV.

De temporali conditione generis humani, quam Deus nec novo consilio constituerit, nec mutabili voluntate.

Quid autem mirum est, si in his circumitibus errantes, nec aditum, nec exitum inveniunt? Quia genus humanum atque ista nostra mortalitas, nec quo initio cœpta sit sciunt, nec quo fine claudatur; quando quidem altitudinem Dei penetrare non possunt : quia cum ipse sit æternus et sine initio, ab aliquo tamen initio exorsus est tempora, et hominem quem numquam ante fecerat, fecit in tempore, non tamen novo et repentino, sed immutabili æternoque consilio. Quis hanc valeat altitudinem investigabilem (*a*) vestigare, et inscrutabilem perscrutari, secundum quam Deus hominem temporalem, ante quem nemo umquam hominum fuit, non mutabili voluntate in tempore condidit, et genus humanum ex uno multiplicavit? Quando quidem Psalmus ipse cum præmisisset, atque dixisset, « Tu Domine servabis nos, et custodies nos a generatione hac in æternum; » (*Ps.* xi, 8) ac deinde repercussisset eos, in quorum stulta impiaque doctrina nulla liberationis et beatitudine animæ servatur æternitas, continuo subjiciens, « In circumitu impii ambulant; » tamquam si diceretur : Quid ergo tu credis, sentis intelligis? Numquidnam existimandum est subito Deo placuisse hominem facere, quem numquam antea infinita retro æternitate fecisset, cui nihil novi accidere potest, in quo mutabile aliquid non est? (*b*) continuo respondit ad ipsum Deum loquens, « Secundum altitudinem tuam multiplicasti filios hominum. » (*Ibid.* 9.) Sentiant, (*c*) et custodies hoc quod putant, et quod eis placet opinentur et disputent : « Secundum altitudinem tuam, » quam nullus potest nosse hominum, « multiplicasti filios hominum. » Valde quippe altum est, (*c*) et semper Deum fuisse, et hominem quem numquam fecerat, ex aliquo tempore primum facere voluisse, nec consilium voluntatemque mutasse.

(*a*) Editi, *investigare*. Concinnius Mss. *vestigare* : quo præcedens dictio *investigabilem* posita intelligatur pro *non vestigabilem*. — (*b*) Locus veterum codicum ope liberatus a glossemate, quod in ante editis passus erat hunc in modum : *Et ne nos hæc audientes aliqua forte turbaret ambiguitas, continuo respondit*, etc. — (*c*) Lov. et pauciores Mss. *altum est scrutari*.

CHAPITRE XV.

S'il était nécessaire, pour que Dieu fut toujours Seigneur, qu'il y eût toujours des créatures soumises à son domaine, et comment, s'il y en a toujours eu, ne lui sont-elles point coéternelles?

Pour moi, si je n'ose dire que le Seigneur Dieu n'a pas toujours été Seigneur, (*Voir livre V de la Trinité, c.* XV), je n'hésite point à déclarer qu'aucun homme n'a précédé le temps, et que sa création remonte assez loin dans le temps. Mais quand je réfléchis à l'objet dont Dieu a pu toujours être Seigneur, s'il n'y a pas toujours eu des créatures, je tombe dans une grande perplexité et n'ose rien avancer. En effet, je me considère moi-même, et me souviens qu'il est écrit : « Quel est l'homme capable de connaître les desseins de Dieu, ou qui pourra sentir la volonté du Seigneur? » Les pensées des mortels sont timides, et nos recherches incertaines. Car, le corps sujet à la corruption appesantit l'âme, et cette demeure terrestre avilit l'esprit par la multiplicité des soins qui l'agitent. »(*Sagesse* IX, 13, *etc.*) En cette demeure donc, j'ai l'esprit tout occupé de ces pensées et, (bien qu'elles soient nombreuses, peut-être en est-il une qui est la vraie et à laquelle je ne pense pas,) si je dis qu'il y a toujours eu des créatures, dont a été Seigneur celui qui est toujours Seigneur et qui n'a jamais cessé de l'être; que ces créatures ont paru à tour de rôle, à diverses époques, afin qu'aucune ne fût coéternelle au Créateur, comme le répondent également la foi et la saine raison. Ne serait-ce pas une absurdité étrange de dire, même par voie de succession, qu'une créature mortelle a toujours été, tandis qu'une créature immortelle n'aurait commencé d'être que de notre temps, quand les anges furent créés, si toutefois ils se trouvent désignés par cette première lumière, ou plutôt ce ciel dont il est dit : « Au commencement Dieu créa le ciel et la terre. »(*Gen.* I, 1) Et cependant, ils n'étaient pas avant leur création; car, bien qu'immortels, ils n'ont pas toujours été, autrement il faudrait les croire coéternels à Dieu. D'un autre côté, si je dis que les anges n'ont pas été créés dans le temps, mais qu'ils étaient avant tous les temps, afin que Dieu fût leur Seigneur, lui qui n'a jamais été sans être Seigneur; on me demandera comment des êtres créés ont pu être toujours. On pourrait peut-être répondre : Pourquoi n'auraient-ils pas été toujours, puisqu'on peut fort bien dire que ce qui est de tout temps est tou-

CAPUT XV.

An ut Deus semper, etiam dominus fuisse semper intelligatur, credendum sit creaturam quoque numquam defuisse cui dominaretur : et quomodo dicatur semper creatum, quod dici non potest coæternum.

1. Ego quidem sicut Dominum Deum aliquando dominum non fuisse dicere non audeo, ita hominem numquam antea fuisse, et ex quodam tempore primum hominem creatum esse dubitare non debeo. Sed cum cogito cujus rei dominus semper fuerit, si semper creatura non fuit, affirmare aliquid pertimesco : quia et me ipsum intueor, et scriptum esse recolo, « Quis hominum potest scire consilium Dei, aut quis poterit cogitare quid velit Dominus? Cogitationes enim mortalium timidæ, et incertæ adinventiones nostræ. Corruptibile enim corpus aggravat animam, et deprimit terrena inhabitatio sensum multa cogitantem. » (*Sap.* IX, 13, *etc.*) Ex his igitur quæ in hac terrena inhabitatione multa cogito, (*a*) (ideo utique multa, quia unum quod ex illis vel præ- ter illa, quod forte non cogito, verum est, invenire non possum :) si dixero, semper fuisse creaturam, cujus dominus esset, qui semper est dominus, nec dominus umquam non fuit; sed nunc illam, nunc aliam, per alia atque alia temporum spatia, ne aliquam Creatori coæternam esse dicamus, quod fides ratioque sana condemnat : cavendum est, ne sit absurdum, et a luce veritatis alienum, mortalem quidem per vices temporum semper fuisse creaturam decedentem aliam, aliam succedentem ; immortalem vero non esse cœpisse, nisi cum ad nostrum sæculum ventum est, quando et angeli creati sunt, si eos recte lux illa primum facta significat, aut illud potius cœlum de quo dictum est, « In principio fecit Deus cœlum et terram : » (*Gen.* I, 1) cum tamen non fuerint, ante quam fierent, ne immortales si semper fuisse dicantur, Deo coæterni esse credantur. Si autem dixero, non in tempore creatos angelos, sed ante omnia tempora et ipsos fuisse, quorum Deus dominus esset, qui numquam nisi dominus fuit : quæretur a me etiam, si ante omnia tempora facti sunt, utrum semper esse qui potuerunt facti sunt. Hic respondendum forte videatur, Quo-

---

(*a*) Hic Vind. Am. et Er. addunt, *deprimant me*. Additamento caret Editio Lov. sed prava nihilo minus subsequentium verborum interpunctione sensum corrumpit.

jours? Or, il est très-vrai qu'ils ont été de tout temps, qu'ils ont même été créés avant tous les temps, supposé que le ciel ait été le commencement du temps et que les anges existassent avant le ciel. Mais si, au contraire, le temps précède le ciel, non pas en vérité par les heures, les jours, les mois et les années, car il est clair que ces mesures des espaces du temps, appelées communément et véritablement le temps, ont commencé avec les mouvements des astres. C'est pourquoi Dieu dit en les créant : « Qu'ils servent de signes aux temps, aux jours et aux années. (*Gen.* 1, 14) » Mais si le temps consiste dans le mouvement de quelque chose de muable, dont les parties se succèdent les unes aux autres, sans qu'elles puissent exister toutes ensemble. Si donc, avant la création du ciel, quelque chose de semblable s'est produit dans les anges, que dès lors, le temps fut créé et que les anges furent soumis à ce mouvement temporel, dès le premier instant de leur création; on peut dire que les anges ont été de tout temps, puisque le temps a été fait avec eux. Comment alors ce qui a été de tout temps ne serait-il pas toujours?

2. Mais si je réponds ainsi, on va me dire : Comment ne sont-ils pas coéternels au Créateur, puisqu'ils ont toujours été aussi bien que lui? Comment même peut-on dire qu'ils ont été créés, s'ils ont toujours été? A cela, que répondre? Dirai-je qu'ils ont toujours été, parce qu'ils ont été de tout temps, eux qui ont été faits avec le temps ou le temps avec eux, et que, néanmoins, ils ont été créés? Car, j'avouerai que le temps a été créé, bien que personne ne doute que le temps ait été en tout temps. Autrement, il y aurait donc eu un temps où le temps n'était pas? Mais ne serait-ce pas le comble de la folie de parler ainsi? On peut très-bien dire : Il y avait un temps où Rome n'était pas; un temps où Jérusalem n'était pas; un temps où Abraham n'était pas; un temps où l'homme n'était pas, ou autre chose semblable; et enfin, si le monde n'a pas été créé au commencement du temps, mais après le temps, on peut dire : Il y avait un temps où le monde n'était pas. Mais dire : Il y avait un temps où il n'y avait point de temps, c'est absolument comme si l'on disait : Il y avait un homme quand il n'y avait point d'homme; ou bien : Ce monde était quand ce monde n'était pas. En parlant ainsi de deux êtres distincts, on peut bien dire : Il y avait un autre homme quand cet homme n'était pas. De même, il y avait un

---

modo non semper, cum id quod est omni tempore, non inconvenienter semper esse dicatur? Usque adeo autem isti omni tempore fuerunt, ut etiam ante omnia tempora facti sunt : si tamen a cœlo cœpta sunt tempora, et illi jam erant ante cœlum. At si tempus non *(a)* a cœlo, verum et ante cœlum fuit; non quidem in horis, et diebus, et mensibus, et annis; nam istæ dimensiones temporalium spatiorum, quæ usitate ac proprie dicuntur tempora, manifestum est quod a motu siderum cœperint; unde et Deus, cum hæc institueret, dixit, « Et sint in signa, et in tempora, et in dies, et in annos. (*Gen.* 1, 14.) » sed in aliquo mutabili motu, cujus aliud *(b)* prius, aliud posterius prætererit, eo quod simul esse non possunt : si ergo ante cœlum in angelicis motibus tale aliquid fuit, et ideo tempus jam fuit, atque angeli ex quo facti sunt, temporaliter moverentur; etiam sic omni tempore fuerunt, quando quidem cum illis facta sunt tempora. Quis autem dicat, non semper fuit, quod omni tempore fuit?

2. Sed si hoc respondero, dicetur mihi; Quomodo ergo non sunt coæterni Creatori, si semper ille, semper illi fuerunt? Quomodo etiam creati dicendi sunt, si semper fuisse intelligantur? Ad hoc quid respondebitur? An dicendum est, et semper eos fuisse, quoniam omni tempore fuerunt, qui cum tempore facti sunt, aut cum quibus tempora facta sunt, et tamen creatos? Neque enim et ipsa tempora creata esse negabimus, quamvis omni tempore tempus fuisse nemo ambigat. Nam si non omni tempore fuit tempus, erat ergo tempus, quando nullum erat tempus? Quis hoc stultissimus dixerit? Possumus enim recte dicere : Erat tempus, quando non erat Roma; erat tempus, quando non erat Jerusalem; erat tempus, quando non erat Abraham; erat tempus, quando non erat homo; et si quid hujusmodi : postremo si non cum initio temporis, sed post aliquod tempus factus est mundus; possumus dicere : Erat tempus, quando non erat mundus. At vero : Erat tempus, quando nullum erat tempus, tam inconvenienter dicimus, ac si quisquam dicat : Erat homo, quando nullus erat homo; aut, erat iste mundus, quando iste non erat mundus. Si enim de alio atque alio intelligatur, potest dici aliquo modo, hoc est : Erat alius homo, quando non erat iste homo. Sic ergo : Erat aliud tempus, quando non erat hoc tempus, recte possumus dicere : at

---

(a) Aliquot Mss. *non cum cœlo.* — *(b)* Sic Mss. At editi, *aliud anterius prætererit, aliud posterius successerit.*

autre temps quand ce temps n'était pas; mais il y avait un temps où le temps n'était pas, le plus insensé des hommes oserait-il le dire? Comme donc nous admettons la création du temps, bien qu'il ait toujours été, puisque le temps a été de tout temps; de ce que les anges ont toujours été, il ne s'ensuit pas qu'ils n'ont pas été créés. On dit qu'ils ont toujours été, parce qu'ils sont de tout temps; or ils sont de tout temps, parce que les temps n'ont pu être sans eux. En effet, le temps ne saurait être, quand il n'y a point de créature dont les mouvements successifs forment le temps. Par conséquent, quoiqu'ils aient toujours été, ils n'en sont pas moins créés, et quoique ayant toujours été, ils ne sont pas pour cela coéternels au Créateur. Car, Dieu a toujours été dans son éternité immuable; tandis que les anges n'ont toujours été que parce qu'ils sont de tout temps, et que le temps n'a pu être sans eux; or, comme le temps passe par sa propre mutabilité, il ne peut être coéternel à l'immuable éternité. Aussi, bien que l'immortalité des anges ne se perde pas dans le temps, et qu'elle ne soit pas passée, comme si elle n'était déjà plus, ni à venir, comme si elle n'était pas encore; cependant leurs mouvements qui composent le temps, vont du futur au passé. Ils ne peuvent donc être coéternels au Créateur, dont le mouvement ne saurait être partagé entre le passé qui n'est déjà plus, et le futur qui n'est pas encore.

3. C'est pourquoi, si Dieu a toujours été Seigneur, il a toujours eu, soumise à sa puissance, une créature qui n'a pas été engendrée de sa substance, mais qu'il a tirée du néant et qui, par conséquent, ne lui est pas coéternelle; car il était avant elle, bien qu'en aucun temps il n'ait été sans elle; il ne l'a pas précédée par un espace de temps mobile, mais par une éternité fixe. Mais si je fais cette réponse à ceux qui demandent comment Dieu a-t-il toujours été Seigneur, s'il n'y a pas toujours eu une créature pour le servir; ou bien, comment a-t-elle été créée et n'est-elle pas coéternelle au Créateur, si elle a toujours été. Je crains que l'on ne m'accuse d'affirmer plutôt ce que je ne sais pas, que d'enseigner ce que je sais. Je m'en tiens donc à ce que notre Créateur a voulu que nous sussions. Quant aux connaissances qu'il dévoile aux plus sages dès cette vie, ou qu'il réserve en l'autre aux parfaits, j'avoue que cela dépasse ma portée. Aussi j'ai pensé qu'il valait mieux traiter ces matières, sans rien assurer; afin que ceux qui liront ceci, apprennent à s'abstenir de

vero, Erat tempus, quando nullum erat tempus, quis vel insipientissimus dixerit? Sicut ergo dicimus creatum tempus, cum ideo semper fuisse dicatur, quia omni tempore tempus fuit : ita non est consequens, ut si semper fuerunt angeli, ideo non sint creati, ut propterea semper fuisse dicantur, quia omni tempore fuerunt, et propterea omni tempore fuerunt, quia nullo modo sine his ipsa tempora esse potuerunt. Ubi enim nulla creatura est, cujus mutabilibus motibus tempora peragantur, tempora omnino esse non possunt. Ac per hoc et si semper fuerunt, creati sunt; nec si semper fuerunt, ideo Creatori coæterni sunt. Ille enim semper fuit æternitate immutabili : isti autem facti sunt; sed ideo semper fuisse dicuntur, quia omni tempore nullo modo esse potuerunt; tempus autem quoniam mutabilitate transcurrit, æternitati immutabili non potest esse coæternum. Ac per hoc etiamsi immortalitas angelorum non transit in tempore, nec præterita est quasi jam non sit, nec futura quasi nondum sit, tamen corum motus quibus tempora peraguntur, ex futuro in præteritum transeunt : et ideo Creatori, in cujus motu dicendum non est vel fuisse quod jam non sit, vel futurum esse quod nondum sit, coæterni esse non possunt.

3. Quapropter si Deus semper dominus fuit, semper habuit creaturam suo dominatui servientem; verumtamen non de ipso genitam, sed ab ipso de nihilo factam; nec ei coæternam : erat quippe ante illam, quamvis nullo tempore sine illa; non cum spatio (a) transcurrente, sed manente perpetuitate præcedens. Sed hoc si respondero eis qui requirunt, quomodo semper creator, semper dominus fuit, si creatura serviens non semper fuit; aut quomodo creata est, et non potius creatori coæterna est, si semper fuit : vereor ne facilius judicer affirmare quod nescio, quam docere quod scio. Redeo igitur ad id quod creator noster scire nos voluit; illa vero quæ vel sapientioribus in hac vita scire permisit, vel omnino perfectis in alia vita scienda servavit, ultra vires meas esse confiteor. Sed ideo putavi sine affirmatione tractanda, ut qui hæc legunt, videant a quibus quæstionum periculis debeant temperare, nec ad omnia se idoneos arbitrentur; potiusque intelligant quam sit Apostolo obtemperandum præcipienti salubriter, ubi ait : « Dico autem per gratiam (b)

(a) Sola editio Lov. *transcurrens*. Et paulo post : *quomodo creator semper fuit dominus*. — (b) Vind. Am. Er. et Mss. *per gratiam Dei*.

questions dangereuses, et qu'ils ne se croient pas capables de tout; mais plutôt qu'ils mettent en pratique ce salutaire avertissement de l'Apôtre : « Je vous exhorte tous, tant que vous êtes, par la grâce qui m'a été donnée, à ne point vouloir savoir plus qu'il ne faut, mais à mesurer avec modération votre science à la foi que Dieu a départie à chacun de vous. »(*Rom.* XII, 3.) En effet, si l'on proportionne la nourriture d'un enfant à ses forces, il devient, en croissant, capable d'en recevoir davantage; si, au contraire, la nourriture est trop forte, il succombe avant de croître.

CHAPITRE XVI.

Comment il faut entendre la promesse de la vie éternelle, que Dieu a faite à l'homme avant les temps éternels.

J'avoue que j'ignore combien de siècles se sont écoulés avant la création du genre humain. Je suis cependant certain que rien de créé n'est coéternel au Créateur. L'Apôtre même parle de temps éternels, non des temps à venir, mais ce qui est bien plus étonnant, des temps passés : « Nous sommes, dit-il, appelés à l'espérance de la vie éternelle que Dieu, qui n'est point menteur, a promise avant les temps éternels; et il a manifesté son Verbe en son temps. » (*Tit.* I, 2 et 3.) Voilà donc des temps éternels auxquels l'Apôtre nous fait remonter, et qui, cependant, ne sont point coéternels à Dieu. Car, non-seulement il était avant les temps éternels, mais encore il a promis la vie éternelle qu'il a manifestée en son temps; et qu'est-ce donc, sinon son Verbe? Il est, en effet, la vie éternelle. Et comment l'a-t-il promise, puisque cette promesse n'était faite qu'aux hommes qui n'étaient pas encore avant les temps éternels? C'est que tout ce qui devait arriver en son temps, était déjà arrêté définitivement dans son éternité, et dans son Verbe qui lui est coéternel.

CHAPITRE XVII.

Comment les desseins immuables de la Providence divine sont justifiés par la vraie foi, contre les raisonnements de ceux qui prétendent que les œuvres de Dieu, renouvelées éternellement, se reproduisent à travers les siècles, par les mêmes révolutions.

1. Ce dont je suis encore certain, c'est que,

---

quæ data est mihi, omnibus qui sunt in vobis, non plus sapere quam oportet sapere; sed sapere ad temperantiam, sicut unicuique Deus partitus est mensuram fidei. » (*Rom.* XII, 3.) Si enim pro viribus suis alatur infans, fiet ut crescendo plus capiat : si autem vires suæ capacitatis excedat, deficiet ante quam crescat.

CAPUT XVI.
Quomodo intelligenda sit promissa homini a Deo vita æterna ante tempora æterna.

Quæ sæcula præterierint ante quam genus instituetur humanum, me fateor ignorare : non tamen dubito nihil omnino creaturæ Creatori esse coæternum. Dicit etiam Apostolus tempora æterna, nec ea futura, sed, quod magis est mirandum, præterita. Sic enim ait : « In spem vitæ æternæ, quam promisit non mendax Deus ante tempora *(a)* æterna ; manifestavit autem temporibus suis Verbum suum. (*Tit.* I. 2 *et* 3.) Ecce dixit retro quod fuerint tempora æterna, quæ tamen non fuerint Deo coæterna. Si quidem ille ante tempora æterna non solum erat, verum etiam promisit vitam æternam, quam manifestavit temporibus suis, id est congruis, quid aliud quam Verbum suum? Hoc est enim vita æterna. Quomodo autem promisit, cum hominibus utique promiserit, qui nondum erant ante tempora æterna ; nisi quia in ipsius æternitate, atque in ipso ejus Verbo eidem coæterno, jam prædestinatione fixum erat, quod suo tempore futurum erat?

CAPUT XVII.
Quid de incommutabili consilio aut voluntate Dei fides sana defendat, contra ratiocinationes eorum qui operum qui opera Dei ex æternitate repetita per eosdem semper volunt sæculorum redire circumitus.

1. Illud quoque non dubito, ante quam primus

(a) Græce est, πρὸ τῶν χρόνων αἰωνίων : quod Vulgata editione vertitur, *ante tempora sæcularia* : ea vero quam interpretatur Hieronymus, *ante tempora æterna* : quia scilicet Græcum αἰών, sæculum et æternum Latine reddi potest, uti observat Augustinus, lib. contra Priscillianistas cap. V. Unde Rom. XVI, 25, pro Græco, χρόνοις αἰωνίοις ; in ipsa Vulgata est, *temporibus æternis.* Hieronymus locum epist. ad Titum enarrans. *Ante hæc igitur mundi tempora,* inquit, *æternitatem quamdam sæculorum fuisse credendum est...... sex millia necdum nostri orbis implentur anni : quas prius æternitates? quanta tempora? quantas sæculorum origines fuisse arbitrandum est? Ante hæc itaque omnia tempora.... promisit Deus Pater sapientiæ suæ Verbum suum, et ipsam sapientiam suam, et vitam eorum qui credituri erant mundo esse venturam.* Brevior et facilior est Augustini interprætatio lib. cont. Priscill. cap. VI. Apostolum scilicet æterna dixisse tempora, *quæ ante se non habent ullum tempus.* Confer. lib I, de Genes. cont. Manich. et lib. LXXXIII, q. LXXII.

avant la création, aucun homme n'existait, et que ce n'est pas le même, ni un autre semblable, reproduit je ne sais combien de fois, par je ne sais quelles révolutions. Et ma foi ne saurait être ébranlée par les arguments des philosophes, fût-ce même par celui qui leur paraît le plus subtil de tous, et qui consiste dans l'impossibilité de comprendre l'infini; aussi, disent-ils, Dieu n'a en lui-même que des raisons finies de toutes ses œuvres finies. Or, il ne faut pas croire que la bonté de Dieu ait jamais été oisive, de peur que son éternel repos ne paraisse la cause de ses opérations dans le temps; comme si Dieu se fût repenti de sa première oisiveté? C'est pourquoi, ajoutent-ils, il est nécessaire que les mêmes choses reparaissent et disparaissent pour revenir encore et toujours; soit que le monde qui a toujours été, bien que créé sans commencement temporel, demeure dans le même état; soit qu'au milieu de ces révolutions, il subisse sans cesse des alternatives de destruction et de renaissance. Non, qu'on ne suppose pas un commencement dans les œuvres de Dieu, ce qui serait, pour ainsi dire, un regret et une condamnation de sa première oisiveté, de ce repos éternel dont il aurait honte; par là, précisément, on ferait croire que Dieu est sujet au changement. Si, au contraire, on lui attribue des œuvres perpétuelles et successives pour arriver enfin à la création de l'homme; comme on suppose que ces œuvres ne sont pas l'effet d'une science incapable par elle-même de comprendre l'infini, mais l'expression de la pensée du moment, telle qu'elle se présentait à l'esprit, ne semblera-t-il pas que le hasard et l'inconstance aient fait agir le Créateur? Or, disent-ils, en admettant nos révolutions perpétuelles, soit avec la permanence du monde, soit avec ses périodes sans cesse renouvelées de destruction et de renaissance, les mêmes objets se reproduisent; on n'est pas obligé d'imputer à Dieu cette honteuse oisiveté d'un repos sans fin, ni de condamner la téméraire imprévoyance de ses œuvres. Mais si on refuse d'admettre la reproduction continuelle des mêmes objets, leur infinie diversité dépasse toute science ou prescience de Dieu.

2. Quand nous n'aurions point de raisons pour réfuter ces arguties, dont les impies se servent pour embarrasser notre simplicité et nous entraîner dans leurs erreurs, en nous détournant du droit chemin, la foi devrait s'en moquer. Mais, grâce au Seigneur notre Dieu, nous ne manquons pas de raisons pour détruire ces révolutions chimériques. Ce qui les trompe et qui les fait s'avancer dans ce dédale d'erreurs, qu'ils

homo creatus esset, numquam quemquam hominem fuisse : nec eumdem ipsum, nescio quibus circumitibus, nescio quoties revolutum, nec alium aliquem natura similem. Neque ab hac fide me philosophorum argumenta deterrent, quorum acutissimum illud putatur, quod dicunt, nulla infinita ulla scientia posse comprehendi : ac per hoc Deus, inquiunt, rerum quas facit, omnium finitarum omnes finitas apud se rationes habet. Bonitas autem ejus numquam vacua fuisse credenda est, ne sit temporalis ejus operatio, cujus retro fuerit æterna cessatio, quasi pænituerit eum prioris sine initio vacationis, ac propterea sit operis aggressus initium. Et ideo necesse est, inquiunt, eadem semper repeti, eademque semper repetenda transcurrere ; vel manente mundo mutabiliter, qui licet numquam non fuerit et sine initio temporis tamen factus est ; vel ejus quoque ortu et occasu semper illis circumitibus repetito, semperque repetendo : ne videlicet, si aliquando primum Dei opera cœpta dicantur, priorem suam sine initio vacationem tamquam inertem ac desidiosam, et ideo sibi displicentem damnasse quodam modo, atque ob hoc mutasse credatur. Si autem semper quidem temporalia, sed alia atque alia perhibetur operatus, ac sic aliquando etiam ad hominem faciendum, quem numquam antea fecerat, pervenisse : non scientia, qua putant non posse quæcumque infinita comprendi, sed quasi ad horam, sicut veniebat in mentem, fortuita quadam inconstantia videatur fecisse quæ fecit. Porro si illi circumitus admittantur, inquiunt, quibus vel manente mundo, vel ipso quoque revolubiles ortus suos et occasus eisdem circumitibus inferente, eadem temporalia repetuntur, nec ignavum otium, præsertim tam longæ sine initio diuturnitatis, Deo tribuitur, nec improvida temeritas operum suorum. Quoniam si non eadem repetantur, non possunt infinita diversitate variata ulla ejus scientia vel præscientia comprehendi.

2. Has argumentationes quibus impii nostram simplicem pietatem, ut cum illis in circumitu ambulemus, de via recta conantur avertere, si ratio refutare non posset, fides irridere deberet. Huc accedit, quod in adjutorio Domini Dei nostri hos volubiles circulos, quos opinio confingit, ratio manifesta confringit. Hinc enim maxime isti errant, ut in circumitu falso ambulare, quam vero et recto itinere malint, quod mentem divinam omnino immutabilem cujuslibet

préfèrent au sentier de la droiture et de la vérité, c'est qu'ils mesurent leur esprit humain, muable et étroit, à l'esprit de Dieu, immuable et sans bornes, qui embrasse et comprend toutes choses par une seule pensée. Et il leur arrive ce que dit l'Apôtre : « que ne se comparant qu'à eux-mêmes, ils manquent d'intelligence. » (II. Cor. x, 12.) En effet, toutes les fois que la mobilité de leur esprit leur suggère quelque chose de nouveau, ils l'exécutent par une résolution nouvelle, et ils s'imaginent qu'il en est de même de Dieu. Aussi, ne pouvant s'élever jusqu'à lui, ils se mettent à sa place, ils se regardent eux-mêmes, et c'est à eux qu'ils se comparent et non pas à lui. Pour nous, il ne nous est pas permis de croire que Dieu soit diversement affecté, suivant qu'il se repose ou qu'il agisse; nous ne devons pas même dire qu'il subit des impressions, comme s'il se produisait en lui quelque chose de nouveau. Car, celui qui est impressionné, souffre, et tout ce qui souffre est sujet au changement. Qu'on ne s'imagine donc pas que le repos de Dieu soit de l'indolence, de l'oisiveté, de la mollesse; de même, dans ses œuvres, il n'y a ni travail, ni effort, ni application. Il sait agir en se reposant, et se reposer en agissant. Il peut faire un ouvrage nouveau par un dessein éternel, et ce n'est pas le repentir du repos précédent qui le fait agir. Mais, ce repos précédent, cette opération postérieure, je ne sais vraiment pas comment l'homme peut les concevoir, si ce n'est à l'égard des choses qui n'existaient pas d'abord et qui ont été créées ensuite. Car en Dieu, une volonté subséquente n'a pas changé ou supprimé celle qui l'avait précédée, mais c'est une seule et même volonté, éternelle et immuable, qui a créé toutes choses et qui a fait d'abord ce qui n'était point, et ensuite ce qui devait commencer plus tard; voulant peut-être, par une admirable disposition de sa Providence, montrer à ceux qui sont capables de le comprendre, qu'il n'avait nul besoin de ses créatures, et qu'il les a créées par une bonté toute gratuite, puisqu'une éternité sans elles n'a nullement diminué son bonheur.

CHAPITRE XVIII.

Contre ceux qui disent que l'infini échappe à la science de Dieu.

Quant à ceux qui prétendent que la science de Dieu ne saurait comprendre l'infini, il ne leur reste plus qu'à soutenir que Dieu ne con-

---

infinitatis capacem, et innumera omnia sine cogitationis alternatione numerantem, de sua humana, mutabili, augustaque metiuntur. Et sit illis quod ait Apostolus : « Comparantes » enim « semetipsis (*a*), non intelligunt. (I. *Cor.* x, 12.) Nam quia illis quidquid novi faciendum venit in mentem, novo consilio faciunt, (mutabiles quippe mentes gerunt;) profecto non Deum, quem cogitare non possunt; sed semetipsos pro illo cogitantes, non illum, sed se ipsos, nec illi, sed sibi comparant. Nobis autem fas non est credere, aliter Deum affici cum vacat, aliter cum operatur : quia nec affici dicendus est, tamquam in ejus natura fiat aliquid, quod non ante fuerit. Patitur quippe qui afficitur, et mutabile est omne quod aliquid patitur. Non itaque in ejus vacatione cogitetur ignavia, desidia, inertia; sicut nec in ejus opere labor, conatus, industria. Novit quiescens agere, et agens quiescere. Potest ad opus novum, non novum, sed sempiternum adhibere consilium; nec pœnitendo quia prius cessaverat, cœpit facere quod non fecerat. Sed et si prius cessavit, et posterius operatus est, (quod nescio quemadmodum ab homine possit intelligi) hoc procul dubio quod dicitur, prius et posterius, in rebus prius non exsistentibus fuit. In illo autem non alteram præcedentem altera subsequens mutavit aut abstulit voluntatem, sed una eademque sempiterna et immutabili voluntate res quas condidit, et ut prius non essent egit, quam diu non fuerunt, et ut posterius essent, quando esse cœperunt : hinc eis qui talia videre possunt, mirabiliter fortassis ostendens, quam non eis indiguerit, sed eas gratuita bonitate condiderit, cum sine illis ex æternitate initio carente in non minore beatitate permansit.

CAPUT XVIII.

Contra eos qui dicunt, ea quæ infinita sunt nec Dei posse scientia comprehendi.

Illud autem aliud quod dicunt, nec Dei scientia quæ infinita sunt posse comprehendi : restat eis ut dicere audeant, atque huic se voragini profundæ im-

---

(*a*) Aliter Vulgata : Sed Augustinus hic et in Psal. xxxiv, et contra Faust. lib. XXII. cap. xvii, sequitur Græcam lectionem, και συγκρίνοντες ἑαυτοὺς ἑαυτοῖς, ου συνιοῦσιν. Editi Am. Er. et Lov. habent, *semetipsos non intelligunt*. At Vind. et Mss. consentientes Græco, voce *semetipsos* carent.

naît pas tous les nombres, et ils seront arrivés au comble de l'impiété. En effet, les nombres sont infinis, c'est là une chose très-certaine; car, quel que soit le nombre que l'on veuille former, on peut, non seulement l'augmenter d'une unité, mais encore, le calcul le plus étendu peut être doublé et multiplié à l'infini. De plus, chaque nombre a ses propriétés particulières, et il est impossible qu'il y ait deux nombres égaux. Aussi inégaux et divers entre eux, chacun d'eux est fini et tous sont infinis. Serait-ce cette infinité qui échapperait à Dieu? N'arriverait-il qu'à la connaissance d'une certaine quantité de nombres, ignorant le reste? Qui donc serait assez insensé pour le dire? Oseront-ils alors mépriser les nombres et supposer qu'ils ne sont point l'objet de la science divine, quand Platon, qui a tant de crédit parmi eux, leur montre Dieu créant le monde par les nombres, et quand nous lisons dans la sainte Écriture ces paroles dites à Dieu : « Vous avez disposé toutes choses avec mesure, nombre et poids. » (*Sag.* XI, 21.) C'est de lui aussi dont le Prophète dit : « Il produit les siècles par nombre. » (*Is.* XL, 26.) Et le Sauveur dans l'Évangile : «Tous les cheveux de votre tête sont comptés. » (*Matth.* X, 30.) Aussi, loin de nous de douter que tout nombre ne soit connu de celui « dont l'intelligence, » comme nous le chantons dans le psaume,« est au-dessus de tous les nombres. » (*Ps.* CXLVI, 5.) Et, bien que les nombres infinis n'aient aucune limite, l'infinité du nombre ne saurait être incompréhensible à celui dont l'intelligence défie le nombre. Si donc, tout ce qui est du domaine de la science, est fini pour l'intelligence qui comprend; il est hors de doute que toute infinité est, d'une manière ineffable, finie en Dieu, car, il n'est rien d'incompréhensible pour lui. Et, si l'infinité des nombres ne peut-être infinie pour la science de Dieu, qui la comprend, que sommes-nous donc, pauvres mortels, pour vouloir limiter ses connaissances et soutenir que, si les mêmes révolutions ne ramenaient toujours les mêmes choses, Dieu ne saurait avoir la prescience de ses œuvres avant de les faire, ni en avoir la science après les avoir faites? Lui, dont la science, simple dans sa multiplicité, uniforme dans sa variété, comprend tous les incompréhensibles, d'une compréhension si au-dessus de notre portée que, quand même il voudrait toujours créer des œuvres nouvelles et différentes des précédentes, il lui serait impossible de les faire autrement que selon l'ordre de ses prévisions; bien plus, ces œuvres ne seraient pas le

pietatis immergant, quod non omnes numeros Deus noverit. Eos quippe infinitos esse, certissimum est? quoniam in quocumque numero finem faciendum putaveris, idem ipse, non dico uno addito augeri, sed quamlibet sit magnus et quamlibet ingentem multitudinem contineas in ipsa ratione atque scientia numerorum, non solum duplicari, verum etiam multiplicari potest. Ita vero suis quisque numerus proprietatibus terminatur, ut nullus eorum par esse cuicumque alteri possit. Ergo et dispares inter se atque diversi sunt, et singuli cuique finiti sunt, et omnes infiniti sunt. Itane numeros propter infinitatem nescit (*a*) omnes Deus, et usque ad quamdam summam numerorum scientia Dei pervenit, ceteros ignorat? Quis hoc etiam dementissimus dixerit? Nec audebunt isti contemnere numeros, et eos dicere ad Dei scientiam non pertinere, apud quos Plato Deum magna auctoritate commendat mundum numeris fabricantem : et apud nos Deo dictum legitur, « Omnia in mensura, et numero, et pondere disposuisti. » (*Sap.* XI, 21.) De quo dicit et Propheta, « Qui profert (*b*) numerose sæculum. » (*Is.* XL, 26.) Et Salvator in Evangelio, « Capilli, » inquit, « vestri omnes numerati sunt. » (*Matth.* X, 30.) Absit itaque ut dubitemus, quod ei notus sit omnis numerus, « cujus intelligentiæ, » sicut in Psalmo canitur, « non est numerus. » (*Ps.* CXLVI, 3.) Infinitas itaque numeri, quamvis infinitorum numerorum nullus sit numerus, non est tamen incomprehensibilis ei, cujus intelligentiæ non est numerus. Quapropter si quidquid scientia comprehenditur, scientis comprehensione finitur; profecto et omnis infinitas quodam ineffabili modo Deo finita est, quia scientiæ ipsius incomprehensibilis non est. Quare si infinitas numerorum scientiæ Dei, qua comprehenditur, esse non potest infinita; qui tandem nos sumus homunculi, qui ejus scientiæ limites figere præsumamus, dicentes, quod nisi eisdem circumitibus temporum eadem temporalia repetantur, non potest Deus cuncta quæ fecit vel præscire ut faciat, vel scire cum fecerit? cujus sapientia simpliciter multiplex et uniformiter multiformis, tam incomprehensibili comprehensione omnia incomprehensibilia comprehendit, ut quæcumque nova et dissimilia (*c*) consequentia præcedenti-

---

(*a*) Sic Er. et Mss. At Vind. Am. et Lov. *nescit omnipotens Deus.* — (*b*) Editi, *Qui profert numero sæculum.* At Mss. *numerose.* Locus est Isaiæ XL, 26. secundum LXX. ὁ ἐκφέρων κατὰ ἀριθμὸν τὸν κόσμον αὐτοῦ. — (*c*) Sola editio Lov. *consequuntur.*

résultat des prévisions du moment, mais elles auraient été arrêtées dans sa prescience éternelle.

CHAPITRE XIX.
Les siècles des siècles.

Or, de savoir si l'Écriture appelle siècles des siècles, cette chaîne ininterrompue des âges qui, sans être cependant les mêmes, se succèdent dans un ordre et une diversité admirables, (*Voir saint Jérôme sur l'Épitre aux Galates C. I*er) les âmes affranchies des misères présentes, étant néanmoins fixées à jamais dans leur bienheureuse immortalité; ou bien, s'il faut entendre par là, les siècles qui demeurent immuables dans la sagesse de Dieu et qui sont, pour ainsi dire, les causes efficientes de ces siècles qui passent avec le temps, c'est ce que je n'oserais décider. Car le siècle n'est peut-être pas autre chose que les siècles, et le siècle du siècle que les siècles des siècles, comme le ciel du ciel est absolument la même chose que les cieux des cieux. En effet, Dieu appelle ciel, le firmament au-dessus duquel sont les eaux, (*Gen.* I, 8) et cependant le psalmiste s'écrie : « Que les eaux supérieures aux cieux louent le Seigneur. » (*Ps.* CXLVIII, 4.) De ces deux sens, lequel adopter par rapport aux siècles des siècles, ou bien en chercherons-nous un autre, c'est-là la difficulté et difficulté extrême. Mais rien ne nous empêche de terminer la question présente et de différer la discussion de l'autre; soit que nous puissions la résoudre de quelque manière, soit qu'une étude plus approfondie augmente notre prudence, et ne nous permette pas de nous prononcer témérairement sur des questions si mystérieuses. Il ne s'agit ici que de l'opinion de ceux qui regardent comme nécessaires, ces révolutions éternellement périodiques ramenant toujours les mêmes choses. Peu importe alors le véritable sens des siècles des siècles, il n'a nul rapport avec ces révolutions; car, soit qu'on entende par siècles des siècles, non la reproduction des mêmes choses, mais l'enchaînement des siècles qui se succèdent dans un ordre admirable, sans que ceux qui sont arrivés à la béatitude puissent craindre de retomber jamais dans les misères dont ils sont délivrés; soit qu'il s'agisse de cette éternité permanente qui dirige le temps et à laquelle il est soumis : ces révolutions ramenant les mêmes choses n'ont rien à voir dans cette question; bien plus, la vie éternelle des bienheureux les réfute parfaitement.

---

bus si semper facere vellet, inordinata et improvisa habere non posset; nec ea prævideret ex proximo tempore, sed æterna præscientia contineret.

CAPUT XIX.
De sæculis sæculorum.

Quod (*a*) utrum ita faciat, et continuata sibi connexione copulentur, quæ appellantur sæcula sæculorum (*V. Hieronym. in p. ad Galat. cap.* 1) alia tamen atque alia, ordinata dissimilitudine procurrentia, eis dumtaxat qui ex miseria liberantur in sua beata immortalitate sine fine manentibus; an ita dicantur sæcula sæculorum, ut intelligantur sæcula in sapientia Dei inconcussa stabilitate manentia, istorum quæ cum tempore transeunt tamquam efficientia sæculorum, definire non audeo. Fortassis enim possit dici sæculum, quæ sunt sæcula; ut nihil aliud perhibeatur sæculum sæculi, quam sæcula sæculorum : sicut nihil aliud dicitur cœlum cœli, quam cœli cælorum. Nam cœlum Deus vocavit firmamentum super quod sunt aquæ (*Gen.* I, 8); et tamen Psalmus : « Et aquæ, inquit, quæ super cœlos sunt, laudent nomen Domini. (*Psal.* CXLVIII, 4.) Quid ergo istorum duorum sit, an præter hæc duo aliquid aliud de sæculis sæculorum possit intelligi, profundissima quæstio est : neque hoc quod nunc agimus impedit, si indiscussa interim differatur; sive aliqui in ea definire valeamus, sive nos faciat cautiores diligentior ipsa tractatio, ne in tanta obscuritate rerum affirmare aliquid temere audeamus. Nunc enim contra opinionem disputamus, qua illi circumitus asseruntur, quibus semper eadem per intervalla temporum necesse esse repeti existimantur. Quælibet autem illarum sententiarum de sæculis sæculorum vera sit, ad hos circumitus nihil pertinet : quoniam sive sæcula sæculorum sint, non eadem repetita, sed alterum ex altero connexione ordinatissima procurrentia, liberatorum beatitudine sine ullo recursu miseriarum certissima permanente, sive sæcula sæculorum æterna sint temporalium tamquam dominantia subditorum, circumitus illi eadem revolventes locum non habent, quos maxime refellit æterna vita sanctorum.

(*a*) Lov. *ut ita faciat*. Editi vero alii et Mss. *utrum ita faciat*, scilicet quemadmodum in superioris capitis fine dictum est.

CHAPITRE XX.

De l'impiété de ceux qui prétendent que les âmes admises à jouir de la béatitude suprême et véritable, doivent perpétuellement, au milieu des révolutions séculaires, revenir aux misères et aux peines de cette vie.

1. Quelles oreilles pieuses pourraient supporter ce langage, qu'après avoir terminé cette vie féconde en calamités de toutes sortes (si toutefois on peut appeler vie, une mort véritable (*Voir* Cicéron, *liv.* VI, *de la République*) et mort d'autant plus profonde, que l'amour de cette mort nous fait craindre notre délivrance par la mort); qu'après tant de maux si multipliés et si affreux, dont le terme un jour est la dernière expiation de la sagesse et de la vraie religion; lorsque parvenus devant Dieu, nous jouirons de la suprême béatitude, dans la comtemplation de sa lumière incorporelle et la participation de son immuable immortalité dont l'amour ici-bas enflamme nos désirs. Quoi! il nous faudra cependant un jour quitter toutes ces délices, quoi déchus alors de l'éternité, de la vérité et du bonheur, nous serons engagés de nouveau dans les liens de cette mortalité infernale, de cette honteuse ignorance, et des misères exécrables de cette triste vie où Dieu est perdu, la vérité détestée, et où l'on cherche le bonheur au milieu d'immondes débauches! Quoi! ce qui est arrivé ainsi dans les siècles passés, arrivera de même, à certaines époques déterminées dans tous les autres siècles, afin que ces révolutions périodiques, ramenant sans cesse l'alternative éternelle de nos fausses béatitudes et de nos véritables misères, permettent à Dieu de connaître ses œuvres, puisqu'il ne peut cesser de créer et que sa science ne saurait embrasser l'infini! Qui donc pourrait entendre de pareilles folies? Qui pourrait les croire? Qui pourrait les souffrir? Et quand tout cela serait l'expression de la vérité, n'y aurait-il pas, non-seulement plus de prudence à le taire, mais même, (pour rendre autant que possible ma pensée,) plus de science à l'ignorer. Car, si notre bonheur futur est alors en raison de notre ignorance à ce sujet, pourquoi donc ici-bas augmenter notre misère par cette funeste connaissance? Si, au contraire, nous devons nécessairement en être instruits un jour, maintenant du moins, ignorons cette science, afin que l'attente du souverain bien nous rende plus heureux que sa possession; car ici-bas c'est la vie éternelle que nous espérons, et alors ce sera la possession du bonheur, sans l'éternité, puisque nous saurons que nous devons le perdre.

CAPUT XX.

De impietate eorum qui asserunt, animas summæ veræque beatitudinis participes iterum atque iterum per circumitus temporum ad easdem miserias laboresque redituras.

1. Quorum enim aures piorum ferant, post emensam tot tantisque calamitatibus vitam (si tamen ista vita dicenda est, quæ (*V.* Cicer. *lib.* VI, *de la Republ.*), potius mors est, ita gravis, ut mors quæ ab hac liberat, mortis hujus amore timeatur), post tam magna mala tamque multa et horrenda, tandem aliquando per veram religionem atque sapientiam expiata atque finita, ita pervenire ad conspectum Dei, atque ita fieri beatum contemplatione incorporeæ lucis per participationem immutabilis ejus, immortalitatis cujus adipiscendæ amore flagramus, ut eam quandoque necesse sit deseri, et eos qui deserunt, ab illa æternitate, veritate, felicitate dejectos, tartareæ (*a*) mortalitati, turpi stultitiæ, miseriis exsecrabilibus implicari, ubi Deus amittatur, ubi odio veritas habeatur, ubi per immundas nequitias beatitudo quæratur; et hoc itidem atque itidem sine ullo fine priorum et posteriorum certis intervallis et dimensionibus sæculorum factum et futurum; et hoc propterea, ut possint Deo, circumitibus definitis euntibus semper atque redeuntibus per nostras falsas beatitudines et veras miserias, alternatim quidem, sed revolutione incessabili sempiternas, nota esse opera sua; quoniam neque a faciendo quiescere, neque sciendo possit ea quæ infinita sunt, indagare: quis hæc audiat? quis credat? quis ferat? Quæ si vera essent, non solum tacerentur prudentius, verum etiam (ut quomodo valeo dicam quod volo) doctius nescirentur. Nam si hæc illic in memoria non habebimus, et ideo beati erimus, cur hic per eorum scientiam gravatur amplius nostra miseria? Si autem ibi ea necessario scituri sumus, hic saltem nesciamus, ut hic felicior sit expectatio, quam illic adeptio summi boni: quando hic æterna vita consequenda expectatur; ibi autem beata, sed non æterna, quandoque amittenda cognoscitur.

(*a*) In sola editione Lov. *tartareæ immortalitati.*

2. Diront-ils qu'aucun homme ne pourra parvenir à ce bonheur, sans avoir, en ce monde, la connaissance de ces révolutions qui ramènent tour-à-tour la béatitude et la misère? Mais alors pourquoi déclarent-ils d'ailleurs que plus on aura aimé Dieu, plus il sera facile de parvenir au bonheur, quand leur doctrine présente n'est propre qu'à ralentir cet amour? Qui donc n'aimerait avec plus de froideur et même d'indifférence celui qu'il doit sûrement quitter un jour, et dont il contredira la vérité et la sagesse, après avoir joui de son bonheur, autant qu'il en était capable? Qui ne sait qu'il est impossible d'aimer même un ami, dont on prévoit que l'on deviendra l'ennemi? Mais à Dieu ne plaise que nous regardions comme véritables, ces menaces d'une véritable misère qui ne doit jamais finir, bien que perpétuellement interrompue par une fausse félicité. En effet, qu'y a-t-il de plus faux et de plus trompeur que cette félicité, dont les plus vives lumières ne sauraient répandre aucun jour sur notre misère future, à moins que nous n'ayons à la redouter, au comble même du bonheur? Si nous y ignorons les revers auxquels nous sommes exposés, notre misère, présente est plus éclairée, puisque nous connaissons le bonheur qui nous est réservé; et si ces revers ne sont pas pour nous un mystère, nous sommes plus heureux dans notre misère qui, une fois passée, se change en béatitude, que dans la béatitude qui a pour terme le retour à la misère. Ainsi notre infortune est heureuse dans ses espérances, et notre félicité est malheureuse à cause de l'avenir qui l'attend. D'où il suit qu'au lieu d'être heureux même un seul moment, nous sommes en vérité toujours malheureux, en cette vie, par les maux présents; dans l'autre, par la crainte des maux qui nous menacent.

3. Mais tout cela n'est que fausseté, la piété le proclame, la vérité l'atteste; car c'est la vraie félicité qui nous est promise; infailliblement, nous en jouirons dans une complète sécurité, elle durera toujours et ne sera traversée d'aucune misère. Suivons donc la voie droite qui pour nous est le Christ; sous la conduite de ce sauveur, détournons-nous des chemins égarés de l'impie, et marchons avec une ferme volonté dans les sentiers de la foi. Si Porphyre, quoique platonicien, n'admet point l'opinion de sa secte sur ces perpétuelles vicissitudes des âmes, soit que l'extravagance de cette opinion le frappe, soit qu'il respire déjà l'esprit du christianisme qui le force au respect; si, comme je l'ai rap-

---

2. Si autem dicunt, neminem posse ad illam beatitudinem pervenire, nisi hos circumitus, ubi beatitudo et miseria vicissim alternant, in hujus vitæ eruditione cognoverit : quomodo ergo fatentur, quanto plus quisque amaverit Deum, tanto eum facilius ad beatitudinem perventurum, qui ea docent quibus amor ipse torpescat? Nam quis non remissius et tepidius amet eum, quem se cogitat necessario desertorum, et contra ejus veritatem sapientiamque sensurum, et hoc cum ad ejus plenam pro sua capacitate notitiam beatitudinis perfectione pervenerit; quando nec hominem amicum possit quisque amare fideliter, cui se futurum noverit inimicum? Sed absit ut vera sint, quæ nobis minantur veram miseriam numquam finiendam, sed interpositionibus falsæ beatitudinis sæpe ac sine fine rumpendam. Quid enim illa beatitudine falsius atque fallacius, ubi nos futuros miseros, aut in tanta veritatis luce nesciamus, aut in summa felicitatis arce timeamus? Si enim venturam calamitatem ignoraturi sumus, peritior est hic nostra miseria, ubi venturam beatitudinem novimus. Si autem nos illic clades imminens non latebit, beatius tempora transigit anima misera quibus transactis ad beatitudinem sublevetur, quam beata quibus transactis in miseriam revolvatur. Atque ita spes nostræ infelicitatis est felix et felicitatis infelix. Unde fit, ut quia hic mala præsentia patimur, ibi metuimus imminentia, verius semper miseri quam beati aliquando esse possimus.

3. Sed quoniam hæc falsa sunt clamante pietate, convincente veritate (illam enim nobis veraciter promittitur vera felicitas, cujus erit semper retinenda, et nulla infelicitate, rumpenda certa securitas); viam rectam sequentes (a), quæ nobis est Christus, eo duce ac salvatore nostro a vano et inepto impiorum circumitu iter fidei mentemque avertamus. Si enim de istis circumitibus et sine cessatione alternantibus itionibus et reditionibus animarum Porphyrius Platonicus suorum opinionem sequi noluit, sive ipsius rei vanitate permotus, sive jam tempora Christiana reveritus; et quod in libro decimo commemoravi, dicere maluit, animam propter cognoscenda mala traditam mundo, ut ab eis liberata atque purgata, cum ad Patrem redierit, nihil ulterius tale patiatur : quanto magis nos istam inimicam Christianæ fidei falsitatem detestari ac devitare debemus? His autem circumitibus evacuatis atque frustratis, nulla neces-

(a) Mss. quod.

porté au dixième livre, il préfère dire que l'âme a été envoyée en ce monde pour connaître le mal, afin que, de retour dans le sein du Père, libre et purifiée de ses souillures, elle en soit à jamais affranchie; combien plus, nous chrétiens, devons-nous détester et fuir ces opinions fausses et contraires à notre foi? Après avoir réfuté ce vain système de révolutions, il n'y a pour nous aucune nécessité de croire que le genre humain est sans commencement dans le temps; puis à quoi bon nous arrêter à ces révolutions chimériques, qui ne produisent rien de nouveau qui n'ait été auparavant à certaines époques, et qui ne doive être dans la suite? En effet, si l'âme est délivrée pour ne plus retourner aux misères de la vie, comme rien de pareil ne lui est encore arrivé, c'est quelque chose de nouveau, quelque chose même de très-important qui lui survient, c'est ce qui ne doit jamais finir, la félicité éternelle. Et si dans une nature immortelle il se produit une nouveauté telle, qu'elle ne soit plus exposée à aucune révolution passée ou future, pourquoi n'en serait-il pas de même à l'égard des natures mortelles? Direz-vous que ce n'est point pour l'âme une nouveauté de béatitude, puisqu'elle revient à sa première condition. Mais alors c'est une nouveauté que sa délivrance d'une misère qui n'était point son partage; c'est aussi une nouveauté que cette misère elle-même qu'elle n'avait jamais connue. De plus, si cette nouveauté n'entre point dans l'ordre de la divine providence, si elle est l'effet du hasard, que deviennent donc ces révolutions déterminées et mesurées, qui n'amènent rien de nouveau et qui ramènent toujours les mêmes choses; si cette nouveauté est selon l'ordre providentiel, soit que l'âme ait été envoyée en ce monde, soit qu'elle y soit venue par sa faute, il se peut produire quelque chose qui n'a jamais été et qui, cependant, n'est pas contraire à l'ordre de l'univers. Et si l'âme a pu par imprudence se créer une nouvelle misère, prévue par la divine providence qui a ordonné avec une égale sagesse et sa détention présente et sa délivrance future, serons-nous assez téméraires pour refuser à Dieu la puissance de créer des choses nouvelles pour le monde et non pour lui qui les a prévues de toute éternité? Si vous convenez que les âmes délivrées de la misère n'y seront plus soumises, mais qu'en cela il n'arrive rien de nouveau, puisqu'il en a été toujours ainsi et qu'il en sera toujours de même, tantôt pour les unes, tantôt pour les autres : alors, accordez-nous du moins qu'il se produit

sitas nos compellit, ideo putare non habere initium temporis ex quo esse cœperit genus humanum, quia per nescio quos circumitus nihil sit in rebus novi, quod non et antea certis intervallis temporum fuerit, et postea sit futurum. Si enim liberatur anima non reditura ad miserias, sicut numquam antea liberata est, fit in illa aliquid quod (a) antea numquam factum est, et hoc quidem valde magnum, id est, quæ numquam desinat æterna felicitas. Si autem in natura immortali (b) fit tanta novitas, nullo repetita, nullo repetenda circumitu, cur in rebus mortalibus fieri non posse contenditur? Si dicunt non fieri in anima beatitudinis novitatem, quoniam ad eam revertitur in qua semper fuit, ipsa certe liberatio nova fit, cum de miseria liberatur in qua numquam fuit, et ipsa miseriæ novitas in ea facta est quæ numquam fuit. Hæc autem novitas si non in rerum, quæ divina providentia gubernatur (c), ordinem venit, sed casu potius evenit, ubi sunt illi determinati dimensique circumitus, in quibus nulla nova sunt, sed repetuntur eadem quæ fuerunt? Si autem et hæc novitas ab ordinatione providentiæ non excluditur, sive (d) data sit anima, sive lapsa sit, possunt fieri nova, quæ neque antea facta sint, nec tamen a rerum ordine aliena sint. Et si potuit anima facere per imprudentiam sibi novam miseriam, quæ non esset improvisa divinæ providentiæ, ut hanc quoque in rerum ordine includeret, et ab hac eam non improvide liberaret; qua tandem temeritate humanæ vanitatis audemus negare divinitatem facere posse res, non sibi, sed mundo novas, quas neque antea fecerit, nec umquam habuerit improvisas? Si autem dicunt liberatas quidem animas ad miseriam non reversuras, sed cum hoc fit, in rebus nihil novi fieri, quoniam semper aliæ atque aliæ liberatæ sunt, et liberantur, et liberabuntur : hoc certe concedant, si ita est, novas animas fieri, quibus sit et nova miseria et nova liberatio. Nam si antiquas eas dicunt esse, et retrorsum sempiternas, ex quibus quotidie novi fiant homines,

---

(a) Nonnulli Mss. *quod ei numquam factum est.* — (b) Sic Vind. Am. et Mss. At Lov. *sit tanta novitas futura.* — (c) Sic Mss. Editi vero, *ordine.* — (d) Vind. Am. Er. *sive elata sit anima, sive lapsa sit.* Lov. *sive data sit anima, sive a sit.* Melius Mss. *sive data sit anima, sive lapsa sit.* Propter duas nimirum opiniones, aliorum quidem docentium animas corporibus a Deo datas et missas, aliorum autem existimantium eas suapte culpa delapsas esse de cœlis in corpora ad luendas pœnas.

de nouvelles âmes à qui cette misère et cette délivrance sont nouvelles. Car ces âmes, dont il se forme chaque jour de nouveaux hommes, et dont la bonne vie sera récompensée par l'affranchissement des misères humaines qui ne se renouvelleront plus, si vous les supposez anciennes, éternelles dans le passé, il faut dire aussi qu'elles sont infinies. En effet, quel que soit le nombre fini de ces âmes, il ne saurait suffire à ces siècles infinis où naissent toujours des hommes nouveaux, dont les âmes doivent être perpétuellement délivrées de cette mortalité qu'elles ne reprendront jamais. Et je ne vois pas comment on pourrait admettre un nombre infini d'âmes, dans cet ordre de choses que l'on suppose finies, pour donner à Dieu le moyen de les connaître.

4. Puisque nous avons montré la fausseté de ces révolutions qui condamnaient fatalement les âmes aux mêmes misères, quoi de plus conforme à la piété que de croire qu'il n'est pas impossible à Dieu de faire des choses nouvelles, sans changer cependant de volonté, mais par son ineffable prescience ? Or, de savoir si le nombre des âmes affranchies de leurs misères et qui n'y seront plus sujettes, peut s'augmenter toujours, c'est une question que je laisse à ceux qui sont si subtils à régler l'infini. Quant à moi, je conclurai toute mon argumentation par ce dilemme : or ce nombre peut se multiplier toujours, et alors pourquoi refuser à Dieu la puissance de créer ce qui n'était pas auparavant, puisque le nombre de ces âmes affranchies qui était nul d'abord, non-seulement a commencé d'être, mais ne finira jamais ? Ou bien ce nombre d'âmes affranchies à jamais de la misère, est déterminé et n'augmentera plus ; mais alors ce nombre, quel qu'il soit, n'a jamais existé précédemment : de plus, il n'est pas possible qu'il croisse et arrive au terme de sa grandeur sans un commencement quelconque ; or ce commencement non plus n'avait jamais été auparavant. Afin donc qu'il fût, le premier homme a été créé et nul autre n'était avant lui.

CHAPITRE XXI.

De la création du premier homme et de celle du genre humain en lui seul.

Après avoir expliqué, autant que possible, cette question si difficile, dans laquelle il s'agit de concilier l'éternité de Dieu avec de nouvelles créations sans aucune volonté nouvelle, il est aisé

---

de quorum corporibus, si sapienter vixerint, ita liberentur, ut numquam ad miserias revolvantur, consequenter dicturi sunt infinitas. Quantuslibet namque finitus numerus fuisset animarum, infinitis retro sæculis sufficere non valeret, ex quo ex illo semper fierent homines, quorum essent animæ ab ista semper mortalitate liberandæ, numquam ad eam deinceps rediturae. Nec ullo modo explicabunt, quomodo in rebus, quas (*a*), ut Deo notæ esse possint, finitas volunt, infinitus sit numerus animarum.

4. Quapropter quoniam circumitus illa jam explosi sunt, quibus ad easdem miserias necessario putabatur anima reditura ; quid restat convenientius pietati, quam credere non esse impossibile Deo, et ea quæ numquam fecerit nova facere, et ineffabili præscientia voluntatem mutabilem non habere ? Porro autem utrum animarum liberatarum nec ulterius ad miserias rediturarum numerus possit semper augeri, ipsi viderint, qui de rerum infinitate cohibenda tam subtiliter disputant : nos vero ratiocinationem nostram ex utroque latere terminamus. Si enim potest, quid caussæ est ut negetur creari potuisse quod numquam antea creatum esset, si liberatarum animarum numerus, qui numquam antea fuit, non solum factus est semel, sed numquam fieri desinet ? Si autem oportet ut certus sit liberatarum aliquis numerus animarum, quæ ad miseriam numquam redeant, neque iste numerus ulterius augeatur ; etiam ipse sine dubio quicumque erit, ante utique numquam fuit : qui profecto crescere, et ad suæ quantitatis terminum pervenire sine aliquo non possit initio ; quod initium eo modo antea numquam fuit. Hoc ergo ut esset, creatus est homo, ante quem nullus fuit.

CAPUT XXI.

De conditione unius primi hominis, atque in eo generis humani.

Hac igitur quæstione difficillima propter æternitatem Dei nova creantis sine novitate aliqua voluntatis, quantum potuimus, explicata, non est arduum videre multo fuisse melius quod factum est, ut ex uno homine quem primum condidit, multiplicaret genus humanum, quam si id inchoasset a pluribus.

(*a*) Sic Mss. At editi, *quas Deo notas esse, eo quod sint infinita, non volunt.*

de concevoir que Dieu a bien mieux fait de ne créer qu'un seul homme, principe fécond du genre humain tout entier, que d'en créer plusieurs. Pour les autres animaux, soit sauvages et solitaires, comme l'aigle, le milan, le lion, le loup et leurs pareils; soit privés et aimant à vivre en troupe, comme les colombes, les étourneaux, les cerfs, les daims; et les autres de même espèce, il ne les a pas fait naître d'un seul, mais il les a créés plusieurs à la fois. Quant à l'homme, qui, par sa nature, tient le milieu entre l'ange et la bête et qui, soumis à son créateur, comme à son Seigneur véritable, gardant son commandement avec une pieuse obéissance, serait passé, sans mourir, dans la société des anges, pour jouir sans fin de l'immortalité bienheureuse; tandis que, faisant un orgueilleux usage de sa liberté, pour offenser par une désobéissance volontaire, le Seigneur son Dieu, il s'est voué à la mort et réduit à la condition des bêtes, esclave de ses passions et destiné, après cette vie, à d'éternels supplices. Quant à l'homme, dis-je, Dieu l'a créé seul, non pas pour le priver de toute société humaine; mais bien pour lui faire apprécier davantage l'union et la concorde, qui devaient être les liens de cette société. Car ce n'est pas seulement par la ressemblance de nature que les hommes doivent être unis entre eux, mais encore par les liens plus étroits du sang; aussi Dieu ne voulut pas même créer la femme, compagne de l'homme, comme il avait créé l'homme, mais il la fit sortir de l'homme, afin que tout le genre humain prit naissance d'un seul homme, comme un fleuve de sa source.

CHAPITRE XXII

Dieu a prévu le péché du premier homme; il a prévu en même temps que tout un peuple fidèle sortirait de sa race, et serait associé aux anges par sa divine grâce.

Cependant Dieu n'ignorait pas que l'homme devait pécher, et que devenu mortel lui-même, il engendrerait des hommes mortels; il savait que ces pauvres mortels porteraient si loin la fureur du crime, que les bêtes privées de raison et sorties ensemble en grand nombre de la terre et des eaux, auraient entre elles une vie plus sûre et plus paisible que les hommes venus d'un seul et portés par là-même à vivre en paix. Car jamais, ni les lions, ni les dragons ne se sont fait des guerres aussi acharnées que les hommes. Mais Dieu prévoyait aussi qu'un peu-

---

Nam cum animantes alias solitarias, et quodam modo solivagas, id est, quæ solitudinem magis appetant, sicuti sunt aquilæ, milvi, leones, lupi, et quæcumque ita sunt; alias congreges instituerit, quæ congregatæ atque in gregibus malint vivere, ut sunt columbi, sturni, cervi, damulæ, et cetera hujusmodi: utrumque tamen genus non ex singulis propagavit, sed ex plura simul jussit exsistere. Hominem vero, cujus naturam quodammodo mediam inter angelos bestiasque condebat, ut si Creatori suo tamquam vero Domino subditus (*a*) præceptum ejus pia obedientia custodiret, in consortium transiret angelicum, sine morte media beatam immortalitatem absque ullo termino consecuturus; si autem Dominum Deum suum libera voluntate superbe atque inobedienter usus offenderet, morti addictus bestialiter viveret, libidinis servus æternoque post mortem supplicio destinatus; unum ac singulum creavit, non utique solum sine humana societate descendum, sed ut eo modo vehementius ei commendaretur ipsius societatis unitas vinculumque concordiæ, si non tantum inter se naturæ similitudine, verum etiam cognationis affectu homines necterentur; quando nec ipsam quidem feminam copulandam viro, sicut ipsum creare illi placuit, sed ex ipso, ut omne ex homine uno diffunderetur genus humanum.

CAPUT XXII.

Quod præscierit Deus hominem, quem primum condidit, peccaturum; simulque præviderit quantum piorum populum ex ejus genere in angelicum consortium sua esset gratia translaturus.

Nec ignorabat Deus hominem peccaturum, et morti jam obnoxium morituros propagaturum, eoque progressuros peccandi immanitate mortales, ut tutius atque pacatius inter se rationalis voluntatis expertes bestiæ sui generis viverent, quarum ex aquis et terris (*b*) plurium pullulavit exordium, quam homines, quorum genus ex uno est ad commendandam concordiam propagatum. Neque enim umquam inter se leones, aut inter se dracones, qualia homines bella gesserunt. Sed prævidebat etiam gratia sua populum piorum in adoptionem vocandum, remissisque peccatis justificatum Spiritu-Sancto sanc-

---

(*a*) Plures Mss. *præcepta*. — (*b*) Am. et plerisque Mss. *plurimum*.

ple fidèle, appelé par sa grâce à l'adoption divine, purifié de ses péchés et justifié dans l'Esprit-Saint, serait associé aux saints anges pour jouir de l'éternelle paix, lorsque la mort, la dernière ennemie, serait détruite. Il savait qu'à ce peuple profiterait cette pensée, que Dieu a fait descendre tous les hommes d'un seul, pour leur apprendre combien l'union entre plusieurs, même entre un grand nombre, lui est agréable.

CHAPITRE XXIII.
De la nature de l'âme humaine créée à l'image de Dieu.

Dieu a donc créé l'homme à son image. Car il lui a donné une âme qui, par la raison et l'intelligence, l'élève au-dessus de tous les animaux de la terre, de l'air et des mers, qui n'ont point ces facultés. Et après avoir formé l'homme de terre et lui avoir donné cette âme, soit que créée auparavant, il l'ait communiquée par son souffle, soit plutôt que ce souffle l'ait créée et que de ce souffle créateur, il ait voulu faire l'âme de l'homme, il forme aussi pour concourir à l'œuvre génératrice, la femme qu'il tira d'une côte de l'homme, agissant en tout cela par sa divine puissance. Car ici, il faut mettre de côté nos pensées charnelles, et ne pas nous imaginer que nous avons à faire à un artisan ordinaire qui, avec une matière quelconque, fabrique, de ses mains et selon son pouvoir, les œuvres de sa profession. La main de Dieu, c'est la puissance de Dieu qui opère invisiblement les choses visibles. Mais ces vérités passent absolument pour des fables dans l'esprit de ceux qui mesurent aux œuvres mortelles, les opérations de la puissance et de la sagesse de Dieu, qui sait et peut même sans semences créer les semences elles-mêmes. Quant aux institutions primitives qu'ils ne connaissent pas, ils s'égarent dans leurs pensées ; et si l'expérience ne leur venait en aide, les faits de la conception et de la naissance de l'homme leur paraîtraient encore plus incroyables, quoique la plupart les regarde comme les effets des causes naturelles, plutôt que comme l'œuvre de la sagesse divine.

CHAPITRE XXIV.
Si on peut dire que les anges ont créé un seul être, même le plus petit.

Mais nous n'avons rien à démêler dans cet ouvrage, avec ceux qui ne croient pas aux œuvres de la sagesse de Dieu et à sa Providence.

---

tis Angelis in æterna pace sociandum, novissima inimica morte destructa : cui populo esset hujus rei consideratio profutura, quod ex uno homine Deus ad commendandum hominibus, quam ei grata sit etiam in pluribus unitas, genus instituisset humanum.

CAPUT XXIII.
De natura humanæ animæ creatæ ad imaginem Dei.

Fecit ergo Deus hominem ad imaginem suam. Talem quippe illi animam creavit, qua per rationem atque intelligentiam omnibus esset præstantior animalibus terrestribus et natatilibus et volatilibus, quæ mentem hujusmodi non haberent. Et cum virum terreno formasset ex pulvere, eique animam qualem dixi, sive quam jam fecerat sufflando indidisset, sive potius sufflando fecisset, eumque flatum quem sufflando fecit, (nam quid est aliud sufflare, quam flatum facere?) animam hominis esse voluisset, etiam conjugem illi in adjutorium generandi ex ejus latere osse detracto fecit, ut Deus.

Neque enim hæc carnali consuetudine cogitanda sunt, ut videre solemus opifices ex materia quacumque terrena corporalibus membris, quod artis industria potuerint, fabricantes. Manus Dei potentia Dei est, qui etiam visibilia invisibiliter operatur. Sed hæc fabulosa potius quam vera esse arbitrantur, qui virtutem ac sapientiam Dei, qua novit et potest etiam sine seminibus ipsa (a) certe facere semina, ex his usitatis et quotidianis metiuntur operibus ; ea vero quæ primitus instituta sunt, quoniam non noverunt, infideliter cogitant. Quasi non hæc ipsa quæ noverunt de humanis conceptibus atque partubus, si inexpertis narrarentur, incredibiliora viderentur : quamvis et ea ipsa plerique magis naturæ corporalibus caussis, quam operibus divinæ mentis assignent.

CAPUT XXIV.
An ullius vel minimæ creaturæ possint dici angeli creatores.

Sed cum his nullum nobis est in his libris negotium, qui divinam mentem facere vel curare ista

---

(a) Am. *ipsa certa facere*. Plures Mss. *ipsa quoque facere*.

Quant à ceux qui, avec Platon leur maître, (*in Timœo*) s'imaginent que ce n'est pas au Dieu souverain, auteur du monde, mais à des dieux inférieurs ses créatures, agissant par son ordre ou sa permission, qu'il faut attribuer la création de tous les êtres mortels, parmi lesquels l'homme, parent de ces dieux mêmes, tiendrait le premier rang; s'ils s'affranchissent de la superstition par laquelle ils se croient obligés d'offrir à ces dieux des sacrifices, comme à leurs créateurs, et ils reviendront facilement de leur opinion erronée. Car, bien que la création soit incompréhensible, il n'est permis ni de croire, ni de dire, qu'un seul être mortel, même le plus petit, ait un autre créateur que Dieu. Quant aux anges, que ces philosophes appellent plus volontiers des dieux, ils font dans le monde ce que Dieu leur ordonne ou leur permet, et quel que soit leur concours, la création des êtres ne leur appartient pas davantage que celle des maisons et des fruits n'appartient aux laboureurs.

CHAPITRE XXV.

Dieu seul est l'auteur de toute la nature et de la forme essentielle de tous les êtres.

Sans doute, il y a une forme extérieure, propre à toute espèce de matière; elle est reproduite par ceux qui travaillent l'argile et le bois, et mieux encore par les peintres et les statuaires qui imitent parfaitement les corps animés. Mais il y a aussi une forme intérieure qui dépend des impénétrables secrets de l'arbitre souverain de la nature vivante et intelligente; c'est lui, l'être incréé, qui crée non-seulement les formes naturelles des corps, mais aussi les âmes des animaux. La première forme peut être l'œuvre de tous les artisans; la seconde n'appartient qu'au seul Dieu créateur et artisan suprême, qui a fait le monde et les anges, sans aucun concours du monde et des anges. Car cette puissance divine et véritablement effective; puissance incréée et créatrice qui, à l'origine du monde, arrondit le ciel et le soleil, est la même qui a donné la forme ronde à l'œil et à la pomme; et toutes les autres formes naturelles que les créatures apportent en naissant, ne leur viennent point d'une cause extérieure, mais de la puissance intime du Créateur qui a dit : « Je remplis le ciel et la terre, » (*Jérémie*, XXIII, 24) et dont la sagesse « atteint avec force d'une extrémité à l'autre et dispose tout avec douceur. » (*Sag.* VIII, 1.) Aussi, ne sachant quel service les anges créés les premiers ont pu

non credunt. Illi autem qui Platoni suo credunt, non ab illo summo Deo qui fabricatus est mundum, sed ab aliis minoribus (PLATO *in Timœo*), quos quidem ipse creaverit, permissu sive jussu ejus animalia facta esse cuncta mortalia, in quibus homo præcipuum diisque ipsis cognatum teneret locum, si superstitione careant, quæ quærunt unde juste videantur sacra et sacrificia facere quasi conditoribus suis, facile carebunt etiam hujus opinionis errore. Neque enim fas est ullius naturæ quamlibet minimæ mortalisque creatorem nisi Deum credere ac dicere, et ante quam possit intelligi. Angeli autem, quos illi deos libentius appellant, etiamsi adhibent vel jussi vel permissi operationem suam rebus quæ gignuntur in mundo (*a*), tamen tam non eos dicimus creatores animalium, quam nec agricolas frugum atque arborum.

CAPUT XXV.

Omnem (b) naturam et omnem speciem universæ creaturæ non nisi opere Dei formari.

Cum enim alia sit species quæ adhibetur extrin- secus cuicumque materiæ corporali, sicut operantur homines figuli et fabri atque id genus opifices, qui etiam pingunt et effingunt formas similes corporibus animalium ; alia vero quæ intrinsecus efficientes caussas habet de secreto et occulto naturæ viventis atque intelligentis arbitrio, quæ non solum naturales corporum species, verum etiam ipsas animantium animas, dum non sit, facit : supradicta illa species artificibus quibusque tribuatur; hæc autem altera non nisi uni artifici creatori et conditori Deo, qui mundum ipsum et angelos sine ullo mundo et sine ullis angelis fecit. Qua enim vi divina, et ut ita dicam, effectiva, quæ fieri nescit, sed facere, accepit speciem, cum mundus fieret, rotunditas cœli et rotunditas solis ; eadem vi divina et effectiva, quæ fieri nescit, sed facere, accepit speciem rotunditas oculi et rotunditas pomi, et ceteræ figuræ naturales quas videmus in rebus quibusque nascentibus non extrinsecus adhiberi, sed intima Creatoris potentia, qui dixit : « Cœlum et terram ego impleo : »(*Jerem.* XXIII, 24) et cujus sapientia est quæ « attigit a fine usque ad finem fortiter, et disponis omnia suaviter. » (*Sap.* VIII, 1.) Proinde facti primitus angeli cujus-

---

(*a*) Particula *tamen* abest a Vind. Am. Er. et Mss. — (*b*) Sic Mss. Editi autem ferebant, *Omnium naturam et omnium speciem*.

rendre au Créateur pour ses autres œuvres, je n'ose pas leur attribuer un pouvoir qu'ils n'ont peut-être pas, et je ne voudrais pas leur refuser celui qu'ils ont. Toutefois, quant à ce qui regarde la formation constitutive de tous les êtres, je ne l'attribue qu'à Dieu, et les anges sont de mon avis; car c'est avec actions de grâces qu'ils se reconnaissent aussi redevables envers lui de tout leur être. Et non-seulement nous ne disons pas que les laboureurs soient créateurs des fruits, puisque nous lisons dans la Sainte-Écriture : « Celui qui plante n'est rien, ni celui qui arrose, mais Dieu qui donne l'accroissement. » (I. *Corinth.* III, 7.) Nous ne le disons pas même de la terre, bien qu'elle paraisse une mère féconde, qui soulève toutes les semences sortant de leurs germes, et qui conserve dans ses entrailles toutes les substances qui y sont fixées par leurs racines; en effet, il est aussi écrit : « Dieu lui donne un corps tel qu'il lui plaît, et à chaque semence le corps qui lui est propre. » (I. *Cor.* XV, 38.) De même, nous ne dirons pas qu'une mère est créatrice de son enfant, mais nous donnerons, en toute vérité, le titre de créateur à celui qui dit à son prophète : « Avant de te former dans le sein de ta mère, je te connaissais. » (*Jérém.* I, 5.) Et quoique l'imagination d'une femme enceinte peut produire certaines impressions sur son fruit, comme Jacob, avec des baguettes bigarrées, obtint des agneaux de diverses couleurs; (*Gen.* XXX, 37) néanmoins la mère ne crée pas plus son fruit, qu'elle ne s'est créée elle-même. Quelques causes donc, corporelles ou séminales, que l'on suppose dans les générations : soit l'intervention des anges, des hommes, ou autres êtres animés, soit le mélange des sexes; quelle que soit la puissance des désirs ou des mouvements de l'âme des mères pour varier les traits et les couleurs de leurs fruits encore tendres et délicats; ces natures mêmes, qui, à l'origine, peuvent recevoir des impressions différentes, n'ont toutes qu'un seul auteur, le Dieu souverain, dont la secrète puissance pénétrant toutes choses de son incorruptible présence, donne l'être à tout ce qui est, quel qu'il soit et de quelque manière qu'il soit; et sans lui, tout être, non-seulement serait privé de telle ou telle forme, mais ne serait d'aucune façon. C'est pourquoi, lorsqu'il s'agit de cette forme extérieure que les artisans donnent aux objets corporels, si nous n'attribuons pas aux maçons et aux architectes la fondation de la ville de Rome ou d'Alexandrie, mais à la volonté des rois qui l'ont résolue et ordonnée; si nous disons que l'une a eu pour fondateur Romulus et l'autre Alexandre; à combien plus forte raison devons-nous dire

---

modi ministerium præbuerint Creatori cetera facienti nescio; nec tribuere illis audeo quod forte non possunt, nec debeo (*a*) derogare quod possunt, Creationem tamen conditionemque omnium naturarum, qua sit ut omnino naturæ sint, eis quoque faventibus illi Deo tribuo, cui se etiam ipsi debere quod sunt cum gratiarum actione noverunt. Non solum igitur agricolas non dicimus fructuum quorumque creatores, cum legamus : « Neque qui plantat est aliquid, neque qui rigat, sed qui incrementum dat Deus : » (I. *Cor.* III, 7) sed ne ipsam quidem terram, quamvis mater omnium fecunda videatur, quæ germinibus erumpentia promovet, et fixa radicibus continet, cum itidem legamus : « Deus illi dat corpus quomodo voluerit, et unicuique seminum proprium corpus. » (I. *Cor.* XV, 38.) Ita nec feminam sui puerperii creatricem appellare debemus, sed potius illum qui cuidam suo famulo dixit : « Prius quam te formarem in utero, novi te. » (*Jerem.* I, 5.) Et quamvis anima sic vel sic affecta prægnantis valeat aliquibus velut inducere qualitatibus fetum, sicut de virgis variatis fecit Jacob, ut pecora colore varia gignerentur (*Gen.* XXX, 17), naturam tamen illam quæ gignitur, tam ipsa non fecit, quam nec ipsa se fecit. Quælibet igitur corporales vel seminales caussæ gignendis rebus adhibeantur, sive operationibus angelorum aut hominum, aut quorumque animalium, sive marium feminarumque mixtionibus; quælibet etiam desideria motusve animæ matris valeant aliquid lineamentorum aut colorum adspergere teneris mollibusque conceptibus, ipsas omnino naturas, quæ sic vel sic in suo genere afficiantur, non facit nisi summus Deus : cujus occulta potentia cuncta penetrans (*b*) incontaminabili præsentia facit esse quidquid aliquo modo est, in quantumcumque est; quia nisi faciente illo, non tale vel tale esset, sed prorsus esse non posset. Quapropter si in illa specie quam forinsecus corporalibus opifices rebus imponunt, urbem Romam et urbem Alexandriam non fabros et architectos, sed reges, quorum voluntate, consilio, imperio fabricatæ sunt, illam Romulum, illam Alexandrum habuisse dicimus conditores : quanto

---

(*a*) Plerique Mss. *denegare*. — (*b*) Sic Mss. Editi autem, *incommutabili*.

que la création de toutes les natures appartient à Dieu seul, puisqu'il ne fait rien que de la matière qu'il a faite lui-même, et qu'il n'a pour ouvriers que ceux mêmes qu'il a créés. Bien plus, s'il retirait de ses œuvres sa puissance créatrice, elles retomberaient aussitôt dans leur premier néant. Je dis premier, vis-à-vis de l'éternité et non du temps. Car est-il un autre créateur des temps que celui qui a fait les choses dont les mouvements règlent la marche des temps?

CHAPITRE XXVI.

De l'opinion des Platoniciens qui, prétendent que les anges créés par Dieu sont eux-mêmes créateurs des corps humains.

Il est vrai que Platon (*In Timæo*) attribue aux dieux inférieurs créés par le Dieu souverain, la création des autres animaux, mais en ce sens qu'ils ont seulement fait le corps mortel, tandis que l'âme immortelle est un don de Dieu. Il leur refuse donc la création des âmes et leur accorde celle des corps. Ainsi, puisque Porphyre avance qu'il faut fuir tout corps pour purifier l'âme, et qu'il pense avec Platon et les autres Platoniciens, que les désordres d'une vie intempérante, doivent être expiés par le retour des âmes dans des corps mortels, corps de brutes, selon Platon, corps humains, selon Porphyre; il suit de là que ces dieux auxquels ils veulent nous faire rendre un culte, comme aux auteurs de notre être, ne sont que des artisans qui nous forgent des chaînes et construisent nos prisons; ce ne sont pas des maîtres, mais des gardiens, des geôliors qui nous chargent de fers et nous condamnent au plus triste des esclavages. Que les Platoniciens cessent donc de menacer les âmes de rentrer dans des corps, ou qu'ils ne nous vantent plus le culte de ces dieux, dont nous devons fuir et rejeter les œuvres; c'est là du reste une double erreur. Il est faux que les âmes reviennent à la vie d'ici-bas, en punition de leurs crimes; il est faux également que tout ce qui vit, soit au ciel, soit sur la terre, ait un autre créateur que le créateur du ciel et de la terre. En effet, si l'expiation est le seul motif de la vie corporelle, comment le même Platon ose-t-il dire que le monde ne pouvait parvenir à sa perfection, s'il n'eût été rempli de toutes sortes d'êtres, mortels et immortels? Si donc notre création, bien que sujette à la mortalité, est un bienfait de Dieu, comment serait-ce un châtiment de revenir à ces corps qui sont des dons de la bonté divine? Et si, comme Platon le répète souvent, Dieu renferme dans son in-

potius non nisi Deum debemus conditorem dicere naturarum, qui neque ex ea materia facit aliquid quam ipse non fecerit, nec operarios habet nisi quos ipse creaverit; et si potentiam suam, ut ita dicam, fabricatoriam rebus subtrahat, ita non erunt, sicut ante quam fierent, non fuerunt? Sed ante dico, æternitate, non tempore. Quis enim alius creator est temporum, nisi qui fecit ea, quorum motibus currerent tempora?

CAPUT XXVI.

De Platonicorum opinione, qua putaverunt angelos quidem a Deo conditos, sed ipsos esse humanorum corporum conditores.

Ita sane Plato minores et a summo Deo factos deos effectores esse voluit animalium ceterorum, ut immortalem partem ab ipso sumerent, ipsi vero mortalem adtexerent. (*In Timæo.*) Proinde animarum nostrarum eos creatores esse noluit, sed corporum. Unde quoniam Porphyrius propter animæ purgationem dicit omne corpus fugiendum, simulque cum suo Platone aliisque Platonicis sentit eos, qui immoderate ac inhoneste vixerint, propter luendas pœnas ad corpora redire mortalia, Plato quidem etiam ad bestiarum, Porphyrius tantummodo ad hominum; sequitur eos, ut dicant deos istos, quos a nobis volunt quasi parentes et conditores nostros coli, nihil esse aliud quam fabros compedum carcerumve nostrorum; nec institutores, sed inclusores alligatoresque nostros ergastulis ærumnosis et gravissimis vinculis. Aut ergo desinant Platonici pœnas animarum ex istis corporibus comminari; aut eos nobis deos colendos non prædicent, quorum in nobis operationem ut, quantum possumus, fugiamus et evadamus, hortantur; cum tamen sit utrumque falsissimum. Nam neque ita luunt pœnas animæ, cum ad istam vitam denuo revolvuntur; et omnium viventium sive in cœlo, sive in terra, nullus est conditor, nisi a quo facta sunt cœlum et terra. Nam si nulla caussa est vivendi in hoc corpore, nisi propter pendenda supplicia; quomodo dicit idem Plato aliter mundum fieri non potuisse pulcherrimum atque optimum, nisi omnium animalium, id est, immortalium et mortalium generibus impleretur? Si autem nostra institutio, qua vel mortales conditi sumus, divinum munus est; quomodo pœna est ad ista corpora, id est, ad divina beneficia remeare? Ut

telligence éternelle, l'image du monde et de tous les êtres animés, comme n'a-t-il pas lui-même créé toutes choses? Est-ce qu'il refuserait d'être l'artisan de ces œuvres qui réclament toutes l'art divin de son ineffable sagesse qu'on ne pourra jamais assez louer?

CHAPITRE XXVII.

Du premier homme est sorti tout le genre humain, dont Dieu a prévu qu'une partie mériterait d'être récompensée, tandis que l'autre serait réprouvée.

1. C'est donc à juste titre que la vraie religion reconnaît et proclame Dieu le créateur de tout ce qui constitue les êtres animés, c'est-à-dire des corps aussi bien que des âmes. Parmi les créatures terrestres, l'homme fait à son image tient le premier rang; pour la raison que j'ai donnée, si toutefois il n'y en a pas une autre meilleure que j'ignore, il a été fait un, sans cependant avoir été laissé seul. En effet, il n'y a point d'être plus sociable par nature, bien que le vice l'incline plus que les autres à la discorde. Et pour prévenir ou guérir ce mal, la nature humaine n'a pas de moyen plus puissant que le souvenir de ce premier père (*Gen.* XI, 22), dont Dieu a fait la souche unique des générations humaines, afin de maintenir dans la multitude même, l'unité et la concorde. C'est pour cela aussi qu'il a tiré la femme du côté de l'homme, nous montrant encore en cette circonstance, combien l'union de l'homme et de la femme devait être appréciée. Ces œuvres de Dieu ne sont extraordinaires que parce qu'elles sont les premières. Ceux qui n'y croient pas, ne doivent croire non plus à aucun prodige : car il n'y a plus de prodige, dès que l'évènement suit le cours ordinaire de la nature. Quoi! sous le gouvernement si auguste de la divine Providence, il y aurait des productions inutiles, parce que la cause nous échappe! Est-ce que le Psalmiste inspiré ne dit pas : « Venez et voyez les œuvres du Seigneur, quels prodiges il a répandus sur la terre? » (*Ps.* XLV, 9.) Mais pourquoi la femme a été tirée du côté de l'homme et ce que figure ce premier prodige, je le dirai ailleurs et selon l'assistance que Dieu me donnera.

2. Maintenant puisqu'il faut clore ce livre sur le premier homme qui a été créé d'abord, remarquons, non pas encore, il est vrai, selon l'évidence, mais du moins selon la prescience divine, l'origine des deux sociétés ou grandes Cités qui se partagent le genre humain. Car de cet homme, devaient sortir d'autres hommes,

---

si Deus, quod assidue Plato commemorat, sicut universi mundi, ita omnium animalium species æterna intelligentia continebat, quomodo non ipse cuncta condebat? An aliquorum esse artifex nollet, quorum efficiendorum artem ineffabilis ejus et ineffabiliter laudabilis mens haberet?

CAPUT XXVII.

In primo homine exortam fuisse omnem plenitudinem generis humani, in qua prævidit Deus quæ pars honoranda esset præmio, quæ damnanda supplicio.

1. Merito igitur vera religio mundi universi cum, animalium quoque universorum; hoc est, et animarum et corporum conditorem, agnoscit et prædicat. In quibus terrenis præcipuus ab illo ad ejus imaginem homo propter eam caussam, quam dixi, et si qua forte alia major latet, factus est unus, sed non relictus est solus. Nihil enim est quam hoc genus tam discordiosum vitio, tam sociale natura. Neque commodius contra vitium discordiæ vel cavendum ne exsisteret, vel sanandum cum exstitisset, natura loqueretur humana, quam recordationem illius parentis, quem propterea Deus creare voluit unum, de quo multitudo propagaretur (*Gen.* II, 22), ut hac admonitione etiam in multis concors unitas servaretur. Quod vero femina illi ex ejus latere facta est, etiam hinc satis significatum est quam cara mariti et uxoris debeat esse conjunctio. Hæc opera Dei propterea sunt unique inusitata, quia prima. Qui autem ista non credunt, nulla facta prodigia debent credere : neque enim et ipsa, si usitato naturæ curriculo gignerentur, prodigia dicerentur. Quid autem sub tanta gubernatione divinæ providentiæ, quamvis ejus caussa lateat, frustra gignitur? Ait quidam Psalmus sacer : « Venite, et videte opera Domini, quæ posuit prodigia super terram. » (*Psal.* XLV, 9.) Cur ergo ex latere viri femina facta sit, et hoc primum quodam modo prodigium quid præfiguraverit, alio loco, quantum me Deus adjuverit, dicam.

2. Nunc quoniam liber iste claudendus est, in hoc primo homine, qui primitus factus est, nondum quidem secundum evidentiam, jam tamen secundum Dei præscientiam exortas fuisse existimemus in genere humano societates tamquam civitates duas. Ex illo enim futuri erant homines, alii malis angelicis in supplicio, alii bonis in præmio sociandi, quamvis

dont les uns par un secret mais juste jugement de Dieu, seront compagnons du supplice des mauvais anges et les autres associés à la gloire des bons. Et puisqu'il est écrit : « Toutes les voies du Seigneur sont miséricorde et vérité, » (*Ps.* XXIV, 10) sa grâce ne peut être injuste, ni sa justice cruelle.

LIVRE TREIZIÈME

Le saint établit que la mort, à laquelle les hommes sont condamnés, vient du péché d'Adam.

CHAPITRE PREMIER.

De la chute du premier homme, cause de la mort.

Débarrassé des questions difficiles, touchant l'origine de ce monde et la création du genre humain, j'arrive maintenant à la chute du premier homme ou plutôt des premiers hommes, je traiterai de l'origine et de la transmission de la mort dans l'humanité, l'ordre que je me suis prescrit le demande. Dieu n'avait point créé l'homme comme l'ange pour ne point mourir, quand même il viendrait à pécher, mais pour partager, sans passer par la mort, l'immortalité et l'éternité bienheureuse de l'ange, s'il était fidèle au devoir de l'obéissance; si au contraire il était infidèle à sa loi, il devait être frappé de mort, très-juste châtiment de sa rebellion; c'est ce que j'ai déjà dit au livre précédent.

CHAPITRE II.

De la mort de l'âme chaque fois qu'elle est vaincue et de celle du corps.

Mais je crois qu'il est à propos d'examiner avec plus de soin la nature même de la mort. Bien que l'âme humaine soit certainement immortelle, elle a aussi cependant sa mort. En effet, elle est immortelle, parce qu'elle ne cesse ni de vivre, ni de sentir d'une certaine manière, tandis que le corps est mortel, parce qu'il peut être tout-à-fait privé de vie et qu'il ne vit ja-

---

occulto Dei judicio, sed tamen justo. Cum enim scriptum sit, « Universæ viæ Domini, misericordia et veritas; » (*Psal.* XXIV, 10) nec injusta ejus gratia, nec crudelis potest esse justitia.

LIBER DECIMUS TERTIUS

In quo docetur, mortem in hominibus esse pœnalem, ortamque ex Adami peccato.

CAPUT PRIMUM.

De lapsu primi hominis, per quem est contracta mortalitas.

Expeditis de nostri sæculi exortu et de initio generis humani difficillimis quæstionibus, nunc jam de lapsu primi hominis, immo primorum hominum, et de origine ac propagine mortis humanæ disputationem a nobis institutam rerum ordo deposcit. Non enim eo modo quo angelos, condiderat Deus homines; ut etiam si peccassent, mori omnino non possent : sed ita ut perfunctos obedientiæ munere sine interventu mortis angelica immortalitas et beata æternitas sequeretur; inobedientes autem mors plecteret damnatione justissima : quod etiam in libro superiore jam diximus.

CAPUT II.

De ea morte, quæ animæ semper utcumque victuræ accidere potest, et ea cui corpus obnoxium est.

Sed de ipso genere mortis video mihi paulo diligentius disserendum. Quamvis enim humana anima veraciter immortalis perhibeatur, habet tamen quamdam etiam ipsa mortem suam. Nam ideo dicitur immortalis, quia modo quodam quantulocumque non desinit vivere atque sentire : corpus autem ideo mortale, quoniam deseri omni vita potest, nec per

mais par lui-même. Aussi la mort de l'âme arrive quand Dieu l'abandonne; comme celle du corps, quand l'âme le quitte. Et la mort de l'un et de l'autre, c'est-à-dire de tout l'homme, c'est lorsque l'âme abandonnée de Dieu, abandonne le corps. Alors Dieu cesse d'être sa vie et elle n'est plus la vie du corps. Or la mort de tout l'homme est suivie de celle que l'autorité des Saintes-Écritures appelle la seconde mort (*Apoc.* XXI, 3), c'est d'elle que le Sauveur veut parler, quand il dit : « Craignez celui qui a le pouvoir de perdre le corps et l'âme dans l'enfer. » (*Matth.* X, 28.) Mais, cela ne pouvant avoir lieu que lorsque l'âme sera unie inséparablement au corps, il semble étrange que l'on parle de la mort du corps, quand l'âme ne le quitte point, mais au contraire l'anime et lui donne le sentiment pour souffrir. Car dans ce dernier et éternel supplice, dont il sera question plus amplement ailleurs, on peut fort bien dire que l'âme meurt, puisqu'elle ne vit plus de Dieu; mais comment le dire du corps, puisque l'âme le fait vivre ? Et pourrait-il autrement être sensible aux tortures qu'il endurera après la résurrection. Ne serait-ce point que, la vie quelle qu'elle soit étant un bien et la douleur un mal, le corps ne vit plus quand l'âme est pour lui, non un principe de vie, mais de dou-

leur? L'âme vit donc de Dieu quand elle vit bien; car elle ne saurait bien vivre qu'autant que Dieu opère en elle ce qui est bien; mais le corps vit de l'âme, tant qu'elle l'anime, soit qu'elle même vive ou ne vive pas de Dieu. Car la vie humaine de l'impie, n'est pas la vie de l'âme mais du corps; cette vie lui est communiquée par l'âme qui, toute morte qu'elle est, c'est-à-dire abandonnée de Dieu, conserve une espèce de vie qui lui est propre et qu'elle ne perd jamais, c'est en ce sens qu'elle est immortelle. Mais dans la suprême damnation, bien que l'homme ne cesse pas de sentir, toutefois comme ce sentiment n'est causé, ni par de suaves délices, ni par un repos salutaire, mais par des douleurs vengeresses du crime, ce n'est pas sans raison qu'on l'appelle plutôt une mort qu'une vie. Et on l'appelle seconde mort, parce qu'elle arrive après la séparation des natures unies entre elles, que l'âme soit restée unie à Dieu ou qu'il y ait eu seulement union du corps et de l'âme. Aussi, de cette première mort du corps on peut dire qu'elle est bonne pour les bons et mauvaise pour les méchants; quant à la seconde, puisqu'elle n'est certainement pas pour les bons, elle ne s'aurait être bonne à personne.

se ipsum aliquatenus vivit. Mors igitur animæ fit, cum eam deserit Deus : sicut corporis, cum id deserit anima. Ergo utriusque rei, id est, totius hominis mors est, cum anima a Deo deserta deserit corpus. Ita enim nec ex Deo vivit ipsa, nec corpus ex ipsa. Hujusmodi autem totius hominis mortem illa sequitur, quam secundam mortem divinorum eloquiorum appellat auctoritas. (*Apoc.* XXI, 3.) Hanc Salvator significavit, ubi ait : » Eum timete, qui habet postestatem et corpus et animam perdere in gehennam. » (*Matth.* X, 28.) Quod cum ante non fiat, quam cum anima corpori sic fuerit copulata, ut nulla diremtione separentur; mirum videri potest quomodo corpus ea morte dicatur occidi, qua non ab anima deseritur, sed animatum sentiensque cruciatur. Nam in illa pœna ultima ac sempiterna, de qua diligentius suo loco disserendum est, recte mors animæ dicitur, quia non vivit ex Deo : mors autem corporis quonam modo, cum vivat ex anima ? Non enim aliter potest ipsa corporalia, quæ post resurrectionem futura sunt, sentire tormenta. An quia vita qualiscumque aliquod bonum est, dolor autem malum, ideo nec vivere corpus dicendum est, in quo anima non vivendi caussa est, sed dolendi ? Vivit itaque anima ex Deo, cum vivit bene; non enim potest bene vivere, nisi Deo operante in se quod bonum est : vivit autem corpus ex anima, cum anima vivit in corpore; seu vivat ipsa, seu non vivat ex Deo. Impiorum, namque in corporibus, vita, non animarum, sed corporum vita est : quam possunt eis animæ etiam mortuæ, hoc est a Deo desertæ, quantulacumque propria vita, ex qua et immortales sunt, non desistente, conferre. Verum in damnatione novissima quamvis homo sentire non desinat, tamen quia sensus ipse nec voluptate suavis, nec quiete salubris, sed dolore pœnalis est, non immerito mors est potius appellata quam vita. Ideo autem secunda, quia post illam primam est, quæ fit cohærentium diremtio naturarum, sive Dei et animæ, sive animæ et corporis. De prima igitur corporis morte dici potest, quod bonis bona sit, malis mala. Secunda vero sine dubio sicut nullorum bonorum est, ita nulli bona.

CHAPITRE III.

Si la mort qui, par suite du péché de nos premiers parents, a été le partage de tous les hommes, est aussi pour les bons la peine du péché?

Mais ici se présente une question, que nous ne devons point éluder : cette mort qui est la séparation de l'âme et du corps, est-elle véritablement un bien pour les bons? Et s'il en est ainsi, comment prouver qu'elle est la peine du péché? Car, sans le péché, les premiers hommes ne l'eussent point subie, comment donc peut-elle être bonne aux bons, puisqu'elle ne pouvait arriver qu'aux méchants? D'un autre côté, si elle ne pouvait arriver qu'aux méchants, elle devrait, non pas être bonne pour les bons, mais ne point exister pour eux. Car pourquoi y aurait-il une peine, où il n'y a pas à punir? Il faut donc reconnaître que les premiers hommes furent créés pour ne subir aucun genre de mort, s'ils ne péchaient point; mais que devenus pécheurs, ils ont été condamnés à une telle mort que tout ce qui naîtrait de leur race, serait soumis à la même peine. Car ceux qui devaient naître d'eux, ne pouvaient être que ce qu'ils étaient eux-mêmes. La grandeur de la faute a tellement corrompu la nature humaine, que cette peine du péché des premiers hommes, est devenue, pour ainsi dire, une loi naturelle pour leurs descendants. En effet, l'homme ne naît pas de l'homme comme le premier homme est né de la poussière. La poussière est la matière dont a été formé le premier homme, tandis que l'homme qui en engendre un autre est son père. D'où il suit, que la chair n'est pas de même nature que la terre, bien qu'elle en ait été tirée; mais l'homme-fils est absolument de la même nature que l'homme-père. Tout le genre humain dont la race devait se propager par la femme, était donc dans le premier homme, quand Dieu prononça sur les deux époux, une sentence de condamnation; et tel qu'il fût, non par sa création, mais par son péché et le châtiment dont il a été suivi, tel il se reproduit dans les mêmes conditions originelles de péché et de mort. Avec cette différence néanmoins, qu'il ne fût pas réduit par cette faute ou cette peine, à la stupidité, ni à la faiblesse d'esprit et de corps que nous remarquons chez les enfants, Dieu voulant, dès leur naissance, les rendre presque semblables aux petits des animaux, après avoir abaissé leurs parents au rang des bêtes pour la vie et pour la mort, selon ce qui est écrit : « L'homme élevé en honneur, n'a pas compris; il a été comparé aux

CAPUT III.

Utrum mors, quæ per peccatum primorum hominum in omnes homines pertransiit, etiam sanctis pœna peccati sit.

Non autem dissimulanda nascitur quæstio, utrum re vera mors, qua separantur anima et corpus, bonis sit bona. Quia si ita est, quomodo poterit obtineri, quod etiam ipsa sit pœna peccati? Hanc enim primi homines, nisi peccavissent, perpessi utique non fuissent. Quo igitur pacto bona esse possit bonis, quæ accidere non posset nisi malis? Sed rursus si non nisi malis posset accidere, non deberet bonis bona esse, sed nulla. Cur enim esset ulla pœna, in quibus non essent ulla punienda? Quapropter fatendum est, primos quidem homines ita fuisse institutos, ut si non peccassent, nullum mortis experirentur genus : sed eosdem primos peccatores ita fuisse morte multatos, ut etiam quidquid de eorum stirpe esset exortum, eidem pœnæ teneretur obnoxium. Non enim aliud ex eis, quam quod ipsi fuerant, nasceretur. Pro magnitudine quippe culpæ illius naturam damnatio mutavit in pejus; ut quod pœnaliter præcessit in peccantibus hominibus primis, etiam naturaliter sequeretur in nascentibus ceteris. Neque enim ita homo ex homine, sicut homo ex pulvere. Pulvis namque homini faciendo materies fuit : homo autem homini gignendo parens. Proinde quod est terra, non hoc est caro; quamvis ex terra facta sit caro. Quod est autem parens homo, hoc est et proles homo. In primo igitur homine per feminam in progeniem transiturum universum genus humanum fuit, quando illa conjugum copula divinam sententiam suæ damnationis excepit : et quod homo factus est, non cum crearetur, sed cum peccaret et puniretur, hoc genuit, quantum quidem adtinet ad peccati et mortis originem. Non enim ad infantilem hebetudinem et infirmitatem animi et corporis, quam videmus in parvulis, peccato vel pœna ille redactus est : quæ Deus voluit esse tamquam primordia catulorum, quorum parentes in bestialem vitam mortemque dejecerat : sicut scriptum est : « Homo cum in honore esset, non intellexit; comparatus est pecoribus non intelligentibus, et similis factus est illis. » (*Ps.* XLVIII, 13.) Nisi quod infantes infirmiores etiam cernimus in usu motuque membrorum et sensu appetendi atque vitandi, quam sunt aliorum

animaux qui n'ont point d'intelligence et il leur est devenu semblable. » (*Ps.* XLVIII, 13.) Il y a plus, les enfants ont encore moins d'usage de leurs membres, ils ont moins de sentiment de leurs besoins et de ce qui peut leur être nuisible, que les plus tendres fruits des animaux ; mais, semblable à la flèche qui s'échappe de l'arc tendu, la force inhérente à l'homme l'élève ensuite au-dessus des animaux, avec une énergie d'autant plus merveilleuse, qu'elle a été plus longtemps comprimée. Ces premiers essais de la vie ne sont donc pas la juste punition de l'iniquité du premier homme ; mais la vie humaine en lui a été tellement changée et corrompue qu'il souffre en ses membres les révoltes de la concupiscence, et qu'il a été nécessairement soumis aux liens de la mort ; aussi il porte en lui-même le châtiment de son crime et il engendre des êtres semblables à lui, c'est-à-dire esclaves du péché et de la mort. Si les enfants sont délivrés des liens du péché par la grâce du divin Médiateur, ils ne subissent qu'une seule mort, celle qui sépare l'âme du corps : affranchis de la dette du péché, ils ne passent point à cette seconde mort dont les supplices sont éternels.

CHAPITRE IV.

Pourquoi ceux qui, par la grâce de la génération sont purifiés du péché, ne sont pas exempts de la mort, c'est-à-dire de la peine du péché.

Si vous me demandez pourquoi ceux dont le péché est effacé par la grâce, subissent encore la peine du péché, c'est là une question déjà traitée et résolue dans un autre ouvrage qui a pour titre : *Du Baptême des enfants*. J'ai dit alors que cette épreuve de la séparation de l'âme et du corps restait, même après la destruction des liens du péché, parce que si le sacrement de la régénération était immédiatement suivi de l'immortalité corporelle, la foi serait énervée, cette foi qui n'est telle que par l'espérance de posséder un jour ce que nous ne voyons pas encore. C'est par les vaillants combats de la foi que, dans les âges précédents, les saints martyrs ont triomphé de la crainte de la mort et il n'y eût eu pour eux ni triomphe, ni gloire, ni même de combat possible, si, au sortir du bain de la régénération, les saints eussent été affranchis de la mort du corps. D'ailleurs, qui n'accourrait avec les petits enfants, pour recevoir la grâce du Christ, afin de

---

tenerrimi fetus animalium : tamquam se tanto adtollat excellentius supra cetera animantia vis humana, quanto magis impetum suum, velut sagitta, cum arcus extenditur, retrorsum reducta distulerit. Non ergo ad ista infantilia rudimenta præsumtione illicita et damnatione justa prolapsus vel impulsus est primus homo : sed hactenus in eo natura humana vitiata atque mutata est, ut repugnantem pateretur in membris inobedientiam concupiscendi, et obstringeretur necessitate moriendi ; atque ita id quod vitio pœnaque factus est, id est, obnoxios peccato mortique generaret. A quo peccati vinculo, si per Mediatoris gratiam solvuntur infantes, hanc solam mortem perpeti possunt, quæ animam sejungit a corpore : in secundam vero illam sine fine pœnalem liberati a peccati obligatione non transeunt.

CAPUT IV.

Cur ab his qui per gratiam regenerationis absoluti sunt a peccato, non auferatur mors, id est, pœna peccati.

Si quem vero movet, cur vel ipsam patiantur, si et ipsa pœna peccati est, quorum per gratiam reatus aboletur ; jam ista quæstio in alio nostro Opere, quod scripsimus de baptismo parvulorum, tractata ac soluta est : ubi dictum est, ad hoc relinqui animæ experimentum separationis a corpore, quamvis ablato jam criminis nexu, quoniam si regenerationis sacramentum continuo sequeretur immortalitas corporis, ipsa fides enervaretur, quæ tunc est fides, quando exspectatur in spe, quod in re nondum *(a)* videtur. Fidei autem robore atque certamine, in majoribus dumtaxat ætatibus, etiam mortis fuerat superandus timor, quod in sanctis Martyribus maxime eminuit : cujus profecto certaminis nulla esset victoria, nulla gloria ; quia nec ipsum omnino posset esse certamen, si post lavacrum regenerationis jam sancti non possent mortem perpeti corporalem. Cum parvulis autem baptizandis quis non ad Christi gratiam propterea potius curreret, ne a corpore solveretur ? Atque ita non invisibili præmio probaretur fides ; sed jam nec fides esset, confestim sui operis quærendo et sumendo mercedem. Nunc vero majore et mirabiliore gratia Salvatoris in usus justitiæ peccati pœna conversa est. Tunc enim dictum est homini, Morieris, si peccaveris : (*Gen.* II, 17.) nunc dicitur Martyri, Morere, ne pecces. Tunc dictum est,

---

(a) Nonnulli Mss, *tenetur.*

conserver la vie corporelle? Ainsi, au lieu d'être éprouvée par les récompenses invisibles, la foi n'existerait même plus, puisqu'elle rechercherait et recevrait sur-le-champ la récompense de ses œuvres. Mais maintenant, par une transformation merveilleuse que produit la plénitude de la grâce du Sauveur, la peine du péché sert à notre justification. Au commencement il fut dit à l'homme : Tu mourras si tu pèches (*Gen.* II, 17); aujourd'hui il est dit au martyr : Meurs, pour ne point pécher. Au commencement il fut dit : Si vous transgressez mon commandement, vous mourrez de mort, aujourd'hui il est dit : si vous refusez de subir la mort, vous transgressez mon commandement. Ce qu'il fallait craindre alors pour ne pas pécher, il faut l'accepter maintenant dans la crainte de pécher. Ainsi, par l'ineffable miséricorde de Dieu, la peine du crime devient l'instrument de la justice et le supplice du pécheur, le mérite du juste. Alors la mort fut la solde du péché, elle est maintenant l'accomplissement de la justice. Mais il n'en est ainsi que pour les saints martyrs à qui le persécuteur laisse le choix ou de renoncer à la foi, ou de souffrir la mort. Car les justes préfèrent souffrir en croyant, ce que les premiers coupables ont souffert pour ne pas croire. Ceux-là eussent évité la mort en ne péchant point; ceux-ci pèchent s'ils ne meurent pas. Ceux-là sont morts parce qu'ils ont péché; ceux-ci ne pèchent pas, parce qu'ils meurent. La faute des uns a attiré la peine, la peine des autres prévient la faute; non pas que la mort, qui était un mal, soit devenue un bien; mais Dieu a fait de la foi une grâce si excellente que par elle, la mort ennemie de la vie, est devenue le moyen d'arriver à la vie.

CHAPITRE V.

De même que les méchants font un mauvais usage de la loi qui est bonne, ainsi les bons font un bon usage de la mort qui est mauvaise.

L'Apôtre, voulant montrer combien le péché est nuisible, en l'absence de la grâce, ne craint pas d'appeler force du péché, la loi même qui le défend. « Le péché, dit-il, est l'aiguillon de la mort et la loi est la force du péché. » (I. *Cor.* XV, 56.) Cette parole est la pure vérité. En effet, la défense d'un acte illicite en augmente le désir, quand on n'aime pas assez la justice, pour trouver dans le plaisir qu'elle cause, la force de surmonter la passion du péché. Or il n'y a que l'assistance de la grâce divine qui puisse nous faire aimer la véritable justice et nous la rendre agréable. Mais de peur qu'on ne vînt à considérer la loi comme mauvaise, parce qu'il l'appelle la force du péché, le même apôtre traitant cette

---

Si mandatum transgressi fueritis, morte moriemini : nunc dicitur, Si mortem recusaveritis, mandatum transgrediemini. Quod tunc timendum fuerat, ut non peccaretur; nunc suscipiendum est, ne peccetur. Sic per ineffabilem Dei misericordiam et ipsa pœna vitiorum transit in arma virtutis, et fit justi meritum etiam supplicium peccatoris. Tunc enim mors est adquisita peccando, nunc impletur justitia moriendo. Verum hoc in sanctis Martyribus, quibus alterutrum a persecutore proponitur, ut aut deserant fidem, aut sufferant mortem. Justi enim malunt credendo perpeti, quod sunt (*a*) primi iniqui non credendo perpessi. Nisi enim peccassent illi, non morerentur : peccaturi autem isti, nisi morianlur. Mortui sunt ergo illi, quia peccaverunt : non peccant isti, quia moriuntur. Factum est per illorum culpam, ut veniretur in pœnam : fit per istorum pœnam, ne veniatur in culpam non quia mors bonum aliquod facta est, quæ antea malum fuit; sed tantam Deus fidei præstitit gratiam, ut mors, quam vitæ constat esse contrariam, instrumentum fieret, per quod transiretur ad vitam.

CAPUT V.

Quod sicut iniqui male utuntur lege quæ bona est, ita et justi bene utuntur morte quæ mala est.

Apostolus cum vellet ostendere, quantum peccatum, gratia non subveniente, ad nocendum valeret, etiam ipsam legem qua prohibetur peccatum, non dubitavit dicere virtutem esse peccati. « Aculeus, inquit, mortis est peccatum, virtus autem peccati lex. » (I. *Cor.* XV, 56.) Verissime omnino. Auget enim prohibitio desiderium operis illiciti, quando justitia non sic diligitur, ut peccandi cupiditas ejus delectatione vincatur. Ut autem diligatur et delectet vera justitia, non nisi divina subvenit gratia. Sed ne propterea lex putaretur malum, quoniam virtus est dicta peccati; ideo ipse alio loco versans hujus-

---

(*a*) Sola editio Lov. *primitus.*

question dans un autre endroit, dit : « En vérité, la loi est sainte, le commandement est saint, juste et bon. Quoi donc? Ajoute-t-il, ce qui est bon est-il devenu pour moi, la mort? A Dieu ne plaise! Mais le péché, pour paraître tel, se sert d'un bien qui me cause la mort, en sorte que, par suite du commandement, la malice du pécheur ou du péché est augmentée outre mesure. »(*Rom.* VII, 12 et 13.) Il dit « outre mesure » parce qu'il y a une prévarication de plus dans le mépris même de la loi, qui s'ajoute à la volonté du pécheur. Pourquoi rappelons-nous ce texte? Pour montrer que comme la loi n'est pas un mal, quand elle excite la concupiscence des pécheurs; ainsi la mort n'est pas un bien quand elle augmente la gloire de ceux qui souffrent; celle-là abandonnée pour l'iniquité, rend les hommes pécheurs; celle-ci embrassée pour la vérité, fait les martyrs. Aussi la loi est bonne parce qu'elle défend le péché, et la mort est mauvaise, parce qu'elle est le salaire du péché : mais comme les méchants font un mauvais usage des maux et même des biens, et comme les bons font un bon usage des biens et même des maux, il suit de là que les méchants usent mal de la loi, quoiqu'elle soit un bien et que les bons usent bien de la mort, quoique la mort soit un mal.

CHAPITRE VI.

Le mal souverain de la mort est la rupture de l'union entre l'âme et le corps.

Quant à ce qui regarde la mort corporelle, c'est-à-dire la séparation de l'âme et du corps que souffrent ceux qu'on appelle mourants, elle n'est bonne à personne. En effet, puissance implacable qui sépare violemment deux substances étroitement unies et comme enlacées pendant la vie, la mort exerce un jugement rigoureux et qui révolte tout notre être tant que dure la lutte, jusqu'à ce que soit anéanti le sentiment, œuvre secrète de l'intime union entre l'âme et la chair. Quelquefois une seule blessure, ou le rapide essor de l'âme, met fin à ce pénible combat et dispense par sa célérité même des dernières angoisses. Mais quel que soit pour les mourants le coup suprême où le sentiment de la douleur se joint au sentiment qui s'éteint, la souffrance supportée avec piété et religion augmente le mérite de la patience, sans toutefois rien retrancher à la peine. Ainsi la mort, peine de la naissance dans les descendants du premier homme, devient la gloire de la renaissance quand elle est endurée pour la foi et la justice; et alors même qu'elle est la

---

modi quæstionem, inquit (*Rom.* VII, 12 et 13) : « Lex quidem sancta, et mandatum sanctum et justum et bonum. Quod ergo bonum est, inquit, mihi factum est mors? Absit. Sed peccatum, ut appareat peccatum, per bonum mihi operatum est mortem, ut fiat supra modum (*a*) peccatum per mandatum. Supra modum dixit, quia etiam prævaricatio additur, cum peccandi libidine etiam lex ipsa contemnitur. Cur hoc commemorandum putavimus? Quia scilicet sicut lex non est malum, quando auget peccantium concupiscentiam; ita nec mors bonum est, quando auget patientium gloriam : cum vel illa pro iniquitate deseritur, et efficit prævaricatores; vel ista pro veritate suscipitur, et efficit Martyres. Ac per hoc lex quidem bona est, quia prohibitio est peccati; mors autem mala, quia stipendium est peccati : sed quemadmodum (*b*) injusti male utuntur non tantum malis, sed etiam bonis; ita justi bene non tantum bonis, sed etiam malis. Hinc fit, ut et mali male lege utantur, quamvis sit lex bonum; et boni bene moriantur, quamvis sit mors malum.

CAPUT VI.

De generalis mortis malo, quo animæ et corporis societas separatur.

Quapropter quod adtinet ad corporis mortem, id est, separationem animæ a corpore, cum eam patiuntur qui morientes appellantur, nulli bona est. Habet enim asperum sensum et contra naturam vis ipsa qua utrumque divellitur, quod fuerat in vivente conjunctum atque consertum, quamdiu moratur, donec omnis adimatur sensus, qui ex ipso inerat animæ carnisque complexu. Quam totam molestiam nonnumquam unus ictus corporis vel animæ raptus intercipit, nec eam sentiri præveniente celeritate permittit. Quidquid tamen illud est in morientibus, quod cum gravi sensu adimit sensum, pie fideliterque tolerando auget meritum patientiæ, non aufert vocabulum pœnæ. Ita cum ex hominis primi perpetuata propagine procul dubio sit mors pœna nascentis; tamen si pro pietate justitiaque penda-

---

(*a*) Editi, *peccans peccatum*. At Mss. *peccator aut peccatum*. In Græco est, ἁμαρτωλὸς ἢ, ἁμαρτία διὰ τῆς ἐντολῆς. —
(*b*) Mss. *injustitia male utitur* etc. pauloque post, *ita justitia bene* etc.

solde du péché, elle peut être aussi quelquefois l'affranchissement complet du péché.

CHAPITRE VII.

De la mort que ceux qui ne sont pas baptisés reçoivent pour la confession du nom de Jésus-Christ.

Tous ceux, en effet, qui, même avant d'être régénérés dans le bain sacré, meurent en confessant le Christ, obtiennent la rémission de leurs péchés, aussi bien que s'ils eussent été purifiés dans l'eau sainte du Baptême. Car celui qui a dit : « Nul n'entrera dans le royaume des cieux, s'il ne renaît de l'eau et de l'Esprit-Saint; »(*Jean*, III, 5) a fait cette exception aussi générale que la sentence précédente : « Celui qui me confessera devant les hommes, je le confesserai aussi devant mon Père qui est dans les cieux. »(*Matth.* X, 32.) Et ailleurs, il dit encore : « Celui qui perdra son âme pour moi, la trouvera. » (*Matth.* XVI, 25.) C'est pour cela qu'il est écrit : « La mort des saints est précieuse devant le Seigneur. » (*Ps.* CXV, 15.) Qu'y a-t-il de plus précieux qu'une mort qui remet tous les pécheurs et multiplie les mérites?. Car ceux qui, ne pouvant retarder leur mort,

reçoivent le baptême et sortent de cette vie quand toutes leurs fautes sont effacées, ont bien moins de mérites que ceux qui pouvant différer de mourir, ne le font cependant pas, parce qu'ils préfèrent la fin de leur vie en confessant le Christ, à la réception du baptême, après l'avoir renié. Il est vrai que si, par crainte de la mort, ils eussent renié Jésus-Christ, ce crime même leur eut été remis par le baptême, puisque dans ce bain salutaire, le plus monstrueux des forfaits, la mort de Jésus-Christ, a trouvé sa grâce. Mais ne faut-il pas que la grâce de cet Esprit qui souffle où il veut (*Jean*, III, 8), soit bien puissante, pour leur inspirer un tel amour de Notre-Seigneur, qu'au péril même de leur vie, ils n'aient pu se résoudre à le renier, quand ils avaient devant eux l'espérance d'un pardon infini? La mort des saints est donc bien précieuse, puisque prévenus par celle de Jésus-Christ, dont les divins mérites leur ont été si libéralement appliqués, qu'ils n'ont pas hésité à sacrifier leur propre vie pour jouir de lui, ils nous montrent que l'ancienne peine prononcée contre les pécheurs a été changée admirablement, et est devenue une source féconde de justice. Toutefois, il n'en faudrait pas conclure que la mort soit un bien à cause

---

tur, fit gloria renascentis : et cum sit mors peccati retributio, aliquando impetrat ut nihil retribuatur peccato.

CAPUT VII.

De morte, quam non regenerati pro Christi confessione suscipiunt.

Nam quicumque etiam non percepto regenerationis lavacro pro Christi confessione moriuntur, tantum eis valet ad dimittenda peccata, quantum si abluerentur sacro fonte baptismatis. Qui enim dixit, « Si quis non renatus fuerit ex aqua et Spiritu-Sancto, non intrabit in regnum cœlorum : » (*Joan.* III, 5) alia sententia istos fecit exceptos, ubi non minus generaliter dicit, « Qui me confessus fuerit coram hominibus, confitebor et ego cum coram Patre meo qui in cœlis est. » (*Matth.* X, 32.) Et alio loco : « Qui perdiderit animam suam propter me, inveniet eam. » (*Matth.* XVI, 25.) Hinc est quod scriptum est : « Pretiosa in conspectu Domini mors sanctorum ejus. » (*Psal.* CXV, 15.) Quid enim pretiosius quam mors, per quam fit ut et delicta omnia

dimittantur, et merita cumulatius augeantur ? Neque enim tanti sunt meriti, qui cum mortem differre non possent, baptizati sunt, deletisque omnibus peccatis ex hac vita emigrarunt, quanti sunt hi qui mortem, cum possent, ideo non distulerunt, quia maluerunt Christum confitendo finire vitam, quam eum negando ad ejus baptismum pervenire. Quod utique si fecissent, etiam hoc eis in illo lavacro dimitteretur, quod timore mortis negaverant Christum; in quo lavacro et illis facinus tam immane dimissum est, qui occiderant Christum. Sed quando (*a*) sine abundantia gratiæ Spiritus illius, qui ubi vult spirat (*Joan.* III, 8), tantum Christum amare possent, ut cum in tanto vitæ discrimine tanta sub spe veniæ negare non possent : Mors igitur pretiosa sanctorum, quibus tam tanta gratia est præmissa et prærogata mors Christi, ut ad eum acquirendum suam non cunctarentur impendere, in eos usus redactum esse monstravit, quod ad pœnam peccantis antea fuerat constitutum, ut inde justitiæ fructus uberior nasceretur. Mors ergo non ideo bonum videri debet, quia in tantam utilitatem non vi s sed divina opitulatione conversa est; ut qu

---

(*a*) Sic Er. et Mss. At Vind. et Am. *in abundantia.* Lov. *nisi abundantia.*

des avantages qu'elle procure, non par sa propre vertu, mais par la grâce divine; c'est en effet par elle que cette mort, sujet de crainte autrefois pour éviter le péché, doit être acceptée à présent pour ne le point commettre et pour l'effacer, s'il a été commis, afin que la palme de la justice devienne la récompense méritée de la plus belle des victoires.

CHAPITRE VIII.

Les saints en acceptant la première mort par amour pour la vérité, sont délivrés de la seconde.

Si nous y réfléchissons attentivement, nous verrons que celui qui meurt glorieusement pour être fidèle à la vérité, se préserve même de la mort. On accepte une partie de la mort dans la crainte de mourir tout-à-fait et surtout d'encourir la seconde mort qui ne finira jamais. On accepte la séparation de l'âme et du corps, de peur que la séparation de l'âme d'avec Dieu, ne soit suivie bientôt de la séparation d'avec le corps et qu'ainsi la première mort de tout l'homme n'amène la seconde qui sera éternelle. Je l'ai déjà dit, la mort, qu'elle soit le résultat de la souffrance ou de son souverain empire, n'est bonne à personne, mais il y a du mérite à la subir pour conserver ou acquérir un bien. Pour ceux qui sont déjà sous son domaine, on peut dire avec raison qu'elle est mauvaise aux méchants et bonne aux bons. Car, séparées du corps, les âmes des justes sont dans le repos, celles des impies, au contraire, dans les tourments, jusqu'à ce que les corps des uns revivent pour la vie éternelle, et ceux des autres pour la mort éternelle qui est appelée la seconde mort.

CHAPITRE IX.

Le temps de la mort qui est la privation du sentiment, est-ce celui pendant lequel on meurt, ou celui qui suit la mort?

Quant à ce temps où les âmes séparées des corps sont heureuses ou malheureuses, est-ce celui qui suit la mort plutôt que celui de la mort même? Si c'est celui d'après la mort, en vérité ce n'est déjà plus la mort qui est passée, c'est la vie présente pour l'âme et elle est bonne ou mauvaise. La mort, en effet, n'était pour eux un mal, qu'à son passage, c'est-à-dire quand ils la subissaient en mourant, car ils ressentaient de grandes douleurs et c'est là le mal dont les bons usent bien. Mais une fois passée, peut-elle être bonne ou mauvaise, puisqu'elle n'est déjà plus? De plus, si nous y réfléchissons bien, nous trouverons aussi que les douleurs et les angoisses des mourants, ne sont pas non plus la mort. Car tant qu'ils ont le sentiment,

metuenda proposita est, ne peccatum committeretur, nunc suscipienda proponatur, ut peccatum non committatur, commissumque deleatur, magnæque victoriæ debita justitiæ palma reddatur.

CAPUT VIII.

Quod in sanctis primæ mortis pro veritate susceptio, secundo sit mortis absolutio.

Si enim diligentius consideremus, etiam cum quisque pro veritate fideliter et laudabiliter moritur, mors cavetur. Ideo quippe aliquid ejus suscipitur, ne tota contingat, et secunda insuper, quæ numquam finiatur, accedat. Suscipitur enim animæ a corpore separatio, ne Deo ab anima separato etiam ipsa separetur a corpore, ac sic totius hominis prima morte completa secunda excipiat sempiterna. Quocirca mors quidem, ut dixi, cum eam morientes patiuntur, cumque in eis ut moriantur facit, nemini est, sed laudabiliter toleratur pro tenendo vel *do bono. Cum vero in ea sunt, qui jam mortui nuncupantur, non absurde dicitur et malis mala, et bonis bona. In requie enim sunt animæ piorum a corpore separatæ: impiorum autem pœnas luunt: donec istarum ad æternam vitam, illarum vero ad æternam mortem, quæ secunda dicitur, corpora reviviscant.

CAPUT IX.

Tempus mortis, quo vitæ sensus aufertur, in morientibus, an in mortuis esse dicendum sit.

Sed in tempus, quo animæ a corpore separatæ aut in bonis sunt, aut in malis, utrum post mortem potius, an in morte dicendum est? Si enim post mortem est, jam non ipsa mors, quæ transacta utque præterita est, sed post eam vita præsens animæ bona, seu mala est. Mors autem tunc eis mala erat, quando erat, hoc est, quando eam patiebantur, cum morerentur: quoniam gravis et molestus eis inerat sensus: quo malo bene utuntur boni. Peracta autem mors quonam modo vel bona, vel mala est, quæ

ils vivent, et s'ils vivent encore, il faut avouer qu'ils sont plutôt dans le temps qui précède la mort que dans la mort même, puisque c'est sa venue seule qui enlève le sentiment si douloureusement affecté à son approche. Comment donc pourrons-nous appeler mourants ceux qui ne sont pas encore morts, mais qui, sous l'étreinte de la mort, se débattent dans les dernières convulsions de l'agonie? Et cependant c'est avec raison qu'on les appelle mourants, car, lorsque la mort qui menace sera venue, on ne pourra plus les appeler mourants, mais morts. Nul n'est donc mourant, s'il n'est vivant, car en cette situation extrême où se trouvent ceux que nous disons rendre l'âme, celui-là vit encore qui n'est pas privé de son âme. Il est donc tout à la fois et mourant et vivant : il s'approche de la mort, il s'éloigne de la vie ; cependant il est encore dans la vie, parce que l'âme est toujours unie au corps ; il n'est pas encore dans la mort, parce que l'âme n'a pas quitté le corps. Mais lorsqu'elle sera partie, comme il ne sera plus dans la mort, mais après la mort, quand sera-t-il donc dans la mort? Car nul ne sera mourant, si nul ne peut être à la fois mourant et vivant. De fait, tant que l'âme est unie au corps, on ne peut nier la vie.

Ou s'il faut appeler mourant celui en qui se manifeste davantage l'action de la mort, et si personne ne peut être à la fois vivant et mourant, je ne sais en vérité quand on sera vivant.

CHAPITRE X.

La vie des hommes est plutôt une mort qu'une vie.

En effet, dès que l'on est dans ce corps mortel, on ne cesse de tendre vers la mort et l'on ne saurait faire autre chose pendant tout le temps de cette vie, si toutefois on peut l'appeler vie. Il n'y a personne qui, l'année écoulée, ne soit plus proche de la mort qu'au commencement de l'année, et de même qui n'en soit plus proche demain qu'aujourd'hui, aujourd'hui qu'hier, à l'instant qui suit qu'au moment présent et maintenant qu'au moment qui l'a précédé. Car tout le temps que l'on vit est autant de moins dans la vie ; et ce qui reste diminue tous les jours : en sorte que, le temps de cette vie n'est rien autre chose qu'une course vers la mort et il n'est permis à personne ni de s'arrêter, ni d'aller plus lentement, mais tous sont poussés et emportés avec une égale vi-

jam non est? Porro si adhuc diligentius adtendamus, nec illa mors esse apparebit, cujus gravem ac molestum in morientibus diximus sensum. Quam diu enim sentiunt, adhuc utique vivunt : et si adhuc vivunt, ante mortem quam in morte potius esse dicendi sunt : quia illa cum venerit, aufert omnem corporis sensum, qui ea propinquante molestus est. Ac per hoc quomodo morientes dicamus eos qui nondum mortui sunt, sed imminente morte jam extrema et mortifera afflictione jactantur, explicare difficile est : etiamsi recte isti appellantur morientes, quia cum mors quæ jam impendet, advenerit, non morientes, sed mortui nuncupantur. Nullus est ergo moriens, nisi vivens; quoniam cum in tanta est extremitate vitæ, in quanta sunt quos agere animam dicimus, profecto qui nondum anima caruit, adhuc vivit. Idem ipse igitur simul et moriens est et vivens : sed morti accedens, vita (a) decedens ; adhuc tamen in vita, quia inest anima corpori; nondum autem in morte, quia nondum abscessit a corpore. Sed si cum abscesserit, nec tunc in morte, sed post mortem potius erit; quando sit in morte quis dixerit? Nam neque ullus moriens erit, si moriens

et vivens simul esse nullus potest. Quam diu quippe anima in corpore est, non possumus negare viventem. Aut si moriens potius dicendus est, in cujus jam corpore agitur ut moriatur, nec simul quisquam potest esse vivens et moriens; quando sit vivens nescio.

CAPUT X.

De vita mortalium, quæ mors potius quam vita dicenda est.

Ex quo enim quisque in isto corpore morituro esse cœperit, numquam in eo non agitur ut mors veniat. Hoc enim agit ejus mutabilitas toto tempore vitæ hujus, (si tamen vita dicenda est,) ut veniatur in mortem. Nemo quippe est qui non ei post annum sit, quam ante annum fuit, et cras quam hodie, et hodie quam heri, et paulo post quam nunc, et nunc quam paulo ante propinquior. Quoniam quidquid temporis vivitur, de spatio vivendi demitur ; et quotidie fit minus minusque quod restat : ut omnino nihil sit aliud tempus vitæ hujus, quam cursus ad mortem, in quo nemo vel paululum stare, vel ali-

---

(a) Mss. *vita cedens.*

tesse. Celui dont la vie est plus courte ne voit pas chaque jour s'écouler plus rapidement, que celui dont la vie est plus longue ; des moments égaux disparaissent également pour tous les deux, le terme est plus rapproché de l'un, plus éloigné de l'autre, mais ils y courent tous deux avec la même célérité. Autre chose est de parcourir plus de chemin, autre chose de marcher plus lentement. Quand donc, jusqu'à la mort, on parcourt de plus longs espaces de temps, on ne marche pas plus lentement, mais on fait plus de chemin. Si donc nous commençons à mourir ou à être dans la mort, du moment où commence en nous l'action même de la mort, c'est-à-dire le retranchement de la vie ; comme le retranchement final n'est déjà plus dans la mort, mais au-delà de la mort, il faut bien reconnaître que nous sommes dans la mort, dès que nous commençons à vivre. Car à chaque jour, à chaque heure, à chaque moment, que se passe-t-il ? si ce n'est cette action de la mort qui s'accomplit jusqu'à ce que son œuvre soit achevée ? et alors commence le temps d'après la mort, temps qui était dans la mort, quand la vie s'en allait successivement. Donc, à partir du moment où il est dans ce corps plutôt mourant que vivant, l'homme n'est jamais dans la vie, s'il est vrai qu'il ne puisse être en même temps et dans la vie et dans la mort. Ou plutôt ne faut-il pas dire qu'il est en même temps dans la vie et dans la mort : dans la vie présente, jusqu'à ce qu'elle soit complètement retranchée, et cependant dans la mort qui agit sans cesse à mesure que sa vie diminue. Car s'il n'est pas dans la vie, qu'est-ce donc que ce qu'il perd, jusqu'à ce qu'arrive la destruction totale ? S'il n'est pas dans la mort, qu'est-ce que ce retranchement successif de la vie ? Pourquoi, lorsque la vie est tout-à-fait absente, dit-on, très-justement, après la mort, si ce n'est parce que la mort était présente à chaque soustraction de la vie ? Car, quand il n'y a plus de vie, si l'homme n'est plus dans la mort, mais après la mort, quand sera-t-il dans la mort, sinon tous les jours, dans le retranchement partiel qu'il subit ?

CHAPITRE XI.

Peut-on être à la fois mort et vivant?

1. S'il est absurde de dire qu'un homme soit dans la mort avant la venue de la mort ; (car en terminant sa vie, de quelle mort approche-t-il s'il est déjà dans la mort?) comme surtout il serait fort extraordinaire d'affirmer qu'il est

---

quanto tardius ire permittitur : sed omnes urgentur pari motu, nec diverso impelluntur accessu. Neque enim cui vita brevior fuit, celerius diem duxit, quam ille cui longior : sed cum æqualiter et æqualia momenta raperentur ambobus, alter habuit propius, alter remotius, quo non impari velocitate ambo currebant. Aliud est autem amplius viæ peregisse, aliud tardius ambulasse. Qui ergo usque ad mortem productiora spatia temporis agit, non lentius pergit, sed plus itineris conficit. Porro si ex illo quisque incipit mori, hoc est, esse in morte, ex quo in illo agi cœperit ipsa mors, id est, vitæ detractio ; quia cum detrahendo finita fuerit, post mortem jam erit, non in morte : profecto ex quo esse incipit in hoc corpore, in morte est. Quid enim aliud diebus, horis, momentisque singulis agitur, donec ea (*a*) consumta mors quæ agebatur, impleatur, et incipiat jam tempus esse post mortem, quod cum vita detraheretur, erat in morte ? Numquam igitur in vita homo est, ex quo est in corpore isto moriente potius quam vivente, si et in vita et in morte simul non potest esse. An potius et in vita et in morte simul est ; in vita scilicet in qua vivit, donec tota detrahatur ; in morte autem, qua jam moritur, cum vita detrahitur ? Si enim non est in vita, quid est quod detrahitur, donec ejus fiat perfecta consumtio ? Si autem non est in morte, quid est vitæ ipsa detractio ? Non enim frustra cum vita fuerit corpori tota detracta, post mortem jam dicitur, nisi quia mors erat, cum detraheretur. Nam si ea detracta non est homo in morte, sed post mortem ; quando nisi cum detrahitur, erit in morte ?

CAPUT XI

An quisquam simul et vivens esse possit, et mortuus.

1. Si autem absurdum est, ut hominem ante quam ad mortem perveniat, jam esse dicamus in morte ; (cui enim propinquat peragendo vitæ suæ tempora, si jam in illa est?) maxime quia nimis est insolens, ut simul et vivens esse dicatur et moriens, cum vigilans et dormiens, simul esse non possit, quærendum est quando erit moriens. Etenim ante quam

---

(*a*) Vind. Am. Er. et plerique Mss *consummata*.

en même temps vivant et mourant, puisqu'il ne peut en même temps veiller et dormir, je demande quand il sera mourant? Car, avant sa mort, il n'est pas mourant, mais vivant : et quand la mort sera venue, il ne sera pas mourant, mais mort. Ces deux situations sont très-distinctes, l'une avant la mort, l'autre après. Quand donc sera-t-il dans la mort? (car alors il est mourant) et de même que nous admettons trois temps, avant la mort, dans la mort, après la mort, il faut aussi trois états qui y correspondent vivant, mourant et mort. Quand donc un homme sera-t-il mourant, c'est-à-dire dans la mort; non pas vivant, ce qui serait avant la mort; non pas mort, ce qui voudrait dire après la mort; mais mourant ou dans la mort? Cette situation n'est pas facile à déterminer. Car tant que l'âme est unie au corps, surtout si le sentiment se manifeste encore, l'homme qui est âme et corps, vit certainement et par conséquent il faut dire qu'il est avant la mort et non dans la mort : mais quand l'âme aura quitté le corps, lui enlevant tout sentiment, il est clair que l'homme sera après la mort et on dira qu'il est mort. Il succombe entre ces deux moments, mais comment peut-il être mourant ou dans la mort? S'il vit encore, il est avant la mort; s'il a cessé de vivre, il est déjà après la mort. Il m'échappe donc comme mourant, c'est-à-dire dans la mort. Ainsi dans le cours du temps on cherche le présent, sans pouvoir le trouver, car le passage du futur au passé n'a point d'espace. D'après ce raisonnement ne pourrait-on pas dire qu'il n'y a point de mort du corps, car s'il y en a une, quand donc est-elle, puisqu'elle n'est en personne et que personne n'est en elle? En effet, si on vit, elle n'est pas encore, car c'est avant la mort et alors on n'est pas dans la mort : si on a cessé de vivre, elle n'est plus; on est après la mort, on n'est plus dans la mort. Cependant, si, avant ou après, il n'y a point de mort, que signifient ces paroles : avant la mort, ou après la mort? N'est-ce pas en vain qu'on les prononce s'il n'y a point de mort? Et plût à Dieu que nous eussions si bien vécu dans le paradis, qu'en effet il n'y eût point de mort! Malheureux que nous sommes, elle existe non-seulement à présent, mais elle est si nuisible que les mots manquent pour l'expliquer et les moyens pour s'en garantir.

2. Parlons donc selon l'usage, nous ne saurions d'ailleurs faire autrement, sans manquer à notre devoir : disons avant la mort, avant que la mort arrive, selon ce qui est écrit : « Ne louez personne avant sa mort : » (*Eccli.* XI, 30.) Disons aussi quand elle est arrivée : après

---

mors veniat, non est moriens, sed vivens : cum vero mors venerit, mortuus erit, non moriens. Illud ergo est adhuc ante mortem, hoc jam post mortem. Quando ergo in morte? (tunc enim est moriens,) ut quemadmodum tria sunt cum dicimus, ante mortem, in morte, post mortem ; ita tria singulis singula, vivens, moriens, mortuus que reddantur. Quando itaque sit moriens, id est, in morte, ubi neque sit vivens, quod est ante mortem, neque mortuus, quod est post mortem, sed moriens, id est, in morte, difficillime definitur. Quam diu quippe est anima in corpore, maxime si etiam sensus adsit, procul dubio vivit homo, qui constat ex anima et corpore; ac per hoc adhuc ante mortem, non in morte esse dicendus est : cum vero anima abscesserit, omnemque abstulerit corporis sensum, jam post mortem mortuusque perhibetur. Perit igitur inter utrumque (*a*), quo moriens, vel in morte sit : quoniam si adhuc vivit, ante mortem est; si vivere destitit, jam post mortem est. Numquam ergo moriens, id est, in morte esse comprehenditur. Ita etiam in transcursu temporum quæritur præsens, nec invenitur : quia sine ullo spatio est, per quod transitur ex futuro in præteritum. Nonne ergo videndum est, ne ista ratione mors corporis nulla esse dicatur ? Si enim est, quando est, quæ in nullo, et in qua ullus esse non potest ? Quando quidem si vivitur, adhuc non est; quia hoc ante mortem, non in morte : si autem vivere jam cessatum est, jam non est ; quia et hoc post mortem est, non in morte ? Sed rursus si nulla mors est ante vel post, quid est quod dicitur ante mortem, sive post mortem ? Nam et hoc inaniter dicitur, si mors nulla est. Atque utinam in paradiso bene vivendo egissemus ut re vera nulla esset mors. Nunc autem non solum est, verum etiam tam molesta est, ut nec ulla explicari locutione possit, nec ulla ratione vitari.

2. Loquamur ergo secundum consuetudinem (*b*) ; non enim aliter debemus : et dicamus ante mortem, prius quam mors accidat ; sicut scriptum est, « Ante mortem ne laudes hominem quemquam. » (*Eccli.* XI, 30.) Dicamus etiam cum acciderit, Post

(*a*) Sic Vind. Am. Er. et plerique Mss. At Lov. *quomodo*. — (*b*) Lov. *consuetudinem Scripturarum*. Abest *Scripturarum* ab aliis libris.

la mort de tel ou tel, telle ou telle chose s'est faite. Disons encore, autant qu'il est possible, du temps présent : en mourant, un tel a fait son testament ; en mourant il a laissé à tels et tels, telle et telle chose ; bien qu'il n'ait pu agir ainsi qu'étant vivant, qu'il l'ait fait avant sa mort et non dans la mort. Parlons aussi, selon le langage de la Sainte-Écriture qui ne craint pas de dire que les morts sont dans la mort et non après la mort. Car c'est elle qui nous dit : Il n'y a personne dans la mort qui se souvienne de vous. (*Ps.* VI, 6.) En effet, jusqu'à ce qu'ils revivent il est très-juste de dire qu'ils sont dans la mort, comme on est dans le sommeil jusqu'au réveil ; bien que nous appelions dormant celui qui est livré au sommeil, sans pouvoir appeler mourant celui qui est mort. Car on ne meurt plus de cette mort du corps dont nous parlons, quand l'âme a été une fois séparée du corps. Et c'est pour cela que j'ai dit qu'on ne pouvait trouver de terme pour expliquer comment le mourant peut être appelé vivant, et dire que celui qui est mort, même après la mort, est encore dans la mort. Car comment dire après la mort, s'il est encore dans la mort ? Surtout quand nous ne pouvons pas l'appeler mourant, dans le sens où nous appelons dormant, celui qui se repose ; languissant, celui qui est dans la langueur ; souffrant, celui qui est dans la douleur et vivant celui qui est dans la vie : et tandis que les morts, avant de ressusciter, sont dits être dans la mort, cependant on ne saurait les appeler mourants. Aussi, en dehors du génie humain, mais sans doute par un secret dessein de la Providence, j'imagine que ce n'est pas sans raison que les Grammairiens n'ont pû décliner aussi régulièrement que les autres le verbe latin *Moritur*. Car d'*Oritur*, on forme *ortus est*, qui exprime un temps passé et ainsi des autres verbes qui ont des prétérits passés. Quant à *Moritur*, si nous demandons le temps passé, on nous répond toujours : *Mortuus est*, en doublant la lettre *u*. Ainsi on dit *Mortuus*, comme *Fatuus, Arduus, Conspicuus* et d'autres semblables qui n'ont point de passé et se déclinent sans égard au temps, parce qu'ils sont des noms. Pour celui-ci, au contraire, comme pour décliner ce qui est indéclinable, on change le nom en participe passé. Il est donc arrivé très à propos ici, qu'à l'impossibilité de rendre la signification du mot, s'est jointe l'impossibilité de décliner le verbe lui-même. Toutefois avec l'aide de la grâce du Rédempteur, nous pouvons du moins décliner la seconde

---

mortem illius vel illius factum est illud vel illud. Dicamus et de præsenti tempore ut possumus, velut cum ita loquimur, Moriens ille testatus est, et illis atque illis illud atque illud moriens dereliquit : quamvis hoc nisi vivens omnino facere non posset, et potius hoc ante mortem fecerit, non in morte. Loquamur etiam sicut loquitur Scriptura divina, quæ mortuos quoque non post mortem, sed in morte esse non dubitat dicere. Hinc enim est illud : « Quoniam non est in morte, qui memor sit tui. » (*Psal.* VI, 6.) Donec enim reviviscant, recte dicuntur esse in morte : sicut in somno esse quisque, donec evigilet, dicitur : quamvis in somno esse dicamus dormientes (*a*), nec tamen eo modo possumus dicere eos qui jam sunt mortui, morientes. Non enim adhuc moriuntur, qui quantum adtinet ad corporis mortem, de qua nunc disserimus, jam sunt a corporibus separati. Sed hoc est, quod dixi explicari aliqua locutione non posse, quonam modo vel morientes dicantur vivere, vel jam mortui etiam post mortem adhuc esse dicantur in morte. Quomodo enim post mortem, si adhuc in morte ? Præsertim cum eos nec morientes dicamus, sicuti eos qui in somno sunt dicimus dormientes ; et qui in languore, languentes ; et qui in dolore, utique dolentes ; et qui in vita, viventes ; at vero mortui prius quam resurgant, esse dicuntur in morte, nec tamen possunt appellari morientes. Unde non importune, neque incongrue arbitror accidisse, etsi non humana industria, judicio fortasse divino, ut hoc verbum quod est, moritur, in Latina lingua nec Grammatici declinare potuerint, ea regula qua cetera talia declinantur. Namque ab eo quod est oritur, sit præteriti temporis, ortus est : et si qua similia sunt, per temporis præteriti participia declinantur. Ab eo vero quod est moritur, si quæramus præteriti temporis verbum, responderi adsolet, mortuus est, ut littera geminata. Sic enim dicitur mortuus, quomodo fatuus, arduus, conspicuus, et si qua similia, quæ non sunt præteriti temporis, sed quoniam nomina sunt, sine tempore declinantur. Illud autem, quasi ut declinetur, quod declinari non potest, pro participio præteriti temporis ponitur (*b*) nomen. Convenienter itaque factum est, ut quemadmodum id quod significat, non potest agendo, ita ipsum verbum declinari loquendo non possit. Agi tamen po-

---

(*a*) Sic Mss. Editi vero, *non tamen*. — (*b*) Plures Mss. *ponitur. Non inconvenienter itaque* etc.

mort. Elle est aussi beaucoup plus redoutable et la plus affreuse de toutes les calamités; elle ne consiste plus dans la séparation de l'âme et du corps, mais dans l'union de l'un et de l'autre pour subir les supplices éternels. Là, les hommes ne seront plus avant la mort et après la mort, mais ils seront toujours dans la mort; là, ils ne seront jamais vivants, jamais morts, mais mourants toujours. Il n'y aura point pour l'homme de plus grand malheur dans la mort, que cette mort qui sera immortelle.

CHAPITRE XII.

De quelle mort Dieu menaça nos premiers parents, s'ils transgressaient son commandement.

Lors donc qu'on demande de quelle mort Dieu menaça nos premiers parents, s'ils transgressaient le commandement qu'il leur avait donné, s'ils n'étaient point fidèles à garder l'obéissance : était-ce de la mort de l'âme ou de celle du corps ou de l'une et de l'autre, ou bien de celle qu'on appelle la seconde mort; il faut répondre : de toutes. La première mort en comprend deux; la seconde les renferme toutes. De même que la terre entière se compose de plusieurs terres et toute l'Église de plusieurs églises; ainsi, toute la mort se compose de toutes les morts. Puisque la première mort en comprend deux, celle de l'âme et celle du corps; pour qu'elle soit la première mort de tout l'homme, ce sera lorsque l'âme sans Dieu et sans corps, subira des peines temporaires; et la seconde mort, lorsque l'âme, sans Dieu, mais avec son corps, sera condamnée à d'éternelles peines. Donc, quand Dieu, au sujet du fruit défendu, dit au premier homme, qu'il avait placé dans le Paradis : « Du jour où vous mangerez de ce fruit, vous mourrez de mort; » (*Gen.* II, 17) cette menace ne s'appliquait pas seulement à la première partie de la première mort, quand l'âme est séparée de Dieu, ni seulement à la seconde partie, quand le corps est séparé de l'âme; ni même à la première mort toute entière, qui consiste dans le châtiment de l'âme séparée de Dieu et du corps, mais à toutes les morts jusqu'à la dernière, appelée la seconde mort et qui n'en a point d'autre après elle.

CHAPITRE XIII.

Quelle fut la première peine de la désobéissance de nos premiers parents.

Aussitôt la désobéissance de nos premiers parents, la grâce de Dieu les abandonna et ils eurent honte de la nudité de leurs corps. (*Gen.*

tes: in adjutorio gratiæ Redemtoris nostri, ut saltem secundam mortem declinare possimus. Illa enim est gravior, et omnium malorum pessima, quæ non sit separatione animæ et corporis, sed in æternam pœnam potius utriusque complexu. Ibi e contrario non erunt homines ante mortem atque post mortem, sed semper in morte : ac per hoc numquam viventes, numquam mortui, sed sine fine morientes. Numquam enim erit homini pejus in morte, quam ubi erit mors ipsa sine morte.

CAPUT XII.

Quam mortem primis hominibus Deus, si mandatum ejus transgrederentur, fuerit comminatus.

Cum ergo requiritur, quam mortem Deus primis hominibus fuerit comminatus, si ab eo mandatum transgrederentur acceptum, nec obedientiam custodirent; utrum animæ, an corporis, an totius hominis, an illam quæ appellatur secunda : respondendum est, Omnes. Prima enim ex duabus constat : secunda ex omnibus tota. Sicut enim universa terra ex multis terris, et universa Ecclesia ex multis constat Ecclesiis; sic universa mors ex omnibus. Quoniam prima constat ex duabus, una animæ, altera corporis : ut sit prima totius hominis mors, cum anima sine Deo et sine corpore ad tempus pœnas luit; secunda vero, ubi anima sine Deo cum corpore pœnas æternas luit. Quando ergo dixit Deus primo illi homini, quem in paradiso constituerat, de cibo vetito, « Quacumque die ederitis ex eo, morte moriemini (*Gen.* II, 17) : non tantum primæ mortis partem priorem, ubi anima privatur Deo; nec tantum posteriorem, ubi corpus privatur anima; nec solum ipsam totam primam, ubi anima et a Deo et a corpore separata punitur : sed quidquid mortis est usque ad novissimam quæ secunda dicitur, qua est nulla posterior, comminatio illa complexa est.

CAPUT XIII.

Prævaricatio primorum hominum, quam primam senserit pœnam.

Nam postea quam præcepti facta transgressio est, confestim gratia deserente divina, de corporum suorum nuditate confusi sunt. (*Gen.* III, 7.) Unde etiam foliis ficulneis, quæ forte a perturbatis prima com-

III, 7.) Aussi, dans leur trouble, ils se servent des premières feuilles de figuier qu'ils rencontrent, pour couvrir ces membres, dont ils n'avaient point à rougir auparavant. Dès lors, ils ressentirent dans leur chair coupable un mouvement inconnu de révolte, comme juste châtiment de leur propre désobéissance. L'âme abusant de sa propre liberté et méprisant le service de son Dieu, se voit méprisée à son tour par le corps, son premier serviteur. Elle avait abandonné volontairement le Seigneur son maître, elle ne peut plus disposer à son gré de son esclave; sa chair ne lui est plus soumise, comme elle l'eut toujours été, si elle fut demeurée elle-même soumise à Dieu. Alors la chair commença à convoiter contre l'esprit, (*Gal.* v, 17.) nous naissons ainsi, tributaires de la mort, portant dans nos membres et dans notre nature corrompue cette guerre intérieure, suite funeste de la première prévarication, et signe de sa victoire sur l'humanité.

mais, corrompu par sa propre malice et justement condamné, celui-ci a transmis à sa race sa dépravation et son châtiment. Car, nous étions tous en lui seul, quand nous étions tous ce seul homme qui tomba dans le péché par la femme, qui avait été tirée de lui avant le péché. La forme spéciale qui constitue notre vie propre, n'était pas encore; mais le germe dont nous devions sortir était déjà, germe à la vérité d'une nature corrompue, engagée dans les liens de la mort et justement condamnée, en sorte que l'homme qui naît de l'homme, ne saurait avoir une autre condition que celle de celui dont il descend. Ainsi, du mauvais usage du libre arbitre, est sortie cette série de calamités qui, par un enchaînement de misères, conduit le genre humain, perverti dans son origine et comme vicié dans sa racine, jusqu'à la dernière disgrâce de la seconde mort, jusqu'à cette mort sans fin, dont sont préservés ceux seulement que la grâce de Dieu délivre.

CHAPITRE XIV.

En quel état Dieu avait créé l'homme; comment il en est déchu par sa volonté.

Dieu, auteur de la nature et non du vice, a créé l'homme dans la droiture et l'innocence;

CHAPITRE XV.

Adam pécheur abandonna Dieu avant d'en être abandonné. La première mort de l'âme consiste dans la séparation de Dieu.

Mais, comme il a été dit : « Vous mourrez de

perta sunt, pudenda texerunt : quæ prius eadem membra erant, sed pudenda non erant. Senserunt ergo novum motum inobedientis carnis suæ, tamquam reciprocam pœnam inobedientiæ suæ. Jam quippe anima libertate in perversum propria delectata, et Deo dedignata servire, pristino corporis servitio destituebatur : et quia superiorem Dominum suo arbitrio deseruerat, inferiorem famulum ad suum arbitrium non tenebat : nec omni modo habebat subditam carnem, sicut semper habere potuisset, si Deo subdita ipsa mansisset. Tunc ergo cœpit caro concupiscere adversus spiritum : (*Gal.* v, 17.) cum qua controversia nati sumus, trahentes originem mortis, et in membris nostris vitiataque natura contentionem ejus sive victoriam de prima prævaricatione gestantes.

CAPUT XIV.

Qualis homo sit factus a Deo, et in quam (a) sortem deciderit suæ voluntatis arbitrio.

Deus enim creavit hominem rectum, naturarum auctor, non utique vitiorum : sed sponte depravatus

justeque damnatus, depravatos damnatosque generavit. Omnes enim fuimus in illo uno, quando omnes fuimus ille unus, qui per feminam lapsus est in peccatum, quæ de illo facta est ante peccatum. Nondum erat nobis singillatim creata et distributa forma, in qua singuli viveremus; sed jam natura erat seminalis, ex qua propagaremur : qua scilicet peccatum vitiata, et vinculo mortis obstricta, justeque damnata, non alterius conditionis homo ex homine nasceretur. Ac per hoc a liberi arbitrii malo usu series hujus calamitatis exorta est, quæ humanum genus origine depravata, velut radice corrupta, usque ad secundæ mortis exitium, quæ non habet finem, solis exceptis qui per gratiam Dei liberantur, miseriarum connexione perducit.

CAPUT XV.

Quod Adam peccans prius reliquerit Deum, quam relinqueretur a Deo; et primam fuisse animæ mortem a Deo recessisse.

Quamobrem etiamsi in eo quod dictum est, « Morte moriemini, » (*Gen.* II, 17) quoniam non est

---

(a) Nonnulli codices, *mortem*.

mort, » (Gen. II, 17) et non de morts; si nous voulons entendre seulement la mort de l'âme abandonnée de Dieu qui est sa vie, (bien que l'abandon de Dieu ne soit que la conséquence de son infidélité précédente; car, pour le mal, la volonté de l'homme prévient Dieu, tandis que pour le bien, la volonté du Créateur prévient l'homme, soit qu'il le tire du néant, soit qu'il le retire de l'abîme où il allait périr par sa faute;) si donc, nous ne voulons entendre que cette mort, dans la menace que Dieu fit à l'homme par ces paroles : du jour où vous mangerez de ce fruit, vous mourrez de mort ; comme s'il eût dit : du jour où vous m'abandonnerez par désobéissance, je vous abandonnerai par justice ; certainement, dans cette mort, étaient comprises toutes les autres, qui devaient infailliblement la suivre. Car, dans ce mouvement de révolte qui s'éleva en la chair contre l'âme rebelle et qui les obligea à couvrir leur nudité, (Gen. III, 7) ils sentirent cette première mort où l'âme se trouve délaissée de Dieu. C'est cette mort que Dieu a voulu désigner, quand il dit à l'homme qui se cachait de frayeur : « Adam, où es-tu ? » (Gen. III, 9) car Dieu ne cherche pas l'homme, comme s'il ignorait où il est, mais il l'avertit avec reproche de considérer où il peut être, si Dieu n'y est pas. Mais, quand le corps flétri par l'âge et accablé de vieillesse, est aussi abandonné de l'âme, alors, paraît cette autre mort, nouvelle punition du péché de l'homme et que Dieu lui avait annoncée en disant : « Tu es terre et tu retourneras en terre : » (Gen. III, 19) afin que ces deux mots complétassent la première qui est de tout l'homme et que doit suivre à la fin la seconde mort, si la grâce n'en délivre l'homme. Car, le corps qui est de terre, ne retournerait point en terre, sans sa mort, c'est-à-dire s'il n'était privé de sa vie, qui est son âme. D'où il est constant, parmi les chrétiens, sincèrement attachés à la foi catholique, que la mort même du corps n'est pas une loi de la nature, Dieu n'ayant créé aucune mort pour l'homme, mais la juste peine du péché ; car Dieu, vengeur du péché, a dit à l'homme, en qui nous étions tous alors : « Tu es terre et tu retourneras en terre. »

CHAPITRE XVI.

Contre les philosophes qui pensent que la séparation de l'âme et du corps n'est point une peine, s'appuyant sur Platon qui prétend que le Dieu souverain a promis aux dieux inférieurs de ne jamais les priver de leurs corps.

1. Mais les philosophes, contre les calomnies desquels je défends la Cité de Dieu, c'est-à-dire

b dictum, Mortibus, eam solam intelligamus, quæ sit cum anima deseritur sua vita, quod illi Deus est : (Non enim deserta est ut desereret, sed ut desereretur, deseruit. Ad malum quippe ejus prior est voluntas ejus : ad bonum vero ejus prior est voluntas Creatoris ejus; sive ut eam faceret, quæ nulla erat; sive ut reficiat (a), quæ lapsa perierat :) etiamsi ergo hanc intelligamus Deum denuntiasse mortem, in eo quod ait, « Qua die ederitis ex illo, morte moriemini : » tamquam diceret, Qua die me deserueritis per inobedientiam, deseram vos per justitiam : profecto in ea morte etiam ceteræ denuntiatæ sunt, quæ procul dubio fuerant secuturæ. Nam in eo quod inobediens motus in carne animæ inobedientis exortus est, propter quem pudenda texerunt, (Gen. III, 7.) sensa est mors una in qua deseruit animam Deus. Ea significata est verbis ejus, quando timore dementi sese abscondenti homini dixit : « Adam ubi es ? » (Gen. III, 9.) non utique ignorando quærens, sed increpando admonens, ut attenderet ubi esset, in quo non esset Deus. Cum vero corpus anima ipsa deseruit ætate corruptum et senectute confectum, venit in experimentum mors altera, de qua Deus peccatum adhuc puniens homini dixerat : « Terra es, et in terram ibis : » ut ex his duabus mors illa prima, quæ totius est hominis, compleretur, quam secunda in ultimo sequitur, nisi homo per gratiam liberetur. Neque enim corpus quod de terra est, rediret in terram, nisi sua morte, quæ illi accidit, cum deseritur sua vita, id est, anima. Unde constat inter Christianos veraciter catholicam tenentes fidem, etiam ipsam nobis corporis mortem, non lege naturæ, qua nullam mortem (b) homini Deus fecit, sed merito inflictam esse peccati : quoniam peccatum vindicans Deus, dixit homini, in quo tunc omnes eramus : « Terra es, et in terram ibis. » (Gen. III, 19.)

CAPUT XVI.

De philosophis, qui animæ separationem a corpore non putant esse pœnalem, cum Plato inducat summum deum diis minoribus promittentem quod numquam sint corporibus exuendi.

1. Sed philosophi, contra quorum calumnias de-

(a) Mss. *quia lapsa perierat.* — (b) Probæ notæ Mss. *hominis.*

son Église, pensent être bien sages en se moquant de ce que je dis sur la séparation de l'âme et du corps, considérée comme un des châtiments de l'âme, parce que, disent-ils, elle ne saurait parvenir à la perfection de sa béatitude, qu'autant qu'elle est tout-à-fait dépouillée du corps et qu'alors elle revient à Dieu, simple, seule et pour ainsi dire nue. J'en conviens, si je ne trouvais rien dans leurs livres pour réfuter cette opinion, je serais obligé d'entamer une discussion longue et laborieuse pour démontrer que ce n'est pas le corps qui est à charge à l'âme, mais le corps corruptible. D'où vient cette parole de l'Écriture, rappelée au livre précédent : « Le corps corruptible appesantit l'âme. » (*Sag.* ix, 15.) En ajoutant le mot corruptible, elle nous fait entendre que ce n'est pas le corps en soi qui appesantit l'âme, mais le corps tel que l'a fait le péché, amenant à sa suite le châtiment vengeur. Et quand bien même l'Écriture n'aurait rien ajouté, nous ne devrions pas l'entendre d'une autre manière. Mais, quand Platon déclare hautement que les dieux ont reçu du Dieu souverain, leur créateur, des corps immortels, et qu'il met en scène Dieu lui-même, promettant aux dieux ses créatures, comme une insigne faveur, de demeurer éternellement avec leurs corps, sans qu'aucune mort les en sépare jamais, que viennent-ils faire ici, sinon calomnier la foi chrétienne, feignant d'ignorer ce qu'ils savent ; ou pourquoi s'inquiètent-ils si peu de parler contre leurs propres sentiments, pourvu qu'ils ne cessent de nous contredire? Du reste, voici les paroles de Platon, traduites par Cicéron lui-même, voici le langage qu'il prête au Dieu souverain, s'adressant aux dieux qu'il a créés : « Vous qui tirez votre origine des dieux, considérez les œuvres dont je suis l'auteur et le père. Elles ne sauraient périr malgré moi, bien que tout composé de parties puisse se dissoudre. Mais il n'est pas bon de vouloir briser le lien formé par la raison. Comme vous avez été créés, vous ne sauriez être immortels et indissolubles, cependant vous ne serez jamais dissous, ni détruits par aucune mort fatale ; les destins ne l'emporteront pas sur ma volonté ; elle est un lien plus fort pour assurer votre immortalité, que ceux qui ont uni, au commencement, les membres de votre corps. » (1) Voici donc, d'après Platon, les dieux mortels par la liaison de l'âme et du corps, et immortels par le décret et la volonté

(1) Cicéron emprunte ces paroles à Timée de Platon, et les cite dans son livre *De Universalitate*.

fendimus Civitatem Dei, hoc est ejus Ecclesiam, sapienter sibi videntur irridere quod dicimus, animæ a corpore separationem inter pœnas ejus esse deputandam : quia videlicet ejus perfectam beatitudinem tunc illi fieri existimant, cum omni prorsus corpore exuta ad Deum simplex et sola et quodam modo nuda redierit. Ubi si nihil, quo ista refelleretur opinio, in eorum litteris invenirem, operosius mihi disputandum esset, quo demonstrarem non corpus esse animæ, sed corruptibile corpus onerosum. Unde illud est quod de Scripturis nostris in superiori libro commemoravimus : « Corpus enim corruptibile aggravat animam. » (*Sap.* ix, 15.) Addendo utique « corruptibile, » non qualicumque corpore, sed quale factum est ex peccato consequente vindicta, animam perhibuit aggravari. Quod etiamsi non addidisset, nihil aliud intelligere deberemus. Sed cum apertissime Plato deos a summo Deo factos habere immortalia corpora prædicet, eisque ipsum Deum, a quo facti sunt, inducat pro magno beneficio pollicentem, quod in æternum cum suis corporibus permanebunt, nec ab eis ulla morte solventur : quid est quod istam ad exagitandam Christianam fidem fingunt se nescire, quod sciunt ; aut etiam sibi repugnantes adversum se ipsos malunt dicere, dum nobis non desinant contradicere? Nempe Platonis hæc verba sunt sicut ea Cicero in Latinum vertit, quibus inducit summum Deum deos quos fecit alloquentem ac dicentem : « Vos qui deorum satu orti estis, attendite, quorum operum ego parens effectorque sum. Hæc sunt indissolubilia (*a*) me invito : quamquam omne colligatum solvi potest. Sed haud quamquam (*b*) boni est, ratione vinctum dissolvere velle. Sed quoniam estis orti, immortales vos quidem esse et indissolubiles non potestis : (*c*) nequaquam tamen dissolvemini, neque vos ulla mortis fata perimenti nec erunt valentiora quam consilium meum, quod majus est vinculum ad perpetuitatem vestram, quam illa quibus estis, tum cum gignebamini, colligati. Ecce eos Plato dicit et corporis animæque colligatione mortales, et tamen immortales Dei a quo facti sunt voluntate atque consilio. Si ergo animæ pœnam

(*a*) Editi, *indissolubilia nutu meo*. At. Mss. ut apud Ciceronem *me invito*. Forte pro, *me non invito*. Nam in Platonis Timæo est, ἐμοῦ γε θέλοντος. — (*b*) Editi, *bonum est*. Melius Mss. *boni est* : juxta Ciceronem et Platonis Græcum, κακοῦ. — (*c*) Sic Mss. Editi autem, *Nec umquam*.

de Dieu, leur créateur. Si donc, l'union de l'âme à un corps quelconque, est véritablement une peine, pourquoi Dieu, comme pour les rassurer contre la crainte de la mort, leur promet-il l'immortalité, non en vertu de leur nature composée de plusieurs parties et non simple, mais en vertu de sa volonté souveraine, qui peut faire que ce qui a commencé ne finisse point, que ce qui est uni ne soit point dissout et demeure incorruptible?

2. Quant à savoir si le sentiment de Platon touchant les astres est véritable, c'est une autre question, et je ne suis pas disposé à leur accorder sans réserve, que dans ces globes lumineux qui, le jour ou la nuit, éclairent la terre, vivent des âmes intellectuelles et bienheureuses; ce que le même Platon affirme aussi expressément de l'univers, qu'il considère comme un animal immense qui renferme tous les autres dans son sein. Mais, je le répète, c'est une autre question que je ne veux pas discuter pour le moment. J'ai cru seulement devoir rapporter cette opinion, contre ces philosophes qui se glorifiant du nom et du système platonicien, rougissent du nom de chrétiens, dans la crainte d'être confondus avec le vulgaire et de déshonorer leur manteau, car ils sont d'autant plus orgueilleux, qu'ils sont en plus petit nombre. Cherchant ce qu'ils pour-

ront censurer dans la doctrine chrétienne, ils se moquent de l'éternité des corps; comme s'il y avait contradiction à vouloir la béatitude de l'âme et son éternelle union avec le corps, qu'ils regardent comme un lien de douleurs. Cependant Platon leur maître assure que la faveur de ne pas mourir, c'est-à-dire d'être toujours unis à leurs corps, a été accordée par le Dieu souverain aux dieux qu'il a créés.

CHAPITRE XVII.

Contre ceux qui prétendent que les corps terrestres ne peuvent devenir incorruptibles et éternels.

1. Ces philosophes soutiennent même que les corps terrestres ne peuvent être éternels, bien qu'ils admettent l'éternité de la terre, membre central de leur dieu, non du Dieu souverain, mais cependant d'un grand dieu, c'est-à-dire du monde. Si donc, le Dieu souverain leur a fait un autre dieu (*In Timæo*), c'est-à-dire ce monde, qui doit être préféré à d'autres dieux inférieurs; s'ils pensent que ce Dieu est doué d'une âme raisonnable ou intellectuelle, renfermée dans un si vaste corps, ayant pour membres placés et disposés en ordre, les quatre éléments, dont la liaison, suivant eux, est indissoluble et éternelle, afin qu'un si grand Dieu ne meure point. Quoi donc s'oppose, puisque la terre,

est, in qualicumque corpore colligari, quid est quod eos alloquens Deus tamquam sollicitos, ne forte moriantur, id est, dissolvantur a corpore, de sua facit immortalitate securos; non propter eorum naturam, quæ sit compacta, non simplex, sed propter suam invictissimam voluntatem, qua potens est facere, ut nec orta occidant, nec connexa solvantur, sed incorruptibiliter perseverent?

2. Et hoc quidem utrum Plato verum de sideribus dicat, alia quæstio est. Neque enim ei continuo concedendum est, globos istos luminum sive orbiculos luce corporea super terras, seu die, seu nocte fulgentes, suis quibusdam propriis animis vivere, eisque intellectualibus et beatis, quod etiam de ipso universo mundo, tamquam uno animali maximo, quo cuncta cetera continerentur animalia, instanter affirmat. Sed hæc, ut dixi, alia quæstio est, quam nunc discutiendam non suscepimus. Hoc tantum contra istos commemorandum putavi, qui se Platonicos vocari vel esse gloriantur, cujus superbia nominis erubescunt esse Christiani, ne commune illis cum vulgo

vocabulum, vilem faciat (*a*) palliatorum, tanto magis inflatam, quando magis exiguam paucitatem : et quærentes quid in doctrina Christiania reprehendant, exagitant æternitatem corporum, tamquam hæc sint inter se contraria, ut et beatitudinem quæramus animæ, et eam semper esse velimus in corpore, velut ærumnoso vinculo colligatam : cum eorum auctor et magister Plato, donum a Deo summo diis ab illo factis dicat esse concessum, ne aliquando moriantur, id est, a corporibus, quibus eos connexuit, separentur.

CAPUT XVII.

Contra eos qui asserunt, terrena corpora incorruptibilia fieri et æterna non posse.

1. Contendunt etiam isti, terrestria corpora sempiterna esse non posse, cum ipsam universam terram Dei sui, non quidem summi, sed tamen magni, id est, totius hujus mundi membrum in medio positum et sempiternum esse non dubitent. Cum ergo

---

(*a*) *Palliatorum* nomine Philosophos intelligit. Hinc apud Agellium lib. IX, cap. II, de quodam qui corporis cultu amictuque philosophum mentiebatur : *Video barbam et pallium, Philosophum nondum video.*

nombril de ce vaste corps, est bien éternelle, à ce que les corps des autres animaux terrestres le soient également, si telle est aussi la volonté de Dieu? C'est, disent-ils, qu'il faut rendre la terre à la terre, d'où les corps des animaux ont été tirés, et, par conséquent, ajoutent-ils, il est nécessaire qu'ils soient dissous et qu'ils meurent pour retourner à la terre immuable et éternelle, d'où ils sont sortis. Mais si quelqu'un voulait en dire autant du feu, prétendant qu'il faut rendre au feu universel tous les corps qui en sont sortis pour former les animaux célestes; l'immortalité promise, d'après Platon, par le Dieu souverain, aux astres, divinités inférieures, ne va-t-elle pas tomber à terre, sous le choc de cette discussion? Dira-t-on qu'il n'en est pas ainsi, parce que Dieu ne le veut pas, lui dont la volonté, selon Platon, ne peut être vaincue par personne? Qui empêche donc que la puissante volonté de Dieu s'exerce de même vis-à-vis des corps terrestres, puisqu'il peut faire que ce qui a commencé ne finisse point; que ce qui est uni, soit indissoluble; que ce qui est tiré des éléments, n'y retourne pas et que les âmes qui animent les corps, ne les abandonnent jamais, mais qu'elles jouissent avec eux de l'immortalité et de l'éternelle béatitude? Est-ce que Platon n'accorde pas cette puissance à Dieu? Pourquoi donc ne pourrait-il pas préserver de la mort les animaux terrestres? Est-ce que Dieu n'est puissant qu'autant que le veulent les Platoniciens et non autant que les Chrétiens le croient? A les entendre, les philosophes ont pénétré la puissance et les secrets de Dieu, ce que n'ont pu faire les Prophètes! Tandis qu'au contraire les Prophètes du Seigneur ont été instruits par l'Esprit saint, selon son bon plaisir, des volontés divines, quant aux philosophes ils ont reçu leurs lumières des conjectures humaines qui les ont trompés.

2. Mais au moins, ne devraient-ils pas se laisser tromper, je ne dis pas seulement par l'ignorance, mais plutôt par une obstination qui les entraîne dans des contradictions manifestes, jusqu'à soutenir, par toutes les subtilités du raisonnement, que l'âme ne saurait être heureuse qu'en fuyant tout corps, quel qu'il soit; et de plus, que les âmes des dieux sont bienheureuses, malgré leur union éternelle aux corps; les âmes des dieux célestes, liés à des corps de feu; celle de Jupiter qui, selon eux, est le monde, à tous les éléments renfermés

Deus ille summus fecerit eis alterum (*Plato in Timæo*) quem putant Deum, id est, istum mundum, ceteris diis qui infra eum sunt præferendum, cumdemque esse existimant animantem, anima scilicet, sicut asserunt, rationali vel intellectuali in tam magna mole corporis ejus inclusa; ipsiusque corporis tamquam membra locis suis posita atque digesta, quatuor constituerit elementa, quorum juncturam, ne umquam deus eorum tam magnus moriatur, insolubilem ac sempiternam velint : quid caussæ est, ut in corpore magis animantis tamquam medium membrum æterna sit terra, et aliorum animantium terrestrium corpora, si Deus sicut illud velit, æterna esse non possint? Sed terræ, inquiunt, terra reddenda est, unde animalium terrestria sumta sunt corpora : ex quo fit, inquiunt, ut ea sit necesse dissolvi et emori; et eo modo terræ stabili ac sempiternæ, unde fuerant sumta, restitui. Si quis hoc etiam de igne similiter affirmet, et dicat reddenda esse universo igni corpora, quæ inde sumta sunt, ut cælestia fierent animalia; nonne immortalitas, quam talibus diis, velut Deo summo loquente, promisit Plato, tamquam violentia disputationis hujus intercidet? An ibi propterea non fit, quia Deus non vult, cujus voluntatem, ut ait Plato, nulla vis vincit? Quid ergo prohibet, ut hoc etiam de terrestribus corporibus Deus possit efficere, quando quidem ut nec ea quæ orta sunt, occidant, nec ea quæ sunt (*a*) juncta solvantur, nec ea quæ sunt ex elementis sumta reddantur, atque ut animæ in corporibus constitutæ nec umquam ea deserant, et cum eis immortalite ac sempiterna beatitudine perfruantur, posse Deum facere confitetur Plato? Cur ergo non possit, ut nec terrestria moriantur? An Deus non est potens quo usque Christiani credunt, sed quo usque Platonici volunt? Nimirum quippe consilium Dei et potestatem potuerunt philosophi, nec potuerunt nosse prophetæ? cum potius e contrario Dei prophetas ad enuntiandam ejus, quantum dignatus est, voluntatem, Spiritus ejus docuerit; philosophos autem in ea cognoscenda conjectura humana deceperit.

2. Verum non usque adeo decipi debuerunt, non solum ignorantia, (*b*) sed magis etiam pervicacia, ut et sibi apertissime refragentur, magnis disputationum viribus asserentes, animæ, ut beata esse possit, non terrenum tantum, sed omne corpus esse fugiendum, et deos rursus dicentes habere beatissimas animas, et tamen æternis corporibus illigatas, cæles-

(*a*) Nonnulli codices, *vincta*. — (*b*) Sic Mss. Editi autem, *verum etiam*.

dans cette sphère immense qui s'étend de la terre aux cieux. D'après Platon, cette âme, de l'intérieur de la terre, que les géomètres appellent centre, se répand de toutes parts et s'élève comme les notes de la gamme, jusqu'aux extrémités du ciel; en sorte que le monde est un animal immense, bienheureux et éternel, dont l'âme, parvenue au sommet de la sagesse et du bonheur, sera toujours unie au corps dont elle sera à jamais la vie, sans pouvoir en être retardée ni appesantie, bien que ce corps soit formé de toutes sortes d'éléments. Puisqu'ils se permettent tant de licence d'imagination, pourquoi refusent-ils de croire que la volonté et la puissance de Dieu puissent rendre immortels les corps terrestres affranchis de la mort et où les âmes vivent à l'aise, au sein d'une félicité éternelle, d'autant plus qu'ils sont persuadés qu'il en est ainsi pour leurs dieux, dans des corps de feu, et même pour Jupiter, le roi de ces dieux, dans tous les éléments corporels? Car, si l'âme pour être heureuse, doit fuir tout corps, que leurs dieux fuient donc les globes célestes, que Jupiter fuie du ciel et de la terre; ou, si cela n'est pas possible, qu'on les regarde comme malheureux. Mais ces philosophes ne veulent ni l'un ni l'autre; ils n'osent dire que leurs dieux se sont soumis à la séparation du corps, dans la crainte qu'ils ne paraissent adorer des divinités mortelles; ni à la privation de la béatitude, dans la crainte d'être forcés à reconnaître le malheur de leurs dieux. Il n'est donc pas nécessaire, pour être heureux, de fuir tout corps, mais seulement ce corps corruptible, incommode, pesant, mortel en un mot, non celui que la bonté de Dieu avait donné à nos premiers parents, mais celui qui est devenu tel que je viens de le dire, en punition du péché.

CHAPITRE XVIII.

Des corps terrestres, qui selon les philosophes, ne peuvent arriver au ciel, parce que ce qui est terrestre retombe naturellement vers la terre.

Mais, disent-ils, il est nécessaire que les corps terrestres, par leur poids naturel, ou demeurent à terre, ou s'y précipitent; ainsi donc ils ne peuvent être dans le ciel. Il est vrai que nos premiers parents étaient dans une terre fertile et délicieuse, appelée le Paradis; mais comme il faut répondre plus directement à l'objection, soit à cause du corps avec lequel Jésus-Christ monta au ciel, soit à cause du corps dont les

---

tes quidem igneis, Jovis autem ipsius animam, quem mundum istum volunt, omnibus omnino corporeis elementis, quibus hæc tota moles a terra in cœlum surgit, inclusam. Hanc enim animam Plato ab intimo terræ medio, quod geometræ centrum vocant, per omnes partes ejus usque ad cœli summa et extrema diffundi et extendi per numeros musicos opinatur, ut sit iste mundus animal maximum, beatissimum, sempiternum, cujus anima et perfectam sapientiæ felicitatem teneret, et corpus proprium non relinqueret; cujusque corpus et in æternum ex illa viveret, et eam quamvis non simplex, sed tot corporibus tantisque compactum, hebetare atque tardare non posset. Cum igitur suspicionibus suis ista permittant, cur nolunt credere, divina voluntate atque potentia immortalia corpora fieri posse terrena, in quibus animæ nulla ab eis morte separatæ, nullis eorum oneribus aggravatæ, sempiterne ac feliciter vivant, quod deos suos posse asserunt in corporibus igneis, Jovemque ipsum regem eorum in omnibus corporeis elementis? Nam si animæ, ut beata sit, corpus est omne fugiendum, fugiant dii eorum de globis siderum, fugiat Jupiter de cœlo et terra : aut si non possunt, miseri judicentur. Sed neutrum isti volunt, qui neque a corporibus separationem audent dare diis suis, ne illos mortales colere videantur; nec beatitudinis privationem, ne infelices eos esse fateantur. Non ergo ad beatitudinem consequendam omnia fugienda sunt corpora; sed corruptibilia, molesta, gravia, moribunda; non qualia fecit primis hominibus bonitas Dei, sed qualia esse compulit pœna peccati.

CAPUT XVIII.

De terrenis corporibus, quæ philosophi affirmant in cœlestibus esse non posse; quia quod terrenum est, naturali pondere vocetur ad terram.

Sed necesse est, inquiunt, ut terrena corpora naturale pondus vel in terra teneat, vel cogat ad terram : et ideo in cœlo esse non possint. Primi quidem illi homines in terra erant nemorosa atque fructuosa, quæ paradisi nomen obtinuit : sed quia et ad hoc respondendum est, vel propter Christi corpus cum quo adscendit in cœlum, vel propter sanctorum in resurrectione futura sunt, intueantur paulo adtentius pondera ipsa terrena. Si enim ars humana efficit, ut ex metallis, quæ in aquis posita continuo submerguntur, quibusdam modis vasa fabricata etiam natare possint, quanto

saints seront revêtus à la résurrection, examinons plus attentivement la pesanteur des corps terrestres. Si l'industrie humaine peut arriver à faire que des métaux, qui ne pourraient être placés sur l'eau sans couler aussitôt à fond, se transforment en vases capables de surnager. Combien est-il plus croyable que Dieu a dans sa sagesse des ressorts d'une efficacité inconnue; lui dont la volonté toute puissante, selon Platon, peut empêcher de finir ce qui a commencé et de se dissoudre ce qui est composé de parties; lorsque d'ailleurs l'union des esprits aux corps est bien plus merveilleuse que celle des corps ensemble quels qu'ils soient, ne sera-t-il pas plus facile à Dieu de maintenir ces masses terrestres, de telle sorte, qu'aucun poids ne les entraîne en bas, et de faire que des esprits parfaitement heureux meuvent sans peine où ils voudront, et dès qu'ils le voudront, des corps, terrestres à la vérité, mais incorruptibles. Est-ce que les anges n'enlèvent pas n'importe quels animaux terrestres d'un lieu quelconque, pour les placer où il leur plaît! Faut-il croire qu'ils le font avec effort ou qu'ils sentent le fardeau dont ils sont chargés? Pourquoi donc les esprits des saints, dans la parfaite béatitude, don de la munificence divine, ne pourraient-ils sans difficulté porter et arrêter leurs corps où bon leur semble. Sans doute et c'est un fait que l'expérience constate, les corps plus lourds fatiguent plus que ceux qui le sont moins; plus il y a de matière, plus aussi il y a de pesanteur, et cependant, l'âme trouve plus léger le poids du corps sain et robuste que celui du corps amaigri et malade. Et bien que l'homme sain et valide soit plus pesant pour ceux qui le portent, que celui qui est faible et languissant; cependant pour lui, il est plus agile à se mouvoir et il se porte plus aisément dans la santé qui lui donne plus de force, que dans les ravages de la maladie ou de la faim, qui le rendent plus faible; pour montrer que dans les corps terrestres, même corruptibles et mortels, le tempérament à plus d'importance que la masse. Mais qui voudrait se charger de nous dire l'extrême différence qui existe entre ce que nous appelons à présent la santé et l'immortalité future. Que les philosophes ne se mêlent donc pas de contredire notre foi par la pesanteur des corps. Je pourrais leur demander encore pourquoi ils ne croient pas qu'un corps terrestre puisse être dans le ciel, quand toute la terre se balance dans le vide; mais je m'abstiens, parce qu'ils trouveraient peut être un argument assez spé-

credibilius et efficacius occultus aliquis modus operationis Dei, cujus omnipotentissima voluntate Plato dicit, nec orta interire, nec colligata posse dissolvi, cum multo mirabilius incorporea corporeis, quam quæcumque corporea quibuscumque corporibus copulentur, potest molibus præstare terrenis, ut nullo in ima pondere deprimantur; ipsisque animis perfectissime beatis, ut quamvis terrena, tamen incorruptibilia jam corpora ubi volunt ponant, et quo volunt agant, situ motuque facillimo? An vero si hoc angeli faciant, et quælibet animalia terrestria rapiant unde libet, constituantque ubi libet, aut eos (a) sine labore non posse, aut onera sentire credendum est? Cur ergo sanctorum perfectos et beatos divino munere spiritus sine ulla difficultate posse ferre qui voluerint, et sistere ubi voluerint sua corpora non credamus? Nam cum terrenorum corporum, sicut onera in gestando sentire consuevimus, quanto major est quantitas, tanto major sit et gravitas, ita ut plura pondo quam pauciora plus premant; membra tamen suæ carnis (b) leviora portat anima cum in sanitate robusta sunt, quam in languore cum macra sunt. Et cum aliis gestantibus onerosior sit sanus et validus, quam exilis et morbidus; ipse tamen ad suum corpus movendum atque portandum agilior est, cum in bona valetudine plus habet molis, quam cum in peste vel fame minimum roboris. Tantum valet in habendis etiam terrenis corporibus, quamvis adhuc corruptibilibus atque mortalibus, non quantitatis pondus, sed temperationis modus. Et quis verbis explicet, quantum distet inter præsentem, quam dicimus sanitatem, et immortalitatem futuram? Non itaque nostram fidem redarguant philosphi de ponderibus corporum. Nolo enim quærere, cur non credant terrenum posse esse corpus in cœlo, cum terra universa libretur in nihilo. Fortassis enim de ipso medio mundi loco, eo quod in eum cocant quæque graviora, etiam argumentatio veri similior habeatur. Illud dico, si dii minores, quibus inter animalia terrestria cetera etiam hominem faciendum commisit Plato, potuerunt, sicut dicit (in Timæo), ab igne removere urendi qualitatem, lucendi relinquere quæ per oculos emicaret : itane Deo summo concedere dubitabimus, cujus ille voluntati potestatique ne moriantur concessit quæ ortæ sunt, et tam diversa, tam dissimilia, id est, corporea

(a) Abest *sine labore* a Mss. — (b) Sola editio Lov. *levius portat*.

cieux dans les lois de la pesanteur qui font tendre tous les corps vers le centre du monde. Je dirai seulement que si les dieux inférieurs, auxquels Platon a confié la création même de l'homme, ont pu, comme il le dit (*Tim.*), ôter au feu la vertu de brûler, tout en lui laissant celle d'éclairer et de briller pour les yeux ; refuserons-nous d'accorder au Dieu souverain dont la volonté toute puissante peut, selon ce philosophe, affranchir de la mort, ce qui a commencé d'être, et de toute dissolution des substances unies ensemble, mais aussi différentes que le corps et l'esprit, le pouvoir d'ôter la corruption à la chair de l'homme qu'il rend immortelle, de conserver sa nature avec la convenance et l'harmonie de ses membres, moins la pesanteur. Mais je remets à la fin de cet ouvrage de traiter plus amplement, s'il plaît à Dieu, de la foi à la résurrection des morts et de l'immortalité corporelle.

CHAPITRE XIX.

Contre ceux qui ne croient pas que, sans le péché, nos premiers parents eussent été immortels.

Poursuivons maintenant les explications commencées sur les corps de nos premiers parents ; prouvons que cette mort, bonne pour les bons, vérité connue non-seulement d'un petit nombre d'hommes intelligents ou fidèles, mais de tous ; prouvons, dis-je, que cette mort, qui consiste dans la séparation de l'âme et du corps, dont la vie était aussi certaine que l'est à présent la mort, ne serait point arrivée, si le péché n'eut mérité ce châtiment. Car, bien que les âmes des justes défunts vivent dans la paix, ce qui est hors de doute, il est néanmoins si vrai qu'il serait plus avantageux pour elles de vivre avec leurs corps saints et vigoureux, que ceux qui placent l'éternelle béatitude en dehors du corps, se condamnent eux-mêmes par leurs propres sentiments. En effet, qui donc parmi eux oserait préférer leurs sages aux dieux immortels? Cependant, selon Platon, le Dieu souverain leur promet, comme une faveur signalée, une vie indissoluble, c'est-à-dire l'éternelle union avec leurs corps. Or, le même Platon considère comme un grand honneur pour les hommes, qu'après une vie pieuse et juste, ils puissent, sans leurs corps, être reçus dans le sein de ces dieux, qui ne quittent jamais le leur. « Afin qu'oublieux du passé, ils reviennent sur la terre, avec le désir de rentrer dans des corps, » (*Enéid.* VI) comme le dit très-bien Virgile, s'inspirant du dogme platonique. En effet, ce philosophe pense que les âmes des mortels ne peuvent pas toujours habiter dans leurs corps, et qu'elles en sont nécessairement séparées par la mort, et d'un autre

---

et incorporea sibimet connexa, nulla possint dissolutione sejungi, ut de carne hominis, cui donat immortalitatem, corruptionem auferat, naturam relinquat, congruentiam figuræ membrorumque detineat, detrahat ponderis tarditatem? Sed de fide resurrectionis mortuorum, et de corporibus eorum immortalibus diligentius, si Deus voluerit, in fine hujus Operis disserendum est.

CAPUT XIX.

Contra eorum dogmata, qui primos homines, si non peccassent, immortales futuros fuisse non credunt.

Nunc de corporibus primorum hominum quod instituimus explicemus : quoniam nec mors ista, quæ bona perhibetur bonis, nec tantum paucis intelligentibus sive credentibus, sed omnibus nota est, qua fit animæ a corpore separatio, qua certe corpus animantis, quod evidenter vivebat, evidente emoritur, eis potuisset accidere, nisi peccati meritum sequeretur. Licet enim justorum ac piorum animæ defunctorum, quod in requie vivant, dubitare fas non sit, usque adeo tamen eis melius esset cum suis corporibus bene valentibus vivere, ut etiam illi qui omni modo esse sine corpore beatissimum existimant, hanc opinionem (a) suam sententia repugnante convincant. Neque enim quisquam audebit illorum sapientes homines, sive morituros, sive jam mortuos, id est, aut carentes corporibus, aut corpora relicturos, diis immortalibus anteponere, quibus Deus summus apud Platonem munus ingens, indissolubilem scilicet vitam, id est, æternum cum suis corporibus consortium pollicetur. Optime autem cum hominibus agi arbitratur idem Plato, si tamen hanc vitam pie justeque peregerint, ut a suis corporibus separati, in ipsorum deorum, qui sua corpora numquam deserunt, recipiantur sinum :

Scilicet immemores supera ut convexa revisant,
Rursus et incipiant in corpora velle reverti.
(*Æneid.* VI)

(a) Lov. *sua :* dissentientibus ceteris libris.

côté, qu'elles ne peuvent pas toujours demeurer sans corps, mais qu'elles le quittent et le reprennent, passant sans cesse de la vie à la mort et de la mort à la vie. D'où il suit qu'il y a cette différence entre les sages et les autres hommes : que les premiers sont portés dans le ciel après leur mort, pour y reposer un certain temps, dans l'astre qui convient à chacun, jusqu'à ce que, ne se souvenant plus des misères passées et vaincus par le désir d'avoir un corps, ils retournent aux travaux et aux souffrances de l'humanité; tandis que les autres qui ont mené une vie stupide, retournent aussi dans des corps d'hommes ou de bêtes, suivant leurs mérites. C'est donc à cette dure condition de ne pouvoir ni rester toujours dans leurs corps, ni demeurer sans eux dans une éternelle pureté, que Platon réduit les âmes justes et sages, en leur refusant des corps auxquels elles soient toujours unies. C'est de ce dogme platonique que rougissait Porphyre, au commencement de l'ère chrétienne, comme je l'ai dit plus haut, (liv. X, ch. xxx,) pour lui non-seulement il exclut les âmes humaines du corps des brutes, mais il veut que délivrées des liens corporels et fuyant tout corps, les âmes des sages soient éternellement heureuses dans le sein du Père. Ainsi, dans la crainte d'être vaincu par le Christ qui promet la vie éternelle aux saints, lui aussi établit dans la félicité les âmes purifiées de leurs souillures, sans les faire retourner à leurs anciennes misères; et pour combattre Jésus-Christ, il nie la résurrection des corps incorruptibles et assure que, sans leurs corps et même sans aucune espèce de corps, les âmes seront éternellement triomphantes. Et cependant, malgré cette opinion, il n'a pas interdit le culte des divinités corporelles. Pourquoi? Sinon parce qu'il ne croyait pas que ces âmes humaines non associées à un corps, fussent plus excellentes que les dieux. Et si ces philosophes n'osent pas et n'oseront jamais, je pense, préférer les âmes humaines aux dieux bienheureux, qui auront cependant toujours leurs corps, pourquoi donc la foi chrétienne leur paraît-elle absurde, quand elle enseigne que, sans le péché, les hommes eussent été affranchis de toute mort du corps et, selon le mérite de leur obéissance, doués de l'immortalité pour vivre toujours avec leur corps; qu'enfin, à la résurrection, les saints reprendront les mêmes corps avec lesquels ils ont travaillé ici-bas, sans que la corruption puisse jamais nuire à ces corps, ni que leur béatitude soit exposée à la douleur et à l'adversité?

Quod Virgilius ex Platonico dogmate dixisse laudatur. Ita quippe animas mortalium, nec in suis corporibus semper esse posse existimat, sed mortis necessitate dissolvi, ne sine corporibus durare perpetuo, sed alternantibus vicibus indesinenter vivos ex mortuis, et ex vivis mortuos fieri putat ; ut a ceteris hominibus hoc videantur differre sapientes, quod post mortem ferantur ad sidera, ut aliquanto diutius in astro sibi congruo quisque requiescat, atque inde rursus miseriæ pristinæ oblitus et cupiditate habendi corporis victus redeat ad labores ærumnasque mortalium; illi vero qui stultam duxerint vitam, ad corpora suis meritis debita, sive hominum, sive bestiarum, de proximo revolvantur. In hac itaque durissima conditione constituit etiam bonas atque sapientes animas, quibus non talia corpora distributa sunt, cum quibus semper atque immortaliter viverent, ut neque in corporibus permanere, neque sine his possint in æterna puritate durare. De quo Platonico dogmate jam in libris superioribus diximus Christiano tempore erubuisse Porphyrium, et non solum ab humanis animis removisse corpora bestiarum, verum etiam sapientium animas ita voluisse de corporeis nexibus liberari, ut corpus omne fugientes beatæ apud Patrem sine fine teneantur. Itaque ne a Christo vinci videretur vitam sanctis pollicente perpetuam, etiam ipse purgatas animas sine ullo ad miserias pristinas reditu in æterna felicitate constituit ; et ut Christo adversaretur, resurrectionem incorruptibilium corporum negans, non solum sine terrenis, sed sine ullis omnino corporibus eas asseruit in sempiternum esse victuras. Nec tamen ista qualicumque opinione præcepit saltem ne diis corporatis religionis obsequio subderentur. Quid ita, nisi qui eas quamvis nulli corpori sociatas, non credidit illis esse meliores ? Quapropter, si non audebunt (a) isti, sicut nos ausuros esse non arbitror, diis beatissimis, et tamen in æternis corporibus constitutis, humanas animas anteponere; cur eis videtur absurdum, quod fides Christiana prædicat, et primos homines ita fuisse præcepit conditos, ut si non peccassent, nulla morte a suis corporibus solverentur, sed pro meritis obedientiæ custoditæ immortalitate donati, cum eis viverent in æternum ; et talia sanctos in resurrectione habituros ea ipsa, in quibus hic laboraverunt, corpora, ut nec eorum

(a) Sola editio Lov. *istis*.

CHAPITRE XX.

La chair des saints, qui repose maintenant dans l'espérance de la résurrection, sera reparée et dans un état plus parfait, que celle de nos premiers Parents avant le péché.

Ainsi, pour les âmes des fidèles trépassés, la séparation de leurs corps par la mort ne leur est point pénible, parce que leur chair repose dans la bienheureuse espérance, quelque outrage qu'elle ait reçu même après la mort. Car, ces âmes soupirent après leurs corps, non parce qu'elles ont oublié le passé, comme Platon l'imagine, mais parce qu'elles se souviennent des promesses de celui qui ne trompe personne, et qui leur assure que le moindre de leurs cheveux ne se perdra point (*Luc.* XXI, 18); aussi elles souhaitent et attendent avec patience la résurrection de leurs corps qui ont beaucoup souffert, et qui ne souffriront plus désormais. S'ils ne haïssaient pas leur chair, malgré ses révoltes que l'esprit réprimait avec raison, combien ne doivent-ils pas l'aimer maintenant qu'elle doit devenir toute spirituelle? (*Ephés.* v, 29.) Car, si l'esprit esclave de la chair peut bien s'appeler charnel, la chair soumise à l'esprit pourra bien être appelée spirituelle, non qu'elle se change en esprit, comme plusieurs le croient, à cause de ces paroles de la Sainte-Écriture : « Le corps est semé animal, il ressuscitera spirituel : » (I. *Cor.* XV, 42) mais parce que soumise à l'esprit avec une souveraine et admirable obéissance qui s'étend même à l'immortalité indissoluble, elle ne ressent plus ni les douleurs, ni la corruption, ni la pesanteur du corps. Car alors elle ne sera pas seulement telle qu'elle est ici-bas, quand elle jouit de la meilleure santé, mais même dans un meilleur état, qu'avant le péché de nos premiers parents. Et bien qu'en effet ils ne dussent pas mourir, s'ils n'eussent péché, toutefois ils avaient besoin d'aliments, parce qu'ils étaient hommes, n'ayant pas des corps spirituels mais une chair animale et terrestre. Il est vrai que le dépérissement de la vieillesse ne les conduisait pas nécessairement à la mort; (car, par une grâce admirable de la Providence ils puisaient la vie à cet arbre délicieux planté au milieu du Paradis avec l'arbre défendu;) ce qui ne les empêchait pas de se nourrir de tous les autres fruits, à l'exception d'un seul, qui leur était interdit, non qu'il fût mauvais en lui-même, mais à cause

---

carni aliquid corruptionis vel difficultatis, ne eorum beatitudini aliquid doloris et infelicitatis possit accidere?

CAPUT XX.

Quod caro sanctorum, quæ nunc requiescit in spe, in meliorem reparanda sit qualitatem, quam fuit primorum hominum ante peccatum.

Proinde nunc sanctorum animæ defunctorum ideo non habent gravem mortem, qua separatæ sunt a corporibus suis, quia caro eorum requiescit in spe, quaslibet sine ullo jam sensu contumelias accepisse videatur. Non enim, sicut Platoni visum est, (*a*) corpora oblivione desiderant : sed potius, quia meminerunt quid sibi ab eo sit promissum, qui neminem fallit, qui eis etiam de capillorum suorum integritate securitatem dedit (*Luc.* XXI, 18), resurrectionem corporum, in quibus multa dura perpessi sunt, nihil in eis ulterius tale sensuri, desiderabiliter et patienter exspectant. Si enim carnem suam non oderant, quando eam suæ menti infirmitate (*b*) resistentem, spirituali jure coercebant, quanto magis eam diligunt etiam ipsam spiritalem futuram? (*Ephes.* v, 29.) Sicut enim spiritus carni serviens non incongrue carnalis, ita caro spiritui serviens recte appellabitur spiritalis, non quia in spiritum convertetur, sicut nonnuli putant ex eo quod scriptum est : « Seminatur corpus animale, resurget corpus spiritale : » (I. *Cor.* XV, 42) sed quia spiritui summa et mirabili obtemperandi (*c*) facilitate subdetur, usque ad immortalitatis indissolubilis securissimam voluntatem, omni molestiæ sensu, omni corruptibilitate et tarditate detracta. Non solum enim non erit tale, quale nunc est in quavis optima valetudine; sed nec tale quidem, quale fuit in primis hominibus ante peccatum. Qui licet morituri non essent, nisi peccassent; alimentis tamen ut homines utebantur, nondum spiritalia, sed adhuc animalia corpora terrena gestantes. Quæ licet senio non veterascerent, ut necessitate perducerentur ad mortem, (qui status eis de ligno vitæ, quod in medio paradiso cum arbore vetita simul erat, mirabili Dei gratia præstabatur :) tamen et alios sumebant cibos præter unam arborem, quæ fuerat interdicta, non quia ipsa erat malum, sed propter commendandum puræ et simplicis obedientiæ bo-

---

(*a*) Sic Vind. Am. et meliores. At Er. *corpora oblivionem.* Lov. *corporum oblivionem.* — (*b*) Aliquot Mss. *resistente.* — (*c*) In libris nonnullis, *facultate.*

du précepte salutaire de la pure et simple obéissance, qui est la vertu par excellence de la création raisonnable, à l'égard de son Créateur et Seigneur. Et puisque le fruit n'était pas un mal en lui-même, mais bien l'infraction à la défense, on péchait seulement en désobéissant. Ils se nourrissaient donc des autres fruits, pour garantir le corps animal des tortures de la faim et de la soif, et ils goûtaient du fruit de l'arbre de vie, pour conjurer les progrès de la mort et de la vieillesse sur l'action du temps. Les autres fruits étaient une nourriture, celui-ci, un mystère; si bien que ce fruit de vie était dans le paradis terrestre, ce qu'est dans le paradis spirituel la sagesse de Dieu, dont il est écrit : « C'est un arbre de vie pour ceux qui l'embrassent. » (*Prov.* III, 18.)

CHAPITRE XXI.

On peut très-bien donner un sens spirituel à ce qui est dit du paradis terrestre, séjour de nos premiers parents, pourvu que l'on conserve la vérité du récit historique.

De là vient que plusieurs entendent dans un sens spirituel tout le paradis, où la Sainte-Écriture dit avec vérité que furent placés les premiers auteurs du genre humain; ces arbres et ces fruits ne sont pour eux que des symboles de vertus et de vie morale; comme si tout ce qui a été écrit était purement figuré, sans réalité visible. Est-ce qu'il ne pourrait y avoir un paradis terrestre, parce qu'on peut entendre ce qui en est dit, dans un sens spirituel? Ainsi, Agar et Sara, ces deux femmes d'où sont nés deux enfants d'Abraham, l'un de l'esclave, l'autre de la femme libre, n'auront point existé; parce que l'Apôtre dit qu'elles figuraient les deux testaments (*Gal.* IV, 22.) : ou bien il ne sera point sorti d'eau de la pierre frappée par Moïse (*Exod.* XVII, 6; *Nomb.* XX, 11), parce que la pierre peut figurer le Christ, suivant cette parole du même Apôtre : « Or la pierre était le Christ. » (I. *Cor.* X, 4.) Rien n'empêche de voir dans le paradis terrestre, la vie des bienheureux; dans ses quatre fleuves, les quatre vertus, la prudence, la force, la tempérance et la justice ; dans ses arbres, toutes les sciences utiles ; dans leurs fruits, les bonnes mœurs; dans l'arbre de vie, la sagesse, mère de tous les biens; dans l'arbre de la science du bien et du mal, l'expérience du commandement violé. Car la peine dont Dieu frappe le pécheur est bonne, parce qu'elle est juste, mais elle n'est pas un bien.

---

num, quæ magna virtus est rationalis creaturæ sub Creatore Domino constitutæ. Nam ubi nullum malum tangebatur, profecto si prohibitum tangeretur, sola inobedientia peccabatur. (*a*) Alebantur ergo aliis quæ sumebant, ne animalia corpora molestiæ aliquid esuriendo ac sitiendo sentirent : de ligno autem vitæ propterea gustabatur, ne mors eis undecumque subreperet, vel senectute (*b*) confecta decursis temporum spatiis interirent : tamquam cetera essent alimento, illud sacramento; ut sic fuisse accipiatur lignum vitæ in paradiso corporali, sicut in spiritali, hoc est, intelligibili paradiso, Sapientia Dei, de qua scriptum est, « Lignum vitæ est amplectentibus eam. » (*Prov.* III, 18.)

CAPUT XXI.

De paradiso, in quo primi homines fuerant; quod recte possit significatione ejus spiritale aliquid intelligi, salva veritate narrationis historicæ de corporali loco.

Unde nonnulli totum ipsum paradisum, ubi primi homines parentes generis humani sanctæ Scripturæ veritate fuisse narrantur, ad intelligibilia referunt, arboresque illas et ligna fructifera in virtutes vitæ moresque convertunt : tamquam visibilia et corporalia illa non fuerint, sed intelligibilium significandorum caussa eo modo dicta vel scripta sint. Quasi propterea non potuerit esse paradisus corporalis, quia potest etiam spiritalis intelligi : tamquam ideo non fuerint duæ mulieres, Agar et Sara, et ex illis duo filii Abrahæ, unus de ancilla, alius de libera, quia duo Testamenta in eis figurata dicit Apostolus (*Gal.* IV, 22) : aut ideo de nulla petra Moyse percutiente aqua defluxerit (*Exod.* XVII, 6; *Num.* XX, 11), quia potest illic figurata significatione etiam Christus intelligi eodem Apostolo dicente : « Petra autem erat Christus. » (1. *Cor.* X, 4.) Nemo itaque prohibet intelligere paradisum, vitam beatorum; quatuor ejus flumina, quatuor virtutes, prudentiam, fortitudinem, temperantiam, atque justitiam; et ligna ejus, omnes utiles disciplinas; et lignorum fructus, mores piorum; et lignum vitæ, ipsam bonorum omnium matrem sapientiam; et lignum scientiæ boni et mali, transgressi mandati experimentum. Pœnam enim peccatoribus bene utique,

---

(*a*) Mss. quidam, *Agebatur*. — (*b*) Sic Vind. Am. et Mss. At Er. et Lov. *confecti*.

pour l'homme réduit à la subir. Tout cela peut aussi s'entendre de l'Église, et même nous comprendrons mieux ici prophétiquement ses destinées futures : ainsi, le paradis, c'est l'Église, suivant ce que nous lisons au Cantique des cantiques (*Cantique*, IV, 13); les quatre fleuves du paradis sont les quatre Évangiles; les arbres fruitiers, les saints; leurs fruits, les bonnes œuvres; l'arbre de vie, le saint des saints, le Christ lui-même; l'arbre de la science du bien et du mal, le libre arbitre. Car l'homme qui a méprisé la volonté divine, ne saurait faire de ce libre arbitre qu'un usage funeste ; et il apprend ainsi quelle différence il y a à s'attacher au bien commun de tous, ou à se complaire en son propre bien. Celui qui s'aime lui-même ne se donne qu'à lui-même et il arrive de là, qu'accablé de craintes et de chagrins, il répète, si toutefois il sent ses maux, cette parole du prophète : « Mon âme s'étant tournée vers elle-même, est tombée dans le trouble ; » (*Ps.* XLI, 7.) puis ayant reconnu son erreur, il s'écrie bientôt : « Seigneur, c'est en vous que je placerai toute ma force. » (*Ps.* LVIII, 10.) Rien n'empêche qu'on ne fasse du paradis, ces applications ou d'autres semblables, dans le sens spirituel, pourvu qu'en même temps, on croie d'une foi sincère à la vérité de cette histoire, sur toutes les choses que l'Écriture rapporte.

CHAPITRE XXII.

Les corps des saints après la résurrection seront spirituels, et cependant leur chair ne sera pas changée en esprit.

Les corps des justes, après la résurrection, n'auront besoin d'aucun arbre pour les empêcher de mourir de vieillesse ou de maladie; ni d'aucun aliment corporel pour se garantir des douleurs causées par la faim et la soif : assurés de jouir toujours du privilége de l'immortalité, ils pourront se nourrir s'ils le veulent, la nécessité ne les y contraindra point. C'est ainsi que les anges apparaissant revêtus de corps sensibles, ont voulu se nourrir, non par besoin, mais par complaisance et pour se conformer aux nécessités humaines. Et il ne faut pas s'imaginer que les anges n'aient pas pris réellement de la nourriture, quand ils recevaient l'hospitalité des mortels ; (*Gen.* XVIII) bien que ceux-ci, ne les connaissant point, aient pu croire qu'ils avaient les mêmes besoins que nous. Aussi l'ange dit à Tobie : « Vous me voyiez manger, mais vous le voyiez seulement de vos yeux; » (*Tobie*, XII, 19) c'est-à-dire, vous pensiez que, comme vous, je prenais de la nourriture pour réparer mes forces. Et si, au sujet des anges, on peut avoir une autre opinion qui

CAPUT XXII.

De corporibus sanctorum post resurrectionem, quæ sic spiritalia erunt ut non in spiritum caro vertatur.

Corpora ergo justorum quæ in resurrectione futura sunt, neque ullo ligno indigebunt, quo fiat ut nullo morbo vel senectute inveterata moriantur ; neque ullis aliis corporalibus alimentis, quibus esuriendi ac sitiendi qualiscumque molestia devitetur ; quoniam certo et omni modo inviolabili munere immortalitatis induentur, ut non nisi velint, possibilitate, non necessitate vescantur. Quod Angeli quoque visibiliter et tractabiliter apparentes, non quia indigebant, sed quia volebant et poterant, ut hominibus congruerent sui ministerii quadam humanitate, fecerunt. Neque enim in phantasmate Angelos edisse credendum est, quando eos homines hospitio susceperunt (*Gen.* XVIII) : quamvis utrum Angeli essent ignorantibus, consimili nobis indigentia vesci viderentur. Unde est quod ait Angelus in libro Tobiæ : « Videbatis me manducare, sed visu

quoniam juste, constituit Deus, sed non bono suo experitur homo. Possunt hæc etiam in Ecclesia intelligi, ut ea melius accipiamus tamquam prophetica indicta præcedentia futurorum : paradisum scilicet ipsam Ecclesiam, sicut de illa legitur in Cantico Canticorum (*Cant.* IV, 13) : quatuor autem paradisi flumina, quatuor Evangelia ; ligna fructifera, sanctos ; fructus autem eorum, opera eorum ; lignum vitæ, sanctum sanctorum, utique Christum ; lignum scientiæ boni et mali, proprium voluntatis arbitrium. Nec se ipso quippe homo divina voluntate contempta nisi perniciose uti potest : atque ita discit, quid intersit, utrum inhæreat communi omnibus bono, an proprio delectetur. Se quippe amans donatur sibi, ut inde timoribus, mæroribusque completus cantet in Psalmo, si tamen mala sua sentit : « Ad me ipsum turbata est anima mea : »(*Psal.* XLI, 7) correctusque jam dicat : « Fortitudinem meam ad te custodiam. » (*Psal.* LVIII, 10.) Hæc, et si qua alia commodius dici possint de intelligendo spiritaliter paradiso, nemine prohibente dicantur ; dum tamen et illius historiæ veritas fidelissima rerum gestarum narratione commendata credatur.

paraisse plus probable, la foi chrétienne nous oblige à croire qu'après sa résurrection, le sauveur lui-même a mangé et bu avec ses disciples (*Luc,* XXIII), bien qu'il eut dès lors une chair spirituelle et véritable. Car les corps ressuscités seront affranchis, non de la faculté, mais de la nécessité de manger et de boire. Et ils seront spirituels, non parce qu'ils cesseront d'être corps, mais parce qu'ils vivront de la vie de l'esprit.

CHAPITRE XXIII.

Ce qu'il faut entendre par le corps animal et le corps spirituel ; ou bien de ceux qui meurent en Adam et qui sont vivifiés en Jésus-Christ.

1. Et de même que les corps qui ont une âme vivante, sans avoir déjà un esprit vivifiant, sont appelés corps animaux et ne sont pas des esprits, mais des corps ; ainsi en est-il des corps spirituels. Gardons-nous de croire qu'ils seront de purs esprits, ils seront corps avec la substance de la chair, sans en ressentir la pesanteur et la corruption charnelle, dont ils seront délivrés par l'esprit vivifiant. Ce ne sera plus alors l'homme terrestre, mais l'homme céleste ; non que le corps tiré de la terre cesse

d'être lui-même, mais à cause du don divin qui le rendra capable d'habiter le ciel, en changeant ses qualités, sans perdre sa nature. Or le premier homme, terrestre par le limon dont il a été tiré, a été créé avec une âme vivante et non avec un esprit vivifiant, ce qui devait être la récompense de son obéissance. (I. *Cor.* xv, 47.) Aussi ce corps qui avait besoin de manger et de boire pour se garantir de la faim et de la soif, qui ne jouissait pas de l'immortalité absolue et indissoluble, que l'arbre de vie défendait contre la mort et conservait dans la vigueur de la jeunesse, ce corps n'était pas spirituel, mais animal, on ne saurait en douter ; et cependant il ne serait point mort, s'il n'eut encouru par son péché la peine dont Dieu l'avait menacé. Alors, l'homme éloigné de l'arbre de vie, fut livré à la destruction, sous les coups du temps et les ravages de la vieillesse, soutenant encore par les aliments, qui ne lui furent pas refusés, même en dehors du paradis, soutenant sa vie dans un corps animal, mais qui pouvait devenir spirituel par le mérite de l'obéissance, tandis que, sans le péché, il eût pu obtenir une vie sans fin dans le paradis. Et quand même nous entendrions aussi de cette mort, qui sépare le corps et l'âme, ces paroles du Seigneur :

---

vestro videbatis ; » (*Tob.* xii, 19) id est, necessitate reficiendi corporis, sicut vos facitis, me cibum sumere putabatis. Sed si forte de Angelis aliud credibilius disputari potest : certe fides Christiana de ipso Salvatore non dubitat, quod etiam post resurrectionem, jam quidem in spiritali carne, sed tamen vera, cibum ac potum cum discipulis sumsit. (*Luc.* xxv.) Non enim potestas, sed egestas edendi ac bibendi talibus corporibus auferetur. Unde et spiritali erunt; non quia corpora esse desistent, sed quia spiritu vivificante subsistent.

CAPUT XXIII.

Quid intelligendum sit de corpore animali et de corpore spiritali; aut qui moriuntur in Adam, qui vero vivificantur in Christo.

1. Nam sicut corpora ista, quæ habent animam viventem, nondum spiritum vivificantem, animalia dicuntur corpora ; nec tamen animæ sunt, sed corpora : ita illa spiritalia vocantur corpora ; absit tamen ut spiritus ea credamus futura, sed corpora carnis habitura substantiam, sed nullam tarditatem cor-

ruptionemque carnalem spiritu vivificante passura. Tunc jam non terrenus, sed cælestis homo erit ; non quia corpus quod de terra factum est, non ipsum erit ; sed quia dono cælesti jam tale erit, ut etiam cœlo incolendo non amissa natura, sed mutata qualitate conveniat. Primus autem homo de terra terrenus, in animam viventem factus est, non in spiritum vivificantem, quod ei per obedientiæ meritum servabatur. (I. *Cor.* xv, 47.) Ideo corpus ejus, quod cibo ac potu egebat, ne fame afficeretur ac siti, et non immortalitate illa absoluta atque indissolubili, sed ligno vitæ a mortis necessitate prohibebatur, atque in juventutis flore tenebatur, non spiritale, sed animale fuisse, non dubium est : nequaquam tamen moriturum, nisi in Dei prædicentis minantisque sententiam delinquendo corruisset. Et alimentis quidem etiam extra paradisum non negatis, a ligno tamen vitæ prohibitus (*a*), traditus esset tempori vetustatique finiendus, in ea dumtaxat, vita, quam in corpore licet animali, donec spiritale obedientiæ merito fieret, posset ut paradiso nisi peccasset, habere perpetuam. Quapropter etiamsi mortem istam manifestam, qua fit animæ a corpore

---

(*a*) Sic optimæ notæ Mss. Editi autem, *tardius esset tempore vetustateque finiendus.*

« Du jour où vous mangerez de ce fruit, vous mourrez de mort; » (*Gen.* II, 17) on ne doit pas trouver étrange que cette séparation n'eut pas lieu le jour même où l'homme mangea le fruit défendu et mortel. Car dès ce jour, la nature fut changée et corrompue, très-justement séparés de l'arbre de vie, nos premiers parents furent réduits à la nécessité de la mort corporelle, et nous naissons tous dans cet état. Aussi l'Apôtre ne dit pas que le corps doit mourir à cause du péché; mais il dit : « Le corps est mort à cause du péché et l'esprit est vie à cause de la justice. » Et il ajoute : « Si l'esprit de celui qui a ressuscité le Christ d'entre les morts, habite en nous, celui qui a ressuscité le Christ d'entre les morts, vivifiera aussi vos corps mortels, par son Esprit qui habite en vous. » (*Rom.* VIII, 10.) Le corps qui a maintenant une âme vivante, recevra donc alors un esprit vivifiant, cependant l'Apôtre l'appelle mort, parce qu'il est déjà forcé de mourir. Mais alors, au paradis, il avait tellement une âme vivante, quoique privé de l'Esprit vivifiant, qu'on ne pouvait justement l'appeler mort; car, n'ayant point commis de crime, il ne pouvait être soumis à la nécessité de mourir. Et puisque Dieu en disant : « Adam, où es-tu? » (*Gen.* III, 9) a fait connaître la mort de l'âme abandonnée de lui; et en disant : « Vous êtes terre et vous retournerez en terre, » (*Ibid.* 19) a prononcé la mort du corps, abandonné de l'âme, il faut croire qu'il a voulu rendre secrète la seconde mort dont il ne parle pas, pour en réserver la déclaration expresse au Nouveau Testament; afin que la première mort, commune à tous les hommes, parût plus clairement venir de ce péché qui, par un seul, est devenu commun à tous. Quant à la seconde mort, elle n'est pas commune à tous, à cause de ceux qui ont été appelés par le décret de Dieu, comme parle l'Apôtre : « qu'il a connus de toute éternité, et prédestinés à devenir conforme à l'image de son Fils, afin qu'il fut le premier-né d'un grand nombre de frères; » (*Rom.* VIII, 28 29) car pour ceux-là la grâce de Dieu, par le médiateur, les a délivrés de la seconde mort.

2. Le premier homme a donc été créé dans un corps animal, l'Apôtre en fait foi, car voulant distinguer notre corps, animal maintenant, de ce même corps, qui sera spirituel dans la résurrection : « Il est semé dans la corruption, dit-il, il ressuscitera incorruptible; il est semé dans

separatio, intelligamus simul significatam in eo quod Deus dixerat : « Qua die ederitis ex illo morte moriemini : » (*Gen.* II, 17) non ideo debet absurdum videri, quia non eo prorsus die a corpore sunt soluti, quo cibum interdictum mortiferumque sumserunt. Eo quippe die mutata in deterius vitiataque natura, atque a ligno vitæ separatione justissima, mortis in eis etiam corporalis necessitas facta est, cum qua nos necessitate nati sumus. Propter quod Apostolus non ait : Corpus quidem moriturum est propter peccatum; sed ait : « Corpus quidem mortuum est propter peccatum, spiritus autem vita est propter justitiam. » (*Rom.* VIII, 10.) Deinde subjungit : « Si autem Spiritus ejus qui suscitavit Christum a mortuis, habitat in vobis; qui suscitavit Christum a mortuis, vivificabit et mortalia corpora vestra, per inhabitantem Spiritum ejus in vobis. (*Ibid.* 11.) Tunc ergo erit corpus in spiritum vivificantem, quod nunc est in animam viventem; et tamen mortuum dicit Apostolus, quia jam moriendi necessitate constrictum est. Tunc autem ita erat in animam viventem, quamvis non in spiritum vivificantem, ut tamen mortuum dici recte non posset; quia nisi perpetratione peccati necessitatem moriendi habere non posset. Cum vero Deus et dicendo : « Adam ubi es? » (*Gal.* III, 9) mortem significaverit animæ, quæ facta est illo deserente; et dicendo : « Terra es, et in terram ibis, » (*Ibid.* 19) mortem significaverit corporis, quæ illa sit anima (*a*) discedente : propterea de morte secunda nihil dixisse credendus est, quia occultam esse voluit propter dispensationem Testamenti novi, ubi secunda mors apertissime declaratur; ut prius ista mors prima, quæ communis est omnibus, proderetur ex illo venisse peccato, quod in uno commune factum est omnibus : mors vero secunda non utique communis est omnibus, propter eos « qui secundum propositum vocati sunt (*b*), quos ante præscivit, et prædestinavit, » sicut ait Apostolus (*Rom.* VIII, 28 et 29), « conformes imaginis Filii sui, ut sit ipse primogenitus in multis fratribus, quos a secunda morte per Mediatorem Dei gratia liberavit.

2. In corpore ergo animali primum hominem factum, sic Apostolus loquitur. Volens enim ab spiritali quod in resurrectione futurum est, hoc quod nunc est animale discernere : « Seminatur, inquit,

(*a*) In Mss. At editi. *decedente*. — (*b*) Editi, *vocati sunt sancti* : et infra, *conformes fieri*. At Mss. non habent *sancti*, neque *fieri* : quæ verba etiam absunt a Græco textu Apostoli.

l'ignominie, il ressuscitera dans la gloire; il est semé dans la débilité, et il ressuscitera dans la vigueur; il est semé corps animal, il ressuscitera corps spirituel. » (*Cor.* XV, 42, etc.) Il ajoute même : « S'il y a corps animal, il y a aussi corps spirituel. » Et pour montrer ce que c'est qu'un corps animal : « Il est écrit, dit-il : le premier homme a été créé avec une âme vivante. » (*Gen.* II, 7.) Ainsi, par ces paroles, l'Écriture a voulu nous faire connaître ce que c'est que le corps animal, bien qu'en parlant d'Adam, le premier homme et de la création de son âme par le souffle divin, elle ne dise pas : L'homme a été créé avec un corps animal; mais : L'homme a été créé avec une âme vivante ; l'apôtre veut donc qu'on entende ces paroles de l'Écriture du corps animal de l'homme. Quant au corps spirituel, il le désigne suffisamment à notre intelligence, en ajoutant : mais le second d'Adam a été rempli de l'esprit vivifiant. Il est hors de doute que c'est le Christ, dont la résurrection est telle, qu'il ne peut plus mourir désormais. Il poursuit cependant et dit : « Mais ce n'est pas le corps spirituel qui a été formé d'abord, c'est le corps animal et ensuite le corps spirituel. » Par là, il fait voir d'une manière plus évidente encore que c'est du corps animal dont il veut parler en disant : le premier homme a été créé avec une âme vivante, et du corps spirituel quand il dit : « le second Adam, avec un esprit vivifiant. » Ainsi, le premier, c'est le corps animal, tel qu'il fût en Adam, bien que, sans le péché, il ne dût pas mourir; tel que nous l'avons aussi nous-mêmes, dans le changement et la corruption de notre nature avec la conséquence du péché, la nécessité de mourir; tel que le Christ lui-même a daigné le prendre pour nous d'abord, non par nécessité, mais par puissance : le second est le corps spirituel, tel qu'il est déjà dans le Christ, comme dans notre chef et qu'il sera dans ses membres, en la dernière résurrection des morts.

3. L'Apôtre établit ensuite très-clairement la différence de ces deux hommes. « Le premier homme, dit-il, est l'homme terrestre, formé de terre, le second venu du ciel, est l'homme céleste. Tel est l'homme de la terre, tels aussi sont ses enfants; tel est l'homme céleste, tels sont aussi ses enfants. Et si nous portons en nous l'image de l'homme terrestre, revêtons aussi l'image de l'homme céleste. » (I. *Cor.* XV, 47, etc.) Ainsi parle l'Apôtre, pour montrer dès maintenant en nous, l'œuvre du sacrement

---

in corruptione, surget in incorruptione: seminatur in contumelia, surget in gloria; seminatur in infirmitate surget in virtute; seminatur corpus animale, surget corpus spiritale. » (I. *Cor.* XV, 42, etc.) Deinde ut hoc probaret : « Si est, inquit, corpus animale, est et spiritale. » Et ut quid esset corpus animale ostenderet : « Sic, inquit, scriptum est : Factus est primus homo in animam viventem. » (*Gen.* II, 7.) Isto igitur modo voluit ostendere quid sit corpus animale, quamvis Scriptura non dixerit de primo homine, qui est appellatus Adam, quando (*a*) illi anima flatu Dei creata est : Et factus est homo in corpore animali; sed : « Factus est homo in animam viventem. » In eo ergo quod scriptum est : « Factus est primus homo in animam viventem, » voluit Apostolus intelligi corpus hominis animale. Spiritale autem quemadmodum intelligendum esset, ostendit addendo : « Novissimus autem Adam in spiritum vivificantem : » procul dubio Christum significans, qui jam ex mortuis ita resurrexit, ut mori omnino deinceps non possit. Denique sequitur et dicit : « Sed non primum quod spiritale est, sed quod animale, postea spiritale. » Ubi multo apertius declaravit, se animale corpus insinuasse in eo quod scriptum est, factum esse primum hominem in animam viventem : spiritale autem in eo quod ait : Novissimus Adam in spiritum vivificantem. » Prius est enim animale corpus, quale habuit primus Adam, quamvis non moriturum, nisi peccasset ; quale nunc habemus et nos, hactenus mutata vitiataque natura, quatenus in illo, postea quam peccavit, effectum est, unde haberet jam moriendi necessitatem ; quale pro nobis etiam Christus primitus habere dignatus est, non quidem necessitate, sed potestate : postea vero spiritale, quale jam præcessit in Christo tamquam in capite nostro, secuturum est in membris ejus ultima resurrectione mortuorum.

3. Adjungit deinde Apostolus duorum istorum hominum evidentissimam differentiam, dicens : « Primus homo de terra terrenus, secundus homo de cœlo cœlestis. Qualis terrenus, tales et terreni : qualis cœlestis, tales et cœlestes. Et quomodo induimus imaginem terreni, induamus et imaginem ejus qui de cœlo est. » (I. *Cor.* XV, 47, etc.) Hoc Apostolus ita posuit, ut nunc quidem in nobis secundum sa-

(*a*) In quadam editione, *quando illo*.

de la régénération; selon ce qu'il dit ailleurs : « Tous tant que vous êtes, baptisés en Jésus-Christ, vous avez revêtu Jésus-Christ. » (*Gal.* III, 27.) Mais elle ne sera vraiment accomplie qu'au jour où ce qui en nous est animal par la naissance, deviendra spirituel par la résurrection. Et je me servirai encore des paroles de l'Apôtre : « Nous sommes sauvés par l'espérance. » (*Rom.* VIII, 24.) Or, nous revêtons l'homme terrestre par la génération qui propage la désobéissance et la mort : mais nous revêtons l'image de l'homme céleste par la grâce du pardon et de la vie éternelle, bienfait de la régénération, qui nous vient du médiateur entre Dieu et les hommes, Jésus-Christ homme. Il est vraiment l'homme céleste, dont parle saint Paul (I. *Tim.* II, 5), parce qu'il est venu du ciel, revêtu de notre corps terrestre et mortel, afin de le revêtir de l'immortalité. Et les autres corps, il les appelle aussi célestes, parce qu'ils deviennent ses membres par sa grâce, pour être avec eux un seul Christ, comme la tête et le corps ne font qu'un seul homme. C'est ce qu'il exprime encore plus clairement dans la même Épitre, lorsqu'il dit : « Par un seul homme la mort, et aussi par un seul homme, la résurrection des morts. De même que tous meurent en Adam, ainsi tous revivront en Jésus-Christ » (I. *Cor.* XV, 21 et 22); c'est-à-dire en un corps spirituel, qui sera un esprit vivifiant. Non pas que tous ceux qui meurent en Adam, soient les membres du Christ; car, parmi eux, le plus grand nombre sera puni éternellement de la seconde mort : mais l'Apôtre se sert du mot tous, pour montrer que si, dans ce corps animal, personne ne meurt qu'en Adam, ainsi, dans le corps spirituel, personne ne peut revivre qu'en Jésus-Christ. Aussi faut-il se garder de croire qu'à la résurrection, nous aurons un corps semblable à celui du premier homme avant le péché. Et ces paroles citées plus haut : Tel est l'homme de la terre, tels sont aussi les enfants, ne sauraient s'entendre du corps devenu terrestre par le péché. Il ne faut pas croire qu'avant le péché, l'homme avait un corps spirituel et qu'en punition du péché, il fut changé en un corps animal. Pour penser ainsi, il faudrait faire bien peu d'attention aux paroles du grand docteur : « S'il y a corps animal, il y a aussi corps spirituel; selon ce qui est écrit : Adam le premier homme a été créé avec une âme vivante. » (I. *Cor.* XV, 44 et 45. *Gen.* II, 7.) Peut-on dire qu'il en a été ainsi, seulement après le péché, quand telle fut la première condition de l'homme, d'après le bienheureux apôtre, qui apporte en témoignage le livre de la loi pour expliquer le corps animal?

---

cramentum regenerationis fiat; sicut alibi dicit : « Quotquot in Christo baptizati estis, Christum induistis : » (*Gal.* III, 27) re autem ipsa tunc perficietur, cum et in nobis quod est animale nascendo, spiritale factum fuerit resurgendo. Ut enim ejus itidem verbis utar : « Spe salvi facti sumus. »(*Rom.* VIII, 24.) Induimus autem imaginem terreni hominis propagatione prævaricationis et mortis, quam nobis intulit generatio : sed induimus imaginem cælestis hominis gratia indulgentiæ vitæque perpetuæ, quod nobis præstat regeneratio, non nisi per Mediatorem Dei et hominum hominem Jesum Christum (I. *Tim.* II, 5) : quem cælestem hominem vult intelligi, quia de cœlo venit, ut terrenæ mortalitatis corpore vestiretur, quod cælesti immortalitate vestiret. Cælestes vero ideo appellat et alios, quia fiunt per gratiam membra ejus, ut cum illis sit unus Christus, velut caput et corpus. Hoc in cadem epistola evidentius ita ponit : « Per hominem mors, et per hominem resurrectio mortuorum. Sicut enim in Adam omnes moriuntur, sic et in Christo omnes vivificabuntur. »(I. *Cor.* XV, 21 et 22.) Jam utique in corpore spiritali quod erit spiritum vivificantem. Non quia omnes qui in Adam moriuntur, membra erunt Christi; ex illis enim multo plures secunda in æternum morte plectentur : sed ideo dictum est, « omnes » atque « omnes, » quia sicut nemo corpore animali nisi in Adam moritur, ita nemo corpore spiritali nisi in Christo vivificatur. Proinde nequaquam putandum est, nos in resurrectione tale corpus habituros, quale habuit homo primus ante peccatum. Neque illud quod dictum est, « Qualis terrenus, tales et terreni; secundum illud intelligendum est, quod factum est admissione peccati. Non enim existimandum est, cum prius quam peccasset, spiritale corpus habuisse, et peccati merito in animale mutatum. Ut enim hoc putetur, parum adtenduntur tanti verba doctoris, qui ait : « Si est corpus animale, est et spiritale; sicut scriptum est : Primus homo Adam factus est in animam viventem. » *Ibid.* 44, et 45.) Numquid hoc post peccatum factum est, cum sit ista hominis prima conditio, de qua beatissimus Apostolus ad corpus animale monstrandum, hoc testimonium Legis assumsit?

CHAPITRE XXIV.

Quel sens faut-il donner au souffle qui a créé le premier homme avec son âme vivante et à celui du Seigneur sur ses disciples, lorsqu'il leur dit: « Recevez le Saint-Esprit. »

1. C'est avec aussi peu de raison que plusieurs se sont imaginés que cette parole de la sainte Écriture : « Dieu souffla contre la face d'Adam un esprit de vie, et l'homme fut créé avec une âme vivante, » (*Gen.* II, 7) signifiait, non pas l'âme donnée alors au premier homme, mais celle qu'il avait déjà, vivifiée par l'Esprit-Saint. (1) Ce qui les porte à en juger ainsi, c'est que le Seigneur Jésus, après sa résurrection, souffla sur ses disciples, en disant : « Recevez le Saint-Esprit. » (*Jean*, XX, 22.) Et ils concluent de là que le même acte a produit le même effet, comme si l'Évangéliste eût ajouté : Et ils furent créés avec une âme vivante. Et quand même il l'aurait dit, il faudrait entendre par ces paroles, que l'Esprit de Dieu est, d'une certaine manière, la vie des âmes, que sans lui, les âmes sont pour ainsi dire mortes, bien que les corps vivent de leur présence. Mais il n'en fut pas ainsi à la création de l'homme, les paroles mêmes du livre sacré l'attestent suffisamment, puisqu'on y lit : « Et Dieu fit l'homme de la poussière de terre ; » (*Gen.* II, 7) ce que d'autres ont pensé expliquer plus clairement en disant : « Et Dieu forma l'homme du limon de la terre. » Parce qu'il est écrit dans les versets précédents : « Or, une fontaine s'élevait de terre et en arrosait toute la surface : » afin sans doute de faire comprendre que ce limon est un composé d'eau et de terre ; car, l'Écriture ajoute aussitôt : « Et Dieu forma l'homme de la poussière de la terre ; » d'après les exemplaires grecs sur lesquels l'Écriture a été traduite en latin (2). Mais peu importe que l'on traduise le mot grec ἔπλασεν par *formavit* ou *finxit*, cependant *finxit* est le terme propre, quoique, pour éviter l'équivoque, plusieurs aient péféré *formavit*, car, dans le latin, l'usage a prévalu de se servir du mot *fingere*, pour désigner les feintes du mensonge auquel les hommes ont recours. C'est donc cet homme formé de la poussière de la terre ou du limon, qui était de la poussière dé-

(1) Ce sentiment paraît avoir été adopté par Origène, *(Des Princip.* liv. I, chap. III;) par Tertullien, *(Livre du Baptême,* chap. V;) par saint Cyprien, *Epit. à Jubaïan;)* par saint Cyrille, *(In Joan.* lib. IX, cap. XLVII;) par saint Basile, *(sur le Ps.* XLVIII;) par saint Ambroise, *(Livre du Paradis;)* et par d'autres encore.
(2) On voit qu'alors les églises latines se servaient d'une traduction faite d'après les Septante. La traduction faite sur l'Hébreu par saint Jérôme ne fut adoptée que plus tard.

CAPUT XXIV.

Qualiter accipienda sit vel illa insufflatio, in qua « primus homo factus est in animam viventem; » vel illa quam Dominus fecit, dicens: « Accipite Spiritum sanctum. »

1. Unde et illud parum considerate quibusdam visum est, in eo quod legitur : « Inspiravit Deus in faciem ejus spiritum vitæ, et factus est homo in animam viventem ; » (*Gen.* II, 7) non tunc animam primo homini datam, sed eam quæ jam inerat, Spiritu-sancto vivificatam. Movet enim eos, quod Dominus Jesus postea quam resurrexit a mortuis, insufflavit, dicens discipulis suis : « Accipite Spiritum-sanctum. » *(Joan.* XX, 22.) Unde tale aliquid existimant factum, quale tunc factum est : quasi et hic secutus Evangelista dixerit : Et facti sunt in animam viventem. Quod quidem si dictum esset, hoc intelligeremus, quod animarum quædam vita sit Spiritus Dei, sine quo animæ rationales mortuæ deputandæ sunt, quamvis earum præsentia vivere corpora videatur. Sed non ita factum, quando est conditus homo, satis ipsa libri verba testantur, quæ ita se habent : « Et formavit Deus hominem pulverem de terra. » (*Gen.* II, 7.) Quod quidam planius interpretandum putantes dixerunt : « Et finxit Deus hominem de limo terræ. » Quoniam superius dictum fuerat : « Fons autem adscendebat de terra, et irrigabat omnem faciem terræ : » ut ex hoc limus intelligendus videretur, humore scilicet terraque concretus. Ubi enim hoc dictum est, continuo sequitur : « Et formavit Deus hominem pulverem de terra : » sicut Græci codices habent, unde in Latinam linguam Scriptura ista conversa est. Sive autem « formavit, » sive « finxit, » qui dicere voluerit, quod Græce dicitur ἔπλασεν, ad rem nihil interest: magis tamen proprie dicitur, « finxit. » Sed ambiguitas visa est devitanda eis, qui « formavit » dicere maluerunt, eo quod in Latina lingua illud magis obtinuit consuetudo, ut hi dicantur fingere, qui aliquid mendacio (*a*) simulante componunt. Hunc igitur formatum hominem de terræ pulvere, sive limo, (erat enim pulvis humectus;) hunc, inquam, ut expres-

(*a*) Aliquot Mss. *simulant et componunt.*

trempée, cet homme, dis-je, poussière de la terre, pour me servir de l'expression même de l'Écriture, qui devint, selon l'enseignement de l'Apôtre, corps animal, lorsqu'il reçut l'âme. Et cette homme devint une âme vivante (I. *Cor.* xv, 45) : c'est-à-dire cette poussière pétrie devint une âme vivante.

2. Mais, disent-ils, il avait déjà une âme, autrement il ne s'appellerait pas homme ; car l'homme, ce n'est pas le corps seul, ou l'âme seule, mais l'être composé de corps et d'âme. — Il est bien vrai, l'âme, quoique la partie la plus noble de l'homme, n'est pas tout l'homme ; le corps n'est pas non plus tout l'homme, c'est même la moindre partie de l'homme : mais ces deux parties réunies prennent le nom d'homme que chacune d'elles conserve, même quand on parle de l'une ou de l'autre en particulier. En effet, ne disons-nous pas tous les jours, selon le langage ordinaire, qui fait pour ainsi dire loi : Cet homme est mort, il est maintenant dans se repos et la souffrance, bien que ces paroles ne puissent convenir qu'à l'âme seule ; et encore : Cet homme est inhumé dans tel ou tel lieu, bien que cela ne puisse s'entendre que du corps seul ? Dira-t-on que ce n'est pas là le langage ordinaire des Saintes-Écritures ? Mais au contraire, l'Écriture vient tellement corroborer notre témoignage que même les deux substances réunies dans l'homme vivant, elle se sert du mot homme pour désigner chacune d'elles, ainsi, elle appelle l'âme, l'homme intérieur, le corps, l'homme extérieur (II. *Cor.* iv, 16), comme s'il y avait deux hommes, tandis que l'un et l'autre ne font qu'un homme. Mais il faut comprendre en quel sens il est dit que l'homme a été fait à l'image de Dieu, et en quel sens il est appelé terre et devant retourner en terre. Il s'agit d'abord de l'âme raisonnable, telle que Dieu, par son souffle, ou si on l'aime mieux, par son inspiration, l'a créée dans l'homme, c'est-à-dire dans le corps de l'homme ; et en second lieu il s'agit du corps, tel que Dieu le forma de la poussière et à qui une âme fut donnée, pour en faire un corps animal, c'est-à-dire un homme ayant une âme vivante.

3. Aussi, quant à l'acte du Seigneur, lorsqu'il souffla sur ses disciples en disant : « Recevez le Saint-Esprit, » (*Jean*, xx, 22) c'était pour nous apprendre que l'Esprit-Saint n'est pas seulemest l'Esprit du Père, mais aussi l'Esprit de son Fils unique, car le même Esprit est l'Esprit du Père et du Fils, au moyen duquel subsiste la Trinité, Père, Fils et Saint-Esprit, qui n'est pas créature, mais créateur. En effet, ce souffle sorti des lèvres de la chair, n'était

---

uius dicam, sicut Scriptura locuta est, « pulverem de terra, animale corpus factum esse docet Apostolus, cum animam accepit. « Et factus est » iste « homo in animam viventem (I. *Cor.* xv, 45) : id est, formatus iste pulvis factus est in animam viventem.

2. Jam, inquiunt, habebat animam, alioquin non appellaretur homo : quoniam homo non est corpus solum, vel anima sola, sed qui ex anima constat et corpore. Hoc quidem verum est, quod non totus homo, sed pars melior hominis anima est; nec totus homo corpus, sed inferior hominis pars est : sed cum est utrumque conjunctum simul, habet hominis nomen; quod tamen et singula non amittunt, etiam cum de singulis loquimur. Quis enim dicere prohibetur quotidiani quadam lege sermonis : Homo ille defunctus est, et nunc in requie est vel in pœnis; num de anima sola possit hoc dici ; et : Illo aut illo loco homo ille sepultus est ; cum hoc nisi de solo corpore non possit intelligi ? An dicturi sunt, sic loqui Scripturam non solere divinam ? Immo vero illa a nobis in hoc adtestatur, ut etiam cum duo ista conjuncta sunt ac vivit homo, tamen etiam singula hominis vocabulo appellet, anima scilicet interiorem hominem, corpus vero exteriorem hominem vocans, tamquam duo sint homines, cum simul utrumque sit homo unus. (II. *Cor.* iv, 16.) Sed intelligendum est, secundum quid dicatur homo ad imaginem Dei, et homo terra atque iturus in terram. Illud enim secundum animam rationalem dicitur, qualem Deus insufflando, vel si commodius dicitur, inspirando indidit homini, id est, hominis corpori : hoc autem secundum corpus, qualem hominem Deus finxit ex pulvere, cui data est anima, ut fieret corpus animale, id est, homo in animam viventem.

3. Quapropter in eo quod Dominus fecit, quando insufflavit dicens : « Accipite Spiritum-sanctum : » (*Joan.* xx, 22.) nimirum hoc intelligi voluit, quod Spiritus-sanctus non tantum sit Patris, verum etiam Unigeniti ipsius Spiritus. Idem ipse quippe Spiritus est et Patris et Filii, cum quo est Trinitas Pater et Filius et Spiritus-sanctus, non creatura, sed Creator. Neque enim flatus ille corporeus de carnis ore procedens substantia erat Spiritus-sancti atque natura, sed potius significatio, qua intelligeremus, ut dixi, Spiritum-sanctum Patri esse Filioque communem : quia non sunt eis singulis singuli, sed unus amborum est. Semper autem iste Spiritus in Scripturis sanctis Græco vocabulo πνευμα dicitur, sicut cum et hoc lo o

pas la substance et la nature de l'Esprit-Saint; c'est plutôt, comme je l'ai dit déjà, un signe pour nous faire entendre que l'Esprit-Saint est commun au Père et au Fils : car ils n'ont pas chacun un esprit, mais il n'y en a qu'un pour tous deux. Or, toujours dans les Saintes-Écritures, cet Esprit est désigné par le mot grec πνεῦμα; ainsi que le Seigneur le fait ici, quand par le souffle de sa bouche, il le donne à ses disciples; et je n'ai pas conscience qu'il soit désigné autrement dans n'importe quel endroit des divines Écritures. Mais dans ce verset où nous lisons : « Et Dieu forma l'homme de la poussière de terre et il souffla contre sa face, » ou bien : « il lui inspira un esprit de vie; » (*Gen.* II, 7), le grec ne dit pas πνεῦμα, comme c'est l'usage pour désigner le Saint-Esprit, mais πνοήν, expression employée plutôt pour désigner la créature que le créateur; de là vient que plusieurs interprètes latins ont mieux aimé rendre ce mot par souffle que par Esprit. C'est aussi le même mot grec qui se trouve dans ce passage d'Isaïe où Dieu dit : « J'ai créé tout souffle, » (*Is.* LVII, 16) ce qui veut dire certainement toute âme. Ce mot grec πνοή se traduit donc en latin, tantôt par souffle, tantôt par esprit, quelquefois par inspiration ou par aspiration, même quand il s'agit de Dieu; mais πνεῦμα ne signifie jamais autre chose qu'esprit soit l'esprit de l'homme dont l'apôtre dit : « Qu des hommes sait ce qui est de l'homme, si c n'est l'esprit de l'homme qui est en lui? » (*I Cor.* II, 11.) Soit l'esprit de la brute, selon c qui est écrit au livre de Salomon : « Qui sa si l'esprit de l'homme monte en haut dans ciel, et si l'esprit de la brute descend en ba dans la terre? » (*Eccle.* III, 21.) Soit cet espri corporel, que l'on nomme aussi vent, comm dans le psaume : « Le feu, la grêle, la neige, l glace, l'esprit de tempête. » (*Ps.* CXLVIII, 8. Soit enfin l'esprit non créé, mais créateur, se lon ce que le Seigneur dit dans l'Évangile « Recevez le Saint-Esprit : » (*Jean,* XX, 22 lorsqu'il l'exprima par le souffle de sa bouch et quand il dit : « Allez, baptisez toutes les na tions au nom du Père et du Fils et du Saint Esprit : » (*Matth.* XXVIII, 19) paroles qui expri ment clairement et excellemment le dogme d la Sainte-Trinité. Et encore : « Dieu est Esprit. (*Jean,* IV, 24.) Et ainsi en beaucoup d'autres en droits de la Sainte-Écriture. Car, en tous ce passages, les grecs ne disent pas πνοήν, mai πνεῦμα : ni les latins souffle, mais esprit. Ains pour ce qui en est du verset de la Genèse où est dit : « Dieu inspira, ou plutôt souffla contr sa face un esprit de vie; » (*Gen.* II, 7) quano

Domino appellavit, quando cum corporalis sui oris flatu significans, discipulis suis dedit : et locis omnibus divinorum eloquiorum non mihi aliter umquam nuncupatus occurrit. Hic vero, ubi legitur : « Et finxit Deus hominem pulverem de terra, et insufflavit, » sive « inspiravit in faciem ejus spiritum vitæ; » (*Gen.* II, 7) non ait Græcus πνεῦμα quod solet dici Spiritus-sanctus, sed πνοήν: quod nomen in creatura quam in Creatore frequentius legitur : unde nonnulli etiam Latini propter differentiam, hoc vocabulum non spiritum, sed flatum appellare maluerunt. Hoc enim est in Græco etiam illo loco apud Isaiam, ubi Deus dicit; « Omnem flatum ego feci, » (*Is.* LVII, 16. *sec.* LXX) omnem animam sine dubitatione significans. Quod itaque Græce πνοή dicitur, nostri aliquando flatum, aliquando spiritum, aliquando inspirationem, vel adspirationem, (*a*) quando etiam Dei dicitur, interpretati sunt : πνεῦμα, vero numquam nisi spiritum; sive hominis, de quo ait Apostolus : « Quis enim scit hominum quæ sunt hominis, nisi spiritus hominis qui in ipso est? » (I. *Cor.* II, 11.) Sive pecoris, sicut in Salomonis libro scriptum est « Quis scit si spiritus hominis ascendat sursum i cœlum, et spiritus pecoris descendat deorsum terram? » (*Eccle.* III, 21.) Sive istum corporeum qui etiam ventus dicitur : nam ejus hoc nomen es ubi in Psalmo canitur : « Ignis, grando, nix, glacie spiritus tempestatis. » (*Ps.* CXLVIII, 8.) Sive jam no creatum, sed Creatorem, sicut est de quo dicit Dom nus in Evangelio : « Accipite Spiritum-sanctum : (*Joan.* XX, 22) cum (*b*) corporei suis oris significar flatu. Et ubi ait : « Ite, baptizate omnes gentes nomine Patris et Filii et Spiritus-sancti : » (*Matth* XXVIII, 19) ubi ipsa Trinitas excellentissime et eviden tissime commendata est. Et ubi legitur : « Deus spa ritus est. » (*Joan.* IV, 24.) Et aliis plurimis sacra rum litterarum locis. In his quippe omnibus testi moniis Scripturarum, quantum ad Græcos adtine non πνοήν videmus scriptum esse, sed πνεῦμα : qua tum autem ad Latinos, non flatum, sed spiritum Quapropter in eo quod scriptum est : « Inspiravit vel si magis proprie dicendum est : « Insufflavit

(*a*) Sic Mss. At editi, *aliquando etiam animam interpretati sunt.* — (*b*) Sic Mss. At editi alii, *corporeo,* a *incorporeo.*

le grec dirait πνευμα et non πνοην, il ne s'en suivrait pas que nous fussions obligés d'entendre par là l'Esprit créateur, qui, dans la Trinité, est proprement appelé le Saint-Esprit, puisque, comme je l'ai déjà dit, πνευμα ne désigne pas seulement le Créateur, mais aussi la créature.

4. Mais dit-on encore, l'Écriture n'ajouterait pas au mot Esprit, celui de vie, si elle ne voulait pas faire entendre qu'il s'agit du Saint-Esprit, et après avoir dit : l'homme fut créé avec une âme, elle n'ajouterait pas vivante, s'il ne s'agissait pas de la vie de l'âme, qui lui est divinement communiquée par le don de l'Esprit de Dieu. Car, poursuit-on, puisque l'âme vit d'une vie qui lui est propre, qu'est-il besoin d'ajouter le mot vivante, si ce n'est pour signifier cette vie qui lui est donnée par le Saint-Esprit. Mais, qu'est-ce que cela prouve? Que l'on met beaucoup d'empressement à soutenir des opinions humaines, et que l'on fait peu d'attention aux Saintes-Écritures. Car, était-ce une chose bien difficile, sans aller plus loin, de lire au même livre et seulement quelques versets plus haut : « Que la terre produise des âmes vivantes » (*Gen.* I, 24); lorsque tous les animaux terrestres furent créés. Et encore au même livre, quelques pages plus loin, était-il si difficile de remarquer ces paroles : « Et tout ce qui a esprit de vie et tout homme sur terre, mourut » (*Ibid.* VII, 22); pour nous apprendre que tout ce qui vivait sur la terre, périt dans le déluge. Si donc, nous trouvons et une âme vivante et un esprit de vie, même dans les animaux, d'après le langage habituel des divines écritures ; lorsque au même endroit où nous lisons : Tout ce qui a un esprit de vie; le grec ne se sert pas du mot πνευμα, mais de ce lui de πνοην ; ne pourrons-nous pas dire aussi : Pourquoi ajouter vivante, puisque l'âme ne peut être si elle ne vit? Ou pourquoi ajouter de vie, après esprit? Mais nous comprenons que l'Écriture en disant : l'esprit de vie, l'âme vivante a parlé à son ordinaire, pour indiquer dans les animaux ou les corps animés, ce sentiment intime du corps qui leur est communiqué par l'âme. Quant à l'homme, nous oublions que l'Écriture ne s'est point du tout éloignée de sa manière de parler habituelle ; elle veut nous faire comprendre que l'homme, ayant reçu une âme raisonnable produite non par la terre ou les eaux, comme chez les autres animaux, mais créée par le souffle de Dieu, il est fait cependant pour vivre dans un corps animal, à cause de

---

faciem ejus spiritum vitæ; » (*Gen.* II, 7) si Græcus non πνοην sicut ibi legit, sed πνευμα posuisset, nec sic esset consequens, ut Creatorem Spiritum, qui proprie dicitur in Trinitate Spiritus-sanctus, intelligere cogeremur : quando quidem πνευμα ut dictum est, non solum de Creatore, sed etiam de creatura dici solere manifestum est.

4. Sed cum dixisset, inquiunt, « spiritum, » non adderet « vitæ, » nisi (*a*) illic Spiritum-sanctum vellet intelligi. Et cum dixisset : « Factus est homo in animam, » non adderet, « viventem, » nisi animæ vitam significaret, quæ illi divinitus impertitur dono Spiritus Dei. Cum enim vivat anima, inquiunt, proprio suæ vitæ modo, quid opus erat addere « viventem, » nisi ut ea vita intelligeretur, quæ illi per Spiritum-sanctum datur? Hoc quid est aliud, nisi diligenter pro humana suspicione contendere, et Scripturas sanctas negligenter adtendere? Quid enim magnum erat non ire longius, sed in eodem libro ipso paulo superius legere : « Producat terra animam viventem; » (*Gen.* I, 24) quando animalia terrestria cuncta creata sunt? Deinde aliquantis interpositis, in eodem tamen ipso libro, quid magnum erat advertere quod scriptum est : « Et omnia quæ habent spiritum vitæ, et omnis qui erat super aridam, mortuus est; » (*Gen.* VII, 22) cum insinuaret omnia quæ vivebant in terra periisse diluvio? Si ergo et animam viventem, et spiritum vitæ etiam in pecoribus invenimus, sicut loqui divina Scriptura consuevit : et cum hoc quoque loco ubi legitur : « Omnia quæ habent spiritum vitæ, » non Græcus πνευμα, sed πνοην dixerit : cur non dicimus, quid opus erat ut adderet, « viventem, » cum anima nisi vivat esse non possit? aut quid opus erat ut adderet, « vitæ, » cum dixisset « spiritum? » Sed intelligimus « spiritum vitæ, et animam viventem » Scripturam suo more dixisse, cum animalia, id est,, corpora animata vellet intelligi, quibus inesset per animam perspicuus iste etiam corporis sensus. In hominis autem conditione obliviscimur, quemadmodum loqui Scriptura consueverit, cum suo prorsus more locuta sit : quo insinuaret hominem etiam rationali anima accepta, quam non sicut aliarum carnium aquis et terra producentibus, sed Deo flante creatam voluit intelligi; sic tamen factum, ut in corpore animali, quod fit anima in eo vivent, sicut

---

(*a*) Vind. Am. Er. et Mss. *illum.*

l'âme qui vit en lui, comme ces animaux dont l'Écriture dit : « Que la terre produise toutes les âmes vivantes; » et quand elle parle aussi de tout ce qui a esprit de vie, comme le grec ne dit pas non plus en cet endroit πνοην mais πνευμα, il ne s'agit certainement pas de l'Esprit-Saint, mais de l'âme des êtres créés.

5. Mais, disent-ils enfin, le souffle de Dieu est sorti de sa bouche, et si ce souffle est l'âme, il faudra que nous croyions qu'elle est égale et d'une substance tout-à-fait semblable à cette Sagesse qui dit : « Je suis sortie de la bouche du Très-Haut. » (*Eccli.* XXIV, 5.) Cependant la sagesse ne dit pas qu'elle est le souffle de Dieu, mais qu'elle est sortie de la bouche de Dieu. Or, comme nous pouvons nous-mêmes former un souffle, non de notre propre nature, mais de l'air ambiant qui entre en nous et en sort par l'expiration et la respiration : ainsi le Dieu Tout-Puissant a pu très-bien et à plus forte raison former, non de sa nature, ni d'aucun être créé, mais du néant même, le souffle qu'il inspire au corps de l'homme, souffle incorporel venant de l'être purement spirituel, mais muable et créé parce qu'il est communiqué par l'être immuable et incréé. D'ailleurs, pour que ceux qui veulent parler de l'Écriture, sans faire attention aux locutions qu'elle emploie, sachent bien que ce n'est pas seulement ce qui est égal à Dieu et d'une nature semblable à la sienne qui sort de la bouche de Dieu, selon l'expression des livres saints; qu'ils entendent ou qu'ils lisent ce qui est écrit au nom de Dieu même : « Parce que vous êtes tiède et que vous n'êtes ni froid, ni chaud, voici que je vais vous vomir de ma bouche. » (*Apoc.* III, 16.)

6. Il n'y a donc plus aucune raison, pour résister aux paroles expresses de l'Apôtre, lorsque, distinguant le corps animal du corps spirituel, c'est-à-dire, celui que nous avons maintenant de celui que nous aurons un jour, il dit : « Il est mis en terre corps animal, il ressuscitera corps spirituel; car s'il y a un corps animal, il y a un corps spirituel, selon ce qui est écrit : Adam le premier homme a été créé avec une âme vivante et le second Adam a été rempli d'un esprit vivifiant. Or ce n'est pas le corps spirituel qui a été formé le premier; mais d'abord le corps animal et ensuite le spirituel. Car le premier homme est l'homme terrestre formé de la terre; et le second est l'homme céleste descendu du ciel. Comme le premier homme a été terrestre, ses enfants aussi sont terrestres, et comme le second homme est céleste, ses enfants aussi sont célestes. Comme donc nous avons porté l'image

---

illa animalia viveret, de quibus dixit : « Producat terra animam viventem : » et quæ itidem dicit habesse in se spiritum vitæ; ubi etiam in Græco non dixit πνευμα, sed πνοην : non utique Spiritum-sanctum, sed eorum animam tali exprimens nomine.

5. Sed enim Dei flatus, inquiunt, Dei ore exisse intelligitur, quem si animam crediderimus, consequens erit, ut ejusdem fateamur esse substantiæ, paremque illius Sapientiæ, quæ dicit : « Ego ex ore Altissimi prodivi. » (*Eccli.* XXIV, 5.) Non quidem dixit Sapientia ore Dei efflatam se fuisse, sed ex ejus ore prodisse. Sicut autem nos possumus, non de nostra natura qua homines sumus, sed de isto aere circumfuso quem spirando ac respirando ducimus ac reducimus, flatum facere cum sufflamus : ita omnipotens Deus, non de sua natura, neque de subjacenti creatura, sed etiam de nihilo potuit facere flatum, quem corpori hominis inserendo inspirasse vel insufflasse convenientissime dictus est, incorporeus incorporeum, sed immutabilis mutabilem; quia non creatus creatum. Verumtamen ut sciant isti, qui de Scripturis loqui volunt, et Scripturarum locutiones non advertunt, non hoc solum dici exire ex ore Dei, quod est æqualis ejusdemque naturæ, audiant, vel legant quod Deo dicente scriptum est : « Quoniam tepidus es, et neque calidus neque frigidus, incipiam te evomere ex ore meo. » (*Apoc.* III, 16.)

6. Nulla itaque caussa est, cur apertissime loquenti resistamus Apostolo, ubi ab spiritali corpore corpus animale discernens, id est, ab illo in quo morituri sumus, hoc in quo nunc sumus, ait : « Seminatur corpus animale, surget corpus spiritale : si est corpus animale, est et spiritale, sicut scriptum est : Factus est primus homo Adam in animam viventem, novissimus Adam in spiritum vivificantem. Sed non primum quod spiritale est, sed quod animale, postea quod spiritale. Primus homo de terra terrenus, secundus homo de cœlo cœlestis. Qualis terrenus, tales et terreni : qualis cœlestis, tales et cœlestes : quomodo induimus imaginem terreni, induamus et imaginem ejus qui de cœlo est. » (I. *Cor.* XV, 44, etc.) De quibus omnibus apostolicis verbis superius locuti sumus. Corpus igitur animale, in quo primum hominem Adam factum esse dicit Apostolus, sic erat factum, non ut mori omnino non posset; sed ut non moreretur, nisi homo peccasset. Nam illud

de l'homme terrestre, portons aussi l'image de l'homme céleste. » (I. *Cor.* XV, 44, etc.) Nous avons expliqué plus haut toutes ces paroles de l'Apôtre. Ainsi le corps animal, dans lequel, selon l'Apôtre, le premier homme fut créé, avait été constitué de telle sorte, qu'absolument il pouvait mourir; mais qu'il ne mourrait point, s'il ne péchait pas. Car celui qui, vivifié par l'Esprit de Dieu, deviendra spirituel et immortel, ne pourra mourir. Il en est de même de l'âme créée immortelle, bien que le péché lui donne la mort, en la privant d'une partie de sa vie, c'est-à-dire de l'Esprit de Dieu, qui pouvait la faire vivre dans la sagesse et le bonheur; cependant, malgré sa misère, elle ne cesse pas de vivre de sa propre vie, car elle a été créée immortelle. De même pour les anges apostats; bien qu'ils soient pour ainsi dire morts par le péché, puisqu'ils ont abandonné le principe de la vie qui est Dieu, source inépuisable d'une vie sage et heureuse; cependant ils n'ont pu mourir en cessant tout-à-fait de vivre et de sentir, parce qu'ils ont été créés immortels. Aussi, après le dernier jugement, précipités dans l'abîme de la seconde mort, ils ne seront pas privés de la vie, mais ils conserveront le sentiment de la douleur. Or les hommes placés sous le domaine de la grâce de Dieu, concitoyens des saints anges dans la vie bienheureuse, seront tellement revêtus de la spiritualité corporelle, qu'ils seront à jamais affranchis du péché et de la mort, et leur vêtement d'immortalité, comme celui des anges, restera toujours pur, malgré la permanence de la nature corporelle, sans la corruption et la pesanteur de la chair qui ne subsisteront plus.

7. Il reste encore une question à examiner et qui doit être résolue avec l'assistance du Seigneur, Dieu de vérité. Si les mouvements de la concupiscence furent, en nos premiers parents délaissés par la grâce divine, les suites de leur péché de désobéissance; si leurs yeux furent alors ouverts sur leur nudité, si leur attention excitée les porta à se couvrir, à cause des mouvements honteux qui résistaient à la volonté; enfin, comment aurait eu lieu la propagation de l'espèce humaine, si nos premiers parents avaient conservé l'innocence dans laquelle ils avaient été créés. Mais il faut terminer ce livre, d'ailleurs cette question demande pour être discutée une certaine étendue, il vaut donc mieux la remettre au livre suivant.

---

quod spiritu vivificante spiritale erit et immortale, mori omnino non poterit. Sicut anima creata est immortalis, quæ licet peccato mortua perhibeatur carens quadam vita sua, hoc est, Dei Spiritu, quo etiam sapienter et beate vivere poterat : tamen propria quadam, licet misera, vita sua non desinit vivere; quia immortalis est creata. Sicut etiam desertores angeli, licet secundum modum quemdam mortui sint peccando, quia fontem vitæ deseruerunt, qui Deus est, quem potando, sapienter beateque poterant vivere tamen non sic mori potuerunt, ut omnino desisterent vivere atque sentire : quoniam immortales creati sunt : atque ita in secundam mortem post ultimum præcipitabuntur judicium, ut nec illic vita careant : quando quidem etiam sensu, cum in doloribus futuri sunt, non carebunt. Sed homines ad Dei gratiam pertinentes cives sanctorum Angelorum in beata vita manentium, ita spiritalibus corporibus induentur, ut neque peccent amplius, neque moriantur : ea tamen immortalitate vestiti, quæ, sicut Angelorum, nec peccato possit auferri; natura quidem manente carnis, sed nulla omnino carnali corruptibilitate vel tarditate remanente.

7. Sequitur autem quæstio necessario pertractanda, et Domino Deo veritatis adjuvante solvenda. Si libido membrorum inobedientium ex peccato inobedientiæ in illis primis hominibus, cum illos divina gratia deseruisset, exorta est; unde in suam nuditatem oculos aperuerunt, id est, eam curiosius adverterunt, et quia impudens motus voluntatis arbitrio resistebat, pudenda texerunt : quomodo essent filios propagaturi, si ut creati fuerant, sine prævaricatione mansissent. Sed quia et liber iste claudendus est, nec tanta quæstio in sermonis angustias coartanda, in eum qui sequitur, commodiore disputatione differatur.

LIVRE QUATORZIÈME [1]

Saint Augustin parle de nouveau du péché du premier homme ; il établit que c'est de lui que viennent les défauts d'une vie charnelle et les affections vicieuses ; mais surtout il démontre que de cette source découle le vice honteux de l'impureté comme un juste châtiment de la désobéissance. Il recherche comment si l'homme n'eût pas péché, la race humaine se fût propagée sans aucune passion charnelle.

CHAPITRE PREMIER.

Par la désobéissance du premier homme, tous les hommes devaient subir à jamais la seconde mort, si la grâce de Dieu n'en avait délivré un grand nombre.

J'ai déjà dit aux livres précédents, que Dieu a voulu que tous les hommes sortissent d'un seul homme, afin d'unir le genre humain, non-seulement par la ressemblance de la nature, mais encore par la parenté qui assure la paix et la concorde, en resserrant les liens d'une union, pour ainsi dire nécessaire. D'ailleurs, nul membre de la race humaine ne devait mourir, si nos premiers parents, dont l'un ne fût créé d'aucun autre, tandis que l'autre fut formée du premier, n'eussent encouru ce châtiment par leur désobéissance. Ils se rendirent coupables d'un si grand crime, que la nature humaine a été viciée, et que leurs descendants ont hérité et du péché et de la mort. Or, l'empire de la mort s'exerce si souverainement sur les hommes, qu'elle les précipiterait tous dans l'abîme bien mérité de la seconde mort, dont la durée est éternelle, si la grâce toute gratuite de Dieu n'en délivrait plusieurs. Aussi, bien qu'il y ait dans l'univers une infinité de nations très différentes les unes des autres, par le culte, les mœurs, le langage, les armes, les costumes, il n'existe cependant que deux sociétés humaines ou deux Cités, pour employer le nom dont l'Écriture se sert. L'une est la cité des hommes selon la chair, l'autre celle des hommes selon l'esprit ; ils veulent tous vivre en paix et quand les uns et les autres ont obtenu ce qu'ils désirent, ils sont en paix chacun à leur manière.

(1) Écrit avant l'année 420.

LIBER QUARTUS DECIMUS

Rursum de primi hominis peccato, ex quo vitæ carnalis et vitiosorum affectuum caussam profluxisse docet Augustinus : sed præsertim libidinis erubescendæ malum pœnam inobedientiæ reciprocam esse ostendit, et quomodo, si non peccasset homo, filios fuisset absque libidine propagaturus, inquirit.

CAPUT PRIMUM.

Per inobedientiam primi hominis in secundæ mortis perpetuitatem ruituros omnes fuisse, nisi multos Dei gratia liberaret.

Diximus jam in superioribus libris ad humanum genus, non solum naturæ similitudine sociandum, verum etiam quadam cognationis necessitudine in unitatem concordem pacis vinculo colligandum, ex homine uno Deum voluisse homines instituere : neque hoc genus fuisse in singulis quibusque morituum, nisi duo primi, quorum creatus est unus e nullo, altera ex illo, id inobedientia meruissent : quibus admissum est tam grande peccatum, ut in deterius eo natura mutaretur humana, etiam in posteros obligatione peccati et mortis necessitate transmissa. Mortis autem regnum in homines usque adeo dominatum est, ut omnes in secundam quoque mortem, cujus nullus est finis, pœna debita præcipites ageret, nisi inde quosdam indebita Dei gratia liberaret. Ac per hoc factum est, ut cum tot tantæque gentes per terrarum orbem diversis ritibus moribusque viventes, multiplici linguarum, armorum, vestium sint varietate distinctæ; non tamen amplius quam duo quædam genera humanæ societatis exsisterent, quas Civitates duas secundum Scripturas nostras merito appellare possimus. Una quippe est hominum secundum carnem, altera secundum spiritum vivere in sui cujusque generis pace volentium et cum id quod expetunt assequuntur, in sui cujusque generis pace viventium.

CHAPITRE II.

De la vie de la chair ; elle ne consiste pas seulement dans les vices qui se rapportent aux voluptés du corps, mais aussi dans les vices de l'esprit.

Il faut d'abord examiner ce que c'est que vivre selon la chair, et ce que c'est que vivre selon l'esprit. Celui, en effet, qui n'apporterait qu'une attention superficielle à ce que j'ai dit, soit qu'il ne le médite point, ou bien qu'il soit peu habitué au langage de l'Écriture, pourrait croire, par exemple, que les Epicuriens vivent selon la chair, parce qu'ils placent le souverain bien de l'homme dans les voluptés du corps. Car ceux-là et d'autres philosophes qui estiment par-dessus tout le bien du corps, quel qu'il soit ; en un mot, toute cette troupe vulgaire, qui n'a aucune croyance et qui ne s'arrête à aucun système philosophique, se laisse aller à ses passions et ne connaît d'autres plaisirs que ceux des sens. Quant aux stoïciens qui placent dans l'âme le souverain bien de l'homme, on pourrait s'imaginer, au contraire, qu'ils vivent selon l'esprit ; car qu'est-ce que l'âme de l'homme, sinon son esprit ? Mais, d'après la Sainte-Écriture, les uns et les autres vivent selon la chair. En effet, elle appelle chair, non-seulement le corps de tout animal terrestre et mortel, comme dans ce passage : « Toute chair n'est pas la même chair ; mais autre est la chair de l'homme, autre celle des bœufs, autre celle des oiseaux, autre celle des poissons. » (*I. Cor.* xv, 39.) Mais elle emploie ce mot en beaucoup d'autres sens et entre autres pour signifier l'homme lui-même, c'est-à-dire la nature humaine, en prenant la partie pour le tout, comme en ce texte : « Nulle chair ne sera justifiée par les œuvres de la loi. » (*Rom.* III, 20.) Que veulent dire ces paroles : « Toute chair, » sinon tout l'homme ? puisqu'un peu plus loin, il est dit très-clairement : « Personne n'est justifié par la loi. » (*Gal.* III, 11.) Et l'apôtre s'adressant encore aux Galates : « Vous savez, dit-il, qu'aucun homme ne sera justifié par les œuvres de la loi. » (*Ibid.* II, 16.) C'est dans le même sens qu'on doit prendre ces paroles de saint Jean : « Et le Verbe s'est fait chair : » (*Jean*, I, 14.) c'est-à-dire homme. Et plusieurs ne les interprétant pas bien, se sont imaginés que le Christ n'avait point d'âme humaine. De même que la partie est encore prise pour le

CAPUT II.

De vita carnali, quæ non ex corporis tantum, sed etiam ex animi sit intelligenda vitiis.

1. Prius ergo videndum est, quid sit secundum carnem, quid secundum spiritum vivere. Quisquis enim hoc quod diximus prima fronte inspicit, vel non recolens, vel minus advertens quemadmodum Scripturæ sanctæ loquantur, potest putare philosophos quidem Epicureos secundum carnem vivere, quia summum bonum hominis in corporis voluptate posuerunt ; et si qui alii sunt, qui quoquo modo corporis bonum, summum bonum esse hominis opinati sunt ; et omne eorum vulgus, qui non aliquo dogmate, vel eo modo philosophantur, sed proclives ad libidinem, nisi ex voluptatibus, quas corporeis sensibus capiunt, gaudere nesciunt. Stoicos autem, qui summum bonum hominis in animo ponunt, secundum spiritum vivere ; quia et hominis animus quid est, nisi spiritus ? Sed sicut loquitur Scriptura divina, secundum carnem vivere utique monstratur. Carnem quippe appellat, non solum corpus terreni atque mortalis animantis ; veluti cum dicit : « Non omnis caro eadem caro, sed alia quidem hominis, alia autem caro pecoris, alia volucrum, alia piscium » (I. *Cor.* xv, 39) sed aliis multis modis significationem hujus nominis utitur, inter quos varios locutionis modos, sæpe etiam ipsum hominem, id est, naturam hominis carnem nuncupat, modo locutionis a parte totum (*a*), quale est : « Ex operibus legis non justificabitur omnis caro. » (*Rom.* III, 20.) Quid enim voluit intelligi, nisi omnis homo ? Quod apertius paulo post ait : « In lege (*b*) nemo justificatur. » (*Gal.* III, 11.) Et ad Galatas : « Scientes quia non justificabitur homo ex operibus legis. » (*Gal.* II, 16.) Secundum hoc intelligitur : « Et Verbum caro factum est : » (*Joan.* I, 14) id est, homo. Quod non recte accipientes quidam, putaverunt, Christo humanam animam defuisse. Sicut enim a toto pars accipitur, ubi Mariæ Magdalenæ verba in Evangelio leguntur dicentis : « Abstulerunt Dominum meum et nescio ubi posuerunt eum ; » (*Joan.* xx, 13) cum de sola Christi carne loquere-

---

(*a*) Er. et Lov. *a parte totum significans*. Abest *significans* ab editis aliis et Mss. ut sensus sit, *modo locutionis quæ appellatur, a parte totum*. — (*b*) Lov. *In lege non justificabitur omnis homo*. Editi alii et Mss. *In lege nemo justificatur*, vel *justificabitur*. Locus est epistolæ non ad Romanos, sed ad Galatas, cap. III.

tout, dans ces paroles de Marie-Madeleine que rapporte l'Évangile : « Ils ont enlevé mon Seigneur et je ne sais où ils l'ont mis; » (*Jean*, XX, 13) car elle ne parlait que de la chair du Christ, qu'elle croyait enlevée du tombeau ; ainsi, d'autres fois le tout est pris pour la partie, comme nous l'avons vu plus haut.

2. L'Écriture-Sainte donne donc au mot chair plusieurs significations, qu'il serait trop long de recueillir et d'examiner; aussi, arrivons de suite à notre sujet : Qu'est-ce que vivre selon la chair? (ce qui est certainement un mal, quoique la nature même de la chair ne soit pas un mal.) Pour résoudre cette question, étudions avec soin ce passage de l'épître de saint Paul aux Galates : « Il est facile de connaître les œuvres de la chair; ce sont : l'adultère, la fornication, l'impureté, l'impudicité, la dissolution, l'idolâtrie, les empoisonnements, les inimitiés, les dissensions, les jalousies, les animosités, les querelles, les envies, les hérésies, les ivrogneries, les débauches et autres crimes semblables, au sujet desquels, comme je vous l'ai déjà dit, ceux qui les commettent ne posséderont point le royaume de Dieu. » (*Gal.* v, 19.) Tout ce passage de l'Apôtre, appliqué autant qu'il sera nécessaire à la question présente : Qu'est-ce que vivre selon la chair? pourra contribuer à la résoudre. Car, parmi ces œuvres de la chair qu'il dit faciles à reconnaî-

tre, qu'il énumère en les condamnant, nous trouvons non-seulement celles qui se rapportent à la volupté corporelle, comme la fornication, l'impureté, l'impudicité, l'ivrognerie, la débauche, mais nous en trouvons aussi qui indiquent des vices de l'âme, qui n'ont aucun rapport avec la volupté charnelle. En effet, qui ne comprend que le culte rendu aux idoles, les empoisonnements, les inimitiés, les querelles, les jalousies, les animosités, les dissensions, les hérésies, les envies, sont plutôt des vices de l'âme que du corps? puisqu'il peut se faire qu'on s'abstienne des voluptés de la chair, pour se livrer à l'idolâtrie ou à l'hérésie; et cependant, alors même qu'il parait modérer et réprimer ses passions honteuses, l'homme est convaincu, par l'autorité de l'Apôtre, de vivre selon la chair; et quand il s'abstient des voluptés charnelles, on lui prouve qu'il commet les œuvres damnables de la chair. Les inimitiés ne sont-elles pas les œuvres de l'âme? Et qui donc s'aviserait de dire à son ennemi ou à celui qu'il suppose tel : vous avez une mauvaise chair contre moi, au lieu de dire une mauvaise volonté? Enfin, comme personne n'hésiterait à attribuer à la chair, les *charnalités*, si on peut parler de la sorte; ainsi personne n'hésite à attribuer à l'âme les *animosités* : pourquoi donc, selon la foi et la vérité, le docteur des nations appelle-t-il toutes ces œuvres et d'autres semblables,

tur, quam sepultam de monumento putabat, ablatam : ita et a parte totum, carne nominata intelligitur homo; sicuti ea sunt quæ supra commemoravimus.

2. Cum igitur multis modis, quos perscrutari et colligere longum est, divina Scriptura nuncupet carnem : quid sit secundum carnem vivere, (quod profecto malum est, cum ipsa carnis natura non sit malum,) ut indagare possimus, inspiciamus diligenter illum locum epistolæ Pauli apostoli, quam scripsit ad Galatas, ubi ait : « Manifesta autem sunt opera carnis, quæ sunt adulteria, fornicationes, immunditiæ, luxuriæ, idolorum servitus, veneficia, inimicitiæ, contentiones, æmulationes, animositates, dissensiones, hæreses, invidiæ, ebrietates, comessationes, et his similia, quæ prædico vobis, sicut et prædixi, quoniam qui talia agunt, regnum Dei non possidebunt. » (*Gal.* v, 19.) Iste totus epistolæ Apostolicæ locus, quantum ad rem præsentem satis esse videbitur, consideratus, poterit hanc dissolvere quæstionem, quid sit secundum carnem vivere. In ope-

ribus namque carnis, quæ manifesta esse dixit, eaque commemorata damnavit, non illa tantum invenimus, quæ ad voluptatem pertinent carnis, sicuti sunt fornicationes, immunditiæ, luxuriæ, ebrietates, comessationes; verum etiam illa quibus animi vitia demonstrantur a voluptate carnis aliena. Quis enim servitutem quæ idolis exhibetur, veneficia, inimicitias, contentiones, æmulationes, animositates, dissensiones, hæreses, invidias, non potius intelligat animi vitia esse quam carnis? Quando quidem fieri potest, ut propter idolatriam vel hæresis alicujus errorem a voluptatibus carnis temperetur : et tamen etiam tunc homo, quamvis carnis libidines continere atque cohibere videatur, secundum carnem vivere hac Apostolica auctoritate convincitur; et in eo quod abstinet a voluptatibus carnis, damnabilia opera carnis agere demonstratur. Quis inimicitias non in animo habeat? aut quis ita loquatur, ut inimico suo, vel quem putat inimicum, dicat : Malam carnem, ac non potius, malum animum habes adversum me? Postremo sicut carnalitates, ut ita dicam, si quis au-

œuvres de la chair, si ce n'est qu'en vertu de cette figure de rhétorique où l'on exprime le tout par la partie, il veut désigner par le mot chair, l'homme tout entier.

CHAPITRE III.

La cause du péché est dans l'âme et non dans la chair ; la corruption de la chair par suite du péché, n'est pas un péché, mais le châtiment du péché.

Celui qui prétendrait que la chair est cause de tous les vices de l'immoralité, parce que l'âme subit les désordres de la chair dans laquelle elle vit, celui-là assurément n'aurait pas réfléchi sérieusement sur toute la nature de l'homme. Il est vrai que le « corps corruptible appesantit l'âme. » (*Sag.* IX, 15.) C'est pour cela que l'Apôtre parlant de ce corps corruptible, dont il a dit un peu auparavant : « Quoique notre homme extérieur se corrompe, » (II. *Cor.* IV, 6) ajoute : « Nous savons que si cette demeure terrestre vient à se dissoudre, Dieu nous en promet une autre qui n'est point faite de main d'homme, c'est la maison éternelle des cieux. Et c'est ce qui nous fait gémir ici-bas dans le désir d'être revêtus de la gloire de cette maison céleste ; si toutefois nous sommes trouvés vêtus et non pas nus. Car, pendant que nous sommes dans ce corps mortel, nous gémissons sous le poids, parce que nous ne voulons pas être dépouillés, mais être revêtus de nouveau, en sorte que ce qu'il y a de mortel en nous soit absorbé par la vie. » (II. *Cor.* V, 1 etc.) Nous sommes donc appesantis par ce corps mortel, et comme nous savons que la corruption est cause de ce poids, et non la nature et la substance du corps, nous ne voulons pas en être dépouillés, mais le voir revêtu de son immortalité. Et alors le corps sera à jamais ; mais comme il ne sera plus corruptible, il ne pésera plus. C'est donc pour cela « qu'à présent le corps corruptible appesantit l'âme, et cette demeure terrestre abaisse l'esprit par la multiplicité des soins qui l'agitent. » (*Sag.* IX, 15.) Cependant c'est une erreur de croire que tous les maux de l'âme viennent du corps.

2. Car, bien que Virgile ait exprimé noblement l'opinion de Platon dans ces vers : « Les âmes, d'origine céleste, ont une vigueur toute divine, mais le poids du corps, mais ces membres terrestres et voués à la mort, arrêtent cette activité. » (*Eneid.* VI.) Et, pour faire bien comprendre que les quatre principales passions de

---

disset, non dubitasset carni tribuere ; ita nemo dubitat animositates ad animum pertinere : cur ergo hæc omnia et his similia, Doctor gentium in fide et veritate opera carnis appellat, nisi quia eo locutionis modo, quo totum significatur a parte, ipsum hominem vult nomine carnis intelligi ?

CAPUT III.

Peccati caussam ex anima, non ex carne prodisse, et corruptionem ex peccato contractam, non peccatum esse, sed pœnam.

1. Quod si quisquam dicit, carnem caussam esse in malis moribus quorumcumque vitiorum, eo quod anima carne affecta sic vivit : profecto non universam hominis naturam diligenter advertit. Nam « corpus quidem corruptibile aggravat animam. » (*Sap.* IX, 15.) Unde etiam idem Apostolus agens de hoc corruptibili corpore, de quo paulo ante dixerat : « Etsi exterior homo noster corrumpitur (II. *Cor.* IV, 6) : Scimus, inquit, quia si terrena nostra domus (*a*) habitationis dissolvatur, ædificationem habemus ex Deo, domum non manufactam æternam in cœlis. Etenim in hoc ingemiscimus, habitaculum nostrum quod de cœlo est superindui cupientes : si tamen (*b*) et induti, non nudi inveniamur. Etenim (*c*) qui sumus in hac habitatione, ingemiscimus gravati : eo quod nolumus exspoliari, sed supervestiri, ut absorbeatur mortale a vita. » (II. *Cor.* V, 1, etc.) Et aggravamur ergo corruptibili corpore, et ipsius aggravationis caussam, non naturam substantiamque corporis, sed ejus corruptionem scientes, nolumus corpore exspoliari, sed ejus immortalitate vestiri. Et tunc enim erit (*Supple*, corpus,) sed quia corruptibile non erit, non gravabit. « Aggravat ergo nunc animam corpus corruptibile, et deprimit terrena inhabitatio sensum multa cogitantem. » (*Sap.* IX, 15.) Verumtamen qui omnia animæ mala ex corpore putant accidisse, in errore sunt.

2. Quamvis enim Virgilius Platonicam videatur luculentis versibus explicare sententiam, dicens :

Igneus est ollis vigor, et cœlestis origo
Seminibus, quantum non noxia corpora tardant,
Terrenique hebetant artus moribundaque membra :
(*Æneid.* VI.)

(*a*) Editi, *hujus habitationis.* Abest *hujus* a Mss. et a Græco textu Apostoli. — (*b*) Sic Mss. juxta Græc. At editi, *si tamen induti :* omisso etc. — (*c*) Editi, *quamdiu sumus.* Verius Mss. *qui sumus,*

l'âme, le désir, la crainte, la joie, la tristesse, qui sont comme la source d'où découlent tous les vices, viennent du corps, il ajoute : « De là, ce partage incessant des âmes entre la crainte et le désir, la douleur et la joie; elles n'osent regarder le ciel, enveloppées qu'elles sont de ténèbres et comme enfermées dans une obscure prison. » Mais l'éloquence du poëte est contredite par l'enseignement plus sûr de la foi. Car la corruption du corps qui appesantit l'âme, n'est point la cause, mais la peine du péché d'origine; ce n'est pas non plus la chair corruptible qui a rendu l'âme coupable, mais l'âme coupable qui a rendu le corps corruptible. La corruption de la chair produit sans doute un certain attrait pour le vice, et de mauvais désirs. Mais il ne faut pas attribuer à la chair tous les désordres d'une vie d'iniquité ; le démon qui n'est point chair, serait justifié. On ne peut, il est vrai, l'appeler ni fornicateur, ni ivrogne, ni dire qu'il soit sujet à aucun des péchés de la chair, bien qu'il excite secrètement à ces vices, mais il est extraordinairement superbe et envieux ; et c'est en raison de cette perversité, qu'il a été précipité dans les obscures prisons de l'air et destiné à des supplices éternels. Or, l'apôtre attribue à la chair, dont le démon n'est certainement pas revêtu, ces vices qui dominent en lui. Car, d'après l'Apôtre, les inimitiés, les querelles, les jalousies, les animosités, les envies, sont des œuvres de la chair *(Gal.* v, 20) : et le principe, l'origine de tous ces vices, c'est l'orgueil, qui, sans le secours de la chair, exerce son empire sur le démon. Qui donc est plus ennemi des saints que lui? Qui donc est plus acharné contre eux? Qui donc est plus jaloux, plus envieux de leur gloire? Et puisque sans la chair, il a tous ces vices, comment sont-ce là les œuvres de la chair, si ce n'est parce que ce sont les œuvres de l'homme que l'apôtre désigne sous le nom de chair, comme je l'ai déjà dit? Car ce n'est pas à cause de la chair, que le démon n'a point, mais en vivant selon lui-même, c'est-à-dire selon l'homme, que l'homme est devenu semblable au démon ; celui-ci a voulu vivre aussi selon lui-même, en ne restant pas dans la vérité (*Jean*, VIII, 44); en sorte que, quand il mentait, ce n'était pas le langage de Dieu, mais son langage à lui-même, lui qui n'est pas seulement menteur, mais même le père du mensonge. Car il a menti le premier et il est l'auteur du péché, comme l'auteur du mensonge.

omnesque illas notissimas quatuor animi perturbationes, cupiditatem, timorem, lætitiam, tristitiam, quasi origines omnium peccatorum atque vitiorum volens intelligi ex corpore accidere, subjungat et dicat :

Hinc metuunt cupiuntque, dolent gaudentque, nec
 [auras
Suspiciunt, clausæ tenebris et carcere cæco :

tamen aliter se habet fides nostra. Nam corruptio corporis, quæ aggravat animam, non peccati primi est caussa, sed pœna ; nec caro corruptibilis animam peccatricem, sed anima peccatrix fecit esse corruptibilem carnem. Ex qua corruptione carnis licet exsistant quædam incitamenta vitiorum, et ipsa desideria vitiosa : non tamen omnia vitæ iniquæ vitia tribuenda sunt carni, ne ab his omnibus purgemus diabolum, qui non habet carnem. Etsi enim diabolus fornicator vel ebriosus, vel si quid hujusmodi mali est quod ad carnis pertinet voluptates, non potest dici, cum sit etiam talium peccatorum suasor et instigator occultus : est tamen maxime superbus atque invidus. Quæ illum vitiositas sic obtinuit, ut propter hanc esset in carceribus caliginosi hujus aeris æterno supplicio destinatus. Hæc autem vitia quæ tenent in diabolo principatum, carni tribuit Apostolus, quam certum est diabolum non habere. Dicit enim, inimicitias, contentiones, æmulationes, animositates invidias, opera esse carnis (*Gal.* v, 20) : quorum omnium malorum caput atque origo superbia est, quæ sine carne regnat in diabolo. Quis autem illo est inimicior sanctis? Quis adversus eos contentiosior, animosior, et magis æmulus atque invidus invenitur ? Et hæc omnia cum habeat sine carne, quomodo sunt ista opera carnis ; nisi quia opera sunt hominis, quem, sicut dixi, nomine carnis appellat? Non enim habendo carnem, quam non habet diabolus ; sed vivendo secundum se ipsum, hoc est, secundum hominem, factus est homo similis diabolo : quia et ille secundum se ipsum vivere voluit, quando in veritate non stetit; ut non de Dei, sed de suo, mendacium loqueretur, qui non solum mendax, verum etiam mendacii pater est. (*Joan.* VIII, 44.) Primus est quippe mentitus, et a quo peccatum, ab illo cœpit esse mendacium.

CHAPITRE IV.

Qu'est-ce que vivre selon l'homme, et vivre selon Dieu.

1. Lors donc que l'homme vit selon l'homme et non selon Dieu, il est semblable au démon. Car l'ange non plus ne devait pas vivre selon l'ange, mais selon Dieu, pour demeurer dans la vérité et parler le langage de la vérité qui vient de Dieu, et non celui du mensonge qu'il tire de son propre fonds. C'est encore de l'homme dont l'apôtre dit dans un autre endroit : « Si par mon mensonge la vérité de Dieu a éclaté davantage. »(*Rom.* III, 7.) Il dit mon mensonge, la vérité de Dieu. Lors donc que l'homme vit selon la vérité, il ne vit pas selon lui-même, mais selon Dieu. Car c'est Dieu qui a dit : « Je suis la vérité. »(*Jean*, XIV, 6.) Et quand l'homme vit selon lui-même, c'est-à-dire selon l'homme, non selon Dieu, il vit certainement selon le mensonge : non pas que l'homme soit lui-même le mensonge, puisqu'il a pour auteur et créateur Dieu, qui n'est ni auteur, ni créateur du mensonge ; mais parce que l'homme ayant été créé dans la rectitude, pour vivre, non selon lui-même, mais selon son créateur ; c'est-à-dire pour faire la volonté de Dieu plutôt que la sienne ; ne pas vivre selon la loi de sa création, c'est là le mensonge. Car il veut être heureux, même en ne vivant pas de manière à l'être. Quelle volonté peut être plus mensongère ? Aussi est-ce avec raison que l'on peut dire, que tout péché est un mensonge. Car il n'y a péché que par cette volonté qui nous fait vouloir notre bonheur, ou refuser notre malheur. Il y a donc mensonge toutes les fois que ce que nous faisons pour notre bien, ne sert qu'à nous rendre malheureux, ou qu'au lieu d'arriver au mieux, nous arrivons à ce qui est plus mal encore. D'où vient cela, sinon de ce que Dieu est le seul vrai bien de l'homme qui s'en prive en péchant, et qui pèche en vivant selon lui-même.

2. J'ai dit qu'il y avait deux Cités différentes et contraires où les uns vivent selon la chair, les autres selon l'esprit ; on peut dire aussi dans le même sens que les uns vivent selon l'homme, les autres selon Dieu. Saint Paul s'exprime très-nettement à ce sujet, lorsqu'il dit aux Corinthiens : « Puisqu'il y a parmi vous des jalousies et des divisions, n'est-il pas évident que vous êtes encore charnels et que vous marchez selon l'homme. »(I. *Cor.* III, 3.) C'est donc la

---

CAPUT IV.

Quid sit secundum hominem, quidve secundum Deum vivere.

1. Cum ergo vivit homo secundum hominem, non secundum Deum, similis est diabolo. Quia nec angelo secundum angelum, sed secundum Deum vivendum fuit, ut staret in veritate, et veritatem de illius, non de suo mendacium loqueretur. Nam et de homine alio loco idem Apostolus ait : « Si autem veritas Dei in meo mendacio abundavit (*a*). » (*Rom.* III, 7.) Meum dixit mendacium, veritatem Dei. Cum itaque vivit homo secundum veritatem, non vivit secundum se ipsum, sed secundum Deum. Deus est enim qui dixit : « Ego sum veritas. » (*Joan.* XIV, 6.) Cum vero vivit secundum se ipsum, hoc est, secundum hominem, non secundum Deum, profecto secundum mendacium vivit : non quia homo ipse mendacium est, cum sit ejus auctor et creator Deus, qui non est utique auctor creatorque mendacii ; sed quia homo ita factus est rectus, ut non secundum se ipsum, sed secundum eum a quo factus est, viveret ; id est, illius potius, quam suam faceret voluntatem : non autem ita vivere, quemadmodum est factus ut viveret, hoc est, mendacium. Beatus quippe vult esse, etiam non sic vivendo ut possit esse. Quid est ista voluntate mendacius ? Unde non frustra dici potest, omne peccatum esse mendacium. Non enim fit peccatum ; nisi ea voluntate, qua volumus ut bene sit nobis, vel nolumus ut male sit nobis. Ergo mendacium est, quod cum fiat ut bene sit nobis, hinc potius male est nobis ; vel cum fiat ut melius sit nobis, hinc potius pejus est nobis. Unde hoc, nisi quia de Deo potest bene esse homini, quem delinquendo: non de se ipso, secundum quem vivendo delinquit ?

2. Quod itaque diximus, hinc exstitisse Civitates duas diversas inter se atque contrarias, quod alii secundum carnem, alii secundum spiritum viverent ; potest etiam isto modo dici quod alii secundum hominem, alii secundum Deum vivant. Apertissime quippe Paulus ad Corinthios dicit : « Cum enim inter vos sint æmulatio et contentio, nonne carnales estis, et secundum hominem ambulatis ? »(I. *Cor.* III, 3.) Quod ergo est ambulare secundum hominem,

---

(*a*) Mss. *Nostrum.*

même chose de marcher selon l'homme et d'être charnel, puisque la chair qui est une partie de l'homme, est prise pour tout l'homme. Car un peu plus haut, il traite d'animaux, ceux qu'il vient ici même d'appeler charnels : « Qui des hommes, dit-il, sait ce qui est dans l'homme, sinon l'esprit de l'homme qui est en lui? Ainsi nul ne sait ce qui est en Dieu, que l'esprit de Dieu. Or, ajoute-t-il, nous n'avons point reçu l'esprit du monde, mais l'esprit de Dieu, afin que nous connaissions les dons de Dieu; et nous les annonçons non avec le langage de la sagesse humaine, mais avec celui de l'Esprit-Saint, qui communique les choses spirituelles aux spirituels. Or, l'homme animal ne conçoit point les choses qui sont de l'esprit de Dieu : elles lui paraissent une folie. » (I. *Cor.* II, 11.) C'est donc à ces sortes de personnes semblables à des animaux, qu'il dit un peu plus loin : « Aussi, mes frères, je n'ai pu vous parler comme à des hommes spirituels, mais comme à des hommes charnels. » (I. *Cor.* III, 1.) Ce qui doit s'entendre encore de la même manière, c'est-à-dire la partie pour le tout. Car l'âme et la chair, qui sont les deux parties constitutives de l'homme, peuvent séparément désigner l'homme tout entier : ainsi l'homme animal et l'homme charnel ne sont pas deux êtres différents, mais un seul et même être, c'est-à-dire l'homme vivant selon l'homme. De même qu'on ne saurait rapporter qu'à l'homme ces deux passages de la Sainte-Écriture : « Nulle chair ne sera justifiée par les œuvres de la loi. » (*Rom.* III, 20.) « Soixante-quinze âmes (1) descendirent avec Jacob en Égypte. » (*Gen.* XLVI, 27.) Car, dans le premier, toute chair, c'est tout homme et dans le second, soixante-quinze âmes, s'entend de soixante-quinze hommes. Et quant à ce que dit l'Apôtre : « Des paroles éloquentes de la sagesse humaine, » il pouvait dire : de la sagesse charnelle; de même pour ces autres paroles : « Vous marchez selon l'homme, » il pouvait dire : selon la chair. Mais tout cela devient encore plus clair, lorsqu'il ajoute : « Puisque celui-ci dit : Je suis à Paul; et cet autre, je suis à Apollon : n'êtes-vous pas encore des hommes? » (II. *Cor.* III, 4.) A ceux auxquels il disait : Vous êtes des animaux, vous êtes charnels, il dit expressément : Vous êtes des hommes; c'est-à-dire, vous vivez selon l'homme et non selon Dieu, et si vous viviez selon Dieu, vous seriez des dieux.

(1) Saint Augustin se sert ici de la traduction des Septante; car au même chapitre XLVI la Genèse dit *Soixante-Dix.* Cependant les actes des Apôtres, chap. VII, vers. 14, indiquent aussi le nombre *Soixante-Quinze.* Voyez plus loin, liv. XVI, chap. XL.

hoc est esse carnalem; quod a carne, id est, a parte hominis, intelligitur homo. Eosdem ipsos quippe dixit superius animales, quos postea carnales, ita loquens : « Quis enim scit, inquit, hominum quæ sunt hominis, nisi spiritus hominis qui in ipso est? Sic et quæ Dei sunt, nemo scit nisi spiritus Dei. Nos autem, inquit, non spiritum hujus mundi accepimus, sed Spiritum qui ex Deo est, ut sciamus quæ a Deo donata sunt nobis, quæ et loquimur, non in sapientiæ humanæ doctis verbis, sed (*a*) doctis spiritu, spiritualibus spiritalia comparantes. Animalis autem homo non percipit quæ sunt Spiritus Dei : stultitia est enim illi. » (I. *Cor.* II, 11, etc.) Talibus igitur, id est, animalibus, paulo post dicit : « Et ego fratres, non potui loqui vobis quasi spiritalibus, sed quasi carnalibus. » (I. *Cor.* III, 1.) Et illud ex hoc eodem loquendi modo intelligitur, id est, a parte totum. Et ab anima namque, et a carne, quæ sunt partes hominis, potest totum significari, quod est homo : atque ita non est aliud animalis homo, aliud carnalis; sed idem ipsum est utrumque, id est, secundum hominem vivens homo. Sicut non aliud quam homines significantur, sive ubi legitur : « Ex operibus legis non justificabitur omnis caro : » (*Rom.* III, 20) sive quod scriptum est : « Septuagintaquinque animæ descenderunt cum Jacob in Ægyptum. » (*Gen.* XLVI, 27.) Et ibi enim per omnem carnem omnis homo, et ibi per septuagintaquinque animas septuagintaquinque homines intelliguntur. Et quod dictum est : « Non in sapientiæ humanæ doctis verbis; » potuit dici : Non in sapientiæ carnalis; sicut quod dictum est : « Secundum hominem ambulatis; » potuit dici.: Secundum carnem. Magis autem hoc apparuit in his quæ subjunxit : « Cum enim quis dicat : Ego sum Pauli; alius autem, Ego Apollo : nonne homines estis ? » (I. *Cor.* III, 4) Quod dicebat : « Animales estis, et carnales estis : » expressius dixit : « Homines estis : » quod est : Secundum hominem vivitis, non secundum Deum, secundum quem si viveretis, dii essetis.

(*a*) Editi et Mss. *sed docti spiritus* : excepto Colbertino veteri codice, qui habet, *sed doctis spiritu* : juxta Græc. ἀλλ'ἐν διδακτῖς, pro quo Vulgata, *sed in doctrina.*

CHAPITRE V.

L'opinion des Platoniciens sur la nature de l'âme et du corps est plus supportable que celle des Manichéens; cependant on doit la rejeter également parce qu'elle attribue au corps les vices de l'âme.

Il n'est donc pas nécessaire, dans nos déréglements, de porter contre la nature corporelle, une accusation qui retombe sur le Créateur, car la chair, dans son genre et dans son ordre, est bonne ; mais il n'est pas bon d'abandonner le Créateur bon pour nous, pour vivre selon un bien créé, soit que l'on préfère vivre, ou selon la chair, ou selon l'âme, ou selon tout l'homme qui se compose de l'âme et du corps, (ce qui fait que cette vie peut être exprimée par l'âme seule et par la chair seule). Car celui qui loue la nature de l'âme comme le souverain bien, et condamne celle de la chair comme un mal, aime l'âme charnellement et fuit la chair par le même principe; et ainsi sa haine et son amour ne sont pas fondés sur la vérité divine, mais sur l'imagination humaine toujours vaine et fausse. Les platoniciens, à la vérité, ne sont pas si insensés que les manichéens; ils ne détestent pas les corps terrestres comme principes du mal, puisqu'ils attribuent au Dieu Créateur tous les éléments dont se compose ce monde visible, et toutes leurs qualités ; mais ils pensent que ces membres terrestres et voués à la mort, font de telles impressions sur l'âme, qu'ils engendrent toutes les maladies de l'âme, le désir et la crainte, la joie et la tristesse : quatre passions, pour nous servir du mot Grec, ou perturbations, selon le langage de Cicéron, qui sont la source de toute la corruption humaine. Mais s'il en est ainsi, pourquoi donc, dans Virgile, Enée, visitant le royaume des ombres et apprenant de son père que les âmes retourneront dans leurs corps, s'écrie-t-il tout étonné de cette opinion : « O mon père, est-il croyable que les âmes pures des héros quittent ces lieux, pour retourner dans des corps mortels? D'où leur vient un si funeste désir de reparaître à la lumière terrestre. » (*Eneid.* VI.) Serait-ce de ces membres de boue et de mort, que naîtrait un si funeste désir dans ces âmes dont on vante la pureté? Le poète n'assure-t-il pas qu'elles sont purifiées de toutes les contagions de la chair, lorsqu'elles veulent rentrer dans leurs corps? D'où il suit que, quand même cette révolution éternelle des âmes passant tour-à-tour de la pureté à l'iniquité, serait aussi vraie qu'elle est fausse, on ne saurait raisonnablement avancer que tous les mouvements déréglés des âmes vien-

CAPUT V.

Quod de corporis animæque natura tolerabilior quidem Platonicorum quam Manichæorum sit opinio; sed et ipsi reprobantur, quoniam vitiorum caussas naturæ carnis adscribunt.

Non igitur opus est in peccatis vitiisque nostris ad Creatoris injuriam carnis accusare naturam, quæ in genere atque ordine suo bona est : sed deserto Creatore bono, vivere secundum creatum bonum, non est bonum; sive quisque secundum carnem, sive secundum animam, sive secundum totum hominem, qui constat ex anima ex carne (unde et nomine solius animæ, et nomine solius carnis significari potest). Nam qui velut summum bonum laudat animæ naturam, et tamquam malum naturam carnis accusat, profecto et animam carnaliter appetit, et carnem carnaliter fugit : quoniam id vanitate sentit humana, non veritate divina. Non quidem Platonici, sicut Manichæi desipiunt, ut tamquam mali naturam terrena corpora detestentur; cum omnia elementa, quibus iste mundus visibilis contrectabilisque compactus est, qualitatesque eorum Deo artifici tribuant. Verumtamen ex terrenis artubus moribundisque membris sic affici animas opinantur, ut hinc eis sint morbi cupiditatum et timorum et lætitiæ sive tristitiæ : quibus quatuor vel perturbationibus, ut Cicero appellat, vel passionibus, ut plerique verbum e verbo Græco exprimunt, omnis humanorum morum vitiositas continetur. Quod si ita est, quid est quod Æneas apud Virgilium, cum audisset a patre apud inferos, animas rursus ad corpora redituras, hanc opinionem miratur, exclamans :

O pater, an-ne aliquas ad cœlum hinc ire putandum est
Sublimes animas, iterumque ad tarda reverti
Corpora? Quæ lucis miseris tam dira cupido?
(*Æneid.* VI.)

Numquidnam hæc tam dira cupido ex terrenis artubus moribundisque membris adhuc inest animarum illi prædicatissimæ puritati? Nonne ab hujusdi corporeis, ut dicit, pestibus omnibus eas asserit esse purgatas, cum rursus incipiunt in corpora velle reverti? Unde colligitur, etiamsi ita se haberet, quod est omnino vanissimum, vicissim alter-

nent des corps terrestres. Car, d'après les platoniciens eux-mêmes, ce funeste désir, comme parle l'illustre poëte, est si peu l'œuvre du corps, qu'il se produit dans l'âme, quand elle est affranchie du corps et purifiée de toute souillure charnelle. Ainsi, ils l'avouent eux-mêmes; ce n'est pas la chair seule qui excite dans l'âme, le désir, la crainte, la joie et la tristesse, puisqu'elle peut elle-même être agitée par ces différentes passions.

CHAPITRE VI.

Les affections de l'âme, bonnes ou mauvaises, dépendent de la nature de la volonté humaine.

Toute la question ici se résout par la volonté humaine : si elle est mauvaise, ses mouvements seront mauvais; si elle est droite, non-seulement ils seront irréprochables, mais dignes de louanges. Car la volonté est en tous ces mouvements, ou plutôt tous ces mouvements ne sont que des volontés. Qu'est-ce, en effet, que le désir et la joie, sinon la volonté qui approuve ce qui nous plaît? Et qu'est-ce que la crainte et la tristesse, sinon la volonté qui répugne à ce qui nous déplaît? Mais quand le consentement de la volonté s'applique seulement à la recherche de ce qui nous plaît, c'est le désir, et quand nous jouissons de ce qui nous plaît, l'adhésion de notre volonté s'appelle la joie ; de même, lorsque nous éprouvons de la répugnance pour une chose dont l'accomplissement nous déplairait, cette volonté s'appelle crainte, si la chose est accomplie, c'est la tristesse. En un mot, la volonté de l'homme reçoit telle ou telle impression différente, selon la diversité des objets qu'elle recherche ou qu'elle fuit, qui l'attirent ou la blessent. C'est pourquoi celui qui ne vit pas selon l'homme, mais selon Dieu, doit aimer le bien et haïr nécessairement le mal. Et comme personne n'est mauvais par nature, mais par vice; celui qui vit selon Dieu, doit avoir pour les méchants une haine parfaite (*Ps.* CXXXVIII, 22), non pas qu'il doive haïr, l'homme à cause du vice, ou aimer le vice à cause de l'homme ; mais il doit haïr le vice et aimer l'homme. Car le vice guéri, il restera tout ce qu'il doit aimer, et rien de ce qu'il doit haïr.

nans incessabiliter euntium atque redeuntium animarum mundatio et inquinatio, non potuisse veraciter dici, omnes culpabiles atque vitiosos motus animarum eis ex terrenis corporibus inolescere. Si quidem secundum ipsos, illa ut locutor nobilis ait, dira cupido usque adeo non est ex corpore, ut ab omni corporea (*a*) peste purgatam, et extra omne corpus animam constitutam, ipsam compellat esse in corpore. Unde etiam, illis fatentibus, non ex carne tantum afficitur anima, ut cupiat, metuat, lætetur, et (*b*) ægrescat; verum etiam ex se ipsa his potest motibus agitari.

CAPUT VI.

De qualitate voluntatis humanæ, sub cujus judicio affectiones animi aut pravæ habentur, aut rectæ.

Interest autem qualis sit voluntas hominis : quia si perversa est, perversos habebit hos motus; si autem recta est, non solum inculpabiles, verum etiam laudabiles erunt. Voluntas est quippe in omnibus : imno, omnes nihil aliud quam voluntates sunt. Nam quid est cupiditas et lætitia, nisi voluntas in eorum (*c*) consensionem quæ volumus? Et quid est metus atque tristitia, nisi voluntas in dissensionem ab his quæ nolumus? Sed cum consentimus appetendo ea quæ volumus, cupiditas, cum autem consentimus fruendo his quæ volumus, lætitia vocatur. Itemque cum dissentimus ab eo quod accidere nolumus, talis voluntas metus est ; cum autem dissentimus ab eo quod nolentibus accidit, talis voluntas tristitia est. Et omnino pro varietate rerum quæ appetuntur atque fugiuntur, sicut allicitur vel offenditur voluntas hominis, ita in hos vel illos affectus mutatur et vertitur. Quapropter homo qui secundum Deum, non secundum hominem vivit, oportet ut sit amator boni : unde fit consequens ut malum oderit. Et quoniam nemo natura, sed quisquis malus est, vitio malus est : perfectum odium debet malis, qui secundum Deum vivit (*Psal.* CXXXVIII, 22); ut nec propter vitium oderit hominem, nec amet vitium propter hominem; sed oderit vitium, amet hominem. Sanato enim vitio, totum quod amare, nihil autem quod debeat odisse, remanebit.

(*a*) Nonnulli codices, *parte*. — (*b*) Sic Mss. At editi, *et tristetur*. — (*c*) Mss. *consensione :* et infra. *in dissensione*.

CHAPITRE VII.

La Sainte-Écriture emploie indifféremment l'amour et la dilection en bonne et mauvaise part.

1. Car celui qui se propose d'aimer Dieu et d'aimer son prochain comme lui-même, non pas selon l'homme, mais selon Dieu, celui-là, sans doute à cause de cet amour, est appelé homme de bonne volonté. Et la Sainte-Écriture donne plus ordinairement à cette bonne volonté, le nom de charité, quelquefois aussi celui d'amour. L'apôtre veut que celui qui est choisi pour gouverner le peuple, aime le bien. Et le Seigneur lui-même, interrogeant l'apôtre Pierre, ne lui dit-il pas : « Avez-vous pour moi plus de dilection que ceux-ci. » (*Jean.* XXI, 15.) Pierre répond : « Seigneur, vous savez que je vous aime. » Et le Seigneur lui demande de nouveau, s'il a non pas de l'amour, mais de la dilection pour lui ; l'apôtre répond une seconde fois : « Seigneur, vous savez que je vous aime. » Mais le Seigneur l'interrogeant une troisième fois ne dit plus : Avez-vous de la dilection pour moi, il dit : « M'aimez-vous ? » L'évangéliste ajoute : « Pierre fut attristé de ce que le Seigneur lui demandait pour la troisième fois : M'aimez-vous ? » Cependant le Seigneur n'avait dit qu'une fois : « M'aimez-vous ? » et deux fois : « Avez-vous de la dilection pour moi ? » D'où il suit que ces paroles du Seigneur : « Avez-vous de la dilection pour moi ? » avaient le même sens que celles-ci : « M'aimez-vous ? » Aussi Pierre ne change pas un seul mot de sa réponse, et même pour la troisième fois : « Seigneur, dit-il, vous qui savez toutes choses ; vous savez que je vous aime. »

2. J'ai cru devoir rapporter ce texte, parce que plusieurs (1) pensent qu'il y a une différence entre la dilection ou la charité et l'amour. Ils disent que la dilection doit s'interpréter en bonne part et l'amour en mauvaise part. Mais d'abord, il est certain que s'il existe une différence entre ces deux expressions, les maîtres mêmes de la littérature profane n'en parlent point, et je voudrais bien voir ce que les philosophes en disent et sur quelles raisons ils appuient cette distinction. Ce qu'il y a de sûr, d'après leurs livres, c'est qu'ils prennent l'amour en bonne part, et qu'ils font grand cas de l'amour envers Dieu lui-même. Quant à nos Saintes-Écritures, dont l'autorité est bien supérieure à tous les autres livres, j'avais à cœur de montrer que l'amour ne signifie pas autre

(1) Voir Origène, homélie Ire, sur le *Cantique des Cantiques*.

CAPUT VII.

Amorem et dilectionem indifferenter et in bono et in malo apud sacras litteras inveniri.

1. Nam cujus propositum est amare Deum, et non secundum hominem, sed secundum Deum amare proximum, sicut etiam se ipsum; procul dubio propter hunc amorem dicitur voluntatis bonæ, quæ usitatius in Scripturis sacris caritas appellatur : sed amor quoque secundum easdem sacras litteras dicitur. Nam et amatorem boni dicit Apostolus esse debere, quem regendo populo præcipit eligendum. Et ipse Dominus Petrum apostolum interrogans, cum dixisset : « Diligis me plus his? » (*Joan.* XXI, 15) Ille respondit : « Domine, tu scis quia amo te. » Et iterum Dominus quæsivit, non utrum amaret, sed utrum diligeret eum Petrus : at ille respondit iterum : « Domine, tu scis quia amo te. » Tertia vero interrogatione et ipse Dominus non ait : Diligis me, sed : « Amas me? » ubi secutus ait Evangelista : « Contristatus est Petrus, quia dixit ei tertio : Amas me? » Cum Dominus non tertio, sed semel dixerit : « Amas me? » bis autem dixerit : « Diligis me? » Unde intelligimus, quod etiam cum dicebat Dominus : « Diligis me? » nihil aliud dicebat, quam : « Amas me? » Petrus autem non mutavit hujus unius rei verbum, sed etiam tertio « Domine, inquit, tu omnia scis, tu scis quia amo te. »

2. Hoc propterea commemorandum putavi, quia nonnulli arbitrantur aliud esse dilectionem sive caritatem, aliud amorem ; dicunt enim dilectionem accipiendam esse in bono, amorem in malo. Sic autem nec ipsos auctores sæcularium litterarum locutos esse, certissimum est. Sed viderint philosophi utrum vel qua ratione ista discernant. Amorem tamen eos in bonis rebus et erga ipsum Deum magni pendere, libri eorum satis loquuntur. Sed Scripturas religionis nostræ, quarum auctoritatem ceteris quibusque litteris anteponimus, non aliud dicere amorem, aliud dilectionem vel caritatem, insinuandum fuit. Nam et amorem in bono dici, jam ostendimus. Sed ne quis existimet amorem quidem et in bono et in malo, dilectionem autem non nisi in bono esse dicendam, illud adtentat quod in Psalmo scriptum est : « Quis autem diligit iniquitatem, odit animam suam. » (*Psal.* X, 6.) Et illud apostoli Joannis : « Si quis dilexerit mundum, non est dilectio Patris in eo. » (I. *Jon.* II, 15.) Ecce uno

chose, que la dilection ou la charité et j'ai déjà établi que l'amour se prend en bonne part. Mais, afin que personne ne s'imagine que l'on puisse prendre indifféremment l'amour en bonne et mauvaise part, et la dilection seulement en bonne part, j'invite à réfléchir sur ces paroles du psaume : « Celui qui a de la dilection pour l'iniquité, a de la haine pour son âme. » (*Ps.* x, 6.) Et sur celles de l'apôtre saint Jean : « Si quelqu'un a de la dilection pour le monde, la dilection du Père n'est pas en lui. » (I. *Jean*, II, 15.) Ainsi, dans ce seul verset, le mot dilection est employé en bonne et en mauvaise part. Et pour que personne ne demande si on peut prendre en mauvaise part le mot amour, dont j'ai déjà montré l'emploi en bonne part, qu'on lise ce qui est écrit : « Les hommes qui s'aiment eux-mêmes, aimeront l'argent. » (II. *Tim.* III, 2.) La volonté droite est donc l'amour de ce qui est bon, la volonté perverse est l'amour de ce qui est mauvais. Aussi l'amour, soupirant après la possession de ce qu'il aime, est le désir; s'il le possède et s'il en jouit, c'est la joie; s'il fuit ce qui lui répugne, c'est la crainte; s'il éprouve ce qu'il redoutait, c'est la tristesse. Et toutes ces différentes impressions sont bonnes ou mauvaises, selon que l'amour est bon ou mauvais. Prouvons ce que nous avançons, par la Sainte-Écriture. L'Apôtre est animé d'un ardent désir de voir son corps se dissoudre pour être avec le Christ. (*Philip.* I, 23.) « Mon âme, dit le prophète, est consumée du désir de votre loi : » ou plutôt : mon âme désire passionnément votre loi. (*Ps.* CXVIII, 20.) Et encore : « Le désir passionné de la sagesse conduit au royaume de Dieu. » (*Sag.* VI, 21.) Cependant l'usage veut que ce mot : désir passionné en concupiscence, quand l'objet du désir n'est pas déterminé, soit entendu en mauvaise part. La joie se prend en bonne part dans ces paroles du Psalmiste : « Réjouissez-vous dans le Seigneur, justes, tressaillez d'allégresse. » (*Ps.* XXXI, 11.) Et : « Vous avez fait naître la joie dans mon cœur. » (*Ps.* IV, 7.) Et encore : « Vous me remplirez de joie par la vue de votre face. » (*Ps.* XV, 10.) La crainte est en bonne part, quand l'Apôtre dit : « Opérez votre salut avec crainte et tremblement. » (*Philip.* II, 12.) Et : « Ne cherchez point à vous élever, mais craignez. » (*Rom.* XI, 10.) Et enfin : « Comme le serpent séduisit Ève, je crains que vos âmes dépravées ne se détournent de ce chaste amour, qui est dans le Christ. » (II. *Cor.* XI, 3.) Quant à la tristesse, que Cicéron appelle plutôt, maladie (*Liv.* III *et* IV, *des Tusculanes.*) et Virgile, douleur, (car parlant de leurs douleurs et de leurs joies j'ai mieux aimé conserver le mot tristesse, parce que les expressions, maladie, douleur, s'emploient plus ordinairement, lorsqu'il s'agit du corps,) déterminer si cette tristesse peut se prendre en bonne part, c'est une question plus difficile à résoudre.

---

loco dilectio et in bono et in malo. Amorem autem in malo (quia in bono jam ostendimus), ne quisquam flagitet, legat quod scriptum est : « Erunt enim homines se ipsos amantes, amatores pecuniæ. » (II. *Tim.* III, 2.) Recta itaque voluntas est bonus amor, et voluntas perversa malus amor. Amor ergo inhians habere quod amatur cupiditas est; id autem habens eoque fruens, lætitia est : fugiens quod ei adversatur, timor est; idque si acciderit sentiens, tristitia est. Proinde mala sunt ista, si malus est amor; bona, si bonus. Quod dicimus, de scripturis probemus. Concupiscit Apostolus dissolvi, et esse cum Christo. (*Philip.* I, 23.) Et : « Concupivit anima mea desiderare judicia tua : » vel si accommodatius dicitur : « Desideravit anima mea concupiscere judicia tua. » (*Psal.* CXVIII, 20.) Et : « Concupiscentia sapientiæ perducit ad regnum. » (*Sap.* VI, 21.) Hoc tamen loquendi obtinuit consuetudo, ut si cupiditas vel concupiscentia dicatur, nec addatur cujus rei sit, non nisi in malo possit intelligi. Lætitia in bono est : « Lætamini in Domino, et exsultate justi. » (*Psal.* XXXI, 11.) Et : « Dedisti lætitiam in cor meum. » (*Psal.* IV, 7.) Et : « Adimplebis me lætitia cum vultu tuo. » (*Psal.* IV, 10.) Timor in bono est apud Apostolum, ubi ait : « Cum timore et tremore vestram ipsorum salutem operamini. » (*Philip.* II, 12.) Et : « Noli altum sapere, sed time. » (*Rom.* II, 20.) Et : « Timeo autem, ne sicut serpens Evam seduxit astutia sua, sic et vestræ mentes corrumpantur a castitate, quæ est in Christo. » (II. *Cor.* XI, 3.) De tristitia vero, quam Cicero (*Lib.* III, *et* IV, *Tusc.*) magis ægritudinem appellat, dolorem autem Virgilius, ubi ait : Dolent gaudentque, (sed ideo malui tristitiam dicere, quia ægritudo vel dolor usitatius in corporibus dicitur), scrupulosior quæstio est, utrum inveniri possit in bono.

CHAPITRE VIII.

Des trois passions que les stoïciens admettent dans l'âme du sage; ils en excluent la douleur ou tristesse que sa force d'âme ne lui permet pas d'éprouver.

1. Les stoïciens admettent dans l'âme du sage, à la place des passions, trois mouvements que les Grecs appellent ἀπάθειας et Cicéron, *constances* (*Liv.* IV *des Tusculanes.*) ainsi, au désir, ils substituent la volonté; à la joie, le contentement; et à la crainte, la précaution; quant à la maladie ou douleur, que nous aimons mieux appeler tristesse, pour ne pas nous servir d'expressions équivoques, ils affirment que rien de semblable ne saurait se trouver dans l'âme du sage. La volonté, disent-ils, recherche le bien, que le sage pratique. Le contentement résulte du bien obtenu partout le sage trouve l'occasion de l'acquérir. La précaution préserve du mal, que le sage doit éviter. Mais pour la tristesse qui vient de la présence du mal, comme ils pensent que le sage ne subit les atteintes d'aucun mal, il leur paraît inutile d'exprimer une affection qui n'existe pas en lui. Ainsi, d'après leur manière de parler, la volonté, le contentement, la précaution, sont pour le sage seul; à l'insensé, le désir, la joie, la crainte et la tristesse. Les stoïciens admettent donc trois *constances* et Cicéron quatre *perturbations*, ou passions selon d'autres. La langue grecque favorise cette distinction en désignant les trois constances par le mot ἀπάθειαι et les quatre perturbations par le mot πάθη. En cherchant avec le plus grand soin possible, à me rendre compte, si cette manière de parler des stoïciens était conforme au langage de la Sainte-Écriture, j'ai trouvé ces paroles du prophète : « Il n'y a point de contentement d'esprit pour les impies, dit le Seigneur. » (*Isaie*, LVII, 21.) Car les méchants ont plutôt la joie du mal que le contentement, ce qui n'appartient qu'aux gens de bien. Il y a aussi dans l'Évangile : « Tout ce que vous voulez que les hommes fassent pour vous, faites-le à leur égard : » (*Matth.* VII, 22) par où il paraît que ce qui est mal ou honteux ne peut plutôt l'objet du désir que de la volonté. Il est vrai, que pour rendre le sens communément admis, quelques interprètes ont ajouté : le bien, et ont ainsi traduit : Tout le bien que vous voulez que les hommes vous fassent. Dans la pensée qu'il fallait empêcher celui, qui au milieu des intempérances de table, pour ne rien dire de plus, s'exposerait volontiers à la honte, à l'obscène condition d'en faire autant sur d'autres, de croire qu'en agissant ainsi, il accomplirait le précepte. Mais l'addition de ce mot : le bien, ne se trouve point

CAPUT VIII.

De tribus perturbationibus, quas in animo sapientis Stoici esse voluerunt, excluso dolore sive tristitia, quam virtus animi sentire non debeat.

1. Quas enim Græci appellant ἀπάθειας, Latine autem Cicero (*Lib.* IV, *Tusc.*) constantias nominavit; Stoici tres esse voluerunt, pro tribus perturbationibus in animo sapientis, pro cupiditate voluntatem, pro lætitia gaudium, pro metu cautionem : pro ægritudine vero vel dolore, quam nos vitandæ ambiguitatis gratia, tristitiam maluimus dicere, negaverunt esse posse aliquid in animo sapientis. Voluntas quippe, inquiunt, appetit bonum, quod facit sapiens. Gaudium de bono adepto est, quod ubique adipiscitur sapiens. Cautio devitat malum, quod debet sapiens devitare. Tristitia porro quia de malo est, quod jam accidit ; nullum autem malum existimant posse accidere sapienti : nihil in ejus animo pro illa esse posse dixerunt. Sic ergo illi loquuntur, ut velle, gaudere, cavere negent, nisi sapientem : stultum autem non nisi cupere, lætari, metuere, contristari. Et illas tres esse constantias, has autem quatuor perturbationes secundum Ciceronem, secundum plurimos autem passiones. Græce autem illæ tres, sicut dixi, appellantur ἀπάθειαι istæ autem quatuor πάθη. Hæc locutio utrum Scripturis sanctis congruat, cum quæreremus quantum potui diligenter, illud inveni quod ait Propheta : « Non est gaudere impiis, dicit Dominus : » (*Isai* LVII, 21. *Sec.* LXX) tamquam impii lætari possint potius quam gaudere de malis ; quia gaudium proprie bonorum et piorum est. Item illud in Evangelio : « Quæcumque vultis ut faciant vobis homines, hæc et vos facite illis : » (*Matth.* VII, 11) ita dictum videtur, tamquam nemo possit aliquid male vel turpiter velle, sed cupere. Denique propter consuetudinem locutionis nonnulli interpretes addiderunt « bona, » et ita interpretati sunt : « Quæcumque vultis ut faciant vobis homines bona. » Cavendum enim putaverunt, ne quisquam inhonesta velit sibi fieri ab hominibus, ut de turpioribus taccam, certe luxuriosa convivia, in quibus se, si et ipse illis faciat similia, hoc præceptum existimet impleturum. Sed in Græco Evangelio, unde in

dans l'original grec; on y lit seulement : Tout ce que vous voulez que les hommes fassent pour vous, faites-le pour eux. Je crois d'ailleurs que le texte a sous-entendu le bien, parce qu'il dit vous voulez et non pas vous désirez.

2. Cependant, il ne faudrait pas nous astreindre toujours à ces termes si précis; qu'il nous suffise de nous en servir quelquefois, et lorsque nous lisons ces livres dont il n'est pas permis de contester l'autorité, interprétons leurs paroles dans le sens naturel, dès qu'un jugement droit n'en découvre point d'autre, comme dans les passages que je viens de citer, soit du Prophète, soit de l'Évangile. Qui ne sait que les impies tressaillent de joie? Et cependant : Il n'est point de contentement d'esprit pour les impies, dit le Seigneur. Est-ce que ce mot n'a pas par lui-même sa signification propre et distincte? De même, qui ne blâmerait l'injustice de ce précepte, recommandant aux hommes de faire à l'égard des autres, tout ce qu'ils désirent que l'on fasse pour eux; si par là on devait autoriser toutes les hontes du libertinage réciproque? Cependant ce précepte : Faites aux autres hommes ce que vous voulez qu'ils vous fassent, est très-salutaire et très-vrai. Et comment cela, si ce n'est parce que, prise ici, dans son sens propre, la volonté exclut toute idée de mal? D'ailleurs, employant une locution très usitée, l'Écriture ne dirait pas : « Gardez-vous de vouloir faire aucune espèce de mensonge; (*Eccli.* VII, 14) s'il n'y avait aussi une volonté mauvaise, qui se distingue par sa dépravation de celle que les Anges ont recommandée par ces paroles : « Paix sur la terre aux hommes de bonne volonté. » (*Luc.* II, 14.) Car, ce mot bonne serait de trop, si la volonté ne pouvait exister autrement. Et, qu'y aurait-il donc de si étonnant, dans cet éloge de la charité, sorti de la bouche de l'Apôtre, lorsqu'il dit : « Qu'elle ne met point son contentement dans l'iniquité. (I. *Cor.* XIII, 6) si la malice n'avait pas le sien. Aussi voyons-nous que les auteurs profanes se servent indifféremment de ces expressions. Je désire, disait Cicéron, cet auteur éloquent, (*premier discours contre Catilina*) je désire me montrer clément. Et, parce que ce mot est employé en bonne part, quel est donc le savant assez pervers, pour soutenir que Cicéron eût dû dire je veux, au lieu de je désire. Mais dans Térence, un jeune libertin, brûlant d'un désir insensé, s'écrie : Je ne veux rien que Philuména. Cette volonté n'était qu'une mauvaise passion

---

Latinum translatum est, non legitur, « bona : » sed : « Quæcumque vultis ut faciatis vobis homines, hæc et vos facite illis : » credo propterea, quia in eo quod dixit, « vultis, » jam voluit intelligi « bona. » Non enim ait : cupitis.

2. Non tamen semper his proprietatibus locutio nostra frenanda est, sed interdum his utendum est : et cum legimus eos quorum auctoritati resultare fas non est, ibi sunt intelligendæ, ubi rectus sensus alium exitum non potest invenire : sicut ista sunt quæ exempli gratia partim ex Propheta, partim ex Evangelio commemoravimus. Quis enim nescit impios exultare lætitia? Et tamen « Non est gaudere impiis, » dicit Dominus. Unde? nisi quia gaudere aliud est, quando proprie signateque hoc verbum ponitur? Item quis negaverit non recte præcipi hominibus, ut quæcumque sibi ab aliis fieri cupiunt, hæc eis et ipsi faciant; ne se invicem turpitudine illicitæ voluptatis oblectent? Et tamen saluberrimum verissimumque præceptum est : « Quæcumque vultis ut faciant vobis homines, eamdem et vos facite illis. » Et hoc unde, nisi quia hoc loco modo quodam proprio voluntas posita est, quæ in malo accipi non potest? Locutione vero usitatiore, quam frequentat maxime consuetudo sermonis, non utique diceretur : « Noli velle mentiri omne mendacium: (*Eccli.* VII, 14) nisi esset et voluntas mala, a cujus pravitate illa distinguitur, quam prædicaverunt Angeli dicentes : « Pax in terra hominibus bonæ voluntatis. (*Luc.* II, 14.) Nam ex abundanti additum est « bonæ, » si esse non potest nisi bona. Quid autem magnum in caritatis laudibus dixisset Apostolus quod non gaudeat super iniquitate, nisi quia ita malignitas gaudet? (I. *Cor.* XIII, 6.) Nam et apud auctores secularium litterarum, talis istorum verborum indifferentia reperitur. Ait enim Cicero orator amplissimus; Cupio, Patres conscripti, me esse clementem. (*Orat.* I. *in Catilin.*) Quia id verbum in bono posuit, quis tam perverse doctus existat, qui non eum Cupio, sed Volo potius dicere debuisse contendat? Porro apud Terentium flagitiosus adolescens insana flagrans cupidine : Nihil volo aliud inquit, nisi Philumenam. (*In Andria. act.* II, *sc.* 1.) Quam voluntatem fuisse libidinem, responso quo ibi servi ejus (a) senioris inducitur, satis indicat. Ait namque domino suo : « Quanto satius est, te id dare

(a) Quidam libri, *amoris*.

la réponse du vieux serviteur à son maître le prouve assez : « Qu'il vaudrait mieux, dit-il, donner tous vos soins à éloigner de votre cœur ce funeste amour, que d'exciter en vain vos passions par de telles paroles. » Le contentement est pris aussi en mauvaise part ; ce seul vers de Virgile suffirait à le prouver, lorsque, résumant avec une merveilleuse briéveté, les quatre perturbations de l'âme, il dit : « De là viennent leurs craintes, leurs désirs, leurs douleurs et leurs contentements. » (*Enéid.* VI.) Le même poëte dit encore : « Les mauvais contentements de l'esprit. »

3. Ainsi, vouloir, prendre garde, être content, sont des affections communes aux bons et aux méchants ; ou, pour exprimer la même chose en d'autres termes, les bons et les méchants désirent, craignent et se réjouissent ; mais pour les uns, ces affections sont bonnes, et pour les autres mauvaises, suivant la rectitude ou la perversité de la volonté. La tristesse elle-même, qui ne trouve pas de place dans l'âme du sage, d'après les Stoïciens, est prise en bonne part, surtout dans nos auteurs. Car, l'Apôtre loue les Corinthiens de ce qu'ils s'étaient attristés selon Dieu. Mais on dira peut-être que cette tristesse, dont l'Apôtre les félicite, venait du repentir de leurs fautes ; ce qui ne peut avoir lieu que pour ceux qui ont péché. Voici d'ailleurs, comme s'exprime l'Apôtre : « Mais encore que cette lettre vous ait contristés pour un temps, je m'en réjouis maintenant, non de ce que vous avez été attristés, mais de ce que la tristesse vous a portés à la pénitence. Car votre tristesse a été selon Dieu ; et ainsi vous n'avez pas sujet de vous plaindre de nous. La tristesse selon Dieu produit un repentir salutaire dont on ne se repent point ; et la tristesse du monde cause la mort. Et considérez déjà combien votre tristesse selon Dieu a excité en vous de soin et de vigilance. » (II. *Cor.* VII, 8, 9, *etc.*) Sans doute, dans leur sens, les Stoïciens peuvent répondre que la tristesse peut être utile pour le repentir, mais qu'elle ne saurait exister dans l'âme du sage, parce que, incapable de pécher, il n'a pas besoin de s'attrister pour se repentir, et que, d'ailleurs, il n'a jamais à subir les épreuves d'aucun autre mal. Ils disent cependant, (si ma mémoire est fidèle par rapport au nom que je cite,) qu'Alcibiade, qui se croyait heureux, se mit à pleurer, quand Socrate lui eût fait voir combien il était malheureux, à cause de sa folie. (CICÉRON, *Tuscul. liv.* IV.) La folie fut donc cause en lui de cette tristesse salutaire et

---

operam, quo istum amorem ex animo amoveas tuo, quam id loqui quo magis libido frustra accendatur tua. » Gaudium vero eos et in malo posuisse, ille ipse Virgilianus testis est versus, ubi has quatuor perturbationes summa brevitate complexus est : « Hinc metuunt, cupiuntque, dolent, gaudentque. » (*Eneid.* VI.) Dixit etiam idem auctor : Mala mentis gaudia.
3. Proinde volunt, cavent, (*a*) gaudent et boni et mali ; atque ut eadem aliis verbis enuntiemus, cupiunt, timent, lætantur et boni et mali : sed illi bene, isti male, sicut hominibus seu recta, seu perversa voluntas est. Ipsa quoque tristitia, pro qua Stoici nihil in animo sapientis invenire posse putaverunt, reperitur in bono, et maxime apud nostros. Nam laudat Apostolus Corinthios, quod contristati fuerint secundum Deum. Sed fortasse quis dixerit, illis Apostolum fuisse congratulatum, quod contristati fuerint pœnitendo : qualis tristitia, nisi eorum qui peccaverint, esse non potest. Ita enim dicit : « Video quod epistola illa, etsi ad horam contristavit vos, nunc gaudeo, non quia contristati estis, sed quia contristati estis ad pœnitentiam. Contristati enim estis secundum Deum, ut in nullo detrimentum patiamini ex nobis. Quæ enim secundum Deum est tristitia, pœnitentiam in salutem (*b*) impœnitendam operatur : mundi autem tristitia mortem operatur. Ecce enim idipsum secundum Deum contristari, quantam perficit in vobis industriam. » (II. *Cor.* VII, 8, *etc.*) Ac per hoc possunt Stoici pro suis partibus respondere, ad hoc videri utilem esse tristitiam, ut peccasse pœniteat ; in animo autem sapientis ideo esse non posse, quia nec peccatum in eum cadit, cujus pœnitentia contristetur, nec ullum aliud malum, quod perpetiendo sentiendo sit tristis. Nam et Alcibiadem ferunt, (si me de nomine hominis memoria non fallit,) cum sibi beatus videretur, Socrate disputante, et ei quam miser esset, quoniam stultus esset, demonstrante, flevisse. (*Cic. in 4 Tusc.*) Huic ergo stultitia fuit caussa etiam hujus utilis

---

(*a*) Hic in editis post *cavent*, additum erat *timent*. Sed male, cum loquatur Augustinus Stoicorum verbis, qui tres tantum affectus sive ἐυπαθείας. et in eis pro *metu cautionem* ponebant, ut in hujus capitis initio dicit. — (*b*) Vind. et Am. omittunt *impœnitendam*. Sed habent ceteri libri, eamque vocem, quæ Græco respondet ἀμεταμέλητον præteriri non solet Augustinus, ut videre est in Sermone CCLIV, n. 2.

TOM. XXIV.   14

désirable qui fait que l'homme s'afflige d'être ce qu'il ne devrait pas être. Mais les Stoïciens ne dispensent pas l'insensé de la tristesse, leur sage seul en est exempt.

CHAPITRE IX.

Des troubles de l'âme, qui, dans la vie des justes, deviennent des affections saintes.

1. Déjà, au neuvième livre de cet ouvrage, j'ai répondu aux philosophes sur cette question des troubles de l'âme, et je leur ai montré que, plus attentifs à de vaines paroles qu'au vrai sens des choses, ils préféraient la dispute à la vérité. Parmi nous, au contraire, selon la sainte Écriture et la saine doctrine, les citoyens de la sainte Cité de Dieu, vivant selon Dieu dans le pélerinage de cette vie, craignent et désirent, souffrent et se réjouissent. Et, parce que leur amour est pur, toutes leurs affections sont saintes. Ils craignent les supplices éternels, ils désirent la vie éternelle. Ils souffrent réellement, parce qu'ils gémissent encore en eux-mêmes, dans l'attente de l'adoption divine et de la rédemption de leurs corps. (*Rom.* VIII, 23) Ils se réjouissent dans l'espérance de voir certainement l'accomplissement de cette parole de la sainte Écriture : La mort est absorbée par la victoire. (I. *Cor.* XV, 54.) De plus, ils craignent de pécher, ils désirent leur persévérance, ils s'affligent de leurs péchés, ils se réjouissent de leurs bonnes œuvres. Ils craignent de pécher, parce qu'ils entendent cette parole : L'iniquité étant à son comble, la charité se refroidira en plusieurs. (*Matth.* XXIV, 12.) Ils désirent leur persévérance, parce qu'il est écrit : Celui qui persévérera jusqu'à la fin, sera sauvé. (*Matth.* X, 22.) Ils s'affligent de leurs péchés, parce qu'il est dit : Si nous prétendons être sans péché, nous nous trompons nous-mêmes, et la vérité n'est point en nous. (*Jean*, I, 8.) Ils se réjouissent de leurs bonnes œuvres, car ils écoutent l'Apôtre qui leur dit : Dieu aime celui qui donne avec joie. (II. *Cor.* IX, 7.) D'ailleurs, selon qu'ils se connaissent faibles ou forts, ils craignent ou désirent les tentations; ils s'en affligent ou bien s'en réjouissent. Ils craignent la tentation, à cause de cette parole : Si quelqu'un tombe par surprise dans le péché, vous qui êtes spirituels, ayez soin de le reprendre dans un esprit de douceur, vous considérant vous-mêmes, dans la crainte que vous ne soyez tentés comme lui. (*Gal.* VI, 1.) Ils désirent la tentation, parce qu'ils entendent cet homme fort de la Cité de Dieu s'écrier : Éprouvez-moi, Seigneur, et tentez-moi; brûlez mes reins et mon cœur. (*Ps.*

---

optandæque tristitiæ, qua homo esse se dolet, quod esse non debet. Stoici autem non stultum, sed sapientem aiunt tristem esse non posse.

CAPUT IX.

De perturbationibus animi, quarum affectus rectos habet vita justorum.

1. Verum his philosophis, quod ad istam quæstionem de animi perturbationibus adtinet, jam respondimus in nono hujus Operis libro, ostendentes eos non tam de rebus, quam de verbis cupidiores esse contentionis, quam veritatis. Apud nos autem juxta Scripturas sacras sanamque doctrinam, cives sanctæ Civitatis Dei in hujus vitæ peregrinatione secundum Deum viventes, metuunt, cupiuntque, dolent, gaudentque. Et quia rectus est amor eorum, istas omnes affectiones rectas habent. Metuunt pœnam æternam, cupiunt vitam æternam : dolent in re, quia ipsi in semetipsis adhuc ingemiscunt adoptionem exspectantes redemptionem corporis sui; (*Rom.* VIII, 23) gaudent in spe, quia fiet « sermo, qui scriptus est : Absorpta est mors in victoriam. » (I. *Cor.* XV, 54.) Item metuunt peccare, cupiunt perseverare : dolent in peccatis, gaudent in operibus bonis. Ut enim metuant peccare, audiunt : « Quoniam abundabit iniquitas, refrigescet caritas multorum. »(*Matth.* XXIV, 12.) Ut cupiant perseverare, audiunt quod scriptum est : « Qui perseveraverit usque in finem, hic salvus erit. » (*Matth.* X, 22.) Ut doleant in peccatis, audiunt : « Si dixerimus, quia peccatum non habemus, nos ipsos seducimus, et veritas in nobis non est. » (I. *Joan.* I, 8.) Ut gaudeant in operibus bonis, audiunt : « Hilarem datorem diligit Deus. » (I. *Cor.* IX, 7.) Item sicuti se infirmitas eorum firmitasque habuerit, metuunt tentari, cupiunt tentari : dolent in tentationibus, gaudent in tentationibus. Ut enim metuant tentari, audiunt : « Si quis præoccupatus fuerit in aliquo delicto, vos qui spiritales estis, instruite hujusmodi in spiritu mansuetudinis; intendens te ipsum, ne et tu tenteris. » *Gal.* VI, 1.) Ut autem cupiant tentari, audiunt quemdam virum fortem Civitatis Dei dicentem : « Proba me Domine, et tenta me; ure renes meos et cor meum. » (*Ps.* XXV, 2.) Ut doleant in tentationibus, vident Petrum flentem; (*Matth.* XXVI, 75): ut gaudeant in tentationibus, audiunt Jacobum

xxv, 2.) Ils s'en affligent, à la vue des larmes de Pierre. (*Matth.* xxvi, 75.) Enfin, ils se réjouissent dans leurs tentations, à cause de cette parole de saint Jacques : Que ce soit pour vous, mes frères, le sujet de la plus grande joie, d'être assailli par plusieurs tentations. (*Jacq.* i, 2.)

2. Toutefois, ce n'est pas seulement pour eux-mêmes qu'ils éprouvent ces diverses affections ; c'est encore pour ceux dont ils désirent la délivrance et craignent la perte, et dont la perte ou la délivrance les afflige ou les réjouit. Car, pour ne parler maintenant que de cet homme vaillant et admirable, qui se glorifie dans ses infirmités (II. *Cor.* xii, 5), qui, docteur fidèle des nations, d'où nous sommes venus dans l'Église du Christ, a plus travaillé que tous les autres Apôtres, ses collègues (I. *Cor.* xv, 10); qui, par ses lettres, a instruit le peuple de Dieu, non-seulement de son temps, mais encore de tous les siècles, dont il prévoyait l'élection future; pour ne parler que de cet homme illustre, généreux athlète du Christ (*Gal.* i, 12); instruit par lui, oint de lui, crucifié avec lui (*Gal.* ii, 19); glorieux en lui, sur le théâtre de ce monde, où il est en spectacle aux Anges et aux hommes (I. *Cor.* iv, 7); combattant vaillamment le grand combat de la justice, et s'avançant à grands pas dans la carrière pour recueillir le prix de sa course et la palme de sa vocation divine (*Philip.* iii, 14); qui ne serait ravi de le contempler des yeux de la foi, se réjouissant avec ceux qui se réjouissent, pleurant avec ceux qui pleurent (*Rom.* xii, 15), ayant à soutenir des combats au dehors, et des craintes au dedans (II. *Cor.* vii, 5); désirant la dissolution de son corps, pour être avec le Christ (*Philip.* i, 23); désirant avec ardeur de voir les Romains, pour recueillir du fruit chez eux, comme chez les autres peuples (*Rom.* i, 11); témoignant aux Corinthiens un amour de jalousie, qui lui fait craindre que leurs âmes ne se laissent séduire et ne s'éloignent du chaste amour de Jésus-Christ (II. *Cor.* xi, 2 *et* 3); ressentant enfin une profonde tristesse et de continuelles douleurs pour les Israélites (*Rom.* ix, 2), de ce que, ne connaissant point la justice qui vient de Dieu, ils s'efforcent d'établir leur propre justice et ne sont point soumis à la justice de Dieu (*Rom.* x, 3); et ce n'est pas seulement de la douleur qu'il manifeste, mais des gémissements et des plaintes, au sujet de quelques-uns, qui ne font point pénitence de leurs désordres. (II. *Cor.* xii, 21.)

3. Si ces mouvements, ces affections, qui ont pour causes l'amour du bien et la sainte charité, doivent être appelés vices, il n'y a plus qu'à laisser appeler *vertu* ce qui est réellement *vice*.

---

dicentem, « Omne gaudium existimate, fratres mei, cum in tentationes varias incideritis. » (*Jacob.* i, 2.)

2. Non solum autem propter se ipsos his moventur affectibus, verum etiam propter eos, quos liberari cupiunt, et ne pereant metuunt, et dolent si pereunt, et gaudent si liberantur. Illum quippe optimum et fortissimum, virum, qui in suis infirmitatibus gloriatur (II. *Cor.* xii, 5), ut eum potissimum commemoremus, qui in Ecclesiam Christi ex Gentibus venimus, Doctorem Gentium in fide et veritate, qui et plus omnibus suis coapostolis laboravit, (I. *Cor.* xv, 10) et pluribus epistolis populos Dei, non eos tantum qui præsentes ab illo videbantur, verum etiam illos qui futuri prævidebantur, instruxit; illum, inquam, (*a*) virum, athletam Christi, doctum ab illo, unctum de illo, crucifixum cum illo, gloriosum in illo, in theatro hujus mundi, cui spectaculum factus est et angelis et hominibus (*Gal.* i, 12. *Gal.* ii, 19. I. *Cor.* iv, 9), legitime magnum agonem certantem, et palmam supernæ vocationis in anteriora sectantem, oculis fidei libentissime (*b*) spectant, gaudere cum gaudentibus, flere cum flentibus, foris habentem pugnas, intus timores; cupientem dissolvi, et esse cum Christo ; desiderantem videre Romanos, ut aliquem fructum habeat et in illis, sicut et in ceteris gentibus (*Rom.* xii, 15, II. *Cor.* vii, 5. *Philip.* i. 23. *Rom.* i. 11); æmulantem Corinthios, et ipsa æmulatione metuentem, ne seducantur eorum mentes a castitate quæ in Christo est (II. *Cor.* xi, 2); magnam tristitiam et continuum dolorem cordis de Israelitis habentem (*Rom.* ix, 2), quod ignorantes Dei justitiam, et suam volentes constituere, justitiæ Dei non essent subjecti (*Rom.* x, 3); nec solum dolorem, verum etiam luctum suum denuntiantem quibusdam qui ante peccaverunt, et non egerunt pœnitentiam super immunditia et fornicationibus suis. (II. *Cor.* xii, 21.)

3. Hi motus, hi affectus de amore boni et de sancta caritate venientes, si vitia vocanda sunt, sinamus ut ea quæ (*c*) vere vitia sunt, virtutes vocentur. Sed cum rectam rationem sequantur istæ affectiones,

---

(*a*) Vind. Am. Er. et plerique Mss. *verum athletam Christi*. — (*b*) Plures Mss. *exspectantem*. Et quidam, *spectamus*. — (*c*) Sic Vind. Am. et Mss. At Er. et Lov. *vera*.

Mais, puisque ces affections, quand on en use convenablement, suivent la droite raison; qui donc oserait les faire passer pour des maladies ou des passions vicieuses? Aussi, le Seigneur lui-même, ayant daigné vivre ici-bas sous la forme d'esclave, à l'exception du péché, a fait usage de ces affections, toutes les fois qu'il l'a jugé nécessaire. Car les sentiments humains étaient aussi réels en lui que le corps et l'âme. Lors donc que l'Évangile rapporte qu'à la vue de l'endurcissement des Juifs, il éprouvait un sentiment de tristesse mêlé d'indignation (*Marc*, III, 5); lorsqu'il dit : « Je me réjouis à cause de vous, afin que vous croyez; » (*Jean*, XI, 15) lorsqu'il pleure avant de ressusciter Lazare (*Jean*, XI, 35); lorsqu'il désire ardemment manger la Pâques avec ses disciples (*Luc.* XXII. 15); lorsqu'aux approches de sa passion, son âme devient triste (*Matth.* XXVI, 38); toutes ces choses ne sont pas de pures fictions. Mais ces mouvements de l'âme qui servent à l'accomplissement des infaillibles desseins de sa Providence, il en fait usage à son gré, comme il s'est fait homme quand il l'a voulu.

4. Toutefois, avouons-le, ces affections, toutes bonnes qu'elles soient et selon Dieu, ne sont que pour la vie présente, nous ne les aurons point dans la vie future que nous espérons, et souvent, ici-bas, nous cédons à l'émotion qui nous domine malgré nous. Ainsi, parfois, le spectacle, non d'une honteuse cupidité, mais d'une charité louable, nous touche jusqu'aux larmes, même quand nous ne voudrions pas pleurer. C'est en nous la conséquence de la faiblesse humaine, il n'en est pas ainsi du Seigneur Jésus ; en lui la faiblesse même est une preuve de puissance. Et d'ailleurs, tant que nous porterons ici-bas les infirmités humaines, ce serait un défaut d'être exempt de toute passion. Car, l'Apôtre blâme et maudit ceux qu'il accuse d'être sans affection. (*Rom.* I, 31.) Le Psalmiste condamne aussi ceux dont il dit : « J'ai attendu quelqu'un qui partageât ma tristesse, et personne n'est venu. » (*Ps.* LXVIII, 21.) Car, être complètement insensible à l'affliction, tant que nous sommes en ce séjour de misères, c'est, comme le disait spirituellement un philosophe du siècle (1), un état qu'on ne saurait acheter qu'au prix d'une merveilleuse stupidité d'âme et de corps. Ainsi, l'ἀπάθεια des Grecs qu'on ne saurait traduire que par le mot impassibilité, serait un état de l'âme, non du corps, où la vie demeurerait étrangère à ces affections, qui sont contraires à la raison et troublent l'esprit; or,

(1) Crantor, philosophe académicien, au rapport de Cicéron, (IIIe *Tusculanes*).

quando ubi oportet adhibentur, quis eas tunc morbos seu vitiosas passiones audeat dicere? Quamobrem etiam ipse Dominus in forma servi agere vitam dignatus humanam, sed nullum habens omnino peccatum, adhibuit eas ubi adhibendas esse judicavit. Neque enim in quo verum erat hominis corpus et verus hominis animus, falsus erat humanus affectus. Cum ergo ejus in Evangelio ista referuntur, quod super duritiam cordis Judæorum cum ira contristatus sit; quod dixerit; « Gaudeo propter vos, ut credatis; » (*Marc.* III, 5, *Joan.* XI, 35) quod Lazarum suscitaturus etiam lacrymas fuderit; quod concupiverit cum discipulis suis manducare pascha (*Luc.* XXII, 15); quod propinquante passione tristis fuerit anima ejus, non falso utique referuntur. (*Matth.* XXVI, 38.) Verum ille hos motus certe dispensationis gratiæ cum voluit suscepit animo humano, ut cum voluit factus est homo.

4. Proinde, quod fatendum est, etiam cum rectas et secundum Deum habemus has affectiones, hujus vitæ sunt, non illius quam futuram speramus, et sæpe illis etiam inviti cedimus. Itaque aliquando, quamvis non culpabili cupiditate, sed laudabili caritate moveamur, etiam dum nolumus, flemus. Habemus ergo eas ex humanæ conditionis infirmitate : non autem ita Dominus Jesus, cujus (*a*) et infirmitas fuit ex potestate. Sed dum vitæ hujus infirmitatem gerimus, si eas omnino nullas habeamus, tunc potius non recte vivimus. Vituperabat enim et detestabatur Apostolus quosdam, quos etiam esse dixit sine affectione. (*Rom.* I, 31.) Culpavit etiam illos sacer Psalmus, de quibus ait : « Sustinui qui simul contristaretur, et non fuit. »(*Ps.* LXVIII, 21.) Nam omnino non dolere, dum sumus in hoc loco miseriæ, profecto sicut quidam etiam apud sæculi hujus litteratos sensit et dixit, non sine magna mercede contingit, immanitatis in animo, stuporis in corpore. Quocirca illa quæ ἀπάθεια Græce dicitur, quæ si Latine possel, impassibilitas diceretur, si ita intelligenda est, (in animo quippe, non in corpore accipitur,) ut sine his affectionibus vivatur, quæ contra rationem accidunt, mentemque perturbant, bona plane et

(*a*) Particula *et* abest a Mss. plerisque.

cette apathie est une chose très-avantageuse et très-désirable; mais elle n'est pas possible en cette vie. Car, ce n'est pas un homme ordinaire, mais l'un des plus remarquables par la piété, la justice et la sainteté qui nous dit : « Si nous prétendons être sans péché, nous nous trompons nous-mêmes, et la vérité n'est point en nous. » (I. *Jean*, I, 8.) L'apathie n'aura donc lieu que quand l'homme sera exempt de tout péché. Pour le moment, la vie est assez bonne, si elle est sans crime; quant à celui qui se croit sans péché, il n'agit pas de manière à en être exempt, mais à rendre son pardon impossible. Si donc l'apathie consiste à n'éprouver dans l'âme aucun sentiment, cette insensibilité n'est-elle pas plus fâcheuse que tous les vices? Sans doute, on peut fort bien dire que la parfaite béatitude, dont nous espérons jouir un jour, sera exempte de crainte et de tristesse; mais vouloir en bannir l'amour et la joie, c'est véritablement se mettre en dehors de la vérité? Si enfin cette apathie consiste à n'être tourmentée ni par la crainte, ni par la douleur; nous ne devons point envier cet état ici-bas, si nous voulons bien vivre, c'est-à-dire selon Dieu; mais nous devons l'espérer avec une ferme confiance, pour la vie bienheureuse et éternelle qui nous est promise.

5. En effet, cette crainte dont l'apôtre saint Jean dit : « La crainte n'est pas avec la charité; mais la charité parfaite bannit la crainte, parce que la crainte est accompagnée de peine; et celui qui craint n'est point parfait dans la charité : » (I. *Jean* IV, 8) cette crainte, dis-je, n'est pas du même genre que celle de l'apôtre saint Paul, redoutant pour les Corinthiens les séductions et les artifices du serpent. La charité renferme cette dernière crainte, ou pour mieux dire, la charité seule en est capable; mais celle dont je veux parler, est d'un autre genre, elle n'est point animée par la charité, et saint Paul la fait connaître en ces termes : « Vous n'avez point reçu l'esprit de servitude pour vivre encore dans la crainte. » (*Rom.* VIII, 15.) « Quant à cette crainte chaste qui demeure dans le siècle du siècle, » (*Psaume*, XVIII, 10.) si elle existe aussi au siècle futur, (et peut-on entendre autrement le siècle du siècle?) ce n'est plus cette crainte qui épouvante en vue du mal possible, mais celle qui affermit dans le bien qu'il est impossible de perdre. Car, lorsque l'amour du bien acquis est immuable, la crainte du mal est une véritable assurance de ne le plus commettre. En effet, sous le nom de crainte chaste, apparait cette volonté qui sera nécessairement opposée au péché et qui s'en préservera, non par les sollicitudes inquiètes de la faiblesse,

---

maxime optanda est; sed nec ipsa hujus est vitæ. Non enim qualiumcumque hominum vox est, sed maxime piorum multumque justorum atque sanctorum : « Si dixerimus, quoniam peccatum non habemus, nos ipsos seducimus, et veritas in nobis est. » (I. *Joan.* I. 8.) Tunc itaque ἀπάθεια ista erit, quando peccatum in homine nullum erit. Nunc vero satis bene vivitur, si sine crimine : sine peccato autem qui se vivere existimat, non id agit, ut peccatum non habeat, sed ut veniam non accipiat. Porro si ἀπάθεια illa dicenda est, cum (*a*) animum contingere omnino non potest ullus affectus, quis hunc stuporem non omnibus vitiis judicet esse pejorem ? Potest ergo non absurde dici perfectam beatitudinem sine stimulo timoris et sine ulla tristitia futuram : non ibi autem futurum amorem gaudiumque quis dixerit, nisi omni modo a veritate seclusus? Si autem ἀπάθεια illa est, ubi nec metus ullus exterret, nec (*b*) angit dolor, aversanda est in hac vita, si recte, hoc est, secundum Deum vivere volumus : in illa vero beata, quæ sempiterna promittitur, (*c*) plane speranda est.

5. Timor namque ille de quo dicit apostolus Joannes : « Timor non est in caritate, sed perfecta caritas foras mittit timorem, quia timor pœnam habet; qui autem timet, non est perfectus in caritate : » non est ejus generis timor, cujus ille quo timebat apostolus Paulus, ne Corinthii serpentina seducerentur astutia (II. *Cor.* XI, 3); hunc enim timorem habet caritas, immo non habet nisi caritas : sed illius est generis timor, qui non est in caritate; de quo ipse apostolus Paulus ait : « Non enim accepistis spiritum servitutis iterum in timorem. (*Rom.* VIII, 15.) Timor » vero ille « castus permanens in seculum seculi, » (*Ps.* XVIII, 10) si erit et in futuro sæculo, (nam quo alio modo potest intelligi permanere in sæculum sæculi?) non est timor exterrens a malo, quod accidere potest; sed tenens in bono, quod amitti non potest. Ubi enim boni adepti amor immutabilis est, profecto, si dici potest, mali cavendi timor securus est. Timoris quippe casti nomine ea voluntas significata est, qua nos necesse erit nolle peccare, et non sollicitudine infirmitatis, ne forte

---

(*a*) Plures Mss. *animo*. — (*b*) Mss. nonnulli, *tangit*. — (*c*) Vind. Am. et Er. *timor plane superandus est.* Lov. *timor plane sperandus est.* At Mss. carent verbo *timor*. et habent *speranda est*, scilicet ἀπάθεια,

mais par la tranquille sécurité que donne le pur amour. Ou bien, si toute espèce de crainte est incompatible avec la possession certaine du bonheur et des joies éternelles, il faut entendre cette parole : « La crainte chaste du Seigneur, qui demeure dans le siècle du siècle, » comme cette autre :« La patience des pauvres ne périra jamais. » (*Ps.* IX, 19.) Car, la patience elle-même ne sera pas éternelle, puisqu'elle n'est nécessaire qu'où il y a des maux à souffrir; mais le bien obtenu par la patience sera éternel. Ainsi, peut-être est-il dit que la crainte chaste demeurera dans le siècle du siècle, parce que le bonheur où elle conduit sera permanent.

6. En conséquence, puisqu'il faut mener une vie sainte pour parvenir à la vie bienheureuse, toutes ces affections sont bonnes dans une bonne vie, elles sont mauvaises dans une vie mauvaise. Et quant à la vie éternelle et bienheureuse, elle aura non-seulement l'amour et la joie en partage, mais la certitude permanente du bonheur; il n'y aura plus alors ni crainte, ni souffrance. Par là, on peut déjà voir quels doivent être en ce pèlerinage les citoyens de la Cité de Dieu, vivant selon l'esprit et non selon la chair, c'est-à-dire selon Dieu, et non selon l'homme; on peut voir aussi quels ils seront un jour dans cette immortalité à laquelle ils aspirent. Pour l'autre cité, cette société des impies qui ne vivent pas selon Dieu, mais selon l'homme, qui professent le culte du mensonge et du mépris de la vérité, suivant les doctrines des hommes et des démons, elle est tourmentée par ses mauvaises passions, comme par des maladies qui répandent partout le désordre. Et s'il est dans son sein quelques hommes qui paraissent comme disposés à modérer ces excès, ils sont tellement exaltés par l'impiété et bouffis d'orgueil, que leur enflure les empêche de sentir leur mal. Si quelques autres passionnément amoureux d'eux-mêmes, sont arrivés à cet excès de délire que rien ne puisse les exciter ni les élever, les émouvoir ni les fléchir, ils ont perdu tout sentiment humain, plutôt qu'ils n'ont acquis une véritable tranquillité. Car ce qui est inflexible n'est pas nécessairement droit, et ce qui est insensible n'est pas nécessairement sain.

CHAPITRE X.

Si nos premiers parents dans le paradis furent exempts de passions, avant d'avoir commis le péché.

Mais il serait à propos de savoir si le premier homme, ou plutôt nos premiers parents,

peccemus, sed tranquillitate caritatis cavere peccatum. Aut si nullius omnino generis timor esse poterit in illa certissima securitate perpetuorum feliciumque gaudiorum; sic dictum est, « Timor Domini castus permanens in sæculum sæculi, » quemadmodum dictum est, « Patientia pauperum non peribit in æternum. » (*Ps.* IX, 19.) Neque enim æterna erit ipsa patientia, quæ necessaria non est, nisi ubi toleranda sunt mala : sed æternum erit, quo per patientiam pervenitur. Ita fortasse timor castus in sæculum sæculi dictus est permanere, quia id permanebit, quo timor ipse perducit.

6. Quæ cum ita sint, quoniam recta vita ducenda est, qua perveniendum sit ad beatam, omnes affectus istos vita recta rectos habet, perversa perversos. Beata vero eademque æterna amorem habebit et gaudium non solum rectum, verum etiam certum : timorem autem ac dolorem nullum. Unde jam apparet utcumque, quales esse debeant in hac peregrinatione cives Civitatis Dei, viventes secundum spiritum, non secundum carnem, hoc est, secundum Deum, non secundum hominem : et quales in illa quo tendunt, immortalitate futuri sint. Civitas porro, id est, societas impiorum non secundum Deum, sed secundum hominem viventium, et in ipso cultu falsæ, contemptuque veræ divinitatis, doctrinas hominum dæmonumve sectantium, his affectibus pravis tamquam morbis et perturbationibus quatitur. Et si quos cives habet, qui moderari talibus motibus, et eos quasi temperare videantur; sic impietate superbi et elati sunt, ut hoc ipso in eis sint majores tumores, quo minores dolores. Et si nonnulli tanto immaniore, quanto rariore vanitate hoc in se ipsis adamaverint, ut nullo prorsus erigantur et excitentur, nullo, flectantur atque inclinentur affectu; humanitatem totam potius amittunt, quam veram assequantur tranquillitatem. Non enim quia durum aliquid, ideo rectum; aut quia stupidum est, ideo sanum.

CAPUT X.

An primos homines in paradiso constitutos nullis perturbationibus, prius quam deliquerint, affectos fuisse credendum sit.

Sed utrum primus homo vel primi homines, (duorum erat quippe conjugium,) habebant istos affectus in corpore animali ante peccatum, quales in corpore

(car ils étaient deux unis par le mariage,) éprouvaient avant le péché dans leur corps charnel ces passions, dont nous serons exempts dans le corps spirituel, lorsque le péché sera détruit et son règne terminé. S'ils les avaient, comment pouvaient-ils être heureux dans ce fameux paradis de délices? Car enfin, peut-on appeler vraiment heureux, celui qui est soumis à la crainte ou à la douleur? D'un autre coté, au milieu d'une si grande affluence de biens, que pouvaient-ils craindre ou souffrir, eux qui n'avaient à redouter ni mort, ni maladie; qui n'éprouvaient aucune déception dans leurs bons désirs, et qui n'étaient troublés ni par la chair, ni par l'esprit, dans leur vie bienheureuse? Leur amour pour Dieu était pur et rien ne troublait leur union conjugale; de là une immense joie et l'assurance de jouir toujours de ce qu'ils aimaient. Il y avait en eux l'éloignement facile du péché et, sous l'influence de cet état, ils n'avaient à craindre aucun autre mal qui pût les attrister. Mais peut-être désiraient-ils toucher au fruit défendu et craignaient-ils de mourir; et ainsi ce désir et cette crainte étaient-ils déjà, pour nos premiers parents, un sujet de trouble, même en un tel séjour? Gardons-nous d'une telle pensée, puisqu'il n'y avait en eux aucun péché. Et n'est-ce pas déjà un péché de désirer ce que défend la loi de Dieu, et de s'en abstenir par crainte du châtiment et non par amour pour la justice? Gardons-nous, dis-je, de croire qu'avant tout péché, ils se soient rendus coupables, à l'égard de ce fruit, de cette espèce de péché, dont le Seigneur a dit, à l'égard de la femme: « Quiconque regardera une femme par un mouvement de convoitise, a déjà commis l'adultère dans son cœur. » *(Matth.* v, 28.) Autant donc étaient heureux nos premiers parents, affranchis de tout trouble intérieur et de toute infirmité corporelle; autant l'eût été la société humaine toute entière, sans cette première faute transmise à la postérité d'Adam, et si l'iniquité d'aucun de ses descendants n'avait attiré une juste condamnation. Au milieu de cette félicité permanente, lorsque par la grâce de la bénédiction de Dieu :« Croissez et multipliez, »(*Gen.* I, 28) le nombre des prédestinés eut été complet, l'humanité aurait reçu une bénédiction supérieure à la première, celle donnée aux saints anges : la certitude de ne point pécher et de ne point mourir. Alors, sans l'épreuve du travail, de la douleur et de la mort, la vie des saints eût été telle qu'elle sera à la fin des temps, quand les morts ressusciteront et que les corps seront à jamais incorruptibles.

spiritali non habebimus omni purgato finitoque peccato, non immerito quæritur. Si enim habebant, quomodo erant beati in illo memorabili beatitudinis loco, id est, paradiso? Quis tandem absolute dici beatus potest, qui timore afficitur, vel dolore? Quid autem timere aut dolere poterant illi homines in tantorum tanta affluentia bonorum, ubi nec mors metuebatur, nec ulla corporis mala valetudo; nec aberat quidquam, quod bona voluntas adipisceretur, nec inerat quod carnem animumve hominis feliciter viventis offenderet? Amor erat imperturbatus in Deum, atque inter se conjugum fida et sincera societate viventium, et ex hoc amore grande gaudium, non desistente quod amabatur ad fruendum. Erat devitatio tranquilla peccati, qua manente nullum omnino aliunde malum, quod contristaret, irruebat. An forte cupiebant prohibitum lignum ad vescendum contingere, sed mori metuebant; ac per hoc et cupiditas, et metus jam tunc illos homines etiam in illo perturbabat loco? Absit ut hoc existimemus fuisse, ubi nullum erat omnino peccatum. Neque enim nullum peccatum est, ea quæ lex Dei prohibet concupiscere, atque ab his abstinere timore pœnæ, non amore justitiæ. Absit, inquam, ut ante omne peccatum, jam ibi fuerit tale peccatum, ut hoc de ligno admitterent, quod de muliere Dominus ait : « Si quis viderit mulierem ad concupiscendum eam, jam mœchatus est eam in corde suo. » (*Matth.* v, 28.) Quam igitur felices erant primi homines, et nullis agitabantur perturbationibus animorum, nullis corporum lædebantur incommodis : tam felix universa societas esset humana, si nec illi malum, quod etiam in posteros trajecerunt, nec quisquam ex eorum stirpe iniquitatem committeret, quæ damnationem reciperet : atque (*a*) ista permanente felicitate, donec per illam benedictionem, qua dictum est : « Crescite. et multiplicamini, » (*Gen.* I, 28) prædestinatorum sanctorum numerus compleretur, alia major daretur, quæ beatissimis Angelis data est : ubi jam esset certa securitas peccaturum neminem, neminemque moriturum : et talis esset vita sanctorum, post nullum laboris, doloris, mortis experimentum, qualis erit post hæc omnia in incorruptione corporum reddita resurrectione mortuorum.

(*a*) Aliquot Mss. *Atque ita*.

CHAPITRE XI.

De la chute du premier homme; sa nature avait été créée bonne, Dieu, qui en est l'auteur, peut seul la réparer.

1. Mais comme Dieu a tout prévu et qu'ainsi il a connu le péché de l'homme, c'est suivant cette divine prescience que nous devons traiter de la Cité sainte, et non sur ce qui ne peut parvenir à notre connaissance et qui est en dehors des dispositions providentielles. Car l'homme n'a pu troubler par son péché les desseins de Dieu, ni l'obliger à changer de résolution, puisque la prescience divine avait prévu, et jusqu'où irait la malice de l'homme créé bon, et quel bien elle devait tirer de sa malice même. En effet, bien que l'on dise que Dieu change ses décrets, (et de là vient que, par une expression figurée, la sainte Écriture déclare qu'il s'est repenti), (*Gen.* VI, 6) on ne le dit qu'en raison des espérances de l'homme, ou de l'ordre des causes naturelles, et non selon la prescience infaillible du Tout-Puissant. Dieu donc, comme l'Écriture l'atteste (*Eccli.* VII, 30), a créé l'homme droit et par conséquent avec une bonne volonté; autrement il n'eût pas été créé dans la droiture. La bonne volonté est donc l'œuvre de Dieu, puisque l'homme l'eût en partage dès le premier instant de son existence. Et la première mauvaise volonté, qui, en l'homme, a précédé toutes ses mauvaises œuvres, n'est pas, de sa part, une œuvre positive, mais plutôt un abandon de l'œuvre de Dieu, une préférence pour ses propres œuvres. Et ces œuvres sont mauvaises, parce qu'elles sont selon l'homme, non selon Dieu : en sorte que ces œuvres sont comme les mauvais fruits et la volonté comme l'arbre mauvais, ou l'homme même en tant qu'il est de mauvaise volonté. Or, bien que la mauvaise volonté ne soit pas selon la nature, mais contre la nature, puisqu'elle est vicieuse; cependant elle est de même nature que le vice, qui ne peut être que dans une nature, mais dans une nature que le Créateur a tirée du néant, et non de lui-même, comme le Verbe par qui toutes choses ont été faites. Sans doute, Dieu a formé l'homme de la poussière de la terre; mais cette terre, cette matière terrestre est faite de rien, ainsi que l'âme donnée par Dieu au corps de l'homme en le créant. Mais admirez le triomphe du bien sur le mal; le Créateur permet le mal pour faire ressortir l'action de sa justice providentielle qui sait y rémédier. D'ailleurs le bien peut exister

CAPUT XI.

De lapsu primi hominis, in quo bene condita natura est, nec potest nisi a suo Auctore reparari.

1. Sed quia Deus cuncta præscivit, et ideo hominem quoque peccaturum ignorare non potuit; secundum in quod præscivit atque disposuit Civitatem sanctam (a), eam debemus asserere, non secundum illud quod in nostram cognitionem pervenire non potuit, quia in Dei dispositione non fuit. Nec enim homo peccato suo divinum potuit perturbare consilium, quasi Deum quod statuerat mutare compulerit : cum Deus præsciendo utrumque prævenerit, id est, et homo, quem bonum ipse creavit, quam malus esset futurus, et quid boni etiam sic de illo esset ipse facturus. Deus enim etsi dicitur statuta mutare, (unde tropica locutione in Scripturis sanctis enim pœnituisse legitur Deum,) (*Gen.* VI, 6) juxta id dicitur, quod homo speraverat, vel naturalium caussarum ordo gestabat; non juxta id quod se Omnipotens facturum esse præsciverat. Fecit itaque Deus, sicut scriptum est, hominem rectum (*Eccli.* VII, 30) : ac per hoc voluntatis bonæ. Non enim rectus esset, bonam non habens voluntatem. Bona igitur voluntas opus est Dei : cum ea quippe ab illo factus est homo. Mala vero voluntas prima, quoniam omnia mala opera præcessit in homine, defectus potius fuit quidam ab opere Dei ad sui opera, quam opus ullum. Et ideo mala opera, quia secundum se, non secundum Deum ut eorum operum tamquam fructuum malorum voluntas ipsa esset velut arbor mala, aut ipse homo in quantum malæ voluntatis. Porro mala voluntas, quamvis non sit secundum naturam, sed contra naturam, quia vitium est : tamen ejus naturæ est, cujus est vitium, quod nisi in natura non potest esse : sed in ea quam creavit ex nihilo, non quam genuit Creator de semetipso, sicut genuit Verbum, per quod facta sunt omnia. Quia etsi de terræ pulvere Deus finxit hominem; eadem terra omnisque terrena materies omnino de nihilo est, animamque de nihilo factam dedit corpori, cum factus est homo. Usque adeo autem mala vincuntur a bonis, ut quamvis sinantur esse ad demonstrandum quam possit et ipsis bene uti justitia providentissima Creatoris ; bona tamen sine malis esse pos-

(a) Apud Lov, omissum est, *eam*.

sans le mal : ainsi Dieu lui-même, Seigneur souverain et véritable, ainsi toutes les créatures célestes, visibles et invisibles, qui habitent au-dessus de cette région ténébreuse; tandis que le mal ne saurait exister sans le bien, car les natures dont il a pris possession sont bonnes en tant que natures. Or, on ne fait pas disparaître le mal en supprimant tout-à-fait ou partiellement une nature étrangère, mais en guérissant et en réformant la nature viciée ou corrompue. La volonté est donc vraiment libre, quand elle n'est pas l'esclave du vice et du péché. Tel était le libre arbitre sortant des mains de Dieu ; ce don précieux, l'homme l'a perdu par sa propre faute, et celui-là seul qui le lui avait donné, peut le lui rendre. Aussi la vérité même a dit : « Si le Fils vous met en liberté, c'est alors que vous serez vraiment libres. » (*Jean*, VIII, 36.) Comme s'il eût dit : Si le Fils vous sauve, c'est alors que vous serez vraiment sauvés. Car il n'est notre libérateur que parce qu'il est notre Sauveur.

2. L'homme vivait donc selon Dieu dans le paradis corporel et spirituel. Car s'il y avait un paradis corporel pour les biens du corps, il devait y avoir aussi un paradis spirituel pour ceux de l'esprit; de même, s'il y avait un paradis spirituel pour les jouissances intérieures de l'homme, il y avait également un paradis corporel pour les jouissances extérieures. Ainsi il y avait deux paradis, puisque les jouissances avaient un double objet. Mais depuis que l'ange superbe et par conséquent envieux, méprisant Dieu pour se tourner vers lui-même, préférant, pour ainsi dire, les vains honneurs de la tyrannie à l'humble soumission du sujet, fut déchu du paradis spirituel, (au onzième et douzième livre de cet ouvrage, j'ai traité assez longuement, et selon mon pouvoir, de la chûte de Lucifer et de ses compagnons qui, après avoir été les anges de Dieu, sont devenus les anges de Satan;) depuis cette chûte il chercha avec une infernale perfidie, à s'insinuer dans les sens de l'homme dont la fidélité constante excitait sa jalousie, parce que lui-même était tombé. Pour arriver à son but, entre tous les animaux terrestres qui habitaient le séjour du paradis avec l'homme et la femme, et leur étaient jusque-là soumis, il choisit le serpent, animal qui, par sa souplesse et la mobilité de ses replis, était très-propre à l'œuvre qu'il méditait ; alors, abusant de la supériorité de sa nature spirituelle pour se rendre présent en lui et le soumettre à sa fourberie, il s'en sert comme d'un instrument ; par lui il fait

---

sint, sicut Deus ipse verus et summus, sicut omnis super istum caliginosum aerem cælestis invisibilis (*a*) visibilisque creatura; mala vero sine bonis esse non possint, quoniam naturæ in quibus sunt, in quantum naturæ sunt, utique bonæ sunt. Detrahitur porro malum, non aliqua natura quæ accesserat, vel ulla ejus parte sublata, sed ea quæ vitiata ac depravata fuerat, sanata atque correcta. Arbitrium igitur voluntatis tunc est vere liberum, cum vitiis peccatisque non servit. Tale datum est a Deo : quod amissum proprio vitio, nisi a quo dari potuit, reddi non potest. Unde Veritas dicit : « Si vos Filius liberaverit, tunc vere liberi eritis. » (*Joan*. VIII, 36.) Idipsum est autem, ac si diceret, Si vos Filius salvos fecerit, tunc vere salvi eritis. Inde quippe liberator, unde salvator.

2. Vivebat itaque homo secundum Deum in paradiso, et corporali et spiritali. Neque enim erat paradisus corporalis propter corporis bona, et propter mentis non erat spiritalis; aut vero erat spiritalis quo per interiores, et non erat corporalis quo per exteriores sensus homo frueretur. Erat plane utrumque propter utrumque. Postea vero quam superbus ille angelus, ac per hoc invidus, per eamdem superbiam a Deo ad semetipsum conversus, quodam quasi tyrannico factu gaudere subditis, quam esse subditus eligens, de spiritali paradiso cecidit, (de cujus lapsu sociorumque ejus, qui ex angelis Dei angeli ejus effecti sunt, in libris undecimo et duodecimo hujus Operis satis, quantum potui, disputavi,) (*b*) malesuada versutia in hominis sensus serpere affectans, cui utique stanti, quoniam ipse ceciderat, invidebat, colubrum in paradiso corporali, ubi cum duobus illis hominibus masculo et femina animalia etiam terrestria cetera subdita et innoxia versabantur, animal scilicet lubricum et tortuosis amfractibus mobile, operi suo congruum, per quem loqueretur, elegit ; eoque per angelicam præsentiam præstantioremque naturam spiritali nequitia sibi subjecto, et tamquam instrumento abutens (*c*), fallacia sermocinatus est feminæ : a parte scilicet inferiore illius humanæ copulæ incipiens, ut gradatim perveniret ad totum; non existimans virum facile credulum, nec errando posse decipi, sed

---

(*a*) Sola editio Lov. *invisibilisque* : omissa voce, *visibilis*. — (*b*) Vind. Am. Er. et nonnulli Mss. *malesuasa*. Ceteri fere Mss. *malesuadenda*. Melius Lov. *malesuada* : ut apud Virgil. Æneid. VI, *malesuada fames*. — (*c*) Plures Mss. *fallaciam*.

entendre à la femme de perfides paroles. Il commence par la partie la plus faible du couple humain, pour parvenir au tout par degrés; pensant bien que l'homme serait moins crédule et moins disposé à tomber lui-même dans l'erreur, qu'à céder complaisamment à l'erreur d'autrui. Car, de même qu'Aaron, pour la fabrication d'une idole, ne donna pas son consentement comme s'il approuvait l'égarement du peuple, mais parce qu'il fut forcé; (*Exod.* XXXII, 4.) de même qu'il n'est pas croyable que Salomon se soit laissé aller à l'idolâtrie par conviction, mais par complaisance pour ses femmes qui l'ont porté à ce culte sacrilége. (III. *Rois,* XI, 4) Ainsi, peut-on croire qu'Adam, en violant la loi de Dieu, n'a pas été trompé par la parole de sa compagne, mais qu'il obéit à une nécessité d'alliance, par affection du mari pour sa femme, de l'un pour l'autre, de l'époux pour l'épouse. Car ce n'est pas en vain que l'apôtre a dit : « Adam n'a pas été séduit, mais la femme. » (I. *Tim.* II, 14) Ève accepte comme l'expression de la vérité, ce que lui dit le serpent; Adam ne veut pas se séparer de sa seule société, même pour le péché, qui leur devient commun; mais il n'en est pas moins coupable, car il a péché avec connaissance et à dessein. Aussi l'apôtre ne dit pas : « Il n'a point péché; » mais : « Il n'a pas été séduit. » Car il montre bien qu'il a péché, en disant ailleurs : « Par un seul homme, le péché est entré dans le monde; » (*Rom.* V, 12) et un peu après, plus clairement encore : « A la ressemblance du péché d'Adam. » (*Ibid.* 14.) Il veut donc faire entendre par ceux qui sont séduits, ceux qui ne savent pas qu'ils pèchent. Pour Adam, il sut qu'il péchait. Autrement, quelle serait la vérité de cette parole : « Adam n'a pas été séduit? » Sans expérience des divines rigueurs, peut-être s'est-il trompé en croyant ne commettre qu'une faute vénielle. Ce qu'il y a de certain, c'est qu'il ne fut pas séduit comme sa femme, mais il se trompa, en s'imaginant que la justice de Dieu accepterait cette excuse : « La femme, que vous m'avez associée, m'a donné elle-même ce fruit, et j'en ai mangé. » (*Gen.* III, 12.) Qu'est-il besoin d'en dire davantage? Il est vrai qu'ils n'ont pas été dupes tous les deux, mais tous deux ont péché, et ils sont tombés tous deux dans les filets du démon.

CHAPITRE XII.

De l'énormité du premier péché commis par Adam.

Si quelqu'un s'étonne pourquoi la nature hu-

---

dum alieno cedit errori. Sicut enim Aaron erranti populo ad idolum fabricandum non consensit inductus, sed cessit obstrictus (*Exod.* XXXII, 4); nec Salomonem credibile est errore putasse idolis esse serviendum, sed blanditiis femineis ad illa sacrilegia fuisse compulsum (III. *Reg.* XI, 4) : ita credendum est, illum virum suæ feminæ, uni unum, hominem homini, conjugem conjugi, ad Dei legem transgrediendam, non tamquam verum loquenti credidisse seductum, sed sociali necessitudine paruisse. Non enim frustra dixit Apostolus : « Sed et Adam non est seductus, mulier autem seducta est : » (I. *Tim.* II, 14) nisi quia illa quod ei serpens locutus est, tamquam verum esset, accepit, ille autem ab unico noluit consortio dirimi, nec in communione peccati; nec ideo minus reus (*a*), sed sciens prudensque peccavit. Unde et Apostolus non ait : Non peccavit : sed : « Non est seductus. » Nam utique ipsum (*b*) ostendit, ubi dicit : « Per unum hominem intravit peccatum in mundum : » (*Rom.* V, 12) et paulo post apertius : « In similitudine, inquit, prævaricationis Adæ. » Eos autem seductos intelligi voluit, qui id quod faciunt, non putant esse peccatum : ille autem scivit. Alioquin quomodo verum erit : « Adam non est seductus? » Sed inexpertus divinæ severitatis in eo falli potuit, ut veniale crederet esse commissum. Ac per hoc in eo quidem quo mulier seducta est, non est ille seductus, sed cum fefellit, quomodo fuerat judicandum quod erat dicturus : « Mulier quam dedisti (*c*) mecum, ipsa mihi dedit, et manducavi. » (*Gen.* III, 12.) Quid ergo (*Supple,* opus est) pluribus? Etsi credenda non sunt ambo decepti, peccando tamen ambo sunt capti, et diaboli laqueis implicati.

CAPUT XII.

De qualitate primi peccati per hominem admissi.

Si quem vero movet, cur aliis peccatis sic natura non mutetur humana, quemadmodum illa duorum primorum hominum prævaricatione mutata est; ut

---

(*a*) Er. et Mss. *si sciens.* — (*b*) Editi, *ipsum peccasse ostendit.* Abest *peccasse* a Mss. — (*c*) Sic Mss. juxta Græc. LXX. At editi, *quam dedisti mihi sociam.*

maine n'est pas altérée par les autres péchés, comme elle l'a été par la prévarication première, qui a été la cause de cette affreuse corruption, dont nous sommes les témoins et que nous ressentons en nous-mêmes. En effet, nous sommes soumis à la mort et les jouets de toutes ces passions contraires qui troublent notre cœur; il n'en était pas ainsi dans le paradis, avant le péché, bien que l'homme eût un corps animal. Si quelqu'un, dis-je, s'en étonne, je réponds qu'on ne doit pas considérer comme légère et de peu d'importance la faute commise ; qu'il ne faut pas juger de sa gravité par la matière, qui n'était ni mauvaise, ni nuisible en elle-même, mais par la défense. Car dans ce lieu d'ineffable félicité, Dieu n'aurait pas créé ou planté quelque chose de mauvais. Mais le précepte regardait surtout l'obéissance, vertu qui, dans la créature raisonnable, est comme la mère et la gardienne de toutes les vertus : car, par le fait de sa création, rien n'est plus utile à l'homme que d'être soumis à Dieu, et rien ne lui est plus préjudiciable que de faire sa volonté et non celle de son Créateur. Aussi, ce commandement qui réservait une seule espèce de fruits, au milieu d'une si grande abondance d'aliments, était si facile à observer, si court à retenir, quand surtout la volonté ne rencontrait pas encore cette résistance qui suivit comme châtiment de la transgression, que le violateur a été d'autant plus coupable, qu'il lui était plus aisé d'être fidèle.

CHAPITRE XIII.

Le péché d'Adam a été précédé d'une volonté mauvaise.

1. Nos premiers parents ont commencé par être mauvais intérieurement avant de tomber dans la désobéissance ouverte. Car on n'en viendrait pas à un acte mauvais, si la volonté n'était d'abord mauvaise. Or, le principe de la volonté mauvaise, peut-il être autre que l'orgueil? « Car le principe de tout péché, c'est l'orgueil? » (*Eccl.* x, 15.) Et qu'est-ce que l'orgueil, sinon la convoitise d'une fausse grandeur? C'est une fausse grandeur en effet, d'abandonner celui à qui l'âme doit demeurer unie comme à son principe, pour devenir en quelque sorte son principe à soi-même. Ce qui arrive, lorsque l'âme se complaît trop en elle-même. Et elle se complaît ainsi, quand elle se détache de ce bien immuable, dont elle devrait faire, préférablement à elle-même, l'unique objet de ses complaisances. Or ce détachement de l'âme est volontaire. En effet, si la volonté de nos premiers parents fût demeurée stable dans l'amour du bien supérieur et immuable, qui

---

tantæ corruptioni, quantam videmus atque sentimus, et per hanc subjaceret (a) morti, ac tot ut tantis tamque inter se contrariis perturbaretur et fluctuaret affectibus, qualis in paradiso ante peccatum, licet in corpore esset animali, utique non fuit : si quis hoc movetur, ut dixi, non ideo debet existimare leve ac parvum illud fuisse commissum, quia in esca factum est, non quidem mala, nec noxia, nisi quia prohibita. Neque enim quidquam mali Deus in illo tantæ felicitatis loco crearet atque plantaret. Sed obedientia commendata est in præcepto, quæ virtus in creatura rationali mater quodam modo est omnium custosque virtutum : quando quidem ita facta est, ut ei subditam esse sit utile; perniciosum autem suam, non ejus a quo creata est, facere voluntatem. Hoc itaque de uno cibi genere non edendo, ubi aliorum tanta copia subjacebat, tam leve præceptum ad observandum, tam breve ad memoria retinendum, ubi præsertim nondum voluntati cupiditas resistebat, quod de pœna transgressionis postea subsecutum est, tanto majore injustitia violatum est, quanto faciliore posset observantia custodiri.

CAPUT XIII.

Quod in prævaricatione Adæ ad opus malum voluntas præcessit mala.

1. In occulto autem mali esse cœperunt, ut in apertam inobedientiam laberentur. Non enim ad malum opus perveniretur, nisi præcessisset mala voluntas. Porro malæ voluntatis initium quod potuit esse nisi superbia ? « Initium enim omnis peccati superbia est. » (*Eccli.* x, 15.) Quid est autem superbia, nisi perversæ celsitudinis appetitus? Perversa enim celsitudo est, deserto eo cui debet animus inhærere principio, sibi quodam modo fieri atque esse principium. Hoc fit, cum sibi nimis placet. Sibi vero ita placet, cum ab illo bono immutabili deficit, quod ei magis placere debuit quam ipse sibi. Spontaneus est autem iste defectus : quoniam si vo-

(*a*) Am. Er. et Lov. *et morti.* Abest et a Mss.

était leur lumière et la flamme qui embrasait leur cœur d'amour, elle ne s'en serait pas détournée pour se plaire en elle-même, et pour tomber dans l'aveuglement et la froideur ; la femme n'aurait pas cru aux paroles du serpent, et l'homme n'aurait pas préféré la volonté de sa femme au commandement de Dieu ; il n'aurait pas pensé ne commettre qu'une faute vénielle, en s'associant à la compagne de sa vie, même pour le crime. L'œuvre mauvaise, c'est-à-dire l'infraction à la défense de manger du fruit défendu, n'est le fait que de ceux qui sont déjà mauvais. Ce mauvais fruit ne pouvait venir que d'un mauvais arbre. (*Matth.* VII, 18.) C'était contre nature que cet arbre devint mauvais, car il ne pouvait le devenir que par le vice de la volonté, qui est contraire à la nature. Mais la nature ne saurait être altérée par le vice, si elle n'était tirée du néant. Comme nature, elle vient de Dieu qui l'a créée ; si elle abandonne l'auteur de son être, c'est parce qu'elle a été créée de rien. Cependant cette défection de l'homme ne l'a pas fait retomber dans le néant ; mais en se tournant vers lui-même, il a commencé à avoir moins d'être qu'il n'en avait lorsqu'il était uni à l'être souverain. Donc, abandonner Dieu pour être à soi, c'est-à-dire pour se complaire en soi, ce n'est pas encore être néant, mais c'est s'approcher du néant. De là vient que l'Écriture donne un autre nom à ceux qui se plaisent en eux-mêmes, elle les appelle superbes. (II. *Pierre,* II, 10.) Mais il est bon d'avoir le cœur élevé en haut, non vers soi, ce qui est orgueil, mais vers le Seigneur, ce qui est obéissance, et les humbles seuls en sont capables. Il y a donc dans l'humilité quelque chose qui élève merveilleusement le cœur, et dans l'élévation quelque chose qui abaisse le cœur. Cependant ne serait-ce pas une contradiction de dire que l'élévation abaisse et que l'humilité élève? Non, sans doute ; mais la vraie humilité rend soumis au supérieur ; or nul n'est supérieur à Dieu ; et en nous rendant soumis à Dieu, l'humilité nous élève. Au contraire, l'élévation est un vice, par cela même qu'elle rejette toute dépendance ; elle nous détache donc de celui au-dessus duquel il n'est rien et elle nous fait descendre ; ainsi s'accomplit cette parole de l'Écriture : « Vous les avez abattus lorsqu'ils s'élevaient. » (*Ps.* LXXII, 18.) Elle ne dit pas lorsqu'ils s'étaient élevés, comme si leur élévation avait précédé leur chute ; mais ils ont été abattus lorsqu'ils s'élevaient, car s'élever, c'est tomber. Aussi, d'un côté, c'est l'hu-

---

luntas in amore superioris immutabilis boni, a quo illustrabatur ut videret, et accendebatur ut amaret, stabilis permaneret, non inde ad sibi placendum averteretur, et ex hoc tenebresceret et frigesceret, ut vel illa verum crederet dixisse serpentem, vel ille Dei mandato uxoris præponeret voluntatem, putaretque se venialiter transgressorem esse præcepti, si vitæ suæ sociam non desereret etiam in societate peccati. Non malum ergo opus factum est, id est, illa transgressio, ut cibo prohibito vescerentur, nisi ab eis qui jam mali erant. Neque enim fieret ille fructus malus, nisi ab arbore mala. (*Matth.* VII, 18.) Ut autem esset arbor mala, contra naturam factum est : quia nisi vitio voluntatis, quod contra naturam est, non utique fieret. Sed vitio depravari, nisi ex nihilo facta, natura non posset. Ac per hoc ut natura sit, ex eo habet quod a Deo facta est ; ut autem ab eo (*a*) quod est deficiat, ex hoc quod de nihilo facta est. Nec sic defecit homo, ut omnino nihil esset : sed ut inclinatus ad se ipsum minus esset, quam erat, cum ei qui summe est inhærebat. Relicto itaque Deo, esse in semetipso, hoc est, sibi placere, non jam nihil esse est, sed nihilo propinquare. Unde superbi secundum Scripturas sanctas alio nomine appellantur, sibi placentes. (II. *Petr.* II, 10.) Bonum est enim sursum habere cor : non tamen ad se ipsum, quod est superbiæ ; sed ad Dominum, quod est obedientiæ, quæ nisi humilium non potest esse. Est igitur aliquid humilitatis miro modo quod sursum faciat cor, et est aliquid elationis quod deorsum faciat cor. Hoc quidem quasi contrarium videtur, ut elatio sit deorsum, et humilitas sursum. Sed pia humilitas facit subditum superiori ; nihil est autem superius Deo : et ideo exaltat humilitas, quæ facit subditum Deo. Elatio autem quæ in vitio est, eo ipso (*b*) quo respuit subjectionem, et cadit ab illo, quo non est quidquam superius, et hoc erit inferius, et fit quod scriptum est : « Dejecisti eos, cum extollerentur. » (*Ps.* LXXII, 18.) Non enim ait, cum elati fuissent, ut prius extollerentur, et postea dejicerentur : sed cum extollerentur, tunc dejecti sunt. Ipsum quippe extolli, jam dejici est. Quapropter quod nunc in Civitate Dei, et Civitati Dei in hoc sæculo peregrinanti maxime commenda-

---

(*a*) Sic melioris notæ Mss. At Vind. Am. Er. *ab eo quod facta est.* Lov. *ab eo a quo facta est.* — (*b*) Plerique Mss. omittunt, *quo* : postque *subjectionem,* Vind. prosequitur, *cadit ab illo,* omissa particula, etc.

milité, vertu spécialement recommandée dans la Cité de Dieu et à la Cité de Dieu dans son pélerinage ici-bas, vertu de prédilection pour le Christ, le roi de cette Cité ; et d'un autre côté, c'est le vice opposé à cette vertu, c'est l'orgueil, vice de l'ennemi de Jésus-Christ ; l'orgueil, vice principal du démon, au témoignage des Saintes-Écritures ; humilité, orgueil, vertu et vice, qui marquent l'extrême différence des deux Cités ; l'une, société des bons, l'autre, société des méchants, chacune avec les anges qui y correspondent et chez lesquels, dès le commencement, a dominé ou l'amour de Dieu, ou l'amour de soi.

2. L'homme donc n'aurait pas commis ce crime manifeste de désobéissance aux ordres de Dieu, il ne se serait pas laissé surprendre par le démon, s'il n'eût commencé par se complaire en lui-même. Il éprouva, en effet, une grande satisfaction intérieure à cette parole : « Vous serez comme des dieux. » (*Gen.* III, 5.) Nos premiers parents eussent été plutôt semblables à des dieux, en se tenant unis par l'obéissance à leur souverain et véritable principe, qu'en voulant, par leur orgueil, devenir eux-mêmes le principe de leur existence. Car des dieux créés ne sont pas véritablement dieux par leur propre vertu, mais par leur union au Dieu véritable, par participation à la nature divine. Si, au contraire, l'homme convoite plus d'être, il arrive à en avoir moins ; s'il aime à se suffire à lui-même, il s'éloigne de celui qui pourrait vraiment lui suffire. Aussi, ce désordre, qui consiste pour l'homme à se complaire en lui-même, comme s'il était lui-même lumière, et le détourne de celle qui le rendrait réellement lumière, si elle lui plaisait ; ce désordre, dis-je, existait déjà au cœur de l'homme, avant qu'il passât ouvertement au crime qui en était la conséquence. Car elle est bien vraie cette parole de l'Écriture : « Le cœur s'élève avant la chute, et il s'humilie avant d'être glorifié. » (*Prov.* XVI, 18.) Comme s'il y avait : La chute secrète précède la chute extérieure : lorsqu'on ne croit pas encore à la chute, on est déjà tombé. Car, qui donc s'imagine que l'élévation soit une chute? Et cependant, n'est-ce pas déjà une défection véritable que d'abandonner le Très-Haut? Mais pour qui la chute ne serait-elle pas visible, lorsqu'il y a violation évidente et indubitable du commandement? Aussi la défense de Dieu portait-elle sur une chose dont la violation ne pouvait se justifier d'aucune manière. Et j'oserai le dire, il est utile aux superbes de commettre au grand jour quelque faute grave, afin qu'ils se déplaisent à eux-mêmes, car ils sont tombés, en se complaisant en eux-mêmes. Les larmes et le déplaisir de Pierre lui furent plus

---

tur humilitas, et in ejus Rege, qui est Christus, maxime prædicatur ; contrariumque huic virtuti elationis vitium, in ejus adversario, qui est diabolus, maxime dominari, sacris litteris edocetur : profecto ista est magna differentia, qua Civitas, unde loquimur, utraque discernitur ; una scilicet societas piorum hominum, altera impiorum, singula quæque cum angelis ad se pertinentibus, in quibus præcessit hac amor Dei, hac amor sui.

2. Manifesto ergo apertoque peccato, ubi factum est quod Deus fieri prohibuerat, diabolus hominem non cepisset, nisi jam ille sibi ipsi placere cœpisset. Hinc enim et delectavit quod dictum est : « Eritis sicut dii, » (*Gen.* III, 5.) Quod melius esse possent summo veroque principio cohærendo per obedientiam, non suum sibi existendo principium per superbiam. Dii enim creati, non sua (*a*) veritate, sed Dei veri participatione sunt dii. Plus autem (*b*) appetendo, minus est : qui dum sufficere (*c*) diligit, ab illo qui ei vere sufficit, deficit. Illud itaque malum, quo cum sibi homo placet, tamquam sit et ipse lumen, evertitur ab eo lumine, quod ei si placeat et ipse sit lumen : illud, inquam, malum præcessit in abdito, ut sequeretur hoc malum quod perpetratum est in aperto. Verum est enim quod scriptum est : « Ante ruinam exaltatur cor, et ante gloriam humiliatur. » (*Prov.* XVI, 18.) Illa prorsus ruina quæ fit in occulto, præcedit ruinam quæ fit in manifesto, dum illa ruina esse non putatur. Quis enim exaltationem ruinam putat, cum jam ibi sit defectus, quo est relictus excelsus ? Quis autem ruinam esse non videat, quando sit mandati evidens atque indubitata transgressio ? Propter hoc Deus illud prohibuit, quod cum esset admissum, nulla defendi posset imaginatione justitiæ. Et (*d*) audeo dicere, superbis esse utile cadere in aliquod apertum manifestumque peccatum, unde sibi displiceant, qui jam sibi placendo ceciderant. Salubrius enim Petrus sibi displicuit, quando flevit, quam sibi placuit, quando præsumpsit. (*Math.* XXVI, 33 et 75.) Hoc dicit

---

(*a*) Sic Vind. et Mss. At Am. Er. et Lov. *virtute*. — (*b*) Editi, *homo appetendo*. Abest *homo* a Mss. — (*c*) Sic Vind. Am. et Mss. At Er. et Lov. *delegis*. — (*d*) Editi, *Et ideo*. Abest *ideo* a Mss.

salutaires que sa complaisance présomptueuse. (*Matth.* XXVI, 33 et 75.) Aussi le psalmiste s'écrie : « Couvrez de honte leur visage, et ils chercheront votre nom, Seigneur; » (*Ps.* LXXXII, 17) c'est-à-dire que ceux qui se plaisent à la recherche de leur propre gloire, se plairont à rechercher la gloire de votre nom.

CHAPITRE XIV.

De l'orgueil du péché qui fut plus coupable que le péché lui-même.

Mais il est un orgueil plus funeste et plus détestable, c'est celui de chercher de vaines excuses pour des péchés manifestes : ainsi firent nos premiers parents, Ève, en disant : « Le serpent m'a trompé, et j'ai mangé du fruit; » (*Gen.* III, 13) et Adam : « La femme que vous m'avez associée, m'a donné du fruit de l'arbre, et j'en ai mangé. » (*Ibid.* 12.) D'ailleurs, aucune parole annonçant qu'on demande pardon, rien pour implorer la clémence du médecin. Sans doute ils ne nient pas, comme Caïn (*Gen.* IV, 9), le crime commis, mais ils s'efforcent de le rejeter sur un autre; ainsi, par orgueil, la femme s'excuse sur le serpent, et l'homme sur la femme. Or, devant une transgression si évidente du précepte divin, s'excuser, c'est véritablement s'accuser. Est-ce que la faute n'existait plus, parce que la femme l'avait commise à la persécution du serpent, et l'homme, sur les instances de sa femme? Comme s'il y eût quelqu'un à qui l'on dût plutôt croire ou céder qu'à Dieu.

CHAPITRE XV.

De la justice du châtiment infligé à nos premiers parents, en raison de leur désobéissance.

1. Puisque l'homme a méprisé le commandement de Dieu qui l'avait créé, et créé à son image; qui lui avait donné l'autorité sur tous les autres animaux, et l'avait placé dans le paradis ; qui l'avait comblé de toutes sortes de biens; qui, au lieu de le surcharger de préceptes nombreux, étendus et d'une observation difficile, avait réduit son obéissance à un seul précepte, court, facile et salutaire, rappelant à sa créature qu'il est le Seigneur et qu'elle ne peut espérer de véritable liberté qu'en le servant; c'est avec justice que le châtiment a suivi la faute, et châtiment tel, que l'esprit de l'homme devint charnel, tandis que sa chair serait devenue spirituelle, s'il fût resté fidèle à Dieu; et comme, par son orgueil, il s'était plu à lui-même, la justice divine l'abandonne à lui-même, non pour vivre dans l'indépendance absolue qu'il désirait, mais en désaccord avec

---

et facet Psalmus : « Imple facies eorum ignominia et quærent nomen tuum, Domine : » (*Psal.* LXXXII, 17) id est, ut tu eis placeas quærentibus nomen tuum, qui sibi placuerunt quærendo suum.

CAPUT XIV.

De superbia transgressionis, quæ ipsa fuit transgressione deterior.

Sed est pejor damnabiliorque superbia, qua etiam in peccatis manifestis suffugium excusationis inquiritur : sicut illi primi homines, quorum et illa dixit : « Serpens seduxit me, et manducavi : » (*Gen.* III, 13) et illi dixit : « Mulier quam dedisti mecum, hæc mihi dedit a ligno, et edi. » (*Ibid.* 12.) Nusquam hic sonat petitio veniæ, nusquam imploratio medicinæ. Nam licet isti non sicut Cain, quod commiserunt, negent (*Gen.* IV, 9); adhuc tamen superbia in alium quærit referre, quod perperam fecit : superbia mulieris in serpentem, superbia viri in mulierem. Sed accusatio potius quam excusatio vera est, ubi mandati divini est aperta transgressio. Neque enim hoc propterea non fecerunt, quia id mulier serpente suadente, vir muliere impertiente commisit; quasi quidquam Deo, cui vel crederetur, vel cederetur, anteponendum fuerit.

CAPUT XV.

De justitia retributionis, quam primi homines pro sua inobedientia receperunt.

1. Quia ergo contemtus est Deus jubens, qui (*a*) creaverat, qui ad suam imaginem fecerat, qui ceteris animalibus præposuerat, qui in paradiso constituerat, qui rerum omnium copiam salutisque præstiterat, qui præceptis nec pluribus nec grandibus nec difficilibus oneraverat, sed uno brevissimo atque levissimo ad obedientiæ salubritatem adminiculaverat, quo eam creaturam, cui libera servitus expediret, se esse Dominum commonebat : justa damnatio subsecuta est, talisque damnatio, ut homo qui custodiendo mandatum futurus fuerat etiam carne spi-

---

(*a*) Editi, *qui hominem creaverat, qui ad suam imaginem eum fecerat*. At Mss. non habent *hominem*, nec *eum*.

lui-même, sous l'esclavage dur et cruel de celui dont il s'était fait le complice, par son péché ; sa volonté l'a fait mourir spirituellement, il souffrira contre sa volonté la mort du corps ; déserteur de la vie éternelle, il sera condamné à la mort éternelle, si Dieu ne l'en délivre par sa grâce. Quiconque juge cette condamnation trop forte ou injuste, ne sait certainement pas estimer la malice d'un péché qui pouvait être évité si facilement. Si c'est avec raison que l'on glorifie l'obéissance d'Abraham, parce qu'elle fut d'autant plus parfaite, que l'ordre qu'il avait reçu d'immoler son fils, était plus pénible à exécuter (*Gen.* XXII. 2); dans le paradis, la désobéissance fut d'autant plus grave, que le précepte était d'autant plus facile à observer. Et comme l'obéissance du second Adam est d'autant plus admirable, qu'il s'est fait obéissant jusqu'à la mort (*Philip.* II, 8); ainsi la désobéissance du premier Adam, est d'autant plus détestable, qu'il fut désobéissant jusqu'à la mort. Quand la chose commandée par le Créateur est si petite et la peine dont il menace la désobéissance si grande on ne saurait vraiment exprimer quel mal c'est de désobéir en des choses si faciles, à une si puissante majesté, sous le coup des supplices les plus terribles.

2. Enfin, pour tout dire en un mot, est-il une autre peine de la désobéissance que la désobéissance même? Car la grande misère de l'homme, n'est-ce pas la révolte de lui-même contre lui-même? Pour n'avoir pas voulu ce qu'il pouvait, il ne peut plus ce qu'il veut. Dans le paradis, avant le péché, tout ne lui était pas possible, mais il ne voulait que ce qu'il pouvait, et ainsi il pouvait tout ce qu'il voulait. Maintenant comme dès l'origine, l'Écriture l'atteste : « L'homme n'est que vanité. » (*Ps.* CXLIII, 4.) Qui dira son impuissance sur une foule de choses, quand lui-même est en lutte contre lui-même, quand sa volonté résiste à sa volonté, quand son esprit est soumis à la chair rebelle qui devait être l'esclave? Car, souvent, c'est malgré lui que son esprit se trouble, que sa chair souffre, vieillit et meurt. Et que de choses nous souffrons malgré nous, que nous ne souffririons pas, si notre nature obéissait de toute manière et en tous points à notre volonté. Mais, peut-être, les souffrances de la chair sont-elles un obstacle à son obéissance? Eh! qu'importe la raison, puisque ces révoltes de notre chair autrefois soumise, sont un effet de la justice du Dieu souverain, à qui nous avons refusé l'obéissance? En désobéissant à Dieu, nous ne lui

---

ritalis, fieret etiam mente carnalis; et (*a*) qui sua superbia sibi placuerat, Dei justitia sibi donaretur; nec (*b*) sic ut in sua esset omnimodis potestate, sed a se ipse quoque dissentiens, sub illo qui peccando consensit, pro libertate quam concupivit, duram miseramque ageret servitutem ; mortuus spiritu volens, et corpore moriturus invitus : desertor æternæ vitæ, etiam æterna, nisi gratia liberaret, morte damnatus. Quisquis hujusmodi damnationem vel nimiam, vel injustam quia, metiri profecto nescit, quanta fuerit iniquitas in peccando, ubi tanta erat non peccandi facilitas. Sicut enim Abrahæ non immerito magna obedientia prædicatur (*Gen.* XXII, 2), quia ut occideret filium, res difficillima est imperata : ita in paradiso tanto major inobedientia fuit, quanto id quod præceptum est, nullius difficultatis fuit. Et sicut obedientia secundi hominis eo prædicabilior, quo factus est obediens usque ad mortem (*Philip.* II, 8) : ita inobedientia primi hominis eo detestabilior, quo factus est inobediens usque ad mortem. Ubi enim magna est inobedientiæ pœna proposita, et res a Creatore facilis imperata, quisnam satis explicet, quantum malum sit, non obedire in re facili, et tantæ potestatis imperio, et tanto terrenti supplicio?

2. Denique ut breviter dicatur, in illius peccati pœna quid inobedientiæ nisi inobedientia retributa est? Nam quæ hominis est alia miseria, nisi adversus eum ipsum inobedientia ejus ipsius, ut (*c*) quoniam noluit quod potuit, non potest velit? In paradiso enim etiamsi non omnia poterat ante peccatum, quidquid tamen non poterat, non volebat; et ideo poterat omnia quæ volebat. Nunc vero sicut in ejus stirpe cognoscimus, et divina Scriptura testatur : « Homo vanitati similis factus est. » (*Psal.* CXLIII, 4.) Quis enim enumerat, quam multa quæ non potest velit, dum sibi ipse, id est, voluntati ejus, ipsius animus ejus, eoque inferior caro ejus non obtemperat? Ipso namque invito, et animus plerumque turbatur, et caro dolet, et veterascit, et moritur; et quidquid aliud patimur, quo ! non pateremur inviti, si voluntati nostræ nostra natura omni

---

(*a*) Sic Mss. At editi, *et quia*. — (*b*) Vind. Am. Er. *ne sicut affectabat, in sua esset,* etc. Lov. *nec sicut affectabat* etc. Abest *affectabat* a Mss. qui habent, *nec sic* (intellige *sibi donaretur*) *ut in sua esset,* etc. — (*c*) Invertit dictum Terentii Andr. Act. II, Scen. 1. *Quoniam non potest fieri quod velis, id velis quod possit.*

avons pas fait de mal, mais nous nous sommes fait du mal à nous-mêmes. Il n'a pas besoin de notre service, nous ne pouvons nous passer de celui de notre corps ; ainsi notre péché n'a fait de tort qu'à nous. Quant aux douleurs de la chair, c'est l'âme qui les souffre dans la chair et par la chair. En effet, que peut souffrir ou désirer par elle-même une chair sans âme? Tout ce que la chair souffre ou désire, c'est l'homme lui-même qui le ressent, ou quelque partie de l'âme qui reçoit de la chair les impressions pénibles ou agréables, causes de la douleur ou du plaisir. Cette douleur de la chair, c'est à proprement parler, le mal de l'âme par la chair, c'est l'aversion par la souffrance, comme la douleur de l'âme qu'on nomme tristesse, est l'aversion pour les accidents qui nous arrivent contre notre volonté. Mais la tristesse est ordinairement précédée de la crainte qui est dans l'âme, non dans la chair, tandis que la douleur corporelle n'est précédée d'aucune crainte charnelle ; le corps n'en éprouve point avant la douleur. Pour la volupté, un certain aiguillon la précède, un certain désir de la chair, comme la faim et la soif, et même de la convoitise, nom qui désigne plus spécialement les plaisirs sensuels, et dont on se sert cependant pour exprimer toute espèce de passion. Car la colère elle-même n'est rien autre chose que la convoitise de la vengeance ; les anciens (CICÉRON, IV° *Tusculane*), l'ont ainsi définie : Bien que souvent l'homme s'emporte contre des objets inanimés qui ne peuvent ressentir les effets de sa passion, comme quand, dans sa colère, il brise une mauvaise plume ou un stylet ; cet emportement, tout déraisonnable qu'il soit, est cependant une certaine convoitise de vengeance et, pour ainsi dire, comme une ombre de cette justice qui veut que celui qui fait le mal en supporte la peine. Il y a donc la convoitise de se venger que l'on appelle colère ; la convoitise d'avoir de l'argent, qui s'appelle l'avarice. Il y a la convoitise de vaincre, n'importe de quelle manière, et c'est l'opiniâtreté ; la convoitise de se glorifier, et c'est la jactance. Il y en a bien d'autres, dont les unes ont un nom et les autres n'en ont point. Quel nom donnera-t-on, en effet, à cette convoitise de dominer, si puissante dans l'âme des tyrans, comme l'attestent les guerres civiles ?

---

modo atque ex omnibus partibus obediret. At enim aliquid caro patitur, quo servire non sinitur? Quid interest unde, dum tamen (*a*) per justitiam dominantis Dei, cui subditi servire noluimus, caro nostra nobis, quæ subdita fuerat, non serviendo molesta sit ; quamvis nos Deo non serviendo, molesti nobis potuerimus esse, non illi ? Neque enim sic ille nostro, ut nos servitio corporis indigemus : et ideo nostro est quod recipimus, non illius pœna quod fecimus. Dolores porro qui dicuntur carnis, animæ sunt in carne, et ex carne. Quid enim caro per se ipsam sine anima vel dolet, vel concupiscit? Sed quod concupiscere caro dicitur vel dolere, aut ipse homo est, sicut disseruimus ; aut aliquid animæ, quod carnis afficit passio, vel aspera, ut faciat dolorem ; vel lenis, ut voluptatem. Sed dolor carnis tantummodo offensio est animæ ex carne, et quædam ab ejus passione dissensio : sicut animæ dolor, quæ tristitia nuncupatur, dissensio est ab his rebus que nobis nolentibus acciderunt. Sed tristitiam plerumque præcedit metus, qui et ipse in anima est, non in carne. Dolorem autem carnis non præcedit ullus quasi metus carnis, qui ante dolorem in carne sentiatur. Voluptatem vero præcedit appetitus quidam, qui sentitur in carne quasi cupiditas ejus, sicut fames et sitis, et ea quæ in genitalibus usitatius libido nominatur, cum hoc sit generale vocabulum omnis cupiditatis. Nam et ipsam iram nihil aliud esse, quam ulciscendi libidinem, (CICERO, *in* IV *Tusc.*) veteres definierunt : quamvis nonnumquam homo, ubi vindictæ nullus est sensus, etiam rebus inanimis irascatur (*a*), ut male scribentem stilum collidat, vel calamum frangat iratus. Verum et ista licet irrationabilior, tamen quædam ulciscendi libido est, et nescio quæ, ut ita dixerim, quasi umbra retributionis, ut qui male faciunt, mala patiantur. Est igitur libido ulciscendi, quæ ira dicitur : est libido habendi pecuniam, quæ avaritia : est libido quomodocumque vincendi, quæ pervicacia : est libido gloriandi, quæ jactantia nuncupatur. Sunt multæ variæque libidines, quarum nonnullæ habent etiam vocabula propria, quædam vero non habent. Quis enim facile dixerit, quid vocetur libido dominandi, quam tamen plurimum valere in tyrannorum animis, etiam civilia bella testantur ?

(*a*) Aliquot Mss. *pro justitia damnantis Dei.* — (*b*) Nonnulli codices, *et male.*

CHAPITRE XVI.

De la convoitise; ce nom convient à plusieurs vices; il désigne cependant plus spécialement les mouvements de la concupiscence.

Toutefois, comme les convoitises de l'homme ont beaucoup d'objets, lorsqu'on parle de la concupiscence, sans rien ajouter davantage, il ne se présente d'ordinaire à l'esprit que le mouvement honteux des organes de la génération. Or, cette passion n'agit pas seulement à l'extérieur, mais aussi intérieurement; elle s'empare du corps de l'homme et soulève son être tout entier, exerçant à la fois son action sur les passions de l'âme et les appétits charnels, jusqu'à ce que du trouble produit, naisse cette volupté qui surpasse toutes les voluptés du corps; et quand la dernière limite du plaisir est atteinte, à ce moment-là même, l'âme est tellement enivrée que toute sa vigueur est pour ainsi dire suspendue, et que la pensée est comme endormie. Aussi, quel homme ami de la sagesse et des saintes joies, engagé dans le mariage, mais, selon l'avertissement de l'Apôtre, sachant posséder son vase dans la sainteté et l'honneur, et non avec les infirmités de l'incontinence, comme les païens qui ne connaissent pas Dieu (I. *Thess.* IV, 4 et 5), ne préférerait, s'il était possible, engendrer des enfants sans aucune volupté, en sorte que les organes destinés à ces fonctions fussent comme les autres, chacun, selon leur ordre, soumis à l'empire de la volonté et non emportés par les impétuosités de la convoitise? Mais ceux mêmes qui aiment cette volupté, soit dans le légitime mariage, soit dans les commerces honteux de l'impudicité, ne sont pas émus à leur gré. Quelquefois ces mouvements importunent ceux qui ne les désirent pas, quelquefois ils abandonnent ceux qui en convoitent les ardeurs, et tandis que l'âme est en feu, le corps demeure glacé. Ainsi, par une étrange merveille, non-seulement cette passion déréglée résiste aux légitimes désirs, mais encore aux désirs impudiques de la concupiscence. Et tandis que souvent elle s'oppose de tout son pouvoir aux efforts de l'esprit qui voudrait la réprimer, d'autres fois elle se divise contre elle-même, elle soulève l'âme sans émouvoir le corps.

CHAPITRE XVII.

Nos premiers parents ne connurent qu'après le péché, la honte de leur nudité.

C'est avec raison que cette convoitise nous fait rougir et aussi que ces membres mêmes,

CAPUT XVI.

De libidinis malo, cujus nomen cum multis vitiis congruat, proprie tamen motibus obscœnis corporis adscribitur.

Cum igitur sint multarum libidines rerum, tamen cum libido dicitur, neque cujus rei libido sit additur, non fere adsolet animo occurrere nisi illa, qua obscœnæ corporis partes excitantur. Hæc autem sibi non solum totum corpus, nec solum extrinsecus, verum etiam intrinsecus vindicat, totumque commovet hominem animi simul affectu cum carnis appetitu conjuncto atque permixto, ut ea voluptas sequatur, qua major in corporis voluptatibus nulla est: ita ut momento ipso temporis, quo ad ejus pervenitur extremum, pene omnis acies et quasi vigilia cogitationis obruatur. Quis autem amicus sapientiæ sanctorumque gaudiorum, conjugalem agens vitam, sed, sicut Apostolus monuit : « sciens vas suum possidere in sanctificatione et honore, non in morbo desiderii, sicut et gentes quæ ignorant Deum, » (I. *Thess.* IV, 4 et 5) non mallet, si posset, sine hac libidine filios procreare; ut etiam in hoc serendæ prolis officio, sic ejus menti ea quæ ad hoc opus creata sunt, quemadmodum cetera suis quæque operibus distributa membra servirent, nutu voluntatis acta, non æstu libidinis incitata? Sed neque ipsi amatores hujus voluptatis, sive ad concubitus conjugales, sive ad immunditias flagitiorum, cum voluerint commoveantur : sed aliquando motus ille importunus est nullo poscente, aliquando autem destituit inhiantem, et cum in animo concupiscentia ferveat, frigel in corpore : atque ita mirum in modum non solum generandi voluntati, verum etiam lasciviendi libido non servit ; et cum tota plerumque menti cohibenti adversetur, nonnumquam et adversus se ipsam dividitur, commotoque animo in commovendo corpore se ipsa non sequitur.

CAPUT XVII.

De nuditate primorum hominum, quem post peccatum turpem pudendamque viderunt.

Merito hujus libidinis maxime pudet, merito et ipsa membra, quæ suo quodam, ut ita dixerim, jure,

qui sont, pour ainsi dire, de son ressort, qu'elle meut ou retient souvent, indépendamment de notre volonté, s'appellent honteux; il n'en était point ainsi avant le péché. Car il est écrit : « Ils étaient nus et n'en avaient point de honte : » (*Gen.* II, 25) non que cette nudité leur fut inconnue, mais elle n'était pas encore honteuse; car la concupiscence ne soulevait pas alors ces organes contre la volonté, et la chair rebelle ne fournissait pas encore par sa désobéissance, comme un témoignage de la criminelle désobéissance de l'homme. Nos premiers parents n'avaient pas été créés aveugles, comme le vulgaire ignorant se l'imagine. L'homme en effet voit les animaux, et leur donne à chacun leurs noms; et il est dit d'Ève : « La femme vit que le fruit défendu était bon à manger et agréable aux yeux. »(*Gen.* III, 6.) Leurs yeux étaient donc ouverts, seulement ils n'avaient pas remarqué ce voile dont la grâce les couvrait, quand leurs membres ignoraient encore la résistance à la volonté. Mais la grâce perdue, la désobéissance est punie par la désobéissance; un mouvement étrange et impudique s'élève aussitôt dans leur corps, la nudité devient honteuse; ils s'en aperçoivent et sont couverts de confusion. Aussi, après cette violation flagrante de l'ordre de Dieu, l'Écriture dit : « Et leurs yeux s'ouvrirent et ils connurent qu'ils étaient nus, et ils entrelacèrent des feuilles de figuier et ils se firent des ceintures. » (*Gen.* III, 7.) Leurs yeux s'ouvrirent, dit le texte sacré, non pour voir, car ils voyaient auparavant; mais pour connaître le bien qu'ils avaient perdu et le malheur dans lequel ils étaient tombés. C'est de là, de cette fatale connaissance, que devait révéler la violation de la défense divine, que l'arbre dont le fruit était interdit, prit son nom et fut appelé l'arbre de la science du bien et du mal. Car les incommodités de la maladie font mieux connaître le prix de la santé. Ils connurent donc qu'ils étaient nus, c'est-à-dire dénués de cette grâce qui les empêchait de rougir de leur nudité, quand aucune loi du péché n'imposait encore de résistance contre l'esprit. Dès lors, ils connurent ce qu'ils eussent plus heureusement ignoré, si, fidèles et obéissants à Dieu, ils n'eussent point commis cette faute, qui leur fit expérimenter le malheur de l'infidélité et de la désobéissance. Aussi, confus de la révolte de leur chair, qui était un témoignage et un châtiment de leur propre révolte, ils entrelacèrent des feuilles de figuier et se firent des ceintures ou des tabliers pour leurs membres honteux. Car quelques in-

---

non omni modo ad arbitrium nostrum (*a*) movet, aut non movet, pudenda dicuntur, quod ante peccatum hominis non fuerant. Nam sicut scriptum est : « Nudi erant, et non confundebantur : » (*Gen.* II, 25) non quod eis sua nuditas esset incognita, sed turpis nuditas nondum erat ; quia nondum libido membra illa præter arbitrium commovebat, nondum ad hominis inobedientiam redarguendam sua inobedientia caro quodam modo testimonium perhibebat. Neque enim cæci erant, ut imperitum vulgus opinatur : quando quidem et ille vidit animalia, quibus nomina imposuit; et de illa legitur : « Vidit mulier quia bonum lignum in escam, et quia placet oculis ad videndum. » (*Gen.* III, 6.) Patebant ergo oculi corum, sed ad hoc non erant aperti, hoc est, non adtenti, ut cognoscerent quid eis indumento gratiæ præstaretur, quando membra eorum voluntati repugnare nesciebant. Qua gratia remota, ut pœna reciproca inobedientia plecteretur, exstitit in motu corporis quædam impudens novitas, unde esset indecens nuditas ; et fecit adtentos, reddiditque confusos. Hinc est quod postea quam mandatum Dei aperta transgressione violarunt, scriptum est de illis : « Et aperti sunt oculi amborum, et cognoverunt quia nudi erant, et consuerunt folia fici, et fecerunt sibi campestria. (*Ibid.* VII.) Aperti sunt, inquit, oculi amborum, » non ad videndum, nam et antea videbant ; sed ad discernendum inter bonum quod amiserant, et malum quo ceciderant. Unde et ipsum lignum, eo quod istam faceret dignoscentiam, si ad vescendum contra vetitum tangeretur, ex ea re nomen accepit, ut appellaretur lignum, sciendi boni et mali. Experta enim morbi molestia, evidentior fit etiam jocunditas sanitatis. « Cognoverunt ergo quia nudi erant : » nudati scilicet ea gratia, qua fiebat ut nuditas corporis nulla eos lege peccati menti eorum repugnante confunderet. Hoc itaque cognoverunt, quod felicius ignorarent, si Deo credentes et obedientes non committerent, quod eos cogeret experiri infidelitas et inobedientia quid nocerent. Proinde confusi inobedientia carnis suæ, tamquam teste pœna inobedientiæ suæ, « consuerunt folia fici, et fecerunt sibi (*Apud.* LXX, περιζώματα.) campestria, » id est, succinctoria genitalium. Nam quidam interpretes « succinctoria » posuerunt. Porro autem « campestria » Latinum qui-

---

(*a*) Vind. Am. et plures Mss. *moventur, aut non moventur.* Er. *movent, aut non movent.*

terprètes ont employé l'expression : *succinctoria*. Or, le mot latin *campestria*, ceintures, vient de l'usage qu'avaient contracté les jeunes gens, de couvrir les parties honteuses de leurs corps, lorsqu'ils s'exerçaient nus dans les camps; et ceux qui se ceignaient ainsi s'appelaient vulgairement *campestrati*. Ainsi, ce mouvement de révolte de la convoitise contre la volonté coupable aussi de révolte, la pudeur en couvrait la honte. De là, chez tous les peuples qui descendent de la même origine, ce sentiment de pudeur si naturel, que certains barbares ne découvrent point les parties honteuses, même dans le bain, et qu'ils les lavent avec leurs linges. Au milieu des profondes solitudes de l'Inde, ceux qu'on appelle Gymnosophistes, qui philosophent nus dans ces forêts, ont aussi le soin de couvrir ces organes, tandis que le reste du corps est sans vêtement.

CHAPITRE XVIII.

De la honte attachée à l'acte de la génération, même dans l'union conjugale.

Lorsque cette convoitise veut se satisfaire, non-seulement par ces commerces criminels qui recherchent les ténèbres pour échapper à la justice humaine, mais encore dans ces relations avec les courtisanes que la Cité terrestre permet (1), puisque nulle loi ne les réprime; cette convoitise, dis-je, pour accomplir son œuvre fuit cependant le jour et les regards, bien qu'elle semble licite et impunie; une honte naturelle lui fait chercher le secret même dans les mauvais lieux. Car, il a été plus facile à l'impudicité de s'affranchir du joug de la loi, qu'à l'impudence de supprimer certaines réserves de la pudeur. Les plus débauchés eux-mêmes appellent ces infamies des actes déshonnêtes ; bien qu'ils les aiment, ils rougissent de les accomplir au grand jour. Que dirais-je de l'union légitime du mariage? Selon les prescriptions de la loi civile, elle a pour but la production des enfants, et bien qu'elle soit licite et honnête, ne cherche-t-elle pas aussi le secret? Est-ce que les serviteurs, les paranymphes eux-mêmes et les plus intimes amis, qui d'ordinaire pénètrent librement dans l'intérieur de la maison, ne sont pas congédiés, dès que l'époux donne à son épouse les premiers témoignages d'affection? « Toute bonne action, » a dit le

(1) Saint Jérôme écrivant à Océanus, au sujet de la mort de Fabiola : Autres, dit-il, sont les lois de César, autres sont celles du Christ; autre est le précepte de Papinien, autre celui de notre Paul. Chez eux, l'impudicité n'a plus de frein; à l'exception de l'inceste et de l'adultère que la loi condamne, çà et là sont des maisons de corruption, et la débauche est permise avec les pauvres servantes, comme si la condition faisait la faute et non la volonté.

---

dem verbum est, sed ex eo dictum, quod juvenes, qui nudi exercebantur in campo, pudenda operiebant : unde qui ita succincti sunt, campestratos vulgus appellat. Quod itaque adversus damnatam (a) culpa inobedientiæ voluntatem libido inobedienter movebat, verecundia pudenter tegebat. Ex hoc omnes gentes, quoniam ab illa stirpe procreatæ sunt, usque adeo tenent insitum pudenda velare, ut quidam barbari illas corporis partes nec in balneis nudas habeant, sed cum earum tegumentis lavent. Per opacas quoque Indiæ solitudines, cum quidam nudi philosophentur, unde Gymnosophistæ nominantur; adhibent tamen genitalibus tegmina, quibus per cetera membrorum carent.

CAPUT XVIII.

De pudore concubitus, non solum vulgari, sed etiam conjugali.

Opus vero ipsum quod libidine tali peragitur, non solum in quibusque stupris, ubi latebræ ad subterfugienda humana judicia requiruntur; verum etiam in usu scortorum, quam terrena Civitas licitam turpitudinem fecit, quamvis id agatur; quod ejus Civitatis nulla lex vindicat, devitat tamen publicum etiam permissa atque impunita libido conspectum ; et verecundia naturali habent provisum lupanaria ipsa secretum, faciliusque potuit impudicitia non habere vincula prohibitionis, quam impudentia removere latibula illius fœditatis. Sed hanc etiam ipsi turpes turpitudinem vocant : cujus licet sint amatores, ostentatores esse non audent. Quid concubitus conjugalis, qui secundum matrimonialium præscripta Tabularum procreandorum fit caussâ liberorum, nonne et ipse quamquam sit licitus et honestus, remotum ab arbitris cubile requirit? Nonne omnes famulos, atque ipsos etiam paranymphos, et quoscumque ingredi quælibet necessitudo permiserat, ante mittit foras, quam vel blandiri conjux

(a) Sic probæ notæ Mss. At editi, *culpam*.

prince de l'éloquence romaine (CICÉRON, III *Tuscul.*), « veut paraître au grand jour, » c'est-à-dire aspire à être connue, celle-ci, ne craint pas de l'être, et quoique bonne elle rougit cependant de la lumière. Qui ne sait pourtant ce qui a lieu entre les époux, pour avoir des enfants? C'est précisément pour cela qu'on déploie tant de solennité pour les mariages; toutefois, lorsque les époux veulent avoir des enfants, s'ils en ont déjà, ils ne souffrent pas même la présence de leurs premiers-nés. Ainsi, cette œuvre licite recherche la lumière de l'esprit et fuit celle des yeux. D'où vient cela, si ce n'est que cet acte légitime et naturel se ressent toujours de la honte que le péché y a attachée comme un juste châtiment?

CHAPITRE XIX.

Les mouvements impétueux de la colère et de la concupiscence n'existaient point avant le péché, lorsque la nature était saine; ils sont si vicieux qu'il est besoin du frein de la sagesse pour les dominer.

Aussi, les philosophes qui ont approché plus près de la vérité, *(les Platoniciens)*, reconnaissent-ils que la colère et la concupiscence sont des parties vicieuses de l'âme, parce qu'elles portent la confusion et le désordre dans les actes que la sagesse même autorise ; c'est pour cela qu'elles ont besoin d'être modérées par la raison. Cette troisième partie de l'âme, ils la représentent placée comme au centre d'une citadelle pour gouverner les autres, qui par leur obéissance à ses ordres, établissent le règne de la justice dans l'âme de l'homme tout entière. Or, ces deux parties, qui, d'après eux, sont vicieuses même dans l'homme sage et tempérant; mais si vicieuses qu'il faut tout le frein modérateur de la raison, pour comprimer leur violence et ne leur permettre que ce qui est autorisé par la sagesse; par exemple que la colère se borne à de justes répressions, et la concupiscence à la propagation de l'humanité; ces deux parties de l'âme, dis-je, n'étaient point vicieuses dans le paradis, avant le péché. Elles n'avaient point alors de mouvements contraires à la volonté droite, et par conséquent le frein de la raison n'était pas nécessaire pour réprimer de mauvaises tendances. Et maintenant, ces mouvements qui se modifient plus ou moins facilement par les efforts des hommes tempérants, justes et pieux qui cherchent à maîtriser ces passions, ne sont pas une preuve de la corruption venant de la nature, mais bien une consé-

---

conjugi incipiat? Et quoniam, sicut ait quidam Romani maximus auctor eloquii (Cic. III. *Tusc. quæst.*), omnia recte facta in luce se collocari volunt, id est, appetunt sciri : hoc recte factum sic appetit sciri, ut tamen erubescat videri. Quis enim nescit, ut filii procreentur, quid inter se conjuges agant? quando quidem ut id agatur, tanta celebritate ducuntur uxores : et tamen cum agitur unde filii nascantur, nec ipsi filii, si qui inde jam nati sunt, testes fieri permittuntur, Sic enim hoc recte factum ad sui notitiam lucem appetit animorum, ut tamen refugiat oculorum. Unde hoc, nisi quia sic geritur quod deceat ex natura, ut etiam quod pudeat comitetur ex pœna?

CAPUT XIX.

Quod partes iræ atque libidinis tam vitiose moventur, ut eas necesse sit frenis sapientiæ cohiberi, quæ in illa ante peccatum naturæ non fuerunt.

Hinc est quod et illi philosophi, qui veritati propius accesserunt, iram atque libidinem vitiosas animi partes esse confessi sunt, eo quod turbide atque inordinate moverentur, ad ea etiam quæ sapientia perpetrari (*a*) non vetat; ac per hoc opus habere moderatrice mente atque ratione. Quam partem animi tertiam, velut in arce quadam ad istas regendas perhibent collocatam; ut illa imperante, istis servientibus, possit in homine justitia ex omni animi parte servari. Hæc igitur partes, quas et in homine sapiente ac temperante fatentur esse vitiosas, ut eas ab his rebus ad quas injuste moventur, mens compescendo et cohibendo refrenet ac revocet, atque ad ea permittat, quæ sapientiæ lege concessa sunt ; sicut iram ad exercendam justam coercitionem, sicut libidinem ad propagandæ prolis officium : hæ inquam partes in paradiso ante peccatum vitiosæ non erant. Non enim contra rectam voluntatem ad aliquid movebantur, unde necesse esset eas (*b*) rationis tamquam frenis regentibus abstinere. Nam quod nunc ita moventur, et ab eis qui temperanter et juste et pie vivunt, alias facilius, alias difficilius, tamen cohibendo et (*c*) refrenando modificatur, non est utique sanitas ex natura, sed languor ex culpa. Quod autem iræ opera aliarumque affectionum in

---

(*a*) Vind. Am. Er. et nostri Mss. *perpetrari vetat :* omissa negante particula. — (*b*) Lov. *ratione.* — (*c*) Mss. et *repugnando.*

quence de la faute punie par de telles infirmités. Et si les œuvres de la colère et des autres passions, quels qu'en soient les paroles ou les actes, ne nous imposent pas la honte du secret, comme les œuvres de la concupiscence, c'est assurément parce que nos membres ne se meuvent pas au gré de ces autres passions, mais au commandement de la volonté qui donne son assentiment et domine absolument leur action. En effet, celui qui, dans la colère, lance des injures ou des coups, ne le pourrait faire, si la langue et la main n'étaient mis en mouvement pour ainsi dire : par l'ordre de la volonté et n'est-ce pas la volonté qui les fait mouvoir, même en l'absence de la colère? Quant aux organes de la génération, la concupiscence les a tellement assujettis à son empire que, sans elle soit spontanément, soit provoquée, ils ne sauraient se mouvoir. Voilà ce qui nous fait honte, voilà ce qui ne saurait s'exposer aux regards sans rougir: L'homme souffrirait plutôt une foule de témoins quand il s'emporte contre un autre homme, qu'il n'en souffrirait un seul quand il se livre aux jouissances légitimes du mariage.

CHAPITRE XX.

De l'impudente et vaine effronterie des Cyniques.

C'est ce que n'ont pas compris ces philosophes impudents, appelés Cyniques, qui professent cette maxime immonde, effrontée, honteuse et qui tend à bannir toute pudeur humaine : à savoir que, comme les œuvres du mariage sont légitimes, on ne doit pas avoir honte de les accomplir en plein jour, au milieu de la rue ou sur une place publique. Cependant, la pudeur naturelle a prévalu sur cette opinion erronée. Car, bien qu'on assure que Diogène ait agi parfois conformément à ses leçons, dans la pensée, sans doute, de rendre sa secte plus célèbre, en imprimant dans les souvenirs de l'homme un acte plus fameux de haute impudence; les Cyniques cependant ne l'ont point imité depuis, et la pudeur a eu plus de pouvoir pour faire respecter l'homme par son semblable, que l'erreur pour l'assimiler au chien. Aussi, je suppose que Diogène, ou ceux dont on rapporte de telles infamies, les ont plutôt simulées sous les yeux d'hommes, qui ne pouvaient savoir ce qui se passait sous leur manteau, qu'ils ne les ont accomplies à la vue du public. Car ces philosophes ne rougissaient pas de paraître se livrer à des turpitudes, quand la concupiscence même eût rougi de se montrer. Et maintenant nous voyons encore des philosophes cyniques : avec le manteau, ils portent la massue ; aucun d'eux n'oserait cependant commettre ces obscénités, sans

quibusque dictis atque factis non sic abscondit verecundia, ut opera libidinis quæ sunt genitalibus membris, quid caussæ est, nisi quia in ceteris membra corporis non ipsæ affectiones, sed cum eis consenserit, voluntas movet, quæ in usu eorum omnino dominatur? Nam quisquis verbum emittit iratus, vel etiam quemquam percutit, non posset hoc facere, nisi lingua et manus jubente quodam modo voluntate moverentur : quæ membra, etiam cum ira nulla est, moventur eadem voluntate. At vero genitales corporis partes ita libido suo juri quodam modo mancipavit, ut moveri non valeant, si ipsa defuerit, et nisi ipsa vel ultro vel excitata surrexerit. Hoc est quod pudet, hoc est quod intuentium oculos erubescendo devitat : magisque fert homo spectantium multitudinem, quando injuste irascitur homini, quam vel unius adspectum et quando juste miscetur uxori.

CAPUT XX.

De vanissima turpitudine Cynicorum.

Hoc illi canini philosophi, hoc est Cynici, non viderunt, proferentes contra humanam verecundiam, quid aliud quam caninam, hoc est, immundam impudentemque sententiam ? ut scilicet quoniam justum est quod fit in uxore, palam non pudeat id agere ; nec in vico aut platea qualibet conjugalem concubitum devitare. Vicit tamen pudor naturalis opinionem hujus erroris. Nam etsi perhibent hoc aliquando gloriabundum fecisse Diogenem, ita putantem sectam suam nobiliorem futuram, si in hominum memoria insignior ejus impudentia figeretur : postea tamen a Cynicis fieri cessatum est; plusque valuit pudor, ut erubescerent homines hominibus, quam error, ut homines canibus esse similes affectarent. Unde et illum vel illos, qui hoc fecisse referuntur, potius arbitror concumbentium motus dedisse oculis hominum nescientium quid sub pallio (a) gereretur, quam humano premente conspectu potuisse illam peragi voluptatem. Ibi enim philosophi non erubescebant videri se velle concumbere, ubi libido ipsa erubesceret surgere. Et nunc videmus adhuc esse philosophos Cynicos : hi enim sunt, qui non solum amiciuntur pallio, verum etiam clavam ferunt ; nemo

(a) Sola editio Lov. *tegeretur*. Paulo post plerique Mss. *præsente conspectu*.

s'exposer à être lapidé ou du moins couvert de crachats. L'homme donc a naturellement honte de la concupiscence, et c'est avec raison. Car, cette étrange révolte, qui domine certains organes, les soumet à sa seule puissance, et les soustrait à l'empire de la volonté, démontre assez clairement les effets pour l'homme de sa première désobéissance. D'ailleurs, le châtiment devait surtout frapper les organes de la génération, puisque le premier péché a été la cause de l'altération profonde de la nature humaine; personne n'est exempt de ce lien de corruption, à moins que la grâce de Dieu ne répare en chacun ce crime commis lorsque tous étaient en un seul, crime funeste à tous et que venge la justice de Dieu.

CHAPITRE XXI.

La bénédiction donnée avant le péché pour la propagation de la race humaine, n'a pas été détruite par la prévarication d'Adam; la concupiscence s'y est jointe avec ses infirmités.

Loin de nous donc cette pensée que, dans le paradis, les premiers époux fussent soumis à cette concupiscence, dont la honte les oblige à se couvrir, pour l'accomplissement de ces paroles de la bénédiction divine : « Croissez et multipliez, et remplissez la terre. » (*Genèse.* 1, 28. C'est seulement depuis le péché que cette concupiscence a paru; c'est depuis, que la nature, sans perdre cependant toute pudeur, mais ayant perdu l'empire absolu qu'elle exerçait sur le corps, la ressentit, l'aperçut, en eût honte, la couvrit. Quant à cette bénédiction nuptiale pour croître, se multiplier et remplir la terre, elle demeure, malgré le crime ; mais elle avait été donnée auparavant, pour nous apprendre que la génération des enfants est la gloire du mariage et non la peine du péché. Toutefois à présent, les hommes, sans aucune connaissance des félicités du paradis, s'imaginent qu'il n'eût pas été possible d'y avoir des enfants, sinon par le moyen qu'ils ont eux-mêmes, c'est-à-dire par la concupiscence, dont le mariage, même honnête, ne laisse pas de rougir, comme nous l'avons vu. Les uns, (*les Manichéens*) incrédules et railleurs, rejettent totalement ce passage de la sainte Écriture, où il est question de la honte de nos premiers parents après le péché, et du voile dont ils se couvrirent. Les autres le reçoivent avec respect, mais ne veulent pas entendre ces paroles : « Croissez et multipliez, » de la fécondité naturelle, parce qu'il est dit aussi, mais dans un sens spirituel : « Vous multiplierez par votre

---

tamen eorum audet hoc facere : quod si aliqui ausi essent, ut non dicam ictibus lapidentium, certe conspuentium salivis obruerentur. Pudet igitur hujus libidinis humanam sine ulla dubitatione naturam, et merito pudet. In ejus quippe inobedientia, quæ genitalia corporis membra solis suis motibus subdidit, et potestati voluntatis eripuit, satis ostenditur, quid sit hominis (*a*) illi primæ inobedientiæ retributum : quod in ea maxime parte oportuit apparere, qua generatur ipsa natura, quæ illo primo ei magno in deterius est mutata peccato : a cujus nexu nullus eruitur, nisi id quod, cum omnes in uno essent, in communem perniciem perpetratum est, et Dei justitia vindicatum, Dei gratia in singulis expietur.

CAPUT XXI.

De benedictione multiplicandæ fecunditatis humanæ ante peccatum, quam prævaricatio non adimeret, et cui libidinis morbus accesserit.

Absit itaque, ut credamus illos conjuges in paradiso constitutos per hanc libidinem, de qua erubescendo eadem membra texerunt, impleturos fuisse quod in sua benedictione Deus dixit : « Crescite, et multiplicamini, et implete terram. » (*Gen.* 1, 28.) Post peccatum quippe orta est hæc libido post peccatum eam natura non impudens, amissa potestate, cui corpus ex omni parte serviebat, sensit, adtendit, erubuit, operuit. Illa vero benedictio nuptiarum, ut conjugati crescerent, et multiplicarentur, et implerent terram, quamvis et in delinquentibus manserit; tamen antequam delinquerent, data est, ut cognosceretur procreationem filiorum ad gloriam connubii, non ad pœnam pertinere peccati. Sed nunc homines, profecto illius quæ in paradiso fuit felicitatis ignari, nisi per hoc quod experti sunt, id est, per libidinem, de qua videmus ipsam etiam honestatem erubescere nuptiarum, non potuisse gigni filios opinantur : alii (*Manichæi*) Scripturas divinas, ubi legitur post peccatum puduisse nuditatis, et pudenda esse contecta, prorsus non accipientes, sed infideliter irridentes ; alii vero quamvis eas accipiant et honorent, illud tamen quod dictum est : « Crescite et multiplicamini, » non secundum carnalem fecunditatem volunt intelligi ; quia et secundum animam legitur tale aliquid dictum :« Multiplicabis (*b*) me in

---

(*a*) Sic Vind. Am. et Mss. At Er. et Lov. *illius*. — (*b*) Sic Mss. juxta Græc. lxx. At editi : *Multiplicabis in anima mea virtutem*.

vertu les forces de mon âme. » (*Ps.* CXXXVII, 4.) Quant aux paroles de la Genèse qui suivent : « Et remplissez la terre, et dominez sur elle, » ils entendent par la terre, la chair que l'âme remplit par sa présence, qu'elle domine en souveraine, lorsqu'elle est multipliée en vertu. Mais, pour les fruits de la chair, ils soutiennent qu'ils n'ont pu naître alors, pas plus qu'aujourd'hui, sans la concupiscence qui, après le péché, s'est déclarée, portant avec elle la honte et forçant l'homme à se couvrir; que, d'ailleurs, nos premiers parents ne devaient point avoir d'enfants dans le paradis, mais en dehors, puisque c'est seulement après qu'ils en furent chassés, qu'ils se connurent et qu'ils eurent des enfants.

CHAPITRE XXII

Du lien conjugal institué et béni de Dieu dès l'origine.

Mais pour nous, nous ne doutons pas que croître, multiplier et remplir la terre, en vertu de la bénédiction divine, ne soit un don du mariage que Dieu établit, dès le commencement, avant le péché, en créant l'homme et la femme, c'est-à-dire deux sexes différents. Car cette œuvre divine, est immédiatement suivie de la bénédiction elle-même. Après ces paroles : « Il les créa mâle et femelle, » (*Genèse*, I, 27) l'Écriture ajoute aussitôt : « Et Dieu les bénit en disant : Croissez et multipliez et remplissez la terre et dominez sur elle. » Or, bien que l'on puisse sans inconvénient donner à ces dernières paroles un sens spirituel, il est impossible d'entendre les mots : « mâle et femelle, » comme s'il s'agissait d'une seule et même personne, sous le spécieux prétexte qu'en l'homme, autre chose est ce qui gouverne, et autre chose ce qui est gouverné. On voit au contraire, très-clairement ici la création de deux êtres, différents de sexe, afin que par eux leur race pût se perpétuer, multiplier et remplir la terre, et ce serait une grande absurdité de vouloir disputer sur une chose si évidente. Il n'était en effet question, ni de l'esprit qui commande, et de la chair qui obéit; ni de la raison qui gouverne, et de la convoitise qui est gouvernée; ni de la vertu contemplative qui domine; ni de l'entendement et des sens. Mais évidemment, il s'agissait du lien conjugal unissant ensemble les deux sexes, lorsque, interrogé, s'il était permis de répudier sa femme, puisque Moïse avait permis le divorce aux Juifs à cause de la dureté de leur cœur, le Seigneur répondit : « N'avez-vous point lu que celui qui les créa dès le commencement, les créa mâle femelle, et dit : C'est pourquoi l'hom-

---

anima mea virtute tua : » (*Ps.* CXXXVII, 4) ut id quod in Genesi sequitur : « Et implete terram, et dominamini ejus, » terram intelligant carnem, quam præsentia sua implet anima, ejusque maxime dominatur, cum in virtute multiplicatur. Carnales autem fetus sine libidine, quæ post peccatum exorta, inspecta, confusa, velata est, nec tunc nasci potuisse, sicut neque nunc possunt; nec in paradiso futuros fuisse, sed foris, sicut et factum est. Nam postea quam inde dimissi sunt, ad gignendos filios coierunt, eosque genuerunt.

CAPUT XXII.

De copula conjugali a Deo primitus instituta, atque benedicta.

Nos autem nullo modo dubitamus secundum benedictionem Dei crescere et multiplicari et implere terram, donum esse nuptiarum, quas Deus ante peccatum hominis ab initio constituit, creando masculum et feminam : qui sexus evidens utique in carne est. Huic quippe operi Dei etiam benedictio ipsa subjuncta est. Nam cum Scriptura dixisset : « Masculum, et feminam fecit eos : » continuo subdidit : « Et benedixit eos Deus, dicens : Crescite, et multiplicamini, et implete terram, et dominamini ejus, etc. » (*Gen.* I, 27.) Quæ omnia quamquam non inconvenienter possint etiam ad intellectum spiritalem referri, masculum tamen et feminam, non sicut simile aliquid etiam in homine uno intelligi potest, quia videlicet in eo aliud est quod regit, aliud quod regitur : sed sicut evidentissime apparet in diversi sexus corporibus, masculum et feminam ita creatos, ut prolem generando crescerent, et multiplicarentur, et implerent terram, (*a*) magnæ absurditatis est reluctari. Neque enim de spiritu qui imperat, et carne quæ obtemperat; aut de animo rationali qui regit, et irrationali cupiditate quæ regitur; aut de virtute contemplativa quæ excellit, et de activa quæ subditur; aut de intellectu mentis, et sensu corporis : sed aperte de vinculo conjugali, quo invicem sibi uterque sexus obstringitur, Dominus interrogatus utrum liceret quacumque ex caussa dimittere uxorem, quoniam propter duritiam cordis

---

(*a*) Post *et implerent terram,* in editis additum est : *Cui sententia tam evidenti :* quod abest a Mss.

me quittera son père et sa mère, et il s'attachera à son épouse, et ils ne seront tous deux qu'une même chair. Voici donc qu'ils ne sont plus deux, mais une même chair. Que l'homme donc ne sépare pas ce que Dieu a uni. » (*Matth.* XIX, 4 *et suiv.*) Ainsi, il est certain qu'à l'origine, les deux sexes furent créés en personnes différentes, comme aujourd'hui ; s'il est dit : un seul homme, c'est à raison ou de l'union conjugale, ou de l'origine de la femme tirée du côté de l'homme. Et c'est de ce premier acte de l'institution divine, que l'Apôtre (*Ephés.* V, 25; *Col.* III, 19) prend occasion d'exhorter les hommes à aimer leurs femmes.

CHAPITRE XXIII.

Si l'homme, conservant son innocence, eût engendré même dans le paradis, ou s'il eût perdu la chasteté dans la lutte contre les mouvements de la concupiscence.

1. Quant à ceux qui prétendent que, sans le péché, il n'y eût eu ni union, ni génération, que veulent-ils, sinon rendre le péché nécessaire pour compléter le nombre des saints? En effet, si, dans leur opinion, le péché est la cause de la génération, nos premiers parents seraient restés seuls en s'en abstenant; mais alors, pour qu'il n'y eût pas seulement deux justes, pour qu'ils fussent nombreux, le péché était nécessaire. C'est là, assurément, une opinion absurde; ne vaut-il donc pas mieux croire que le nombre des saints nécessaire à la perfection de la Cité bienheureuse, serait aussi grand, quand même personne n'eût péché, qu'il l'est à présent par la grâce de Dieu, qui le forme de la multitude des pécheurs, faisant son choix parmi les enfants du siècle qui engendrent et sont engendrés.

2. Aussi, sans le péché, ces mariages dignes de la félicité du paradis eussent été exempts de la honteuse concupiscence, et eussent donné des enfants dignes d'amour. Comment cela? Nous ne saurions sans doute alléguer des exemples, ils nous font défaut dans notre condition présente. Toutefois, serait-il impossible de croire que même cet organe eût pu être soumis à la volonté, quand tant d'autres le sont? Car, si nous remuons à notre gré les pieds et les mains, les faisant servir à leur usage propre, sans aucune résistance, avec cette facilité étonnante, que nous admirons surtout chez les gens de métiers qui, par une merveilleuse souplesse, surexcitent l'énergie d'une nature trop faible et trop lente;

Israëlitarum Moyses dari libellum repudii permisit, respondit atque ait : « Non legistis, quia qui fecit (*a*) ab initio, masculum et feminam fecit eos, et dixit : Propter hoc dimittet homo patrem et matrem, et adhærebit uxori suæ, et erunt duo in carne una? Itaque jam non sunt duo, sed una caro. Quod ergo Deus conjunxit, homo non separet. » (*Matth.* XIX, 4 *et seq.*) Certum est igitur, masculum et feminam ita primitus institutos, ut nunc homines duos diversi sexus videmus et novimus : unum autem dici, vel propter conjunctionem, vel propter originem feminæ, quæ de masculi latere creata est. Nam et Apostolus per hoc primum quod Deo instituente præcessit exemplum singulos quosque admonet, ut viri uxores suas diligant. (*Ephes.* V, 25. *Coloss.* III, 19.)

CAPUT XVIII.

An etiam in paradiso generandum fuisset, si nemo peccasset; vel utrum contra actum libidinis pugnatura illic fuisset traditio castitatis.

1. Quisquis autem dicit non fuisse coituros, nec generaturos, nisi peccassent, quid dicit, nisi propter numerositatem sanctorum necessarium homini fuisse peccatum? Si enim non peccando soli remanerent, quia, sicut putant, nisi peccassent, generare non possent; profecto ut non soli duo justi homines possent esse, sed multi, necessarium peccatum fuit. Quod si credere absurdum est, illud potius est credendum, quod sanctorum numerus quantus complendæ illi sufficit beatissimæ Civitati, tantus existeret, etsi nemo peccasset, quantus nunc per Dei gratiam de multitudine colligitur peccatorum, quo usque filii hujus sæculi generant et generantur.

2. Et ideo illæ nuptiæ dignæ felicitate paradisi, si peccatum non fuisset, et diligendam prolem gignerent, et pudendam libidinem non haberent. Sed quomodo id fieri posset, nunc non est quo demonstretur exemplo. Nec ideo tamen incredibile debet videri, etiam illud unum sine ista libidine voluntati potuisse servire, cui tot membra nunc serviunt. An vero manus et pedes movemus, cum volumus, ad ea quæ his membris agenda sunt, sine ullo renisu, tanta facilitate, quanta et in nobis et in aliis videmus, maxime in artificibus quorumque operum corporalium, ubi ad exercendam infirmiorem tardio-

---

(*a*) Vind. Am. et Er. *qui fecit hominem.* Vox *hominem* abest a Lov. et a Mss. necnon a Græco Evangelii textu, immo et a Latino in Corbeinsibus Bibliis versionis Vulgatæ.

pourquoi ne croirions-nous pas que, sans la concupiscence, juste punition de la révolte de l'homme, ces organes eussent été soumis, comme les autres, à la volonté? Cicéron, dans ses livres de la République, examinant la différence des gouvernements, et prenant un terme de comparaison dans la nature de l'homme, ne dit-il pas que l'on commande aux membres du corps comme à des enfants, à cause de leur promptitude à obéir mais que les parties vicieuses de l'âme sont comme des esclaves qu'il faut forcer à obéir, par plus de sévérité? Cependant, selon l'ordre naturel, l'esprit a la préférence sur le corps, et néanmoins l'esprit commande au corps plus facilement qu'à soi-même. Mais cette concupiscence, dont je traite en ce moment, est d'autant plus honteuse, que l'esprit n'est absolument maître, ni de lui-même pour résister à ses caprices, ni de son corps pour placer sous les dépendances de la volonté, plutôt que de la convoitise, ces membres qui ne seraient plus honteux, s'il en était ainsi. Or, maintenant, ce qui nous fait rougir, c'est la résistance du corps qui, par sa nature inférieure, devrait être soumis à l'esprit. Dans les autres passions, la résistance est moins honteuse, parce qu'elle vient de l'esprit lui-même, et qu'il est à la fois le vainqueur et le vaincu ; il y a là, sans doute, désordre ou vice, car, ce qui l'emporte ici, c'est ce qui devrait être soumis à la raison, cependant, il est toujours son maître à lui-même, puisqu'il n'est vaincu que par lui. Car, pour les victoires que l'esprit remporte sur lui-même, en soumettant ses mouvements passionnés à sa raison, soumise elle-même à Dieu, elles sont glorieuses et deviennent des actes de vertu. Et, d'ailleurs, il est toujours moins honteux pour l'esprit d'être vaincu par lui-même que de l'être par un corps rebelle, quoique inférieur à lui ; qui, enfin, est autre chose que lui, et qui, cependant, n'a de vie, que celle qu'il lui communique.

3. Mais quand, par la puissance de la volonté, les autres membres nécessaires à l'action déréglée refusent leur concours aux organes, que meut la concupiscence malgré la volonté ; la chasteté demeure intacte ; la délectation du péché reste, le consentement n'est pas donné. C'est cette résistance et cette opposition, cette lutte entre la volonté et la concupiscence, ou même cet appétit de la convoitise, substitué à l'énergie de la volonté, qui n'aurait point existé dans le paradis, sans la révolte coupable punie par une autre révolte ; là, ces organes eussent été soumis à la volonté, comme les autres

remque naturam agilior accessit industria ; et non credimus ad opus generationis filiorum, si libido non fuisset, quæ peccato inobedientiæ retributa est, obedienter hominibus ad voluntatis nutum similiter ut cetera potuisse illa membra servire? Nonne Cicero in libris de Republica, cum de imperiorum differentia disputaret, et hujus rei similitudinem ex natura hominis assumeret, ut filiis dixit imperari corporis membris propter obediendi facilitatem ; vitiosas vero animi partes ut servos asperiore imperio coerceri? Et utique ordine naturali animus anteponitur corpori, et tamen ipse animus imperat corpori facilius quam sibi. Verumtamen hæc libido, de qua nunc disserimus, eo magis erubescenda existit, qua animus in ea, nec sibi efficaciter imperat, ut omnino non libeat ; nec omni modo corpori, ut pudenda membra voluntas potius quam libido commoveat : quod si ita esset, pudenda non essent. Nunc vero pudet animum resisti sibi a corpore, quod ei natura inferiore subjectum est. In aliis quippe affectionibus cum sibi resistit, ideo minus pudet, quia cum se ipso vincitur, ipse se vincit ; etsi inordinate atque vitiose, quia ex his partibus, quæ rationi subjici debent ; tamen a partibus suis, ac per hoc, ut dictum est, a se ipso vincitur. Nam cum ordinate se animus vincit, ut irrationales motus ejus menti rationique subdantur, (si tamen et illa Deo subdita est,) laudis atque virtutis est. Minus tamen pudet, cum sibi animus ex vitiosis suis partibus non obtemperat, quam cum ei corpus, quod alterum ab illo est, atque infra illum est et cujus sine illo (a) natura non vivit, volenti jubentique non cedit.

3. Sed cum alia membra retinentur voluntatis imperio, sine quibus illa quæ contra voluntatem libidine concitantur, id quod appetunt, implere non possunt ; pudicitia custoditur, non amissa, sed non permissa delectatione peccati. Hunc renisum, hanc repugnantiam, hanc voluntatis et libidinis rixam, vel certe ad voluntatis sufficientiam, libidinis indigentiam, procul dubio nisi culpabilis inobedientia pœnali inobedientia plecteretur, in paradiso nuptiæ non haberent, sed voluntati membra (b) illa, ut cetera cuncta, servirent. Ita genitale (VIRGIL. Georg. III) arvum vas in hoc opus creatum seminaret, ut nunc terram manus. Et quod modo de hac re nobis volentibus diligentius disputare, verecundia resistit,

(a) Editi : ulla natura, Abest ulla a Mss. — (b) Omnes Mss. membra ut cetera, ita cuncta servirent.

membres. Le champ de la génération (VIRGILE, *Géorg*. III) eût été fécondé par l'organe destiné à cette œuvre, comme la terre est ensemencée par la main du laboureur. Et si, à présent, la pudeur m'empêche de discourir à mon gré sur une telle matière, si elle m'oblige même à demander humblement pardon aux oreilles chastes; au paradis, ces précautions eussent été inutiles; on aurait pu en parler tout à son aise, sans craindre de souiller la pensée, et même, il n'y aurait pas eu ce que nous appelons des paroles obscènes; car, tout ce qu'on aurait dit sur ce sujet, eût été aussi honnête que ce que nous disons des autres parties du corps. Aussi, que tout lecteur impudique rejette la faute sur lui-même et non sur la nature; qu'il accuse l'impureté de son âme et non le langage que nous sommes obligés de tenir; mais, tout homme chaste et religieux, lecteur ou auditeur, me pardonnera aisément ce que je suis forcé de faire pour réfuter l'infidélité qui prétend nous combattre, non avec les données de la foi, mais avec des raisonnements fondés sur l'expérience. Du reste, mes paroles ne sauraient blesser celui qui ne se scandalise pas d'entendre l'Apôtre s'élevant avec force contre les monstrueuses abominations de ces femmes « qui changent l'usage selon la nature, en un autre usage contraire à la nature : » (*Rom*. I, 26) d'autant plus qu'il ne s'agit pas ici de traiter de ces infâmes obscénités, pour les flétrir comme l'Apôtre, mais d'expliquer, autant qu'il est en notre pouvoir, l'œuvre de la génération; or nous nous sommes efforcés, comme lui, d'éviter toute parole obscène.

CHAPITRE XXIV.

Les hommes innocents auraient été récompensés de leur obéissance, en restant dans le paradis, et alors, les organes de la génération eussent été soumis, comme les autres, à l'empire de la volonté.

1. L'homme eût répandu la semence, la femme l'eût recueillie, selon les besoins, sans que les organes eussent été excités par la concupiscence; ils eussent suivi l'impulsion de la volonté. Car, nous ne remuons pas à notre gré, les seuls membres où dominent les articulations et les os, comme les pieds, les mains et les doigts: mais aussi ceux qui sont composés de chair et de nerfs. En effet, à notre bon plaisir, nous les agitons, nous les étendons, nous les plions, nous les rétrécissons; ainsi en est-il des organes de la bouche et du visage que la volonté dirige comme il lui plaît. Enfin, les poumons mêmes, qui sont, après les moëlles, les plus mous de tous les viscères, et pour cette raison renfermés dans les cavités de la poitrine qui leur sert pour ainsi dire de rempart, ne se meuvent-ils pas à notre volonté, comme des soufflets de forge ou

---

et compellit veniam honore præfato a pudicis auribus poscere, cur id fieret nulla caussa esset : sed in omnia quæ de hujusmodi membris sensum cogitantis adtengerent, sine ullo timore obscœnitatis liber sermo ferretur : nec ipsa verba essent, quæ vocarentur obscœna; sed quidquid inde diceretur, tam honestum esset, quam de aliis cum loquimur corporis partibus. Quisquis ergo ad has litteras impudicus accedit, culpam refugiat, non naturam; facta denotet suæ turpitudinis, non verba nostræ necessitatis; in quibus mihi facillime pudicus et religiosus lector vel auditor ignoscit, donec infidelitatem refellam, non fide rerum inexpertarum, sed de sensu expertarum argumentantem. Legit enim hæc sine offensione, qui non exhorret Apostolum horrenda feminarum flagitia reprehendentem, quæ « immutaverunt naturalem usum, in cum usum qui est contra naturam : » (*Rom*. I, 26) præcipue quia nos non damnabilem obscœnitatem nunc, sicut ille, commemoramus atque reprehendimus, sed in explicandis, quantum possumus, humanæ generationis (*a*) effectibus, verba tamen, sicut ille, obscœna vitamus.

CAPUT XXIV.

Quod insontes homines et merito obedientiæ in paradiso permanentes, ita genitalibus membris fuissent usuri ad generationem prolis, sicut ceteris ad arbitrium voluntatis.

1. Seminaret igitur prolem vir, susciperet femina genitalibus membris, quando id opus esset, et quantum opus esset voluntate motis, non libidine concitatis. Neque enim ea sola membra movemus ad nutum, quæ compactis articulata sunt ossibus, sicut pedes et manus et digitos : verum etiam illa quæ mollibus remissa sunt nervis, cum volumus, movemus agitando, et porrigendo producimus, et torquendo flectimus, et constringendo duramus; sicut ea sunt quæ in ore

---

(*a*) In sola editione Lov, *affectibus*.

d'orgues, quand nous respirons et que nous parlons; pour rendre les différentes inflexions de la voix, même les cris et les chants. Je mets de côté cette propriété naturelle à certains animaux, de mouvoir la peau qui couvre tout leur corps, à l'endroit seulement où ils en éprouvent le besoin; et, non-seulement ce tremblement local de la peau, suffit à chasser les mouches qui les tourmentent, mais encore à faire tomber les flèches dont ils sont couverts. De ce que l'homme ne peut faire ce mouvement, s'en suit-il que le Créateur ne pouvait le lui accorder? Et l'homme lui-même ne pouvait-il avoir sur ces membres inférieurs une autorité que sa désobéissance lui a fait perdre? Car, enfin, il était facile à Dieu de le créer de telle sorte que ces organes, soumis aveuglément aujourd'hui à la concupiscence, fussent seulement au service de la volonté.

2. Ne voyons-nous pas, en effet, des hommes très-différents des autres, faisant de leurs corps ce qui leur plaît, s'en servir pour des choses étonnantes et peu communes, impossible à d'autres et à peine croyables? Les uns remuent leurs oreilles séparément ou toutes deux ensemble. Ceux-ci, sans remuer leur tête, ramènent toute leur chevelure sur le front, et la replacent à volonté; ceux-là après avoir avalé quantité d'objets, se pressent un peu l'estomac et en font sortir, comme d'un sac, ce qui leur plaît, dans un parfait état de conservation. D'autres imitent si bien le chant des oiseaux, le cri des animaux et la voix de l'homme, qu'on y serait trompé, si on ne les voyait, tant la ressemblance est parfaite. Quelques-uns font entendre, de l'extrémité opposée, des sons si harmonieux, qu'on les prendrait pour de véritables chants. Moi-même, j'ai vu un homme qui transpirait à volonté. Tout le monde sait que plusieurs versent des larmes en abondance et quand ils le veulent. Mais voici un fait encore plus extraordinaire et dont la plupart de nos frères ont été témoins tout récemment. Il s'agit d'un prêtre de l'église de Calame (1), nommé Restitutus. Toutes les fois qu'il le voulait, (et on le priait souvent de satisfaire la curiosité qui se passionne pour le merveilleux) aux accents imités de certaines voix plaintives, il se privait tellement de l'usage de ses sens, qu'il ressemblait à un mort; dans cette situation, on pouvait le pincer et le

---

(1) Calame, dont il est ici question, n'est point une ville de Phénicie, comme l'a pensé Louis Vivès, mais une ville d'Afrique, située entre Hippone et Cirta. Saint Augustin en parle très-souvent.

---

ac facie, quantum potest, voluntas movet. Pulmones denique ipsi omnium, nisi medullarum, mollissimi viscerum, et ob hoc antro pectoris communiti, ad spiritum ducendum ac remittendum vocemque emittendam seu modificandam, sicut folles fabrorum vel organorum, flantis, respirantis, loquentis, clamantis, cantantis, serviunt voluntati. Omitto quod animalibus quibusdam naturaliter inditum est, ut tegmen quo corpus omne vestitur, si quid in quocumque loco ejus senserent abigendum, ibi tantum moveant, ubi sentiunt; nec solum insidentes muscas, verum etiam hærentes (a) hastas cutis tremore discutiant. Numquid quia id non potest homo, ideo Creator quibus voluit animantibus donare non potuit? Sic ergo et ipse homo potuit obedientiam etiam inferiorum habere membrorum, quam sua inobedientia perdidit. Neque enim Deo difficile fuit sic illum condere, ut in ejus carne etiam illud non nisi ejus voluntate moveretur, quod nunc nisi libidine non movetur.

2. Nam et hominum quorumdam naturas novimus multum ceteris dispares, et ipsa raritate mirabiles, nonnulla ut volunt de corpore facientium, quæ alii nullo modo possunt, et audita vix credunt. Sunt enim qui et aures moveant vel singulas, vel ambas simul. Sunt qui totam cæsariem capite immoto, quantum e pilli occupant, deponunt ad frontem, revocantque cum volunt. Sunt qui eorum quæ voraverint incredibiliter plurima et varia pau'ulum præcordiis contrectatis, tamquam de sacculo quod placuerit integerrimum proferunt. Quidam voces avium pecorumque et aliorum quorumlibet hominum sic imitantur atque exprimunt, ut nisi videantur, discerni omnino non possint. Nonnulli ab imo sine (b) pudore ullo ita numerosos pro arbitrio sonitus edunt, ut ex illa etiam parte cantare videantur. Ipse sum expertus, sudare hominem solere cum vellet. Notum est, quosdam flere cum volunt, atque ubertim lacrymas fundere. Jam illud multo est incredibilius, quod plerique fratres memoria recentissima experti sunt. Presbyter fuit quidam nomine Restitutus in parœcia Calamensis ecclesiæ, qui quando ei placebat, (rogabatur autem ut hoc faceret ab eis qui rem mirabilem coram scire cupiebant,) ad imitatas quasi lamentantis cujuslibet hominis voces, ita se auferebat a sensibus, et jacebat simillimus mortuo; ut non solum

---

a) Vind. Am. et Er. *aristas*. — (b) Sic Mss. Editi vero, *pudore*.

piquer, il ne s'en apercevait pas, il était même insensible au feu, n'éprouvant aucune douleur, si ce n'est quand il sortait de cet état et qu'il y avait plaie. Or, la preuve que son immobilité était due, non à des efforts, mais à la privation de tout sentiment, c'est qu'il n'avait pas plus de respiration qu'un mort; il disait cependant que si on élevait beaucoup la voix, il lui semblait entendre parler des personnes très-éloignées. Si donc, au milieu de cette triste vie et dans cette chair corruptible, il se rencontre quelques hommes qui exercent sur leurs corps un empire merveilleux, et en dehors de toutes les règles de la nature, pourquoi ne croirions-nous pas, qu'avant le péché et la corruption qui en a été la conséquence pénale, les membres de l'homme eussent pu, sans la concupiscence, servir la volonté dans l'œuvre de la génération? L'homme a donc été abandonné à lui-même, parce qu'il a abandonné Dieu pour se plaire à lui seul, et il n'a pu trouver, même en lui, l'obéissance qu'il a refusée à Dieu. De là, la plus palpable de toutes les misères pour l'homme, celle de ne pas vivre à sa volonté; car, s'il vivait ainsi, il se croirait bienheureux, et cependant il ne le serait pas même alors s'il ne vivait pas comme il faut.

CHAPITRE XXV.

Le vrai bonheur ne se trouve pas en cette vie.

Cependant, à le bien prendre, le bienheureux seul vit comme il veut, et il n'y a que le juste qui soit bienheureux. Mais le juste lui-même ne vit pas comme il veut, s'il n'est affranchi tout-à-fait de la mort, de l'erreur et de la souffrance, avec la certitude que cet état durera toujours. C'est là le désir de notre nature et elle ne saurait être pleinement et parfaitement heureuse, tant que ce désir n'est pas satisfait. Mais ici-bas, quel est donc l'homme qui vit comme il veut, quand la vie elle-même n'est pas en son pouvoir? Il veut vivre, et il lui faut mourir, comment donc vivrait-il comme il veut, lui qui ne vit pas autant qu'il veut? Et s'il veut mourir, comment peut-il vivre comme il veut, lui qui ne veut pas vivre? Cependant, s'il veut mourir, ce n'est pas qu'il se soucie peu de vivre, c'est qu'il espère mieux vivre après la mort : il ne vit donc pas encore comme il veut et il ne vivra selon son désir, que quand la mort l'aura conduit où il aspire. Eh bien! alors, qu'il vive donc comme il veut, puisqu'il

vellicantes atque pungentes minime sentiret, sed aliquando etiam igne ureretur admoto, sine ullo doloris sensu, nisi postmodum ex vulnere : non autem obnitendo, sed non sentiendo non movere corpus, eo probabatur, quod tamquam in defuncto nullus inveniebatur anhelitus : hominum tamen voces, si clarius loquerentur, tamquam de longinquo se audire postea referebat. Cum itaque corpus etiam nunc quibusdam, licet in carne corruptibili hanc ærumnosam ducentibus vitam, ita in plerisque motionibus et affectionibus extra usitatum naturæ modum mirabiliter serviat, quid caussæ est, ut non credamus ante inobedientiæ peccatum corruptionisque supplicium, ad propagandam prolem sine ulla libidine servire voluntati humanæ humana membra potuisse? Donatus est itaque homo sibi, quia deseruit Deum placendo sibi : et non obediens Deo, non potuit obedire nec sibi. Hinc evidentior miseria, (a) qua homo non vivit ut vult. Nam si ut vellet viveret, beatum se putaret : sed nec sic tamen esset, si turpiter viveret.

CAPUT XXV.

De vera beatitudine, quam temporalis vita non obtinet.

Quamquam si diligentius adtendamus, nisi beatus, non vivit ut vult : et nullus beatus, nisi justus. Sed etiam ipse justus non vivit ut vult, nisi eo pervenerit, ubi mori, falli, offendi omnino non possit; eique sit certum, ita semper futurum. Hoc enim natura expetit : nec plene atque perfecte beata erit, nisi adepta quod expetit. Nunc vero quis hominum potest ut vult vivere, quando ipsum vivere non est in potestate? Vivere enim vult, mori cogitur. Quomodo ergo vivit ut vult, qui non vivit quamdiu vult? Quod si mori voluerit, quomodo potest in vult vivere, qui non vult vivere? Et si ideo mori velit, non quo nolit vivere, sed ut post mortem melius vivat : nondum ergo ut vult vivit, sed cum ad id quod vult, moriendo pervenerit. Verum ecce vivat ut vult, quoniam sibi extorsit sibique imperavit non velle quod non potest, atque hoc velle quod potest; sicut ait Terentius (*In Andria*, *Act.* II, sc. 1); Quoniam

---

(a) Nonnulli Mss. *quia.* Et quidam, *quo.*

a gagné sur lui et qu'il s'est enjoint à lui-même de ne pas vouloir ce qu'il ne peut pas et de vouloir seulement ce qu'il peut, suivant cette maxime de Térence : puisque vous ne pouvez faire ce que vous voulez, contentez-vous de vouloir ce que vous pouvez. Mais quoi ! est-ce que le bonheur consiste à souffrir patiemment sa misère ? Car on ne saurait jouir de la vie bienheureuse si on ne l'aime point. Or, pour l'aimer comme il faut, on doit nécessairement l'aimer plus que tout le reste, puisque c'est pour elle qu'il faut aimer toute autre chose. Mais si on l'aime autant qu'elle mérite d'être aimée, (car il n'est pas heureux celui qui n'a pas pour la vie bienheureuse tout l'amour qu'elle mérite), il n'est pas possible de l'aimer ainsi sans la vouloir éternelle. La vie sera donc bienheureuse, quand elle sera éternelle.

CHAPITRE XXVI.

La félicité du paradis aurait pu être complète sans la honte de la concupiscence.

L'homme vivait donc dans le paradis comme il voulait, tant que sa volonté était soumise au commandement de Dieu ; il vivait jouissant de Dieu, dont la souveraine bonté le rendait bon lui-même ; il vivait exempt de besoin et il dépendait de lui de vivre toujours ainsi. Ses aliments étaient sous sa main, pour le garantir de la faim et de la soif, et l'arbre de vie pour le préserver des infirmités de la vieillesse. Il ne ressentait aucune corruption dans son corps ou dont son corps fut la cause ; ses sens n'éprouvaient aucune incommodité. Il n'avait à redouter ni maladie au-dedans, ni accidents au dehors. Sa chair jouissait d'une santé excellente et son âme d'une parfaite tranquillité. Il n'y avait au paradis ni froid, ni chaud et son heureux habitant n'avait à subir ni ces désirs, ni ces craintes qui sont la ruine de la bonne volonté. Là, point de tristesses, ni de folles joies : sa véritable et perpétuelle joie était en Dieu qu'il aimait « d'une charité ardente procédant d'un cœur pur, d'une conscience heureuse et d'une foi sincère. » (I. *Tim.* I, 5.) La société conjugale était fidèle, sous le joug du plus chaste amour, l'harmonie était la gardienne de l'âme et du corps et l'observation du commandement divin était facile. Là on n'éprouvait pas de lassitude d'un repos fatiguant, on ne succombait pas au sommeil malgré soi. Dans une si grande facilité pour toutes choses et au sein d'une telle félicité, Dieu nous garde de penser

---

non potest id fieri quod vis, id velis quod possit : num ideo beatus est, quia patienter miser est ? Beata quippe vita si non amatur, non habetur. Porro si amatur ut habetur, ceteris omnibus rebus excellentius necesse est ametur : quoniam propter hanc amandum est quidquid aliud amatur. Porro si tantum amatur, quantum amari digna est, (non enim beatus est, a quo ipsa beati vita non amatur ut digna est,) fieri non potest, ut eam qui sic amat, non æternam velit. Tunc igitur beata erit, quando æterna erit.

CAPUT XXVI.

Quid felicitas in paradiso viventium sine erubescendo appetitu generandi officium credenda sit implere potuisse.

Vivebat itaque homo in paradiso sicut volebat, quamdiu hoc volebat quod Deus jusserat : vivebat fruens Deo, ex quo bono erat bonus : vivebat sine ulla egestate, ita semper vivere habens in potestate. Cibus aderat, ne esuriret; potus, ne sitiret; lignum vitæ, ne illum senecta dissolveret. Nihil corruptionis in corpore vel ex corpore ullas molestias ullis ejus sensibus ingerebat. Nullus intrinsecus morbus, nullus ictus metuebatur extrinsecus. Summa in carne sanitas, in (*a*) anima tota tranquillitas. Sicut in paradiso nullus æstus aut frigus, ita in ejus habitatore nulla ex cupiditate vel timore (*b*) accedebat bonæ voluntatis offensio. Nihil omnino triste, nihil erat inaniter lætum : gaudium (*c*) verum perpetuabatur ex Deo, in quem flagrabat « caritas de corde puro et conscientia bona et fide non ficta : » (I. *Tim.* I, 5) atque inter se conjugum fida ex honesto amore societas, concors mentis corporisque vigilia, et mandati sine labore custodia. Non lassitudo fatigabat otiosum, non somnus premebat invitum. In tanta facilitate rerum et felicitate hominum, absit ut suspicemur non potuisse prolem seri sine libidinis morbo : sed eo voluntatis nutu moverentur illa membra quo cetera, et sine ardoris illecebroso stimulo cum tranquillitate animi et corporis nulla corruptione integritatis infunderetur gremio maritus uxoris. (*Æneid.* VIII.) Neque enim quia experientia probari non potest, ideo credendum non est; quando illas corporis partes non ageret turbidus calor, sed

---

(*a*) Mss. *in animo tota tranquillitas.* — (*b*) Mss. *accidebat.* — (*c*) Nonnulli codices : *gaudium vero.*

que l'homme n'eût pu engendrer sans les infirmités de la concupiscence ; la volonté seule eût suffi pour ces organes, comme pour les autres membres ; il n'eut point ressenti l'aiguillon de la volupté, il eût conservé la tranquillité de l'âme et du corps et la virginité de sa femme n'eût souffert aucune atteinte. Et il ne faudrait pas récuser ce que j'avance, parce que l'expérience fait ici défaut ; ce ne serait pas, sans doute, une ardeur impure qui exciterait les organes, mais la volonté qui emploierait librement sa puissance à cette œuvre ; alors l'acte de la génération n'eût pas plus porté atteinte à la virginité de l'épouse, que maintenant le flux menstruel, à l'intégrité de la vierge. La même voie qui livre passage au sang, peut bien donner entrée à la semence. Comme pour l'enfantement, les entrailles maternelles se fussent dilatées non par les gémissements de la douleur, mais par la maturité du fruit ; ainsi, pour la conception, l'accord de la volonté eût fait l'union de deux êtres et non les convoitises de la volupté. Nous parlons de choses honteuses à présent, et bien que nous fassions seulement des conjectures sur ce qu'elles pouvaient être avant la honte, il vaut mieux cependant par pudeur, mettre un terme à cette discussion, que de la prolonger avec les faiblesses de notre parole. Et comme l'expérience du fait que je cherche à expliquer, manque à nos premiers parents (puisque par le péché, ils ont mérité l'exil du paradis, avant d'avoir pu accomplir cette œuvre dans la paisible jouissance d'une volonté chaste et libre), nous ne saurions le concevoir maintenant qu'avec les mouvements déréglés de la convoitise. De là cette pudeur qui retient notre langue, bien que les raisons ne fassent pas défaut à la pensée. Mais le Dieu Tout-Puissant, créateur souverain et souverainement bon de toutes les natures, qui aide et récompense les bonnes volontés, qui abandonne et condamne les mauvaises, les jugeant toutes selon l'ordre de sa providence, n'a pas manqué de moyens dans sa sagesse, pour tirer de la masse maudite du genre humain, un certain nombre de citoyens, prédestinés à remplir la Cité sainte. Il les discerne, par sa grâce, non par leurs mérites, puisque l'humanité toute entière était corrompue et condamnée, comme un arbre flétri dans sa racine ; ainsi il fait comprendre aux élus, tant par leur propre délivrance, que par la réprobation des autres, quelle reconnaissance ils doivent à son infinie libéralité. Tous en effet, ne peuvent s'empêcher de reconnaître la bonté toute gratuite qui les a délivrés du supplice, puisqu'ils ne font plus partie de la société de ceux dont ils devaient partager les justes châtiments. Pourquoi donc Dieu n'aurait-il pas créé ceux qui, dans sa prescience, deviendraient pécheurs, puisqu'il était

---

spontanea potestas, sicut opus esset, adhiberet ; ita tunc potuisse utero conjugis salva integritate feminei genitalis virile semen immitti, sicut nunc potest eadem integritate salva ex utero virginis fluxus menstrui cruoris emitti. Eadem quippe via posset illud injici, qua hoc potest ejici. Ut enim ad pariendum non doloris gemitus, sed maturitatis impulsus feminea viscera relaxaret : sic ad ferendum et concipiendum non libidinis appetitus, sed voluntarius usus naturam utramque conjungeret. De rebus loquimur nunc pudendis : et ideo quamvis ante quam earum puderet, quales esse potuissent, conjiciamus ut possumus ; tamen necesse est, ut nostra disputatio magis frenetur ea, quæ nos revocat verecundia, quam eloquentia, quæ nobis parum suppetit, adjuvetur. Nam cum id quod dico, nec ipsi experti fuerint, qui experiri potuerunt, (quoniam præoccupante peccato exsilium de paradiso ante meruerunt, quam sibi in opere serendæ propaginis tranquillo arbitrio convenirent,) quomodo nunc cum ista commemorantur, sensibus occurrit humanis, nisi experientia libidinis turbidæ, non conjectura placidæ voluntatis ? Hinc est quod impedit loquentem pudor, etsi non deficiat ratio cogitantem. Verumtamen omnipotenti Deo, summo ac summe bono creatori omnium naturarum, voluntatum autem bonarum adjutori et remuneratori, malarum autem relictori et damnatori, utrarumque ordinatori, non defuit utique consilium, quo certum numerum civium in sua sapientia prædestinatum etiam ex damnato genere humano suæ Civitatis impleret : nos eos jam meritis, quando quidem universa massa tamquam in vitiata radice damnata est, sed gratia discernens ; liberatis non solum de ipsis, verum etiam de non liberatis, quid eis largiatur, ostendens. Non enim debita, sed gratuita bonitate tunc se quisque agnoscit erutum malis, cum ab eorum hominum consortio fit immunis, cum quibus illi justa esset pœna communis. Cur ergo non crearet Deus, quos peccaturos esse præscivit ; quando quidem in eis et ex eis, et quid eorum culpa mereretur, et quid sua gratia donaretur, posset ostendere, nec sub illo creatore ac

assez puissant pour punir leurs fautes et pour manifester le don divin de sa grâce; quand d'ailleurs, sous un créateur si sage et si parfait, les désordres des méchants ne sauraient bouleverser l'ordre et l'harmonie de la création?

CHAPITRE XXVII.

La perversité des pécheurs, anges ou hommes, ne trouble point l'ordre de la Providence divine.

Aussi, les anges et les hommes pécheurs sont impuissants à empêcher les « grands ouvrages du Seigneur toujours proportionnés à ses volontés. » (*Ps.* cx, 2.) Comme il dispense à chacun ses dons, avec une sagesse égale à sa Toute-Puissance, il sait tirer bon parti et des bons et des méchants. Ainsi, le mauvais ange, en punition de sa mauvaise volonté, étant, dès l'origine, tellement condamné et endurci, que toute bonne volonté en lui devenait désormais impossible; pourquoi Dieu, afin d'en tirer bon parti, n'aurait-il pas permis que cet ange tentât le premier homme qui avait été créé droit, c'est-à-dire avec une bonne volonté? L'homme, en effet, avait été créé de façon à vaincre le mauvais ange, en s'appuyant sur le secours de Dieu; mais au contraire à être vaincu, s'il abandonnait son créateur et son protecteur, pour se complaire vainement en lui-même. Sa volonté droite aidée de la grâce divine, eut été pour lui une source de mérite, comme sa volonté perverse abandonnant Dieu, devint une source d'iniquité. Car, bien que l'homme ne pût se confier dans le secours de Dieu sans ce secours même, il était cependant en son pouvoir de rejeter le bienfait divin, par une vaine complaisance en lui-même. Nous ne saurions, il est vrai, vivre ici-bas sans le secours des aliments, mais il est en notre pouvoir de ne pas prolonger notre vie, ainsi agissent ceux qui se suicident. De même, dans le paradis, l'homme ne pouvait bien vivre sans le secours de Dieu; mais il pouvait mal vivre, en perdant ses droits au bonheur et en s'exposant au juste châtiment qui devait suivre sa faute. Pourquoi donc, Dieu qui prévoyait la chute de l'homme, n'aurait-il pas permis à l'envieuse malignité de l'ange de le tenter? Il savait sa défaite certaine, mais il prévoyait aussi que la postérité d'Adam vaincu, remporterait, avec l'aide de sa grâce, une victoire glorieuse, qui serait le triomphe de ses saints. Ainsi, rien de ce qui devait arriver n'a été caché à Dieu, sa prescience n'a forcé personne à pécher; et les créatures raisonnables, anges et hommes, ont pu se rendre compte, par leur propre expérience, de la différence qu'il y a entre la présomption de la créature et la protection du Créateur. Qui donc oserait croire ou dire qu'il n'était pas au pouvoir de

dispositore perversa inordinatio delinquentium rectum perverteret ordinem rerum?

CAPUT XXVII.

De peccatoribus, et angelis, et hominibus, quorum perversitas non perturbat providentiam Dei.

Proinde peccatores, et angeli, et homines nihil agunt, quo impediantur « magna opera Domini, exquisita in omnes voluntates ejus. » (*Ps.* cx, 2.) Quoniam qui providenter atque omnipotenter sua cuique distribuit, non solum bonis, verum etiam malis bene uti novit. Ac per hoc propter meritum primæ malæ voluntatis ita damnato atque obdurato angelo malo, ut jam bonam voluntatem ulterius non haberet, bene utens Deus, cur non permittere, ut ab illo primus homo, qui rectus, hoc est, bonæ voluntatis creatus fuerat, tentaretur? Quando quidem sic erat institutus, ut si de adjutorio Dei fideret bonus homo, malum angelum vinceret: si autem creatorem atque adjutorem Deum superbe sibi placendo desereret, vinceretur: meritum bonum habens in adjuta divinitus voluntate recta, malum vero in deserente Deum voluntate perversa. Quia et ipsum fidere de adjutorio Dei, non quidem posset sine adjutorio Dei: nec tamen ideo ab his divinæ gratiæ beneficiis sibi placendo recedere non habebat in potestate? Nam sicut in hac carne vivere sine adjumentis alimentorum in potestate non est, non autem in ea vivere in potestate est; quod faciunt qui se ipsos necant ita bene vivere sine adjutorio Dei, etiam in paradiso, non erat in potestate; erat autem in potestate male vivere, sed beatitudine non permansura, et pœna justissima secutura. Cum igitur hujus futuri casus humani Deus non esset ignarus, cur eum non sineret invidi angeli malignitate tentari? nullo modo quidem quod vinceretur incertus, sed nihilo minus præscius quod ab ejus semine adjuto sua gratia idem ipse diabolus fuerat sanctorum gloria majore vincendus. Ita factum est, ut nec Deum aliquid futurorum lateret, nec præsciendo quemquam peccare compelleret; et quid interesset inter pro-

Dieu d'empêcher la chute de l'ange et de l'homme? Mais il a mieux aimé leur laisser toute liberté d'action, afin de montrer tout le mal que l'orgueil peut causer et toute la puissance de sa grâce pour le bien.

CHAPITRE XXVIII.

De la différence des deux Cités.

Deux amours ont donc bâti deux Cités (1); l'amour de soi-même jusqu'au mépris de Dieu, la Cité terrestre; et l'amour de Dieu jusqu'au mépris de soi-même, la Cité céleste. L'une se glorifie en soi, l'autre dans le Seigneur. L'une mendie sa gloire auprès des hommes, l'autre place sa meilleure gloire en Dieu témoin de sa conscience. L'une gonflée d'orgueil, relève sa tête superbe; l'autre dit à son Dieu : « Vous êtes ma gloire et c'est vous qui élevez ma tête. » (*Ps*. III, 4.) Dans l'une, les princes sont dominés par la passion de dominer sur leurs sujets, ou sur les nations conquises; dans l'autre, les citoyens sont unis par les liens d'une mutuelle charité et se rendent des services réciproques, les chefs en veillant au bien de leurs subordonnés, les sujets en obéissant. Celle-là, dans la personne des puissants, s'admire dans sa force. Celle-ci dit à son Dieu : « Je vous aimerai, Seigneur, vous qui êtes toute ma force. » (*Ps*. XVII, 1.) Et les sages de la cité terrestre, vivant selon l'homme, n'ont recherché que les biens du corps ou de l'esprit ou même ces deux biens à la fois; mais ceux qui ont pu connaître Dieu, ne l'ont pas glorifié comme leur Dieu, ou sans lui rendre grâce, se sont égarés dans la vanité de leurs pensées et leur cœur insensé a été rempli de ténèbres ; s'attribuant le nom de sages, c'est-à-dire s'élevant dans leur propre sagesse, dominés qu'ils sont par l'orgueil, « ils sont devenus fous ; et ils ont transféré l'honneur dû au seul Dieu incorruptible, à l'image de l'homme corruptible, à des figures d'oiseaux de bêtes à quatre pieds et de reptiles : » (*Rom*. I, 21 *etc*.) car ils ont porté les peuples à ce culte, où ils les ont suivis dans l'idolâtrie; « et ils ont préféré rendre à la créature l'adoration et le culte dus au créateur qui est béni dans les siècles. » (*Ibid*. 25). Dans la Cité céleste au contraire, l'homme ne connaît pas d'autre sagesse que la piété, qui seul rend à Dieu un culte légitime, en attendant la ré-

---

(1) Au livre douzième. sur la Genèse, chapitre xv, selon la lettre; l'ouvrage de la Cité de Dieu était annoncé en ces termes : « Ces deux amours, dit-il, dont l'un est innocent, l'autre immonde, l'un basé sur la charité, l'autre sur l'égoïsme, ont établi, dans le genre humain, la distinction des deux Cités, etc. Nous traiterons ailleurs plus au long de ces deux Cités, si Dieu le permet. »

---

priam cujusque præsumtionem et suam tuitionem, angelicæ et humanæ rationali creaturæ, consequenti experientia demonstraret. Quis enim audeat credere, aut dicere, ut neque angelus, neque homo caderet, in Dei potestate non fuisse? Sed hoc eorum potestati maluit non auferre; atque ita et quantum mali eorum superbia, et quantum boni sua gratia valeret, ostendere.

CAPUT XXVIII.

De qualitate duarum Civitatum, terrenæ atque cœlestis.

Fecerunt itaque Civitates duas amores duo, terrenam scilicet amor sui usque ad contemtum Dei, cœlestem vero amor Dei usque ad contemtum sui. Denique illa in se ipsa, hæc in Domino gloriatur. Illa enim quærit ab hominibus gloriam : huic autem Deus conscientiæ testis, maxima est gloria. Illa in gloria sua exaltat caput suum ; hæc dicit Deo suo : « Gloria mea, et exaltans caput meum. » (*Psal*. III, 4.) Illa in principibus ejus, vel in eis quas subjugat nationibus dominandi libido dominatur : in hac serviunt invicem in caritate, et præpositi consulendo, et subditi obtemperando. Illa in suis potentibus diligit virtutem suam : hæc dicit Deo suo : « Diligam te, Domine, virtus mea. » (*Psal*. XVII, 2.) Ideoque in illa sapientes ejus secundum homines viventes, aut corporis aut animi sui bona, aut utriusque sectati sunt; aut qui potuerunt « cognoscere Deum, non ut Deum honoraverunt, vel gratias egerunt, sed evanuerunt in cogitationibus suis, et obscuratum est insipiens cor eorum : dicentes se esse sapientes, » id est, dominante sibi superbia in sua sapientia sese extollentes, « stulti facti sunt ; et immutaverunt gloriam incorruptibilis Dei in similitudinem imaginis corruptibilis hominis, et volucrum, et quadrupedum, et serpentium : » ad hujuscemôdi enim simulacra adoranda vel duces populorum, vel sectatores fuerunt : « et coluerunt atque servierunt creaturæ potius quam Creatori, qui est benedictus in sæcula. » (*Rom*. I, 21, etc.) In hac autem nulla est hominis

compense dans la société des saints, où les hommes seront associés aux anges mêmes, afin que Dieu soit tout en tous. (I. *Corinth.* xv, 28.)

LIVRE QUINZIÈME

Après avoir traité dans les quatre livres précédents de l'origine des deux Cités, le saint docteur, dans les quatre livres suivants, va raconter les progrès de ces mêmes Cités. Il développe ce sujet de manière à exposer les principaux chapitres de l'histoire sainte qui s'y rapportent. Dans ce quinzième livre, il expose ce qu'on lit dans la Genèse, depuis Caïn et Abel jusqu'au déluge.

CHAPITRE PREMIER.

Des deux sociétés humaines qui, dès l'origine, marchent à des fins différentes.

1. La félicité du paradis, le paradis lui-même, la vie qu'y menèrent nos premiers parents, leur péché et leur châtiment, tout cela a donné lieu à une foule d'interprétations, de discussions et d'écrits divers. Nous-mêmes en avons aussi parlé dans les livres précédents, suivant ce que nous avons lu, ou ce que nous avons pu comprendre des Saintes-Écritures, nous conformant à leur autorité. Mais pour éclaircir toutes ces questions qui font naître des difficultés de toute sorte, il nous faudrait écrire plus de volumes que ne le comporte le plan de cet ouvrage et ne le permettent nos loisirs. Et nous n'en n'avons certainement pas assez, pour nous arrêter à répondre à ces gens oisifs et pointilleux, toujours plus prêts à faire des objections, que capables de comprendre les solutions qu'on leur donne. Je crois cependant avoir un peu débrouillé ces grandes et difficiles questions de l'origine du monde, de l'âme et du genre humain. J'ai partagé l'humanité en deux ordres distincts ; l'un composé de ceux qui vivent selon l'homme, et l'autre, de ceux qui vivent selon Dieu ; j'ai donné aussi le nom mystique des

sapientia, nisi pietas, qua recte colitur verus Deus, id exspectans præmium in societate sanctorum, non solum hominum, verum etiam Angelorum, « ut sit Deus omnia in omnibus. » (I. *Cor.* xv, 28.)

LIBER QUINTUS DECIMUS

Post quam egit quatuor proxime antecedentibus libris de Civitatum duarum, terrenæ ac cœlestis exortu, libros totidem de earumdem Civitatum procursu subjungit Augustinus, idque argumentum ea ratione aggreditur, ut præcipua capita sacræ historiæ eodem spectantia pertractet, primum scilicet quinto decimo hoc libro quæ in Genesi leguntur a Caino et Abele usque ad diluvium.

CAPUT PRIMUM.

De duobus ordinibus generationis humanæ in diversos fines ab initio procurrentis.

1. De felicitate paradisi, vel de ipso paradiso, et de vita ibi primorum hominum, corumque peccato atque supplicio, multi multa senserunt, multa dixerunt, multa litteris mandaverunt. Nos quoque secundum Scripturas sanctas, vel quod in eis legimus, vel quod ex eis intelligere potuimus, earum congruentes auctoritati, de his rebus in superioribus libris diximus. Enucleatius autem si ista quærantur, multiplices atque multimodas pariunt disputationes, quæ pluribus intexendæ sunt voluminibus, quam hoc opus tempusque deposcit. Quod non ita largum habemus, ut in omnibus quæ possunt requirere otiosi et scrupulosi, paratiores ad interrogandum, quam capaciores ad intelligendum, nos oporteat immorari. Arbitror tamen satis nos jam fecisse magnis et difficillimis quæstionibus de initio vel (*a*) mundi, vel animæ, vel ipsius generis humani : quod in duo genera distribuimus ; unum eorum qui secundum hominum alterum eorum qui secundum Deum vivunt. Quas etiam mystice appellamus Civitates duas, hoc est, duas societates hominum : quarum est una quæ prædestinata est in æternum

(*a*) Lov. *de initio vel de fine mundi.* Abest *de fine* ab editis Vind. Am. Er. et melioribus Mss. debetque abesse, cum de fine Augustinus post loquendum esse mox dicat.

deux Cités, à ces deux sociétés humaines, dont l'une est prédestinée à régner éternellement avec Dieu et l'autre à subir d'éternels supplices avec le démon. C'est là leur fin dernière, nous en traiterons plus tard. Pour le moment, puisque nous avons assez parlé de leur origine, soit dans les anges dont nous ignorons le nombre, soit dans nos premiers parents, je crois devoir considérer leur développement depuis le commencement jusqu'à la fin des générations humaines. Car tout cet espace de temps, pendant lequel s'accomplit cette perpétuelle succession de morts et de naissances, n'est que le développement, à travers les siècles, des deux Cités dont nous parlons.

2. Donc, nos premiers parents donnèrent d'abord le jour à Caïn, qui appartient à la Cité des hommes; ensuite à Abel qui appartient à la Cité de Dieu. (*Gen.* IV.) Or, de même qu'en chaque homme se réalise cette parole de l'Apôtre : « Ce n'est pas ce qui est spirituel qui est formé le premier, mais ce qui est animal et ensuite ce qui est spirituel; » (I. *Cor.* xv, 46) car, issus d'une race maudite, nous devons naître en Adam, méchants et charnels, et nous ne devenons bons et spirituels qu'en Jésus-Christ qui nous fait renaître et croître; ainsi, dans le genre humain, lorsque les deux cités commencèrent leur cours de naissances et de morts, le premier qui naquit, fut citoyen de ce monde, et le second, étranger au siècle présent, appartient à la Cité de Dieu; prédestiné par la grâce, élu par la grâce; il était par la grâce étranger ici-bas et aussi par la grâce citoyen du ciel. Quant à lui, il est vrai, il sort de la même masse qui subit la malédiction originelle; mais Dieu, semblable au potier, (c'est la comparaison qu'emploie l'apôtre (*Rom.* IX, 21), non par mégarde, mais très-judicieusement,) fabrique avec la même matière un vase d'honneur et un vase d'ignominie. Or, le vase d'ignominie a été fait le premier et ensuite le vase d'honneur, car, en chaque homme, comme je l'ai déjà dit, précède ce qui est mauvais, par où il faut nécessairement commencer, sans qu'il soit nécessaire d'y demeurer; ensuite vient ce qui est bon, où nous parvenons par notre avancement spirituel et où nous devons demeurer. Ce qui ne veut pas dire que tout homme mauvais deviendra bon, mais nul ne sera bon qui d'abord n'ait été mauvais ; et plus l'amélioration sera prompte en lui, plus tôt il méritera de porter le nom qu'il désire et qui servira de voile au nom précédent. L'Écriture dit donc de Caïn qu'il fonda une ville, mais

regnare cum Deo, altera æternum supplicium subire cum diabolo. Sed iste finis est earum, de quo post loquendum est. Nunc autem quoniam de exortu earum, sive in angelis, quorum numerus ignoratur a nobis, sive in duobus primis hominibus, satis dictum est, jam mihi videtur earum aggrediendus excursus, ex quo illi duo generare cœperunt, donec homines generare cessabunt. Hoc enim universum tempus, sive sæculum, in quo cedunt morientes, succeduntque nascentes, istarum duarum Civitatum de quibus disputamus; excursus est.

2. Natus est igitur prior Cain ex illis duobus generis humani parentibus, pertinens ad hominum Civitatem, posterior Abel ad Civitatem Dei. (*Gen.* IV.) Sicut enim in uno homine, quod dixit Apostolus, experimur, quia « non primum quod spiritale est, sed quod animale, postea spiritale : » (I. *Cor.* xv, 46) unde unusquisque, quoniam ex (*a*) damnata propagine exoritur, primo sit necesse est ex Adam malus atque carnalis; quod si in (*b*) Christum renascendo profecerit, post erit bonus et spiritalis : si in universo genere humano cum primum duæ istæ cœperunt nascendo atque moriendo procurrere Civitates, prior est natus civis hujus sæculi ; posterior autem isto peregrinus in sæculo, et pertinens ad Civitatem Dei, gratia prædestinatus, gratia electus, gratia peregrinus deorsum, gratia civis sursum. Nam quantum ad ipsum attinet, ex eadem massa oritur, quæ originaliter est tota damnata : sed tamquam figulus Deus, (hanc enim similitudinem non imprudenter, sed prudenter introducit Apostolus,) ex eadem massa fecit aliud vas in honorem, aliud in contumeliam. (*Rom.* IX, 21.) Prius autem factum est vas in contumeliam, post vero alterum in honorem : quia in ipso uno, sicut jam dixi, homine, prius est reprobum, unde necesse est incipiamus, et ubi non est necesse ut remaneamus, posterius vero probum, quo proficientes veniamus, et quo pervenientes maneamus. Proinde non quidem omnis homo malus erit bonus, nemo tamen erit bonus qui non erat malus : sed quanto quisque citius mutatur in melius, hoc in se facit nominari quod apprehendit celerius, et posteriore cooperit vocabulum prius. Scriptum est itaque de Cain, quod condiderit civitatem : Abel autem tamquam peregrinus non condidit. Superna est enim sanctorum Civitas, quamvis

---

(*a*) Nonnulli codices, *ex Adam nata*. — (*b*) Sola editio Lov. *in Christo*.

Abel, étranger ici-bas, n'en fonda point. Car la Cité des saints est dans les cieux, bien qu'elle enfante en ce monde des citoyens, au milieu desquels elle accomplit son pélérinage, jusqu'à ce que le temps de son règne arrive, quand au jour de la résurrection des corps, elle rassemblera tous ses élus, pour les mettre en possession du royaume promis, et les faire régner éternellement avec le roi des siècles, leur souverain.

CHAPITRE II.

Des enfants de la chair et des enfants de la promesse.

Il est vrai qu'il y a eu ici-bas une ombre et une image prophétique de cette Cité, servant à la figurer plutôt qu'à la représenter; venue au temps fixé par avance, elle a reçu aussi le nom de Cité sainte, à cause de l'importance de ce qu'elle figurait, mais elle n'était que l'image de la vérité qui doit s'accomplir un jour. C'est de cette image, dans la condition d'esclave et de la Cité libre qu'elle annonce, dont parle l'Apôtre, quand il écrit aux Galates : « Dites-moi, vous qui voulez être sous la loi, n'entendez-vous point ce que dit la loi? Car il est écrit qu'Abraham eut deux fils; l'un de l'esclave, et l'autre de la femme libre. Mais l'enfant de l'esclave naquit selon la chair, et l'enfant de la femme libre naquit en vertu de la promesse. Tout ceci est une allégorie. Ces deux femmes sont les deux alliances; la première établie sur le mont Sina, n'engendre que des esclaves et est figurée par Agar. Agar est en figure la même chose que Sina, montagne d'Arabie, liée à celle qui est maintenant Jérusalem, esclave avec ses enfants. Mais la Jérusalem d'en haut est vraiment libre et c'est elle qui est notre mère. Car il est écrit : Réjouissez-vous, stérile, qui n'enfantez point : poussez des cris de joie, vous qui n'êtes point mère; parce que celle qui était délaissée a plus d'enfants que celle qui a un mari. Pour nous, mes frères, nous sommes, en Isaac, les enfants de la promesse. Et comme alors celui qui était né selon la chair persécutait celui qui était né selon l'esprit, il en est encore de même aujourd'hui. Mais que dit l'Écriture : Chassez l'esclave et son fils, parce que le fils de l'esclave ne sera point héritier avec le fils de la femme libre. Aussi, mes frères, nous ne sommes point les fils de l'esclave, mais de la femme libre et c'est Jésus-Christ qui nous a acquis cette liberté. » (*Gal.* IV, 21 etc.) Cette explication

hic pariat cives, in quibus peregrinatur, donec regni ejus tempus adveniat, cum congregatura est omnes in suis corporibus resurgentes, quando eis promissum dabitur regnum, ubi cum suo principe Rege sæculorum sine ullo temporis fine regnabunt.

CAPUT II.

De filiis carnis et filiis promissionis.

Umbra sane quadam Civitatis hujus et imago prophetica ei significandæ potius quam præsentandæ servivit in terris, qua eam tempore demonstrari oportebat, et dicta est etiam ipsa Civitas sancta merito significantis imaginis, non expressæ, sicut futura est, veritatis. De hac imagine serviente, et de illa quam significat libera Civitate, sic Apostolus ad Galatas loquitur : « Dicite mihi, inquit, sub lege volentes esse, legem non (*a*) audistis? Scriptum est enim, quod Abraham duos filios habuit, unum de ancilla, et unum de libera. Sed ille quidem qui de ancilla, secundum carnem natus est ; qui autem de libera, per repromissionem : quæ sunt in allegoria. Hæc enim sunt duo testamenta, unum quidem (*b*) a monte Sina in servitutem generans (*c*), quod est Agar. Sina enim est mons in Arabia (*d*), qui conjunctus est huic quæ nunc est Jerusalem : servit enim cum filiis suis. Quæ autem sursum est Jerusalem, libera est, quæ est mater omnium (*e*) nostrum. Scriptum est enim : Lætare sterilis, quæ non paris; erumpe et clama, quæ non parturis : quoniam multi filii desertæ, magis quam ejus quæ habet virum. Nos autem, fratres, secundum Isaac promissionis filii sumus. Sed sicut tunc qui secundum carnem natus fuerat, persequebatur eum qui secundum spiritum; ita et nunc. Sed quid dicit Scriptura? Ejice ancillam et filium ejus : non enim heres erit filius ancillæ cum filio liberæ. Nos autem, fratres non sumus ancillæ filii, sed liberæ, qua libertate Christus nos liberavit. » (*Gal.* IV, 21.) Hæc

---

(*a*) Aliquot Mss. juxta Vulgatam, *non legistis?* Alii cum editis *non audistis?* In Græco est, ουκ ἀκούετε, *non auditis?* — (*b*) Ita omnes editi, juxta Græc. ἀπὸ ὄρους : nec aliter Mss. si paucos exceperis, qui juxta Vulgatam habent, *in monte Sina.* — (*c*) Sic Mss. Editi vero, *quæ est Agar.* — (*d*) Lov. *quæ conjuncta est :* dissentientibus editis aliis et plerique Mss. — (*e*) Sic Vind. et aliquot Mss. juxta Græc. μήτηρ πάντων ἡμῶν. At Er. et Lov. *mater nostra*.

sortie de la bouche autorisée de l'Apôtre, nous livre le sens des Écritures, et nous apprend quelle interprétation nous devons donner aux deux Testaments, l'ancien et le nouveau. Une partie de la Cité terrestre est l'image de la Cité céleste; elle ne se figure pas elle-même, mais elle en figure une autre, aussi elle est esclave; car elle n'a pas été instituée pour elle-même, mais pour une autre qu'elle annonce; et annoncée d'avance, elle figure d'avance celle dont elle est la première ébauche. En effet, Agar, esclave de Sara, et son fils, sont comme une image de cette image. Et parce que les ombres devaient s'enfuir à l'approche de la lumière, Sara la femme libre, figure de la Cité libre et dont l'ombre servait aussi à la figurer d'une autre manière, Sara s'écrie : « Chassez l'esclave et son fils, car le fils de l'esclave ne sera pas héritier avec mon fils Isaac, ou comme le dit l'Apôtre : avec le fils de la femme libre. » Nous trouvons donc deux figures dans la Cité terrestre, l'une qui révèle sa propre présence, et l'autre qui sert, par sa présence même, de signe à la Cité céleste. La nature viciée par le péché enfante les citoyens de la Cité de la terre et la grâce qui délivre la nature du péché, enfante les citoyens de la Cité du ciel : d'où il suit que ceux-là sont appelés vases de colère et ceux-ci vases de miséricorde. (Rom. IX, 22 et 23.) C'est ce que figurent aussi les deux enfants d'Abraham; l'un, Ismaël, enfant de l'esclave Agar, est né selon la chair; l'autre, Isaac, enfant de Sara, la femme libre, est né en vertu de la promesse. Tous deux, il est vrai, ont pour père Abraham; mais l'un est engendré selon la coutume qui prouve l'action de la nature, l'autre est donné en vertu de la promesse qui est le signe de la grâce; là se manifeste l'action ordinaire de l'homme, ici se révèle un bienfait divin.

CHAPITRE III.

La stérilité de Sara fécondée par la grâce de Dieu.

Sara était, en effet, stérile, (*Gen.* XVI) et désespérant d'être mère, elle résolut de l'être au moins par sa servante, qu'elle donna à son mari, puisqu'elle ne pouvait par elle-même réaliser ses désirs. Ainsi elle exige de lui le devoir conjugal, usant de son droit en la personne d'une autre. Ismaël naquit donc, comme naissent les autres hommes, de l'union des deux sexes, suivant la loi ordinaire de la nature. C'est pour cela qu'il est dit né « selon la chair » non qu'ainsi il ne soit encore un don de Dieu

forma intelligendi de Apostolica auctoritate descendens locum nobis aperit, quemadmodum Scripturas duorum Testamentorum veteris et novi accipere debeamus. Pars enim quædam terrenæ Civitatis imago cœlestis Civitatis effecta est, non se significando, sed alteram, et ideo serviens. Non enim propter se ipsam, sed propter aliam significandam est instituta; et præcedente alia significatione et ipsa præfigurans præfigurata est. Namque Agar ancilla Saræ, ejusque filius, imago quædam hujus imaginis fuit. Et quoniam transituræ erunt umbræ luce veniente, ideo dixit libera Sara, quæ significabat liberam Civitatem, cui rursus alio modo significandæ etiam illa umbra serviebat : « Ejice ancillam, et filium ejus; non enim heres erit filius ancillæ cum filio meo Isaac, » quod ait Apostolus, « cum filio liberæ. » Invenimus ergo in terrena Civitate duas formas, unam suam præsentiam demonstrantem, alteram cœlesti Civitati significandæ sua præsentia servientem. Parit autem cives terrenæ Civitatis peccato vitiata natura, cœlestis vero Civitatis cives parit a peccato naturam liberans gratia : unde illa vocantur vasa iræ, ista vasa misericordiæ. Significatum est hoc etiam in duobus filiis Abrahæ, quod unus de ancilla, quæ dicebatur Agar, secundum carnem natus est Ismael, alter autem de Sara libera secundum repromissionem natus est Isaac. (*Rom.* IX, 22 et 23.) Uterque quidem de semine Abrahæ : sed illum genuit demonstrans consuetudo naturam, istum vero dedit promisso significans gratiam. Ibi humanus usus ostenditur, hic divinum beneficium commendatur.

CAPUT III.

De sterilitate Saræ, quam Dei gratia fecundavit.

Sara quippe sterilis erat, et desperatione prolis, saltem de ancilla sua concupiscens habere, quod de se ipsa non se posse cernebat, dedit eam fœtandam viro, de quo parere voluerat, nec potuerat. (*Gen.* XVI.) Exegit itaque etiam sic debitum de marito, utens jure suo in utero alieno. Natus est ergo Ismael, sicut nascuntur homines, permixtione sexus utriusque, usitata lege naturæ. Ideo dictum est « secundum carnem : » non quod ista beneficia Dei non

et son œuvre, lui dont la sagesse créatrice « atteint, selon qu'il est écrit, d'une extrémité à l'autre avec force et dispose tout avec douceur : » (*Sag.* VIII, 1) mais c'était pour distinguer le don de Dieu, don purement gratuit que sa grâce réservait aux hommes, par la naissance d'un autre fils qui devait avoir lieu en dehors du cours ordinaire de la nature. Car la nature refuse des enfants à l'union de l'homme et de la femme, quand ils sont arrivés à l'âge d'Abraham et de Sara, et que d'ailleurs la stérilité de la femme a mis obstacle à sa fécondité, lorsqu'elle était plus jeune. Or, dans cette circonstance, la nature privée de postérité, est l'image de la nature humaine corrompue par le péché, justement condamnée et déchue à jamais de toute vraie félicité. Aussi, Isaac, né en vertu de la promesse, figure très-bien les enfants de la grâce, les citoyens de la Cité libre, les co-héritiers de la paix éternelle, où règne, non plus l'amour de la volonté propre et privée pour ainsi dire, mais la jouissance commune du bien immuable, mais cette union de plusieurs cœurs ne faisant qu'un seul cœur, c'est-à-dire l'union parfaite de la charité dans l'obéissance.

CHAPITRE IV.

De la guerre et de la paix dans la Cité terrestre.

Quant à la Cité de la terre qui ne sera pas éternelle (car, à la condamnation du dernier jour, elle ne sera plus Cité), elle a ici-bas son bien qui lui donne toute la joie que peuvent causer de pareilles choses. Et comme ce n'est pas un bien tel qu'il puisse préserver ceux qui l'aiment de toutes traverses, il arrive souvent que cette Cité est divisée contre elle-même par des luttes, des guerres et des victoires sanglantes; victoires qui causent la mort sinon de suite, du moins quelque jour inévitablement. Car, quelque partie d'elle-même qui se lève contre l'autre, c'est avec le désir de dominer, tandis qu'elle reste esclave de ses vices. Si elle s'exalte dans son triomphe, c'est pour elle le coup de la mort; si au contraire, pensant à la condition et aux disgrâces communes, au lieu de s'enorgueillir de la prospérité, elle se modère par la considération des revers possibles de la fortune, la mort est toujours là pour lui enlever le fruit de sa victoire. Car les vaincus ne seront pas éternellement dominés par leurs

sint, aut non illa operetur Deus, cujus opifex sapientia « adtingit, » sicut scriptum est, « a fine usque ad finem fortiter, et disponit omnia suaviter : » (*Sap.* VIII, 4) sed ubi significandum fuerat Dei donum, quod indebitum hominibus gratis gratia largiretur, sic oportuit dari filium, quemadmodum naturæ non debebatur excursibus. Negat enim natura jam filios tali commixtioni maris et feminæ, qualis esse poterat Abrahæ et Saræ in illa jam ætate, etiam mulieris accedente sterilitate, quæ nec tunc parere potuit, quando non ætas fecunditati, sed ætati fecunditas defuit. Quod ergo naturæ sic affectæ fructus posteritatis non debebatur, significat quod natura generis humani peccato vitiata, ac per hoc jure damnata, nihil veræ felicitatis in posterum merebatur. Recte igitur significat Isaac per repromissionem natus filios gratiæ, cives Civitatis liberæ, socios pacis æternæ, ubi sit non amor propriæ ac privatæ quodam modo voluntatis, sed communi eodemque immutabili bono gaudens, atque ex multis unum cor faciens, id est (*a*), perfecte concors obedientia caritatis.

CAPUT IV.

De terrenæ Civitatis vel concertatione, vel pace.

Terrena porro Civitas, quæ sempiterna non erit, (neque enim cum in extremo supplicio damnata fuerit, jam Civitas erit,) hic habet bonum suum, cujus societate lætatur, qualis esse de talibus rebus lætitia potest. Et quoniam non est tale bonum, ut nullas angustias faciat amatoribus suis, ideo Civitas ista adversus se ipsam plerumque dividitur litigando, bellando, atque pugnando, et aut mortiferas, aut certe mortales victorias requirendo. Nam ex quacumque sui parte adversus alteram sui partem bellando, quærit esse victrix gentium, cum sit captiva vitiorum. Et si quidem cum vicerit, superbius extollitur, etiam (*b*) mortifera; si vero conditionem cogitans casusque communes, magis quæ accidere possunt adversis angitur, quam eis quæ provenerint secundis rebus inflatur, tantummodo mortalis est ista victoria. Neque enim semper dominari poterit permanendo, eis quos potuerit subjugare

---

(*a*) Vind. Am. et Er. *perfecte facta concors.* — (*b*) Editi, *etiam sic mortifera.* Abest *sic* a Mss.

maîtres. Cependant on ne saurait refuser avec justice le nom de biens aux choses que désire cette Cité, puisqu'elle-même, comme nature humaine, est un bien plus excellent. Pour jouir de ces biens inférieurs, elle désire une certaine paix toute terrestre, et même elle fait la guerre dans l'intention de l'obtenir. En effet, lorsqu'elle est victorieuse et qu'elle ne rencontre plus de résistance, elle a cette paix que n'avaient point les parties contraires, s'acharnant dans une lutte mutuelle et désespérée, pour arriver à la possession de biens qu'ils ne pouvaient avoir ensemble. Cette paix est le but des guerres les plus périlleuses, la victoire qui y conduit est regardée comme glorieuse. Or, si la victoire revient à la plus juste cause, qui donc ne se réjouirait d'une telle victoire et de la paix si désirable qui la suit? Ce sont là de vrais biens et assurément des dons de Dieu. Mais si, insouciant des biens plus excellents qui appartiennent à la Cité céleste ou la victoire sera accompagnée d'une paix profonde, souveraine et éternelle, on se passionne tellement pour ces moindres biens, qu'on les regarde comme les seuls biens, ou qu'on les préfère à ceux même que l'on croit plus excellents; il faut de toute nécessité que la misère arrive et que celle qui existait déjà, s'augmente.

CHAPITRE V.

Le premier fondateur de la Cité terrestre fut un fratricide, le fondateur de la ville de Rome imita son impiété en se rendant coupable du meurtre de son frère.

Aussi le premier fondateur (*Gen.* iv) de la Cité terrestre fut fratricide, vaincu par la jalousie, il tua son frère, citoyen de la Cité éternelle, pèlerin sur cette terre étrangère. Et il ne faut pas s'étonner, si longtemps après, lors de la fondation de cette ville, qui devait être la capitale de la Cité terrestre dont nous parlons et dominer sur tant de nations, nous voyons ce premier modèle, cet archétype, selon l'expression grecque, reparaître comme une tradition de famille. Là aussi, en effet, s'accomplit le même crime, un de leurs poètes l'atteste (Lucain 1, *Pharsal.*); « Les premiers murs furent arrosés du sang fraternel. » Car l'histoire romaine place la fondation de Rome à l'époque du meurtre de Rémus par son frère Romulus; ceux-ci diffèrent des premiers frères en ce sens qu'ils étaient tous deux citoyens de la Cité terrestres. Tous deux prétendaient à la gloire de fonder la république romaine, mais à deux ils ne pouvaient avoir autant de gloire qu'un seul. Car celui qui s'enorgueillit de la domination, domine moins si son pouvoir est partagé. Afin donc de l'avoir seul, l'un deux se débarrasse de

vincendo. Non autem recte dicuntur ea bona non esse, quæ concupiscit hæc Civitas, quando est et ipsa in suo genere humano melior. Concupiscit enim terrenam quamdam pro rebus infimis pacem : ad eam namque desiderat pervenire bellando. Quoniam si vicerit, et qui resistat non fuerit, pax erit, quam non habebant partes invicem adversantes, et pro his rebus quas simul habere non poterant in'egelici egestate certantes. Hanc pacem requirunt laboriosa bella : hanc adipiscitur quæ putatur gloriosa victoria. Quando autem vincunt qui caussa justiore pugnabant, quis dubitet, gratulandam esse victoriam, et provenisse optabilem pacem ? Hæc bona sunt, et sine dubio Dei dona sunt. Sed si neglectis melioribus, quæ ad supernam pertinent Civitatem, ubi erit victoria in æterna et summa pace secura, bona ista sic concupiscuntur, ut vel sola esse credantur, vel his quæ meliora creduntur, amplius diligantur ; necesse est miseria consequatur, et quæ inerat augeatur.

CAPUT V.

De primo terrenæ Civitatis auctore fratricida, cujus impietati Romanæ urbis conditor germani cæde responderit.

Primus itaque fuit terrenæ Civitatis conditor (*Cain*) fratricida : nam suum fratrem civem Civitatis æternæ in hac terra peregrinantem invidentia victus occidit. (*Gen.* iv.) Unde mirandum non est, quod tanto post in ea civitate condenda, quæ fuerat hujus terrenæ Civitatis, de qua loquimur, caput futura, et tam multis gentibus regnatura, huic primo exemplo, et ut Græci appellant ἀρχετύπῳ quædam sui generis imago responditur. Nam et illic, sicut ipsum facinus quidam poeta commemoravit illorum : Fraterno primi maduerunt sanguine muri. (Lucan. 1, *Pharsal.*) Sic enim condita est Roma, quando occisum Remum a fratre Romulo Romana testatur historia : nisi quod isti terrenæ Civitatis ambo cives erant. Ambo gloriam de Romanæ reipu-

son collègue; et le crime augmente un empire, que la justice eut conservé moins étendu mais plus pur. Quant aux deux frères, Caïn et Abel, il n'existait pas entre eux une convoitise si ardente pour les biens terrestres; le meurtrier, ne craignait pas de voir diminuer sa domination, si elle était partagée, (car Abel ne pensait guère à dominer dans la ville que fondait son frère); mais il fut porté au crime par cette infernale jalousie qui rend les bons odieux aux méchants, par le seul motif de la bonté des uns et de la méchanceté des autres. Au contraire, la bonté ne saurait diminuer par le partage ou la possession commune; bien plus, son domaine s'agrandit, en raison de la charité individuelle qui unit plus étroitement les cœurs. En un mot, le moyen de perdre cet héritage c'est de vouloir le posséder seul; et c'est en étendre les limites que de se plaire à le partager. La querelle qui s'éleva entre Rémus et Romulus montre donc comment la Cité terrestre se divise contre elle-même, et ce qui survint entre Caïn et Abel fait voir l'opposition qui existe entre les deux Cités, celle de Dieu et celle des hommes. Ainsi, il y a lutte entre méchants et méchants et aussi entre bons et méchants. Mais il ne saurait y en avoir entre les bons, s'ils sont parfaits. Quand ils ne sont pas encore parvenus à la perfection à laquelle ils tendent, ils peuvent éprouver entre eux les mêmes différents que le juste éprouve avec lui-même; car dans un même homme, « la chair convoite contre l'esprit et l'esprit contre la chair. » (*Gal.* v, 17.) Les désirs spirituels de l'un peuvent donc combattre les inclinations charnelles de l'autre et *vice versa ;* selon ce qui arrive entre bons et méchants; ou bien encore les inclinations charnelles de deux hommes de bien qui ne sont pas arrivés à la perfection, peuvent se déclarer la guerre, comme les méchants se la font entre eux, et cette guerre durera jusqu'à ce qu'ils soient entièrement guéris, et que la dernière victoire leur ait procuré une vertu parfaite.

blicæ institutione quærebant : sed ambo eam tantam, quantam, si unus esset, habere non poterant. Qui enim volebat dominando gloriari, minus utique dominaretur, si ejus potestas vivo consorte minueretur. Ut ergo totam dominationem haberet unus, ablatus est socius : et scelere crevit in pejus, quod innocentia minus esset et melius. Hi autem fratres Caïn et Abel non habebant ambo inter se similem rerum terrenarum cupiditatem; nec in hoc alter alteri invidit, quod ejus dominatus fieret angustior, qui alterum occidit, si ambo dominarentur : (Abel quippe non quærebat dominationem in ea civitate, quæ condebatur a fratre :) sed individentia illa diabolica, qua invident bonis mali, nulla alia caussa (*a*), nisi quia illi boni sunt, illi mali. (*Gen.* iv.) Nullo enim modo fit minor accedente seu permanente consorte possessio bonitatis; immo (*b*) possessio bonitas, quam tanto latius, quanto concordius individua sociorum possidet caritas. Non habebit denique istam possessionem, qui eam noluerit habere communem ; et tanto eam reperiet amplio- rem, quanto amplius ibi potuerit amare consortem. Illud igitur quod inter Remum et Romulum exortum est, quemadmodum adversus se ipsam terrena Civitas dividatur, ostendit : quod autem inter Cain et Abel, inter duas ipsas Civitates, Dei et hominum, inimicitias demonstravit. Pugnant ergo inter se mali et mali. Item pugnant inter se boni et mali. Boni vero et boni, si perfecti sunt, inter se pugnare non possunt. Proficientes autem nondumque perfecti ita possunt, ut bonus quisque ex ea parte pugnet contra alterum, qua etiam contra semetipsum. Et in uno quippe homine « caro concupiscit adversus spiritum, et spiritus adversus carnem. » (*Gal.* v, 17.) Concupiscentia ergo spiritalis contra alterius potest pugnare carnalem, vel concupiscentia carnalis contra alterius spiritalem, sicut inter se pugnant boni et mali : vel certe ipsæ concupiscentiæ carnales inter se duorum bonorum, nondum utique perfectorum, sicut inter se pugnant mali et mali, donec eorum qui curantur ad ultimam victoriam sanitas perducatur.

(*a*) Viud. Am. Er. *nulla alia caussa est.* Verbum *est* perperam additum; nam auferendi casu posita sunt verba illa superiora, *invidentia illa diabolica,* supple *invidit. — (b)* Sic omnes prope Mss. At Vind. Am. Er. *immo possessio bonitatis tanto sit latior, quanto concordior eam individua sociorum possidet caritas.* Lov. *immo possessionem bonitatis tanto tatius, quanto concordius individua,* etc.

CHAPITRE VI.

Langueurs auxquelles, en punition du péché, sont soumis ici-bas les citoyens de la Cité de Dieu eux-mêmes et dont Dieu, le souverain médecin les délivre.

Car cette maladie de langueur, ou plutôt, cette désobéissance, dont j'ai parlé au quatorzième livre, est le châtiment de la première désobéissance ; aussi n'est-ce pas une disposition naturelle, mais un vice, et c'est pour cela qu'il est dit aux bons faisant des progrès dans la vertu et vivant de la foi, en ce pélérinage : « Portez les fardeaux les uns des autres et vous accomplirez ainsi la loi du Christ. » (*Gal.* VI, 2.) Et dans un autre endroit : « Reprenez les esprits remuants, consolez les âmes abattues, soutenez les faibles, soyez patients envers tous, prenez garde que nul ne rende à un autre le mal pour le mal. » (I. *Thess.* V, 14 et 15.) Et encore : « Si l'un de vous est tombé par surprise en quelque péché, vous qui êtes spirituels, reprenez-le dans un esprit de douceur, en faisant réflexion sur vous-mêmes et craignant d'être tentés aussi bien que lui. » (*Gal.* VI, 1.) Et ailleurs : « Que le soleil ne se couche point sur votre colère. » (*Eph.* IV, 26.) Et dans l'Évangile : « Si votre frère vous a offensé, reprenez-le en particulier, seul avec un seul. » (*Matth.* XVIII, 15.) Et au sujet des péchés qui peuvent être une occasion de scandale ; l'Apôtre dit : « Reprenez devant tout le monde les pécheurs publics pour inspirer de la crainte aux autres. » (I. *Tim.* V, 20.) C'est pour cela que l'Écriture recommande si souvent et si instamment le pardon mutuel des offenses, afin d'obtenir la paix, sans laquelle personne ne pourra voir Dieu. (*Epit. aux Hebr.* XII, 14.) De là vient aussi cette terrible sentence prononcée contre ce serviteur à qui on avait remis dix mille talents et que l'on condamne à les restituer, parce que lui-même refusait de remettre à un de ses compagnons, une dette de cent deniers. Et après l'exposition de cette parabole, le Seigneur Jésus ajoute : « Ainsi agira votre Père céleste, si chacun de vous ne pardonne à son frère du fond du cœur. » (*Matth.* XVIII, 35.) Tel est le remède qui doit guérir les citoyens de la Cité de Dieu, voyageurs sur cette terre et soupirant après la céleste patrie. Mais c'est l'opération intérieure de l'Esprit-Saint, qui donne la vertu au remède extérieur. Autrement, quand Dieu lui-même se servirait de la créature qui lui est soumise, pour parler sous une forme

CAPUT VI.

De languoribus quos ex pœna peccati etiam cives Civitatis Dei in hujus vitæ peregrinatione patiuntur, et a quibus Deo medente sanantur.

Languor est quippe iste, id est, illa inobedientia, de qua in libro quarto-decimo disseruimus, primæ inobedientiæ supplicium ; et ideo non natura, sed vitium : propter quod dicitur proficientibus bonis, et ex fide in hac peregrinatione viventibus : « Invicem onera vestra portate, et sic adimplebitis legem Christi. » (*Gal.* VI, 2.) Item alibi dicitur : « Corripite inquietos, consolamini pusillanimes, suscipite infirmos, patientes estote ad omnes. Videte ne quis malum pro malo alicui reddat. » (I. *Thess.* V, 14 et 15.) Item alio loco : « Si præoccupatus fuerit homo in aliquo delicto, vos qui spiritales estis, instruite hujusmodi in spiritu mansuetudinis, intendens te ipsum, ne et tu tenteris. » (*Gal.* VI, 1.) Et alibi : « Sol non occidat super iracundiam vestram. » (*Ephes.* IV, 26.) Et in Evangelio : « Si peccaverit in te frater tuus, corripe cum inter te et ipsum (*a*) solum. » (*Matth.* XVIII, 15.) Item de peccatis, in quibus multorum cavetur offensio. Apostolus dicit : « Peccantes coram omnibus argue, ut et ceteri timorem habeant. » (I. *Tim.* V, 30.) Propter hoc et de venia invicem danda, multa præcipiuntur, et magna cura, propter tenendam pacem, sine qua nemo poterit videre Deum (*Heb.* XII, 14) : ubi ille terror est, quando jubetur servus decem millium talentorum reddere debita, quæ illi fuerant relaxata, quoniam debitum denariorum centum conservo suo non relaxavit. Qua similitudine proposita, Dominus Jesus adjecit, atque ait : « Sic et vobis faciet Pater vester cœlestis, si non dimiseritis unusquisque fratri suo de cordibus vestris. » (*Matth.* XVIII, 35.) Hoc modo curantur cives Civitatis Dei in hac (*b*) terra peregrinantes, et paci supernæ patriæ suspirantes. Spiritus autem sanctus operatur intrinsecus, ut valeat aliquid medicina, quæ adhibetur extrinsecus. Alioquin etiamsi Deus ipse utens creatura sibi subdita in aliqua specie humana sensus alloquatur humanos, sive istos corporis, sive illos, quos istis simillimos habemus in somnis, nec interiore gratia mentem regat atque agat, nihil prodest homini

---

(*a*) Abest *solum*, a Mss. — (*b*) Sola editio Lov. *in hac terrena*.

humaine quelconque aux sens de l'homme, soit aux sens corporels, soit dans une apparition, telle qu'elle peut se produire en songe, si en même temps la grâce intérieure n'agit sur l'esprit, pour le déterminer, tout enseignement de la vérité sera complètement inutile à l'homme. Or, Dieu en use de la sorte quand, pour des motifs à lui connus, motifs profondément secrets, quoique toujours justes, il sépare des vases de colère les vases de miséricorde. C'est en effet, par son assistance merveilleuse et cachée, que le péché qui habite dans nos membres, ou plutôt la peine du péché, ne règne plus, comme parle l'Apôtre (*Rom.* VI, 12), dans notre corps mortel, auparavant esclave de ses désirs; et quand nous ne lui abandonnons plus nos membres pour accomplir l'iniquité, notre esprit, sous la direction divine, se détourne de lui-même et du mal et il acquiert dès ce monde l'empire sur ses passions plus soumises jusqu'à ce qu'enfin, jouissant d'une santé parfaite et doué d'immortalité, l'homme affranchi de tout péché, règne dans l'éternelle paix.

CHAPITRE VII.

Opiniâtreté de Caïn; la parole de Dieu même ne pût les détourner de son crime.

1. Mais cette parole même, que je viens d'expliquer selon mon pouvoir, quand Dieu l'eut dite à Caïn, sous la forme qu'il daignait emprunter à sa créature, pour s'entretenir comme un ami avec nos premiers parents, quelle utilité en retira Caïn? Après l'admonition divine, en accomplit-il moins le fratricide qu'il méditait? Dieu avait fait son choix dans les sacrifices des deux frères; il a regardé favorablement les uns et rejeté les autres; quelque signe visible et auquel on ne pouvait se méprendre, atteste la différence qu'il en fait, différence basée sur les bonnes œuvres de l'un et sur les œuvres mauvaises de l'autre. Caïn en conçoit un violent déplaisir, son visage en est tout abattu; car l'Écriture en témoigne par ces paroles : « Et le Seigneur dit à Caïn : Pourquoi es-tu devenu triste et pourquoi ton visage est-il abattu? Si ton offrande est juste et que le partage de cette offrande ne le soit pas, n'es-tu pas coupable? Cesse de t'inquiéter : car il se tournera vers toi et tu le domineras. » (*Gen.* IV, 6 et 7, *selon les Sept.*) Dans cette admonition que Dieu fait à Caïn, ces paroles : si ton offrande est juste et que le partage de cette offrande ne le soit pas, n'es-tu pas coupable? Ces paroles dont on ne voit pas clairement le sens, ont donné lieu par leur obscurité, à plusieurs interprétations, chaque commentateur cherchant en son particulier à les expli-

---

omnis prædicatio veritatis. Facit autem hoc Deus a vasis misericordiæ iræ vasa discernens, dispensatione qua ipse novit multum occulta, sed tamen justa. Ipso quippe adjuvante mirabilibus et latentibus modis, cum peccatum, quod habitat in membris nostris, quæ potius jam pœna peccati est, sicut Apostolus præcipit (*Rom.* VI, 12), non regnat in nostro mortali corpore ad obediendum desideriis ejus, nec ei membra nostra velut iniquitatis arma exhibemus, convertitur ad mentem non sibi ad mala, Deo regente, consentientem; et eam (*a*) regentem tranquillius nunc habebit, postea sanitate perfecta atque immortalitate percepta homo sine ullo peccato in æterna pace regnabit.

CAPUT VII.

De caussa et pertinacia sceleris Cain, quem a facinore concepto nec Dei sermo revocavit.

1. Sed hoc ipsum, quod sicut potuimus exposuimus, cum Deus locutus esset ad Cain eo (*b*) more, quo cum primis hominibus per creaturam subjectam velut eorum socius forma congrua loquebatur, quid ei profuit? Nonne conceptum scelus in necando fratre etiam post verbum divinæ admonitionis implevit? Nam cum sacrificia discrevisset amborum, in illius respiciens, hujus despiciens, quod non dubitandum est potuisse cognosci signo aliquo adstante visibili; et hoc ideo fecisset Deus, quia mala erant opera hujus, fratris vero ejus bona; contristatus est Cain valde, et concidit facies ejus. Sic enim scriptum est : « Et dixit Dominus ad Cain : Quare tristis factus es, et quare concidit facies tua? Nonne si recte offeras, recte autem non dividas, peccasti? Quiesce : ad te enim conversio ejus, et tu dominaberis illius. » (*Gen.* IV, 6 *et* 7, *sec.* LXX.) In hac admonitione quam Deus protulit ad Cain, illud quidem quod dictum est : « Nonne si recte offeras, recte autem non dividas, peccasti, » quia non elucet cur vel unde sit dictum, multos sensus peperit

---

(*a*) Vind. et Am. *regens tranquillius nunc habebit postea sanitatem perfectam.* Paulo post loco *regnabit*, sola fere editio Lov. habet *regnantem.* — (*b*) Vind. Am. Er. et aliquot Mss. *eo modo.*

quer selon les règles de la foi. On offre, en effet, un sacrifice juste, lorsqu'il est offert au Dieu véritable à qui seul il est dû. Mais le partage n'est pas juste, lorsqu'on ne fait pas un juste discernement des lieux, des temps, des offrandes elles-mêmes; ou bien encore de celui qui offre et de celui à qui l'on offre; ou même de ceux à qui l'on distribue une part de ce qui a été offert, pour leur nourriture, en sorte que partage signifierait ici discernement; soit que l'offrande se fasse dans un lieu où il ne faut pas offrir là ce qui doit être offert ailleurs; soit que l'on offre quand il ne le faut pas et dans un temps quand il faudrait offrir dans un autre; soit que l'on offre ce qui ne devait être offert en aucun lieu, ni en aucun temps; soit que l'homme se réserve la meilleure part du sacrifice au lieu de l'offrir à Dieu; soit enfin que l'on fasse participer aux offrandes, un profane ou tout autre personne qui n'y aurait aucun droit. Il serait difficile de déterminer laquelle de ces différentes circonstances attira à Caïn la disgrâce de son Dieu. Toutefois comme l'apôtre saint Jean dit en parlant de ces deux frères : « N'imitez pas Caïn qui étant possédé de l'esprit mauvais, tua son frère : Et pour quelle raison a-t-il commis ce crime? Parce que ses œuvres étaient malicieuses et qu'au contraire celles de son frère étaient bonnes. » (I. *Jean*, III, 12.) On est en droit de penser que Dieu dédaigna ses présents, par cela seul que Caïn faisait un injuste partage, donnant à Dieu une faible portion de son bien, et se réservant lui-même pour lui seul. Ainsi agissent tous ceux qui préfèrent leur volonté propre à la volonté de Dieu, c'est-à-dire ceux qui vivent non dans la droiture, mais dans la perversité de leur cœur; ils offrent néanmoins des présents à Dieu, pensant ainsi pouvoir acheter son concours, non pour guérir leurs convoitises dépravées, mais pour les satisfaire. Et tel est le caractère propre de la Cité terrestre, d'honorer Dieu ou les dieux, dans l'espérance d'obtenir le patronage de la divinité, qui leur assurera ici-bas, la victoire et la paix; ce n'est pas l'amour du bien qui les dirige, c'est la passion de dominer. Les bons en effet, se servent du monde, pour jouir de Dieu; les méchants au contraire, veulent se servir de Dieu, pour jouir du monde; ceux toutefois qui croient à son existence et à l'intervention de sa providence dans les choses humaines; car il en est de plus mauvais qui n'ont pas même cette croyance. Quand donc Caïn vit que Dieu regardait favorablement le sacrifice de son frère et dédaignait le sien, il devait, changeant de conduite, imiter la vertu

---

ejus obscuritas, cum divinarum Scripturarum quisque tractator secundum fidei regulam id conatur exponere. Recte quippe offertur sacrificium, cum offertur Deo vero, cui uni tantummodo sacrificandum est. Non autem recte dividitur, dum non discernuntur recte vel loca, vel tempora, vel res ipsæ quæ offeruntur, vel qui offert, et cui offertur, vel hi quibus ad vescendum distribuitur quod oblatum est : ut divisionem hic discretionem intelligamus; sive cum offertur, ubi, non oportet, aut quod non ibi, sed alibi oportet; sive cum offertur, quando non oportet, aut quod non tunc, sed alias oportet; sive cum id offertur, quod nusquam et numquam penitus debuit; sive cum electoria sibi ejusdem generis rerum tenet homo, quam sunt ea quæ offert Deo; sive cum ejus rei quæ oblata est, fit particeps profanus, aut quilibet quem fas non est fieri. In quo autem horum Deo displicuerit Cain, facile non potest inveniri. Sed quoniam Joannes apostolus, cum de his fratribus loqueretur : « Non sicut Cain, inquit, qui ex maligno erat, et occidit fratrem suum : Et cujus rei gratia occidit eum? Quia opera illius maligna fuerunt, fratris autem illius justa ; » (I. *Joan*. III, 12) datur intelligi propterea Deum non respexisse in munus ejus, quia hoc ipso male dividebat, dans Deo aliquid suum, sibi autem se ipsum. Quod omnes faciunt qui non Dei, sed suam sectantes voluntatem, id est, non recto, sed perverso corde viventes, offerunt tamen Deo munus, quo putant eum redimi, ut eorum non opituletur sanandis pravis cupiditatibus, sed explendis. Et hoc est proprium terrenæ Civitatis, Deum vel deos colere, quibus adjuvantibus regnet in victoriis et pace terrena, non caritate consulendi, sed dominandi cupiditate. Boni quippe ad hoc utuntur mundo, ut fruantur Deo : mali autem contra, ut fruantur mundo, uti volunt Deo; qui tamen eum vel esse, vel res humanas curare jam credunt. Sunt enim multo deteriores, qui nec hoc quidem credunt. Cognito itaque Cain quod super ejus germani sacrificium, nec super suum respexerat Deus, utique fratrem bonum mutatus imitari, non elatus debuit æmulari. Sed contristatus est, et concidit facies ejus. Hoc peccatum maxime arguit Deus, tristitiam de alterius bonitate, et hoc fratris. Hoc quippe arguendo interrogavit dicens : « Quare contristatus est, et quare concidit facies tua? » Quia enim fratri invidebat, Deus videbat, et hoc arguebat. Nam hominibus, quibus absconditum

de son frère et non pas lui porter envie, en se laissant dominer par l'orgueil. Mais au contraire, il s'attriste et son visage est abattu. Et c'est surtout ce péché que Dieu lui reproche; il se plaint de cette tristesse causée en lui par la bonté d'autrui et principalement d'un frère. C'est en effet, ce dont il l'accuse en l'interpellant, lorsqu'il lui dit : Pourquoi es-tu devenu triste et pourquoi ton visage est-il abattu? Car Dieu voit qu'il porte envie à son frère et il l'en reprend. Les hommes, qui ne peuvent pénétrer dans le secret des cœurs, pourraient douter si cette tristesse est un regret de sa malice qu'il savait déplaire à Dieu, ou bien le chagrin de la vertu de son frère, dont les sacrifices lui sont agréables et attirent ses divins regards. Mais Dieu expliquant lui-même pourquoi il a refusé l'offrande de Caïn, lui révèle que c'est bien plutôt contre lui-même qu'il doit éprouver du déplaisir, que contre son frère innocent, attendu qu'il s'est montré injuste par son partage illicite, signe certain de la perversité de sa vie ; que d'ailleurs son offrande ne mérite pas d'être agréée; car il est d'autant plus pervers, que la haine qu'il porte au juste Abel est une haine toute gratuite.

2. Cependant Dieu ne le laissa point aller sans lui faire une recommandation sainte, juste et bonne : « Cesse de t'inquiéter, lui dit-il ; car il se tournera vers toi et tu le domineras. » Serait-ce de son frère dont il parle ainsi? A Dieu ne plaise. De qui donc? Ne serait-ce pas du péché? En effet, il venait de dire : Tu as péché; et il ajoute aussitôt : Cesse de t'inquiéter; il se tournera vers toi et tu le domineras. Ainsi, ce retour du péché vers l'homme peut très-bien faire entendre que l'homme ne doit en imputer la faute qu'à lui-même quand il pèche? Car c'est là un salutaire remède de pénitence, et une demande sérieuse de pardon, quand ce retour du péché vers l'homme, n'annonce pas un fait futur, mais une détermination actuelle de la volonté. Celui-là, en effet, dominera son péché, si, au lieu de l'excuser, il le soumet à la pénitence ; le péché, au contraire dominera et l'homme sera son esclave, si, dès le principe, il prétend lui servir d'avocat. Mais si par ce péché, il faut entendre la concupiscence charnelle dont l'Apôtre dit : « La chair convoite contre l'esprit; » (*Gal.* v, 17) car, parmi les fruits de la chair, il signale cette jalousie qui tourmentait Caïn et l'excitait contre son frère; alors ces paroles : Il se tournera vers toi et tu le domineras, peuvent très bien s'interpréter comme l'annonce d'une chose future. Lors donc que le trouble sera venu dans cette partie charnelle de l'âme appelée péché par l'Apôtre quand il dit : « Ce n'est pas moi qui fais le mal, mais le péché qui habite en moi; » (*Rom.* vii, 17) partie de l'âme dont les philosophes reconnaissent aussi la dépravation, déclarant qu'elle ne doit pas entraîner l'esprit, mais lui obéir, afin que

est cor alterius, esse posset ambiguum, et prorsus incertum, utrum illa tristitia malignitatem suam, in qua se Deo displicuisse didicerat, an fratris doluerit bonitatem, quæ Deo placuit, cum in sacrificium ejus adspexit. Sed rationem Deus reddens, cur ejus oblationem accipere noluerit, ut sibi ipse potius merito, quam ei immerito frater displiceret, cum esset injustus non recte dividendo, hoc est, non recte vivendo, et indignus cujus approbaretur oblatio, quam esset injustior, quod fratrem justum gratis odisset, ostendit.

2. Non tamen eum dimittens sine mandato sancto, justo et bono : « Quiesce, inquit ; ad te enim conversio ejus, et tu dominaberis illius. » Numquid fratris? Absit. Cujus igitur, nisi peccati? Dixerat enim, « Peccasti : » tum deinde addidit : « Quiesce, ad te enim conversio ejus, et tu dominaberis illius. » Potest quidem ita intelligi ad ipsum hominem conversionem esse debere peccati, ut nulli alii quam sibi sciat tribuere debere quod peccat. Hæc est enim salubris pænitentiæ medicina, et veniæ petitio non incongrua, ut ubi ait : « Ad te enim conversio ejus, » non subaudiatur, erit; sed, sit; præcipientis videlicet, non prædicentis modo. Tunc enim dominabitur quisque peccato, si id sibi non defendendo præposuerit, sed pœnitendo subjecerit : alioquin et illi serviet dominanti, si patrocinium adhibuerit accidenti. Sed ut peccatum intelligatur concupiscentia ipsa carnalis, de qua dicit Apostolus : « Caro concupiscit adversus spiritum ; » (*Gal.* v, 17) in cujus carnis fructibus et invidiam commemorat, qua utique Cain stimulabatur, et accendebatur in fratris exitium : bene subauditur, erit, id est : « Ad te enim conversio ejus erit, et tu dominaberis illius. » Cum enim commota fuerit pars ipsa carnalis, quam peccatum appellat Apostolus, ubi dicit : « Non ego operor illud, sed quod habitat in me peccatum : » (*Rom.* vi, 13) quam partem animi etiam philosophi dicunt esse vitiosam, non quæ mentem debeat trahere, sed cui mens debeat imperare, eamque ab il-

les œuvres illicites soient réprimées par l'empire de la raison. Quand donc cette partie de l'âme sera portée au mal, si on a soin d'observer avec calme cette recommandation de l'Apôtre : « N'abandonnez point vos membres au péché pour lui servir d'instruments d'iniquité ; » (*Rom.* VII, 17) alors domptée et vaincue, elle se tourne vers l'esprit et se soumet à l'empire de la raison. C'est l'avertissement que Dieu donne à Caïn, lorsqu'en proie aux fureurs de la jalousie, sa passion le porte à faire périr ce frère qu'il aurait dû imiter. « Reste calme » (*Gen.* IV, 7) lui dit-il : retiens ta main prête au crime ; que le péché ne règne point en ton corps mortel, ne te plie point à ses désirs, et n'abandonne point au péché tes membres qui deviendraient des instruments d'iniquité. Car il se tournera vers vous, si vous ne le secondez point par le relâchement et que vous le comprimiez par le calme. « Et tu le domineras ; » car lorsqu'on ne lui permet pas d'agir au-dehors, il s'accoutume volontiers à subir le joug de l'esprit qui le dirige et ne se révolte plus au-dedans. Dans le même livre, nous trouvons, au sujet de la femme, des expressions à peu près semblables, quand après le péché, Dieu questionnant et jugeant les coupables, prononce la sentence de condamnation contre le démon dans le serpent, contre la femme et son mari, dans leur propre personne. En effet, lorsqu'il eût dit à Ève : « Je multiplierai vos tristesses et vos gémissements et vous enfanterez dans la douleur ; » il ajoute : « et vous vous tournerez vers votre mari et il vous dominera. » (*Gen.* III, 16.) Ce qui est dit ensuite à Caïn du péché ou du vice de la concupiscence charnelle est dit ici de la femme pécheresse, pour montrer que le mari doit gouverner sa femme comme l'esprit doit gouverner la chair. C'est pour cela que l'Apôtre dit : « Celui qui aime sa femme s'aime lui-même ; car jamais personne n'a eu de la haine pour sa chair. » (*Eph.* V, 28 et 29.) Il faut donc guérir ces plaies comme étant nos propres plaies et ne pas les condamner, comme si elles nous étaient étrangères. Mais Caïn déjà perverti, ne tient aucun compte de l'avertissement de Dieu, et le vice de la jalousie se rendant maître de son cœur, il attire perfidement son frère dans un piége et le tue. Tel fut le fondateur de la Cité terrestre. Or, comment Caïn figurait les juifs qui ont fait mourir Jésus-Christ, le divin pasteur des âmes, représenté par Abel, pasteur de brebis, j'évite d'en parler maintenant, parce qu'ici l'allégorie le dispute à la prophétie, et d'ailleurs je me souviens d'en avoir dit, quelque chose en combattant les er-

---

licitis operibus ratione cohibere : cum ergo commota fuerit ad aliquid perperam committendum, si (*a*) quiescatur et obtemperetur dicenti Apostolo : « Nec exhibueritis membra vestra arma iniquitatis peccato ; » (*Rom.* VII, 17) ad mentem domita et victa convertitur, ut subditæ ratio dominetur. Hoc præcepit Deus huic, qui invidiæ inflammabatur in fratrem, et quem debuerat imitari, cupiebat auferri. « Quiesce, inquit, » (*Gen.* VII, 4) manus ab scelere contice ; non regnet peccatum in tuo mortali corpore ad obediendum desideriis ejus, nec exhibeas membra tua iniquitatis arma peccato. « Ad te enim conversio ejus : » dum non adjuvatur relaxando, sed quiescendo frenatur. « Et tu dominaberis (*b*) illius : » ut cum forinsecus non permittitur operari, sub potestate mentis regentis et benevolentis assuescat etiam intrinsecus non moveri. Dictum est tale aliquid in eodem divino libro et de muliere, quando post peccatum Deo interrogante atque judicante damnationis sententias acceperunt, in serpente diabolus, et in se ipsis illa et maritus. Cum enim dixisset ei : « Multiplicans multiplicabo tristitias tuas ad gemitum tuum, et in tristitiis paries filios : » deinde addidit : « Et ad virum tuum conversio tua, et ipse dominabitur tui. » (*Gen.* III, 16.) Quod dictum est ad Cain de peccato, vel de vitiosa carnis concupiscentia, hoc isto loco de peccatrice femina : ubi intelligendum est virum ad regendam uxorem, animo carnem regenti similem esse oportere. Propter quod dicit Apostolus : « Qui diligit uxorem suam, se ipsum diligit : nemo enim umquam carnem suam odio habuit. » (*Ephes.* V, 18 et 19.) Sananda sunt enim hæc, sicut nostra : non sicut aliena, damnanda. Sed illud Dei præceptum Cain sicut prævaricator accepit. Invalescente quippe invidentiæ vitio (*a*), fratrem insidiatus occidit. Talis erat terrenæ conditor Civitatis. Quomodo autem significaverit etiam Judæos, a quibus Christus occisus est pastor ovium hominum, quem pastor ovium pecorum præfigurabat Abel, quia in allegoria prophetica res est, parco nunc dicere, et quædam hinc adversus Faustum Manichæum dixisse me recolo. (*Lib.* XII, *cap.* IX *et seq.*)

(*a*) Sic Mss. Editi vero, *adquiescatur*. — (*b*) Aliquot Mss. *fratri*.

reurs de Faustes le manichéen. » (*Liv.* XII, chap. IX et suiv.)

CHAPITRE VIII.

Comment Caïn a pu bâtir une ville dès le commencement du monde.

1. Il s'agit maintenant de défendre la Sainte-Écriture contre ceux qui refuseraient de croire ce fait qu'elle rapporte d'une ville batie par un seul (I. *Gen.* IV, 17), quand il semble qu'alors il n'y avait pas plus de quatre hommes sur terre, et même trois seulement, depuis le meurtre d'Abel par son frère; Adam, le premier et le père de tous, Caïn lui-même et son fils Enoch, dont la première ville porte le nom. Mais ceux qui se laisseraient séduire par ce raisonnement, seraient peu réfléchis ; ils oublieraient de remarquer que l'auteur de l'histoire sacrée n'était point obligé de mentionner tous les hommes alors existants, mais ceux-là seulement que réclamait son sujet. Car le but de l'historien dirigé par le Saint-Esprit, était d'établir la suite de générations certaines qui descendaient d'un seul homme, jusqu'à Abraham, et ensuite par la postérité de ce patriarche, d'arriver jusqu'au peuple de Dieu, qui, distingué de tous les autres peuples, devait annoncer et figurer d'avance selon les vues de l'Esprit-Saint, tout ce qui concernait cette Cité, dont le règne subsistera à jamais, avec le Christ, son roi et son fondateur; il ne devait pas toutefois passer sous silence cette autre société, que nous appelons la Cité terrestre, mais de manière à faire ressortir avec éclat la supériorité de la Cité de Dieu. Et de fait, quand la Sainte-Écriture mentionne le nombre d'années de la vie des premiers hommes et qu'elle conclut uniformément pour chacun d'eux : « Et il engendra des fils et des filles, et les jours de la vie de tel ou tel, furent de tant d'années et il mourut. » (*Gen.* V, 4) Est-ce que, sous prétexte que ces fils et ces filles ne sont pas nommés, nous nous refuserions à croire qu'aux premiers âges du monde, où la vie humaine était si prolongée, il ait pu naître une multitude d'hommes assez considérable pour nécessiter la fondation même de plusieurs villes? Mais dès l'origine il était dans les desseins de la Providence de Dieu qui a inspiré ces récits de présenter dans un ordre distinct, ces deux sociétés avec leurs générations propres ; d'un côté, les générations des hommes, c'est-à-dire, de ceux qui vivent selon l'homme ; de l'autre, les générations des enfants de Dieu, c'est-à-dire de ceux qui vivent selon Dieu, formant comme deux chaînes qui se développent sans interruption et chacune à part, jusqu'au déluge. Alors l'Écriture fait connaître la séparation et la réunion des deux sociétés ; la séparation, car elle mentionne distinctement les générations de Caïn le fratricide

CAPUT VIII.

Quæ ratio fuerit, ut Cain inter principia generis humani conderet civitatem.

1. Nunc autem defendenda mihi videtur historia, ne sit Scriptura incredibilis, quæ dicit ædificatam ab uno homine civitatem eo tempore, quo non plus quam viri quatuor, vel potius tres, postea quam fratrem frater occidit, fuisse videntur in terra (*Gen.* IV, 17), id est, primus homo pater omnium, et ipse Cain, et ejus filius Enoch, ex cujus nomine ipsa civitas nuncupata est. Sed hoc quos movet, parum considerant, non omnes homines, qui tunc esse potuerunt, scriptorem sacræ hujus historiæ necesse habuisse nominare ; sed eos solos, quos operis suscepti ratio postulabat. Propositum quippe scriptoris illius fuit, per quem Spiritus-Sanctus id agebat, per successiones certarum generationum ex uno homine propagatarum pervenire ad Abraham, ac deinde ex ejus semine ad populum Dei : in quo distincto a ceteris gentibus præfigurarentur et prænuntiarentur omnia quæ de Civitate, cujus æternum erit regnum, et de Rege ejus eodemque conditore Christo in Spiritu prævidebantur esse ventura ; ita ut nec de altera societate hominum taceretur, quam terrenam dicimus Civitatem, quantum ei commemorandæ satis esset, ut Civitas Dei etiam suæ adversariæ comparatione claresceret. Cum igitur Scriptura divina, ubi et numerum annorum, quos illi homines vixerunt, commemorat, ita concludat, ut dicat de illo de quo loquebatur : « Et genuit filios et filias, et fuerunt omnes dies illius, » vel illius, quos vixit, anni tot, « et mortuus est : » (*Gen.* V, 4) nunquid quia eosdem filios et filias non nominat, ideo intelligere non debemus per tam multos annos, quibus tunc in sæculi hujus prima ætate vivebant, nasci potuisse plurimos homines, quorum cœtibus condi possent etiam plurimæ civitates ? Sed pertinuit ad Deum, quo ista inspirante conscripta sunt, has duas societates suis diversis generationibus primitus digerere atque distinguere : ut seorsum hominum, hoc est, secundum

et celles de la postérité de Seth, cet autre fils d'Adam, né pour remplacer celui qu'un frère avait tué; la réunion, car les bons se détournant chaque jour davantage du bien, tous devinrent si mauvais, qu'ils périrent par le déluge (*Gen.* VII), à l'exception d'un seul juste, Noé, avec sa femme, ses trois fils et ses trois brus, en tout huit personnes, qui méritèrent d'échapper dans l'arche à la ruine commune.

2. Lors donc qu'il est écrit : « Et Caïn connut sa femme, qui conçut et enfanta Enoch; et il bâtit une ville du nom de son fils Enoch; » (*Gen.* IV, 17) il ne s'ensuit pas qu'Enoch était le premier fils de Caïn; car on ne saurait conclure de ces paroles : il connut sa femme, que c'était la première fois qu'ils s'unissaient charnellement. En effet, l'Écriture se sert des mêmes expressions par rapport à Adam, non-seulement à l'occasion de Caïn, qui paraît être son premier-né, mais plus tard encore : « Adam, dit-elle, connut Ève son épouse, elle conçut et enfanta un fils qui fut appelé Seth. » (*Gen.* IV, 25.) C'est donc là une manière de parler très-usitée dans la Sainte-Écriture, et bien qu'elle ne rapporte pas toutes les générations humaines, ces expressions ne sont pas réservées seulement à la première union charnelle des époux. De ce que la première ville a porté le nom d'Enoch, il ne s'ensuit pas non plus nécessairement qu'Enoch ait été le premier-né de Caïn. Il peut très-bien se faire que par certaines raisons, son père l'aimât plus que ses autres enfants. Judas n'était point le premier-né des enfants de Jacob, cependant il donna son nom à la Judée et aux Juifs. Mais, quand même Enoch serait le fils aîné du fondateur de la première ville, ce n'est pas à dire que son nom ait été donné à cette ville, aussitôt après sa naissance, car un homme à lui seul ne pouvait constituer une ville qui en réalité est formée qar une multitude d'hommes unis ensemble par le lien social. Il est plutôt à croire, que, la famille de Caïn s'étant assez prodigieusement augmentée pour devenir un peuple, ce fut alors qu'il bâtit cette ville et qu'il lui donna le nom de son fils aîné. En effet, la vie des premiers hommes était si longue que, selon le témoignage de l'Écriture, celui qui aurait le moins vécu, avant le déluge, serait encore parvenu à l'âge de sept cent cinquante-trois ans. (*Gen.* V, 31.) Plusieurs même dépassèrent neuf cents ans, bien qu'aucun n'ait été jusqu'à mille; qui donc pourrait douter que, pendant la vie d'un seul homme, le genre humain ait pu tellement se multiplier, qu'il ait suffi à peupler non-seulement une ville, mais plusieurs? Et cette conjecture est d'autant plus admissible qu'en

hominem viventium, seorsum autem filiorum Dei, id est, hominum secundum Deum viventium generationes contexerentur usque ad diluvium, ubi ambarum societatum discretio concretioque narratur : discretio quidem, quod ambarum separatim generationes commemorantur, unius fratricidæ Cain, alterius autem qui vocabatur Seth; natus quippe fuerat et ipse de Adam, pro illo quem frater occidit : concretio autem, quia bonis in deterius declinantibus, tales universi facti fuerant, ut diluvio delerentur, excepto uno justo, cui nomen erat Noe, et ejus conjuge, et tribus filiis, totidemque nuribus (*Gen.* VII), qui homines octo ex illa omnium vastatione mortalium per arcam evadere meruerunt.

2. Quod igitur scriptum est : « Et cognovit Cain uxorem suam, et concipiens peperit Enoch; et erat ædificans civitatem in nomine filii sui Enoch : » (*Gen.* IV, 17) non est quidem consequens, ut istum primum filium genuisse credatur. Neque enim hoc ex eo putandum est, quia dictus est cognovisse uxorem suam, quasi tunc se illi primitus concumbendo miscuisset. Nam et de ipso patre omnium Adam non tunc solum hoc dictum est, quando conceptus est Cain, quem primogenitum videtur habuisse : verum etiam posterius eadem Scriptura : « Cognovit, » inquit : « Adam uxorem suam Evam, et concepit, et peperit filium, et nominavit nomen illius Seth. » (*Ibid.* XXV.) Unde intelligitur ita solere illam Scripturam loqui, quamvis non semper cum in ea legitur factos hominum fuisse conceptus, non tamen solum cum primum sibi sexus uterque miscetur. Nec illud necessario est argumento, ut primogenitum patri existimemus Enoch, quod ejus nomine civitas illa nuncupata est. Non enim ab re est, ut propter aliquam caussam, cum et alios haberet, diligeret cum pater ceteris amplius. Neque enim et Judas primogenitus fuit, a quo Judæa cognominata est, et Judæi. Sed etiamsi conditori civitatis illius iste filius primus est natus, non ideo putandum est tunc a patre conditæ civitati nomen ejus impositum, quando natus est; quia nec constitui tunc ab uno poterat civitas, quæ nihil aliud est quam hominum multitudo aliquo societatis vinculo colligata : sed cum illius hominis familia tanta numerositate cresceret, ut haberet jam populi quantitatem, tunc potuit utique fieri, ut et constitueret, et nomen primogeniti sui constitutæ imponeret civitati. Tam longa quippe vita illorum hominum fuit, ut illic memoratorum,

l'espace d'un peu plus de quatre cents ans, le peuple Hébreu, sorti du seul Abraham, se multiplia si merveilleusement, qu'à la sortie d'Egypte, l'Écriture compte six cent mille combattants d'élite (*Exod.* xii, 37); et dans ce nombre, ne sont pas compris les Iduméens, nation différente du peuple d'Israël et qui descend d'Esaü, frère de Jacob, petit-fils d'Abraham; ni d'autres peuples issus aussi d'Abraham, mais non par sa femme Sara.

CHAPITRE IX.

De la longévité des hommes, de leur taille et de leur force extraordinaire, avant le déluge.

Aussi, nul homme de bon sens et doué de droiture dans ces appréciations, ne doutera que Caïn n'ait pu fonder une ville quelconque, mais même une grande ville, en raison de la longévité des hommes dans ces temps-là. Il n'y a qu'un incrédule qui pourrait peut-être faire difficulté d'admettre ce nombre prodigieux d'années que l'Écriture donne aux hommes d'alors et qui rejetterait les vérités contenues dans nos livres saints. Ainsi, il en est qui ne veulent pas croire que les anciens hommes fussent beaucoup plus grands et plus forts que ceux d'aujourd'hui. Cependant, le plus célèbre de leurs poètes, parlant d'une pierre énorme, qui servait de borne à un champ, dit que, dans un combat, un homme d'alors s'empara de cette pierre et après l'avoir balancée, il la jeta en courant contre son ennemi; « maintenant, ajoute Virgile, douze hommes choisis pourraient à peine la soulever (*Eneide*, xii); » pour faire entendre que les hommes d'alors étaient plus forts que ceux d'à présent. Ne l'étaient-ils pas encore bien davantage dans les premiers âges du monde, avant le déluge universel de triste mémoire? Mais que dis-je? les tombeaux brisés par le temps, ou emportés par la violence des eaux et d'autres accidents, n'ont-ils pas laissé voir des os d'une grandeur extraordinaire, pour convaincre les incrédules de la taille gigantesque des corps? J'ai vu moi-même et plusieurs ont vu comme moi, sur le rivage d'Utique, une dent molaire d'homme, d'une grosseur telle que, si on l'eut divisée en autant de parties que le comporterait les nôtres, elle eût pu faire cent de nos dents. Mais je suis porté à croire que c'était une dent de géant; car si les hommes alors avaient des corps plus grands que les

---

quorum et anni taciti non sunt, qui minimum vixit ante diluvium, ad septingentos quinquaginta-tres perveniret. (*Lamech.*) Nam plures nongentos annos etiam transierunt, quamvis nemo ad mille pervenerit. (*Gen.* v, 32, *sec.* lxx.) Quis itaque dubitaverit per unius hominis ætatem tantum multiplicari potuisse genus humanum, ut esset unde (*a*) constitueretur non una, sed plurimæ civitates? Quod ex hoc conjici facillime potest, quia ex uno Abraham non multo amplius quadringentis annis numerositas Hebrææ gentis tanta procreata est, ut in exitu ejusdem populi ex Ægypto sexcenta millia hominum fuisse referantur bellicæ juventutis, ut omittamus gentem Idumæorum non pertinentem ad populum Israel (*Exod.* i, 37), quam genuit frater ejus Esau nepos Abrahæ, et alias (*supple gentes.*) natas ex semine ipsius Abrahæ, non per Saram conjugem procreatas.

CAPUT IX.

De longa vita hominum, quæ fuit ante diluvium, et de ampliore humanorum corporum forma.

Quamobrem nullus prudens rerum existimator dubitaverit, Cain, non solum aliquam, verum etiam magnam potuisse condere civitatem, quando in tam longum tempus protendebatur vita mortalium : nisi forte infidelium quispiam ex ipsa numerositate annorum nobis ingerat quæstionem, qua vixisse tunc homines scriptum est in (*b*) auctoribus nostris; et hoc neget esse credendum. Ita quippe non credunt etiam magnitudines corporum longe ampliores tunc fuisse quam nunc sunt. Unde et nobilissimus eorum poeta Virgilius, de ingenti lapide, quem in agrorum limite infixum, vir fortis illorum temporum pugnans, et rapuit, et cucurrit, et intorsit, et misit :

Vix illum (inquit) lecti bis sex cervice subirent.
Qualia nunc hominum producit corpora tellus :
(*Æneid.* xii.)

significans majora tunc corpora producere solere tellurem. Quanto magis igitur temporibus recentioribus mundi, ante illud nobile diffamatumque diluvium? Sed de corporum magnitudine plerumque incredulos nudata per vetustatem sive per vim fluminum variosque casus sepulcra convincunt, ubi apparuerunt, vel unde ceciderunt incredibilis magnitudinis ossa mortuorum. Vidi ipse non solus, sed aliquot mecum in Uticensi littore molarem hominis dentem tam ingentem, ut si in nostrorum dentium modulos

---

(*a*) Mss. *constituerentur.* — (*b*) Vind. Am. Er. et plures Mss. *in auctoritatibus nostris.*

nôtres, les géants les surpassaient encore de beaucoup; comme depuis et même de nos jours, on n'a pas cessé de voir, quoique plus rarement, des hommes d'une taille extraordinaire. Pline l'ancien, homme très-savant, assure (livre VII) que les corps produits par la nature diminuent, en raison de la marche des siècles; et il rapporte à ce sujet les plaintes fréquentes d'Homère (HOMÈRE, *Iliade, liv.* V et *liv.* XII), non pas comme de poétiques et ridicules fictions, mais comme preuves sérieuses de la vérité historique, qui s'appuie sur les merveilles de la nature. Au reste, je l'ai déjà dit, les vieux ossements que l'on découvre quelquefois, même après de longs siècles, justifient pleinement la vérité de la grandeur des corps anciens; mais la longévité des hommes, aux premiers âges, ne saurait se prouver à présent par aucun fait semblable. Notre foi à l'histoire sainte n'en sera pas altérée, car il y aurait d'autant plus d'imprudence à ne pas croire ce qu'elle nous rapporte, que nous voyons avec plus de garantie de certitude l'accomplissement de ce qu'elle a prédit. Toutefois le même Pline assure (*liv.* VII, c. XLVIII) qu'il est encore une nation où l'on vit deux cents ans. Si donc il y a des lieux inconnus pour nous où l'on conserve des restes de cette longévité humaine, dont nous n'avons plus d'exemple, pourquoi ne croirions-nous pas qu'il y a eu aussi des temps où l'on vivait jusqu'à un âge très-avancé? Et, s'il est croyable que ce qui n'est pas ici, existe quelque part, serait-il incroyable que ce qui n'est plus maintenant, ait été autrefois?

CHAPITRE X.

Différences apparentes entre l'Hébreu et les Septante pour le nombre des années.

Aussi, bien qu'il semble exister une certaine différence, dont je ne saurais pénétrer la cause, entre les livres Hébreux et les nôtres (1), touchant le nombre des années; cependant cette différence n'est pas telle, qu'elle reparaisse encore au sujet de la longévité des premiers hommes. Ainsi, d'après nos livres, Adam, le premier homme, engendra un fils nommé Seth, à l'âge de deux cent trente ans (*Gen.* v), et selon l'Hébreu, il en avait seulement cent trente. Mais après la naissance de Seth, nos livres ne lui donnent que sept cents ans de vie, tandis que les hébreux lui en donnent huit cents; ainsi ils

(1) Saint Augustin se servait d'une traduction latine faite d'après les Septante, et il désigne ici par *livres hébreux*, une version faite sur l'Hébreu tel qu'il existait alors.

minutatim concideretur, centum nobis videretur facere potuisse. Sed illum gigantis alicujus fuisse crediderim. Nam præter quod erant omnium multo majora, quam nostra tunc corpora, gigantes longe ceteris anteibant. Sicut aliis deinde nostrisque temporibus rara quidem, sed numquam ferme defuerunt, quæ modum aliorum plurimum excederent. Plinius Secundus doctissimus homo, quanto magis magnisque præterit sæculi excursus, minora corpora naturam ferre testatur. (*Lib* VII.) Quod etiam Homerum commemorat sæpe carmine fuisse conquestum, non hæc velut poetica figmenta deridens, sed in historicam fidem tamquam miraculorum naturalium scriptor assumens. (*Iliad. lib.* V. *et lib.* XII.) Verum, ut dixi, antiquorum magnitudines corporum inventa plerumque ossa, quoniam diuturna sunt, etiam multo posterioribus sæculis produnt. Annorum autem numerositas cujusque hominis (*a*), qui temporibus illis fuit, nullis nunc talibus documentis venire in experimentum potest. Nec tamen ideo fides sacræ huic historiæ deroganda est, cujus tanto impudentius narrata non credimus, quanto impleri certius prænuntiata conspicimus. Dicit tamen etiam idem Plinius (*In lib.* VII, *ch.* XLVIII), esse adhuc gentem, ubi ducentos annos vivitur. Si ergo humanarum vitarum diuturnitates, quas experti non sumus, hodie habere creduntur incognita nobis loca, cur non habuisse credantur et tempora? An vero est credibile alicubi esse quod hic non est, incredibile est aliquando fuisse quod nunc non est?

CAPUT X.

De differentia qua inter Hebræos et nostros codices videntur annorum numeri dissonare.

Quocirca etsi inter Hebræo et nostros codices de ipso numero annorum nonnulla videtur esse distantia, quod ignoro qua ratione sit factum : non tamen tanta est, ut illos homines tam longævos fuisse dissentiant. Nam ipse homo primus Adam, ante quam gigneret filium qui appellatus est Seth, ducentos-triginta annos vixisse reperitur in codicibus nostris, in Hebræis autem centum-triginta perhibetur. (*Gen.* v) Sed postea quam eum genuit, septingentos vixisse legitur in nostris, octingentos vero in illis. Atque ita in utrisque universitatis summa con-

(*a*) Er. et Mss. *qua*.

sont d'accord pour le total. Il en est de même pour les générations suivantes, les livres hébreux comptent cent ans de moins, au père à la naissance de son fils et après la naissance, ils comptent cent ans de plus que nous, de sorte que la somme des années est égale de part et d'autre. Pour la sixième génération, il n'y a aucune différence entre les deux livres. A la septième génération, celle d'Enoch, dont il est dit qu'il ne mourût point, mais qu'il fut enlevé de ce monde, parce qu'il était agréable à Dieu, il y a la même différence signalée déjà dans les cinq premières générations, différence de cent années pour l'époque de sa naissance, et au total même accord que précédemment, car, suivant les deux livres, Enoch vécut, avant sa translation, trois cent soixante-cinq ans. La huitième présente aussi une différence, mais moins importante que les autres et dans un sens inverse. En effet, Mathusalem (*Gen.* v), fils d'Enoch, avant la naissance de celui qui lui succède dans l'ordre des générations, a, selon le texte Hébreu, non pas cent ans de moins, mais vingt ans de plus que dans nos livres, mais il y a vingt ans de moins après la naissance, en sorte que les deux textes sont parfaitement d'accord au total général. C'est seulement à la neuvième génération, pour les années de Lamech, fils de Mathusalem et père de Noé, que le total diffère, encore cette différence est légère. Lamech aurait vécu vingt-quatre ans de plus d'après l'Hébreu ; car, avant la naissance de son fils Noé, l'Hébreu lui donne six ans de moins que nos livres et après la naissance, trente ans de plus. De trente ôtez six, reste vingt-quatre.

CHAPITRE XI.

Des années de Mathusalem qui aurait vécu encore quatorze ans après le déluge.

De cette différence entre le texte hébreu et le nôtre, est né cette fameuse question : Si Mathusalem a vécu quatorze ans après le déluge, attendu que, de tous les hommes qui étaient sur la terre, l'Écriture fait mention seulement de huit personnes sauvées du déluge par le moyen de l'Arche (I. *Pierre*, III, 10); et parmi elles, ne se trouve point Mathusalem. Car, selon les Septante, Mathusalem avait cent soixante-sept ans avant la naissance de son fils Lamech, et Lamech, cent quatre-vingt huit ans avant la naissance de Noé, ce qui fait en tout trois cent cinquante-cinq ans. Si on ajoute à ce

---

cordat. Ac deinde per consequentes generationes ante quam gignatur qui gigni commemoratur, minus vixisse apud Hebræos pater ejus invenitur centum annos : sed postea quam est genitus idem ipse, centum minus quam in Hebræis inveniuntur in nostris. Atque ita hinc et inde numeri universitatis consonat. In sexta autem generatione nusquam utrique codices discrepant. In septima vero, ubi ille qui natus est Enoch, non mortuus, sed quod Deo placuerit translatus esse narratur, eadem dissonantia est, quæ in superioribus quinque de centum annis ante quam gigneret cum qui ibi commemoratus est filium : atque ita in summa similis consonantia. Vixit enim annos, ante quam transferretur, secundumque utrosque codices, CCCLXV. Octava generatio habet quidem nonnullam diversitatem, sed minorem, ac dissimilem ceteris (*a*). Mathusalem quippe, quem genuit Enoch (*Gen.* v), ante quam gigneret eum qui in ipso ordine sequitur, secundum Hebræos non centum minus, sed viginti amplius vixit annos : qui rursus in nostris postea quam eum genuit, reperiuntur additi, et in utrisque sibi summa universi numeri occurrit. In sola nona generatione, id est, in annis Lamech filii Mathusalem, patris autem Noe, summa universitatis discrepat, sed non plurimum. Viginti enim et quatuor annos plus vixisse in Hebræis, quam in nostris codicibus invenitur. Nam ante quam gigneret filium, qui vocatus est Noe, sex minus habet in Hebræis quam in nostris : postea vero quam eum genuit, triginta amplius in eisdem quam in nostris. Unde sex illis detractis, restant XXIV. ut dictum est.

CAPUT XI.

De annis Mathusalem, cujus ætas quatuordecim annis diluvium videtur excedere.

Per hanc autem discrepantiam Hebræorum codicum atque nostrorum, exoritur illa famosissima quæstio, ubi Mathusalem quatuordecim annos vixisse post diluvium computatur, (V. *Hieronym. de quæst. Hebraicis*), cum Scriptura ex omnibus qui in terra tunc fuerant, solos octo homines in arca exitium commemoret evasisse diluvii (I. *Petri*, III, 20), in quibus Mathusalem non fuit. Secundum codices enim nostros, Mathusalem prius quam gigneret

---

(*a*) In Mss. *Mathusalam*. Postea in sola editione Lov. *quippe cum genuit Enoch*. Verius in ceteris libris, *quem*.

chiffre les six cents ans de Noé, à l'époque du déluge, on arrive à neuf cent cinquante-cinq ans, depuis la naissance de Mathusalem jusqu'au déluge. Or, les années de Mathusalem s'élèvent à neuf cent soixante-neuf ans; cent soixante-sept ans avant la naissance de son fils Lamech, et depuis, huit cent deux ans; ce qui fait bien un total de neuf cent soixante-neuf ans. Si on retranche neuf cent cinquante-cinq ans, depuis la naissance de Mathusalem jusqu'au déluge, il reste quatorze ans, qu'il aurait encore vécu, dit-on, après le déluge. Aussi, plusieurs pensent qu'il passa quelque temps, non sur la terre, où toute chair, qui, par sa nature, ne saurait vivre dans l'eau, trouva la mort; mais avec son père, qui avait été enlevé au ciel, et qu'il demeura près de lui jusqu'à la fin du déluge ; ceux qui partagent cette opinion pour ne point diminuer la foi aux livres qui jouissent dans l'Église de l'autorité la plus incontestable, ont préféré rejeter la faute sur les Juifs que sur les Septantes; admettant plutôt une erreur dans le texte hébreu, d'où l'Écriture a été traduite en grec, avant de passer dans notre langue, que de la part des interprètes: car, disent-ils, il n'est pas croyable que les Septante qui se sont si bien rencontrés pour le sens et le temps de leur travail, aient pu se tromper ou voulu mentir, quand il n'y avait pour eux aucun intérêt ; il est beaucoup plus probable que, jaloux de voir la loi et les Prophètes passer chez nous par le moyen de cette version, les Juifs aient fait quelques changements dans leurs livres, afin de diminuer l'autorité des nôtres. Chacun peut faire de cette opinion ou de cette conjecture ce qu'il lui plaira ; il est certain, toutefois, que Mathusalem n'a pas vécu après le déluge et qu'il mourût la même année, si la chronologie des Hébreux est véritable. Quant aux soixante-dix, je dirai plus longuement, en son lieu, ce que j'en pense, lorsque avec l'aide de Dieu, j'en serai arrivé à leurs temps, (*voyez plus bas : liv.* XVIII *chap.* XLII, XLIII *et* XLIV), pour satisfaire aux exigences de cet ouvrage. Il suffit à la question présente, que, d'après les deux textes, la vie des hommes d'alors fut assez longue, pour que celle d'un seul, qui fut le premier né de la première union, ait pu voir le genre humain se multiplier assez pour bâtir une ville.

illum, quem vocavit Lamech, vixit annos centum-sexaginta-septem : deinde ipse Lamech, ante quam ex illo natus esset Noe, vixit annos centum-octoginta-octo, qui simul fiunt trecenti-quinquaginta-quinque. (*Gen.* VII.) His adduntur sexcenti Noe, quoto ejus anno diluvium factum est : qui fiunt nongenti-quinquaginta-quinque, ex quo Mathusalem natus est usque ad annum diluvii. Omnes autem anni vitæ Mathusalem nongenti-sexaginta-novem computantur : quia cum vixisset annos centum-sexaginta-septem, et genuisset filium, qui est appellatus Lamech, post eum genitum vixit annos octingentos-duos : qui omnes, ut diximus, nongenti-sexaginta-novem fiunt. Unde detractis nongentis-quinquaginta-quinque ab ortu Mathusalem usque ad diluvium, remanent quatuordecim, quibus vixisse creditur post diluvium. Propter quod eum nonnulli, etsi non in terra, ubi omnem carnem, quam vivere in aquis natura non sinit, constat fuisse deletam, cum patre suo qui translatus fuerat aliquantum fuisse, atque ibi donec diluvium præteriret, vixisse arbitrantur; nolentes derogare fidem codicibus, quos in auctoritatem celebriorem suscepit Ecclesia, et credentes Judæorum potius quam istos non habere quod verum est. Non enim admittunt, quod magis hic esse potuerit error interpretum, quam in ea lingua esse falsum, unde in nostram per Græcam Scriptura ipsa translata est. Sed inquiunt, non esse credibile Septuaginta interpretes, qui uno simul tempore unoque sensu interpretati sunt, errare potuisse, aut ubi nihil eorum intererat, voluisse mentiri; Judæos vero, dum nobis invident, quod Lex et Prophetæ ad nos interpretando transierint, mutasse quædam in codicibus suis, ut nostris minueretur auctoritas. Hanc opinionem vel suspicionem accipiat quisque ut putaverit : certum est tamen, non vixisse Mathusalem post diluvium, sed eodem anno fuisse defunctum, si verum est quod de numero annorum in Hebræis codicibus invenitur. De illis autem Septuaginta interpretibus quid mihi videatur, suo loco diligentius inserendum est (*infra lib.* XVIII *cap.* XLII, XLIII *et* XLIV), cum ad ipso tempora, quantum necessitas hujus Operis postulat, commemoranda, adjuvante Domino, venerimus. Præsenti enim sufficit quæstioni secundum utrosque codices tam longas habuisse vitas illius ævi homines, ut possit ætate unius, qui de duobus, quos solos terra tunc habuit, parentibus primus est natus, ad constituendam etiam civitatem multiplicari genus humanum.

CHAPITRE XII.

De l'opinion de ceux qui révoquent en doute la longévité des hommes des premiers temps.

1. N'écoutons point ceux qui prétendent qu'alors les années étaient calculées autrement qu'aujourd'hui, et qu'elles étaient si courtes qu'il en fallait dix pour en faire une des nôtres. Aussi, disent-ils, quand l'Écriture parle d'un homme qui a vécu neuf cents ans, il faut entendre quatre-vingt-dix; car, dix de leurs années, en font une des nôtres, et dix des nôtres, cent des leurs. Or, à ce compte, Adam avait vingt-trois ans quand il engendra Seth, vingt ans et six mois à la naissance d'Enos, tandis que l'Écriture compte deux cent cinq ans. Mais, selon cette opinion que nous avons expliquée plus haut, ils divisent une de nos années en dix parties, et chacune de ces parties s'appelait autrefois une année. Chacune de ces parties était composée d'un sénaire carré, parce que Dieu acheva l'œuvre de la création en six jours et se reposa le septième. J'ai traité de mon mieux ce sujet, au onzième livre. (*chap.* VIII.) Or, six fois six font trente-six, nombre de jours du sénaire carré, et trente-six jours multipliés par dix font trois cent soixante jours, c'est-à-dire douze mois lunaires. Quant aux cinq jours qui restent pour accomplir l'année solaire, et le quart de jour qui tous les quatre ans forment un jour supplémentaire, d'où vient notre année bissextile, les anciens ajoutaient quelques jours, afin d'avoir des années justes, les Romains appelaient ces jours intercalaires. De même encore, d'après l'opinion citée plus haut, Enos, fils de Seth, avait dix-neuf ans, ou, selon l'Écriture, cent quatre-vingt-dix ans, lorsqu'il eut pour fils Caïnan. Et, dans la suite des générations qui précédèrent le déluge, nos livres ne citent presque point d'hommes qui engendrent avant d'avoir cent, et même cent vingt ans, ou un peu plus; mais les adversaires soutiennent que les plus jeunes n'avaient pas moins de cent soixante ans et plus; car, disent-ils, aucun homme ne saurait être père à l'âge de dix ans ou de cent ans, selon les anciens calculs; c'est seulement à seize ans ou cent soixante ans, qu'arrive l'âge de la puberté, âge réglé par la nature pour la génération. Et, pour donner quelque créance à leur opinion sur la supputation des années d'alors, ils ajoutent, d'après la plupart des historiens, (*voir* LACTANCE, *liv.* II, *chap.* XII, *et* PLINE, *liv.* VII) que l'année des Égyptiens était de quatre mois, celle des Arcaniens de six, celle des Laviniens de treize. Pline, le natura-

CAPUT XII.

De opinione eorum, qui primorum temporum homines tam longævos, quam scribitur, fuisse non credunt.

1. Neque enim ullo modo audiendi sunt, qui putant aliter annos illis temporibus computatos, id est, tantæ brevitatis, ut unus annus noster decem illos habuisse credatur. Quapropter, inquiunt, cum audierit quisque vel legerit, nongentos annos quemquam vixisse, debet intelligere nonaginta ; decem quippe illi anni, unus est noster ; et decem nostri, centum illi fuerunt. Ac per hoc, ut putant, viginti-trium annorum fuit Adam, quando genuit Seth ; et ipse Seth viginti (*Supple.* annos) habebat et sex menses, quando ex illo natus est Enos, quos appellat Scriptura ducentos et quinque annos. Quoniam sicut isti suspicantur, quorum exponimus opinionem, unum annum qualem nunc habemus, in decem partes illi dividebant, et easdem partes annos vocabant. Quarum partium habet una quadratum senarium, eo quod Deus sex diebus perfecerit opera sua, ut in septimo requiesceret. De qua re in libro undecimo, sicut potui, disputavit. (*Cap.* VIII,) Sexies autem seni, qui numerus quadratum senarium facit, triginta-sex dies fiunt : qui multiplicati decies, ad trecentos-sexaginta perveniunt, id est, duodecim menses lunares. Propter quinque dies enim reliquos, quibus solaris annus impletur, et dici quadrantem, propter quem quater ductum eo anno, quo bissextum vocant, unus dies adjicitur, addebantur a veteribus postea dies, ut occurreret numerus annorum, quos dies Romani intercalares vocabant. Proinde etiam Enos, genuit Seth, decem et novem agebat annos, quando ex illo natus est filium ejus Caïnan, quos annos dicit Scriptura centum-nonaginta. Et deinceps per omnes generationes, in quibus hominum anni commemorantur ante diluvium, nullus fere in nostris codicibus invenitur, qui cum esset centum annorum vel infra, vel etiam centum viginti, aut non multo amplius, genuerit filium ; sed qui minima ætate genuerunt, centum-sexaginta, et quod excurrit, fuisse referuntur : quia nemo, inquiunt, decem annorum homo potest gignere filios, qui numerus centum appellabantur anni ab illis hominibus ; sed in annis sexdecim est matura pubertas, et proli jam idonea procreandæ, quos centum et sexa-

liste, sur la foi de certains mémoires, parle d'un homme qui aurait vécu cent cinquante-deux ans, un autre dix ans de plus, d'autres deux cents ans; ceux-ci trois cents, ceux-là cinq cents, quelques-uns enfin, seraient parvenus jusqu'à six et même huit cents ans; mais toutes ces années, il les met sur le compte de l'ignorance de ces temps-là. En effet, dit-il, chez les uns, l'été finissait l'année; chez les autres, c'était l'hiver; d'autres comptaient les quatre saisons de l'année pour quatre ans, comme les Arcadiens, en sorte que leurs années n'avaient que trois mois. De plus, il ajoute que les Égyptiens, dont nous avons dit plus haut que leurs années étaient réduites à quatre mois, les réglaient de temps en temps sur le cours de la lune. Aussi, parmi eux, dit-il enfin, quelques-uns arrivaient-ils à vivre mille ans.

2. Ce sont là les raisons spécieuses sur lesquelles se fondent ceux qui, loin de vouloir détruire l'autorité de l'Écriture, prétendent, au contraire, l'affermir; et, dans la crainte que ce qu'elle rapporte de la longévité des premiers hommes ne paraisse incroyable, ils se sont persuadés à eux mêmes et croient faire sagement de persuader aux autres que l'espace de temps appelé alors une année, était si court, que dix de ces années n'en feraient qu'une des nôtres, et cent n'en feraient que dix. Il est facile de prouver jusqu'à l'évidence, que tout cela est de la plus grande fausseté. Mais auparavant, je ne crois pas devoir négliger une conjecture plus probable. Nous pouvons certainement, par un texte hébreu réfuter et réduire à néant ces assertions débitées avec tant d'assurance, puisque nous y lisons qu'Adam avait cent trente ans et non deux cent trente, quand il engendra son troisième fils. (*Genèse* v.) Or, si ce nombre ne fait que treize de nos années, il est certain qu'il avait à peine onze ans à la naissance de son premier né. Et, qui peut engendrer à cet âge, suivant les lois ordinaires et très-connues de la nature? Mais, sans nous arrêter davantage à Adam, qui fut sans doute capable d'engendrer en sortant des mains du Créateur, car il n'est pas croyable qu'il ait été créé aussi petit que nous voyons les enfants à leur naissance; son fils, d'après le même texte, n'avait pas deux cent cinq ans, mais bien cent cinq ans quand il engendra Enos, et par conséquent, selon nos adversaires, il n'avait pas encore onze ans. Que dirais-je de Caïnan, son fils qui, selon nos livres,

ginta annos illa tempora nuncupabant. Ut autem aliter annum tunc fuisse computatum non sit incredibile, adjiciunt quod apud plerosque scriptores historiæ repetitur, Ægyptios habuisse annum quatuor mensium, (V. Lact. *lib*. II, *ch*. xii), Acarnanas sex mensium, Lavinios tredecim mensium. (Plinius, *lib*. VII.) Plinius Secundus cum commemorasset, relatum fuisse in litteras, quemdam vixisse centum quinquaginta-duos annos, (*a*) alium decem amplius, alios ducentorum annorum habuisse vitam, alios trecentorum, quosdam ad quingentos, alios ad sexcentos, nonnullos ad octingentos etiam pervenisse, hæc omnia propter inscitiam temporum accidisse arbitratus est. Alii quippe, inquit, æstate unum determinabant annum, et alterum hyeme, alii quadripertitis temporibus, sicut Arcades, inquit, quorum anni trimestres fuere. Adjecit etiam, aliquando Ægyptios, quorum parvos anno quaternorum mensium fuisse supra diximus, lunæ fine limitasse annum. Itaque apud eos, inquit, et singula millia annorum vixisse produntur.

2. His velut probabilibus argumentis quidam non destruentes fidem sacræ hujus historiæ, sed adstruere nitentes, ne sit incredibile quod tam multos annos vixisse referuntur antiqui, persuaserunt sibi, nec se suadere imprudenter existimant, tam exiguum spatium temporis tunc annuum vocatum, ut illi decem sint unus noster, et decem nostri centum illorum. Hoc autem falsissimum esse documento evidentissimo ostenditur. Quod ante quam faciam, non mihi tacendum videtur, quæ credibilior possit esse suspicio. Poteramus certe hanc asseverationem ex Hebræis codicibus redarguere atque convincere, ubi Adam non ducentorum-triginta, sed centum triginta annorum fuisse reperitur, quando tertium genuit filium (*Gen.* v): qui anni si tredecim nostri sunt, procul dubio primum genuit, quando undecim vel non multo amplius annorum fuit. Quis potest hac ætate generare usitata ista nobisque notissima lege naturæ? Sed hunc omittamus, qui fortasse etiam quando creatus est, potuit. Non enim eum tam parvum, quam infantes nostri sunt, factum fuisse, credibile est. Sed filius ejus non ducentorum quinque sicut nos legimus, sed centum quinque fuit, quando genuit Enos: ac per hoc, secundum istos, nondum habebat undecim annos ætatis. Quid dicam de Cainan ejus filio, qui cum apud nos centum-septuaginta reperiatur, apud Hebræos septuaginta legitur

(*a*) Plures Mss. *alios*.

avait cent soixante-dix ans, et selon les Hébreux, n'avait que soixante-dix ans, lorsqu'il engendra Malalehel? Quel homme peut engendrer à sept ans, si soixante-dix ans d'alors ne font que sept ans des nôtres?

CHAPITRE XIII.

S'il faut accorder plus d'autorité aux Hébreux qu'aux Septante dans la supputation des années.

Mais, en parlant ainsi, je vois bien qu'on va de suite me répondre que c'est là une imposture des Juifs, comme je l'ai dit plus haut; car, il est impossible que les Septante, ces hommes célèbres a si juste titre, aient menti. Cependant, si je demande ce qu'il faut croire, ou que le peuple Juif répandu sur toute la surface du globe, ait pu, d'un commun accord, commettre une pareille falsification de ses livres, et que, par jalousie de l'autorité dont le domaine allait passer à d'autres, il se soit privé lui-même de la vérité; ou bien que les soixante-dix vieillards de la même nation, réunis en un même lieu, par Ptolémée, roi d'Égypte, pour ce grand travail, aient concerté ensemble cette fourberie pour ravir la vérité de nos saintes Écritures, aux nations étrangères; qui ne voit ce qu'on répondra tout naturellement? Mais, à Dieu ne plaise qu'un homme sensé puisse croire que les Juifs, si méchants et si pervers qu'on les suppose, aient été capables d'altérer un si grand nombre d'exemplaires dispersés en tant de lieux, ou que les Septante, ces hommes à jamais célèbres, aient pu former ensemble ce complot jaloux de ravir la vérité aux Gentils. Il serait donc plus probable que, lorsqu'on se mit à extraire de la bibliothèque de Ptolémée les premières copies de ces livres, une erreur se glissa par la faute du copiste, dans un premier exemplaire, et passa ensuite dans tous les autres. Cette conjecture est assez plausible pour ce qui a rapport à la vie de Mathusalem, et aux vingt-quatre années de surplus données par le texte hébreu, à Lamech. Mais, quant à cette suite d'erreurs qui attribuent au père, avant la naissance de son fils, dans l'ordre des générations, cent ans de plus, selon un texte, cent ans de moins, selon l'autre texte; et qu'après la naissance, l'équilibre se trouve rétabli, par l'addition du même nombre où il manque, et par la soustraction où il est déjà, en sorte que la somme totale se trouve la même, et cela régulièrement pour la première, la deuxième, la troisième, la quatrième, la cinquième et la septième génération; en vérité, cette erreur paraît trop constamment uniforme,

---

fuisse, quando genuit Malalehel? Quis generat homo septennis, si tunc anni septuaginta nuncupabantur, qui septem fuerunt?

CAPUT XIII.

An in dinumeratione annorum, Hebræorum magis quam Septuaginta interpretum sit sequenda auctoritas.

1. Sed cum hoc dixero, continuo referetur illud Judæorum esse mendacium; de quo superius satis actum est : nam Septuaginta interpretes laudabiliter celebratos viros non potuisse mentiri. Ubi si quæram, quid sit credibilius, Judæorum gentem, tam longe lateque diffusam, in hoc conscribendum mendacium uno consilio conspirare potuisse, et dum aliis invident auctoritatem, sibi abstulisse veritatem; an septuaginta homines qui etiam ipsi Judæi erant, in uno loco positos, quoniam rex Ægypti Ptolemæus eos ad hoc opus adsciverit, ipsam veritatem gentibus alienigenis invidisse, et communicato istud fecisse consilio : quis non videat quid proclivius facilius-que credatur? Sed absit ut prudens quispiam, vel Judæos cujuslibet perversitatis atque malitiæ tantum potuisse credat in codicibus tam multis et tam longe lateque dispersis; vel Septuaginta illos memorabiles viros hoc invidenda gentibus veritate unum communicasse consilium. Credibilius ergo quis dixerit, cum primum de bibliotheca Ptolemæi describi ista cœperunt, tunc aliquid tale fieri potuisse in codice uno, (a) scilicet primitus inde descripto, unde jam latius emanaret, ubi potuit quidem accidere etiam scriptoris error. Sed hoc in illa quæstione de vita Mathusalem non absurdum est suspicari; et in illo alio, ubi superantibus xxiv annis summa non convenit. In his autem in quibus continuatur ipsius mendositatis similitudo, ita ut ante genitum filium, qui ordini inseritur, alibi supersint centum anni, alibi desint; post genitum autem ubi deerant, supersint; ubi supererant, desint, ut summa conveniat; et hoc in prima, secunda, tertia, quarta, quinta, septima generatione invenitur : videtur habere quamdam, si dici potest, error ipse constantiam; nec casum redolet, sed industriam.

(a) Mss. *sed.*

si on peut l'appeler ainsi, pour être imputée au hasard, tandis qu'elle semble être un calcul.

2. Ainsi donc, cette différence chronologique entre les textes grecs et latins, d'une part, et le texte hébreu, d'autre part; ces chiffres de cent années, invariablement ajoutés et retranchés pendant tant de générations, ne sauraient être le fait de la perfidie des Juifs, ni du zèle éclairé des Septante; ces erreurs doivent être attribuées au copiste qui a transcrit le premier manuscrit de la bibliothèque royale. Car, maintenant encore, du moment que les nombres n'offrent pas à l'esprit quelque chose de facile à saisir, ou une utilité réelle, on les écrit sans attention, et on en met encore moins à les rectifier. Qui donc croirait avoir besoin de savoir quelle était la population de chaque tribu d'Israël? Personne, en effet, n'en voit l'utilité; cette connaissance n'échappera-t-elle pas à la plupart des hommes par la profondeur de ses mystères? Mais, dans cet enchaînement de toutes ces générations où nous retrouvons régulièrement cent années, ici en plus, là en moins; et après la mention de chaque naissance, le même nombre retranché où il était en excédant, et ajouté, où il manquait, afin d'arriver au même total; tout cela révèle clairement l'intention de faire croire que les anciens hommes n'avaient vécu tant d'années, que parce qu'alors elles étaient fort courtes. L'auteur de cette falsification s'efforce de faire accorder l'âge de la puberté propre à la génération avec son calcul, insinuant que cent années d'alors n'en valaient que dix des nôtres, afin de plaire aux incrédules qui n'admettraient jamais une pareille longévité dans les premiers hommes; aussi, quand le père lui paraissait trop jeune pour avoir des enfants, il ajoutait cent ans qu'il retranchait après la naissance, afin de retrouver le compte juste des années. D'où il suit que pour rendre croyable l'âge des premiers hommes, il le fit accorder avec l'âge propre à la génération, de manière toutefois, à ne pas changer le nombre total des années de chaque individu. S'il n'y a aucun changement à la sixième génération, c'est une preuve de plus qu'il en a fait toutes les fois que le besoin de sa cause l'exigeait, puisque ici il ne change rien, parce qu'il n'y a rien à changer. En effet, selon le texte hébreu, Jareth (*Gen.* v, 16) avait vécu cent soixante-deux ans avant la naissance d'Enoch, ce qui fait, d'après son système des années réduites, seize ans et un peu moins de deux mois, âge où l'on peut déjà avoir des enfants; il était donc inutile d'ajouter cent ans d'années abrégées, pour former vingt-six ans d'années régulières; il n'y avait rien non plus à retrancher après la naissance d'Enoch, puisqu'on avait rien ajouté auparavant. C'est ainsi qu'il n'existe en ce lieu aucune différence entre les deux textes.

2. Itaque illa diversitas numerorum aliter se habentium in codicibus Græcis et Latinis, aliter in Hebræis, ubi non est ista de centum annis prius additis et postea detractis per tot generationes continuata parilitas, nec malitiæ Judæorum, nec diligentiæ vel prudentiæ Septuaginta interpretum, sed scriptoris tribuatur errori, qui de bibliotheca supradicti regis codicem describendum primus accepit. Nam etiam nunc, ubi numeri non faciunt intentum ad aliquid quod facile possit intelligi, vel quod appareat utiliter disci, et negligenter describuntur, et negligentius emendantur. Quis enim existimet sibi esse discendum, quot millia hominum tribus Israël singillatim habere potuerunt? Quoniam prodesse aliquid non putatur: et quotus quisque hominum est, cui profunditas utilitatis hujus appareat? Hic vero ubi per tot contextas generationes centum anni alibi adsunt, alibi desunt; et post natum, qui commemorandus fuerat, filium, desunt ubi adfuerunt, adsunt ubi defuerunt, ut summa concordet: nimirum cum vellet persuadere, qui hoc fecit, ideo numerosissimos annos vixisse antiquos, quod eos brevissimos nuncupabant; et hoc de maturitate pubertatis, qua idonea filii gignerentur, conaretur ostendere; atque ideo in illis centum annis decem nostros insinuandos putaret incredulis, ne homines tam diu vixisse recipere in finem nollent; addidit centum, ubi gignendis filiis habilem non invenit ætatem; eosdemque, post genitos filios, ut congrueret summa, detraxit. Sic quippe voluit credibiles facere idonearum generandæ proli convenientias ætatum, ut tamen numero non frauderet universas ætates viventium singulorum. Quod autem in sexta generatione id non fecit, hoc ipsum est quod magis movet, illum ideo fecisse, cum res, quam dicimus, postulavit, quia non fecit, quia non postulavit. Invenit namque in eadem generatione apud Hebræos vixisse Jareth, ante quam genuisset Enoch, centum-sexaginta-duos annos (*Gen.* v, 18), qui secundum illam rationem brevium annorum fiunt anni sexdecim, et aliquid minus quam menses duo; quæ jam ætas apta est ad gignendum: et ideo addere centum annos breves, ut nostri viginti-sex

3. Mais alors, on demandera pourquoi, à la huitième génération, avant la naissance de Lamech, l'hébreu donnant à Mathusalem cent quatre-vingt deux ans, la version des Septante porte vingt ans de moins, tandis qu'ordinairement elle porte cent ans de plus; et après la naissance de Lamech, ces vingt années se retrouvent, en sorte que le total est le même dans les deux textes. Cent soixante-dix ans étant l'équivalent de dix-sept, suffisent à l'âge de puberté, il n'y avait alors rien à ajouter, ni rien à retrancher, puisque celui dont nous parlons, avait trouvé l'âge requis pour la génération, et que c'était précisément pour ce motif, qu'il ajoutait cent ans, partout où il ne le trouvait pas. On pourrait avec assez de fondement, croire que ce changement est l'effet du hasard, si ces années soustraites d'abord, n'étaient ensuite restituées au total, pour le faire concorder exactement avec le texte hébreu. Ne serait-ce pas plutôt une ruse pour couvrir les additions et soustractions précédentes, par le retranchement et la restitution, non plus de cent années, mais d'un chiffre très-inférieur et de nulle importance? Quoiqu'il en soit, que l'on croie ou non que le changement soit arrivé ainsi, que l'on croie à ce changement ou que l'on n'y croie pas, je n'hésite pas à dire, qu'en cas de divergence entre les deux textes, puisque tous deux ne sauraient être l'expression de la vérité, il ne faille ajouter foi au texte hébreu qui est l'original, plutôt qu'à notre texte qui n'est qu'une version; car même plusieurs textes, trois grecs, un latin, et un syriaque, s'accordent entre eux, pour attester que Mathusalem mourut six ans avant le déluge.

CHAPITRE XIV.

Les années anciennes étaient égales en durée à celles d'aujourd'hui.

1. Voyons maintenant comme on peut prouver et jusqu'à l'évidence, que la longévité des premiers hommes n'a pas été calculée sur des années si courtes qu'il en fallût dix pour en faire une des nôtres, mais bien sur des années égales à celles d'aujourd'hui et réglées aussi exactement que les nôtres sur le cours du soleil. C'est l'an six cent de la vie de Noé, que l'Écriture place le déluge : « Et les eaux du déluge se répandirent sur toute la terre, l'an six cent de la vie de Noé, au second mois, le vingt-sep-

---

fierent, necesse non fuit; nec post natum Enoch eos detrahere, quos non addiderat ante natum. Sic factum est ut hic nulla esset inter codices utrosque varietas.

3. Sed rursus movet, cur in octava generatione, ante quam de Mathusalem nasceretur Lamech, cum apud Hebræos legantur centum octoginta (*a*) duo anni, viginti minus inveniuntur in codicibus nostris, ubi potius addi centum solent; et post genitum Lamech complendam restituuntur ad summam, quæ in codicibus utrisque non discrepat. Si enim centum-septuaginta annos propter pubertatis maturitatem, decem et septem volebat intelligi; sicut nihil addere, ita nihil detrahere jam debebat : quia invenerat ætatem idoneam generationi filiorum, propter quam in aliis centum illos annos, ubi eam non inveniebat, addebat. Hoc autem de viginti anni merito putaremus casu mendositatis accidere potuisse, nisi eos sicut prius detraxerat, restituere postea curaret, ut summæ conveniret integritas. An forte astutius factum existimandum est, ut illa, qua centum anni prius solent adjici et postea detrahi, occultaretur industria, cum et illic ubi necesse non fuerat, non quidem de centum annis, verumtamen de quantulocumque numero prius detracto, post reddito, tale aliquid fieret? Sed quomodolibet istud accipiatur, sive credatur ita esse factum, sive non credatur; sive non postremo ita, sive non ita sit : recte fieri nullo modo dubitaverim, ut cum diversum aliquid in utrisque codicibus invenitur, quando quidem ad fidem rerum gestarum utrumque esse non potest verum, ei linguæ potius credatur, unde est in aliam per interpretes facta translatio. Nam in quibusdam etiam codicibus Græcis tribus, et uno Latino, et uno etiam Syro inter se consentientibus, inventus est Mathusalem sex annis ante diluvium fuisse defunctus.

CAPUT XIV.

De puritate annorum, qui iisdem quibus nunc spatiis et in prioribus sæculis cucurrerunt.

1. Nunc jam videamus quonam modo evidenter possit ostendi, non tam breves, ut illi decem unus esset noster, sed tantæ prolixitatis annos quantæ nunc habemus (quos utique circumitus conficit solis), in illorum hominum vita prolixissima compu-

---

(*a*) Nonnulli Mss. omittunt, *duo* : pro quo legendum videtur, *septem* : sic enim apud Hebræos, Gen. v, 25. quo loco apud Septuaginta interpretes habetur, *centum sexaginta septem anni*.

tième jour du mois. » (*Gen.* VII, 10.) A quoi bon parler ainsi, si l'année des anciens est si courte qu'elle n'a que trente-six jours et qu'il en faille dix pour en faire une des nôtres? En effet, cette année si petite, supposé qu'elle ait eu ce nom dans l'antiquité, ou n'a point de mois, ou son mois n'est que de trois jours, si on veut en avoir douze. Et pourquoi l'Écriture dit-elle : l'an six cent : du second mois, le vingt-septième jour du mois, sinon parce que les mois étaient alors tels qu'ils sont aujourd'hui? Car autrement, pourrait-elle dire que le déluge arriva le vingt-septième jour du second mois. Elle dit encore un peu plus loin, pour la fin du déluge : Et le septième mois le vingt-septième jour du mois, l'arche s'arrêta sur le mont Ararat : « Cependant les eaux diminuèrent jusqu'au onzième mois : et le premier jour de ce mois, on vit paraître la tête des montagnes. » (*Gen.* VIII, 4.) Si donc les mois étaient semblables aux nôtres, sans doute les années l'étaient aussi. Car ces mois de trois jours n'en pouvaient avoir vingt-sept. Ou si la trentième partie de ces trois jours s'appelait alors un jour, comme tout doit diminuer dans la même proportion, il faut admettre que ce déluge si mémorable dont la durée,

d'après l'Écriture, fut de quarante jours et de quarante nuits, s'accomplit réellement en moins de quatre de nos jours. Qui donc pourrait admettre une pareille absurdité? Arrière cette erreur qui détruit la foi de nos Écritures, en voulant l'établir sur de fausses conjectures! Il est donc certain que le jour était alors aussi long qu'à présent, c'est-à-dire de vingt-quatre heures pour le jour et la nuit; le mois égal au nôtre et réglé sur le commencement et la fin de la lune; et l'année aussi de même qu'à présent, composée de douze mois lunaires, en y ajoutant cinq jours et un quart à cause de la révolution solaire. Ce fut donc véritablement l'an six cent de la vie de Noé, le second mois et le vingt-septième jour de ce mois que commença le déluge, et les quarante jours de pluies torrentielles, ne furent pas des jours de deux heures environ, mais de vingt-quatre en comptant le jour et la nuit. Et par conséquent les premiers hommes ont vécu au-delà de neuf cents ans, et leurs années furent aussi longues que chacune des cent soixante-quinze d'Abraham (*Gen.* XXV, 7), et des cent quatre-vingts de son fils Isaac (*Gen.* XXXV, 28), et des cent cinquante ou à peu près de son petit-fils Jacob (*Gen.* XLVII, 28), et

---

tatos. Sexcentesimo nempe anno vitæ Noe, scriptum est, factum esse diluvium. Cur ergo ibi legitur : « Et aqua diluvii facta est super terram sexcentesimo anno (*a*) in vita Noe, secundi mensis, septima et vicesima mensis; » (*Gen.* VII, 10) si annus ille minimus, quales decem faciunt unum nostrum, triginta-sex dies habebat¿ Tantillus quippe annus, si antiquo more hoc nomen accepit, aut non habet menses, aut mensis ejus est triduum, ut habeat duodecim menses. Quomodo igitur hic dictum est : « Sexcentesimo anno, secundi mensis, septima et vicesima die mensis, » nisi quia tales quales nunc sunt, etiam tunc erant menses? Nam quo pacto aliter vicesimo et septimo die secundi mensis diceretur cœptum esse diluvium ? Deinde postea in fine diluvii ita legitur : « Et sedit arca in mense septimo, septima et vicesima die mensis, super montes Ararat. Aqua autem minuebatur usque ad undecimum mensem : in undecimo autem mense prima die mensis paruerunt capita montium. » (*Gen.* VI, 4.) Si igitur tales menses erant, tales profecto et anni erant, quales nunc habemus. Menses quippe illi triduani, viginti et septem dies habere non poterant.

Aut si pars tricesima tridui tunc appellabatur dies, ut omnia proportione minuantur; ergo nec toto quatriduo nostro factum est illud tam grande diluvium, quod memoratur factum quadraginta diebus et noctibus. Quis hanc absurditatem et vanitatem ferat? Proinde removeatur hic error, qui conjectura falsa ita vult adstruere Scripturarum nostrarum fidem, ut alibi destruat. Prorsus tantus etiam tunc dies fuit, quantus et nunc est, quem viginti et quatuor horæ diurno curriculo nocturnoque determinant : tantus mensis, quantus et nunc est, quem luna cœpta et finita concludit : tantus annus, quantus et nunc est, quem duodecim menses lunares, additis propter cursum solarem quinque diebus et quadrante, consummant (*b*) : quanti anni sexcentesimi vitæ Noe secundus erat mensis ejusque mensis vicesimus et septimus dies, quando cœpit esse diluvium ; in quo dies quadraginta continuatæ ingentes pluviæ memorantur, qui dies non binas ac paulo amplius horas habebant, sed vicenas quaternas die noctuque transactas. Ac per hoc tam magnos annos vixerunt illi antiqui usque amplius quam nongentos (*Gen.* XXV 7), quantos postea vixit Abraham centum septuaginta (*c*)

(*a*) Editi, *vita*. At Mss. *in vita* : juxta Græc. LXX. — (*b*) Sic omnes Mss. At Editi, *Tantus anni* : mendose. — (*c*) Plerique Mss. *centum septuaginta* : omisso *quinque*.

des cent vingt de Moyse (*Deut.* XXXIV, 7), qui parut plus tard, et même des soixante-dix ou quatre-vingt, sans aller beaucoup au-delà que vivent à présent les hommes dont il est dit : « Et ce qui est de surplus n'est que peine et douleur. » (*Ps.* XCIX, 11.)

2. Quant à ces différences numériques que l'on remarque entre le texte hébreu et le nôtre, elles n'ont point de rapport avec la longévité des premiers hommes; et s'il y a des variantes telles, que la vérité ne puisse être à la fois dans les deux textes, il faut ajouter foi à la langue originale, d'où a été tirée notre version. Et, bien que toute liberté ait été laissée à ce sujet, cependant personne n'a encore osé corriger sur l'hébreu, la version des Septante, dans les passages où les deux textes diffèrent. On n'a pas cru que cette différence fut une faute et je ne le crois certainement pas non plus. Aussi, à l'exception des erreurs de copistes, dès que le sens de la version est conforme à la vérité et la proclame, nous devons croire que, les Septante, en changeant le texte hébreu, ont parlé, sous l'inspiration de l'Esprit-Saint, non comme interprètes, mais comme prophètes. Et c'est avec une haute sagesse, que les apôtres, apportant les Saintes-Écritures en témoignage, se servent non-seulement de l'original hébreu, mais encore de la version des Septante. Mais j'ai promis de traiter en son lieu, Dieu aidant, cette importante question; maintenant, je reviens à mon sujet, car il est temps. Il ne saurait donc être douteux que l'homme né le premier du premier homme ait pu fonder une ville en un temps où la vie humaine était si longue; mais une ville tout-à-fait terrestre et non point celle qui est appelée la Cité de Dieu, à laquelle nous avons consacré ce grand ouvrage.

CHAPITRE XV.

S'il est croyable que les premiers hommes aient gardé la continence jusqu'à l'âge où l'Ecriture rapporte qu'ils ont eu des enfants.

1. Mais, dira-t-on, faut-il donc croire qu'un homme devant avoir des enfants et n'ayant pas l'intention de garder le célibat, demeure dans la continence on ne puisse se créer de postérité, pendant cent ans et plus, ou selon le texte hébreu pendant quatre-vingts, soixante-dix et même soixante ans? Il y a deux réponses à cette question : ou la puberté était alors plus tardive en raison de la longévité; ou bien, ce qui me paraît plus probable, l'Écriture n'a parlé des

---

quinque (*Gen.* XXXV, 28), et post eum filius ejus Isaac centum-octoginta (*Gen.* XLVII, 28), et filius ejus Jacob prope centumquinquaginta, et quantos interposita aliquanta ætate Moyses centum viginti *Deut.* XXXIV, 7), quantos etiam nunc vivunt homines septuaginta vel octoginta, vel non multo amplius, de quibus dictum est : « Et amplius eis labor et dolor. » (*Psal.* CXIX, 11.)

2. Illa vero numerorum varietas, quæ inter codices Hebræos invenitur et nostros, neque de hac antiquorum longævitate dissentit, et si quid habet ita diversum, ut verum esse utrumque non possit, rerum gestarum fides ab ea lingua repetenda est, ex qua interpretatum est quod habemus. Quæ facultas cum volentibus ubique gentium præsto sit; non tamen vacat, quod Septuaginta interpretes, in plurimis quæ diversa dicere videntur, ex Hebræis codicibus emendare ausus est nemo. Non enim est illa diversitas putata mendositas; nec ergo ullo modo putandam existimo. Sed ubi non est scriptoris error, aliquid eos divino Spiritu, ubi sensus esset consentaneus veritati, et prædicans veritatem, non interpretantium (*a*) more, sed prophetantium libertate aliter dicere voluisse credendum est. Unde merito, non solum Hebræis, verum etiam ipsis, cum adhibet testimonia Scripturis, uti Apostolica invenitur auctoritas. Sed hinc me opportuniore loco, si Deus adjuverit, promisi diligentius locuturum : nunc quod instat expediam. Non enim ambigendum est ab homine, qui ex primo homine primus est natus, quando tam diu vivebant, potuisse constitui civitatem, sane terrenam, non illam quæ dicitur Civitas Dei : de qua ut scriberemus, laborem tanti hujus Operis in manus sumsimus.

CAPUT XV.

An credibile sit, primi sæculi viros usque ad eam ætatem, qua filios generasse referuntur, a concubitu continuisse.

1. Dicet ergo aliquis, Itane credendum est, hominem filios generaturum, nec habentem propositum continentiæ, centum et amplius, vel secundum Hebræos non multos minus, id est, octoginta, septuaginta, sexaginta annos a concumbendi opere vacavisse; aut si non vacaret, nihil prolis gignere

---

(*a*) Mss. *munere*.

aînés, qu'autant que l'ordre de succession l'exigeait, pour arriver à Noé, ensuite à Abraham et de là jusqu'à une certaine époque fixée nécessairement, afin de signaler, par la suite même de ces générations, les progrès de la glorieuse Cité de Dieu, étrangère en ce monde et soupirant après la céleste patrie. Ce qu'on ne saurait nier, c'est que Caïn fut le premier-né de l'union de l'homme et de la femme. Car aussitôt sa naissance, Adam n'eut pas dit les paroles que l'Écriture lui met à la bouche : « J'ai acquis un homme par la grâce de Dieu, » (*Gen.* IV, 1) si cet homme, en naissant, n'eût été le premier ajouté à nos premiers parents. Abel vint après lui et fut tué par son frère aîné ; il est la première figure de la Cité de Dieu, dans son pélerinage ici-bas, en but aux persécutions injustes des impies et des hommes terrestres, c'est-à-dire passionnés pour leur terrestre origine et pour les joies passagères de cette Cité périssable. Mais quel âge avait Adam, lorsqu'il eut ces deux enfants, nous n'avons aucun renseignement à ce sujet. Bientôt après se divisent les générations humaines ; d'un côté, celles sorties de Caïn, de l'autre, celles sorties de celui qui succéda à Abel tué par son frère et qu'Adam appela Seth, en disant, selon ce qui est écrit :

« Dieu m'a donné un autre fils, à la place d'Abel, tué par Caïn. » (*Gen.* IV, 25.) Ainsi, ces deux séries de générations, l'une venant de Seth, l'autre de Caïn, forment une double chaîne qui représente distinctement les deux Cités dont nous parlons ; d'une part, la Cité céleste, étrangère en ce monde ; d'autre part, la Cité terrestre, qui n'aspire et ne s'attache qu'aux joies de la terre, comme s'il n'y en avait point d'autres. Dans le dénombrement des enfants de Caïn, depuis Adam jusqu'à la huitième génération, nul de cette race ne figure avec son âge, quand l'Écriture mentionne une naissance. L'esprit de Dieu n'a pas voulu marquer les temps avant le déluge par les générations de la Cité terrestre ; elle a préféré les citoyens de la Cité céleste, comme plus dignes de cet honneur. Mais à la naissance de Seth, l'Écriture fait connaître l'âge d'Adam, toutefois il avait eu précédemment d'autres enfants ; et qui oserait affirmer que Caïn et Abel, fussent les seuls ? Car, de ce qu'ils sont nommés seuls, à cause des générations dont il importait de bien préciser l'ordre, il ne s'ensuit pas qu'ils aient été jusqu'alors les seuls enfants d'Adam. De fait, comme l'Écriture, sans nommer ses autres enfants, nous atteste qu'il engendra des fils et

---

potuisse? Hæc quæstio duobus modis solvitur. Aut enim tanto serior fuit proportione pubertas, quanto vitæ totius major annositas : aut, quod magis video esse credibile, non hic primogeniti filii commemorati sunt, sed quos successionis ordo poscebat, ut perveniretur ad Noe, a quod rursus ad Abraham videmus esse perventum ; ac deinde usque ad certum articulum temporis, quantum oportebat signari etiam generationibus commemoratis cursum gloriosissimæ Civitatis in hoc mundo peregrinantis, et supernam patriam requirentis. Quod enim negari non potest, prior omnibus Cain ex conjunctione maris et feminæ natus est. Neque enim illo nato dixisset Adam, quod dixisse legitur : « Adquisivi hominem per Deum ; » (*Gen.* IV, 1) nisi illis duobus ipse fuisset homo nascendo additus primus. Hunc secutus Abel, quem major frater occidit (*a*), præfigurationc quadam peregrinantis Civitatis Dei, quod ab impiis, et quodam modo terrigenis, id est terrenam originem diligentibus, et terrenæ Civitatis terrena felicitate gaudentibus, persecutiones iniquas passura fuerat, primus ostendit. Sed quot annorum erat Adam, cum eos genuit, non apparet. Exinde digeruntur generationes aliæ de Cain, aliæ de illo quem genuit Adam in ejus successionem, quem frater occidit, et appellavit nomen illius Seth, dicens, ut scriptum est : « Suscitavit enim mihi Deus semen aliud pro Abel, quem occidit Cain. » (*Ibid.* XXV.) Cum itaque istæ duæ series generationum, una de Seth, altera de Cain, has duas de quibus agimus, distinctis ordinibus insinuent Civitates, unam cœlestem in terris peregrinantem, alteram terrenis terrenis tamquam sola sint gaudiis inhiantem vel inhærentem ; nullus de progenie Cain, cum dinumerata sit connumerato Adam usque ad octavam generationem, quot annorum fuisset expressus est, quando genuit eum qui commemoratur post eum. Noluit enim Spiritus Dei in terrenæ Civitatis generationibus tempora notare ante diluvium, sed in cœlestis maluit, tamquam essent memoria digniores. Porro autem Seth quando natus est, non quidem taciti sunt anni patris ejus, sed jam genuerat alios : et utrum solos Cain et Abel, affirmare quis audeat ? Non enim quia soli nominati sunt propter ordines generationum, quas commemorari oportebat, ideo consequens videri debet solos fuisse tunc generatos ex Adam. Cum enim

---

(*a*) Lov. *præfigurationem* : dissentientibus editis aliis et Mss.

des filles, qui oserait, à moins de se rendre coupable de témérité, en déterminer le nombre? Adam, lors de la naissance de Seth, a fort bien pu dire, sous l'inspiration divine : Dieu m'a donné un autre fils, à la place d'Abel, parce qu'il devait imiter la vertu de son frère, et non parce que, dans l'ordre des temps, il était né immédiatement après lui. De même, quand il est encore écrit : « Seth avait deux cent cinq ans, ou cent cinq ans, selon l'hébreu, lorsqu'il engendra Enos; (*Gen.* v, 6) qui pourrait sans légèreté affirmer qu'Enos fut son premier-né? Et s'il en est qui s'étonnent de ce que, sans intention de garder la continence, il se soit abstenu du mariage, ou qu'étant marié, il soit resté sans enfants pendant de si longues années, ne peut-on pas très-justement, leur demander raison de leur étonnement, puisque l'Écriture dit aussi de lui : « Et il engendra des fils et des filles et les jours de Seth furent de neuf cent douze ans et il mourut. » (*Gen.* VII, 8.) Et désormais, en mentionnant le nombre des années de tel ou tel, l'Écriture ne manque pas de dire, qu'il a engendré des fils et des filles. Ainsi donc, il n'est point du tout certain que celui dont on signale la naissance, soit le premier-né, bien plus, comme il n'est pas croyable que les patriarches soient arrivés si tard à l'âge de puberté, ou bien qu'ils aient vécu si longtemps sans se marier, ou sans avoir d'enfants; il n'est pas croyable non plus que les enfants dont parle l'Ecriture, soient leurs premiers-nés. Mais l'historien sacré se proposant d'établir, dans un ordre réglé, la suite des générations jusqu'à Noé et au déluge qui survint de son temps, a mentionné, non les générations des aînés, mais celles qui entraient dans l'ordre de succession qu'il s'était tracé.

2. Eclaircissons tout cela par un exemple qui ne laissera pas l'ombre du doute dans l'esprit de personne. L'Évangéliste saint Matthieu, livrant à la postérité la généalogie de Notre-Seigneur, commence par Abraham, notre père, pour arriver d'abord à David : « Abraham, dit-il, engendra Isaac : » (*Matth.* I, 2) Pourquoi ne pas dire Ismaël, fils aîné du patriarche? Isaac, ajoute-t-il, engendra Jacob : pourquoi encore ne pas dire Esaü, premier-né d'Isaac? Assurément, c'est que par eux il ne pouvait arriver à David. Il poursuit en disant : Jacob engendra Judas et ses frères. Est-ce que Juda fut l'aîné des enfants de Jacob? Juda, dit-il encore, engendra Pharès et Zaram : Mais Juda avait déjà trois enfants, lorsqu'il eût ces deux jumeaux. L'Évangéliste suit donc le fil des générations dans l'ordre ou la série qui peut le conduire à

silentio coopertis omnium nominibus ceterorum, legatur eum genuisse filios et filias, quota fuerit ista proles ejus, quis præsumat asserere, si culpam temeritatis evitat? Potuit quippe Adam divinitus admonitus dicere, postea quam Seth natus est : « Suscitavit enim mihi Deus semen aliud pro Abel; » quoniam talis erat futurus, qui impleret illius sanctitatem, non quod ipse prior post eum temporis ordine nasceretur. Deinde quod scriptum est : « Vixit autem Seth quinque et ducentos annos, » vel secundum Hebræos, « quinque et centum annos, et genuit Enos : » *Gen.* v, 6) quis possit nisi inconsideratus asseverare, hunc ejus primogenitum fuisse? Ut admiratione merito requiramus, quomodo per tot annos immunis fuerit a connubio sine ullo proposito continentiæ, vel non genuerit conjugatus ; quando quidem etiam de ipso legitur : « Et genuit filios et filias, et fuerunt omnes dies Seth duodecim et nongenti anni, et mortuus est. » Atque ita deinceps quorum anni commemorantur, nec filios filiasque genuisse reticentur. Ac per hoc non apparet omnino, utrum qui nominatur genitus, ipse fuerit primogenitus : immo vero, quoniam credibile non est, patres illos ætate tam longa aut impuberes fuisse, aut conjugibus caruisse vel fetibus; nec illos eorum filios primos eis natos fuisse credibile est. Sed cum sacræ scriptor historiæ ad ortum vitamque Noe, cujus tempore diluvium factum est, per successiones generationum notatis temporibus intenderet pervenire, eas utique commemoravit, non quæ primæ suis parentibus fuerint, sed quæ in propagationis ordinem venerint.

2. Exempli gratia, quo id fiat apertius, aliquid interponam, unde nullus ambigat fieri potuisse quod dico. Evangelista Matthæus generationem Dominicæ carnis per seriem parentum volens commendare memoriæ, ordiens a patre Abraham, atque ad David primitus ut perveniret intendens : « Abraham, inquit, genuit Isaac : » (*Matth.* I, 2) cur non dixit Ismael, quem primitus genuit? « Isaac autem, inquit, genuit Jacob : » cur non dixit Esau, qui ejus primogenitus fuit? Quia scilicet per illos ad David pervenire non posset. Deinde sequitur : « Jacob autem genuit Judam, et fratres ejus : » numquid Judas primogenitus fuit? « Judas, inquit, genuit Phares et Zaram : » nec istorum geminorum aliquis fuit primogenitus Judæ, sed ante illos jam tres genuerat. Eos itaque tenuit in ordine generationum, per quos

David et de David au but où il tend. Par là, on conçoit facilement que l'Écriture ne mentionne pas, avant le déluge, les premiers-nés, mais ceux qui conduisent directement au patriarche Noé. Cette réponse doit suffire, sans nous embarrasser plus longtemps dans la question inutile et obscure de la puberté tardive des premiers hommes.

CHAPITRE XVI.

De la légitimité des premiers mariages entre proches parents, il n'en fut pas de même dans la suite.

1. Après la première union de l'homme formé de la terre, avec la femme tirée du côté de l'homme, le genre humain devant se multiplier, comme il n'y avait pas d'autres êtres que ceux issus de nos premiers parents, les frères épousèrent leurs sœurs; mais ce que la nécessité autorisait autrefois, eût été depuis un crime d'autant plus détestable que la religion le défend. Défense très-juste basée sur la charité; car l'union et la concorde parmi les hommes étant les plus précieux des biens, il fallait étendre les liens qui devaient les former; et au lieu de circonscrire les alliances entre les parents plus rapprochés, il fallait les faire contracter au loin entre les personnes les plus isolées, afin que le plus grand nombre possible ait part au bénéfice de la société conjugale heureusement agrandie. En effet, si le père et le beau-père sont deux hommes et signifient l'alliance de deux familles, comme chacun alors a son père et son beau-père, la charité s'étend et se multiplie. Mais Adam était forcément l'un et l'autre, quand ses fils épousaient leurs sœurs : de même Ève était à la fois mère et belle-mère de ses enfants; si au contraire, il y avait eu deux femmes, l'une mère et l'autre belle-mère, la société se fut développée bien davantage avec la charité fraternelle. Enfin, lorsque celle qui est déjà sœur, devient épouse, elle réunit en sa personne deux alliances, tandis que si ces deux titres étaient à différentes personnes, que l'une fut sœur, l'autre épouse, la parenté humaine se multiplierait. Mais alors, il ne pouvait en être ainsi, puisque nos premiers parents étant seuls, ne pouvaient engendrer que des frères et des sœurs. Aussi, dès que l'accroissement du genre humain eût permis d'agir autrement, ces sortes d'unions ne furent plus nécessaires et devinrent

---

ad David, atque inde quo intenderat, perveniret. Ex quo intelligi potest, veteres quoque homines ante diluvium non primogenitos, sed eos fuisse commemoratos, per quos succedentium ordo generationum ad Noe patriarcham duceretur, ne seræ pubertatis illorum obscura et non necessaria quæstio nos fatiget.

CAPUT XVI.

De jure conjugiorum, quod dissimile a subsequentibus matrimoniis habuerint prima connubia.

1. Cum igitur genus humanum post primam copulam viri facti ex pulvere, et conjugis ejus ex viri latere, marium feminarumque conjunctione opus haberet, ut gignendo multiplicaretur; nec essent ulli homines, nisi qui ex illis duobus nati fuissent; viri sorores suas conjuges acceperunt : quod profecto quanto est antiquius compellente necessitate, tanto postea factum est damnabilius religione prohibente. Habita est enim ratio rectissima caritatis, ut homines quibus esset utilis atque honesta concordia, diversarum necessitudinum vinculis necterentur; nec unus in (*a*) uno multas haberet, sed singulæ spargerentur in singulos; ac sic ad socialem vitam diligentius (*b*) colligandam plurimæ plurimos obtinerent. Pater quippe et socer duarum sunt necessitudinum nomina. Ut ergo alium quisque habeat patrem, alium socerum, numerosius se caritas porrigit. Utrumque autem unus Adam esse cogebatur et filiis et filiabus suis, quando fratres sororesque connubio jungebantur. Sic et Eva uxor ejus utrique sexui filiorum fuit et socrus et mater : quæ si duæ feminæ fuissent, mater altera, et socrus altera, copiosius se socialis dilectio colligaret. Ipsa denique jam soror (*c*), quod etiam uxor fiebat, duas tenebat una necessitudines : quibus per singulas distributis, ut altera esset soror, altera uxor, hominum numero socialis propinquitas augeretur. Sed hoc unde fieret tunc non erat, quando nisi fratres et sorores ex illis duobus primis nulli homines erant. Fieri ergo debuit quando potuit, ut exsistente copia inde ducerentur uxores, quæ non erant jam sorores; et non solum istud ut fieret, nulla necessitas esset, verum etiam si fieret, nefas esset. Nam si et nepotes primorum hominum, qui jam consobrinas poterant ac-

---

(*a*) Am. et Lov. *in una*. Emendantur ad Vind. Er. et Mss. — (*b*) Sola editio Lov. *colligendam*. — (*c*) Plures Mss. *qua*.

illicites. Car si les petits-enfants de nos premiers parents, pouvant épouser leurs cousines, se mariaient encore avec leurs sœurs, ce n'était plus seulement deux alliances, mais trois qu'ils réunissaient sur une même tête, contrairement à la charité qui tend à multiplier les parentés, en favorisant les alliances simples. Et alors, un seul homme au milieu de ses enfants mariés ensemble, serait donc tout à la fois, père, beau-père et oncle; sa femme mère, tante et belle-mère; et leurs enfants entre eux ne seraient pas seulement frères et époux, mais encore cousins, parce qu'ils sont aussi enfants de frères. Et toutes ces alliances qui rattachent trois hommes à un seul homme, en formeraient neuf, si elles étaient partagées en autant de têtes, supposé que cet homme eût une autre sœur, une autre épouse, une autre cousine, un autre père, un autre oncle, un autre beau-père, une autre mère, une autre tante et une autre belle-mère et au lieu de se resserrer dans un étroit espace, le lien social s'étendrait au loin, en multipliant les membres de la famille.

2. Mais, par suite de l'accroissement du genre humain, nous voyons, même parmi les adorateurs impies des faux dieux, et malgré la perversité des lois qui autorisent les mariages entre frère et sœur, s'établir un meilleur usage qui est la condamnation de cette exécrable licence; et bien qu'autrefois ces unions fussent permises, on en a maintenant autant horreur que si elles n'eussent jamais existé. Car la coutume produit une impression merveilleuse sur l'esprit humain; et comme elle sert ici à réprimer les excès de la convoitise, on ne saurait certainement la violer sans crime. S'il est injuste, en effet, de franchir les limites d'un héritage pour satisfaire la passion de posséder, combien est-il plus injuste de renverser les limites des bonnes mœurs pour satisfaire des appétits honteux? Et nous avons vu, même de nos jours, dans les mariages entre cousins-germains, à cause de la proximité de la parenté, combien il est rare que la coutume tombe devant les permissions de la loi. Car, bien que la loi divine ne défende point ces sortes d'alliances et que la loi humaine ne s'en fût pas encore occupé (1), néanmoins elles touchaient de si

(1) Aurélius Victor, dans sa *Vie de Théodose*, et saint Ambroise, livre VIII, lettre LXVI*e*, parlent avec éloge d'une loi portée par Théodose pour défendre les mariages entre cousins-germains et parents. C'est, peut-être, à cette loi, qu'un peu plus bas, saint Augustin, fait allusion, en disant : Qui peut douter qu'il ne soit plus honnête à présent de prohiber les mariages même entre cousins? Mais cette loi de Théodose n'a pas encore été retrouvée. Toutefois, il y en a une autre attribuée à Constance, publiée à Rome sous le consulat d'Arbetion et de Lollianus, inscrite au code de Théodose, livre II, sur les *Mariages incestueux*. Le sénateur Cassiodore, livre VII, chapitre XLVI, nous dit que les Césars en dispensaient autrefois, pour légitimer le mariage entre cousins.

cipere conjuges, sororibus matrimonio jungerentur; non jam duæ, sed tres in homine uno necessitudines fierent, quæ propter caritatem numerosiore propinquitate nectendam, disseminari per singulos singulæ debuerunt. Esset enim unus homo filiis suis fratri scilicet sororique conjugibus, et pater et socer et avunculus : ita et uxor ejus, iisdem communibus filiis et mater et amita et socrus : iidemque inter se filii eorum, non solum essent fratres, atque conjuges, verum etiam consobrini; quia et fratrum filii. Omnes autem istæ necessitudines, quæ uni homini tres homines connectebant, novem connecterent, si essent in singulis singulæ, ut unus homo haberet alteram sororem, alteram uxorem, alteram consobrinam, alterum patrem, alterum avunculum, alterum socerum, alteram matrem, alteram amitam, alteram socrum : atque ita se non in paucitate coartatum, sed latius atque numerosius propinquitatibus crebris vinculum sociale diffunderet.

2. Quod humano genere crescente et multiplicato, etiam inter impios deorum multorum falsorumque cultores sic observari cernimus, ut etiamsi perversis legibus permittantur fraterna conjugia, melior tamen consuetudo ipsam malit exhorrere licentiam ; et cum sorores accipere in matrimonium primis humani generis temporibus omnino licuerit, sic aversetur, quasi numquam licere potuerit. Ad humanum enim sensum vel alliciendum, vel offendendum mos valet plurimum. Qui cum in hac caussa immoderationem concupiscentiæ coerceat, cum (*a*) dissignari atque corrumpi merito esse nefarium judicatur. Si enim iniquum est, aviditate possidendi transgredi limitem agrorum, quanto est iniquius libidine concumbendi subvertere limitem morum? Experti autem sumus in connubiis consobrinarum etiam nostris temporibus propter gradum propinquitatis fraterno gradui proximum, quam raro per mores fiebat, quod fieri per leges licebat ; quia id nec divina prohibuit, et

(*a*) Editi, *designari*. Melius plures Mss. *dissignari* : id est convelli et disrumpi. Sic in Terent. Adelph. act. I, sc. 2, pro, *Modo quid designavit* : Eugraphius legit, *dissignavit*, dicitque *dissignare* proprie esse aliquid legibus signatum rumpere.

près aux unions illicites qu'elles inspiraient presqu'autant d'horreur que les mariages entre frère et sœur; aussi, à cause de la proximité du degré, les cousins-germains entre eux s'appellent frères et ils le sont pour ainsi dire. Il est vrai que les anciens patriarches mettaient un soin religieux à ne pas trop laisser éloigner la parenté, dans la crainte qu'elle ne vînt à se perdre insensiblement dans des ramifications infinies; qu'ils en suivaient la trace, lorsqu'elle n'était pas encore à une grande distance, et comme pour l'arrêter dans sa fuite, ils l'enchaînaient dans les liens du mariage. Aussi, le genre humain étant déjà très-répandu dans le monde, ils n'épousaient plus, à la vérité, leurs sœurs, mais ils aimaient à se marier dans leur famille. Cependant qui peut douter qu'il ne soit plus honnête à présent de défendre le mariage même entre cousins? non-seulement pour les raisons que nous avons données, afin de multiplier les affinités en augmentant le nombre des parents, au lieu de réunir deux alliances en une seule personne; mais encore parce qu'il y a en nous je ne sais quelle naturelle et louable pudeur, qui, en nous inspirant un respect d'honneur vis-à-vis de ceux qui nous sont unis par les liens de la parenté, nous porte à nous abstenir des actes dont nous voyons rougir la chasteté conjugale elle-même.

3. L'union de l'homme et de la femme, en tant qu'elle a rapport à l'espèce humaine, est donc comme la pépinière de la Cité; mais la Cité terrestre se contente de la première naissance; la Cité céleste en réclame une seconde, pour effacer la corruption de la première. Or, avant le déluge, y avait-il quelque signe visible et corporel de cette renaissance, comme plus tard la circoncision imposée à Abraham? (*Gen.* XVII, 10.) L'histoire sacrée ne le dit point. Cependant elle ne manque pas de dire que les hommes mêmes les plus anciens offraient des sacrifices à Dieu; l'exemple des deux premiers frères en est une preuve évidente. (*Ibid.* IV, 3.) Et nous lisons aussi, qu'après le déluge, au sortir de l'arche, Noé immola des victimes à Dieu; (*Ibid.* VIII, 20) sur quoi j'ai dit, aux livres précédents, que les démons voulant usurper l'autorité divine et se faire passer pour dieux, n'exigent ces sortes d'honneurs et ne s'en réjouissent, que parce qu'ils savent bien que le vrai sacrifice n'est dû qu'au vrai Dieu.

---

nondum prohibuerat lex humana. Verumtamen factum etiam licitum, propter vicinitatem horrebatur illiciti; et quod fiebat cum consobrina, pene cum sorore fieri videbatur : quia et ipsi inter se propter tam propinquam consanguinitatem fratres vocantur, et pene germani sunt. Fuit autem antiquis patribus religiosæ curæ, ne ipsa propinquitas se paulatim propaginum ordinibus dirimens longius abiret et propinquitas esse desisteret, eam nondum longe positam rursum matrimonii vinculo colligare, et quodam modo revocare fugientem. Unde jam pleno hominibus orbe terrarum, non quidem sorores ex patre vel matre, non ex ambobus suis parentibus natas, sed tamen amabant de suo genere ducere uxores. Verum quis dubitet honestius hoc tempore etiam (*a*) consobrinorum prohibita esse conjugia? non solum secundum ea quæ disputavimus, propter multiplicandas affinitates, ne habeat duas necessitudines una persona, cum duæ possint eas habere, et numerus propinquitatis augeri; sed etiam quia nescio quomodo inest humanæ verecundiæ quiddam naturale atque laudabile, ut cui debet caussa propinquitatis (*b*) reverendum honorem, ab ea contineat, quamvis generatricem, tamen libidinem, de qua erubescere videmus et ipsam pudicitiam conjugalem.

3. Copulatio igitur maris et feminæ, quantum ad tinet ad genus mortalium, quoddam seminarium est Civitatis : sed terrena Civitas generatione tantummodo, cœlestis autem etiam regeneratione opus habet, ut noxam generationis evadat. Utrum autem aliquod fuerit, vel si fuit, quale fuerit corporale atque visibile regenerationis signum ante diluvium, sicut Abrahæ circumcisio postea est imperata (*Gen.* XVII, 10), sacra historia tacet. Sacrificasse tamen Deo etiam illos antiquissimos homines non tacet : quod et in duobus primis fratribus claruit (*Gen.* IV, 3); et Noe post diluvium, cum de arca fuisset egressus, hostias Deo legitur immolasse. (*Gen.* VIII, 20.) De qua re in præcedentibus libris jam diximus, non ob aliud dæmones arrogantes sibi divinitatem deosque se credi cupientes sibi expetere sacrificium, et gaudere hujusmodi honoribus, nisi quia verum sacrificium vero Deo deberi sciunt.

(*a*) Sic Mss. At editi, *consobrinarum*. — (*b*) Editi, *verecundum* : dissentientibus Mss.

CHAPITRE XVII.

Les deux enfants d'un même père deviennent les fondateurs et les princes des deux cités.

Adam était donc le père de deux sortes de citoyens, dont la double descendance appartient, l'une à la Cité terrestre, l'autre à la Cité du ciel. Après la mort d'Abel, figure touchante d'un admirable et profond mystère, parurent les deux chefs des deux races, Caïn et Seth; et dans leurs fils, dont les noms devaient être rapportés, commencent à se montrer les signes évidents qui caractérisent les deux cités des mortels. Caïn engendra Enoch et fonda une ville à laquelle il donna le nom de ce fils; Cité terrestre, qui n'est pas étrangère en ce monde, qui au contraire y trouve son bonheur dans la possession paisible des biens temporels. Caïn, en effet, signifie possession; aussi, à sa naissance, son père ou sa mère dit : « J'ai acquis un homme par la grâce de Dieu. » (*Gen.* XLI.) Enoch signifie, dédicace; parce que c'est ici-bas, où elle est bâtie, que la Cité terrestre est dédiée; ici-bas en ce monde même qu'elle atteint le but de ses désirs et de ses espérances. Seth au contraire veut dire : Résurrection et Énos son fils, veut dire : homme, non comme Adam qui a la même signification, mais qui dans l'hébreu est un nom commun à l'homme et à la femme, selon ce qui est écrit : « Il les créa mâle et femelle, et il les bénit et il les nomma : « Adam ; » (*Gen.* v, 2) ce qui fait bien voir que le nom d'Ève était un nom propre à la femme, tandis que celui d'Adam, qui signifie : homme, était un nom commun aux deux sexes. Mais Enos désigne si particulièrement l'homme, que les plus savants dans la langue hébraïque, assurent qu'ils ne saurait convenir à la femme; aussi, celui qui le porte est le fils de la résurrection, où il n'y aura plus ni mariages, ni épouses. (*Luc.* xx, 35.) Les générations seront finies là où la régénération nous aura conduits. De plus, je ne pense pas qu'il soit inutile de remarquer que, dans la généalogie des enfants de Seth, il n'est fait mention d'aucune femme; tandis que dans celle de Caïn, nous voyons, même à la fin, pour dernier nom, le nom d'une femme. Or l'Écriture dit : « Mathusaël engendra Lamech : Et Lamech eut deux épouses, le nom de l'une était Ada et celui de l'autre Sella; et Ada enfanta Jobel : celui-ci fut le père des bergers habitant sous des tentes. Il eut pour frère Jubal, inventeur du psaltérion

CAPUT XVII.

De duobus ex uno genitore procreatis patribus atque principibus.

Cum ergo esset Adam utriusque generis pater, id est, et cujus series ad terrenam, et cujus series ad cœlestem pertinet Civitatem; occiso Abel, atque in ejus interfectione commendato mirabili sacramento, facti sunt duo patres singulorum generum, Cain et Seth : in quorum filiis, quos commemorari oportebat, duarum istarum Civitatum in genere mortalium evidentius indicia clarere cœperunt. Cain quippe genuit Enoch, in cujus nomine condidit civitatem, terrenam scilicet, non peregrinantem in hoc mundo, sed in ejus temporali pace ac felicitate quiescentem. Cain autem interpretatur possessio : unde dictum est quando natus est, sive a patre, sive a matre ejus : « Adquisivi hominem per Deum. » (*Gen.* iv, 4.) Enoch vero dedicatio : hic enim dedicatur terrena civitas, ubi conditur; quoniam hic habet eum, quem intendit et appetit finem. Porro ille Seth resurrectio interpretatur, et Enos filius ejus interpretatur homo : non sicut Adam, (et ipsum enim nomen interpretatur homo,) sed commune perhibetur esse in illa lingua, id est, Hebræa, masculo et feminæ. Nam sic de illo scriptum est : « Masculum et feminam fecit illos, et benedixit illos, et cognominavit nomen eorum Adam. » (*Gen.* v, 2.) Unde non ambigitur, sic appellatam fuisse feminam Evam proprio nomine, ut tamen Adam, quod interpretatur homo, nomen esset amborum. Enos autem sic interpretatur homo, ut hoc non posse feminam nuncupari periti linguæ illius asseverent, tamquam filius resurrectionis, ubi non nubent, neque uxores ducent. (*Luc.* xx, 35.) Non enim erit ibi generatio, cum illuc perduxerit regeneratio. Quare et hoc non incastum notandum arbitror, quod in eis generationibus quæ propagantur ex illo qui est appellatus Seth, cum genuisse filios filiasque (*a*) dicantur, nulla ibi genita nominatim femina expressa est : in his autem quæ propagantur ex Cain, in ipso fine quo usque (*b*) protenduntur, novissima femina genita nominatur. Sic enim legitur : « Mathusael genuit Lamech : et sumsit sibi Lamech duas uxores, nomen uni Adæ, et nomen secundæ Sella; et peperit Ada Jobel : hic

---

(*a*) Sic Mss. At editi, *dicatur*. — (*b*) Plerique Mss. *pertendunt.*

et de la cithare. Sella enfanta Thobel : il était forgeron et martelait l'airain et le fer. Thobel eut pour sœur Noëma. » (*Gen.* IV, 18 etc.) La postérité de Caïn ne s'étend pas plus loin ; il y a en tout, y compris Adam, huit générations, savoir : sept jusqu'à Lamech qui épousa deux femmes ; et la huitième est en ses enfants, parmi lesquels l'Écriture nomme une femme. Par là, elle insinue très ingénieusement qu'il y aura jusqu'à la fin, des mariages et des générations charnelles dans la Cité terrestre. C'est pour cela que les deux femmes de celui qui est le dernier descendant de Caïn, sont appelées par leurs noms propres, ce qui, en exceptant Ève, ne se rencontre nulle part, avant le déluge. Or, comme Caïn, fondateur de la Cité terrestre, et son fils Enoch, dont le nom sert à désigner cette cité, figurent par leurs noms mêmes, puisque l'un signifie possession et l'autre dédicace, l'origine et la fin terrestre de la cité de ce monde qui borne ici-bas ses espérances. Ainsi Seth, dont le nom signifie résurrection, est le père d'une postérité qui a sa généalogie propre et il est temps de voir ce que l'histoire sacrée dit de son fils.

CHAPITRE XVIII.

Ce qui est figuré en Abel, Seth et Enos, s'applique à Jésus-Christ et à son corps, c'est-à-dire à l'Église.

« Et Seth, dit l'Écriture, eut un fils et il l'appela Enos : celui-ci mit son espérance à invoquer le nom du Seigneur Dieu. » (*Gen.* IV, 26.) Ainsi le proclame la vérité même ; c'est en espérance que vit l'homme, fils de la résurrection ; il vit en espérance, tant que se prolonge ici-bas le pélerinage de la Cité de Dieu, cité engendrée par la foi en la résurrection du Christ. Car ces deux hommes, Abel, qui signifie deuil ; et son frère Seth, qui signifie résurrection, figurent la mort du Christ et sa résurrection d'entre les morts. C'est par cette foi que naît ici-bas la Cité de Dieu, c'est-à-dire l'homme qui a mis son espérance à invoquer le nom du Seigneur. « Nous sommes sauvés par l'espérance, dit l'Apôtre. Mais lorsque l'on voit ce que l'on espère, il n'y a plus lieu à l'espérance. Car qui espère ce qu'il voit ? Que si nous espérons ce que nous ne voyons pas encore, nous l'attendons par la patience. » (*Rom.* VIII,

erat pater habitantium in tabernaculis pecuariorum. Et nomen fratris ejus Jubal : hic fuit qui ostendit psalterium et citharam. Sella autem peperit et ipsa Thobel : et erat ærarius et malleator æramenti et ferri. Soror autem Thobel (*a*) Noema. » (*Gen.* IV, 18, etc.) Huc usque porrectæ sunt generationes ex Cain, quæ sunt omnes ab Adam octo, annumerato ipso Adam, septem scilicet usque ad Lamech, qui duarum maritus uxorum fuit : et octava est generatio in filiis ejus, in quibus commemoratur et femina. Ubi eleganter significatum est, terrenam Civitatem usque in sui finem carnales habituram generationes, quæ marium feminarumque conjunctione proveniunt. Unde et ipsæ, quod præter Evam nusquam reperitur ante diluvium, nominibus propriis exprimuntur uxores illius hominis, qui nominatur hic novissimus pater. Sicut autem Cain, quod interpretatur possessio, terrenæ conditor civitatis, et filius ejus, in cujus nomine condita est, Enoch, quod interpretatur dedicatio, indicat istam civitatem et initium et finem habere terrenum ; ubi nihil speratur amplius, quam (*b*) in hoc sæculo cerni potest : ita Seth, quod interpretatur resurrectio, cum sit generationum seorsum commemoratarum pater, quid de filio ejus sacra hæc historia dicat, intuendum est.

CAPUT XVIII.

Quid significatum sit in Abel, et Seth, et Enos, quod appareat ad Christum et corpus ejus, id est, Ecclesiam pertinere.

« Et Seth, inquit, natus est filius, et nominavit nomen ejus Enos : hic speravit invocare nomen Domini Dei. » (*Gen.* IV, 26.) Nempe clamat attestatio veritatis. In spe igitur vivit homo filius resurrectionis : in spe vivit, quamdiu peregrinatur hic Civitas Dei, quæ gignitur ex fide resurrectionis Christi. Ex duobus namque illis hominibus, Abel, quod interpretatur luctus, et ejus fratre Seth, quod interpretatur resurrectio, mors Christi et vita ejus ex mortuis figuratur. Ex qua fide gignitur hic Civitas Dei, id est, homo, qui speravit invocare nomen Domini Dei. « Spe enim salvi facti sumus, » ait Apostolus. « Spes autem quæ videtur, non est spes. Quod enim videt quis, quid sperat ? Si autem quod non videmus, speramus, per patientiam exspectamus. » (*Rom.* VIII, 24 et 25.) Nam quis vacare hoc existimet ab altitudine sacramenti ? Numquid enim Abel non speravit invocare nomen Domini Dei, cujus sacrificium Scriptura tam acceptum Deo fuisse commemo-

(*a*) Nonnulli Mss. *Noemina*. — (*b*) Editi, *quam quod*. Abest *quod* a Mss.

24 et 25.) Qui donc ne soupçonnerait ici un profond mystère? Abel, en effet, n'a-t-il pas mis son espérance à invoquer le nom du Seigneur, lui dont le sacrifice, au témoignage de l'Écriture, fut si agréable à Dieu? Seth n'a-t-il pas mis aussi son espérance à invoquer le nom du Seigneur, lui dont il est dit : « Dieu m'a donné un autre fils, à la place d'Abel? » (Gen. IV, 25.) Pourquoi donc attribuer à Enos particulièrement ce qui est commun à tous les justes? Parce qu'il fallait que l'homme, né le premier de l'auteur des générations mises à part, pour composer la Cité céleste, figurât l'homme, ou plutôt la société de ces hommes, qui vivent, non selon l'homme, dans la possession d'une félicité toute terrestre, mais selon Dieu, dans l'espérance de la félicité éternelle. Car il n'est pas dit : celui-ci espéra dans le Seigneur : ou bien : celui-ci invoqua le nom du Seigneur, mais : « celui-ci mit son espérance à invoquer le nom du Seigneur. » (Gen. IV, 26.) Que veulent dire ces paroles : « il mit son espérance à invoquer? » N'est-ce pas l'annonce prophétique d'un peuple qui, un jour, selon l'élection de la divine grâce, invoquerait le nom du Seigneur? C'est précisément ce qui a été dit par un autre prophète (*Joël*, II, 32) et l'apôtre en le citant (*Rom.* x, 13), applique ce passage au peuple qui appartient à la grâce de Dieu : « Et ainsi, quiconque invoquera le nom du Seigneur, sera sauvé. Du reste, ces paroles mêmes : Et il l'appela Énos, nom qui signifie homme et ce qui suit : « celui-ci mit son espérance à invoquer le nom du Seigneur, » (*Gen.* IV, 26.) font assez voir que l'homme ne doit pas placer son espérance en lui-même. Car il est dit ailleurs : « Malheur à l'homme qui met son espérance en l'homme; » (*Jérém.* XVII, 5) et par conséquent, il ne la doit point mettre en lui-même, pour être citoyen de cette autre Cité qui n'est pas dédiée au fils de Caïn, en ce monde, c'est-à-dire dans le cours de ce siècle périssable, mais dans l'immortalité de l'éternelle béatitude.

CHAPITRE XIX.

Ce que sifinifie la translation d'Enoch.

Car cette race dont Seth est le père, a aussi un nom qui signifie *dédicace*, il est à la septième génération depuis Adam et en le comprenant lui-même. Enoch, qui veut dire dédicace, est en effet le septième descendant. Mais c'est celui-là même qui fut enlevé du monde, parce qu'il était agréable à Dieu et comme il est le septième depuis Adam, il tient un rang remarquable dans l'ordre des générations, car il rappelle la consécration du Sabbat. De plus, il est le sixième depuis Seth, chef des générations qui sont distinctes de la race de Caïn; et c'est au même jour, au sixième que l'homme fut

---

rat? Numquid ipse Seth non speravit invocare nomen Domini Dei, de quo dictum est : « Suscitavit enim mihi Deus semen aliud pro Abel? » (*Gen.* IV, 25.) Cur ergo huic proprie tribuitur, quod piorum omnium intelligitur esse commune, nisi quia oportebat in eo quod de patre generationum in meliorem partem, hoc est, supernæ Civitatis separatarum, primus commemoratur exortus, præfigurari hominem, id est, hominum societatem, quæ non secundum hominem in re felicitatis terrenæ, sed secundum Deum vivit in spe felicitatis æternæ? Nec dictum est : Hic speravit in Dominum Deum; aut : Hic invocavit nomen Domini Dei ; sed : « Hic speravit, inquit, invocare nomen Domini Dei? » (*Ibid.* 26.) Quid sibi hoc vult : « Speravit invocare, » nisi quia prophetia est, exorturum populum, qui secundum electionem gratiæ invocaret nomen Domini Dei? Hoc est, quod per alium prophetam dictum, Apostolus de hoc populo intelligit ad Dei gratiam pertinente : « Et erit, omnis quicumque invocaverit nomen Domini, salvus erit. » (*Rom.* x, 13; *Joel.* II, 32.) Hoc enim ipsum quod dicitur : « Et nominavit nomen ejus Enos, quod interpretatur homo; » ac deinde additur : « Hic speravit invocare nomen Domini Dei; » (*Gen.* IV, 26) satis ostenditur, quod non in se ipso spem ponere debeat homo. « Maledictus enim omnis » (sicut alibi legitur) « qui spem suam ponit in homine : » (*Jerem.* XVII, 5) ac per hoc, nec in se, ut sit civis alterius Civitatis, quæ non secundum filium Cain dedicatur hoc tempore, id est, mortalis hujus sæculi labente transcursu, sed in illa immortalitate beatitudinis sempiternæ.

CAPUT XIX.

De significatione quæ in Enoch translatione monstratur.

Nam et ista propago, cujus est pater Seth, in ea generatione habet dedicationis nomen, quæ septima est ab Adam, annumerato Adam. Septimus enim ab illo natus est Enoch, quod interpretatur dedicatio. Sed ipse est ille translatus, quoniam placuit Deo, et

créé et que Dieu termina l'œuvre de la création. Mais la translation d'Enoch est la figure de notre dédicace différée. Il est vrai qu'elle est déjà accomplie dans le Christ, notre chef, ressuscité pour ne plus mourir, et transporté aussi lui-même; mais il reste une autre dédicace, celle de toute la maison dont le Christ est le fondement; elle est différée jusqu'à la fin, alors que se fera la résurrection de tous ceux qui ne doivent plus mentir. Aussi il importe peu qu'on l'appelle maison de Dieu, ou temple de Dieu, ou Cité de Dieu, c'est la même chose; et la langue latine autorise ces expressions diverses. Car Virgile (*Eneide*, VI) appelle cette cité très-puissante, la maison d'Assaracus, comme s'il disait que les Romains descendent d'Assaracus par les Troyens; il appelle aussi ces mêmes Romains, la maison d'Enée, parce que les Troyens arrivèrent en Italie, sous la conduite de ce prince et fondèrent Rome. Ici le poète a imité les saintes Lettres qui appellent : maison de Jacob, le peuple innombrable des Hébreux.

CHAPITRE XX.

Comment la postérité de Caïn est renfermée en huit générations depuis Adam et comment Noé se trouve le dixième descendant aussi d'Adam.

1. Mais on me dira, si, dans le dénombrement de ces générations, l'auteur de cette histoire se proposait de nous conduire d'Adam, par son fils Seth, jusqu'à Noé et à l'époque du déluge, pour reprendre ensuite la série des généalogies, afin d'arriver jusqu'à Abraham, d'où l'Évangéliste saint Matthieu commence à énumérer les générations qui vont jusqu'au Christ, le roi éternel de la Cité de Dieu; quel était son dessein dans le dénombrement de celles de Caïn et jusqu'où prétendait-il les conduire? Je réponds : jusqu'au déluge qui en engloutit toute la race de la cité terrestre, reconstituée ensuite par les enfants de Noé. Car, cette Cité terrestre, cette société des hommes vivants selon l'homme, subsistera jusqu'à la fin de ce siècle, dont le Seigneur a dit : « Les enfants de ce siècle engendrent et sont engendrés. » (*Luc*, XX, 34.) Mais, pour la Cité de Dieu, étrangère en ce siècle, la régénération la conduit à un autre siècle, où les enfants n'engendrent ni ne sont engendrés. Ici-bas, l'une et l'autre Cité ont cela de commun qu'on y engendre et qu'on y est engendré; bien que la Cité de Dieu ait même dès ce monde, plusieurs milliers de citoyens qui vivent dans la continence; l'autre cité a aussi des citoyens qui cherchent à les imiter, mais ils s'égarent. Car c'est dans son sein que se trouvent ceux qui, deviant de la vrai foi, ont fondé

insigni numero in ordine generationum, quo sabbatum consecratum est, septimo scilicet ab Adam. Ab ipso autem patre istarum generationum, quæ discernuntur a propagine Cain, id est, a Seth sextus est : quoto die factus est homo, et consummavit Deus omnia opera sua. Sed hujus Enoch translatio nostræ dedicationis est præfigurata dilatio. Quæ quidem jam facta est in Christo capite nostro, qui sic resurrexit, ut non moriatur ulterius, sed etiam ipse translatus est : restat autem altera dedicatio universæ domus, cujus ipse Christus est fundamentum, quæ differtur in finem, quando erit omnium resurrectio, non moriturum amplius. Sive autem domus Dei dicatur, sive templum Dei, sive Civitas Dei, idipsum est, nec abhorret a Latini eloquii consuetudine. Nam et Virgilius imperiosissimam civitatem domum appellat Assaraci (*Æneid.* VI), Romanos volens intelligi, qui de Assaraco per Trojanos originem ducunt; et domum Æneæ eosdem ipsos, quia eo duce Trojani cum Italiam venissent, ab eis condita est Roma. Imitatus namque est poeta ille sacras litteras, in quibus dicitur domus Jacob tam ingens populus Hebræorum.

CAPUT XX.

De eo quod Cain successio in octo ab Adam generationes clauditur, et in posteris ab eodem patre Adam Noe decimus invenitur.

1. Dicet aliquis, Si hoc intendebat scriptor hujus historiæ in commemorandis generationibus ex Adam per filium ejus Seth, ut per illas perveniret ad Noe, sub quo factum est diluvium, a quo rursus contexeretur ordo nascentium, quo perveniret ad Abraham, a quo Matthæus Evangelista incipit generationes, quibus ad Christum pervenit æternum Regem Civitatis Dei, quod intendebat in generationibus ex Cain, et quo eas perducere volebat? Respondetur, Usque ad diluvium, quo totum illud genus terrenæ Civitatis absumtum est, sed reparatum ex filiis Noe. Neque enim deesse poterit hæc terrena Civitas societasque hominum secundum hominem viventium usque ad hujus sæculi finem de quo Dominus ait, « Filii hujus sæculi generant, et generantur. » (*Luc.* XX, 34.) Civitatem vero Die peregrinantem in hoc sæculo regeneratio perducit ad alterum sæculum, cujus filii nec generant, nec generantur. Hic ergo

diverses hérésies; ils vivent selon l'homme, non selon Dieu. C'est aussi à cette Cité qu'appartiennent les gymnosophistes de l'Inde, qui philosophent nus, dit-on, dans les forêts et qui s'abstiennent de la génération. Mais la continence n'est un bien qu'autant qu'on la garde par amour du souverain bien, qui est Dieu. On ne voit pas cependant que personne l'ait pratiquée avant le déluge, puisqu'Enoch lui-même, le septième descendant d'Adam, qui, sans mourir, a quitté ce monde, engendra, avant sa translation, des fils et des filles; de ce nombre est Mathusalem qui continue l'ordre de ces générations privilégiées.

2. Pourquoi donc l'Écriture mentionne-t-elle un si petit nombre de générations issues de Caïn, si elles devaient aller jusqu'au déluge et si l'âge qui précédait la puberté n'excédait pas alors cent et quelques années? Car, si l'auteur de ce livre n'avait en vue quelqu'un qui fût le but particulier de sa généalogie, comme dans celle de Seth où il se proposait d'arriver à Noé, pour reprendre ensuite les générations dans un ordre nécessairement fixé; qu'était-il besoin de négliger les noms des premiers nés, pour passer à Lamech, et limiter à ses enfants cette généalogie, c'est-à-dire à la huitième génération depuis Adam et à la septième depuis Caïn? Comme si, de là il eût voulu renouer une autre généalogie, afin d'arriver, soit au peuple d'Israël, en qui la terrestre Jérusalem elle-même a servi de figure prophétique à la Cité céleste; soit au Christ selon la chair, qui est le Dieu souverain, béni dans tous les siècles *(Rom.* ix, 5), le fondateur et le roi de Jérusalem du ciel. Qu'était-il besoin d'agir ainsi, puisque toute la race de Caïn fut anéantie dans le déluge? On pourrait croire qu'il n'est précisément question que des aînés dans cette généalogie. Mais d'ailleurs, pourquoi sont-ils en si petit nombre? Certes, ils eussent été plus nombreux, si, dans le cas où la longévité n'aurait pas retardé la puberté, les patriarches eussent été capables d'avoir des enfants avant l'âge de cent ans. Car, en supposant qu'ils eussent eu tous trente ans, quand ils commencèrent à engendrer, comme il y a huit générations depuis et y compris Adam jusqu'aux enfants de Lamech, huit fois trente font deux cent quarante ans; est-ce que tout le reste du temps jusqu'au déluge, ils ont cessé d'engendrer? Pourquoi donc, l'historien ne parle-t-il pas des autres générations? Car, depuis Adam jusqu'au déluge, on compte, d'après nos livres, deux mille deux cent soixante-

---

generari et generare Civitati utrique commune est : quamvis Dei Civitas habeat etiam hic multa civium millia, quæ ab opere generandi se abstinent : sed habet etiam illa (a) ex imitatione quadam, licet errantium. Ad eam namque pertinent etiam, qui deviantes ab hujus fide diversas hæreses condiderunt: secundum hominem quippe vivunt, non secundum Deum. Et Indorum Gymnosophistæ, qui nudi perhibentur philosophari in solitudinibus Indiæ, cives ejus sunt, et a generando se cohibent. Non enim est hoc bonum, nisi cum fit secundum fidem summi boni, qui est Deus. Hoc tamen nemo fecisse ante diluvium reperitur : quando quidem etiam ipse Enoch septimus ab Adam, qui translatus refertur esse, non mortuus, genuit filios et filias ante quam transferretur, in quibus fuit Mathusalem, per quem generationum memorandarum ordo transcurrit.

2. Cur ergo tanta paucitas successionum commemoratur in generationibus ex Cain, si eas usque ad diluvium perduci oportebat, nec erat diuturna ætas præveniens pubertatem, quæ centum vel amplius annos vacaret a fetibus? Nam si non intendebat auctor libri hujus aliquem, ad quem necessario perduceret seriem generationum, sicut in illis quæ veniunt de semine Seth, intendebat pervenire ad Noe, a quo rursus ordo necessarius sequeretur; quid opus erat prætermittere primogenitos filios, ut perveniretur ad Lamech, in cujus filiis finitur illa contextio, octava generatione scilicet ex Adam, septima ex Cain, quasi esset inde aliquid deinceps connectendum, unde perveniretur vel ad Israeliticum populum, in quo cœlesti Civitati etiam terrena Jerusalem figuram phopheticam præbuit, vel ad Christum secundum carnem, qui est super omnia Deus benedictus in sæcula *(Rom.* ix, 5), supernæ Jerusalem fabricator atque regnator; cum tota progenies Cain diluvio sit deleta? Unde videri potest, in eodem ordine generationum primogenitos fuisse commemoratos. Cur ergo tam pauci sunt? Non enim usque ad diluvium tot esse potuerunt, non vacantibus usque ad centenariam pubertatem patribus ab officio generandi, si non erat tunc proportione longævitatis illius etiam sera pubertas. Ut enim pleræque triginta annorum fuerint, cum filios generare cœperunt, octis triceni, (quoniam octo sunt generationes cum Adam et cum eis quos genuit Lamech,) ducenti et

---

(a) Ita Mss. Editis autem, *sed habet etiam illa cives nonnullos istis similes ex imitatione quadam licet errantes.*

deux ans; et selon les Hébreux, mille six cent cinquante-six ans. Quand nous adopterions ce dernier chiffre comme le plus certain, si de mille six cent cinquante-six ans, nous retranchons deux cent quarante, il reste encore mille quatre cents ans et plus jusqu'au déluge, est-il croyable que, pendant tant d'années, la race de Caïn ait cessé d'avoir des enfants?

3. Celui qui s'étonnerait de cette difficulté, devrait se rappeler les deux moyens que j'ai donnés de la résoudre, lorsque je demandais, comment on pourrait croire que les premiers hommes eussent gardé la continence pendant si longtemps. Je disais donc que c'était, ou à cause de la puberté tardive, en raison de la longévité ou parce que l'Écriture ne mentionnait pas les premiers-nés, mais ceux au moyen desquels l'auteur arrivait directement à celui qu'il avait en vue, ainsi Noé, dans les générations issues de Seth. Si donc, dans la postérité de Caïn, rien ne trahit l'intention d'arriver à un personnage, en passant sous silence les aînés et en produisant ceux-là seuls qui conduisent au but, restera l'autre solution, la puberté tardive. Alors ils n'auraient eu des enfants qu'après avoir dépassé la période centenaire et l'ordre des générations étant basé sur les premiers-nés, cette multitude d'années pourrait concorder avec l'époque du déluge. Cependant peut-être que, pour une cause secrète que j'ignore, l'écrivain sacré, aura seulement conduit cette généalogie de la Cité terrestre jusqu'à Lamech et ses enfants et aura omis la suite jusqu'au déluge. Mais, il y a une autre raison qui nous permettra de mettre de côté et l'ordre des générations par les premiers-nés et la puberté tardive; c'est que la ville fondée par Caïn et à laquelle il donna le nom de son fils Énoch, a pu étendre au loin sa domination et avoir plusieurs rois, non à la fois, mais de père en fils les uns après les autres, sans toutefois garder l'ordre des aînés. Caïn serait le premier de ces rois, le second, son fils Enoch, dont le nom a été donné à la ville, devenu le siége de l'empire, le troisième, Gaidad, fils d'Enoch; le quatrième Manihel, fils de Gaidad; le cinquième, Mathusaël, fils de Manihel; le sixième, Lamech, fils de Mathusaël, et le septième descendant d'Adam par Caïn. Or, il n'était pas nécessaire que les aînés succédassent à leurs pères, car la couronne pouvait très-bien être dévolue au mérite personnel, dont la Cité terrestre eût retiré

---

quadraginta sunt anni : num itaque toto deinde tempore usque ad diluvium non generaverunt? Qua tandem caussa, qui hæc scripsit, generationes commemorare noluit quæ sequuntur? Nam ex Adam usque ad diluvium computantur anni, secundum codices nostros, duo millia ducenti (*a*) sexaginta duo : secundum Hebræos autem, mille sex centi quinquaginta-sex. Ut ergo istum numerum minorem credamus esse veriorem, de mille sexcentisquinquagintasex annis ducenti quadraginta detrahatur : numquid credibile est per mille quadringentos, et quod excurrit, annos, qui restant usque ad diluvium, progeniem Cain a generationibus vacare potuisse?

3. Sed qui ex hoc movetur, meminerit, cum quærerem, quomodo credendum sit, antiquos illos homines per tam multos annos a gignendis filiis cessare potuisse, duobus modis istam solutam esse quæstionem; aut de sera pubertate, proportione tam longæ vitæ; aut de filiis qui commemorantur in generationibus, quod non fuerint primogeniti; sed hi per quos ad eum, quem intendebat auctor libri, poterat pervenire, sicut ad Noe in generationibus Seth. Proinde in generationibus Cain, si non occurrit qui deberet intendi, ad quem prætermissis primogenitis, per eos qui commemorati sunt, perveniri oportebat, sera pubertas intelligenda restabit; ut aliquando post centum annos, puberes habilesque ad gignendum facti fuerint, ut ordo generationum per primogenitos curreret, et usque ad diluvium ad numerum annorum tantæ quantitatis occurreret. Quamvis fieri possit, ut propter aliquam secretiorem caussam, quæ me latet, usque ad Lamech et ejus filios generationum perveniente contextu, commendaretur hæc Civitas, quam dicimus esse terrenam; ac deinde cessaret scriptor libri commemorare ceteras, quæ usque ad diluvium esse potuerunt. Potest et illa esse caussa, cur non ordo generationum per primogenitos duceretur, ut necesse non sit in illis hominibus tam seram credere pubertatem, quod scilicet eadem civitas, quam Cain in nomine Enoch filii sui condidit, longe lateque regnare potuerit, et reges habere non simul plures, sed suis ætatibus singulos, quos genuissent (*b*) sibi successuros quicumque regnassent. Horum regum primus esse potuit ipse Cain, secundus filius ejus Enoch, in cujus nomine, ubi regnaretur, condita est civitas : tertius Gaidad, quem

---

(*a*) Aliquot Mss. *duo millia ducenti-quinquaginta*. Eusebius, Hietonymus, Beda, aliique secundum Septuaginta interpretum codites computant dua millia-ducentos quadraginta et duos annos. — (*b*) Sola editio Lov, *ibi successuros :* et paulo post, *ubi regnaret,* pro *regnaretur.*

son avantage; ou bien, elle était le partage de celui qui favorisait le sort; ou mieux encore, le père avait peut-être le droit de désigner pour son successeur, celui de ses enfants qu'il préférait. Or, le déluge a pu arriver du vivant de Lamech et sous son règne et le faire périr avec tous les autres hommes, à l'exception de ceux qui étaient renfermés dans l'arche. D'ailleurs, il ne faudrait point s'étonner, si, dans un espace de temps si long et si incertain, c'est-à-dire depuis Adam jusqu'au déluge, nous ne trouvons pas un nombre égal de générations dans les deux races, sept seulement du côté de Caïn et dix du côté de Seth; car, comme je l'ai déjà dit, depuis Adam, Lamech est le septième et Noé le dixième. Mais l'Écriture ne fait pas seulement mention d'un fils de Lamech, comme dans les générations précédentes, elle en compte plusieurs; parce qu'il était incertain qui devait lui succéder, si le déluge ne fut survenu pour interrompre toute succession.

4. Mais de quelque façon que l'on compte les générations sorties de Caïn, ou par les aînés ou par les rois, il me semble que je ne dois pas passer sous silence, que Lamech étant le septième descendant d'Adam, l'Écriture mentionne autant de ses enfants qu'il en faut pour former le nombre onze, qui signifie le péché. Car elle parle de trois fils et d'une fille. La mention des épouses aurait bien aussi sa signification particulière, mais sans rapport avec la question présente. Car nous parlons maintenant des générations et l'Écriture se tait sur l'origine de ces femmes. Or, cette loi célèbre arrivant à sa perfection par le nombre dix, d'où lui vient le nom de Décalogue; le nombre onze qui dépasse celui de dix, signifie assurément la transgression de la loi, et par conséquent le péché. C'est pour cela qu'au tabernacle du témoignage, qui était comme le temple portatif du peuple de Dieu, dans ses pérégrinations, il avait été ordonné de suspendre onze voiles de poils de chèvres. (*Exod.* XXVI, 7.) Or, le cilice qui est une étoffe de la même matière, rappelle le souvenir des péchés, à cause des boucs qui doivent être mis à gauche. Et quand nous faisons pénitence, c'est aussi, couverts de cilice, que nous nous prosternons, comme pour dire avec le Psalmiste : « Et mon péché est toujours devant moi. » (*Ps.* L, 4.) Ainsi la postérité

genuit Enoch : quartus (*a*) Manihel, quem genuit Gaidad : quintus Mathusael, quem genuit Manihel : sextus Lamech, quem genuit Mathusael, qui septimus est ab Adam per Cain. Non autem erat consequens, ut primogeniti (*b*) in regnum regnantibus succederent patribus, sed quos regnandi meritum propter virtutem terrenæ utilem Civitati, vel sors aliqua reperiret, vel ille potissimum succederet patri hereditario quodam jure regnandi, quem præ ceteris filiis dilexisset. Potuit autem vivente adhuc Lamech atque regnante fieri diluvium, ut ipsum cum aliis omnibus hominibus, exceptis qui in arca fuerint, quem perderet, inveniret. Neque enim mirandum est, si varia quantitate numerositatis annorum interposita, per tam longam ætatem id Adam usque ad diluvium non æqualis numeri generationes habuit utraque progenies, sed per Cain septem, per Seth autem decem : septimus est enim, ut jam dixi, ad Adam Lamech, decimus Noe : et ideo non unus filius Lamech, sicut in ceteris superius, sed plures commemorati sunt; quia incertum erat quis ei fuisset mortuo successurus, si regnandi tempus inter ipsum et diluvium remansisset.

4. Sed quoquo modo se habeat sive per primogenitos, sive per reges, ex Cain generationum ordo decurrens, illud mihi nullo pacto prætereundum silentio videtur, quod cum Lamech septimus ab Adam fuisset inventus, tot ejus annumerati sunt filii, donec undenarius numerus impleretur, quo significatur peccatum. Adduntur enim tres filii, et una filia. Uxores autem aliud possunt significare, non hoc quod nunc commendandum videtur. Nunc enim de generationibus loquimur : illæ vero unde sint genitæ, taciturn est. Quoniam ergo. Lex denario numero prædicatur, unde est memorabilis ille Decalogus; profecto numerus undenarius, quoniam transgreditur denarium, transgressionem legis, ac per hoc peccatum significat. Hinc est quod in Tabernaculo testimonii, quod erat in itinere populi Dei velut templum (*c*) ambulatorium, undecim vela cilicina fieri præcepta sunt. (*Exod.* XXVI, 7.) In cilicio quippe recordatio est peccatorum, propter hœdos ad sinistram futuros : quod confidentes in cilicio prosternimur, tamquam dicentes quod in Psalmo scriptum est : « Et peccatum meum ante me est semper. » (*Psal.* L, 4.) Progenies ergo ex Adam per

(*a*) Aliquot Mss. *Mevia*. Et nonnulli, *Maviael*. Apud Septuaginta vero, *Maleleel*. — (*b*) Mss. *ut primogeniti regum.* — (*c*) In sola editione Lov. *deambulatorium.*

d'Adam par Caïn le maudit s'éteint avec le nombre onze, qui signifie le péché; et ce nombre est complété par une femme, dont le sexe a été la cause première du péché et de la mort pour nous tous. Or, le péché a eu pour conséquence la volupté charnelle qui résiste à l'esprit; et c'est pour cela que le nom de la fille même de Lamech, Noëma, signifie volupté. Par Seth, au contraire, depuis Adam jusqu'à Noé, apparaît le nombre dix, qui est le nombre conforme à la loi. A Noé sont adjoints ses trois fils; l'un d'eux est coupable et rejeté, mais les deux autres sont bénis par leur père, et en les ajoutant au nombre précédent, nous arrivons au nombre douze, nombre illustré par les patriarches et les apôtres, nombre composé des fractions septenaires multipliées l'une par l'autre. Car trois fois quatre ou quatre fois trois font également douze. Puisqu'il en est ainsi, il nous reste à examiner comment ces deux lignées, dont les générations distinctes donnent naissance aux deux Cités, l'une des hommes terrestres et l'autre des hommes régénérés, se sont tellement mêlées et confondues, dans la suite, que tout le genre humain, à l'exception de huit personnes, a mérité de périr par le déluge.

CHAPITRE XXI.

Pourquoi l'Ecriture, après avoir parlé d'Enoch, fils de Caïn, continue-t-elle le récit de cette race jusqu'au déluge, tandis qu'après avoir parlé d'Enos, fils de Seth, elle remonte au chef de l'humanité?

Examinons d'abord, comment l'Écriture, dans le dénombrement de la postérité de Caïn, après avoir mentionné le premier de tous, Enoch, celui qui a donné son nom à la ville fondée par son père, continue de rapporter la liste non interrompue de ses descendants jusqu'à la fin dont j'ai déjà parlé, jusqu'à l'entière destruction de la race humaine par le déluge; tandis qu'après avoir parlé d'un seul fils de Seth, Enos (*Gen.* iv, 26), elle interrompt la suite de cette généalogie, pour placer ces paroles : « Voici le livre des générations humaines, depuis le jour où Dieu créa Adam et le créa à son image. Il les créa mâle et femelle et les bénit et leur donna le nom d'Adam, au jour de leur création. » (*Ibid.* v, 1.) Or, il me semble que cette interruption a pour but de recommencer le dénombrement des temps depuis Adam; ce que l'auteur n'a point fait pour la Cité terrestre, comme si, devant Dieu, il suffisait d'en parler, sans la compter. Mais pourquoi cette récapitu-

---

Cain sceleratum undenario numero finitur, quo peccatum significatur : et ipse numerus femina clauditur, a quo sexu initium factum est peccati, per quod omnes morimur. Commissum est autem, ut et voluptas carnis, quæ spiritui resisteret, sequeretur. Nam et ipsa filia Lamech Noema voluptas interpretatur. Per Seth autem ab Adam usque ad Noe denarius insinuatur legitimus numerus. Cui Noe tres adjiciuntur filii : unde uno lapso duo benedicuntur a patre, ut remoto reprobo et probatis filiis ad numerum additis etiam duodenarius numerus intimetur, qui et in Patriarcharum et in Apostolorum numero insignis est, propter septenarii partes, alteram per alteram multiplicatas. Nam ter quaterni, vel quater terni ipsum faciunt. His ita se habentibus, video considerandum et commemorandum, ista utraque progenies, quæ distinctis generationibus duas insinuat Civitates, unam terrigenarum, alteram regeneratorum, quomodo postea sic commixta fuerit atque confusa, ut universum genus humanum, exceptis octo hominibus, perire mereretur diluvio.

CAPUT XXI.

Qua ratione commemorato Enoch, qui fuit filius Cain, totius generationis ejus usque ad diluvium sit continuata narratio ; commemorato autem Enos, qui fuit filius Seth, ad conditionis humanæ principium sit reditum.

Primo autem intuendum est, quemadmodum cum ex Cain generationes enumerarentur, commemorato ante ceteros posteros ejus, illo in cujus nomine condita est civitas, id est, Enoch, contexti sunt ceteri usque ad illum finem, de quo locutus sum, donec illud genus atque universa propago diluvio deleretur : cum vero filius Seth unus commemoratus fuisset Enos (*Gen.* iv, 26), nondum usque ad diluvium additis ceteris, articulus quidam interponitur et dicitur : « Hic liber nativitatis hominum, qua die fecit Deus Adam, ad imaginem Dei fecit illum. Masculum et feminam fecit illos, et benedixit illos, et cognominavit nomen eorum Adam, qua die fecit illos. » (*Gen.* v, 1.) Quod mihi videtur ad hoc interpositum, ut hinc rursus inciperet ab ipso Adam

LIVRE XV. — CHAPITRE XXI. 279

lation, après avoir déjà parlé du fils de Seth, de cet homme qui mit son espérance à invoquer le nom du Seigneur Dieu (*Ibid.* IV, 26), sinon parce qu'il fallait ainsi mettre en évidence ces deux Cités et les opposer l'une à l'autre ; l'une qui commence et finit par l'homicide, car Lamech avoue à ses deux femmes qu'il a commis aussi ce crime (*Ibid.* 23) ; l'autre qui descend de celui qui mit son espérance à invoquer le nom du Seigneur ? Car c'est là la seule et importante affaire de la Cité de Dieu, dans le pélerinage de cette vie mortelle ; affaire qui lui fut recommandée par l'homme dont la naissance fit revivre celui qui avait été tué. Car cet homme qui est unique est le signe de l'unité de la Cité céleste ; à la vérité cette unité n'est pas encore accomplie, mais elle le sera et cette figure prophétique l'annonce. Que le fils de Caïn, c'est-à-dire le fils de la possession, (possession de quoi, sinon de la terre ?) ait donc son nom dans la Cité terrestre qui a reçu le sien ! Il est de ceux dont le psalmiste dit : « Ils donneront leurs noms à leurs terres. » (*Ps.* XLVIII, 11.) Aussi il leur arrivera ce qui est prédit dans un autre psaume : « Seigneur, dans votre Cité vous anéantirez leur image. » (*Ibid.* LXXII, 20.) Mais que le fils de Seth, c'est-à-dire le fils de la résurrection, mette son espérance à invoquer le nom du Seigneur, car il figure cette société d'hommes qui s'écrie avec le même prophète : « Pour moi, semblable à l'olivier fertile en la maison de Dieu, j'espère en sa miséricorde. » (*Ibid.* LI, 8.) Qu'il ne recherche pas les vaines gloires d'un nom fameux sur la terre ; car il est dit aussi : « Heureux l'homme, dont le nom du Seigneur est l'espérance, et qui ne regarde ni les vanités, ni les folies trompeuses du monde. » (*Ibid.* XXXIX, 6.) Après avoir ainsi mis en relief les deux Cités, l'une établie dans la possession des biens de ce monde, l'autre sur la divine espérance, sorties toutes deux de la porte commune de la mortalité ouverte en Adam, pour fournir leur course et arriver chacune séparément à la fin qui lui est propre et qu'elle mérite, l'Écriture commence le dénombrement des temps ; elle y ajoute d'autres générations en reprenant à Adam ; et de sa postérité maudite à l'origine, comme d'une masse vouée à une trop juste réprobation, Dieu a fait des vases de colère et d'ignominie et des vases d'honneur et de miséricorde (*Rom.* IX, 22) ; punissant les uns comme ils le méritent, accordant aux autres sa grâce qu'ils ne méritent point, afin que la Cité cé-

---

dinumeratio temporum, quam noluit facere qui hæc scripsit in Civitate terrena : tamquam eam Deus sic commemoraret, ut non computaret. Sed quare hinc reditur ad istam recapitulationem, postea quam commemoratus est filius Seth, homo qui speravit invocare nomen Domini Dei (*Gen.* IV, 26) ; nisi quia sic oportebat istas duas proponere civitates, unam per homicidam usque ad homicidam ; nam et Lamech duabus uxoribus suis se perpetrasse homicidium confitetur (*Ibid.* 23) : alteram per eum qui speravit invocare nomen Domini Dei ? Hoc est quippe in hoc mundo peregrinantis Civitatis Dei totum atque summum in hac mortalitate negotium, quod per unum hominem, quem sane occisi resurrectio genuit, commendandum fuit. Homo quippe ille unus totius supernæ Civitatis est unitas : nondum quidem completa, sed præmissa ista prophetica præfiguratione complenda. Filius ergo Cain, hoc est, filius possessionis, (cujus nisi terrenæ?) habeat nomen in Civitate terrena, quæ in ejus nomine condita est. De his est enim de quibus cantatur in Psalmo : « Invocabunt nomina eorum in terris ipsorum. » (*Psal.* XLVIII, 11.) Propter quod sequitur eos quod in alio Psalmo scriptum est : « Domine, in Civitate tua imaginem ipsorum ad nihilum rediges. » (*Psal.* LXXII, 20.) filius autem Seth, hoc est, filius resurrectionis, speret invocare nomen Domini Dei. Eam quippe societatem hominum præfigurat quæ dicit : « Ego autem sicut oliva fructifera in domo Dei speravi in misericordia Dei. » *Psal.* LI, 8.) Vanas autem glorias famosi in terra nominis non requirat : « Beatus enim vir, cujus est nomen Domini spes ejus, et non respexit in vanitates, et insanias (*a*) mendaces. » (*Psal.* XXXIX, 6.) Propositis itaque duabus Civitatibus, una in re hujus sæculi, altera in spe Dei, tamquam ex communi quæ aperta est in Adam, janua mortalitatis egressis ut (*b*) procurrant et excurrant ad discretos proprios ac debitos fines, incipit dinumeratio temporum : in qua et alia generationes adjiciuntur, facta recapitulatione ex Adam, ex cujus origine damnata, veluti massa una meritæ damnationi tradita, fecit Deus alia in contumeliam vasa iræ, alia in honorem vasa misericordiæ (*Rom.* IX, 22) ; illis reddens quod debetur in pœna, istis donans quod non debetur in gratia : ut ex ipsa etiam comparatione vasorum iræ,

---

(*a*) Editi, *falsos.* At Mss. *mendaces* : sic passim Augustinus. — (*b*) Ita Mss. Editi autem, *percurrant.*

leste, dans son pélérinage sur terre, apprenne, même aux dépens des vases de colère, à ne pas se fier à son libre arbitre, mais à mettre toute son espérance dans l'invocation du nom du Seigneur. Car la volonté, créée par un Dieu bon, est bonne de sa nature ; mais bien qu'elle soit l'œuvre de l'être immuable, elle est cependant muable, parce qu'elle est tirée du néant ; elle peut par conséquent, avec son libre arbitre seul, se détourner du bien pour faire le mal ; mais elle ne saurait se détourner du mal pour faire le bien, sans le secours divin de la grâce.

CHAPITRE XXII.

De la déchéance des enfants de Dieu séduits par des femmes étrangères et méritant de périr tous, à l'exception de huit personnes, dans les eaux du déluge.

Aussi, le genre humain se développant et croissant dans l'exercice de son libre arbitre, il se fit un tel mélange des deux Cités, qu'elles furent comme confondues dans un même commerce d'iniquité. La femme fut encore la cause de ce désordre, non pas cependant de la même manière qu'au commencement ; elles ne succombèrent pas aux artifices d'un premier séducteur, avant d'entraîner les hommes au mal. Mais corrompues d'abord elles-mêmes dans la Cité de la terre, dans la société des hommes terrestres, ces femmes furent recherchées à cause de leur beauté par les enfants de Dieu, citoyens de l'autre Cité étrangère ici-bas. (*Gen.* vi.) La beauté est un bien et assurément un don de Dieu, mais il l'accorde même aux méchants, de peur que les bons ne l'estiment un bien de grande importance. Abandonnant donc le bien suprême, le bien propre aux bons, pour poursuivre un bien inférieur qui les fait déchoir, un bien qui n'est plus leur bien propre, mais qui est commun aux bons et aux méchants, les enfants de Dieu s'éprirent d'amour pour les filles des hommes ; et afin de pouvoir les épouser, ils se laissèrent aller aux mœurs déréglées de la société terrestre, renonçant à la piété qu'ils pratiquaient dans la société des saints. Car, si la beauté du corps est vraiment l'œuvre de Dieu, ce n'est cependant qu'un bien temporel, charnel, inférieur ; on en fait un amour mauvais, quand on l'aime de préférence à Dieu, le bien éternel, intérieur et permanent ; ainsi, lorsque l'avare aime l'or aux dépens de la justice, ce n'est pas la faute de l'or, mais de l'homme. Il en est de même de toutes les autres créatures. Puisqu'elles sont bonnes, elles peuvent être bien ou mal aimées : bien, si l'ordre est respecté ; mal, s'il est troublé. C'est ce que j'ai brièvement exprimé en quelques vers, en l'honneur des cierges : « Ces choses sont à vous et elles sont bonnes, parce que vous qui

---

superna Civitas discat, quæ peregrinatur in terris, non fidere libertate arbitrii sui, sed speret invocare nomen Domini Dei. Quoniam voluntas, in natura quæ facta est bona a Deo bono, sed mutabilis ab immutabili, quia ex nihilo, et a bono potest declinare, ut faciat malum, quod fit libero arbitrio ; et a malo, ut faciat bonum, quod non fit sine divino adjutorio.

CAPUT XXII.

De lapsu filiorum Dei alienigenarum mulierum amore captorum, unde et omnes, exceptis octo hominibus, diluvio perire meruerunt.

Hoc itaque libero voluntatis arbitrio genere humano progrediente atque crescente, facta est permixtio, et iniquitate participata quædam utriusque confusio Civitatis. Quod malum a sexu femineo caussam rursus invenit : non quidem illo modo quo ab initio ; non enim cujusquam etiam tunc fallacia seductæ illæ feminæ persuaserunt peccatum viris : sed ab initio quæ pravis moribus fuerant in terrena Civitate, id est, in terrigenarum societate, amatæ sunt a filiis Dei (*Gen.* vi), civibus scilicet peregrinantis in hoc sæculo alterius Civitatis, propter pulcritudinem corporis. Quod bonum Dei quidem donum est : sed propterea id largitur etiam malis, ne magnum bonum videatur bonis. Deserto itaque magno bono et bonorum proprio, lapsus est factus ad bonum minimum, non bonis proprium, sed bonis malisque commune : ac sic filii Dei filiarum hominum amore sunt capti, atque ut eis conjugibus fruerentur, in mores societatis terrigenæ defluxerunt, deserta pietate quam in sancta societate servabant. Sic enim corporis pulcritudo, a Deo quidem factum, sed temporale, carnale, infimum bonum, male amatur postposito Deo, æterno, interno, sempiterno bono : quemadmodum justitia deserta et aurum amatur ab avaris, nullo peccato auri, sed hominis. Ita se habet omnis creatura. Cum enim bona sit et bene potest amari, et male : bene, scilicet,

êtes bon, vous les avez créées. Il n'y a rien de nous en elles, si ce n'est le péché qui, en renversant l'ordre, nous fait aimer ce qui vient de vous, de préférence à vous. » Mais si on aime veritablement le Créateur, si on l'aime lui-même, sans aimer à sa place ce qui n'est pas lui, on ne saurait le mal aimer. Car il faut que l'amour soit réglé et dans l'ordre pour bien aimer ce qui est aimable, si nous voulons que règne en nous la vertu, principe de la bonne vie. D'où je conclus que la définition la plus courte et la plus vraie de la vertu est celle-ci : l'ordre de l'amour. Et c'est pour cela que l'épouse du Christ, la Cité de Dieu, chante dans le saint Cantique des Cantiques : « Réglez en moi l'ordre de la charité. » (*Cant.* II, 4.) C'est donc en bouleversant l'ordre de cette charité, de cette dilection et de cet amour, que les enfants de Dieu méprisèrent Dieu pour aimer les filles des hommes. Ces deux noms font suffisamment la distinction des deux Cités. Sans doute les enfants de Dieu étaient aussi enfants des hommes par nature, mais ils recevaient déjà un autre nom par la grâce. En effet, à l'endroit même où elle rapporte que les enfants de Dieu s'éprirent d'amour pour les filles des hommes, la Sainte-Écriture les appelle aussi anges de Dieu.

(*Gen.* VI.) Aussi plusieurs ont pensé qu'ils étaient des anges et non des hommes.

CHAPITRE XXIII.

Faut-il croire que les anges, substances spirituelles, épris d'amour pour la beauté des femmes, ont contracté alliance avec elles, et que c'est de cette union que sont nés les géants.

1. Au troisième livre de cet ouvrage, j'ai touché en passant et sans la résoudre cette question : si les anges, purs esprits, peuvent avoir un commerce corporel avec les femmes. Il est bien écrit : « Il se sert des esprits pour ses anges ; » (*Ps.* CIII, 5) c'est à-dire, ceux qui sont esprits par nature, il en fait ses anges, leur enjoignant d'exercer la fonction de messagers. Car le mot grec ἄγγελος, qui se traduit littéralement en latin par le mot *angelus*, a dans cette langue la signification de messager. Mais de savoir s'il s'agit de leurs corps dans les paroles suivantes : « Et ses ministres sont des feux ardents ; » ou bien est-ce pour faire entendre que ses ministres doivent être embrasés de charité, comme d'un feu ardent? On ne saurait le dire. Cependant l'Écriture dont le témoignage est irrécusable, nous atteste que les anges ont apparu

---

ordine custodito ; male, ordine perturbato. Quod in laude (*a*) quadam Cerei breviter versibus dixi :

Hæc tua sunt, bona sunt, quia tu bonus ista creasti.
Nil nostrum est in eis, nisi quod peccamus amantes
Ordine neglecto, pro te, quod conditur abs te.

Creator autem si veraciter ametur, hoc est, si ipse, non aliud pro illo quod non est ipse, ametur, male amari non potest. Nam et amor ipse ordinate amandus est, quo bene amatur quod amandum est, ut sit in nobis virtus qua vivitur bene. Unde mihi videtur, quod definitio brevis et vera virtutis ; Ordo est amoris : propter quod in sancto Cantico canticorum cantat sponsa Christi, Civitas Dei : « Ordinate in me caritatem. » (*Cant.* II, 4.) Hujus igitur caritatis, hoc est, dilectionis et amoris ordine perturbato, Deum filii Dei neglexerunt, et filias hominum dilexerunt. Quibus duobus nominibus satis Civitas utraque discernitur. Neque enim et ili non erant filii hominum per naturam : sed aliud nomen cœperant habere per gratiam. Nam in eadem Scriptura, ubi dicti sunt dilexisse filias hominum filii Dei, iidem dicti sunt etiam angeli Dei. (*Gen.* VIII.) Unde illos multi putant non homines fuisse, sed angelos.

CAPUT XXIII.

An credendum sit, angelos substantiæ spiritalis amore speciosarum mulierum captos earumdem iniisse conjugia, ex quibus gigantes sint creati.

1. Quam quæstionem nos transeuntes commemoratam in tertio hujus Operis libro reliquimus insolutam, Utrum possint angeli, cum spiritus sint, corporaliter coire cum feminis. Scriptum est enim : « Qui facit angelos suos spiritus : » (*Ps.* CIII, 5) id est, eos qui natura spiritus sunt, facit esse angelos suos, injungendo eis officium nuntiandi. Qui enim Græce dicitur ἄγγελος, quod nomen Latina declinatione angelus perhibetur, Latina lingua nuntius interpretatur. Sed utrum eorum corpora consequenter adjunxerit, dicendo : « Et ministros suos ignem ardentem : » an quod caritate tamquam igne spiritali fervere debeant ministri ejus, ambiguum est. Apparuisse tamen hominibus angelos in talibus corporibus, ut non solum videri, verum etiam tangi possent,

---

(*a*) Sic omnes ad unum libri Mss. At editi, *in laude quidam Creatoris breviter versibus dixit.*

aux hommes sous des formes telles qu'on pouvait non-seulement les voir, mais les toucher. De plus, une tradition constante appuyée sur la propre expérience de plusieurs, ou sur le témoignage de personnes non suspectes, nous assure que les Sylvains et les Faunes, ordinairement appelés incubes, ont souvent été à charge aux femmes et cherché à satisfaire sur elles leurs passions brutales; et que certains démons, appelés Dusiens par les Gaulois, tentent et pratiquent sans cesse les mêmes impuretés. Ces témoignages sont si nombreux et si graves qu'il y aurait de l'impudence à les nier. Cependant je n'oserais affirmer que certains esprits revêtus d'un corps aérien, (car l'air agité au moyen d'une boussine devient sensible au corps qu'il surexcite,) aient jamais été capables d'un déréglement tel, qu'ils aient eu un commerce sensible avec les femmes. Néanmoins, je ne saurais croire que les saints anges de Dieu aient pu alors se laisser aller à de pareilles débauches; et ce n'est point d'eux que l'apôtre saint Pierre a voulu parler quand il dit : « Dieu n'a point épargné les anges prévaricateurs, mais il les a précipités dans les ténébreux cachots de l'enfer, où il les tient en réserve pour les rigueurs du jugement. » (II. *Pierre*, II, 4.) Mais évidemment il parle de ceux qui, les premiers s'étant révoltés contre Dieu, sont tombés dans sa disgrâce avec le démon, leur prince, dont la jalousie a causé la perte du premier homme tombé dans les pièges du serpent. D'ailleurs, la Sainte-Écriture dont le témoignage est le plus digne de foi, appelle aussi anges, les hommes de Dieu. Car il est écrit de saint Jean : « Voici que j'envoie mon ange devant vous, pour vous préparer le chemin. » (*Marc.* I, 2.) Et le prophète Malachie lui-même est appelé ange, par une grâce qui lui est spéciale. (*Mal.* II, 7.)

2. Mais ce qui porte plusieurs à croire qu'il s'agit ici des anges de Dieu, c'est que, de leur union avec les femmes qu'ils aimaient, sont nés, non pas des hommes de notre espèce, mais des géants, dit l'Écriture. Comme si de nos jours, et je l'ai mentionné plus haut, nous n'avions pas vu naître aussi des hommes d'une stature extraordinaire. Quelques années avant le sac de Rome par les Goths, est ce qu'il n'y avait pas à Rome, vivant avec son père et sa mère, une femme dont la taille gigantesque surpassait de beaucoup celle des autres? De toutes parts on accourait pour voir cette merveille. Et ce qu'il y avait de plus étonnant, c'est que ses parents n'avaient qu'une taille com-

---

eadem verissima Scriptura testatur. Et quoniam creberrima fama est, multique ex expertis, vel ab eis qui experti essent, de quorum fide dubitandum non est, audisse confirmant, Silvanos, (*a*) et Faunos, quos vulgo incubos vocant, improbos sæpe extitisse mulieribus, et earum appetisse ac peregisse concubitum ; et quosdam dæmones, quos Dusios Galli nuncupant, hanc assidue immunditiam et tentare et efficere, plures talesque asseverant, ut hoc negare impudentiæ videatur : non hinc aliquid audeo definire, utrum aliqui spiritus elemento aerio corporati, (nam hoc elementum etiam cum agitatur flabello, sensu corporis tactuque sentitur,) possint etiam hanc pati libidinem, ut quomodo possunt sentientibus feminis misceantur. Dei tamen Angelos sanctos nullo modo illo tempore sic labi potuisse crediderim : nec de his dixisse Apostolum Petrum : « Si enim Deus angelis peccantibus non pepercit, sed carceribus caliginis inferi retrudens tradidit in judicio puniendos reservari : » (II. *Petri*, II, 4) sed potius de illis qui primum apostatantes a Deo cum diabolo principe suo ceciderunt, qui primum hominem per invidiam serpentina fraude (*b*) dejecit. Angelos autem fuisse etiam Dei homines nuncupatos, eadem Scriptura sancta locupletissima testis est. Nam de Joanne scriptum est : « Ecce mitto angelum meum ante faciem tuam, qui præparabit viam tuam. » (*Marc.* I, 2.) Et Malachias propheta propria quadam, id est, sibi proprie impertitia gratia, dictus est angelus. (*Malach* II, 7.)

2. Verum hoc movet quosdam, quod ex illis qui dicti sunt angeli Dei, et ex mulieribus quas amaverunt, non quasi homines generis nostri, sed gigantes legimus esse natos. Quasi vero corpora hominum modum nostrum longe excedentia, quod etiam supra commemoravi, non etiam nostris temporibus nata sunt. Nonne ante paucos annos, cum Romanæ urbis, quod a Gothis factum est, appropinquaret excidium, Romæ fuit femina cum suo patre et sua matre, quæ corpore quodam modo giganteo longe ceteris præmineret? Ad quam visendam mirabilis fiebat usquequaque concursus. Et hoc erat maxime admirationi, quod ambo parentes ejus nec saltem tam longi homines erant, quam longissimos videre consuevimus. Potuerunt ergo gigantes nasci, et prius quam filii Dei, qui et angeli Dei dicti sunt,

---

(*a*) Hic apud Lov. additur *Panes* : quod ad editis aliis et Mss. abest. — (*b*) Sic Mss. Editi vero *decepit*.

mune, en comparaison des hommes les plus grands que nous connaisons. Il a donc bien pu naître des géants, avant même que les enfants de Dieu, qui sont aussi appelés anges de Dieu, fussent unis aux filles des hommes, c'est-à-dire de ceux qui vivent selon l'homme ; ainsi les enfants de Seth aux filles de Caïn. Car c'est dans le livre de l'Écriture canonique que nous lisons ces paroles : « Lorsque les hommes se furent multipliés sur la terre et qu'ils eurent engendré des filles, les anges de Dieu, voyant que les filles des hommes étaient belles, prirent pour leurs femmes celles d'entre elles qui leur plaisaient davantage. Et le Seigneur Dieu dit : Mon esprit ne demeurera pas pour toujours avec l'homme, parce qu'il est chair. Le temps de sa vie ne sera plus que de cent vingt ans. Or, il y avait en ce temps-là sur la terre, des géants ; et quand les enfants de Dieu eurent épousé les filles des hommes, ils engendrèrent pour eux-mêmes et ils eurent des enfants qui furent appelés géants. » (*Gen.* VI, 1 et suiv.) Ces paroles prouvent assez qu'il y avait dès lors des géants sur la terre, quand les enfants de Dieu épousèrent les filles des hommes, qu'ils aimaient parce qu'elles étaient bonnes, c'est-à-dire belles. Car l'Écriture appelle ordinairement bons, ceux qui sont beaux. Et par suite de ces alliances, naquirent des géants. Car, l'Écriture dit très-bien : « Il y avait en ce temps-là des géants sur la terre, et ensuite, quand les enfants de Dieu furent unis aux filles des hommes. » Donc il y en eut avant et après cette époque. Et quant à ce qu'elle dit encore : Et ils engendraient pour eux-mêmes, ces paroles font assez voir qu'avant de se dégrader par ces alliances, les enfants de Dieu engendraient pour Dieu, non pour eux-mêmes c'est-à-dire, non pour satisfaire les dérèglements de la concupiscence, mais pour remplir fidèlement l'œuvre de la propagation ; non dans le but orgueilleux d'agrandir leur famille, mais pour augmenter le nombre des citoyens de la cité céleste, auxquels ils recommandaient, comme anges de Dieu, de mettre en lui leur espérance (*Ps.* LXXVII, 7) ; afin de ressembler à ce fils de Seth, fils de la résurrection, qui mit toute sa confiance dans l'invocation du nom du Seigneur ; et cela dans l'espérance d'être un jour avec leur postérité les cohéritiers des biens éternels et les frères de leurs enfants, sous un même père qui est Dieu.

3. Mais il ne faut pas croire, comme plusieurs se l'imaginent, que ces anges de Dieu n'étaient point des hommes, car l'Écriture déclare nette-

---

filiabus hominum, hoc est, secundum hominem viventium miscerentur ; filii scilicet Seth, filiabus Cain. Nam et canonica Scriptura sic loquitur, in quo libro hæc legimus, cujus verba ista sunt : « Et factum est, post quam cœperunt homines multi fieri super terram, et filiæ natæ sunt illis : videntes (*a*) autem angeli Dei filias hominum, quia bonæ sunt, sumserunt sibi uxores ex omnibus quas elegerant. Et dixit Dominus Deus : Non permanebit spiritus meus in hominibus his in æternum, propter quod caro sunt. Erunt autem dies eorum centum-viginti anni. Gigantes autem erant super terram in diebus illis : et post illud cum intrarent filii Dei ad filias hominum, et generabant sibi, illi erant gigantes, a sæculo homines nominati. » (*Gen.* VI, 1, *etc.*) Hæc libri verba divini satis indicant, jam illis diebus fuisse gigantes super terram, quando filii Dei acceperunt uxores filias hominum, cum eas amarent bonas, id est, pulcras. Consuetudo quippe Scripturæ hujus est, etiam speciosos corpore, bonos vocare. sed et post quam factum est, nati sunt gigantes. Sic enim ait : gigantes autem erant super terram in diebus illis : « et post illud, cum intrarent filii Dei ad filias hominum. » Ergo et ante in illis diebus, et post illud. Quod autem ait : « Et generabant sibi : » satis ostendit, quod prius, ante quam sic caderent filii Dei, Deo generabant, non sibi, id est, non dominante libidine coeundi, sed serviente officio propagandi ; non familiam fastus sui, sed cives Civitatis Dei : quibus annuntiarent tamquam angeli Dei, ut ponerent in Deo spem suam, similes illius qui natus est de Seth, filius resurrectionis, et speravit invocare nomen Domini Dei (*Ps.* LXXVII, 7) : in qua spe essent cum suis posteris coheredes æternorum bonorum, et sub Deo patre fratres filiorum.

3. Non autem illos ita fuisse angelos Dei, ut homines non essent, sicut quidam putant, sed homines procul dubio fuisse, Scriptura ipsa sine ulla ambiguitate declarat. Cum enim præmissum esset, quod « videntes angeli Dei filias hominum, quia bonæ sunt, sumserunt sibi uxores ex omnibus quas elegerant ; » mox adjunctum est, « Et dixit Dominus Deus, Non permanebit spiritus meus in hominibus his in æternum, propter quod caro sunt. » Spiritu quippe Dei fuerant facti angeli Dei et filii Dei : sed declinando ad inferiora, homines dicuntur nomine

---

(*a*) Particula *autem*, quæ omissa in editis fuerat, habetur in Mss. et apud L. xx.

ment qu'ils étaient des hommes véritables. En effet, après avoir commencé par dire que les anges de Dieu voyant que les filles des hommes étaient bonnes, ils épousèrent celles qui leur plaisaient davantage, elle ajoute aussitôt : Et le Seigneur Dieu dit : Mon esprit ne demeurera pas éternellement avec ces hommes, car ils sont chair. L'esprit de Dieu les avait rendus anges de Dieu et enfants de Dieu, mais en se portant vers des objets inférieurs, ils perdent leur nom de grâce, pour prendre le nom d'homme, qui est un nom de nature; ils sont aussi appelés chair, eux déserteurs de l'esprit et abandonnés de celui qu'ils ont abandonné. Les Septante leur donnèrent les deux noms, celui d'anges de Dieu et celui de fils de Dieu ; cependant cette double dénomination ne se trouve pas dans tous les textes, car quelques-uns ont seulement celle de fils de Dieu. Et Aquila, que les Juifs préfèrent à tous les autres interprètes, n'a traduit ni anges de Dieu, ni enfants de Dieu, mais enfants des dieux. Toutefois, les deux traductions sont conformes à la vérité. Ils étaient en effet fils de Dieu, sous la paternité duquel ils étaient frères de leurs pères; et ils étaient fils des dieux, parce que, nés des dieux, ils étaient dieux eux-mêmes comme leurs pères, selon cette parole du psaume : « Je l'ai dit, vous êtes des dieux et tous fils du Très-Haut. » (*Ps.* LXXXI, 6.) Car on regarde avec raison les Septante comme animés de l'Esprit prophétique, et l'on croit sans aucun doute que ce qu'ils ont changé en interprète différemment, ils l'ont fait par son autorité et ils ont suivi l'inspiration divine; bien que le mot hébreu paraisse équivoque et qu'il puisse être également traduit par fils de Dieu et fils des dieux.

4. Laissons donc les fables de ces écritures apocryphes, parce que leur origine cachée a été suspecte à nos pères, qui nous ont transmis les véritables Écritures, dont l'autorité éclate par une succession très-certaine et très-connue. Et, bien que ces livres apocryphes renferment quelques vérités, cependant les fautes nombreuses qu'on y trouve, leur ôtent toute autorité canonique. Ainsi, nous ne saurions nier qu'Enoch, septième descendant d'Adam, ait écrit prophétiquement, puisque nous avons à ce sujet, le témoignage de l'apôtre Jude dans son épître canonique. (*Jud.* I, 14.) Mais ce n'est pas sans raison que ces écrits ne se trouvent point au canon des Écritures, conservé dans le temple juif par le zèle des prêtres qui en avaient successivement la garde ; leur antiquité même les rendit suspects, d'autant qu'on ne pouvait justifier leur authenticité, puisqu'ils ne passèrent pas dans le domaine public, présentés par ceux

naturæ, non gratiæ; dicuntur et caro, desertores spiritus et deserendo deserti. Et Septuaginta quidem interpretes et angelos Dei dixerunt istos, et filios Dei: quod quidem non omnes codices habent; nam quidam nisi filios Dei non habent. Aquila autem, quem interpretem Judæi ceteris anteponunt, non angelos Dei, nec filios Dei, sed filios deorum interpretatus est. Utrumque autem verum est. Nam et filii Dei erant, sub quo patre suorum patrum etiam fratres erant ; et filii deorum, quoniam a diis geniti erant, cum quibus et ipsi dii erant, juxta illud Psalmi : « Ego dixi, Dii estis, et filii Excelsi omnes. » (*Ps.* LXXXI, 6.) Merito enim creduntur Septuaginta interpretes accepisse propheticum Spiritum, ut si quid ejus auctoritate mutarent, atque aliter quam erat quod interpretabantur dicerent, neque hoc divinitus esse dictum dubitaretur. Quamvis hoc in Hebræo esse perhibeatur, ambiguum, ut et filii Dei, et filii deorum, posset interpretari.

4. Omittamus igitur earum scripturarum fabulas, quæ apocryphæ nuncupantur, eo quod earum occulta origo non claruit patribus, a quibus usque ad nos auctoritas veracium Scripturarum certissima et notissima successione pervenit. In his autem apocryphis etsi invenitur aliqua veritas, tamen propter multa falsa nulla est canonica auctoritas. Scripsisse quidem nonnulla divina Enoch illum septimum ab Adam, negare non possumus, cum hoc in Epistola canonica Judas apostolus dicat. (*Judæ,* I, 14.) Sed non frustra non sunt in eo canone Scripturarum, qui servabatur in templo Hebræi populi succedentium diligentia sacerdotum, (*a*) nisi quia ob antiquitatem suspectæ fidei judicata sunt, nec utrum hæc essent quæ illo scripsisset, poterat inveniri, non talibus proferentibus, qui ea per seriem successionis reperirentur rite servasse. Unde illa quæ sub ejus nomine proferuntur, et continent istas de gigantibus fabulas, quod non habuerint homines patres, recte a prudentibus judicantur non ipsius esse credenda ; sicut multa sub nominibus et aliorum Prophetarum,

(*a*) Hic editi addunt, *Cur autem hoc :* quod ab omnibus Mss. abest.

qui étaient régulièrement investis de ce droit. Aussi, loin de croire comme l'œuvre d'Enoch, ce qui parut sous son nom, les sages rejettent à juste titre ces histoires fabuleuses de géants qui n'auraient point eu d'hommes pour pères; il en est de même de beaucoup d'autres écrits présentés par les hérétiques sous le nom des prophètes ou plus récemment sous celui des apôtres; l'autorité canonique, après un sérieux examen, les a tous mis au nombre des livres apocryphes. Il est donc certain, d'après les écritures canoniques, hébraïques et chrétiennes, qu'avant le déluge il y eût beaucoup de géants, qui étaient citoyens de la cité terrestre; et que les enfants de Dieu, nés de Seth selon la chair, abandonnèrent la justice, pour passer dans les rangs de cette société impie. Et il ne faut pas s'étonner que d'eux aussi il ait pu naître des géants. A la vérité, ils n'étaient pas tous géants, mais ils étaient alors plus nombreux que dans les temps qui suivirent le déluge. Et s'il a plu au Créateur de les créer, ça été pour apprendre au sage à mépriser non-seulement la beauté, mais même la grandeur et la force du corps; que pour lui, il doit mettre son bonheur dans les biens spirituels et immortels, biens supérieurs, biens assurés et propres aux bons, tandis que les autres sont communs aux bons et aux méchants. C'est ce qu'un autre prophète a très-bien expliqué, en disant : « Alors étaient ces géants si fameux, ces premiers hommes furent d'une haute stature et habiles à faire la guerre. Le Seigneur ne les a point choisis et ne leur a point donné la véritable science, et ils ont péri, parce qu'ils n'avaient point la sagesse en partage; leur propre folie les a précipités dans la mort. » (*Bar*. III, 26, etc.)

CHAPITRE XXIV.

Comment faut-il entendre ces paroles du Seigneur, par rapport à ceux qui devaient périr dans le déluge : Leurs jours seront de cent vingt ans.

Quant à cette parole de Dieu : « Leurs jours seront de cent vingt ans, » (*Gen*. VI, 3) il ne faut pas l'entendre comme une prédiction qui restreint la vie des hommes à cent vingt ans, puisque nous en voyons, même après le déluge, dépasser le chiffre de cinq cents ans. Mais il faut entendre que Dieu parla ainsi, lorsque Noé allait avoir cinq cents ans; il avait réellement quatre cent quatre-vingts ans, ce que l'Écriture appelle d'ordinaire cinq cents ans, pour exprimer par le chiffre rond la plus grande partie du siècle écoulé. Or, c'est l'an six cent de la vie de Noé, le second mois de l'année, qu'arriva le déluge; ces cent vingt ans sont donc la prédiction des jours laissés aux hommes, jusqu'au déluge qui doit les détruire. Et l'on croit avec

et recentiora sub nominibus Apostolorum ab hæreticis proferuntur, quæ omnia nomine apocryphorum ab auctoritate canonica diligenti examinatione remota sunt. Igitur secundum Scripturas canonicas Hebræas atque Christianias, multos gigantes ante diluvium fuisse, non dubium est, et hos fuisse cives terrigenæ societatis hominum; Dei autem filios, qui secundum carnem de Seth propagati sunt, in hanc societatem deserta justitia declinasse. Nec mirandum est, quod etiam de ipsis gigantes nasci potuerunt. Neque enim omnes gigantes, sed magis multi utique tunc fuerunt, quam post diluvium temporibus cæteris. Quos propterea creare placuit Creatori, ut etiam hinc ostenderetur non solum pulcritudines, verum etiam et magnitudines et fortitudines corporum non magnipendendas esse sapienti, qui spiritalibus atque immortalibus longe melioribus atque firmioribus et bonorum propriis, non bonorum malorumque communibus beatificatur bonis. Quam rem alius Propheta commendans ait : « Ibi fuerunt gigantes illi nominati, qui ab initio fuerunt staturosi, scientes prœlium. Non hos elegit Dominus, nec viam scientiæ dedit illis : et interierunt, quia non habuerunt sapientiam, perierunt propter inconsiderantiam. (*Baruch*. III, 26, *etc*.)

CAPUT XXIV.

Quomodo intelligendum sit, quod eis qui diluvio perdendi erant, Dominus dixit : « Erunt dies eorum centum-viginti anni.

Quod autem dixit Deus: « Erunt dies eorum centum-viginti anni,» (*Gen*. IV 3) non sic accipiendum est, quasi prænuntiatum sit, post hæc homines centumviginti annos vivendo non transgredi, cum et post diluvium etiam quingentos excessisse inveniamus. Sed intelligendum est hoc Deum dixisse, cum circa finem quingentorum annorum esset Noe, id est, quadringentos-octoginta vitæ annos ageret, quos more suo Scriptura quingentos vocat, nomine totius maximam partem plerumque significans : sexcentesimo quippe anno vitæ Noe, secundo mense factum

raison qu'à cette époque il ne se trouvà point d'homme sur terre qui ne méritât de périr d'une telle mort, juste punition infligée aux impies. Mais, bien que ce genre de mort ne saurait nuire en aucune façon, ni en ce monde, ni en l'autre, aux bons qui doivent toujours mourir; cependant le déluge ne fit périr aucun de de ceux de la race de Seth dont la Sainte-Écriture fait mention. Or, voici quelle fut la cause du déluge, telle que le signale ce livre divinement inspiré : « Le Seigneur Dieu, dit-il, voyant la malice des hommes se multiplier sur la terre, et que les pensées de leur cœur s'appliquaient sans cesse au mal, Dieu réfléchit qu'il avait créé l'homme sur la terre, il s'en ressouvint et dit : J'exterminerai de dessus la terre l'homme que j'ai créé, depuis l'homme jusqu'aux animaux, et depuis les reptiles jusqu'aux oiseaux du ciel, car je suis irrité de les avoir créés. » (Gen. VI, 5, etc.)

CHAPITRE XXV.

La colère de Dieu ne trouble en rien sa souveraine et immuable tranquillité.

La colère de Dieu n'est point en lui une perturbation d'esprit, mais un jugement par lequel il inflige un châtiment au péché. Et sa pensée, sa réflexion est la raison immuable des changements qu'il a réglés. Car Dieu ne se repent pas, comme l'homme, de ce qu'il a fait, et ses desseins, en toute espèce de choses, ne sont pas moins stables que sa prescience certaine. Mais si l'Écriture n'employait de telles expressions, elle ne pourrait se mettre à la portée de tous les hommes dont elle veut le bien, en effrayant les orgueilleux, en stimulant la paresse, en forçant à faire des recherches et en donnant un aliment aux esprits plus exercés; ce qui n'aurait pas lieu, si elle ne commençait par s'incliner, par s'abaisser, pour ainsi dire, jusqu'à la faiblesse de chacun. Quant à la destruction de tous les animaux terrestres et des oiseaux, c'est plutôt, une image de la grandeur des calamités futures qu'elle prédit, qu'une menace contre les animaux sans raison, comme s'ils eussent eux-mêmes péché.

est diluvium (*Gen.* VII, 11) : ac sic centum-viginti anni predicti sunt futuri vitæ hominum periturorum, quibus transactis diluvio delerentur. Nec frustra creditur sic factum esse diluvium, jam non inventis in terra qui non erant digni tali morte defungi, qua in impios vindicatum est : non quo hic quidquam bonis quandoque morituris tale genus mortis faciat aliquid quod eis possit obesse post mortem. Verumtamen nullus eorum diluvio mortuus est, quos de semine Seth propagatos sancta Scriptura commemorat. Sic autem divinitus diluvii caussa narratur : « Videns, » inquit, « Dominus Deus, quia multiplicatæ sunt malitiæ hominum super terram, et (*a*) omnis quisque cogitat in corde suo diligenter super maligna omnes dies : et cogitavit Deus, quia fecit hominem super terram, et recogitavit, et dixit Deus : (*b*) Delebo hominem quem feci a facie terræ ab homine usque ad pecus, et a reptilibus usque ad volatilia cœli, quia (*c*) iratus sum, quoniam feci eos. » (*Gen.* VI, 5, *etc.*)

CAPUT XXV.

De ira Dei, quæ incommutabilem tranquillitatem nulla inflammatione perturbat.

Ira Dei, non perturbatio animi ejus est, sed judicium quo irrogatur pœna peccato. Cogitatio vero ejus et recogitatio, mutandarum rerum est immutabilis ratio. Neque enim sicut hominem, ita Deum cujusquam facti sui pœnitet, cujus est de omnibus omnino rebus tam fixa sententia, quam certa præscientia. Sed si non utatur Scriptura talibus verbis, non se quodam modo familiarius insinuabit omni generi hominum, quibus vult esse consultum, ut et perterreat superbientes, et excitet negligentes, et exerceat quærentes, et alat intelligentes : quod non faceret, si non se prius inclinaret, et quodam modo descenderet ad jacentes. Quod autem etiam interitum omnium animalium terrenorum volatiliumque denuntiat, magnitudinem futuræ cladis effatur; non animantibus rationis expertibus, tamquam et ipsa peccaverint, minatur exitium.

(*a*) Editi, *et quod unusquisque.* Al Mss. *et omnis quisque* : juxta Lxx. καὶ πᾶς τις. — (*b*) Mss. *Deleam.* — (*c*) Lxx. in vulgatis, ὅτι ἐνεθυμήθην, *quia cogitavi.* In aliis vero codicibus quos Origines, Philo atque hic Augustinus sequitur, legebatur ἐθυμώθην, *iratus sum.*

CHAPITRE XXVI.

L'arche que Noé reçut l'ordre de construire, est, en tous points, la figure du Christ et de l'Eglise.

1. Quant à Noé, cet homme juste et parfait entre tous, selon le témoignage très-digne de foi de la Sainte-Écriture (*Gen.* VI, 9), (non de cette perfection qui, dans le séjour de l'immortalité, doit rendre les citoyens de la Cité de Dieu, semblables aux anges de Dieu mais de celle dont ils sont capables en cette vie), Dieu lui commande de construire une arche où il doit se réfugier avec les siens, sa femme, ses fils et ses brus, ainsi que les animaux réservés par l'ordre de Dieu, pour échapper à l'immense catastrophe du déluge. Cette arche est certainement la figure de la Cité de Dieu étrangère ici-bas, c'est-à-dire de l'Église sauvée par le bois auquel fut suspendu le médiateur de Dieu et des hommes, Jésus-Christ homme. (I. *Tim.* II, 5.) Car les mesures mêmes de sa longueur, de sa hauteur et de sa largeur représentent le corps humain, dont il devait prendre et dont il a pris la réalité, pour le salut des hommes, selon qu'il a été prédit. En effet, la longueur du corps humain, de la tête aux pieds, est six fois sa largeur, d'un côté à l'autre ; et dix fois son épaisseur mesurée de l'épine dorsale à l'estomac ; en sorte que, si on mesurait un homme couché sur le dos ou sur le ventre, on trouverait de la tête aux pieds, six fois plus de longueur que de largeur, soit de droite à gauche ou de gauche à droite ; et dix fois plus de longueur que dépaisseur à partir de la terre où il est étendu. C'est pourquoi l'arche avait trois cents coudées de long, cinquante de large et trente de haut. Et la porte qui était sur le côté est bien cette plaie du crucifié, dont le côté fut percé par une lance (*Jean*, XIX, 34) ; car c'est par là qu'entrent ceux qui viennent à lui, puisque les sacrements qui initient les croyants à la vraie foi, en découlent. De plus, si l'ordre est donné de construire l'arche avec des poutres carrées, c'est pour représenter la stabilité de la vie des saints, car, de quelque côté que vous tourniez un carré, il restera à la place où vous l'aurez mis. Il est de même de toutes les autres choses qui ont rapport à la structure de l'arche, elles figurent les mystères de l'Église.

2. Mais il serait trop long d'entrer en ce moment dans tous ces détails ; du reste, je l'ai déjà fait dans un autre ouvrage (*Livr.* XII) contre

---

CAPUT XXVI.

Quod arca quam Noe jussus est facere, in omnibus Christum Ecclesiamque significet.

1. Jam vero quod Noe homini justo, et sicut de illo Scriptura veridica loquitur, in sua generatione perfecto (*Gen.* VI, 9), (non utique sicut perficiendi sunt cives Civitatis Dei in illa immortalitate, qua æquabuntur Angelis Dei, sed sicut esse possunt in hac peregrinatione perfecti,) imperat Deus, ut arcam faciat, in qua cum suis, id est, uxore, filiis, et nuribus, et cum animalibus, quæ ad illum ex Dei præcepto in arcam ingressa sunt, liberaretur a diluvii vastitate ; procul dubio figura est peregrinantis in hoc sæculo Civitatis Dei, hoc est, Ecclesiæ, quæ fit salva per lignum, in quo pependit Mediator Dei et hominum homo Christus Jesus. (I. *Tim.* II, 5.) Nam et mensuræ (*a*) ipsæ longitudinis, altitudinis. latitudinisque ejus, significant corpus humanum, in cujus veritate ad homines prænuntiatus est venturus, et venit. Humani quippe corporis longitudo a vertice usque ad vestigia sexies tantum habet, quam latitudo, quæ est ab uno latere ad alterum latus ; et decies tantum, quam altitudo, cujus altitudinis mensura est in latere a dorso ad ventrem : velut si jacentem hominem metiaris supinum, seu pronum, sexies tantum longus est a capite ad pedes, quam latus a dextra in sinistram, vel a sinistra in dextram ; et decies, quam altus a terra. Unde facta est arca trecentorum in longitudine cubitorum, et quinquaginta in latitudine, et triginta in altitudine. Et quod ostium in latere accepit, profecto illud est vulnus, quando latus crucifixi lancea perforatum est (*Joan.* XIX, 34) : hac quippe ad illum venientes ingrediuntur ; quia inde sacramenta manarunt, quibus credentes initiantur. Et quod de lignis quadratis fieri jubetur, undique stabilem vitam sanctorum significat : quacumque enim verteris quadratum, stabit. Et cetera quæ in ejusdem arcæ constructione dicuntur, Ecclesiasticarum signa sunt rerum.

2. Sed ea nunc persequi longum est : et hoc jam fecimus in Opere, quod adversus Faustum Manichæum scripsimus, negantem in libris Hebræorum aliquid de Christo esse prophetatum. (*Lib.* XII, *cap.* XIV.) Et fieri quidem potest, ut et nobis quispiam, et

---

(*a*) Plures Mss. *ipsius.*

Fauste le manichéens, qui refuse d'admettre que les livres des hébreux renferment des prophéties touchant le Christ. Il est bien possible que les explications d'un autre soient meilleures que les miennes, et que celui-ci les rende mieux que celui-là; mais il faut du moins qu'elles se rapportent toutes à cette Cité de Dieu qui accomplit son pélerinage au milieu de ce siècle pervers comme à travers le déluge, si l'interprète ne veut pas grandement s'écarter du sens de l'écrivain inspiré. Ainsi, dans l'ouvrage cité plus haut, j'ai dit que ces paroles : Vous ferez, dans la partie inférieure, deux ou trois étages (*Gen.* VI, 16), étaient la figure de l'Église, composée de la réunion de tous les peuples; que ces deux étages signifiaient deux races d'hommes, circoncis et incirconcis : ceux que l'apôtre appelle les Juifs et les Grecs (*Rom.* III, 9); et que les trois étages figuraient toutes les nations reconstituées après le déluge par les trois fils de Noé; mais un autre peut très-bien donner une autre interprétation, qui ne s'écartera pas non plus des règles de la foi. Car ce n'est pas seulement dans la partie inférieure que Dieu ordonna de faire des habitations séparées, mais aussi dans la partie supérieure; il en est de même pour la partie plus élevée encore et c'est là ce qui est désigné par les deux et trois étages; et ainsi de bas en haut s'élève une troisième habitation. On peut entendre ici ces trois vertus que recommande l'Apôtre, la foi, l'espérance et la charité. (I. *Cor.* XIII, 13.) On peut encore et plus convenablement appliquer ce passage aux trois abondantes moissons de l'Évangile, qui rendent trente, soixante et cent pour un; ainsi, à l'étage inférieur se trouve la chasteté conjugale, au-dessus la continence des veuves, et plus haut enfin, la virginité. S'il se présente un autre sens meilleur et selon la foi de cette Cité, on peut l'adopter et le faire connaître. Ainsi en est-il des autres textes qui me restent à exposer; on peut les interpréter de différentes manières, mais on doit toujours les faire concorder avec la foi catholique.

CHAPITRE XXVII.

Il ne faut pas être de l'avis de ceux qui ne voient dans l'arche et le déluge qu'un récit purement historique sans signification mystérieuse, ou bien de pures figures sans réalité.

1. Il ne faut donc pas s'imaginer que ces choses aient été écrites en vain; ou qu'on y doive chercher seulement la vérité historique, sans signification allégorique; ou qu'au contraire les faits rapportés soient de pures fictions

---

alius alio exponat hæc aptius : dum tamen ac quæ dicuntur, ad hanc de qua loquimur, Dei Civitatem, in hoc sæculo maligno tamquam in diluvio peregrinantem omnia referantur; si ab ejus sensu qui qui ista conscripsit, esse non vult longe aberrere qui exponit. Exempli gratia, Velut si quispiam quod hic scriptum est : « Inferiora bicamerata et tricamerata facies (*a*) eam; » (*Gen.* VI, 16) non quod ego in illo Opere dixi, velit intelligi; quia ex omnibus gentibus Ecclesia congregatur, bicameratam dictam, propter duo genera hominum, circumcisionem scilicet et præputium, quos Apostolus alio modo dicit Judæos et Græcos (*Rom.* III, 9); tricameratam vero, eo quod omnes gentes de tribus filiis Noe post diluvium reparatæ sunt : sed aliud dicat aliquid, quod a fidei regula non sit alienum. Nam quoniam non solas in inferioribus mansiones habere arcam voluit, verum etiam in superioribus, et hæc dicit bicamerata; et in superioribus superiorum, et hæc appellavit tricamerata; ut ab imo sursum versus tertia consurgeret habitatio. Possunt hic intelligi et illa tria quæ commendat Apostolus, fides, spes, caritas. (I. *Cor.* XIII, 13.) Possunt etiam multo convenientibus tres illæ ubertates Evangelicæ, tricena, sexagena, centena (*Matth.* XIII, 8); ut in infima habitet pudicitia conjugalis, supra vidualis, atque hac superior virginalis : et si quid melius secundum fidem Civitatis hujus intelligi et dici potest. Hoc etiam de ceteris quæ hic exponendo sunt, dixerim, quia etsi non uno disseruntur modo, ad unam tamen catholicæ fidei concordiam revocanda sunt.

CAPUT XXVII.

De arca atque diluvio, nec illis esse consentiendum, qui solam historiam recipiunt sine allegorica significatione, nec illis qui solas figuras defendunt repudiata historica veritate.

1. Non tamen quisquam putare debet, aut frustra hæc esse conscripta, aut tantummodo rerum gestarum veritatem sine ullis allegoricis significationibus hic esse quærendam; aut e contrario hæc omnino gesta non esse, sed solas esse verborum figuras; aut quidquid illud est, nequaquam ad prophetiam Ec-

(*a*) Editi, *facies ei.* At Mss. juxta LXX. *facies eam,* et ex his quidam habent, *bicameratam et tricameratam.*

et de simples figures de mots ; ou qu'enfin, quels qu'ils soient, ils n'aient aucun rapport prophétique à l'Église. En effet, il faudrait être insensé pour prétendre que des livres si religieusement gardés par une tradition régulière pendant plusieurs miliers d'années, aient été écrits en vain ; ou que les seuls faits historiques y soient dignes d'attention ; car, pour ne citer qu'un exemple, si les vastes proportions de l'arche étaient en raison du nombre des animaux, pourquoi y introduire deux animaux immondes de chaque espèce et sept des autres (*Gen.* VII, 2), puisqu'on pouvait y placer un nombre égal de chaque espèce ? Ou bien, Dieu qui avait donné l'ordre d'agir ainsi, afin de conserver les espèces, n'avait-il plus, pour les faire renaître la même puissance que pour les créer.

2. Quant à ceux qui soutiennent que ce sont là de pures fictions et des figures allégoriques, ils s'imaginent d'abord que le déluge n'a pu être assez considérable pour que l'élévation progressive des eaux dépassât de quinze coudées les plus hautes montagnes ; et ils appuient leur opinion sur ce que la cime du mont Olympe s'élève à une hauteur où les nuages ne peuvent plus se former, où l'air est trop pur pour engendrer les vents, les nuages et les pluies ; ils ne font pas réflexion que c'est la terre elle-même, le plus pesant de tous les éléments qui s'élève à cette hauteur. Oseront-ils nier que la cime de cette montagne soit de la terre ? Pourquoi donc refusent-ils à l'eau de s'élever jusqu'au ciel, tandis qu'ils accordent ce privilége à la terre ? Ne conviennent-ils pas, ces mesureurs d'éléments, que l'eau est plus légère que la terre ? Et quelle raison donnerait-ils de cette envahissement de la terre qui, malgré sa pesanteur, occupe les régions plus sereines du ciel, quand ils ne permettent pas à l'eau, même pour peu de temps, de s'élever à ces hauteurs ?

3. Ils disent aussi que l'arche ne pouvait abriter une si grande multitude d'animaux de toute espèce et des deux sexes, deux des animaux impurs, sept des autres. Mais il me semble qu'ils comptent seulement trois cents coudées de longueur et cinquante de largeur, sans songer qu'il faut donner les mêmes dimensions à l'étage supérieur et à celui qui est encore au-dessus, ce qui fait alors, en multipliant le premier nombre par trois, neuf cent coudées de long, sur cent cinquante. Et si, d'après l'ingénieuse remarque d'Origène (HOMEL, II, *sur la Genèse*),

clesiæ pertinere. Quis enim nisi mente perversus, inaniter scriptos esse contendat libros per annorum millia tanta religione et tam ordinatæ successionis observantia custoditos ; aut solas res gestas illic intuendas, ubi certe, ut alia omittam, si numerositas animalium cogebat arcæ tantam fieri magnitudinem, immunda bina et munda septena intromitti animalia quid cogebat (*Gen.* VII, 2), cum æqualis numeri possent utraque servari ? Aut vero Deus, qui propter reparandum genus servanda præcepit, eo modo illa quo instituerat, restituere non valebat ?

2. Qui vero non esse gesta, sed solas rerum significandarum figuras esse contendunt, primum opinantur illud primum non potuisse diluvium, ut altissimos montes quindecim cubitis aqua crescendo transcenderet ; propter Olympi verticem montis, supra quem perhibentur nubes non posse (*a*) concrescere, quod tam sublimis quam cælum sit, ut non ibi sit aer iste crassior, ubi venti, nebulæ imbresque gignuntur : nec adtendunt omnium elementorum crassissimam terram ibi esse potuisse. An forte negant esse terram verticem montis ? Cur igitur usque ad illa cœli spatia terris exaltari licuisse, et aquis exaltari non licuisse contendunt, cum isti mensores et pensores elementorum, aquas terris perhibeant superiores atque leviores ? Quid itaque rationis afferunt, quare terra gravior et inferior locum cæli tranquillioris invaserit per volumina tot annorum, et aqua levior ac superior permissa non sit hoc facere saltem ad tempus exiguum ?

3. Dicunt etiam non potuisse capere arcæ illius quantitatem animalium genera tam multa in utroque sexu, bina de immundis, septena de mundis. Qui mihi videntur non computare nisi trecenta cubita longitudinis, et latitudinis quinquaginta (*b*), nec cogitare aliud tantum esse in superioribus, itemque aliud tantum in superioribus superiorum, ac per hoc ter ducta illa cubita fieri nongenta centum quinquaginta. Si autem cogitemus quod Origenes

---

(*a*) Sic Mss. At editi, *conscendere.* Postea Mss. sic habent : *quod tam sublimis jam cœlum sit.* — (*b*) In editis additur, *triginta altitudinis*. Et Paulo post, ut superioribus quadrent inferiora, sic habetur, *cubita fieri nongenta per longum, centum quinquaginta per latum, nonaginta per altum*. Corriguntur ad codices Mss. in quibus ibi cubita altitudinis merito nulla memorantur : nam hæc ad propositam difficultatem solvendam non eo modo licet, quo longitudinis et latitudinis cubita, salva Scripturæ fide multiplicare.

nous réfléchissons que Moïse, cet homme de Dieu, très-savant, au témoignage de l'Écriture, dans la science des Égyptiens (*Act.* VII, 22), qui s'adonnaient passionnément à la géométrie, a pu prendre pour base les coudées géométriques dont une seule vaut six des nôtres, qui ne voit combien de choses pouvaient être renfermées dans cette arche immense? Car, d'objecter l'impossibilité de construire une arche d'une telle grandeur, c'est la plus ridicule des impertinences, quand ils savent fort bien que des villes immenses avaient déjà été construites, et qu'ils ne peuvent ignorer de bonne foi que Noé employa cent ans à la construction de cette arche. A moins qu'ils ne préfèrent dire que la chaux ne suffit pas à lier les pierres ensemble pour le développement d'un mur sur une étendue de plusieurs milles, et qu'on ne peut réunir différentes pièces de bois, au moyen de tenons, de chevilles, de clous et de bitume pour construire l'arche, qui ne présentait aucune courbe, mais qui se développait en lignes droites, soit dans sa longueur, soit dans sa largeur. D'ailleurs, aucun effort humain ne fut nécessaire pour la mettre en mer; l'eau la souleva insensiblement, selon les lois ordinaires de la pesanteur, et la divine Providence, bien mieux que la prudence humaine la dirigea sur les flots, pour la préserver du naufrage qui menaçait de toutes parts.

4. Quant à savoir si les plus petits animaux, tels que les rats, les lézards et même les sauterelles, les scarabées, les mouches et les puces, n'entrèrent pas dans l'arche en plus grand nombre que Dieu ne l'avait ordonné, il faut d'abord apprendre à ceux qui soulèvent cette minutieuse question, que ces paroles de l'Écriture : « les animaux qui rampent sur la terre, » indiquent suffisamment qu'il n'était pas nécessaire de conserver dans l'arche les animaux qui peuvent vivre dans l'eau, comme les poissons, et même à la surface de l'eau, comme un grand nombre d'oiseaux. De plus, ces autres paroles : « Ils seront mâle et femelle ; » (*Gen.* VII, 20) s'appliquent évidemment à la réparation des espèces ; par conséquent, il n'était pas non plus nécessaire de faire entrer dans l'arche les animaux qui se reproduisent sans l'union des sexes ou qui naissent de la corruption ; ou s'ils y entrèrent, comme ils sont d'ordinaire dans dans les maisons, ce fut sans nombre déterminé ; ou si par l'accomplissement du divin mystère et la réalité de la figure qui le représentait, il était nécessaire qu'il y eût dans l'arche un nombre déterminé d'animaux qui naturellement ne peuvent vivre dans l'eau, la Providence se chargea d'y pourvoir, les hommes n'y

---

non ineleganter adstruxit (*Homil.* II, *in Genes.*), Moysen scilicet hominem (*a*) Dei « eruditum, » sicut scriptum est, « omni sapientia Ægyptiorum, » qui Geometricam dilexerunt, geometrica cubita significare potuisse, ubi unum quantum sex nostra valere asseverant ; quis non videat quantum rerum capere potuit illa magnitudo? Nam illud quod disputant tantæ magnitudinis arcam non potuisse compingi, ineptissime calumniantur ; cum sciant immensas urbes fuisse constructas, nec adtendunt centum annos quibus arca illa est fabricata : nisi forte lapis lapidi adhærere potest sola calce conjunctus, ut murus per tot millia circumagatur, et lignum ligno per subscudines, epiros, clavos et gluten bituminis non potest adhærere, ut fabricaretur arca, non curvis, sed rectis lineis longe lateque porrecta, quam nullus in mare mittat conatus hominum. sed levet unda, cum venerit, naturali ordine ponderum, magisque divina providentia, quam humana prudentia natantem gubernet, ne incurrat ubicumque naufragium.

4. Quod autem scrupulosissime quæri solet de minutissimis bestiolis, non solum quales sunt mures et stelliones, verum etiam quales locustæ, scarabei, muscæ denique et pulices, utrum non amplioris numeri in arca illa fuerint, quam qui est definitus, cum hoc imperaret Deus : prius admonendi sunt quos hæc movent, sic accipiendum esse quod dictum est : « Quæ repunt super terram : » ut necesse non fuerit conservari in arca, quæ possunt in aquis vivere, non solum mersa, sicut pisces ; verum etiam supernatantia, sicut multæ alites. Deinde cum dicitur : « Masculus et femina erunt : » (*Gen.* VII, 20) profecto intelligitur ad reparandum genus dici : ac per hoc nec illa necesse fuerat ibi esse, quæ possunt sine concubitu de quibusque rebus vel rerum corruptionibus nasci : vel si fuerunt, sicut in domibus esse consueverunt, sine ullo numero definito esse potuisse : aut si mysterium sacratissimum quod agebatur, et tantæ rei figura etiam (*b*) in veritate facti aliter non posset impleri, nisi ut omnia ibi certo illo numero essent, quæ vivere in aquis natura prohi-

---

(*a*) Vox *Dei* abest a pluribus Mss. non tamen ab omnibus. — (*b*) Mss. *etiam veritate* : omisso *in*.

furent pour rien. Car Noé ne les prenait point pour les faire entrer, mais il laissait pénétrer ceux qui venaient. Et c'est ce que veulent dire ces paroles : « ils viendront à vous, » (*Gen.* VI, 10) c'est-à-dire non par l'action de l'homme, mais par la volonté de Dieu qui les dirige. Il ne faut pas croire cependant que les animaux privés de sexe y entrèrent, car il était expressément dit et réglé. « Ils seront mâle et femelle. » Et il y a un certain nombre d'animaux qui naissent sans accouplement et qui ensuite s'accouplent et se reproduisent, comme les mouches; d'autres où on ne remarque aucune distinction de sexe, comme les abeilles. Quant aux animaux qui ont un sexe, mais qui n'engendrent point, comme les mulets et les mules, ils furent, je pense, suffisamment représentés par leurs auteurs, le cheval et l'âne : il en a été de même pour les autres animaux qui naissent du mélange d'espèces différentes. Cependant, si le mystère le demandait, ils y étaient aussi, puisque ces sortes d'animaux sont mâle et femelle.

5. Enfin, quelques-uns demandent encore quelle espèce de nourriture pouvaient avoir dans l'arche les animaux que l'on croit ne vivre que de chair, si, sans enfreindre l'ordre de Dieu, la nécessité de les nourrir ne força pas à dépasser le nombre prescrit; ou bien, ce qui est probable, si, au lieu de chair, il n'y avait pas d'autres aliments qui pussent convenir à tous. Car nous savons qu'un certain nombre d'animaux dont la chair est l'aliment, se nourrissent aussi de fruits, surtout de figues et de châtaignes. Serait-ce donc une merveille que cet homme sage et juste, dirigé même par l'esprit de Dieu, dans le choix de ce qui pouvait convenir à chacun de ces animaux, eut préparé et réservé une nourriture qui ne fut pas de la chair et cependant propre à chaque espèce? D'ailleurs, quelle nourriture répugne aux exigences de la faim? Et Dieu ne pouvait-il pas leur rendre toute nourriture saine et délicieuse, lui qui a la suprême puissance de les faire vivre, même sans manger, si la nourriture n'eût été nécessaire pour servir à figurer un grand mystère? Du reste, il n'y a qu'un esprit opiniâtre qui se permettrait de nier qu'ici, une foule de circonstances ne soient des figures de l'Église. Car les nations composées d'hommes purs et impurs ont déjà tellement rempli le sein de l'Église, et sont tellement unies par les liens étroits de son unité jusqu'à la consommation finale, que ce grand fait ne permet pas de dou-

bente non possunt, non fuit ista cura illius hominis, vel illorum hominum, sed divina. Non enim ea Noe capta intromittebat, sed venientia et intrantia permittebat. Ad hoc enim valet quod dictum est : « Intrabunt ad te : » non scilicet hominis actu, sed Dei nutu : ita sane, ut non illic fuisse credenda sint, quæ sexu carent. Præscriptum est enim, atque definitum : « Masculus et femina erunt, » Alia sunt quippe quæ de quibusque rebus sine concubitu ita nascuntur, ut postea concumbant et generent, sicut muscæ; alia vero in quibus nihil sit maris et feminæ, sicut apes. Ea porro quæ sic habent sexum, ut non habeant fetum, sicut muli et mulæ, mirum si ibi fuerint, ac non potius parentes eorum ibi fuisse suffecerit, equinum videlicet atque asininum genus : et si qua alia sunt, quæ commixtione diversi generis genus aliquod gignunt. Sed si et hoc ad mysterium pertinebat, ibi erant. Habet enim et hoc genus masculum et feminam.

5. Solet etiam movere nonnullos, genera escarum quæ illic habere poterant animalia, quæ non nisi carne vesci putantur, utrum præter numerum ibi fuerint sine transgressione mandati, quæ aliorum alendorum necessitas illic coegisset includi : an vero, quod potius est credendum, præter carnes, aliqua alimenta esse potuerint, quæ omnibus convenirent. Novimus enim quam multa animalia, quibus caro cibus est, frugibus pomisque vescantur, et maxime fico atque castaneis. Quid ergo mirum, si vir ille sapiens et justus, etiam divinitus admonitus, quid cuique congrueret, sine carnibus aptam cuique generi præparavit et recondidit? Quid est autem, quo vesci non cogeret fames? aut quid non suave ac salubre facere posset Deus, qui etiam, ut sine cibo viverent, divina (*a*) facilitate donaret, nisi ut pascerentur etiam hoc implendæ figuræ tanti mysterii conveniret? Non autem ad præfigurandam Ecclesiam pertinere tam multiplicia rerum signa gestarum, nisi fuerit contentiosus, nemo permittitur opinari. Jam enim gentes ita Ecclesiam repleverunt, mundique et immundi, donec certum veniatur ad finem, ita ejus unitatis quadam compagine continentur, ut ex hoc uno manifestissimo, etiam de ceteris, quæ obscurius aliquanto dicta sunt, et difficilius agnosci queunt, dubitari fas non sit. Quæ cum ita sint (*b*), si nec inaniter ista conscripta esse

(*a*) Sola editio Lov. *facultate.* — (*b*) In Corbeiensi Ms. *sic nec.*

ter des autres qui paraissent plus obscurs ou dont l'interprétation est plus difficile. Ainsi donc, comme l'esprit le plus entêté ne saurait soutenir avec raison que ces faits ont été vainement rapportés, ni qu'ils ne signifient rien, ou qu'ils ont été purement symboliques, ou même des figures étrangères à l'Église ; il faut croire que c'est avec beaucoup de sagesse qu'ils nous ont été transmis, que ce sont là des faits véritables, qu'ils ont une signification et que ce qu'ils signifient se rapporte à l'Église. Au point où nous sommes arrivés, il est temps de terminer ce livre, afin de suivre, dans les faits postérieurs au déluge, le cours des deux Cités, la cité terrestre qui vit selon l'homme, la cité céleste qui vit selon Dieu.

LIVRE SEIZIÈME

Dans la première partie de ce livre, du premier au douzième chapitre, saint Augustin traite du développement des deux Cités, selon les Livres saints, depuis Noé jusqu'à Abraham. Dans la seconde partie, en s'occupant seulement de la Cité céleste, il expose son développement, depuis Abraham jusqu'aux rois d'Israël.

CHAPITRE PREMIER.

Trouve-t-on, après le déluge, depuis Noé jusqu'à Abraham quelques familles vivant selon Dieu.

Les traces de la Cité sainte se continuèrent-elles après le déluge, ou bien furent-elles effacées par des années d'impiété telle que le seul vrai Dieu n'eut plus aucun adorateur ? C'est ce qu'il est difficile de voir clairement par le récit des Saintes-Écritures. Car, depuis Noé qui, avec sa femme, ses trois fils et ses trois brus, mérita d'échapper à la destruction universelle causée par le déluge, nous ne trouvons dans les livres canoniques jusqu'à Abraham, personne dont la piété ait été spécialement recommandée par la parole de Dieu. Cependant Noé, plongeant dans un avenir lointain un regard assuré, prononce sur ses deux fils Sem et Japhet une bénédiction prophétique. Et c'est pour cela que

putare quisquam vel durus audebit, nec nihil significare cum gesta sint, nec sola dicta esse significativa, non facta, nec aliena esse ab Ecclesia significanda probabiliter dici potest : sed magis credendum est, et sapienter esse memoriæ litterisque mandata, et gesta esse, et significare aliquid, et ipsum aliquid ad præfigurandam Ecclesiam pertinere. Jam usque ad hunc articulum perductus liber iste claudendus est, ut ambarum Civitatum cursus, terrenæ scilicet secundum hominem viventis, et cœlestis secundum Deum, post diluvium et deinceps in rebus consequentibus requiratur.

LIBER SEXTUS DECIMUS

In cujus priore parte, a capite videlicet primo ad duodecimum, Civitatis utriusque cœlestis ac terrenæ procursus exhibetur secundum sacram historiam a Noe usque ad Abraham. Posteriore autem parte de cœlestis tantummodo Civitatis procursu ab Abraham usque ad Israelitarum Reges disputatur.

CAPUT PRIMUM.

An post diluvium a Noe usque ab Abraham aliquæ familiæ secundum Deum viventium reperiantur.

Post diluvium procurrentis sanctæ vestigia Civitatis, utrum continuata sint, an intercurrentibus impietatis interrupta temporibus, ita ut nullus hominum veri unius Dei cultor exsisteret, ad liquidum Scripturis loquentibus invenire difficile est : propterea quod in canonicis libris post Noe, qui cum conjuge ac tribus filiis totidemque nuribus

son second fils, malgré son crime, ne fut pas maudit dans sa personne, mais dans celle du petit-fils du patriarche : « Maudit soit l'enfant Chanaan, dit Noé, il sera l'esclave de ses frères. » (*Gen.* IX, 25.) Or Chanaan était né de Cham qui, au lieu de couvrir la nudité de son père endormi, l'avait révélée. Et c'est aussi pourquoi Noé confond aussitôt ses deux fils, l'aîné et le plus jeune, dans une même bénédiction : « Béni soit le Seigneur Dieu de Sem, et Chanaan sera son esclave ; que Dieu comble de joie Japhet, et qu'il habite dans les demeures de Sem ! » (*Ibid.* 27.) Ces actions de Noé, la plantation de la vigne, l'ivresse causée par son fruit, la nudité du patriarche endormi, et toutes les autres circonstances que l'Écriture rapporte en ce lieu, abondent en sens prophétiques et en figures qui servent de voiles à la vérité.

CHAPITRE II.

Ce qui a été prophétiquement figuré par les fils de Noé.

1. Mais maintenant l'accomplissement des faits postérieurs rend assez clair ce qui était alors caché. Quand, en effet, on les considère avec attention et intelligence, n'en voit-on pas l'accomplissement dans le Christ ? Car Sem, de qui le Christ est né selon la chair, signifie renommé. Et quoi de plus renommé que le Christ, dont le nom exhale de toutes parts une odeur si suave que, dans les accents inspirés du Cantique des Cantiques, il est comparé à un parfum répandu ? (*Cant.* I, 2.) C'est aussi dans ses demeures, c'est-à-dire dans les Églises, qu'habite l'étendue des nations, car Japhet veut dire étendue. Mais Cham, dont le nom signifie chaleur, et qui était le second fils de Noé, séparé pour ainsi dire de ses frères et demeurant entre l'un et l'autre, n'appartenant ni aux prémices d'Israël, ni à la plénitude des gentils, que représente-t-il, sinon les hérétiques, race ardente, animée, non de l'esprit de sagesse, mais de l'esprit d'impatience, qui, d'ordinaire, transporte les cœurs de ces hommes et les excite à troubler la paix des saints ? Toutefois ceux qui font des progrès dans la vertu y trouvent leur avantage, selon cette parole de l'Apôtre : « Il faut qu'il y ait des hérésies, afin qu'on reconnaisse parmi vous ceux qui sont solide-

CAPUT II.

Quid in filiis Noe prophetice fuerit præfiguratum.

1. Sed nunc rerum effectu jam in posteris consecuto, quæ operta fuerant, satis aperta sunt. Quis enim hæc diligenter et intelligenter advertens, non agnoscat in Christo ? Sem quippe, de cujus semine in carne natus est Christus, interpretatur nominatus. Quid autem nominatius Christo, cujus nomen ubique jam fragrat, ita ut in Cantico canticorum, etiam ipsa (*b*) præcinente prophetia, unguento comparetur effuso (*Cant.* I, 2) : in cujus domibus, id est, ecclesiis habitat gentium latitudo ? Nam Japhet latitudo interpretatur. Cham porro, quod interpretatur (*c*) calidus, medius Noe filius, tamquam se ab utroque discernens et inter utrumque remanens, nec in primitiis Israelitarum, nec in plenitudine Gentium, quid significat nisi hæreticorum genus calidum, non spiritu sapientiæ, sed (*d*) impatientiæ, quo solent hæreticorum fervere (*e*) præcordia, et pacem perturbare sanctorum ? Sed hæc in usum cedunt proficientium, juxta illud Apostoli : « Oportet

suis meruit per arcam a vastatione diluvii liberari, non invenimus usque ad Abraham cujusquam pietatem evidenti divino eloquio prædicatam, nisi quod Noe duos filios suos Sem et Japhet prophetica benedictione commendat, intuens et prævidens quod longe post fuerat futurum. Unde factum est etiam illud, ut filium suum medium, hoc est, primogenito (*a*) minorem ultimoque majorem, qui peccaverat in patrem, non in ipso, sed in filio ejus suo nepote malediceret his verbis : « Maledictus Chanaan puer, famulus erit fratribus suis. » (*Gen.* IX, 25.) Chanaan porro natus fuerat ex Cham, qui patris dormientis nec texerat, sed potius prodiderat nuditatem. Unde etiam quod secutus adjungit benedictionem duorum maximi et minimi filiorum, dicens : « Benedictus Dominus Deus Sem, et erit Chanaan puer illius ; lætificet Deus Japhet, et habitet in domibus Sem : » (*Ibid.* 27) sicut ipsa ejusdem Noe et vineæ plantatio, et ex ejus fructu inebriatio, et dormientis nudatio, et quæ ibi cetera facta atque conscripta sunt, propheticis sunt gravidata sensibus et velata tegminibus.

(*a*) In Mss. *juniorem*. — (*b*) Mss. *præcedente*. — (*c*) Vind. Am. Er. et plerique Mss. *callidus* : pauloque post habent, *genus callidum*. — (*d*) Vind. Am. et Er. *sed spiritu versipellis astutia, quæ solent*, etc. — (*e*) Mss. *fervere primordia*.

ment vertueux. » (I. *Cor.* XI, 19.) Aussi, il est encore écrit : « L'enfant de lumière sera sage ; il se servira de l'insensé comme d'un instrument. » (*Prov.* X, 4.) Et de fait, quand l'ardeur inquiète des hérétiques les porte à contredire quelques points de la doctrine catholique, afin de les défendre contre eux, on les examine avec plus d'attention, on les comprend mieux et on met plus de zèle à publier la vérité ; ainsi la question soulevée par les adversaires devient une occasion de s'instruire. Et ce ne sont pas seulement ceux qui sont ouvertement séparés de l'Église, mais aussi tous ceux qui se glorifient d'être chrétiens, malgré leur mauvaise vie, que l'on peut avec raison regarder comme figurés par le second fils de Noé ; car ils font profession de croire à la passion du Christ signifié par la nudité de ce Patriarche, et ils la déshonorent par leur conduite infâme. C'est bien de ceux-là qu'il est écrit : « Vous les reconnaîtrez à leurs fruits. » (*Matth.* VII, 20.) C'est pourquoi Cham a été maudit en son fils, comme en son fruit, c'est-à-dire en son œuvre. C'est aussi pour cela que le nom de Chanaan, son fils, signifie leurs mouvements ; et qu'est-ce que cela veut dire, sinon leurs œuvres ? Quant à Sem et à Japhet, figures des circoncis et des incirconcis, ou comme les appelle l'Apôtre, les Juifs et les Grecs qui avaient reçu la grâce de la vocation et de la justification, connaissant d'une certaine façon la nudité de leur père, figure de la passion du Sauveur, ils prirent un manteau qu'ils placèrent sur leurs épaules et s'avançant à reculons pour voiler la nudité de leur père, ils ne virent point ce qu'ils cachaient par respect. Ainsi, dans la passion du Christ, nous honorons ce qui a été fait pour nous, bien que nous nous détournions des Juifs dont le crime nous fait horreur. Le manteau est le signe du mystère ; les épaules qui en sont couvertes, sont la mémoire des choses passées, car dans le temps même où Japhet habite les demeures de Sem avec leur mauvais frère au milieu d'eux, l'Église célèbre la passion du Sauveur comme déjà accomplie, au lieu de la regarder comme devant arriver.

2. Mais le mauvais frère devient, dans son fils, c'est-à-dire dans son œuvre, le petit valet ou l'esclave de ses bons frères, quand, pour s'exercer à la patience et faire des progrès dans la vertu, les bons savent se servir des méchants. Car il en est, l'Apôtre l'atteste, qui n'annoncent

---

et hæreses esse, ut probati manifesti fiant in vobis. » (I. *Cor.* XI, 19.) Unde etiam scriptum est (*a*) : « Filius eruditus sapiens erit, imprudente autem ministro utetur. » (*Prov.* X, 4, *apud* LXX.) Multa quippe ad fidem catholicam pertinentia, dum hæreticorum (*b*) calida inquietudine exagitantur, ut adversus eos defendi possint, et considerantur diligentius, et intelliguntur clarius, et instantius prædicantur : et ab adversario mota quæstio, discendi exsistit occasio. Quamvis non solum qui sunt apertissime separati, verum etiam omnes qui Christiano vocabulo gloriantur, et perdite vivunt, non absurde possunt videri medio Noe filio figurati : passionem quippe Christi, quæ illius hominis nuditate significata est, et annuntiant profitendo, et male agendo exhonorant, De talibus ergo dictum est : « Ex fructibus eorum cognoscetis eos. » (*Matth.* VII, 20.) Ideo Cham in filio suo maledictus est, tamquam in fructu suo, id est, in opere suo. Unde convenienter et ipse filius ejus Chanaan interpretatur motus eorum : quod aliud quid est, quam opus eorum ? Sem vero et Japhet tamquam circumcisio et præputium, vel sicut alio modo eos appellat Apostolus, Judæi et Græci, sed vocati et justificati, cognita quoquo modo nuditate patris, qua significabatur passio Salvatoris, sumentes vestimentum, posuerunt supra (*c*) dorsa sua, et intraverunt aversi, et operuerunt nuditatem patris sui, nec viderunt quod reverendo texerunt. Quodam enim modo in passione Christi, et quod pro nobis factum est honoramus, et Judæorum facinus aversamur. Vestimentum significat sacramentum ; dorsa memoriam præteritorum, quia passionem Christi eo scilicet jam tempore quo habitat Japhet in domibus Sem et malus frater in medio eorum, transactam celebrat Ecclesia, non adhuc prospectat futuram.

2. Sed malus frater in filio suo, hoc est, in opere suo, puer, id est, servus est fratrum bonorum, cum vel ad exercitationem patientiæ, vel ad profectum sapientiæ scienter utuntur malis boni. Sunt enim, teste Apostolo, qui Christum annuntiant non caste. « Sed sive occasione, inquit, sive veritate Christus annuntietur, in hoc gaudeo, sed et gaudebo. »(*Philip.* I, 17.) Ipse quippe plantavit vineam, de qua dicit Propheta : « Vinea Domini Sabaoth domus Israel est : » (*Is.* V, 7) et bibit de vino ejus : sive ille calix

---

(*a*) Sententia hæc deest in Latinis Bibliis. In Græcis est Prov. X. — (*b*) Sic Er. Editi vero alii cum Mss. plerisque, *callida*. — (*c*) Plures e Mss. *supra duo dorsa sua*.

pas le Christ avec des intentions droites. Mais, dit-il, pourvu que le Christ soit annoncé, « que ce soit par occasion ou par le motif d'un zèle vrai, je m'en réjouis et je m'en réjouirai. » (*Philip.* I, 17.) Car c'est le Christ lui-même qui a planté la vigne dont le prophète dit : « La vigne du Seigneur des armées est la maison d'Israël; » (*Is.* v, 7) et il a bu du vin de cette vigne; soit qu'il s'agisse ici du calice dont le Seigneur dit : « Pouvez-vous boire le calice que je dois boire? » (*Matth.* XX, 22.) et encore : « Mon père, s'il est possible, que ce calice s'éloigne de moi; » (*Ibid.* XXVI, 39) paroles qui, indubitablement, révèlent sa passion; soit plutôt, comme le vin est le fruit de la vigne, qu'on veuille entendre par là que, de cette vigne même, c'est-à-dire de la race des Israélites, le Christ a pris sa chair et son sang, afin de pouvoir souffrir pour nous : « Et il s'est enivré, » c'est-à-dire il a souffert; « et il a été mis à nu, » car alors parut cette infirmité dont l'apôtre dit : « S'il a été crucifié, c'est selon l'infirmité de la chair. » (I. *Cor.* XIII, 4.) Mais, poursuit le même apôtre, « la faiblesse en Dieu est plus forte que les hommes, et la folie en Dieu renferme plus de sagesse que toute la sagesse du monde. » (I. *Cor.* I, 25.) Et quand après avoir dit : « Il a été mis à nu, » l'Écriture ajoute : « dans sa maison, » (*Gen.* IX, 21) elle veut, par cette expression choisie, montrer que le Christ devait souffrir le supplice de la croix et la mort, de la part de ceux de sa race, de sa propre famille, de son sang, c'est-à-dire de la part des Juifs. Cette passion du Christ, les méchants l'annoncent seulement au dehors et par le son de leur voix, car ils ne comprennent pas ce qu'ils annoncent. Mais les bons conservent au-dedans d'eux-mêmes ce sublime mystère et honorent au fond de leur cœur cette faiblesse et cette folie de Dieu plus forte et plus sage que les hommes. Les uns et les autres sont ici figurés, les méchants par Cham, sortant pour révéler la nudité de son père; les bons, par Sem et Japhet qui entrent pour la voiler, c'est-à-dire pour la respecter, et qui figurent ainsi la vie intérieure.

3. Nous nous appliquons à connaître, selon notre pouvoir, les divins secrets de l'Écriture, on y réussit plus ou moins, mais nous sommes intimement convaincus que tout ce qui s'est fait, tout ce qui a été écrit a pour but de figurer l'avenir, et ne peut se rapporter qu'au Christ et à son Église qui est la Cité de Dieu, annoncée continuellement depuis le commencement du monde par des figures dont nous voyons le parfait accomplissement. Or, depuis la bénédiction des deux fils de Noé et la malédiction de leur frère cadet, jusqu'à Abraham, il n'est fait

hic intelligatur, de quo dicit : « Potestis bibere calicem, quem ego bibiturus sum? » (*Matth.* XX, 22.) et : « Pater, si fieri potest transeat a me calix iste; » (*Matth.* XXVI, 39) quo suam sine dubio significat passionem; sive, quia vinum fructus est vineæ, hoc potius illo sit significatum, quod ex ipsa vinea, hoc est, ex genere Israelitarum, carnem pro nobis et sanguinem, ut pati posset, assumsit : « Et inebriatus est, » id est passus est : « Et nudatus est; » ibi namque nudata est, id est, apparuit ejus infirmitas, de qua dicit Apostolus : « Et si crucifixus est ex infirmitate. » (I. *Cor.* XIII, 4.) Unde idem dicit : « Infirmum Dei fortius est hominibus, et stultum Dei sapientius est hominibus. » (I. *Cor.* I, 25.) Quod vero cum dictum esset : « Et nudatus est; » addidit Scriptura, « in domo sua : » (*Gen.* IX, 21) eleganter ostendit, quod a suæ carnis gente et domesticis sanguinis sui, utique Judæis, fuerat crucem mortemque passurus. Hanc passionem Christi foris in sono tantum vocis reprobi annuntiant : non enim quod annuntiant, intelligunt. Probi autem in interiore homine habent tam grande mysterium, atque honorant intus in corde infirmum et stultum Dei, quod fortius et sapientius est hominibus. Hujus rei figura est, quod Cham exiens hoc nuntiavit foris; Sem vero et Japhet, ut hoc velarent, id est honorarent, ingressi sunt, hoc est, interius id egerunt.

3. Hæc Scripturæ secreta divinæ indagamus, ut possumus, alius alio magis minusve congruenter, verumtamen fideliter certum tenentes, non ea sine aliqua præfiguratione futurorum gesta atque conscripta, neque nisi ad Christum et ejus Ecclesiam, quæ Civitas Dei est, esse referenda : cujus ab initio generis humani non defuit predicatio, quam per omnia videmus impleri. Benedictis igitur duobus filiis Noe, atque uno in medio eorum maledicto, deinceps usque ad Abraham de justorum aliquorum, qui pie Deum colerent, commemoratione (*a*) silitum est per annos amplius quam mille. Nec eos defuisse crediderim : sed si omnes commemorarentur, nimis longum fieret; et hæc esset magis historica

(*a*) Sic Vind. Am. et Mss. At Er. et Lov. *silentium est.*

mention d'aucun juste fidèlement attaché au culte de Dieu, et ce silence dure plus de mille ans. Ce n'est pas, à mon avis du moins, qu'ils aient fait défaut alors, mais c'est qu'il eût été trop long d'en faire l'énumération qui, du reste, convient plutôt à l'exactitude de l'historien qu'à la prescience du prophète. Aussi, le but que poursuit l'écrivain sacré, ou mieux l'Esprit de Dieu qui dirige sa main, est non-seulement de raconter le passé, mais surtout d'annoncer l'avenir, par rapport à la Cité de Dieu; et tout ce que dit l'Écriture des citoyens étrangers à cette Cité, n'est écrit qu'en vue de lui être utile ou de la glorifier par des comparaisons où le contraste est plus frappant. On ne doit pas cependant s'imaginer que toutes les choses qu'elle rapporte ont un sens figuratif; mais c'est pour donner faveur à celles qui ont une signification, qu'elle leur adjoint celles qui n'en ont aucune. Seul, le soc déchire la terre, et cependant pour produire cet effet, il lui faut le concours des autres parties de la charrue; de même, dans les guitares et autres instruments de musique, les cordes vibrent seules sous le doigt de l'artiste, et cependant pour qu'elles rendent un son harmonieux, il faut qu'elles soient liées à d'autres parties de l'instrument que l'artiste ne touche pas. Ainsi la prophétie historique parle de faits qui n'ont pas de signification, mais auxquels se rattachent et se relient ceux qui sont purement figuratifs.

CHAPITRE III.

Générations issues des trois fils de Noé.

1. Il nous faut maintenant examiner les générations des enfants de Noé, et dire ce qui paraît nécessaire au dessein de cet ouvrage, pour montrer le développement de la Cité terrestre et de la Cité céleste, à travers les siècles. La série de ces générations commence par Japhet, le plus jeune des fils de Noé. L'Écriture lui donne huit fils et sept petits-fils, issus de deux de ses fils, trois de l'un, quatre de l'autre, en tout quinze. Cham, second fils de Noé, eut quatre fils, cinq petits-fils d'un seul de ses fils et deux arrière-petits-fils d'un seul petit-fils, ne tout onze. A la suite de cette énumération, l'Écriture remonte à l'aîné de Cham et dit : « Chus engendra Nébroth : en lui commence la race des géants; il était aussi grand chasseur contre le Seigneur Dieu. D'où vient cette locution : grand chasseur contre le Seigneur, comme Nébroth. Il établit son empire à Babylone, Orech, Arech, Archad et Chalanne dans la terre de Sennaar. De cette contrée sortit

diligentia, quam prophetica providentia. Illa itaque exsequitur litterarum sacrarum scriptor istarum, vel potius per eum Dei Spiritus, quibus non solum narrentur præterita, verum etiam prænuntientur futura, quæ tamen pertinent ad Civitatem Dei : quia et de hominibus qui non sunt cives ejus, quidquid hic dicitur, ad hoc dicitur, ut illa ex comparatione contraria vel proficiat vel emineat. Non sane omnia quæ gesta narrantur, aliquid etiam significare putanda sunt : sed propter illa quæ aliquid significant, etiam ea quæ nihil significant adtexuntur. Solo enim vomere terra proscinditur; sed ut hoc fieri possit, etiam cetera aratri membra sunt necessaria : et soli nervi in citharis atque hujusmodi vasis musicis aptantur ad cantum; sed ut aptari possint, insunt et cetera in (*a*) compagibus organorum, quæ non percutiuntur a canentibus, sed ea quæ percussa resonant, his connectuntur. Ita in prophetica historia dicuntur et aliqua quæ nihil significant, sed quibus adhærcant quæ significant, et quodam modo religentur.

CAPUT III.

De generationibus trium filiorum Noe.

1. Generationis ergo filiorum Noe deinceps intuendæ, et quod de his dicendum videtur, adtexendum est huic Operi, quo Civitatis utriusque, terrenæ scilicet et cœlestis, per tempora procursus ostenditur. Cœptæ sunt (*b*) autem commemorari a minimo filio, qui vocatus est Japhet; cujus filii octo nominati sunt; nepotes autem septem ex duobus filiis ejus, tres ex uno, quatuor ex altero : fiunt itaque omnes quindecim. Filii autem Cham, hoc est medii filii Noe, quatuor, et nepotes quinque ex uno ejus filio, pronepotes duo ex nepote uno : fit eorum summa undecim. Quibus enumeratis, reditur tamquam ad caput, et dicitur : « Chus autem genuit (*c*) Nebroth : hic cœpit esse gigas super terram. (Gen. x, 2, etc.) Hic erat gigas venator contra Dominum Deum. Propter hoc dicunt, Sicut : Nebroth gigas venator contra Dominum. Et factum est initium

(*a*) Ita Mss. Editi vero, *compaginibus.* — (*b*) Mss. *Cœptæ sunt enim.* — (*c*) Sic in veteribus libris constanter scribitur ut apud LXX. *Nebroth.* At in excusis, *Nemroth.*

Assur, qui bâtit Ninive, Robooth, Chalach et entre Ninive et Chalach, la grande ville de Dasem. » (*Gen.* x, 8.) Or, ce Chus, père du géant Nébroth, est nommé le premier des fils de Cham, quand il a déjà été fait mention de cinq de ses fils et de deux petits-fils. Mais, ou bien ce géant fut engendré après la naissance des petits-fils de Cham, ou, ce qui est plus probable, l'Écriture fait de lui une mention spéciale à cause de sa puissance ; car elle parle de son royaume qui commence à surgir dans l'illustre Cité de Babylone, et qui s'étend aux contrées, ou villes dont il est question ci-dessus. Quant à ce qu'elle dit d'Assur qui, sorti de la terre de Sennaar, dans l'empire de Nébroth, bâtit Ninive et plusieurs villes citées dans ce passage, ce sont là des faits bien postérieurs. L'Écriture les touche en passant et comme par occasion ; à cause de la célébrité de l'empire des Assyriens, merveilleusement agrandi par Ninus, fils de Bélus et fondateur de cette grande ville de Ninive à laquelle il donna son nom. Mais Assur, d'où sont sortis les Assyriens, n'est pas un des fils de Cham, second fils de Noé, car nous le trouvons parmi les fils de Sem, l'aîné des enfants de ce patriarche. On voit donc clairement que, de la race de Sem, sortirent ceux qui s'emparèrent plus tard de l'empire du géant et reculèrent plus loin les limites de sa domination, en fondant d'autres villes, dont la première fut Ninive, du nom de Ninus. De là, l'Écriture remonte à un autre fils de Cham, nommé Mesraïm. Elle mentionne ceux dont il est le père, non comme s'il s'agissait d'individus, mais bien de nations, au nombre de sept. Et de la sixième nation, ou du sixième fils, tire son origine le peuple des Philistins ; d'où il suit qu'il y eut huit nations. Puis, l'Écriture revient encore à Chanaan, en qui Cham fut maudit, et elle nomme ses onze fils. Elle dit ensuite jusqu'où ils étendirent leurs royaumes, et désigne quelques-unes de leurs villes. Ainsi, la postérité de Cham, en comptant les fils et les petits-fils, comprend trente-et-une personnes.

2. Il nous reste à parler des fils de Sem, l'aîné des enfants de Noé, car l'énumération successive de ces généalogies, commencée par le plus jeune, nous fait remonter à l'aîné. Mais où commence la généalogie des fils de Sem ? Il y a ici quelque obscurité qu'il importe beaucoup d'éclaircir, à cause du sujet que nous traitons. L'Écriture dit : « Et de Sem, qui fut le frère aîné de Japhet et aussi le père de tous les enfants d'Héber, naquit Héber. » (*Gen.* x, 21.) Or, voici l'ordre naturel des mots : Et de Sem naquit Héber, de lui-même, c'est-à-dire de Sem lui-même, naquit Héber, lequel Sem est père de tous les enfants d'Héber. L'auteur sacré veut donc faire entendre que le patriarche Sem est la souche de tous ceux qui sont sortis de sa race

regni ejus Babylon, Orech, Archad, et Cæalanne in terra Sennaar. De terra illa exiit Assur, et ædificavit Niniven, et Robooth civitatem, et Chalach, et Dasem inter medium Ninives et Chalach : hæc civitas magna. » Iste porro Chus pater gigantis. Nebroch primus nominatus est in filius Cham, cujus quinque filii jam fuerant computati, et nepotes duo. Sed istum gigantem aut post nepotes suos natos genuit ; aut quod est credibilius, seorsum de illo propter ejus eminentiam Scriptura locuta est ; quando quidem et regnum ejus commemoratum est, cujus initium erat illa nobilissima Babylon civitas, et quæ juxta commemoratæ sunt, sive civitates, sive regiones. Quod vero dictum est, de terra illa, id est, de terra Sennaar, quæ pertinebat ad regnum Nebroth, exisse Assur, et ædificasse Ninivem, et alias quas contexuit civitates, longe postea factum est, quod ex hac occasione perstrinxit, propter nobilitatem regni Assyriorum, quod mirabiliter dilatavit Ninus, Beli filius, conditor Ninivæ civitatis magnæ : cujus civitatis nomen ex illius nomine derivatum est, ut a Nino Ninive vocaretur. Assur autem, unde Assyrii, non fuit in filiis Cham medii filii Noe, sed in filiis Sem reperitur, qui fuit Noe maximus filius. Unde apparet de progenie Sem exortos fuisse qui postea regnum gigantis illius obtinerent, et inde procederent, atque alias conderent civitates, quarum prima est a Nino appellata Ninive. Hinc reditur ad alium filium Cham, qui vocabatur Mesraim. et commemorantur quos genuit ; non tamquam singuli homines, sed nationes septem. Et de sexta, velut de sexto filio, gens commemoratur exisse, quæ appellatur Philistiim : unde fiunt octo. Inde iterum ad Chanaan reditur, in quo filio maledictus est Cham ; et quos genuit undecim nominantur. Deinde usque ad quos fines pervenerint, commemoratis quibusdam civitatibus, dicitur. Ac per hoc, filiis nepotibusque computatis, de progenie Cham triginta unus geniti referuntur.

2. Restat commemorare filios Sem, maximi filii Noe : ad eum quippe gradatim generationum istarum pervenit a minimo exorta narratio. Sed unde

et dont il va rapporter les noms, soit fils, soit petits-fils, soit arrière-petits-fils, soit même les descendants plus éloignés. Cependant il est hors de doute que Sem n'a pas engendré cet Héber, qui est seulement au cinquième degré, dans l'ordre des générations de ce patriarche. En effet, entre autres enfants, Sem engendra Arphaxat, Arphaxat engendra Caïnan, Caïnan engendra Sala, Sala engendra Héber. Toutefois ce n'est pas sans raison qu'Héber est nommé le premier des descendants de Sem et placé même avant les fils de Sem, bien qu'il ne soit que le cinquième petit-fils, car, la véritable tradition nous assure que c'est de lui que vient le nom d'Hébreux ou Hébéreux, quoique, d'après une autre opinion, leur nom viendrait d'Abraham, ce qui les fait appeler Abrahéens. Mais il est très-vrai que c'est d'Héber qu'ils tirent leur nom d'Hébéreux et par la suppression d'une lettre, Hébreux (1); et cette langue hébraïque est le privilége exclusif du peuple d'Israël qui représente dans ses saints, la Cité de Dieu étrangère ici-bas, et dans tous ses membres, cette même Cité cachée sous le voile du mystère. L'Écriture nomme donc tout d'abord six enfants de Sem; de l'un deux il eut quatre petits-fils; d'un autre, il eut encore un petit-fils; de celui-ci un arrière-petit-fils; et de ce dernier un arrière-petit-fils de son fils, et c'est Héber. Or, Héber engendra deux fils; l'un fut appelé Phalech, qui veut dire : divisant. Et l'Écriture, pour donner la raison de ce nom, ajoute aussitôt : « Parce qu'en ses jours, la terre fut divisée. » (Gen. x, 25.) Nous verrons dans la suite ce que ces paroles signifient. L'autre fils d'Héber engendra douze fils : ainsi les descendants de Sem sont au nombre de vingt-sept. Donc, en somme, la postérité des trois fils de Noé est de soixante-treize individus, savoir : quinze de Japhet, trente-et-un de Cham, et vingt-sept de Sem. L'Écriture dit ensuite : « Tels sont les fils de Sem, selon leurs tribus, leurs langues, leurs contrées et leurs peuples. » (Gen. x, 31 et 32.) Et les réunissant tous ensemble, elle dit : « Ce sont là les familles des enfants de Noé, selon leurs générations et leurs peuples. De ces familles se sont formées toutes ces nations dispersées sur la terre après le déluge. » D'où l'on peut conclure que ce nombre de soixante-treize, ou plutôt soixante-douze, comme nous le ver-

(1) Voir au tome second de cette édition, pag. 76, le texte et la note qui se rapportent à l'origine de ce nom; et les diverses opinions à ce sujet. Toutefois le sentiment exposé ici par le saint docteur semble le plus vrai.

incipiunt commemorari filii Sem, habet quiddam obscuritatis, quod expositione illustrandum est : quia et multum ad rem pertinet, quam requirimus. Sic enim legitur : « Et Sem natus est etiam ipsi patri omnium filiorum Heber, fratri Japhet majori. » (Gen. x, 21.) Ordo verborum est : Et Sem natus est Heber, etiam ipsi, id est, ipsi Sem natus est Heber, qui Sem pater est omnium filiorum suorum. Sem ergo patriarcham intelligi voluit omnium qui de stirpe ejus exorti sunt, quos commemoraturus esset, sive sint filii, sive nepotes, sive pronepotes, et deinceps indidem exorti. Non sane istum Heber genuit Sem : sed ab illo quintus in progenitorum serie reperitur. Sem quippe inter alios filios genuit Arphaxat, Arphaxat genuit Cainan, Cainan genuit Sala, Sala genuit Heber. Non utique frustra ipse primus est nominatus in progenie veniente de Sem, et prælatus etiam filiis, cum sit quintus nepos; nisi quia verum est quod traditur, ex illo (V. II Retract. xvi), Hebræos esse cognominatos, tamquam Hebræos : cum et alia possit esse opinio, ut ex Abraham tamquam Abrabæi dicti esse videantur. Sed nimirum hoc verum est, quod ex Heber Hebræi appellati sunt; ac deinde, una detracta littera, Hebræi : quam linguam Hebraicam solus Israel populus potuit obtinere, in quo Dei Civitas et in sanctis peregrinata est, et in omnibus sacramento adumbrata. Igitur filii Sem prius sex nominantur, deinde ex uno eorum nati sunt nepotes ejus : itemque alter filiorum Sem genuit ejus nepotem, atque ex illo itidem pronepos natus est, atque inde adnepos, qui est Heber. Genuit autem Heber duos filios, quorum unum appellavit Phalech, quod interpretatur dividens. Deinde Scriptura subjungens, rationemque hujus nominis reddens : « Quia in diebus, inquit, ejus divisa est terra. » (Ibid. 25.) Hoc autem quid sit, postea apparebit. Alius vero qui natus est ex Heber, genuit duodecim filios : ac per hoc fiunt omnes progeniti de Sem viginti-septem. In summa igitur omnes progeniti de tribus filiis Noe, id est, quindecim de Japhet, et triginta-unus de Cham, viginti-septem de Sem, fiunt septuaginta-tres. Deinde sequitur Scriptura dicens : « Hi filii Sem in tribubus suis secundum linguas suas, in regionibus suis et in gentibus suis. » (Ibid. 31 et 32.) Itemque de omnibus : « Hæ, inquit, tribus filiorum Noe secundum generationes eorum, et secundum gentes eorum. Ab his dispersæ sunt insulæ gentium super terram post diluvium. » Unde colligitur septuaginta-tres, vel potius (quod postea demonstrabitur) septuaginta-duas gentes tunc

rons plus tard, ne s'applique pas aux hommes, mais aux nations qui existaient alors. Car, aussitôt après l'énumération des enfants de Japhet, l'Écriture termine ainsi : « D'eux se formèrent ces groupes de nations qui eurent chacune séparément leur contrée, leur langue, leurs familles et leur peuple particulier. » (*Ibid*. v.)

3. Un passage de l'Écriture signale déjà plus clairement, comme je l'ai indiqué plus haut, les nations sorties des enfants de Cham : « Mesraïm, dit le texte sacré, engendra ceux qu'on appelle Ludieim ; » (*Gen*. x, 13) et il en mentionne d'autres, jusqu'à sept nations. Et après les avoir énuméré toutes, il conclut : « Ce sont là les enfants de Cham, selon leurs familles, leurs langues, leurs contrées et leurs nations. » (*Ibid*. 20.) Ainsi, l'Écriture n'a point mentionné un certain nombre des descendants de Noé, parce qu'à leur naissance ils faisaient partie d'autres nations, et qu'ils ne purent en former d'autres. Car, pour quel autre motif, l'Écriture, après avoir compté huit fils de Japhet, ne parlerait-elle que de la naissance des enfants de deux de ses fils? Pourquoi, après avoir nommé quatre fils de Cham, se contenterait-elle de mentionner seulement les enfants de trois de ses fils? Pourquoi enfin, après avoir nommé les six fils de Sem, ne ferait-elle con-

naître que la postérité de deux? Les autres sont-ils restés sans enfants? Gardons-nous de de le croire : mais c'est parce qu'ils ne furent la souche d'aucune nation qui leur méritât une mention spéciale, et qu'ils firent seulement partie d'autres nations où leur naissance s'était accomplie.

CHAPITRE IV.

De la diversité des langues, et des commencements de Babylone.

Après avoir rapporté la formation de ces peuples divers, chacun avec sa langue propre, le narrateur sacré remonte au temps où ils n'avaient tous qu'une seule langue, et il raconte alors ce qui donna naissance à la diversité des langues. « Il n'y avait, dit-il, par toute la terre, qu'une seule langue et une seule parole. Et il arriva que les hommes, en s'éloignant de l'Orient, trouvèrent dans la terre de Sennaar une plaine où ils habitèrent. Et ils se dirent l'un à l'autre : Venez, faisons des briques et cuisons-les au feu. Ces briques leur tinrent lieu de pierre et le bitume de ciment; et ils dirent : Venez et bâtissons-nous une ville et une tour dont le sommet touche au ciel, et faisons-nous un nom, avant de nous disperser par toute la

---

fuisse, non homines. Nam et prius cum fuissent commemorati filii Japhet, ita conclusum est : « Ex his segregatæ sunt insulæ gentium in terra sua, unusquisque secundum linguam suam in tribubus suis et in gentibus suis. » (*Ibid*. 5.)

3. Jam vero in filiis Cham quodam loco apertius gentes commemoratæ sunt, sicut superius ostendi. « Mesraim genuit eos qui dicuntur Ludieim. » (*Gen*. x, 13) et eodem modo ceteræ usque ad septem gentes. Et enumeratis omnibus, postea concludens : « Hi filii Cham, inquit, in tribubus suis, secundum linguas suas in regionibus suis, et in gentibus suis. » (*Ibid*. 20.) Propterea ergo multorum filii non sunt commemorati, quia gentibus aliis nascendo accesserunt, aut autem gentes facere nequiverunt. Nam qua alia caussa, cum filii Japhet octo enumerentur, ex duobus eorum tantum filii nati commemorantur; et cum filii Cham quatuor nominentur, ex tribus tantum qui nati sunt adjiciuntur; et cum filii Sem nominentur sex, duorum tantum posteritas adtexitur? Numquid ceteri sine filiis remanserunt? Absit

hoc credere : sed gentes propter quas commemorari digni essent, non utique fecerunt ; quia sicut nascebantur, aliis gentibus addebantur.

CAPUT IV.

De diversitate linguarum, principioque Babylonis.

Cum ergo in suis linguis istæ gentes fuisse referantur, redit tamen narrator ad illud tempus, quando una lingua omnium fuit, et inde jam exponit quid acciderit, ut linguarum diversitas nasceretur. « Et erat, inquit, omnis (*a*) terra labium unum, et vox una omnibus. Et factum est, cum moverent ipsi ab Oriente, invenerunt campum in terra Sennaar, et habitaverunt ibi. Et dixit homo proximo suo, Venite, faciamus lateres, et coquamus illo igni. Et facti sunt illis lateres in (*b*) lapidem, et bitumen illis erat lutum : et dixerunt, Venite, et ædificemus nobismetipsis civitatem, et turrem cujus caput (*c*) erit usque ad cœlum, et faciamus (*d*) nobis nomen,

---

(*a*) Lov. *terra*. Editi vero alii et Mss. juxta Græc. LXX. *terra*. — (*b*) Lov. *in lapides* : dissentientibus ceteris libris et LXX. — (*c*) Editi, *eat*. At Mss. *erit* : juxta LXX ἔσται. (*d*) Mss. *nostrum nomen*.

terre. Et le Seigneur descendit pour voir la ville et la tour que bâtissaient les enfants des hommes. Et le Seigneur Dieu dit : Voici qu'ils sont tous un même peuple qui n'a qu'une seule langue, et ce qu'ils ont commencé, ils s'efforceront de l'achever sans s'arrêter. Venez et descendons pour confondre leur langage, afin qu'ils ne s'entendent plus les uns les autres. Et le Seigneur les dispersa de ce lieu sur toute la terre, et ils cessèrent de bâtir la ville et la tour. C'est pourquoi ce lieu fut nommé Confusion, parce que le Seigneur confondit là le langage de toute la terre, et que de là le Seigneur les dispersa dans toutes les contrées du monde. » (*Gen.* XI, 1 etc.) Cette ville, appelée « Confusion, » n'est autre que Babylone dont l'histoire profane elle-même vante la merveilleuse construction. En effet, Babylone veut dire Confusion. Il suit de là que le géant Nébroth en fut le fondateur, comme l'Écriture l'a brièvement déclaré un peu plus haut, en disant à son sujet que Babylone était la capitale son royaume, c'est-à-dire la cité qui tenait le premier rang et où était comme dans une métropole le siège de l'empire, bien qu'elle ne fut pas encore arrivée à ce point de grandeur, que rêvait pour elle l'impiété orgueilleuse. Ces impies, en effet, voulaient l'élever à une hauteur prodigieuse, selon eux jusqu'au ciel ; soit qu'il s'agisse d'une seule de ses tours, remarquable entre toutes, ou de toutes ensemble, bien que désignées par le nombre singulier, comme on dit le soldat, pour désigner des milliers de soldats ; ou encore la grenouille, la sauterelle, pour exprimer la multitude des grenouilles et des sauterelles, lors des plaies dont les Égyptiens furent frappés par Moïse. Qu'espérait donc ici la vaine présomption de l'homme ? Si grande qu'eût été la hauteur de ce monument qu'ils voulaient élever jusqu'au ciel contre Dieu ; eût-il dépassé les plus hautes montagnes ; eût-il atteint les dernières limites de l'espace occupé par les nuages ; en quoi donc une élévation corporelle ou spirituelle, quelle qu'elle soit, pourrait-elle nuire à Dieu ? La voie sûre et véritable pour parvenir au ciel, c'est l'humilité qui élève le cœur en haut vers Dieu et non contre Dieu, comme ce géant que l'Écriture appelle « chasseur contre le Seigneur. » (*Gen.* X, 9.) Ici, quelques-uns ont fait erreur, en traduisant, non pas « contre le Seigneur, » mais « devant le Seigneur, » trompés qu'ils étaient par l'ambiguïté du texte grec qui, en effet, signifie « devant et contre. » Ainsi nous trouvons le même mot dans ce ver-

antequam dispergamur in faciem omnis terræ. Et descendit Dominus videre civitatem et turrem, quam ædificaverunt filii hominum. Et dixit Dominus (*a*) Deus, Ecce genus unum, et labium unum omnium; et hoc inchoaverunt facere, et nunc non deficient ex illis omnia quæ conati fuerint facere : venite, et descendentes confundamus ibi linguam eorum, ut non audiant unusquisque vocem proximi sui. Et dispersit eos Dominus inde super faciem omnis terræ; et cessaverunt ædificantes civitatem et turrem. Propter hoc appellatum est nomen illius Confusio; quia ibi confudit Dominus labia omnis terræ : et inde dispersit illos Dominus Deus super faciem omnis terræ. » (*Gen.* XI, 1 et seq.) Ista civitas quæ appellata est « Confusio, » ipsa est Babylon, cujus mirabilem constructionem Gentium etiam commendat historia. Babylon quippe interpretatur Confusio. Unde colligitur gigantem illum Nebroth fuisse illius conditorem, quod superius breviter fuerat intimatum, ubi cum de illo Scriptura loqueretur, ait initium regni ejus fuisse Babylonem, id est, quæ civitatum ceterarum gereret principatum, ubi esset tamquam in metropoli habitaculum regni : quamvis perfecta non fuerit usque in tantum modum, quantum superba cogitabat impietas. Nam nimia disponebatur altitudo, quæ dicta est usque in cœlum, sive unius turris ejus quam præcipuam moliebantur inter alias; sive omnium turrium, quæ per numerum singularem ita significatæ sunt, ut dicitur miles, et intelliguntur millia militum : ut rana, ut locusta; sic enim appellata est multitudo ranarum ac locustarum in plagis, quibus Ægyptii percussi sunt per Moysen. (*Exod.* X, 4.) Quid autem factura fuerat humana et vana præsumptio ? Cujuslibet et quantumlibet in cœlum adversus Deum altitudinem molis extolleret, quando montes transcenderet universos ? quando spatium nebulosi aeris hujus evaderet ? Quid denique noceret Deo, quantacumque vel spiritalis, vel corporalis elatio ? Tutam veramque in cœlum viam molitur humilitas, sursum levans cor ad Dominum, non contra Dominum : sicut dictus est gigas iste « venator contra Dominum. » (*Gen.* X, 9.) Quod non intelligentes nonnulli, ambiguo Græco decepti sunt, ut non interpretarentur « contra Dominum, sed ante Dominum. » ἐναντίον quippe et « ante et contra » significat. Hoc enim verbum est in Psal-

(*a*) Hic vox *Deus* in sola editione Lov. omittitur.

set du psaume : « Et pleurons devant le Seigneur qui nous a faits; » (*Ps.* xciv, 6.) et au livre de Job où il est écrit : « Vous vous êtes transportés de colère contre le Seigneur. »(*Job.* xv, 13.) C'est aussi dans ce sens qu'il faut entendre ce géant « chasseur contre le Seigneur. » Mais que signifie ici ce mot : « chasseur, » sinon trompeur, oppresseur, meurtrier des animaux terrestres? Il élevait donc avec ses peuples, contre le Seigneur, une tour, figure de l'orgueil impie. Et c'est avec justice que fut punie leur intention mauvaise, bien qu'elle ne réussit pas. Mais quel fut le genre de châtiment? Comme la langue est l'instrument de la domination de l'homme qui commande, c'est par elle que l'orgueil fut puni, mais de telle sorte que l'homme, n'ayant pas voulu comprendre l'obéissance aux ordres de Dieu, n'a pas été compris dans les ordres qu'il donnait à ses semblables. Ainsi fut dissipée cette conspiration, chacun s'éloignant de celui qu'il ne pouvait comprendre, pour se joindre à celui dont il comprenait le langage; et ainsi les peuples furent séparés par leurs langues et dispersés par toute la terre, comme il plut à Dieu, qui employa à cet effet des moyens qui nous sont inconnus et incompréhensibles.

CHAPITRE V.

De la descente du Seigneur pour confondre le langage de ceux qui construisaient la tour.

« Le Seigneur, dit l'Écriture, descendit pour voir la ville et la tour que bâtissaient les enfants des hommes; » (*Gen.* xi, 5) c'est-à-dire non les enfants de Dieu, mais cette société vivant selon l'homme et que nous appelons la Cité terrestre. Dieu ne change pas de lieu, lui qui est tout entier partout et toujours; mais on dit qu'il descend quand il opère dans le monde, en dehors du cours ordinaire de la nature, quelque chose de merveilleux qui atteste plus particulièrement sa présence : ainsi, quand il voit, il n'apprend pas à connaître à tel moment, lui qui ne peut jamais rien ignorer, mais cela veut dire qu'il voit et connaît à ce moment, ce qu'il fait voir et connaître. On ne voyait donc pas cette ville telle que Dieu la fit voir, quand il montra combien elle lui déplaisait. Toutefois, on peut fort bien entendre que Dieu descendit vers cette ville, parce que les anges, en qui il habite, y descendirent; alors ces paroles de l'Écriture : « Le Seigneur Dieu dit : Voici qu'ils sont tous un même peuple qui n'a qu'une seule langue et

mo : « Et ploremus ante Dominum, qui fecit nos. » (*Psal.* xciv, 6.) Et hoc verbum est etiam in libro Job, ubi scriptum est : « In furorem erupisti contra Dominum. » (*Job.* xv, 13, sec. lxx.) Sic ergo intelligendus est gigas iste « venator contra Dominum. » Quid autem hic significatur hoc nomine, quod est « venator, » nisi animalium terrigenarum deceptor, oppressor, exlinctor? Erigebat ergo cum suis populis turrem contra Dominum, qua est impia significata superbia. Merito autem malus punitur affectus, etiam cui non succedit effectus. Genus vero ipsum pœnæ quale fuit? Quoniam dominatio imperantis in lingua est, ibi damnata est superbia, ut non intelligeretur jubens homini, qui noluit intelligere ut obediret Deo jubenti. Sic illa conspiratio dissoluta est, cum quisque ab eo quem non intelligebat, abscederet, nec se nisi ei, cum quo loqui poterat, aggregaret : et per linguas divisæ sunt gentes, dispersæque per terras, sicut Deo placuit, qui hoc modis occultis nobisque incomprenhensibilibus fecit.

CAPUT V.

De descensione Domini ad confundendam linguam ædificantium turrem.

Quod (*a*) enim scriptum est : « Et descendit Dominus videre civitatem et turrem, quam ædificaverunt filii hominum; » (*Gen.* xi, 5) hoc est, non filii Dei, sed illa societas secundum hominem vivens, quam terrenam dicimus Civitatem : non loco movetur Deus, qui semper ubique est totus; sed descendere dicitur, cum aliquid facit in terra, quod præter usitatum naturæ cursum mirabiliter factum, præsentiam quodam modo ejus ostendat : nec videndo discit ad tempus, qui numquam potest aliquid ignorare; sed ad tempus videre et cognoscere dicitur, quod videri et cognosci facit. Non sic ergo videbatur illa civitas, quomodo eam Deus videri fecit, quando sibi quantum displiceret ostenderet. Quamvis possit intelligi Deus ad illam civitatem descendisse, quia descenderunt Angeli ejus in quibus habitat; ut quod adjunctum est : « Et dixit Dominus Deus, Ecce genus

(*a*) Sola editio Lov. *Quod autem.*

le reste ; » puis ce qu'elle ajoute : « Venez et descendons pour confondre en ce lieu leur langage, » (*Ibid.* 6.) ne seraient qu'une récapitulation qui explique comment s'est accomplie cette parole : « Le Seigneur descendit. » En effet, s'il était déjà descendu, à quoi bon dire : « Venez et descendons pour les confondre ; » (paroles que l'on regarde comme adressées aux anges,) si celui qui était dans les anges lorsqu'ils descendaient, ne descendait avec eux ? Et remarquez bien que Dieu ne dit pas : Venez et en descendant, confondez ; mais « confondons leur langage, » pour faire voir qu'il agit de telle sorte par ses ministres, qu'ils sont eux-mêmes ses coopérateurs, selon la parole de l'Apôtre : « Nous sommes les coopérateurs de Dieu. » (I. *Cor.* III, 9.)

CHAPITRE VI.

Quel est le langage dont Dieu se sert pour parler aux anges.

1. On pourrait croire aussi que pour la création de l'homme, Dieu se soit adressé aux anges, puisqu'il ne dit pas : Je ferai, mais « faisons l'homme ; » (*Gen.* I, 26) toutefois, ce qui suit : « à notre image, » ne permet pas de penser que l'homme ait été fait à l'image des anges, ou que l'image de Dieu et des anges soit la même ; aussi voyons-nous avec raison dans ces paroles la Trinité des personnes divines. Mais comme la Trinité n'est qu'un seul Dieu, après avoir dit : « Faisons, » l'Écriture ajoute : « Et Dieu fit l'homme à l'image de Dieu ; » (*Ibid.* 27.) elle ne dit pas : les dieux firent, ou à l'image des dieux. De même ici, on pourrait s'imaginer qu'il s'agit de la Trinité, et croire que le Père aurait dit au Fils et au Saint-Esprit : « Venez et descendons pour confondre leur langage, » si on avait quelque raison d'exclure ici les anges. Mais c'est à eux précisément qu'il convient de s'approcher de Dieu par de saints mouvements, c'est-à-dire par de pieuses pensées, et de consulter l'immuable Vérité, comme la loi éternelle qui les régit dans leurs célestes demeures. En effet, ils ne sont pas la vérité ; mais, participant de la Vérité créatrice, ils s'en approchent comme de la source de la vie, pour recevoir d'elle ce qu'ils n'ont pas en eux-mêmes. Et le mouvement qui les rapproche, est stable, puisqu'ils ne s'éloignent jamais. Et Dieu ne parle pas aux anges comme nous

unum, et labium unum omnium, et cetera ; ac deinde additum : « Venite, et descendentes confundamus ibi linguam eorum ; » (*Ibid.* 6) recapitulatio sit, demonstrans quemadmodum factum sit, quod dictum fuerat : « Descendit Dominus. » Si enim jam descenderat, quid sibi vult : « Venite, et descendentes confundamus, » (quod intelligitur Angelis dictum,) nisi quia per Angelos descendebat, qui in Angelis descendentibus erat ? Et bene non ait : Venite, et descendentes confundite : sed, « confundamus ibi linguam eorum ; » ostendens ita se operari per ministros suos, ut sint etiam ipsi cooperatores Dei : sicut Apostolus dicit : « Dei enim sumus cooperarii. » (I. *Cor.* III, 9.)

CAPUT VI.

Qualis intelligenda sit esse locutio, qua Deus Angelis loquitur.

1. Poterat et illud, quando factus est homo, de Angelis intelligi quod dictum est : « Faciamus hominem, » (*Gen.* I, 26) quia non dixit : Faciam : sed quia sequitur, « ad imaginem nostram ; » nec fas est credere ad imaginem Angelorum hominem factum, aut camdem esse imaginem Angelorum et Dei ; ideo recte illic intelligitur pluralitas Trinitatis. Quæ tamen Trinitas, quia unus est Deus, etiam cum dixisset : « Faciamus : Et fecit, inquit, Deus hominem ad imaginem Dei : » (*Gen.* XI, 7) non dixit : Fecerunt dii, aut ad imaginem deorum. Poterat et hic eadem intelligi Trinitas, tamquam Pater dixerit ad Filium et Spiritum-Sanctum : « Venite, et descendentes confundamus ibi linguam eorum, » si aliquid esset, quod Angelos prohiberet intelligi : quibus potius convenit venire ad Deum motibus sanctis, hoc est, cogitationibus piis, quibus ab eis consulitur incommutabilis Veritas, tamquam lex æterna in illa eorum curia superna. Neque enim sibi ipsi sunt veritas ; sed creatricis participes Veritatis, ad illam moventur, tamquam ad fontem vitæ, ut quod non habent ex se ipsis, capiant ex ipsa (*a*). Et eorum stabilis est iste motus, quo veniunt (*b*), qui non recedunt. Nec sic loquitur Angelis Deus, quomodo nos invicem nobis, vel Deo, vel Angelis, vel ipsi Angeli nobis, sive per illos Deus nobis, sed ineffabili suo modo, nobis autem hoc indicatur nostro

---

(*a*) Ita Mss. At editi, *Et ideo eorum stabilis*, etc. — (*b*) Mss. *quia non recedunt*.

nous parlons, ou bien comme nous parlons à Dieu, aux anges ; ou même comme les anges nous parlent en Dieu par leur entremise ; non, il leur parle d'une manière ineffable, et son langage nous est transmis par des moyens qui sont à notre portée. Car la parole de Dieu, qui est au-dessus de ses œuvres, est la raison immuable de ses œuvres ; ce n'est pas un son retentissant et passager, c'est une puissance dont la durée est éternelle et dont l'action se manifeste dans le temps. Par ce langage il s'entretient avec les saints anges ; mais à nous, qui sommes placés si loin de lui, il parle autrement. Si cependant nos oreilles intérieures peuvent percevoir quelques sons d'une telle langue, alors nous nous rapprochons des anges. Il ne sera donc plus nécessaire dans cet ouvrage, d'expliquer sans cesse les différentes manières de parler de Dieu, en effet, la Vérité immuable parle, ou par elle-même et d'une manière ineffable à la créature douée de raison ou par la créature muable, soit à notre esprit par des images spirituelles, soit à notre corps par des sons qui frappent les sens.

2. Quant à cette parole : « Et maintenant ils ne s'arrêteront pas jusqu'à ce qu'ils aient accompli ce qu'ils s'efforcent de faire ; » elle n'exprime pas une assurance du fait, elle est plutôt dite par forme d'interrogation, selon l'usage de ceux qui font une menace. Ainsi s'exprime le poète (Virg. *Enéid.* iv.) : Ils ne prépareront point leurs armes, et ma ville tout entière ne s'élancera pas à leur poursuite ? C'est le sens qu'il faut donner à cette parole, comme si Dieu eût dit : Est-ce qu'ils ne s'arrêteront pas dans ce qu'ils s'efforcent de faire ? Et puisque le texte tel qu'il est, ne renferme pas l'expression de menace, alors pour les esprits un peu lents, nous avons ajouté la particule négative, c'est-à-dire *Nonne*, en effet il est impossible d'écrire les inflexions de voix nécessaires à la prononciation des mots. De ces trois hommes, fils de Noé, sortirent donc soixante-treize, ou plutôt, comme nous le montrerons, soixante-douze nations, qui eurent chacune leur langue propre et qui commencèrent à se répandre par toute la terre ; ces nations, en se multipliant, peuplèrent même les îles. Mais le nombre des nations fut beaucoup plus grand que celui des langues. Car nous savons que, même en Afrique, il y a plusieurs nations barbares qui n'ont qu'une seule langue ; et quant aux îles, le genre humain s'étant multiplié, qui douterait que les hommes, à l'aide de vaisseaux, ne s'y soient transportés pour les habiter ?

modo. Dei quippe sublimior ante suum factum locutio, ipsius sui facti est immutabilis ratio, quæ non habet sonum strepentem atque transeuntem, sed vim sempiterne manentem, et temporaliter operantem. Hac loquimur Angelis sanctis, nobis autem aliter longe positis. Quando autem etiam nos aliquid talis locutionis interioribus auribus capimus, Angelis propinquamus. Non itaque mihi assidue reddenda est ratio in hoc Opere de locutionibus Dei. Aut enim Veritas incommutabilis per se ipsam ineffabiliter loquitur rationalis creaturæ mentibus, aut per mutabilem creaturam loquitur, sive spiritalibus imaginibus nostro spiritui, sive corporalibus vocibus corporis sensui.

2. Illud sane quod dictum est : « Et nunc non deficient ex illis omnia, quæ conati fuerint facere : » non dictum est confirmando, sed tamquam interrogando, sicut solet a comminantibus dici, quemadmodum ait quidam : Non arma expedient, totaque ex urbe sequentur ? (Virgilius, *Æneid.* iv.) Sic ergo accipiendum est, tamquam dixerit : Nonne omnia deficient ex illis, quæ conati fuerint facere ? Sed si ita dicatur, non exprimit comminantem. Verum propter tardiusculos addidimus particulam, id est, ne, ut diceremus, Nonne : quoniam vocem pronuntiantis scribere non possumus. Ex illis igitur tribus hominibus, Noe filiis, septuaginta-tres, vel potius ut ratio declaratura est, septuaginta-duæ gentes totidemque linguæ per terras esse cœperunt, quæ crescendo et insulas impleverunt. Auctus est autem numerus gentium multo amplius quam linguarum. Nam et in Africa barbaras gentes in una lingua plurimas novimus ; et homines quidem, multiplicato genere humano, ad insulas inhabitandas navigio transire potuisse, quis ambigat ?

CHAPITRE VII.

Si les animaux de toute espèce qui peuplent les îles les plus éloignées de la terre, sont sortis de l'arche où ils auraient été préservés du déluge.

Au sujet de toutes ces espèces d'animaux qui ne sont point confiés aux soins de l'homme, ni qui ne naissent point de la terre, comme les grenouilles, mais qui se propagent par l'union du mâle et de la femelle, tels que les loups et autres animaux semblables, il s'agirait maintenant de savoir comment, après le déluge qui détruisit tout ce qui n'était pas dans l'arche, ces espèces purent se trouver même dans les îles, supposé qu'elles n'aient été reproduites que par les couples réservés dans l'arche. On peut croire, à la vérité, que ces espèces gagnèrent en nageant, les îles les plus rapprochées de la terre. Mais il y a d'autres îles si éloignées du continent, qu'il ne paraît pas possible qu'aucun de ces animaux y soit passé à la nage. Au reste, que des hommes en aient pris et amené avec eux, pour peupler de cette façon les lieux qu'ils voulaient habiter, la passion de la chasse rend cette conjecture fort probable ; on ne saurait nier d'ailleurs que, sur l'ordre de Dieu, ou par sa permission, les anges aient pu transporter là ces espèces d'animaux. Enfin, si elles sont sorties de la terre, comme à l'origine, quand Dieu dit : « Que la terre produise des animaux vivants ; » (*Gen.* I, 24) c'est une preuve plus évidente encore que cette multitude d'animaux de tout genre a été renfermée dans l'arche, moins pour en conserver l'espèce, que pour figurer la réunion mystique de tant de nations dans le sein de l'Église.

CHAPITRE VIII.

Si certaines races d'hommes monstrueuses appartiennent à la postérité d'Adam ou des fils de Noé.

1. On demande encore s'il est croyable que, des enfants de Noé, ou plutôt du premier homme, d'où ils descendent eux-mêmes, soient issues certaines races d'hommes monstrueuses, dont parle l'histoire profane. Ainsi, on rapporte que certains hommes n'ont qu'un œil au milieu du front ; que d'autres ont la plante des pieds tournée derrière les jambes ; que la nature a donné à ceux-ci les deux sexes, qu'ils ont la mamelle droite d'un homme, la mamelle

---

CAPUT VII.

An omne bestiarum genus etiam remotissimæ a terris insulæ ex eo numero, acceperint, qui in arca diluvii inundatione servatus est.

Sed quæstio de omni genere bestiarum est, quæ sub cura hominum non sunt, nec siculi ranæ nascuntur ex terra, sed sola commixtione maris et feminæ propagantur, sicut lupi atque hujusmodi cetera, quomodo post diluvium, quo ea quæ in arca non erant, cuncta deleta sunt, etiam in insulis esse potuerint, si reparata non sunt nisi ex his, quorum genera in utroque sexu arca servavit. Possint quidem credi ad insulas natando transisse, sed proximas. Sunt autem quædam tam longe positæ a continentibus terris, ut ad eas nulla videatur natare potuisse bestiarum. Quod si homines eas captas secum advexerunt, et eo modo ubi habitabant earum genera instituerunt, venandi jussu Dei sive permissu incredibile non est : quamvis jussu Dei sive permissu etiam opere Angelorum negandum non sit, potuisse transferri. Si vero e terra exortæ sunt secundum originem primam, quando dixit Deus : « Producat terra animam vivam : » (*Gen.* I, 24) multa clarius apparet, non tam reparandorum animalium caussa, quam figurandarum variarum gentium propter Ecclesiæ sacramentum in arca fuisse omnia genera, si in insulis, quo transire non possent, multa animalia terra produxit.

CAPUT VIII.

An ex propagine Adam vel filiorum Noe quædam genera hominum monstrosa prodierint.

1. Quæritur etiam, utrum ex filiis Noe, vel potius ex illo uno homine, unde etiam ipsi exstiterunt, propagata esse credendum sit quædam monstrosa hominum genera, quæ gentium narrat historia : sicut perhibentur quidam unum habere oculum in fronte media : quibusdam plantas versas esse post crura : quibusdam utriusque sexus esse naturam, et dextram mammam virilem, sinistram muliebrem, vicibusque (*a*) alternis coeundo et gignere et parere : aliis ora non esse, eosque per nares tantummodo (*b*) halitu vivere : alios statura esse cubitales,

---

(*a*) Mss. *vicibusque inter se coeundo.* — (*b*) Editi, *suscepto et emisso halitu.* Verba *suscepto et emisso* absunt a Mss.

gauche d'une femme et que, dans l'acte de la génération, tantôt ils engendrent, tantôt, au contraire, ils enfantent; que ceux-là n'ont point de bouche et qu'ils ne vivent qu'en respirant par les narines; qu'il y en a encore dont la taille n'excède pas une coudée, ce sont ceux que les Grecs appellent pygmées, mot qui signifie coudée; qu'ailleurs les femmes conçoivent à cinq ans et ne vivent que huit ans. On dit aussi qu'il y a des nations où les hommes n'ont qu'une jambe sur deux pieds, ils ne plient pas le jarret et sont d'une agilité merveilleuse; on les appelle Sciopodes, parce que, pendant l'été, ils se couchent sur le dos et se défendent du soleil par l'ombre de leurs pieds; il y aurait, dit-on encore, des hommes sans tête, ayant les yeux entre les épaules, et beaucoup d'autres monstres qui ont à peine l'apparence humaine, que l'on voit peints en mosaïque dans le port de Carthage d'après des livres qui les citent comme des phénomènes. Que dirai-je des Cynocéphales que leur tête de chien et surtout leur aboiement feraient passer plutôt pour des bêtes que pour des hommes? Mais rien ne nous oblige de croire à l'existence de toutes les races d'hommes, dont ont parlé les auteurs. Ce qui est hors de doute pour tout fidèle, c'est que n'importe où et n'importe comment naisse un homme, c'est-à-dire un animal raisonnable et mortel, bien que la forme de son corps, sa couleur, ses mouvements, le son de sa voix nous paraissent extraordinaires quelles que soient d'ailleurs la force, les fonctions, les propriétés de sa nature, cet homme tire son origine de celui qui a été créé seul et le premier de sa race. Toutefois, ce qui est conforme à la nature se reconnaît par le nombre, et la rareté elle-même désigne ce qui est étrange.

2. Mais la raison que l'on peut donner des enfantements monstrueux produits parmi nous, peut servir à expliquer le fait de certaines races monstrueuses. Dieu, créateur de toutes choses, sait bien lui seul où et quand une chose doit être créée, parce qu'il sait ce qui convient à la beauté de l'univers et il coordonne à cet effet les rapports et les contrastes des différentes parties qui le composent. Mais celui qui ne peut embrasser tout l'ensemble, se choque de ce qui lui paraît une difformité, parce qu'il ignore les convenances et les rapports de la partie avec le tout. Nous savons que des hommes naissent avec plus de cinq doigts aux mains et aux pieds; et cette différence est certainement la moindre de toutes; loin de nous cependant, la folle pensée de croire que le Créateur se soit trompé dans le nombre des doigts de l'homme, bien que nous ne sachions pas la raison de ce fait. Et quand même la différence serait plus

---

-quos Pygmæos a cubito Græci vocant : alibi quinquennes concipere feminas, et octavum vitæ annum non excedere. Item ferunt esse gentem, ubi singula crura in pedibus habent, nec poplitem flectunt, et sunt mirabilis celeritatis; quos Sciopodas vocant, quod per æstum in terra jacentes resupini umbra se pedum protegant : quosdam sine cervice oculos habentes in humeris : et cetera hominum, vel quasi hominum genera, quæ in maritima platea Carthaginis musivo picta sunt, ex libris deprompta velut curiosioris historiæ. Quid dicam de Cynocephalis, quorum canina capita atque ipse latratus magis bestias quam homines confitetur? Sed omnia genera hominum quæ dicuntur esse, credere non est necesse. Verum quisquis uspiam nascitur homo, id est animal rationale mortale, quamlibet nostris inusitatam sensibus gerat corporis formam, seu colorem, sive motum, sive sonum, sive qualibet vi, qualibet parte, qualibet qualitate naturæ, ex illo uno protoplasto originem ducere, nullus fidelium dubitaverit. Apparet tamen quid in pluribus natura obtinuerit, et quid sit ipsa raritate mirabile.

2. Qualis autem ratio redditur de monstrosis apud nos hominum partubus, talis de monstrosis quibusdam gentibus reddi potest. Deus enim creator est omnium, qui ubi et quando creari quid oporteat vel oportuerit, ipse novit, sciens universitatis pulcritudinem quarum partium vel similitudine vel diversitate contexat. Sed qui totum inspicere non potest, tamquam deformitate partis offenditur ; quoniam cui congruat, et quo referatur, ignorat. Pluribus quam quinis digitis in manibus et pedibus nasci homines, novimus; et hæc levior est quam (a) illa distantia : sed tamen absit, ut quis ita desipiat, ut existimet in numero humanorum digitorum errasse Creatorem, quamvis nesciens cur hoc fecerit. Ita etsi major diversitas oriatur, scit ille quid egerit, cujus opera juste nemo reprehendit. Apud Hipponem Diarrhytum est homo quasi lunatas habens plantas, et in eis binos tantummodo digitos, similes et manus. Si

---

(a) Plerisque Mss. *quam ulla distantia.*

grande, celui, dont les œuvres ne sauraient être critiquées qu'injustement, sait bien pourquoi il agit ainsi : Il y a à Hippone Diarrythe (1), un homme qui a la plante des pieds en forme de lune, avec deux doigts seulement, il en est de même des mains. S'il en était ainsi d'une nation entière, on en joindrait le nom à cette curieuse histoire. Serait-ce une raison pour dire que cet homme ne descend pas de celui qui a été créé le premier? Les androgynes, qu'on appelle aussi hermaphrodites, sont fort rares, cependant il en paraît de temps à autre, et en eux les deux sexes sont tellement confondus qu'on ne sait duquel ils doivent recevoir leur nom, bien que l'usage ait fait prévaloir le plus noble, c'est-à-dire le sexe masculin. Jamais, en effet, on n'a dit au féminin *une Androgyne* ou *une Hermaphrodite*. Il y a quelques années, nous nous en souvenons bien, naquit en Orient un homme double, quant à la partie supérieure du corps et simple quant à la partie inférieure. Il avait en effet, deux têtes, deux poitrines, quatre mains, mais un seul ventre et deux pieds, comme un seul homme et il vécut assez longtemps, pour que la renommée attirât la foule autour de sa personne. Mais qui pourrait énumérer toutes ces productions humaines si différentes des pères et mères, qui certainement leur ont donné le jour? Et comme on ne peut nier que ces individus ne tirent leur origine du premier homme; ainsi, supposé que cette définition : animaux raisonnables et mortels, les concerne, il faut convenir que ces nations que l'on nous signale comme en dehors, par leur différence d'organisation, des lois ordinaires de la nature, sous lesquelles vivent presque toutes les autres, sortent de la même famille et sont issues du premier homme, le père de tous; je veux bien supposer ici que ce qu'on rapporte de ces variétés et de ces différences soit vrai. Car, si nous ne savions que les guenons, les singes à longue queue et les sphinxs, sont des brutes et non des hommes. Ces historiens, faisant parade de leurs vaines découvertes, pourraient impunément nous donner le change, et nous porter à croire que ces animaux font partie des races humaines. Mais si ceux dont on rapporte ces conformations prodigieuses sont des hommes, pourquoi Dieu n'aurait-il pas jugé à propos de créer quelques peuples dans les mêmes conditions, afin de ne pas nous laisser penser que, dans la production de ces monstres issus certainement de l'homme, parmi nous, sa sagesse, créatrice de la nature humaine, se soit trompée, comme celle de l'artisan

(1) Il y avait en Afrique deux villes ayant le nom d'Hippone : Hippone royale, surnommée *Bone*, et Hippone Diarrythe, que quelques-uns pensent être *Biserte*. Ce n'est pas de celle-ci, comme l'a cru Louis Vivès, mais d'Hippone royale, que saint Augustin fut évêque.

aliqua gens talis esset, illi curiosæ atque mirabili adderetur historiæ. Num igitur istum propter hoc negabimus ex uno illo, qui primus creatus est, esse propagatum? Androgyni, quos etiam Hermaphroditos nuncupant, quamvis admodum rari sint, difficile est tamen ut temporibus desint, in quibus sic uterque sexus apparet, ut ex quo potius debeant accipere nomen, incertum sit : a meliore tamen, hoc est a masculino, ut appellarentur, loquendi consuetudo prævaluit. Nam nemo umquam (*a*) Androgynæcas aut Hermaphroditas nuncupavit. Ante annos aliquot, nostra certe memoria, in Oriente duplex homo natus est superioribus membris, inferioribus simplex. Nam duo erant capita, duo pectora, quatuor manus, venter autem unus, et pedes duo, sicut uni homini : et tam diu vixit, ut multos ad eum videndum fama contraheret. Quis autem omnes commemorare possit humanos fetus longe dissimiles his ex quibus eos natos esse certissimum est? Sicut ergo hæc ex illo uno negari non possunt originem ducere; ita quæcumque gentes in diversitatibus corporum ab usitato naturæ cursu, quem plures et prope omnes tenent, velut exorbitasse traduntur, si definitione illa includuntur, ut rationalia animalia sint atque mortalia, ab eodem ipso uno primo patre omnium stirpem trahere confitendum est : si tamen vera sunt quæ de illarum nationum varietate et tanta inter se atque nobiscum diversitate traduntur. Nam et simias, et cercopithecos, et sphingas, si nesciremus non homines esse, sed bestias, possent illi historici de sua curiositate gloriantes, velut gentes aliquas hominum nobis impunita vanitate mentiri. Sed si homines sunt, de quibus illa mira conscripta sunt; quid, si propterea Deus voluit etiam nonnullas gentes ita creare, ne in his monstris, quæ apud nos (*b*) patet ex hominibus nasci, ejus sapientiam, qua naturam fingit humanam, velut artem cujuspiam minus perfecti opificis, putaremus errasse? Non itaque

(*a*) Vind. Am. *Androgenas*. Er. et aliquot Mss. *Androgynas*. — (*b*) Mss. *oportet*.

vulgaire d'un ouvrage moins parfait? Et comme il y a dans chaque peuple certains hommes monstrueux, il ne doit pas nous paraître absurde qu'il y ait aussi, dans le genre humain tout entier, quelques peuples monstrueux. Aussi, pour conclure avec toute la prudence que demande une pareille question : ou ce que l'on rapporte de ces peuples est absolument faux; ou si ce que l'on dit est vrai, les êtres qui en font partie ne sont pas des êtres humains; ou enfin, si ce sont des hommes, ils descendent d'Adam.

CHAPITRE IX.

S'il faut croire qu'à la partie de la terre opposée à la nôtre, il y a des antipodes.

Quant à la fabuleuse invention des antipodes (1), c'est-à-dire d'hommes qui, ayant les pieds opposés aux nôtres, habitent cette partie de la terre où le soleil se lève quand il se couche pour nous, il n'y a aucune raison d'y croire. Car cette opinion n'est fondée sur aucune notion historique, mais sur des raisonnements appuyés sur des conjectures. La terre, dit-on, est suspendue sous la voûte des cieux et le centre du monde est en même temps la partie inférieure; d'où il suit que l'autre partie de la terre qui est sous nos pieds, ne peut manquer d'être habitée par des hommes. Mais, quand même il serait suffisamment démontré que la terre est ronde et en forme de globe, il ne s'ensuivrait pas que cette partie inférieure fût complétement dégagée des eaux, et supposé qu'elle le fût, il ne s'ensuivrait pas non plus nécessairement qu'il y eût là des hommes. D'ailleurs, l'Écriture qui n'en parle pas, ne saurait nous tromper, dès lors qu'elle autorise notre foi à ses récits du passé, en accomplissant ses prédictions; et il serait trop absurde de dire qu'après avoir parcouru sur des vaisseaux l'immensité de l'Océan, quelques hommes aient pu passer, de cette partie du monde dans l'autre, pour y établir aussi des descendants du premier homme. Mais, parmi ces peuples qui furent divisés en soixante-douze nations et autant de langues, cherchons si nous pouvons trouver cette Cité de Dieu, voyageuse en ce monde, et qui, traversant les eaux du déluge au moyen de l'arche, nous apparaît pour continuer sa mar-

(1) La question des Antipodes a été, au rapport de Pline, liv. II. chap. LXV, le sujet d'un grand débat entre les savants et le vulgaire, qui n'avait sans doute pas d'autres motifs pour en nier l'existence, que ceux de Lactance, liv. III, chap. XIV.« Il est ridicule, dit-il, de croire à des hommes qui auraient les pieds en l'air, et à des pays où les fruits et les arbres croîtraient renversés. » Il ajoute que cette opinion erronée a pour premiers auteurs les philosophes, qui s'appuyaient, pour lui donner créance, sur la rotondité de la terre. Saint Augustin pensait aussi qu'on ne devait pas croire à l'existence des Antipodes, non à cause des raisons de Lactance, mais pour ne pas être forcé d'admettre l'existence d'hommes qui ne descendraient pas d'Adam; ce qui serait en désaccord avec l'Écriture. Mais on sait aujourd'hui comment l'Amérique a pu être peuplée, et les traditions les plus anciennes des nations du Nouveau-Monde démontrent avec évidence leur communauté d'origine avec les peuples de l'Ancien Continent.

nobis videri absurdum debet, ut quemadmodum in singulis quibusque gentibus, quædam monstra sunt hominum. ita in universo genere humano quædam monstra sint gentium. Quapropter ut istam quæstionem pedetemtim cauteque concludam, aut illa, quæ talia de quibusdam gentibus scripta sunt, omnino nulla sunt; aut si sunt, homines non sunt; aut ex Adam sunt, si homines sunt.

CAPUT IX.

An inferiorem partem terræ, quæ nostræ habitationi contraria est, Antipodas habere credendum sit.

Quod vero et Antipodas esse fabulantur, id est, homines a contraria parte terræ, ubi sol oritur, quando occidit nobis, adversa pedibus nostris calcare vestigia, nulla ratione credendum est. Neque hoc ulla historica cognitione didicisse se affirmant, sed quasi ratiocinando conjectant, eo quod intra convexa cœli terra suspensa sit, eumdemque locum mundus habeat, et infimum, et medium : et ex hoc opinantur alteram terræ partem, quæ infra est, habitatione hominum carere non posse. Nec attendunt, etiamsi figura conglobata et rotunda mundus esse credatur, sive aliqua ratione monstretur; non tamen esse consequens, ut etiam ex illa parte ab aquarum congerie nuda sit terra : deinde etiamsi nuda sit; neque hoc statim necesse esse, ut homines habeat. Quoniam nullo modo Scriptura ista mentitur, quæ narratis præteritis facit fidem, eo quod ejus prædicta complentur : nimisque absurdum est, ut dicatur aliquos homines ex hac in illam partem, Oceani immensitate trajecta, navigare ac pervenire potuisse, ut etiam illic ex uno illo primo homine genus institueretur humanum. Quapropter inter il-

che, au milieu des bénédictions, dans la personne des enfants de Noé et surtout de l'aîné appelé Sem; car la bénédiction de Japhet est la même, puisqu'il doit habiter les demeures de son frère.

CHAPITRE X.

Généalogie de Sem; la Cité de Dieu se continue dans sa race jusqu'à Abraham.

1. Suivons donc la série des générations depuis Sem, pour y voir la Cité de Dieu après le déluge, comme la série des générations depuis Seth nous la signalait auparavant. C'est pour cela du reste, que l'Écriture-Sainte, après nous avoir montré la Cité de la terre dans Babylone, c'est-à-dire dans la confusion, remonte au patriarche Sem, et recommence par lui l'ordre des générations jusqu'à Abraham, faisant aussi mention de l'âge de chacun au jour où il a engendré le fils, qui continue la série privilégiée, et le nombre total des années qu'il a vécu. Mais il faut d'abord que je m'acquitte de ce que j'ai promis précédemment, afin que l'on voie clairement la raison de cette parole de l'Écriture, au sujet d'un des fils d'Héber : « Il fut nommé Phalech, parce que, de son temps, la terre fut divisée. » (*Gen.* x, 15.) Que doit-on entendre par cette division de la terre, si ce n'est la diversité des langues? Laissant donc de côté les autres enfants de Sem, qui n'ont point de rapport à son but, l'Écriture, dans l'ordre des générations, s'attache à celles qui la conduisent à Abraham, comme avant le déluge, elle s'attachait à celles qui, descendant de ce fils d'Adam, appelé Seth, la conduisaient à Noé. Voici donc comme elle commence cette généalogie : « Telles sont les générations de Sem : Sem, fils de Noé, avait cent ans lorsqu'il engendra Arphaxat, la seconde année après le déluge. Et, après avoir engendré Arphaxat, Sem vécut encore cinq cents ans, et il engendra des fils et des filles et il mourut. » (*Gen.* xi, 10.) L'Écriture continue de même pour les autres, notant à quelle année de sa vie chacun a engendré le fils, qui appartient à cet ordre de générations allant tout droit à Abraham, et combien d'années il a vécu depuis, avec la déclaration générale d'autres enfants, afin de nous faire entendre d'où pouvait provenir l'accroissement des peuples; elles craignait que, surpris du petit nombre d'hommes dont elle fait mention, nous fussions réduits à

(a) Vind. Am. Er. *diversitatem*. Aliquot Mss. *diversitates*. — (b) Editi, *Sem filius Noe centum erat annorum*. At veteres libri juxta Græc. LXX. omittunt *Noe et erat*. Confer. lib. Locutionum in Genes. n. 35.

nous demander, avec une naïveté enfantine, comment la postérité de Sem aurait pu peupler tant de contrées et de royaumes, et surtout fonder cet empire des Assyriens, que Ninus, le dominateur des peuples orientaux, gouverna dans une prospérité profonde étendant au loin ses limites, et léguant à ses enfants des états très-vastes, et un trône affermi pour de longues années.

2. Mais, pour ne pas nous retarder inutilement, sans parler du nombre des années de chacun de ceux qui font partie de cette généalogie, nous relaterons seulement à quelle année de la vie a été engendré le fils qui continue la série dont nous nous occupons, afin de supputer le nombre d'années écoulées depuis le déluge jusqu'à Abraham ; et après ces détails où nous devons nécessairement nous arrêter, nous ne ferons qu'effleurer rapidement les autres faits. Donc, la seconde année après le déluge, Sem, alors âgé de cent ans, engendra Arphaxat, Arphaxat, à l'âge de cent trente-cinq ans, engendra Caïnan, qui, à l'âge de cent trente ans, engendra Sala. Sala avait le même âge, quand il engendra Héber. Héber avait cent trente-quatre ans, quand il engendra Phalech, c'est pendant la vie de celui-ci que la terre fut divisée. Le même Phalech vécut cent trente ans et engendra Ragau ; Ragau cent trente-deux ans et il engendra Seruch ; Seruch cent trente ans et il engendra Nachor ; Nachor, soixante-dix-neuf ans et il engendra Tharé ; Tharé soixante-dix ans et il engendra Abram (*Gen.* XVII, 5), dont plus tard Dieu modifia le nom pour l'appeler Abraham. Il y eut donc, depuis le déluge jusqu'à Abraham, mille soixante-douze ans, selon la Vulgate, c'est-à-dire selon la version des Septante. D'après le texte Hébreu, il y en aurait beaucoup moins ; cette différence ne s'appuie sur aucune raison, ou du moins les raisons qu'on en donne sont fort obscures.

3. Lors donc que nous cherchons parmi ces soixante-douze nations la Cité de Dieu, nous ne saurions assurer qu'en ce temps où il n'y avait qu'une même langue et une même parole, le genre humain eût déjà abandonné le culte du vrai Dieu, à l'exception des seuls descendants de la postérité de Sem par Arphaxat et jusqu'à Abraham, où se conservait la vraie piété ; mais, l'ostentation de cette tour qui s'élève orgueilleusement jusqu'au ciel et qui figure l'impiété triomphante, maniteste la Cité ou la société des

populi accrescere, ne in paucis qui commemorantur hominibus occupati pueriliter hæsitemus, unde tanta spatia terrarum atque regnorum repleri potuerint de genere Sem, maxime propter Assyriorum regnum, unde Ninus ille Orientalium (*a*) domitor usquequaque populorum ingenti prosperitate regnavit, et latissimum ac fundatissimum regnum, quod diuturno tempore duceretur, suis posteris propagavit.

2. Sed nos, ne diutius quam opus est immoremur, non quot annos quisque in ista generationum serie vixerit, sed quoto anno vitæ suæ genuerit filium, hoc ordine memorandum tantummodo ponimus, ut et numerum annorum a transacto diluvio usque ad Abraham colligamus, et (*b*) propter illa, in quibus nos cogit necessitas immorari, breviter alia cursumque tangamus. Secundo igitur anno post diluvium Sem, cum esset centum annorum, genuit Arphaxat ; Arphaxat autem, cum esset centum-triginta-quinque annorum, genuit Cainan ; qui cum essei centum-triginta, genuit Sala. Porro etiam ipse Sala totidem annorum erat, quando genuit Heber. Centum vero et triginta et quatuor agebat annos Heber cum genuit Phalech, in cujus diebus divisa est terra. Ipse autem Phalech vixit centum-triginta, et genuit Ragau : et Ragau centum-triginta-duos, et genuit Seruch : et Seruch centum-triginta, et genuit Nachor : et Nachor septuaginta-novem, et genuit Thara : Thara autem septuaginta, et genuit Abram (*Gen.* XVII, 5) : quem postea Deus mutato vocabulo nominavit Abraham. Fiunt itaque anni a diluvio usque ad Abraham mille-septuaginta et duo, secundum vulgatam editionem, hoc est, interpretum Septuaginta. In Hebræis autem codicibus longe pauciores annos perhibent inveniri : de quibus rationem aut nullam, aut difficillimam reddunt.

3. Cum ergo quærimus in illis septuaginta-duabus gentibus Civitatem Dei, non possumus affirmare illo tempore, quo erat illis labium unum, id est, loquela una, tunc jam genus humanum alienatum fuisse a cultu veri Dei, ita ut in solis istis generationibus pietas vera remaneret, quæ descendunt de semine Sem per Arphaxat, et tendunt ad Abraham : sed ab illa superbia ædificandæ turris usque in cœlum, qua impia significatur elatio (*c*), apparuit Civitas, hoc est, societas impiorum. Utrum itaque ante

(*a*) Vind. Am. et quidam et Mss. *dominator.* — (*b*) Vind. Am. Er. et plures Mss. *præter illas.* — (*c*) Editi, *terrena apparuit:* Abest *terrena* a Mss.

méchants. Serait-ce donc que cette société n'existait pas auparavant, ou qu'elle restait dans l'ombre? ou plutôt les deux sociétés subsistèrent-elles en même temps, celle des justes dans la personne des deux fils de Noé, bénis avec leur postérité, et celle des impies dans la personne du fils maudit avec toute sa race, d'où est sorti le géant, chasseur contre le Seigneur? C'est là une question difficile à résoudre. Peut-être même et c'est l'opinion la plus admissible, qu'avant la fondation de Babylone, il y eût des contempteurs de Dieu, parmi les descendants des deux fils bénis, et de vrais adorateurs parmi les descendants de Cham. Toutefois, devons-nous croire que ces deux races d'hommes n'ont jamais fait défaut sur terre. Car, dans les deux psaumes où se trouvent ces paroles : « Tous ont abandonné le droit chemin et sont devenus inutiles; il n'en est pas un qui fasse le bien, non, il n'en est pas un seul. » (*Ps.* XIII, 3; LII, 4.) On lit encore : « N'auront-ils jamais la connaissance, tous ceux qui commettent l'iniquité et qui dévorent mon peuple comme un morceau de pain ? » Le peuple de Dieu existait donc même alors; d'où il suit que ces paroles : « Il n'en est pas un qui fasse le bien, non, il n'en est pas un seul, » doivent s'entendre des enfants des hommes et non des enfants de Dieu. Car, il avait été dit auparavant : « Dieu, du haut du ciel, a jeté son regard sur les enfants des hommes, pour voir s'il en trouvera un qui le connaisse ou qui le cherche; » et les paroles qui suivent, prouvent que tous les enfants des hommes, c'est-à-dire tous ceux qui appartiennent à la Cité vivant selon l'homme, et non selon Dieu, sont réprouvés.

CHAPITRE XI.

La langue primitive à l'usage de l'homme, langue appelée ensuite Hébraïque, du nom d'Héber, se conserva dans sa postérité, même après la division des langues.

1. Comme lorsqu'il n'y avait qu'une même langue, les enfants de corruption ne firent pas défaut; car avant le déluge il n'y avait qu'une seule langue et cependant, à l'exception de la famille du juste Noé, tous les hommes méritèrent de périr dans le déluge; ainsi, quand un orgueil impie attira sur les peuples le double châtiment de la diversité des langues et de la dispersion; quand la Cité des méchants reçut le nom de confusion de Babylone, la famille d'Héber demeura pour conserver la langue primitive. De là vient, comme je l'ai signalé plus haut, que,

---

non fuerit, an latuerit, an potius utraque permanserit, pia scilicet in duobus filiis Noe, qui benedicti sunt, eorumque posteris; impia vero in eo qui maledictus est, atque ejus progenie, ubi etiam exortus est gigas venator contra Dominum, non est dijudicatio facilis. Fortassis enim, quod profecto est credibilius, et in filiis duorum illorum jam tunc ante quam Babylonia cœpisset institui, fuerunt contemtores Dei, et in filiis Cham cultores Dei : utrumque tamen hominum genus terris numquam defuisse credendum est. Si quidem et quando dictum est : « Omnes declinaverunt, simul inutiles facti sunt; non est qui faciat bonum, non est usque ad unum : » (*Psal.* XIII, 3 *et Ps.* LII, 4) in utroque Psalmo, ubi hæc verba sunt, et hoc legitur:« Nonne cognoscent omnes, qui operantur iniquitatem, qui devorant populum meum in cibo panis? »(*Psal.* LII, 4.) Erat ergo etiam tunc populus Dei. Unde illud quod dictum est : « Non est qui faciat bonum, non est usque ad unum : » de filiis hominum dictum est, non de filiis Dei. Nam præmissum est : « Deus de cœlo prospexit super filios hominum, ut videret si est intelligens, aut requirens Deum : » ac deinde illa subjuncta, quæ omnes filios hominum, id est, ad Civitatem pertinentes quæ vivit secundum hominem, non secundum Deum, reprobos esse demonstrant.

CAPUT XI.

Quod ea primitus lingua in usu hominum fuerit, quæ postea Hebræa ab Heber nomine nuncupata est, et in cujus familia remansit, cum diversitas esset facta linguarum.

1. Quamobrem sicut lingua una cum esset omnium, non ideo filii pestilentiæ defuerunt, nam et ante diluvium una erat lingua, et tamen omnes præter unam Noe justi domum deleri diluvio meruerunt : ita quando merito elatioris impietatis gentes linguarum diversitate punitæ atque divisæ sunt, et Civitas impiorum confusionis nomen accepit, hoc est, appellata est Babylon, non defuit domus Heber, ubi ea quæ antea fuit omnium lingua remaneret. Unde sicut supra memoravi, cum cœpissent enumerari filii Sem. qui singuli gentes singulas procrearunt, primus est commemoratus Heber, cum sit abnepos ipsius, hoc est, ab illo quintus inveniatur exortus. Quia ergo in ejus familia remansit (*V. in-*

pour commencer le dénombrement des enfants de Sem, dont chacun d'eux fut le père d'une nation particulière, l'Écriture nomme d'abord Héber, bien qu'il soit l'arrière-petit-fils ou le cinquième descendant de Sem. Lors donc, que les nations furent divisées en autant de langues, cette langue, que l'on regarde avec raison comme la langue primitive du genre humain, s'étant conservée dans la famille d'Héber (*voir livre* XVIII, *chap.* XXXIX), fut appelée depuis Hébraïque. Car alors il fallait bien la distinguer par un nom propre des autres langues, qui avaient aussi chacune leur nom particulier. Quand elle était seule, on ne l'appelait pas autrement que la langue humaine ou le langage humain, le seul en usage dans tout le genre humain.

2. Mais dira-t-on : si du temps de Phalech, fils d'Héber, la terre fut divisée selon les différentes langues, c'est-à-dire entre les hommes qui vivaient alors sur la terre ; c'est plutôt de Phalech que cette langue primitive et commune devait prendre le nom. Je répondrai qu'Héber ne donna à son fils le nom de Phalech, c'est-à-dire division, que parce que ce fils naquit précisément au moment de la division de la terre, et c'est ce que l'Écriture entend par ces paroles : « De son temps la terre fut divisée. » (*Gen.* X, 25.) Et si Héber n'eut encore été vivant quand les langues furent multipliées, il n'eut pas donné son nom à la langue qui put rester à sa postérité. Aussi devons-nous croire que cette langue fut la langue primitive et commune, car le changement et la multiplication des langues est une punition, dont le peuple de Dieu dût être exempt. Et ce n'est pas sans raison que cette langue a été celle d'Abraham et qu'il ne put la transmettre à tous ses enfants, mais seulement à ceux qui, issus de Jacob, ont formé avec plus d'évidence et de gloire le peuple de Dieu, ont eu entre leurs mains les deux testaments et ont vu naître le Christ parmi eux. Héber lui-même n'a pas fait passer cette langue à toute sa postérité, mais seulement à la branche dont la généalogie conduit à Abraham. Ainsi, bien que l'Écriture ne dise pas expressément qu'il y avait une race d'hommes justes, au moment où Babylone était fondée par les impies, cette obscurité n'a pas pour but de cacher la vérité à celui qui la cherche, mais plutôt d'exciter son attention. En effet, quand d'un côté, on lit qu'il y eût d'abord pour tous, une seule et même langue ; quand il est fait mention d'Héber avant tous les autres enfants de Sem, bien qu'il soit seulement le cinquième de ses descendants ; quand on appelle Hébraïque cette langue dont les Patriarches et les Prophètes ont conservé précieusement l'usage, non-seulement dans

fra lib. XVIII. *cap.* XIX) hæc lingua, divisis per alias linguas ceteris gentibus, quæ lingua prius humano generi non immerito creditur fuisse communis, ideo deinceps Hebræa est nuncupata. Tunc enim opus erat eam distingui ab aliis linguis nomine proprio, sicut aliæ quoque vocatæ sunt nominibus propriis. Quando autem erat una, nihil aliud quam humana lingua, vel humana locutio vocabatur, qua sola universum genus humanum loquebatur.

2. Dixerit aliquis : Si in diebus Phalech filii Heber divisa est terra per linguas, id est, homines, qui tunc erant in terra ; ex ejus nomine potius debuit appellari lingua illa, quæ fuit omnibus ante communis. Sed intelligendum est ipsum Heber propterea tale nomen imposuisse filio suo, ut vocaretur Phalech, quod interpretatur divisio, quia tunc ei natus est, quando per linguas terra divisa est, id est ipso tempore, ut hoc sit quod dictum est : « In diebus ejus divisa est terra. » (*Gen.* XI, 25.) Nam nisi adhuc Heber viveret, quando linguarum facta est multitudo, non ex ejus nomine nomen acciperet lingua, quæ apud illum potuit permanere. Et ideo credenda est ipsa fuisse prima illa communis : quoniam de pœna venit illa multiplicatio mutatioque linguarum ; et utique præter pœnam esse debuit populus Dei. Nec frustra (*a*) lingua hæc est, quam tenuit Abraham, nec in omnes filios suos transmittere potuit, sed in eos tantum qui propagati per Jacob, et insignius atque eminentius in Dei populum coalescentes, Dei testamenta et stirpem Christi habere potuerunt. Nec Heber ipse eamdem linguam in universam progeniem suam refudit ; sed in eam tantum, cujus generationes perducuntur ad Abraham. Quapropter etiamsi non evidenter expressum est, fuisse aliquod pium genus hominum, quando ab impiis Babylonia condebatur : non ad hoc valuit hæc obscuritas, ut quærentis fraudaretur, sed potius ut exerceretur intentio. Cum enim legitur unam fuisse linguam primitus omnium, et ante omnes filios Sem commendatur Heber, quamvis ab illo quintus oriatur ; et Hebræa vocatur lingua, quam Patriarcharum et Prophetarum, non solum in ser-

(*a*) Sic Mss. Editi vero, *Nec frustra linguam istam, hoc est a quam*, etc.

leurs entretiens particuliers, mais mêmes dans les Saintes-Écritures; et que, d'un autre côté, on se demande où la langue primitive et commune a pu se conserver, après la division des langues; comme il est hors de doute qu'elle s'est conservée là où il n'y avait pas lieu d'appliquer la peine du changement des langues, peut-il se présenter autre chose à l'esprit, sinon qu'elle est demeurée dans la race de celui dont elle a pris le nom? Et ce n'est pas une petite preuve de la justice de cette race, d'avoir été affranchie d'un tel châtiment, quand toutes les autres ont dû subir le changement de leurs langues.

3. Mais voici une autre difficulté : comment Héber et son fils Phalech ont-ils pu former chacun un peuple particulier, s'ils n'ont eu tous deux qu'une seule langue? Car il est certain que le peuple Hébreu ne forma qu'une nation issue d'Héber, et se propageant jusqu'à Abraham et ensuite par Abraham, jusqu'à ce que le peuple d'Israël devint un grand peuple. Comment donc tous les enfants des trois fils de Noé, dont l'Écriture fait mention, ont-ils pu fonder chacun une nation particulière, si Héber et Phalech n'ont pu en fonder chacun une? Il est très-probable, que le géant Nébroth a aussi fondé la sienne, mais à cause de sa force et de la grandeur de son empire, il est nommé à part, comme un personnage de distinction, en sorte que le nombre de soixante-douze nations et langues demeure quand même. Pour Phalech, l'Écriture le nomme, non à cause d'une nation qu'il aurait fondé, car il fait partie du peuple Hébreu et il avait la même langue, mais parce que, de son temps, arriva le fait mémorable de la division de la terre. Et nous ne devons pas nous étonner de ce que le géant Nébroth ait vécu jusqu'à l'époque de la fondation de Babylone et de la confusion des langues qui amena la dispersion des peuples divisés entre eux. En effet, bien qu'Héber soit le sixième descendant de Noé et Nébroth le quatrième, il ne s'ensuit pas qu'ils n'aient pu vivre ensemble jusqu'à ce temps. Car il arrivait alors que les hommes vivaient plus longtemps, quand les générations n'étaient pas multipliées et moins longtemps, quand elles étaient nombreuses; ou bien, selon le nombre des générations, les naissances étaient plus tardives ou plus précoces. Il faut donc bien comprendre qu'à l'époque de la division, non-seulement tous les enfants des fils de Noé que l'Écriture signale comme les fondateurs des peuples, étaient déjà nés, mais

---

monibus suis, verum etiam in litteris sacris custodivit auctoritas : profecto cum quæritur in divisione linguarum, ubi lingua illa remanere potuerit, quæ fuit ante communis; quæ, sine ulla dubitatione, ubi remansit, non ibi fuit illa pœna, quæ facta est mutatione linguarum; quid aliud occurrit, nisi quod in hujus gente remansit, a cujus nomine nomen accepit; et hoc justitiæ gentis hujus non parvum apparuisse vestigium, quod cum aliæ gentes plecterentur mutatione linguarum, ad istam non pervenit tale supplicium?

3. Sed adhuc illud movet, quomodo potuerunt singulas gentes facere Heber et filius ejus Phalech, si una lingua permansit ambobus. Et certe una est Hebræa gens ex Heber propagata usque ad Abraham, et per eum deinceps, donec magnus fieret populus Israel. Quomodo igitur omnes filii qui commemorati sunt trium filiorum Noe, fecerunt singulas gentes, si Heber et Phalech singulas non fecerunt? Nimirum illud est probabilius, quod gigas ille Nebroth fecerit etiam ipse gentem suam, sed propter excellentiam dominationis et corporis seorsum eminentius nominatus est, ut maneat numerus septuaginta duarum gentium atque linguarum. Phalech autem propterea commemoratus est, non quod gentem fecerit, (nam eadem ipsa est ejus gens Hebræa, eademque lingua;) sed propter tempus insigne, quod in diebus ejus terra divisa est. Nec movere nos debet, quomodo potuerit gigas Nebroth ad illud ætatis occurrere, quo Babylon condita est, et confusio facta linguarum, atque ex (a) hac divisio gentium. Non enim quia Heber sextus est a Noe, ille autem quartus, ideo non potuerunt ad id tempus convenire vivendo. Hoc enim contigit, cum plus viverent, ubi pauciores sunt generationes, minus ubi plures; aut serius nati essent ubi pauciores, maturius ubi plures. Sane intelligendum est, quando terra divisa est, non solum jam natos ceteros filios filiorum Noe, qui commemorantur patres gentium; sed etiam ejus ætatis fuisse, ut numerosas familias haberent, quæ dignæ fuissent nominibus gentium. Unde nequaquam putandum, quod eo fuerint ordine geniti, quo commemorati leguntur. Alioquin duodecim filii Jectan, qui erat filius alius Heber, frater Phalech, quomodo potuerunt jam gentes facere, si post Phalech fratrem suum Jectan natus est, sicut post eum commemora-

(a) Mss. ex hoc.

encore qu'ils étaient assez avancés en âge, pour avoir des familles nombreuses et dignes de porter le nom de nations. Et ne nous imaginons pas qu'ils soient nés dans l'ordre où l'Écriture les fait figurer. Autrement, comment les douze fils de Jectan, autre fils d'Héber et frère de Phalech, auraient-ils pu déjà former des nations, si Jectan était né après son frère, comme il est cité après lui, puisqu'aux jours de la naissance de Phalech, la terre fut divisée? A la vérité Phalech est nommé le premier, mais il naquit longtemps après son frère Jectan, dont les douze fils avaient déjà de si nombreuses familles, qu'elles pouvaient être divisées chacune en leur langue particulière. Ainsi, l'Écriture a pu mentionner le premier celui qui était le dernier par l'âge, comme dans la généalogie des enfants de Noé, elle nomme d'abord les enfants de Japhet qui était le plus jeune, ensuite les enfants de Cham, le cadet, et enfin ceux de Sem, le premier et l'aîné. Or, les noms de ces peuples sont conservés en partie et encore aujourd'hui on peut voir clairement d'où ils sont dérivés; ainsi les Assyriens, d'Assur; les Hébreux, d'Héber; et en partie, le temps leur a fait subir une telle altération, que les hommes les plus savants, habitués à faire des recherches dans l'antiquité, pourraient à peine découvrir les origines, je ne dirai pas de toutes ces nations, mais de quelques-unes d'entre elles. Ainsi, certains prétendent que les Égyptiens sont sortis d'un fils de Cham, appelé Mesraïm; on ne voit vraiment ici aucun rapport d'origine; il en est de même des Éthiopiens qui, dit-on, remontent à un fils de Cham, appelé Chus. Et tout bien considéré, il y a évidemment plus de noms altérés, que de noms conservés.

CHAPITRE XII.

De l'époque où se forme avec Abraham le nouveau tissu de la sainte Généalogie.

Voyons à présent les progrès de la Cité de Dieu, à partir de notre père Abraham, époque où elle commence à se manifester plus clairement et où les promesses divines que nous voyons accomplies en Jésus-Christ, sont plus précises. Comme nous l'avons appris par le témoignage des Saintes-Écritures (*Gen.* xi, 28), Abraham reçut le jour au pays des Chaldéens qui dépendait du royaume d'Assyrie. Or, la superstition et l'impiété régnaient alors chez les Chaldéens, comme chez les autres peuples. La seule maison de Tharé duquel naquit Abraham, avait conservé le culte du vrai Dieu et probablement aussi la langue Hébraïque, bien que, d'après Jésus-Navé (*Josué*,

tus est, quando quidem tempore quo natus est Phalech, divisa est terra. Proinde intelligendum est, priorem quidem nominatum, sed longe post fratrem suum Jectan fuisse natum, cujus Jectan duodecim filii tam grandes jam familias haberent, ut in linguas proprias dividi possent. Sic enim potuit prior commemorari, qui erat ætate posterior; quemadmodum prius commemorati sunt ex tribus filiis Noe procreati filii Japhet, qui erat minimus eorum; deinde filii Cham, qui erat medius; postremo filii Sem, qui erat primus et maximus. Illarum autem gentium vocabula partim manserunt, ita ut hodieque appareat unde fuerint derivata; sicut ex Assur Assyrii, et ex Heber Hebræi: partim temporis vetustate mutata sunt, ita ut vix homines doctissimi antiquissimas historias perscrutantes, nec omnium, sed aliquarum ex istis origines gentium potuerint reperire. Nam quod ex filio Cham, qui vocabatur Mesraim, Ægyptii perhibentur exorti, nulla hic resonat origo vocabuli: sicut nec Æthiopum, qui dicuntur ad eum filium Cham pertinere, qui Chus appellatus est. Et si omnia considerentur, plura mutata, quam manentia nomina apparent.

CAPUT XII.

De articulo temporis in Abraham, a quo sancto successionis novus ordo contexitur.

Nunc jam videamus procursum Civitatis Dei, etiam ab illo articulo temporis, qui factus est in patre Abraham, unde incipit esse notitia ejus evidentior, et ubi clariora leguntur promissa divina, quæ nunc in Christo videmus impleri. Sicut ergo Scriptura sancta indicante didicimus, in regione Chaldæorum natus est Abraham (*Gen.* xi, 28): quæ terra ad regnum pertinebat Assyriorum. Apud Chaldæos autem jam etiam tunc superstitiones impiæ prævalebant, quemadmodum per ceteras gentes. Una igitur Tharæ domus erat, de (*a*) qua natus est Abraham, in qua unius veri Dei cultus, et quantum credibile est, in qua jam sola etiam Hebræa lingua remanserat, quamvis et (*b*) ipsa, sicut jam manifes-

---

(*a*) Sola editio Lov. *de quo*. — (*b*) Sic Mss. At editi, *et ipse.*

xxiv, 2), cette famille, elle-même, comme en Égypte le peuple choisi de Dieu, eût suivi le culte des faux Dieux en Mésopotamie; les descendants de la postérité d'Héber se laissent aller peu à peu dans le courant des langues et des nations nouvelles. Et comme, pendant le déluge la maison de Noé resta seule pour réparer le genre humain, ainsi, dans ce déluge de superstitions qui inondaient le monde, la maison de Tharé resta seule pour garder la semence de la Cité de Dieu. Enfin, de même qu'après le dénombrement des générations jusqu'à Noé, avec la supputation des années et l'exposé de la cause du déluge, avant que Dieu eût donné l'ordre à Noé de construire l'arche, l'Écriture dit : « Voici la généalogie de Noé : » (Gen. vi, 9.) ainsi, après le dénombrement des générations de Sem, fils de Noé, jusqu'à Abraham, elle se sert avec intention, pour ainsi dire, du même verset : « Voici la généalogie de Tharé : Tharé engendra Abraham, Nachor et Aran; Aran engendra Lot. Et Aran mourut avant Tharé, son père, au pays où il était né, dans la contrée des Chaldéens. Et Abraham et Nachor se choisirent des épouses ; le nom de la femme d'Abram, était Sara et celui de la femme de Nachor était Melcha, fille d'Aran. » (Gen. xi, 27 et suiv.) Cet Aran, père de Melcha, fut aussi le père de Jesca, qu'on croit être la même que Sara, femme d'Abraham.

CHAPITRE XIII.

Pour quelle raison, dans l'émigration de Tharé qui quitta la Chaldée pour passer en Mésopotamie, l'Écriture ne fait aucune mention de son fils Nachor.

Ensuite l'Ecriture raconte comment Tharé quitta, avec les siens, la contrée des Chaldéens et vint en Mésopotamie, pour habiter à Charra Mais elle ne parle point de l'un de ses fils appelé Nachor, comme s'il ne l'eût point emmené avec lui. Car voici comme elle s'exprime « Et Tharé prit Abram son fils, et Loth fils d'Aran, le fils de son fils et Sara sa bru, femme d'Abraham son fils, et il les fit passer de la contrée des Chaldéens dans la terre de Chanaan et il vint à Charra où il habita. » (Gen. xi, 31.) Il n'est fait ici aucunement mention de Nachor ni de son épouse Melcha. Mais, plus tard, quand Abraham envoya son serviteur chercher une femme pour son fils Isaac, nous trouvons dans le texte sacré, ces paroles : « Et le serviteur prit dix chameaux parmi les chameaux de son maître, et beaucoup d'autres biens de son maî-

tior Dei populus in Ægypto, ita in Mesopotamia servisse diis alienis, Jesu Nave narrante referatur (Jos. xxiv, 2) : ceteris ex progenie illius Heber in linguas paulatim alias et in nationes alias defluentibus. Proinde sicut per aquarum diluvium una domus Noe remanserat ad reparandum genus humanum, sic in diluvio multarum superstitionum per universum mundum una remanserat domus Tharæ, in qua custodita est plantatio Civitatis Dei. Denique sicut illic enumeratis supra generationibus usque ad Noe simul cum annorum, numeris, et exposita diluvii caussa, prius quam Deus inciperet de arca fabricanda loqui ad Noe, dicitur : « Hæ autem generationes Noe : » (Gen. vi, 9) ita et hic enumeratis generationibus ab illo, qui est appellatus Sem, filio Noe, usque ad Abraham, deinde insignis articulus similiter ponitur ut dicatur : Hæ sunt generationes Tharæ. Thara genuit Abram et Nachor et Aran : et Aran genuit Lot. Et mortuus est Aran coram Thara patre suo in terra in qua natus est, in regione Chaldæorum. Et sumserunt Abram et Nachor sibi uxores : nomen mulieris Abram Sara, et nomen mulieris Nachor Melcha, filia Aran. » (Gen. xi, 27, etc.) Iste Aran pater Melchæ fuit et pater Jes-cæ, quæ Jesca creditur ipsa esse etiam Sara uxor Abrahæ.

CAPUT XIII.

Quæ ratio fecisse videatur, ut in transmigratione Tharæ, qua Chaldæos deserens in Mesopotamiam transiit, nulla filii ejus Nachor facta sit mentio.

Deinde narratur, quemadmodum Thara cum suis regionem reliquerit Chaldæorum, et venerit in Mesopotamiam, et habitaverit in Charra. Tacetur autem de uno ejus filio, qui vocabatur Nachor, tamquam cum non duxerit secum. Nam ita narratur : Et sumsit Thara Abram filium suum, et Lot filium Aran, filium filii sui, et Saram nurum suam uxorem Abram filii sui, et eduxit illos de regione Chaldæorum ire in terram Chanaan : et venit in Charram, et habitavit ibi. » (Gen. xi, 31.) Nusquam hic nominatus est Nachor, et uxor ejus Melcha. Sed invenimus postea, cum servum suum mitteret Abraham ad accipiendam uxorem filio suo Isaac, ita scriptum : « Et accepit puer decem camelos de camelis domini sui, et de omnibus bonis domini sui secum, et ex-

tre et s'étant mis en chemin, il partit en Mésopotamie pour la ville de Nachor. » (*Gen.* XXIV, 10.) Ce témoignage et d'autres tirés de l'Écriture-Sainte, démontrent que Nachor, frère d'Abraham avait aussi quitté la Chaldée, pour établir son séjour en Mésopotamie, où Abraham habitait avec son père. Pourquoi donc l'Écriture ne parle-t-elle point de lui, quand Tharé sortit avec les siens de la terre de Chaldée et vint habiter la Mésopotamie, où elle rapporte qu'il conduisit non-seulement Abraham son fils, mais encore Sara sa bru et Lot, son petit-fils ? Pourquoi ? sinon peut-être parce qu'il avait abandonné la religion de son père et de son frère, pour se livrer aux superstitions Chaldéennes, et qu'ensuite, soit par repentir, soit à cause des persécutions dirigées contre sa personne encore suspecte, il émigra lui-même. En effet, au livre de Judith, quand Holopherne, ennemi des Israélites, demande ce qu'est cette nation et s'il faut lui faire la guerre, nous lisons cette réponse d'Achior, général des Ammonites : « Que mon Seigneur écoute la parole de son serviteur et je lui dirai la vérité sur ce peuple qui habite la montagne voisine, et le mensonge ne sortira point de la bouche de son serviteur. Ce peuple tire son origine de la Chaldée et il habita d'abord en Mésopotamie, parce qu'il ne voulut point honorer les dieux de leurs pères, qui se rendirent célèbres parmi les Chaldéens ; mais ayant abandonné la voie de ses ancêtres, il adora le Dieu du ciel qu'il connut ; et il fut chassé de la Chaldée et s'enfuit en Mésopotamie pour y habiter de longues années. Et son Dieu lui ordonna de sortir de ce lieu, et d'aller dans la terre de Chanaan où il s'établit » (*Judith.* v, 5 etc.) et le reste que raconte Achior l'Ammonite. Mais il est évident par ce récit que la famille de Tharé fut persécutée par les Chaldéens, à cause de la sincérité de sa religion et de son attachement au culte du Dieu unique et véritable.

CHAPITRE XIV.

Des années de Tharé, qui termina sa vie à Charra.

Après la mort de Tharé, en Mésopotamie, où il est rapporté qu'il vécut deux cent cinq ans, l'Écriture commence à faire connaître les promesses de Dieu à Abraham. Et d'abord elle dit : « et les jours de Tharé, à Charra, furent de

---

surgens profectus est in Mesopotamiam in civitatem Nachor. » (*Gen.* XXIV, 10.) Isto et aliis sacræ hujus historiæ testimoniis ostenditur, etiam Nachor frater Abrahæ exisse de regione Chaldæorum, sedesque constituisse in Mesopotamia, ubi cum patre suo habitaverat Abraham. Cur ergo Scriptura cum non commemoravit, quando ex gente Chaldæa cum suis profectus est Thara, et habitavit in Mesopotamia, ubi non solum Abraham filius ejus, verum etiam Sara nurus et Lot nepos ejus commemorantur, quod eos duxerit secum ? Cur putamus, nisi forte quod a paterna et fraterna pietate desciverat, et superstitioni adhæserat Chaldæorum, et postea inde, sive pœnitendo, sive persecutionem passus, quod suspectus haberetur, et ipse emigravit ? In libro enim qui inscribitur Judith, cum quæreret Holofernes hostis Israelitarum, quænam gens illa esset, utrum adversus eam bellandum fuisset, sic ei respondit Achior dux (a) Ammonitarum : « Audiat dominus noster verbum de ore pueri sui, et referam tibi veritatem de populo, qui habitat juxta te (b) montanam hanc, et non exibit mendacium de ore servi tui. Hæc enim progenies populi est Chaldæorum, et antea habitaverunt Mesopotamiam, quia noluerunt sequi deos patrum suorum, qui fuerunt in terra Chaldæorum gloriosi, sed declinaverunt de via parentum suorum, et adoraverunt Deum cœli, quem cognoverunt, et projecerunt eos a facie deorum suorum, et fugerunt, in Mesopotamiam, et habitaverunt ibi dies multos. Dixitque illis Deus eorum, ut exirent de habitatione sua, et irent in terram Chanaan, et illic habitaverunt : » (*Judic.* v, 5, etc.) et cetera quæ narrat Achior Ammonites. Unde manifestum est, domum Tharæ persecutionem passam fuisse a Chaldæis pro vera pietate, qua unus et verus ab eis colebatur Deus.

CAPUT XIV.

De annis Tharæ, qui in Charra vitæ suæ tempus implevit.

Defuncto autem Thara in Mesopotamia, ubi vixisse perhibetur ducentos et quinque annos, jam incipiunt indicari factæ ad Abraham promissiones Dei, quod ita scriptum est : « Et fuerunt (c) dies Tharæ in Charra quinque et ducenti anni, et mor-

---

(a) Mss. *Ammanitarum* : et infra *Ammanites*, loco *Ammonites*. — (b) Lov. *montana hæc*. At Mss. *montanam hanc* : juxta Græc. τὴν ῥεινὴν ταύτην. — (c) Lov. *omnes dies*. Abest *omnes* a ceteris libris et a Græco LXX,

deux cent cinq ans, et il mourrut à Charra. » (*Gen.* xi, 32.) Or, il ne faut pas entendre ces paroles, comme s'il eût passé là tous ses jours, mais comme ayant terminé là les jours de sa vie, qui furent de deux cent cinq ans; autrement on ne saurait pas combien de temps Tharé aurait vécu, puisque l'Écriture ne dit point à quel âge il vint à Charra; et il serait absurde de penser que dans cette généalogie où les années de chacun sont soigneusement signalées, lui seul eût été laissé dans l'oubli. Si, en effet, les années de quelques-uns, dont l'Écriture fait mention, sont omises, c'est qu'ils n'appartiennent pas à cet ordre généalogique où les temps sont marqués par la chaîne non interrompue des ascendants et des descendants. Et dans cet ordre, la ligne généalogique, qui s'étend depuis Adam jusqu'à Noé et de là jusqu'à Abraham, ne contient aucun nom auquel ne soient jointes les années de la vie.

CHAPITRE XV.

Du temps de la promesse et comment Abraham sortit de Charra selon l'ordre de Dieu.

1. Quand, après le récit de la mort de Tharé, père d'Abraham, nous lisons dans l'Écriture : « Et le Seigneur dit à Abram : Sors de ton pays, de ta parenté et de la maison de ton père, etc.; » (*Gen.* xii, 1) il ne faut pas s'imaginer que ce qui se suit dans le texte sacré, doit se suivre aussi dans l'ordre des faits; car, s'il en était ainsi, nous nous trouverions en face d'une question insoluble. En effet, après ces paroles de Dieu à Abraham, l'Écriture s'exprime ainsi : « Et Abram sortit, comme la parole du Seigneur lui en faisait un devoir, et Lot s'en alla avec lui. Or, Abram avait soixante-quinze ans lorsqu'il sortit de Charra. » (*Ibid.* 4.) Comment cela peut-il être vrai, s'il sortit de Charra après la mort de son père? Car, d'après ce que nous avons dit plus haut, Tharé avait soixante-dix ans quand il engendra Abraham; si à ce nombre on ajoute les soixante-quinze ans d'Abraham à sa sortie de Charra, nous aurons cent quarante-cinq ans. Tel était donc l'âge de Tharé, quand Abraham sortit de cette ville de Mésopotamie; et il avait bien alors soixante-quinze ans et son père qui l'avait engendré dans soixante-dixième année, avait, comme nous venons de le dire, cent quarante-cinq ans. Il ne sortit donc pas de ce pays après la mort de son père, c'est-à-dire après les deux cent cinq ans de la vie de Tharé; et comme l'année de la sortie d'Abraham était la soixante-quinzième de son âge, évidemment son père qui

tuus est in Charra. » (*Gen.* xi, 32.) Non sic autem accipiendum est, quasi omnes hos dies ibi egerit; sed quia omnes dies vitæ suæ, qui fuerunt anni ducenti quinque, ibi compleverit : alioquin nesciretur quot annos vixerit Thara, quoniam non legitur quoto anno vitæ suæ in Charram venerit : et absurdum est existimare in ista serie generationum, ubi diligenter commemoratur quot annos quisque vixerit, hujus solius numerum annorum vitæ non commendatum esse memoriæ. Quod enim quorumdam, quos eadem Scriptura commemorat, tacentur anni, non sunt in hoc ordine, in quo temporum dinumeratio decessione gignentium et genitorum successione contexitur. Iste autem ordo, qui dirigitur ad Adam usque ad Noe, et inde usque ad Abraham, sine numero annorum vitæ suæ neminem continet.

CAPUT XV.

De tempore promissionis Abrahæ, qua secundum præceptum Dei exiit de Charra.

1. Quod vero, commemorata morte Tharæ patris Abraham, deinde legitur : « Et dixit Dominus ad Abram : Exi de terra tua, et de cognatione tua, et de domo patris tui » (*Gen.* xii, 1), etc., non quia hoc sequitur in sermone libri, hoc etiam in rerum gestarum tempore sequi existimandum est. Erit quippe, si ita est, insolubilis quæstio. Post hoc enim verba Dei, quæ ad Abraham facta sunt, Scriptura sic loquitur : « Et exiit Abram, quemadmodum locutus est illi Dominus, et abiit cum eo Lot. Abram autem erat quinque et septuaginta annorum, cum exiit ex Charra. » (*Ibid.* 4.) Quomodo potest hoc verum esse, si post mortem patris sui exiit de Charra? Cum enim esse Thara septuaginta annorum, sicut supra intimatum est, genuit Abraham : cui numero additis septuagintaquinque annis, quos agebat Abraham, quando egressus est de Charra, fiunt anni centum-quadraginta-quinque. Tot igitur annorum erat Thara, quando exiit Abraham de illa Mesopotamiæ civitate : agebat enim annum ætatis suæ septuagesimum-quintum : ac per hoc pater ejus, qui eum septuagesimo anno suo genuerat, agebat, ut dictum est centesimum-quadragesimum et quintum. Non ergo inde post mortem patris, id est, post ducentos-quinque annos, quibus pater ejus vixit, egressus est : sed annus de illo loco profectionis ejus, quoniam ipsius septuagesimus-quintus erat, procul dubio patris

l'avait engendré à soixante-dix ans, n'avait alors que cent quarante-cinq ans. Mais il faut entendre que l'Écriture, selon son habitude, remonte à un temps déjà fort éloigné ; ainsi, plus haut (*Gen.* x, 31), après avoir fait le dénombrement des enfants de Noé, elle dit qu'ils furent divisés en différentes nations et en différentes langues et cependant elle ajoute un peu après, comme en suivant l'ordre des temps : « Et par toute la terre il n'y avait qu'une seule langue et la parole était la même pour tous. » (*Gen.* xi, 3.) Comment donc étaient-ils divisés en différentes nations et en différentes langues, si la langue était la même pour tous ? N'est-ce pas que l'Écriture revient, par forme de récapitulation sur ce qu'elle avait déjà dit et sur ce qui était d'une époque déjà passée ? Il en est de même ici, après avoir dit : « Et les jours de Tharé à Charra furent de deux cent cinq ans et Tharé mourut à Charra. (*Ibid.* 32.) L'Écriture reprenant alors ce qu'elle avait omis, pour compléter d'abord ce qui regardait Tharé, continue : « Et le Seigneur dit à Abram : sors de ton pays, etc., » puis, après ces paroles de Dieu, elle ajoute : « Et Abram sortit comme la parole du Seigneur lui en faisait un devoir ; et Lot s'en alla avec lui : Or, Abram avait soixante-quinze ans, lorsqu'il sortit de Charra. » Ainsi donc, son père avait cent quarante-cinq ans, puisque lui-même avait soixante-quinze ans. Mais il y a une autre solution (1) : les soixante-quinze ans d'Abraham, à sa sortie de Charra, seraient comptés, non du jour de sa naissance, mais du jour de sa délivrance du feu des Chaldéens, comme si sa vie ne devait pas plutôt dater de cette époque.

2. Mais, aux actes des Apôtres, le bienheureux Etienne, rappelant ces événements : « Le Dieu de gloire, dit-il, apparut à Abraham notre père, lorsqu'il était en Mésopotamie, avant d'habiter Charra et il lui dit : Sors de ton pays et de ta parenté et de la maison de ton père et viens dans la terre que je te montrerai. » (*Act.* vii, 2 et 3.) D'après ces paroles de saint Etienne, Dieu parle à Abraham, non après la mort de son père, qui eut lieu à Charra où son fils habitait avec lui, mais avant qu'il fût dans cette ville et quand il était déjà en Mésopotamie. Il était donc déjà sorti de la Chaldée. Et ce que saint Etienne ajoute : « Abraham sortit alors de la terre des Chaldéens et vint demeurer à Charra, » (*Ibid.* 4) n'indique pas ce qui se fit après l'ordre de Dieu, (car ce n'est pas quand Dieu lui eût ainsi parlé qu'il sortit de la Chaldée,

---

(1) Cette solution est de saint Jérôme ; elle s'appuie sur une tradition des Hébreux qui rapporte que les Chaldéens jetèrent Abraham dans le feu qu'il ne voulait pas adorer ; elle ajoute qu'il fut miraculeusement délivré.

---

ejus, qui cum septuagesimo suo anno genuerat, centesimus-quadragesimus-quintus fuisse colligitur. Ac per hoc intelligendum est more suo Scripturam redisse ad tempus, quod jam narratio illa transierat : sicut superius, cum filios filiorum Noe commemorasset (*Gen.* x, 31), dixit illos fuisse in gentibus et linguis suis ; et tamen postea quasi hoc etiam in ordine temporum sequeretur : « Et erat, inquit, omnis terra labium unum, et vox una omnibus. » (*Gen.* xi, 1.) Quomodo ergo secundum suas gentes et secundum suas linguas erant, si una erat omnibus ; nisi quia ad illud quod jam transierat recapitulando est reversa narratio ? Sic ergo et hic cum dictum esset : « Et fuerunt dies Tharæ in Charra quinque et ducenti anni, et mortuus est Thara in Charra : » (*Gen.* xi, 31) deinde Scriptura redeundo ad id quod ideo prætermiserat, ut prius de Thara id quod inchoatum fuerat compleretur : « Et dixit, inquit, Dominus ad Abram, Exi de terra tua, etc. » Post quæ Dei verba subjungitur : « Et exiit Abram, quemadmodum locutus est illi Dominus, et abiit cum eo Lot : Abram autem erat quinque et septuaginta annorum, cum exiit ex Charra. » Tunc itaque factum est, quando pater ejus centesimum-quadragesimum et quintum annum agebat ætatis : tunc enim fuit hujus septuagesimus-quintus. Soluta est autem quæstio ista et aliter, ut septuaginta-quinque anni Abrahæ, quando egressus est de Charra, ex illo computarentur, ex quo de igne Chaldæorum liberatus, non ex quo natus est, tamquam tunc potius natus habendus sit.

2. Sed beatus Stephanus in Actibus Apostolorum cum ista narraret, « Deus, inquit, gloriæ apparuit Abrahæ patri nostro, cum esset in Mesopotamia, prius quam habitaret in Charra, et ait ad illum : Exi de terra tua, et de cognatione tua, et de domo patris tui, et veni in terram, quam tibi demonstrabo. » (*Act.* vii, 2 et 3.) Secundum hæc verba Stephani non post mortem patris ejus locutus est Deus Abrahæ, qui utique in Charra mortuus est, ubi cum illo et ipse filius habitavit, sed prius quam habitaret in eadem civitate, jam tamen cum esset in Mesopotamia. Jam ergo exierat a Chaldæis. Quod itaque adjungit Stephanus : « Tunc Abraham egressus est de

puisque saint Etienne dit que cette parole de Dieu lui fut adressée en Mésopotamie,) mais se rapporte à tout le temps compris dans le mot « alors, » c'est-à-dire depuis qu'il était sorti du pays des Chaldéens et qu'il demeurait à Charra. Saint Etienne continue de le prouver par les paroles suivantes : « Et après la mort de son père, Dieu l'établit dans cette terre que vos pères ont habitée et que vous habitez encore aujourd'hui; » (*Ibid.*) il ne dit pas : après la mort de son père, il sortit de Charra ; mais Dieu l'établit ici, après la mort de son père. Il faut donc entendre que Dieu parla à Abraham en Mésopotamie, avant qu'il fut à Charra où il vint avec son père, conservant en son cœur le commandement de Dieu, et qu'il sortit de ce pays, dans sa soixante-quinzième année et la cent quarante-cinquième de son père. Et saint Etienne place son établissement dans la terre de Chanaan et non sa sortie de Charra, après la mort de son père; car son père était déjà mort quand il acheta la terre de Chanaan, et commença à la posséder comme son bien propre. Et lorsque déjà établi en Mésopotamie, c'est-à-dire sorti de la Chaldée, Dieu lui dit : « Sors de ton pays, de ta parenté et de la maison de ton père, » (*Gen.* XII, 1) ce n'est pas pour en faire partir son corps, ce qui était fait déjà, mais pour en détacher son cœur. Et, en effet, il n'en était pas sorti de cœur, s'il conservait le désir et l'espérance d'y retourner; espoir et désir qui devaient être détruits par l'ordre et avec l'aide de Dieu, ainsi que par l'obéissance de son serviteur. Il est assez croyable qu'après l'arrivée de Nachor auprès de son père, Abraham exécuta l'ordre du Seigneur, en sortant de Charra avec Sara, son épouse et Lot, le fils de son frère.

CHAPITRE XVI.

De l'ordre et de la nature des promesses de Dieu à Abraham.

Il nous faut maintenant examiner les promesses divines faites à Abraham. Nous trouvons là, en effet, plus clairement exprimés les oracles de notre Dieu, c'est-à-dire du vrai Dieu, en faveur du peuple fidèle prédit avec autorité par les prophètes. La première de ces promesses est ainsi conçue : « Et le Seigneur dit à Abram : sors de ton pays et de ta parenté et de la maison de ton père, et va dans la terre

---

terra Chaldæorum, et habitavit in Charra, » (*Ibid.* 4) non (*a*) demonstrat quid sit factum, postea quam locutus est illi Deus, (neque enim post illa Dei verba egressus est de terra Chaldæorum, cum dicat ei locutum Deum cum esset in Mesopotamia,) sed ad totum illud tempus pertinet quod ait « Tunc, » id est, ex quo egressus est a Chaldæis, et habitavit in Charra. Item quod sequitur : « Et inde post quam mortuus est pater ejus, collocavit illum in terra hac, in qua vos nunc habitatis, et patres vestri : » (*Ibid.*) non ait, Post quam mortuus est pater ejus, exiit de Charra : sed inde hic eum collocavit, post quam mortuus est pater ejus. Intelligendum est igitur locutum Deum fuisse ad Abraham, cum esset in Mesopotamia, prius quam habitaret in Charra ; sed eum in Charram pervenisse cum patre, retento apud se præcepto Dei, et inde exisse septuagesimo et quinto suo, patris autem sui centesimo-quadragesimo-quinto anno. Collocationem vero ejus in terra Chanaan, non profectionem de Charra, post mortem patris ejus factam esse dicit; quia jam mortuus erat pater ejus, quando emit terram, cujus ibi jam suæ rei cœpit esse possessor. Quod autem jam in Mesopotamia constituto, hoc est, jam egresso de terra Chaldæorum, dicit Deus : « Exi de terra tua, et de cognatione tua, et de domo patris tui, » (*Gen.* XII, 1) non ut corpus inde ejiceret, quod jam fecerat, sed ut animum avelleret, dicitur. Non enim exierat inde animo, si spe redeundi et desiderio tenebatur, quæ spes et desiderium, Deo jubente ac juvante, et illo obediente, fuerat amputandum. Non sane incredibiliter existimatur, cum postea secutus esset Nachor patrem suum, tunc Abraham præceptum Domini implesse, ut cum Sara conjuge sua et Lot filio fratris sui exiret de Charra.

CAPUT XVI.

De ordine et qualitate promissionum Dei, quæ ad Abraham factæ sunt.

Jam considerandæ sunt promissiones Dei factæ ad Abraham. In his enim apertiora (*b*) Dei nostri, hoc est, Dei veri oracula apparere cœperunt de populo (*c*) piorum, quem prophetica prænuntiavit auctoritas. Harum prima ita legitur : « Et dixit Dominus ab Abram : Exi de terra tua, et de cognatione tua,

---

(*a*) Verbum *demonstrat* abest a Mss. — (*b*) Sic Mss. At Lov. *Domini nostri Jesu Christi.* — (*c*) Nonnulli codices, *impiorum.*

que je te montrerai ; je t'établirai chef d'un grand peuple et je te bénirai et je glorifierai ton nom, et tu seras béni ; je bénirai ceux qui te béniront et je maudirai ceux qui te maudiront, et toutes les nations de la terre seront bénies en toi. » (*Gen.* xii, 1 et suiv.) Remarquons que la promesse a deux objets : l'un, que la race d'Abraham posséderait la terre de Chanaan ; et c'est ce que signifient ces paroles : « Va dans la terre que je te montrerai et je t'établirai chef d'un grand peuple ; » l'autre beaucoup plus excellent, qui a rapport non à la postérité charnelle, mais à la postérité spirituelle ; or à ce point de vue, il n'est pas seulement le père du peuple d'Israël, mais de toutes les nations qui suivent les traces de sa foi ; les paroles suivantes annoncent ce grand événement : « Et toutes les nations de la terre seront bénies en toi. » Eusèbe croit que cette promesse fut faite à Abraham, la soixante-quinzième année de son âge, comme si le patriarche était sorti de Charra aussitôt après, pour ne pas contredire cette parole formelle de l'Écriture : « Abram avait soixante-quinze ans quand il sortit de Charra. » (*Gen.* xii, 4.) Mais si cette promesse fut faite cette année-là, Abraham demeurait donc à Charra avec son père. Car il n'aurait pu sortir de cette ville, s'il ne l'eût précédemment habitée. Il y aurait donc ici contradiction avec ce que dit saint Étienne : « Le Dieu de gloire apparut à Abraham notre père, lorsqu'il était en Mésopotamie et avant d'habiter Charra ? » (*Act.* vii, 2.) Nullement ; mais il faut entendre que tout eut lieu la même année, et la promesse de Dieu qui précéda son séjour à Charra et son séjour en cette ville et son départ. Et il faut l'entendre ainsi, non-seulement parce qu'Eusèbe dans sa chronique, commence à compter à partir de l'année de la promesse et montre que, depuis cette époque, jusqu'à la sortie d'Égypte, et la promulgation de la loi, il s'écoula quatre cent trente ans ; mais encore parce que l'Apôtre saint Paul compte de même. (*Gal.* iii, 17.)

CHAPITRE XVII.

De trois grandes monarchies et surtout de celle des Assyriens, qui était la plus florissante au temps d'Abraham.

En ce même temps, il y avait de puissants empires, où florissait supérieurement la Cité de la terre, c'est-à-dire la société des hommes vivant selon l'homme, sous la domination des

---

et de domo patris tui, et vade in terram, quam tibi demonstravero ; et faciam te in gentem magnam, et benedicam te, et magnificabo nomen tuum, et eris benedictus, et benedicam benedicentes te, et maledicam maledicentes te, et benedicentur in te omnes tribus terræ. » (*Gen.* xii, 1, etc.) Advertendum est igitur, duas res promissas Abrahæ : unam scilicet, quod terram Chanaan possessurum fuerat semen ejus, quod significatur, ubi dictum est : « Vade in terram, quam tibi demonstravero, et faciam te in gentem magnam : » aliam vero longe præstantiorem, non de carnali, sed de spirituali semine, per quod pater est, non unius gentis Israeliticæ, sed omnium gentium quæ fidei ejus vestigia consequuntur, quod promitti cœpit his verbis : « Et benedicentur in te omnes tribus terræ. » Hanc promissionem factam arbitratur Eusebius septuagesimo-quinto anno ætatis Abrahæ, tamquam mox ut facta est, de Charra exierit Abraham : quoniam Scripturæ contradici non potest, ubi legitur : « Abram erat quinque et septuaginta annorum, cum exiit ex Charra. » (*Gen.* xii, 4.) Sed si eo anno facta est ista promissio, jam utique in Charra cum patre suo demorabatur Abraham. Ne- que enim inde exire posset, nisi prius ibi habitasset. Numquidnam ergo contra dicitur Stephano dicenti : « Deus gloriæ apparuit Abrahæ patri nostro, cum esset in Mesopotamia, prius quam habitaret in Charra ? » (*Act.* vii, 2.) Sed intelligendum est, quod eodem anno facta sint omnia, et Dei promissio ante quam in Charra habitaret Abraham, et in Charra habitatio ejus, et inde profectio : non solum quia Eusebius in Chronicis ab anno hujus promissionis computat et ostendit post quadringentos et triginta annos exitum esse de Ægypto, quando lex data est ; verum etiam quia id commemorat apostolus Paulus. (*Gal.* iii, 17.)

CAPUT XVII.

De tribus excellentioribus gentium regnis, quorum unum, id est, Assyriorum, jam (a) Abraham genito sublimius eminebat.

Per idem tempus eminentia regna erant gentium, in quibus terrigenarum Civitas, hoc est, societas hominum secundum hominem viventium sub dominatu angelorum desertorum insignius excellebat, regna

---

(a) Lov. *jam tempore Abraham.*

anges prévaricateurs, c'étaient les royaumes de Sicyoniens, des Égyptiens et des Assyriens. Mais, celui des Assyriens surpassait de beaucoup les deux autres en puissance et en grandeur; car le roi Ninus, fils de Bélus, avait subjugué tous les peuples de l'Asie, à l'exception de l'Inde. Et j'appelle Asie, non cette contrée qui n'est à présent qu'une province de la haute Asie, mais cet immense territoire qu'on appelle Asie, dont quelques-uns font la seconde, et d'autres en plus grand nombre la troisième partie du globe qui se partagerait, bien qu'inégalement, entre l'Asie, l'Europe et l'Afrique; car, ce qui s'appelle Asie, s'étend du midi, par l'Orient, jusqu'au Septentrion; l'Europe, du Septentrion à l'Occident; et l'Afrique, de l'Occident au midi; en sorte que l'Europe et l'Afrique occuperaient la moitié de la terre et l'Asie toute seule, l'autre moitié. Mais on a fait deux parties de l'Europe et de l'Afrique, parce que l'Océan roulant ses eaux entre les deux terres, les sépare par une grande mer. Et si on divisait le monde en deux parties, l'Orient et l'Occident, l'Asie en serait une, et l'Europe et l'Afrique, l'autre. Aussi, des trois grands empires qui dominaient alors, celui des Sicyoniens, n'était pas soumis à l'empire d'Assyrie, parce qu'il était en Europe; mais comment celui des Égyptiens ne l'était-il pas, puisque, dit-on, les Assyriens étaient maîtres de toute l'Asie, à l'exception de l'Inde? C'était donc surtout en Assyrie que la Cité impie faisait prévaloir sa domination; elle avait pour capitale, Babylone, c'est-à-dire confusion, nom qui convenait parfaitement à cette cité terrestre. Ninus en était roi, après la mort de son père Bélus, qui, le premier, y avait régné soixante-cinq ans. Ninus, son fils et son successeur, régna cinquante-deux ans; il y avait déjà quarante-trois ans qu'il était sur le trône, à la naissance d'Abraham, environ douze cents ans avant la fondation de Rome, regardée comme la Babylone de l'Occident.

CHAPITRE XVIII.

Dieu parle une seconde fois à Abraham, il promet à lui et à sa race la terre de Chanaan.

Abraham étant donc sorti de Charra, la soixante-quinzième année de son âge, la cent quarante-cinquième année de l'âge de son père, se dirigea avec Lot, le fils de son frère et Sara son épouse vers la terre de Chanaan et s'avança jusqu'à Sichem, où il reçut un nouvel avertissement du ciel, que l'Écriture raconte ainsi : « Et

---

videlicet tria, Sicyniorum, Ægyptiorum, Assyriorum. Sed Assyriorum multo erat potentius atque sublimius. Nam rex ille Ninus Beli filius, excepta India, universæ Asiæ populos subjugaverat. Asiam nunc dico, non illam partem quæ hujus majoris Asiæ una provincia est, sed eam quæ universa Asia nuncupatur, quam quidam in altera duarum, plerique autem in tertia totius orbis parte posuerunt, ut sint omnes : Asia, Europa, et Africa : quod non æquali divisione fecerunt. Namque ista quæ Asia nuncupatur, a meridie per Orientem usque ad Septentrionem pervenit : Europa vero a Septentrione usque ad Occidentem; atque inde Africa ab Occidente usque ad Meridiem. Unde videntur orbem dimidium duæ tenere, Europa et Africa, alium vero dimidium sola Asia. Sed ideo illæ duæ partes factæ sunt, quia inter utramque ab Oceano ingreditur, quidquid aquarum terras interluit, et hoc mare magnum nobis facit. Quapropter si in duas partes orbem dividas, Orientis et Occidentis, Asia erit in una, in altera vero Europa et Africa. Quamobrem (a) trium regnorum, quæ tunc præcellebant, scilicet Sicyoniorum non erat sub Assyriis, quia in Europa sunt : Ægyptiorum autem quomodo eis non subjacebat, a quibus tota Asia tenebatur, solis Indis, ut perhibetur, exceptis. In Assyria igitur prævaluerat dominatus impiæ Civitatis : hujus caput erat illa Babylon, cujus terrigenæ civitatis nomen aptissimum est, id est, confusio. Ibi jam Ninus regnabat post mortem patris sui Beli, qui primus illic regnaverat sexaginta-quinque annos. Filius vero ejus Ninus, qui defuncto patri successit in regnum, quinquaginta-duos regnavit annos, et habebat in regno quadraginta-tres, quando natus est Abraham, qui erat annus circiter millesimus-ducentesimus ante conditam Romam, veluti alteram in Occidente Babyloniam.

CAPUT XVIII.

De iterato alloquio Dei ad Abraham, quo ei et semini ejus Chanaan terra promittitur.

Egressus ergo Abraham de Charra septuagesimo-quinto anno ætatis suæ, centesimo autem quadragesimo et quinto patris sui, cum Lot filio fratris et Sara conjuge perrexit in terram Chanaan, et perve-

---

(a) Editi, *Quamobrem unum :* pauloque post. *regnum scilicet Sicyoniorum.* Verba *unum et regnum* non habent Mss.

le Seigneur apparut à Abraham et lui dit : Je donnerai cette terre à ta postérité. » (*Gen.* XII, 7.) Ici, il ne lui est rien promis au sujet de cette postérité, par laquelle il devait être le père de tous les peuples, mais seulement au sujet de celle qui le rendait père de tout le peuple d'Israël; car c'est ce peuple qui a possédé la terre de Chanaan.

CHAPITRE XIX.

Dieu protége en Egypte la chasteté de Sara qu'Abraham faisait passer pour sa sœur.

Abraham ayant dressé un autel en ce lieu (*Gen.* XII, 7 etc.), et invoqué le nom du Seigneur, sortit de là pour se rendre au désert; pressé ensuite par la famine, il alla en Egypte. C'est là qu'il fit passer sa femme pour sa sœur, et cela sans mentir, car elle était aussi sa proche parente, comme Lot, qui était au même degré, puisqu'il était son neveu, est appelé son frère. Il garda donc le silence sur le titre d'épouse, il ne le nia pas, remettant à Dieu le soin de son honneur et se défiant, comme homme, des artifices des hommes; et s'il n'eût pris alors toutes les précautions possibles contre le danger, il eût plutôt tenté Dieu qu'espéré en lui. Nous avons, à ce sujet, amplement répondu aux calomnies de Faustus le Manichéen. (*Liv.* XXII, *c.* VI.) Enfin il arriva ce qu'Abraham avait espéré de Dieu. Pharaon, roi d'Egypte, qui avait pris Sara, pour l'épouser, se voyant rigoureusement frappé, la rendit à son mari. Loin de nous de croire qu'elle ait été déshonorée par l'adultère, en effet, il est bien plus croyable que les fléaux du ciel ne permirent pas à Pharaon d'exécuter son crime.

CHAPITRE XX.

La séparation d'Abraham et de Lot se fait de commun accord.

Abraham étant donc revenu d'Egypte dans le lieu d'où il était sorti, Lot, fils de son frère, se sépara de lui, sans qu'il y eût mésintelligence entre eux, et se retira dans la contrée des Sodomites. Ils étaient devenus riches et les pasteurs de leurs nombreux troupeaux se disputant ensemble, ils voulurent par ce moyen mettre un terme aux querelles de leurs serviteurs; car, et c'est une conséquence facile à prévoir dans les choses humaines, ces disputes pouvaient faire naître aussi entre eux quelques démêlés. Aussi, pour prévenir ce malheur, Abraham dit à Lot : « Qu'il n'y ait point de différents entre vous et moi, entre vos pasteurs

---

nit usque ad Sichem, ubi rursus accepit divinum oraculum, de quo ita Scriptura est : « Et apparuit Dominus Abrahæ, et dixit illi, Semini tuo dabo terram hanc. » (*Gen.* XII, 7.) Nihil hic de illo semine promissum est, in quo pater factus est omnium gentium : sed de illo solo, de quo pater est unius Israeliticæ gentis; ab hoc enim semine terra illa possessa est.

CAPUT XIX.

De Saræ pudicitia in Ægypto per Deum custodita, quam Abraham non uxorem suam esse dixerat, sed sororem.

Deinde ædificato ibi altari, et invocato Deo, Abraham profectus est inde, et habitavit in eremo, atque inde ire in Ægyptum famis necessitate compulsus est. (*Gen.* XII, 7, etc.) Ubi uxorem suam dixit sororem, nihil mentitus. Erat enim et hoc, quia propinqua erat sanguine : sicut etiam Lot eadem propinquitate, cum fratris ejus esset filius, frater ejus est dictus. Itaque uxorem tacuit, non negavit, conjugis tuendam pudicitiam committens Deo, et humanas insidias cavens ut homo : quoniam si periculum quantum caveri poterat, non caveret, magis tentaret Deum, quam speraret in Deum. De qua re contra calumniantem Faustum Manichæum satis diximus. (*Lib.* XXII, *cap.* XXXVI.) Denique factum est, quod de Domino præsumsit Abraham. Nam Pharao rex Ægypti, qui eam sibi uxorem acceperat, graviter afflictus marito reddidit. Ubi absit ut credamus, alieno concubitu fuisse pollutam : quia multo est credibilius, hoc Pharaonem facere afflictionibus magnis non fuisse permissum.

CAPUT XX.

De secessione Lot et Abrahæ, quæ illis salva caritate complacuit.

Reverso igitur Abraham ex Ægypto in locum unde venerat, tunc Lot fratris filius ab illo in terram Sodomorum, salva caritate, discessit. Divites quippe facti erant, pastoresque multos pecorum habere cœperant, quibus inter se rixantibus, eo modo familiarum suarum pugnacem discordiam vitaverunt. Poterat quippe hinc, ut sunt humana, etiam inter ipsos aliqua rixa consurgere. Proinde hoc malum præcaventis Abrahæ verba ista sunt ad Lot : « Non

et les miens, car nous sommes frères. Est-ce que toute la terre n'est pas devant vous? Séparez-vous de moi; si vous allez à gauche, j'irai à droite; ou si vous allez à droite, j'irai à gauche. » (*Gen.* XIII, 8 et 9.) De là peut-être est venue, parmi les hommes cette coutume pacifique, que lorsqu'il y a quelque terre à partager, l'aîné fait les lots et le plus jeune choisit.

CHAPITRE XXI.

Troisième promesse de Dieu qui assure à Abraham et à sa postérité la possession perpétuelle de la terre de Chanaan.

Lorsqu'ils se furent séparés, non par suite de honteuses discordes, mais pour pourvoir aux exigences domestiques, et qu'ils habitèrent chacun de leur côté, Abraham dans la terre de Chanaan et Lot chez les Sodomites; le Seigneur fit entendre, pour la troisième fois, sa parole à Abraham : « Regarde, lui dit-il, regarde bien, du lieu où tu es, au Nord et au Midi, à l'Orient et à l'Occident, car je te donnerai pour toujours, à toi et à tes descendants, toute la terre que tu vois, et je rendrai ta postérité aussi nombreuse que les grains de sable de la terre. Si quelqu'un peut compter les grains de sable de la terre, il pourra aussi compter ta postérité. Lève toi et parcours cette terre dans sa longueur et sa largeur, car je te la donnerai. » (*Gen.* XIII, 14 etc.) On ne voit pas clairement si cette promesse renferme aussi celle qui le rend père de toutes les nations. Les paroles suivantes pourraient pourtant le faire croire : « Et je rendrai ta postérité aussi nombreuse que les grains de sable de la terre; » cette manière de parler que les Grecs appellent Hyperbole, est tout à fait métaphorique et dépasse le sens propre. Et tous ceux qui ont quelque connaissance de l'Écriture, savent qu'elle emploie communément cette figure, comme toutes les autres. Or, ce trope ou cette manière de parler, signifie que l'expression dont on se sert est beaucoup au-dessus de la chose pour laquelle on l'emploie. Qui ne voit, en effet, qu'ici le nombre des grains de sable est incomparablement plus grand que ne peut l'être celui de tous les hommes, depuis Adam lui-même jusqu'à la fin du monde? Combien donc est-il plus grand que la postérité d'Abraham, sans parler seulement du peuple d'Israël, mais même encore de ce peuple qui suit et qui suivra l'exemple de sa foi, dans toutes les nations de la terre? Cette postérité, il est vrai, est peu nombreuse, en comparaison de la multitude des impies; et cependant elle constitue cette multitude innombrable figu-

---

sit rixa inter me et te, et inter pastores meos et pastores tuos, quia homines nos fratres sumus : Nonne ecce tota terra ante te est? Discede a me : si tu in sinistram, ego in dextram; vel si tu in dextram, ego in sinistram. » (*Gen.* XIII, 8 et 9.) Hinc fortassis effecta est inter homines pacifica consuetudo, ut quando terrenorum aliquid partiendum est, major dividat minor eligat. (*V. Sen. lib.* VI, *declam.*)

CAPUT XXI.

De tertia promissione Dei, qua terram Chanaan Abrahæ et semini ejus in perpetuum pollicetur.

Cum ergo digressi essent, separatimque habitarent Abraham et Lot necessitate sustentandæ familiæ, non fœditate discordiæ, et Abraham in terra Chanaan, Lot autem esset in Sodomis, oraculo tertio Dominus dixit ad Abraham : « Respiciens oculis tuis vide a loco in quo nunc tu es, ad Aquilonem, et Africum, et Orientem, et Mare ; quia omnem terram quam tu vides, tibi dabo, et semini tuo usque in sæculum, et faciam semen tuum tamquam arenam terræ. Si potest aliquis dinumerare arenam terræ, et semen tuum dinumerabitur. Surgens peram-bula terram in longitudinem ejus, et in latitudinem, quia tibi dabo eam. » (*Gen.* XIII, 14, etc.) In hac promissione utrum sit etiam illa, qua pater factus est omnium gentium, non evidenter apparet. Potest enim videri ad hoc pertinere : « Et faciam semen tuum tamquam arenam terræ : » quod ea locutione dictum est, quam Græci vocant hyperbolen; quæ utique tropica est, non propria. Quo tamen modo, ut ceteris tropis uti solere Scripturam, nullus qui eam didicit, ambigit. Iste autem tropus, id est, modus locutionis sit, quando id quod dicitur, longe est amplius, quam quam eo dicto significatur. Quis enim non videat, quam sit incomparabiliter amplior arenæ numerus, quam potest esse omnium hominum ab ipso Adam usque ad terminum sæculi? Quanto ergo magis quam semen Abrahæ, non solum quod pertinet ad Israeliticam gentem, verum etiam quod est, et futurum est, secundum imitationem fidei, toto orbe terrarum in omnibus gentibus. Quod semen, in comparatione multitudinis impiorum, profecto in paucis est : quamvis et ipsi pauci faciant innumerabilem multitudinem suam, quæ significata est secundum hyperbolen per arenam terræ. Sane ista multitudo quæ promittitur Abrahæ

rée hyperboliquement par les grains de sable de la terre. D'ailleurs, cette multitude promise à Abraham, n'est qu'innombrable aux hommes, elle ne l'est pas à Dieu, car il sait même le nombre des grains de sable de la terre. Et comme cette promesse regarde non-seulement le peuple d'Israël, mais toute la race d'Abraham, selon l'esprit et non selon la chair, on peut croire qu'elle s'applique aux deux postérités, ainsi elle aura plus de rapport avec la comparaison de la multitude des grains de sable. Mais, comme je l'ai dit, il n'est pas évident qu'il en soit ainsi, d'autant plus que cette seule nation qui, selon la chair, est sortie d'Abraham, par son petit-fils Jacob, s'est tellement multipliée, qu'elle s'est répandue dans presque tous les pays du monde. Ainsi, par elle-même, elle pourrait suffire à justifier l'hyperbole des grains de sable, car cette seule nation est innombrable pour l'homme. D'ailleurs il est certain qu'il est question ici seulement de la terre de Chanaan. Cependant dans ces paroles : « Je la donnerai à toi et à ta race jusqu'à la fin des siècles, » peuvent faire naître quelques doutes dans l'esprit de certains, si par « jusqu'à la fin des siècles, » on doit entendre éternellement. Mais, si on entend ces mots comme nous et selon la foi, c'est-à-dire pour le siècle futur qui commencera à la fin des temps, il n'y aura plus de difficulté; car, bien que les Israélites soient chassés de Jérusalem, ils demeurent toutefois dans les autres villes de Chanaan et y demeureront jusqu'à la fin; et si toute cette terre est habitée par les chrétiens, c'est encore la postérité d'Abraham qui l'habite.

CHAPITRE XXII

Victoire d'Abraham sur les ennemis des Sodomites; il délivre Lot de leurs mains; il est béni par le prêtre Melchisedech.

Après avoir reçu cette promesse, Abraham s'en alla séjourner dans un autre endroit de la même contrée, près du chêne de Mambré, en un lieu qu'on appelait Hébron. (Gen. XIII, 18.) Ensuite, lors de la guerre de cinq rois contre quatre, les ennemis envahirent le territoire des Sodomites et les ayant vaincus, ils emmenaient même Lot comme prisonnier; mais Abraham arrivant avec trois cent dix-huit des siens, le délivra et rendit la victoire aux rois de Sodome, sans vouloir rien accepter des dépouilles

---

non Deo est innumerabilis, sed hominibus : Deo autem nec arena terræ. Proinde quia non tantum gens Israelitica, sed universum semen Abrahæ, ubi est (a) et promissio, non secundum carnem, sed secundum spiritum plurium filiorum, congruentius arenæ multitudini comparatur; potest hic intelligi utriusque rei facta promissio. Sed ideo diximus, quod non evidenter appareat, quia et illius gentis unius multitudo, quæ secundum carnem nata est ex Abraham per ejus nepotem Jacob, in tantum crevit, ut pene omnes partes orbis impleverit. Et ideo potuit et ipsa secundum hyperbolen arenæ multitudini comparari; quia et hæc sola innumera est homini. Terram certe illam solam significatam, quæ appellata est Chanaan, nemo ambigit. Sed quod dictum est : « Tibi dabo eam, et semini tuo usque in sæculum : » potest movere nonnullos, si « usque in sæculum » intelligant in æternum. Si autem « in sæculum » hoc loco sic accipiant, quemadmodum fideliter tenemus, initium futuri sæculi a fine præsentis ordiri, nihil eos movebit : quia etsi expulsi sunt Israelitæ de Jerosolymis, manent tamen in aliis civitatibus terræ Chanaan, et usque in finem manebunt : et universa terra illa cum a Christianis inhabitatur, etiam ipsum semen est Abrahæ.

CAPUT XXII.

De superatis ab Abraham hostibus Sodomorum, quando et Lot de captivitate eripuit, et a Melchisedec sacerdote benedictus est.

Hoc responso promissionis accepto migravit Abraham et mansit in alio ejusdem terræ loco, id est, juxta quercum Membræ, quæ era Chebron. (Gen. XIII, 18.) Deinde ab hostibus qui Sodomis irruerant, cum quinque reges adversus quatuor bellum gererent, et victis Sodomitis etiam Lot captus esset, liberavit eum Abraham, adductis secum in prælium trecentis-decem et octo vernaculis suis : et victoriam fecit (b) regibus Sodomorum nihilque spoliorum auferre voluit, cum rex cui vicerat obtulisset. Sed plane tunc benedictus est a Melchisedec, qui erat sacerdos Dei excelsi (Gen. XIV, 18) : de quo in epistola quæ inscribitur ad Hebræos, quam plures apostoli Pauli esse dicunt, quidam vero negant, multa et magna conscripta sunt. (Hebr. VII, 4.) Ibi

---

(a) Sic Mss. At editi, *ubi est expressa promissio.* — (b) Editi, *de regibus.* Abest *de* a Mss. et abesse debet : nam victoria in gratiam regum Sodomorum de hostibus eorum facta est.

que lui offrait le roi devenu vainqueur par son secours. C'est alors qu'il fut béni par Melchisédech, prêtre de Très-Haut (*Gen.* XIV, 18), dont il est longuement et magnifiquement parlé dans l'épître aux Hébreux, qu'un grand nombre, malgré l'opinion de quelques-uns, attribuent à l'apôtre Saint-Paul. (*Heb.* VII, 1.) Alors se révèle, pour la première fois, la sacrifice que les chrétiens offrent maintenant à Dieu par toute la terre, pour accomplir ce que, longtemps après, le prophète dit au Christ, avant son incarnation : « Vous êtes prêtre à jamais, selon l'ordre de Melchisédech. » (*Ps.* CIX, 4.) Il ne dit pas selon l'ordre d'Aaron ; cet ordre devant disparaître à la lumière de la vérité figurée par ces ombres.

CHAPITRE XXIII.

Parole du Seigneur à Abraham ; il lui promet une postérité aussi nombreuse que les étoiles ; le patriarche, bien qu'encore incirconcis, est justifié par sa foi.

Alors, Dieu fit de nouveau entendre sa parole à Abraham dans une vision ; (*Gen.* XV, 1 etc.) il lui promit sa protection et une insigne récompense ; mais celui-ci inquiet de sa postérité, se plaignit de n'avoir pour héritier qu'un certain Éliézer, son serviteur ; et aussitôt Dieu lui promit pour héritier, non ce serviteur, mais un fils qui naîtrait de lui ; l'assurant de nouveau qu'il aurait une postérité innombrable, non plus comme le sable de la terre, mais comme les étoiles du ciel. Il me semble qu'ici la promesse regarde plutôt l'éminente gloire de sa postérité dans la félicité du ciel. En effet, quant au nombre, que sont les étoiles du ciel, en comparaison du sable de la terre, à moins que cette comparaison ne signifie la même chose que la précédente, puisqu'on ne pourrait non plus compter les étoiles ? On ne saurait même les voir toutes, car on en voit d'autant plus que la vue est plus perçante ; d'où l'on conclut avec raison que plusieurs restent cachées aux meilleures vues, sans parler de ces astres qui, dans l'autre partie du globe, se lèvent et se couchent trop loin de nous. Enfin, ceux qui se vantent d'avoir compté et mis en ordre toutes les étoiles, comme Aratus, Eudoxus et d'autres peut-être encore, sont confondus par la condamnation qui résulte de l'autorité des Saintes-Écritures. Au reste, c'est ici (*Gen.* XV, 6) que se trouve cette parole dont l'Apôtre fait mention pour glorifier la grâce de Dieu : « Abraham crut à Dieu et sa foi lui fut imputée à justice. » (*Rom.* IV, 3) Il ne veut pas que les juifs se prévalent de la circoncision, pour refuser d'admettre les incirconcis à la foi

---

quippe primum apparuit sacrificium, quod nunc a Christianis offertur Deo toto orbe terrarum, impleturque illud quod longe post hoc factum per Prophetam dicitur ad Christum, qui fuerat adhuc venturus in carne : « Tu es sacerdos in æternum secundum ordinem Melchisedec. » (*Psal.* CIX, 4.) Non scilicet secundum ordinem Aaron : qui ordo fuerat auferendus illucescentibus rebus, quæ illis umbris prænotabantur.

CAPUT XXIII.

De verbo Domini ad Abraham, quo ei promittitur secundum multitudinem stellarum multiplicanda posteritas : quod credens justificatus est adhuc in præputio constitutus.

Etiam tunc factum est verbum Domini ad Abraham in visu. (*Gen.* XV, 1, etc.) Qui cum ei protectionem mercedemque promitteret valde multam ; ille de posteritate sollicitus, quemdam Eliezer vernaculum suum futurum sibi heredem dixit : continuoque illi promissus est heres, non ille vernaculus, sed qui de ipso Abraham fuerat exiturus : rursusque semen innumerabile, non sicut arena terræ, sed sicut stellæ cœli : ubi mihi magis videtur promissa posteritas cœlesti felicitate sublimis. Nam quantum ad multitudinem pertinet, quid sunt stellæ cœli ad arenam terræ, nisi quis et istam comparationem in tantum esse similem dicat, in quantum etiam stellæ dinumerari non valent? Quia nec omnes eas videri posse credendum est. Nam quanto quisque acutius intuetur, tanto plures videt. Unde et acerrime cernentibus aliquas occultas esse merito existimatur, exceptis eis sideribus quæ in alia parte orbis a nobis remotissima oriri et occidere perhibentur. Postremo quicumque universum stellarum numerum comprehendisse et conscripsisse jactantur, sicut Aratus vel Eudoxus, vel si qui alii sunt, eos libri hujus contemnit auctoritas. (*Ibid.* 6.) Hic sane illa sententia ponitur, cujus Apostolus meminit propter Dei gratiam commendandam : « Credidit Abraham Deo, et deputatum est illi ad justitiam : » (*Rom.* IV, 3) ne circumcisio gloriaretur, gentesque incircumcisas ad fidem Christi nollet admitti. Hoc enim quando fac-

de Jésus-Christ, car Abraham n'avait pas encore été circoncis, quand sa foi lui fut imputée à justice.

CHAPITRE XXIV.

De la signification du sacrifice qu'Abraham reçut l'ordre d'offrir, après avoir demandé à être éclairé sur ce qu'il croyait.

1. Dans cette même vision, Dieu lui dit encore : « Je suis le Dieu qui t'ai tiré du pays des Chaldéens, pour te donner cette terre qui sera ton héritage. » (*Gen.* xv, 6.) Et comme Abraham désirait savoir à quoi il reconnaîtrait qu'il en serait héritier, Dieu lui dit : « Prends-moi une génisse de trois ans, une chèvre et un bélier du même âge, avec une tourterelle et une colombe. Il prit tous ces animaux et après les avoir partagés par le milieu, il les plaça en face l'un de l'autre, mais il ne partagea point les oiseaux. Et les oiseaux de proie vinrent fondre sur les corps divisés et Abram s'assit auprès d'eux. Or, vers le coucher du soleil, Abram fut saisi d'effroi et la crainte répandit sur lui comme de profondes ténèbres, et il lui fut dit : Sache que ta postérité sera errante sur une terre étrangère, réduite en servitude et accablée de maux pendant quatre cents ans ; mais j'exercerai ma justice sur la nation qui l'aura opprimée. Ils sortirent ensuite de cette contrée avec un riche butin. Pour toi, tu iras en paix rejoindre tes pères, après avoir passé une heureuse vieillesse. Mais tes descendants ne reviendront ici qu'à la quatrième génération, car les Amorrhéens n'ont pas encore comblé la mesure de leurs iniquités. Au soleil couchant, une flamme s'éleva et c'était une fournaise ardente, et des éclairs brillants passèrent au milieu des animaux divisés. Ce jour-là, le Seigneur Dieu conclut une alliance avec Abram et lui dit : Je donnerai à ta race cette terre qui s'étend depuis le fleuve d'Égypte, jusqu'au grand fleuve de l'Euphrate ; je lui donnerai le territoire des Cénéens, des Cénézéens, des Admonéens, des Céthéens, des Phérézéens, des Raphaïms, des Amorrhéens, des Chananéens, des Evéens, des Gergéséens et des Jébuséens. » (*Gen.* xv, 9 etc.)

2. Toutes ces choses se dirent et se passèrent miraculeusement dans cette vision, mais vouloir les élucider toutes en particulier serait trop long et dépasserait le but de cet ouvrage. Il nous suffit de savoir que, d'après le témoignage de l'Écriture ; « Abraham crut à Dieu et sa foi

---

tum est, ut credenti Abrahæ deputaretur fides ad justitiam, nondum fuerat circumcisus.

CAPUT XXIV.

De significatione sacrificii, quod Abraham offerre præceptus est, cum poposcisset de his quæ (a) *crediderat doceretur.*

1. In eodem visu cum loqueretur ei Deus, etiam hoc ait ad illum : « Ego Deus qui te eduxi de regione Chaldæorum, ut dem tibi terram hanc, ut heres sis ejus. » (*Gen.* xv, 7.) Ubi cum interrogasset Abraham secundum quid sciret, quod heres ejus erit, dixit illi Deus : « Accipe mihi juvencam trimam, et capram trimam, et arietem trimum, et turturem, et columbam. Accepit autem (b) illi hæc omnia, et divisit illa media, et posuit ea contra faciem alterum alteri : aves autem non divisit. Et descenderunt, sicut scriptum est, aves supra corpora quæ divisa erant, et consedit illis Abram. Circa solis autem occasum pavor irruit super Abram, et ecce timor tenebrosus magnus incidit ei : et dictum est ad Abram, Sciendo scies, quia peregrinum erit semen tuum in terra non propria, et in servitutem redigent eos, et affligent eos quadringentis annis ; gentem autem cui servierint, judicabo ego. Post hæc vero exibunt huc cum supellectili multa. Tu autem ibis ad patres tuos cum pace (c) nutritus in senecta bona. Quarta vero generatione convertent se huc. Nondum enim impleta sunt peccata Amorrhæorum usque adhuc. Cum autem jam sol erat ad occasum, facta est flamma, et ecce fornax fumabunda, et lampades ignis, quæ pertransierunt per media divisa illa. In die illa disposuit Dominus Deus testamentum ad Abram, dicens : Semini tuo dabo terram hanc, a flumine Ægypti usque ad flumen magnum Euphratem, Cenæos, et Cenezæos, et Cedmonæos, et Chetæos, et Pheresæos, et Raphaim, et Amorrhæos, et Chananæos, et Evæos, et Gergesæos, et Jebusæos. » (*Ibid.* 9, etc.)

2. Hæc omnia in visu facta divinitus atque dicta sunt, de quibus singulis enucleate disserere longum est, et intentionem Operis hujus excedit. Quod ergo satis est, nosse debemus : postea quam dictum est :

(a) Sic Mss. At editi, *crederet*. — (b) Editi, *ille*. At Mss, *illi :* juxta Græc. lxx αὐτῷ. — (c) lxx in antiquis codicibus habent τραφείς, *nutritus :* attamen in Complutensi, ταφείς *sepultus,*

lui fut imputée à justice; » le patriarche n'eut point de défaillance dans sa foi, pour dire : « Seigneur souverain, à quoi reconnaîtrai-je que je serai l'héritier de cette terre? » (*Gen.* xv. 8.) Car cet héritage lui avait été promis. Or, il ne dit pas : comment saurai-je? comme s'il ne croyait pas encore; mais il dit : « à quoi reconnaîtrai-je? » afin qu'on lui donne un signe auquel il reconnaîtra la manière dont se passera le fait qu'il croyait. De même la vierge Marie ne conçut aucun doute, en disant : « Comment cela se fera-t-il, car je ne connais point d'homme? » (*Luc*, I, 34.) Elle était certaine du fait futur, mais elle s'informait de la manière dont il devait s'accomplir. Et aussitôt, l'ange lui fit entendre cette réponse : « L'Esprit-Saint surviendra en vous et la vertu du Très-Haut vous couvrira de son ombre. » (*Ibid.* 35.) Ainsi, en cette circonstance, Dieu donna à Abraham le signe des animaux, la génisse, la chèvre et le bélier, avec les deux oiseaux, la tourterelle et la colombe, afin qu'il sût comment s'accomplirait un jour le fait dont il ne doutait pas. La génisse figure donc le peuple soumis au joug de la loi; la chèvre, ce peuple pécheur; le bélier, le même peuple appelé à régner; (ces animaux ont trois ans, parce qu'il y a trois époques remarquables, depuis Adam jusqu'à Noé, de Noé jusqu'à Abraham, et d'Abraham jusqu'à David qui, après la réprobation de Saül, fut le premier établi sur le trône d'Israël par la volonté de Dieu; et pendant cette troisième époque qui s'étend depuis Abraham jusqu'à David, ce peuple, arrivé, pour ainsi dire, à son troisième âge, s'était considérablement multiplié;) du reste, quand ces animaux figureraient quelque chose de mieux, je ne saurais douter de la signification de la tourterelle et de la colombe, qui sont ajoutées certainement pour désigner les hommes spirituels. Aussi, il est dit :« il ne divisa pas les oiseaux, » car les charnels se divisent bien entre eux, mais les spirituels, jamais, soit qu'ils se retirent du commerce fatigant du monde, comme la tourterelle, soit qu'ils vivent entre eux, comme la colombe. Quoiqu'il en soit, l'un et l'autre oiseau, symbole de la simplicité et de l'innocence, signifie que, même parmi le peuple d'Israël, futur possesseur de cette terre, il y aurait des enfants de la promesse et des héritiers du royaume éternel dans la félicité sans fin. Quant aux oiseaux s'abattant sur les corps divisés, ils n'annoncent rien de bon, ils figurent plutôt les mauvais esprits de l'air, cherchant leur pâture dans la division des charnels. Abraham assis près d'eux, représente les vrais

credidisse Abraham Deo, et deputatum esse illi ad justitiam, non eum in fide defecisse, ut diceret : « Dominator Domine, secundum quid sciam, quia heres ejus ero ? » (*Gen.* xv, 8.) Terræ quippe illius promissa erat hereditas. Non enim ait, Unde sciam, quasi adhuc non crederet : sed ait, « Secundum quid sciam, » ut ei non quam crediderat, aliqua similitudo adhiberetur, qua ejus modus agnosceretur. Sicut non est virginis Mariæ diffidentia, quod ait : « Quomodo fiet istud, quoniam virum non cognosco? » (*Luc.* I, 34.) Quod enim futurum esse certa erat, modum quo fieret inquirebat. Et hoc cum quæsisset, audivit : « Spiritus-Sanctus superveniet in te, et virtus Altissimi obumbrabit tibi. » (*Ibid.* 35.) Denique et hic similitudo data est de animalibus, juvenca, capra et ariete, et duabus volucribus, turture et columba : ut secundum hæc futurum sciret, quod futurum esse jam non ambigeret. Sive ergo per juvencam significata sit plebs posita sub jugo legis, per capram eadem plebs peccatrix futura, per arietem eadem plebs etiam regnatura ; (quæ animalia propterea trima dicuntur, quia cum sint insignes articuli temporum ab Adam usque ad Noe, et inde usque ad Abraham, et inde usque ad David, qui reprobato Saule primus in regno gentis Israeliticæ est Domini voluntate fundatus ; in hoc ordine tertio, qui tenditur ex Abraham usque ad David, tamquam tertiam ætatem gerens ille populus adolevit :) sive aliquid aliud convenientius ista significent; nullo tamen modo dubitaverim, spiritales in ea præfiguratos additamento turturis et columbæ. Et ideo dictum est : « Aves autem non divisit : » quoniam carnales inter se dividuntur, spiritales autem nullo modo; sive a negotiosis conversationibus hominum se removeant, sicut turtur; sive inter illas degant, sicut columba : utraque tamen avis est simplex et innoxia ; significans et in ipso Israelitico populo, cui terra illa danda erat, futuros individuos filios promissionis et heredes regni in æterna felicitate (*a*) mansuri. Aves autem descendentes super corpora quæ divisa erant, non boni aliquid, sed spiritus indicant acris hujus, pastum quemdam suum de carnalium divisione quærentes. Quod autem illis consedit Abraham, significat etiam inter illas carna-

(*a*) Sic Mss. Editi vero, *mansuros*.

fidèles qui persévéreront jusqu'à la fin, au milieu même de ces divisions. Et vers le coucher du soleil, cette frayeur dont Abraham est saisi, cette crainte qui se répand comme d'épaisses ténèbres dans tout son être, figurent la violente persécution et la tribulation future des fidèles, à la fin du monde, selon ce que dit le Seigneur dans l'Évangile : « La tribulation sera alors si grande, qu'il n'y en aura jamais eu de pareille depuis le commencement du monde. » (*Matth.* XXIV, 21.)

3. Quant à ce que Dieu dit à Abraham : « Sache que ta postérité sera errante sur une terre étrangère, qu'elle sera réduite en servitude et accablée de maux pendant quatre cents ans ; » (*Gen.* XV, 13) c'est évidemment la prophétie de la servitude du peuple d'Israël en Égypte. Non que ce peuple dût rester quatre cents ans sous le joug de l'oppression Égyptienne, mais on lui annonce que la captivité aura lieu dans le cours de ces quatre cents ans. Et de même qu'il est écrit de Tharé, père d'Abraham : « Et les jours de Tharé à Charra furent de deux cent cinq ans ; » non qu'il ait passé là toute sa vie, mais il l'a terminée en ce lieu en y complétant les années marquées. Ainsi, ces morts interposés : « Et ils furent réduits en servitude et accablés de maux pendant quatre cents ans » (*Gen.* XV, 13) signifient que l'oppression a eu lieu pendant cet espace de temps et non qu'elle a duré tout ce temps. Au reste, on dit quatre cents ans pour faire un chiffre rond, car il y a un peu plus, soit que l'on compte depuis la promesse faite à Abraham, soit depuis la naissance d'Isaac, héritier de la promesse. En effet, comme nous l'avons déjà dit, depuis la soixante-quinzième année d'Abraham, année où fut faite la première promesse, jusqu'à la sortie des Israélites de l'Égypte, l'on compte quatre cent trente ans, l'Apôtre en fait foi par ces paroles : « Or, ce que je veux dire c'est que l'alliance ayant été confirmée par Dieu, la loi donnée quatre cent trente ans après, ne peut la rendre nulle, ni anéantir la promesse. » (*Gal.* III, 17.) Et déjà, l'Écriture a bien pu dire quatre cents ans, au lieu de quatre cent trente ans, la différence n'est pas énorme ; mais elle sera encore plus faible, si on considère qu'il y avait déjà plusieurs années écoulées à l'époque de cette dernière vision, et vingt-cinq ans, depuis la première promesse jusqu'à la naissance d'Isaac, le patriarche étant alors centenaire ; de ces quatre cent trente ans il ne reste donc que quatre cent cinq ans, qu'il a plu à Dieu

lium divisiones (*a*) veros usque in finem perseveraturos fideles. Et circa solis occasum quod pavor irruit in Abraham, et timor tenebrosus magnus, significat circa hujus sæculi finem magnam perturbationem ac tribulationem futuram fidelium : de qua Dominus dixit in Evangelio : « Erit enim tunc tribulatio magna, qualis non fuit ab initio. » (*Matth.* XXIV, 21.)

3. Quod vero dictum est ad Abraham : « Sciendo scies, quia peregrinum erit semen tuum in terra non propria, et in servitutem redigent eos, et affligent eos quadringentis annis : »(*Gen.* XV, 13)de populo Israel, qui fuerat in Ægypto serviturus, apertissime prophetatum est. Non quod in eadem servitute sub Ægyptiis affligentibus quadringentos annos ille populus fuerat peracturus; sed in ipsis quadringentis annis prænuntiatum est hoc futurum. Quemadmodum enim scriptum est de Thara patre Abrahæ : « Et fuerunt dies Tharæ in Charra quinque et ducenti anni ; » (*Gen.* XI, 31) non quia ibi omnes acti sunt, sed quia ibi completi sunt : ita et hic propterea interpositum est : « Et in servitutem redigent eos, et affligent eos quadringentis annis ; » (*Gen.* XV, 13) quoniam iste numerus in eadem afflictione completus est, non quia ibi universus peractus est. Quadringenti sane dicuntur anni propter numeri plenitudinem, quamvis aliquanto amplius sint ; sive ex hoc tempore computentur, quo ista promittebantur Abrahæ, sive ex quo natus est Isaac, propter semen Abrahæ, de quo ista prædicuntur. Computantur enim, sicut superius jam diximus, ab anno septuagesimo et quinto Abrahæ, quando ad eum facta est prima promissio, usque ad exitum Israel ex Ægypto, quadringenti et triginta anni : quorum Apostolus ita meminit : « Hoc autem dico, inquit, testamentum confirmatum a Deo, quæ post quadringentos et triginta annos facta est lex, non infirmat ad evacuandam promissionem. » (*Gal.* III, 17.) Jam ergo ista quadringenti et triginta anni, quadringenti poterant nuncupari, quia non sunt multo amplius : quanto magis cum aliquot jam ex isto numero præteriissent, quando illa in visu demonstrata et dicta sunt Abrahæ, vel quando Isaac natus est centenario patri suo, a prima promissione post XXV annos, cum jam ex istis qua-

---

(*a*) Vind. Am. Et Er. post *carnalium divisiones*, addunt *spiritales esse nonnullos*. Id non habent Mss. sed plerique pro *veros*, ferunt *viros*.

d'exprimer par quatre cents ans; et quant aux autres paroles de la prophétie divine, personne ne doute qu'elles ne se rapportent au peuple d'Israël.

4. Les paroles suivantes : « Au coucher du soleil, une flamme s'éleva, l'on vit une fournaise ardente et des éclairs brillants qui passèrent au milieu des animaux divisés. » (*Gen.* xv, 17) signifient qu'à la fin du monde, les hommes charnels seront jugés par le feu. Et comme la persécution de la Cité de Dieu, qui sera la plus cruelle de toutes et qui doit arriver sous l'Antechrist, est figurée par cette frayeur ténébreuse dont fut saisi Abraham vers le coucher du soleil, c'est-à-dire vers la fin des temps; ainsi, ce feu signifie le jour du jugement qui au soleil couchant, c'est-à-dire à la fin du monde, séparera les hommes charnels que le feu doit sauver, de ceux dont il sera l'éternel supplice. Enfin, l'alliance de Dieu avec Abraham indique en propres termes, la terre de Chanaan, et elle nomme onze nations renfermées dans son territoire, depuis le fleuve d'Egypte, jusqu'au grand fleuve de l'Euphrate. Il ne s'agit donc pas ici du grand fleuve de l'Égypte, le Nil, mais d'un autre petit fleuve qui sépare l'Égypte de la Palestine et sur les bords duquel s'élève la ville de Rhinocorure.

CHAPITRE XXV.

Agar, servante de Sara, devient la concubine d'Abraham par la volonté même de Sara.

Nous voici arrivés aux temps des fils d'Abraham (*Gen.* xvi.); l'un naît de la servante Agar, l'autre de Sara, la femme libre, dont nous avons déjà parlé au livre précédent. Il n'y a aucun motif d'accuser Abraham, au sujet de cette concubine. En effet, il n'use d'elle que pour avoir des enfants et non pour satisfaire sa passion; il ne fait pas d'injure, il obéit plutôt à sa femme qui, dans sa stérilité, pensa trouver une consolation aux privations de la nature, en s'appropriant la fécondité de son esclave, et en vertu de ce droit dont parle l'Apôtre : « Le mari n'est point maître de son corps, mais sa femme, » (I. *Cor.* vii, 4) elle se servit d'une autre pour obtenir ce que son impuissance lui refusait. Il n'y a donc ici, ni désir impur, ni débauche honteuse. La femme donne la servante à son mari pour avoir des enfants, le mari la reçoit dans le même but; ils ne recherchent ni l'un ni l'autre les dérègle-

---

dringentis-triginta quadringenti et quinque remanerent, quos Deus quadringentos voluit nominare, et cetera quæ sequuntur in verbis prænuntiantis Dei, nullus dubitaverit ad Israeliticum populum pertinere.

4. Quod vero adjungitur : « Cum autem jam sol erat ad occasum, flamma facta est, et ecce fornax fumabunda, et lampades ignis, quæ pertransierunt per media divisa illa : » (*Gen.* xv, 17) significat jam in fine sæculi per ignem judicandos esse carnales. Sicut enim afflictio Civitatis Dei, qualis antea numquam fuit, quæ sub Antichristo futura speratur, significatur tenebroso timore Abrahæ circa solis occasum, id est, propinquante jam fine sæculi : sic ad solis occasum, id est, ad ipsum jam finem (*a*), significatur isto igne dies judicii dirimens carnales per ignem salvandos, ab in igne damnandos. Deinde testamentum factum ad Abraham, terram Chanaan proprie manifestat, et nominat in ea undecim gentes a flumine Ægypti usque ad flumen magnum Euphratem. Non ergo a flumine magno Ægypti, hoc est, Nilo; sed a parvo, quod dividit inter Ægyptum et Palæstinam, ubi est civitas Rhinocorura.

CAPUT XXV.

De Agar ancilla Saræ, quam eadem Sara Abrahæ voluit esse concubinam.

Jam hinc tempora consequuntur filiorum Abrahæ, unius de Agar ancilla, alterius de Sara libera, de quibus in libro superiore jam diximus. (*Gen.* xvi.) Quod autem adtinet ad rem gestam, nullo modo est inurendum de hac concubina crimen Abrahæ. Usus est ea quippe ad generandam prolem, non ad explendam libidinem; nec insultans, sed potius obediens conjugi, quæ suæ sterilitatis credidit esse solatium, si fecundum ancillæ uterum, quoniam natura non poterat, voluntate faceret suum, et eo jure quo dicit Apostolus : « Similiter et vir non habet potestatem corporis sui, sed mulier, » (I. *Cor.* vii, 4) uteretur mulier ad pariendum ex altera, quod non poterat ex se ipsa. Nulla est hic cupido lasciviæ, nulla nequitiæ turpitudo. Ab uxore caussa prolis ancilla marito traditur, a marito caussa prolis accipitur : ab utroque non culpæ luxus, sed naturæ fructus exquiritur. Denique cum ancilla gravida (*b*), domina sterili,

---

(*a*) Vind. Am. et Er. *finem sæculi*. — (*b*) Sic probæ notæ liber Corb. Alii Mss. cum editis, *dominæ*.

ments de la volupté, le fruit de la nature leur suffit. Aussi, quand la servante enceinte s'énorgueillit jusqu'à mépriser sa maîtresse stérile, et que Sara jalouse, impute la faute d'Agar à son mari, Abraham fit bien voir qu'il n'avait pas agi en esclave dominé par l'amour, mais en homme libre et que, dans la personne d'Agar, il avait gardé la foi conjugale à Sara; qu'il n'avait pas cherché à satisfaire sa passion, mais la volonté de sa femme; qu'il avait reçu la servante, qu'il ne l'avait point demandée; qu'il s'était approché d'elle, qu'il ne s'était pas attaché à elle; qu'il l'avait rendue mère et qu'il ne l'avait point aimée : « Voici votre servante, dit-il à Sara, elle est entre vos mains, faites-en ce qu'il vous plaira. » (Gen. XVI, 6.) O homme admirable, qui use des femmes avec dignité, de son épouse, avec modération, de sa servante, par obéissance; de l'une et de l'autre, avec chasteté.

CHAPITRE XXVI.

De l'alliance de Dieu avec Abraham; il lui promet que la stérile Sara lui donnera un fils; il l'établit père des nations et confirme sa promesse par le signe de la Circoncision.

Alors Ismaël naquit d'Agar, en lui Abraham pouvait croire que s'accomplissait ce qui lui avait été promis, quand voulant adopter son serviteur, Dieu lui dit : « Celui-ci ne sera point ton héritier, c'est celui qui naîtra de toi, qui le sera. » (Gen. XV, 4.) Afin donc qu'il ne crût pas cette fois la promesse accomplie, « lorsqu'il était déjà dans la quatre-vingt-dix-neuvième année de son âge, le Seigneur lui apparut et lui dit : Je suis Dieu, vis en ma présence de manière à m'être agréable, et sois sans reproche, et je ferai alliance avec toi et je te comblerai de beaucoup de biens. Alors Abraham se prosterna la face contre terre et Dieu lui parla ainsi : C'est moi, je fais alliance avec toi et tu seras le père d'une multitude de nations; désormais tu ne t'appelleras plus Abram, mais Abraham sera ton nom, parce que je te fais le père de plusieurs nations. Je te rendrai très-puissant, je t'établirai sur les nations et des rois sortiront de toi; j'affermirai mon alliance avec toi et avec tes descendants après toi, dans la suite de leurs générations, et cette alliance sera éternelle, afin que je sois ton Dieu et celui de ta postérité après toi. Je donnerai à toi et à ta postérité après toi, la terre, où tu es maintenant, comme étranger, tout le pays de Chanaan qui sera éternellement leur héritage, et je serai leur Dieu. Dieu dit encore à Abraham : Mais toi, tu garderas mon alliance

superbiret, et hoc Sara suspicione muliebri viro potius imputaret, etiam ibidem demonstravit Abraham non se amatorem servum, sed liberum fuisse genitorem, et in Agar Saræ conjugi pudicitiam custodisse; ne voluptatem suam, sed voluntatem illius implevisse : accepisse, nec petiisse; accessisse, nec hæsisse; seminasse, nec amasse. Ait enim : « Ecce ancilla tua in manibus tuis, utere ea quomodo tibi placuerit. » (Gen. XVI, 6.) O virum viriliter utentem feminis, conjuge temperanter, ancilla obtemperanter, nulla intemperanter !

CAPUT XXVI.

De testificatione Dei ad Abraham, qua eidem seni de sterili Sara filium spondet, patremque eum gentium statuit, et promissi fidem sacramento circumcisionis obsignat.

1. Post hæc est natus Ismael ex Agar, in quo putare posset impletum, quod ei promissum fuerat, cum sibi vernaculum suum adoptare voluisset, dicente Deo : « Non erit heres tuus sed qui exiet de te, ille erit heres tuus. » (Gen. XV, 4.) Hoc ergo promissum ne in ancillæ filio putaret impletum, jam « cum esset annorum nonaginta et novem, apparuit ei Dominus, et dixit illi, Ego sum Deus, place in conspectu meo, et esto sine querela, et ponam testamentum meum inter me et inter te, et implebo te valde. Et procidit Abram in faciem suam. Et locutus est illi Deus, dicens : Et *(a)* ego, ecce testamentum meum tecum ; et eris pater multitudinis gentium : et non appellabitur adhuc nomen tuum Abram, sed erit nomen tuum Abraham ; quia patrem multarum gentium posui te : et *(b)* augebo te valde, et ponam te in gentes, et reges ex te exibunt: et statuam testamentum meum inter me et inter te, et inter semen tuum post te in generationes eorum in testamentum æternum, ut sim tibi Deus, et semini tuo post te. Et dabo tibi et semini tuo post te terram, in qua incola es, omnem terram Chanaan in possessionem æternam, et ero illis Deus. Et dixit Deus ad Abraham : Tu autem testamentum meum

---

(a) Sic Mss. juxta LXX. At. Vind. Am. Er. *Ecce ego, et ecce testamentum.* Lov. *Et ecce ego, testamentum.* —
(b) Mss. constanter habent, *et augeam te valde.*

et ta postérité après toi, de générations en générations. Et voici l'alliance que tu garderas avec moi, toi et ta postérité après toi, dans toute sa descendance. Tout mâle parmi vous sera circoncis; cette circoncision se fera dans la chair de votre prépuce; et ce sera le signe de l'alliance entre vous et moi. Parmi vous désormais, tout enfant mâle de huit jours sera circoncis. Votre esclave et celui que vous avez acheté du fils de l'étranger, qui n'est point de votre race, seront circoncis, l'esclave né dans votre maison et l'esclave acheté; et ce sera, dans votre chair, le signe de mon alliance éternelle. Et tout mâle qui, le huitième jour ne sera pas circoncis en la chair de son prépuce, sera exterminé, parce qu'il a violé mon alliance. Ensuite, Dieu dit à Abraham : Sara ta femme, ne s'appellera plus Sara, mais Sarra. Je la bénirai, et je te donnerai par elle un fils; il sera aussi béni, et il sera le père de plusieurs nations, et les rois des nations sortiront de lui. Abraham se prosterna la face contre terre et souriant, il se dit en lui-même : aurai-je bien un fils à cent ans et Sara enfanterait à quatre-vingt-dix ans? Et il dit à Dieu : Qu'Ismaël seulement vive en votre présence! Et Dieu répondit à Abraham : Il en sera ainsi, Sarra, ta femme, te donnera un fils, que tu nommeras Isaac, et je ferai avec lui une alliance éternelle, afin que je sois son Dieu et le Dieu de sa race après lui. Mais j'ai exaucé ta prière pour Ismaël, je l'ai béni, je le rendrai puissant et je lui donnerai une postérité très-nombreuse. Il sera le père de douze nations et je le rendrai chef d'un grand peuple. Mais je ferai alliance avec Isaac que Sara te donnera pour fils, dans un an, à la même époque. » (*Gen.* xvii, 1 etc.)

2. Ici, apparaissent plus clairement les promesses touchant la vocation des gentils en Isaac, fils de la promesse qui figure la grâce, non la nature, car il est promis à un vieillard et à une femme stérile. En effet, bien que Dieu exerce son action sur les générations qui suivent le cours ordinaire de la nature, cependant, quand l'œuvre de Dieu est plus évidente, à cause de l'infirmité et des défaillances de la nature, la grâce est alors plus manifeste. Et comme cette vocation future des Gentils devait être l'œuvre non de la génération, mais de la ré-

conservabis, et semen tuum post te in generationes suas. Et hoc est testamentum (*a*) quod conservabis inter me et vos, et inter semen tuum post te in generationes suas. Circumcidetur omne vestrum masculinum, et circumcidemini (*b*) carnem præputii vestri : et erit in signum testamenti inter me et vos. Et puer octo dierum circumcidetur, vestrum omne masculinum in progenies vestras. Vernaculus et emtitius ab omni filio (*c*) alienigena, qui non est de semine tuo, circumcisione circumcidetur : vernaculus domus tuæ et emtitius. Et erit testamentum meum in carne vestra in testamentum æternum. Et (*d*) qui non fuerit circumcisus, masculus qui non circumcidetur carne præputii sui octavo die, interibit anima illa de genere ejus; quia testamentum meum dissipavit. Et dixit Deus ad Abraham (*e*), Sara uxor tua, non appellabitur nomen ejus Sara, sed Sarra erit nomen ejus. Benedicam autem illam, et dabo tibi ex ea filium : et benedicam illum, et erit in nationes, et reges gentium ex eo erunt. Et procidit Abraham super faciem suam; et risit, et dixit in animo suo, dicens : Si mihi centum annos habenti nascatur filius, et si Sarra annorum nonaginta pariet? Dixit autem Abraham ad Deum: Ismael hic vivat in conspectu tuo. Dixit autem Deus ad Abraham, Ita, ecce Sarra uxor tua paries tibi filium, et vocabis nomen ejus Isaac : et statuam testamentum meum ad illum in testamentum æternum (*f*), esse illi Deus, et semini ejus post illum. De Ismael autem ecce (*g*) exaudivi te : ecce benedixi eum, et (*h*) ampliabo illum, et multiplicabo illum valde. Duodecim gentes generabit : et dabo illum in gentem magnam. Testamentum autem meum statuam ad Isaac, quem pariet tibi Sarra in tempore hoc ad annum sequentem. » (*Gen.* xvii, 1, etc.)

2. Hic apertiora promissa sunt de vocatione gentium in Isaac, id est, in filio promissionis, quo significatur gratia, non natura : quia de sene ad sterili promittitur filius. Quamvis enim et naturalem procreationis excursum Deus operetur : ubi tamen

---

(*a*) Editi, *testamentum meum.* Abest *meum* a Mss. et a lxx. — (*b*) Ita Mss. juxta Græc. lxx. At editi, *in carne.* — (*c*) In Mss. *alieno.* Apud lxx ἀλλοτρίου. — (*d*) Editio Lov. *Et masculum qui non fuerit circumcisus carne præputii sui* etc. Castigatur auctoritate Mss. qui nihil hic dissentiunt a lxx. At Vind. et Am. in eo non consentiunt, quod oco *qui non circumcidetur*, habent *qui non circumcidet*. Er. *si non circumcidetur carne.* — (*e*) Ita Mss. secundum lxx Editi autem, *Sarai uxor tua, non appellabitur nomen ejus Sarai,* (vel *ultra Sarai,*) *sed Sara erit nomen ejus.* — (*f*) Lov. *et ero.* Er. *et sim.* Melius Vind. et Am. *ut sim.* Attamen Mss. habent, *esse illi Deus.* Græc. lxx. εἶναι αὐτῷ θεός. — (*g*) Editi, *audivi te.* At Mss. *exaudivi te ;* quod respondet Græco ἐπήκουσά σου. — (*h*) Sic Mss. At editi, *amplificabo.*

génération, Dieu ordonna la circoncision, en promettant un fils qui devait naître de Sarra. Et, s'il veut que tous soient circoncis, non-seulement les fils de la promesse, mais même les esclaves, soit ceux qui sont nés parmi eux, soit ceux qu'ils ont achetés, il atteste par là que sa grâce est le partage de tous. Car, que signifie la circoncision, sinon la nature dépouillée de sa vieillesse et renouvelée? Et qu'est-ce que le huitième jour, sinon le Christ, qui ressuscita la semaine terminée, c'est-à-dire après le sabbat? Les noms des parents sont changés, tout respire la nouveauté, et sous les ombres de l'Ancien Testament apparaît le Nouveau. Qu'est-ce, en effet, que l'on appelle l'Ancien Testament, sinon le voile du Nouveau? Et qu'est-ce autre chose que le Nouveau, sinon la manifestation de l'Ancien? Le rire d'Abraham est le témoignage de l'allégresse reconnaissante et non la raillerie de la défiance. Les paroles qu'Abraham se dit lui-même : « Aurai-je donc un fils à cent ans et Sarra enfanterait à quatre-vingt-dix ans? » n'expriment pas un doute, mais l'étonnement de l'admiration. Et quant à ce qui est dit encore : « Je te donnerai à toi et à ta postérité après toi, cette terre où tu vis en étranger, cette terre de Chanaan, dont l'héritage sera éternel; » si l'on demandait comment cette promesse s'est accomplie, ou comment on peut en attendre encore l'accomplissement, puisque nul héritage terrestre ne saurait être éternel, pour n'importe quelle nation; il faudrait remarquer que l'expression grecque αἰώνιον, que nous traduisons par éternel, veut dire séculaire de αἰών qui signifie siècle. Mais les latins n'ont pas osé se servir de ce mot, de peur de trop favoriser un autre sens. En effet, séculaire se dit de beaucoup de choses qui, en ce monde, passent encore assez vite : αἰώνιον au contraire, veut dire, ou ce qui n'a pas de fin, ou ce qui dure jusqu'à la fin des temps.

CHAPITRE XXVII.

De l'enfant mâle qui, n'étant pas circoncis, le huitième jour, perd la vie, pour avoir violé l'alliance de Dieu.

On peut aussi demander comment il faut entendre ces autres paroles : « Le mâle qui ne sera pas circoncis en la chair de son prépuce, le huitième jour, périra, parce qu'il a violé mon alliance; » *(Gen. xvii, 14)* car cet enfant qui doit périr, n'est pas coupable; ce n'est pas lui qui viole l'alliance de Dieu, mais ses parents qui ont négligé de le circoncire. Il faut ici avouer que les enfants eux-mêmes non

evidens opus Dei est, vitiata et cessante natura, ibi evidentius intelligitur gratia. Et quia hoc non per generationem, sed per regenerationem futurum erat, ideo nunc imperata est circumcisio, quando de Sarra promissus est filius. Et quod omnes, non solum filios, verum etiam servos vernaculos et emtitios circumcidi jubet, ad omnes istam gratiam pertinere testatur. Quid enim aliud circumcisio significat, quam vetustate exuta naturam renovatam? Et quid aliud quam Christum octavus dies, qui hebdomada completa, hoc est, post sabbatum, resurrexit? Parentum mutantur et nomina, omnia resonant novitatem, et in Testamento vetere obumbratur novum. Quid est enim quod dicitur Testamentum vetus, nisi occultatio novi? Et quid est aliud quod dicitur novum, nisi veteris revelatio? Risus Abrahæ, exsultatio est gratulantis, non irrisio diffidentis. Verba quoque ejus illa in animo suo : « Si mihi centum annos habenti nascetur filius, et si Sarra annorum nonaginta pariet : » non sunt dubitantis, sed admirantis. Si quem vero movet quod dictum est : « Et dabo tibi et semini tuo post te terram, in qua tu incola es, omnem terram Chanaan in possessionem æternam; » quomodo accipiatur impletum, sive adhuc exspectetur implendum, cum possessio quæcumque terrena æterna cuilibet genti esse non possit : sciat æternum a nostris interpretari, quod Græci appellant αἰώνιον, quod a sæculo derivatum est : αἰών quippe Græce sæculum nuncupatur. Sed non sunt ausi Latini hoc dicere sæculare, ne longe in aliud mitterent sensum. Sæcularia quippe dicuntur multa, quæ in hoc sæculo sic aguntur, ut brevi etiam tempore transeant : αἰώνιον autem quod dicitur, aut non habet finem, aut usque in hujus sæculi tenditur finem.

CAPUT XXVII.

De masculo, qui si octavo die non fuerit circumcisus, perit anima ejus, quia testamentum Dei dissipavit.

Item potest movere, quomodo intelligi oporteat quod hic dictum est : « Masculus qui non circumcidetur carnem præputii sui octavo die, interibit anima illa de genere ejus, quia testamentum meum dissipavit : »*(Gen. xvii, 14)* cum nulla culpa sit parvuli, cujus dixit animam perituram; nec ipse dissipaverit testamentum Dei, sed majores qui eum

par leur propre conduite, mais d'après l'origine commune du genre humain, ont tous violé l'alliance de Dieu, dans la personne de celui en qui tous ont péché. (*Rom.* v, 12.) Car, en dehors de ces deux grandes alliances, l'ancienne et la nouvelle que chacun peut connaître, il y a beaucoup d'autres alliances de Dieu. La première alliance que Dieu fit avec l'homme, est contenue dans ces paroles : « Du jour où tu en mangeras, tu mourras de mort. » (*Gen.* II, 17.) De là vient qu'il est écrit au livre de l'Ecclésiastique : « Toute chair vieillit comme un vêtement. » (*Eccl.* XIV, 18.) Telle est l'alliance établie dès le commencement du monde : « Tu mourras de mort. » Et quand, par le fait de la loi donnée ensuite en termes plus clairs, l'Apôtre peut dire : « où il n'y a point de loi, il n'y a point de prévarication ; » (*Rom.* IV, 15) comment se rendre compte de la vérité de ces autres paroles du psaume : « J'ai regardé comme prévaricateurs tous les pécheurs de la terre ; » (*Ps.* CXVIII, 119) si ce n'est que les esclaves du péché, retenus qu'ils sont dans ses chaînes, sont coupables de la violation d'une loi quelconque ? C'est pourquoi, si même les petits enfants, comme l'enseigne la vraie foi, naissent pécheurs, non par leur faute propre, mais par la faute originelle ; (ce qui fait que nous admettons la nécessité de la grâce, pour la rémission des péchés) ; il est évident que nous devons reconnaître aussi qu'ils sont violateurs de la loi donnée au paradis ; et alors il est également vrai de dire : « J'ai regardé comme prévaricateurs tous les pécheurs de la terre. » Et : « où il n'y a point de loi, il n'y a point de prévarication. » Par conséquent, comme la circoncision était le signe de la régénération, c'est avec justice que, par suite du péché originel, cause de la violation de la première alliance de Dieu, le petit enfant perdait la vie, si la régénération ne venait le sauver. Il faut donc entendre ainsi les paroles de Dieu : celui qui ne sera pas régénéré, périra, il sera retranché du milieu de son peuple, parce qu'il a violé l'alliance de Dieu, puisque lui-même a péché en Adam comme tous les autres. Si Dieu eût dit : parce qu'il a violé cette alliance, on serait forcé de l'entendre de la Circoncision seule, mais comme il n'est pas dit expressément quelle alliance l'enfant a violé, on est libre de l'entendre de celle dont la violation peut s'appliquer à l'enfant. Si toutefois on prétend qu'il ne s'agit ici que de

circumcidere non curarunt : nisi quia etiam parvuli, non secundum suæ vitæ proprietatem, sed secundum communem generis humani originem, omnes in illo uno testamento Dei dissipaverunt, in quo omnes peccaverunt. (*Rom.* v, 12.) Multa quippe appellantur testamenta Dei, exceptis illis duobus magnis, vetere et novo, quod licet cuique legendo cognoscere. Testamentum autem primum, quod factum est ad hominem primum, profecto illud est : « Qua die ederitis, morte moriemini. » (*Gen.* II, 17.) Unde scriptum est in libro, qui Ecclesiasticus appellatur : « Omnis caro sicut vestis veterascit. Testamentum (*a*) enim a sæculo, Morte morieris. » (*Eccli.* XIV, 18, sec. LXX.) Cum enim lex evidentior postea data sit, et dicat Apostolus : « Ubi autem non est lex, nec prævaricatio : » (*Rom.* IV, 15) quo pacto quod legitur in Psalmo verum est : « Prævaricatores æstimavi omnes peccatores terræ, » (*Psal.* CXVIII, 119) nisi quia omnes legis alicujus prævaricatæ sunt rei, qui aliquo peccato tenentur obstricti ? Quamobrem si etiam parvuli, quod vera fides habet, nascuntur non proprie, sed originaliter peccatores, unde illis gratiam remissionis peccatorum necessariam confitemur ; profecto eo modo quo sunt peccatores, etiam prævaricatores legis illius, quæ in paradiso data est, agnoscuntur ; ut verum sit utrumque, quod scriptum est : « et Prævaricatores æstimavi omnes peccatores terræ ; » et : « Ubi lex non est, nec prævaricatio. » Ac per hoc, quia circumcisio signum regenerationis fuit (*b*), et non immerito parvulum propter originale peccatum, quo primum Dei dissipatum est testamentum, generatio disperdet, nisi regeneratio liberet ; sic intelligenda sunt hæc divina verba, tamquam dictum sit, Qui non fuerit regeneratus, interibit anima illa de populo ejus, quia testamentum Dei dissipavit, quando in Adam cum omnibus etiam ipse peccavit. Si enim dixisset : Quia hoc testamentum meum dissipavit ; non nisi de ista circumcisione intelligi cogeretur : nunc vero, quoniam non expressit cujusmodi testamentum parvulus dissipaverit, liberum est intelligere de illo testamento dictum, cujus dissipatio pertinere possit ad parvulum. Si autem

(*a*) Editi, *Testamentum est a sæculo, morte mori eos, qui transgrediuntur præcepta Dei.* Locus veterum librorum ope liberatur a glossemate, et redintegratur. Sumtus est ex Ecclesiastici capite XIV, v. 18, apud LXX. In Vulgata vero jungitur versiculo 12, et exhibetur sic : *Testamentum hujus mundi, morte morietur.* — (*b*) Particula *et* desideratur in excusis.

la Circoncision, dont l'enfant incirconcis aurait violé l'alliance, il faudrait trouver une certaine manière de parler pour dire raisonnablement que l'alliance a été violée, bien qu'elle ne l'ait pas été par lui ; mais en lui. Il faudrait aussi remarquer que la perte de cet enfant incirconcis, sans être coupable d'aucune négligence envers lui-même, serait une injustice, s'il n'était dans les liens du péché originel.

CHAPITRE XXVIII.

Du changement des noms d'Abraham et de Sarra ; fécondité miraculeuse.

Après cette magnifique promesse faite à Abraham en termes si clairs : « Je t'ai fait le père de peuples nombreux, je te rendrai très-puissant, je t'établirai sur les nations et des rois sortiront de toi ; je te donnerai de Sara un fils, je le bénirai aussi, il sera le père de plusieurs nations et des rois sortiront de lui. » (*Gen.* XVII, 6 etc.) Après cette promesse, dis-je, dont nous voyons maintenant l'accomplissement dans le Christ, les deux époux ne sont plus appelés dans l'Écriture, comme ils l'étaient auparavant, Abram et Sara, mais, comme nous les avons appelés d'abord, parce qu'on les appelle ainsi partout, Abraham et Sarra. Pourquoi le nom d'Abraham a-t-il été changé ? l'Écriture en donne la raison : « Parce que, » dit-elle au nom de Dieu, « je t'ai fait le père de beaucoup de nations. » (*Ibid.* 5.) C'est donc là le sens du mot : « Abraham. » Abram, son premier nom, signifie « père illustre. » L'Ecriture ne donne pas de raison du changement de nom de Sara ; mais, d'après ceux qui se sont occupés d'interpréter les noms hébreux, contenus dans les saintes Lettres, Sara veut dire ma princesse, et Sarra, vertu. Et de là vient cette parole de l'épitre aux Hébreux : « C'est aussi par la foi que Sara reçut la vertu de concevoir. » (*Hébr.* XI, 11.) Tous deux, en effet, comme l'atteste l'Ecriture, étaient très-avancés en âge et de plus, Sara était stérile et déjà privée du flux menstruel ; aussi, quand bien même elle n'aurait pas été stérile, elle eût été incapable d'enfanter. Or, une femme déjà âgée, mais qui a conservé ses règles, peut encore avoir des enfants d'un jeune homme et non d'un vieillard, bien que le vieillard lui-même puisse en avoir aussi d'une jeune femme ; ainsi Abraham, après la mort de Sara, put avoir des enfants de

---

quisquam hoc non nisi de ista circumsione dictum esse contendit, quod in ea testamentum Dei, quoniam non est circumcisus, dissipaverit parvulus ; quærat locutionis aliquem modum, quo non absurde possit intelligi, ideo dissipasse testamentum, quia licet non ab illo, tamen in illo est dissipatum. Verum sic quoque animadvertendum est, nulla in se negligentia sua *(a)* injuste interire incircumcisi animam parvuli, nisi originalis obligatione peccati.

CAPUT XXVIII.

De commutatione nominum Abrahæ et Sarræ, qui cum ob unius sterilitatem, ob utriusque autem senectutem generare non possent, munus fecunditatis indepti sunt.

Facta igitur promissione tam magna tamque dilucida ad Abraham, cui evidentissime dictum est : « Patrem multarum gentium posui te : et augebo te valde, et ponam te in gentes, et reges exibunt ex te : et dabo tibi ex Sarra filium ; et benedicam illum, et erit in nationes, et reges gentium ex eo erunt : » (*Gen.* XVII, 6, etc.) quam promissionem nunc in Christo cernimus reddi : ex illo deinceps illi conjuges non vocantur in Scripturis, sicut antea vocabantur, Abram et Sara ; sed sicut nos eos ab initio vocavimus, quoniam sic jam vocantur ab omnibus, Abraham et Sarra. Cur autem mutatum sit nomen Abrahæ, reddita est ratio : « Quia patrem, inquit, multarum gentium posui te. » (*Ibid.* 5.) Hoc ergo significare intelligendum est Abraham : Abram vero, quod ante vocabatur, interpretatur Pater excelsus. De nomine autem mutato Sarræ non est reddita ratio : sed, sicut aiunt, qui scripserunt interpretationes nominum Hebræorum, quæ his sacris litteris continen'ur, Sara interpretatur Princeps mea ; Sarra autem Virtus. Unde scriptum est in Epistola ad Hebræos : « Fide et ipsa Sarra virtutem accepit *(b)* ad emissionem seminis. » (*Heb.* XI, 11.) Ambo autem *(c)* seniores erant, sicut Scriptura testatur : sed illa etiam sterilis, et cruore menstruo jam destituta ; propter quod jam parere non posset, etiam si sterilis non fuisset. Porro si femina ita sit provectioris ætatis, ut ei solita mulierum adhuc fluant, de juvene parere potest, de seniore non potest : quamvis ad-

---

(a) Vind. Am. Er. et nonnulli Mss. *juste.* — *(b)* Navarræus Ms. *in conceptionem :* dissentientibus ceteris libris Græce est, εἰς καταβολὴν. — *(c)* Sic Mss. Editi autem *senes.*

Céthura, parce qu'il trouva en elle, toute la vigueur de la jeunesse. Aussi, c'est ce que l'Apôtre a soin de relever comme un grand miracle en disant que le corps d'Abraham déjà mort, pour toute femme arrivée aux extrêmes limites de l'âge, ne laissa pas d'engendrer de Sarra. Et, nous devons bien comprendre que le corps du patriarche n'était mort que pour certaines choses, autrement ce n'eût plus même été un vieillard, mais un cadavre. Souvent, il est vrai, on donne à cette difficulté une autre solution, ainsi on dit qu'Abraham put encore engendrer de Céthura, parce que, même après la mort de sa femme, il conserva le don qu'il avait reçu du Seigneur. Mais la solution que j'ai donnée, me paraît préférable, car si, de nos jours un vieillard centenaire serait incapable d'engendrer, il n'en était pas de même alors où la longévité des hommes les exemptait de la décrépitude, quand ils n'avaient que cent ans.

CHAPITRE XXIX.

Des trois hommes ou anges sous la figure desquels le Seigneur apparut à Abraham au chêne de Mambré.

Dieu apparut encore à Abraham, au chêne de Mambré, en la personne de trois hommes qui, sans doute, étaient des anges (*Gen.* XVIII, 1), bien que plusieurs croient que l'un d'eux était Notre-Seigneur Jésus-Christ, et prétendent qu'il a été visible même avant de s'être revêtu de notre chair. Il dépend, à la vérité, de la puissance divine, dont la nature est invisible, incorporelle, immortelle, immuable, d'apparaître même aux regards des mortels, sans changer sa nature, et, par conséquent, non par lui-même, tel qu'il est, mais par le ministère de quelques-unes des créatures qui lui sont soumises; et quelle créature n'est pas soumise à Dieu? Cependant, si l'on maintient que l'un des trois était le Christ, parce que, bien qu'Abraham vit trois personnes, il ne parla qu'au seul Seigneur, selon ce qui est écrit : « Et voici que trois hommes se tenaient auprès de lui, et les voyant, il s'avança, de la porte de sa tente, au-devant d'eux, et se prosternant jusqu'à terre, il dit : Seigneur, si j'ai trouvé grâce devant vous, etc. » (*Ibid.* 2, etc.) Pourquoi ne pas remarquer aussi que deux de ces hommes, s'étaient éloignés, pour aller détruire Sodome, quand Abraham, parlant à un seul, l'appelait Seigneur et le suppliait de ne pas envelopper dans la ruine de Sodome, le juste avec l'impie? Du reste, Lot lui-même, s'adressant aux deux autres, leur parle comme s'il n'y avait qu'un seul Seigneur.

---

huc possit ille senior, sed de adolescentula gignere : sicut Abraham post mortem Sarræ de Cethura potuit, quia vividam ejus invenit ætatem. Hoc ergo est quod mirum commendat Apostolus, et ad hoc dicit Abrahæ jam fuisse corpus emortuum (*Rom.* IV, 19) : quoniam non ex omni femina, cui esset adhuc aliquod pariendi tempus extremum, generare ipse in illa ætate adhuc posset. Ad aliquid enim emortuum corpus intelligere debemus, non ad omnia. Nam si ad omnia, non jam senectus vivi, sed cadaver est mortui. Quamvis etiam sic solvi soleat ista quæstio, quod de Cethura postea genuit Abraham, quia gignendi donum, quod a Domino accepit, etiam post obitum mansit uxoris. Sed propterea mihi videtur illa, quam secuti sumus, hujus quæstionis solutio præferenda, quia centenarius quidem senex, sed temporis nostris, de nulla potest femina gignere ; non tunc, quando adhuc tam diu vivebant, ut centum annis nondum facerent hominem decrepitæ senectutis.

CAPUT XXIX.

De tribus viris vel Angelis, in quibus ad quercum Mambræ apparuisse Abrahæ Dominus indicatur.

Item Deus apparuit Abrahæ ad quercum Membræ in tribus viris, quos dubitandum non est Angelos fuisse (*Gen.* XVIII, 1) : quamvis quidam existiment unum in eis fuisse Dominum Christum, asserentes eum etiam ante indumentum carnis fuisse visibilem. Est quidem divinæ potestatis, et invisibilis, incorporalis, incommutabilisque naturæ, sine ulla sui mutatione etiam mortalibus adspectibus apparere, non per id quod est, sed per aliquid quod sibi subditum est. Quid autem illi subditum non est ? Verumtamen si propterea confirmant horum trium aliquem fuisse Christum, quia cum tres vidisset, ad Dominum singulariter est locutus : sic enim Scriptum est : « Et ecce tres viri stabant super eum, et videns procucurrit obviam illis ab ostio tabernaculi sui, et adoravit super terram, et dixit, Domine, si inveni gratiam ante te, etc. » (*Ibid.* 2, etc.) cur non etiam illud advertunt, duos ex eis venisse, ut Sodomitæ

Car, après leur avoir parlé au pluriel : « Daignez, Seigneurs, entrer dans la maison de votre serviteur, etc., » (*Gen.* XIX, 2) et le reste, rapporté en cet endroit, l'Écriture continue ainsi : « Et les anges le prirent par la main et ils prirent aussi les mains de sa femme et de ses deux filles, parce que le Seigneur lui faisait grâce. Et aussitôt qu'ils l'eurent conduit hors la ville, ils lui dirent : Sauvez-vous, ne regardez pas en arrière et ne vous arrêtez en aucun lieu de cette contrée ; retirez-vous sur la montagne, de peur que vous ne soyez victime. Et Lot leur dit : Je vous prie, Seigneur, puisque votre serviteur a trouvé grâce devant vous, » (*Ibid.* 16) et le reste. Et après ces paroles, le Seigneur, en la personne des deux anges, lui répondit comme s'il était seul : « J'ai admiré votre visage, etc. » (*Ibid.* 21.) Il est donc beaucoup plus probable, qu'Abraham, dans les trois, et Lot, dans les deux hommes, reconnaissaient le Seigneur et ne parlaient qu'à lui seul, bien qu'ils fussent persuadés que ces personnages étaient des hommes ; ils les reçurent donc seulement comme de simples mortels aux besoins desquels on pourvoit par un aliment réparateur ; mais il y avait en eux quelque chose de si supérieur à l'homme, que ceux qui leur donnaient l'hospitalité ne pouvaient s'empêcher de croire que le Seigneur ne fût présent en leur personne, comme il l'était ordinairement dans les prophètes ; et c'est pourquoi tantôt ils leur parlaient pluriel, et tantôt au singulier, s'adressant au Seigneur seul. Mais l'Écriture atteste que c'étaient des anges, non-seulement au livre de la Genèse, où ces faits sont rapportés, mais encore dans l'épitre aux Hébreux, où, pour faire l'éloge de l'hospitalité et la recommander, l'apôtre dit : « Par cette vertu, plusieurs, même sans le savoir, ont donné l'hospitalité à des anges. » (*Hébr.* XIII, 2.) Ce fut donc, par le ministère de ces trois hommes que Dieu, réitérant à Abraham la promesse de lui donner un fils de Sarra, lui fit parvenir cet oracle : « Abraham sera le père d'une grande et nombreuse nation, et en lui toutes les nations de la terre seront bénies. » (*Gen.* XVIII, 18.) Ici, se trouve exprimée une double promesse très-complète, malgré sa brièveté, du peuple d'Israël, selon la chair, et de toutes les nations, selon la foi.

---

deterentur, cum adhuc Abraham ad unum loqueretur, Dominum appellans, et intercedens ne simul justum cum impio in Sodomis perderet? Illos autem duos sic suscepit Lot, ut etiam ipse in colloquio (*a*) cum illis suo singulariter Dominum appellaret. Nam cum eis pluraliter dixisset : « Ecce Domini declinate in domum pueri vestri, » (*Gen.* XIX, 2) et cetera quæ ibi dicuntur : postea tamen ita legitur : « Et tenuerunt Angeli manum ejus, et manum uxoris ejus, et manus duarum filiarum ejus (*b*), in eo quod parceret Dominus ipsi. Et factum est, mox ut eduxerunt illum foras, et dixerunt : Salvam fac animam tuam, ne respexeris retro, nec steteris in tota regione : in monte salvum te fac, ne quando comprehendaris. Dixit autem Lot ad illos : Oro, Domine, quia invenit puer tuus misericordiam ante te, » et quæ sequuntur. (*Ibid.* 16, etc.) Deinde post hæc verba singulariter illi respondit et Dominus, cum in duobus Angelis esset, dicens : « Ecce (*c*) miratus sum faciem tuam, » et cetera. (*Ibid.* 21.) Unde multo est credibilius, quod et Abraham in tribus et Lot in duobus viris Dominum agnoscebant, cui per singularem numerum loquebantur, etiam cum eos homines esse arbitrarentur : neque enim aliam ob caussam sic eos susceperunt, ut tamquam mortalibus et humana refectione indigentibus ministrarent : sed erat profecto aliquid, quo ita excellebant, ut tamquam homines, ut in eis esse Dominum, sicut esse adsolet in Prophetis, hi qui hospitalitatem illis exhibebant, dubitare non possent : atque ideo (*d*) et ipsos aliquando pluraliter, et in eis Dominum aliquando singulariter appellabant. Angelos autem fuisse Scriptura testatur, non solum in hoc Genesis libro, ubi hæc gesta narrantur, verum etiam in epistola ad Hebræos, ubi cum hospitalitas laudaretur : « Per hanc, inquit, etiam quidam nescientes hospitio receperant Angelos. » (*Hebr.* XIII, 2.) Per illos igitur tres viros, cum rursus filius Isaac de Sarra promitteretur Abrahæ, divinum datum est etiam tale responsum, ut diceretur (*e*) : « Abraham erit in gentem magnam et multam, et benedicentur in eo omnes gentes terræ. » (*Gen.* XVIII, 18.) et hic duo illa brevissime plenissimeque promissa sunt, gens Israel secundum carnem, et omnes gentes secundum fidem.

(*a*) Sola editio Lov. *in colloquio suo cum illis duos singulariter Dominum appellaret.* — (*b*) Particula *in* deest in editis : sed habetur in omnibus Mss. juxta LXX. — (*c*) Editi, *miseratus sum.* Verius Mss. *miratus sum* : nam Græce apud LXX. est, ἐθαύμασα, quod hic forte sonat, *respexi, reveritus sum.* — (*d*) Sic Mss. Editi vero, *et ipsos aliquando pluraliter ut dominos, aliquando singulariter ut in eis dominum appellabant.* — (*e*) Lov. *ut diceretur ad Abraham, Erit in gentem* etc. Editi alii et Mss. consentiunt cum LXX.

CHAPITRE XXX.

Lot sauvé de Sodome; destruction de cette ville par le feu du ciel; la chasteté de Sara n'a rien à souffrir de la passion d'Abimelech.

Après cette promesse et Lot étant sorti sain et sauf de Sodome, une pluie de feu tomba du ciel et réduisit en cendres toute cette ville impie, (*Gen.* XIX, 24) où les abominations contre nature étaient aussi communes que les actions permises par les lois. Mais ce châtiment est une image du dernier jugement de Dieu. Car, pourquoi cette défense faite à ceux qui sont délivrés par les anges de ne point retourner en arrière; sinon qu'il ne faut pas retourner de cœur à l'ancienne vie, dont la grâce de la régénération nous a dépouillés, si nous voulons éviter les rigueurs du dernier jugement? Enfin, à l'endroit même où la femme de Lot se retourna, elle demeura fixée et changée en statue de sel, pour apprendre aux fidèles quel assaisonnement de sagesse leur est nécessaire, s'ils veulent profiter de cet exemple. Ensuite, Abraham renouvela à Gérara, auprès d'Abimelech, ce qu'il avait fait en Égypte, par rapport à sa femme, qui lui fut, comme alors, rendue intacte. Et quand le roi lui eut reproché de n'avoir pas fait connaître Sara pour sa femme et de l'avoir fait passer pour sa sœur; Abraham, après avoir exposé ses craintes, ajouta : « Elle est d'ailleurs vraiment ma sœur de père et non de mère; » (*Gen.* XX, 12) elle était, en effet, sa sœur du côté de son père, et, par conséquent, sa plus proche parente. Or, elle était d'une si grande beauté, que malgré son âge, elle pouvait encore être recherchée.

CHAPITRE XXXI.

Naissance d'Isaac, selon la promesse; le nom qu'il reçut lui vient du rire de son père et de sa mère.

Ensuite, selon la promesse, Abraham eut un fils de Sarra, il le nomma Isaac, mot qui signifie *ris*. Car, son père avait ri, dans la joie que lui causait cette étonnante promesse; sa mère aussi avait ri, mais dans la joie de la défiance, quand ces trois hommes lui renouvelèrent la promesse; mais l'ange lui en fit le reproche (*Gen.* XVIII, 13), car si ce rire fut celui de la joie, il n'annonçait pas une foi entière? Plus tard, le même ange l'affermit dans la foi. C'est donc de cette circonstance, que l'enfant prit son nom. Car, ce rire, n'était pas pour se moquer, mais c'était la marque d'un grand contentement.

CAPUT XXX.

De Lot a Sodomis liberato, atque eisdem cœlesti igne consumtis; et de Abimelech, cujus concupiscentia castitati Sarræ nocere non potuit.

Post hanc promissionem liberato de Sodomis Lot, et veniente igneo imbre de cœlo, tota illa regio impiæ civitatis in cinerem versa est (*Gen.* XIX, 24), ubi stupra in masculos in tantam consuetudinem convaluerant, quantam leges solent aliorum factorum præbere licentiam. Verum et hoc eorum supplicium specimen futuri judicii divini fuit. Nam quo pertinet quod prohibiti sunt qui liberabantur ab Angelis retro respicere, nisi quia non est animo redeundum ad veterem vitam, qua per gratiam regeneratus exuitur, si ultimum evadere judicium cogitamus? Denique uxor Lot, ubi respexit, remansit; et in salem conversa hominibus fidelibus quoddam præstitit condimentum, quo sapiant aliquid, unde illud caveatur exemplum. Inde rursus Abraham fecit in Geraris apud regem civitatis illius Abimelech, quod in Ægypto de conjuge fecerat, eique intacta similiter reddita est. Ubi sane Abraham objurganti regi cur tacuisset uxorem, sororemque dixisset, aperiens quid timuerit, etiam hoc addidit : « Etenim vere soror mea est de patre, sed non de matre : » (*Gen.* XX, 12) qua de patre suo soror erat Abrahæ, de quo propinqua ejus erat. Tantæ autem pulcritudinis fuit, ut etiam in illa ætate posset adamari.

CAPUT XXXI.

De Isaac secundum promissionem nato, cui nomen ex risu utriusque parentis est inditum.

Post hæc natus est Abrahæ, secundum promissionem Dei, de Sarra filius, eumque nominavit Isaac, quod interpretatur risus. Riserat enim et pater, quando ei promissus est, admirans in gaudio : riserat et mater, quando per illos tres viros iterum promissus est, dubitans in gaudio, quamvis exprobrante Angelo quod risus ille, etiam si gaudii fuit, tamen plenæ fidei non fuit. (*Gen.* XVIII, 13.) Post ab eodem Angelo in fide etiam confirmata est. Ex hoc enim puer nomen accepit. Nam quod risus ille non ad irridendum opprobrium, sed ad celebrandum gaudium pertinebat, nato Isaac, et eo nomine vocato, Sarra monstravit; ait quippe : « Risum mihi fecit Domi-

puisqu'après la naissance d'Isaac et l'avoir appelé par son nom, Sarra s'écria : « Le Seigneur m'a fait rire, et quiconque saura ceci, se réjouira avec moi. » *(Gen.* XXI, 6.) Mais, peu de temps après, la servante est chassée de la maison avec son fils; c'est ici, d'après l'Apôtre, la figure des deux testaments, l'ancien et le nouveau *(Gal.* IV, 4) : Sara représente la Jérusalem céleste ou la Cité de Dieu.

CHAPITRE XXXII.

Obéissance et foi d'Abraham éprouvées par l'ordre qu'il reçoit de sacrifier son fils; mort de Sarra.

Cependant, pour ne pas rapporter tous les faits en détail, ce qui serait trop long, Abraham est tenté, il reçoit l'ordre d'immoler Isaac, son fils bien-aimé, afin de faire connaître, non à Dieu, mais à tous les âges, la pieuse obéissance du patriarche; car il ne faut pas réprouver toute tentation, mais plutôt remercier Dieu de celle qui sert de témoignage à la vertu. Et souvent l'esprit humain n'a pas d'autre moyen de se connaître lui-même, qu'en répondant, non par la parole, mais par la preuve de sa force, à la tentation qui le consulte, pour ainsi dire; si l'homme reconnaît la faveur divine, alors il est pieux, il s'établit sur le solide fondement de la grâce, il ne s'enfle point de vaine présomption. Sans doute Abraham n'aurait jamais cru que des victimes humaines pussent plaire à Dieu, bien que, quand l'ordre divin se fait entendre, il s'agisse d'obéir et non de discuter; mais Abraham crut que Dieu était assez puissant pour ressusciter son fils immolé; c'est pour cela qu'il est digne de louanges. En effet, quand, malgré les sollicitations de sa femme, il refusait de consentir à renvoyer la servante et son fils, Dieu lui dit : « C'est d'Isaac que ta postérité tirera son nom; » *(Gen.* XXI, 12) et cependant il ajoute aussitôt : « Je ferai le fils de la servante, chef d'une grande nation, parce qu'il est de ta race. Pourquoi donc cette parole : c'est d'Isaac que ta postérité tirera son nom, puisque Dieu dit aussi qu'Ismaël est de sa race? L'Apôtre lève la difficulté par cette explication : « C'est d'Isaac que ta postérité tirera son nom : c'est-à-dire que les enfants d'Abraham selon la chair ne sont pas les enfants de Dieu, mais ceux-là seuls qui sont les enfants de la promesse, parce qu'ils sont vraiment de sa race. » *(Rom.* IX, 8.) Et, par conséquent, les enfants de la promesse, pour être de la race d'Abraham, doivent sortir d'Isaac, et se réunir en Jésus-Christ par la grâce qui les appelle. Aussi, le saint patriarche s'en

nus, quicumque enim audierit, congaudebit mihi. » *(Gen.* XXI, 6.) Sed post aliquantulum tempus ancilla de domo ejicitur cum filio suo, et duo illa secundum Apostolum Testamenta significantur, vetus et novum : ubi Sarra (*a*) illa supernæ Jerusalem, hoc est, Civitatis Dei, figuram gerit. *(Gal.* IV, 24.)

CAPUT XXXII.

De obedientia et fide Abrahæ, qua per oblationem immolandi filii probatus est, et de morte Sarræ.

1. Inter hæc, quæ omnia commemorare nimis longum est, tentatur Abraham de immolando dilectissimo filio ipso Isaac *(Gen.* XXII, 1), ut pia ejus obedientia probaretur, sæculis in notitiam proferenda, non Deo. Neque enim omnis est culpanda tentatio : quia et gratulanda est, qua fit probatio. Et plerumque aliter animus humanus sibi ipsi innotescere non potest, nisi vires suas sibi, non verbo, sed experimento, tentatione quodam modo interroganti, respondeat : ubi si Dei minus agnoverit, tunc pius est, tunc solidatur firmitate gratiæ, non inflatur inanitate jactantiæ. Numquam sane crederet Abraham, quod victimis Deus delectaretur humanis : quamvis, divino intonante præcepto, obediendum sit, non disputandum. Verumtamen Abraham confestim filium, cum fuisset immolatus, resurrecturum credidisse laudandus est. Dixerat namque illi Deus, cum de ancilla et filio ejus foras ejiciendis voluntatem conjugis nollet implere : « In Isaac vocabitur tibi semen. » *(Gen.* XXI, 12.) Et certe ibi sequitur ac dicitur, « Filium autem ancillæ hujus in magnam gentem faciam (*b*) illum; quia semen tuum est. » Quomodo ergo dictum est, « In Isaac vocabitur tibi semen, » cum et Ismaelem Deus semen ejus vocaverit? Exponens autem Apostolus, quid sit : « In Isaac vocabitur tibi semen : Id est, inquit, non qui filii carnis hi filii Dei, sed filii (*c*) promissionis deputantur in semine. » *(Rom.* IX, 8.) Ac per hoc filii promissionis, ut sint semen Abrahæ, in Isaac vocantur, hoc est, in (*d*) Christum vocante gratia con-

---

(*a*) Sic Mss. Editi autem, *illius.* — (*b*) In editis omittitur *illum.* Habetur tamen in Mss. et apud LXX. — (*c*) Er. Lov. *filiis repromissionis deputantur in semen :* dissentientibus editis aliis et Mss — (*d*) Sola editio Lov. *in Christo.*

tenant fidèlement à la promesse qui devait s'accomplir par celui que Dieu lui ordonnait d'immoler, ne douta point que Dieu ne pût lui rendre ce fils, qui lui avait été donné contre toute espérance. Ainsi l'entend et l'explique l'Apôtre dans l'épître aux Hébreux : « Abraham tenté en Isaac, s'élève par la foi; il offre ce fils unique, après avoir reçu les promesses et avoir entendu cette parole : d'Isaac sortira ta postérité : pensant bien que Dieu est assez puissant pour le faire sortir de la mort. Et c'est pour cela, ajoute l'Apôtre, que Dieu nous l'a donné comme figure; » (*Heb.* XI, 17 *etc.*) figure de qui? sinon de celui dont le même Apôtre dit : « Dieu n'a pas épargné son propre fils, mais il l'a livré à la mort pour nous tous. » (*Rom.* VIII, 32.) Aussi, comme le Seigneur porta sa croix, de même Isaac a porté lui-même jusqu'au lieu du sacrifice, le bois dont il fut chargé. Enfin, Dieu ayant arrêté le bras d'Abraham prêt à frapper et Isaac ne devant pas mourir, quel était ce bélier, dont le sang figuratif devait servir à l'accomplissement du sacrifice? Quand Abraham le voit, il était embarrassé par ses cornes dans un buisson. De qui était-il donc la figure, sinon de Jésus qui, avant d'être immolé, fut couronné d'épines par les Juifs?

2. Mais écoutons plutôt les paroles divines par la bouche de l'Ange :« Abraham, dit l'Écriture, étendit la main pour prendre le glaive qui devait immoler son fils. Et l'ange du Seigneur l'appela du haut du ciel et lui dit : Abraham! Et il répondit : Me voilà. Et l'Ange dit : ne porte pas la main sur ton fils, et ne lui fait point de mal; car maintenant je sais que tu crains Dieu, puisque tu n'as pas épargné ton fils bien-aimé, pour l'amour de moi. » (*Gen.* XXII, 10 *etc.*) « Je sais maintenant, » comme s'il y avait, maintenant j'ai fait savoir, car Dieu le savait bien auparavant : Ensuite, le bélier étant immolé à la place de son fils Isaac,« Abraham appela ce lieu : le Seigneur a vu, » comme on dit aujourd'hui : « Le Seigneur est apparu sur la montagne. » Ainsi il est écrit : « Je sais maintenant » pour : « maintenant j'ai fait savoir; »et de même : « le Seigneur a vu, » pour : « le Seigneur est apparu, c'est-à-dire, s'est fait voir. Et l'ange du Seigneur, du haut du ciel, appela une seconde fois Abraham et lui dit : J'ai juré par moi-même, dit le Seigneur, parce que tu as obéi à ma parole et que tu n'as pas épargné ton fils bien-aimé, pour l'amour de moi; je te comblerai de bénédictions et je multiplierai ta postérité, comme les étoiles du ciel

gregantur. Hanc ergo promissionem pater pius fideliter tenens, quia per hunc oportebat impleri, quem Deus jubebat, occidi, non hæsitavit quod sibi reddi poterat immolatus, qui dari potuit non speratus. Sic intellectum est et in Epistola ad Hebræos, et sic expositum. « Fide, inquit, (*a*) præcessit Abraham, in Isaac tentatus; et unicum obtulit, qui promissiones suscepit, ad quem dictum est : In Isaac vocabitur tibi semen : cogitans quia et ex mortuis excitare potest Deus. » (*Hebr.* XI, 17, etc.) Proinde addidit, « Pro hoc etiam eum et in similitudinem adduxit. » Cujus similitudinem, nisi illius de quo dicit idem Apostolus : « Qui proprio Filio non pepercit, sed pro nobis omnibus tradidit illum ? » (*Rom.* VIII, 32.) Propterea et Isaac, sicut Dominus crucem suam, ita sibi ligna ad victimæ locum, quibus fuerat imponendus, ipse portavit. Postremo quia Isaac occidi non oportebat, postea quam est pater ferire prohibitus, quis erat ille aries, quo immolato impletum est significativo sanguine sacrificium ? Nempe quando eum vidit Abraham,cornibus in frutice tenebatur. Quis ergo illo figurabatur, nisi Jesus, ante quam immolaretur spinis Judaicis coronatus ?

2. Sed divina per Angelum verba potius audiamus. Ait quippe Scriptura : « Et extendit Abraham manum suam sumere machæram, ut occideret filium suum. Et vocavit illum Angelus Domini de cœlo, et dixit : Abraham. Ille autem dixit : Ecce ego. Et dixit : Non injicias manum tuam super puerum, neque facias illi quidquam : nunc enim scivi quia times Deum (*b*) tu, et non pepercisti filio tuo dilecto propter me. (*Gen.* XXI, 10, etc.) « dictum est, nunc sciri feci : neque enim hoc nondum sciebat Deus. Deinde ariete illo immolato pro Isaac filio suo, « vocavit, » ut legitur, « Abraham nomen loci illius, Dominus vidit : ut dicant hodie : In monte Dominus apparuit. » Sicut dictum est :« Nunc scivi, » pro eo quod est, nunc sciri feci : ita hic « Dominus vidit, » pro eo quod est, Dominus apparuit, hoc est, videri se fecit. « Et vocavit Angelus Domini Abraham secundo de cœlo, dicens : Per memetipsum juravi, dicit Dominus, propter quod fecisti verbum hoc, et non pepercisti filio tuo dilecto propter me, nisi benedicens benedicam te, et multiplicans multiplicabo semen tuum, sicut stellas cœli, et tamquam arenam quæ est juxta labium maris. Et here-

(*a*) Nonnulli Mss. *obtulit Abraham Isaac.* — (*b*) Edidit, *Deum tuum.* Melius Mss. juxta LXX. *Deum tu.*

et les grains de sable sur le rivage de la mer. Et ta postérité aura en héritage les villes de ses ennemis; et toutes les nations de la terre seront bénies dans ta race, parce que tu as obéi à ma voix. » (*Gen.* XXII, 16 *etc.*) C'est ainsi qu'après l'holocauste qui figure le Christ, Dieu confirma même par serment, la promesse de la vocation des Gentils dans la race d'Abraham. Souvent déjà Dieu avait promis, mais il n'avait pas encore fait serment. Et qu'est-ce que le serment du Dieu vrai et qui est la vérité par essence, sinon la confirmation de sa promesse et comme un reproche aux incrédules?

3. Ensuite, Sarra termina ses jours, à l'âge de cent vingt-sept ans (*Gen.* XXIII, 1) et dans la cent trente-septième année de son mari. Car il avait dix ans de plus que sa femme, selon qu'il le dit lui-même, quand Dieu lui promit qu'elle lui donnerait un fils : « J'aurai donc un fils à cent ans et Sara enfantera à quatre-vingt-dix ans? » (*Gen.* XVII, 17.) Abraham achète un champ où il ensevelit sa femme. Et ce fut alors, comme le rapporte saint Étienne (*Act.* VII, 4), qu'il se fixa dans cette contrée, parce qu'il commença à y posséder une terre; c'était après la mort de son père, que l'on place deux ans plus tôt.

CHAPITRE XXXIII.

Rébecca petite-fille de Nachor, épouse Isaac.

Un peu plus tard (*Gen.* XXIV, 67), Isaac, âgé de quarante ans, la cent quarantième année de son père, et trois ans après la mort de sa mère, épousa Rébecca, petite-fille de Nachor, son oncle paternel. Or, avant de l'épouser, son père envoyant son serviteur en Mésopotamie, lui dit : « Pose ta main sur ma cuisse et fais-moi le serment, par le Seigneur du ciel et de la terre, de ne pas choisir une épouse à mon fils Isaac parmi les filles des Chananéens. » (*Ibid.* 2.) Qu'est-ce que cela signifie, sinon que le Seigneur Dieu du ciel et de la terre devait se revêtir, un jour, d'une chair tirée des flancs du patriarche? Sont-ce là de faibles preuves de la vérité annoncée d'avance, et dont nous voyons l'accomplissement dans le Christ.

---

dilate possidebit semen tuum civitates adversariorum (*a*); et benedicentur in semine tuo omnes gentes terræ ; quia obaudisti vocem meam. » Hoc modo est illa de vocatione gentium in semine Abrahæ, post holocaustum, quo significatus est Christus, etiam juratione Dei firmata promissio. Sæpe enim promiserat, sed numquam juraverat. Quid autem est Dei veri veracisque juratio, nisi promissi confirmatio, et infidelium quædam increpatio?

3. Post hæc Sarra mortua est, centesimo et vicesimo-septimo anno vitæ suæ, centesimo autem et tricesimo-septimo viri sui. (*Gen.* XXIII, 1.) Decem quippe annis eam præcedebat ætate : sicut ipse, quando sibi ex illa promissus est filius, ait : « Si mihi annorum centum nascetur filius, et si Sarra annorum nonaginta pariet? » (*Gen.* XVII, 17.) Tunc emit agrum Abraham, in quo sepelivit uxorem. Tunc ergo secundum narrationem Stephani (*Act.* VII, 4); in terra illa est collocatus, quoniam cœpit ibi esse possessor; post mortem scilicet patris sui, qui colligitur ante biennium fuisse defunctus.

CAPUT XXXIII.

De Rebecca nepte Nachor, quam Isaac accepit uxorem.

Deinde Rebeccam neptem Nachor patrui sui, cum annorum quadraginta esset Isaac, duxit uxorem (*Gen.* XXIV, 67), centesimo scilicet et quadragesimo anno vitæ patris sui, triennio post mortem matris suæ. Ut autem illam duceret, quando ab ejus patre in Mesopotamiam servus missus est, quid aliud demonstratum est, cum eidem servo dixit Abraham : « Pone manum tuam sub femore meo, et adjurabo te per Dominum Deum cœli et Dominum terræ, ut non sumas filio meo Isaac uxorem de filiabus Chananæorum, » (*Gen.* XXIV, 2) nisi Dominum Deum cœli et Dominum terræ in carne, quæ ex illo femore trahebatur, fuisse venturum? Numquid hæc parva sunt prænuntiatæ indicia veritatis (*b*), quam compleri videmus in Christo?

(*a*) Editi addunt, *suorum* : quod a Mss. et a LXX. abest. — (*b*) Sic Mss. At editi, *quæ compleri videmus in Christo.*

CHAPITRE XXXIV.

Ce qu'il faut entendre par l'union d'Abraham avec Céthura, après la mort de Sarra.

Mais que signifie cette nouvelle alliance qu'Abraham contracte avec Céthura, après la mort de Sarra? (*Gen.* XXV, 1.) Loin de nous de soupçonner d'incontinence cet homme si recommandable par sa foi et déjà si avancé en âge! Est-ce qu'il désirait avoir encore des enfants, lui dont la foi éprouvée lui faisait tenir pour certaine la promesse de Dieu, qui l'assurait par Isaac d'une postérité aussi nombreuse que les étoiles du ciel et les grains de sable de la terre? Mais si, selon la doctrine de l'Apôtre (*Gal.* IV, 24), Agar et Ismaël sont certainement la figure des hommes charnels de l'Ancien Testament, pourquoi Céthura et ses fils ne figureraient-ils aussi ces hommes charnels, qui croient appartenir au Testament nouveau? Toutes deux, en effet, sont appelées femmes et concubines d'Abraham; Sarra, au contraire, n'est jamais appelée que sa femme. Car lorsqu'Agar est donnée à Abraham, l'Écriture parle ainsi : « Et Sarra épouse d'Abraham, prit sa servante, l'Égyptienne Agar, dix ans après l'entrée d'Abram dans la terre de Chanaan et la donna pour femme à Abram, son mari. » (*Gen.* XVI, 3.) Quant à Céthura, qu'il épousa après la mort de Sarra, l'Écriture dit : « Abraham prit une nouvelle femme, nommée Céthura. » (*Gen.* XXV, 1.) Toutes deux viennent d'être appelées femmes; nous allons les trouver appelées toutes deux concubines; ainsi l'Écriture dit peu après : « Abraham donna tout son bien à son fils Isaac, et il fit des présents aux fils de ses concubines et, de son vivant, les éloigna de son fils Isaac, en les envoyant à l'Orient, vers les contrées de l'Orient. » (*Ibid.* 5.) Les enfants des concubines reçoivent bien quelques présents, mais ils n'entrent pas en partage du royaume promis, pas plus les hérétiques que les Juifs charnels, parce qu'il n'y a pas d'autre héritier qu'Isaac; « et ceux qui sont les fils de la chair, ne sont pas les enfants de Dieu; mais les fils de la promesse font seuls partie de la postérité, » (*Rom.* IX, 8) dont il est dit : « Ta postérité sortira d'Isaac. » (*Gen.* XXI, 12.) Et en vérité, je ne vois pas pourquoi Céthura épousée après la mort de Sarra, serait appelée concubine, sinon à cause de ce mystère : Mais si on ne veut pas accepter ces significations figuratives, qu'au moins on n'accuse pas calomnieusement Abraham. Qui sait

---

CAPUT XXXIV.

Quid intelligendum sit in eo quod Abraham post mortem Sarra accepit uxorem Cethuram.

Quid autem sibi vult, quod Abraham post mortem Sarra Cethuram dixit uxorem (*Gen.* XXV, 1) : Ubi absit ut incontinentiam suspicemur, præsertim in illa jam ætate, et in illa fidei sanctitate. An adhuc procreandi filii quærebantur, cum jam Deo promittente tanta multiplicatio filiorum ex Isaac per stellas cœli et arenam terræ fide probatissima teneretur? Sed profecto si Agar et Ismael, doctore Apostolo, significaverunt carnales veteris Testamenti, cur non etiam Cethura et filii ejus significent carnales, qui se ad Testamentum novum existimant pertinere? (*Gal.* IV, 24.) Ambæ quippe et uxores Abrahæ, et concubinæ sunt appellatæ : Sarra vero numquam dicta est concubina (*a*). Nam et quando data est Agar Abrahæ, ita scriptum est : « Et apprehendit Sarra uxor Abram Agar Ægyptiam ancillam suam, post decem annos quam habitaverat Abram in terra Chanaan, et dedit eam Abram viro suo (*b*), ipsi uxorem. » De Cethura autem quam post obitum Sarræ accepit, sic legitur : « Adjiciens autem Abraham sumsit uxorem, cui nomen Cethura. » (*Gen.* XXV, 1.) Ecce ambæ dicuntur uxores : ambæ porro concubinæ fuisse reperiuntur, postea dicente Scriptura : « Dedit autem Abraham omnem censum suum Isaac filio suo, et filiis concubinarum suarum dedit Abraham dationes, et dimisit eos ab Isaac filio suo adhuc se vivo, ad Orientem, in terram Orientis. » (*Ibid.* 5.) Habent ergo nonnulla munera filii concubinarum, sed non perveniunt ad regnum promissum, nec hæretici, nec Judæi carnales : quia præter Isaac nullus est heres; « et non qui filii carnis, hi filii Dei, sed filii promissionis deputantur in semine, » (*Rom.* IX, 8) de quo dictum est, « In Isaac vocabitur tibi semen. » (*Gen.* XXI, 12.) Neque enim video, cur etiam Cethura post uxoris mortem ducta, nisi propter hoc mysterium, dicta sit concubina. Sed quisquis hæc non vult in istis significationibus accipere, non calumnietur Abrahæ. Quid si enim et hoc provisum est contra hæreticos futuros secundarum adversarios nuptiarum, ut in ipso patre multarum gentium post obitum conjugis iterum con-

---

(*a*) In editis additur, *sed uxor tantum.* — (*b*) Vox *ipsi* deest in editis : sed habetur in Mss. et apud LXX.

d'ailleurs, si Dieu n'a pas permis cette alliance, pour confondre les hérétiques futurs, ennemis des secondes noces, en leur montrant que le père de tant de nations a pu, sans pécher après la mort de sa femme, contracter une nouvelle union (1)? Abraham mourut à l'âge de cent soixante-quinze ans; il laissa donc âgé de soixante-quinze ans, son fils Isaac, qu'il avait engendré étant centenaire.

CHAPITRE XXXV.

Quel est le sens de la réponse du Seigneur, au sujet des deux jumeaux encore renfermés dans le sein de leur mère, Rebecca.

Voyons maintenant quels ont été les progrès de la Cité de Dieu, chez les descendants d'Abraham. Depuis le commencement de la vie d'Isaac, jusqu'à sa soixantième année, époque où il eut des enfants, on remarque surtout que Dieu exauça sa prière, en rendant féconde sa femme qui était stérile. Mais, après qu'elle eût conçu, deux jumeaux luttaient déjà dans son sein, et comme elle éprouvait de grandes douleurs, elle consulta le Seigneur qui lui fit cette réponse : « Deux nations sont dans ton sein ; et deux peuples en sortiront pour se diviser; l'un surmontera l'autre et l'aîné sera le serviteur du plus jeune. » (*Gen.* xxv, 23.) L'Apôtre saint Paul veut voir ici un grand enseignement, par rapport à la grâce; car, avant leur naissance, quand ils n'ont encore fait ni bien, ni mal, sans aucun mérite précédent, le plus jeune est élu, et l'aîné est rejeté. Sans doute, quant au péché originel, tous deux étaient également coupables; mais, quant au péché personnel, ils n'en avaient commis ni l'un ni l'autre. Mais le but que je me suis proposé dans cet ouvrage, ne me permet pas d'en dire plus long là-dessus, du reste, j'ai traité ailleurs cette question, d'une manière assez étendue. Quant à cette parole : « l'aîné sera le serviteur du plus jeune, » presque tous nos interprètes l'entendent du peuple Juif, le peuple aîné, qui doit être soumis au jeune peuple chrétien. Et en effet, bien que ces paroles semblent être accomplies dans le peuple des Iduméens, qui sont sortis de l'aîné, appelé Ésaü et Edom, d'où les Iduméens; et qui devaient être assujettis au peuple issu du plus jeune, c'est-à-dire, le peuple Israélite; cependant il est plus probable que cette prophétie: « un peuple surmontera l'autre et l'aîné sera le serviteur du plus jeune, » a un sens plus élevé. Et quel serait-il, sinon ce que nous

---

(1) Les Cataphrygiens, hérétiques, qui subsistaient encore du temps de saint Augustin, considéraient les secondes noces comme coupables. (Voyez le livre du saint docteur adressé à Quodvultdeus *sur les Hérésies,* chap. xxvi.)

---

jugari demonstraretur non esse peccatum? Et mortuus est Abraham, cum esset annorum centum septuaginta (*a*) [quinque.] Annorum ergo septuaginta [quinque] Isaac filium dereliquit, quem centenarius genuit. (*Gen.* xxv, 7.)

CAPUT XXXV.

De geminis adhuc in utero Rebeccæ matris inclusis quid indicaverit divina responsio.

Jam ex hoc, quemadmodum per posteros Abrahæ Civitatis Dei procurrant tempora, videamus. A primo igitur anno vitæ Isaac, usque ad sexagesimum quo ei nati sunt filii, illud memorabile est, quod cum illi Deum roganti ut pareret uxor ejus, quæ sterilis erat, concessisset Dominus quod petebat, atque haberet illa conceptum, gestiebant gemini adhuc in utero ejus inclusi. Qua molestia cum angeretur, Dominum interrogavit, acceptique responsum : « Duo gentes in utero tuo sunt, et duo populi de ventre tuo separabuntur, et populus populum superabit, et major serviet minori. » (*Gen.* xxv, 23.)

(*a*) Hoc et proximo loco abest *quinque* a Mss.

Quod Paulus apostolus magnum vult intelligi gratiæ documentum (*Rom.* ix, 18) : quia nondum illis natis, nec aliquid agentibus boni seu mali, sine ullis bonis meritis eligitur minor, majore reprobato : quando procul dubio, quantum adtinet ad originale peccatum, ambo pares erant ; quantum autem ad proprium, ullius eorum nullum erat. Sed nunc de hac re dicere aliquid latius, instituti Operis ratio non sinit, unde et in aliis jam multa diximus. Quod autem dictum est, « Major serviet minori, » nemo fere nostrum aliter intellexit, quam majorem populum Judæorum minori populo Christianos servituum. Et re vera quamvis in gente Idumæorum, quæ nata est de majore, cui duo nomina erant, (nam et Esau vocabatur, et Edom, unde Idumæi,) hoc videri possit impletum ; quia postea superanda fuerat a populo, qui ortus est ex minore, id est, Israelitico, eique fuerat futura subjecta : tamen in aliquid majus intentam fuisse istam prophetiam, qua dictum est, « Populus populum superabit, et major serviet minori, » convenientius creditur. Et quid est hoc, nisi quod in Judæis et Christianis evidentur impletur?

voyons s'accomplir clairement entre les Juifs et les Chrétiens?

CHAPITRE XXXVI.

Isaac, chéri de Dieu, en considération de son père, reçoit les mêmes promesses et les mêmes bénédictions qu'avaient méritées Abraham.

Isaac reçut la promesse telle que Dieu l'avait faite, de temps en temps, à son père. L'Écriture en rapporte le récit en ces termes : « Il y eut grande famine sur la terre, outre celle qui arriva au temps d'Abraham. Isaac s'était retiré à Gérara, auprès d'Abimélech, roi des Philistins. Là, le Seigneur lui apparut et lui dit : Ne descends pas en Égypte; demeure dans la terre que je t'indiquerai, mais comme un étranger, et je serai avec toi et je te bénirai. Car je te donnerai, ainsi qu'à ta postérité, toute cette contrée; et j'accomplirai le serment que j'ai fait à Abraham, ton père et je multiplierai ta race comme les étoiles du ciel, et je donnerai à tes descendants toute cette terre ; toutes les nations de la terre seront bénies dans ta race, parce qu'Abraham ton père a obéi à ma parole et gardé mes préceptes, mes commandements, ma justice et mes lois. » (*Gen.* XXVI, 1 etc.) Ce patriarche n'eut point d'autre femme que Rebecca, il n'eut point de concubine et il lui suffit d'avoir pour enfants, ces deux jumeaux. Dans son séjour parmi les nations étrangères, il craignit aussi pour la beauté de sa femme et à l'exemple de son père, il ne la fit point connaître et la fit passer pour sa sœur, car elle était sa parente des deux côtés. Mais les étrangers ayant su qu'elle était sa femme, la respectèrent. Cependant de ce qu'Isaac ne connut point d'autre femme que Rebecca, ce ne serait pas une raison de le préférer à son père. Car les mérites de la foi et de l'obéissance d'Abraham ont été si éminents que c'est à cause du père que Dieu promet au fils les mêmes biens, « Toutes les nations de la terre, lui dit-il, seront bénies dans ta race, parce qu'Abraham, ton père, a obéi à ma parole et gardé mes préceptes, mes commandements, mes justices et mes lois. » Et dans une autre vision, Dieu lui dit : « Je suis le Dieu d'Abraham, ton père, ne crains rien; je suis avec toi et je t'ai béni et je multiplierai ta postérité, à cause d'Abraham, ton père. » Ces paroles sont la preuve de la chasteté d'Abraham; et des hommes impurs, ne recherchant dans les Saintes-Écritures que la justification de leurs débauches, voudraient faire croire qu'il s'est laissé aller à la volupté!

CAPUT XXXVI.

De oraculo et benedictione, quam Isaac non aliter quum pater ipsius, merito ejusdem (a) dilectus, accepit.

Accepit etiam Isaac oraculum tale, quale aliquoties pater ejus acceperat. De quo oraculo sic scriptum est : « Facta est autem fames est super terram, præter famen quæ prius facta in tempore Abrahæ. Abiit autem Isaac ad Abimelech regem Philistinorum in Gerara. Apparuit autem illi Dominus, et dixit, Noli descendere in Ægyptum : habita autem in terra quam tibi dixero, et incole in terra hac ; et ero tecum, et benedicam te, Tibi enim et semini tuo dabo omnem terram hanc : et statuam juramentum meum, quod juravi Abrahæ patri tuo: et multiplicabo semen tuum tamquam stellas cœli, et dabo semini tuo omnem terram hanc, et benedicentur in semine tuo omnes gentes terræ, pro eo quod obaudivit Abraham pater tuus vocem meam, et custodivit præcepta mea, et mandata mea, et justificationes meas, et legitima mea. » (*Gen.* XXVI, 1, etc.) Iste patriarcha nec uxorem habuit aliam, nec aliquam concubinam, sed posteritate duorum geminorum ex uno concubitu procreatorum contentus fuit. Timuit sane etiam ipse periculum de pulcritudine conjugis, cum habitaret inter alienos, fecitque quod pater, ut eam sororem diceret, taceret uxorem : erat enim ei propinqua paterno et materno sanguine : sed etiam ipsa ab (b) alienigenis, cognito quod uxor ejus esset, mansit intacta. Nec ideo tamen istum patri ejus præferre debemus, quia iste nullam feminam præter unam conjugem noverat. Erant enim procul dubio paternæ fidei et obedientiæ merita potiora, in tantum ut propter illum dicat Deus, huic se facere bona quæ facit : « Benedicentur, inquit, in semine tuo omnes gentes terræ, pro eo quod obaudivit Abraham pater tuus vocem meam, et custodivit præcepta mea, et mandata mea, et justificationes meas, et legitima mea. » Et alio rursus oraculo, « Ego sum, inquit, Deus Abraham patris tui : noli timere; tecum enim sum, et benedixi te, et multiplicato semen tuum propter Abraham patrem tuum. » Ut intelligamus quam caste Abraham fecerit, quod hominibus impudicis et nequitiæ suæ de Scrip-

---

(*a*) Sic Mss. At editi, *ac dilectione*. — (*b*) Mss, *ab alienis*.

De plus, ces paroles doivent nous apprendre à ne pas juger les hommes entre eux, sur quelques bonnes actions, mais à considérer en chacun l'ensemble de la vie. Car il peut fort bien arriver que, dans sa vie et ses mœurs un homme l'emporte sur un autre par une action tout-à-fait extraordinaire, tandis qu'il est surpassé dans tout le reste. Ainsi, c'est une sentence judicieuse et vraie, que la continence est préférable au mariage, cependant le mari fidèle à sa foi est meilleur que l'incrédule observant la continence ; et l'incrédule non-seulement mérite moins de louanges, mais il est souverainement blâmable. Ainsi, supposons deux hommes de bien ; certainement le plus fidèle et le plus obéissant à Dieu, vaut mieux, quoique marié, que celui qui, dans le célibat, a moins de foi et d'obéissance. Mais toutes choses égales d'ailleurs, qui pourrait douter de la supériorité de l'homme continent sur l'homme marié ?

CHAPITRE XXXVII.

De ce que figuraient mystiquement Esaü et Jacob.

Les deux fils d'Isaac, Esaü et Jacob, croissent également en âge. Le droit de l'aîné passe au plus jeune, d'après des conventions réglées à l'amiable ; l'aîné convoite outre mesure un plat de lentilles que son frère a préparées et à ce prix, sous la foi du serment, il vend ses droits au plus jeune. (*Gen.* xxv, 33.) Par là nous apprenons que ce n'est pas la qualité de la nourriture, mais l'avidité du désir qui est répréhensible. Isaac vieillit et son grand âge lui fit perdre la vue. Il veut bénir son fils aîné, au lieu de l'aîné, sans le savoir, il bénit le plus jeune ; celui-ci, couvert de poils de chevreau, figure des péchés d'autrui qu'il semblait porter, se substitue, pour la bénédiction paternelle, à son frère qui était velu. Et afin que cette ruse de Jacob ne fût pas regardée comme de la mauvaise foi, et qu'on y recherchât, au contraire, la raison d'un profond mystère, l'Écriture a eu soin de dire plus haut : « Esaü était un grand chasseur et se plaisait dans les champs ; mais Jacob était un homme simple et aimant à rester à la maison. » (*Ibid.* 27.) Quelques interprètes, au lieu de « simple, » traduisent « sans ruse, » soit donc que l'on dise : « sans ruse » ou « simple, » ou même « sans feinte, » d'après l'expression grecque ἄπλαστος. Quelle peut donc être, en recevant cette bénédiction, la ruse de cet

---

turis sanctis patrociniis requirentibus videtur fecisse libidine. Deinde ut etiam hoc noverimus, non ex bonis singulis inter se homines comparare, sed in unoquoque consideremus universa. Fieri enim potest, ut habeat aliquid in vita et moribus quispiam quo superat alium, idque sit longe praetabilius, quam est illud unde ab alio superatur. Ac per hoc quamvis recto judicio, cum continentia conjugio praeferatur, melior est tamen homo fidelis conjugatus, quam continens infidelis. Sed (*a*) infidelis homo, non solum minus laudandus, verum etiam maxime detestandus est. Constituamus ambos bonos, etiam sic profecto melior est conjugatus fidelissimus et obedientissimus Deo, quam continens minoris fidei minorisque obedientiae : si vero paria sint cetera, continentem conjugato praeferre quis ambigat ?

CAPUT XXXVII.

De hic quæ in Esau et Jacob mystice præfigurabantur.

Duo igitur Isaac filii Esau et Jacob pariter crescunt. Primatus majoris transfunditur in minorem ex pacto et placito inter illos, eo quod lenticulam, quem cibum minor paraverat, major immoderatius concupivit, eoque pretio primogenita sua fratri juratione interposita vendidit. (*Gen.* xxv, 31.) Ubi discimus in vescendo non cibi genere, sed aviditate immoderata quemque culpandum. Senescit Isaac, ejusque oculis per senectam visus aufertur. Vult benedicere filium majorem, et pro illo nesciens benedicit minorem, pro fratre majore, qui erat pilosus, se paternis manibus supponentem, hœdinis sibi pelliculis coaptatis velut aliena peccata portantem. Iste dolus Jacob, ne putaretur fraudulentus dolus, et non in eo magnæ rei mysterium quæreretur, superius prædixit Scriptura : « Erat Esau homo sciens venari, agrestis : Jacob autem homo simplex, habitans domum. » (*Ibid.* 27.) Hoc nostri quidam interpretati sunt, « sine dolo. » Sive autem « sine dolo, » sive « simplex, » sive potius « sine fictione » dicatur, quod est Græce ἄπλαστος, quis est in ista percipienda benedictione dolus hominis sine dolo ? Quis est dolus simplicis, quæ fictio non mentientis, nisi profundum

---

(*a*) Sic magno consensu Mss. At editi : *Sed continens infidelis homo non solum minus laudandus est, quia se continet, dum non credat ; verum etiam multo magis vituperandus, quia non credit, cum se contineat. Constituamus ergo ambos,* etc.

homme sans ruse; la mauvaise foi de cet homme simple, la feinte de cet homme qui ne sait pas mentir? Et qu'y a-t-il autre chose qu'une vérité profonde voilée par un mystère? Au surplus, quelle est cette bénédiction elle-même? « Voici, dit Isaac, que l'odeur de mon fils est semblable au parfum d'un champ rempli de fleurs, que le Seigneur a béni. Que Dieu t'accorde la rosée du ciel et la fertilité de la terre, l'abondance du blé et du vin ; que les nations te soient soumises et que les princes te revèrent; sois le maître de ton frère et que les enfants de ton père se prosternent devant toi ! Que celui qui te maudira, soit maudit, et que celui qui te bénira, soit béni. » (Gen. XXVII, 27 etc.) Ainsi la bénédiction de Jacob, c'est la prédication du Christ à toutes les nations. C'est ce qui se fait et s'accomplit maintenant. Isaac, c'est la loi et les prophètes; et par la bouche des Juifs qui les ignorent, le Christ est béni pour ainsi dire à l'insu de la loi et des prophètes. Le monde, comme un champ parfumé, est rempli de la bonne odeur du nom du Christ. La bénédiction de la rosée du ciel qui féconde le champ, c'est la parole de Dieu; la fertilité de la terre, c'est la vocation des Gentils; l'abondance du blé et du vin, c'est la multitude des fidèles qui recueillent le pain et le vin, dans le sacrement du corps et du sang d'un Dieu. Les nations lui sont soumises et les princes l'adorent. Il est le maître de son frère, parce que son peuple commande aux Juifs. Les enfants de son père l'adorent, c'est-à-dire les enfants d'Abraham selon la foi, car il est lui-même fils d'Abraham selon la chair. Celui qui le maudira, est maudit; celui qui le bénira, est béni. Notre Christ est béni même par la bouche des Juifs égarés, parce qu'ils publient la loi et les prophètes; ainsi ils l'annoncent en vérité, pensant en bénir un autre que l'erreur leur fait encore attendre. Mais voici que l'aîné redemande la bénédiction promise; Isaac s'étonne et se trouble en apprenant qu'il a béni l'un pour l'autre; et après s'être informé plus amplement, il ne se plaint pas d'avoir été trompé; bien plus, une lumière intérieure lui révélant ce profond mystère, au lieu de se fâcher, il confirme la bénédiction. « Quel est donc, dit-il, celui qui m'a apporté de la venaison, dont j'ai mangé, avant que tu fusses venu? Je l'ai béni et qu'il soit béni ! » Qui ne s'attendrait à la malédiction d'un homme indigné, si tout se passait ici, selon la conduite ordinaire des hommes, sans l'inspiration d'en haut? O merveilles accomplies, mais prophétiquement accomplies; accomplies sur la terre, mais inspirées du ciel; accomplies par les hommes, mais dirigées par la Providence de Dieu! Si l'on voulait approfondir chacun de ces

---

mysterium veritatis? Ipsa autem benedictio qualis est? « Ecce, inquit, odor filii mei tamquam odor agri pleni, quem benedixit Dominus. Et tibi Deus de rore cœli, et de ubertate terræ, et multitudinem frumenti et vini : et serviant tibi gentes, et adorent te principes, et (a) fias dominus fratris tui, et adorabunt te filii patris tui. Qui maledixerit te, maledictus; et qui benedixerit te, benedictus. » (Gen. XXVII, 27, etc.) Benedictio igitur Jacob, prædicatio Christi est in omnibus gentibus. Hoc sit, hoc agitur: Lex et Prophetia est (b) Isaac: etiam per os Judæorum Christus ab illa benedicitur velut a nesciente, quia ipsa nescitur. Odore nominis Christi, sicut ager, mundus impletur : ejus est benedictio de rore cœli, hoc est, de verborum pluvia divinorum ; et de ubertate terræ, hoc est, de congregatione populorum : ejus est multitudo frumenti et vini, hoc est, multitudo quam colligit frumentum et vinum in sacramento corporis et sanguinis ejus. Ei serviunt gentes, ipsum adorant principes. Ipse est dominus fratris sui, quia populus ejus dominatur Judæis. Ipsum adorant filii patris ejus, hoc est, filii Abrahæ secundum fidem : quia et ipse filius est Abrahæ secundum carnem. Ipsum qui maledixerit, maledictus; et qui benedixerit, benedictus est. Christus, inquam, noster etiam ex ore Judæorum, quamvis errantium, sed tamen Legem Prophetasque cantantium benedicitur, hoc est, veraciter dicitur; et alius benedici putatur, qui ab eis errantibus exspectatur. Ecce benedictionem promissam repetente majore, expavescit Isaac, et alium pro alio se benedixisse cognoscens miratur, et quisnam ille sit, percunctatur : nec tamen se deceptum esse conqueritur ; immo confestim revelato sibi intus in corde magno sacramento devitat indignationem, confirmat benedictionem. « Quis ergo, inquit, venatus est mihi venationem, et intulit mihi, et manducavi ab omnibus, ante quam tu venires, et benedixi eum, et sit benedictus? Quis non hic maledictionem potius exspectaret irati, si hæc non supernâ inspiratione, sed terreno more gererentur ? O res gestas, sed prophetice gestas ; in terra, sed cœlitus ; per homines, sed

---

(a) Mss. et fiere. — (b) Er. et Lov. in Isaac. Abest in a Vind. Am. et Mss.

faits si féconds en mystères, on remplirait des volumes; mais je dois circonscrire cet ouvrage dans de sages limites et il me faut passer à d'autres considérations.

CHAPITRE XXXVIII.

Jacob est envoyé en Mésopotamie pour s'y marier; vision qu'il a dans ce voyage, pendant son sommeil; des quatre femmes qu'il eût, bien qu'il n'en demandait qu'une.

1. Jacob est envoyé en Mésopotamie par ses parents, afin de s'y marier. Au moment de partir son père lui dit : « Ne contracte point d'alliance avec les filles des Chananéens; mais va en Mésopotamie dans la maison de Bathuel, père de ta mère et choisis pour épouse une des filles de Laban, frère de ta mère. Que mon Dieu te bénisse, qu'il augmente ta puissance et qu'il multiplie ta postérité, et tu seras le chef de plusieurs nations; qu'il te donne la bénédiction de ton père Abraham, à toi et à ta postérité après toi, afin que tu possèdes la terre où tu es maintenant comme étranger et que Dieu a donné à Abraham. » *(Gen.* XXVIII, 1.) Ici déjà, se remarque, dans la postérité d'Isaac, la division entre les descendants de Jacob et ceux qui sont issus d'Esaü. Car Dieu, en disant à Abraham : « Ta postérité sortira d'Isaac, » *(Gen.* XXI, 12) avait certainement en vue la postérité qui appartenait à la Cité divine; elle fut donc séparée de cette autre postérité d'Abraham par le fils de la servante et plus tard par les enfants de Céthura. Mais il était encore douteux, quant aux enfants jumeaux d'Isaac, si cette bénédiction était pour les deux ou pour l'un d'eux, et si pour un seul, pour lequel? Or maintenant, la difficulté est éclaircie par cette bénédiction prophétique d'Isaac sur Jacob, lorsqu'il lui dit : « Tu seras le chef de plusieurs nations et que Dieu te donne la bénédiction d'Abraham, ton père. »

2. Jacob, allant donc en Mésopotamie, reçut en songe un oracle du ciel, rapporté ainsi : « Jacob s'éloignant du puits du serment, partit pour Charra, et arrivé en un certain lieu, il s'y endormit, car le soleil était déjà couché; et prenant des pierres de ce lieu, il les mit sous sa tête pour dormir et il eut un songe; il vit une échelle appuyée sur la terre et dont le sommet touchait au ciel; et les anges de Dieu montaient et descendaient par cette échelle et le Seigneur était incliné sur cette échelle, lui disant : Je suis le Dieu d'Abraham, ton père et le Dieu

---

divinitus! Si excutiantur singula tantis secunda mysteriis, multa sunt implenda volumina : sed huic Operi modus moderate imponendus nos in alia festinare compellit.

CAPUT XXXVIII.

De misso Jacob in Mesopotamiam ad accipiendam uxorem, et de visione quam in itinere somniavit, et de quatuor ipsius feminis, cum unam petisset uxorem.

1. Mittitur Jacob a parentibus in Mesopotamiam, ut ibi ducat uxorem. Patris mittentis hæc verba sunt : « Non accipies uxorem ex filiabus Chananæorum : surgens fuge in Mesopotamiam in domum Bathuel, patris matris tuæ, et sume tibi inde uxorem de filiabus Laban, fratris matris tuæ. Deus autem meus benedicat te, et augeat te, et multiplicet te : et eris in congregationes gentium : et det tibi benedictionem Abrahæ patris *(a)* tui, tibi et semini tuo post te, ut heres fias terræ incolatus tui, quam dedit Deus Abrahæ *(b).* » *(Gen.* XXVIII, 1, etc.) Hic jam intelligimus segregatum semen Jacob ab alio semine Isaac, quod factum est per Esau. Quando enim dictum est : « In Isaac vocabitur tibi semen, » *(Gen.* XXI, 12) pertinens utique semen ad Civitatem Dei; separatum est inde aliud semen Abrahæ, quod erat in ancillæ filio, et quod futurum erat in filiis Cethuræ. Sed adhuc erat ambiguum de duobus geminis filiis Isaac, an ad utrumque, an ad unum eorum illa benedictio pertineret; et si ad unum, quisnam esset illorum. Quod nunc declaratum est, cum prophetice a patre benedicitur Jacob, et dicitur ei, « Et eris in congregationes gentium, et det tibi benedictionem Abrahæ patris tui. »

2. Pergens itaque in Mesopotamiam Jacob, in somnis accepit oraculum, de quo sic scriptum est : « Et exiit Jacob a puteo jurationis, et profectus est in Charram, et devenit in locum, et dormivit ibi : occiderat enim sol : et sumsit ex lapidibus loci, et posuit ad caput suum, et dormivit in loco illo, et somniavit. Et ecce scala stabilita super terram, cujus caput pertingebat ad cœlum : et angeli Dei ascendebant et descendebant per illam; et Dominus incumbebat super illam; et dixit : Ego sum Deus Abraham patris tui, et Deus Isaac, noli timere ;

(a) In Græcis Bibliis, πατρός μου, *patris mei.* — *(b)* Sic Vind, Am, et Mss. At Er. et Lov, *Hinc,*

d'Isaac, ne crains point ; je donnerai à toi et à ta postérité, cette terre sur laquelle tu dors ; et ta postérité sera aussi nombreuse que les grains de sable de la terre ; elle s'étendra au-delà de la mer jusqu'au midi ; et de l'aquilon jusqu'à l'Orient ; et toutes les nations de la terre seront bénies en toi et en ta postérité. Et voici que je suis avec toi, te gardant partout où tu iras, et je te ramènerai en cette terre, parce que je ne t'abandonnerai pas que je n'aie accompli ce que je viens de te dire. Et Jacob se réveilla de son sommeil et dit : Le Seigneur est en ce lieu et je ne le savais pas. Et tout saisi de crainte, il dit : que ce lieu est terrible ! ce ne peut être que la maison de Dieu et la porte du ciel. Et Jacob s'étant levé, prit la pierre qu'il avait mis sous sa tête, il la dressa pour servir de monument, et ayant répandu de l'huile sur son sommet, Jacob appela ce lieu : la maison de Dieu. » (*Gen.* XXVIII, 10 etc.) Ceci est prophétique ; et ce n'est pas d'après la coutume des idolâtres que Jacob répandit de l'huile sur la pierre, comme pour en faire un Dieu, car il ne l'adora point, ni ne lui offrit point de sacrifice, mais comme le nom de Christ vient d'un mot grec qui signifie onction, il y a certainement ici une figure qui se rapporte à un grand mystère. Et cette échelle nous remet en mémoire ce passage de l'Évangile où le Sauveur lui-même, après avoir dit de Nathanaël : « Voici un véritable Israélite en qui il n'y a point de ruse, » (*Jean*, I, 47) parce qu'Israël qui est le même Jacob, avait eu cette vision, ajoute : « En vérité, en vérité, je vous le dis, vous verrez le ciel ouvert et les anges de Dieu monter et descendre sur le fils de l'homme. » (*Ibid.* 51.)

3. Jacob continua donc sa route vers la Mésopotamie, afin de s'y marier. Mais comment lui est-il arrivé d'épouser quatre femmes, dont il eut douze fils et une fille, quand il ne désira aucune d'elles illégitimement ? La Sainte-Écriture va nous renseigner. (*Gen.* XXIX) Il était venu seulement pour en épouser une, mais comme on lui en substitua une autre à la place de celle qu'il demandait et qu'il en use par erreur, il ne voulut pas la renvoyer de peur qu'elle ne parût déshonorée par lui ; de plus, aucune loi d'alors ne défendant d'avoir plusieurs femmes, afin de multiplier la postérité, Jacob épousa encore celle à laquelle seule il avait donné sa foi. Et celle-ci étant stérile,

terram in qua tu dormis (*a*) super eam, tibi dabo illam, et semini tuo : et erit semen tuum sicut arena terræ: et dilatabitur super mare, et in Africum, et in Aquilonem, et ad Orientem : et benedicentur in te omnes tribus terræ, et in semine tuo. Et ecce ego sum tecum, custodiens te in omni via quacumque ibis ; et reducam te in terram hanc : quia non te derelinquam, donec faciam omnia, quæ tecum locutus sum. Et surrexit Jacob de somno suo, et dixit : Quia Dominus est in loco hoc, ego autem nesciebam. Et timuit, et dixit : Quam terribilis est locus hic ! non est (*b*) hoc nisi domus Dei, et hæc porta est cœli. Et surrexit Jacob, et sumsit lapidem quem supposuit (*c*) ibi ad caput, et statuit illum in titulum, et superfudit oleum in cacumen ejus : et vocavit Jacob nomen loci illius : Domus Dei. » (*Gen.* XXVIII, 10, etc.) Hoc ad prophetiam pertinet : nec more idololatria lapidem perfudit oleo Jacob, velut faciens illum Deum ; neque enim adoravit eumdem lapidem, vel ei sacrificavit : sed quoniam Christi nomen a chrismate est, id est, ad unctione, profecto figuratum est hic aliquid, quod ad magnum pertineat sacramentum. Scalam vero istam intelligitur ipse Salvator nobis in memoriam revocare in Evangelio, ubi cum dixisset de Nathanaele : « Ecce vere Israelita, in quo dolus non est ; » (*Joan.* I, 47) quia Israel viderat istam visionem, ipse est enim Jacob : eodem loquens et ait : « Amen, amen dico vobis, videbitis cœlum apertum, et Angelos Dei adscendentes et descendentes super Filium hominis. » (*Ibid.* 51.)

3. Perrexit ergo Jacob in Mesopotamiam, ut inde acciperet uxorem. Unde autem illi accidit quatuor habere feminas, de quibus duodecim filios et unam filiam procreavit, cum earum nullam concupisceret illicite, divina Scriptura indicat. (*Gen.* XXIX.) Ad unam quippe accipiendam venerat ; sed cum illi altera pro altera supposita fuisset, nec ipsam dimisit, qua nesciens usus fuerat in nocte, ne ludibrio eam videretur habuisse ; et eo tempore, quando multiplicandæ posteritatis caussa plures uxores lex nulla prohibebat, accepit etiam illam, cui uni jam futuri conjugii fidem fecerat. Quæ cum esset sterilis, ancillam suam, de qua filios ipsa susciperet, marito dedit : quod etiam major soror ejus, quamvis peperisset, imitata, quoniam multiplicare prolem cupiebat, effecit. Nullam Jacob legitur petiisse præter

---

(*a*) Er. et Lov. *per eam.* Castigantur ex editis aliis et Mss. — (*b*) Editi, *non est hic.* At Mss. *non est hoc* : juxta Græc. τοῦτο. — (*c*) Apud Lov. *supposuit sibi*, In Mss. autem est, *supposuit ibi*. Apud LXX. ἐκεῖ.

donna à son mari sa servante, pour en avoir des enfants. Enfin, sa sœur aînée, bien qu'elle eût des enfants, suivit son exemple, tant elle était désireuse d'augmenter la postérité de Jacob. Ainsi, l'Écriture en fait foi, Jacob n'a demandé qu'une seule femme, il n'use de plusieurs que dans le but d'avoir des enfants, et en respectant les droits du mariage. Il ne le fait d'ailleurs, qu'à la prière de ses épouses qui seules, exercent une légitime puissance sur le corps de leur mari. Jacob eut donc, de ces quatre femmes, douze fils et une fille. Ensuite, il se rendit en Égypte où l'appelait son fils Joseph qui, vendu par des frères jaloux, fut conduit dans ce pays et y fut élevé en dignité.

CHAPITRE XXXIX

Pourquoi Jacob fut-il aussi appelé Israël.

Or, comme je viens de le dire, Jacob s'appelait aussi Israël, nom qui est resté spécialement au peuple issu de lui. Ce nom lui avait été donné par l'Ange contre lequel il lutta, à son retour de Mésopotamie, cet ange est évidemment la figure du Christ. Car, s'il voulut bien que Jacob triompha de lui (*Gen.* XXXII, 25), c'était pour figurer un mystère, la passion du Christ où les Juifs parurent être ses maîtres.

Cependant, Jacob demanda la bénédiction de celui qu'il avait vaincu, et cette bénédiction fut l'imposition de ce nom. Or, Israël signifie, « voyant Dieu : » la vision de Dieu sera, à la fin du monde, la récompense de tous les saints. Mais l'ange toucha, à l'endroit le plus large de la cuisse, celui qui était, pour ainsi dire, son vainqueur et le rendit boiteux. Ainsi le même Jacob est à la foi béni et boiteux ; béni, dans ceux de ses descendants qui ont cru en Jésus-Christ, et boiteux dans les incrédules. L'endroit large de la cuisse signifie sa postérité nombreuse, et ils en sont en grand nombre dans sa race, ceux dont un prophète a dit : « Et ils ont boité, ne marchant pas droit dans leurs voies. » (*Ps.* XVII, 46.)

CHAPITRE XL.

Comment dit-on que Jacob est entré en Égypte avec soixante-quinze personnes, quand la plupart de ceux dont on cite les noms, n'étaient pas encore nés ?

L'Écriture fait mention de soixante-quinze personnes entrées en Égypte avec Jacob, en le comptant lui-même et ses enfants. (*Gen.* XLVI, 27.) Dans ce nombre, il n'y a que deux femmes, l'une fille, l'autre petite-fille du patriarche.

unam, nec usus plurimis nisi gignendæ prolis officio, conjugali jure servato, ut neque hoc faceret, nisi uxores ejus id fieri flagitassent, quæ corporis viri sui habebant legitimam potestatem. Genuit ergo duodecim filios et unam filiam ex quatuor mulieribus. Deinde ingressus est in Ægyptum, per filium suum Joseph, qui venditus ab invidentibus fratribus eo perductus fuit, atque ibidem sublimatus.

CAPUT XXXIX.

Quæ ratio fecerit, ut Jacob etiam Israel cognominaretur.

Jacob autem etiam Israel, sicut paulo ante dixi, vocabatur : quod nomen magis populus ex illo procreatus obtinuit. Hoc autem nomen illi ab Angelo impositum est, qui cum illo fuerat in itinere de Mosopotamia redeunte luctatus, typum Christi evidentissime gerens. Nam quod ei prævaluit Jacob (*Gen.* XXXII, 25), utique volenti, ut mysterium figuraret, significat passionem Christi, ubi visi sunt ei prævalere Judæi. Et tamen benedictionem ab eodem Angelo, quem superaverat, impetravit : ac sic hujus nominis impositio benedictio fuit. Interpretatur autem Israel, Videns Deum : quod erit in fine præmium omnium sanctorum. Tetigit porro illi idem Angelus velut prævalenti latitudinem femoris, eumque isto modo claudum reddidit. Erat itaque unus atque idem Jacob et benedictus et claudus ; benedictus in eis qui in Christum ex eodem populo crediderunt, atque in infidelibus claudus. Nam femoris latitudo, generis est multitudo. Plures quippe sunt in ea stirpe, de quibus prophetice prædictum est : « Et claudicaverunt a semitis suis. » (*Ps.* XVII, 46.)

CAPUT XL.

Quomodo Jacob cum septuaginta-quinque animabus Ægyptum narretur ingressus ; cum plerique ex eis qui commemorantur, tempore posteriore sint geniti.

Ingressi itaque referuntur in Ægyptum simul cum ipso Jacob septuaginta-quinque homines, annumerato ipso (*a*) cum filiis suis. In quo numero duæ

(*a*) Particula *cum* abest a Mss.

Mais en examinant la chose attentivement, on ne voit pas que l'Écriture veuille dire que la postérité de Jacob ait été si nombreuse dès le jour ou l'année de son entrée en Égypte. En effet, dans cette énumération, sont même compris les arrière-petits-fils de Joseph, qui, certainement, ne pouvaient être nés alors, car Jacob avait cent trente ans et son fils Joseph trente neuf. Or, il est certain que Joseph ne s'est marié qu'à l'âge de trente ans ou même un peu plus tard; comment donc, dans l'espace de neuf ans, et n'ayant eu qu'une seule femme, aurait-il pu avoir des arrière-petits-fils? Et, puisque les fils de Joseph, Éphraïm et Manassé, étaient non-seulement sans enfants, mais n'avaient pas encore neuf ans à cette époque, comment leurs fils et même leurs petits-fils sont-ils compris dans les soixante-quinze personnes qui entrèrent en Égypte avec Jacob? Car l'Écriture nomme ici Machir fils de Manassé, petit-fils de Joseph, et Galaad fils de Machir, petit-fils de Manassé et arrière-petit-fils de Joseph; là, se trouve aussi la postérité d'Éphraïm, autre fils de Joseph, c'est-à-dire Utalaam, petit-fils de Joseph et Édem fils d'Utalaam, petit-fils d'Éphraïm et arrière petit-fils de Joseph (*Gen.* L); cependant quand Jacob vint en Égypte, il ne put trouver ses petits-fils et leurs descendants avec les fils de Joseph, âgés de moins neuf ans. Aussi, en rapportant l'entrée de Jacob en Égypte, avec soixante-quinze personnes de sa famille, l'Écriture ne veut certainement pas parler du jour ou de l'année de cet événement, mais de tout le temps que vécut Joseph, qui avait fait venir son père dans ce pays. Car l'Écriture, au sujet de Joseph, s'exprime ainsi : « Et Joseph demeura en Égypte avec ses frères et toute la maison de son père, et il vécut cent dix ans, et Joseph vit les enfants d'Éphraïm jusqu'à la troisième génération; » (*Gen.* L, 22 *et* 23) ce qui veut dire son son troisième descendant par Éphraïm, car c'est ce que l'Écriture appelle troisième génération : le fils, le petit-fils et l'arrière-petit-fils. Ensuite elle ajoute : « Et les fils de Machir, fils de Manassé, naquirent sur les genoux de Joseph. » Il s'agit ici du petit-fils de Manassé, arrière-petit-fils de Joseph. L'Écriture en parle au pluriel, comme elle le fait d'ordinaire; ainsi, en parlant de l'unique fille de Jacob, elle l'appelle : ses filles : le même usage existe chez les Latins qui disent enfants au pluriel, pour n'en désigner qu'un seul. Si donc, l'Écriture célèbre le bon-

---

tantum feminæ commemorantur, una filia, neptis altera. Sed res diligenter considerata non indicat, quod tantus numerus fuerit in progenie Jacob die vel anno quo ingressus est Ægyptum. Commemorati sunt quippe in eis etiam pronepotes Joseph qui nullo modo jam tunc esse potuerunt : quoniam tunc centum-triginta annorum erat Jacob, filius vero ejus Joseph triginta-novem; quem cum accepisse tricesimo anno suo, vel amplius, constet uxorem, quomodo potuit per novem annos habere pronepotes de filiis, quos ex eadem uxore suscepit? Cum igitur nec filios haberent Ephræm et Manasses filii Joseph, sed eos pueros infra quam novennes Jacob Ægyptum ingressus invenerit, quo pacto eorum non solum filii, sed etiam nepotes, in illis septuaginta-quinque numerantur, qui tunc Ægyptum ingressi sunt cum Jacob (*Gen.* L) ? Nam commemoratur ibi Machir filius Manasse, nepos Joseph, et ejusdem Machir, filius, id est, Galaad, nepos Manasse, pronepos Joseph : ibi est et quem genuit Ephræm, alter filius Joseph, id est (*a*), Utalaam, nepos Joseph ; et filius ipsius Utalaæ Edem, nepos Ephræm, pronepos Joseph : qui nullo modo esse potuerunt, quando Jacob in Ægyptum venit, et filios Joseph nepotes suos, avos istorum, minores quam novem annorum pueros invenit. Sed nimirum introitus Jacob in Ægyptum, quando eum in septuaginta-quinque animabus Scriptura commemorat, non unus dies, vel unus annus, sed totum illud est tempus, quamdiu vixit Joseph, per quem factum est ut intrarent. Nam de ipso Joseph eadem Scriptura sic loquitur : « Et habitavit Joseph in Ægypto, ipse et fratres ejus, et omnis cohabitatio patris ejus : et vixit annos centum et decem, et vidit Joseph filios Ephræm usque in tertiam generationem. » (*Gen.* L, 22 et 23.) Ipse est ille pronepos ejus ab Ephræm tertius. Generationem quippe tertiam dicit, filium, nepotem, pronepotem. Deinde sequitur : « Et filii Machir, filii Manasse, nati sunt supra femora Joseph. » (*Ibidem.*) Et hic ille ipse est nepos Manasse, pronepos Joseph. Sed pluraliter appellati sunt, sicut Scriptura consuevit; quæ unam quoque filiam Jacob filias nuncupavit : sicut in Latinæ linguæ consuetudine liberi dicuntur pluraliter filii, etiam si non sunt uno amplius. Cum ergo ipsius Joseph prædicetur felicitas, qui videre potuit pronepotes, nullo modo putandi sunt jam fuisse tri-

---

(*a*) Nonnulli probæ notæ Mss. *Tutalaam*, vel *Utalaam*. Apud LXX. vero *Sutalaam*. Mox post *nepos Joseph*, in editis sit legebatur, *ibi est et Bareth filius ipsius Utalææ, id est, nepos Ephræm.* Emendantur auctoritate veterum librorum. quibus suffragatur editio LXX. nisi quod hæc pro *Edem*, habet *Edom*, et *Sutalææ*, pro *Utalaææ*.

heur de Joseph, parce qu'il pût voir ses arrière-petits-fils, il ne faut pas s'imaginer qu'ils existaient déjà, quand Joseph, leur bisaïeul, était à sa trente-neuvième année et lorsque Jacob, son père, vint en Égypte près de lui. Mais ce qui trompe ceux qui y regardent avec moins d'attention, ce sont les paroles suivantes : « Tels sont les noms des enfants d'Israël, qui entrèrent en Égypte avec Jacob, leur père. » (*Gen.* XLVI, 8.) Or, l'Écriture ne mentionne pas ces soixante-quinze personnes, parce qu'elles étaient toutes avec Jacob, à son entrée dans l'Égypte, mais, comme je l'ai déjà dit, elle compte tout le temps de la vie de Joseph, qui fut la cause de l'entrée de sa famille en Égypte.

CHAPITRE XLI.

De la bénédiction que Jacob promit à son fils Juda.

Si donc, à cause du peuple chrétien, en qui la Cité de Dieu accomplit son pèlerinage sur terre, nous recherchons dans la postérité d'Abraham la descendance charnelle du Christ; laissant de côté les fils des concubines, nous y trouvons Isaac; dans la postérité d'Isaac, mettant de côté Esaü ou Edom, nous trouvons Jacob, qui s'appelle aussi Israël; et dans la postérité d'Israël, mettant aussi de côté les autres, nous trouvons Juda, car le Christ est né de la tribu de Juda. Aussi, quand Israël, sur le point de mourir, bénit ses enfants, écoutons la bénédiction prophétique qu'il donna à Juda : « Juda » lui dit-il, « tes frères te loueront. Ta main fera courber le dos de tes ennemis; les fils de ton père se prosterneront devant toi. Juda est un jeune lion; tu t'es élevé, mon fils, comme un rejeton plein de vigueur; tu t'es couché pour dormir comme le lion et le lionceau; qui le réveillera? Le prince ne fera pas défaut à la maison de Juda, ni le chef de sa race, jusqu'à ce que soit accompli ce qui lui a été confié; celui-là sera l'attente des nations; et il attachera à la vigne son poulain et le petit de son ânesse. Il lavera sa robe dans le vin et son vêtement dans le sang de la grappe de raisin. Ses yeux sont rouges de vin et ses dents plus blanches que le lait. » (*Gen.* XLIX, 8, *etc.*) J'ai expliqué tout ce passage, en réfutant Faustus le Manichéen; et c'en est assez, je pense, pour faire briller la vérité de cette prophétie. Le sommeil est la prédiction de la mort du Christ; le lion, c'est en

---

cesimo-nono anno proavi sui Joseph, quando ad eum in Ægyptum Jacob pater ejus advenit. Illud autem est, quod fallit minus ista diligenter intuentes, quoniam scriptum est : « Hæc autem nomina filiorum Israel, qui intraverunt in Ægyptum simul cum Jacob patre suo. » (*Gen.* XLVI, 8.) Hoc enim dictum est, quia simul cum illo computantur septuaginta-quinque, non quia simul jam erant omnes, quando Ægyptum ingressus est ipse : sed, ut dixi, totum tempus habetur ejus ingressus, quo vixit Joseph, per quem videtur ingressus.

CAPUT XLI.

De benedictione, quam Jacob in Judam filium suum promisit.

Igitur propter populum Christianum, in quo Dei Civitas peregrinatur in terris, si carnem Christi in Abrahæ semine requiramus, remotis concubinarum filiis, occurrit Isaac : si in semine Isaac, remoto Esau, qui est etiam Edom, occurrit Jacob, qui est et Israel : si in semine Israel ipsius, remotis ceteris, occurrit Judas, quia de tribu Juda exortus est Christus. Ac per hoc cum in Ægypto moriturus Israel filios suos benediceret, quomodmodum Judam prophetice benedixerit, audiamus : « Juda, inquit, te laudabunt fratres tui. Manus tuæ super dorsum inimicorum tuorum : te adorabunt filii patris tui. Catulus leonis Juda : ex germinatione, fili mi, ascendisti : recumbens dormisti ut leo, et ut catulus leonis; quis suscitabit eum? Non deficiet princeps ex Juda, et dux de femoribus ejus, donec veniant quæ reposita sunt ei : et ipse (*a*) exspectatio gentium ; alligans ad vitem pullum suum, et (*b*) cilicio pullum asinæ suæ. Lavabit in vino stolam suam, et in sanguine uvæ amictum suum. Fulvi oculi ejus a vino, et dentes candidiores lacte? » (*Gen.* XLIX, 8, etc.) Exposui hæc adversus Manichæum Faustum disputans : et satis esse arbitror, quantum veritas prophetiæ hujus eluceat : ubi et mors Christi prædicta est verbo dormitionis, et non necessitas, sed potestas in morte, nomine leonis. Quam potestatem in Evangelio ipse prædicat dicens : « Potestatem habeo ponendi animam meam, et potestatem habeo iterum sumendi eam. Nemo eam tollit a me : sed ego eam pono a me, et iterum sumo eam. » (*Joan.*

(*a*) Editi, *erit exspectatio*. Abest *et it* a Mss. et a Græco LXX. — (*b*) Græce est, τῇ ἕλικι : quod Cyprianus lib. I, adversus Judæos vertit *ad helicem*, id est, ad palmitem.

lui la puissance et non la nécessité de mourir. Cette puissance, Notre-Seigneur lui-même la révèle, dans l'Évangile : « J'ai, dit-il, le pouvoir de quitter mon âme, et le pouvoir de la reprendre. Personne ne peut me l'ôter, mais je la quitte de moi-même et je la reprends. » (*Jean*, x, 18.) Ainsi le lion rugit, ainsi il accomplit ce qu'il a dit. C'est à cette même puissance qu'appartient ce que l'Écriture ajoute, touchant la résurrection : « Qui le réveillera? » c'est-à-dire que personne ne le peut, si ce n'est lui-même, qui a dit aussi de son corps : « Détruisez ce temple, et je le relèverai en trois jours. » (*Jean*, II, 19.) Le genre de mort, c'est-à-dire l'élévation sur la croix, est annoncé par cette seule parole : « Tu t'es élevé. » Et ce qui suit : « Tu t'es couché pour dormir, » l'Évangéliste le traduit ainsi : « Et inclinant la tête, il rendit l'esprit. » (*Jean*, XIX, 30.) On peut bien aussi appliquer ces paroles à sa sépulture, à ce tombeau où il s'est étendu pour dormir, d'où nul ne l'a retiré, selon que les prophètes ou lui-même l'avait fait pour plusieurs ; mais il s'est relevé lui-même et en est sorti comme d'un sommeil. Sa robe, qu'il lave lui-même dans le vin, c'est-à-dire qu'il purifie de tout péché dans son sang, dont les baptisés savent l'auguste mystère, comme aussi : « Son vêtement purifié dans le sang de la grappe de raisin, » qu'est-ce donc, sinon l'Église? « Et ses yeux rouges de vin, » qu'est-ce encore ? sinon ces hommes spirituels, saintement enivrés de cette coupe dont le psalmiste célèbre l'excellence, en disant : « Que le calice de ta liqueur enivrante est magnifique? »(*Ps.* XXII, 5) Et « ses dents sont plus blanches que le lait, » qui est la boisson donnée par l'Apôtre aux petits enfants (I. *Cor.* III, 2), c'est-à-dire ses paroles qui nourrissent ceux qui ne sont pas encore capables de recevoir des aliments solides. C'est donc sur lui que reposaient les promesses faites à Juda, et jusqu'à leur accomplissement, jamais les princes, c'est-à-dire les rois d'Israël, n'ont manqué dans cette race. Et « celui-là même est l'attente des nations. » La réalité dont nous sommes témoins, est plus lumineuse que toute espèce d'explication.

CHAPITRE XLII.

Bénédiction des deux fils de Joseph.

Comme les deux fils d'Isaac, Esaü et Jacob, sont la figure de deux peuples, les Juifs et les Chrétiens, (bien que, selon la chair, les Juifs ne descendent pas d'Esaü, mais les Iduméens ; ni les nations chrétiennes de Jacob, mais les Juifs, car la figure ne porte que sur ces mots : « L'aîné sera le serviteur du plus jeune ; » (*Gen.* XXV, 25) ainsi arriva-t-il pour les deux fils de Joseph ; car l'aîné représente les Juifs, et le jeune les Chrétiens. Aussi Jacob, pour les bénir, pose sa

---

x, 18.) Sic leo fremuit, sic quod dixit implevit. Ad eam namque pertinet potestatem, quod de resurrectione ejus adjunctum est : « Quis suscitabit eum ? » hoc est, quia nullus hominum, nisi se ipse, qui etiam de corpore suo dixit : « Solvite templum hoc, et in triduo resuscitabo illud. » (*Joan.* II, 19.) Ipsum autem genus mortis, hoc est, sublimitas crucis in uno verbo intelligitur, quod ait : « Adscendisti. » Quod vero addidit : « Recumbens dormisti, » Evangelista exponit, ubi dicit : « Et inclinato capite tradidit spiritum. » (*Joan.* XIX, 30.) Aut certe sepultura ejus agnoscitur, in qua recubuit dormiens, et unde illum nullus hominum, sicut Prophetæ aliquos, vel sicut ipse alios suscitavit, sed sicut a somno ipse surrexit. Stola porro ejus quam lavat in vino, id est, mundat a peccatis in sanguine suo, cujus sanguinis sacramentum baptizati sciunt, unde et adjungit : « Et in sanguine uvæ amictum suum, » quid est nisi Ecclesia ? « Et fulvi oculi ejus a vino : » spiritales ejus inebriati poculo ejus, de quo canit Psalmus : « Et calix tuus inebrians quam præclarus est? (*Psal.* XXII, 5) Et dentes ejus candidiores lacte : » quod potant apud Apostolum parvuli, verba scilicet nutrientia, nondum idonei solido cibo. (I. *Cor.* III, 2.) Ipse igitur est in quo reposita erant promissa Judæ, quæ donec venirent, nunquam principes, hoc est, reges Israel, ab illa stirpe defuerunt. « Et ipse exspectatio gentium ; » quod clarius est videndo, quam sit exponendo.

CAPUT XLII.

De filiis Joseph, quos Jacob prophetica manuum suarum transmutatione benedixit.

Sicut autem duo Isaac filii, Esau et Jacob, figuram præbuerunt duorum populorum in Judæis et Christianis : (quamvis quod ad carnis propaginem pertinet, nec Judæi venerint ex semine Esau, sed Idumæi ; nec Christianæ gentes de Jacob, sed potius Judæi : ad hoc enim tantum figura valuit, quod dictum est : « Major serviet minori : ») (*Gen.* XXV, 23) ita factum est etiam in duobus filiis Joseph :

main droite sur le plus jeune, qui était à sa gauche, et sa main gauche sur l'aîné, qui était à sa droite. Leur père, très-surpris et voulant remédier à ce qu'il prenait pour une méprise, avertit son père, en lui montrant quel était l'aîné. Mais Jacob ne changea point la position de ses mains et dit : « Je sais, mon fils, je sais, celui-ci sera le chef d'un peuple et deviendra très-puissant; mais son jeune frère sera plus grand que lui : de sa postérité sortira une multitude de nations. » (*Gen.* XLVIII, 19.) Voilà encore ici deux promesses : « l'un, chef d'un peuple; l'autre, d'une multitude de nations. » Quoi de plus évident que l'application de ces deux promesses au peuple d'Israël et à toutes les nations de la terre, qui devaient tous également sortir d'Abraham, l'un selon la chair, les autres selon foi?

CHAPITRE XLIII.

Des temps de Moïse, de Jésus Navé, des juges et des rois jusqu'à David.

Après la mort de Jacob et de Joseph, pendant cent quarante-quatre ans, c'est-à-dire jusqu'à la sortie d'Égypte, le peuple d'Israël se multiplia prodigieusement, bien qu'il fût persécuté d'une manière si cruelle, qu'à une certaine époque, tous les enfants mâles étaient mis à mort aussitôt leur naissance. Tant les Égyptiens étaient surpris et effrayés du développement extraordinaire de cette nation. Alors Moïse, soustrait à la fureur des meurtriers, fut conduit par la main de Dieu, qui préparait en lui de grandes choses, jusqu'au palais du roi; (*Exod.* II, 5, *etc.*) là, nourri et adopté par la fille de Pharaon (nom donné communément à tous les rois d'Égypte,) il devint si puissant qu'il affranchit ce peuple merveilleusement multiplié, de la servitude accablante sous laquelle il gémissait, ou plutôt ce fut Dieu qui se servit de lui pour réaliser la promesse de délivrance faite à Abraham. D'abord il s'enfuit, effrayé d'avoir tué un Égyptien, en défendant un Israélite (*Exod.* II, 14); il revint peu de temps après; sur un ordre du ciel et par la puissance de l'Esprit de Dieu, il triompha des mages qui lui résistaient. Alors les Égyptiens refusant de laisser partir son peuple, Dieu les frappa de dix plaies mémorables; l'eau changée en sang, les grenouilles, les moucherons, les mouches cruelles, la mort des troupeaux, les ulcères, la grêle, les

---

nam major gessit typum Judæorum, Christianorum autem minor. Quos cum benediceret Jacob, manum dexteram ponens super minorem, quem habebat ad sinistram; sinistram super majorem, quem habebat ad dextram : grave visum est patri eorum, et admonuit patrem velut major ostendens. At ille mutare manus noluit, sed dixit : « Scio, fili, scio. Et hic erit in populum, et hic exaltabitur : sed frater ejus junior major illo erit, et semen ejus erit in multitudinem gentium. » (*Gen.* XLVIII, 19.) Etiam hic duo illa promissa (*a*) demonstrat. Nam ille « in populum, iste in multitudinem gentium : » quid evidentius quam his duabus promissionibus contineri populum Israelitarum orbemque terrarum in semine Abrahæ; illum secundum carnem, istum secundum fidem?

CAPUT XLIII.

De temporibus Moysi et Jesu Nave, ac Judicum atque exinde Regum : quorum quidem Saul primus est, sed David præcipuus et sacramento habetur et merito.

1. Defuncto Jacob, defuncto etiam Joseph, per reliquos centum-quadraginta-quatuor annos, donec exiretur de terra Ægypti, in modum incredibilem illa gens crevit, etiam tantis adtrita persecutionibus, ut quodam tempore nati masculi necarentur, cum mirantes Ægyptios nimia populi illius incrementa terrerent. Tunc Moyses subtractus furto trucidatoribus parvulorum, ad domum regiam, ingentia per eum Deo præparante, pervenit, nutritusque et adoptatus a filia Pharaonis (*Exod.* II, 5), (quod nomen in Ægypto omnium regum fuit,) in tantum pervenit virum, ut ipse illam gentem mirabiliter multiplicatam, ex durissimo et gravissimo, quod ibi ferebat, jugo servitutis extraheret, immo per eum Deus, qui hoc promiserat Abrahæ. Prius quippe exinde (*b*) fugiens, quod, cum Israelitam defenderet, Ægyptium occiderat, et territus fuerat (*Ibid.* 15); postea divinitus missus in potestate Spiritus Dei superavit resistentes Pharaonis magos. (*Exod.* VIII, etc.) Tunc per eum Ægyptiis illatæ sunt decem memorabiles plagæ, cum dimittere populum Dei nollent, aqua in sanguinem versa, ranæ et scyniphes, cynomyia, mors pecorum, ulcera, grando, locusta, tenebræ, mors primogenitorum. Ad extremum Israelitas, quos

---

(*a*) Editi, *demonstrant*. Emendantur ex Mss. (*b*) Sic Mss. At editi, *Prius quippe exinde ad terram Madian fugisse refertur, quod, cum Israelitam defenderet, Ægyptium occiderat, et territus fugerat,* vel *fugeret.*

sauterelles, les ténèbres et la mort des premiers-nés. Enfin, domptés par tant et de si grands fléaux, les Égyptiens laissent partir les Israélites; puis, se mettant à leur poursuite, ils sont engloutis dans la mer Rouge. Les eaux se divisent pour livrer passage au peuple de Dieu, elles se réunissent pour submerger ceux qui les poursuivent. Ensuite le peuple délivré passa quarante ans dans le désert; là, paraît le tabernacle du témoignage, où s'offrent à Dieu des sacrifices qui figuraient les choses à venir. La loi y fut donnée avec une solennité effrayante; des signes et des voix extraordinaires rendaient évidente la présence de la Divinité. Ceci arriva aussitôt après la sortie d'Égypte et l'entrée du peuple dans le désert, le cinquantième jour après la célébration de la Pâques par l'immolation de l'agneau, figure tellement précise du Christ, victime auguste, passant du monde à son Père, par son sacrifice sur la croix (Pâque en hébreu veut dire passage) que, quand se révéla le Testament nouveau par l'immolation de Jésus-Christ qui est notre Pâque, cinquante jours après l'Esprit-Saint descendait du ciel. Or, il est appelé dans l'Évangile le doigt de Dieu (*Luc*, xi, 20), afin de nous faire souvenir de l'ancienne figure, car l'Écriture rapporte que la loi fut écrite sur des tables, par le doigt de Dieu.

2. Après la mort de Moïse, Jésus Navé gouverna le peuple et le fit entrer dans la terre promise, dont il fit le partage. Ces deux admirables chefs terminèrent avec un bonheur merveilleux de grandes guerres, où Dieu montra bien que les victoires du peuple hébreu devaient être moins attribuées à ses mérites, qu'aux péchés des nations vaincues. Ces deux chefs eurent pour successeurs les juges, le peuple étant déjà établi dans la terre promise; ainsi s'accomplissait la première promesse faite à Abraham, touchant un seul peuple, le peuple hébreu et la terre de Chanaan; ce n'était pas encore le temps de celle qui avait rapport à toutes les nations et à toute la terre. Pour cette autre promesse, la venue du Christ dans sa chair devait en marquer l'accomplissement, non par les anciennes observations légales, mais par la foi de l'Évangile. Cet événement fut préfiguré en ce que ce ne fut pas Moïse, bien qu'il eût reçu pour le peuple la loi sur le mont Sinaï, mais Jésus, ainsi appelé par l'ordre de Dieu, qui fit entrer les Hébreux dans la terre promise. Sous les juges, les guerres se succédèrent avec des alternatives de succès et de revers, réglées par

---

plagis tot tantisque perfracti tandem aliquando dimiserant, Ægyptii in mari rubro dum persequuntur tur exstincti sunt. Illis quippe obeuntibus divisum mare viam fecit: hos autem insequentes in se rediens unda submersit. Deinde per annos quadraginta, duce Moyse, Dei populus (*a*) per desertum actus est, quando Tabernaculum testimonii nuncupatum est, ubi Deus sacrificiis futura prænuntiantibus colebatur: cum scilicet jam data lex fuisset in monte multum terribiliter; adtestabatur enim evidentissima mirabilibus signis vocibusque divinitas. Quod factum est mox ut exitum est de Ægypto, et in deserto populus esset cœpit, quinquagesimo die post celebratum Pascha per ovis immolationem (*Exod.* xii, etc.): (*b*) qui usque adeo typus Christi est, prænuntians eum per victimam passionis de hoc mundo transiturum ad Patrem, (Pascha quippe Hebræa lingua transitus interpretatur) ut jam cum revelaretur Testamentum novum, postea quam Pascha nostrum immolatus est Christus, quinquagesimo die veniret de cœlo Spiritus sanctus: qui dictus est in Evangelio digitus Dei (*Luc*. xi, 20), ut recordationem nostram in primi præfigurati facti memoriam revocaret: quia et legis illæ tabulæ digito Dei scriptæ referuntur. (*Exod*. xxxi.)

2. Defuncto Moyse, populum rexit Jesus Nave, et in terram promissionis introduxit, eamque populo divisit. (*Jos.* i.) Ab his duobus mirabilibus ducibus bella etiam prosperrime ac mirabiliter gesta sunt, Deo contestante non tam propter merita Hebræi populi, quam propter peccata earum quæ debellabantur gentium, illas eis provenisse victorias. Post istos duces, Judices fuerunt, jam in terra promissionis populo collocato: ut inciperet interim reddi Abrahæ prima promissio de gente una, id est, Hebræa, et terra Chanaan; nondum de omnibus gentibus et toto orbe terrarum: quod Christi adventus in carne, et non veteris Legis observationes, sed Evangelii fides fuerat impletura. Cujus rei præfiguratio facta est, quod non Moyses, qui legem populo acceperat in monte Sina, sed Jesus, cui etiam nomen Deo præcipiente mutatum fuerat, ut Jesus vocaretur, populum in terram promissionis induxit. Temporibus autem Judicum, sicut se habebant et peccata populi et misericordia Dei, alternaverunt prospera et adversa bellorum.

(*a*) Mss. *in deserto*. — (*b*) Sic Mss. Editi autem, *quæ*.

les péchés du peuple ou la miséricorde de Dieu.

3. De là, nous arrivons aux temps des rois ; Saül fut le premier réprouvé et tué dans une bataille où il avait été défait, sa race est rejetée, des rois n'en sortiront plus ; David lui succède sur le trône, c'est lui principalement dont le Christ est appelé le fils. En lui commence pour ainsi dire la jeunesse du peuple de Dieu, dont l'adolescence s'était prolongée jusqu'à David, à partir d'Abraham ; et ce n'est pas sans intention que l'Évangéliste saint Matthieu, dans sa généalogie, mentionne quatorze générations pour ce premier espace de temps, qui s'écoule entre Abraham et David. En effet, c'est depuis l'adolescence que l'homme commence à être capable d'engendrer ; c'est pour cela que l'Évangéliste ouvre sa généalogie par Abraham qui fut établi père des nations, au moment même où son nom est changé. Avant Abraham, c'est-à-dire depuis Noé jusqu'à lui, c'était pour le peuple de Dieu, comme l'âge de l'enfance, c'est pour cela qu'alors, parut la première langue, c'est-à-dire l'hébreu. Car, au sortir de l'enfance, ainsi appelée à cause de l'impuissance où l'on est de s'exprimer, l'homme commence à parler. Ce premier âge est enseveli dans l'oubli, comme le premier âge du genre humain disparut dans le déluge. Et qui de nous se souvient de son enfance? Du reste, dans le développement de la Cité de Dieu, comme le livre précédent renferme le premier âge seul, celui-ci se complète en deux âges, le second et le troisième ; en ce troisième âge, la génisse, la chèvre et le bélier de trois ans, figurent l'imposition du joug de la loi ; on vit paraître alors une multitude de crimes et les premiers fondements du royaume terrestre où cependant se rencontrèrent encore quelques hommes spirituels, figurés mystiquement par la tourterelle et la colombe.

---

3. Inde ventum est ad Regum tempora : quorum primus regnavit Saul (I. *Reg.* x) : quo reprobato et bellica clade prostrato, ejusque stirpe rejecta, ne inde reges orientur, David successit in regnum, cujus maxime Christus dictus est filius. In quo articulus quidam factus est et exordium quodam modo juventutis populi Dei : cujus generis quædam velut adolescentia ducebatur ab ipso Abraham usque ad hunc David. (*Matth.* i, 1, etc.) Neque enim frustra Matthæus Evangelista sic generationes commemoravit, ut hoc primum intervallum quatuordecim generationibus commendaret, ab Abraham scilicet usque ad David. Ab adolescentia quippe incipit homo posse generare : propterea generationum (*a*) ex Abraham sumsit exordium : qui etiam pater gentium constitutus est, quando mutatum nomen accepit. Ante hunc ergo velut pueritia fuit hujus generis populi Dei, a Noe usque ad ipsum Abraham : et ideo (*b*) prima lingua inventa est, id est, Hebræa. A pueritia namque homo incipit loqui post infantiam, quæ hinc appellata est, quia fari non potest. Quam profecto ætatem primam demergit oblivio, sicut ætas prima generis humani, est deleta diluvio. Quotus enim quisque est, qui suam recordetur infantiam ? Quamobrem in isto procursu Civitatis Dei, sicut superior unam eamdemque primam, ita duas ætates secundam et tertiam liber iste contineat, in quâ tertia propter vaccam trimam, captam trimam, et arietem trimum, impositum est Legis jugum, et apparuit abundantia peccatorum, et regni terreni surrexit exordium, ubi non defuerunt spirituales, quorum in turture et columba figuratum est sacramentum.

(*a*) Editi, *generationum series :* et paulo post, *pater multarum gentium.* Abest *series* a Mss. nec non quæ infra addita fuerat vox *multarum.* — (*b*) Plures Mss. *et ideo lingua :* omisso *prima.* Alii veteres libri, *et ideo in lingua,* vel *et ideo hinc lingua.*

LIVRE DIX-SEPTIÈME

Dans ce livre sont développés les progrès de la Cité de Dieu, du temps des rois et des prophètes, depuis Samuel et David jusqu'à Jésus-Christ. Le saint expose les prophéties faites du temps des rois, contenues dans les psaumes et les livres de Salomon, au sujet du Christ et de son Église.

CHAPITRE PREMIER.
Des temps prophétiques.

La Cité de Dieu, se développant dans le cours des siècles, nous montrera comment se sont accomplies les promesses divines faites à Abraham, dont la race devait comprendre, aussi en vertu d'une promesse, et le peuple d'Israël selon la chair et toutes les nations selon la foi. Et puisque nous avons terminé le livre précédent au règne de David, examinons maintenant, autant que le comporte cet ouvrage, ce qui s'est passé depuis ce règne. Or, tout le temps écoulé depuis les premières prophéties du juste Samuel, jusqu'à la captivité du peuple d'Israël à Babylone, et même jusqu'au retour des Israélites pour la reconstruction du temple de Dieu, c'est-à-dire soixante-dix ans après, suivant la prédiction de saint Jérémie (*Jérem.* xxv, 11); tout ce temps est le temps des prophètes. Car, bien que le patriarche Noé, témoin de la destruction du genre humain par le déluge universel, ainsi que d'autres, avant et après lui, jusqu'à l'époque où le peuple de Dieu commença à être gouverné par des rois, méritent très-bien le nom de Prophètes, à cause des événements futurs qu'ils ont prédits ou figurés d'une certaine manière, évènements qui se rapportent à la Cité de Dieu et au royaume des cieux; bien même que plusieurs d'entre eux, ainsi Abraham (*Gen.* xx, 7), ainsi Moïse (*Deut.* xxxiv, 10), soient formellement appelés Prophètes; toutefois, à proprement parler, l'époque prophétique ne commence qu'à Samuel qui, sur l'ordre de Dieu, sacra roi Saül d'abord (I. *Rois*, x, 1), et après sa réprobation David lui-même (I. *Rois*, xvi, 13), dont la postérité occupa le trône successivement,

LIBER DECIMUS-SEPTIMUS

In quo agitur de Civitatis Dei procursu temporibus Regum et Prophetarum a David usque ad Christum, et quæ sacris litteris mandatæ sunt vaticinationes eorumdem temporum de Christo et Ecclesia exponuntur.

CAPUT PRIMUM.
De temporibus Prophetarum.

Promissiones Dei, quæ factæ sunt ad Abraham, cujus semini et genti Israeliticam secundum carnem et omnes gentes deberi secundum fidem, Deo pollicente, didicimus, quemadmodum complentur, per ordinem temporum procurrens Dei Civitas (*a*) indicabit. Quoniam ergo superioris libri usque ad regnum David factus est finis, nunc ab eodem regno, quantum suscepto Operi sufficere videtur, cetera quæ sequuntur adtingimus. Hoc itaque tempus, ex quo sanctus Samuel prophetare cœpit, et deinceps donec populus Israel captivus in Babyloniam duceretur, atque inde secundum sancti Jeremiæ prophetiam post septuaginta annos reversis Israelitis Dei domus instauraretur (*Jerem.* xxv, 11), totum tempus est Prophetarum. Quamvis enim et ipsum Noe patriarcham, in cujus diebus universa terra diluvio deleta est, et alios supra et infra usque ad hoc tempus, quo reges in Dei populo esse cœperunt, propter quædam per eos (*b*) futura sive quoquo modo significata, sive prædicta, quæ pertinerent ad Civitatem Dei regnumque cœlorum, non immerito possimus appellare Prophetas; præsertim quia nonnullos eorum id expressius legimus nuncupatos, sicut Abraham (*Gen.* xx, 7), sicut Moysen (*Deut.* xxx, 10) : tamen dies Prophetarum præcipue maximeque hi dicti sunt, ex quo cœpit prophetare Samuel, qui et Saulem prius (I. *Reg.* x, 1), et eo re-

---

(*a*) Editi, dissentientibus Mss. plerisque, *indicavit* : et infra loco *adtingimus*, habent *adtingamus*. — (*b*) In sola editione Lov. *facta : male.*

aussi longtemps qu'il fut nécessaire. Mais vouloir rapporter tout ce que les Prophètes ont prédit touchant le Christ, dans le cours de ces siècles que traverse la Cité de Dieu, dont les nouveaux membres viennent réparer les ravages de la mort, ce serait là un immense travail. Parce que d'abord, l'Écriture qui classe dans leur ordre les rois avec les faits et évènements de leurs règnes, semble ne mettre tous ses soins qu'à l'exactitude historique de sa narration ; cependant, si, avec l'aide de Dieu, on examine attentivement son récit, on s'aperçoit qu'elle s'applique davantage, ou du moins autant à prédire l'avenir qu'à raconter le passé. Et alors, qui ne voit, avec un peu de réflexion, combien ces recherches minutieuses et ces démonstrations seraient pénibles et étendues et que de choses feraient encore défaut, tout en multipliant les volumes ? Ensuite, parce que les prophéties certaines touchant le Christ, et le royaume des cieux, qui est la Cité de Dieu, sont si nombreuses que les explications nécessaires pour les faire connaître, dépasseraient de beaucoup les bornes de cet ouvrage. Aussi, selon mon pouvoir, je réglerai tellement mes paroles, qu'en poursuivant mon œuvre avec l'aide de Dieu, j'éviterai le superflu, sans omettre le nécessaire.

CHAPITRE II.

En quel temps s'accomplit la promesse de Dieu touchant la terre de Chanaan, qui fut l'héritage même des Israélites charnels.

Au livre précédent nous avons dit que, dès le commencement, les promesses de Dieu à Abraham avaient deux objets ; l'un, que sa postérité aurait pour héritage la terre de Chanaan ; et c'est ce que signifient ces paroles : « Va dans la terre que je te montrerai, et je te ferai le père d'une grande nation : (*Gen.* XII, 1) l'autre, beaucoup plus excellent, où il s'agit de la postérité spirituelle et non charnelle ; c'est par celle-là qu'Abraham est le père, non-seulement du peuple d'Israël, mais de toutes les nations qui, suivant ses traces, imitèrent sa foi ; et c'est ce qui est promis déjà par ces paroles : « En toi seront bénis tous les peuples de la terre. » (*Gen.* XII, 3.) Nous avons montré ensuite que ces deux promesses avaient été réitérées et confirmées plusieurs autres fois. La postérité d'Abraham, c'est-à-dire le peuple d'Israël, se-

---

probato ipsum David (I. *Reg.* XVI, 13). Deo præcipiente, unxit in regem, de cujus ceteri stirpe succederent, quo usque illos succedere sic oporteret. Quæ igitur a Prophetis sunt prædicta de Christo, cum moriendo decedentibus et nascendo succedentibus suis membris Civitas Dei per ista curreret tempora, si omnia velim commemorare, in immensum pergitur. Primum quia ipsa Scriptura, quæ per ordinem Reges eorumque facta et eventa digerens, videtur tamquam historica diligentia rebus gestis occupata esse narrandis, si adjuvante Dei Spiritu considerata tractetur, vel magis, vel certe non minus prænuntiantur intenta. Et hoc perscrutando indagare ac disserendo monstrare, quam sit operosum atque prolixum, et quam multis (*a*) indiguum voluminibus, quis ignorat, qui hæc vel mediocriter cogitat ? Deinde quia ea ipsa quæ ad prophetiam non ambigitur pertinere, ita sunt multa de Christo regnoque cœlorum, quæ Civitas Dei est, ut ad hoc aperiendum major sit disputatio necessaria, quam hujus Operis modus flagitat. Proinde ita, si potuero, stilo moderabor meo, ut huic Operi in Dei voluntate peragendo, nec ea quæ supersint dicam, nec ea quæ satis sint prætermittam.

CAPUT II.

Quo tempore sit impleta promissio Dei de terra Chanaan, quam in possessionem etiam Israel carnalis accepit.

In præcedente libro diximus, ab initio ad Abraham promissionum Dei duas res fuisse promissas, unam scilicet, quod terram Chanaan possessurum fuerat semen ejus ; quod significatur, ubi dictum est : « Vade in terram, quam tibi demonstravero, et faciam te in gentem magnam : » (*Gen.* XII, 1) aliam vero longe præstantiorem, non de carnalis, sed de spiritali semine, per quod pater est, non unius gentis Israeliticæ, sed omnium gentium, quæ fidei ejus vestigia consequuntur ; quod promitti cœpit his verbis : « Et benedicentur in te omnes tribus terræ. » (*Ibid.* 3.) Et deinceps aliis multis admodum testimoniis hæc duo promissa esse monstravimus. Erat igitur jam in terra promissionis semen Abrahæ, id est, populus Israel secundum carnem : atque ibi non solum tenendo ac possidendo civitates adversariorum, verum etiam reges habendo, regnare jam cœperat, impletis de ipso populo promissionibus Dei

---

(*a*) Vind. Am. Er. *indigeat.* Lov. *dignum.* At melioris notæ Mss. *indiguum.*

lon la chair était donc déjà en possession de la terre promise; et là, non-seulement elle était entrée en jouissance des villes ennemies, mais elle avait ses rois qui la gouvernaient. Ainsi dès lors étaient réalisées en grande partie, les promesses de Dieu par rapport à son peuple; et celles qui avaient été faites aux trois Patriarches, Abraham, Isaac et Jacob, ainsi que toutes les autres de la même époque; et de plus les promesses faites à Moïse, qui délivra ce peuple de la servitude d'Égypte, et qui reçut toutes les révélations du passé, lorsqu'il conduisait ce même peuple à travers le désert. Toutefois, ce ne fut ni sous l'illustre Jésus Navé qui, après avoir vaincu les nations ennemies et introduit le peuple dans la terre promise, en fit le partage, selon l'ordre de Dieu, entre les douze tribus et mourut; ni sous les juges qui lui succédèrent, que fut accomplie la promesse de Dieu touchant la terre de Chanaan, c'est-à-dire le territoire renfermé entre le fleuve d'Égypte et le grand fleuve de l'Euphrate. Il ne s'agissait plus alors de prophéties pour l'avenir, mais on attendait l'accomplissement de la promesse qui eut lieu sous David et Salomon, son fils, dont les états s'agrandirent comme il avait été promis, car ils soumirent à leur domination et rendirent tributaires toutes ces nations. (III. *Rois*, IV, 21.) Ce fut donc sous les rois que la postérité d'Abraham fut si bien établie dans la terre de la promesse charnelle, c'est-à-dire dans la terre de Chanaan, qu'il ne manqua plus rien à l'accomplissement de cette promesse; si ce n'est que la nation juive, par la fidèle observation des lois du Seigneur, son Dieu, put conserver cette prospérité terrestre, dans ses descendants, jusqu'à la fin de ce siècle périssable. Mais Dieu qui savait bien qu'il n'en serait point ainsi, se servit des châtiments temporels pour éprouver le petit nombre de ceux qui demeurèrent fidèles, et pour l'instruction de ceux qui devaient l'être dans la suite; instruction nécessaire à tous les peuples, au sein desquels, sous la révélation du Testament Nouveau, devait s'accomplir l'autre promesse, par l'incarnation du Christ.

CHAPITRE III.

De la triple signification des prophéties qui se rapportent tantôt à la Jérusalem de la terre, tantôt à celle du ciel, et d'autres fois à l'une et à l'autre Cité.

1. Ainsi donc, selon les divins oracles rendus à Abraham, Isaac et Jacob, et toutes les autres

jam magna ex parte; non solum quæ illis tribus patribus, Abraham, Isaac, et Jacob, et quæcumque aliæ temporibus eorum, verum etiam quæ per ipsum Moysen, per quem populus idem de servitute Ægyptia liberatus est, et per quem cuncta præterita revelata sunt temporibus ejus, cum populum per eremum duceret, factæ fuerant. Neque autem per insignem ducem Jesum Nave, per quem populus ille in promissionis inductus est terram, expugnatisque gentibus, eam duodecim tribubus, quibus Deus jusserat, divisit, et mortuus est; neque post illum toto tempore Judicum impleta fuerat promissio Dei de terra Chanaan (*a*), a quodam flumine Ægypti usque ad flumen magnum Euphratem: nec tamen adhuc prophetabatur futurum, sed exspectabatur implendum. Impletum est autem per David, et ejus filium Salomonem: cujus regnum tanto, quanto promissum fuerat, spatio dilatatum est. Universos quippe illos subdiderunt, tributariosque fecerunt. (III. *Reg.* IV, 21.) Sic igitur in terra promissionis secundum carnem, hoc est, in terra Chanaan sub his regibus semen Abrahæ fuerat constitutum, ut nihil deinde superesset, quo terrena illa Dei promissio compleretur, nisi ut in eadem terra, quantum ad prosperitatem adtinet temporalem, per posteritatis successionem inconcusso statu usque ad mortalis sæculi hujus terminum gens permaneret Hebræa, si Domini Dei sui legibus obediret. Sed quoniam Deus noverat, hoc eam non esse facturam, usus est ejus etiam temporalibus pœnis ad exercendos in paucos fideles suos, et admonendos qui postea futuri erant in omnibus gentibus, quod (*b*) eos admoneri oportebat, in quibus alteram promissionem, revelato novo Testamento, per incarnationem Christi fuerat impleturus.

CAPUT III.

De tripertitis significationibus Prophetarum, quæ nunc ad terrenam, nunc ad cœlestem Jerusalem, nunc autem ad utramque referuntur.

1. Quocirca sicut oracula illa divina ad Abraham, Isaac, et Jacob, et quæcumque alia signa, vel dicta prophetica, in sacris litteris præcedentibus facta

---

(*a*) Sic Mss. Editi vero, *quod a flumine Ægypti usque ad flumen magnum Euphratem populus ille dominaretur.* —
(*b*) Editi, *quas per eos admoneri.* Castigantur ex Mss.

figures ou paroles prophétiques rapportées par les saintes lettres dans les âges précédents; depuis les rois, les autres prophéties ont aussi rapport, en partie, à la postérité charnelle d'Abraham, et en partie à cette postérité en qui sont bénis tous les peuples, co héritiers du Christ par le Testament Nouveau, pour posséder la vie éternelle et le royaume des cieux. Les premières s'appliquent à la servante, qui engendre dans la servitude, c'est-à-dire à la Jérusalem terrestre, esclave avec ses enfants; les secondes, à la Cité libre, c'est-à-dire la véritable Jérusalem, Cité éternelle des cieux, dont les enfants qui vivent selon Dieu, sont étrangers sur la terre; mais il en est quelques-unes qui s'appliquent à l'une et à l'autre, à la servante directement et figurativement à la Cité libre.

2. Il y aurait donc trois classes de prophéties : les unes se rapportant à la Jérusalem terrestre, les autres à la Jérusalem céleste et quelques-unes à toutes les deux. Mais il me semble bon de prouver ce que j'avance par des exemples. Le prophète Nathan est envoyé à David pour lui reprocher l'énormité de son crime, et lui annoncer d'avance les malheurs qui en seront le châtiment. (II. *Rois,* XII, 1.) Or, cet avertis-

sement du ciel, ou d'autres semblables qui révèlent les secrets de l'avenir dans le domaine de la vie du temps, soit qu'ils servent à l'intérêt du peuple, en général, soit à l'utilité particulière d'un individu, ne concernent-ils pas la Cité terrestre? Personne n'en doute. Mais, quand nous lisons ces paroles : « Voici venir le temps, dit le Seigneur, où je ferai une alliance nouvelle avec la maison d'Israël et la maison de Juda, mais une alliance différente de celle que j'ai contractée avec leurs pères, lorsque je les pris par la main pour les faire sortir de la terre d'Égypte : parce qu'ils n'ont pas gardé mon alliance, je les ai abandonnés. Mais voici l'alliance que je ferai avec la maison d'Israël : Après ces temps, dit le Seigneur, j'imprimerai mes lois dans leur esprit et je les graverai dans leur cœur; je les regarderai et je serai leur Dieu et ils seront mon peuple. » (*Jérém.* XXXI, 31 etc.) Il s'agit évidemment ici de la Jérusalem céleste où Dieu lui-même est la récompense de ses élus, où la possession de Dieu, l'union avec lui, est le seul et souverain bien. Mais il s'agit de l'une et de l'autre dans ce passage de l'Écriture où Jérusalem est appelée la Cité de Dieu et où on y annonce la future maison de Dieu, prophétie qui paraît s'accomplir,

sunt : ita etiam ceteræ ab isto Regum tempore prophetiæ partim pertinent ad gentem carnis Abrahæ, partim vero ad illud semen ejus, in quo benedicuntur omnes gentes coheredes Christi per Testamentum novum, ad possidendam vitam æternam regnumque cœlorum. Partim ergo ad ancillam, quæ in servitutem generat, id est, terrenam Jerusalem, quæ servit cum filiis suis; partim vero ad liberam Civitatem Dei, id est, veram Jerusalem æternam in cœlis, cujus filii homines secundum Deum viventes peregrinantur in terris : sed sunt in eis quædam, quæ ad utramque pertinere intelliguntur, ad ancillam proprie, ad liberam figurate.

2. Tripertita itaque reperiuntur eloquia Prophetarum : si quidem aliqua sunt ad terrenam Jerusalem spectantia, aliqua ad cœlestem, nonnulla ad utramque. Exemplis video probandum esse quod dico. Missus est Nathan propheta, qui regem David argueret de peccato gravi, et ei, quæ consecuta sunt mala, futura prædiceret. (II. *Reg.* XII, 1.) Hæc atque hujusmodi sive publice, id est, pro salute vel utilitate populi, sive privatim, cum pro suis quisque

rebus divinæ promereretur eloquia, quibus pro usu temporalis vitæ futuri aliquid nosceretur, ad terrenam Civitatem pertinuisse, quis ambigat? Ubi autem legitur : « Ecce dies venient, dicit Dominus, et consummabo domui Israel et domui Juda testamentum novum, non secundum testamentum, quod disposui patribus eorum, in die qua apprehendi manum eorum, ut educerem eos de terra Ægypti : quoniam ipsi non permanserunt in testamento meo, et ego neglexi eos, dicit Dominus : Quia hoc est testamentum, quod constituam domui Israel: post dies illos, dicit Dominus (*a*), dabo leges meas in mentem eorum, et super corda eorum scribam eas (*b*), et videbo eos, et ero illis in Deum, et ipsi erunt mihi in plebem : » (*Jerem.* XXXI, 31, *etc.*) Jerusalem sine dubio superna prophetatur, cujus Deus ipse præmium est, eumque habere atque ipsius esse summum illi est atque totum bonum. Ad utramque vero pertinet hoc ipsum, quod Jerusalem dicitur Dei Civitas, et in ea prophetatur futura domus Dei, eaque prophetis videtur impleri, cum Salomon rex ædificat illud nobilissimum templum. (III. *Reg.* VI.) Hæc enim

---

(*a*) In Mss. habetur, *dando leges meas.* Apud LXX, Jerem. XXXVIII, 33, διδοὺς δώσω, *dans dabo,* etc. — (*b*) Verba, *et videbo eos,* in Bibliis desunt Latinis et Græcis.

quand le roi Salomon eût fait construire ce temple fameux. (III. *Rois*, VI.) Car cet oracle se réalisa, d'après l'histoire, dans la Jérusalem terrestre et figurait la Jérusalem du ciel. Ce genre de prophéties où les deux sens se trouvent, pour ainsi dire, réunis et mélangés, est très-employé dans les anciens livres canoniques qui rapportent historiquement les faits; il a exercé et exerce encore beaucoup le génie des commentateurs de la Sainte-Écriture. Ils recherchent les significations allégoriques des prédictions que l'histoire rapporte et de leur accomplissement dans la postérité d'Abraham selon la chair, pour les appliquer à ce qui doit s'accomplir dans cette même postérité selon la foi. Plusieurs sont même persuadés que, dans ces livres, il n'y a aucune prédiction, ni aucun évènement, quand il ne serait pas prédit, qui ne soit susceptible d'une interprétation figurée et qu'on ne doive rapporter, en quelque manière, à la Cité éternelle de Dieu et à ses enfants, étrangers en cette vie. Mais s'il en est ainsi, les oracles rendus par les prophètes ou plutôt par toutes les pages de la Sainte-Écriture, dans ce qui est appelé l'Ancien Testament, doivent être divisés en deux classes, au lieu de trois. En effet, il n'y aura plus rien qui se rapporte à la seule Jérusalem terrestre, puisque tout ce qui est prédit et accompli à son sujet, est une figure et se rapporte allégoriquement à la céleste Jérusalem; ainsi il n'y aura que deux classes de prophéties : l'une qui se rapporte à la Jérusalem libre et l'autre à toutes les deux. Pour moi, de même que ceux-là me paraissent se tromper beaucoup, qui ne voient, dans les récits historiques des Saintes-Écritures, rien autre chose que le sens naturel; ainsi je regarde comme trop hardis ceux qui prétendent que tout y est voilé par le sens allégorique. C'est pourquoi j'ai parlé de trois classes de prophéties et non de deux seulement. Telle est ma pensée; cependant, je ne blâme point ceux qui, de n'importe quel évènement, peuvent faire ressortir un sens spirituel, pourvu qu'ils conservent tout d'abord la vérité de l'histoire. Quant à ce qui ne se rapporte ni à l'action de l'homme, ni à celle de Dieu, dans le présent, ou l'avenir, quel fidèle pourrait croire qu'il n'y a là que de pures fictions? Qui ne s'efforcera de donner à ces passages un sens spirituel; ou, s'il ne le peut, qui n'avouera qu'ils peuvent recevoir cette interprétation de celui qui en est capable?

---

et in terrena Jerusalem secundum historiam contigerunt, et cœlestis Jerusalem figuræ fuerunt. Quod genus prophetiæ ex utroque veluti compactum atque commixtum in libris veteribus canonicis, quibus rerum gestarum narrationes continentur, valet plurimum, multumque exercuit et exercet ingenia scrutantium litteras sacras, ut quod historice prædictum completumque legitur in semine Abrahæ secundum carnem, etiam in semine Abrahæ secundum fidem quid implendum allegorice significet inquiratur : in tantum ut quibusdam visum sit, nihil esse in eisdem libris vel prænuntiatum et effectum, vel effectum, quamvis non prænuntiatum, quod non insinuet aliquid ad supernam Civitatem Dei ejusque filios in hac vita peregrinos figurata significatione referendum. Sed si hoc ita est, jam bipertita, non tripertita erunt eloquia Prophetarum, vel potius illarum Scripturarum omnium, quæ veteris Instrumenti appellatione censentur. Nihil enim erit illic, quod ad Jerusalem terrenam tantum pertineat, si quidquid ibi de illa, vel propter illam, dicitur atque completur, significat aliquid, quod etiam ad Jerusalem cœlestem allegorica præfiguratione referatur : sed erunt sola duo genera, unum quod ad Jerusalem liberam, alterum quod ad utramque pertineat. Mihi autem sicut multum videntur errare, qui nullas res gestas in eo genere litterarum aliquid aliud præter id quod eo modo gestæ sunt significare arbitrantur; ita multum audere, qui prorsus ibi omnia significationibus allegoricis involuta esse contendunt. Ideo tripertita, non bipertita esse dixi. Hoc enim existimo, non tamen culpans eos, qui potuerint illic de quacumque re gesta sensum intelligentiæ spiritalis exsculpere, servata primitus dumtaxat historiæ veritate. Ceterum quæ ita dicuntur, ut rebus humanitus seu divinitus gestis sive gerendis convenire non possint, quis fidelis dubitet non esse inaniter dicta? Quis ea non ad intelligentiam spiritalem revocet, si possit, aut ab eo qui potest revocanda esse fateatur?

CHAPITRE IV.

Ce que figurait le changement survenu dans le royaume et le sacerdoce d'Israël ; et de la prophétie d'Anne, mère de Samuel, représentant l'Eglise.

1. Suivant le cours des siècles, la Cité de Dieu était donc arrivée aux temps des rois, lorsque, par la réprobation de Saül, David fut élevé sur le trône (I. *Rois*, XVI), que ses descendants conservèrent pendant une longue suite d'années, en gouvernant la Jérusalem terrestre : cet évènement annoncé d'avance et que nous ne saurions laisser passer inaperçu, était la figure d'un autre changement dans l'avenir ; il a rapport aux deux Testaments, l'ancien et le nouveau ; il est l'image du sacerdoce et de la royauté changés par celui qui est en même temps prêtre et roi, avec sa majesté nouvelle et éternelle, Jésus-Christ. Car Samuel substitué pour le ministère divin à Héli, prêtre réprouvé, Samuël investi tout à la fois des fonctions de prêtre et de juge, et David établi sur le trône, à la place de Saül rejeté, figuraient ce que je dis. Aussi la mère même de Samuel, Anne qui était stérile et qui éprouva tant de joie de sa fécondité tardive, ne paraît pas occupée à prophétiser autre chose, quand toute ravie, elle exprime sa reconnaissance au Seigneur, en venant lui offrir son jeune fils, avec la même piété qui l'animait lorsqu'elle le lui consacra. Voici ses paroles :« Mon cœur s'est affermi dans la puissance du Seigneur et ma gloire s'est relevée dans le secours de mon Dieu ; ma bouche s'est ouverte pour confondre mes ennemis et je me suis réjouie dans votre salut. Car personne n'est saint comme le Seigneur, et personne n'est juste comme notre Dieu ; il n'y a de saint que vous. Cessez donc de vous glorifier dans votre orgueil et de parler avec hauteur, qu'aucune parole superbe ne sorte de votre bouche. Car le Seigneur est le Dieu de toute science et il dispose l'exécution de ses plus secrets desseins. L'arc des forts s'est amolli et les faibles ont été revêtus de force. Ceux qui ont du pain en abondance, sont devenus languissants et les affamés n'ont fait qu'effleurer la terre. Celle qui était stérile a donné le jour à sept enfants et celle qui avait beaucoup d'enfants est tombée dans la défaillance. C'est le Seigneur qui donne la mort et qui rend la vie ; qui conduit aux enfers et qui en retire. Le Seigneur fait le pauvre et le riche ; il abaisse et il élève. Il relève de terre le pauvre et le misérable du fumier, pour le

CAPUT IV.

De præfigurata commutatione Israelitici regni et sacerdotii, et de his quæ Anna mater Samuelis, personam gerens Ecclesiæ, prophetavit.

1. Procursus igitur Civitatis Dei, ubi pervenit ad Regum tempora, quando David Saule reprobato ita regnum primus obtinuit (I. *Reg.* XVI), ut ejus deinde posteri in terrena Jerusalem diuturna successione regnarent, dedit figuram (*a*), re gesta significans atque prænuntians, quod non est prætereundum silentio, de rerum mutatione futurarum, quod adtinet ad duo Testamenta, vetus et novum : ubi sacerdotium regnumque mutatum est per sacerdotem eumdemque regem novum ac sempiternum, qui est Christus Jesus. Nam et Heli sacerdote reprobato substitutus (*b*) in Dei ministerium Samuel, simul officio functus sacerdotis et judicis, et Saule abjecto rex David fundatus in regno, hoc quod dico figuraverunt. Mater quoque ipsa Samuelis Anna, quæ prius fuit sterilis, et posteriore fecunditate lætata est, prophetare aliud non videtur, cum gratulationem suam Domino fundit exsultans : quando eumdem puerum natum et ablactatum Deo reddit eadem pietate, qua voverat. Dicit enim : « Confirmatum est cor meum in Domino, et exaltatum est cornu meum in Deo meo. Dilatatum est super inimicos meos os meum : lætata sum in salutari tuo. Quoniam non est sanctus, sicut Dominus ; et non est justus, sicut Deus noster : non est sanctus præter te. Nolite gloriari (*c*) superbe, et nolite loqui excelsa, neque procedat magniloquium de ore vestro. Quoniam Deus scientiarum Dominus, et Deus præparans adinventiones suas. Arcum potentium fecit infirmum, et infirmi præcincti sunt virtute. Pleni panibus minorati sunt, et esurientes transierunt terram. Quia sterilis peperit septem, et multa in filiis infirmata est. Dominus mortificat et vivificat ; deducit ad inferos, et reducit. Dominus (*d*) pauperes facit, et ditat ; humiliat, et exaltat. Suscitat a terra pauperem, et de stercore erigit inopem : ut collocet eum cum potentibus po-

---

(*a*) Sic Mss. At editi, *rei gestæ*. Et infra ex his duo. Er. et Lov. pro *de rerum mutatione*, habent *rerum mutationem*. — (*b*) Er. et Lov. *substitutus est*, Expungi debuit *est*, juxta Vind. Am. et Mss. — (*c*) Editi, *Nolite gloriari* ; omisso *superbe*, quod Mss. omnes adjungunt. — (*d*) Sic Mss. At editi, *pauperem facit*. In Græco est πτωχίζει

placer au rang des princes du peuple et lui donner en héritage un trône de gloire ; il donne à celui qui fait un vœu le courage de l'accomplir et il bénit les années du juste, parce que l'homme n'est pas fort par sa propre force. Le Seigneur rendra débile son ennemi, lui seul est le Seigneur saint. (*Jér.* IX.) Que le sage ne se glorifie pas dans sa sagesse, ni le puissant dans sa puissance, ni le riche dans ses richesses ; mais que celui qui se glorifie, se glorifie de connaître le Seigneur et de discerner ses voies ; de rendre des jugements et d'établir la justice sur la terre. Le Seigneur est monté dans les cieux et a fait entendre son tonnerre : il jugera lui-même toute la terre, car il est juste ; il donne la force à nos rois et il relèvera la gloire et la puissance de son Christ. » (I. *Rois*, II, 1 etc.)

2. Est-ce qu'on s'imaginera jamais que ces paroles sont celles d'une pauvre femme qui rend grâce à Dieu de la naissance de son fils ? Et l'esprit de l'homme serait-il assez ennemi de la vérité, pour ne pas voir qu'une femme est incapable de prononcer un tel discours ? Quant à celui qui apporte une certaine attention à ces paroles dont la réalisation est déjà commencée ici-bas, est-ce qu'il ne remarque pas, est-ce qu'il ne voit pas, est-ce qu'il ne reconnaît pas que cette femme dont le nom, Anne, signifie grâce, annonce la religion chrétienne, la Cité même de Dieu, dont le Christ est le fondateur et le roi ; qu'enfin c'est la grâce de Dieu qui parle par sa bouche, sous l'inspiration de l'Esprit-Saint, grâce dont les superbes se détournent pour se perdre et dont les humbles se remplissent pour se relever, car c'est là ce qui ressort surtout de ce cantique ? A moins qu'on ne prétende que cette femme n'a nullement prophétisé, qu'elle a seulement glorifié Dieu, dans un discours plein d'allégresse, d'avoir accordé à sa prière le fils qu'elle désirait. Mais alors, que veulent dire ces paroles : « L'arc des forts s'est amolli et les faibles ont été revêtus de force : ceux qui ont du pain en abondance, sont devenus languissants et les affamés n'ont fait qu'effleurer la terre : celle qui était stérile a donné le jour à sept enfants et celle qui avait beaucoup d'enfants est tombée dans la défaillance ? »Cette femme avait elle sept enfants, malgré sa stérilité ? Elle n'en avait qu'un, lorsqu'elle parlait ainsi ; et elle n'en eut pas sept plus tard, ou six, sans compter Samuel qui ferait le septième ; mais cinq seulement, trois garçons et deux filles. De plus, comme il n'y avait point encore de rois en Israël, pourquoi dire à la fin : « Il donne la

---

puli (*a*), et sedem gloriæ hereditatem dans eis : dans votum voventi, et benedixit annos justi : quoniam non in virtute potens est vir. Dominus infirmum faciet adversarium suum, Dominus sanctus. (*Jerem.* IX.) Non glorietur prudens in prudentia sua, et non glorietur potens in potentia sua, et non glorietur dives in divitiis suis : sed in hoc glorietur qui gloriatur, intelligere et scire Dominum, et facere judicium et justitiam in medio terræ. Dominus adscendit in cœlos, et tonuit : ipse judicabit extrema terræ (*b*), quia justus est : et dat virtutem regibus nostris, et exaltabit cornu Christi sui. » (I. *Reg.* II, 1, *etc.*)

2. Itane vero verba hæc unius putabuntur esse mulierculæ, de nato sibi filio gratulantis ? Tantumne mens hominum a luce veritatis aversa est, ut non sentiat supergredi modum feminæ hujus dicta quæ fudit ? Porro qui rebus ipsis, quæ jam cœperunt etiam in hac terrena peregrinatione compleri, convenienter movetur, nonne intendit, et adspicit, et agnoscit per hanc mulierem, cujus etiam nomen, id est, Anna, gratia ejus interpretatur, ipsam religionem Christianam, ipsam Civitatem Dei, cujus rex est et conditor Christus, ipsam postremo Dei gratiam prophetico Spiritu sic locutam, a qua superbi alienantur, ut cadant, qua humiles implentur, ut surgant, quod maxime hymnus iste personuit ? Nisi quisquam forte dicturus est, nihil istam prophetasse mulierem, sed Deum tantummodo propter filium, quem precata impetravit, exsultanti prædicatione laudasse. Quid ergo sibi vult quod ait : « Arcum potentium fecit infirmum, et infirmi præcincti sunt virtute ; pleni panibus minorati sunt, et esurientes transierunt terram : quia sterilis peperit septem, et multa in filiis infirmata est ? » Numquid septem ipsa pepererat, quamvis sterilis fuerit ? Unicum habebat, quando ista dicebat : sed nec postea septem peperit, sive sex, quibus septimus esset ipse Samuel ; sed tres mares, et duas feminas. Deinde in illo populo cum adhuc nemo regnaret, quod in extremo posuit : « Dat virtutem regibus nostris, et exaltabit cornu Christi sui ; » unde dicebat, si non prophetabat ?

(*a*) Ita Vind. Am. et Mss. juxta LXX. At Er. et Lov. *populi sui*, et paulo post, *dans ei*. — (*b*) Biblia sacra omittunt, *quia justus est*. Habent Græca quædam exemplaria et Theodoretus, δίκαιος ὤν.

force à nos rois et il relèvera la gloire et la puissance de son Christ ? Que signifient ces paroles, si elle ne prophétisait pas ? »

3. Qu'elle parle aussi de l'Église du Christ, la Cité du grand Roi, dans la plénitude de sa grâce et son admirable fécondité ; qu'elle dise ce qui a été prophétisé d'elle si longtemps à l'avance par la bouche de cette pieuse mère ; elle se reconnaît bien ici : « Mon cœur s'est affermi dans la puissance du Seigneur et ma gloire s'est relevée dans le secours de mon Dieu. » Son cœur, en effet, a été affermi et sa gloire a été vraiment relevée, parce qu'elle ne s'est pas confiée en elle-même, mais dans le Seigneur son Dieu : « Ma bouche s'est ouverte pour confondre mes ennemis » car la parole de Dieu n'est pas restée captive au milieu des horreurs de la persécution, ni dans la bouche de ses hérauts chargés de chaînes. « Je me suis réjouie, ajoute-t-elle, de votre salut. » Ce salut c'est Jésus-Christ, celui que le vieillard Siméon, comme nous le lisons dans l'Évangile, embrasse petit enfant, tout en reconnaissant sa Majesté : « Maintenant, dit-il, vous laisserez, Seigneur, votre serviteur se reposer en paix, puisque mes yeux ont vu votre salut. » (*Luc*, II, 29 et 30.) Que l'Église donc s'écrie : « Je me suis réjouie de votre salut ; car personne n'est saint comme le Seigneur ; et personne n'est juste, comme notre Dieu, » parce qu'il est saint et l'auteur de toute sainteté ; juste et le principe de la justification. « Peut-il y avoir d'autre saint que vous ? » puisque personne n'est saint que par vous. Enfin elle poursuit : « Cessez de vous glorifier dans votre orgueil et de parler avec hauteur ; qu'aucune parole superbe ne sorte de votre bouche, parce que le Seigneur est le Dieu des sciences. » Il vous connaît et il sait ce que personne ne sait, car « celui qui pense être quelque chose, bien qu'il ne soit rien, celui-là se trompe lui-même. » (*Gal.* VI, 3.) Ces paroles regardent les ennemis de la Cité de Dieu, citoyens de Babylone, qui présument de leur propre force, qui se glorifient en eux-mêmes et non dans le Seigneur ; ils sont aussi de ce nombre, les Israélites charnels, citoyens de la terrestre Jérusalem, dont l'Apôtre dit : « qu'ils ignorent la justice de Dieu, » (*Rom.* X, 3) c'est-à-dire cette justice que Dieu, le seul juste et l'auteur de toute justice, donne à l'homme ; « qu'ils veulent établir la leur, » c'est-à-dire comme l'ayant acquise par eux-mêmes et ne le tenant point de lui ; « qu'ils ne sont point soumis à la justice de Dieu, » parce qu'ils sont superbes et qu'ils s'imaginent à cause de leurs propres mérites sans retour vers Dieu, pouvoir plaire à celui qui est le Dieu des sciences et par conséquent l'arbitre des consciences, lui qui voit combien les pensées des hommes sont vaines (*Ps.* XCIII, 11), s'il

---

3. Dicat ergo Ecclesia Christi, Civitas Regis magni, gratia plena, prole fecunda, dicat quod tanto ante de se prophetatum per os hujus piæ matris agnoscit : « Confirmatum est cor meum in Domino, et exaltatum est cornu meum in Deo meo. » Vere confirmatum cor, et cornu vere exaltatum ; quia non in se, sed in Domino Deo suo. « Dilatatum est super inimicos meos os meum : » quia et in angustiis pressurarum sermo Dei non est alligatus, nec in præconibus alligatis. « Lætata sum, inquit, in salutari tuo. » Christus est iste Jesus, quem Simeon, sicut in Evangelio legitur, senex amplectens parvulum, agnoscens magnum : « Nunc dimittis, inquit, Domine, servum tuum in pace, quoniam viderunt oculi mei salutare tuum. » (*Luc.* II, 29 et 30.) Dicat itaque Ecclesia, « Lætata sum in salutari tuo. Quoniam non est sanctus, sicut Dominus ; et non est justus, sicut Deus noster : » tamquam sanctus et sanctificans, justus et justificans. « Non est sanctus præter te ? » quia nemo fit nisi abs te. Denique sequitur : « Nolite gloriari superbe, et nolite loqui excelsa, neque exeat magniloquium de ore vestro. Quoniam Deus scientiarum Dominus. » (*a*) Ipse vos scit, et ubi nemo scit : quoniam « qui putat se aliquid esse, cum nihil sit, se ipsum seducit. » (*Gal.* VI, 3.) Hæc dicuntur adversariis Civitatis Dei ad Babyloniam pertinentibus, de sua virtute præsumentibus, in se, non in Domino gloriantibus ; ex quibus sunt etiam carnales Israelitæ, terrenæ Jerusalem cives terrigenæ, qui, ut dicit Apostolus, « Ignorantes Dei justitiam, » (*Rom.* X. 3) id est, quam dat homini Deus, qui solus est justus et justificans ; « et suam volentes constituere, « id est, velut a se sibi partam, non ab illo impertitam ; « justitiæ Dei non sunt subjecti, » utique quia superbi, de suo putantes, non de Dei, posse placere se Deo, qui est Deus scientiarum, atque ideo et arbiter conscientiarum, ibi videns cogitationes hominum, quoniam vanæ sunt (*Psal.* XCIII,

(*a*) Sic veteres libri, exceptis nonnullis, qui habent, *Ipse vos scit, et ubi nemo sit.* At editi, *Ipse, et nemo scit quod ipse scit.*

ne les inspire pas, si elles sont purement humaines. « Il prépare, dit-elle encore, l'exécution de ses plus secrets desseins. » De quels desseins s'agit-il, sinon de la chute des superbes et de l'élévation des humbles? Et ces desseins, il les met de suite à exécution : « L'arc des forts s'est amolli et les faibles ont été revêtus de force. » L'arc s'est amolli, c'est-à-dire la volonté de ceux qui se croyaient assez forts par eux-mêmes pour accomplir, sans la grâce et le secours de Dieu, ses commandements; et ils ont été revêtus de force, ceux qui, du fond du cœur, disent à Dieu : « Ayez pitié de moi, Seigneur, parce que je suis faible. » (*Psaume*, vi, 3.)

4. « Ceux qui ont du pain en abondance, » continue-t-elle, « sont devenus languissants et les affamés n'ont fait qu'effleurer la terre. » Qui sont ceux qui ont du pain en abondance, sinon ceux qui ressemblent aux forts, c'est-à-dire les Israélites auxquels Dieu avait confié ses oracles? (*Rom.* iii, 2.) Mais parmi eux, les enfants de la servante sont déchus; le mot dont je me sers est peu latin, il est vrai, il exprime bien cependant, la condition inférieure de ceux qui étaient plus élevés. Et il en a été ainsi, parce que dans ces pains, c'est-à-dire dans la Sainte-Écriture, qui est la parole de Dieu, les Israélites, bien qu'ils fussent les seuls à la posséder alors, ne recherchaient, ne goûtaient que ce qui est terrestre. Les gentils, au contraire, n'avaient pas reçu la loi, mais quand, par le nouveau Testament, ils entrèrent en jouissance de ces oracles, eux qui étaient affamés, ne firent qu'effleurer la terre, dédaignant la nourriture matérielle, et s'appliquant à savourer l'aliment céleste. Et comme si l'on eût demandé la cause de ce fait, elle dit : « parce que celle qui était stérile a mis au monde sept enfants et celle qui avait beaucoup d'enfants est tombée dans la défaillance. » Toute la prophétie se dévoile ici clairement pour ceux qui savent que le nombre sept signifie la perfection de l'Église universelle. Aussi l'Apôtre saint Jean écrit à sept Églises, faisant voir par ce nombre qu'il s'adresse à l'Église tout entière (*Apoc.* i, 4); et dans les proverbes de Salomon, longtemps à l'avance, nous lisons l'annonce de ce mystère dans ces paroles : « La Sagesse s'est bâtie une maison et l'a appuyée sur sept colonnes. » (*Prov.* ix, 1.) Car la Cité de Dieu était stérile dans toutes les nations, avant cette fécondité dont nous sommes les témoins. Nous voyons aussi la terrestre Jérusalem, autrefois si féconde, maintenant tout à fait débile, parce que les enfants de la femme libre qui étaient dans son sein, faisaient toute sa force; mais à présent qu'elle a la lettre seule, sans l'esprit,

---

1), si hominum sunt, et ab illo non sunt. « Et præparans, inquit, adinventiones suas. » Quas adinventiones putamus, nisi ut superbi cadant, et humiles surgant? Has quippe adinventiones exsequitur, dicens : Arcus potentium infirmatus est, et infirmi præcincti sunt virtute. » Infirmatus est arcus, id est, intentio eorum qui tam potentes sibi videntur, ut sine Dei dono atque adjutorio humana sufficientia divina possint implere mandata; et præcinguntur virtute, quorum interna vox est : « Miserere mei, Domine, quoniam infirmus sum. » (*Psal.* vi, 3.)

4. « Pleni panibus, inquit, minorati sunt, et esurientes transierunt terram. » Qui sunt intelligendi pleni panibus, nisi iidem ipsi quasi potentes, id est, Israelitæ, quibus credita sunt eloquia Dei? (*Rom.* iii, 2.) Sed in eo populo ancillæ filii minorati sunt : quo verbo minus quidem Latino, bene tamen expressum est, quod ex majoribus minores facti sunt : quia et in ipsis panibus, id est, divinis eloquiis, quæ Israelitæ soli tunc ex omnibus gentibus acceperunt terrena sapiunt. Gentes autem quibus lex illa non erat data, postea quam per novum Testamentum ad eloquia illa venerunt, multum esuriendo terram transierunt : quia in eis non terrena, sed cœlestia sapuerunt. Et hoc velut quæreretur caussa cur factum sit : « Quia sterilis, inquit, peperit septem, et multa in filiis infirmata est. « Hic totum quod prophetabatur, eluxit agnoscentibus numerum septenarium, quo est universæ Ecclesiæ significata perfectio. Propter quod et Joannes apostolus ad septem scribit Ecclesias, eo modo se ostendens ad unius plenitudinem scribere (*Apoc.* i, 4) : et in Proverbiis Salomonis hoc antea prætigurans « Sapientia, ædificavit sibi domum, et suffulsit columnas septem. » (*Prov.* ix, 1.) Sterilis enim erat in omnibus gentibus Dei Civitas, antequam iste fetus (*a*), quem cernimus, oriretur. Cernimus etiam, quæ multa in filiis erat, nunc infirmatam Jerusalem terrenam. Quoniam quicumque filii liberæ in ea erant, virtus

---

(*a*) Editi dissentientibus Mss. libris, *per quem eam factam fecundam cernimus, oriretur.*

elle a perdu sa vigueur, elles est dans la débilité.

5. « C'est le Seigneur qui donne la mort et qui rend la vie : » il a donné la mort à celle qui avait un grand nombre d'enfants ; et il a rendu la vie à celle qui était stérile, puisqu'elle a enfanté sept enfants ; bien que l'on puisse mieux encore appliquer ces paroles de vie à ceux mêmes auxquels il avait donné la mort ; car il y a ici une répétition qui paraît favoriser ce sens : « Il conduit aux enfers et en retire. » Car, ceux dont l'Apôtre dit : « Si vous êtes morts avec le Christ, cherchez les choses du ciel où est le Christ, assis à la droite de Dieu ; » (*Col.* III, 1) ceux-là ont été mis à mort par le Seigneur, pour leur salut, et c'est pour eux que l'Apôtre ajoute : « Goûtez les choses du ciel et non celles de la terre ; » afin qu'ils soient eux-mêmes ces affamés qui effleurent seulement la terre. « Car vous êtes morts, » dit l'Apôtre ; et voici comment Dieu fait mourir pour sauver. « Et votre vie, » ajoute-t-il, « est cachée en Dieu avec le Christ ; » et voici comment, à ceux-là mêmes, Dieu rend la vie. Mais ceux qu'il conduit aux enfers et qu'il en retire, seraient-ils aussi les mêmes ? Les fidèles s'accordent parfaitement à voir ce double effet s'accomplir, surtout en celui qui est notre chef, avec lequel, comme parle l'Apôtre, notre vie est cachée en Dieu. En effet, puisque « Dieu n'a pas épargné son propre fils, mais l'a livré pour nous tous, » (*Rom.* VIII, 32) c'est certainement de cette manière qu'il l'a fait mourir. Et comme il l'a ressuscité d'entre les morts, c'est aussi au même Fils qu'il a rendu la vie. Et c'est bien le même qu'il a conduit aux enfers et qu'il en a retiré, car nous reconnaissons sa voix dans ces paroles prophétiques : « Vous ne laisserez point mon âme dans l'enfer. » (*Ps.* XV, 10.) Nous avons été enrichis par sa pauvreté ; car, « le Seigneur fait le pauvre et le riche. » Et pour bien comprendre ces paroles, écoutons les suivantes : « il abaisse et il élève ; » certainement, il abaisse les superbes et il élève les humbles. En effet, C'est ce que nous lisons dans un autre endroit : « Dieu résiste aux superbes, mais il donne sa grâce aux humbles. » (*Jacq.*, IV, 6.) Et voilà en quoi se résume tout le discours de cette femme dont le nom signifie grâce.

6. Je ne pense pas que ces autres paroles : « Il relève de terre le pauvre, » puissent mieux s'appliquer qu'à celui qui, malgré sa richesse, s'est fait pauvre à cause de nous, « afin, » comme je viens de le dire, « de nous enrichir par sa pauvreté. » (II. *Cor.* VIII, 9.) Car il ne l'a relevé sitôt de terre que pour préserver sa chair de la corruption. (*Ps.* XV, 10.) Je lui attribuerai de même ce qui suit : « Il relève aussi le misérable

---

ejus erant : nunc vero ibi quoniam littera est, et spiritus non est, amissa virtute infirmata est.

5. « Dominus mortificat, et vivificat : » mortificavit illam, quæ multa erat in filiis ; et vivificavit hanc sterilem, quæ peperit septem. Quamvis commodius possit intelligi eosdem vivificare, quos mortificaverit. Id enim velut repetivit addendo, « Deducit ad inferos, et reducit. » Quibus enim dicit Apostolus : « Si (*a*) mortui estis cum Christo, quæ sursum sunt quærite, ubi Christus est in dextera Dei sedens ; » (*Col.* III. 1) salubriter utique mortificantur a Domino : quibus adjungit, « Quæ sursum sunt sapite, non quæ super terram ; » ut ipsi sint illi, qui esurientes transierunt terram. « Mortui enim estis, » inquit : ecce quomodo salubriter mortificat Deus. Deinde sequitur, « Et vita vestra abscondita est cum Christo in Deo : » ecce quomodo eosdem ipsos vivificat Deus. Sed numquid eosdem deduxit ad inferos est reduxit ? Hoc utrumque sine controversia fidelium in illo potius videmus impletum, capite scilicet nostro, cum quo vitam nostram in Deo Apostolus dixit absconditam. Nam cum « proprio Filio non pepercit, sed pro nobis omnibus tradidit eum, » (*Rom.* VIII, 32) isto modo utique mortificavit eum. Et quia resuscitavit a mortuis, eumdem rursus vivificavit. Et quia in (*b*) prophetia vox ejus agnoscitur : « Non derelinques animam meam in inferno, » (*Ps.* XV, 10) eumdem deduxit ad inferos et reduxit. Hac ejus paupertate ditati sumus. « Dominus » enim « pauperes facit, et ditat. » Nam quid hoc sit ut sciamus, quod sequitur audiamus : « Humiliat, et exaltat ; » utique superbos humiliat, et humiles exaltat. Quod enim alibi legitur : « Deus superbis resistit, humilibus autem dat gratiam : » (*Jacob.* IV, 6) hoc totus habet sermo hujus, cujus nomen interpretatur gratia ejus.

6. Jam vero quod adjungitur, « Suscitat a terra pauperem : » de nullo melius quam de illo intelligo, qui « propter nos factus est pauper, cum dives esset, ut ejus paupertate, » sicut paulo ante dictum est, « ditaremur. »(II. *Cor.* VIII, 9.) Ipsum enim de terra suscitavit tam cito, ut caro ejus non videret corrup-

---

(*a*) In sacris Bibliis, *Si consurrexistis*. — (*b*) Sola editio Lov. *in propheta*.

du fumier. » En effet, misérable et pauvre sont synonimes. Et ce fumier dont il a été relevé, s'entend très-bien des Juifs, ses persécuteurs, au nombre desquels se place l'Apôtre, pour avoir poursuivi l'Église de sa haine; « ce que, » dit-il, « je considérais comme un gain, je l'a regardé comme une perte à cause du Christ; et non-seulement comme une perte, mais même comme du fumier, afin que le Christ soit mon gain. » (*Philip.* III, 7 *et* 8.) C'est donc de terre qu'a été relevé ce pauvre, pour être placé au-dessus de tous les riches; et ce misérable a été relevé de son fumier, au-dessus de tous les opulents, « pour être placé au rang des princes du peuple, » auxquels il adresse ces paroles : « Vous serez assis sur douze trônes. (*Matth.* XIX, 28.) Et il lui donne pour héritage un trône de gloire. » Car, ces puissants lui avaient dit : « Voici que nous avons tout quitté pour vous suivre : » (*Matth.* XIX, 27) ils étaient donc bien puissants pour faire un pareil vœu.

7. Mais, d'où leur est venue la force de remplir leurs engagements, sinon de celui dont il est dit ici : « il donne à celui qui a fait un vœu le courage de l'accomplir? » Autrement, ils seraient de ces puissants dont l'arc s'est amolli. « Il donne, » dit la prophétesse, « à celui qui fait un vœu le courage de l'accomplir. » Car, personne ne pourrait faire un vœu agréable au Seigneur, sans recevoir de lui ce qui est nécessaire à l'accomplissement de ce vœu. « Il bénit, » ajoute-t-elle, « les années du juste, » afin sans doute, qu'il vive à jamais avec celui dont il est dit : « Et vos années ne finiront point. » (*Ps.* CI, 28.) Là, en effet, les années demeurent, ici, au contraire, elles passent, ou plutôt elles périssent; car, avant qu'elles viennent, elles ne sont pas encore; quand elles sont venues, elles ne sont déjà plus, puisqu'elles viennent pour finir. Des deux choses exprimées ici : « Il donne à celui qui fait un vœu le courage de l'accomplir : il bénit les années du juste, » l'une est notre œuvre, l'autre nous est accordée. Mais nous ne recevons pas celle-ci de la bonté de Dieu, à moins d'avoir accompli l'autre avec son secours, « parce que l'homme n'est pas fort par sa propre force. Le Seigneur rendra débile son ennemi, » c'est-à-dire celui qui porte envie à son semblable, à cause du vœu qu'il a fait, et qui voudrait l'empêcher de l'accomplir : mais, par suite de l'ambiguité de l'expression grecque, on peut entendre aussi par son ennemi, l'ennemi de Dieu. Car, lorsque nous sommes au Seigneur, notre ennemi devient le sien et nous en triomphons, mais non par nos propres forces, « parce que l'homme n'est pas fort par lui-

---

tionem. (*Ps.* XV, 10.) Nec illud ab illo alienabo, quod additum est : « Et de stercore erigit inopem. » Inops quippe idem (*a*) qui pauper. Stercus vero unde erectus est, rectissime intelliguntur persecutores Judæi, in quorum numero cum se dixisset Apostolus Ecclesiam persecutum : « Quæ mihi, » inquit, fuerunt lucra, hæc propter Christum damna esse duxi : nec solum detrimenta, verum etiam stercora existimavi esse, ut Chtistum lucrifacerem. » (*Philip.* III, 7 *et* 8.) De terra ergo suscitatus est ille supra omnes divites pauper, et de illo stercore erectus est supra omnes opulentos ille inops : « ut sedeat cum potentibus populi, » quibus ait, « Sedebitis super duodecim sedes. (*Matth.* XIX, 28.) Et sedem gloriæ hereditatem dans eis. » Dixerant enim potentes illi, « Ecce nos dimissimus omnia, et secuti sumus te : » (*Ibid.* XXVII) hoc votum (*b*) potentissime voverant.

7. Sed unde hoc eis, nisi ab illo, de quo hic continuo dictum est, « Dans votum voventi ? » Alioquin ex illis essent potentibus, quorum infirmatus et arcus. « Dans, » inquit, « votum voventi, » Non enim Domino quisquam quidquam rectum voveret, nisi qui ab illo acciperet quod voveret. Sequitur : « Et benedixit annos justi : » ut cum illo scilicet sine fine vivat, cui dictum est : « Et anni tui non deficient. » (*Ps.* CI, 28.) Ibi enim stant anni, hic autem transeunt, immo pereunt : ante quam enim veniant, non sunt ; cum autem venerint, non erunt, quia cum suo fine veniunt. Horum autem duorum, id est, « Dans votum voventi, et benedixit annos justi; » unum est quod facimus, alterum quod sumimus. Sed hoc alterum Deo largitore non sumitur, nisi ab ipso adjutore primum illud efficitur : « quia non in virtute potens est vir. Dominus infirmum faciet adversarium ejus : » illum scilicet qui homini voventi invidet, et resistit, ne valeat implere quod vovit. Potest ex ambiguo Græco (*c*) intelligi et « adversarium suum. » Cum enim Dominus possidere nos cœperit, profecto adversarius qui noster fuerat ipsius fit, et vincitur a nobis ; sed non viribus nostris : « quia non in virtute potens est vir. Dominus ergo « infirmum faciet adversarium suum, Dominus

---

(*a*) Sic Mss. At editi, *idem est quod pauper.* — (*b*) Editi, *potentissimi* : dissentientibus Mss. — (*c*) In Græco nempe legimus, ἀντίδικον αὐτοῦ.

même. Le Seigneur donc, rendra débile son ennemi, lui qui est le Seigneur Saint, » afin que cet ennemi soit vaincu par ceux que le Seigneur, le Saint des saints, a sanctifiés.

8. Aussi, « que le sage ne se glorifie pas dans sa sagesse, ni le puissant dans sa puissance, ni le riche dans ses richesses; mais que celui qui se veut glorifier, se glorifie de connaître le Seigneur et de discerner ses voies, de rendre des jugements et d'établir la justice au milieu de la terre. » Ce n'est pas peu connaître le Seigneur que de savoir et de discerner que cette connaissance est un don de Dieu. « Qu'avez-vous, » dit l'Apôtre, « que vous n'ayez reçu? Et si vous l'avez reçu, pourquoi vous glorifier, comme si vous ne l'aviez point reçu? » (I. *Cor.* IV, 7.) C'est-à-dire en vous glorifiant, comme si vous ne le deviez qu'à vous-même. Or, celui qui rend la justice avec droiture, a une bonne vie et celui qui a une bonne vie, observe les commandements de Dieu ; « et le but du précepte, » c'est-à-dire sa raison d'être, « sa fin, c'est la charité qui naît d'un cœur pur, de la bonne conscience et de la foi sincère. » (I. *Tim.* I, 5.) Or, cette « charité, » comme l'atteste l'apôtre saint Jean, « vient de Dieu. » (I. *Jean*, IV, 7.) Donc, rendre la justice avec droiture, vient de Dieu. Mais que signifient ces autres paroles : « au milieu de la terre? » Ceux qui habitent aux extrémités de la terre, seraient-ils dispensés d'être justes et droits? Qui oserait tenir ce langage? Pourquoi donc ajouter : « au milieu de la terre? » Si on n'eût pas ajouté ces mots et qu'on eût dit seulement : « agir avec droiture et pratiquer la justice, » ce précepte concernerait plutôt tous les hommes ceux qui habitent le milieu des terres et ceux qui habitent les côtes. Mais, pour qu'on ne pût penser qu'au-delà de cette vie passée avec le corps, il restait le temps de pratiquer la justice qui n'a pas été accomplie sur terre, et qu'ainsi il serait possible d'échapper aux jugements de Dieu, il est dit : « au milieu de la terre, » paroles qui signifient, selon moi : tant que l'on vit avec ce corps. En effet, dans cette vie, chacun porte sa terre avec lui, et à la mort, la terre commune reçoit la terre humaine qu'elle rendra à la résurrection de l'homme. Ainsi, « au milieu de la terre, » c'est-à-dire tandis que notre âme est enfermée dans ce corps terrestre, il faut agir avec droiture et pratiquer la justice, pour notre avantage futur, « quand chacun recevra selon qu'il aura agi par le moyen de son corps, soit le bien, soit le mal. » (II. *Cor.* V, 10.) « Par le moyen de son corps, » l'Apôtre entend ici le temps qu'il aura vécu avec son corps. Car, si quelqu'un était animé d'intentions perverses et livré à des pensées impies, mais sans proférer de blasphèmes, ni se servir d'aucun de ses membres pour faire le mal, il ne serait donc

---

sanctus : » ut vincatur a sanctis, quos Dominus sanctus sanctorum effecit sanctos.

8. Ac per hoc, « Non glorietur prudens in prudentia sua, et non glorietur potens in potentia sua, et non glorietur dives in divitiis suis : sed in hoc glorietur qui gloriatur, intelligere et scire Dominum, et facere judicium et justitiam in medio terræ. » Non parva ex parte intelligit et scit Dominum, qui intelligit et scit etiam hoc a Domino sibi dari, ut intelligat et sciat Dominum. « Quid enim habes, » ait Apostolus, » quod non accepisti? Si autem et accepisti, quid gloriaris, quasi non acceperis? » (I. *Cor.* IV, 7) id est, quasi a te ipso tibi sit, unde gloriaris. Facit autem judicium et justitiam, qui recte vivit. Recte autem vivit, qui obtemperat præcipienti Deo : et « finis præcepti, » id est, ad quod refertur præceptum, « caritas est de corde puro, et conscientia bona, et fide non ficta. » (I. *Tim.* I, 5.) Porro ista « caritas, » sicut Joannes apostolus testatur, « ex Deo est. » (I. *Joan.* IV, 7.) Facere igitur judicium et justitiam, ex Deo est. Sed quid est, « in medio terræ? » Neque enim non debent facere judicium et justitiam qui habitant in extremis terræ? quis hoc dexerit? Cur ergo additum est, « in medio terræ? » Quod si non adderetur, et tantummodo diceretur, « facere judicium et justitiam, » magis hoc præceptum ad utrosque homines pertineret, et mediterraneos et maritimos. Sed ne quisquam putaret post finem vitæ, quæ in hoc agitur corpore, superesse tempus judicium justitiamque faciendi, quam dum esset in carne non fecit, et sic divinum evadi posse judicium; « in medio terræ, » mihi videtur dictum, cum quisque vivit in corpore. In hac quippe vita suam terram quisque circumfert, quam moriente homine recipit terra communis; resurgenti utique redditura. Proinde « in medio terræ, » id est, cum anima nostra isto terreno clauditur corpore, faciendum est judicium et justitia, quod nobis prosit in posterum, quando « recipiet quisque secundum ea quæ per corpus gessit, sive bonum, sive malum. » (II. *Cor.* V, 10.) « Per corpus » quippe ibi dixit Apostolus, per tempus quo vixit in corpore. Neque enim si quis

pas coupable, parce que nul mouvement de son corps n'a coopéré à ses pensées mauvaises qui ont eu lieu, alors même qu'il était uni à son corps. On peut bien encore entendre de la même manière, ce que nous lisons dans les psaumes : « Dieu, notre roi avant tous les siècles, a opéré notre salut au milieu de la terre : » (*Ps.* LXXIII, 12) car le Seigneur Jésus qui est notre Dieu avant tous les siècles, puisque les siècles ont été faits par lui, a opéré notre salut au milieu de la terre, quand le Verbe s'est fait chair (*Jean*, I, 14) et qu'il a fait sa demeure dans un corps terrestre.

9. Après avoir montré dans ces paroles prophétiques, comment doit se glorifier, celui qui se glorifie, non en lui-même, mais dans le Seigneur; Anne parle du compte futur que l'on doit rendre au jour du jugement : « Le Seigneur, » dit-elle, « est monté dans les cieux, et il a fait entendre son tonnerre; il jugera lui-même les extrémités de la terre, car il est juste. » Elle suit absolument l'ordre établi dans le symbole de la foi des fidèles. En effet, le Seigneur Jésus est monté au ciel, d'où il viendra pour juger les vivants et les morts. Car, suivant l'Apôtre, « qui est monté, sinon celui qui est descendu jusque dans les profondeurs de la terre? Et celui qui est descendu, est monté aussi au plus haut des cieux, afin d'accomplir toutes choses. » (*Ephes.* IV, 9 *et* 10.) Et il a fait entendre son tonnerre au milieu des nuées, qu'il a remplies de l'Esprit Saint, après son Ascension. C'est en parlant de ces nuées, qu'il menace, par le prophète Ésaü, la Jérusalem esclave, c'est-à-dire la vigne ingrate, de ne point laisser tomber de pluie sur elle. (*Isaï*, v, 6.) « Il jugera lui-même, » dit-elle encore, « les extrémités de la terre, » c'est-à-dire même les extrémités de la terre. Car cela ne voudrait pas dire qu'il ne jugera point les autres parties, lui qui certainement doit juger tous les hommes. Mais il serait mieux d'entendre par les extrémités de la terre, les derniers moments de la vie de l'homme; car il ne sera pas jugé sur la conduite plus ou moins bonne qu'il aura tenue dans le cours de sa vie, mais sur l'état où il se trouvera à ses derniers moments. C'est pour cela qu'il est écrit : « Celui qui persévérera jusqu'à la fin sera sauvé. » (*Matth.* x, 22.) Donc, celui qui constamment aura agi avec droiture et pratiqué la justice au milieu de la terre, ne sera point condamné, quand les extrémités de la terre seront jugées. Et il donne aussi la force à nos rois, afin qu'ils ne subissent point la condamnation à son jugement. Il leur donne la force de gouverner leur chair en vrais dominateurs, et de vaincre le monde par la grâce de celui qui a répandu son sang pour eux. « Et il relèvera la gloire et la

---

maligna mente atque impia cogitatione blasphemet, neque id ullis membris corporis operetur, ideo non erit reus, quia id non motu corporis gessit, cum hoc per illud tempus gesserit, quo gessit et corpus. Isto modo congruenter intelligi potest etiam illud quod in Psalmo legitur : « Deus autem rex noster ante sæcula operatus est salutem in medio terræ : » (*Ps.* LXXIII, 12) ut Dominus Jesus accipiatur Deus noster qui est ante sæcula, quia per ipsum facta sunt sæcula, operatus (*a*) salutem nostram in medio terræ, cum Verbum caro factum est, et terreno habitavit in corpore. (*Joan.* I, 14.)

9. Deinde postea quam prophetatum est in his verbis Annæ, quomodo gloriari debeat qui gloriatur, non in se utique, sed in Domino; propter retributionem quæ in die judicii futura est, « Dominus, » inquit, « adscendit in cœlos, et tonuit : ipse judicabit extrema terræ, quia justus est. » Prorsus ordinem tenuit confessionis fidelium. Adscendit enim in cælum Dominus Christus, et inde venturus est ad vivos et mortuos judicandos. Nam « quis adscendit, » sicut dicit Apostolus, « nisi qui et descendit in inferiores partes terræ? Qui descendit, ipse est et qui adscendit super omnes cœlos, ut adimpleret omnia. » (*Ephes.* IV, 9 et 19.) Per nubes ergo suas tonuit, quas Spiritu-sancto cum adscendisset implevit. De quibus ancillæ Jerusalem, hoc est, ingratæ vineæ comminatus est apud Isaiam prophetam, ne pluant super eam imbrem. (*Is.* v, 6.) Sic autem dictum est : « Ipse judicabit extrema terræ : » ac si diceretur, etiam extrema terræ. Non enim alias partes non judicabit, qui omnes homines procul dubio judicabit. Sed melius intelliguntur extrema terræ, extrema hominis : quoniam non judicabuntur, quæ in melius vel in deterius medio tempore commutantur, sed in quibus extremis inventus fuerit qui judicabitur. Propter quod dictum est : « Qui perseveraverit usque in finem, hic salvus erit. » (*Matth.* x, 22.) Qui ergo perseveranter facit judicium et justitiam in medio terræ, non damnabitur, cum judicabuntur

---

(*a*) Editi, *operatus est.* Expunximus *est,* juxta Mss.

la puissance de son Christ. » Comment le Christ relèvera-t-il la puissance de son Christ? Car, il a été dit plus haut : « Le Seigneur est monté dans les cieux, » et nous avons appliqué ces paroles au Seigneur Jésus-Christ; et c'est bien du même Christ dont il est dit ici : « Il relèvera la gloire et la puissance de son Christ. » Quel est donc le Christ de son Christ? Est-ce qu'il relèvera la gloire et la puissance de chacun de ses fidèles, comme au commencement de ce cantique, la prophétesse elle-même l'a proclamé à son sujet : « Ma gloire, » a-t-elle dit, « s'est relevée par le secours de mon Dieu? » En effet, nous tous, qui avons reçu l'onction sainte du Chrême, nous pouvons bien être appelés Christs, cependant, tout le corps uni à son chef, ne forme qu'un seul et même Christ. Telle est la prophétie d'Anne, mère de Samuel, homme juste et très-digne de louanges. En lui, était alors figuré le changement de l'ancien sacerdoce, et cette figure est maintenant accomplie par les défaillances de celle qui avait beaucoup d'enfants, tandis que la stérile, avec ses sept enfants, fonda un nouveau sacerdoce en Jésus-Christ.

CHAPITRE V.

Des paroles prophétiques adressées au grand-prêtre Héli, par un homme de Dieu, par lesquelles était signifiée l'abolition du sacerdoce d'Aaron.

1. Mais cet événement fut annoncé, en termes plus clairs, au grand-prêtre Héli lui-même, par un homme de Dieu, dont l'Écriture ne dit point le nom, mais que sa mission doit faire connaître, sans aucun doute, pour un prophète. Car le texte sacré s'exprime ainsi : « Un homme de Dieu vint trouver Héli et lui dit : Voici ce que dit le Seigneur : Je me suis fait connaître par révélation à la maison de ton père, lorsque vous étiez tous en Égypte sous la servitude de Pharaon, et j'ai choisi cette maison de ton père parmi les plus considérables d'Israël, pour exercer mon sacerdoce, pour monter à mon autel, m'offrir de l'encens et porter l'Ephod, et j'ai donné à la maison de ton père, pour sa nourriture, tout ce qui m'était offert en sacrifice par les enfants d'Israël. Pourquoi as-tu donc regardé avec dédain mon encens et mes sacrifices, et pourquoi as-tu accordé plus d'honneur à tes enfants qu'à moi, en leur permettant de bénir les prémices de tous les sacrifices d'Israël en ma

---

extrema terræ. « Et dat, » inquit, « virtutem regibus nostris : » ut non eos judicando condemnet. Dat eis virtutem, qua carnem sicut reges regant, et in illo mundum, qui propter eos fudit sanguinem, vincant. « Et exaltabit cornu Christi sui. » Quomodo Christus exaltabit cornu Christi sui? De quo enim supra dictum est, « Dominus adscendit in cœlos, » et intellectus est Dominus Christus ; ipse, sicut hic dicitur, « exaltabit cornu Christi sui. » Quis ergo est Christus Christi sui? An cornu exaltabit uniuscujusque fidelis sui, sicut ista ipsa in principio hujus hymni ait : « Exaltatum est cornu meum in Deo meo? » Omnes quippe unctos ejus chrismate, recte Christos possumus dicere : quod tamen totum cum suo capite corpus unus est Christus. Hæc Anna prophetavit, Samuelis mater, sancti viri, multumque laudati. In quo quidem tunc figurata est mutatio veteris sacerdotii, et nunc impleta, quando infirmata est quæ multa erat in filiis, ut novum haberet in Christo sacerdotium sterilis, quæ peperit septem.

CAPUT V.

De his quæ ad Heli sacerdotem homo Dei prophetico locutus est Spiritus, significans sacerdotium, quod secundum Aaron institutum fuerat, auferendum.

1. Sed hoc evidentius ad ipsum Heli sacerdotem missus loquitur homo Dei, cujus quidem nomen tacetur, sed intelligitur officio ministerioque suo sine dubitatione Propheta. Sic enim scriptum est : « Et venit homo Dei ad Heli, et dixit : Hæc dicit Dominus : (a) Revelans revelatus sum ad domus patris tui, cum essent in terra Ægypti servi in domo Pharaonis ; et elegi domum patris tui ex omnibus sceptris Israel mihi sacerdotio fungi, ut adscenderent ad altare meum, et incenderent incensum, et portarent Ephod ; et dedi domui patris tui omnia, quæ sunt ignis filiorum Israel in escam. Et ut quid respexisti in incensum meum, et in sacrificium meum impudenti oculo, et glorificasti filios tuos super me, benedicere primitias (b) omnis sacrificii in Israel in conspectu meo? Propter hoc hæc dicit Dominus Deus

---

(a) Apud Lov. omissum est *Revelans* : quod quidem reperitur in ceteris editis ac plerisque Mss. et in Græco LXX. — (b) Mss. *primitias nominis sacrificii.*

présence. A cause de cela, voici ce que dit le Seigneur, Dieu d'Israël : J'avais dit : ta maison et la maison de ton père passeront à jamais devant moi. Et maintenant, je dis : Il n'en sera point ainsi, je glorifierai ceux qui me glorifient, et celui qui me méprise sera méprisé. Voici venir les jours où j'exterminerai ta race et la race de la maison de ton père, et il n'y aura plus jamais de vieillard de ton sang dans ma maison ; je chasserai l'homme de ta race de mon sanctuaire ; ses yeux s'obscurciront et son âme l'abandonnera, et tout ce qui restera de ta maison tombera sous l'épée des guerriers. Et pour signe de ces événements, je te donne ce qui arrivera à tes deux fils, Ophni et Phinées, qui mourront tous deux le même jour. Alors je me susciterai un prêtre fidèle qui agira selon mon cœur et selon mon âme ; je lui donnerai une maison fidèle, et elle passera à jamais devant mon Christ. Et quiconque restera de ta maison, viendra lui faire hommage avec une petite pièce d'argent et dira : Accordez-moi seulement une part de votre sacerdoce, afin que je puisse manger du pain. (I. *Rois*, II, 27, etc.)

2. On ne peut dire que cette prophétie, où se trouve si clairement annoncé le changement de l'ancien ordre sacerdotal, ait été accomplie dans la personne de Samuel. Car, bien que Samuel fut de la tribu choisie par le Seigneur, pour le service de l'autel ; il n'était cependant pas du nombre des enfants d'Aaron, dont la race était destinée au sacerdoce ; et, par conséquent, ce récit voile un changement analogue qui devait avoir lieu en Jésus-Christ. En effet, la prophétie se rapportait directement à l'Ancien-Testament, et figurativement au Nouveau, quant à la translation du sacerdoce, non quant aux paroles, c'est-à-dire qu'il y avait une figure dans cette translation annoncée de vive voix par le Prophète au prêtre Héli. Car, il y eut encore des prêtres de la race d'Aaron, ainsi Sadoch et Abiathar, sous le règne de David (II. *Rois*, XV), et même plusieurs autres dans la suite des temps, jusqu'à ce que fut réalisé en Jésus-Christ, le changement de sacerdoce qui avait été prédit si longtemps auparavant. Mais, à cette heure, quel est le fidèle qui, avec l'œil de la foi, ne voit l'accomplissement de ces prédictions ? En effet, les Juifs n'ont plus, ni tabernacle, ni temple, ni autel, ni sacrifice, ni même de prêtre qui, selon l'ordre de la loi divine, descende de la race d'Aaron. Et c'est bien ce qu'annoncent ici ces paroles du Prophète : « Voici ce que dit le Seigneur, Dieu d'Israël : J'avais dit : Ta maison et la maison de ton père passeront à jamais devant moi. Et maintenant, je dis : Il n'en sera point ainsi, je glorifierai ceux qui me glorifient, et celui qui me méprise sera méprisé. » Car, par la maison de son père, il n'entend pas parler de son père immédiat,

---

Israel : Dixi, domus tua et domus patris tui transibunt coram me usque in æternum. Et nunc dicit Dominus : Nequaquam, sed glorificantes me glorificabo ; et qui spernit me, spernetur. Ecce dies venient, et exterminabo semen tuum et semen domus patris tui, et non erit tibi senior in domo mea omnibus diebus, et virum exterminabo tibi ab altari meo, ut deficiant oculi ejus, et defluat anima ejus ; et omnis qui superaverit domus tuæ, decidet in gladio virorum. Et hoc tibi signum, quod veniet super duos filios tuos hos, Ophni et Phinees, una die morientur ambo. Et suscitabo mihi sacerdotem fidelem, qui omnia quæ in corde meo et quæ in anima mea faciat ; et ædificabo ei domum fidelem, et transibit coram Christo meo omnibus diebus. Et erit qui superaverit in domo tua, veniet adorare ei obolo argenti, dicens : Jacta me in unam partem sacerdotii tui manducare panem. » (I. *Reg.* II, 27, *etc.*)

2. Non est ut dicatur ista prophetia, ubi sacerdotii veteris tanta manifestatione prænuntiata mutatio est, in Samuele fuisse completa. Quamquam enim non esset de alia tribu Samuel, quam quæ constituta fuerat a Domino, ut serviret altari ; (V. 2, *Retr. cap.* XLIII) ; tamen non erat de filiis Aaron, cujus progenies fuerat deputata, unde fierent sacerdotes : ac per hoc in ea quoque re gesta, eadem mutatio, quæ per Christum Jesum futura fuerat, adumbrata est : et ad vetus Testamentum proprie, figurate vero pertinebat ad novum, prophetia facti etiam ipsa, non verbi ; id scilicet facto significans, quod verbo ipsi Heli sacerdotem dictum est per Prophetam. Nam fuerunt postea sacerdotes ex genere Aaron, sicut Sadoch et Abiathar regnante David (II. *Reg.* XV), et alii deinceps, ante quam tempus veniret, quo ista quæ de sacerdotio mutando tanto ante prædicta sunt, effici per Christum oportebat. Quis autem nunc fideli oculo hæc intuens non videat esse completa ? Quando quidem nullum tabernaculum, nullum templum, nullum altare, nullum sacrificium, et ideo nec ullus sacerdos remansit Judæis, quibus, ut de semine Aaron ordinaretur, in Dei fuerat lege mandatum. Quod et hic commemoratum est illo dicente Propheta :

mais d'Aaron qui, le premier, fut établi prêtre et de la race duquel les autres devaient descendre ; les paroles précédentes le prouvent : « Je me suis fait connaître à la maison de ton père, lorsque vous étiez tous en Égypte sous la servitude de Pharaon ; et j'ai choisi cette maison de ton père parmi les plus considérables d'Israël, pour exercer mon sacerdoce. » Quel est celui de ses pères, pendant la servitude d'Égypte qui, après la délivrance, fut choisi pour exercer le sacerdoce, sinon Aaron ? C'est donc de sa race qu'il est prédit ici qu'il n'y aura plus de prêtre, et nous voyons à présent l'accomplissement de cet oracle. Que notre foi y fasse attention ! la réalité est présente, nous la voyons, nous la tenons, elle saute aux yeux de ceux qui ne voudraient pas voir. « Voici, » dit-il, « voici venir les jours où j'exterminerai ta race, et la race de la maison de ton père, et il n'y aura plus jamais de vieillard de ton sang dans ma maison ; je chasserai l'homme de ta race de mon autel, ses yeux s'obscurciront, et son âme l'abandonnera. » Les jours annoncés sont déjà venus. Il n'y a plus de prêtres selon l'ordre d'Aaron ; et quiconque reste de cette race, en voyant le sacrifice des Chrétiens si efficace dans tout le monde, et l'honneur insigne dont il est dépouillé lui-même, sent ses yeux s'obscurcir et son âme jalouse sécher de dépit.

3. Mais c'est directement à la maison d'Héli que sont adressées les paroles suivantes : « Et tout ce qui restera de ta maison, tombera sous le glaive des guerriers. Et je te donne pour signe de ces événements, ce qui arrivera à tes deux fils, Ophni et Phinées, qui mourront tous deux en un même jour. » Le même signe donc qui marquait l'abolition du sacerdoce dans la maison d'Héli, annonçait aussi la réprobation du sacerdoce de la maison d'Aaron. Car la mort des enfants du grand-prêtre ne figurait la mort d'aucun homme, mais la perte du sacerdoce pour les enfants d'Aaron. Ce qui suit, se rapporte au Pontife dont Samuel devint la figure, en succédant à Héli, et, par conséquent, doit s'entendre de Jésus-Christ, le véritable prêtre du Testament-Nouveau : « Je me susciterai un prêtre fidèle qui agira selon mon cœur et selon mon âme, et je lui donnerai une maison fidèle. » Cette maison, c'est la céleste et éternelle Jérusalem, « Et elle passera à jamais devant mon Christ ; » c'est-à-dire elle sera éternellement en communication avec lui, comme

« Hæc dicit Dominus Deus Israel : Dixi, domus tua et domus patris tui transibunt coram me usque in æternum. Et nunc dicit Dominus : Nequaquam, sed glorificantes me, glorificabo ; et qui me spernit, spernetur. » Quod enim nominat domum patris ejus, non eum de proximo patre dicere, sed de illo Aaron, qui primus sacerdos est institutus, de cujus progenie ceteri sacerdotes ; superiora demonstrant, ubi ait : « Revelatus sum ad domum patris tui, cum essent in terra Ægypti servi in domo Pharaonis, et elegi domum patris tui ex omnibus sceptris Israel, mihi sacerdotio fungi. » Quis (a) patrum fuit hujus in illa Ægyptia servitute, unde, cum liberati essent, electus est ad sacerdotium, nisi Aaron ? De hujus ergo stirpe isto loco dixit futurum fuisse, ut non essent ulterius sacerdotes : quod jam videmus impletum. Vigilet fides, præsto sunt res, cernuntur, tenentur, et videre nolentium oculis ingeruntur. « Ecce, » inquit, « dies veniunt, et exterminabo semen tuum, et semen domus patris tui, et non erit tibi senior in domo mea omnibus diebus, et virum exterminabo tibi ab altari meo, ut deficiant oculi ejus, et defluat anima ejus. » Ecce dies qui prænuntiati sunt, jam venerunt. Nullus sacerdos est secundum ordinem Aaron : et quicumque ex ejus genere est homo, cum videt sacrificium Christianorum toto orbe pollere, sibi autem honorem illum magnum esse subtractum, deficiunt oculi ejus, et defluit anima ejus tabe mæroris.

3. Proprie autem ad hujus domum Heli, cui hæc dicebantur, quod sequitur pertinet : « Et omnis qui superaverit domus tuæ decidet in gladio virorum. Et hoc tibi signum, quod veniet super duos filios tuos hos, Ophni et Phinees : die uno morientur ambo. » Hoc ergo signum factum est mutandi sacerdotii de domo hujus, quo signo significatum est mutandum sacerdotium domus Aaron. Mors quippe filiorum hujus significavit mortem, non hominum, sed ipsius sacerdotii de filiis Aaron. Quod autem sequitur, ad illum jam pertinet sacerdotem, cujus figuram gessit huic succedendo Samuel. Proinde quæ sequuntur, de Christo Jesu novi Testamenti vero sacerdote dicuntur : « Et suscitabo mihi sacerdotem fidelem, qui omnia quæ in corde meo et quæ in anima mea faciat ; et ædificabo ei domum fidelem. » Ipsa est æterna et superna Jerusalem. « Et transibit, » inquit, « coram Christo meo omnibus diebus. Transibit » dixit, conversabitur : sicut superius dixerat de domo

(a) Sic omnes Mss. At editi, *Quis pater fuit hujus.*

il a été dit plus haut de la maison d'Aaron : « J'avais dit : Ta maison et la maison de ton père passeront à jamais devant moi. » Car, ces paroles : « passera devant mon Christ, » doivent certainement s'entendre de la maison elle-même et non de ce pontife qui est le Christ lui-même, médiateur et Sauveur. Sa maison donc, passera devant mon Christ. On peut aussi les entendre du passage de la mort à la vie, pendant tout le temps de cette vie mortelle qui durera jusqu'à la fin de ce monde. Quant à ces autres paroles de Dieu : « qui agira selon mon cœur et selon mon âme; » cela ne veut pas dire que Dieu ait une âme, lui le créateur de l'âme, mais ce sont là des expressions figurées, comme quand l'Écriture donne à Dieu des mains, des pieds et d'autres membres corporels. Et, pour qu'on ne s'imagine pas que l'homme a été créé à l'image de Dieu, selon la chair, elle lui donne aussi des ailes, tandis que l'homme n'en a point : « Mettez-moi, dit-elle, à l'ombre de vos ailes pour me protéger : » (*Ps.* XVI, 8) afin de faire comprendre aux hommes, qu'en tout ce qui a rapport à cette ineffable nature, elle ne se sert pas de termes propres, mais d'expressions métaphoriques.

4. Ce qui suit encore : « Et quiconque restera de ta maison, viendra lui faire hommage, » ne s'applique pas à la maison d'Héli, mais à celle d'Aaron, dont il est resté des descendants jusqu'à l'avénement de Jésus-Christ, et dont la race subsiste encore à présent. Car, au sujet de la maison d'Héli, il avait été dit précédemment : « Et tout ce qui restera de ta maison périra sous le glaive des guerriers. » Comment donc a-t-on pu dire ici : « Et quiconque restera de ta maison viendra lui faire hommage, » s'il est vrai que personne n'a été épargné par le glaive vengeur, à moins qu'il ne s'agisse point de cette famille, mais de toute la race sacerdotale, selon l'ordre d'Aaron? Et, s'il est de ces restes prédestinés, dont un autre prophète a dit : « Les restes seront sauvés, » (*Is.* X, 22) et dont l'Apôtre dit : « Ainsi donc, même en ces temps, les restes seront sauvés par l'élection de la grâce; » (*Rom.* XI, 5) car, c'est bien de ces restes dont on parle ici : « Quiconque restera de ta maison; » ils croient certainement au Christ, comme au temps des Apôtres, plusieurs de cette nation crurent en lui, et il en est encore à présent qui, bien qu'en petit nombre, ont embrassé sa foi. Ainsi s'accomplit encore ce que l'homme de Dieu annonce en ajoutant : « il viendra lui faire hommage avec une petite pièce d'ar-

---

Aaron, « Dixi, domus tua et domus patris tui transibunt coram me in æternum. » Quod autem ait, « coram Christo meo transibit, » de ipsa domo utique intelligendum est, non de illo sacerdote, qui est Christus ipse Mediator atque Salvator. Domus ergo ejus coram illo transibit. Potest et « transibit » intelligi de morte ad vitam, omnibus diebus, quibus peragitur usque in finem sæculi hujus ista mortalitas. Quod autem ait Deus : « Qui omnia quæ in corde meo, et quæ in anima mea faciat; » non arbitremur habere animam Deum, cum sit conditor animæ : sed ita hoc de Deo tropice, non proprie dicitur, sicut manus et pedes et alia corporis membra. Et, ne secundum hoc credatur homo in carnis hujus effigie factus ad imaginem Dei, adduntur et alæ, quas utique non habet homo; et dicitur Deo : « Sub umbra alarum tuarum protege me; » (*Ps.* XVI, 8) ut intelligant homines de illa ineffabili natura, non propriis, sed translatis rerum vocabulis ista dici.

4. Quod vero adjungitur, « Et erit, qui superaverit in domo tua, veniet adorare ei : » non proprie de domo dicitur hujus Heli, sed illius Aaron, de qua usque ad adventum Jesu Christi homines remanserunt, de quo genere etiam nunc usque non desunt. Nam de illa domo hujus Heli jam supra dictum erat : « Et omnis qui superaverit domus tuæ, concidet in gladio virorum. » Quomodo ergo hic vere dici potuit : « Et erit, qui superaverit in domo tua, veniet adorare ei; » si illud est verum, quod ultore gladio nemo sibi superesset; nisi quia illos intelligi voluit, qui pertinent ad stirpem, sed illius totius sacerdotii secundum ordinem Aaron? Ergo si de illis est prædestinatis reliquiis, de quibus alius Propheta dixit : Reliquiæ salvæ fient; » (*Is.* X, 22) unde et Apostolus : « Sic ergo, » inquit, « et in hoc tempore reliquiæ per electionem gratiæ salvæ factæ sunt; » (*Rom.* XI, 5) quia de talibus reliquiis bene intelligitur esse, de quo dictum est : « Qui superaverit in domo tua : » profecto (*a*) credit in Christum; sicut temporibus Apostolorum ex ipsa gente plurimi crediderunt; neque nunc desunt, qui, licet rarissime, tamen credant, et impletur in (*b*) is quod hic iste homo Dei continuo secutus adjunxit : « Veniet adorare ei obolo argenti : » cui adorare, nisi illi summo sacerdoti, qui et Deus est? Neque enim in illo sacerdotio secundum ordinem Aaron, ad hoc venie-

---

(*a*) Sola editio Lov. *credet.* — (*b*) Vind. Am. Er. et plerique Mss. *in eo.*

gent, » et faire hommage à qui? au souverain prêtre qui est également Dieu. Car, au temps du sacerdoce, selon l'ordre d'Aaron, les Juifs ne venaient ni au temple, ni à l'autel de Dieu, pour rendre hommage au prêtre. Mais, que signifie cette petite pièce d'argent, sinon la concision de la parole de la foi, dont l'Apôtre dit en rappelant le Prophète : « Le Seigneur fera entendre sur la terre une parole parfaite et abrégée? » (*Rom.* IX, 28. *Is.* X, 23.) Or, l'argent signifie la parole de Dieu, le psalmiste l'atteste en s'écriant : « La parole de Dieu est pure, c'est de l'argent qui a subi l'épreuve du feu. (*Ps.* XI, 7.)

5. Et que dit celui qui vient rendre hommage au prêtre de Dieu et au Prêtre-Dieu? « Accordez-moi seulement une part dans votre sacerdoce, afin que je puisse manger du pain. » Je ne veux pas la place d'honneur de mes pères, l'honneur n'est plus là; permettez-moi seulement de prendre part à votre sacerdoce. « Car, par choix, j'ai préféré l'abjection dans la maison de Dieu : » (*Ps.* LXXXIII, 11) Ce à quoi j'aspire, c'est à être un membre de votre sacerdoce, quelque petit quelque misérable que je sois. Ici, le sacerdoce, c'est le peuple lui-même, dont le Pontife est le médiateur de Dieu et des hommes, le Christ Jésus, Dieu-Homme. Ce peuple, l'apôtre saint Pierre l'appelle : « peuple saint, sacerdoce royal. » (I. *Pierre*, II, 9.) Quelques-uns, il est vrai, ont traduit « de votre sacrifice » et non « de votre sacerdoce, » mais c'est toujours la même signification, ces paroles désignent aussi le peuple chrétien. Et c'est pour cela que l'apôtre saint Paul dit : « Nous ne formons tous qu'un seul pain et un seul corps. » (I. *Cor.* X, 17.) Les paroles qu'ajoute le Prophète, expriment noblement le genre même du sacrifice, « afin que je puisse manger du pain, » car c'est de ce pain que le Souverain-Prêtre lui-même dit : « Le pain que je donnerai, c'est ma chair pour la vie du monde. » (*Jean*, VI, 52.) Tel est le sacrifice, non plus selon l'ordre d'Aaron, mais selon l'ordre de Melchisédech : que le lecteur s'applique à comprendre. Ainsi, cette confession est tout à la fois courte, humble et salutaire : « accordez-moi seulement une part de votre sacerdoce, afin que je puisse manger du pain; » c'est là la petite pièce d'argent, car elle est brève aussi, la parole de Dieu au cœur du fidèle qu'il habite. Et, comme précédemment, il atteste qu'il avait donné pour nourriture à la maison d'Aaron, les victimes de l'ancien Testament : « J'ai donné, dit-il, à la maison de ton père, pour sa nourriture, tout ce qui a été offert en sacrifice par les enfants d'Israël, » car les sacrifices des Juifs consistaient en victimes immolées : ainsi, il dit ici : « afin que je puisse manger du pain, » le pain

---

bant homines ad templum vel altare Dei, ut sacerdotem adorarent. Quid est autem quod ait : « obolo argenti, » nisi brevitate verbi fidei, de quo commemorat Apostolus dictum : « Verbum consummans et brevians faciet Dominus super terram? » (*Rom.* IX, 28. *Is.* X, 23). Argentum autem pro eloquio poni, Psalmus testis est, ubi canitur : « Eloquia Domini eloquia casta, argentum igne examinatum. » (*Psal.* XI, 7.)

5. Quid ergo dicit iste, qui venit adorare sacerdoti Dei et sacerdoti Deo? « Jacta me in unam partem sacerdotii tui, manducare panem. » Nolo in patrum meorum collocari honore, (*a*) qui nullus est : jacta me in partem sacerdotii tui. « Elegi » enim « abjectus esse in domo Dei : » (*Ps.* LXXXIII, 11) qualecumque et quantulumcumque membrum esse cupio sacerdotii tui. Sacerdotium quippe hic ipsam plebem dicit, cujus plebis ille sacerdos est Mediator Dei et hominum homo Christus Jesus. Cui plebi dicit apostolus Petrus : « Plebs sancta, regale sacerdotium. » (I. *Petri* II, 9.) Quamvis nonnulli, « sacrificii tui » sint interpretati, non « sacerdotii tui : » quod nihilo minus eumdem significat populum Christianum. Unde dicit apostolus Paulus, « Unus panis, unum corpus multi sumus. » (I. *Cor.* X, 17.) Quod ergo addidit, « manducare panem, » etiam ipsum sacrificii genus eleganter expressit, de quo dicit sacerdos ipse, « Panis quem ego dedero, caro mea est pro sæculi vita. » (*Joan.* VI, 52.) Ipsum est sacrificium, non secundum ordinem Aaron, sed secundum ordinem Melchisedec : qui legit, intelligat. Brevis itaque ista confessio et salubriter humilis, qua dicitur, « Jacta me in partem sacerdotii tui, manducare panem, » ipse est obolus argenti; quia et (*c*) breve est, et eloquium Domini est habitantis in corde credentis. Quia enim dixerat superius dedisse se domui Aaron cibos de victimis veteris Testamenti, ubi ait : « Dedi domui patris tui omnia quæ sunt ignis filiorum Israel

---

(*a*) Apud Lov. *quia*. — (*b*) Apud Lov. additur, *in Christo. Et iterum : Exhibeatis, inquit, corpora vestra hostiam vivam.* Ceteri libri omittunt, *in Christo.* Nonnulli tamen Mss. cum Vind. Am. et Er. subjiciunt locum ex Rom. XII, *Et iterum : Exhibeatis,* etc. — (*c*) Sola editio Lov. *et brevis est.*

étant la matière du sacrifice des Chrétiens dans le nouveau Testament.

CHAPITRE VI.

Le sacerdoce et le royaume des Juifs ayant été abolis, malgré les paroles qui en annonçaient la permanence, figuraient un autre sacerdoce et un autre royaume qui devaient durer éternellement.

1. Mais, si ces prédictions apparaissent à présent avec la plus évidente clarté, elles étaient alors enveloppées de si profonds mystères, qu'on aurait quelque droit de s'étonner et de dire : Comment pouvons-nous avoir confiance dans l'accomplissement futur de ce que les saintes Écritures ont prédit, si ce divin oracle : « Ta maison et la maison de ton père passeront à jamais devant moi, » ne s'est point réalisé? Car nous voyons que ce sacerdoce a été changé, et qu'il n'est plus permis d'espérer l'accomplissement de la promesse faite à cette maison, puisqu'à ce sacerdoce en a succédé un autre, auquel l'éternelle promesse paraît s'appliquer davantage. Celui qui s'exprime ainsi, n'a pas encore compris, ou il oublie, que le sacerdoce, même selon l'ordre d'Aaron, n'avait été établi que comme une figure du sacerdoce futur et éternel : aussi, quand cette éternité lui fut promise, cette promesse ne regardait pas ce sacerdoce, qui n'était qu'ombre et figure, mais celui qu'il servait à voiler et à figurer. Et, dans la crainte qu'on ne pensât que cette ombre était la réalité, le changement dût être annoncé par la voie de la prophétie.

2. Il en est de même du royaume de Saül réprouvé et rejeté; ce royaume n'était qu'une ombre de celui qui devait subsister à jamais. En effet, le sacre de ce prince, par l'onction, d'où lui vient le nom de Christ, doit être regardé comme un grand mystère. David, lui-même, avait une telle vénération pour l'oint du Seigneur, qu'il fut très-effrayé et qu'il se frappa la poitrine quand, caché dans une caverne obscure où pénétra Saül pour satisfaire un besoin de la nature, il se permit de couper secrètement par derrière, le bout de sa robe. Et cependant, il voulait seulement lui faire voir par là, comment il l'avait épargné, lorsqu'il pouvait se défaire de lui; et ainsi ôter de son esprit soupçonneux, l'idée qu'il était son ennemi, et l'empêcher de le poursuivre avec tant de haine. Pour avoir à peine effleuré le vêtement de ce prince, il craignit de s'être rendu coupable de la profanation d'un grand mystère, en la per-

---

in escam; » hæc quippe fuerant sacrificia Judæorum : ideo hic dixit, « manducare panem; » quod est in novo Testamento sacrificium Christianorum.

CAPUT VI.

De Judaico sacerdotio et regno, quæ cum in æternum dicantur (a) statuta, non permanent; ut alia intelligantur, quorum spondetur æternitas.

1. Cum igitur hæc tanta tunc altitudine prænuntiata sint, (b) tanta nunc manifestatione clarescant; non frustra tamen moveri quispiam potest, ac dicere : Quomodo confidimus venire omnia, quæ in libris illis ventura prædicta sunt, si hoc ipsum quod ibi divinitus dictum est : « Domus tua et domus patris tui transibunt coram me in æternum, » effectum habere non potuit? Quoniam videmus illud sacerdotium fuisse mutatum; et quod illi domui promissum est, nec sperari aliquando complendum : quia illud quod ei reprobato mutatoque succedit, hoc potius prædicatur æternum. Hoc qui dicit, nondum intelligit, aut non recolit, etiam ipsum secundum ordinem Aaron sacerdotium, tamquam umbram futuri æterni sacerdotii constitutum: ac per hoc quando ei æternitas promissa est, non ipsi umbræ ac figuræ, sed id quod per ipsam adumbrabatur figurabaturque, promissum est. Sed ne putaretur ipsa umbra esse mansura, ideo etiam mutatio ejus debuit prophetari.

2. Regnum quoque isto modo etiam Saulis ipsius, qui certe reprobatus atque rejectus est, futuri regni erat umbra in æternitate mansuri. Oleum quippe illud quo unctus est, et ab eo chrismate Christus est dictus, mystice accipiendum, et magnum sacramentum intelligendum est : quod in eo tantum veneratus est ipse David, ut percusso corde pavitaverit quando in tenebroso occultatus antro, quo etiam Saul urgente intraverat necessitate naturæ, exiguam particulam vestis ejus retrorsum latenter abscidit, u haberet unde monstraret, quomodo ei pepercerit, cum posset occidere; atque ita suspicionem de animo ejus, qua sanctum David putans inimicum suum vehementer persequebatur, auferret. Ne itaque reus esset tanti sacramenti in Saule violati, quia vel indumentum ejus sic adtrectavit, extimuit. Ita enim scriptum est : « Et percussit cor David super eum,

---

(a) Apud Lov. *statura*. — (b) Sic Mss. At editi, *quanta nunc manifestatione clarescunt*.

sonne de Saül. Car l'Écriture s'exprime ainsi, à ce sujet : « Et David se frappa la poitrine, parce qu'il avait enlevé un peu de la robe de Saül. » (I. *Rois*, XXIV, 6.) Et, comme ses compagnons lui conseillaient de le tuer, puisque Dieu le livrait entre ses mains : « A Dieu ne plaise, » dit-il, « que j'agisse ainsi vis-à-vis de mon Seigneur, le Christ du Seigneur, et que je porte la main sur lui, car celui-ci est le Christ du Seigneur. » (*Ibidem*. 7.) Il rendait à l'ombre de la réalité future ce témoignage de profond respect, non à cause de la figure en elle-même, mais à cause de celui qu'elle annonçait d'avance. Aussi, ces paroles de Samuel à Saül : « Parce que vous n'aurez pas observé le commandement dont le Seigneur m'avait chargé pour vous, le royaume que le Seigneur vous avait destiné pour régner à jamais sur Israël, ce royaume, qui est le vôtre à présent, ne vous restera point, et le Seigneur cherchera un homme selon son cœur; et le Seigneur lui confiera le gouvernement de son peuple, parce que vous n'avez pas observé l'ordre que le Seigneur vous a donné. » (I. *Rois*, XIII, 13, *etc.*) Ces paroles ne doivent pas s'entendre comme si Dieu avait promis à Saül de le faire régner éternellement, et qu'il ne voulût plus ensuite tenir sa promesse, à cause des péchés de ce prince, car Dieu savait bien qu'il pécherait, mais il avait établi son royaume pour être la figure d'un autre qui devait durer à jamais. C'est pourquoi le Prophète ajoute : « Ce royaume qui est le vôtre à présent, ne vous restera point. » Il n'est donc resté et il ne restera que ce qui était figuré par le royaume de Saül; pour lui, il ne restera point, parce qu'il ne devait pas régner toujours, ni par lui-même, ni même par ses descendants qui, du moins, auraient pu faire voir, dans une succession non interrompue, l'accomplissement de cette parole : à jamais. « Et le Seigneur, » dit Samuel, « cherchera un homme; » soit David, soit le médiateur même du nouveau Testament, qui était figuré par le Chrême, dont on se servit aussi pour sacrer David et les autres rois de sa race. Or, Dieu ne cherchera pas un homme, comme s'il ne savait où il est; mais il fait parler à un homme le langage vulgaire, dont il se sert pour nous chercher. Car nous étions dès lors si bien connus, non-seulement de Dieu le Père, mais même de son Fils unique, qui est venu chercher ce qui était perdu, (*Luc*, XIX, 10) qu'il nous avait choisis pour être ses élus, avant la création du monde. (*Ephés*. I, 4, *etc.*) Il a donc dit : « Il cherchera pour lui, » en ce sens : qu'il aura à lui. C'est pourquoi la langue latine donne à ce verbe une préposition, et ainsi se forme le mot acquérir, dont la signification est assez claire. Toutefois, même sans préposition,

---

quia abstulit pinnulam chlamydis ejus. (I. *Reg.* XXIV, 6.) Viris autem, qui cum illo erant, et ut Saulem in manus suas traditum interimeret suadebant : « Non mihi, » inquit, « contingat a Domino, si fecero hoc verbum Domino meo Christo Domini, inferre manum meam super eum; quia Christus Domini est hic. » (*Ibidem*, VII.) Huic ergo umbræ futuri non propter ipsam, sed propter illud quod præfigurabat, tanta veneratio exhibebatur. Unde et illud quod in Sauli Samuel : « Quoniam non servasti mandatum meum, quod mandavit tibi Dominus; quemadmodum nunc paraverat Dominus regnum tuum usque in æternum super Israel, et nunc regnum tuum non stabit tibi; et quæret Dominus sibi hominem secundum cor suum, et mandabit ei Dominus esse in principem super populum suum ; quia non custodisti quæ mandavit tibi Dominus : » (I. *Reg.* XIII, 13 *etc.*) non sic accipiendum est, ac si ipsum Saulem Deus in æternum præparaverit regnaturum, et hoc postea noluerit servare peccanti; neque enim eum peccaturum esse nesciebat : sed præparaverat regnum ejus, in quo figura esset regni æterni. Ideo addidit : « Et nunc regnum tuum non stabit tibi. » Stetit ergo, et stabit, quod in illo significatum est : sed non huic stabit, quia non in æternum ipse fuerat regnaturus, nec progenies ejus, ut saltem per posteros alterum alteri succedentes videretur impleri quod dictum est : « in æternum. Et quæret, » inquit, « Dominus sibi hominem : » sive David, sive ipsum Mediatorem significans Testamenti novi, qui figurabatur in chrismate etiam quo unctus est ipse David et progenies ejus. Non autem quasi nesciat ubi sit, ita Deus sibi hominem quærit : sed per hominem more hominum loquitur; quia et sic loquendo nos quærit. Non solum enim Deo Patri, verum etiam ipsi quoque Unigenito ejus, qui venit quærere quod perierat (*Luc.* XIX, 10), usque adeo jam eramus noti, ut in ipso essemus electi ante constitutionem mundi (*Ephes*. I. 4). « Quæreret sibi » ergo dixit, (*a*) suum habebit. Unde in Latina lingua hoc verbum accipit præposi-

---

(*a*) Ita magno consensu veteres libri. At editi, *Quæret sibi ergo dixit*, pro eo ac si diceret, *quem suum esse jam novit, sibi esse familiarem aliis ostendet. Unde in Latina*, etc.

le verbe chercher (*Quærere*) se prend pour acquérir; et c'est pour cela que le lucre est aussi appelé gain. (*Quæstus*.)

CHAPITRE VII.

De la division du royaume d'Israël : elle figurait d'avance la séparation éternelle qui devait exister entre les Israélites spirituels et les Israélites charnels.

1. Saül désobéit de nouveau à Dieu, et Samuel vint encore lui porter cette parole du Seigneur : « Parce que vous avez méprisé les ordres du Seigneur, le Seigneur vous a rejeté et vous ne serez plus roi d'Israël. » (I. *Rois*, xv, 23.) Et comme Saül, avouant son péché, implorait son pardon et suppliait Samuel de venir avec lui pour apaiser le Seigneur : « Je n'irai point avec vous; » dit encore le Prophète, « parce que vous avez méprisé les ordres du Seigneur, le Seigneur vous rejettera aussi, et vous ne serez plus roi d'Israël. Et Samuel lui tourna le dos pour s'en aller; et Saül le retint par la frange de son vêtement qu'il déchira. Alors Samuel lui dit : Le Seigneur a arraché aujourd'hui de vos mains le royaume d'Israël, et il le donnera à un de vos proches qui est bon au-dessus de vous, et le royaume d'Israël sera divisé en deux ; il n'aura ni changement, ni repentir; car Dieu ne ressemble pas à l'homme pour se repentir, ni pour faire des menaces et ne point les exécuter. » (*Ibidem*. 26, *etc*.) Celui auquel s'adressaient ces paroles : « Le Seigneur vous méprisera et vous ne serez plus roi d'Israël : et le Seigneur a arraché aujourd'hui de vos mains le royaume d'Israël, » régna quarante ans sur Israël, c'est-à-dire autant de temps que David lui-même. Il entendit cet oracle dès les premiers temps de son règne, et c'était pour nous faire comprendre que nul de sa race ne devait régner, et aussi pour nous faire jeter les yeux sur la famille de David, de qui est né, selon la chair, le médiateur de Dieu et des hommes, le Christ Jésus, l'Homme-Dieu.

2. Or, l'Écriture, dans la plupart des textes latins, porte : « Le Seigneur a arraché le royaume d'Israël de vos mains, » tandis que nous avons traduit selon le texte grec : « Le Seigneur a arraché de vos mains votre puissance sur Israël, » afin que l'on comprenne la liaison qui existe entre Saül et Israël. Ce prince représentait donc figurativement le peuple d'Israël qui devait perdre la royauté, lorsque Notre-Seigneur Jésus-Christ, par le Nouveau-Testament, régnerait, non selon la chair, mais selon l'esprit. Quant à ces paroles : « Et il le donnera à un de vos proches, » elles se rapportent à la parenté char-

nelle, car le Christ est né d'Israël, selon la chair, aussi bien que Saül. Les paroles suivantes : « qui est bon au-dessus de vous, » pourraient se rendre par « meilleur que vous, » car plusieurs les ont ainsi traduites, mais il faut mieux dire : « bon au-dessus de vous, » afin que celui qui est bon, soit précisément au-dessus de vous, selon le sens de cette autre parole prophétique : « Jusqu'à ce que je place tous vos ennemis sous vos pieds. » (*Ps.* CIX, 1.) De ce nombre est Israël, persécuteur du Christ qui l'a dépouillé de son royaume. Cependant, il y avait parmi les Juifs, un autre Israël, qui n'avait aucune malice, (*Jean*, I, 47) et qui était comme un froment caché sous ces pailles. C'est de lui que sont sortis les Apôtres, et tant de martyrs, dont saint Etienne est le chef; de lui encore se sont formées toutes ces églises dont parle l'apôtre saint Paul, quand il rapporte qu'elles bénissaient Dieu de sa conversion. (*Gal.* I, 24.)

3. De même, ce qui suit : « Et Israël sera divisé en deux, » doit s'entendre indubitablement d'Israël ennemi du Christ, et d'Israël fidèle au Christ; d'Israël descendant de la servante, et d'Israël, comme postérité de la femme libre. Car ces deux races étaient primitivement ensemble, lorsqu'Abraham était encore attaché à la servante et jusqu'à ce que la stérile devenue féconde par la grâce du Christ, se fût écriée :

« Chassez la servante et son fils. » (*Gen.* XXI, 10.) C'est, il est vrai, à cause du péché de Salomon que, sous le règne de son fils Roboam, Israël fut divisé en deux royaumes (III. *Rois*, XII), et qu'il est resté en cet état, ayant ses rois particuliers, jusqu'à ce que la nation tout entière eût subi une immense défaite et fût emmenée captive par les Chaldéens. Mais en quoi ces événements se rapportaient-ils à Saül? Et s'il y avait pareille menace à faire, ne devait-elle pas plutôt être faite à David, dont Salomon était le fils? De plus, même à présent la nation juive n'est pas divisée, mais elle est dispersée par toute la terre et ses membres restent unis par les liens de la même erreur. Or, cette division dont Dieu menace ce royaume et ce peuple dans la personne de Saül qui les représentait figurativement, a un caractère éternel et immuable, comme l'indiquent les paroles suivantes : « Il ne changera, ni ne se repentira point, car Dieu ne ressemble pas à l'homme pour se repentir, ni pour faire des menaces et ne point les exécuter; » c'est-à-dire l'homme menace et n'exécute pas, mais il n'en est pas ainsi de Dieu qui ne se repent pas comme l'homme. Et quand l'Écriture dit qu'il se repent, elle indique que les choses sont changées, tandis que la prescience divine qui savait ce changement, demeure immuable. Aussi quand

---

carnem, unde et Saul. Quod vero additum est : « bono super te, » potest quidem intelligi, « meliori te ; » nam et quidam sic sunt interpretati : sed melius sic accipitur, « bono super te, » ut quia ille bonus est, ideo sit (*a*) super te, juxta illud aliud propheticum : « Donec ponam omnes inimicos tuos sub pedibus tuis. » (*Ps.* CIX, 1.) In quibus est et Israel, cui suo persecutori regnum abstulit Christus. Quamvis fuerit illic et Israel, in quo dolus non erat (*Joan.* I, 47), quoddam quasi frumentum illarum palearum. Nam utique inde erant Apostoli, inde tot Martyres, quorum prior Stephanus, inde tot Ecclesiæ, quas apostolus Paulus commemorat, in conversione ejus magnificantes Deum (*Gal.* I, 24).

3. De qua re non dubito intelligendum esse quod sequitur : « Et dividetur Israel in duo : » in Israel scilicet inimicum Christo, et Israel adhærentem Christo ; in Israel ad ancillam, et Israel ad liberam pertinentem. Nam ista duo genera primum simul erant, velut Abraham adhuc adhæreret ancillæ, donec sterilis per Christi gratiam fecundata clamaret :

« Ejice ancillam et filium ejus. » (*Gen.* XXI, 10.) Propter peccatum quidem Salomonis regnante filio ejus Roboam, scimus Israel in duo fuisse divisum (III. *Reg.* XII), atque ita perseverasse, habentibus singulis partibus reges suos, donec illa gens tota a Chaldæis esset ingenti vastatione subversa atque translata. Sed hoc quid ad Saulem, cum si tale aliquid comminandum esset, ipsi David fuerit potius comminandum, cujus erat filius Salomon ? Postremo nunc inter se gens Hebræa divisa non est, sed indifferenter in ejusdem erroris societate dispersa per terras. Divisio vero illa, quam Deus sub persona Saulis, illius regni et populi figuram gerentis, eidem regno populoque minatus est, æterna atque immutabilis significata est, per hoc quod adjunctum est : « Et non convertetur, neque pœnitebit eum ; quoniam non est sicut homo, ut pœniteat eum : ipse minatur, et non permanet. » id est, homo minatur, et non permanet: non autem Deus, quem non pœnitet, sicut hominem. Ubi enim legitur, quod pœniteat eum, mutatio rerum significatur, immutabili

(*a*) Apud Lov. omissum est, *super te*.

elle annonce qu'il ne se repentira point, cela veut dire que rien ne changera.

4. Ainsi, nous voyons par ces paroles que l'arrêt du ciel touchant la division du peuple d'Israël est perpétuel et irrévocable. Car tous ceux qui sont sortis ou sortiront d'Israël, pour venir au Christ, ne faisaient pas partie de la race des persécuteurs, selon la prescience de Dieu, bien qu'ils fussent de ce nombre selon la nature humaine qui est unique et homogène. Aussi tous les Israélites unis au Christ et persévérant dans sa foi, ne feront jamais partie de la société de ceux qui veulent rester ses ennemis jusqu'à la fin des temps, mais demeureront toujours dans cette division annoncée ici. Car l'Ancien Testament donné sur le mont Sina et qui engendre des esclaves (*Gal.* IV, 24), ne sert qu'à rendre témoignage au nouveau. Et tant que les Juifs liront Moïse, ils auront un voile sur leurs cœurs ; mais dès que l'un d'eux passera au Christ, ce voile sera enlevé. (II. *Cor.* III, 15 et 16.) Car alors, on change d'intention, on passe de l'ancienne à la nouvelle, en sorte qu'il n'y a déjà plus d'aspirations vers les joies charnelles, mais on recherche la félicité spirituelle. C'est pour cela que Samuel, ce grand prophète, avant de sacrer roi Saül, réclama en faveur d'Israël le secours du Seigneur qui exauça sa prière ; et au moment où il offrait un holocauste, les ennemis s'étant approchés pour combattre le peuple de Dieu, le Seigneur fit entendre son tonnerre et jeta la confusion dans leurs rangs ; ils reçurent donc un échec en face d'Israël et furent vaincus : alors Samuel prenant une pierre, la plaça entre les deux Massephat, la nouvelle et l'ancienne, et il lui donna le nom d'Abenneger, mot qui veut dire : « la pierre du secours ; » et il dit : « Le Seigneur est venu à notre secours jusqu'ici. » (I. *Rois*, VII, 12.) Or, Massephat signifie intention. Cette pierre du secours est la médiation du Sauveur ; c'est par lui qu'il faut passer de l'ancienne Massephat à la nouvelle, c'est-à-dire de l'intention qui faisait espérer la béatitude fausse et charnelle dans le royaume de la chair, à l'intention qui donne l'espérance d'arriver, par le moyen du Nouveau Testament, à la béatitude véritable et spirituelle dans le royaume des cieux : et comme il ne saurait y avoir rien de meilleur pour nous, c'est jusque-là que Dieu nous accorde son secours.

---

præscientia manente divina. Ubi ergo non pœnitere dicitur, non (*a*) mutare intelligitur.

4. Prorsus insolubilem videmus per hæc verba prolatam divinitus fuisse sententiam de ista divisione populi Israel, et omnino perpetuam. Quicumque enim ad Christum transierunt, vel transeunt, vel transibunt inde, non erant inde secundum Dei præscientiam, non secundum generis humani unam eamdemque naturam. Prorsus quicumque ex Israelitis adhærentes Christo perseverant in illo, numquam erunt cum eis Israelitis, qui ejus inimici usque in finem vitæ hujus esse persistunt : sed in divisione, quæ hic prænuntiata est, perpetuo permanebunt. Nihil enim prodest Testamentum vetus de monte Sina in servitutem generans (*Gal.* IV, 24), nisi quia testimonium perhibet Testamento novo. Alioquin quam diu legitur Moyses, velamen super corda eorum positum est : cum autem quisque inde transierit ad Christum, auferetur velamen. (II. *Cor.* III, 15 et 16.) Transeuntium quippe intentio ipsa mutatur de vetere ad novum ; ut non jam quisque intendat accipere carnalem, sed spiritalem felicitatem. Propter quod ipse magnus propheta Samuel, ante quam unxisset regem Saul, quando exclamavit ad Dominum pro Israel, et exaudivit eum ; et cum offerret (*b*) holocaustosim, accedentibus alienigenis ad pugnam contra populum Dei, tonuit Dominus super eos, et confusi sunt, et offenderunt coram Israel, atque superati sunt : assumsit lapidem unum, et statuit illum inter (*c*) Massephat novam et veterem, et vocavit nomen ejus Abonnezer, quod est Latine Lapis (*d*) adjutoris : et dixit, « Usque huc adjuvit nos Dominus. » (I. *Reg.* VII, 12.) Massephat interpretatur intentio. Lapis ille adjutoris medietas est Salvatoris, per quem transeundum est a Massephat vetere ad novam, id est, ab intentione qua exspectabatur in carnali regno beatitudo falsa carnalis, ad intentionem qua per novum Testamentum exspectatur in regno cœlorum beatitudo verissima spiritalis : qua quoniam nihil est melius, huc usque adjuvat Deus.

(*a*) Sola editio Lov. *non mutari*. — (*b*) Sic Mss. juxta LXX. At editi, *holocaustum* : cui verbo Er. addit *simul*. — (*c*) Editi, *Masphat*. Veteres autem libri, ut apud LXX, *Massephat*. — (*d*) Editi, *adjutorii*. At Mss. *adjutoris* : juxta LXX βοηθοῦ.

CHAPITRE VIII.

Les promesses faites à David touchant son fils, ne peuvent nullement s'appliquer à Salomon, mais se trouvent parfaitement réalisées en Jésus-Christ.

1. Je crois devoir maintenant examiner, autant qu'il est nécessaire au sujet que nous traitons, les promesses faites par Dieu à David, successeur de Saül sur le trône; en effet, ce changement, figurait le dernier changement auquel se rapporte tout ce qui a été dit et écrit par l'inspiration de Dieu. David, voyant la prospérité de son royaume, songea à élever à Dieu une maison, c'est-à-dire ce temple si fameux qui fut l'œuvre du roi Salomon, son fils. Pendant que son esprit s'occupait de cette pensée, la parole du Seigneur se fit entendre au prophète Nathan, qui devait la transmettre au roi. Après lui avoir déclaré que ce ne serait pas David qui lui bâtirait un temple, et que depuis si longtemps il n'avait ordonné à personne de son peuple de lui construire une maison de cèdre, le Seigneur ajouta : « Maintenant, vous direz à David, mon serviteur : voici ce que dit le Seigneur Tout-Puissant : Je t'ai tiré d'une bergerie pour faire de toi le chef de mon peuple d'Israël ; j'ai été avec toi dans toutes tes entreprises, j'ai exterminé tous tes ennemis devant toi, et j'ai égalé ta renommée à celle des plus grands rois de la terre ; je mettrai mon peuple d'Israël dans un lieu stable, je l'y établirai et il y demeurera séparé des autres nations, et rien ne l'inquiétera plus désormais ; les enfants de malice ne l'humilieront plus, comme autrefois au temps des juges que j'avais établis chefs de mon peuple d'Israël. Je te donnerai aussi à toi la paix avec tous tes ennemis : et le Seigneur te fera savoir que tu dois lui bâtir une maison. Et ce sera quand tes jours seront accomplis et que tu dormiras avec tes pères. Je mettrai sur ton trône après toi, un fils qui sortira de toi et j'affermirai sa puissance. C'est lui qui bâtira une maison en mon honneur et je soutiendrai éternellement son empire. Je serai son père et il sera mon fils. Et s'il commet l'iniquité, je le châtierai avec la verge dont on se sert pour les hommes et en l'affligeant des plaies dont on punit les enfants des hommes ; mais je ne retirerai point de lui ma miséricorde, comme je l'ai retirée de ceux dont j'ai détourné ma face. Sa maison 'me restera fidèle, et son royaume

CAPUT VIII.

De promissionibus ad David in filio ejus, quæ nullatenus in Salomone, sed plenissime inveniuntur in Christo.

1. Jam nunc video esse monstrandum quid ipsi David, qui Sauli successit in regnum, cujus mutatione finalis illa mutatio figurata est, propter quam divinitus cuncta dicta, cuncta conscripta sunt, Deus promiserit, quod ad rem qua de agimus pertinet. Cum regi David multa prospera provenissent, cogitavit facere Deo domum, templum illud scilicet excellentissime diffamatum, quod a rege Salomone filio ejus postea fabricatum est. Hoc eo cogitante, factum est verbum Domini ad Nathan prophetam, quod perferret ad regem. Ubi cum Deus dixisset, quod non ab ipso David sibi ædificaretur domus ; neque per tantum tempus se mandasse cuiquam in populo suo, ut sibi fieret domus cedrina : « Et nunc, inquit, hæc dices servo meo David : Hæc dicit Dominus omnipotens: Accepi te de ovili ovium, ut esses in ducem super populum meum (*a*) in Israel, et eram tecum in omnibus quibus ingrediebaris, et exterminavi omnes inimicos tuos a facie tua, et feci te nominatum secundum nomen magnorum qui sunt super terram : et ponam locum populo meo Israel, et plantabo illum, et inhabitabit seorsum, et non sollicitus erit ultra ; et non apponet filius iniquitatis humiliare eum, sicut ab initio a diebus quibus constitui judices super populum meum Israel. Et requiem tibi dabo ab omnibus inimicis tuis : et (*b*) nuntiabit tibi Dominus, quoniam domum ædificabis ipsi. Et erit cum repleti fuerint dies tui (*c*), et dormies cum patribus tuis, et suscitabo semen tuum post te, qui erit de ventre tuo, et præparabo regnum ejus. Hic ædificabit mihi domum nomini meo, et dirigam thronum illius usque in æternam. Ego ero illi in patrem, et ille erit mihi in filium. Et (*d*) si venerit iniquitas ejus, redarguam illum in virga virorum, et in tactibus filiorum hominum : misericordiam autem meam non amoveam ab eo, sicut amovi a quibus amovi (*e*) a facie mea : et fidelis erit domus ejus, et regnum ejus usque in æter-

---

(*a*) Hic restituitur ex Mss. particula *in*, respondens Græco ἐπὶ apud LXX. — (*b*) Sic Mss. Editi vero hic et cap. XII, *et nuntiavit*. — (*c*) Editi omittunt *et*. Habent Mss. juxta LXX. proque *dormies*, nonnulli ferunt, *dormieris*. — (*d*) Sola editio Lov. *et cum venerit*. — (*e*) Editi, *a quibus amovi faciem meam*. At probæ notæ Mss. Gervasianus, Colbertinus etc. concordant cum Græco LXX. ἀφ' ὧν ἀπέστησα ἐκ προσώπου μου.

subsistera éternellement en ma présence, et son trône s'élèvera jusqu'à l'éternité. » (II. *Rois*, VII, 3 etc.)

2. Celui qui pense que cette magnifique promesse a été accomplie en Salomon, se trompe fort. Car il semble ne voir que ces paroles : « C'est lui qui me bâtira une maison; » et en effet, Salomon a élevé ce temple fameux; mais il ne fait pas attention à celle-ci : « Sa maison me restera fidèle, et son royaume subsistera éternellement en ma présence. » Qu'il considère donc et qu'il remarque la maison de Salomon remplie de femmes étrangères qui adorent les faux dieux, et ce roi lui-même autrefois si sage séduit par elles et entraîné dans l'avilissement du culte idolâtrique; et qu'il ne soit pas assez téméraire pour penser, ou que Dieu ait fait des promesses mensongères, ou qu'il n'ait pas pu prévoir la chute future de Salomon et de toute sa maison. Et quand même nous ne verrions pas l'accomplissement de ces promesses en Jésus-Christ-Notre-Seigneur, qui est né de David selon la chair, (*Rom.* 1, 3), nous ne devrions pas douter qu'elles ne s'appliquent à lui, à moins que nous ne préférions en attendre un autre, comme les Juifs charnels. Car ils sont eux-mêmes si persuadés que ce fils promis ici au roi David, n'est point Salomon que, par un prodige d'aveuglement, ils affirment qu'ils en espèrent un autre, malgré les déclarations les plus évidentes de celui qui fut promis. On constate, il est vrai, une certaine ressemblance avec la réalite future en Salomon, puisqu'il a construit le temple, qu'il a eu la paix avec ses voisins, réalisant ainsi son nom, (car Salomon veut dire pacifique,) et que les commencements de son règne furent dignes d'éloge : mais il faut reconnaître qu'il n'était pas Jésus-Christ-Notre-Seigneur, et que sa personne n'était que l'ombre de la réalité future qu'elle annonçait. De là vient que plusieurs prédictions paraissent concerner Salomon, tandis que la Sainte-Écriture en prophétisant même sur les événements passés, ne fait que tracer une image de l'avenir. Car, sans parler des livres historiques où son règne est raconté, le psaume soixante-et-onzième porte son nom pour titre ; cependant il renferme tant de choses qui ne peuvent nullement lui convenir, et qui s'appliquent si clairement à Notre-Seigneur-Jésus-Christ, qu'il est évident qu'une figure quelconque était voilée sous sa personne et que la vérité même était représentée en lui. En effet, pour ne rien dire de plus, on sait qu'elles étaient les limites du royaume de Salomon et pourtant nous lisons dans ce psaume : « Il étendra son empire de l'une à l'autre mer; et depuis le fleuve jusqu'aux extrémités de la terre : » (*Ps.* LXXI, 8.)

---

num coram me, et thronus ejus erit erectus usque in æternum. » (II. *Reg.* VII, 3.)

2. Hanc tam grandem promissionem qui putat in Salomone fuisse completam, multum errat. Adtendit enim quod dictum est : « Hic ædificabit mihi domum; » quoniam Salomon templum illud nobile exstruxit : et non adtendit : « Fidelis erit domus ejus, et regnum ejus usque in æternum coram me. » Adtendat ergo et adspiciat Salomonis domum plenam mulieribus alienigenis colentibus deos falsos, et ipsum ab eis regem aliquando sapientem in eamdem idololatriam seductum atque dejectum : et non audeat existimare Deum, vel hoc promisisse mendaciter, vel talem Salomonem domumque ejus futuram non potuisse præscire. Non hinc autem deberemus ambigere, nec si non in Christo Domino nostro, qui factus est ex semine David secundum carnem (*Rom.* 1, 3), jam videremus ista compleri; ne vane atque inaniter hic alium aliquem requiramus, sicut carnales Judæi. Nam et ipsi usque adeo filium, quem loco isto regi David promissum legunt, intelligunt non fuisse Salomonem, ut eo qui promissus est tanta jam manifestatione declarato adhuc mirabili cæcitate alium sperare se dicant. Facta est quidem nonnulla imago rei futuræ etiam in Salomone, in eo quod templum ædificavit, et pacem habuit secundum nomen suum, (Salomon quippe pacificus est Latine,) et in exordio regni sui mirabiliter laudabilis fuit : sed eadem sua persona per umbram futuri prænuntiabat etiam ipse Christum Dominum nostrum, non exhibebat. Unde quædam de illo ita scripta sunt, quasi de ipso ista prædicta sint, dum Scriptura sancta etiam rebus gestis prophetam, quodam modo in eo figuram delineat futurorum. Nam præter libros divinæ historiæ, ubi regnum ejus narratur, Psalmus etiam septuagesimus-primus titulo nominis ejus inscriptus est : in quo tam multa dicuntur, quæ omnino ei convenire non possunt, Domino autem Christo (*a*) aptissima perspicuitate conveniunt, ut evidenter, appareat, quod in illo figura qualiscumque adumbrata sit, in isto autem ipsa veritas præsentata. Notum est enim quibus terminis regnum

(a) Vind. Am. Er. et aliquot Mss. *apertissima*.

Or, nous voyons l'accomplissement de ces paroles prophétiques, dans le Christ. Car son empire prit naissance sur les bords de ce fleuve, où il fut baptisé par saint Jean qui, en le montrant du doigt, le fit connaître à ses disciples; et ceux-ci ne l'appelèrent pas seulement maître, mais Seigneur.

3. Si, d'ailleurs, Salomon règne déjà du vivant de David, son père, ce qui n'arrive à aucun des rois d'Israël, ce n'est que pour nous faire voir plus clairement que ce n'est pas lui que désigne cette prophétie faite à son père en ces termes : « Il en sera ainsi, quand tes jours seront accomplis et que tu dormiras avec tes pères. Je mettrai sur ton trône après toi, un fils qui sortira de ta race et j'affermirai sa puissance. » Comment pourrait-on penser que les paroles suivantes : « C'est lui qui me bâtira une maison, » prophétisent Salomon, quand celles qui précèdent : « Lorsque tes jours seront accomplis et que tu dormiras avec tes pères, je mettrai sur ton trône après toi, un fils qui sortira de ta race, » ont plutôt rapport à la promesse d'un autre roi pacifique, qui doit régner non avant, comme Salomon, mais après la mort de David ? Car, quel que soit le temps écoulé jusqu'à Jésus-Christ, il est certainement venu après la mort de David, selon qu'il devait venir, pour accomplir la promesse, et il a élevé à Dieu une maison, non de bois et de pierres, mais d'hommes, telle enfin que cet édifice fait notre joie. Car c'est à cette maison, c'est-à-dire aux fidèles, que l'Apôtre dit : « Le temple de Dieu est saint, et c'est vous qui êtes ce temple. » (I. *Cor.* III, 17.)

CHAPITRE IX.

La prophétie touchant le Christ et renfermée dans le psaume quatre-vingt-huitième, est semblable à celle du prophète Nathan, rapportée aux livres des Rois.

C'est dans le même but qu'au psaume quatre-vingt-huitième, dont le titre est : « Instruction pour Œthan, Israëlite, » il est fait encore mention des promesses de Dieu au roi David, et on y rapporte à peu près les mêmes paroles qu'au livre des rois : « Je l'ai promis avec serment à David, mon serviteur ; je perpétuerai éternellement ta postérité. » Et encore : « Alors vous avez parlé en vision à vos enfants et vous avez dit : j'ai placé mon secours entre les mains d'un homme puissant, et j'ai élevé celui que j'ai choisi du milieu de mon peuple. J'ai trouvé David mon serviteur, et je l'ai oint de mon huile sainte. Ma main sera son secours et mon

---

conclusum fuerit Salomonis : et tamen in eo Psalmo legitur, ut alia taceam : « Dominabitur a mari usque ad mare, et a flumine usque ad terminos orbis terræ : » (*Ps.* LXXI, 8) quod in Christo videmus impleri. A flumine quippe dominandi sumsit exordium, ubi baptizatus a Joanne, eodem monstrante cœpit agnosci a discipulis, qui eum non solum magistrum, verum etiam Dominum appellaverunt.

3. Nec ob aliud, vivente adhuc patre suo David, regnare Salomon cœpit, quod nulli illorum regum contigit, nisi ut hinc quoque satis eluceat, non esse ipsum, quem prophetia ista præsignat, quæ ad ejus patrem loquitur, dicens, « Et erit cum repleti fuerint dies tui, et dormies cum patribus tuis, et suscitabo semen tuum post te, qui erit de ventre tuo, et præparabo regnum illius. » Quomodo ergo propter id quod sequitur, Hic ædificabit mihi domum, » iste Salomon putabitur prophetatus : et non potius propter id quod præcedit : « Cum repleti fuerint dies tui, et dormies cum patribus tuis, suscitabo semen tuum post te, » alius pacificus intelligitur esse promissus, qui non ante, sicut iste, sed post mortem David prænuntiatus est suscitandus ? Quamlibet enim longo interposito tempore Jesus Christus venire, procul dubio post mortem regis David, cui sic est promissus, eum venire oportebat, qui ædificaret domum Deo, non de lignis et lapidibus, sed de hominibus, qualem illum ædificare gaudemus. Huic enim domui dicit Apostolus, hoc est, fidelibus Christi : « Templum enim Dei sanctum est, quod estis vos. » (I. *Cor.* III, 17.)

CAPUT IX.

Quam similis in Psalmo octogesimo-octavo sit prophetia de Christo, his quæ in Regnorum libris Nathan prophetante promittuntur.

Propter quod et in Psalmo octogesimo-octavo, cujus est titulus : « Intellectus ipsi Æthan Israelitæ, » (*Ps.* LXXXVIII, 1, etc.) commemorantur promissiones Dei factæ regi David, et istis quæ in libro Regnorum sunt posita, quædam ibi similia dicuntur, sicut est : « Juravi David servo meo, usque in æternum præparabo semen tuum. » Et iterum : « Tunc locutus es in adspectu filiis tuis, et dixisti : Posui adjutorium super potentem, et exaltavi electum de populo meo inveni David servum meum, in oleo sancto meo unxi eum. Manus enim mea auxiliabitur

bras sera sa force. L'ennemi ne réussira point contre lui, et le fils de l'iniquité ne pourra lui nuire. J'abattrai en sa présence ses ennemis, et je mettrai en fuite ceux qui le haïssent. Ma vérité et ma miséricorde seront avec lui, et en mon nom sa puissance s'élèvera. J'étendrai sa main sur la mer, et sa droite sur les fleuves. Il m'invoquera en disant : vous êtes mon père, mon Dieu, et l'auteur de mon salut. Et je le ferai mon fils aîné, et je l'élèverai au-dessus des rois de la terre. Je lui conserverai éternellement ma miséricorde, et mon alliance lui sera fidèle. J'établirai sa race dans les siècles des siècles, et son trône durera autant que les cieux. » (*Ps.* LXXXVIII, 1, 4 etc.) Toutes ces choses, si on les comprend bien, doivent s'entendre du Seigneur Jésus, en la personne de David, à cause de la forme d'esclave que ce Médiateur a prise de la race de David, dans le sein de la Vierge. Quelques versets plus loin, il est parlé des péchés de ses enfants, à peu près dans les mêmes termes qu'au livre des Rois, et on dirait qu'il s'agit de Salomon. Nous lisons, en effet, au livre des Rois : « Et s'il commet l'iniquité, je le châtierai avec la verge dont on se sert pour les hommes, et en l'affligeant des plaies dont on punit les enfants des hommes; mais je ne retirerai point de lui ma miséricorde. » (II. *Rois*, VII, 14 et 15.) Ces plaies sont les marques de la correction. De là vient cette parole : « Ne touchez pas mes Christs; » (*Ps.* CIV, 15) qu'est-ce à dire, sinon : « Ne les blessez pas? » Or, dans le psaume, où l'on croirait qu'il s'agit de David, nous retrouvons presque les mêmes paroles : « Si ses enfants, dit le Seigneur, abandonnent ma loi, et ne marchent pas dans les voies de ma justice ; s'ils violent mes ordonnances et ne gardent pas mes commandements, je châtierai leurs iniquités par la verge, et leurs crimes par le fouet ; mais je ne retirerai pas de lui ma miséricorde. » (*Ps.* LXXXVIII. 31 etc.) Il ne dit pas d'eux, bien qu'il parle des enfants de David et non de lui; mais il dit : « de lui, » ce qui, à le bien prendre, a la même signification. Car en Jésus-Christ lui-même, le chef de l'Église, on ne saurait trouver de péché qui nécessite de pareils châtiments adoucis par la miséricorde divine, mais dans son corps et dans ses membres, c'est-à-dire dans son peuple. C'est pour cela qu'au livre des Rois, il est dit : « son iniquité : » et dans le psaume : « l'iniquité de ses enfants; » pour nous faire entendre que ce qui est dit de son corps, est dit en quelque sorte de lui-même. C'est aussi pour cela que, Saul persécutant son corps, c'est-à-dire ses fidèles, il s'écrie lui-même, du haut du

ei, et brachium meum confortabit eum. Non proficiet inimicus in eo, et filius iniquitatis non apponet nocere ei. Et concidam a facie ejus inimicos ejus, et eos, qui oderunt eum, fugabo. Et veritas mea et misericordia mea cum ipso, et in nomine meo exaltabitur cornu ejus. Et ponam in mari manum ejus, et in fluminibus dexteram ejus. Ipse invocabit me, Pater meus es tu, Deus meus et susceptor salutis meæ. Et ego primogenitum ponam illum, excelsum apud reges terræ. In æternum servabo illi misericordiam meam, et testamentum meum fidele ipsi. Et ponam in sæculum sæculi semen ejus, et thronum ejus sicut dies cœli. » (*Ibid.* 4.) Quæ omnia de Domino Jesu intelliguntur, quando recte intelliguntur, sub nomine David, propter formam servi, quam de semine David idem Mediator assumsit ex virgine. Continuo etiam dicitur de peccatis filiorum ejus tale aliquid, quale in Regnorum libro positum est, et quasi de Salomone proclivius accipitur. Ibi namque, hoc est, in Regnorum libro : « Et si venerit, inquit, iniquitas ejus, redarguam illum in virga virorum, et in tactibus filiorum hominum : misericordiam autem meam non amoveam ab eo : » (II. *Reg.* VII, 14 et 15) tactibus significans plagas correptionis. Unde illud est : « Ne tetigeritis Christos meos. » (*Psal.* CIV, 15.) Quod quid est aliud, quam, Ne læseritis? In Psalmo vero cum ageret tamquam de David, ut quiddam ejusmodo etiam ibi diceret : « Si dereliquerint, inquit, filii ejus legem meam, et in judiciis meis non ambulaverint; si justificationes meas profanaverint, et mandata mea non custodierint; visitabo in virga iniquitates eorum, et in flagellis delicta eorum : misericordiam autem meam non dispergam ab eis. » (*Psal.* LXXXVIII, 31.) Non dixit, ab eis, cum loqueretur de filiis ejus, non de ipso : sed dixit, « ab eo ; » quod bene intellectum tantumdem valet. Non enim Christi ipsius, quod est caput Ecclesiæ, possent inveniri ulla peccata, quæ opus esset humanis correptionibus servata misericordia divinitus coerceri; sed in ejus corpore ac membris, quod populus ejus est. Ideo in libro Regnorum : « iniquitas ejus » dicitur; in Psalmo autem : « filiorum ejus : » ut intelligamus de ipso dici quodam modo, quod de ejus corpore dicitur. Propter quod etiam ipse de cœlo, cum corpus ejus, quod sunt fideles ejus, Saulus persequeretur : « Saule, inquit, Saule, quid me persequeris? » (*Act.* IX, 4.) Deinde in consequentibus Psalmi : « Neque nocebo,

ciel : « Saul, Saul, pourquoi me persécutes-tu? » (*Act.* IX, 4.) En continuant le psaume, il est dit encore : « Je ne manquerai pas à la vérité de ma promesse, je ne violerai point mon alliance, et je ne révoquerai pas les paroles qui sortent de mes lèvres. J'ai fait une fois le serment en mon nom saint et je tromperais David; » c'est-à-dire je ne tromperai point David, cette manière de parler est fréquente dans l'Écriture. En quoi ne le trompera-t-il pas? le voici : « Sa race demeurera éternellement ; son trône sera toujours en ma présence, comme le soleil, comme la lune dans son plein, et comme l'arc qui est dans le ciel le témoin fidèle de mon alliance. » (*Ps.* LXXXVIII, 34 etc.)

CHAPITRE X.

Les événements du royaume de la Jérusalem terrestre ne s'accordent pas avec la promesse de Dieu, pour nous apprendre que la vérité de la promesse se rapporte à la gloire d'un autre roi et d'un autre royaume.

Après des assurances si certaines de cette magnifique promesse, de peur qu'on ne la suppose accomplie en Salomon, et que cette espérance occasionne d'inutiles recherches : « Mais, Seigneur, » dit le prophète, « vous les avez rejetés et réduits au néant. » (*Ps.* LXXXVIII, 39; III.

Rois, XIV.) Et c'est ce qui est arrivé pour le royaume de Salomon dans ses descendants, jusqu'à la ruine de cette Jérusalem terrestre, siége de son empire, et surtout par la destruction du temple, œuvre de Salomon. Mais afin que Dieu ne fût pas accusé d'infidélité à ses promesses, il ajoute aussitôt : « Vous avez différé votre Christ. » Si le Christ du Seigneur est différé, ce n'est donc ni Salomon, ni David lui-même. En effet, bien que tous les rois des Juifs consacrés par ce chrême mystique, non-seulement depuis David, mais même depuis Saül, le premier roi qui reçut l'onction sainte et que David lui-même appelle le Christ du Seigneur (I. *Rois,* XXIV, 7); bien que tous ces rois fussent appelés Christs, il n'y a cependant qu'un seul véritable Christ, dont tous les autres n'étaient que la figure par l'onction prophétique, et ce Christ, que l'opinion des hommes prétendait reconnaître en David ou en Salomon, était beaucoup différé ; mais dans l'ordre de la Providence de Dieu, il devait venir en son temps. Ensuite, le psaume nous apprend ce qui arriva, pendant ce délai, dans le royaume de la Jérusalem terrestre, où l'on attendait fermement son règne. « Vous avez, dit-il, brisé l'alliance de votre serviteur, vous avez profané la sainteté de son temple sur la terre. Vous avez renversé tous ses remparts et la frayeur a envahi ses citadelles.

---

inquit, in veritate mea, neque profanabo testamentum meum, et quæ procedunt de labiis meis non reprobabo. Semel juravi in sancto meo, si David mentiar : » (*Psal.* LXXXVIII, 34, etc.) id est, nequaquam David mentiar. Solet enim sic loqui Scriptura. Quid autem non mentiatur, adjungit, et dicit : « Semen ejus in æternam manebit; et sedes ejus sicut sol in conspectu meo, et sicut luna perfecta in æternum, et testis in cœlo fidelis. »

CAPUT X.

Quam diversa acta sint in regno terrenæ Jerusalem, ab his quæ promiserat Deus, ut intelligeretur promissionis veritas ad alterius Regis et regni gloriam pertinere.

Post hæc tantæ promissionis validissima firmamenta, ne putarentur in Salomone completa, tamquam id speraretur, nec inveniretur : « Tu vero, inquit; repulisti, et ad nihilum deduxisti, Domine. » (*Psal.* LXXXVIII, 39.) Hoc quippe factum est de regno

Salomonis in posteris ejus, usque ad eversionem ipsius terrenæ Jerusalem (III. *Reg.* XIV), quæ regni ejusdem sedes fuit ; et maxime ipsius templi labem, quod fuerat a Salomone constructum. Sed ne ob hoc putaretur Deus contra sua promissa fecisse, continuo subjecit; « Distulisti Christum tuum. » Non est ergo ille Salomon, sed nec ipse David, si dilatus est Christus Domini. Cum enim Christi ejus dicerentur omnes reges mystico illo chrismate consecrati, non solum a rege David et deinceps, sed ab illo etiam Saule, qui populo eidem rex primus est unctus ; ipse quippe David cum Christum Domini appellat (I. *Reg.* XXIV, 7) : erat tamen unus verus Christus, cujus illi figuram prophetica unctione gestabant; qui secundum opinionem hominum, qui cum putabant in David vel in Salomone intelligendum, differebatur in longum ; secundum autem dispositionem Dei venturus suo tempore parabatur. Interea dum ille differtur, quid factum sit de regno terrenæ Jerusalem, ubi sperabatur utique regnaturus, secutus iste Psalmus adjunxit, atque ait (*a*) : « Ever-

---

(*a*) Aliquot Mss. *avertisti.* Græce est, κατέστρεψας.

Tous les passants l'ont pillé, et il est devenu l'opprobre de ses voisins. Vous avez relevé le courage de ses ennemis et vous les avez comblés de joie. Vous avez émoussé la pointe de son glaive, et vous ne l'avez point secouru dans le combat. Vous l'avez dépouillé de sa gloire, et vous avez renversé son trône contre terre. Vous avez abrégé les jours de son règne, et vous l'avez couvert de confusion. » (*Ps.* LXXXVIII, 40.) Tous ces malheurs sont venus fondre sur la Jérusalem esclave, où cependant ont encore régné quelques enfants de la Jérusalem libre, gardant cette royauté comme une administration temporaire, mais soupirant dans la vérité de leur foi, et dans l'espérance du Christ véritable, après le royaume de la Jérusalem céleste, dont ils étaient les enfants. Mais si l'on veut savoir comment se sont accomplis tous ces événements dans le royaume terrestre, il faut en lire le récit dans l'histoire.

CHAPITRE XI.

La substance du peuple de Dieu est dans le Christ par l'entremise de la chair; seul il a eu le pouvoir de retirer son âme de l'enfer.

Après ces prophéties, le prophète se tourne vers Dieu pour lui adresser sa prière, et sa prière même est une prophétie : « Jusques à quand, Seigneur, détournerez-vous jusqu'à la fin ? » (*Ps.* LXXXVIII, 47.) Il faut sous-entendre votre face, comme il est dit ailleurs : « Jusques à quand détournerez-vous de moi votre face? » Et quelques textes portent non pas : « détournerez-vous » mais « vous détournerez-vous : » bien qu'on puisse entendre : Jusques à quand détournerez-vous le secours de votre miséricorde que vous avez promise à David. Quant à cette parole :« à la fin, » qu'est-ce à dire, sinon : jusqu'à la fin ? Cette fin signifie les derniers temps, quand cette nation même croira en Jésus-Christ; mais avant cette fin, doivent survenir les malheurs que le prophète a déplorés plus haut. Aussi il ajoute : « Votre colère s'allumera comme un feu (*Ibid.* 48); souvenez-vous quelle est ma substance. » On ne saurait rien entendre de mieux ici que Jésus lui-même, substance de ce peuple, d'où il tire sa nature charnelle. « Car ce n'est pas en vain, dit-il, que vous avez créé tous les enfants des hommes. » En effet, s'il n'était pas seul la substance d'Israël, ce fils de l'homme qui doit sauver une multitude d'enfants des hommes, en vain eussent été créés les

---

tisti testamentum servi tui, profanasti in terra sanctitatem ejus. Destruxisti omnes macerias ejus, posuisti munitiones ejus in formidinem. Diripuerunt eum omnes transeuntes viam, factus est opprobrium vicinis suis. Exaltasti dexteram inimicorum ejus, jocundasti omnes inimicos ejus. Avertisti adjutorium gladii ejus, et non es opitulatus ei in bello. Dissolvisti eum ab emundatione, sedem ejus in terram collisisti. Minuisti dies sedis ejus, perfudisti cum confusione. » (*Psal.* LXXXVIII, 40, etc.) Hæc omnia venerunt super ancillam Jerusalem, in qua regnaverunt nonnulli etiam filii liberæ, regnum illud tenentes in dispensatione temporaria : regnum autem cœlestis Jerusalem, cujus erant filii, in vera fide habentes, et in vero Christo sperantes. Quomodo autem ista venerint super illud regnum, index est rerum gestarum, si legatur, historia.

CAPUT XI.

De substantia populi Dei, quæ per (a) susceptionem carnis in Christo est, qui soli eruendi ab inferis animam suam habuit potestatem.

Post hæc autem prophetata ad precandum Deum Propheta convertitur : sed et ipsa precatio prophetatio est. « Usque quo Domine avertis in finem ? » (*Ps.* LXXXVIII, 47) subauditur, faciem tuam, sicut alibi dicitur : « Usque quo avertis faciem tuam a me? » Nam ideo quidam codices hic non habent « avertis, sed averteris : » quamquam possit intelligi, avertis misericordiam tuam, quam promisisti David. Quod autem dixit, « in finem, » quid est, nisi usque in finem? Qui finis intelligendus est ultimum tempus, quando in Christum Jesum etiam illa gens est creditura, ante quem finem illa fieri oportebat, quæ superius ærumnosa deflevit. Propter quæ et hic sequitur : « Exardescet sicut ignis ira tua. Memento quæ est mea substantia. » (*Ibid.* 48.) Nihil hic melius, quam ipse Jesus intelligitur, substantia populi ejus, ex quo natura est carnis ejus. « Non enim vane, inquit, constituisti omnes filios hominum. Nisi enim esset unus filius hominis substantia Israel, per quem filium hominis liberarentur multi filii hominum, vane utique constituti essent omnes filii hominum. Nunc vero omnis quidem humana natura per peccatum primi hominis in vanitatem de veritate collapsa est propter quod dicit alius Psalmus : « Homo vanitati similis factus

---

(*a*) Editi, *successionem*. Emendantur ex Mss.

enfants des hommes. Maintenant, il est vrai, par suite du péché du premier homme, la nature humaine tout entière est tombée de la vérité dans la vanité, et de là vient cette parole d'un autre psaume : « L'homme est devenu semblable à la vanité ; ses jours s'évanouissent comme l'ombre ; » (*Ps.* CXLIII, 4) mais ce n'est pas en vain que Dieu a créé tous les enfants des hommes, car il en délivre un grand nombre de la vanité par le Médiateur Jésus. Et ceux que, dans sa prescience, il connaît en dehors du salut ; il ne les a cependant pas créés en vain, mais, selon le plan admirable de sa Providence toujours juste à l'égard de toute créature douée de raison, pour l'avantage de ceux qui doivent être sauvés, et pour faire ressortir le contraste des deux Cités. Le Psalmiste continue : « Quel est l'homme qui vivra et ne verra point la mort ; qui délivrera son âme de l'enfer ? » Celui-là, quel est-il, sinon cette substance d'Israël de la race de David, Jésus-Christ, dont l'Apôtre dit que, « ressuscité d'entre les morts, il ne meurt plus, et la mort n'a plus d'empire sur lui ? » (*Rom.* VI, 9.) C'est ainsi qu'il vivra et qu'il ne verra point la mort ; car bien qu'il soit mort, il a cependant délivré son âme de l'enfer, où il est descendu pour rompre les liens de plusieurs : et il en a retiré son âme par cette puissance dont il parle ainsi dans l'Évangile : « J'ai le pouvoir de quitter mon âme et le pouvoir de la reprendre. » (*Jean,* X, 18.)

CHAPITRE XII.

A qui faut-il attribuer ces réclamations au sujet des promesses, selon qu'elles sont exprimées dans ces paroles du Psaume : « *Où sont, Seigneur, vos anciennes miséricordes, etc.?* »

Quant à ces dernières paroles du psaume : « Où sont, Seigneur, vos anciennes miséricordes, celles que, dans votre vérité, vous avez promises à David par serment. Souvenez-vous, Seigneur, de l'opprobre de vos serviteurs, opprobre que j'ai reçu en silence de la part de tant de nations, quand vos ennemis, Seigneur, me reprochaient le changement de votre Christ ; » (*Ps.* LXXXVIII, 50 etc.) on pourrait à bon droit demander, si elles ont été dites au nom des Israélites qui désiraient voir l'accomplissement de la promesse faite par Dieu à David ; ou plutôt au nom des Chrétiens, Israélites selon l'esprit et non selon la chair. En effet, ces paroles ont été dites ou écrites à l'époque d'OEthan, dont le nom sert de titre à ce psaume, et sous le règne de David ; par conséquent, on ne pouvait dire alors : « Où sont, Seigneur, vos anciennes miséricordes, celles que, dans votre

---

CAPUT XII.

Ad quorum personam pertinere intelligenda sit flagitatio promissionum, de quibus in Psalmo dicitur : « *Ubi sunt miserationes tuæ, Domine, antiquæ, etc.* »

Sed cetera Psalmi hujus, quæ ita se habent : « Ubi sunt miserationes tuæ antiquæ, Domine, quas jurasti David in veritate tua? Memento Domine opprobrii servorum tuorum, quod continui in sinu meo multarum gentium : quod exprobraverunt inimici tui, Domine ; quod exprobraverunt, commutationem Christi tui : » (*Psal.* LXXXVIII, 50, etc.) utrum ex persona dicta sint illorum Israelitarum, qui desiderabant reddi sibi promissionem, quæ facta est ad David ; an potius Christianorum, qui non secundum carnem, sed secundum spiritum sunt Israelitæ, merito quæri potest. Dicta sunt quippe ista vel scripta tempore quo fuit Æthan, de cujus nomine titulum iste Psalmus accepit ; et idem tempus regni David

est, dies ejus velut umbra prætereunt : »(*Ps.* CXXIII, 4) sed non vane Deus constituit omnes filios hominum ; quia et multos a vanitate liberat per mediatorem Jesum, et quos liberandos non esse præscivit, ad utilitatem liberandorum et comparationem duarum inter se a contrario Civitatum, non utique vane in totius rationalis creaturæ pulcherrima atque justissima ordinatione constituit. Deinde sequitur : « Quis est homo qui vivet, et non videbit mortem ; eruet animam suam de manu inferi? Quis est iste, nisi substantia illa Israel ex semine David, Christus Jesus? De quo dicit Apostolus : quod « Surgens a mortuis, jam non moritur, et mors ei ultra non dominabitur. » (*Rom.* VI, 9.) Sic enim vivet et non videbit mortem, ut tamen mortuus fuerit ; sed animam suam eruerit de manu inferi (*a*), quo prorupt quorumdam solvenda inferni vincla descenderat : eruerit autem potestate illa, de qua in Evangelio dicit : « Potestatem habeo ponendi animam, meam, et potestatem habeo iterum sumendi eam. » (*Joan.* X, 18.)

(*a*) Sic omnes Mss. At editi, *quia propter quorumdam solvenda peccatorum vincula ad ad inferna descenderat.*

vérité, vous avez promises à David par serment?» à moins que le prophète ne se mit à la place de ceux qui devaient venir bien plus tard, et pour qui les promesses faites à David étaient d'anciennes promesses. On peut donc entendre ici toutes ces nations qui, en persécutant les chrétiens, leur reprochaient la passion du Christ, que l'Écriture appelle changement, parce qu'en mourant, il est devenu immortel. On peut aussi entendre ce changement du Christ, comme reproché aux Israélites, en ce sens que celui qu'ils attendent dans l'avenir, est déjà le Christ de tous; et c'est encore à présent le reproche de beaucoup de nations qui croient en lui par le Nouveau Testament, tandis qu'eux-mêmes restent toujours dans l'Ancien. Alors, c'est en leur nom qu'il serait dit : « Souvenez-vous, Seigneur, de l'opprobre de vos serviteurs, » parce que Dieu ne les oubliant pas, mais, au contraire, ayant pitié d'eux, leur accorderait à eux-mêmes, après cet opprobre, la grâce de la foi. Mais le premier sens que j'ai indiqué, me parait bien préférable. Car ce n'est pas aux ennemis du Christ, quand on leur reproche que le Christ les a abandonnés pour passer aux gentils, que peut convenir cette parole : « Souvenez-vous, Seigneur, de l'opprobre de vos serviteurs; » de tels hommes ne sauraient être appelés serviteurs de Dieu : ce titre ne convient qu'à ceux qui, ayant souffert de cruelles persécutions pour le nom du Christ, ont pu se souvenir du royaume céleste promis à la race de David, et dans le désir d'y parvenir, ont pu aussi s'écrier, non par désespoir, mais avec l'accent de la prière, mais en demandant, en cherchant, en frappant : « Où sont, Seigneur, vos anciennes miséricordes, celles que, dans votre vérité, vous avez promises à David par serment? Souvenez-vous, Seigneur, de l'opprobre de vos serviteurs, opprobre que j'ai reçu en silence de la part de tant de nations : » c'est-à-dire que j'ai supporté intérieurement avec patience : « quand vos ennemis, Seigneur, me reprochaient le changement de votre Christ, » le regardant comme son anéantissement. Et que veut dire : « Souvenez-vous, Seigneur, » sinon ayez pitié et, à cause des humiliations que j'ai supportées avec patience, accordez-moi la gloire que, dans votre vérité, vous avez promise à David par serment? Mais si nous attribuons ces paroles aux Juifs, ils ont pu les dire aussi ces serviteurs de Dieu qui, après la prise de la Jérusalem terrestre et avant la naissance temporelle de Jésus-Christ, emmenés en captivité, comprenaient bien le changement du Christ, c'est-à-dire qu'ils n'avaient point à espérer de lui une félicité terrestre et charnelle, comme celle des premières années

---

fuit : ac per hoc non diceretur : « Ubi sunt miserationes tuæ antiquæ, Domine, quas jurasti David in veritate tua? » nisi eorum personam in se *(a)* Propheta transfiguraret, qui longe postea futuri erant, quibus hoc tempus esset antiquum, quando regi David ista promissa sunt. Potest autem intelligi multas gentes, quando persequebantur Christianos, exprobrasse illis passionem Christi, quam Scriptura commutationem vocat; quoniam moriendo immortalis est factus. Potest et commutatio Christi secundum hoc accepi exprobrata Israelitis, quia cum eorum speraretur futurus, factus est gentium : et hoc eis nunc exprobrant multæ gentes, quæ crediderunt in eum per novum Testamentum, illis in vetustate remanentibus : ut ideo dicatur : « Memento Domine opprobrii servorum tuorum; » quia non eos obliviscente, sed potius miserante Domino, et ipsi post hoc opprobrium credituri sunt. Sed ille quem prius posui, convenientior sensus mihi videtur. Inimicis enim Christi, quibus exprobratur, quod eos ad gentes transiens reliquerit Christus, incongrue vox ista coaptatur : « Memento Domine opprobrii servorum tuorum; » non enim servi Dei noncupandi sunt tales Judæi : sed eis verba ista competunt, qui cum graves humilitates persecutionem pro Christi nomine paterentur, recordari potuerunt excelsum regnum semini David fuisse promissum; et ejus desiderio dicere, non desperando, sed petendo, quærendo, pulsando : « Ubi sunt miserationes tuæ antiquæ, Domine, quas jurasti David in veritate tua? Memento Domine opprobrii servorum tuorum, quod continui in sinu meo multarum gentium : » hoc est, in interioribus meis patienter pertuli. « Quod exprobraverunt inimici tui, Domine; quod exprobraverunt, commutationem Christi tui : » non eam putantes commutationem, sed *(b)* consumptionem. Quid est autem, « Memento Domine, » nisi ut miserearis, et pro tolerata patienter humilitate mea, reddas celsitudinem, quam jurasti David tui : « non in veritate tua? Si autem Judæis assignemus hæc verba, illi servi Dei talia dicere potuerunt, qui expugnata terrena Jerusalem, antequam Jesus Christus humanitus nasce-

(a) Mss. *prophetia*. — *(b)* Ita Mss. Editi autem, *sed consummationem*.

du règne de Salomon, mais une félicité céleste et spirituelle; et quand l'ignorante infidélité des gentils se moquait injurieusement du peuple de Dieu captif, faisait-elle autre chose que reprocher, sans savoir à ceux qui savaient, le changement du Christ? C'est pourquoi ces paroles qui terminent le psaume : « Que la bénédiction du Seigneur demeure éternellement; ainsi soit-il, ainsi soit-il; » (*Ps.* LXXXVIII, 53.) conviennent parfaitement à tout le peuple de Dieu, qui appartient à la Jérusalem céleste, soit aux justes cachés dans l'Ancien Testament, avant la révélation du Nouveau, soit aux fidèles que le Testament Nouveau nous révèle comme appartenant au Christ. En effet, la bénédiction du Seigneur à la postérité de David ne saurait être réservée à un certain temps, aux seuls jours du règne de Salomon, elle doit s'étendre jusqu'à l'éternité; et c'est dans le sentiment de son inébranlable espérance que le Psalmiste s'écrie : « Ainsi soit-il, Ainsi soit-il. » Car la répétition de cette parole est la preuve certaine de son espérance. David le comprenait bien ainsi, puisqu'il dit au second livre des Rois, qui a donné lieu à cette digression : « Vous avez parlé pour longtemps en faveur de la maison de votre serviteur; » (II. *Rois.* VII, 19) et un peu plus loin : « commencez donc maintenant et bénissez à jamais la maison de votre serviteur etc.; » (*Ibid.* 29) car il allait être le père d'un fils, dont la race devait se perpétuer jusqu'à Jésus-Christ, par qui sa maison, et aussi la maison de Dieu devait être éternelle. Et de fait, c'était la maison de David à cause de sa race, et en même temps la maison de Dieu, à cause du temple de Dieu, construit non avec des pierres, mais avec des hommes; temple où le peuple habitera à jamais avec Dieu et en son Dieu, et Dieu avec son peuple et en son peuple; en sorte que Dieu remplisse son peuple et que le peuple soit plein de son Dieu, quand Dieu sera tout en tous (I. *Cor.* XV, 28), et qu'après avoir été notre force dans la guerre, il sera lui-même notre récompense dans la paix. Aussi, après ces paroles de Nathan : « Et le Seigneur te fera connaître que tu lui bâtiras une maison (II. *Rois,* VII, 11), David dit : Seigneur Tout-Puissant, Dieu d'Israël, vous avait fait une révélation à votre serviteur, en disant : Je te bâtirai une maison. » (*Ibid.* 27.) En effet, nous bâtissons cette maison par la bonne vie, et Dieu la bâtit aussi en nous aidant à bien vivre; car, « si le Seigneur ne bâtit lui-même la maison, en vain travaillent ceux qui la bâtissent. » (*Ps.* CXXVI, 1.) Et quand sera venue le temps de la dernière dédicace de cette maison, alors s'accomplira la parole de

retur, in captivitatem ducti sunt, intelligentes commutationem Christi, quia scilicet non per eum terrena carnalisque felicitas, qualis paucis annis regis Salomonis apparuit, sed cœlestis ac spiritalis esset fideliter exspectanda : quam tunc ignorans infidelitas gentium, cum Dei populum exsultabat atque insultabat esse captivum, quid aliud quam Christi commutationem, sed scientibus nesciens, exprobabat? Et ideo quod sequitur, ubi Psalmus iste concluditur : « Benedictio Domini in æternum, Fiat, fiat : » (*Ibid.* 53) universo populo Dei ad cœlestem Jerusalem pertinenti, sive in illis qui latebant in Testamento vetere, antequam revelaretur novum, sive in his qui jam Testamento novo revelato manifeste pertinere cernuntur ad Christum, satis congruit. Benedictio quippe Domini in semine David, non ad aliquod tempus, qualis diebus Salomonis apparuit, sed in æternum speranda est, in qua certissima spe dicitur : « Fiat, fiat. Illius enim spei est confirmatio verbi hujus iteratio. Hoc ergo intelligens David ait in secundo Regnorum libro, unde ad istum Psalmum digressi sumus : « Et locutus et pro domo servi tui in longinquum. » (II. *Reg.* VII, 19.) Ideo autem post paululum ait : « Nunc incipe, et benedic domum servi tui usque in æternum, » (*Ibid.* 29) et cetera : quia tunc geniturus erat filium, ex quo progenies ejus duceretur ad Christum, per quem futura erat domus ejus æterna, eademque domus Dei. Domus enim David, propter genus David; domus autem Dei eadem ipsa, propter templum Dei, de hominibus factum, non de lapidibus, ubi habitet in æternum populus cum Deo et in Deo suo, et Deus cum populo atque in populo suo; ita ut Deus sit implens populum suum, et populus plenus Deo suo, cum Deus erit omnia in omnibus, ipse in pace præmium, qui virtus in bello. (I. *Cor.* XV, 28.) Ideo cum in verbis Nathan dictum sit : « Et nuntiabit tibi Dominus, quoniam domum ædificabis ipsi : » (II. *Reg.* VII, 11) postea dictum est in verbis David : « Quoniam tu Dominus omnipotens Deus Israel, revelasti aurem servi tui, dicens : Domum ædificabo tibi. » (*Ibid.* XXVII.) Hanc enim domum et nos ædificamus bene vivendo, et Deus ut bene vivamus opitulando : Quia « nisi Dominus ædificaverit domum, in vanum laborabunt ædificantes eam. » (*Ps.* CXXVI, 1.) Cujus domus cum venerit ultima dedicatio, tunc fiet illud, quod hic per Nathan locutus est Deus, dicens : « Et ponam locum populo meo Israel, et

Dieu, telle que son prophète l'a transmise ici : « J'assignerai une demeure à mon peuple d'Israël, et je l'établirai dans ce lieu, et il y demeurera séparé des autres nations, et rien ne l'inquiètera plus désormais; les enfants de malice ne l'humilieront plus, comme autrefois, aux temps des juges que j'avais établis chefs de mon peuple d'Israël. » (II. *Rois*, VII, 10 etc.)

CHAPITRE XIII.

Si les promesses de véritable paix peuvent être rapportées aux temps du règne de Salomon.

Mais espérer un si grand bien en ce siècle, sur cette terre, serait véritablement de la démence. Qui donc pourrait s'imaginer que les promesses ont été accomplies par la paix du règne de Salomon? L'Écriture ne fait l'éloge de cette paix que comme figure d'une autre pour l'avenir. Et sa vigilance va au-devant de cette fausse conjecture, quand, après avoir dit : « Les enfants de malice ne l'humilieront plus, » elle ajoute aussitôt : « comme autrefois aux temps des juges que j'avais établis chefs de mon peuple d'Israël. » (II. *Rois*, VII, 10 et 11.) En effet, avant les Rois, les juges gouvernaient le peuple, depuis son établissement dans la terre promise. Et certainement alors, les enfants de malice, c'est-à-dire, les ennemis étrangers l'humiliaient de temps en temps, à ces époques où nous voyons la paix et la guerre se succéder alternativement; cependant on y remarque des périodes de paix plus longues que sous le règne de Salomon, dont la durée fut de quarante ans. Car au temps du juge Aod, il y eut quatre-vingts ans de paix. Loin de nous donc, de croire que cette promesse regarde le règne de Salomon, et bien moins encore celui d'aucun autre roi. Car nul roi n'a joui d'une si longue paix ; et jamais cette nation n'a été assez puissante, pour n'avoir rien à craindre de ses ennemis; d'ailleurs, l'instabilité des choses humaines ne permit jamais à aucun peuple d'être si bien affermi, qu'il n'eût à redouter quelquefois ces invasions funestes. Ce lieu donc, où est promise une demeure si paisible et si sûre, est le séjour éternel; il est dû à des enfants éternels, dans le sein de leur mère, la Jérusalem libre; c'est là que règnera véritablement le peuple d'Israël ; car ce nom signifie : « voyant Dieu ; » dans le désir d'une telle récompense, il faut, en ce laborieux pélerinage, mener une vie sainte par la foi.

plantabo illum, et inhabitabit seorsum, et non sollicitus erit ultra : et non apponet filius iniquitatis humiliare eum, sicut ab initio a diebus quibus constitui judices super populum meum Israel. » (II. *Reg.* VII, 10 et 11.)

CAPUT XIII.

An promissæ pacis veritas illis temporibus possit adscribi, quæ sub Salomone fluxerunt.

Hoc tam magnum bonum quisquis in hoc sæculo et in hac terra sperat, insipienter sapit. An quispiam putabit in pace regni Salomonis id esse completum ? Pacem quippe illam Scriptura in umbra futuri excellenti prædicatione commendat. Sed huic suspicioni vigilanter occursum est, cum postea quam dictum est : « Et non apponet filius iniquitatis humiliare eum : » continuo subjunctum est : « Sicut ab initio a diebus quibus constitui judices super populum meum Israel. » (II. *Reg.* VII, 10 et 11.) Judices namque, priusquam Reges ibi esse cœpissent, super illum populum fuerant constituti, ex quo terram promissionis accepit. Et utique humiliabat eum filius iniquitatis, hoc est, hostis alienigena, per intervalla temporum, quibus leguntur paces alternasse cum bellis et inveniuntur illic pacis tempora prolixiora quam Salomon habuit, qui quadraginta regnavit annos. Nam sub eo judice qui appellatus est Aod, octoginta anni pacis fuerunt. Absit ergo, ut Salomonis tempora in hac promissione prædicta esse credantur : multo minus utique cujuslibet regis alterius. Non enim quisquam eorum in tanta, quanta ille pace regnavit ; nec umquam omnino gens illa ita regnum tenuit, ut sollicita non fuerit ne hostibus subderetur : quia in tanta mutabilitate rerum humanarum, nulli aliquando populo concessa est tanta securitas, ut huic vitæ hostiles non formidaret incursus. Locus ergo iste, qui promittitur tam pacatæ ac securæ habitationis, æternus est, æternisque debetur in matre Jerusalem libera, ubi erit veraciter populus Israel hoc enim nomen interpretatur Videns Deum : cujus præmii desiderio pia per fidem vita in hac ærumnosa peregrinatione ducenda est.

CHAPITRE XIV.

De l'étude des Psaumes.

Pendant que la Cité de Dieu poursuit son cours à travers les siècles, David règne d'abord dans la Jérusalem terrestre, figure de l'avenir. Or, David avait du goût pour le chant; il aimait l'harmonie, non par vain plaisir, mais dans une intention de foi, rendant hommage à son Dieu, qui est le Dieu véritable, par les profonds mystères de ses cantiques. Car la précision des accords entre les différents tons est, dans son harmonieuse variété, la figure de l'intime union qui devait exister entre les citoyens d'une ville bien réglée. Presque toutes ses prophéties sont contenues dans ce livre de cent cinquante psaumes, que nous appelons le Psautier. De ces psaumes plusieurs veulent que ceux-là seulement qui portent le nom de David, soient son œuvre ; d'autres ne lui attribuent que ceux qui ont pour titre : « de David, » disant que les psaumes intitulés : « à David, » ont été faits par d'autres et appropriés à sa personne. Mais cette opinion est réfutée par le Sauveur lui-même, dans l'Évangile, quand il dit que David inspiré reconnaît le Christ pour son Seigneur (*Matth.* XXII, 43), puisque le psaume cent neuvième commence ainsi : « Le Seigneur a dit à mon Seigneur, asseyez-vous à ma droite, jusqu'à ce que j'aie fait de vos ennemis votre marche-pied. » (*Ps.* CIX, 1.) Cependant ce psaume, comme beaucoup d'autres, n'a pas pour titre : « de David, mais à David. » Pour moi, je crois plus probable l'opinion de ceux qui attribuent ces cent cinquante psaumes à David donnant aux uns pour titres, des noms étrangers qui figuraient quelque évènement en rapport avec son sujet, et ne jugeant pas à propos de mettre en tête des autres, aucun nom d'homme, selon l'inspiration qu'il recevait de Dieu ; bien qu'on ne voie pas la raison de ces différences, elle existe sûrement. Et il ne faudrait pas se laisser aller ici à l'incrédulité, à cause de quelques prophètes, bien postérieurs au roi David et dont cependant les noms se trouvent en tête de certains psaumes, où on dirait qu'ils parlent eux-mêmes. (*Ps.* LXIV, CXI, CXLV, etc.) Car l'esprit prophétique dont ce prince était animé, a pu lui révéler les noms de ces futurs prophètes, et lui inspirer de prophétiques allusions à leurs personnes ; ainsi le roi Josias qui devait naître et régner plus de trois cents ans après, est annoncé par un prophète qui révèle avec son nom, les évènements de sa vie. (III. *Rois*, XIII.)

CAPUT XIV.

De studio David in dispositione Psalmorum.

Procurrente igitur per tempora Civitate Dei, primo in umbra futuri, in terrena scilicet Jerusalem regnavit David. Erat autem David vir in canticis eruditus, qui harmoniam musicam non vulgari voluptate, sed fideli voluntate dilexerit; eaque Deo suo, qui verus est Deus, mystica rei magnæ figuratione servierit. Diversorum enim sonorum rationabilis moderatusque concentus concordi varietate compactam bene ordinatæ civitatis insinuat unitatem. Denique omnis fere prophetia ejus in Psalmis est, quos centumquinquaginta liber continet, quem Psalmorum vocamus. In quibus nonnulli volunt, eos solos factos esse a David, qui ejus nomine inscripti sunt. Sunt item qui putant non ab eo factos, nisi qui prænotantur, « Ipsius David : » qui vero habent in titulis ; « Ipsi David, ab aliis factos, personæ ipsius fuisse coaptatos. Quæ opinio voce Evangelici Salvatoris ipsius refutatur, ubi ait, quod ipse David in Spiritu Christum dixerit esse Dominum suum (*Matth.* XXII, 43) : quoniam Psalmus centesimus-nonus sic incipit : « Dixit Dominus Domino meo ; Sede a dextris meis, donec ponam inimicos tuos scabellum pedum tuorum. » (*Ps.* CIX, 1.) Et certe idem Psalmus non habet in titulo, « Ipsius David : » sed, « Ipsi David, » sicut plurimi. Mihi autem credibilius videntur existimare, qui omnes illos centum et quinquaginta Psalmos ejus operi tribuunt, eumque aliquos prænotasse etiam nominibus aliorum, aliquid quod ad rem pertineat figurantibus, ceteros autem nullius hominis nomen in titulis habere voluisse : sicut ei varietatis hujus dispositionem, quamvis latebrosam, non tamen inanem Dominus inspiravit. Nec movere debet ad hoc non credendum, quod nonnullorum nomina Prophetarum, qui longe post David regis tempora fuerunt, quibusdam Psalmis in eo libro leguntur inscripta ; et quæ ibi dicuntur, velut ab eis dici videntur. (*Ps.* LXIV, CXI, CXLV, etc.) Neque enim non potuit propheticus Spiritus prophetanti regi David hæc etiam futurorum Prophetarum nomina revelare, ut aliquid, quod eorum personæ conveniret, prophetice cantaretur : sicut rex Josias exorturus et regnaturus post annos amplius quam trecentos, cuidam Prophetæ, qui etiam facta ejus futura prædixit, cum suo nomine revelatus est. (III. *Reg.* XIII.)

CHAPITRE XV.

Si toutes les prophéties contenues dans les psaumes sur le Christ et l'Eglise, peuvent entrer dans le plan de cet ouvrage.

Il me semble qu'on attend de moi maintenant, l'explication des prophéties contenues dans les psaumes de David, au sujet de Notre-Seigneur Jésus-Christ ou de son église. Mais si je n'agis pas conformément à ce que l'on paraît désirer, (bien que j'aie déjà donné l'explication d'un psaume,) c'est plutôt l'abondance que la pénurie de matière qui m'en empêche. Car je ne puis tout embrasser dans la crainte d'être trop long; et si je fais un choix, les connaisseurs pourraient m'accuser d'avoir omis le plus nécessaire. D'ailleurs le témoignage tiré d'un psaume doit être corroboré par l'ensemble de ce psaume, en sorte qu'on n'y trouve rien qui l'infirme, si tout ne le favorise pas; autrement notre travail ressemblerait à des centons ou à des vers extraits çà et là d'un long poëme, qui présenterait alors un sens tout différent de son sujet. Aussi, pour faire voir le rapport des différentes parties d'un psaume, il faudrait l'expliquer tout entier, mais ce serait là un travail immense, dont on peut se rendre compte par ce que d'autres ont fait et par ce que nous avons fait nous-mêmes. Que celui qui en a la volonté et le temps, fasse cette lecture; il y trouvera de nombreuses et magnifiques prophéties faites par David, roi et prophète en même temps, sur le Christ et son Église, c'est à-dire sur le Roi et la Cité qu'il a fondée.

CHAPITRE XVI.

Dans le psaume quarante-quatrième, les prophéties relatives au Christ et à l'Eglise, sont faites ou clairement, ou en figures.

1. Car, bien que sur n'importe quel sujet, les prophéties aient leur sens propre et des expressions claires, le langage figuré s'y mêle nécessairement encore; et, à cause des esprits plus lents à concevoir, ces figures obligent les savants à de laborieuses recherches et à de longs commentaires. Il en est cependant qui, au premier coup d'œil, dès qu'on les lit, désignent le Christ et l'Église, bien qu'il y reste certaines obscurités qu'il faut expliquer à loisir : Telle est cette page du livre des psaumes : « Mon cœur a laissé échapper une bonne parole, je consacre mes œuvres à mon roi. Ma langue est

CAPUT XV.

An omnia quæ in Psalmis de Christo et Ecclesia prophetantur, ad contextum hujus Operis coaptanda sint.

Nunc jam exspectari a me video, ut hoc loco libri hujus aperiam quid in Psalmis David de Domino Jesu Christo vel ejus Ecclesia prophetaverit. Ego autem ut hoc non ita faciam, sicut videtur ipsa exspectatio postulare, (quamvis jam in uno fecerim,) copia, quam inopia magis impedior. Omnia enim ponere vitandæ prolixitatis caussa prohibeor : vereor autem ne cum aliqua elegero, multis, qui ea noverunt, videar magis necessaria præterisse. Deinde quia testimonium quod profertur, de contextione totius Psalmi debet habere suffragium (*a*), ut certe nihil sit quod ei refragetur, si non omnia suffragentur; ne more centonum ad rem quam (*b*) grandi carmine, quod non de re illa, sed de alia longeque diversa reperiatur esse conscriptum. Hoc autem ut in quocumque Psalmo possit ostendi, extendi, exponendus est totus : quod quanti operis sit, et aliorum, et nostra volumina, in quibus hoc fecimus, satis indicant. Legat ergo illa, qui voluerit, et potuerit : inveniet et quanta rex David idemque propheta de Christo et ejus Ecclesia prophetaverit, de Rege scilicet et Civitate quam condidit.

CAPUT XVI.

De his quæ in quadragesimo-quarto Psalmo ad Christum et Ecclesiam pertinentia, aut aperte dicuntur, aut tropice.

1. Quamlibet enim de quacumque re propriæ sint atque manifestæ propheticæ locutiones, necesse est ut eis etiam tropicæ misceantur : quæ maxime propter tardiores ingerunt doctoribus laboriosum disputandi exponendique negotium. Quædam tamen Christum et Ecclesiam ipsa prima facie, mox ut dicuntur, ostendunt; etsi ex otio restant exponenda, quæ in eis minus intelliguntur : quale illud est in eodem Psalmorum libro : « Eructavit cor meum verbum bonum, dico ego opera mea regi. Lingua mea

---

(*a*) Mss. *Aut certe nihil sit.* — (*b*) Sic Mss. At editi, *de retrogrado carmine.*

comme la plume d'un écrivain très-habile. Vous êtes le plus beau des enfants des hommes ; la grâce est répandue sur vos lèvres, et pour cela Dieu vous a béni à jamais. Vous, Tout-Puissant, soyez ceint de votre glaive et qu'il repose sur votre cuisse. Avec tant de grâces et de beautés, marchez, prospérez dans vos entreprises et régnez. La vérité, la douceur et la justice vous font cortége ; et votre puissance opèrera des merveilles. Vos flèches aiguës portent l'épouvante. Les peuples tomberont à vos pieds, car elles perceront le cœur des ennemis du roi. Votre trône, ô Dieu, sera éternel, et le sceptre de votre empire sera un sceptre de justice. Vous avez aimé la justice, et vous avez eu en horreur l'iniquité : c'est pourquoi, ô Dieu, votre Dieu vous a sacré avec l'huile de l'allégresse, de préférence à tous ceux qui partageaient votre gloire. La myrrhe, l'aloës et l'ambre s'exhalent de vos vêtements, de vos palais d'ivoire ; et ces parfums ont gagné le cœur des filles des rois, au jour de votre triomphe. » (*Ps.* XLIV, 2 etc.) Qui donc, si lourd d'esprit qu'il soit, ne reconnaît pas ici le Christ que nous prêchons et en qui nous croyons? Qui ne reconnaît ce Dieu, dont le trône est éternel ; ce Dieu sacré par Dieu, et comme Dieu sacre, avec le chrême spirituel et intelligible? Quel homme assez ignorant de cette religion, ou assez sourd au bruit de sa prodigieuse renommée, pour ne pas savoir que le Christ a reçu son nom du chrême, c'est-à-dire de l'onction. Or, le Christ une fois reconnu roi, les autres prédictions métaphoriques, ainsi : quelle est cette beauté qui surpasse celle de tous les enfants des hommes, beauté d'autant plus aimable et plus admirable, qu'elle est moins corporelle ; que signifient son glaive, ses flèches et d'autres expressions semblables qui n'ont pas un sens propre, mais figuré, tout cela peut s'étudier à loisir, quand on est sujet de celui qui règne par la vérité, la douceur et la justice.

2. Maintenant, jetons les yeux sur son Église, sur cette épouse, unie à un époux si auguste par les liens d'un mariage spirituel et d'un divin amour ; c'est d'elle dont il est dit aux versets suivants : « La reine s'est assise à votre droite, ayant un vêtement tissu d'or et des broderies variées. Ecoute, ma fille, vois et prête l'oreille, oublie ton peuple et la maison de ton père, car le roi est épris de ta beauté et il est le Seigneur, ton Dieu. Les filles de Tyr l'adoreront avec des présents, et les riches du peuple déposeront leur prière en ta présence. Toute la

---

calamus scribæ, velociter scribentis. Speciosus forma præ filiis hominum : diffusa est gratia in labiis tuis, propterea benedixit te Deus in æternum. Accingere gladium tuum circa femur (*a*) potentissime. Specie tua et pulcritudine tua, intende, prospere, procede, et regna. Propter veritatem et mansuetudinem et justitiam ; et deducet te mirabiliter dextera tua. Sagittæ tuæ acutæ (*b*) potentissimæ. Populi sub te cadent : in corde inimicorum regis. Sedes tua Deus in sæcula sæculorum, virga directionis virga regni tui. Dilexisti justitiam, et odio habuisti iniquitatem : propterea unxit te, Deus, Deus tuus oleo exsultationis præ participibus tuis. Myrrha, et gutta, et casia, a vestimentis tuis, a domibus eburneis : ex quibus delectaverunt te filiæ regum in honore tuo. (*Psal.* XLIV, 2, etc.) Quis non hic Christum, quem prædicamus, et in quem credimus, quamlibet sit tardus, agnoscat? cum audiat Deum, cujus sedes est in sæcula sæculorum ; et unctum a Deo, utique sicut unguit Deus, non visibili, sed spirituali atque intelligibili chrismate. Quis enim tam rudis est in hac religione, vel tam surdus adversus ejus famam longe lateque diffusam, ut Christum a chrismate, hoc est, ab unctione appellatum esse non noverit? Agnito autem rege Christo, jam cetera quæ hic tropice dicta sunt, quomodo sit speciosus forma præ filiis hominum, quadam tanto magis amanda atque miranda, quanto minus corporea pulcritudine ; quis gladius ejus, quæ sagittæ, et cetera isto modo non proprie, sed tropice posita, jam subditus ei qui regnat, propter veritatem et mansuetudinem et justitiam, inquirat ex otio.

2. Deinde adspiciat ejus Ecclesiam, tanto viro suo spirituali connubio et divino amore conjunctam : de qua dicitur in his quæ sequuntur : « Adstitit regina a dextris tuis in vestitu deaurato ; circumamicta varietate. Audi filia, et vide, et inclina aurem tuam, et obliviscere populum tuum, et domum patris tui. Quoniam concupivit rex speciem tuam, quia ipse est Dominus Deus tuus. Et adorabunt eum filiæ Tyri in muneribus : vultum tuum deprecabuntur divites plebis. Omnis gloria ejus filiæ regis intrinsecus, in fimbriis aureis, circumamicta varietate. Afferentur regi virgines post eam, proximæ ejus afferentur tibi.

(*a*) Editi addunt, *tuum* : quod a Mss. et a LXX abest. — (*b*) Editi, *potentissime* : pauloque post, *in corda*. At Mss hic et aliis inferius locis conveniunt cum ea versione, quam Augustinus sequitur in Enarrat. Psal. XLIV.

gloire de la fille du roi est intérieure, elle est vêtue d'une robe à franges d'or, entourée d'une broderie variée. On amènera au roi les vierges de sa suite, les plus proches vous seront présentées. Elles viendront dans la joie et l'allégresse, on les conduira dans le temple du roi. A la place de vos pères, des fils vous sont nés : vous les établirez princes sur toute la terre. Ils se souviendront de votre nom, dans la suite des générations. Aussi tous les peuples vous loueront éternellement et dans tous les siècles. » (*Ps.* XLIV, 10 etc.) Je ne crois personne assez insensé pour imaginer qu'il s'agit ici d'annoncer une simple femme et d'en faire le portrait comme devant être l'épouse de celui dont il a été dit : « Votre trône, ô Dieu, sera éternel, et le sceptre de votre empire sera un sceptre de justice. Vous avez aimé la justice et vous avez eu en horreur l'iniquité : c'est pourquoi, ô Dieu, votre Dieu vous a sacré avec l'huile de l'allégresse, de préférence à tous ceux qui partageaient votre gloire. » Assurément c'est le Christ qui est sacré d'une onction plus excellente que les chrétiens. Et ceux-ci participent à sa gloire, puisque leur unité et leur concorde dans tout l'univers forme cette reine, appelée dans un autre psaume : « La Cité du grand Roi. » (*Ps.* XLVII, 3.) C'est cette Sion spirituelle, dont le nom signifie contemplation. Elle contemple, en effet, le souverain bien du siècle futur et c'est vers lui que se dirigent toutes ses pensées. C'est aussi cette Jérusalem spirituelle, dont nous avons déjà beaucoup parlé. Son ennemie est la Cité du démon, Babylone, c'est-à-dire confusion. Cependant, cette reine, chez tous les peuples du monde, est délivrée de Babylone par la régénération; elle passe alors de la domination du plus méchant à celle du meilleur des rois, c'est-à-dire du démon à Jésus-Christ. Aussi cette parole lui est adressée : « Oublie ton peuple et la maison de ton père. » (*Ps.* XLIV, 11.) Les Israélites selon la chair, et non selon la foi, font partie de cette Cité impie ; ils sont même les ennemis du grand Roi et de sa reine. Car le Christ mis à mort par ceux mêmes qu'il a visités, est devenu le Christ de ceux qu'il n'a pas vus dans sa chair. Aussi, dans une prophétie d'un autre psaume, notre Roi dit lui-même : « Vous me délivrerez des révoltes de ce peuple, vous m'établirez chef des nations. Un peuple que je ne connais pas, m'a servi ; dès qu'il a entendu parler de moi, il m'a obéi. » (*Ps.* XVII, 44 et 45.) Ce peuple des nations que le Christ n'a pas connu lorsqu'il était dans le monde, et qui cependant a cru si bien au Christ qui lui était annoncé, qu'on a pu dire de lui avec raison : dès qu'il a entendu parler de moi, il m'a obéi, car la foi vient de l'ouïe (*Rom.* x, 17); ce

---

Afferentur in lœtitia et exsultatione : adducentur in templum regis. Pro patribus tuis nati sunt tibi filii : constitues eos principes super omnem terram. Memores erunt nominis tui, in omni generatione et generatione. Propterea populi, confitebuntur tibi in æternum, et in sæculum sæculi. » (*Ps..* XLIV, 10, etc.) Non opinor quemquam ita desipere, ut hic aliquam mulierculam prædicari credat, atque describi : conjugem videlicet illius, cui dictum est : « Sedes tua Deus in sæcula sæculorum : virga directionis, virga regni tui. Dilexisti justitiam, et odio habuisti iniquitatem : propterea unxit te, Deus, Deus tuus oleo exsultationis præ participibus tuis : « Christum utique præ Christianis. Hi sunt enim participes ejus, ex quorum in omnibus gentibus unitate atque concordia fit ista regina : sicut in alio Psalmo de illa dicitur, « Civitas Regis magni. » (*Ps.* XLVII, 3.) Ipsa est Sion spiritaliter : quod nomen Latine interpretatum speculatio est. Speculatur enim futuri sæculi magnum bonum : quoniam illuc dirigitur ejus intentio. Ipsa est et Jerusalem eodem modo spiritaliter, unde multa jam diximus. Ejus inimica est Civitas diaboli Babylon, quæ confusio interpretatur. Ex qua tamen Babylone, regina ista in omnibus gentibus regeneratione liberatur, et a pessimo rege ad optimum Regem, id est, a diabolo transit ad Christum. Propter quod ei dicitur, « Obliviscere populum tuum et domum patris tui. » (*Ps.* XLIV, 11.) Cujus Civitatis impiæ portio sunt et Israelitæ sola carne, non fide : inimici etiam ipsi magni hujus Regis, ejusque reginæ. Ad ipsos enim veniens, et ab eis Christus occisus. magis aliorum factus est, quos non vidit in carne. Unde per cujusdam Psalmi prophetiam dicit Rex ipse noster : « Erues me de contradictionibus populi, constitues me in (*a*) caput gentium. Populus ergo iste gentium, quem non cognovit Christus præsentia corporali, in quem tamen Christum sibi annuntiatum credidit, ut merito de illo diceretur : » In obauditu auris obaudivit mihi ; quia fides ex auditu est : » (*Rom.* x, 17) iste, inquam,

(*a*) Mss. *in capite*.

peuple, dis-je, réuni aux vrais Israélites selon la chair et selon la foi, forme la Cité de Dieu, qui engendra aussi le Christ selon la chair, quand elle n'existait que dans les Israélites seuls. C'est dans cette Cité, en effet, dont faisait partie la Vierge Marie, dans le sein de laquelle le Christ a pris chair pour devenir homme. En parlant de la même Cité, un autre psaume dit : « Sion est notre mère, dira l'homme, aussi l'homme naquit en elle, et le Très-Haut lui-même l'a fondée. » (*Ps.* LXXXVI, 5.) Quel est ce Très-Haut, sinon Dieu ? Et par conséquent le Christ, Dieu avant de devenir par Marie homme de cette Cité, l'a fondée lui-même dans les patriarches et les prophètes. Et comme il a été prédit si longtemps auparavant à cette reine, Cité de Dieu, ce dont nous voyons l'accomplissement : « A la place de vos pères des fils vous sont nés, vous les établirez princes sur toute la terre ; » (*Ps.* XLIV, 17) puisque parmi ses fils ont été choisis les princes et les chefs du monde, puisqu'aussi les peuples se pressent dans son sein, et la reconnaissent avec des cantiques de louange éternelle dans les siècles des siècles. Tout ce qui parait obscur ici, par suite d'expressions figurées et n'importe quel sens on y attache, doit certainement se rapporter à des événements si manifestes.

CHAPITRE XVII.

Des prophéties relatives au Sacerdoce et à la passion de Jésus-Christ dans le psaume cent neuvième, et dans le vingt-et-unième.

Il en est de même dans ce psaume où le sacerdoce du Christ est annoncé en propres termes, comme sa qualité de roi par ces premières paroles : « Le Seigneur a dit à mon Seigneur : asseyez-vous à ma droite, jusqu'à ce que j'aie fait de vos ennemis votre marche-pied. » (*Ps.* CIX, 1.) Cependant nous ne voyons que par la foi le Christ assis à la droite de Dieu son Père; nous ne voyons pas non plus avec les yeux du corps, ses ennemis sous ses pieds ; la fin nous dévoilera ce que nous désirons ; nous le croyons aussi même à présent, nous le verrons plus tard. Mais ce qui suit : « Le Seigneur fera sortir de Sion le sceptre de votre puissance, et vous dominerez au milieu de vos ennemis, » (*Ibid.* 2) est si clair qu'il faut être non-seulement impie et misérable, mais même impudent pour le nier. Car nos ennemis eux-mêmes avouent que

---

populus additus veris et carne et fide Israelitis Civitas est Dei, quæ ipsum quoque secundum carnem peperit Christum, quando in solis illis Israelitis fuit. Inde quippe erat virgo Maria, in qua carnem Christus, ut homo esset, assumpsit. De qua Civitate Psalmus alius ait : « Mater Sion, dicet homo, et homo factus est in ea, et ipse fundavit eam Altissimus. » (*Ps.* LXXXVI, 5.) Quis est iste Altissimus, nisi Deus ? Et per hoc Christus Deus, ante quam in illa Civitate per Mariam fieret homo, ipse in Patriarchis et Prophetis fundavit eam. Cum igitur huic reginæ Civitati Dei, tanto ante dictum sit per prophetiam, quod jam videmus impletum : « Pro patribus tuis nati sunt tibi filii, constitues eos principes super omnem terram : » (*Ps.* XLIV, 17) ex filiis quippe ejus per omnem terram sunt præpositi (*a*) et patres ejus, cum confiteantur ei populi concurrentes ad eam cum confessione laudis æternæ in sæculum sæculi : procul dubio quidquid hic tropicis locutionibus subobscure dictum est, quoquo modo intelligatur, debet his rebus manifestissimis convenire.

CAPUT XVII.

De his quæ ad sacerdotium Christi in Psalmo centesimo-nono, et de his quæ in Psalmo vigesimo-primo ad passionem ipsius spectant.

Sicut etiam in illo Psalmo, ubi sacerdos Christus, quemadmodum hic rex, apertissime prædicatur : « Dixit Dominus Domino meo; Sede a dextris meis, donec ponam inimicos tuos scabellum pedum tuorum. » (*Ps.* CIX, 1.) Sedere Christus ad dexteram Dei Patris creditur, non videtur : ejus etiam inimicos poni sub pedibus ejus nondum apparet; id (*b*) agitur, apparebit in fine ; etiam hoc nunc creditur, post videbitur. Verum quod sequitur : « Virgam virtutis tuæ emittet Dominus ex Sion (*c*), et dominare in medio inimicorum tuorum, « (*Ibid.* 2) ita clarum est, ut non solum infideliter et infeliciter, sed etiam impudenter negetur. Et ipsi quippe fatentur inimici, ex Sion missam fuisse legem Christi, quod Evangelium nos vocamus, et eam virgam vir-

---

(*a*) Sic Mss. At editi Vind. Am. Er. *sunt præpositi principes, cum confiteantur,* etc. Lov. *sunt præpositi et patres ejus principes, cum confiteantur,* etc. Paulo post loco *cum confessione,* nonnulli Mss. habent *confessionem :* alii cum Vind. Am. Er. *confessione,* omisso *cum.* — (*b*) Editi, *id igitur.* Verius Mss. *id agitur.* — (*c*) Editi omittunt *et.* Habent Mss. hic et Enarrat in Psal. CIX.

la loi du Christ, loi que nous appelons l'Évangile, et que nous reconnaissons comme le sceptre de sa puissance, est sortie de Sion. Quant à sa domination au milieu de ses ennemis, ceux-là mêmes sur lesquels il l'exerce, en rendent témoignage par leurs grincements de dents, par leur dépit et par leurs efforts impuissants. Un peu plus loin, le prophète ajoute : « Le Seigneur a juré et ne se repentira point; » paroles qui signifient l'immutabilité future du décret suivant : « Vous êtes prêtre à jamais selon l'ordre de Melchisédech. » Dès lors qu'il n'y a plus nulle part ni sacerdoce, ni sacrifice selon l'ordre d'Aaron, et que l'on offre partout, sous le pontificat suprême de Jésus-Christ, ce qu'offrit Melchisédech, quand il bénit Abraham, (Gen. XIV, 18), peut-on douter de qui il est ici question? Si donc, dans le même psaume, il y a certains passages qui présentent quelque obscurité, il faut les interpréter au moyen de ceux dont l'évidence est certaine; et c'est ce que nous avons fait déjà dans nos sermons populaires. Ainsi dans ce psaume où le Christ annonce les humiliations de sa Passion, en disant : « Ils ont percé mes mains et mes pieds, ils ont compté tous mes os. Ils m'ont considéré et regardé; » (Ps. XXI, 17 et 18) ces paroles montrent très-bien son corps étendu sur la croix, ses mains et ses pieds percés par les clous, et nous le voyons se donnant ainsi en spectacle à la foule témoin de son supplice. Il ajoute même : « Ils se sont partagé mes vêtements, et ils ont jeté ma robe au sort. » (Ibid. 19.) L'histoire évangélique rapporte comment cette prophétie s'est réalisée. (Matth. XXVII, 35.) Certainement après de pareils détails, l'intelligence saisit facilement les autres passages plus obscurs, et leurs rapports avec ceux qui rayonnent de tant de clartés; surtout quand nous n'avons pas à croire ce qui est passé, mais à contempler le présent. Ainsi dans le même psaume nous lisons des prédictions faites longtemps à l'avance, tout l'univers est maintenant témoin de leur accomplissement; car un peu plus loin, il est dit : « Toutes les parties de la terre se souviendront du Seigneur et se convertiront à lui; toutes les nations se prosterneront en sa présence, car l'empire appartient au Seigneur et il dominera sur tous les peuples. » (Ps. XXI, 28.)

---

tutis ejus agnoscimus. Dominari vero eum in medio inimicorum suorum, iidem ipsi inter quos dominatur, dentibus frendendo et tabescendo, et nihil adversus eum valendo, testantur. Deinde quod paulo post dicit, « Juravit Dominus, et non pœnitebit eum : » quibus verbis immutabile futurum esse significat, quod adjungit, « Tu es sacerdos in æternum secundum ordinem Melchisedec; » ex eo quod jam nusquam est sacerdotium et sacrificium secundum ordinem Aaron, et ubique offertur sub sacerdote Christo, quod protulit Melchisedech, quando benedixit Abraham (Gen. XIV, 18), quis ambigere permittitur, de quo ista dicantur? Ad hæc itaque manifesta referuntur, quæ paulo obscurius in eodem Psalmo posita sunt (a), quando recte intelliguntur : quod in nostris jam popularibus Sermonibus fecimus. Sic et in illo ubi humilitatem passionis suæ per prophetiam Christus eloquitur, dicens : « Foderunt manus meas et pedes (b), dinumeraverunt omnia ossa mea. Ipsi vero consideraverunt et conspexerunt me. » (Ps. XXI, 17 et 18.) Quibus utique verbis in cruce corpus significavit extentum, manibus pedibusque confixis et clavorum transverberatione confossis, eoque modo se spectaculum considerantibus conspicientibus præbuisse. Addens etiam : « Diviserunt sibi vestimenta mea, et super vestem meam miserunt fortem. » (Ibid. 19.) Quæ prophetia quemadmodum impleta sit, Evangelica narratur historia. (Matth. XVII, 35.) Tunc profecto et alia recte intelliguntur, quæ ibi minus aperte dicta sunt, cum congruunt his, quæ tanta manifestatione claruerunt : præsertim quia et illa quæ non transacta credimus, sed præsentia contuemur, sicut in eodem Psalmo leguntur tanto ante prædicta, ita nunc exhibita jam toto orbe cernuntur. Ibi enim paulo post dicitur : « Commemorabuntur, et convertentur ad Dominum universi fines terræ, et adorabunt in conspectu ejus universæ patriæ gentium : quoniam Domini est regnum, et ipse dominabitur gentium. » (Ps. XXI, 28.)

(a) Sic Mss. Editi autem, quæ quomodo recte intelligantur, in nostris jam popularibus Sermonibus notum fecimus. — (b) Editi, pedes meos. Abest meos a Mss.

CHAPITRE XVIII.

Des psaumes troisième, quarantième, quinzième et soixante-septième qui prophétisent la mort et la résurrection du Seigneur.

1. Les oracles des psaumes ne sont pas restés muets sur la Résurrection. Car quel autre sens donner à ce chant prophétique du troisième psaume, sur le psaume du Seigneur : « Je me suis endormi, et j'ai sommeillé ; je me suis relevé, parce que le Seigneur s'est chargé de moi. » (*Ps.* III, 6.) Est-ce qu'il y aurait quelqu'un d'assez insensé pour croire que le Prophète ait voulu nous apprendre une grande nouvelle, en disant qu'il a dormi et qu'il s'est éveillé, s'il ne s'agissait d'annoncer ainsi par ce sommeil la mort, et par ce réveil la résurrection du Christ ? Mais le psaume quarantième en parle plus clairement encore, quand en la personne du même Médiateur, le prophète, selon sa coutume, raconte comme passés les évènements futurs qu'il prédit, car ces évènements sont comme accomplis dans la prédestination et la prescience de Dieu, à cause de leur certitude. « Mes ennemis, dit-il, ont fait des imprécations contre moi : Quand mourra-t-il et quand son nom sera-t-il effacé ? Et s'il venait me voir, c'était pour me débiter les mensonges de son cœur ; il abondait en iniquité. Il sortait dehors pour s'entretenir avec ses complices. Tous mes ennemis murmuraient contre moi et conspiraient toutes sortes de méchancetés. Ils ont arrêté contre moi des projets injustes : Mais celui qui dort ne pourra-t-il se réveiller ? » (*Ps.* XL, 6 etc.) Ces paroles ont certainement le même sens que si le Prophete eût dit : « Celui qui meurt ne pourra-t-il revivre ? » Car ce qui précède prouve que ses ennemis avaient conspiré et décidé sa mort, et que cette trame était conduite par celui qui entrait pour voir, et qui sortait pour trahir. Qui donc ici n'a pas présent à l'esprit le disciple perfide, le traître Judas ? Et comme ils devaient mettre à exécution leur projet, c'est-à-dire le mettre à mort ; pour leur montrer l'inutilité de sa mort, puisqu'il devait ressusciter, il ajoute ce verset où il semble dire : Que faites-vous, insensés ? ce sera un crime pour vous et pour moi un sommeil. « Celui qui dort ne pourra-t-il se réveiller ? » Cependant un tel forfait ne restera pas impuni, il le leur déclare dans les versets suivants : « L'homme qui jouissait de ma paix, en qui j'avais mis ma confiance, qui vivait de mon pain, a levé son talon

CAPUT XVIII.

De Psalmo tertio, et de quadragesimo, et de quinto-decimo, et de sexagesimo septimo, in quibus mors et resurrectio Domini prophetantur.

1. De resurrectione quoque ejus, nequaquam Psalmorum oracula tacuerunt. Nam quid est aliud quod in Psalmo tertio ex persona ejus canitur : « Ego dormivi, et somnum cepi (*a*), exsurrexi, quoniam Dominus suscipiet me ? » (*Ps.* III, 6.) An forte quisquam ita desipit, ut credat velut aliquid magnum nobis indicare voluisse Prophetam, quod dormierit, et exsurrexerit, nisi somnus iste mors esset, et evigilatio resurrectio, quam de Christo sic oportuit prophetari ? Nam et in quadragesimo multo manifestius id ostenditur, ubi ex persona ejusdem Mediatoris, more solito, tamquam præterita narrantur, quæ futura prophetabantur ; quoniam quæ ventura erunt jam in prædestinatione et præscientia Dei velut facta erant (*b*), quia certa erant. « Inimici, inquit, mei dixerunt mala mihi : Quando morietur, et peribit nomen ejus ? Et si ingrediebatur ut videret, vana locutum est cor ejus, congregavit iniquitatem sibi. Egrediebatur foras, et (*c*) loquebatur simul in unum. Adversus me susurrabant omnes inimicis mei, adversus me cogitabant mala mihi. Verbum iniquum disposuerunt adversus me : Numquid qui dormit, non adjiciet ut resurgat. » (*Ps.* XL, 6, etc.) Hic certe ita posita sunt verba hæc, ut nihil aliud dixisse intelligatur, quam si diceret : Numquid qui moritur, non adjiciet ut reviviscat ? Superiora quippe demonstrant mortem ipsius cogitasse et disposuisse inimicos ejus, et hoc actum esse per eum qui ingrediebatur ut videret, et egrediebatur ut proderet. Cui autem hic non occurrat ex discipulo ejus 'actus traditor Judas ? Quia ergo facturi erant quod moliebantur, id est, occisuri erant eum, ostendens illos vana malitia frustra occisuros resurrecturum, sic adjicit hunc versum, velut si diceret, Quid agitis vani ? quod vestrum scelus erit, meus somnus erit. « Numquid qui dormit, non adjiciet

---

(*a*) Sic Mss. juxta LXX. At editi, *et exsurrexi quoniam Dominus suscepit me.* — (*b*) Monet Ludovicus Vives vetus exemplar non habere, *quia certa erant;* viderique additum ab aliquo ceu scholium. Id vero habent libri omnes quos inspeximus. — (*c*) Vetus liber Corbeiensis, *et loquebantur.*

sur moi, » c'est-à-dire m'a foulé aux pieds. « Mais vous, Seigneur, ayez pitié de moi, ressuscitez-moi, et je me vengerai d'eux. » (*Ibid.* 10 11.) Qui refusera de croire à cette prophétie, quand, après la Passion et la Résurrection du Christ, on voit les juifs exterminés et leur pays mis à feu et à sang, dans une guerre désastreuse? Mis à mort par eux, il est ressuscité et il les punit par des peines temporelles, sans exempter ceux qui ne se seront pas convertis, de celles qu'il leur réserve, quand il jugera les vivants et les morts. Et le Seigneur Jésus lui-même dévoilant le traître à ses apôtres par le pain qu'il lui présente (*Jean*, XIII, 26), remet en mémoire ce verset du psaume et en montre l'accomplissement en lui : « celui qui vivait de mon pain, a levé le talon sur moi. » Quant à cette parole :« en qui j'avais mis ma confiance, » elle doit s'entendre non du chef, mais du corps. Car le Sauveur le connaissait bien, puisqu'auparavant il avait dit de lui : « l'un de vous est le démon. » (*Jean*, VI, 71.) Mais il a coutume de personnifier en lui ses membres, et de s'approprier ce qui les concerne, parce que le chef et le corps ne sont qu'un seul Christ : c'est pour cela qu'il est dit dans l'Évangile : « J'ai eu faim, et vous m'avez donné à manger. »(*Matth.* XXV, 35.) Ce qu'il explique lui-même par ces autres paroles : « Quand vous avez agi ainsi à l'égard du dernier des miens, c'est moi que vous avez assisté. » Il dit donc qu'il a mis sa confiance en Judas, pour montrer l'espérance de ses disciples, au sujet de cet homme, quand il fut mis au nombre des apôtres.

2. Or, les Juifs se persuadent que le Christ qu'ils attendent ne doit pas mourir. Aussi, ils s'imaginent que le Christ annoncé par la loi et les Prophètes n'est pas pour nous, mais pour eux seuls, et ils le supposent exempt des souffrances de la mort. De plus, par un prodige de folie et d'aveuglement, ils prétendent que les paroles citées plus haut signifient non pas la mort et la résurrection, mais le sommeil et le réveil. Et voici que le psaume quinzième leur crie : « Mon cœur a tressailli de joie, et ma langue a proféré des chants d'allégresse, ma chair même reposera dans l'espérance ; parce que vous ne laisserez pas mon âme dans l'enfer, et que vous ne permettrez pas que votre saint souffre la corruption. » (*Ps.* XV, 9 et 10.) Qui donc pourrait dire que sa chair a reposé dans l'espérance, parce que son âme ne resterait pas

---

ut resurgat? » Et tamen eos tam magnum nefas non impune facturos, consequentibus indicat versibus, dicens : « Etenim homo pacis meæ in quem speravi, qui edebat panes meos, ampliavit super me calcaneum. » (*Ibid.* 10 et 11) hoc est, conculcavit me. « Tu autem, inquit, Domine, miserere mei, et ressuscita me, et reddam illis. » Quis hoc jam neget, qui Judæos post passionem resurrectionemque Christi de sedibus suis bellica strage et excidio funditus eradicatos videt? Occisus enim ab eis resurrexit, et reddidit eis interim temporariam disciplinam, excepto quod non correctis servat, quando vivos et mortuos judicabit. Nam Dominus ipse Jesus istum ipsum traditorem suum per panem porrectum ostendens Apostolis (*Joan.* XIII, 26), hunc etiam versum Psalmi hujus commemoravit, et in se dixit jam impletum : « Qui edebat panes meos, ampliavit super me calcaneum. » Quod autem ait, « In quem speravi : » non congruit capiti, sed corpori. Neque enim nesciebat eum ipse Salvator, de quo ante jam dixerat (*a*), « Unus ex vobis diabolus est. » (*Joan.* VI, 71.) Sed solet in se membrorum suorum transferre personam, et sibi tribuere quod esset illorum, quia caput et corpus unus est Christus : unde illud est in Evangelio : « Esurivi, et dedistis mihi manducare. » (*Matth.* XXV, 35.) Quod exponens ait, « Quando uni ex minimis meis fecistis, mihi fecistis. » Se itaque dixit sperasse, quod tunc speraverant de Juda discipuli ejus, quando est connumeratus Apostolis.

2. Judæi autem Christum, quem sperant, moriturum esse non credunt. Ideo quem Lex et Prophetæ annuntiaverunt, nostrum esse non putant; sed nescio quem suum, quem sibi alienum a mortis passione confingunt. Ideo mirabili vanitate atque cæcitate verba quæ posuimus, non mortem et resurrectionem, sed somnum et evigilationem significasse contendunt. Sed clamat eis etiam Psalmus quintusdecimus : « Propter hoc jocundatum est cor meum, et exsultavit lingua mea, insuper et caro mea requiescet in spe : quoniam non derelinques animam meam in inferno, nec dabis sanctum tuum videre corruptionem. » (*Ps.* XV, 9 et 10.) Quis in ea spe diceret requievisse carnem suam, ut non derelicta anima sua in inferno, sed cito ad eam redeunte revivisceret, ne corrumperetur, sicut cadavera corrumpi so-

---

(*a*) In quibusdam Mss. loci duo citantur sic : *Unus ex vobis me tradet : et. Unus ex vobis diabolus est.* Prior est ex Johan. cap. XIII, 21, posterior ex cap. VI, 71.

dans l'enfer, mais reviendrait soudain la ranimer, pour qu'elle ne subisse pas la corruption commune, sinon celui qui est ressuscité le troisième jour? Cela, certes, ne saurait s'entendre de David, le prophète-roi. Et le soixante-septième psaume crie aussi : « Notre Dieu est le Dieu qui sauve, et c'est au Seigneur qu'appartient le droit de sortir de la mort. » (*Ps.* LXVII, 21.) Peut-on parler plus clairement? Car le Dieu qui sauve est le Seigneur Jésus, nom qui signifie Sauveur ou salutaire. Telle est, en effet, la raison qui fut donnée de son nom, avant sa naissance du sein de la Vierge : « Vous enfanterez un fils et vous le nommerez Jésus, car il sauvera son peuple de l'esclavage du péché. » (*Matth.* I, 21.) Et comme il a versé son sang pour la rémission des péchés, il n'a pu sortir de cette vie que par la mort. C'est pourquoi, après avoir dit : « Notre Dieu est le Dieu qui sauve, » le prophète ajoute aussitôt : « et c'est au Seigneur qu'appartient le droit de sortir de la mort; » pour montrer qu'en mourant il devait sauver de la mort. Et cette parole : « Et c'est au Seigneur, » est un cri d'étonnement, qui semble dire : Telle est la vie des mortels, que le Seigneur lui-même n'a pu en sortir que par la mort.

CHAPITRE XIX.

Du psaume soixante-huitième qui prédit l'opiniâtre aveuglement des Juifs.

Mais, pour que les Juifs résistent à des témoignages prophétiques si évidents, confirmés encore par les faits accomplis d'une manière si claire et si précise, il faut qu'ils vérifient en eux les prédictions du psaume suivant. Car, après avoir prophétisé en la personne du Christ ce qui regarde sa Passion, ce psaume rapporte ce que l'Évangile met au grand jour : « Ils m'ont donné du fiel pour nourriture, et du vinaigre pour breuvage. » (*Ps.* LXVIII, 22. *Matth.* XXVII, 34.) Et, pour faire suite à un tel festin, composé de tels mets, il ajoute : « Que leur table, en retour, se change devant eux en piège et en pierre d'achoppement; que leurs yeux s'obscurcissent, afin qu'ils ne voient pas, et que leur dos soit toujours courbé; » (*Ps.* LXVIII, 23 *et* 24) et d'autres paroles qu'il leur adresse encore, non comme un souhait, mais comme prédiction sous la forme de souhait. Qu'y a-t-il donc d'étonnant qu'ils ne voient pas des choses si évidentes, puisque leurs yeux sont obscurcis afin qu'ils ne voient pas? Qu'y a-t-il donc d'étonnant s'ils ne

---

lent, nisi qui die tertio resurrexit? Quod utique dicere non possunt de propheta et rege David. Clamat et sexagesimus-septimus Psalmus : « Deus noster Deus salvos faciendi, et Domini (*a*) exitus mortis. » (*Ps.* LXVII, 24.) Quid apertius diceretur? Deus enim salvos faciendi Dominus est Jesus, quod interpretatur Salvator, sive Salutaris. Nam ratio nominis hujus hæc reddita est, quando prius quam ex virgine nasceretur dictum est : « Pariet filium, et vocabis nomen ejus Jesum. Ipse enim salvum faciet populum suum a peccatis eorum. » (*Matth.* I, 21.) In quorum peccatorum remissionem quoniam sanguis ejus effusus est, non utique oportuit cum de hac vita exitus alios habere quam mortis. Ideo cum dictum esset : « Deus noster Deus salvos faciendi, » continuo subjunctum est : « Et Domini exitus mortis; » ut ostenderetur moriendo salvos esse facturus. Sed mirando dictum est : « Et Domini : » tamquam diceretur : Talis est ista vita mortalium, ut nec ipse Dominus aliter ab illa exiret, nisi per mortem.

CAPUT XIX.

De Psalmo sexagesimo-octavo, in quo Judæorum pertinax infidelitas declaratur.

Sed ut Judæi tam manifestis hujus prophetiæ testimoniis, etiam rebus ad effectum tam clarum certumque perductis, omnino non (*b*) cedant, profecto in eis illud impletur, quod in eo Psalmo qui hunc sequitur scriptum est. Cum enim et illic ex persona Christi, quæ ad ejus passionem pertinent, prophetice dicerentur, commemoratum est, quod in Evangelio patuit : « Dederunt in escam meam fel, et in siti mea potum mihi dederunt acetum. » (*Ps.* LXVIII, 22. *Matth.* XXVII, 34.) Et velut post tale convivium epulasque sibi hujuscemodi exhibitas mox intulit : « Fiat mensa eorum coram ipsis in muscipulam, et in retributionem, et in scandalum : obscurentur oculi eorum ne videant, et dorsum eorum semper incurva. » (*Ps.* LXVIII, 23 *et* 24) et cetera, quæ non optando sunt dicta, sed optandi specie prophetando prædicta. Quid ergo mirum, si hæc manifesta non

---

(*a*) In editis, *et Domini, Domini exitus mortis.* Non repetitur *Domini* in Mss. nec apud LXX. — (*b*) Sic Mss. Editi vero, *non credant.*

regardent pas le ciel, puisque leur dos est toujours courbé, et qu'ils sont penchés vers la terre? Ces paroles, empruntées au corps, figurent les vices de l'âme. En voilà assez sur les psaumes, c'est-à-dire sur les prophéties du roi David, il faut nous limiter. Les lecteurs qui savent tout cela, voudront bien me pardonner; et s'ils remarquent ou pensent que j'aie omis des témoignages plus importants, qu'ils ne se plaignent pas de moi.

CHAPITRE XX.

Du règne et des mérites de David; de son fils Salomon, de ses prophéties relatives au Christ, soit que nous les trouvions dans les livres qui sont seulement joints à ses œuvres, soit dans ceux qui sont certainement de lui.

1. David régna donc dans la Jérusalem terrestre; fils de la Jérusalem céleste, la parole de Dieu fait de lui un grand éloge. En effet, par sa piété il expia tellement ses crimes par les humiliations salutaires de la pénitence, qu'il est sans doute du nombre de ceux dont il dit lui-même : « Bienheureux ceux dont les iniquités sont remises et les péchés couverts. » (*Ps.* XXXI, 1.) Après lui, régna sur le même peuple, encore dans son unité, Salomon, son fils, qui fut roi du vivant de son père (III. *Rois*, I et II), comme nous l'avons dit plus haut. Celui-ci, après avoir bien commencé, eut une fin déplorable. La prospérité, fatale même aux sages, lui fut plus funeste que ne lui profita cette sagesse, maintenant encore et toujours si vantée, alors l'objet de l'admiration universelle. On trouve aussi des prophéties de ce prince dans ses trois livres qui sont revêtus de l'autorité canonique : *Les Proverbes*, l'*Ecclésiaste* et le *Cantique des cantiques*. Les deux autres, *La Sagesse* et l'*Ecclésiastique*, sont aussi attribués à Salomon par l'usage que certaines ressemblances de style ont fait prévaloir; mais les savants s'accordent à croire qu'ils ne sont pas son œuvre. Toutefois, ils sont autorisés depuis longtemps dans l'Église, surtout en celle d'Occident. L'un d'eux, appelé *La Sagesse de Salomon*, contient une prophétie très-claire de la passion du Christ; les bourreaux y tiennent ce langage : « Opprimons le juste, parce qu'il nous est insupportable et qu'il s'oppose à nos desseins; il nous reproche nos fautes contre la loi et réprouve les crimes de notre vie. Il se vante d'avoir la science de Dieu, et il se

vident, quorum oculi sunt obscurati, ne videant? Quid mirum, si cælestia non (*a*) suspiciunt, qui ut in terrena sint proni, dorsum eorum semper incurvum est? His enim verbis translatis a corpore, vitia significantur animorum. Ista de Psalmis, hoc est, de prophetia regis David, satis dicta sint, ut aliquis modus sit. Ignoscant autem qui hæc legunt, et cuncta illa noverunt; et de his quæ fortasse firmiora me prætermisisse vel intelligunt, vel existimant, non querantur.

CAPUT XX.

De regno ac merito David, et de filio ipsius Salomone, eaque prophetia, quæ ad Christum pertinens invenitur, vel in eis libris qui scriptis ipsius copulantur, vel in eis quos ipsius esse non dubium est.

1. Regnavit ergo David in terrena Jerusalem, filius cælestis Jerusalem, divino multum testimonio prædicatus : quia et delicta ejus tanta pietate superata sunt, per saluberrimam pænitendi humilitatem, ut prorsus inter eos sit, de quibus ipse ait; « Beati quorum remissæ sunt iniquitates, et quorum tecta sunt, peccata. » (*Ps.* XXXI, 1.) Post hunc regnavit eidem populo universo Salomon ejus filius, qui, ut supra dictum est, patre suo vivente cœpit regnare. (III. *Reg.* I et II). Hic (*b*) bonis initiis, malos exitus habuit. Quippe secundæ res, quæ sapientium animos fatigant, magis huic obfuerunt, quam profuit ipsa sapientia, etiam nunc et deinceps memorabilis, et tunc longe lateque laudata. Prophetasse etiam ipse reperitur in suis libris, qui tres recepti sunt in auctoritatem canonicam, Proverbia, Ecclesiastes, et Canticum canticorum. Alii vero duo, quorum unus Sapientia, alter Ecclesiasticus dicitur, propter eloquii nonnullam similitudinem, ut Salomonis dicantur, obtinuit consuetudo : non autem esse ipsius, non dubitant doctiores (*V. lib.* II *de doctrina Christ. c.* 8 *et lib.* II *Retr.* IV) : eos tamen in auctoritatem, maxime occidentalis, antiquitus recepit Ecclesia : quorum in uno, qui appellatur Sapientia Salomonis, passio Christi apertissime prophetatur. Impii quippe interfectores ejus commemorantur dicentes; « Circumveniamus justum, quoniam insuavis est nobis, et contrarius est operibus nostris, et improperat no-

---

(*a*) Vind. Am. et aliquot Mss. *suscipiunt*. — (*b*) Imitatur Sallustium in bello Catilinario, cujus etiam hæc ibidem verba sunt, *Quippe secunda res sapientium animos fatigant.*

nommé son fils. Il s'est établi le censeur de nos pensées. Sa vue même nous est à charge, car sa vie est différente des autres et ses voies sont extraordinaires. Il nous regarde comme des gens de rien, et il s'abstient de notre manière de vivre comme d'une impureté; il vante la mort des justes et il se glorifie d'avoir Dieu pour père. Voyons donc si ses paroles sont vraies; attendons ce qui doit lui arriver et nous saurons quelle sera sa fin. Car, s'il est vraiment le Fils de Dieu, Dieu le protégera et le délivrera des mains de ses ennemis. Mettons-le à l'épreuve par l'opprobre et les supplices, pour connaître sa modération et exercer sa patience. Condamnons-le à la mort la plus honteuse, et il sera jugé par ses paroles. Telles ont été leurs pensées, et ils se sont trompés, car leur malice les a aveuglés. » (*Sag.* II, 12, *etc.*) Dans l'*Ecclésiastique,* la foi future des Gentils est prédite en ces termes : « Ayez pitié de nous, Seigneur, souverain Maître de tous les hommes, et inspirez votre crainte à tous les peuples; étendez votre main sur les nations étrangères, qu'elles reconnaissent votre puissance. Comme devant elles vous êtes sacrifié en nous, soyez en elles glorifié devant nous, et qu'elles reconnaissent, comme nous, qu'il n'est point d'autre Dieu que vous, Seigneur. » (*Eccl.* XXXVI, 1, *etc.*) Nous voyons ces prophéties, en forme de souhait et de prière, accomplies par Jésus-Christ; mais elles ont moins de force contre nos adversaires, parce qu'elles ne se trouvent point dans le canon des Juifs.

2. Quant aux trois autres livres qui sont certainement de Salomon et que les Juifs regardent comme canoniques, pour montrer tout ce qu'on y trouve relativement au Christ et à l'Église, ce serait un long et pénible travail qui, maintenant, nous entraînerait au-delà de justes bornes. Cependant, ces paroles des impies, au livre des *Proverbes* : « Ensevelissons injustement le juste, dévorons-le comme l'enfer dévore un homme vivant, abolissons sa mémoire de dessus la terre, emparons-nous de son précieux héritage; » (*Prov.* I, 11, *etc.*) ne sont pas si obscures qu'il faille de longs commentaires pour les entendre du Christ et de l'Église son héritage. Car le Seigneur Jésus, lui-même, dans une parabole de l'Évangile, fait tenir aux mauvais vignerons, à peu près le même langage : « Voici l'héritier, venez, tuons-le, et l'héritage sera pour nous. » (*Matth.* XXI, 38.) Il y a aussi au même livre, ce passage que nous avons déjà cité, en parlant de la femme stérile qui a engendré sept enfants : Ceux qui savent que le Christ est la sagesse de Dieu, l'ont toujours ap-

bis peccata legis, et infamat in nos peccata disciplinæ nostræ. Promittit scientiam Dei se habere, et filium Dei se nominat. Factus est nobis in traductionem cogitationum nostrarum. Gravis est nobis etiam ad videndum, quoniam dissimilis et aliis vita illius, et immutatæ viæ ejus. Tamquam nugaces æstimati sumus ab illo, et abstinet se a viis nostris quasi ab immunditiis : præfert novissima justorum, et gloriatur patrem Deum se habere. Videamus ergo si sermones illius veri sunt, et tentemus quæ ventura sunt illi, et sciemus quæ erunt novissima ejus. Si enim justus est filius Dei, suscipiet illum, et liberabit eum de manu contrariorum. Contumelia et tormento interrogemus illum, ut sciamus reverentiam illius, et probemus patientiam ipsius. Morte turpissima condemnemus illum : erit enim ei respectus ex sermonibus illius. Hæc cogitaverunt, et erraverunt : excæcavit enim illos malitia ipsorum. » (*Sap.* II, 12, *etc.*) In Ecclesiastico autem fides gentium futura prædicitur isto modo : « Miserere nostri dominator Deus omnium, et immitte timorem tuum super omnes gentes : extolle manum tuam super gentes alienas, et videant potentiam tuam. Sicut coram illis sanctificatus es in nobis, ita coram nobis magnificeris in illis, et agnoscant te secundum quod et nos agnovimus te, quia non est Deus præter te, Domine.» (*Eccl.* XXXVI, 1, *etc.*) Hanc optandi et precandi specie prophetiam per Jesum Christum impletam. Sed adversus contradictores non tanta firmitate proferuntur, quæ scripta non sunt in canone Judæorum.

2. In tribus vero illis, quos Salomonis esse constat, et Judæi canonicos habent, ut ostendatur ad Christum et Ecclesiam pertinere quod in eis ejusmodi repetitur, operosa disputatio necessaria est, quæ nos ultra quam oportet, si nunc adhibetur, extendit. Tamen quod in Proverbiis legitur, viros impios dicere : « Abscondamus in terra virum justum injuste, absorbeamus vero eum tamquam infernus viventem, et auferamus ejus memoriam de terra, possessionem ejus pretiosam apprehendamus, » (*Prov.* I, 11, *etc.*) non ita obscurum est, ut de Christo et possessione ejus Ecclesia sine laboriosa expositione non possit intelligi. Tale quippe aliquid etiam Dominus ipse Jesus per Evangelicam parabolam ostendit dixisse malos colonos : « Hic est heres, venite, occidamus eum, et nostra erit hereditas. » (*Matth.* XXI, 38.) Itemque illud in eodem libro, quod jam

pliqué au Christ et à l'Église : « La sagesse s'est bâtie une maison, et l'a appuyée sur sept colonnes; elle a immolé ses victimes, mêlé son vin dans une coupe et préparé sa table. Elle a envoyé ses serviteurs inviter à haute voix les conviés au partage de sa coupe : qui n'est pas sage ? Que celui-là vienne à moi. Et elle a dit aux pauvres d'esprit : Venez, mangez de mes pains, et buvez le vin que j'ai mêlé pour vous. » (*Prov.* IX, 1, *etc.*) Ici, sans doute, nous reconnaissons la sagesse de Dieu, c'est-à-dire le Verbe coéternel au Père, se bâtissant une maison dans le sein de la Vierge, où il prend un corps humain; nous le voyons s'y unir à l'Église, comme les membres à la tête, offrant en sacrifice le sang des martyrs, préparant pour sa table le pain et le vin, qui sont les signes du sacerdoce selon l'ordre de Melchisédech, et conviant à son festin les insensés et les pauvres d'esprit, car, dit l'Apôtre : « Dieu a choisi les faibles de ce monde pour confondre les forts. » (I. *Cor.* I, 27.) Cependant, la sagesse s'adresse encore à ces faibles, pour leur dire : « Renoncez à votre folie, afin de vivre, et cherchez la sagesse afin d'avoir la vie. » (*Prov.* IX, 6.) Or, participer à sa table, c'est commencer d'avoir la vie. Car, au livre de l'*Ecclésiaste*, il est dit : « Il n'y a de bien pour l'homme que ce qu'il mange et boit; »

et que faut-il entendre de mieux par ces paroles, sinon la participation à cette table où le souverain Prêtre et Médiateur du Nouveau-Testament, nous donne, selon l'ordre de Melchisédech, son corps et son sang ? Ce sacrifice, en effet, a succédé à tous les sacrifices de l'Ancien-Testament, qui n'étaient que des ombres du sacrifice futur. Aussi, reconnaissons-nous, au psaume trente-unième, la voix de ce même Médiateur parlant en prophétie : « Vous n'avez plus voulu de victime ni d'offrande, mais vous m'avez donné un corps. » (*Ps.* XXXIX, 7.) Car, à la place de tous ces sacrifices et de toutes ces offrandes, son corps est offert et servi à ceux qui y participent. Et dans cette recommandation si fréquente et si accentuée de manger et de boire, il ne s'agit guère des plaisirs sensuels d'un festin, l'*Ecclésiaste* le fait assez voir, quand il dit : « Il vaut mieux aller à une maison de deuil qu'à une maison de festin. » (*Eccle.* VII, 3.) Et un peu plus loin, il ajoute : « Le cœur des sages est dans la maison de deuil, et le cœur des insensés dans la maison de bonne chair. » (*Ibidem.* V.) Mais je préfère citer de ce livre ce qui regarde les deux cités et leurs rois, le démon et le Christ : « Malheur à toi, dit-il, terre, dont le roi est un jeune homme, et dont les princes mangent dès le matin. » Mais, « terre

---

ante perlrinximus, cum ageremus de sterili quæ peperit septem, non nisi de Christo et Ecclesia mox ut fuerit pronuntiatum consuevit intelligi ab eis, qui Christum Sapientiam Dei esse noverunt. « Sapientia ædificavit sibi domum, et suffulsit columnas septem; immolavit suas victimas, miscuit in cratere vinum suum, et paravit mensam suam. Misit servos suos convocans cum excellenti prædicatione ad craterem, dicens, Quis est insipiens ? Divertat ad me. Et inopibus sensu dixit : Venite, manducate de meis panibus, et bibite vinum quod miscui vobis. » (*Prov.* IX, 1, *etc.*) Hic certe agnoscimus Dei Sapientiam, hoc est, Verbum Patri coæternum, in utero virginali domum sibi ædificasse corpus humanum, et huic, tamquam capiti membra, Ecclesiam subjunxisse, Martyrum victimas immolasse, mensam in vino et panibus præparasse, ubi apparet etiam sacerdotium secundum ordinem Melchisedec, insipientes et inopes sensu vocasse, quia sicut dicit Apostolus; « Infirma hujus mundi elegit, ut confunderet fortia. » (I. *Cor.* I, 27. Quibus tamen infirmis quod sequitur dicit; « Derelinquite insipientiam, ut vivatis; et quærite prudentiam, ut habeatis vitam. » (*Prov.* IX, 6.) Participem autem fieri mensæ illius, ipsum est incipere habere vitam. Nam et in alio libro, qui vocatur Ecclesiastes, ubi ait : « Non est bonum homini, nisi quod manducabit et bibet, » (*Eccle.* VIII, 15) quid credibilius dicere intelligitur, quam quod ad participationem mensæ hujus pertinet, quam sacerdos ipse Mediator Testamenti novi exhibet secundum ordinem Melchisedec de corpore et sanguine suo ? Id enim sacrificium successit omnibus illis sacrificiis veteris Testamenti, quæ immolabantur in umbra futuri : propter quod etiam vocem illam in Psalmo tricesimo et nono ejusdem Mediatoris per prophetiam loquentis agnoscimus : « Sacrificium et oblationem noluisti, corpus autem perfecisti mihi. » (*Psal.* XXXIX, 7.) Quia pro illis omnibus sacrificiis et oblationibus corpus ejus offertur, et participantibus ministratur. Nam istum Ecclesiasten in hac sententia manducandi et bibendi, quam sæpe repetit, plurimumque commendat, non sapere carnalis epulas voluptatis, satis illud ostendit, ubi ait : « Melius est ire in domum luctus, quam ire in domum potus. » (*Eccle.* VII, 3.) Et paulo post, « Cor, » inquit, « sapientium in domo luctus, et cor insipientium in domo epularum. » (*Ibidem* v.) Sed illud magis commemorandum existimo de hoc libro, quod pertinet

heureuse, dont le roi est fils des hommes libres, et dont les princes mangent en temps opportun, sans impatience et sans confusion. » (*Eccle.* x, 16 *et* 17.) Le jeune homme, c'est le diable; il l'appelle jeune à cause de la folie, de l'orgueil, de la témérité, de l'insolence et des autres vices qui flétrissent d'ordinaire les jeunes gens; le Christ, au contraire, est le fils des hommes libres, c'est-à-dire des saints Patriarches, citoyens de la Cité libre, dont il est issu selon la chair. Les princes de la Cité terrestre mangent dès le matin, c'est-à-dire avant l'heure convenable, parce que, n'attendant pas la vraie félicité du siècle futur, ils brûlent du désir de jouir promptement des folles joies de ce monde ; tandis que les princes de la Cité du Christ attendent avec patience le temps de la félicité véritable. Et c'est ce qu'il entend par ces paroles : « sans impatience et sans confusion, » car elle n'est pas trompeuse, cette espérance dont l'Apôtre dit : « L'espérance ne confond point. » (*Rom.* v, 5.) Le Psalmiste dit aussi : « Tous ceux qui t'attendent, ne seront pas confondus. » (*Ps.* xxiv, 3.) Quant au *Cantique des cantiques*, c'est une sorte d'extase des saintes âmes aux noces du roi et de la reine de la Cité, c'est-à-dire le Christ et l'Église. Mais, ces délices spirituelles sont voilées par des allégories, pour enflammer le désir d'arriver au bonheur de la claire vision où apparaîtra l'époux, auquel il est dit dans le même *Cantique* : L'équité te chérit (*Cant.* i, 3); et cette épouse qui entend ces paroles : « La charité fait tes délices. » (*Ibidem.* vii, 6.) Nous passons sous silence une foule de choses, pour ne pas trop prolonger cet ouvrage.

CHAPITRE XXI.

Des rois de Juda et d'Israël après Salomon.

Les autres rois des Hébreux, après Salomon, soit en Juda, soit en Israël, présentent à peine, dans leurs paroles ou leurs actions, quelques prophéties figuratives, qui se rapportent au Christ et à l'Église. Les deux parties de ces peuples reçurent la dénomination de Juda et d'Israël, depuis que Dieu, pour venger le crime de Salomon, l'eût divisé, au temps de son fils Roboam, qui lui succéda sur le trône. Les dix tribus qui, dans Samarie, proclamèrent roi, Jéroboam, serviteur de Salomon (III, *Rois*, xi), gardèrent pour elles seules le nom d'Israël, bien que ce fut le nom de tout le peuple. Les deux autres tribus de Juda et de Benjamin, qui ne devaient pas voir s'éteindre tout à fait la race

---

ad Civitates duas, unam diaboli, alteram Christi, et earum reges diabolum et Christum : « Væ tibi terra, » inquit, « cujus rex adolescens, et principes tui mane comedunt. Beata tu, terra, cujus rex tuus filius ingenuorum, et principes tui in tempore comedunt, in fortitudine, et non in confusione. » (*Eccle* x, 16 *et* 17.) Adolescentem dixit diabolum, propter stultitiam, et superbiam, et temeritatem, et petulantiam, ceteraque vitia, quæ huic ætati adsolent abundare : Christum autem filium ingenuorum, sanctorum scilicet Patriarcharum, pertinentium ad liberam Civitatem, ex quibus est in carne progenitus. Principes illius Civitatis manducantes, id est, ante horam congruam; quia non expectant opportunam, quæ vera est, in futuro sæculo felicitatem, festinanter beari hujus sæculi (*a*) celebritate cupientes. Principes autem Civitatis Christi tempus non fallacis beatitudinis patienter exspectant. Hoc ait, « in fortitudine. et non in confusione: » quia non eos fallit spes; de qua dicit Apostolus : « Spes autem non confundit. » (*Rom.* v, 5.) Dicit et Psalmus, « Etenim qui te expectant, non confundentur. » (*Psal.* xxiv, 3.) Jam vero Canticum canticorum spiritalis quædam sanctarum est voluptas mentium, in conjugio illius Regis et Reginæ Civitatis, quod est Christus et Ecclesia. Sed hæc voluptas allegoricis tegminibus involuta est, ut desideretur ardentius, nudeturque jocundius, et appareat sponsus, cui dicitur in eodem Cantico, « Æquitas dilexit te; » (*Cant.* i, 3) et sponsa quæ ibi audit, « Caritas in deliciis tuis. » (*Cant.* vii, 6.) (*b*) Tacita multa transimus, cura hujus Operis terminandi.

CAPUT XXI.

De regibus post Salomonem sive in Juda, sive in Israel.

Ceteri post Salomonem reges Hebræorum vix inveniuntur per aliqua ænigmata dictorum suorum rerumve gestarum, quod ad Christum et Ecclesiam pertineat, prophetasse, sive in Juda, sive in Israel. Sic enim appellatæ sunt illius populi partes, ex quo propter Salomonis offensam tempore filii ejus Roboam, qui patri successit in regnum, Deo vindicante divisus est. (I. *Reg.* xii.) Proinde tribus decem, quas accepit Hieroboam servus Salomonis, rex eis in Samaria constitutus, proprie vocabantur Israel, quam-

---

(*a*) Plures Mss. *celeritate*. — (*b*) Ita Mss. At editi, *Tacite*.

royale, en considération de David, étaient restées sous la domination de la ville de Jérusalem, et prirent le nom de royaume de Juda, car David était de la tribu de Juda. L'autre tribu, celle de Benjamin qui, comme je l'ai dit, faisait partie du même royaume, était la tribu d'où était sorti Saül, prédécesseur de David. Donc, ces deux tribus, réunies ensemble, s'appelaient le royaume de Juda, et se distinguaient ainsi du royaume d'Israël qui, avec ses dix tribus, ayant leur roi, avait gardé cette dénomination particulière. La tribu sacerdotale de Lévi, consacrée au service de Dieu et non des rois, faisait la treizième; car Joseph, l'un des douze fils d'Israël, fut le chef, non d'une seule tribu, comme chacun de ses autres frères, mais de deux, celles d'Ephrem et de Manassé. Cependant, la tribu de Lévi appartenait plutôt au royaume de Jérusalem, à cause du temple de Dieu, où elle exerçait ses fonctions. Le peuple juif étant donc ainsi divisé, Roboam, roi de Juda et fils de Salomon, régna le premier à Jérusalem; et Jéroboam, roi d'Israël et serviteur de Salomon, à Samarie. Et, quand Roboam voulut reconquérir cette partie de ses états qu'une usurpation tyrannique lui avait enlevés, le peuple refusa de prendre part à cette guerre fratricide, sur l'ordre de Dieu, qui fit connaître par son prophète que cette division était son œuvre. Ainsi, ce n'était la faute ni du roi, ni du peuple d'Israël, mais la volonté du Dieu vengeur de l'iniquité était accomplie. Cette déclaration établit la paix entre les deux parties; car, c'était une division de royaume, non de religion.

CHAPITRE XXII

Idolâtrie de Jéroboam.

Mais Jéroboam, roi d'Israël, refusant par dépravation d'esprit, de croire à Dieu qu'il avait pourtant trouvé fidèle, ayant reçu de lui la royauté promise, craignit qu'en venant au temple de Dieu, à Jérusalem, où, selon la loi divine, tout le peuple devait se rendre pour sacrifier, ses sujets séduits par le roi légitime, ne rentrassent sous l'obéissance de la race de David, qui était la race royale. Alors, il établit l'idolâtrie dans son royaume, et par une criminelle impiété, entraîna avec lui au temple des faux dieux, le peuple abusé. Cependant, Dieu ne cessa pas de reprendre par ses prophètes, non-seulement le roi, mais ses successeurs, imitateurs de son impiété, et le peuple lui-même. Car ce fut chez eux que parurent ces grands prophètes, si célè-

---

vis hoc universi populi illius nomen esset. Duabus vero tribubus, Judæ scilicet et Benjamin, quæ propter David, ne penitus regnum stirpi ejus fuisset eradicatum, remanserant subjacentes civitati Jerusalem, Judæ nomen fuit : quia ipsa erat tribus unde David. Benjamin vero tribus altera ad idem regnum, sicut dixi, pertinens, erat unde fuit Saul rex ante David. Sed simul istæ duæ tribus, ut dictum est, Juda vocabantur; et hoc nomine discernebantur ab Israel, quod appellabantur proprie decem tribus habentes suum regem. Nam tribus Levi, quoniam sacerdotalis fuit, Dei, non regum servitio mancipata, tertia-decima numerabatur. Joseph quippe unus ex duodecim filiis Israel, non unam, sicut ceteri singulas, sed duas tribus fecit, Ephrem et Manassen. Verumtamen etiam tribus Levi ad regnum Jerosolymitanum pertinebat magis, ubi erat Dei templum, qui serviebat. Diviso igitur populo, primus regnavit in Jerusalem Roboam rex Juda filius Salomonis, et in Samaria Hieroboam rex Israel servus Salomonis. Et cum voluisset Roboam tamquam tyrannidem divisæ illius partis bello persequi, prohibitus est populus pugnare cum fratribus suis, dicente Deo per Prophetam, se hoc fecisse. Unde apparuit nullum in ea re, vel regis Israel, vel populi fuisse peccatum, sed voluntatem Dei vindicantis impletam. Qua cognita, pars utraque inter se pacata conquievit : non enim religionis, sed regni fuerat facta divisio.

CAPUT XXII.

De Hieroboam, qui impietate idololatriæ subditum sibi populum profanavit, in quo tamen non destitit Deus et (a) Prophetas inspirare, et multos ab idolatriæ crimine custodire.

Verum rex Israel Hieroboam mente perversa non credens Deo, quem veracem promisso sibi regno datoque probaverat, timuit ne veniendo ad templum Dei, quod erat in Jerusalem, quo secundum divinam legem sacrificandi caussa universæ illi genti veniendum fuit, seduceretur ab eo populus, et stirpi David tamquam regio semini redderetur; et instituit idolatriam in regno suo, et populum Dei secum simulacrorum cultu obstrictum nefanda impietate decepit. Nec tamen omni modo cessavit Deus non solum illum regem, verum etiam successores ejus et im-

(a) In ante excusis, *prophetias.*

bres par leurs nombreux miracles, Élie, et Élisée, son disciple. C'est là aussi, qu'Élie disant à Dieu : « Seigneur, ils ont tué vos prophètes, ils ont renversé vos autels, je suis resté seul et ils cherchent à me faire mourir; » (III. *Rois*, XIX, 10) il lui fut répondu qu'il y avait encore sept mille hommes qui n'avaient pas fléchi le genou devant Baal. (*Ibidem*, XVIII.)

CHAPITRE XXIII.

Captivité de Babylone et retour des Juifs.

Le royaume de Juda, dont le siège était à Jérusalem, ne manqua pas non plus alors de prophètes, quand il plaisait à Dieu de les envoyer, soit pour annoncer ce qui était nécessaire, soit pour reprendre les crimes, ou recommander la justice. Car là aussi, quoique bien plus rarement qu'en Israël, il y eut des rois qui offensèrent Dieu gravement par leurs impiétés, et attirèrent sur eux et sur le peuple qui les imitait, des châtiments salutaires. Mais, en revanche, les rois pieux de Juda se rendirent célèbres par des vertus peu communes, tandis que les rois d'Israël ont tous été réprouvés par leur perversité plus ou moins profonde. Aussi, les deux pays éprouvaient, selon l'ordre ou la permission de la divine Providence, les vicissitudes de la bonne et de la mauvaise fortune; dans ce dernier cas, au fléau des guerres étrangères se joignait celui des guerres civiles, mais toujours de manière à montrer clairement, d'après l'évidence des causes qui avaient amené ces résultats divers, le doigt de la miséricorde ou de la justice de Dieu. Enfin, dans le transport de sa colère, toute cette nation est non-seulement chassée de ses foyers par les Chaldéens vainqueurs, mais même en grande partie emmenée captive chez les Assyriens; d'abord les dix tribus qui composaient le royaume d'Israël, ensuite celles du royaume de Juda, après la ruine de Jérusalem et de son temple si fameux. Elles passèrent soixante-dix ans sur la terre étrangère; ensuite les Juifs mis en liberté, s'occupèrent de la restauration de leur temple; et, bien qu'un certain nombre d'entre eux fut resté loin de la patrie, il n'y eut plus désormais deux royaumes gouvernés par des rois différents, mais un seul roi résidant à Jérusalem régna sur eux tous; et de toute part, si éloignés qu'ils fussent, les Juifs, à certaines époques, se dirigeaient vers cette ville pour se rendre au temple du vrai Dieu. Toutefois, même alors, ils ne manquèrent ni d'ennemis, ni d'oppresseurs étrangers;

---

pietatis imitatores, populumque ipsum, arguere per Prophetas. Nam ibi exstiterunt et magni illi insignesque Prophetæ, qui etiam mirabilia multa fecerunt, Elias et Elisæus discipulus ejus. Etiam ibi dicenti Eliæ, « Domine, Prophetas tuos occiderunt, altaria tua suffoderunt, et ego relictus sum solus, et quærunt animam meam : » (III. *Reg.* XI, 10) responsum est, illic esse septem millia virorum, qui non curvaverunt genua ante Baal.

CAPUT XXIII.

De vario utriusque regni Hebræorum statu, donec ambo populi in captivitatem diverso tempore ducerentur, revocato postea Juda in regnum suum, quod novissime in Romanorum transiit potestatem.

Itemque in regno Juda pertinente ad Jerusalem, etiam succedentium regum temporibus non defuerunt Prophetæ : sicut Deo placebat eos mittere, vel ad prænuntiandum quod opus erat, vel ad corripienda peccata, præcipiendamque justitiam. Nam et illic, etsi longe minus quam in Israel, tamen exstiterunt reges, qui suis impietatibus Deum graviter offenderent, et moderatis flagellis cum populo (*a*) simili plecterentur. Piorum sane regum merita ibi non parva laudantur. In Israel autem reges alios magis, alios minus, omnes tamen reprobos legimus. Utraque igitur pars, sicut jubebat divina providentia, vel sinebat, variis et erigebatur prosperitatibus, et adversitatibus premebatur : et sic affligebatur, non solum externis, verum etiam inter se civilibus bellis, ut certis exsistentibus caussis, misericordia Dei vel ira patesceret; donec ejus indignatione crescente, universa gens illa a Chaldæis debellantibus, non solum subverteretur in sedibus suis, sed etiam ex maxima sui parte transferretur in terras Assyriorum, prius illa pars, quæ vocabatur Israel in tribubus decem; postea vero etiam Judas, eversa Jerusalem et templo illo nobilissimo : in quibus terris per annos septuaginta captivum egit otium. Post quos inde dimissa, templum quod eversum fuerat, instauravit : et quamvis plurimi ejus in alienigenarum degerent terris, non habuit tamen deinceps duas regni partes, et duos diversos in singulis partibus reges : sed in Jerusalem princeps eorum unus erat; atque ad Dei

---

(*a*) Er. et Lov. *simul.* Melius Vind. Am. et Mss. *simili.*

TOM. XXIV.

et le Christ, venant au monde, les trouva déjà tributaires des Romains.

CHAPITRE XXIV.

Des derniers Prophètes chez les Juifs.

Pendant tout le temps qui s'écoula depuis le retour de Babylone, après Malachie, Aggée, Zacharie et Esdras, qui prophétisèrent alors, il n'y eut plus de prophètes chez les Juifs jusqu'à l'avènement du Sauveur, si ce n'est l'autre Zacharie, père de Jean, et Élisabeth sa femme, la Nativité du Christ étant proche ; et après sa naissance, le vieillard Siméon, Anne la veuve, déjà avancée en âge, et Jean lui-même le dernier. Jeune et prophète du Christ jeune, il n'annonça pas son avènement futur, mais il le fit connaître en le désignant par une intuition prophétique. Aussi, le Seigneur lui-même a dit : « La loi et les Prophètes ont duré jusqu'à Jean. » (*Matth.* XI, 13.) Les prophéties de ces cinq derniers nous sont connues par l'Évangile, où nous trouvons aussi que la Vierge elle-même, mère du Sauveur, a prophétisé avant Jean. Mais les Juifs réprouvés rejettent ces prophéties, tandis qu'elles sont reçues par un nombre considérable d'entre eux, qui ont embrassé la foi de l'Évangile. Dès lors véritablement Israël fut divisé en deux, de cette division immuable prédite au roi Saül par le prophète Samuel. Malachie, Aggée, Zacharie et Esdras sont les derniers prophètes auxquels les Juifs réprouvés accordent l'autorité canonique. Nous avons leurs écrits avec ceux de plusieurs autres qui, en bien petit nombre parmi tant de prophètes, sont investis de cette autorité. Il me semble nécessaire de rapporter dans cet ouvrage quelques-unes de leurs prophéties relatives au Christ et à son Église ; mais je le ferai plus facilement, avec l'aide du Seigneur, au livre suivant, pour ne pas prolonger davantage celui-ci déjà si étendu.

templum, quod ibi erat, omnes undique, ubicumque essent, et undecumque possent, per certa tempora veniebant. Sed nec tunc eis hostes ex aliis gentibus expugnatoresque defuerunt : nam etiam Romanorum jam tributarios eos Christus invenit.

CAPUT XXIV.

De Prophetis, qui vel apud Judæos postremi fuerunt, vel quos circa tempus nativitatis Christi Evangelica prodit historia.

Toto autem illo tempore, ex quo redierunt de Babylonia, post Malachiam, Aggæum et Zachariam, qui tunc prophetaverunt, et Esdram, non habuerunt Prophetas usque ad Salvatoris adventum, nisi alium Zachariam patrem Joannis, et Elisabet ejus uxorem. Christi nativitate jam proxima ; et eo jam nato, Simeonem senem, et Annam viduam jamque grandævam, et ipsum Joannem novissimum : qui juvenis, jam juvenem Christum, non quidem futurum prædixit, sed tamen incognitum prophetica cognitione monstravit : propter quod ipse Dominus ait, « Lex et Prophetæ usque ad Joannem. » (*Matth.* XI, 13.) Sed istorum quinque prophetatio ex Evangelio nobis nota est : ubi et ipsa virgo mater Domini ante Joannem prophetasse invenitur. Sed hanc istorum prophetiam Judæi reprobi non accipiunt : acceperunt autem, qui ex eis innumerabiles Evangelio crediderunt. Tunc enim vere Israel divisus est in duo, divisione illa, quæ per Samuelem prophetam Sauli regi est immutabilis prænuntiata. Malachiam vero, Aggæum, Zachariam, et Esdram, etiam Judæi reprobi in auctoritatem canonicam receptos novissimos habent. Sunt enim et scripta eorum, sicut aliorum, qui in magna multitudine (a) Prophetarum perpauci ea scripserunt, quæ auctoritatem canonis obtinerent. De quorum prædictis, quæ ad Christum Ecclesiamque ejus pertinent, nonnulla mihi in hoc Opere video esse ponenda : quod commodius fiet, adjuvante Domino, sequenti libro ; ne hunc tam prolixum ulterius oneremus.

(a) Sic Mss. Editi vero, *prophetarunt.*

LIVRE DIX-HUITIÈME [1]

Il parle du développement de la Cité terrestre, depuis le temps d'Abraham jusqu'à la fin du monde, la comparant à la Cité céleste. Il mentionne les prophéties au sujet du Christ, tant celles des Sibylles que celles surtout des saints prophètes, qui ont écrit depuis la fondation de Rome, Osée, Amos, Isaïe, Michée, et ceux qui les suivirent.

CHAPITRE PREMIER.

Résumé des dix-sept livres précédents.

J'ai promis de traiter dans cet ouvrage de l'origine, du progrès et de la fin réservée aux deux Cités, l'une de Dieu, l'autre du monde, monde au milieu duquel, selon les conditions de la nature humaine, la première accomplit maintenant son pèlerinage ; mais je devais auparavant réfuter, avec le secours de la grâce, les ennemis de la Cité sainte, qui préfèrent leurs dieux au Christ son fondateur, qui ont voué aux Chrétiens cette haine violente qui leur est si préjudiciable à eux-mêmes. C'est ce que j'ai fait dans les dix premiers livres. Quant à la triple promesse dont je viens de parler, j'ai consacré les quatre livres qui suivent le dixième, à éclaircir ce qui a rapport à l'origine des deux Cités. Leur progrès, depuis le premier homme jusqu'au déluge, se résume en un seul livre, le quinzième de cet ouvrage ; du déluge jusqu'à Abraham, j'ai encore fait suivre aux deux Cités l'ordre des temps. Mais, à partir de ce patriarche jusqu'aux rois d'Israël, ce qui nous mène à la fin du seizième livre, et de là jusqu'à la venue temporelle du Sauveur, durée qu'embrasse le dix-septième, la Cité de Dieu paraît pour ainsi dire seule sous ma plume, bien qu'elle n'ait jamais paru seule en ce monde, et qu'au contraire les deux Cités, parmi nous, se soient partagé les temps, aussi bien dans leur progrès que dans leur origine. Mais j'ai agi ainsi, afin que, du moment où les promesses divines de-

---

(1) Ce livre a été écrit vers l'an 426. Voir plus bas, chap. LIV.

LIBER OCTAVUS-DECIMUS

Dicit de terrenæ Civitatis a tempore Abrahami ad mundi finem procursu cum ipsa Civitate cœlesti : et adtingit oracula de Christo, tum Sibyllarum, tum maxime sacrorum Vatum, qui ab regni Romanorum exordio scripserunt.

CAPUT PRIMUM.

De his quæ usque ad tempora Salvatoris decem et septem voluminibus disputata sunt.

De Civitatum duarum, quarum Dei una, sæculi hujus est altera, in qua nunc est, quantum ad hominum genus pertinet, etiam ista peregrina, exortu, et procursu, et debitis finibus, me scripturum esse promisi : cum prius inimicos Civitatis Dei, qui conditori ejus Christo deos suos præferunt, et livore sibi perniciosissimo atrociter invident Christianis, quantum me adjuvaret ejus gratia, refellissem, quod voluminibus decem prioribus feci. De hac vero mea, quam modo commemoravi, tripertita promissione, (a) decimum sequentibus quatuor libris amborum est digestus exortus. Deinde procursus ab homine primo usque diluvium libro uno, qui est hujus Operis quintus-decimus : atque inde usque ad Abraham rursus ambæ, sicut in temporibus, ita et in nostris litteris cucurrerunt. Sed a patre Abraham usque ad Regum tempus Israelitarum, ubi sextum-decimum volumen absolvimus, et inde usque ad ipsius in carne Salvatoris adventum, quo usque decimus-septimus liber tenditur, sola videtur in (b) meo stylo cucurrisse Dei Civitas : cum in hoc sæculo non sola cucurrerit, sed ambæ utique in genere humano, sicut ab initio simul, suo procursu tempora variaverint. Verum hoc ideo feci, ut prius ex quo apertiores Dei promissiones esse cœperunt, usque ad ejus ex virgine nativitatem, in (c) quo fuerant quæ pri-

---

(a) Apud Lov. *in decimum* : minus bene. — (b) Am. et Lev. *in medio.* Editi alii et Mss. *in meo.* — (c) Sola editio, Lov. *in qua.*

vinrent plus claires jusqu'à la naissance, du sein d'une Vierge, de celui qui devait les accomplir en lui, la Cité de Dieu, sans être embarrassée dans sa marche par la Cité ennemie, apparût plus distincte, bien que jusqu'à la révélation du Nouveau-Testament, elle n'ait pas poursuivi sa route en pleine lumière, mais comme à travers les ombres. Il me faut donc maintenant reprendre le cours interrompu de la Cité du monde, pour montrer suffisamment sa marche, depuis l'époque d'Abraham, afin que le lecteur puisse sérieusement comparer entre elles les deux Cités.

CHAPITRE II.

Des temps et des rois de la Cité terrestre. Leur concordance avec les temps de la Cité sainte, depuis la naissance d'Abraham.

1. La société des mortels, répandue par toute la terre et dans les contrées les plus différentes, reste cependant unie par les liens d'une seule et même nature; mais comme chacun des individus qui la composent a ses intérêts et ses passions particulières, ce qui est recherché par les uns, ne satisfait pas les autres, ou du moins ne les satisfait pas tous, parce qu'ils n'ont pas tous le même but, il arrive de là que souvent la société est divisée contre elle-même, et que la partie la plus forte opprime la plus faible. Le vaincu succombe sous le vainqueur, sacrifiant à la paix et au salut, n'importe à quelles conditions, le pouvoir ou même la liberté; et à tel point, qu'on juge dignes d'admiration ceux qui préfèrent la mort à l'esclavage. Car, chez presque tous les peuples, on dirait que la voix de la nature se fait entendre pour porter les victimes d'un malheureux sort, à se soumettre aux vainqueurs, plutôt que de s'exposer aux désastres complets de la guerre. De là vient, et par la volonté de la Providence de Dieu, arbitre absolu de la victoire et de la défaite, que les uns ont été préposés au gouvernement des empires, et les autres soumis à l'autorité des souverains. Mais, parmi tous ces royaumes de la terre, établis par les intérêts ou les passions d'ici-bas dans la société divisée, que nous appelons généralement la Cité du monde, nous en distinguons deux, plus illustres que les autres, celui des Assyriens et celui des Romains; ils diffèrent l'un de l'autre de temps et de lieux; l'un parut d'abord, l'autre ensuite; celui-là en Orient, celui-ci en Occident; au reste, la fin de l'un fut le commencement de l'autre. On pourrait dire que les autres royaumes n'ont été que des dépendances de ceux-ci.

mo promittebantur implenda, sine interpolatione a contrario alterius Civitatis, ista quæ Dei est procurrens, distinctius apparerct; quamvis usque ad revelationem Testamenti novi, non in lumine, sed in umbra cucurrerit. Nunc ergo, quod intermiscram, video esse faciendum, ut ex Abrahæ temporibus quomodo etiam illa cucurrerit, quantum satis videtur, adtingam, ut ambæ inter se possint consideratione legentium comparari.

CAPUT II.

De terrenæ Civitatis regibus atque temporibus, quibus ab exortu Abrahæ sanctorum tempora supputata conveniunt.

1, Societas igitur usquequaque mortalium diffusa per terras et in locorum quantislibet diversitatibus, unius tamen ejusdemque naturæ quadam communione devincta, utilitates et cupiditates suas quibusque sectantibus, dum id quod appetitur, aut nemini, aut non omnibus sufficit, quia non est idipsum, adversum se ipsam plerumque dividitur, et pars partem, quæ prævalet, opprimit. Victrici enim victa succumbit, dominationi scilicet, vel etiam libertati qualemcumque pacem præferens ac salutem : ita ut magnæ fuerint admirationi, qui perire quam servire maluerunt. Nam in omnibus fere gentibus quodam modo vox naturæ ista personuit, ut subjugari victoribus mallent, quibus contigit vinci, quam bellica (*e*) omnifariam vastatione deleri. Hinc factum est, ut non sine Dei providentia, in cujus potestate est, ut quisque bello aut subjugetur, aut subjuget, quidam essent regnis præditi, quidam regnantibus subditi : sed inter plurima regna terrarum, in quæ terrenæ utilitatis, vel cupiditatis, et divisa societas, (quam Civitatem mundi hujus universali vocabulo nuncupamus,) duo regna cernimus longe ceteris provenisse clariora, Assyriorum primum, deinde Romanorum, ut temporibus, ita locis inter se ordinata atque distincta. Nam quo modo illud prius, hoc posterius; eo modo illud in Oriente, hoc in Occidente surrexit : denique in illius fine hujus initium confestim fuit. Regna cetera, ceterosque reges velut appendices istorum dixerim.

(*a*) Sic plures Mss. Alii vero cum editis, *omnifaria*.

2. Ninus, successeur de Bélus, son père, qui avait été le premier roi des Assyriens, régnait donc déjà à l'époque de la naissance d'Abraham en la terre des Chaldéens. Alors florissait aussi le petit royaume des Sicyoniens, et c'est jusqu'à eux, comme à une haute antiquité, que le savant historien Varron fait remonter l'origine du peuple Romain. Par les rois de Sicyone, il arrive aux Athéniens, d'où il passe aux Latins et ensuite aux Romains. Mais, avant la fondation de Rome, ces différents États avaient très-peu d'importance en comparaison de l'empire des Assyriens. Les Athéniens, il est vrai, ont été fort célèbres dans la Grèce, l'historien romain Salluste le reconnaît lui-même, tout en pensant que leur renommée a été au-dessus de la vérité. En effet, voici ses paroles : « Les exploits des Athéniens, dit-il, ont été, à mon avis, assez puissants et assez glorieux, et cependant un peu au-dessous de ce que la renommée en publie. Le génie supérieur de leurs écrivains a contribué à cette célébrité, en faisant passer dans tout l'univers pour éclatantes les actions des Athéniens. Ainsi, le courage de leurs héros a reçu ce caractère de grandeur que pouvaient lui donner ces illustres historiens. » Et ce n'est pas une petite gloire pour cette ville, que celle d'avoir vu surtout fleurir dans son sein les écoles des lettres et de la philosophie. Mais quant à l'empire, il n'y en eut point alors d'aussi puissant et d'aussi étendu que celui des Assyriens. Car, d'après l'histoire, le roi Ninus, fils de Bélus (1), subjugua toute l'Asie, la troisième partie du globe, numériquement parlant, et la seconde pour la grandeur ; il étendit ses conquêtes jusqu'aux confins de la Lybie. Seuls de tous les peuples de l'Orient, les Indiens n'étaient pas soumis à sa domination ; et toutefois, après sa mort, Sémiramis, son épouse, entreprit de les dompter. Et tous les habitants de ces contrées, peuples ou rois, subirent le joug des Assyriens, dont ils exécutèrent ponctuellement les volontés. Ce fut donc au temps de Ninus, qu'Abraham naquit chez les Chaldéens, peuples de cette nation. Mais, comme l'histoire des Grecs nous est beaucoup plus connue que celle des Assyriens, et qu'en passant des Grecs aux Latins, et des Latins aux Romains leurs descendants, ceux qui ont fouillé l'antiquité pour découvrir l'origine du peuple romain ont suivi l'ordre des temps, nous devons, nous, autant qu'il est nécessaire, signaler ici les rois d'Assyrie, afin de montrer comment Babylone, ou la première Rome, s'avance dans le cours des siècles avec la Cité de Dieu, étrangère en ce monde. Quant aux faits qui, dans cet ouvrage, serviront à établir

---

(1) Voir plus bas, chap. XXII, et le chapitre XVII du livre XVI, ainsi que le chapitre VI du quatrième livre.

---

2. Ninus ergo jam secundus rex erat Assyriorum, qui patri suo Belo successerat, regni illius primo regi, quando in terra Chaldæorum natus est Abraham. Erat etiam tempore illo regnum Sicyoniorum admodum parvum, a quo ille undecumque doctissimus Marcus Varro scribens de gente populi Romani, velut antiquo tempore, exorsus est. Ab his enim Sicyoniorum regibus ad Athenienses pervenit, a quibus ad Latinos, et ab his ad Romanos. Sed ante conditam Romam in comparatione regni Assyriorum perexigua ista memorantur. Quamvis Athenienses in Græcia plurimum claruisse fateatur etiam Sallustius Romanus historicus, plus tamen fama, quam re ipsa. Nam loquens de illis : « Atheniensium, » inquit, « res gestæ, sicuti ego existimo, satis amplæ magnificæque fuerunt : verum aliquanto minores tamen, quam fama feruntur. Sed quia provenere ibi scriptorum magna ingenia, per terrarum orbem Atheniensium facta pro maximi celebrantur. Ita eorum qui fecere, virtus tanta habetur, quantum eam verbis potuere extollere præclara ingenia. » Accedit huic civitati non parva etiam ex litteris et philosophis gloria, quod ibi potissimum talia studia viguerunt. Nam quantum adtinet ad imperium, nullum majus primis temporibus, quam Assyriorum fuit, nec tam longe lateque diffusum. Quippe ubi Ninus rex, Beli filius, universam Asiam, quæ totius orbis ad numerum partium tertia dicitur, ad magnitudinem vero dimidia reperitur, usque ad Libyæ fines subegisse traditur. Solis quippe Indis in partibus Orientis non dominabatur : quostamen eo defuncto Semiramis uxor ejus est aggressa bellando. Ita factum est, ut quicumque in illis terris populi, sive reges erant, Assyriorum regno ditionique parerent, et quidquid imperaretur efficerent. Abraham igitur in eo regno apud Chaldæos Nini temporibus natus est. Sed quoniam res Græcæ multo sunt nobis quam Assyriæ notiores, et per Græcos ad Latinos, ac deinde ad Romanos, qui etiam ipsi Latini sunt, temporum seriem deduxerunt qui gentem populi Romani in originis ejus antiquitate rimati sunt ; ob hoc debemus, ubi opus est, Assyrios memorare reges : ut appareat quemadmodum Babylonia, quasi prima Roma, cum peregrina in hoc mundo Dei Civitate procurrat. Res autem

le parallèle entre les deux Cités, il nous faudra les chercher de préférence chez les Grecs et les Latins, où paraît Rome elle-même, la seconde Babylone.

3. Au moment donc de la naissance d'Abraham, Ninus était le second roi des Assyriens (Euseb. *chroniq.*), et Europs des Sicyoniens. Ils succédaient là à Bélus, ici à Œgialeus, qui avaient été les premiers rois de ces peuples. Et, quand Dieu fit à Abraham sorti de Babylone, la promesse d'une postérité nombreuse et de bénir toutes les nations dans sa race, le quatrième roi des Assyriens et le cinquième des Sicyoniens étaient sur le trône; car, chez les Assyriens régnait après sa mère Sémiramis, le fils de Ninus : l'histoire rapporte que ce prince tua sa mère pour se débarrasser de ses tentatives incestueuses. Plusieurs regardent la fondation de Babylone comme l'œuvre de Sémiramis, qui ne contribua probablement qu'à la rebâtir (1). Nous avons dit au seizième livre, quand et comment elle fut fondée. Pour le fils de Ninus et de Sémiramis, qui succéda à sa mère sur le trône, les uns l'appellent aussi Ninus, les autres Ninias, en faisant dériver son nom de celui de son père. Les Sicyoniens avaient alors pour roi Telxion.

Le règne de ce prince fut si heureux, si prospère, qu'après sa mort, ses sujets lui offrirent des sacrifices comme à une divinité, et instituèrent des jeux publics, qui eurent lieu pour la première fois en son honneur.

CHAPITRE III.

Sous le règne de ces rois d'Assyrie et de Sicyone, Isaac, le fils de la promesse naît d'Abraham centenaire; et le même Isaac engendre par Rébecca, deux jumeaux, Esaü et Jacob.

A son temps se rapporte la naissance d'Isaac, le fils de la promesse que Dieu accorda à Abraham centenaire, et à Sara, sa femme, qui, par sa stérilité et son grand âge, avait perdu toute espérance de postérité. Alors régnait Aralius, le cinquième roi des Assyriens. Isaac sexagénaire eut de sa femme Rebecca deux jumeaux, Esaü et Jacob; c'était du vivant d'Abraham leur aïeul, alors dans sa cent soixantième année; ce dernier meurt à cent soixante-quinze ans accomplis, sous le règne, en Assyrie, de Xerxès l'ancien, surnommé Baléus, et à Sicyone, de Thuriacus, ou de Thurimachus, comme plusieurs écrivent, tous deux septièmes

(1) Diodore, Justin, etc., rapportent à Sémiramis la construction de Babylone, tandis que Josèphe, Eusèbe, Marcellin et plusieurs autres soutiennent qu'elle l'a seulement rebâtie. Elle l'entoura, dit-on, d'une ceinture de murailles très-épaisses, dont la circonférence était de quatre cent quatre-vingts stades; ce travail gigantesque compte parmi les sept merveilles du monde.

quas propter comparationem Civitatis utriusque, terrenæ scilicet et cœlestis, huic Operi oportet inserere, magis ex Græcis et Latinis, ubi et ipsa Roma quasi secunda Babylonia est, debemus assumere.

3. Quando ergo natus est Abraham, secundi reges erant, apud Assyrios Ninus, apud Sicyonios Europs : primi autem, illic Belus, hic Ægialeus fuerunt. Cum vero egresso Abraham de Babylonia, promisit ei Deus ex illo magnam gentem futuram, et in ejus semine omnium gentium benedictionem, Assyrii quartum regem habebant, Sicyonii quintum : apud illos enim regnabat filius Nini post matrem Semiramidem, quæ ab illo interfecta perhibetur, ausa filium mater incestare concubitu. Hanc putant nonnulli condidisse Babylonem, quam quidem potuit instaurare. Quando autem, vel quomodo condita fuerit, in sexto-decimo libro diximus. (*Cap.* IV.) Filium porro Nini et Semiramidis, qui matri successit in regnum, quidam etiam ipsum Ninum, quidam vero derivato a patre vocabulo (*a*) Niniam vocant. Sicyoniorum autem regnum tunc tenebat (*b*) Telxion. Quo regnante usque adeo ibi mitia et læta tempora fuerunt, ut eum defunctum velut deum colerent sacrificando, et ludos celebrando, quos ei primitus institutos ferunt.

CAPUT III.

Quibus regnantibus apud Assyrios atque Sicyonios Abrahæ centenario Isaac de promissione sit natus, vel ipsi Isaac sexagenario Esau et Jacob gemini de Rebecca sint editi.

Hujus temporibus etiam Isaac ex promissione Dei natus est centenario patri filius Abrahæ de Sara conjuge, quæ sterilis et anus jam spem prolis amiserat. Tunc et Assyriis quintus erat rex (*c*) Aralius. Ipsi vero Isaac sexagenario nati sunt gemini, Esau et Jacob, quos ei Rebecca uxor peperit, avo eorum Abraham adhuc vivente, et centum-sexaginta ætatis

(*a*) Editi, *Ninium*. At Mss. cum Eusebio, *Niniam*. — (*b*) Editi, *Telexion*. Mss. vero, *Telxion*, vel *Telsion*. — (*c*) Plures Mss. *Arrius*. Eusebii Chron. *Analius*.

rois de leurs peuples. Quant au royaume des Argiens, il prit naissance à la même époque que les petits-fils d'Abraham, et leur premier roi fut Inachus. Il ne faut pas oublier que, d'après Varron, les Sicyoniens avaient coutume de sacrifier sur le tombeau de Thurimacus, leur septième roi. Sous les règnes d'Armamitre et de Leucippus, huitième roi des Assyriens et des Sicyoniens, et sous celui d'Inachus, premier roi des Argiens, Dieu parla à Isaac, pour lui renouveler la double promesse faite à son père, c'est-à-dire la terre de Chanaan qui devait être l'héritage de sa postérité, et la bénédiction de tous les peuples en sa race. Ces promesses furent faites aussi à son fils, petit-fils d'Abraham, appelé d'abord Jacob, ensuite Israël, sous le règne de Bélocus, neuvième roi des Assyriens, et de Phoronéus, fils d'Inachus, second roi des Argiens : Leucippus régnait encore chez les Sicyoniens. A cette époque, sous le roi d'Argos Phoronéus, la Grèce commença à s'illustrer par ses lois et ses institutions judiciaires. Phégoris, frère de Phoronéus, mais plus jeune que lui, fut, après sa mort, traité comme un Dieu, un temple fut élevé sur son tombeau et on immola des bœufs en son honneur. Ce qui lui mérita de si grands priviléges, c'est, je pense, que dans la partie du royaume à lui échue, (car son père avait fait le partage de ses états entre ses deux fils, pour les faire régner ensemble de son vivant,) il avait bâti des temples aux Dieux, et enseigné à ses sujets le moyen de mesurer et de calculer le temps en le divisant par mois et par années. Ces nouveautés frappèrent d'admiration ce peuple à demi barbare, et il se persuada ou déclara qu'après sa mort il était devenu Dieu. Il en fut de même d'Io, fille d'Inachus ; elle était, dit-on, honorée en Égypte comme une grande déesse, sous le nom d'Isis, bien que d'autres nous apprennent qu'elle était d'Ethiopie et qu'elle passa en Égypte où elle fut reine ; elle fit fleurir les lettres et beaucoup d'arts utiles ; elle gouverna avec tant de gloire et de sagesse qu'elle reçut après sa mort les honneurs divins, et elle était si vénérée des Egyptiens qu'ils auraient jugé digne de mort celui qui eût osé dire qu'elle était une simple mortelle.

annos agente : qui expletis centum-septuaginta-quinque defunctus est : regnantibus apud Assyrios Xerxe illo antiquiore, qui etiam (a) Baleus vocabatur, et apud Sicyonios Thuriaco, quem quidam (b) Thurimachum scribunt, septimis regibus. Regnum autem Argivorum simul cum Abrahæ nepotibus ortum est, ubi primus regnavit Inachus. Sane quod prætereundum non fuit, etiam apud sepulcrum septimi sui regis Thuriaci sacrificare Sicyonios solere, Varro refert. Regnantibus porro octavis regibus, Armamitre Assyriorum, Leucippo Sicyoniorum, et primo Argivorum Inacho, Deus locutus est ad Isaac, atque ipsi quoque eadem quæ patri ejus duo illa promisit, semini scilicet ejus terram Chanaan, et in ejus semine benedictionem cunctarum gentium. Hæc ipsa promissa sunt etiam filio ejus, nepoti Abrahæ, qui est appellatus primo Jacob, post Israel, cum jam Belocus rex nonus Assyriis, et Phoroneus Inachi filius secundus regnaret Argivis, Leucippo adhuc apud Sicyonios permanente. His temporibus Græcia sub Phoroneo Argolico rege legum et judiciorum quibusdam clarior facta est institutis. Phegous tamen frater hujus Phoronei junior, cum esset mortuus, ad ejus sepulcrum templum est constitutum, in quo coleretur ut Deus, et ei boves immolarentur. Credo honore tanto ideo dignum putarunt, quia in regni sui parte (pater quippe loca ambobus distribuerat, in quibus eo vivente regnarent,) iste sacella constituerat ad colendos deos, et docuerat observari tempora per menses atque annos, quid eorum quatenus metirentur atque numerarent. Hæc in eo nova mirantes rudes adhuc homines, morte obita deum esse factum, sive opinati sunt, sive voluerunt. Nam et Io filia Inachi fuisse perhibetur, quæ postea Isis appellata, ut magna dea culta est in Ægypto : quamvis alii scribant eam ex Æthiopia in Ægyptum venisse reginam ; et quod late justeque imperaverit, eisque multa commoda et litteras instituerit, hunc honorem illi habitum esse divinum postea quam ibi mortua est, et tantum honorem, ut capitali crimine reus fieret, si quis eam fuisse hominem diceret.

(a) Apud Eusebium, *Balaneus*. — (b) Aliquot Mss. *Thirimacum*. Eusebius vero *Tiramachum* nominat.

CHAPITRE IV.

Du temps de Jacob et de son fils Joseph.

Le dixième roi des Assyriens, du nom de Baléus, était sur le trône ; chez les Sicyoniens régnait le neuvième, appelé Mésappus, que plusieurs appellent aussi Céphisus, (si toutefois ces deux noms ne désignent qu'un seul homme et si plutôt ceux qui, dans leurs écrits, se servent de l'autre nom, ne confondent pas un homme pour un autre,) et le troisième roi des Argiens était Apis, lorsque mourut Isaac à l'âge de cent quatre-vingts ans ; il laissait deux fils âgés de cent vingt ans. Le plus jeune, Jacob, citoyen de la Cité de Dieu dont l'aîné est exclu, avait douze fils ; l'un d'eux, appelé Joseph, avait été vendu par ses frères à des marchands qui allaient en Égypte, c'était encore du vivant d'Isaac, leur aïeul. Joseph parut devant Pharaon ; de l'humiliation qu'il a patiemment supportée, il passe aux plus grands honneurs, n'étant encore âgé que de trente ans. Inspiré de Dieu, il interprète les songes du roi et annonce les sept années de fertilité, qui seront suivies de sept autres années dont la stérilité devra épuiser la surabondance exceptionnelle des premières, et pour cela le roi le mit à la tête de l'Égypte, après l'avoir tiré de la prison où l'avait jeté sa chasteté héroïque ; vertu dont il conserve précieusement l'honneur, en se dérobant par la fuite aux sollicitations honteuses de son infâme maîtresse qui, pour tromper un maître trop crédule, lui présente le vêtement abandonné à ses mains adultères. Or, pendant la seconde année de stérilité, Jacob avec tous les siens vint en Égypte auprès de son fils ; il avait alors cent trente ans, selon la réponse qu'il fit à la question du roi. Joseph en avait trente-neuf, en ajoutant les sept années de fertilité et les deux ans de famine, aux trente ans qu'il avait au moment où le roi le combla d'honneurs.

CHAPITRE V.

Du roi des Argiens, Apis, qui reçut en Égypte les honneurs divins sous le nom de Sérapis.

A cette époque, Apis, roi des Argiens, s'étant rendu par mer en Égypte, y mourut et devint Sérapis, le plus grand de tous les dieux Égyptiens. Et si, après sa mort, il ne conserva pas son nom d'Apis, mais reçut celui de Sérapis, Varron nous l'explique tout naturellement. En

CAPUT IV.

De temporibus Jacob et filii ejus Joseph.

Regnantibus Assyriorum decimo rege Baleo, et Sicyoniorum nono (*a*) Mesappo, qui etiam Cephisos a quibusdam traditur, (si tamen duorum nominum homo unus fuit, ac non potius alterum pro altero putaverunt fuisse hominem, qui in suis posuerunt scriptis alterum nomen,) cum rex Argivorum tertius Apis esset, mortuus est Isaac annorum centum-octoginta, et reliquit geminos suos annorum centum et viginti : quorum minor Jacob pertinens ad Civitatem Dei, de qua scribimus, majore utique reprobato, habebat duodecim filios, quorum illum, qui vocabatur Joseph, mercatoribus in Ægyptum transeuntibus fratres, adhuc Isaac avo corum vivente, vendiderant. Stetit autem ante Pharaonem Joseph, quando ex humilitate, quam pertulit, sublimatus est, cum triginta esset annorum : quoniam somnia regis divine interpretatus, præuntiavit septem ubertatis annos futuros, quorum abundantiam præpollentem consequentes alii septem steriles fuerant consumturi ; et ob hoc cum rex præfecerat Ægypto, de carcere liberatum, quo eum conjecerat integritas castitatis ; quam fortiter servans male amanti dominæ, et male credulo domino mentituræ, veste etiam derelicta de manibus adtrahentis aufugiens, non consensit ad stuprum. Secundo autem anno septem annorum sterilium, Jacob in Ægyptum cum suis omnibus venit ad filium, agens annos centum et triginta, sicut interroganti regi ipse respondit ; cum Joseph ageret triginta et novem, ad triginta scilicet quos agebat, quando rege honoratus est, additis septem ubertatis, et duobus famis.

CAPUT V.

De Api rege Argivorum, quem Ægyptii Serapim nominatum divino honore coluerunt.

Illis temporibus rex Argivorum Apis navibus transvectus in Ægyptum, cum ibi mortuus fuisset, factus est Serapis omnium maximus Ægyptiorum deus. Nominis autem hujus, cur non Apis etiam post mortem, sed Serapis appellatus sit, facillimam rationem Varro reddidit. Quia enim arca in qua mortuus po-

---

(*a*) Mss. *Messapo :* et ex his nonnulli postea, *qui etiam Cephisus,* etc.

effet, le cercueil d'un mort que l'on nomme sarcophage, se dit en grec σορὸς; et comme les honneurs rendus au défunt précédèrent l'érection de son temple, on donna au cercueil le nom de sorosapis ou sorapis et ensuite en changeant une lettre, comme il arrive souvent, on fit sérapis. On déclara aussi à son sujet, que celui qui oserait le traiter d'homme, serait puni de mort. Aussi, dans presque tous les temples d'Isis et de Sérapis, leur idole avait un doigt sur les lèvres, comme pour inviter leurs adorateurs au silence; cela signifiait, dit encore Varron, qu'il ne fallait pas dire que ces dieux eussent été des mortels. Quant au bœuf que l'Égypte, par un prodige de superstition, nourrissait si délicatement en son honneur, comme on l'adorait vivant et non dans le cercueil, on l'appelait Apis plutôt que Sérapis. Ce bœuf mort, on en cherchait et on en trouvait un autre de même couleur, c'est-à-dire marqué pareillement de certaines taches blanches; ce qui passait pour une merveille due à la faveur du dieu. Il n'était cependant pas difficile au démon de tromper ces peuples, en présentant aux seuls regards d'une vache pleine l'image d'un taureau tout-à-fait semblable, afin de l'exciter à reproduire dans son fruit la ressemblance qu'elle avait sous les yeux; car Jacob, avec des baguettes de différentes couleurs, obtint des brebis et des chèvres variées. (*Gen.* xxx, 39.) Et ce que les hommes peuvent obtenir avec des couleurs ou des corps véritables, pour la reproduction des animaux, les démons le peuvent également avec des figures fantastiques.

CHAPITRE VI.

Sous quel roi des Argiens ou des Assyriens, arriva la mort de Jacob en Égypte.

Apis, roi des Argiens et non des Égyptiens, mourut donc en Égypte. Argus son fils lui succéda; c'est de son nom qu'on a fait Argos et qu'on a désigné les Argiens; car, sous les rois précédents, ni la ville, ni le peuple ne portaient ce nom. Ce fut donc sous son règne à Argos, sous celui d'Eratus à Sicyone et quand Baléus était encore roi des Assyriens, que Jacob mourut en Égypte, à l'âge de cent quarante-sept ans : avant de mourir, il avait béni ses fils et ses petits-fils issus de Joseph, et prédit le Christ en termes fort clairs, disant à la bénédiction de Juda : « Le prince ne manquera pas dans la

---

nitur, quod omnes jam (*a*) σαρκοφάγον vocant, σορὸς dicitur Græce; et ibi eum venerari sepultum cœperant, prius quam templum ejus esset exstructum : velut (*b*) Soros et Apis, Sorapis primo, deinde una littera, ut fieri adsolet, commutata, Serapis dictus est. Et constitutum est etiam de illo, ut quisquis eum hominem dixisset fuisse, capitalem penderet pœnam. Et quoniam fere in omnibus templis, ubi colebantur Isis et Serapis, erat etiam simulacrum, quod digito labiis impresso admonere videretur, ut silentium fieret; hoc significare idem Varro existimat, ut homines eos fuisse tacerentur. Ille autem bos, quem mirabili vanitate decepta Ægyptus in ejus honorem deliciis affluentibus alebat, quoniam eum sine sarcophago vivum venerabantur, Apis, non Serapis vocabatur. Quo bove mortuo, quoniam quærebatur et reperiebatur vitulus coloris ejusdem, hoc est, albis quibusdam maculis similiter insignitus; mirum quiddam et divinitus sibi procuratum esse credebant. Non enim magnum erat dæmonibus ad eos decipiendos phantasiam talis tauri, quam sola cerneret, ostentare vaccæ concipienti atque prægnanti, unde libido matris adtraheret, quod in ejus fetu jam corporaliter appareret : sicut Jacob de virgis variatis, ut oves et capræ variæ nascerentur, effecit. (*Gen.* xxx, 39.) Quod enim homines coloribus et corporibus veris, hoc dæmones figuris fictis facillime possunt animalibus concipientibus exhibere.

CAPUT VI.

Quo regnante apud Argivos, quove apud Assyrios, Jacob in Ægypto sit mortuus.

Apis ergo rex, non Ægyptiorum, sed Argivorum, mortuus est in Ægypto. Huic filius Argus successit in regnum, ex cujus nomine et Argi, et ex hoc Argivi, appellati sunt. Superioribus autem regibus nondum vel locus vel gens habebat hoc nomen. Hoc ergo regnante apud Argivos, et apud Sicyonios Erato, apud Assyrios vero adhuc manente Baleo, mortuus est Jacob in Ægypto annorum centum-quadraginta-septem, cum moriturus filios suos et nepotes ex Joseph benedixisset, Christumque apertissime prophetasset, dicens in benedictione Judæ, « Non deficiet princeps ex Juda, et dux de femoribus ejus,

---

(*a*) Σαρκοφάγον vocant, id est, carnivorum, qui Græce σορὸς, id est, loculus et urna dicitur. — (*b*) Sic omnes Mss. At editi, *velut Sorosapis vel Sorapis primo*.

maison de Juda, ni le chef dans sa race, jusqu'à ce que s'accomplissent les promesses qui lui ont été faites : et celui-là sera l'attente des nations. » (*Gen.* XLIX, 10.) Sous le règne d'Argus, la Grèce commença à jouir de ses propres biens, à cultiver la terre et à recueillir ses moissons provenant de semences étrangères. Argus, après sa mort, fut aussi honoré comme un dieu, on lui érigea un temple et on lui fit des sacrifices. Sous son règne et avant lui, ces honneurs furent déjà rendus à un simple particulier nommé Homogyrus, qui le premier attela les bœufs à la charrue et qui mourut foudroyé.

CHAPITRE VII.

Sous quels rois mourut Joseph en Égypte.

Sous le règne de Mamitus, douzième roi des Assyriens, et de Plemnéus, onzième roi des Sicyoniens, Argus régnant encore à Argos, Joseph mourut en Égypte, à l'âge de cent dix ans. Après sa mort, le peuple de Dieu se multiplia merveilleusement et demeura en Égypte cent quarante-cinq ans, dans la paix d'abord, du vivant de ceux qui avaient connu Joseph ; mais plus tard son accroissement le rendit suspect au point de hâter sa délivrance. Les Égyptiens le persécutent et l'accablent de durs travaux ; c'était une servitude intolérable, au milieu de laquelle cependant Dieu ne cesse de favoriser sa fécondité prodigieuse. Il n'y eut alors aucun changement dans les royaumes d'Assyrie et de Grèce.

CHAPITRE VIII.

A quels rois se rapporte la naissance de Moïse, et quels dieux reçurent un culte à cette époque.

Au temps des règnes de Saphrus quatorzième roi des Assyriens, d'Orthopolis douzième roi des Sicyoniens, et de Criasus cinquième roi des Argiens, naquit en Égypte Moïse, qui délivra le peuple de Dieu de la servitude sous laquelle il avait besoin de gémir pour réclamer avec instance le secours de son Créateur. Plusieurs pensent que Prométhée vivait à l'époque de ces rois ; et comme il faisait profession de haute sagesse, on imagine qu'il forma des hommes de boue ; on ne connaît néanmoins aucun sage de son temps (1). Son frère, Atlas, fut, dit-on,

(1) Eusèbe, dans sa chronique, rapportant l'opinion de divers auteurs, s'exprime ainsi : « Suivant le sentiment de plusieurs, Prométhée vivait en ces temps-là ; il passe pour avoir créé des hommes. En effet, comme il était sage, il les transforma, et d'hommes féroces et ignorants qu'ils étaient, il en fit des hommes doux et instruits. »

donec veniant quæ reposita sunt ei : et ipse exspectatio gentium. » (*Gen.* XLIX, 10.) Regnante Argo suis cœpit uti frugibus Græcia, et habere segetes in agricultura, delatis aliunde seminibus. Argus quoque post obitum Deus haberi cœpit, templo et sacrificiis honoratus. Qui honor is regnante ante illum delatus est homini privato et fulminato cuidam Homogyro, eo quod primus ad aratrum boves junxerit.

CAPUT VII.

Quorum regum tempore Joseph in Ægypto defunctus sit.

Regnantibus Assyriorum duodecimo (*a*) Mamito, et undecimo Sicyoniorum (*b*) Plemnæo, et Argis adhuc manente Argo, mortuus est Joseph in Ægypto annorum centum et decem. Post cujus mortem populus Dei mirabiliter crescens mansit in Ægyptio centum-quadraginta-quinque annos, tranquille prius, donec morerentur quibus Joseph notus fuit : deinde quia invidebatur incrementis ejus, erantque suspecta, quo usque unde liberaretur, persecutionibus (*c*) (inter quas tamen divinitus fecundata multiplicatione crescebat,) et laboribus premebatur intolerabilis servitutis. In Assyria vero et Græcia per idem tempus regna eadem permanebant.

CAPUT VIII.

Quorum regum ætate Moyses natus sit, et quorum deorum iisdem temporibus sit orta religio.

Cum ergo regnaret Assyriis quartus-decimus Saphrus, et Sicyoniis duodecimus Orthopolis, et Criasus quintus Argivis, natus est in Ægypto Moyses, per quem populus Dei de servitute Ægyptia liberatus est, in qua eum ad desiderandum sui Creatoris auxilium sic exerceri oportebat. Regnantibus memoratis regibus fuisse a quibusdam creditur Promet-

(*a*) Vind. Am. et Er. *Hermasco.* Nonnulli Mss. *Amytho.* Alii cum Lov. *Mamito* : juxta Eusebium, qui tamen hunc non duodecimum, sed undecimum Assyrionum regem ponit : deinde duodecimum Manchalum, tertium-decimum Iphereum, quartum-decimum Mamytam, cujus loco Saphtum capite sequenti refert Augustini. — (*b*) Plures Mss. *Plemmeo.* Eusebius, *Plemneum* vocat. — (*c*) Editi post *persecutionibus*, addunt *affligebatur innumeris* : quod a Mss. abest.

un célèbre astrologue; ce qui a donné lieu à la fable de le représenter portant le ciel sur ses épaules, bien qu'il y ait une montagne de ce nom dont la hauteur a pu faire croire au vulgaire qu'elle servait d'appui au ciel. C'est à cette époque que beaucoup d'autres fictions commencèrent à se répandre en Grèce; mais jusqu'à Cécrops, roi des Athéniens, sous le règne duquel la ville d'Athènes reçut son nom, et Dieu, par le ministère de Moïse, retira son peuple de l'Égypte, les Grecs livrés à des coutumes impies et à des superstitions ridicules, mirent plusieurs morts au rang des dieux. De ce nombre furent la femme du roi Criasus, Mélantomice; Phorbas, leur fils, sixième roi des Argiens, après son père; Jasus, fils de Triopas, leur septième roi; et leur neuvième roi, Sthénélas, ou Sténéléus ou bien encore Sténélus, car son nom varie suivant les auteurs. On rapporte aussi à ce temps l'existence de Mercure, petit-fils d'Atlas, par sa fille Maïa; et cela est appuyé sur le plus grand nombre des historiens. Il se rendit célèbre par plusieurs arts utiles, dont il confia aux hommes le secret; ceux-ci, par reconnaissance, après sa mort, le firent dieu, ou du moins le crurent tel. Après lui vint Hercule, toujours aux mêmes temps des Argiens, bien que plusieurs le placent avant Mercure; ils se trompent, je crois. Mais, quoiqu'il en soit, les plus graves historiens de l'antiquité conviennent que tous deux furent des hommes, et qu'en récompense des nombreux bienfaits qu'ils ont communiqués aux mortels pour les douceurs de la vie, ils ont reçu d'eux les honneurs divins. Quant à Minerve, elle est beaucoup plus ancienne qu'eux. Car, on rapporte, qu'aux temps d'Ogygès, elle apparut déjà comme une jeune fille, sur les bords du lac Triton, d'où lui est venu aussi le nom de Tritonia; elle inventa sans doute beaucoup d'arts utiles; et l'on fut d'autant plus porté à la croire déesse, que son origine est moins connue. Quant à sa naissance de la tête de Jupiter, il faut laisser cette fiction aux poètes et à la fable, ce n'est pas là un fait historique. D'ailleurs, les historiens ne sont pas d'accord sur le temps où vivait Ogygès lui-même, temps remarquable aussi par un grand déluge, non pas ce déluge général qui fit périr tous les hommes, à l'exception de ceux qui étaient dans l'arche, et dont

heus; quem propterea ferunt de luto formasse homines, quia sapientiæ optimus doctor fuisse perhibetur : nec tamen ostenditur qui ejus temporibus fuerint sapientes. Frater ejus (a) Atlas magnus fuisse astrologus dicitur : unde occasionem fabula invenit, ut eum cœlum portare confingeret : quamvis mons ejus nomine nuncupetur, cujus altitudine potius cœli portatio in opinionem vulgi venisse videatur. Multa quoque alia ex illis in Græcia temporibus confingi fabulosa cœperunt : sed usque ad Cecropem regem Atheniensium, quo regnante eadem civitas etiam tale nomen accepit, et quo regnante Deus per Moysen eduxit ex Ægypto populum suum, relati sunt in deorum numerum aliquot mortui cæca et vana consuetudine ac superstitione Græcorum. In quibus Criasi regis conjunx (b) Melantomice, et Phorbas filius eorum, qui post patrem rex Argivorum sextus fuit, et septimi regis Triopæ filius Jasus, et rex nonus Sthenelas, sive Stheneleus, sive Sthenelus, varie quippe in diversis auctoribus invenitur. Hic temporibus etiam Mercurius fuisse perhibetur, nepos Atlantis, ex Maia filia : quod vulgatiores etiam litteræ personant. Multarum autem artium peritus claruit, quas et hominibus tradidit : quo merito eum post mortem deum esse voluerunt, sive etiam crediderunt. Posterior fuisse Hercules dicitur, ad ea tamen tempora pertinens Argivorum : quamvis nonnulli cum Mercurio præferant tempore; quos falli existimo. Sed quolibet tempore nati sint, constat inter historicos graves, qui hæc antiqua litteris mandaverunt, ambos homines fuisse et quod mortalibus ad istam vitam commodius ducendam beneficia multa contulerint, honores ab eis meruisse divinos. Minerva vero longe his antiquior. Nam temporibus (c) Ogygii ad lacum, qui Tritonis dicitur, virginali apparuisse fertur ætate; unde et Tritonia nuncupata est : multorum sane operum inventrix; et tanto proclivius dea credita, quanto minus origo ejus innotuit. Quod enim de capite Jovis nata canitur, poetis et fabulis, non historiæ rebusque gestis est applicandum. Quamquam Ogygius ipse quando fuerit, cujus temporibus etiam diluvium magnum factum est, non illud maximum quo nulli homines evaserunt, nisi qui in arca esse potuerunt, quod gentium nec Græca, nec Latina novit historia, sed tamen majus quam postea tempore Deucalionis fuit, inter scriptores historiæ non convenit. Nam Varro inde exorsus est librum. cujus

(a) In veteribus libris constanter scriptum est, Atlans. — (b) Ita Mss. At Vind. Am. Er. Melancomice. Lov. Melantonice. — (c) Mss. Ogygi : et infra pro Ogygius, habent Ogygus : quidam tamen isto secundo loco, Ogygis. V. lib. XXI, cap. VIII.

l'histoire païenne, Grecque ou Latine, n'avait pas connaissance (1), mais déluge plus considérable que celui qui arriva plus tard, du temps de Deucalion. Car, c'est à cette époque que Varron commence le livre dont j'ai parlé plus haut, et comme début des annales de Rome, il ne trouve aucun événement plus ancien que le déluge d'Ogygès, c'est-à-dire arrivé du temps d'Ogygès. Mais nos chronologistes, Eusèbe, et Jérôme après lui, suivant sans doute ici l'opinion d'historiens précédents, placent le déluge d'Ogygès plus de trois cents ans auparavant, sous le règne de Phoronéus, second roi des Argiens. Quelle que soit d'ailleurs l'époque de ce déluge, il est certain que Minerve était déjà honorée comme déesse, quand Cécrops était roi des Athéniens ; on rapporte aussi au règne de ce prince la restauration ou la fondation d'Athènes.

CHAPITRE IX.

Quand fut fondée la ville d'Athènes et quelle est l'origine de ce nom, d'après Varron.

En effet, Varron nous explique pourquoi cette ville reçut le nom d'Athènes, emprunté certainement à Minerve, que les Grecs appellent Ἀθηνᾶ ; voici ce qu'il rapporte. Là, dit-il, un olivier était tout-à-coup sorti de terre, et plus loin une source d'eau. Le roi, ému de ces prodiges, envoie consulter l'oracle de Delphes pour en connaître la signification, et savoir ce qu'il faut faire. La réponse d'Apollon est que l'olivier est le signe de Minerve, l'eau celui de Neptune, et que c'était aux citoyens à décider laquelle des deux divinités ils préféraient pour le nom de leur ville. Après avoir entendu l'oracle, Cécrops convoque au suffrage tous les citoyens des deux sexes ; car, selon l'usage de ce pays, les femmes avaient voix dans les délibérations publiques. Les suffrages de la foule recueillis, les hommes s'étaient prononcés en faveur de Neptune, les femmes en faveur de Minerve ; et comme il se trouvait une femme de plus, Minerve triompha. Alors Neptune irrité inonde de ses flots débordés le territoire des Athéniens, car il n'est pas difficile aux démons de répandre au loin n'importe quelles eaux. Mais, pour apaiser la colère du Dieu, les Athéniens, selon le même auteur, infligèrent aux femmes une triple peine : elles ne devaient plus désormais donner leurs suffrages ; nul enfant à sa naissance ne recevrait le nom de sa mère, et enfin, il fut défendu de les appeler : Athéniennes. Ainsi, cette

(1) On trouve cependant des historiens païens qui font mention du déluge universel et de l'arche de Noé, ainsi : Bérose le Babylonien, Munasée Damascène et Jérôme l'Egyptien ; Joseph le constate, liv. I *des Antiq.* chap. iv, et d'après lui, Eusèbe, liv. IX, *Préparation Évang.* chap. iv ; mais les écrits de ces païens appartiennent à l'histoire des peuples étrangers, et non à celle des Grecs ou Latins, dont veut parler ici saint Augustin.

mentionem superius feci, et nihil sibi, ex quo perveniat ad res Romanas, proponit antiquius quam Ogygii diluvium, hoc est Ogygii factum temporibus. Nostri autem qui Chronica scripserunt, prius Eusebius, post Hieronymus, qui utique praecedentes aliquos historicos in hac opinione secuti sunt, post annos amplius quam trecentos jam secundo Argivorum Proroneo rege regnante Ogygii diluvium fuisse commemorant. Sed quolibet tempore fuerit, jam tamen Minerva tanquam dea colebatur, regnante Atheniensibus Cecrope, sub quo rege etiam ipsam vel instauratam ferunt, vel conditam civitatem.

CAPUT IX.

Quando Atheniensium civitas sit condita, et quam caussam nominis ejus Varro perhibeat.

Nam ut Athenae vocarentur, quod certe nomen a Minerva est, quae Graece Ἀθηνᾶ dicitur, hanc caussam Varro indicat. Cum apparuisset illic repente olivae arbor, et alio loco aqua erupisset, regem prodigia ista moverunt, et misit ad Apollinem Delphicum sciscitatum quid intelligendum esset, quidve faciendum. Ille respondit, quod olea Minervam significaret, unda Neptunum, et quod esset in civium potestate, ex cujus nomine potius duorum, quorum signa illa essent, civitas vocaretur. Isto Cecrops oraculo accepto, cives omnes utriusque sexus (mos enim tunc in eisdem locis erat, ut etiam feminae publicis consultationibus interessent) ad ferendum suffragium convocavit. Consulta igitur multitudine mares pro Neptuno, feminae pro Minerva tulere sententias : et quia una plus est inventa feminarum, Minerva vicit. Tunc Neptunus iratus marinis fluctibus exaestuantibus terras Atheniensium populatus est : quoniam spargere latius quaslibet aquas difficile daemonibus non est. Cujus ut iracundia placaretur, triplici supplicio dicit idem auctor ab Atheniensibus affectas esse mulieres : ut nulla ulterius ferrent suffragia, ut nullus nascentium maternum nomen acciperet, ut ne quis eas Athenaeas vocaret. Ita illa

Cité, mère et nourrice des arts libéraux, qui a donné le jour à tous ces philosophes fameux, la plus grande gloire de la Grèce, doit son nom d'Athènes aux démons qui se rient dans la lutte de ces dieux, et dans la victoire d'une femme par les femmes ; de plus, la vengeance du dieu vaincu l'oblige à punir la déesse dans sa victoire même, car elle redoute plus les eaux de Neptune que les armes de Minerve. C'est pourquoi la déesse victorieuse est vaincue dans ces femmes ainsi humiliées ; et elle ne vient point en aide à celles qui l'ont favorisée, afin que si elles ont perdu leurs droits de vote, si elles sont privées de donner leur nom à leurs enfants, il leur soit au moins permis de s'appeler Athéniennes et de porter le nom de la déesse victorieuse du dieu par leurs suffrages. Que de choses n'y aurait-il pas à dire, si mon sujet ne me forçait d'avancer ?

CHAPITRE X.

Ce que Varron nous apprend du nom de l'Aréopage et du déluge de Deucalion.

Cependant Varron ne veut pas ajouter foi à des fictions injurieuses aux dieux, il craindrait d'avoir des sentiments indignes de leur haute majesté. Ainsi il n'admet pas que l'Aréopage, où l'apôtre saint Paul discuta avec les Athéniens (*Act.* XVII), et dont les juges, précisément à cause du lieu de leurs séances, sont appelés Aréopagites, tire son nom d'une accusation d'homicide portée contre Mars, qui en grec se dit ἄρης ; jugé dans ce bourg par douze dieux, six d'entre eux le protégèrent et il fut renvoyé absous ; car alors le partage égal des voix était toujours favorable à l'accusé. Varron s'élève donc contre cette opinion la plus généralement admise et il cherche à établir, sur des histoires très-obscures, une autre origine de ce nom, dans la pensée que si les Athéniens faisaient dériver le nom d'Aréopage de Mars et de bourg, comme pour signifier le bourg de Mars, ce serait une grande injure aux dieux, qui, à son avis, sont étrangers aux procès et aux affaires judiciaires. Aussi, il déclare que cette aventure de Mars n'est pas moins fausse que le récit d'un certain débat entre trois déesses, Junon, Minerve et Vénus, disputant, au tribunal de Pâris, le prix de la beauté, pour obtenir la pomme d'or ; il compare aussi tout cela aux jeux inventés pour apaiser les dieux, qui se réjouiraient de leurs crimes vrais ou faux, au milieu des chants, des danses et des applaudisse-

---

civitas mater (*a*) ac nutrix liberalium doctrinarum, et tot tantorumque philosophorum, qua nihil habuit Græcia clarius atque nobilius ludificantibus dæmonibus de lite deorum suorum, maris et feminæ, et de victoria per feminas (*b*) feminæ Athenas nomen accepit : et a victo læsa ipsam victricis victoriam punire compulsa est, plus aquas Nuptuni quam Minervæ arma formidans. Nam in mulieribus quæ sic punitæ sunt, et Minerva quæ vicerat, victa est ; nec adfuit suffragatricibus suis, ut suffragiorum deinceps perdita potestate, et alienatis filiis a nominibus matrum, Athenæas saltem vocari liceret, et ejus deæ mereri vocabulum, quam viri dei victricem fecerant ferendo suffragium (*c*). Quæ et quanta hinc dici possent, nisi sermo ad alia properaret ?

CAPUT X.

Quid Varro tradat de nuncupatione Areopagi, et de diluvio Deucalionis.

(*d*) Attamen Marcus Varro non vult fabulosis adversus deos fidem adhibere figmentis, ne de majestatis eorum dignitate indignum aliquid sentiat. Et ideo, nec (*e*) Areopagon, ubi cum Atheniensibus Paulus apostolus disputavit (*Act.* XVII), ex quo loco Areopagitæ appellati sunt curiales urbis ejusdem, vult inde accepisse nomen, quod Mars, qui Græce ἄρης dicitur, cum homicidii crimine reus fieret, judicantibus duodecim diis in eo pago, sex sententiis absolutus est ; quia ubi paris numeri sententiæ fuissent, præponi absolutio damnationi solebat. Sed contra istam, quæ multo est amplius celebrata, opinionem, aliam quamdam de obscurarum notitia litterarum caussam nominis hujus conatur adstruere, ne Areopagon Athenienses de nomine Martis et pagi, quasi Martis pagum nominasse credantur ; in injuriam videlicet numinum, a quibus litigia vel judicia existimat aliena : non minus hoc, quod de Marte dicitur, falsum esse asseverans, quam illud quod de tribus deabus Junone scilicet, et Minerva, et Venere, quæ pro malo aureo adipiscendo, apud judicem Paridem de pulcritudinis excellentia cer-

---

(*a*) Mss. *mater aut nutrix.* — (*b*) Sola editio Lov. *feminea.* — (*c*) Sic Mss. At editi, *De quo satis apparet, quæ et quanta hinc dici possent,* etc. — (*d*) In Mss. *Et tamen.* — (*e*) Mss. constanter, pro *Areopagon,* habent *Areon pagon,* vel *Arion pagon.*

ments du théâtre. Voilà ce que Varron se garde bien de croire comme contraire à la nature et aux mœurs des dieux; et cependant, au sujet de l'origine du nom d'Athènes qu'il feint d'emprunter non à la fable, mais à l'histoire, il nous rapporte, dans son ouvrage, ce fameux différend de Neptune et de Minerve, qui font assaut de prodiges pour savoir lequel des deux aura le privilége de donner son nom à cette ville; Apollon consulté n'ose se prononcer, et, à l'exemple de Jupiter vis-à-vis des trois déesses qu'il renvoya devant Pâris, il en réfère au jugement des hommes; là, Minerve l'emporte par les suffrages, mais elle succombe par le châtiment infligé à celles qui lui ont donné leurs voix; elle obtient, malgré l'opposition des hommes, la faveur de donner son nom à Athènes, et elle ne peut conserver aux femmes qui lui furent dévouées, le nom d'Athéniennes. A cette époque, sous le règne de Cranaüs successeur de Cécrops à Athènes, selon Varron, et sous celui de Cécrops même, selon nos auteurs Eusèbe et Jérôme, arriva le déluge de Deucalion, ainsi appelé parce que les états de ce prince furent surtout soumis aux désastres causés par ce fléau (1). Mais ce déluge ne s'étendit ni à l'Égypte, ni aux pays voisins.

CHAPITRE XI.

A quelle époque Moïse fit sortir le peuple de l'Égypte, et sous quels rois mourut Jésus Navé, son successeur.

Moïse fit sortir d'Égypte le peuple de Dieu, à la fin du règne de Cécrops à Athènes, quand régnaient Ascatades en Assyrie, Marathus à Sicyone et Triopas chez les Argiens. Après la sortie d'Égypte, il transmit au peuple la loi donnée par Dieu sur le mont Sina, c'est-à-dire le vieux Testament, ainsi appelé parce qu'il ne contient que des promesses terrestres, et que Jésus-Christ devait révéler le Nouveau qui promet le royaume des cieux. Et il fallait garder ici le même ordre dont parle l'Apôtre pour tout homme qui s'avance vers Dieu. Ce n'est pas, dit-il, « l'élément spirituel qui précède, mais l'élément animal, vient ensuite l'élément spirituel : » car, ajoute-t-il et avec vérité :« Le premier homme formé de terre, est terrestre; le second, descendu du ciel, est céleste. » (I. *Cor.*

(1) Orose rapporte, Liv. I, chap. IX, que le déluge de Deucalion arriva l'an 800 avant la fondation de Rome, sous le règne d'Amphictyon, qui fut à Athènes, le troisième roi depuis Cécrops.

tasse narrantur; et ad placandos ludis deos, qui delectantur seu veris, seu falsis istis criminibus suis, inter theatricos plausus cantantur, atque saltantur. Hæc Varro non credit, ne deorum naturæ, seu moribus credat incongrua : et tamen, non fabulosam, sed historicam rationem de Athenarum vocabulo reddens, tantam Neptuni et Minervæ litem suis litteris inserit, de cujus nomine potius illa civitas vocaretur, ut cum prodigiorum ostentatione contenderent, inter eas judicare nec Apollo consultus auderet, sed deorum jurgium finiendum, sicut memoratarum trium dearum ad Paridem Jupiter, ita et iste ad homines mitteret, ubi vinceret Minerva suffragiis, et in pœna suarum suffragatricium vinceretur, quæ in adversariis suis viris obtinere Athenas potuit, et amicas suas feminas Athenæas habere non potuit. His temporibus, ut Varro scribit, regnante Atheniensibus Cranao successore Cecropis, ut autem nostri Eusebius et Hieronymus, adhuc eodem Cecrope permanente, diluvium fuit, quod appellatum est Deucalionis, eo quod ipse regnabat in earum terrarum partibus, ubi maxime factum est. Hoc autem diluvium (*Plato in Timæo*) nequaquam ad Ægyptum atque ad ejus vicina pervenit.

(1) In multis Mss. *Maratheus*. Apud Euseb. *Marachius*.

CAPUT XI.

Quo tempore Moyses populum de Ægypto eduxerit : et de Jesu Nave, qui eidem successit, quorum regum ætate sit mortuus.

Eduxit ergo Moyses ex Ægypto populum Dei, novissimo tempore Cecropis Atheniensium regis, cum apud Assyrios regnaret Ascatades, apud Sicyonios (*a*) Matathus, apud Argivos Triopas. Educto autem populo in monte Sina divinitus acceptam tradidit legem : quod vetus dicitur Testamentum, quia promissiones terrenas habet; et per Jesum Christum futurum fuerat Testamentum novum, quo regnum cœlorum promitteretur. Hunc enim ordinem servari oportebat, sicut in unoquoque homine, qui in Deum proficit, id agitur, quod ait Apostolus, « ut non sit prius quod spiritale est : sed quod animale, postea spiritale : » quoniam sicut dicit, et verum est : « Primus homo de terra, terrenus: secundus homo de cœlo, cœlestis. » (I. *Cor.* XV. 46 et 47.) Rexit autem populum Moyses per annos quadraginta in deserto : et mortuus est annorum centum et viginti cum Christum etiam ipse prophetasset per figuras

xv, 46 et 47.) Moïse gouverna le peuple de Dieu dans le désert pendant quarante ans; et il mourut à l'âge de cent vingt ans, après avoir aussi lui-même prophétisé le Christ, par les figures des observances légales, par le tabernacle, le sacerdoce, les sacrifices et beaucoup d'autres préceptes mystérieux. A Moïse succéda Jésus Navé; il établit le peuple dans la terre promise, après avoir exterminé, selon l'ordre de Dieu, les peuples qui occupaient cette contrée. Depuis la mort de Moïse, il gouverna le peuple pendant vingt-sept ans, et mourut ensuite, sous les règnes d'Amyntas, dix-huitième roi des Assyriens; de Corax, seizième roi des Sicyoniens; de Danaüs, dixième roi des Argiens; et d'Erichton, quatrième roi des Athéniens.

CHAPITRE XII.

Sacrifices des faux dieux établis par les rois de la Grèce, depuis la sortie d'Israël de l'Egypte, jusqu'à la mort de Jésus Navé.

Pendant ce temps, c'est-à-dire depuis la sortie d'Israël de l'Égypte, jusqu'à la mort de Jésus Navé, qui partagea au peuple la terre promise, les rois de la Grèce instituèrent, en l'honneur des faux dieux, des fêtes solennelles, dont la célébration rappelait aux hommes le souvenir du déluge et de leur délivrance, ainsi que de cette époque où leur misérable vie se passait, tantôt sur les montagnes, tantôt dans les plaines. Car les prêtres du dieu Pan, en montant et en descendant la voie sacrée (1), sont, dit-on, la figure des hommes que l'inondation force à gagner le sommet des montagnes, d'où ils redescendent ensuite vers la plaine, quand les eaux se retirent. Au même temps vivait Dionysius, appelé aussi père Liber; après sa mort, il fut regardé comme un dieu; on rapporte qu'il apprit à son hôte, dans l'Attique, à cultiver la vigne. Alors des jeux de musique furent établis en l'honneur d'Apollon de Delphes pour apaiser sa colère; on lui attribuait la stérilité qui désolait la Grèce, parce qu'on n'avait pas su défendre son temple de l'incendie, quand le roi Danaüs vint porter la guerre dans ces contrées. Ces jeux auraient été institués sur la recommandation d'un oracle. Le roi Erichton fut le premier à les introduire dans l'Attique, nonseulement en l'honneur d'Apollon, mais aussi en l'honneur de Minerve. On donnait pour prix aux vainqueurs une branche d'olivier, car on

---

(1) La voie sacrée, dont Varron fait en quelque sorte la description dans son traité de la langue latine, est ainsi appelée, à cause de l'alliance conclue en cet endroit, entre Romulus et Titus Tatius, roi des Sabins ; cette voie était escarpée; c'est pour cela que les prêtres des Lupercales, c'est-à-dire ceux qui faisaient des sacrifices au dieu Pan, étaient obligés de monter et de descendre en parcourant cette voie.

---

observationem carnalium in tabernaculo, et sacerdotio, et sacrificiis, aliisque mysticis plurimisque mandatis, Moysi successit Jesus Nave : et in terram promissionis introductum populum collocavit, ex auctoritate divina debellatis gentibus. a quibus eadem loca tenebantur, qui cum populum rexisset post mortem Moysi viginti et septem annos, etiam ipse defunctus est : regnante apud Assyrios octavo-decimo Amynta, apud Sicyonios sexto-decimo Corace, apud Argivos decimo Danao, apud Athenienses quarto Erichthonio.

CAPUT XII.

De sacris falsorum deorum. quæ reges Græciæ illis temporibus instituerunt, quæ ab exitu Israel ex Ægypto, usque ad obitum Jesu Nave dinumerantur.

Per hæc tempora, id est, ab exitu Israel ex Ægypto, usque ad mortem Jesu Nave, per quem populus idem terram repromissionis accepit, sacra sunt instituta diis falsis a regibus Græciæ, quæ memoriam diluvii, et ab eo liberationis hominum. vitaque tunc ærumnosæ modo ad alta, modo ad plana migrantium, sollemni celebritate revocarunt. Nam et Lupercorum per sacram viam adscensum atque descensum sic interpretantur, ut ab eis significari dicant homines, qui propter aquæ inundationem summa montium petiverunt, et rursus eadem residente ad ima redierunt. Iis temporibus Dionysium, qui etiam Liber pater dictus est, et post mortem deus habitus, vitem ferunt ostendisse in Attica terra hospiti suo. Tunc Apollini Delphico instituti sunt ludi musici, ut placaretur ira ejus, qua putabant afflictas esse sterilitate Græciæ regiones, quia non defenderint templum ejus, quod rex Danaus, cum easdem terras bello invasisset, incendit. Hos autem ludos ut instituerent, oraculo sunt ejus admoniti. In Attica vero rex Erichthonius ei ludos primus instituit : nec ei tantum, sed etiam Minervæ, ubi præmium victoribus oleum ponebatur, quod ejus fructus inventricem Minervam, sicut vini Liberum tradunt.

rapportait à Minerve la découverte de l'olivier, comme celle de la vigne à Liber. Alors, Xantus, roi des Crétois, que d'autres historiens nomment différemment, enleva, dit-on, Europe, dont il eut Rhadamanthus, Sarpédon et Minos; on croit plus généralement qu'ils étaient par la même mère, fils de Jupiter. Mais les adorateurs de ces divinités font passer pour de l'histoire véritable ce que nous rapportons du roi de Crète; et tout ce que les chants des poètes, les clameurs des théâtres et les solemnités publiques proclament de Jupiter, est mis sur le compte du mensonge et de la fable, pour avoir occasion de donner des jeux qui apaisent les dieux, même par la représentation de leurs crimes prétendus. Alors aussi Hercule était illustre à Tyr, sans doute un autre que celui dont nous avons parlé plus haut, car dans les plis les plus cachés de l'histoire, on trouve plusieurs Liber et plusieurs Hercule. Celui-ci illustré par ses douze travaux, n'est pas celui qui tua Antée l'Africain, c'est l'œuvre d'un autre Hercule, mais celui qui se brûla lui-même sur le mont Œta. Ce fier courage qui lui avait fait dompter des monstres, est vaincu par la douleur sous laquelle il succombe. C'est encore à cette époque que le roi ou plutôt le tyran Busiris immolait ses hôtes à ses dieux; il était, dit-on, fils de Neptune, et avait pour mère Libia, fille d'Epaphus. Cependant n'imputons point ce crime à Neptune, dans la crainte qu'il n'en rejaillisse quelque blâme sur les dieux; rejetons-le sur les poètes et sur les théâtres qui se servent de ces récits fabuleux pour conjurer les vengeances du ciel. Erichton, roi des Athéniens, dont la fin de la vie correspond aux temps de la mort de Jésus Navé, était, on le dit du moins, fils de Vulcain et de Minerve. Mais comme on veut que Minerve soit vierge, on rapporte qu'au milieu du débat survenu entre les deux divinités, Vulcain troublé laissa tomber sa semence sur la terre, et que c'est à cette circonstance qu'Erichton a dû sa naissance et son nom; car en grec ἔρις signifie dispute, et χθών terre. Il est vrai que les savants rejettent ce récit comme un affront à leurs dieux; et pour expliquer l'origine de cette fable, ils disent qu'à Athènes où il n'y avait qu'un seul temple pour Vulcain et Minerve, on trouva un jour un enfant, enveloppé d'un serpent qui figurait sa grandeur future; et comme les parents restèrent inconnus, on attribua à Vulcain et à Minerve cet enfant aban-

---

Per eos annos a rege Xantho Cretensium (a), cujus apud alios aliud nomen invenimus, rapta perhibetur Europa, et inde geniti Rhadamanthus, Sarpedon, et Minos, quos magis ex eadem muliere filios Jovis esse vulgatum est. Sed talium deorum cultores illud quod de rege Cretensium diximus, historicæ (b) veritati; hoc autem quod de Jove poetæ cantant, theatra concrepant, populi celebrant, vanitati deputant fabularum, ut esset unde ludi fierent placandis numinibus etiam falsis eorum criminibus. His temporibus Hercules in (c) Tyria clarus habebatur: sed nimirum alius, non ille de quo supra locuti sumus. Secretiore quippe historia plures fuisse dicuntur et Liberi patres et Hercules. Hunc sane Herculem, cujus ingentia duodecim facta numerant, inter quæ Antæi Afri necem non commemorant, quod ea res ad alterum Herculem pertinet, in Oeta monte a se ipso insensum produnt suis litteris, cum ea virtute, qua monstra subegerat, morbum tamen, quo languebat, sustinere non posset. Illo tempore, vel rex, vel potius tyrannus (d) Busiris suos diis suos hospites immolabat, quem filium perhibent fuisse Neptuni, ex matre Libya, filia Epaphi. Verum non credatur hoc stuprum perpetrasse Neptunus, ne dii accusentur: sed poetis et theatris ista tribuantur, ut sit unde placentur. Erichthonii regis Atheniensium, cujus novissimis annis Jesus Nave mortuus reperitur, Vulcanus et Minerva parentes fuisse dicuntur, Sed quoniam Minervam virginem volunt, in amborum contentione Vulcanum commotum effudisse aiunt semen in terram, atque inde homini nato ob eam caussam tale inditum nomen. Græca enim lingua ἔρις contentio, et χθών terra est; ex quibus duobus compositum vocabulum est Erichthonius. Verum, quod fatendum est, refellunt et a suis diis repellunt ista doctiores, qui hanc opinionem fabulosam hinc exortam ferunt, quia in templo Vulcani et Minervæ, quod ambo unum habebant Athenis, expositus inventus est puer dracone involutus, qui eum significavit magnum futurum. et propter commune templum, cum essent parentes ejus ignoti, Vulcani et Minervæ dictum esse filium: nominis

---

(a) Asterius nominatur in Eusebii Chronico. qui ex Europa Rhadamantum, Sarpedonem et Minoem genuisse dicitur. — (b) Lov. *dant veritati*. Abest *dant* ab editis aliis et Mss. — (c) Plerique Mss. *in Syria*. Sed si hic est Hercules, qui in Oeta combustus est, Hercules Argivus erit, et legendum erit *in Tyrinthia*, quæ est urbs in Peloponneso prope Argos, in qua educatus est Hercules Lᴜᴅᴏᴠ. Vɪᴠᴇs. — (d) Plures Mss. *Busirius suis diis suos potius hospites immolabat*.

donné dans un temple commun aux deux divinités. Cependant, la fable explique mieux l'origine de ce nom que cette histoire. Mais que nous importe? Il suffit que l'histoire serve à instruire les hommes religieux, tandis que la fable par ses jeux réjouit les démons impurs. Voilà donc ceux que ces hommes religieux adorent comme des dieux. Que s'ils refusent d'admettre ces récits fabuleux, ils ne peuvent pas néanmoins justifier complètement leurs dieux, puisque c'est sur leur demande que se font ces jeux où sont représentées ces actions honteuses, que la sagesse humaine semble vouloir nier; et c'est par ces mensonges et ces turpitudes que l'on se vante d'apaiser les dieux; mais quand même la fable publierait des crimes faussement attribués aux dieux, se réjouir de crimes même supposés, est un véritable crime.

CHAPITRE XIII.

Inventions fabuleuses qui se rapportent au temps des juges.

Après la mort de Jésus Navé, le peuple de Dieu fut gouverné par des juges; cette époque est une continuelle alternative de revers humiliants, conséquence des péchés d'Israël et de consolantes prospérités dues à la miséricorde de Dieu. Ce temps est fécond en inventions fabuleuses : sur l'ordre de Cérès, Triptolème, porté sur des serpents ailés, distribue dans son vol, du blé, aux contrées désolées par la famine; le Minautore, monstre renfermé dans un labyrinthe, ne laisse plus sortir les hommes une fois engagés dans ces détours sans fin; les Centaures réunissent la nature de l'homme et celle du cheval; Cerbère, animal à trois têtes, est le chien des enfers; Phryxus et Hellé, sa sœur, volent, portés sur un bélier; Gorgone, dont la chevelure est formée par des serpents, change en pierres ceux qui le regardent; Bellérophon est monté sur un cheval ailé, qu'on appelle Pégase; Amphion enchante et attire les rochers par les sons harmonieux de sa lyre; Dédale se fabrique des ailes et s'envole avec son fils Icare; Œdipe parvient à résoudre l'insoluble problème proposé par le sphinx, et force ce monstre à face humaine et à quatre pieds, à se précipiter dans la mer; Antée, fils de la terre, est étouffé par Hercule, parce qu'en tombant sur la terre, il se relevait encore plus fort qu'auparavant; et d'autres fables semblables que j'oublie sans doute. Ces fictions nous conduisent jusqu'à la guerre de Troie, où Varron termine son second livre des antiquités romaines; elles sont basées sur des événements appartenant à

---

tamen ejus originem fabula illa potius quam ista designat historia. Sed quid ad nos (*a*)? Hoc in veracibus libris homines instruat religiosos, illud in fallacibus ludis dæmones delectet impuros : quos tamen illi religiosi tamquam deos colunt; et cum de illis hæc negant, ab omni eos crimine purgare non possunt, quoniam ludos eis poscentibus exhibent, ubi turpiter aguntur, quæ velut sapienter negantur, et his falsis ac turpibus dii placantur, ubi etsi fabula cantat crimen numinum falsum, dilectari tamen falso crimine, crimen est verum.

CAPUT XIII.

Qualium fabularum figmenta exorta sint eo tempore, quo Hebræis Judices præesse cœperunt.

Post mortem Jesu Nave, populus Dei Judices habuit, quibus temporibus alternaverunt apud eos et humilitates laborum pro eorum peccatis, et prosperitates consolationum propter miserationem Dei. His temporibus fabulæ fictæ sunt de Triptolemo, quod jubente Cerere, anguibus portatus alitibus, indigentibus terris frumenta volando contulerit : de Minotauro, quod bestia fuerit inclusa Labyrintho, quo cum intrassent homines, inextricabili errore, inde exire non poterant : de Centauris, quod equorum hominumque fuerit natura conjuncta : de Cerbero, quod sit triceps inferorum canis : de Phryxo et Helle ejus sorore, quod vecti ariete volaverint : de Gorgone, quod fuerit crinita serpentibus, et adspicientes convertebat in lapides : de Bellerophonte, quod equo pennis volante sit vectus, qui equus Pegasus dictus est : de Amphione, quod citharæ suavitate lapides mulserit et adtraxerit : de fabro Dædalo, et ejus filio Icaro, quod sibi coaptatis pennis volaverint : de Œdipo, quod monstrum quoddam, quæ sphinga dicebatur, humana facie (*b*) quadrupedem, soluta quæ ab illa proponi solebat velut insolubili quæstione, suo præcipitio perire compulerit : de Antæo, quem necavit Hercules, quod filius inferior terræ fuerit, propter quod cadens in terram fortior soleret assurgere : et si qua forte alia prætermisi. Hæ fabulæ ad bellum

---

(*a*) Sic Mss. At editi, *cum isti in ver. lib. hom. instruant religiosos.* — (*b*) Editi, *quadrupes.* At Mss. *quadrupedem.*

l'histoire, et tellement imaginées par l'esprit humain, qu'elles ne sont point un sujet de honte pour les dieux. Quant à ceux qui attribuent fictivement à Jupiter le crime du roi Tantale, c'est-à-dire l'enlèvement d'un très-bel enfant nommé Ganimède; ou la séduction de Danaé, au moyen d'une pluie d'or, pour nous laisser entendre que l'or a triomphé de la pudeur d'une femme, que ces récits soient vrais ou supposés, ou que ces actions aient été commises et attribuées à Jupiter, on ne saurait vraiment assez dire combien il a fallu que ces hommes présumassent alors de la dépravation du cœur humain, pour le croire capable de supporter patiemment de pareils mensonges, qu'il accueille même avec plaisir. Cependant, plus on est dévoué au culte de Jupiter, plus on devrait punir avec sévérité ceux qui osent publier ces infamies. Mais, au lieu de s'irriter contre ceux qui en sont les auteurs, on redoute au contraire la colère des dieux mêmes, si de telles fictions n'étaient pas reproduites sur les théâtres. En ce temps-là, Latone enfanta Apollon, non cet Apollon dont on consultait habituellement les oracles et dont j'ai parlé plus haut, mais celui qui fut, avec Hercule, pasteur des troupeaux du roi Admète; et cependant, il fut si bien regardé comme un Dieu, que la plupart des historiens, pour ne pas dire tous, croient qu'il n'y eût qu'un seul et même Apollon. Alors aussi, Liber fit la guerre dans l'Inde; il eut dans son armée un grand nombre de femmes appelés Bacchantes, plus célèbres par leurs extravagances que par leur valeur. Les uns disent que Liber fut vaincu et fait prisonnier; les autres, qu'il fut tué dans une bataille par Persée; on cite même le lieu de sa sépulture. Cependant, c'est en son nom comme au nom d'un dieu que, par l'influence impure des démons, les sacrées ou plutôt les sacriléges bacchanales furent établies, et les turpitudes de ces forcenés firent tellement rougir le Sénat, qu'après tant d'années il les bannit de la ville de Rome. A cette époque appartiennent encore Persée et sa femme Andromède : on crut si bien qu'après leur mort ils furent reçus dans le ciel, que l'on ne rougit pas de désigner leur image par des étoiles auxquelles on donna hardiment leurs noms.

---

usque Trojanum, ubi secundum librum Marcus Varro de populi Romani gente sinivit, ex occasione historiarum, quæ res veraciter gestas continent, ita sunt ingeniis hominum fictæ, ut non sint opprobriis numinum affixæ. Porro autem quicumque finxerunt a Jove ad stuprum raptum pulcherrimum puerum Ganymedem, quod nefas rex Tantalus fecit, et Jovi fabula tribuit; vel Danaes per imbrem aureum appetisse concubitum, ubi intelligitur pudicitia mulieris auro fuisse corrupta; quæ illis temporibus vel facta vel ficta sunt, aut facta ab aliis et ficta de Jove, dici non potest quantum mali de hominum præsumserint cordibus, quod possent ista patienter ferre mendacia, quæ tamen etiam libenter amplexi sunt : qui utique quanto devotius Jovem colunt, tanto eos qui hæc de illo dicere ausi sunt, severius punire debuerunt. Nunc vero, non solum eis qui ista finxerunt, irati non sunt; sed (a) ut talia figmenta etiam in theatris agerent, ipsos deos potius iratos habere timuerunt. His temporibus Latona peperit Apollinem, non illum cujus oracula solere consuli superius loquebamur, sed illum (b) quem cum Hercule ferunt Admeti regis armenta pavisse : qui tamen sic est deus creditus, ut plurimi ac pene omnes unum eumdemque Apollinem fuisse opinentur. Tunc et Liber pater bellavit in India, qui multas habuit in exercitu feminas, quæ Bacchæ appellatæ sunt, non tam virtute nobiles, quam furore. Aliqui sane et victum scribunt istum Liberum et vinctum; nonnulli et occisum in pugna a Perseo, nec ubi fuerit sepultus tacent : et tamen ejus velut dei nomine per immundos dæmones Bacchanalia sacra, vel potius sacrilegia sunt instituta : de quorum rabiosa turpitudine post tam multos annos sic senatus erubuit, ut in urbe Roma esse prohiberet. Per ea tempora Perseus et uxor ejus Andromeda postea quam sunt mortui, sic eos in cœlum receptos esse crediderunt, ut imagines eorum stellis designare, eorumque appellare nominibus non erubescerent, non timerent.

(a) Sic Mss. Editi vero, *sed nisi talia*. — (b) Omnes Mss. *qui cum Hercule servivit Admeto, qui tamen sic est deus creditus.*

CHAPITRE XIV.

Des poètes théologiens.

En ce même temps, il y eut des poètes, appelés aussi théologiens, parce qu'ils composaient des vers en l'honneur des dieux, mais de dieux qui, bien que grands hommes, furent néanmoins des hommes; ou ils font partie des éléments de ce monde, ouvrage du vrai Dieu; ou bien ils sont placés au rang des principautés et des puissances, par la volonté du Créateur, et non par leurs mérites. Et si, parmi tant de fables et de faussetés, ces poètes ont célébré les louanges du vrai Dieu, comme en même temps que lui ils en adoraient d'autres qui ne sont pas dieux, et comme ils leur ont rendu l'hommage qui n'est dû qu'à Dieu seul, ils n'ont pas honoré Dieu par le culte légitime qui lui revient, et Orphée, Musée, Linus, eux-mêmes, n'ont pu s'empêcher de couvrir leurs dieux de ces flétrissures fabuleuses. Mais si ces théologiens ont honoré leurs dieux, ils n'ont pas été honorés comme dieux, bien que la Cité des impies donne à Orphée, je ne sais pourquoi, le droit de présider aux sacrifices ou plutôt aux sacrilèges infernaux.

La femme du roi Athamas, appelée Ino, et son fils Mélicertes se vouèrent volontairement à la mort en se précipitant dans la mer, et l'opinion commune les mit au rang des dieux, avec plusieurs autres hommes de ce temps-là, entre autres Castor et Pollux. Les Grecs appellent Leucothéa, la mère de Mélicertes, et les Latins, Matuta; mais les uns et les autres la considèrent comme une déesse.

CHAPITRE XV.

Fin du royaume des Argiens; en même temps chez les Laurentins apparaît Picus, fils de Saturne, qui, le premier, monta sur le trône de son père.

A cette époque, finit le royaume des Argiens, transféré à Mycènes, où naquit Agamemnon; alors commence le royaume des Laurentins, Picus, fils de Saturne, en occupe le trône, le premier, au moment où la femme Débora était juge chez les Hébreux. L'esprit de Dieu la dirigeait, car elle était prophétesse; mais ses prophéties sont si obscures, qu'il nous faudrait de longues explications pour faire saisir comment elles se rapportent au Christ. Les Laurentins régnaient donc déjà en Italie, c'est évidemment

---

CAPUT XIV.
De Theologis poetis.

Per idem temporis intervallum exstiterunt Poetæ, qui etiam Theologi dicerentur, quoniam de diis carmina faciebant : sed talibus diis, qui licet magni homines, tamen homines fuerunt, aut mundi hujus, quem verus Deus fecit, elementa sunt; aut in principatibus et potestatibus pro voluntate Creatoris et (*a*) suis meritis ordinati : et si quid de uno vero Deo inter multa vana et false cecinerunt, colendo cum illo alios qui dii non sunt eisque exhibendo famulatum qui uni tantum debetur Deo, non ei utique rite servierunt, nec a fabuloso deorum suorum dedecore etiam ipsi se abstinere potuerunt (*b*) Orpheus, Musæus, Linus. Verum isti Theologi deos coluerunt, non pro diis culti sunt : quamvis Orpheum nescio quomodo infernis sacris, vel potius sacrilegiis, præficere soleat Civitas impiorum. Uxor autem regis (*c*) Athamantis, quæ vocabatur Ino, et ejus filius Melicertes præcipitio spontaneo in mari perierunt, et opinione hominum in deos relati sunt : sicut alii homines eorum temporum (*d*), Castor et Pollux. Illam sane Melicertis matrem Leucotheam Græci, Matutam Latini vocaverunt : utrique tamen putantes deam.

CAPUT XV.
De occasu regni Argivorum, quo tempore apud Laurentes Picus Saturni filius regnum patris primus accepit.

Per ea tempore regnum finitum est Argivorum, translatum ad Mycenas, unde fuit Agamemnon : et exortum est regnum Laurentum, ubi Saturni filius Picus regnum primus accepit, judicante apud Hebræos femina Debbora : sed per illam Dei Spiritus id agebat : nam etiam prophetissa erat, cujus prophetia minus aperta est, quam ut possimus eam sine diuturna expositione de Christo demonstrare prolatam. Jam ergo regnabant Laurentes utique in Italia, ex quibus evidentior ducitur origo Romana post Græcos : et tamen adhuc regnum Assyriorum per-

---

(*a*) In editis, *et non suis meritis.* Abest *non* a Mss. — (*b*) Post verbum *potuerunt*, editi addunt, *Ex quorum numero fuisse perhibentur.* Hoc non habent veteres libri. — (*c*) Aliquot Mss. *Adamantis.* — (*d*) Hic in editis additur, *inter quos fuerunt :* quod abest a Mss.

d'eux, après les Grecs, que les Romains tirent leur origine. Cependant, le royaume des Assyriens subsistait encore, et Lamparès était leur vingt-troisième roi, quand Picus commençait le royaume des Laurentins. Quant à Saturne, père de ce Picus, que les adorateurs de tels dieux déclarent ce qu'ils en pensent, puisqu'ils disent qu'il n'était pas homme. Plusieurs rapportent qu'il régna lui-même en Italie avant son fils Picus; et Virgile dit de lui dans ces vers si connus : « Il rassemble ce peuple sauvage et dispersé sur les hautes montagnes, il lui donne des lois et il appelle cette contrée le Latium, parce qu'il s'y trouve en sûreté. On dit que, sous son règne, eut lieu l'âge d'or. » (*Enéid.* VIII.) Mais qu'ils regardent ces paroles comme des fictions poétiques, qu'ils donnent plutôt au père de Picus, le nom de Sterce, cet agriculteur distingué qui inventa, dit-on, le moyen de féconder les champs avec le fumier des animaux, matière appelée Stercus, à cause de son nom qui fut changé lui-même par quelques-uns, en celui de Stercutius. Or, quelle que soit la raison qui l'ait fait appeler Saturne, il est certain, du moins, que Sterce ou Stertius eut l'honneur d'être le dieu de l'agriculture. Son fils Picus qui, dit-on, se rendit célèbre comme augure et comme guerrier, fut aussi au nombre de ces dieux.

Picus engendra Faunus, second roi des Laurentins; celui-là est encore un de leurs dieux, ou il l'a été. Ainsi, avant la guerre de Troie, on accordait les honneurs divins à des hommes morts.

CHAPITRE XVI.

Diomède, après la ruine de Troie, est mis au rang des dieux; la tradition rapporte que ses compagnons furent changés en oiseaux.

La ruine de Troie consommée, ruine publiée de toutes parts et connue même des enfants, ruine dont la célébrité s'est répandue et par son importance particulière, et par l'éloquence des historiens qui en ont fait le récit, cette ruine, accomplie sous le règne de Latinus, fils de Faunus, depuis lequel les **Laurentins** s'appelèrent les Latins, les Grecs victorieux abandonnant la ville réduite en cendres et retournant dans leur patrie, furent dispersés par d'horribles tempêtes et soumis à toutes sortes de calamités; mais ces désastres ne servirent qu'à multiplier leurs dieux. Ainsi, ils firent un dieu de Diomède; et cependant, on regardait comme une punition du ciel les obstacles qui entravaient son retour; de plus, on affirmait non sur les récits des poètes ou d'après des fables mensongères, mais sur des témoi-

manebat, ubi erat rex vicesimus-tertius Lampares, cum primus Laurentum Picus esse cœpisset. De hujus Pici patre Saturno viderint quid sentiant talium deorum cultores, qui negant hominem fuisse : de quo et alii scripserunt, quod ante Picum filium suum in Italia ipse regnaverit ; et Virgilius notioribus litteris dicit :

Is genus indocile, ac dispersum montibus altis
Composuit, legesque dedit, Latiumque vocari
Maluit; his quoniam latuisset tutus in oris.
Aureaque ut perhibent illo sub rege fuere
Sæcula.

Sed hæc poetica opinentur esse figmenta, et Pici patrem Stercem potius fuisse asseverent, a quo peritissimo agricola inventum ferunt, ut fimo animalium agri fecundarentur, quod ab ejus nomine stercus sit dictum : hunc quidam Stercutium vocatum ferunt. Qualibet autem ex caussa eum Saturnum appellare voluerint, certe tamen hunc Stercem sive Stercutium merito agriculturæ fecerunt deum. Picum quoque similiter ejus filium in talium deorum numerum receperunt, quem præclarum augurem

et belligeratorem fuisse asserunt. Picus Faunum genuit, Laurentum regem secundum : etiam iste deus illis vel est, vel fuit. Hos ante Trojanum bellum divinos honores mortuis hominibus detulerunt.

CAPUT XVI.

De Diomede post Trojæ excidium in deos relato, cujus socii traditi sunt in volucres esse conversi.

Troja vero eversa, excidio illo usquequaque cantato puerisque notissimo, quod et magnitudine sui et scriptorum excellentibus linguis insigniter diffamatum atque vulgatum est, gestumque regnante jam Latino Fauni filio, ex quo Latinorum regnum dici cœpit, Laurentumque cessavit : Græci victores, deletam Trojam derelinquentes, et ad propria remeantes, diversis et horrendis cladibus dilacerati atque contriti sunt : et tamen etiam ex eis deorum suorum numerum auxerunt. Nam et Diomedem fecerunt deum, quem pœna divinitus irrogata perhibent ad suos non revertisse; ejusque socios in volucres fuisse conversos, non fabuloso poeticoque

gnages historiques, que ses compagnons étaient changés en oiseaux, et lui, devenu dieu, ne put leur rendre leur première nature, ni du moins obtenir cette faveur de Jupiter son chef, pour sa bienvenue dans le céleste empire. On dit encore que Diomède a un temple dans l'île Diomédéa, non loin du mont Garganus en Apulie, et que les mêmes oiseaux volent autour de ce temple, au culte duquel ils sont si dévoués, qu'ils se remplissent le bec d'eau pour l'arroser; que si des Grecs, ou des individus d'origine grecque viennent en ce lieu, ces oiseaux sont non-seulement paisibles, mais caressants; qu'au contraire, s'ils voient arriver des étrangers, ils volent autour de leurs têtes, et les frappent si violemment qu'ils les font mourir; car on assure qu'ils sont armés de becs très-durs et très-longs, propres à ces sortes de combats.

CHAPITRE XVII.

Incroyables métamorphoses d'hommes rapportées par Varron.

Pour appuyer ce récit, Varron rapporte d'autres faits non moins incroyables de cette fameuse magicienne, Circé, qui changea aussi en bêtes les compagnons d'Ulysse; et de ces Arcadiens qui, après avoir tiré au sort, traversent à la nage un certain étang et sont changés en loups, vivant avec les bêtes auxquelles ils ressemblent au milieu des déserts de cette contrée. S'ils s'abstiennent de chair humaine, au bout de neuf ans, ils repassent à la nage le même étang et redeviennent des hommes. Enfin, il parle en particulier d'un certain Déménétus, qui, ayant goûté du sacrifice d'un enfant immolé par les Arcadiens en l'honneur de leur dieu Lycæus, fut changé en loup, et qui, dix ans après, rendu à sa forme primitive, prit part aux jeux olympiques et remporta le prix du pugilat. Le même auteur ajoute, d'après ses convictions personnelles, que ce nom de Lycæus donné en Arcadie à Pan et à Jupiter, a pour seule cause cette métamorphose d'hommes en loups, changement d'ailleurs que ces peuples ne peuvent attribuer qu'à la puissance des dieux. En effet, loup en grec se dit λυκὸς, d'où vient, on le voit clairement, le nom de Lycæus. Varron affirme encore que les Luperques de Rome tirent leur origine de ces mystères, dont ils seraient, pour ainsi dire, les descendants.

mendacio, sed historica adtestatione confirmant: quibus nec deus, ut putant, factus humanam revocare naturam, vel ipse potuit, vel certe a Jove suo rege tamquam cœlicola novitius impetravit. Quin etiam templum ejus esse aiunt insula Diomedæa, non longe a monte Gargano, qui est in Apulia; et hoc templum circumvolare, atque incolere has alites tam mirabili obsequio, ut (*a*) rostrum aqua impleant et adspergant : et eo si Græci venerint, vel Græcorum stirpe progeniti, non solum quietas esse, verum et insuper adulare, si autem alienigenas viderint, subvolare ad capita, tamque gravibus ictibus, ut etiam perimant, vulnerare. Nam duris et grandibus rostris satis ad hæc prœlia perhibentur armatæ.

CAPUT XVII.

De incredibilibus commutationibus hominum quid Varro crediderit.

Hoc Varro ut adstruat, commemorat alia non minus incredibilia de maga illa famosissima Circe, quæ socios quoque Ulyssis mutavit in bestias, et de Arcadibus, qui sorte ducti transnatabant quoddam stagnum, atque ibi convertebantur in lupos, et cum similibus feris per illius regionis deserta vivebant. Si autem carne non vescerentur humana, rursus post novem annos eodem renato stagno reformabantur in homines. Denique etiam nominatim expressit quemdam Demænetum, cum gustasset de sacrificio, quod Arcades immolato puero, deo suo Lycæo facere solerent, in lupum fuisse mutatum, et anno decimo in figuram propriam restitutum (*b*), pugilatu sese exercuisse, et Olympiaco vicisse certamine. Nec idem propter aliud arbitratur historicus in Arcadia tale nomen affictum Pani Lycæo et Jovi Lycæo; nisi propter hanc in lupos hominum mutationem, quod eam nisi vi divina fieri non putarent. Lupus enim Græce λυκὸς dicitur, unde Lycæi nomen apparet inflexum. Romanos etiam Lupercos ex illorum mysteriorum velut semine dicit exortos.

(*a*) Vox *rostrum* non est in Mss. — (*b*) Editi, *ad pugilatum sese exercuisse.*

CHAPITRE XVIII.

Ce qu'il faut penser de ces métamorphoses qui paraissent être des artifices du démon.

1. Mais ceux qui nous lisent, attendent, sans doute, que nous leur disions notre sentiment sur ces abominables mystifications des démons. Et que dirons-nous, sinon qu'il faut fuir du milieu de Babylone? Cet avertissement prophétique doit s'entendre d'une manière spirituelle, c'est-à-dire qu'il faut fuir la Cité de ce monde, la société des mauvais anges et des hommes impies, pour avancer vers le Dieu vivant sur les traces de la foi qui opère par la charité. Car, plus le pouvoir des démons nous paraît considérable ici-bas, plus nous devons nous attacher fortement au Médiateur, pour nous élever avec lui du bas-fond de ces misères au faîte de la véritable grandeur. Mais si nous disions qu'il ne faut pas ajouter foi à ces récits, il se trouverait encore assez de gens aujourd'hui pour affirmer qu'ils ont entendu raconter des faits semblables comme très-authentiques, ou même qu'ils en ont été les témoins. Car, nous-mêmes, lorsque nous étions en Italie, nous avons entendu dire qu'en certaines parties de cette contrée, des hôtelières, initiées aux secrets funestes de la magie, se vantaient de mettre dans un fromage qu'elles offraient à leur volonté ou selon leur pouvoir, à n'importe quels voyageurs, ce qui était nécessaire pour les changer immédiatement en chevaux dont elles se servaient en leur imposant toutes sortes de fardeaux; la besogne terminée, ils revenaient à leur état naturel; et cependant alors leur esprit ne subissait pas de transformation, ils conservaient la raison, comme Apulée le raconte de lui-même dans un livre intitulé *l'Ane d'Or*, disant ou supposant, qu'après avoir pris du poison, il était devenu âne, sans néanmoins perdre sa raison.

2. Mais tout cela est faux ou si rare, qu'on a raison de n'y pas croire. Ce qu'il faut croire, et très-fermement, c'est que le Dieu Tout-Puissant peut faire tout ce qu'il veut, par justice, ou par grâce; et que les démons, créatures angéliques, il est vrai, mais corrompues par leur propre faute, ne peuvent rien, même en ce qui tient à la puissance de leur nature, sans la permission de celui dont les jugements sont souvent cachés, jamais injustes. Sans doute, qu'en agissant ainsi dans les faits qui nous occupent, les démons ne créent pas de nouvelles natures, mais ils modifient tellement, au moins pour les apparences, celles que le vrai Dieu a créées,

---

CAPUT XVIII.

Quid credendum sit de transformationibus, quæ arte dæmonum hominibus videntur accidere.

1. Sed de ista tanta ludificatione dæmonum, nos quid dicamus, qui hæc legent, fortassis exspectant (a). Et quid dicemus, nisi de medio Babylonis esse fugiendum? Quod præceptum propheticum ita spiritaliter intelligitur, ut de hujus sæculi Civitate, quæ profecto et angelorum et hominum societas impiorum est, fidei passibus, quæ per dilectionem operatur, in Deum vivum proficiendo fugiamus. Quanto quippe in hac ima potestatem dæmonum majorem videmus, tanto tenacius Mediatori est inhærendum, per quem de imis ad summa conscendimus. Si enim dixerimus ea non esse credenda, non desunt etiam nunc, qui ejusmodi quædam, vel certissime audisse, vel etiam expertos se esse asseverent. Nam et nos cum essemus in Italia, audiebamus talia de quadam regione illarum partium, ubi stabularias mulieres imbutas his malis artibus, in caseo dare solere dicebant, quibus vellent seu possent viatoribus, unde in jumenta illico verterentur, et necessaria quæque portarent, postque perfuncta opera iterum ad se redirent: nec tamen in eis mentem fieri bestialem, sed rationalem humanamque servari, sicut Apuleius in libris quos Asini aurei titulo inscripsit, sibi ipsi accidisse, ut accepto veneno, humano animo permanente asinus fieret, aut indicavit, aut finxit.

2. Hæc vel falsa sunt, vel tam inusitata, ut merito non credantur. Firmissime tamen credendum est, omnipotentem Deum omnia posse facere quæ voluerit, sive vindicando, sive præstando, nec dæmones aliquid operari secundum naturæ suæ potentiam, (quia et ipsa angelica creatura est, licet proprio sit vitio maligna,) nisi quod ille permiserit, cujus judicia occulta sunt multa, injusta nulla. Nec sane dæmones naturas creant, si aliquid tale faciunt, de qualibus factis ista vertitur quæstio; sed specie tenus, quæ a vero Deo sunt creata, commutant, ut videantur esse quod non sunt. Non itaque solum

---

(a) Post *fortassis exspectant*, editi addunt, *quid Christiani agere debeant, quando inter idola gentium miracula fieri asseruntur.* Annotatio est e margine translata in textum: nam ea textus caret in veteribus lib.

qu'elles semblent être ce qu'elles ne sont pas. Aussi, je ne croirai jamais que les démons, par sortilége ou par puissance, changent, je ne dirai pas l'âme, mais seulement le corps de l'homme, en lui donnant les membres et les formes de la brute. Je croirais plutôt qu'au milieu de cette foule d'objets que la pensée ou le sommeil représente à l'imagination humaine qui en subit les diverses impressions, et qui, bien qu'incorporelle, elle-même, reproduit avec une promptitude merveilleuse les ressemblances des corps; je croirais, dis-je, plutôt que, grâce à l'assoupissement ou à la défaillance des sens, une certaine image fantastique pourrait, (comment? je l'ignore !) se manifester à cette même imagination; tandis que le corps serait même ailleurs, vivant il est vrai, mais bien plus complètement privé de connaissance que dans le sommeil. Alors cette forme imaginaire nous paraîtrait ressembler à la figure d'un animal, et l'homme même, comme dans un songe, pourrait se croire tel qu'il se voit et se figurer qu'il porte des fardeaux; si ces fardeaux sont véritables, les démons les portent pour se jouer des hommes qui se trouvent en présence de fardeaux réels et d'animaux imaginaires. Un certain Præstantius racontait que son père ayant, par hasard, mangé chez lui de ce fromage empoisonné, était resté sur son lit, comme endormi, mais sans qu'on pût parvenir à l'éveiller. Quelques jours après, s'étant pour ainsi dire éveillé, il raconta comme un songe ce qui lui était arrivé : il avait été cheval, et avec d'autres bêtes de somme, il portait aux soldats des vivres appelés *Rhética*, parce qu'on les portait dans des filets. Son récit était conforme à ce qui s'était passé, et cependant, pour lui, ce n'était qu'un songe. Un autre rapportait qu'une nuit, avant de s'endormir, il avait vu venir à lui un philosophe platonicien de sa connaissance, qui l'avait instruit sur certains points de la doctrine de Platon dont il refusait toujours l'explication, malgré d'instantes prières. Et comme on demandait à ce philosophe pourquoi il avait accordé à cet homme et chez lui ce qu'il avait constamment refusé dans sa propre maison : Je n'ai pas fait cela, dit-il, mais j'ai rêvé l'avoir fait. Ainsi, grâce à une image fantastique, l'un tout éveillé sut ce qu'il voulait savoir, tandis que l'autre a vu dans son sommeil ce qui lui est arrivé réellement.

3. Ces faits nous sont rapportés, non par des gens tels quels, indignes de notre confiance, mais par des personnes que nous ne croyons pas capables de nous tromper. Ainsi ce que la tradition orale ou écrite attribue aux dieux ou

animum, sed nec corpus quidem ulla ratione crediderim dæmonum arte vel potestate in membra et lineamenta bestiala veraciter posse converti : sed phantasticum hominis, quod etiam cogitando sive somniando per rerum innumerabilia genera variatur, et cum corpus non sit, corporum tamen similes mira celeritate formas capit, sopitis aut oppressis corporeis hominis sensibus, ad aliorum sensum nescio quo ineffabili modo figura corporea posse perduci : ita ut corpora ipsa hominum alicubi jaceant, viventia quidem, sed multo gravius atque vehementius quam somno suis sensibus obseratis; phantasticum autem illud veluti corporatum in alicujus animalis effigie appareat sensibus alienis, talisque etiam sibi homo esse videatur, sicut talis sibi videri posset in somnis, et portare onera : quæ onera : si vera sunt corpora, portantur a dæmonibus, ut illudatur hominibus, partim vera onerum corpora, partim jumentorum falsa cernentibus. Nam quidam nomine Præstantius patri suo contigisse indicabat, ut venenum illud per caseum in domo sua sumeret, et jaceret in lecto suo quasi dormiens, qui tamen nullo modo poterat excitari. Post aliquot autem dies eum velut evigilasse dicebat, et quasi somnia narrasse quæ passus est, caballum se scilicet factum, annonam inter alia jumenta bajulasse militibus, quæ dicitur Retica, quoniam ad (a) Retias deportatur. Quod ita, ut narravit, factum fuisse compertum est : quæ tamen ei sicut somnia videbantur. Indicavit et alius se domi suæ per noctem, antequam requiesceret, vidisse venientem ad se quemdam philosophum sibi notissimum, sibique exposuisse nonnulla Platonica, quæ antea rogatus exponere noluisset. Et cum ab eodem philosopho quæsitum fuisset, cur in domo ejus fecerit, quod in domo sua petenti negaverat : Non feci, inquit, sed me fecisse somniavi. Ac per hoc alteri per imaginem phantasticam exhibitum est vigilanti, quod alter vidit in somnis.

3. Hæc ad nos non quibuscumque, qualibus credere putaremus indignum, sed eis referentibus pervenerunt, quos nobis non existimaremus fuisse

(a) Lov. *ad retia*. Melius editi alii et Mss. *ad Retias*, id est ad Retorum, seu ut alii scribunt, Rhætorum provincias.

plutôt aux démons, et les Arcadiens habituellement changés en loups et les métamorphoses des compagnons d'Ulysse par les enchantements de Circé, tout cela, si c'est vrai, me paraît possible, de la manière que j'ai indiquée. Quant aux oiseaux de Diomède, comme leur espèce s'est propagée et subsiste encore, je ne crois pas que des hommes aient été changés en oiseaux; on les a fait disparaître et on leur a substitué ces oiseaux, de même qu'une biche a été sacrifiée à la place d'Iphigénie, fille d'Agamemnon. De semblables prestiges ne présentent aucune difficulté pour les démons autorisés, comme nous le supposons par un secret jugement de Dieu; et l'on voit bien qu'une biche a été substituée à cette jeune fille retrouvée vivante après le sacrifice. Pour les compagnons de Diomède disparus tout-à-coup, sans jamais reparaître nulle part, détruits par les mauvais anges, exécuteurs des vengeances célestes, on s'est au contraire imaginé qu'ils ont été changés en ces oiseaux apportés là subitement et en secret des pays où habite leur espèce. Quant à ... qu'ils mettent dans leurs becs et dont ... osent le temple de Diomède; aux caresses ... 'ils font aux Grecs et aux vexations qu'ils exercent vis-à-vis des étrangers, l'influence des démons y est là palpable et n'étonne point; car il leur importe de faire croire à la divinité de Diomède, pour tromper les hommes, en les portant à adorer les faux dieux à la place du Dieu véritable méprisé, et à rendre à des hommes morts, dont la vie ici-bas a même été mauvaise. les honneurs des temples, des autels, des sacrifices, des prêtres, tout ce qui enfin, pour le culte légitime, n'est dû qu'au seul Dieu vivant et véritable.

CHAPITRE XIX.

Enée vient en Italie au temps où Labdon était juge chez les Hébreux.

En ce temps, après la ruine de Troie, Enée, avec vingt vaisseaux qui portaient les débris des Troyens, aborde en Italie. Là régnait Latinus, tandis que les Athéniens avaient pour roi Mnesthéus; les Sicyoniens, Polyphides; les Assyriens, Tautanès; et les Hébreux avaient pour juge Labdon. Après Latinus, Enée règne trois ans, du vivant des rois que nous venons de citer, sauf les changements survenus chez les Sicyoniens, où régnait déjà Pélasge, et chez les Hébreux gouvernés alors par Samson qui passait pour Hercule à cause de sa force extra-

---

mentitos. Proinde quod homines dicuntur, mandatumque est litteris, ab diis vel potius dæmonibus (b) Arcadibus, in lupos solere converti, et quod carminibus Circe socios mutavit Ulyssis, secundum istum modum mihi videtur fieri potuisse, quem dixi : si tamen factum est. Diom ... autem volucres, quando quidem genus ea ... per successionem propaginis durare perhib ... , n ... ... minibus factas, sed subtra ... is credo lu ... ... positas sicut cerva pro Iphigenia regis A ... ... onis filia. Neque enim dæmonibus judicio ... ... permiss ... hujusmodi præstigiæ difficiles esse potu ... : sed quia illa virgo postea viva reperta est, su ... ositam pro illa cervam esse, facile cognitum est. Socii vero Diomedis quia nusquam subito comparuerunt, et postea nullo loco apparuerunt, perdentibus eos ultoribus angelis malis, in eas aves quæ pro illis sunt occultæ ex aliis locis, ubi est hoc genus avium, ad ea loca perductæ, ac repente suppositæ, creduntur esse conversi. Quod autem Diomedis in templum aquam rostris afferunt et adspergunt, et quod blandiuntur Græcigenis, alienigenas persequuntur, mirandum non est fieri dæmonum instinctu ; quorum interest, persuadere deum factum esse Diomedem, ad decipiendos homines, ut falsos deos cum veri Dei injuria multos colant. et hominibus mortuis, qui nec cum viverent, vere vixerunt, templis altaribus, sacrificiis, sacerdotibus (quæ omnia cum recta sunt. non nisi uni Deo vivo et vero debentur) inserviant.

CAPUT XIX.

Quod eo tempore Æneas in Italiam venerit, quo Labdon Judex præsidebat Hebræis.

Eo tempore post captam Trojam atque deletam, Æneas cum viginti navibus, quibus portabantur reliquiæ Trojanorum, in Italiam venit, regnante ibi Latino, et apud Athenienses (b) Menestheo, apud Sicyonios Polyphide, apud Assyrios (c) Tautane; apud Hebræos autem Judex Labdon fuit. Mortuo autem Latino regnavit Æneas tribus annis, eisdem in supradictis locis manentibus regibus, nisi quod Sicyoniorum jam (d) Pelasgus erat, et Hebræorum Judex Samson : qui cum mirabiliter fortis esset,

---

(a) Sic omnes Mss. At editi. *Arcades.* — (b) Sic Vind. Am. et Mss. cum Eusebio. At Er. et Loy. *Mnestheo.* — (c) Vind. Am. et aliquot Mss. *Antane*, vel *Autane*. — (d) Am, *Pelagus.* Regius Ms. *Pelafus.*

ordinaire. Mais Enée étant disparu, après sa mort les Latins s'en firent un dieu. Les Sabins placèrent aussi au nombre des dieux leur premier roi Sancus, ou Sanctus, comme d'autres l'appellent. A la même époque, Codrus, roi des Athéniens, s'expose, sans se faire connaître, aux traits des Péloponésiens, leurs ennemis, et sa mort, dit-on, assura la liberté de sa patrie. Car l'oracle avait promis aux Péloponésiens la victoire, s'ils ne tuaient pas le roi des Athéniens. Celui-ci les trompe en se présentant à eux avec des habits pauvres, et en les provoquant par des injures, il réussit à se faire tuer : « querelle de Codrus, » a dit Virgile. Les Athéniens l'honorèrent aussi comme un dieu, par des sacrifices. Sous le règne de Silvius, quatrième roi des Latins, fils d'Enée, non par Creüsa, dont il eut Ascanius, troisième roi de ce peuple, mais par Lavinie, fille de Latinus; sous ce Silvius, fils posthume d'Enée, quand Onéus était le vingt-neuvième roi des Assyriens, Mélanthus, le seizième des Athéniens, et le grand-prêtre Héli, juge des Hébreux, prit fin le royaume des Sicyoniens, auquel on donne une durée de neuf cent cinquante-neuf ans.

CHAPITRE XX.

Suite des rois d'Israël après les juges.

Bientôt et du temps des mêmes rois dans les contrées dont je viens de parler, le gouvernement des juges étant terminé, le royaume d'Israël prit naissance, Saül en fut le premier roi; Samuel était alors prophète. C'est aussi le temps où commencèrent les rois Latins appelés Silviens, du nom du fils d'Enée qui le premier s'appela Silvius; ses successeurs recevaient des noms propres, tout en conservant ce surnom, comme plus tard ceux qui succédèrent à César Auguste avaient le surnom de César. Saül réprouvé et par lui toute sa race, David succède à ce prince qui régna quarante ans. Après la mort de Codrus, les Athéniens cessèrent d'avoir des rois et choisirent des magistrats pour administrer la république. David régna aussi quarante ans et laissa le trône d'Iraël à son fils Salomon, qui bâtit, en l'honneur de Dieu, ce fameux temple de Jérusalem. A son temps se rapporte la fondation d'Albe chez les Latins, et du nom de cette ville dans la même contrée du Latium, les rois ne s'appelèrent plus, rois

---

putatus est Hercules. Sed Æneam, quoniam quando mortuus est, non comparuit, deum sibi fecerunt Latini. Sabini etiam regem suum primum (*a*) Sancum, sive ut aliqui appellant Sanctum, retulerunt in deos. Per idem tempus Codrus rex Atheniensium Peloponnensibus ejusdem hostibus civitatis se interficiendum ignotus objecit : et factum est. Hoc modo eum prædicant patriam liberasse. Responsum enim acceperant Peloponnenses tum demum se superaturos, si eorum regem non occidissent. Fefellit ergo eos habitu pauperis apparendo, et in suam necem per jurgium provocando. Unde ait Virgilius : Aut jurgia Codri. (*Eclog.* v.) Et hunc Athenienses tamquam deum sacrificiorum honore coluerunt. Quarto Latinorum rege Silvio Æneæ filio, non de Creusa, de qua fuit Ascanius, qui tertius ibi regnavit, sed de Lavinia Latini filia, quem posthumum Æneas dicitur habuisse; Assyriorum autem vicesimo et nono Onco, et Melantho Atheniensium sexto-decimo, Judice autem Hebræorum Heli sacerdote, regnum Sicyoniorum consumtum est, quod per annos nongentos-quinquaginta et novem traditur fuisse porrectum.

CAPUT XX.

De successione ordinis regii apud Israelitas post Judicum tempora.

Mox eisdem per loca memorata regnantibus, Israelitarum regnum, finito tempore Judicum, a Saule rege sumsit exordium : quo tempore fuit Samuel propheta. Ab illo igitur tempore hi reges Latinorum esse cœperunt, quos cognominabant Silvios : ab eo quippe qui filius Æneæ primus dictus est Silvius, ceteris subsecutis et propria nomina imponebantur, et hoc non defuit cognomentum ; sicut longe postea Cæsares cognominati sunt, qui successerunt Cæsari Augusto. Reprobato autem Saule, ne quisquam ex eius stirpe regnaret, eoque defuncto, David successit in regnum post annos a Saulis imperio xl. (II. *Reg.* II.) Tunc Athenienses habere deinde reges post Codri interitum destiterunt, et magistratus habere cœperunt administrandæ reipublicæ. Post David, qui etiam ipse quadraginta regnavit annos, filius ejus Salomon rex Israelitarum fuit, qui templum illud nobilissimum Dei Jerosolymitanum condidit. Cujus

---

(*a*) Vind. Am. Er. *Xanthum, sive ut aliqui appellant Xanthium.* Lov. priore loco, *Sangum,* ubi Mss. plerique, *Sancum;* et nonnulli, *Sanccum'. Sanctum* vocat Ovid. Fast. VI. In Lactantii lib. I, cap, XV, editione Lugd. Batav. an. 1660, leg. *Sancum.* In alia Vives *Sangum* legebat.

Latins, mais rois Albians. A Salomon succéda son fils Roboam ; sous ce prince, le peuple se divisa en deux royaumes, qui eurent chacun leur roi particulier.

CHAPITRE XXI.

Des rois du Latium dont le premier, Enée, et le douzième, Aventinus, furent mis au rang des dieux.

Après Enée qui reçut les honneurs divins, le Latium eut onze rois dont aucun ne fut élevé au rang des dieux. Mais Aventinus, le douzième successeur d'Enée, ayant été tué dans un combat et inhumé sur la montagne qui porte encore aujourd'hui son nom, vint augmenter le nombre des dieux, tels qu'on se les faisait à cette époque. Il en est qui, pour ne pas avouer sa mort sur un champ de bataille, ont rapporté qu'il avait disparu ; ils ajoutent même que ce n'est pas à lui, mais à l'arrivée d'une troupe d'oiseaux que le mont Aventin doit son nom. Après lui, il n'y eut plus d'autre personnage reconnu comme dieu, dans le Latium, si ce n'est le fondateur de Rome, Romulus. Entre ces deux rois, il s'en trouve deux autres, dont l'un, successeur immédiat d'Aventinus, est, pour parler le langage de Virgile : « L'illustre Procas, la gloire de la nation troyenne. » (*Eneid.* VI.) Ce fut alors, pendant que se préparait, pour ainsi dire, l'enfantement de Rome, qu'arriva la fin du plus grand des empires, celui d'Assyrie, dont la durée avait été si longue. Il passa aux Mèdes après environ treize cents ans d'existence, si on commence à compter à partir de Bélus, père de Ninus, qui régna le premier, se contentant d'un royaume resserré encore dans d'étroites limites. Procas précéda sur le trône Amulius. Celui-ci avait consacré à Vesta la fille de son frère Numitor,[1] nommée Rhéa ou Ilia, c'est la mère de Romulus. Pour glorifier ou excuser son déshonneur, on dit que les deux jumeaux qu'elle enfanta sont du dieu Mars, et la preuve qu'on en donne, c'est que les deux enfants exposés furent allaités par une louve. On prétend que cette louve, animal consacré à Mars, reconnaissant en ces enfants les fils de son maître, leur aurait offert ses mamelles. Cependant il ne manque pas de gens pour affirmer que les cris de ces jumeaux abandonnés attirèrent une courtisane qui les recueillit d'abord, et la première leur donna le sein. On appelait alors les courtisanes, louves, d'où est venu aux lieux de prostitution, le nom de Lupanar. Ils auraient été remis ensuite entre les mains du berger Faustulus, et nourris par sa

---

tempore apud Latinos condita est Alba, ex qua deinceps non Latinorum, sed Albanorum reges appellari, in eodem tamen Latio, cœperunt. Salomoni successit filius ejus Roboam, sub quo in duo regna populus ille divisus est, et singulæ partes suos singulos reges habere cœperunt.

CAPUT XXI.

De regibus Latii, quorum primus Œneas, et duodecimus Aventinus dii facti sunt.

Latium post Æneam, quem deum fecerant, undecim reges habuit, quorum nullus deus factus est. Aventinus autem, qui duodecimo loco Ænean sequitur, cum esset prostratus in bello, et sepultus in eo monte, qui etiam nunc ejus nomine nuncupatur, deorum talium, quales sibi faciebant, numero est additus. Alii sane noluerunt eum in prœlio scribere occisum, sed non comparuisse dixerunt : sed nec ex ejus vocabulo appellatum montem, sed ex adventu avium dictum Aventinum. (*Vide Varron. de ling. Lat. lib.* IV.) Post hunc non est deus factus in Latio, nisi Romulus conditor Romæ. Inter istum autem et illum reges reperiuntur duo : quorum primus, est, ut Virgiliano eum versu loquar. « Proximus ille Procas Trojanæ gloria gentis. » (*Æneid.* VI.) Cujus tempore quia jam quodam modo Roma parturiebatur, illud omnium regnorum maximum Assyriorum finem tantæ diuturnitatis accepit. Ad Medos quippe translatum est post annos ferme mille trecentos-quinque, ut etiam Beli, qui Ninum genuit, et illic parvo contentus imperio primus rex fuit, tempora computentur. Procas autem regnavit ante Amulium. Porro Amulius fratris sui Numitoris filiam Rheam nomine, quæ etiam Ilia vocabatur, Romuli matrem, Vestalem virginem fecerat, quam volunt de Marte geminos concepisse, isto modo stuprum ejus honorantes, vel excusantes, et adhibentes argumentum, quod infantes expositos lupa nutriverit. Hic enim genus bestiæ ad Martem existimant pertinere, ut videlicet ideo lupa credatur admovisse ubera parvulis, quia filios domini sui Martis agnovit : quamvis non desint qui dicant, cum expositi vagientes jacerent, a nescio qua primum meretrice fuisse collectos, et primas ejus suxisse mamillas, (meretrices autem lupas vocabant, unde etiam nunc turpia loca earum lupanaria nuncupantur,) et eos postea ad Faustulum pervenisse pastorem, atque ab

femme Acca. Et quand, pour punir ce roi cruel, qui avait ordonné de jeter dans les eaux du fleuve ces enfants destinés à fonder une si grande ville, Dieu les aurait préservé de la mort et fait nourrir providentiellement par une louve, serait-ce là une merveille très-étonnante? A Amulius succède sur le trône son frère Numitor, aïeul de Romulus; la première année de son règne, Rome fut fondée, et depuis il régna conjointement avec son petit-fils Romulus.

CHAPITRE XXII.

La fondation de Rome répond au temps de la chute de l'empire des Assyriens et du règne d'Ezéchias en Judée.

Pour avancer je le dirai en abrégé, Rome fut fondée comme la seconde Babylone, comme la fille de la première, dont il plût à Dieu de se servir pour dompter l'univers et le pacifier de toutes parts, en en faisant une seule société avec le même gouvernement et les mêmes lois. Car il y avait alors des peuples forts et aguerris, des nations exercées aux armes qui ne se soumettraient qu'avec peine et dont on ne se rendrait maître qu'à force de luttes et d'efforts gigantesques, sans compter les horribles désastres à supporter de part et d'autre. Quand l'empire des Assyriens subjugua presque toute l'Asie, ce fut là, sans doute, l'œuvre de la guerre, mais non pas de guerres si rudes et si opiniâtres; les peuples n'étaient pas encore assez façonnés à la résistance, ils étaient aussi moins nombreux et moins puissants. Car depuis cet immense et universel déluge, où huit hommes seulement trouvèrent un refuge dans l'arche de Noé, mille ans s'étaient à peine écoulés, quand Ninus subjugua toute l'Asie, à l'exception de l'Inde. Mais pour dompter tant de nations de l'Orient et de l'Occident, soumises aujourd'hui à l'empire Romain, Rome dût employer plus de temps et rencontra des difficultés plus sérieuses; car, en s'agrandissant peu-à-peu, de quelque côté qu'elle s'étende, elle trouve partout des peuples vigoureux et guerriers. A l'époque de la fondation de Rome, le peuple d'Israël occupait la terre promise depuis sept cent dix-huit ans, dont vingt-sept sous le gouvernement de Jésus Navé, trois cent vingt-neuf sous celui des juges et trois cent soixante-deux sous celui des rois. Alors le roi de Juda était Achaz, ou, selon d'autres calculs, son successeur, Ezéchias, prince si illustre par sa piété et ses vertus, il était contemporain de Romulus. Quant à cette autre

ejus Acca uxore nutritos. Quamquam si ad arguendum hominem regem, qui eos in aquam projici crudeliter jusserat, eis infantibus per quos tanta civitas condenda fuerat, de aqua divinitus liberatis, per lactantem feram Deus voluit subvenire, quid mirum est? Amulio successit in regnum Latiale frater ejus Numitor, avus Romuli, cujus Numitoris primo anno condita est Roma; ac per hoc cum suo deinceps, id est Romulo, nepote regnavit.

CAPUT XXII.

Quod eo tempore Roma sit condita, quo regnum Assyriorum intercidit, quo Ezechias regnabat in (a) Juda.

Ne multis morer, condita est civitas Roma, velut altera Babylon, et velut prioris filia Babylonis, per quam Deo placuit orbem debellare terrarum, et in unam societatem reipublicæ legumque perductum longe lateque pacare. Erant enim jam populi validi et fortes, et armis gentes exercitatæ, quæ non facile cederent, et quas opus esset ingentibus periculis et vastatione utrimque non parva atque horrendo labore superari. Nam quando regnum Assyriorum totam pene Asiam subjugavit, licet bellando sit factum, non tamen multum asperis et difficilibus bellis fieri potuit, quia rudes adhuc ad resistendum gentes erant, nec tam multæ, vel tam magnæ. Si quidem post illud maximum atque universale diluvium, cum in arca Noe octo soli homines evaserunt, anni non (b) multo amplius quam mille transierant, quando Ninus Asiam totam excepta India, subjugavit. Roma vero tot gentes et Orientis et Occidentis, quas imperio Romano subditas cernimus, non ea celeritate ac facilitate perdomuit: quoniam paulatim, crescendo robustas eas et bellicosas, quaquaversum dilatabatur, invenit. Tempore igitur quo Roma condita est, populus Israel habebat in terra promissionis annos septingentos-decem et octo. Ex quibus vigintiseptem pertinent ad Jesum Nave, deinde ad tempus Judicum trecenti-viginti-novem. Ex quo autem ibi Reges esse cœperunt, anni erant trecenti-sexaginta-duo. Et rex tunc erat in Juda, cujus nomen erat Achaz, vel, sicut alii computant, qui ei successit

---

(a) Editi hic, *in Judæa*. At Mss. *in Juda*: et sic ipsi editi in subjecto capite xxii. — (b) Sola editio Lov. omittit, *multo*.

partie du peuple Hébreu, qu'on appelle le royaume d'Israël, Osée y commençait son règne.

CHAPITRE XXIII.

La Sibylle d'Erythrée renommée entre toutes les autres Sibylles, à cause de la clarté de ses prophéties sur le Christ.

1. Plusieurs rapportent au même temps les prédictions de la Sibylle d'Erythrée. Varron assure qu'il y eut plusieurs sibylles. Mais cette Sibylle d'Erithrée a laissé plusieurs témoignages évidents sur Jésus-Christ; nous les avons lus d'abord, en très-mauvais vers latins et se tenant à peine sur leurs pieds, par la faute de je ne sais quel interprète, comme nous l'avons su plus tard. Car l'illustre Flaccianus, qui fut proconsul, homme remarquable par la facilité de son éloquence et l'étendue de son savoir, dans un entretien sur le Christ, nous présenta un volume grec comme étant le recueil des vers de la Sibylle d'Erythrée, et nous fit remarquer un certain passage où, en réunissant ensemble les premières lettres de chaque vers, on pouvait lire ces mots : Ιησους χρειστος θεου υιος σωτηρ ; ce qui veut dire : Jésus-Christ, fils de Dieu, Sauveur. Or, ces vers dont les premières lettres forment le sens que nous venons d'exprimer, suivant un autre interprète qui les a mis en vers latins réguliers, contiennent cette prédiction : « Voici les signes du jugement : La terre sera glacée de terreur. Le roi des siècles va descendre du ciel, et c'est dans sa chair qu'il sera présent pour juger l'univers. Alors l'incrédule et le fidèle verront Dieu dans sa gloire avec ses saints, et ce sera la fin de ce monde. Les âmes paraîtront au jugement revêtues aussi de leur chair, tandis que la terre demeurera inculte et comme ensevelie sous les ronces. Les hommes rejetteront loin d'eux leurs trésors et leurs prétendus biens. Le feu dévorera la terre, et se répandant sur la mer et jusqu'au ciel, il brisera les portes du noir Averne. Une pure lumière enveloppera le corps des saints, et les coupables seront la proie de flammes éternelles. Les actes les plus cachés seront découverts, chacun dévoilera les secrets de son cœur et Dieu ouvrira les consciences à la lumière. Alors il y aura des pleurs et des grincements de dents. Le soleil aura perdu sa lumière et le chœur des astres sera éteint. Le ciel sera renversé et la

---

Ezechias, quem quidem constat optimum et piissimum regem Romuli regnasse temporibus. In ea vero Hebraici populi parte quæ appellabatur Israel, regnare cœperat Osee.

CAPUT XXIII.

De Sibylla Erythræa, quæ inter alias Sibyllas cognoscitur de Christo evidentia multa cecinisse.

1. Eodem tempore nonnulli Sibyllam Erythræam vaticinatam ferunt. Sibyllas autem Varro prodidit (*a*) plures fuisse, non unam. Hæc sane Erythræa Sibylla quædam de Christo manifesta conscripsit : quod etiam nos prius in Latina lingua versibus male Latinis et non stantibus legimus, per nescio cujus interpretis imperitiam, sicut post cognovimus. Nam vir clarissimus Flactianus, qui etiam proconsule fuit, homo facillimæ facundiæ, multæque doctrinæ, cum de Christo colloqueremur, Græcum nobis codicem protulit, carmina esse dicens Sibyllæ Erythræae, ubi ostendit quodam loco in capitibus versuum ordinem litterarum ita se habentem, ut hæc in eo verba legerentur, Ιησους χρειστος θεου υιος σωτηρ : quod est Latine, Jesus Christus Dei Filius Salvator. Hi autem versus quorum primæ litteræ istum sensum, quem diximus, reddunt, sicut eos quidam Latinus (*b*) stantibus versibus est interpretatus, hoc continent :

— Judicii (*c*) signum tellus sudore madescet.
= E cœlo Rex adveniet per sæcla futurus :
ι: Scilicet in carne præsens ut judicet orbem.
ο Unde Deum cernent incredulus atque fidelis
υ Celsum cum sanctis, ævi jam termino in ipso.
ς Sic animæ cum carne aderunt, quas judicet ipse.
χ Cum jacet incultus densis in vepribus orbis.
ρ Rejicient simulacra viri, cunctam quoque gazam ;
ε Exuret terras ignis, pontumque polumque
ι Inquirens, tetri portas effringet Averni.
ς Sanctorum sed enim cunctæ lux libera carni
θ Tradetur, sontes æternum flamma cremabit.
ο Occultos actus retegens, tunc quisque loquetur
υ Secreta, atque Deus reserabit pectora luci.
ϋ Tunc erit et luctus, stridebunt dentibus omnes.
ι Eripitur solis jubar, et chorus interit astris.
ο (*d*) Volvetur cœlum, lunaris splendor obibit.
ς Dejiciet colles, valles extollet ab imo.

(*a*) Sibyllas a Varroune decem numeratas tradit Lactantius lib. I. cap. vi. — (*b*) Editi, *Latinis extantibus.* Castigantur ex Mss. — (*c*) Sola editio Lov. *signo.* — (*d*) Editi, *Solvetur.* At Mss. *Volvetur :* quo prima littera V. respondeat Græcæ vocali O, sicut superius in quarto versu.

lune verra s'évanouir son éclat. Les collines tomberont et les vallées s'élèveront de leurs profondeurs. Rien dans les choses ne paraîtra ni majestueux, ni sublime. Déjà les montagnes et les mers d'azur sont au niveau des plaines. Tout cessera, la terre sera brisée pour disparaître. Le feu dévorera également les fontaines et les fleuves. Alors, du haut des cieux, retentira le son lugubre de la trompette, ses gémissements rediront les crimes et les divers supplices des malheureux. La terre s'entr'ouvrant laissera voir l'affreux chaos du Tartare. Ici, tous les rois, sans en excepter un seul paraîtront devant le Seigneur ; les cieux verseront des torrents de feu et de soufre. » Dans les vers latins, traduits tant bien que mal du grec, le sens formé par la réunion des lettres initiales, ne se retrouve point quand le vers commence par la lettre grecque ϒ, faute de synonymes latins. Ces vers sont au nombre de trois : le cinquième, le dix-huitième et le dix-neuvième. Et si nous réunissons les premières lettres de chaque vers, à l'exception des trois vers indiqués plus haut, nous souvenant d'y substituer l'ϒ, comme la lettre propre, nous trouverons cinq mots grecs et non latins, qui signifient : Jésus-Christ, fils

de Dieu, Sauveur. De plus, il y a vingt-sept vers, nombre qui représente le cube de trois. Car trois fois trois, font neuf ; et neuf fois trois, pour élever la figure de largeur en hauteur, font vingt-sept. Or, de ces cinq mots grecs : Ἰησοῦς χρειστὸς θεοῦ υἱὸς σωτήρ, ou : Jésus-Christ, fils de Dieu, Sauveur, si nous réunissons les lettres initiales, nous trouverons ἰχθύς, poisson, nom mystique de Jésus-Christ, qui, dans les abîmes de notre mortalité, comme dans les profondeurs de la mer, a pu demeurer vivant, c'est-à-dire exempt de péché.

2. D'ailleurs, cette Sibylle d'Érythrée ou de Cumes, comme plusieurs l'appellent, n'a rien mis dans son poème, dont je n'ai cité qu'une très-faible partie, qui se rapporte au culte des faux dieux ou d'invention humaine ; bien plus, elle parle même contre eux et contre leurs adorateurs avec tant de force, qu'on pourrait la compter du nombre des enfants de la Cité de Dieu. Lactance, dans son ouvrage, a aussi inséré quelques prédictions de Sibylle, sans désigner de laquelle il veut parler, au sujet du Christ. J'ai jugé à propos de réunir ces citations courtes et comme jetées çà et là, pour en former un seul tout plus étendu. « Il tombera, dit

ϒ Non erit in rebus hominum sublime, vel altum.
— Jam æquantur campis montes, et cærula ponti.
ο Omnia cessabunt, tellus confracta peribit.
ι Sic pariter fontes torrentur, fluminaque igni.
ς Sed tuba tum sonitum tristem demittet ab alto
ϛ Orbe, gemens facinus miserum variosque labores :
— Tartareumque chaos monstrabit terra dehiscens.
ε Et coram hic Domino reges sistentur ad unum.
ϒ (a) Recidet e cœlis ignisque et sulphuris amnis.

In his Latinis versibus de Græco ut cumque translatis, ibi non potuit ille sensus occurrere, qui sit cum litteræ, quæ sunt in eorum capitibus, connectuntur, ubi ϒ littera in Græco posita est, quia non potuerunt verba Latina inveniri, quæ ab eadem littera inciperent, et sententiæ convenirent. Hi autem sunt versus tres, quintus et octavus-decimus et nonus-decimus. Denique si litteras, quæ sunt in capitibus omnium versuum connectentes, horum (b) trium quæ scriptæ sunt non legamus, sed pro eis ϒ litteram, tanquam in eisdem locis ipsa sit posita, recordemur, exprimitur in quinque verbis, Jesus Christus Dei Filius Salvator : sed cum Græce hoc di-

citur, non Latine, Et sunt versus viginti et septem, qui numerus quadratum ternarium solidum reddit. Tria enim ter ducta fiunt novem. Et ipsa novem si ter ducantur, ut ex lato in altum figura consurgat, ad viginti-septem perveniunt. Horum autem Græcorum quinque verborum, quæ sunt, Ἰησοῦς χρειστὸς θεοῦ υἱὸς σωτήρ, quod est Latine, Jesus Christus Dei Filius Salvator, si primas litteras jungas, erit ἰχθύς, id est, piscis, in quo nomine mystice intelligitur Christus, eo quod in hujus mortalitatis abysso velut in aquarum profunditate vivus, hoc est, sine peccato esse potuerit.

2. Hæc autem Sibylla sive Erythræa, sive ut quidam magis credunt, Cumea, ita nihil habet ut toto carmine suo, cujus exigua ista particula est, quod ad deorum falsorum sive factorum cultum pertineat ; quinimmo ita etiam contra eos et contra cultores eorum loquitur, ut in eorum numero deputanda videatur qui pertinent ad Civitatem Dei. Inserit etiam Lactantius Operi suo quædam de Christo vaticinia Sibyllæ, quamvis non exprimat cujus. Sed quæ ipse singillatim posuit, ego arbitratus sum conjuncta esse

---

(a) Er. et Lov. *Decidet*. Melius Vind. Am. et Mss. *Recidet* : nam hujus versus primam litteram oportet eamdem esse atque ultimam nominis Σωτήρ. — (b) Apud Er. et Lov. *harum trium*. In editis aliis et Mss. verius *horum trium*, versuum videlicet paulo ante dictorum, quinti et octavi-decimi et noni-decimi.

la Sibylle, entre les mains injustes des méchants; leurs mains impures donneront à Dieu des soufflets, et leurs bouches infâmes le couvriront de crachats empoisonnés. Pour lui, il se contentera de présenter aux coups son dos innocent. Il recevra des soufflets en silence, afin que nul ne reconnaisse quel Verbe il est, d'où il vient pour parler aux Enfers, et il sera couronné d'épines. Ils lui donneront du fiel pour sa nourriture et du vinaigre pour étancher sa soif; ils lui montreront ce festin d'inhospitalité. Insensée! tu n'as pas connu ton Dieu qui se moque de la sagesse des mortels, tu l'as couronné d'épines et tu lui as préparé un fiel amer! Le voile du temple se déchirera et au milieu du jour, il y aura des ténèbres épaisses qui dureront trois heures. Il mourra de mort et gardera un sommeil de trois jours; et sorti des enfers, il reviendra le premier à la lumière, montrant à ses élus qu'il est le principe de la résurrection. » Tels sont les témoignages Sibyllins que Lactance rapporte par fragments, suivant le besoin du sujet qu'il traite; je les ai réunis ensemble en un seul faisceau de preuves, ayant soin de distinguer les initiales, pour le cas où dans la suite les écrivains voudraient les conserver. D'après quelques auteurs, la Sibylle d'Érythrée aurait vécu non pas au temps de Romulus, mais à l'époque de la guerre de Troie.

ponenda, tamquam unum sit prolixum, quæ ille plura commemoravit et brevia, (a) « In manus iniquas, inquit, infidelium postea veniet : dabunt autem Deo alapas manibus incestis, et impurato ore exspuent venenatos sputus : dabit vero ad verbera simpliciter sanctum dorsum. (b) Et colaphos accipiens tacebit, ne quis agnoscat, quod verbum, vel unde venit ut inferis loquatur, et corona spinea coronetur. (c) Ad cibum autem fel, et ad sitim acetum dederunt : inhospitalitatis hanc monstrabunt mensam. (d) Ipsa enim insipiens tuum Deum non intellexisti, ludentem mortalium mentibus, sed et spinis coronasti, et horridum fel miscuisti. (e) Templi vero velum scindetur : et medio die nox erit tenebrosa nimis in tribus horis. (f) Et morte morietur tribus diebus somno suscepto : et tunc ab inferis regressus ad lucem (g) veniet primus, resurrectionis principio revocatis ostenso. » Ista Lactantius carptim per intervalla disputationis suæ, sicut ea poscere videbantur, quæ probare intenderat, adhibuit testimonia Sibyllina, quæ nos nihil interponentes, sed in unam seriem connexa ponentes, solis capitibus, si tamen scriptores deinceps ea servare non negligant, distinguenda curavimus. Nonnulli sane Erythræam Sibyllam, non Romuli, sed belli Trojani tempore fuisse scripserunt.

(a) Lactantius libro IV, cap. XVIII, ista Græce commemorat :

Εἰς ἀνόμους χεῖρας καὶ ἀπίστων ὕστερον ἥξει.
Δώσουσι δὲ ῥαπίσματα χερσὶν ἀνάγνοις,
Καὶ στόμασι μιαροῖς τὰ πτύσματα φαρμακόεντα·
Δώσει δὲ εἰς μάστιγας ἁπλῶς ἁγνὸν τότε νῶτον.

(b) Hæc ibidem Lactantius paucis interjectis :

Καὶ κολαφιζόμενος σιγήσει, μή τις ἐπιγνῷ
Τίς λόγος, ἢ πόθεν ἦλθεν, ἵνα φθιμένοισι λαλήσῃ,
Καὶ στέφανον φορέσει τὸν ἀκάνθινον.

(c) Ibidem paulo post Lactantius :

Εἰς δὲ τὸ βρῶμα χολὴν, κ' εἰς δίψαν ὄξος ἔδωκαν.
Τῆς ἀφιλοξενίης ταύτην δείξουσι τράπεζαν.

(d) Hos versus ibidem Lactantius alterius Sibyllæ esse dicit :

Αὐτὴ γὰρ σὺ ἄφρον τὸν θεὸν οὐκ ἐνόησας,
Παίζοντα ἐν θνητοῖσι νοήμασιν, ἀλλὰ κἀκάνθαις
Ἐστέψας στεφάνῳ φοβερῷ τε χολὴν ἐκέρασας.

(e) Lactantius ejusdem libri IV, cap. XIX.

Ναοῦ δὲ σχισθήσεται πέτασμα, καὶ ἤματι μέσσῳ
Νὺξ ἔσται σκοτόεσσα πελώριος ἐν τρισὶν ὥραις.

(f) Ibidem aliquanto post :

Καὶ θανάτου μοῖραν τελέσει τρίτον ἦμαρ ὑπνώσας.
Καὶ τότ' ἀπὸ φθιμένων ἀνακύψας εἰς φάος ἥξει,
Πρῶτος ἀναστάσεως κλητοῖς ἀρχὴν ὑποδείξας.

(g) Vind. Am. et Er. post ad lucem. addunt lætam. Lov, lævam. Neutrum est in veteribus libris.

CHAPITRE XXIV.

Sous le règne de Romulus sept sages se rendirent célèbres; à la même époque, les dix tribus d'Israël furent emmenées en captivité par les Chaldéens. Après sa mort, Romulus reçoit les honneurs divins.

Sous le règne de Romulus, vivait, dit-on, Thalès de Milet, l'un des sept sages qui, depuis les poètes théologiques dont le plus célèbre est Orphée, furent appelés Σοφοί, c'est-à-dire sages. Au même temps, les dix tribus d'Israël, vaincues par les Chaldéens, furent emmenées captives, tandis que les deux tribus de Juda, dont Jérusalem était la capitale, restèrent dans la Judée. Romulus mort et disparu, les Romains, ce que tout le monde sait, l'élevèrent au rang des dieux; coutume déjà abolie, et qui, dans la suite, au temps des Césars, ne fut rétablie que par la flatterie et non par l'erreur. Aussi Cicéron adresse-t-il de grandes louanges à Romulus pour avoir mérité de tels honneurs, non en des temps de grossièreté et d'ignorance, où les hommes pouvaient être facilement trompés; mais dans un siècle instruit et civilisé, bien que les philosophes n'eussent pas encore propagé les subtilités et les ruses du langage. Mais si les siècles suivants ne placent pas des hommes morts au rang des dieux, ils n'ont garde cependant, de délaisser le culte des anciennes divinités; bien plus, des idoles inconnues jusqu'alors viennent ajouter un nouvel attrait à ces superstitions vaines et impies. Sous l'influence impure des démons, dont les oracles trompeurs se jouent du cœur humain; si le siècle est trop éclairé pour prêter des crimes aux dieux, par le moyen des jeux scéniques, il s'égare encore davantage dans le culte honteux des fausses divinités. Numa succède à Romulus : il avait pourvu la ville de Rome d'une infinité de faux dieux, et cependant, après sa mort, il n'eut pas lui-même, l'honneur d'être du nombre de ces dieux, comme si dans ce ciel déjà trop plein, il n'eût pu trouver place. Sous le règne de ce prince à Rome, et au commencement du règne de Manassès chez les Hébreux, prince impie qui fit mourir le prophète Isaïe, parut, dit-on, la Sibylle de Samos.

CAPUT XXIV.

Quod regnante Romulo septem Sapientes claruerint; quo tempore decem tribus, quæ Israel dicebantur, in captivitatem a Chaldæis ductæ sunt, idemque Romulus mortuus divino honore donatus est.

Eodem Romulo regnante Thales Milesius fuisse perhibetur, unus e septem Sapientibus, qui post theologos Poëtas, in quibus Orpheus maxime omnium nobilitatus est, Σοφοί appellati sunt, quod est Latine Sapientes. Per idem tempus decem tribus, quæ in divisione populi vocatæ sunt Israel, debellatæ a Chaldæis, et in eas terras captivæ ductæ sunt, remanentibus in Judæa terra duabus illis tribubus, quæ nomine Judæ vocabantur, sedemque regni habebant Jerusalem. Mortuum Romulum, cum et ipse non comparuisset, in deos, quod et vulgo notissimum est, retulere Romani; quod usque adeo fieri jam desierat, nec postea nisi adulando, non errando, factum est temporibus Cæsarum, ut Cicero magnis Romuli laudibus tribuat, quod non rudibus et indoctis temporibus, quando facile homines fallebantur, sed jam expolitis et eruditis meruerit hos honores; quamvis nondum (a) efferbuerat ac pullulaverat philosophorum subtilis et acuta loquacitas. Sed etiamsi posteriora tempora deos homines mortuos non instituerunt, tamen ab antiquis institutos colere ut deos et habere non destiterunt : quin etiam simulacris, quæ veteres non habebant, auxerunt vanæ atque impiæ superstitionis illecebram, id efficientibus immundis in eorum corde dæmonibus (*V. supra lib.* IV, *cap.* XXXI), per fallacia quoque oracula decipientibus, ut fabulosa etiam crimina deorum, quæ jam urbaniore sæculo non fingebantur, per ludos tamen in eorumdem falsorum numinum obsequium turpiter agerentur. Regnavit deinde Numa post Romulum, qui cum illam civitatem putaverit deorum profecto falsorum numerositate muniendam, in eamdem turbam referri mortuus ipse non meruit, tamquam ita putatus sit cœlum multitudine numinum constipasse, ut locum ibi reperire non posset. Hoc regnante Romæ, et apud Hebræos initio regni Manasse, a quo impio rege propheta Isaias perhibetur occisus; Samiam fuisse Sibyllam ferunt.

(a) Mss. *effervuerat*. Sic infra cap. LII, n. 2, loco *servuit persecutio*, plures habent *servuit*.

CHAPITRE XXV.

Philosophes célèbres au temps du règne de Tarquin l'Ancien chez les Romains et de Sédéchias chez les Hébreux, lors de la prise de Jérusalem et de la destruction du temple.

Sous le règne de Sédéchias chez les Hébreux et de Tarquin l'Ancien, successeur d'Ancus-Martius, chez les Romains, le peuple juif fut emmené captif à Babylone, après la ruine de Jérusalem et du temple bâti par Solomon. Ces malheurs avaient été annoncés par les prophètes, lorsqu'ils reprochaient aux juifs leurs iniquités et leurs impiétés, et surtout par Jérémie, qui même en avait marqué la durée. A cette époque, vivait Pittacus de Mitylène, que l'on compte parmi les sept sages. Les cinq autres qui, avec Thalès, dont nous avons parlé plus haut, et Pittacus, forment les sept sages, vivaient selon Eusèbe, au temps où le peuple de Dieu était retenu captif à Babylone. C'étaient : Solon d'Athènes, Chilon de Lacédémone, Périandre de Corinthe, Cléobule de Lindos, et Bias de Priène. Tous les sept appelés sages se firent un nom après les poètes théologiens. Leur genre de vie les distinguait en quelque sorte des autres hommes; ils ont aussi réuni, sous la forme de sentences très-courtes, quelques préceptes de morale. Ils n'ont point laissé à la postérité d'autres souvenirs conservés par la tradition, sauf quelques lois que Solon donna, dit-on, aux Athéniens. Thalès était physicien et a laissé des livres où sa doctrine est renfermée. A cette époque de la captivité des Juifs, brillèrent encore d'autres physiciens : Anaximandre, Amaximènes et Xénophanes. Alors aussi parut Pythagore qui, le premier, porta le nom de philosophe.

CHAPITRE XXVI.

Fin de la captivité des Juifs, après une durée de soixante-dix ans; les Romains sont aussi délivrés, à la même époque, de la domination des rois.

Au même temps, Cyrus, roi des Perses, qui régnait aussi sur les Chaldéens et les Assyriens, diminuant un peu les rigueurs de la captivité, renvoya cinquante mille juifs dans leur pays pour rebâtir le temple. Ils jetèrent seulement les premières pierres de l'édifice et dressèrent un autel. Les incursions continuelles des ennemis les empêchèrent d'avancer davantage,

CAPUT XXV.

Qui philosophi enituerint, regnante apud Romanos Tarquinio Prisco, apud Hebræos Sedechia, cum Jerusalem capta est, templumque subversum.

Regnante vero apud Hebræos Sedechia, et apud Romanos Tarquinio Prisco, qui successerat Anco Martio; ductus est captivus in Babyloniam populus Judæorum, eversa Jerusalem et templo illo a Salomone constructo. Increpantes enim eos Prophetæ de iniquitatibus et impietatibus suis, hæc eis ventura prædixerant, maxime Jeremias, qui etiam numerum definivit annorum. (Jerem. xxv, 11.) Eo tempore Pittacus Mitylenæus, alius e septem Sapientibus, fuisse perhibetur. Et quinque ceteros, qui ut septem numerentur, Thaleti, quem supra commemoravimus, et huic Pittaco adduntur, eo tempore fuisse scribit Eusebius, quo captivus Dei populus in Babylonia tenebatur. Hi sunt autem, Solon Atheniensis (a), Chilo Lacedæmonius, Periander Corinthius, Cleobolus Lindius, Bias Prienæus. Omnes hi septem appellati Sapientes post Poetas theologos claruerunt, quia genere vitæ quodam laudabili præstabant hominibus ceteris, et morum nonnulla præcepta sententiarum brevitate complexi sunt. Nihil autem monumentorum, quod ad litteras adtinet, posteris reliquerunt, nisi quod Solon quasdam leges Atheniensibus dedisse perhibetur : Thales vero physicus fuit, et suorum dogmatum libros reliquit. Eo captivitatis Judaicæ tempore, et Anaximander, et Anaximenes, et Xenophanes physici claruerunt. Tunc et Pythagoras, ex quo cœperunt appellari philosophi.

CAPUT XXVI.

Quod eo tempore, quo impletis septuaginta annis Judæorum est resoluta captivitas, Romani quoque a dominatu sunt regio liberati.

Per idem tempus Cyrus rex Persarum, qui etiam Chaldæis et Assyriis imperabat, relaxata aliquanta captivitate Judæorum, quinquaginta millia hominum ex eis ad instaurandum templum regredi fecit. A quibus tantum prima cœpta fundamina, et altare

---

(a) Mss. *Chilon*; et infra *Periandrus*, loco *Periander*.

LIVRE XVIII. — CHAPITRE XXVII.

et l'œuvre fut différée jusqu'à Darius. A cette époque arrivèrent les événements rapportés au livre de Judith, que les Juifs n'ont pas admis dans le canon des Écritures. Sous Darius, roi des Perses, les soixante-dix ans prédits par le prophète Jérémie, étant révolus, la liberté fut rendue aux Juifs, au temps du règne de Tarquin, septième roi des Romains. Ceux-ci l'ayant chassé, furent aussi affranchis de la domination de leurs rois. Jusqu'alors il y eut des prophètes en Israël ; mais si l'on considère leur nombre, il en est peu dont les écrits soient reçus comme canoniques, tant par les Juifs que par nous. En terminant le livre précédent, j'ai promis d'en dire ici quelques mots et je vois qu'il est temps de tenir parole.

CHAPITRE XXVII.

Des prophètes qui, dans leurs oracles, firent plusieurs prédictions au sujet de la vocation des Gentils ; c'était vers le temps de la naissance de l'empire romain et de la chute du royaume d'Assyrie.

Pour bien préciser l'époque de ces prophètes, remontons un peu plus haut. Au commencement du livre du prophète Osée, le premier des douze, il est écrit : « Voici la parole du Seigneur à Osée, du temps d'Ozias, de Joathan, d'Achaz et d'Ezéchias, rois de Juda. » (*Osée,* I, 1.) Amos écrit aussi qu'il a prophétisé du temps d'Ozias ; il ajoute même de Jéroboam, roi d'Israël, qui vivait à la même époque. Isaïe, fils d'Amos, le prophète dont je viens de parler, ou, ce qui est plus probable, d'un autre qui, sans être prophète, portait le même nom, mentionne en tête de son livre les quatre rois désignés par Osée, et commence par déclarer qu'il a prophétisé de leur temps. Michée indique de même le temps de ses prophéties, mais après Ozias, car il nomme, comme Osée, les trois rois suivants : Joathan, Achaz et Ezéchias. Tels sont les prophètes qui, d'après leur propre témoignage, ont fait des prédictions à la même époque. Il faut ajouter Jonas, sous le règne d'Ozias, et Johel, quand déjà régnait Joathan, successeur d'Ozias. Mais c'est dans les chronologistes, et non dans leurs écrits qui n'en parlent pas, que nous avons trouvé le temps où vivaient ces deux derniers prophètes. Or, cette époque s'étend depuis Procas, roi des Latins, ou son prédécesseur, Aventinus, jusqu'à Romu-

---

constructum est. Incursantibus autem hostibus, nequaquam progredi ædificando valuerunt, dilatumque opus est usque ad Darium. Per idem tempus etiam illa sunt gesta, quæ conscripta sunt in libro Judith : quem sane in canone Scripturarum Judæi non recepisse dicuntur. Sub Dario ergo rege Persarum impletis septuaginta annis, quos Jeremias propheta prædixerat, reddita est Judæis soluta captivitate libertas, regnante Romanorum septimo rege Tarquinio. Quo expulso etiam ipsi a regum suorum dominatione liberi esse cœperunt. Usque ad hoc tempus Prophetas habuit populus Israel : qui cum multi fuerint, paucorum et apud Judæos et apud nos canonica (*a*) scripta retinentur. De quibus me aliqua positurum esse promisi in hoc libro, cum clauderem superiorem, quod jam video esse faciendum.

CAPUT XXVII.

De temporibus Prophetarum, quorum oracula habentur in libris ; quique tunc de vocatione Gentium multa cecinerunt, quando Romanum regnum cœpit, Assyriumque defecit.

Tempora igitur eorum ut possimus advertere, in anteriora paululum recurramus. In capite libri Osee prophetæ, qui primus in duodecim ponitur, ita Scriptum est : « Verbum Domini quod factum est ad Osee in diebus Oziæ, et Joathan, et Achaz, et Ezechiæ regum Juda. » (*Osee.* I, 1.) Amos quoque diebus regis Oziæ prophetasse se scribit : addit etiam Hieroboam regem Israel, qui per eosdem dies fuit. Nec non Isaias filius Amos, sive supradicti prophetæ, sive, quod magis perhibetur, alterius qui non propheta eodem nomine vocabatur, eosdem reges quatuor quos posuit Osee, in capite libri sui ponit, quorum diebus se prophetasse præloquitur. Michæas etiam eadem suæ prophetiæ commemorat tempora post dies Oziæ. Nam tres qui sequuntur reges nominat, quos et Osee nominavit, Joathan, et Achaz, et Ezechiam. Hi sunt quos eodem tempore simul prophetasse ex eorum litteris invenitur. His adjungitur Jonas eodem Ozia rege regnante, et Johel cum jam regnaret Joathan, qui successit Oziæ. Sed istorum Prophetarum duorum tempora in Chronicis, non in eorum libris potuimus invenire, quoniam de suis diebus tacent. Tenduntur autem hi dies a rege Latinorum Proca, sive superiore Aventino, usque ad regem Romulum jam Romanorum, vel etiam usque

---

(*a*) Aliquot Mss. *Scriptura.*

TOM. XXIV.

lus, alors roi des Romains, ou même jusqu'au commencement du règne de son successeur, **Numa Pompilius**. En effet, Ezéchias, roi de Juda, régna jusqu'à cette époque. Aussi, dans le même espace de temps, ces prophéties, comme des sources merveilleuses, jaillissent à la fois ; au moment même où l'empire des Assyriens s'écroule et où celui des Romains commence à s'élever. Et comme à l'origine de l'empire des Assyriens, parut Abraham à qui furent faites les promesses évidentes de la bénédiction des peuples en sa race, ainsi elles sont renouvelées à la naissance de la Babylone d'Occident ; car sous son empire doit naître le Christ, en qui s'accompliront les oracles des prophètes ; et leurs écrits, mieux encore que leurs paroles, serviront de témoignage à ce sublime événement. Car, à partir de l'établissement de la royauté, le peuple d'Israël ne manqua presque jamais de prophètes, qui alors ils étaient plutôt pour l'intérêt de ce peuple que pour celui des autres nations. Mais il fallait élever à un plus haut degré d'évidence l'édifice prophétique qui devait servir un jour à toutes les nations, alors que s'élevait cette ville, future souveraine des nations.

CHAPITRE XXVIII.

Des prophéties d'Osée et d'Amos qui se rapportent à l'Évangile du Christ.

Le prophète Osée a un langage si profond qu'il se laisse difficilement pénétrer. Mais il faut que je lui emprunte certains passages, pour les rapporter ici, selon ma promesse. « Il arrivera, dit-il, qu'à l'endroit même où il leur est dit : vous n'êtes point mon peuple, ils seront appelés aussi les enfants du Dieu vivant. » (*Osée*, I, 10.) Ces paroles sont une prophétie de la vocation des Gentils qui tout d'abord n'appartenait pas à Dieu ; les apôtres eux-mêmes les ont entendues ainsi. Et comme le peuple des Gentils est aussi spirituellement du nombre des enfants d'Abraham, et conséquemment appelé avec raison le peuple d'Israël, le prophète ajoute : « Et les enfants de Juda et d'Israël se réuniront pour ne former qu'un seul peuple ; et ils se choisiront un même chef, et ils s'élèveront au-dessus de la terre. »(*Osée*, I, 11.) Vouloir expliquer ce passage, serait s'exposer à affaiblir le style éloquent du prophète. Rappelons cependant la pierre angulaire et les deux murailles, l'une composée des Juifs, l'autre des Gentils (*Eph.* II) ; reconnaissons l'une sous le nom de Juda, l'autre sous le

---

ad regni primordia successoris ejus Numæ Pompilii. Ezechias quippe rex Juda eo usque regnavit ; ac per hoc per ea tempora isti velut fontes prophetiæ pariter eruperunt, quando regnum defecit Assyrium, cœpitque Romanum : ut scilicet quemadmodum regni Assyriorum primo tempore exstitit Abraham, cui promissiones apertissimæ fierent in ejus semine benedictionis omnium gentium, ita occidentalis Babylonis exordio, qua fuerat Christus imperante venturus, in quo implerentur illa promissa oracula Prophetarum, non solum loquentium, verum etiam scribentium in tantæ rei futuræ testimonium solverentur. Cum enim Prophetæ numquam fere defuissent populo Israel, ex quo ibi reges esse cœperunt, in usum tantummodo eorum fuere, non gentium. Quando autem ea scriptura manifestius prophetica condebatur, quæ gentibus quandoque prodesset, tunc oportebat (*a*) inciperet, quando condebatur hæc civitas, quæ gentibus imperaret.

CAPUT XXVIII.

De his quæ ad Evangelium Christi pertinent, quid Osee et Amos prophetaverint.

Ose igitur propheta, quanto profundius quidem loquitur, tanto operosius penetratur. Sed aliquid inde sumendum est, et hic ex nostra promissione ponendum. « Et erit, inquit, in loco quo dictum est eis, Non populus meus vos, vocabuntur et ipsi filii Dei vivi. » (*Osee.* I, 10.) Hoc testimonium propheticum de vocatione populi gentium, qui prius non pertinebat ad Deum, etiam Apostoli intellexerunt. Et quia ipse quoque populus gentium spiritaliter est in filiis Abrahæ, ac per hoc recte dicitur Israel, propterea sequitur, et dicit : « Et congregabuntur filii Juda et filii Israel in idipsum, et ponent sibimet principatum unum, et adscendent a terra. » (*Ibid.* 11.) Hoc si adhuc velimus exponere, eloqui prophetici obtundetur sapor. Recolatur tamen lapis ille angularis (*Ephes.* 2), et duo illi parietes, unus ex Judæis,

---

(*a*) Editi, *incipere*. Melius Mss. *inciperet*.

nom d'Israël, toutes deux ne formant qu'un même corps appuyé sur un même chef, et s'élevant de terre. Quant à ces Israélites charnels qui maintenant ne veulent pas croire au Christ, le même prophète affirme qu'ils croiront un jour en lui, c'est-à-dire leurs enfants (car la mort fera place à ces derniers) : « Les enfants d'Israël, dit-il, demeureront longtemps sans roi, sans prince, sans sacrifice, sans autel, sans sacerdoce, sans prophétie. » (*Osée*, III, 4.) N'est-ce pas à présent l'état des Juifs ? qui ne le reconnait ? Mais écoutons ce qu'il ajoute : « Et plus tard, les enfants d'Israël, reviendront, et ils chercheront le Seigneur leur Dieu, et David, leur roi ; et ils s'étonneront dans le Seigneur et dans ses bienfaits, aux derniers jours. » (*Osée*, III, 5.) Il n'y a rien de plus clair que cette prophétie, où, sous le nom de David est figuré le Christ, né, dit l'Apôtre de la race de David, selon la chair. (*Rom.* I, 3.) Le même prophète prédit la résurrection du Christ le troisième jour, avec les mystérieuses profondeurs que réclamait un tel évènement, quand il dit : « Il nous guérira après deux jours, et nous ressusciterons le troisième. » (*Osée*, VI, 3.) C'est pourquoi l'Apôtre nous dit : « Si vous êtes ressuscités avec le Christ, cherchez les choses d'en haut. » (*Colos.* III, 1.) Amos prophétise aussi sur le même sujet : « Israël, dit-il, prépare-toi à invoquer ton Dieu, car c'est moi qui fais gronder le tonnerre et qui crée les vents ; et j'annonce aux hommes leur Christ. » (*Amos*, IV, 12 et 13.) Et ailleurs : « En ce jour, dit-il, je relèverai la tente de David qui est tombée, je relèverai de lui tout ce qui est tombé, je relèverai et reconstruirai toutes ses ruines, comme du jour du siècle ; en sorte que le reste des hommes me recherchent, et toutes les nations où mon nom est invoqué, dit le Seigneur qui opère ces merveilles. » (*Amos*, IX, 11 et 12.)

CHAPITRE XXIX.

Des prophéties d'Isaïe sur le Christ et l'Eglise.

1. Le prophète Isaïe n'est pas du nombre des douze petits prophètes, ainsi appelés parce que leurs livres son très-courts en comparaison des grands prophètes, qui ont laissé des ouvrages très-étendus. Isaïe est de ces derniers, je le joins aux deux précédents parce qu'il a prophétisé dans le même temps. Or, parmi les reproches qu'il adresse à l'iniquité, les préceptes

---

alter ex Gentibus ; ille nomine filiorum Juda, iste nomine filiorum Israel, eidem uni principatui suo in idipsum innitentes, et adscendentes agnoscantur a terra. Istos autem (*a*) carnales Israelitas, qui nunc nolunt credere in Christum, postea credituros, id est, filios eorum (nam utique isti in suum locum moriendo transibunt), idem Propheta testatur, dicens : « Quoniam diebus multis sedebunt filii Israel sine rege, sine principe, sine sacrificio, sine altari, sine sacerdotio, sine manifestationibus. » (*Osée*. III, 4.) Quis non videat, nunc sic esse Judæos ? Sed quid adjungat, audiamus. « Et postea, inquit, revertentur filii Israel, et inquirent Dominum Deum suum, et David regem suum : et stupescent in Domino, et in bonis ipsius, in novissimis diebus. » (*Ibid.* 6.) Nihil est ista prophetia manifestius (*b*) cum David regis nomine significatus intelligatur Christus, « qui factus est, » sicut dicit Apostolus, « ex semine David secundum carnem. » (*Rom.* I, 3.) Prænuntiavit iste Propheta etiam tertio die Christi resurrectionem futuram, sicut eam prophetica altitudine prænuntiari oportebat, ubi ait : « Sanabit nos post biduum, in die tertio resurgemus. » (*Osee.* VI, 3.) Secundum hoc enim nobis dicit Apostolus : « Si resurrexistis cum Christo, quæ sursum sunt quærite. » (*Colos.* III, 1.) Amos quoque de rebus talibus sic prophetat : « Præpara, inquit, te, ut invoces Deum tuum Israel ; quia ecce ego firmans tonitruum, et creans spiritum, et annuntians in hominibus Christum suum. (*Amos.* IV, 12.) Et alio loco : « In illa die, inquit, resuscitabo tabernaculum David quod cecidit, et reædificabo quæ ceciderunt ejus, et destructa ejus resuscitabo, et reædificabo ea, sicut dies sæculi ; ita ut exquirant me residui hominum, et omnes gentes in quibus invocatum est nomen meum super eos, dicit Dominus faciens hæc. » (*Amos.* IX, 11 et 12.)

CAPUT XXIX.

Quæ ab Isaia de Christo et Ecclesia sint prædicta.

1. Isaias propheta non est in libro duodecim Prophetarum, qui propterea dicuntur minores, quia sermones eorum sunt breves, in eorum comparatione qui majores ideo vocantur, quia prolixa volumina condiderunt : ex quibus est hic Isaias, quem propter eadem prophetiæ tempora subjungo supradictis duobus. Isaias ergo inter illa quæ arguit iniqua, et

---

(*a*) Vind. Am. et plures Mss. *carnaliter Israelitas.* — (*b*) Sic Mss. Editi vero, *qua David... intelligitur Christus.*

de justice dont il traite, et les maux qu'il prédit au peuple pécheur, Isaïe, a des prophéties beaucoup plus nombreuses que les autres sur le Christ et l'Église, c'est-à-dire sur le souverain Roi et la Cité qu'il a fondée; en sorte que plusieurs lui donnent plutôt le nom d'évangéliste que celui de prophète. Mais pour pouvoir terminer plus promptement cet ouvrage, je citerai seulement ici ce passage, entre beaucoup d'autres. Parlant en la personne de Dieu le Père, il dit : « Mon fils aura l'intelligence, et je le comblerai d'honneur et de gloire. Comme plusieurs seront dans la stupeur à cause de toi, parce que tu seras privé de beauté et de gloire aux yeux des hommes, ainsi les peuples seront dans l'admiration à son sujet, et les rois demeureront en silence devant lui, parce que ceux à qui il n'a pas été annoncé, le verront; et ceux qui n'ont pas entendu parler de lui, le reconnaîtront. (*Isaïe*, LII, 13, etc.) Seigneur, qui a cru à notre parole et à qui le bras du Seigneur s'est-il révélé? Nous avons bégayé en sa présence comme l'enfant; et notre langue est comme une racine dans une terre sans eau. Il n'a plus ni beauté, ni gloire. Et nous l'avons vu, il n'avait ni grâce, ni majesté. Son extérieur était sans éclat, moins privilégié que le dernier des hommes. C'est un hommes soumis aux coups, et qui sait supporter la souffrance. Il a détourné sa face, et on l'a déshonoré et couvert de mépris. Il porte nos péchés, et souffre pour nous; et nous l'avons regardé comme l'homme des douleurs, des plaies et des afflictions. Mais il a été percé de plaies pour nos péchés, et ce sont nos péchés qui l'ont rendu faible. Il nous a procuré la paix par ses souffrances, et nous avons été guéris par ses meurtrissures. Nous avons été comme des brebis errantes; l'homme s'est égaré dans ses voies; et le Seigneur l'a livré pour nos péchés; et dans ses afflictions, il n'a pas ouvert la bouche. Comme la brebis que l'on mène égorger, et comme l'agneau devant celui qui le tond, il est resté sans voix, il n'a pas ouvert la bouche. L'ignominie de son jugement a fait sa gloire. Qui racontera sa génération? Il sera retranché du nombre des vivants. Les iniquités de mon peuple l'ont conduit à la mort. Je liverai les méchants pour prix de sa sépulture, et les riches comme salaire de sa mort. Car il est exempt d'iniquité, et la ruse n'est pas dans ses paroles; et le Seigneur veut le guérir de ses blessures. Si vous donnez votre vie pour le péché, vous verrez une longue postérité. Le Seigneur veut délivrer

---

justa præcepit, et peccatori populo mala futura prædixit, etiam de Christo et Ecclesia, hoc est. de Rege et ea quam condidit Civitate, multo plura quam ceteri prophetavit : ita ut a quibusdam Evangelista, quam Propheta potius diceretur. (*Hieron. epis.* CXVII.) Sed propter rationem operis terminandi, unum de multis hoc loco ponam. Ex persona quippe Dei Patris loquens : « Ecce inquit, intelliget puer meus, et exaltabitur, et glorificabitur valde. Quemadmodum stupescent super te multi, ita gloria privabitur ab hominibus species tua et gloria tua ab (*a*) hominibus : ita mirabuntur gentes multæ super eum, et continebunt reges os suum : quoniam quibus non est annuntiatum de illo, videbunt; et qui non audierunt, intelligent. (*Is.* LII, 13, *etc.*) Domine, quis credidit auditui nostro, et brachium Domini cui revelatum est? (*b*) Annuntiavimus coram illo, ut infans, ut radix in terra sitienti : non est species illi, neque gloria. Et vidimus eum, et non habebat speciem, neque decorem : sed species ejus sine honore, deficiens præ (*c*) omnibus hominibus. Homo in plaga positus, et sciens ferre infirmitatem : quoniam aversa est facies ejus : inhonoratus est, nec magni æstimatus est. Hic peccata (*d*) nostra portat, et pro nobis dolet : et nos existimavimus illum esse in dolore, et in plaga, et in afflictione. Ipse autem vulneratus est propter iniquitates nostras, et infirmatus est propter peccata nostra. Eruditio pacis nostræ in eo : livore ejus nos sanati sumus. Omnes ut oves erravimus, homo a via sua erravit : et Dominus tradidit illum pro peccatis nostris : et ipse propter quod afflictus est, non aperuit os (*c*) suum. Ut ovis ad immolandum ductus est, et ut agnus ante eum qui se tondet, sine voce, sic non aperuit os suum. In humilitate judicium ejus sublatum est. Generationem ejus quis enarrabit? Quoniam tolletur de terra vita ejus. Ab iniquitatibus populi mei ductus est ad mortem. Et dabo malignos pro sepultura ejus, et divites, pro morte ejus. Quoniam iniquitatem non fecit, nec dolum in ore suo : et Dominus vult purgare eum de plaga (*f*). Si dederitis pro peccato animam vestram, videbitis semen longævum : et Dominus vult auferre

---

(*a*) Apud LXX. *a filiis hominum.*—(*b*) Editi, *Annuntiabimus.* At Mss. *Annuntiavimus.* Græce in LXX. est Ἀνηγγείλαμεν.—(*c*) Apud LXX. *præ filiis hominum.*—(*d*) In editione Lov. omissum est, *nostra.* — (*e*) Hic Vind. Am. Er. et Mss. omittunt *suum.* Et infra loco *tondet*, habent *tonderet.* — (*f*) Apud LXX. sic est : *Si detis pro peccato, anima vestra videbit semen longævum.*

son âme de la douleur, lui montrer la lumière, former son intelligence, justifier le juste qui s'est fait le serviteur des autres, et qui s'est chargé de leurs péchés. C'est pourquoi il aura l'héritage de plusieurs et il partagera les dépouilles des forts, parce qu'il a livré son âme à la mort, qu'il a été rangé parmi les méchants, qu'il a porté les péchés de plusieurs et qu'il est mort pour les expier. » (*Isaïe*, LIII, 1, etc.) Telles sont les paroles d'Isaïe touchant le Christ.

2. Écoutons maintenant ce qui se rapporte à l'Église : « Réjouis-toi, stérile, qui n'enfantes point, pousse des cris de joie, toi qui n'es point mère, car la femme abandonnée a plus d'enfants que celle qui a un mari. Agrandis ta tente, et les voiles qui la couvrent. Ne ménage point l'espace, prolonge tes câbles, et affermis tes pieux, étends-toi à droite et à gauche. Ta postérité aura pour héritage les nations, et tu peupleras les cités désertes. Que ta confusion ne t'inspire pas de crainte, et ne rougis pas à cause de tes opprobres, car un jour viendra où tu oublieras à jamais ta confusion et perdras le souvenir de la honte de ce veuvage, parce que Dieu, ton créateur, a pour nom le Seigneur des armées, et que celui qui te délivre est appelé par toute la terre le Dieu d'Israël. » (*Isaïe*, LIV, 1, etc.) Il y aurait encore d'autres citations à ajouter, mais en voilà assez. Certains passages demanderaient aussi à être expliqués; je pense, toutefois, que ceux-ci suffisent, car ils sont si clairs, que nos ennemis mêmes sont forcés malgré eux d'en comprendre le sens.

CHAPITRE XXX.

Des prophéties de Michée, de Jonas et de Joël qui ont rapport au Nouveau-Testament.

1. Le prophète Michée, parlant du Christ sous la figure d'une haute montagne, s'exprime ainsi : « Dans les derniers temps, la montagne du Seigneur apparaîtra au-dessus de la cime des montagnes, et elle dominera sur les collines. Et les peuples se presseront d'accourir, et les nations s'y rendront en foule, en disant : Venez, montons à la montagne du Seigneur et à la maison du Dieu de Jacob; et il nous montrera sa voie, et nous suivrons ses sentiers; car la loi sortira de Sion et la parole du Seigneur, de Jérusalem. Il jugera plusieurs peuples, et il exercera sa justice sur des nations puissantes jusque dans les siècles futurs. » (*Michée*, IV, 1, etc.) Ce prophète prédit aussi le lieu de la

---

a dolore animam ejus, ostendere illi lucem, et formare intellectum, justificare justum bene servientem pluribus : et peccata eorum ipse (*a*) portabit. Propterea ipse hereditabit plures, et fortium dividet spolia : propter quod tradita est ad mortem anima ejus; et inter iniquos æstimatus est, et ipse peccata multorum portavit, et propter peccata eorum traditus est. » (*Isai*, LIII, 1 et suiv.) Hæc de Christo.

2. Jam vero de Ecclesia, quod sequitur, audiamus. « Lætare sterilis, inquit, quæ non paris, erumpe et clama quæ non parturis : quoniam multi filii desertæ magis, quam ejus quæ habet virum. Dilata locum tabernaculi tui, et (*b*) aulæarum tuarum : fige, noli parcere, prolonga funiculos tuos, et palos tuos conforta; adhuc in dextram et sinistram partem extende. Et semen tuum hereditabit gentes; et civitates desertas inhabitabis. Ne timeas, quoniam confusa es; neque reverearis, quia exprobata es; quoniam confusionem æternam oblivisceris, et opprobrii viduitatis tuæ non eris memor. Quoniam Dominus faciens te, Dominus Sabaoth nomen ejus : et qui eruit te ipse Deus Israel universæ terræ vocabitur (*Isaic*, LIV, 1 et suiv.), et cetera. Verum ista sint satis : et in eis sunt exponenda nonnulla; sed sufficere arbitror quæ ita sunt aperta; ut etiam inimici intelligere cogantur inviti.

CAPUT XXX.

Quæ Michæas, et Jonas, et Joel novo Testamento congruentia prophetaverint.

1 Michæas propheta Christum in figura ponens cujusdam magni montis, hæc loquitur : « Erit in novisssimis diebus manifestus mons Domini paratus super vertices montium, et exaltabitur super colles. Et festinabunt ad eum plebes, et gentes multæ ibunt, et dicent : Venite, adscendamus in montem Domini, et in domum Dei Jacob, et ostendet nobis viam suam, et ibimus in semitis ejus : quia ex Sion procedet lex, et verbum Domini ex Jerusalem. Et judicabit inter plebes multas, et redarguet gentes potentes usque in longinquum. » (*Mich.* IV, 1, etc.) Prædi-

---

(*a*) Editi, *portavit*. At Mss. *portabit*. Græce est, ἀνοίσει. — (*b*) Editi, *et palos caularum tuarum fige*. Emandantur ex Mss. qui habent, *et aulæarum tuarum* : omisso, *palos*, juxta LXX. ubi Græce legitur, καὶ τῶν αὐλαιῶν σου. Quod quidem Latine vertitur, *et aulæorum tuorum*. Sed *aulæum* feminino etiam genere dici, notum est ex Curtio lib. VIII, si locus tamen mendo vacet.

naissance du Christ : « Et toi, dit-il, Bethléem, maison d'Ephrata, tu es trop petite pour être du nombre des villes de Juda qui comptent les hommes par milliers, cependant c'est de toi que sortira le prince d'Israël; sa sortie date du commencement et des premiers jours de l'éternité. C'est pourquoi Dieu les abandonnera jusqu'à l'époque où celle qui est en travail d'enfantement, enfantera, et où le reste de ses frères se réuniront aux enfants d'Israël. Et il demeurera, et il verra, et il paitra son troupeau dans la puissance du Seigneur, et ils feront honorer le nom du Seigneur leur Dieu, car sa gloire éclatera jusqu'aux extrémités de la terre. » (*Michée*, v, 2, etc.)

2. Quant au prophète Jonas, il a prophétisé le Christ, moins par ses discours que par ce que l'on pourrait appeler sa passion; et cette prophétie est assurément plus claire que la prédiction de la mort et de la résurrection du Sauveur. Car pourquoi est-il englouti dans le ventre de la baleine et en est-il rejeté le troisième jour (*Jonas*, II, 1), sinon pour figurer le Christ sortant le troisième jour des abîmes de l'enfer.

3. Dans toutes ses prophéties, Joël nous obligerait à de grands développements si nous voulions faire ressortir tout ce qui a rapport à Jésus-Christ et à l'Église. Mais je me contenterai d'en citer un passage rappelé par les apôtres eux-mêmes, quand l'Esprit-Saint promis par le Christ, descendit d'en haut sur les fidèles assemblés (*Act.* II, 17) ; je ne saurais vraiment le passer sous silence : « Et alors, dit-il, je répandrai mon esprit sur toute chair; et vos fils et vos filles prophétiseront; vos vieillards auront des songes, et vos jeunes gens, des visions : En vérité, pendant ces jours, je répandrai mon esprit sur mes serviteurs et mes servantes. » (*Joël*, II, 28 et 29.)

CHAPITRE XXXI.

Prophéties d'Abdias, Nahum et Habacuc, relatives au salut du monde par Jésus-Christ

1. Trois des petits prophètes, Abdias, Nahum et Habacuc, ne disent rien du temps où ils ont prophétisé, et la chronologie d'Eusèbe et de Jérôme n'en parle pas davantage (1). Ils joi-

---

(1) Saint Jérôme, dans ses commentaires sur Abdias, dit que ce prophète est le même qui, au temps d'Achab, roi de Samarie, et de l'impie Jézabel, nourrit dans des cavernes cent prophètes dont les genoux n'avaient point fléchi devant Baal. Abdias était donc contemporain de Josaphat, roi de Juda, et de Tibérius, roi des Latins. Quant au prophète Nahum, Josèphe (livre IX) nous apprend qu'il vivait du temps de Joathan, roi de Juda. Enfin, au chapitre XIV du livre de Daniel, nous lisons qu'Habacuc, transporté de Juda à Babylone, vint offrir son dîner à Daniel. De son côté, saint Jérôme rapporte qu'il a prophétisé à l'époque de la captivité, et que ses prophéties sont dirigées contre Babylone.

---

cens iste Propheta et locum in quo natus est Christus : « Et tu inquit, Bethleem domus Ephrata, minima es, ut sis in millibus Juda : ex te mihi prodiet, ut sit in principem Israel : et egressus ejus ab initio, et ex diebus æternitatis. Propterea dabit eos usque ad tempus (*a*) parturientis pariet, et residui fratres ejus convertentur ad filios Israel. Et stabit, et videbit, et pascet gregem suum in virtute Domini, et in honore nominis Domini Dei sui erunt : quoniam nunc magnificabitur usque ad summum terræ. » (*Mich.* v, 2, etc.)

2. Jonas autem propheta non tam sermone Christum quam sua quadam passione prophetavit, profecto apertius quam si ejus mortem et resurrectionem clamaret. Ut quid enim exceptus est ventre belluino, et die tertio redditus (*Jonas*. II, 1), nisi ut significaret Christum de profundo inferni die tertio rediturum ?

3. Johel omnia quæ prophetat, multis verbis com-

pellit exponi, ut quæ pertinent ad Christum et Ecclesiam dilucescant. Unum tamen quod etiam Apostoli commemoraverunt (*Act.* II, 17), quando in congregatos credentes Spiritus-sanctus, sicut a Christo promissus fuerat, de super venit, non prætermittam. « Et erit, inquit, post hæc, et effundam de Spiritu meo super omnem carnem : et prophetabunt filii vestri et filiæ vestræ ; et seniores vestri somnia somniabunt, et juvenes vestri visa videbunt : et quidem in servos meos et ancillas meas in illis diebus effundam de Spiritu meo. (*Joel*. II, 28 et 29.)

CAPUT XXXI.

Quæ in Abdia, in Naum, et Ambacu de salute mundi in Christo prænuntiata reperiantur.

1. Tres Prophetæ de minoribus, Abdias, Naum (*b*), Ambacum, nec sua tempora dicunt, ipsi, nec in

---

(*a*) Sic Mss. secundum LXX. At editi, *usque ad tempus quo parturiens pariet.* — (*b*) In editis, *Abacuc*. At in Mss. *Ambacum*, ut in nostro textu.

gnent, il est vrai, Abdias à Michée, mais non pas au même lieu où, d'après les livres de Michée, ils font connaître l'époque de sa prophétie. Ce ne peut être alors, du moins je le pense ainsi, qu'une erreur de copiste. Quant aux deux autres, il n'en est fait aucunement mention dans les ouvrages de nos chronologistes ; cependant, puisqu'ils sont compris dans le canon, nous ne devons pas non plus les passer sous silence. Abdias, le plus court de tous les prophètes, si on considère le peu d'étendue de ses écrits, élève la voix contre l'Idumée, c'est-à-dire la nation issue d'Esaü, l'un des deux fils d'Isaac, petit-fils d'Abraham, cet aîné réprouvé de son père. Or, si par l'Idumée, en vertu de cette figure qui prend la partie pour tout, nous entendons les nations, nous pouvons bien appliquer au Christ ce que dit ici le prophète, entre autres choses : « Le salut et la sainteté seront sur la montagne de Sion. » (*Abdias*, 17.) Et un peu plus loin, à la fin de sa prophétie : « Ceux qui ont été rachetés de la montagne de Sion, monteront pour défendre la montagne d'Esaü, et le Seigneur y établira son règne. » (*Abdias*, 21.) Il est clair que ces paroles se sont accomplies, quand ceux qui ont été rache-tés de la montagne de Sion, c'est-à-dire les Juifs convertis à la foi du Christ et notamment les Apôtres, montèrent pour défendre la montagne d'Esaü. Et comment l'ont-ils défendue, sinon par la prédication de l'Évangile en sauvant ceux qui ont cru, les retirant de la puissance des ténèbres pour les transférer dans le royaume de Dieu ? Et c'est ce qu'il dit expressément, quand il ajoute : Et le Seigneur y établira son règne. En effet, la montagne de Sion signifie la Judée où étaient annoncés pour l'avenir le salut et la sainteté qui est le Christ Jésus. Et la montagne d'Esaü, c'est l'Idumée, figure de l'Église des Gentils qui a été défendue, comme je l'ai dit, par les hommes rachetés de la montagne de Sion, afin que le Seigneur pût y établir son règne. Avant l'accomplissement, tout cela était obscur, mais à présent quel est le fidèle qui n'en reconnaisse la réalisation frappante ?

2. Le prophète Nahum, ou plutôt Dieu, par sa bouche, parle ainsi : « Je briserai les idoles taillées et de fonte, et je les ferai servir à ta sépulture ; car voici sur la montagne les pieds légers de celui qui annonce la bonne nouvelle et la paix. Juda, célèbre tes jours de fête, offre

---

Chronicis Eusebii et Hieronymi, quando propheta-verint, invenitur. Abdias enim positus est quidem ab eis cum Michæa, sed non eo loco, ubi notantur tempora, quando Michæam prophetasse, ex ejus litteris constat : quod errore negligenter describentium labores alienos existimo contigisse. Duos vero alios commemorato in codicibus Chronicorum quos habuimus, non potuimus invenire : tamen quia canone continentur, nec ipsi oportet prætercantur a nobis. Abdias, quantum ad scripturam ejus attinet, omnium brevissimus Prophetarum, adversus Idumæ-am (*a*) loquitur, gentem scilicet Esau, ex duobus geminis filiis Isaac, nepotibus Abrahæ, majoris illius reprobati. Porro si Idumæam modo locutionis, quo intelligitur a parte totum,. accipiamus positam esse pro gentibus : de Christo agnoscere possumus, quod ait inter cetera : « In (*b*) monte autem Sion erit salus, et erit sanctum. » (*Abdia.* 17.) Et paulo post in fine ipsius prophetiæ : « Et adscendent, inquit, resalvati ex monte Sion, ut defendant montem Esau, et erit Domino regnum.. » (*Ibid.* 21.) Apparet quippe id esse completum, cum resalvati ex monte Sion, id est, ex Judæa credentes in Christum, qui præcipue agnoscuntur Apostoli, adscenderunt, ut defenderent montem Esau. Quomodo defenderent, nisi per Evangelii prædicationem salvos faciendo eos qui crediderunt, ut eruerentur de potestate tenebrarum, et transferrentur in regnum Dei ? Quod consequenter expressit addendo : « Et erit Domino regnum : » Mons enim Sion Judæam significat, ubi futura prædicta est salus, et sanctum, quod est Christus Jesus. Mons vero Esau Idumæa est, per quam significata est Ecclesia gentium, quam defenderunt, sicut exposui, resalvati ex monte Sion, ut esset Domino regnum. Hoc obscurum erat, antequam fieret : sed factum quis non fidelis agnoscat ?

2. Naum vero propheta, immo per illum Deus : « Exterminado, inquit, sculptilia et conflatilia : ponam sepulturam tuam : quia veloces ecce super montes pedes evangelizantis, et annuntiantis pacem. Celebra Juda dies festos tuos, redde vota tua : quia jam non adjiciet ultra, ut transeant in vetustatem. (*Naum.* 1, 14 et 15.) Consummatum est, consummatum est (*c*), ablatum est. Adscendit, qui insufflat in

---

(*a*) Editi, *adversus Idumæam gentem loquitur, scilicet Esau, unius ex duobus*, etc. Castigantur veteres codices. — (*b*) Sic Mss. juxta LXX. At editi, *In montem*. — (*c*) Apud Lov. omittitur *ablatum est* : quod in editis aliis et Mss. habetur.

tes vœux; car désormais ils ne tomberont plus en vétusté. (*Nahum*, I, 14 et 15.) Tout est consommé, détruit, anéanti. Il monte, celui qui souffle sur ta face et te délivre de la tribulation. » (*Nahum*, II, 1.) Qui donc est monté des enfers, et qui a soufflé l'Esprit-Saint sur la face de Juda, c'est-à-dire des disciples juifs? Qu'il se souvienne, celui qui n'a pas oublié l'Évangile. Car ils appartiennent au Nouveau-Testament, ceux dont les jours de fête jouissent d'une telle rénovation spirituelle qu'ils ne sauraient plus vieillir. Au reste, nous voyons déjà les idoles taillées de fonte, les idoles des faux dieux brisées par l'Évangile et livrées à l'oubli comme au tombeau; et nous reconnaissons encore ici l'accomplissement de cette prophétie.

3. Pour Habacuc, de quel autre avènement que celui du Christ veut-il parler, quand il dit : « Le Seigneur m'a répondu : écris distinctement cette vision sur le buis, afin qu'en la lisant, on comprenne, car cette vision s'accomplira en son temps; il viendra à la fin, et ce ne sera pas en vain : s'il tarde, attends-le avec patience, car il viendra, le voici sans retard. » (*Habacuc*, II, 2 et 3.

CHAPITRE XXXII.

De la prophétie renfermée dans la prière et le cantique d'Habacuc.

Dans la prière de son cantique, à quel autre qu'à Notre-Seigneur s'adresse le prophète, en disant : « Seigneur, j'ai entendu ce que vous m'avez fait entendre, et j'ai été saisi de crainte; Seigneur, j'ai considéré vos œuvres, et l'épouvante s'est emparée de moi? » (*Habacuc*, III, 2, etc.) Que veulent dire ces paroles, sinon qu'il éprouve une ineffable surprise à la révélation soudaine du salut des hommes? « Vous serez reconnu au milieu de deux animaux; » qu'est-ce, sinon au milieu des deux Testaments, ou au milieu des deux larrons, ou au milieu de Moïse et d'Élie, s'entretenant avec lui sur la montagne? « Les années approchent où vous serez reconnu; le temps venu, vous vous découvrirez. » Ces paroles n'ont pas besoin d'explication. « Lorsque mon âme sera troublée, dans votre colère vous vous souviendrez de votre miséricorde. » Ne personnifie-t-il pas en lui-même les Juifs? Car, bien que le Christ fut de leur na-

---

faciem tuam, eripiens te ex tribulatione. » (*Naum*. II, 1.) Quis adscenderit ab inferis, et insufflaverit in faciem Judæ, hoc est, Judæorum discipulorum (*a*) Spiritum-sanctum, recolat, qui meminit Evangelium. Ad novum enim Testamentum pertinent, quorum dies festi ita spiritaliter innovantur, ut in vetustatem transire non possint. Porro per Evangelium exterminata sculptilia et conflatilia, id est, idola deorum falsorum, et oblivioni tamquam sepulturæ tradita jam videmus; et hanc etiam in hac re prophetiam completam esse cognoscimus.

3. Ambacum de quo alio, quam de Christi adventu, qui futurus fuerat, intelligitur dicere : « Et respondit Dominus ad me, et dixit : Scribe visum aperte in buxo; ut assequatur qui legit ea : quia adhuc visio ad tempus, et orietur in fine, et non in vacuum : si tardaverit, sustine eum; quia veniens veniet, et non morabitur? » (*Abacuc*. II, 2 et 3.)

CAPUT XXXII.

De prophetia quæ in Oratione Ambacu et Cantico continetur.

In Oratione autem sua cum Cantico, cui nisi Domino Christo dicit : « Domine, audivi auditionem tuam, et timui; Domine, consideravi opera tua, et expavi? » (*Abacuc*. III, 2 etc.) Quid enim hoc est, nisi præcognitæ, novæ, ac repentinæ salutis hominum ineffabilis admiratio? « In medio duorum animalium cognosceris : » quid est, nisi aut in medio duorum. Testamentorum, aut in medio duorum latronum, aut in medio Moysi et Eliæ cum eo in monte sermocinantium ? « Dum appropinquant anni, cognosceris; in adventu temporis ostenderis : » (*b*) nec exponendum est « In eo dum conturbata fuerit anima mea, in ira misericordiæ memor eris : » quid est, nisi quod Judæos in se transfiguravit, quorum gentis fuit, qui cum magna ira turbati crucifigerent Christum, ille misericordiæ memor dixit : « Pater ignosce illis, quia nesciunt quid faciunt ? (*Lucæ*. XXIII, 34.) Deus de Theman veniet, et sanctus de monte umbroso et condenso. » Quod hic dictum est, « de Theman veniet : » alii interpretati sunt « ab Austro, vel ab Africo : » per quod significatur meridies, id est, fervor caritatis et splendor veritatis. Montem vero umbrosum atque condensum, quamvis multis modis possit intelligi, libentius acceperim Scripturarum altitudinem divina-

---

(*a*) Editi, *Spiritum recolat* (vel *recolit*) *sanctum* : prava vocum interpunctio, et ex Mss. emendata. — (*b*) Ita in Mss. At in excusis post *ostenderis*, hæc leguntur : *Hoc quia per se patet, non exponendum; quod vero sequitur, exponendum : In eo dum conturbata* etc. nisi quod apud Lov. post verbum *sequitur*, deest *exponendum*.

tion, dans le trouble de leur fureur, ils le crucifièrent, mais pour lui, se souvenant de sa miséricorde, il s'écrie : « Mon Père, pardonnez-leur, car ils ne savent ce qu'ils font : » (*Luc*, XXIII, 34.) « Dieu viendra de Théman, et le saint, de la montagne couverte d'une ombre épaisse. » D'autres interprètes, au lieu de Théman, mettent du midi ou de l'Afrique, pour signifier la ferveur de la charité et la splendeur de la vérité. Quant à la montagne couverte d'une ombre épaisse, bien qu'on puisse expliquer ces paroles de différentes manières, je préfère les entendre de la profondeur des Saintes-Écritures qui annoncent le Christ. Elles renferment, en effet, beaucoup de passages obscurs qui exercent l'intelligence à la recherche de la vérité. Jésus-Christ sort de ces ténèbres, quand on a su l'y trouver. « Il remplit les cieux de sa puissance, et la terre est pleine de sa gloire. » Qu'est-ce, sinon le sens de ces paroles du psaume : « Mon Dieu, élevez-vous au-dessus des cieux et que votre gloire brille sur toute la terre ? » (*Ps.* LVI, 6.) « Sa splendeur sera comme la lumière. » Qu'est-ce à dire, sinon que sa renommée éclairera les fidèles ? « Il a des cornes dans ses mains, » c'est le trophée de la croix. « Il a fait de la charité le soutien de sa force ; » inutile de donner ici la moindre explication. « La parole marchera devant lui et suivra ses pas. » Qu'est-ce, sinon qu'il a été prédit avant sa venue, et qu'il a été annoncé depuis qu'il s'en est retourné ? « Il s'est arrêté, et la terre a été ébranlée ; » c'est-à-dire il s'est arrêté pour nous secourir et la terre a été ébranlée pour croire. « Il a regardé, et les nations ont séché de douleur, » c'est-à-dire il a eu pitié, et il a porté les peuples à la pénitence. « Les montagnes ont été brisées avec violence, » c'est-à-dire l'orgueil des grands s'est évanoui devant la force des miracles. « Les collines éternelles ont été abaissées, » c'est-à-dire elles ont été abaissées pour un temps, afin d'être élevées pour l'éternité. « J'ai vu ses entrées éternelles comme récompense de ses travaux, » c'est-à-dire j'ai vu les travaux de sa charité récompensés éternellement. « Les tentes des Ethiopiens et celle de la terre de Madian seront remplies d'épouvante, » comme s'il y avait : les nations, même celles qui ne sont pas sous la puissance Romaine, sous le coup d'une frayeur soudaine causée par le bruit de vos miracles, ne feront qu'un seul peuple avec le peuple chrétien. « Êtes-vous irrité contre les fleuves, Seigneur, ou votre fureur s'exercera-t-elle sur les fleuves, et votre courroux sur la mer ? » C'est pour montrer qu'il ne vient pas maintenant juger le monde, mais le sauver. (*Jean*, III, 17.) « Vous monterez sur vos coursiers, et votre course, c'est le salut, » c'est-à-

rum, quibus prophetatus est Christus. Multa quippe ibi umbrosa atque condensa sunt, quæ mentem quærentis exerceant. Inde autem venit, cum ibi eum, qui intelligit, invenit. « Operuit cœlos virtus ejus, et laudis ejus plena est terra : » quid est, nisi quod etiam in Psalmo dicitur : « Exaltare super (*a*) cœlos Deus, et super omnem terram gloria tua ? Splendor ejus ut lumen erit : » (*Psal.* LVI, 6) quid est, nisi fama ejus credentibus illuminabit ? « Cornua in manibus ejus sunt : » quid est, nisi trophæum crucis ? « Et posuit caritatem firmam fortitudinis suæ : » nec exponendum est. « Ante faciem ejus ibi verbum, et prodiet in campum post pedes ejus : » quid est, nisi quod et ante quam huc veniret, prænuntiatus est ; et postea quam hinc reversus est, annuntiatus est ? « Stetit, et terra commota est : » quid est, nisi « stetit » ad subveniendum ; « et terra commota est » ad credendum ? « Respexit, et tabuerunt gentes : » hoc est, misertus est, et fecit populos pœnitentes. Contriti sunt montes violentia : » hoc est, vim facientibus miraculis, elatorum contrita est superbia. « Defluxerunt colles æternales : » hoc est, humiliati sunt ad tempus, ut erigerentur in æternum. « Ingressus æternos ejus pro laboribus vidi : » hoc est, non sine mercede æternitatis laborem caritatis adspexi. « Tabernacula Æthiopum expavescens, et tabernacula terræ Madian : » hoc est, gentes (*b*) repente perterritæ nuntio mirabilium tuorum, etiam quæ non sunt in jure Romano, erunt in populo Christiano. « Nunquid in fluminibus iratus es Domine, aut in fluminibus furor tuus, vel in mari impetus tuus ? » Hoc ideo dictum est, quia non venit nunc ut judicet mundum, sed ut salvetur mundus per ipsum. (*Joan.* III, 17.) « Quia adscendes super equos tuos, et equitatio tua salus : » hoc est, Evangelistæ tui portabunt te (*c*), qui riguntur a te ; et Evangelium tuum salus est eis, qui credunt in te. « Intendens intendes arcum tuum super sceptra, dicit Dominus : » hoc est, comminaberis judicium tuum etiam regibus terræ. « Fluminibus scindetur

(*a*) Lov. *super omnes cœlos*. Abest *omnes* a ceteris libris. — (*b*) Sola editio Lov. *repentino*. — (*c*) Sic Mss. At editi, *quia*.

dire vos Évangélistes vous porteront, et c'est vous qui les dirigez, et votre Évangile est le salut de ceux qui croient en vous. « Vous banderez votre arc contre les sceptres, dit le Seigneur, » c'est-à-dire vous menacerez de votre jugement, même les rois de la terre. « Les fleuves déchirant le sein de la terre; » c'est-à-dire que sous les flots d'éloquence de vos prédicateurs, les cœurs des hommes à qui il est dit : « Déchirez vos cœurs et non vos vêtements, » (*Joël*, II, 25) s'ouvriront pour vous confesser. Que signifie encore : « Les peuples vous verront et seront dans la douleur, » sinon que les larmes deviendront la cause de leur béatitude? Et : « L'eau rejaillit sous vos pas, » n'est-ce pas qu'en la personne de ceux qui vous annoncent partout, vous répandez de tous côtés sur votre passage, des fleuves de doctrine? Que veut dire : « L'abîme a fait entendre sa voix? » N'est-ce pas exprimer la profondeur du cœur humain, qui n'a pu garder le secret sur ce qu'il lui a semblé voir en vous? « La profondeur de son imagination, » c'est comme une explication du verset précédent; car la profondeur est un abîme. Et puisqu'il dit : « De son imagination, » il faut sous-entendre : a fait entendre sa voix; c'est-à-dire encore une fois, proclamé ce qu'elle a cru voir. Car l'imagination, c'est

une vision que le cœur n'a pas retenue, qu'il n'a pas cachée, mais qu'il a manifestée en confessant la gloire de Dieu. « Le soleil s'est levé, et la lune s'est tenue dans son ordre, » c'est-à-dire le Christ est monté dans les cieux et l'Église a été ordonnée sous son roi. « Vos traits voleront en plein jour, » c'est-à-dire ce n'est pas en secret, mais en plein jour que vos paroles seront lancées. « L'éclat de vos armes étincelantes, » il faut sous-entendre : « Vos traits voleront, » car il avait dit à ses disciples : « Ce que je vous dis dans les ténèbres, répétez-le en plein jour. »(*Matth.* X, 27.)« Par vos menaces vous amoindrirez la terre, » c'est-à-dire par vos menaces vous humilierez les hommes. Et dans votre fureur, vous abattrez les nations, car ceux qui s'exaltent en eux-mêmes, vous les briserez dans votre vengeance. « Vous vous êtes montré pour le salut de votre peuple, pour sauver vos christs; vous avez envoyé la mort sur la tête de vos ennemis. » Il n'y a rien ici à expliquer. « Vous les avez chargés de chaînes jusqu'à leur cou. » On peut bien entendre par là les précieuses chaînes de la sagesse, afin que leurs pieds soient retenus par ses entraves, et leur cou, par son carcan. « Vous les avez rompues, à la stupeur de l'esprit, » sous-entendu, les chaînes, car il a serré les bonnes et brisé les

---

terra : » hoc est, influentibus sermonibus prædicantium te, aperientur ad confitendum hominum corda, quibus dictum est : « Scindite corda vestra, et non vestimenta. » (*Joel.* II, 15.) Quid est, « Videbunt te, et dolebunt populi, » nisi ut lugendo sint beati : hoc est (*a*), « Dispergens aquas incessu, » nisi ambulando in eis qui te usquequaque annuntiant, hac atque hac dispergis fluenta doctrinæ? Quid est : «Abyssus dedit vocem suam ? » An profunditas cordis humani quid ei videretur expressit? « Altitudo phantasiæ suæ : » tamquam versus superioris est expositio; altitudo enim est abyssus. Quod autem ait : « phantasiæ suæ, subaudiendum est, « vocem dedit : » hoc est, quod diximus, quid ei videretur expressit. Phantasia quippe visio est, quam non tenuit, non operuit, sed confitendo cruciavit. « Elevatus est sol, et luna stetit in ordine suo : » hoc est, adscendit Christus in cœlum, et ordinata est Ecclesia sub rege suo. « In lucem jacula tua ibunt : » hoc est, non in occultum, sed in manifes-

tum verba tua mittentur. « In splendorem coruscationis armorum tuorum : » subaudiendum est, « jacula tua ibunt. » Dixerat enim suis : « Quæ dico vobis in tenebris, dicite in lumine. In comminatione, minorabis terram : » (*Matth.* X, 27) id est, comminando humiliabis homines : » « Et in furore dejicies gentes : » quia eos qui se exaltant vindicando collides. « Existi in salutem populi tui, ut salvos (*b*) faceres Christos tuos, misisti in capita iniquorum mortem : » nihil horum est exponendum. « Excitasti vincula usque ad collum. » Et bona hic possunt intelligi vincula sapientiæ, ut (*c*) injiciantur pedes in compedes ejus, et collum in torquem ejus. « Præcidisti in stupore mentis : »subaudiamus,« vincula : » excitavit enim bona, præcidit mala, de quibus ei dicitur :« Disrupisti vincula mea : » (*Psal.* CXV, 16) et hoc « in stupore mentis, » id est, mirabiliter. « Capita potentium movebuntur in ea : » (*d*) in ea scilicet admiratione. Adaperient morsus suos, sicut edens pauper absconse. » Potentes enim qui-

---

(*a*) Editio Lov. *Disperges aquas in incessu.* Emendatur ex editis aliis et Mss. quibus suffragantur LXX. — (*b*) Mss. *ut salvos facias.* — (*c*) Editi, *ut vinciantur.* Aptius Mss. *ut injiciantur.* — (*d*) Repet. hic *in ea*, juxta Mss. quod ab Am. Er. et Lov. omiss. est.

mauvaises, dont il est dit : « Vous avez brisé mes chaînes (*Ps.* CXV, 7); à la stupeur de l'esprit, » c'est-à-dire par un prodige merveilleux. « Les têtes des puissants en seront émues, » sans doute d'admiration de cette merveille. « Ils ouvriront la bouche pour mordre, comme le pauvre qui mange en se cachant. » En effet, plusieurs des principaux parmi les Juifs venaient au Seigneur, admirant ses œuvres et sa doctrine, et affamés, ils mangeaient le pain de sa doctrine secrètement, par crainte des Juifs, selon la remarque de l'Évangile. (*Jean.* XIX, 38). « Vous avez précipité vos coursiers dans la mer et troublé ses flots, » c'est-à-dire les peuples. Car les uns ne se convertiraient pas par crainte, les autres ne persécuteraient pas avec acharnement, si tous n'étaient troublés. « J'ai examiné, et mes entrailles se sont émues au bruit de mes lèvres dans ma prière; la frayeur a pénétré tous mes os, et tout mon être en a été troublé au-dedans de moi. » Il réfléchit à ce qu'il vient de dire, il est lui-même épouvanté de cette prière prophétique où les événements futurs se dévoilent. Car au milieu de tous ces peuples troublés, il voit les tribulations qui menacent l'Église, mais bientôt se reconnaissant parmi ses membres, il s'écrie : « Je me reposerai au jour de la tribulation » comme étant de ceux qui se réjouissent dans l'espérance, et souffrent avec patience la tribulation. (*Rom.* XII, 12.) « Afin que je m'élève, dit-il, jusqu'au peuple dont j'ai partagé ici-bas le pélérinage; » s'éloignant de ce peuple pervers, de sa parenté charnelle, qui n'est point étrangère en ce monde et ne cherche point la céleste patrie. « Car, dit-il, le figuier ne donnera point de fruit, et les vignes resteront stériles; la culture de l'olivier sera trompeuse et les campagnes ne fourniront rien pour la nourriture, les brebis manqueront de pâturages et il n'y aura plus de bœufs dans les étables. » Il voyait cette nation qui devait faire mourir le Christ, privée de l'abondance des biens spirituels, qu'il figure prophétiquement par la fertilité de la terre. Et comme cette nation subit les effets de la colère divine, parce qu'ignorant la justice de Dieu, elle a voulu établir sa propre justice (*Rom.* X, 3), il ajoute : « Pour moi, je me réjouirai dans le Seigneur, je mettrai ma joie en Dieu, mon salut. Le Seigneur mon Dieu est ma force, il affermira mes pieds jusqu'à la fin; il me placera sur les hauteurs, afin que je triomphe dans son cantique, » ce cantique dont il est dit dans le psaume, à peu près dans les mêmes termes : « Il a affermi mes pieds sur la pierre, et il a dirigé mes pas; il a mis dans ma bouche un cantique nouveau, une hymne à notre Dieu. » (*Ps.* XXXIX, 3 et 4.) Celui-là donc triomphe dans le cantique du Seigneur, qui se plait à chanter les louanges de Dieu, et non ses propres

---

dam Judæorum veniebant ad Dominum facta ejus et verba mirati, et esurientes panem doctrinæ manducabant absconse propter metum Judæorum, sicut eos prodidit Evangelium. (*Joan.* XIX, 38.) « Et immisisti in mare equos tuos turbantes aquas multas : » quæ nihil sunt aliud, quam populi multi. Non enim alii timore converterentur, alii furore persequerentur, nisi omnes turbarentur. « Observavi, et expavit venter meus a voce orationis laborum meorum : et introivit tremor in ossa mea, et subtus me turbata est habitudo mea. » Intendit in ea quæ dicebat, et ipsa sua est oratione perterritus, quam prophetice fundebat, et in qua futura cernebat. Turbatis enim populis multis, vidit imminentes Ecclesiæ tribulationes, continuoque se membrum ejus agnovit atque ait : « Requiescam in die tribulationis : » tamquam ad eos pertinens, qui sunt spe gaudentes, in tribulatione patientes. (*Rom.* XII, 12.) « Ut ascendam, inquit, in populum peregrinationis meæ : » recedens utique a populo maligno carnalis cognationis suæ, non peregrinante in hac terra, neque super- nam patriam requirente. « Quoniam ficus, inquit, non afferet fructus, et non erunt nativitates in vineis : mentietur opus olivæ, et campi non facient escam. Defecerunt ab esca oves, et non supersunt in præsepibus boves. » Vidit eam gentem, quæ Christum fuerat occisura, ubertatem copiarum spiritualium perdituram, quas per terrenam fecunditatem more prophetico figuravit. Et quia iram Dei talem propterea passa est illa gens, quia Dei ignorans justitiam, suam voluit constituere (*Rom.* X, 3), iste continuo : « Ego autem, inquit, in Domino exsultabo, gaudebo in Deo salutari meo. Dominus Deus meus virtus mea, statuet pedes meos in consummationem : super excelsa imponet me, ut vincam in cantico ejus, » scilicet illo cantico, de quo similia quædam dicuntur in Psalmo : « Statuit supra petram pedes meos et direxit gressus meos; et immisit in os meum canticum novum, hymnum Deo nostro. » *Psal.* XXXIX, 3 et 4.) Ipse ergo vincit in cantico Domini, qui placet in ejus laude, non sua : « ut qui glorietur, in Domino glorietur. » (*I. Cor.* I, 31.) Melius

louanges; « afin que celui qui se glorifie, se glorifie dans le Seigneur. » (I. *Cor.* I, 31.) Je préfèrerais, d'après certains exemplaires : « Je me réjouirai en Dieu, mon Jésus; » quelques interprètes latins ont omis ce nom pourtant si aimable et si doux à prononcer.

CHAPITRE XXXIII.

Des prophéties de Jérémie et de Sophonie, sur le Christ et la vocation des Gentils.

1. Jérémie est au nombre des grands prophètes, comme Isaïe; il n'est point de ces petits prophètes, dont j'ai déjà rapporté quelques passages. Il prophétisa sous les règnes de Josias, à Jérusalem, et d'Ancus-Martius, chez les Romains; le temps de la captivité des Juifs approchait. Sa prophétie s'étend jusqu'au cinquième mois de cette captivité, comme ses écrits en font foi. On lui adjoint Sophonie, un des petits prophètes; car, lui aussi, d'après son propre témoignage, prophétisa du temps de Josias, mais il ne dit pas jusqu'à quel moment. Pour Jérémie, il prophétisa à l'époque, non-seulement d'Ancus-Martius, mais encore de Tarquin l'ancien, cinquième roi de Rome; car, le règne de ce prince commence avec la captivité. Jérémie donc, prophétisant sur le Christ, s'exprime ainsi : « Le souffle de notre bouche, le Seigneur Christ a été pris pour nos péchés; » (*Jérém.* IV, 20) montrant en ce peu de mots, que le Christ est Notre-Seigneur, et qu'il a souffert pour nous. Et en un autre endroit : « Celui-ci est mon Dieu, dit-il, et nul autre n'est comparable à lui. Il est l'auteur de toute sagesse; il l'a communiquée à Jacob, son serviteur, et à Israël, son bien-aimé. Ensuite, il a été vu sur la terre, et il a conversé avec les hommes. » (*Baruch.* III, 36, *etc.*) Plusieurs attribuent ce témoignage, non à Jérémie, mais à Baruch, son secrétaire; mais plus généralement Jérémie est regardé comme l'auteur de ces paroles. Le même prophète dit encore du Christ, lui-même : « Voici les jours qui approchent, dit le Seigneur, et je susciterai à David un rejeton juste, et il sera roi et sage, et il fera régner la justice sur la terre. En ces jours, Juda sera sauvé, et Israël habitera avec confiance sa demeure, et voici le nom qu'on lui donnera : le Seigneur, notre justice. » (*Jérém.* XXIII, 5, *etc.*) Quant à la vocation future des Gentils, que nous voyons maintenant accomplie, le prophète en parle ainsi : « Le Seigneur est mon Dieu et mon refuge dans les jours mauvais; les nations

---

autem mihi videntur quidam codices habere, « Gaudebo in Deo Jesu meo, quam hi qui volentes in Latine ponere, nomen ipsum non posuerunt, quod est nobis amicius et dulcius nominare.

CAPUT XXXIII.

De Christo et vocatione gentium quæ Jeremias et Sophonias prophetico Spiritu sint præfati.

1. Jeremias propheta de majoribus est, sicut Isaias; non de minoribus, sicut ceteri, de quorum scriptis nonnulla jam posui. Prophetavit autem regnante Josia in Jerusalem, et apud Romanos Anco Martio, jam propinquante captivitate Judæorum. Tetendit autem prophetiam usque ad quintum mensem captivitatis : sicut in ejus litteris invenimus. Sophonias autem unus de minoribus adjungitur ei. Nam et ipse in diebus Josiæ prophetasse se dicit : sed quo usque, non dicit. Prophetavit ergo Jeremias, non solum Anci Martii, verum etiam Tarquinii Prisci temporibus, quem Romani habuerunt quintum regem. Ipse enim, quando est illa captivitas facta, regnare jam cœperat. Prophetans ergo de Christo Jeremias : « Spiritus, inquit, oris nostri Dominus Christus captus est in peccatis nostris : » (*Theren.* IV, 20) sic breviter ostendens, et Dominum nostrum Christum, et passum esse pro nobis. Item alio loco : « Hic Deus meus, inquit, et non æstimabitur alter ad eum : qui invenit omnem viam prudentiæ, et dedit eam Jacob puero suo, et Israel dilecto suo : post hæc in (*a*) terra visus est, et cum hominibus conversatus est. » (*Baruch.* III, 36, etc.) Hoc testimonium quidam non Jeremiæ, sed scribæ ejus adtribuunt, qui vocabatur Baruch : sed Jeremiæ celebratius habetur. Rursus idem Propheta de ipso : « Ecce, inquit, dies veniunt, ait Dominus, et suscitabo David germen justum, et regnabit rex, et sapiens erit, et faciet judicium et justitiam in terra. In diebus illis salvabitur Juda, et Israel habitabit confidenter : et hoc est nomen quod vocabunt eum, Dominus justus noster. » (*Jerem.* XXIII, 5, etc.) De vocatione etiam gentium, quæ futura fuerat, et eam nunc impletam cernimus, sic locutus est : « Domine Deus meus et refugium meum in die malorum : ad te gentes venient ab extremo terræ, et dicent : Vere mendaciæ coluerunt patres nostri simulacra, et non

---

(*a*) Ita Mss. juxta Græc. LXX At editi, *in terris.*

viendront à toi des extrémités de la terre, et diront : en vérité, nos pères ont adoré des idoles de mensonge, et il n'y a rien de bon à en attendre. » (*Jérém.* XVI, 16.) Mais les Juifs ne devaient pas le reconnaître, puisqu'ils devaient le mettre à mort; aussi, le prophète l'indique : « Leur cœur est généralement appesanti ; c'est un homme, et qui le connaîtra? » (*Jérém.* XVII, 9.) Jérémie est encore l'auteur du passage que j'ai rapporté au livre dix-septième, sur le Nouveau-Testament, dont le Christ est le médiateur. Car, c'est bien lui qui a dit : « Voici les jours qui approchent, dit le Seigneur, et je concluerai une nouvelle alliance avec la maison de Jacob; » (*Jérém.* XXXI, 31) et le reste.

2. Pour Sophonie, qui prophétisait avec Jérémie, je citerai en passant, quelques-unes de ses prédictions sur le Christ : « Attendez-moi, dit le Seigneur, au jour de ma résurrection future, car j'ai résolu de réunir les nations et de rassembler les royaumes. » (*Soph.* III, 8.) Et encore : « Le Seigneur se montrera terrible contre eux; il exterminera tous les dieux de la terre; chaque homme dans sa contrée, et toutes les nations qui habitent les îles l'adoreront. » (*Soph.* II, 11.) Et un peu plus loin : « Alors, dit-il, je dirigerai la langue des peuples et de leur postérité; ils invoqueront tous le nom du Seigneur et le prieront sous une loi commune; des rives des fleuves de l'Éthiopie, ils m'apporteront des victimes. En ce jour, tu n'éprouveras pas de confusion pour toutes les trames impies que tu as ourdies contre moi; car alors, j'effacerai la malice de toutes tes offenses; il ne t'arrivera plus de te glorifier sur ma montagne sainte, et je te transformerai en un peuple doux et humble; et les restes d'Israël s'inclineront avec respect devant le nom du Seigneur. » (*Soph.* III, 9, etc.) Les restes sont ceux dont l'Apôtre, après un autre prophète, parle ainsi : « Quand le nombre des enfants d'Israël ressemblerait à celui des grains de sable de la mer, les restes seront sauvés. » (*Isaïe*, X, 22. *Rom.* IX, 27.) Car, les restes de cette nation ont cru en Jésus-Christ.

CHAPITRE XXXIV.

Des prophéties de Daniel et d'Ezéchiel, relatives au Christ et à l'Eglise.

Ce fut dans le temps même de la captivité de Babylone, que Daniel et Ézéchiel, deux des grands prophètes, commencèrent à prophétiser. Daniel a même déterminé le nombre des an-

---

est in illis utilitas. » (*Jerem.* XVI, 16.) Quia vero non erant cum agnituri Judæi, a quibus eum et occidi opportebat, sic idem Propheta significat : « Grave cor per omnia, et homo est, et quis cognoscet eum ? » (*Jerem.* XVII, 9.) Hujus est etiam illud quod in libro decimo-septimo posui de Testamento novo, cujus est mediator Christus. Ipse quippe Jeremias ait, « Ecce dies venient, dicit Dominus, et consummabo super domum Jacob Testamentum novum : (*Jerem.* XXXI, 31) et cetera quæ ibi leguntur.

2. Sophoniæ autem prophetæ, qui cum Jeremia prophetabat, hæc prædicta de Christo interim ponam : « Expecta me, dicit Dominus, in die resurrectionis meæ, in futurum : quia judicium meum, ut congregem gentes, et colligam regna. » (*Soph.* III; 8.) Et iterum : « Horribilis, inquit, Dominus super eos, et exterminabit omnes deos terræ ; et adorabit eum vir de loco suo, omnes insulæ gentium. » (*Soph.* II, 11.) Et paulo post : « Tunc, inquit, transvertam in populos linguam, et (*a*) in progenies ejus, ut omnes invocent nomen Domini, et servient ei sub uno jugo; a finibus fluminum Æthiopiæ afferent mihi hostias. In illo die (*b*) non confunderis ex omnibus adinventionibus tuis, quas impie egisti in me: quia tunc auferam abs te pravitates injuriæ tuæ : et jam non adjicies, ut magnificeris super montem sanctum meum ; et subrelinquam in te populum mansuetum et humilem; et verebuntur a nomine Domini, qui reliqui fuerint (*c*) Israel. » (*Soph.* III, 9, etc.) Hæ sunt reliquiæ, de quibus alibi prophetatur, quod Apostolus etiam commemorat : « Si fuerit numerus filiorum Israel sicut arena maris, reliquiæ salvæ fient. » (*Is.* X, 22. *Rom.* IX, 27.) Hæ quippe in Christum illius gentis reliquiæ crediderunt.

CAPUT XXXIV.

De prophetia Danielis et Ezechielis, quæ in Christum Ecclesiamque concordat.

1. In ipsa porro Babyloniæ captivitate prius prophetaverunt Daniel et (*d*) Ezechiel, alii scilicet duo ex Prophetis majoribus. Quorum Daniel etiam tempus,

---

(*a*) Vind. Am. Er. et plerisque Mss. *et progenies* : omisso *in*. — (*b*) Mss. *In illo die confunderis* : absque negante particula. — (*c*) Nonnulli Mss. *in Israel*. Græce est τοῦ Ἰσραήλ. — (*d*) In veteribus libris constanter scriptum, *Hiezechiel*.

nées, pour l'avénement et la passion du Christ. Il serait long de reproduire ici le calcul qui a été souvent vérifié par d'autres, avant nous. Mais voici comme ce prophète s'exprime sur la puissance et la gloire de Jésus-Christ : « J'eus une vision de nuit, et je voyais comme le fils de l'homme, venant sur les nuées du ciel, et il s'avança jusqu'à l'Ancien des jours; et il fut présenté devant lui; et il lui fut donné la souveraineté, l'honneur et l'empire; et tous les peuples, toutes les tribus, toutes les langues lui rendront hommage. Son pouvoir est un pouvoir permanent qui ne passera point, et son royaume ne sera jamais détruit. » (*Daniel*, VII, 13 et 14.)

2. Ézéchiel aussi, figure prophétiquement le Christ par David, parce qu'il a tiré de la race de David sa nature humaine, d'où lui est venue cette forme d'esclave qui le rend homme et qui le fait même appeler esclave de Dieu, bien qu'il soit fils de Dieu. Ézéchiel donc, empruntant, dans sa prophétie, la personne de Dieu le Père, l'annonce au monde en ces termes : « Je susciterai sur mes troupeaux un pasteur unique pour les paître, mon serviteur David, et il les fera paître lui-même, et il sera leur pasteur. Et moi, le Seigneur, je serai leur Dieu, et mon serviteur David sera le prince au milieu d'eux ; c'est moi, le Seigneur, qui parle ainsi. » (*Ezéch.* XXXIV, 23 *et* 24.) Et ailleurs : « Il y aura, dit-il, un seul roi pour les gouverner tous; et il n'y aura plus désormais deux nations, ni deux royaumes séparés. Ils ne souilleront plus par l'idolâtrie, les abominations et toutes sortes d'iniquités. Je les retirerai de tous les lieux où ils ont péché, et je les purifierai; et ils seront mon peuple, et je serai leur Dieu, et mon serviteur David sera leur roi et leur unique pasteur. » (*Ezéch.* XXXVII, 22, etc.)

CHAPITRE XXXV.

Des prédictions des trois prophètes, Aggée, Zacharie et Malachie.

1. Restent trois petits prophètes qui prophétisèrent sur la fin de la captivité : Aggée, Zacharie et Malachie. Aggée est celui des trois dont la prophétie sur le Christ et l'Église se distingue davantage par la précision et la clarté : « Voici ce que dit le Seigneur des armées : encore un peu de temps, et j'ébranlerai le ciel et la terre, la mer et le continent; je remuerai toutes les nations, et il viendra, le Désiré de

---

quo venturus fuerat Christus atque passurus, numero definivit annorum : quod longum est computando monstrare, et ab aliis factitatum est ante nos. De potestate vero ejus et (*a*) gloria, sic locutus est : « Videbam, inquit, in visu noctis, et ecce cum nubibus cœli (*b*) ut filius hominis veniens erat, et usque ad vetustum dierum pervenit; et in conspectu ejus prælatus est; et ipsi datus est principatus, et honor, et regnum : et omnes populi, tribus et linguæ ipsi servient. Potestas ejus, potestas perpetua, quæ non transibit ; et regnum ejus non corrumpetur. (*Daniel* VII, 13 et 14.)

2. Ezechiel quoque more prophetico per David Christum significans, quia carnem de David semine assumpsit; propter quam formam servi, (*c*) qua factus est homo, etiam servus Dei dicitur idem Dei Filius; sic cum prophetando prænuntiat ex persona Dei Patris : « Et suscitabo, inquit, super pecora mea pastorem unum qui pascat ea, servum meum David : et ipse pascet ea, et ipse erit eis in pastorem. Ego autem Dominus ero eis in Deum, et servus meus David princeps in medio eorum : ego Dominus locutus sum. » (*Ezech.* XXXIV, 23 et 24.) Et alio loco : « Et rex, inquit, unus erit omnibus imperans : et non erunt ultra duæ gentes, nec dividentur amplius in duo regna : neque polluentur ultra in idolis suis, et abominationibus suis, et in cunctis iniquitatibus suis. Et salvos eos faciam de universis sedibus suis, in quibus peccaverunt, et mundabo eos : et erunt mihi populus, et ego ero illis Deus : et servus meus David rex super eos, et pastor unus erit omnium eorum. » (*Ezech.* XXXVII, 22, etc.)

CAPUT XXXV.

De trium Prophetarum vaticinio, id est, Aggæi, Zachariæ, et Malachiæ.

1. Restant tres minores Prophetæ, qui prophetaverunt in fine captivitatis, Aggæus, Zacharias, Malachias. Quorum Aggæus Christum et Ecclesiam hac apertius brevitate prophetat : « Hæc dicit Dominus exercituum : Adhuc unum modicum est, et ego ero commovebo cœlum, et terram, et mare, et aridam, et movebo omnes gentes; et veniet desideratus cunctis gentibus. » (*Aggæi*, II, 7 et 8.) Hæc prophetia partim jam completa cernitur, partim speratur in fine

---

(*a*) Mss. aliquot, *et Ecclesia.* Ceteri fere omnes, *et Ecclesiæ.* — (*b*) Lov. *et filius.* Verius Mss. *ut filius.* — (*c*) Plures Mss. *quia.*

tous les peuples. » (*Agg.* II, 7 *et* 8.) On voit déjà l'accomplissement partiel de cette prophétie, la fin du monde réalisera nos espérances pour le reste. Le ciel s'ébranla par le témoignage des Anges et des astres à l'Incarnation du Christ. La terre fut émue par le miraculeux prodige de l'enfantement d'une vierge; et une agitation profonde s'est produite sur la mer et le continent, quand le Christ fut annoncé dans les îles et dans tout l'univers. Ainsi, nous voyons toutes les nations émues pour embrasser la foi. Quant à ce qui suit : Et il viendra, le Désiré de tous les peuples, c'est l'espérance de son dernier avénement. Car, pour qu'il soit le Désiré de ceux qui l'attendent, il faut d'abord qu'il soit aimé de ceux qui croient en lui.

2. Zacharie parle ainsi du Christ et de l'Église : « Réjouis-toi, fille de Sion ; réjouis-toi, fille de Jérusalem, voici venir ton roi, c'est le Juste, le Sauveur. Il est pauvre, il est monté sur une ânesse et sur le poulain de l'ânesse ; mais son pouvoir s'étend d'une mer à l'autre, et depuis les fleuves jusqu'aux extrémités de la terre. » (*Zach.* IX, 9 *et* 10.) L'Évangile nous apprend quand Notre-Seigneur Jésus-Christ fit usage de cette monture; il fait même mention de cette prophétie, qu'il cite selon le besoin de son récit. (*Matth.* XXI.) Ailleurs, parlant en esprit de prophétie à Jésus-Christ lui-même, de la rémission des péchés, par l'effusion de son sang : « Vous aussi, dit-il, par le sang de votre testament, vous avez délivré vos captifs du lac sans eau. » (*Zach.* IX, 11.) Il y a plusieurs sens, même au regard de la vraie foi, pour l'intelligence de ce lac. Cependant, à mon avis, on ne saurait l'entendre mieux que de la nature humaine, fonds stérile et desséché où croupit la vase de l'iniquité, et où ne coulent jamais les eaux vives de la justice. C'est de ce lac que le psalmiste dit : « Il m'a retiré du lac de la misère et d'un abîme de fange. » (*Ps.* XXXIX, 2.)

3. Malachie, prophétisant sur l'Église que nous voyons déjà fleurir par Jésus-Christ, dit très-clairement aux Juifs, en la personne de Dieu : « Mon affection n'est point en vous, et je ne recevrai point de présents de votre main. Car, depuis le lever du soleil jusqu'au couchant, mon nom est grand parmi les nations, et on me sacrifiera en tous lieux, et il sera offert à mon nom une oblation pure, parce que mon nom est grand parmi les nations, dit le Seigneur. » (*Malach.* I, 10.) Ce sacrifice, par le sacerdoce du Christ, selon l'ordre de Melchisédech, est offert partout à Dieu, depuis le soleil levant jusqu'au couchant; nous en sommes les témoins. D'un autre côté, les Juifs à qui il est dit : « Mon affection

---

complenda. Movit enim cœlum Angelorum et siderum testimonio, quando incarnatus est Christus. Movit terram ingenti miraculo, de ipso virginis partu. Movit mare et aridam, cum et in insulis et in orbe toto Christus annuntiatur. Ita moveri omnes gentes videmus ad fidem. Jam vero quod sequitur, « Et veniet desideratus cunctis gentibus, » de novissimo ejus exspectatur adventu. Ut enim desideratus esset exspectantibus, prius oportuit eum dilectum esse credentibus.

2. Zacharias de Christo et Ecclesia : « Exsulta, inquit, valde filia Sion, jubila filia Jerusalem : ecce Rex tuus veniet tibi, justus, et Salvator ; ipse pauper, et ascendens super (*a*) asinam, et super pullum filium asinæ : et potestas ejus a mari usque ad mare, et a fluminibus usque ad fines (*b*) terræ. » (*Zach.* IX, 9 et 10.) Hoc quando factum sit, ut Dominus Christus in itinere jumento hujus generis uteretur, in Evangelio legitur : ubi et hæc prophetia commemoratur ex parte, quantum illi loco sufficere visum est. (*Matth.* XXI.) Alio loco ad ipsum Christum in Spiritu prophetiæ loquens de remissione peccatorum per ejus sanguinem, « Tu quoque, inquit, in sanguine testamenti tui emisisti vinctos tuos de lacu, in quo non est aqua. » (*Zach.* IX, 11.) Quid per hunc lacum velit intelligi, possunt diversa sentiri, etiam secundum rectam fidem. Mihi tamen videtur non eo significari melius, nisi humanæ miseriæ siccam profunditatem quodam modo et sterilem, ubi non sunt fluenta justitiæ, sed iniquitatis lutum. De hoc quippe etiam in Psalmo dicitur : « Et eduxit me de lacu miseriæ, et de luto limi. » (*Psal.* XXXIX, 2.)

3. Malachias prophetans Ecclesiam, quam per Christum cernimus propagatam, Judæis apertissime dicit ex persona Dei : « Non est mihi voluntas in vobis, et munus non suscipiam de manu vestra. Ab ortu enim solis usque ad occasum, magnum est nomen meum in gentibus, et in omni loco sacrificabitur et offeretur nomini meo oblatio munda : quia magnum nomen meum in gentibus, dicit Dominus. » (*Malach.* I, 10.) Hoc sacrificium per sacerdotium

---

(*a*) Vind. Am. et Mss. *super asinum.* — (*b*) Lov. *orbis terræ.* Abest *orbis* a ceteris libris.

n'est point en vous, et je ne recevrai point de présents de votre main, « doivent voir que leurs sacrifices sont abolis; pourquoi attendent-ils donc encore un autre Christ, quand la prophétie qu'ils lisent et dont ils contemplent l'accomplissement, n'a pu s'accomplir que par lui? Car, un peu après, le prophète dit, au sujet du Christ et toujours en la personne de Dieu : « Mon alliance avec lui est une alliance de vie et de paix, et je lui ai donné de me craindre et de respecter la présence de mon nom. La loi de vérité était dans sa bouche; il a suivi avec moi les voix de la paix et il a fait sortir plusieurs de l'iniquité ; car les lèvres du prêtre seront les dépositaires de la science, et c'est de sa bouche qu'on recherchera la connaissance de la loi, parce qu'il est l'ange du Seigneur Tout-Puissant. » (*Malach.* II, 5, *etc.*) Il ne faut pas s'étonner que le Christ Jésus soit appelé l'ange du Dieu Tout-Puissant. Il est esclave à cause de la forme d'esclave qu'il a prise pour venir parmi les hommes; et il est ange à cause de l'Évangile qu'il leur annonce. Car, en suivant l'étymologie grecque, Évangile veut dire bonne nouvelle, et ange, messager. Aussi, le prophète dit encore de Jésus-Christ : « Voici que j'envoie mon ange, et il préparera la voie devant moi, et aussitôt viendra dans son temple le Seigneur que vous cherchez, avec l'ange du testament que vous désirez. Il vient, le voici, dit le Seigneur Tout-Puissant ; et qui pourra supporter l'éclat de son avénement, ou soutenir sa présence? » (*Malach.* III, 1, *etc.*) Ici le prophète prédit le premier et le second avénement du Christ; le premier, en disant : Et aussitôt le Seigneur viendra dans son temple, c'est-à-dire dans sa chair, dont il dit dans l'Évangile : « Détruisez ce temple et je le rétablirai en trois jours; » *(Jean,* II, 19) le second, par ces paroles : Le voici, il vient, dit le Seigneur Tout-Puissant ; et qui pourra supporter l'éclat de son avénement, ou soutenir sa présence? Quant à ce qu'il dit encore : « Le Seigneur que vous cherchez, l'ange du testament que vous désirez, » il veut sans doute faire entendre que les Juifs eux-mêmes, en lisant les Écritures, cherchent le Christ et le désirent; mais plusieurs, aveuglés par leurs fautes passées, ne voient point que celui qu'ils cherchent et désirent est déjà venu. Quant au testament dont il parle, soit précédemment, quand il dit : « Mon Testament ou mon alliance est avec lui, » soit dans la dernière citation, lorsqu'il nomme l'ange du testament, il s'agit, sans aucun doute, du Nouveau-Testa-

---

Christi secundum ordinem Melchisedec, cum in omni loco a solis ortu usque ad occasum Deo jam videamus offerri ; sacrificium autem Judæorum, quibus dictum est, « Non est mihi voluntas in vobis, nec accipiam de manibus vestris munus, » cessasse negare non possunt; quid adhuc exspectant alium Christum, cum hoc quod prophetatum legunt et impletum vident impleri non potuerit, nisi per ipsum? Dicit enim paulo post de ipso ex persona Dei : « Testamentum meum erat cum eo vitæ et pacis : et dedi ei ut timore timeret me, et a facie nominis mei revereretur. Lex veritatis erat in ore ipsius, in pace dirigens (*a*) ambulavit mecum, et multos convertit ab iniquitate : quoniam labia sacerdotis custodient scientiam, et legem inquirent ex ore ejus; quoniam angelus Domini omnipotentis est. » (*Malach.* II, 5 et seq.) Nec mirandum est, quia omnipotentis Dei angelus dictus est Christus Jesus. Sicut enim servus propter formam servi, in qua venit ad homines ; sic et angelus propter Evangelium, quod nuntiavit hominibus. Nam si Græca ista interpretemur, et Evangelium bona nuntiatio est, et angelus nuntius. De ipso quippe iterum dicit : « Ecce mitto angelum meum, et prospiciet viam ante faciem meam : et subito veniet in templum suum Dominus quem vos quæritis, et angelus testamenti quem vos vultis. Ecce venit, dicit Dominus omnipotens : et quis sustinebit diem introitus ejus? aut quis resistet in adspectu ejus? » (*Malach.* III, 1, *etc.*) Hoc loco et primum et secundum Christi prænuntiavit adventum : primum scilicet, de quo ait : « Et subito veniet in templum suum; » id est, in carnem suam, de qua dixit in Evangelio : « Solvite templum hoc, et in triduo resuscitabo illud : » (*Joan.* II, 19.) secundum vero, ubi ait : « Ecce venit, dicit Dominus omnipotens, et quis substinebit diem introitus ejus, aut quis resistet in adspectu ejus? » Quod autem dicit : « Dominus quem vos quæritis, et angelus testamenti quem vos vultis : » significavit utique etiam Judæos secundum Scripturas quas legunt, Christum quærere, et velle. Sed multi eorum, quem quæsierunt et voluerunt, venisse non agnoverunt, excæcati in cordibus suis præcedentibus meritis suis. Quod sane hic nominat testamentum, vel supra, ubi ait : « Testamentum meum erat cum eo; » vel hic, ubi cum dixit angelum testamenti : novum procul dubio

---

(*a*) Sic plures Mss. juxta LXX. At editi, *ambulabit mecum, et multos convertet.*

ment, qui promet des biens éternels, tandis que l'Ancien avait seulement des promesses temporelles. Il est vrai que la prospérité des impies jette le trouble chez un grand nombre de personnes faibles, qui s'attachent aux biens de la terre et servent le vrai Dieu pour ces passagères récompenses. Aussi, afin de faire distinguer la béatitude éternelle du Nouveau-Testament, qui sera le partage des seuls bons, de la félicité terrestre de l'Ancien qui, très-souvent, est accordée aux méchants, le prophète dit : « Vous avez multiplié contre moi vos paroles injurieuses, dit le Seigneur, et vous dites : En quoi avons-nous mal parlé de vous? Vous avez dit : C'est une folie de servir Dieu, et que nous revient-il d'avoir observé ses commandements, et d'avoir marché en suppliants devant la face du Seigneur Tout-Puissant? Maintenant donc, nous appellerons bienheureux les étrangers, car tous ceux qui ont commis l'iniquité se relèvent; il se sont déclarés les ennemis de Dieu et les voilà sauvés. Ainsi ont murmuré tout bas ensemble ceux qui craignaient le Seigneur; le Seigneur a remarqué, et il a entendu ces plaintes; et il a écrit un livre qui restera en sa présence, en faveur de ceux qui le craignent et respectent son nom. » Ce livre, c'est le Nouveau-Testament, mais écoutons ce qui suit : « Et ils seront mon héritage, dit le Seigneur Tout-Puissant, au jour que j'ai réservé; et je les épargnerai comme l'homme épargne un fils obéissant. Alors, vous changerez de langage, et vous distinguerez entre le juste et l'injuste, entre celui qui sert Dieu et celui qui ne le sert pas. Car, voici venir le jour qui sera comme une fournaise ardente pour les consumer. Et tous les étrangers, et tous ceux qui commettent l'injustice, seront comme la paille, et le jour qui vient les dévorera, dit le Seigneur Tout-Puissant; et il ne restera d'eux ni branches, ni racines. Et le soleil de justice se lèvera pour vous qui craignez mon nom; votre salut sera sous ses ailes; vous sortirez et vous bondirez comme de jeunes taureaux délivrés de leurs liens; et vous foulerez les méchants et ils seront comme de la cendre sous vos pieds, le jour que j'ai réservé à mes œuvres, dit le Seigneur Tout-Puissant. » (*Malach.* III, 13, *etc.*) Ce jour est le jour du jugement, dont nous parlerons plus amplement en son lieu, si Dieu le permet.

Testamentum debemus accipere, ubi sempiterna; non vetus, ubi temporalia sunt promissa : quæ pro magno habentes plurimi infirmi, et Deo vero talium rerum mercede servientes, quando vident eis impios abundare, turbantur. Propter quod idem Propheta, ut novi Testamenti beatitudinem æternam, quæ non dabitur nisi bonis, distingueret a veteris terrena felicitate, quæ plerumque datur et malis : « Ingravastis, inquit, super me verba vestra, dicit Dominus, et dixistis, In quo detraximus de te? Dixistis, Vanus est omnis, qui servit Deo; et quid plus, quia custodivimus observationes ejus, et quia ambulavimus supplicantes ante faciem Domini omnipotentis? Et nunc nos beatificamus alienos, et reædificantur omnes qui faciunt iniqua : et adversati sunt Deo, et salvi facti sunt. Hæc oblocuti sunt, qui timebant Dominum, unusquisque ad proximum suum : et animadvertit Dominus, et audivit : et scripsit librum memoriæ in conspectu suo, eis qui timent Dominum, et reverentur nomen ejus. » Isto libro significatum est Testamentum novum. Denique quod sequitur, audiamus : « Et erunt mihi, dicit Dominus omnipotens, in (*a*) diem, qua ego facio, in adquisitionem; et eligam eos, sicut homo eligit filium suum servientem sibi : et convertemini, et videbitis inter justum et injustum, et inter servientem Deo, et non servientem. Quoniam ecce dies venit ardens sicut clibanus, et concremabit eos : et erunt omnes alienigenæ, et omnes facientes iniquitatem stipula, et incendet illos dies qui adveniet, dicit Dominus omnipotens : et non derelinquetur eorum radix, neque sarmentum. Et orietur vobis timentibus nomen meum, sol justitiæ : et sanitas in pennis ejus : et exhibitis, et exultabitis sicut vituli ex vinculis resoluti; et conculcabitis iniquos, et erunt cinis sub pedibus vestris in die, in quo ego facio, dicit Dominus omnipotens. » (*Malach.* III, 13, *et seq.*) Hic est qui dicitur dies judicii : de quo suo loco, si Deus voluerit, loquemur uberius.

(*a*) Editi, *in die*. Mss. *in diem* : juxta Græc. LXX.

CHAPITRE XXXVI.

D'Esdras et des livres des Machabées.

Après ces trois prophètes, Aggée, Zacharie et Malachie, à la même époque de la délivrance de la captivité de Babylone, écrivit Esdras, qui est regardé plutôt comme historien que comme prophète. Il en est de même du livre d'Esther, dont la vie, consacrée à la gloire de Dieu, se rapporte à peu près au même temps. On devrait peut-être voir dans Esdras une prophétie du Christ, à propos de ce débat élevé entre jeunes gens, pour savoir ce qui, dans le monde, a le plus de puissance; l'un prétendait que c'étaient les rois; un autre, le vin; un troisième, les femmes, qui souvent commandent aux rois; Esdras, cependant, finit par démontrer victorieusement que la vérité l'emportait sur tout le reste. (*Esdras*, XXXIII, 10, etc.) Or, en consultant l'Évangile, nous apprenons que la vérité, c'est le Christ. Depuis la restauration du temple, les Juifs n'ont plus de rois, mais des princes, jusqu'à Aristobule. Le calcul de ces temps ne se trouve pas dans les Écritures dites canoniques, mais ailleurs, ainsi dans les livres des Machabées, que les Juifs rejettent de leur canon. L'Église, au contraire, en a reconnu l'authenticité, rendant ainsi un solennel hommage aux héroïques souffrances de certains martyrs qui, avant la venue du Christ dans la chair, ont pour la loi de Dieu, combattu jusqu'à la mort, et supporté avec courage les tortures les plus affreuses.

CHAPITRE XXXVII.

Les prophéties sont plus anciennes que la philosophie payenne.

Au temps de nos prophètes, dont les écrits sont déjà parvenus à la connaissance de la plupart des nations, il n'y avait point encore de philosophes parmi les Gentils, du moins, il n'y en avait point qui portassent ce nom. Pythagore de Samos fut le premier, et sa renommée n'a commencé à s'établir qu'à la fin de la captivité des Juifs. A plus forte raison, ne trouvons-nous d'autres philosophes qu'après les prophètes. En effet, l'athénien Socrate lui-même, le maître de ceux qui s'illustrèrent surtout alors, lui, qui se distingua entre tous, dans la philosophie morale ou active, ne paraît dans les chronologies qu'à la suite d'Esdras. Peu après aussi, naquit Platon, qui devait surpasser de

---

CAPUT XXXVI.

De Esdra et libris Machabæorum.

Post hos tres Prophetas, Aggæum, Zachariam, Malachiam, per idem tempus liberationis populi ex Babylonica servitute scripsit etiam Esdras, qui magis rerum gestarum scriptor est habitus, quam propheta: sicuti est et liber, qui appellatur Esther: cujus res gesta in laudem Dei non longe ab his temporibus invenitur: nisi forte Esdras in eo Christum prophetasse intelligendus est, quod inter juvenes quosdam orta quæstione, quid amplius valeret in rebus; cum reges unus dixisset, alter vinum, tertius mulieres, quæ plerumque regibus imperarent: idem tamen tertius veritatem super omnia demonstravit esse victricem. (*Esdr.* XXXIII, 10, etc.) Consulto autem Evangelio, Christum cognoscimus esse veritatem. Ab hoc tempore apud Judæos restituto templo, non reges, sed principes fuerunt usque ad Aristobolum: quorum supputatio temporum non in Scripturis sanctis, quæ canonicæ appellantur, sed in aliis invenitur, in quibus sunt et Machabæorum libri, quos non Judæi, sed Ecclesia pro canonicis habet, propter quorumdam Martyrum passiones vehementes atque mirabiles, qui ante quam Christus venisset in (*a*) carnem, usque ad mortem pro Dei lege certaverunt, et mala gravissima atque horribilia pertulerunt.

CAPUT XXXVII.

Quod prophetica auctoritas omni origine gentilis philosophiæ inveniatur antiquior.

Tempore igitur Prophetarum nostrorum, quorum jam scripta ad notitiam fere omnium gentium pervenerunt, (*b*) philosophi gentium nondum erant, qui hoc etiam nomine vocarentur, quod cœpit a Samio Pythagora, qui eo tempore, quo Judæorum est soluta captivitas, cœpit excellere atque cognosci. Multo ergo magis ceteri philosophi post Prophetas reperiuntur fuisse. Nam ipse Socrates Atheniensis, magister omnium qui tunc maxime claruerunt, tenens in ea parte, quæ moralis vel activa dicitur, principatum, post Esdram in Chronicis invenitur.

(*a*) Mss. *in carne*. — (*b*) Omnes Mss. post *pervenerunt*, sic prosequuntur, *et multo magis post eos fuerunt philosophi gentium, qui hoc etiam nomine vocarentur.*

beaucoup les autres disciples de Socrate. Ajoutons à ceux-ci, leurs devanciers mêmes, qui ne portaient pas encore le nom de philosophes, les sept sages, puis les physiciens, successeurs de Thalès et ses imitateurs dans la recherche des secrets de la nature, Anaximandre, Anaximènes, Anaxagore et plusieurs autres qui vécurent avant que Pythagore se vouât, le premier de tous, au culte de la philosophie, ceux-là mêmes, n'ont pas, sur tous nos prophètes, le privilége de l'antiquité. Car, Thalès, leur aîné, ne parut, dit-on, que sous le règne de Romulus, époque où des sources d'Israël, jaillirent ces torrents de prophéties qui devaient inonder toute la terre. Ainsi, les seuls poètes théologiens, Orphée, Linus, Musée et peut-être encore quelque autre chez les Grecs, seraient plus anciens que les prophètes hébreux, dont les écrits font autorité parmi nous. Mais, aucun d'eux n'a devancé le véritable théologien, notre Moïse, le fidèle prophète du Dieu unique et véritable, dont les écrits jouissent de la plus haute autorité canonique. Par conséquent, les Grecs, dont la langue, il est vrai, a jeté sur les lettres humaines tant d'éclat, n'ont pas à s'enorgueillir de leur sagesse pour réclamer, ni la supériorité sur notre religion où se trouve la véritable sagesse, ni même l'antiquité. Mais, avouons-le, avant Moïse, il y avait eu déjà, non en Grèce, mais chez les nations barbares, comme en Égyte, une certaine doctrine qu'on appelait leur science, autrement, nous ne lirions pas dans les livres saints, que Moïse fut instruit dans toute la science des Égyptiens (*Act.* VII, 22); en effet, né dans ce pays, adopté et nourri par la fille de Pharaon, il y reçut aussi une éducation distinguée. Mais la science des Égyptiens n'a pu devancer celle de nos prophètes, puisque Abraham fut aussi prophète. (*Gen.* XX, 7.) Et quelle science pouvait-il y avoir en Égypte, avant qu'Isis, dont ils crurent devoir faire une grande déesse, après sa mort, leur eut appris l'invention des lettres? Or, on sait qu'Isis était fille d'Inaque, premier roi des Argiens, à l'époque des descendants d'Abraham.

CHAPITRE XXXVIII.

L'Église n'a pas inscrit au canon des Saintes-Écritures certains écrits des prophètes, en raison de leur trop grande antiquité, dans la crainte que l'erreur ne se glissât au lieu de la vérité.

Mais si je remonte à des temps beaucoup plus

Non multo post etiam Plato natus est, qui longe ceteros Socratis discipulos anteiret. Quibus si addamus etiam superiores, qui nondum philosophi vocabantur, septem scilicet Sapientes, ac deinde physicos qui Thaleti successerunt, in perscrutanda natura rerum studium ejus imitati, Anaximandrum scilicet et Anaximenem et Anaxagoram, aliosque nonnullos, antequam Pythagoras philosophum primus profiteretur, nec illi Prophetas nostros universos temporis antiquitate præcedunt : quando quidem Thales, post quem ceteri fuerunt, regnante Romulo (*a*) eminuisse fertur, quando de fontibus Israel in eis litteris, quæ toto orbe manarent, prophetiæ flumen erupit. Soli igitur illi theologi poetæ, Orpheus, Linus, Musæus, et si quis alius apud Græcos fuit, his Prophetis Hebræis, quorum scripta in auctoritate habemus, annis reperiuntur priores. Sed nec ipsi verum theologum nostrum Moysen, qui unum verum Deum veraciter prædicavit, cujus nunc scripta in auctoritatis canone prima sunt, tempore prævenerunt : ac per hoc quantum ad Græcos attinet, in qua lingua litteræ hujus sæculi maxime ferbuerunt, nihil habent unde sapientiam suam jactent, quo religione nostra, ubi vera sapientia est, si non superior, saltem videatur antiquior. Verum, quod fatendum est, non quidem in Græcia, sed in barbaris gentibus, sicut in Ægypto, jam fuerat ante Moysen nonnulla doctrina, quæ illorum sapientia diceretur : alioquin non scriptum esset in libris sanctis, Moysen eruditum fuisse omni sapientia Ægyptiorum, (*Act.* VII, 22) tunc utique quando ibi natus est, et a filia Pharaonis adoptatus atque nutritus, etiam liberaliter educatus est. Sed nec sapientia Ægyptiorum sapientiam Prophetarum nostrorum tempore antecedere potuit, quando quidem et Abraham propheta fuit. (*Gen.* XX, 7.) Quid autem sapientiæ esse potuit in Ægypto, antequam eis Isis, quam mortuam tamquam deam magnam colendam putaverunt, litteras traderet? Isis porro Inachi filia fuisse proditur, qui primus regnare cœpit Argivis, quando Abrahæ jam nepotes reperiuntur exorti.

CAPUT XXXVIII.

Quod quædam sanctorum scripta ecclesiasticus canon propter nimiam non receperit vetustatem, ne per occasionem eorum falsa veris insererentur.

Jam vero si longe antiquiora repetam, et ante il-

(*a*) Sola editio Lov. *emicuisse.*

anciens, avant même cette grande catastrophe du déluge, je trouve notre patriarche Noé, que je puis à bon droit appeler aussi prophète, puisque l'arche même qu'il fabriqua et où il se réfugia avec les siens, est une prophétie de notre temps. Que dirais-je d'Enoch, septième descendant d'Adam? L'Epître canonique de l'Apôtre Jude ne proclame-t-elle pas qu'il a prophétisé? Si les écrits de ces prophètes n'ont aucune autorité ni chez les Juifs, ni chez nous, c'est leur trop grande antiquité qui en est cause, elle les a rendus suspects, on craignit de donner l'erreur pour la vérité. Car, certains écrits leur sont attribués par ceux qui croient indistinctement ce qui leur plaît. Mais la pureté du canon n'a point permis de les admettre, non que l'Église réprouve l'autorité de ces hommes qui se rendirent agréables à Dieu, mais parce qu'elle ne croit pas que ces écrits soient leur œuvre. Et il n'est pas étonnant que l'on regarde comme suspects des livres remontant à une si haute antiquité, quand dans l'histoire même des rois de Juda et d'Israël, où sont rapportés des faits auxquels nous ajoutons foi par suite de l'autorité des Écritures canoniques, on indique plusieurs choses qui manquent d'explications; on dit même qu'elles se trouvent dans d'autres livres écrits par des prophètes, dont les noms ne sont pas inconnus (I. *Par.* XXIX, 29; II. *Par.* IX, 29); et cependant, ces livres ne sont point compris dans le canon des Écritures reçu du peuple de Dieu. Pourquoi en est-il ainsi? J'avoue que je l'ignore; si ce n'est, à mon avis, que ces hommes auxquels l'Esprit-Saint a certainement révélé tout ce qui devait avoir autorité de religion, ont pu écrire certaines choses comme hommes, avec l'exactitude réclamée par l'histoire; et d'autres, comme prophètes, sous l'inspiration divine; de là cette distinction entre celles qu'on croirait devoir leur attribuer à eux-mêmes, et celles qu'on attribuerait à Dieu, parlant par leur bouche; ainsi, les unes appartiendraient au développement des connaissances humaines, les autres à l'autorité de la religion; autorité gardienne du canon en dehors duquel les écrits qui paraissent sous le nom des anciens prophètes n'ont aucune valeur, même pour la science, puisque leur authenticité est incertaine; aussi, on se garde bien d'y ajouter foi, surtout si on y remarque certains passages contraires à la foi des livres canoniques, car alors il est évident que ces livres n'ont pas pour auteurs ceux auxquels ils sont attribués.

---

lud grande diluvium noster erat utique Noe patriarcha, quem prophetam quoque non immerito dixerim : si quidem ipsa arca quam fecit, et in qua cum suis evasit, prophetia nostrorum temporum fuit. Quid Enoch septimus ab Adam, nonne etiam in canonica epistola apostoli Judæ prophetasse prædicatur? Quorum scripta ut apud Judæos et apud nos in auctoritate non essent, nimia fecit antiquitas, propter quam videbantur habenda esse suspecta, ne proferrentur falsa pro veris. Nam et proferuntur quædam quæ ipsorum esse dicantur ab eis qui pro suo sensu passim, quod volunt, credunt. Sed ea castitas canonis non recepit, non quod eorum hominum, qui Deo placuerunt, reprobetur auctoritas, sed quod ista esse non credantur ipsorum. Nec mirum debet videri, quod suspecta habentur, quæ sub tantæ antiquitatis nomine proferuntur, quando quidem in ipsa historia regum (*a*) Juda et regum Israel, quæ res gestas continet, de quibus etiam Scripturæ canonicæ credimus, commemorantur plurima, quæ ibi non explicantur, et in libris aliis inveniri dicuntur, quos Prophetæ scripserunt, et alicubi eorum quoque Prophetarum nomina non tacentur (I. *Par.* XXIX, 29, *et* II. *Par.* IX, 29); nec tamen inveniuntur in canone, quem recepit populus Dei. Cujus rei, fateor, caussa me latet; nisi quod existimo, etiam ipsos, quibus ea quæ in auctoritate religionis esse deberent, sanctus utique Spiritus revelabat, alia sicut homines historica diligentia, alia sicut Prophetas inspiratione divina scribere potuisse; atque hæc ita fuisse distincta, ut illa tamquam ipsis, ista vero tamquam Deo per ipsos loquenti, judicarentur esse tribuenda; ac sic illa pertinerent ad ubertatem cognitionis, hæc ad religionis auctoritatem : in qua auctoritate custoditur canon, præter quem si qua jam etiam sub nomine veterum Prophetarum scripta proferuntur, nec ad ipsam copiam scientiæ valent, quoniam utrum eorum sint, quorum esse dicuntur, incertum est; et ob hoc eis non habetur fides, maxime his in quibus etiam contra fidem librorum canonicorum quædam leguntur, propter quod ea prorsus non esse apparet illorum.

(*a*) Sic Mss. Editi vero, *Judæ.*

CHAPITRE XXXIX

Des caractères hébraïques qui sont aussi anciens que la langue.

Ne croyons donc pas, comme plusieurs se l'imaginent, que la langue hébraïque seule ait été conservée par Héber, qui donna son nom aux Hébreux, et transmise de lui à Abraham, tandis que les caractères hébraïques dateraient de la loi donnée par Moïse. Il est plus probable que cette langue s'est conservée avec ses caractères dans les traditions patriarchales. Enfin Moïse choisit des maîtres pour enseigner les lettres au peuple de Dieu, avant toute connaissance de la loi divine. L'Écriture les appelle γραμματοεισαγωγεῖς, ce qui signifie introducteurs ou initiateurs aux lettres, parce qu'ils les introduisaient pour ainsi dire dans l'esprit de leurs disciples, ou plutôt introduisaient leurs disciples jusqu'à elles. Ainsi donc, qu'aucune nation n'ait la simplicité de se vanter de sa science, la croyant plus ancienne que nos patriarches et nos prophètes, dotés de la science divine, quand l'Egypte accoutumée à se glorifier faussement de l'antiquité de ses doctrines, ne saurait même, n'importe en quel genre de connaissances, prétendre à la priorité sur la science de nos patriarches. Personne, sans doute, n'oserait parler des merveilles de la science chez les Égyptiens, avant la connaissance des lettres, c'est-à-dire avant Isis qui les leur fit connaître. Au reste, qu'était-ce parmi eux que cette science en sagesse si vantée? C'était surtout l'astronomie et peut-être quelque autre science semblable, dont l'étude sert plutôt à exercer l'imagination, qu'à éclairer l'âme de la véritable sagesse. Quant à la philosophie, qui se flatte d'apprendre aux hommes le secret du bonheur, ce n'est qu'à l'époque de Mercure Trismégiste, que ces contrées la virent fleurir; longtemps, il est vrai, avant les sages ou philosophes de la Grèce, mais toutefois après Abraham, Isaac, Jacob, Joseph, et après Moïse lui-même. Car, ce n'est qu'au temps de la naissance de Moïse que l'on voit paraître Atlas, ce grand astrologue, frère de Prométhée et aïeul maternel du grand Mercure, dont Mercure Trismégiste fut le petit-fils.

CAPUT XXXIX.

De Hebraicis litteris, quæ numquam in suæ linguæ proprietate non fuerint.

Non itaque credendum est, quod nonnulli arbitrantur, Hebræam tantum linguam per illum vocabatur Heber, unde Hebræorum vocabulum est, servatam, atque inde pervenisse ad Abraham, Hebræas autem litteras a lege cœpisse, quæ data est per Moysen; sed potius per illam successionem patrum, memoratam linguam cum suis litteris custoditam. Denique Moyses in populo Dei constituit, qui docendis litteris præessent, priusquam divinæ legis ullas litteras nossent. Hos appellat Scriptura γραμματοεισαγωγεῖς, qui Latine dici possunt litterarum inductores vel introductores, eo quod eas inducant, id est, introducant quodam modo in corda discentium, vel in eos potius ipsos quos docent. Nulla igitur gens de antiquitate sapientiæ suæ super Patriarchas et Prophetas nostros, quibus inerat divina sapientia, ulla se vanitate jactaverit; quando nec Ægyptus invenitur, quæ solet falso et inaniter de suarum doctrinarum antiquitate gloriari, qualicumque sapientia sua Patriarcharum nostrorum tempore prævenisse sapientiam. Neque enim quisquam dicere audebit mirabilium disciplinarum eos peritissimos fuisse, antequam litteras nossent, id est, antequam Isis eo venisset, easque ibi docuisset. Ipsa porro eorum memorabilis doctrina, quæ appellata est sapientia, quid erat, nisi maxime astronomia, et si quid aliud talium disciplinarum magis ad exercenda ingenia, quam ad illuminandas vera sapientia mentes valere solet? Nam quod attinet ad philosophiam, quæ se docere profitetur aliquid, unde fiant homines beati, circa tempora Mercurii, quem Trismegistum vocaverunt, in illis terris ejusmodi studia claruerunt : longe quidem ante sapientes vel philosophos Græciæ, sed tamen post Abraham, et Isaac, et Jacob, et Joseph; nimirum etiam post ipsum Moysen. Eo quippe tempore, quo Moyses natus est, fuisse reperitur Atlas ille magnus astrologus, Promethei frater, maternus avus Mercurii majoris, cujus nepos fuit Trismegistus iste Mercurius.

CHAPITRE XL.

Vaines prétentions des Égyptiens sur l'antiquité de leur science qu'ils font remonter à cent mille ans.

C'est donc par une bien sotte présomption que certains grands parleurs comptent plus de cent mille ans, depuis que l'Égypte possède la science des astres. En quels livres ont-ils donc fait ce calcul, eux qui ont appris d'Isis la connaissance des lettres, il n'y a guère plus de deux mille ans. Car Varron, qui n'est pas une petite autorité en fait d'histoire, nous assure ce dernier chiffre, et la vérité des Saintes-Écritures ne le contredit point. Et comme depuis Adam, le premier homme, il n'y a pas encore six mille ans révolus, n'est-il pas plus à propos de railler que de réfuter ceux qui avancent des opinions si étranges sur la durée des temps, et si contraires à la vérité bien reconnue? En effet, pour les récits du passé, qui donc nous inspirera plus de confiance, sinon celui qui a prédit ce dont nous voyons déjà l'accomplissement? Le désaccord des historiens entre eux, nous permet de croire préférablement ceux qui ne sont pas en contradiction avec notre Histoire sacrée. Quand les citoyens de la Cité impie, répandus sur toute la terre, voient des hommes très-savants, dont l'autorité ne saurait être méprisée, partagés sur des faits très-éloignés de nous et qui remontent à la plus haute antiquité, ils ne savent auquel de préférence ils doivent ajouter foi. Pour nous, au contraire, en ce qui concerne l'histoire de notre religion, appuyés sur l'autorité divine, nous sommes certains que tout ce qui la contredit, est très-faux, quelles que soient d'ailleurs les autres assertions de l'histoire profane. Car, vraies ou fausses, elles n'ont aucune importance, elles ne servent ni à réformer notre vie, ni à nous rendre heureux.

CHAPITRE XLI.

Diversité des opinions chez les philosophes; accord des Écrivains canoniques.

1. Mais laissons maintenant de côté les éclaircissements historiques, pour revenir aux philosophes, causes de cette digression. Puisqu'ils semblent n'avoir eu, dans leurs études, d'autre but que de découvrir le genre de vie le plus propre à assurer le bonheur, pourquoi donc, maîtres et disciples, et disciples entre eux, sont-ils en désaccord, sinon parce qu'ils ont fait cette recherche en hommes, avec des

CAPUT XL.

De Ægyptiorum mendacissima vanitate, quæ antiquitati scientiæ suæ centum millia adscribit annorum.

Frustra itaque vanissima præsumtione garriunt quidam, dicentes, ex quo rationem siderum comprehendit Ægyptus, amplius quam centum annorum millia numerari. In quibus enim libris istum numerum collegerunt, qui non multum ante annorum duo millia litteras magistra Iside didicerunt? Non enim parvus auctor est in historia Varro, qui hoc prodidit, quod a litterarum etiam divinarum veritate non dissonat. Cum enim ab ipso primo homine, qui est appellatus Adam, nondum sex millia annorum compleantur, quomodo non isti ridendi potius, quam refellendi sunt, qui de spatio temporum tam diversa, et huic exploratæ veritati tam contraria persuadere conantur? Cui enim melius narranti præterita credimus, quam qui etiam futura prædixit, quæ præsentia jam videmus? Nam et ipsa historicorum inter se dissonantia copiam nobis præbet, ut ei potius credere debeamus, qui divinæ, quam tenemus, non repugnat historiæ. Porro autem cives impiæ Civitatis, diffusi usquequaque per terras, cum legunt doctissimos homines, quorum nullius contemnenda videatur auctoritas, inter se de rebus gestis ab ætatis nostræ memoria remotissimis discrepantes, cui potius credere debeant, non inveniunt. Nos vero in nostræ religionis historia, fulti auctoritate divina, quidquid ei resistit, non dubitamus esse falsissimum quomodolibet sese habeant cetera in sæcularibus litteris; quæ seu vera seu falsa sint, nihil momenti afferunt, quo recte beateque vivamus.

CAPUT XLI.

De philosophicarum opinionum dissentionibus, et canonicarum apud Ecclesiam concordia Scripturarum.

1. Ut autem jam cognitionem omittamus historiæ, ipsi philosophi, a quibus ad ista progressi sumus, qui non videntur laborasse in studiis suis, nisi ut invenirent quomodo vivendum esset accommodate ad beatitudinem capessendam, cur dissenserunt et magistris discipuli, et inter se condiscipuli, nisi quia ut homines humanis sensibus et humanis ra-

sentiments et des raisonnements tout-à-fait humains ? Il est vrai que plusieurs ont pu se laisser entraîner par la vaine gloire, celui-ci pour paraître plus sage et plus subtil que celui-là, et non point le disciple servile de l'opinion d'autrui, mais l'auteur propre de ses doctrines et de ses opinions. J'accorderai cependant que plusieurs ou même un grand nombre d'entre eux se sont séparés de leurs maîtres ou de leurs condisciples par amour de la vérité, et qu'ils ont combattu pour ce qu'ils croyaient, à tort ou à raison, être la vérité ; mais que fera, de quel côté se dirigera la pauvre humanité pour parvenir au bonheur, si elle n'est point guidée par l'autorité divine ? Quant à nos auteurs, qui forment à juste titre le canon fixe et précis des saintes Lettres, il n'y a entre eux aucun dissentiment, loin de là. Aussi, il ne faut pas s'étonner si l'on a cru que leurs livres aient été inspirés de Dieu, ou que Dieu lui-même ait parlé par leur bouche ; et cette croyance n'a pas été restreinte à quelques écoles et à un petit nombre de rhéteurs partisans de la chicane, mais elle s'est répandue dans les campagnes et dans les villes, parmi les savants et les ignorants, chez tous les peuples du monde. Et ces auteurs durent être peu nombreux, de peur que leur nombre ne rendît méprisable ce qu'il fallait entourer d'un religieux respect ; et cependant, ce nombre ne dût pas être si petit, que

leur parfait accord ne fût un miracle. Mais dans cette multitude de philosophes qui ont laissé des monuments littéraires de leurs doctrines, il serait difficile d'en trouver qui eussent les mêmes opinions ; le démontrer, ce serait m'entraîner ici à de trop longs développements.

2. Et quel est le chef de secte, tellement en faveur dans la Cité idolâtre, qu'il obtienne la condamnation de tous ceux qui professent des opinions différentes ou contraires aux siennes ? Est-ce qu'Athènes n'a pas vu fleurir en même temps, les Epicuriens affirmant que les dieux ne s'occupent pas des choses humaines, et les Stoïciens soutenant, au contraire, qu'elles étaient dirigées et gouvernées par les dieux tutélaires ? Aussi je m'étonne qu'Anaxagore ait été regardé comme coupable pour avoir dit que le soleil n'était pas un dieu, mais une pierre enflammée, tandis que dans la même ville, vivait en paix et honoré Epicure, qui rejetait non-seulement la divinité du soleil et des astres, mais prétendait qu'il n'y avait dans le monde ni Jupiter, ni aucun autre dieu pour recevoir les prières et les supplications des mortels. N'est-ce pas à Athènes qu'Aristippe fait consister le souverain bien dans la volupté du corps, et Antisthènes, dans la vertu de l'âme ; tous deux philosophes distingués, tous deux disciples de Socrate, et toutefois plaçant le bonheur de la vie, dans des conditions si diffé-

---

tiocinationibus ista quæsierunt? Ubi quamvis esse potuerit et studium gloriandi, quo quisque alio sapientior et acutior videri cupit, nec sententiæ quodam modo addictus alienæ, sed sui dogmatis et opinionis inventor : tamen ut nonnullos vel etiam plurimos eorum fuisse concedam, quos a suis doctoribus vel discendi sociis amor veritatis abruperit, ut pro ea certarent, quam veritatem putarent, sive illa esset, sive non esset ; quid agit, aut quo vel qua, ut ad beatitudinem perveniatur, humana se porrigit infelicitas, si divina non ducit auctoritas ? Denique auctores nostri, in quibus non frustra sacrarum litterarum figitur et terminatur canon, adsit ut inter se aliqua ratione dissentiant. Unde non immerito, cum illa scriberent, eis Deum vel per eos locutum, non pauci in scholis atque gymnasiis litigiosis disputationibus garruli, sed in agris atque in urbibus cum doctis atque indoctis tot tantique populi credididerunt. Ipsi sane pauci esse debuerunt, ne multitudine vilesceret, quod religiose carum esse oporteret : nec tamen ita pauci, ut eorum non sit

miranda consensio. Neque enim in multitudine philosophorum, qui labore etiam litterario monumenta suorum dogmatum reliquerunt, facile quis invenerit, inter quos cuncta quæ sensere convenirent : quod ostendere hoc Opere longum est.

2. Quis autem sectæ cujuslibet auctor sic est in hac dæmonicola Civitate approbatus, ut ceteri improbarentur, qui diversa et adversa senserunt ? Nonne apud Athenas et Epicurei clarebant, asserentes res humanas ad deorum curam non pertinere, et Stoici, qui contraria sentientes, eas regi atque muniri diis adjutoribus atque tutoribus disputabant ? Unde miror cur Anaxagoras reus factus sit, quia solem esse dixit lapidem ardentem, negans utique deum ; cum in eadem civitate gloria floruerit Epicurus, vixeritque securus, non solum solem vel ullum siderum deum esse non credens, sed nec Jovem, nec ullum deorum omnino in mundo habitare contendens, ad quem preces hominum supplicationesque pervenirent. Nonne ibi Aristippus in voluptate corporis summum bonum ponens, ibi Antis-

rentes et si opposées entre elles? Le premier de ces deux philosophes disait encore que le sage doit fuir le gouvernement de la république; l'autre, qu'il doit le rechercher; et chacun d'eux ralliait des disciples à sa secte. Car c'était au grand jour, sous un immense et célèbre portique, dans les académies, dans les jardins, dans les lieux publics et privés, au milieu de la foule, que s'étalaient les débats de toutes les opinions. Les uns soutenaient qu'il n'y a qu'un monde; les autres, qu'il y en a à l'infini; les uns, que ce monde a commencé; les autres, qu'il n'a point eu de commencement; les uns, qu'il doit finir; les autres, qu'il durera toujours; les uns, qu'une providence le dirige; les autres, qu'il est soumis au hasard. Ceux-ci prétendaient que l'âme est immortelle; ceux-là qu'elle est mortelle; et parmi les partisans de l'immortalité, les uns déclaraient qu'elle doit passer dans le corps des animaux, les autres disaient le contraire; quant aux partisans de la mortalité, les uns assuraient qu'elle meurt avec le corps, les autres, qu'elle lui survit plus ou moins longtemps et qu'elle finit toujours par mourir. Ceux-ci plaçaient le bien final dans le corps; ceux-là dans l'âme; d'autres, en tous deux; d'autres ajoutaient au corps et à l'âme, les biens extérieurs. Enfin, les uns voulaient qu'on s'en rapportât toujours au témoignage des sens; les autres, pas toujours; et d'autres jamais. Or, ces innombrables dissentiments des philosophes, quel peuple, quel sénat, quelle autorité ou magistrature de la Cité impie, s'est jamais occupé de les juger, d'approuver et d'admettre certaines opinions, de condamner et de rejeter les autres? N'a-t-on pas, au contraire, admis indifféremment tous ces systèmes confus et contradictoires, bien qu'il ne fût pas question d'un misérable intérêt terrestre, mais de bonne ou mauvaise vie? Et si parfois paraissait quelque vérité, l'erreur avait la même facilité de se produire; aussi, ce n'est pas sans raison qu'une telle Cité a reçu le nom de Babylone; car, comme nous l'avons déjà dit, Babylone signifie confusion. Et peu importe au démon, prince de cette Cité, les débats qui surgissent d'erreurs contraires, puisque, grâce à ces différentes sortes d'impiété, ils sont tous également soumis à son empire.

3. Mais cette nation, ce peuple, cette république, ces Israélites, dépositaires de la parole divine, n'ont jamais confondu, avec une telle licence, les faux et les véritables prophètes; ils reconnaissaient les véritables auteurs des Sain-

---

thenes virtute animi potius hominem fieri beatum asseverans, duo philosophi nobiles et ambo Socratici, in tam diversis atque inter se contrariis finibus vitæ summam locantes, quorum etiam ille fugiendam, iste administrandam sapienti dicebat esse rempublicam, ad suam quisque sectam sectandam discipulos congregabat? Nempe palam in conspicua et notissima porticu, in gymnasiis, in hortulis, in locis publicis ac privatis, catervatim pro sua quisque opinione certabant : alii asserentes unum, alii innumerabiles mundos; ipsum autem unum alii ortum esse, alii vero initium non habere; alii interiturum, alii semper futurum; alii mente divina, alii fortuitu et casibus agi : alii immortales esse animas, alii mortales; et qui immortales, alii revolvi in bestias, alii nequaquam; qui vero mortales, alii mox interire post corpus, alii vivere etiam postea vel paululum, vel diutius, non tamen semper : alii in corpore constituentes finem boni, alii in animo, alii in utroque, alii extrinsecus posita etiam bona ad animum et corpus addentes : alii sensibus corporis semper, alii non semper, alii numquam, putantes esse credendum. Has et alias pene innumerabiles dissensiones philosophorum, quis umquam populus, quis senatus, quæ potestas vel dignitas publica impiæ Civitatis dijudicandas, et alias probandas ac recipiendas, alias improbandas repudiandasque curavit, ac non passim sine ullo judicio confuseque habuit in gremio suo tot controversias hominum dissidentium, non de agris et domibus, vel quacumque pecuniaria ratione, sed de his rebus, quibus aut misere vivitur aut beate? Ubi etsi aliqua vera dicebantur, eadem licentia dicebantur et falsa : prorsus ut non frustra talis Civitas mysticum vocabulum Babylonis acceperit. Babylon quippe interpretatur confusio, quod nos jam dixisse meminimus. Nec interest diaboli regis ejus, quam contrariis inter se rixentur erroribus, quos merito multæ variæque impietatis pariter possidet.

3. At vero gens illa, ille populus, illa Civitas, illa respublica, illi Israelitæ, quibus credita sunt eloquia Dei, nullo modo pseudoprophetas cum veris Prophetis (a) pari licentia confuderunt : sed concordes inter se atque in nullo dissentientes, sacrarum litterarum veraces ab eis agnoscebantur et tenebantur auctores. Ipsi eis erant philosophi, hoc est, amato-

---

(a) In Mss. *parilitate licentiæ*.

tes-Écritures, à la parfaite conformité qui existait entre eux, sans qu'aucune dissidence vînt rompre cette précieuse harmonie. Ceux-là étaient leurs philosophes, leurs sages, leurs théologiens, leurs docteurs dans la vertu et la piété. Quiconque a vécu selon leurs maximes, n'a pas vécu selon la sagesse de l'homme, mais selon la sagesse de Dieu qui a parlé par leur bouche. Là, si l'impiété est défendue, c'est Dieu qui la défend. S'il est dit : « Honore ton père et ta mère, » (*Exod.* xx,) c'est Dieu qui fait le commandement. Si on dit encore : « Tu ne seras pas adultère ; tu ne commettras pas d'homicide ; tu ne voleras pas, etc., » ce ne sont point des paroles sorties de la bouche de l'homme, ce sont des oracles de Dieu. Et maintenant, ces vérités qu'au milieu de tant d'erreurs certains philosophes ont pu démêler, et dont ils ont, à force de raisonnements, convaincu les esprits ; ainsi, Dieu créateur du monde, le gouvernement lui-même par sa Providence, la beauté de la vertu, l'amour de la patrie, l'amitié sincère, les bonnes œuvres, tout ce qui a rapport aux bonnes mœurs, bien qu'ils aient ignoré la fin et les moyens qui y conduisent ; tout cela est prêché au peuple dans la Cité sainte et inculqué dans son esprit sans discussions contentieuses, par la voix des prophètes, c'est-à-dire de Dieu même, dont ils sont les organes ; et celui qui arrive à la connaissance de ces vérités, craint de les mépriser, non comme des inventions de l'esprit de l'homme, mais comme la parole de Dieu.

CHAPITRE XLII.

La divine Providence a permis la traduction des Écritures de l'Ancien Testament de l'Hébreu en Grec, pour en répandre la connaissance chez tous les peuples.

Un des Ptolémées, roi d'Égypte, voulut connaître et posséder nos livres saints ; car Alexandre, surnommé le Grand, avait bien créé l'empire Macédonien en subjugant toute l'Asie et presque toute la terre, soit par la force des armes, soit par la terreur de son nom ; il avait même, entre autres contrées de l'Orient, envahi et soumis la Judée ; mais cet empire devait être plus merveilleux par ces rapides conquêtes que par sa durée. Après la mort de ce prince, ses généraux, loin de le partager entre eux pour régner en paix chacun sur son héritage, n'aboutissent qu'à en causer la ruine, en portant partout les ravages de la guerre ; et c'est alors que l'Égypte commence à avoir pour rois les Ptolémées. Le premier, fils de Lagus,

---

res sapientiæ, ipsi sapientes, ipsi theologi, ipsi prophetæ, ipsi doctores probitatis atque pietatis. Quicumque secundum illos sapuit et vixit, non secundum homines, sed secundum Deum, qui per eos locutus est, sapuit et vixit. Ibi si prohibitum est sacrilegium, Deus prohibuit. Si dictum est : « Honora patrem tuum et matrem tuam, » (*Exod.* xx) Deus jussit. Si dictum est : « Non mœchaberis, Non homicidium facies, Non furaberis, » et cetera hujusmodi, non hæc ora humana, sed oracula divina fuderunt. Quidquid philosophi quidam inter falsa, quæ opinati sunt, verum videre potuerunt, et laboriosis disputationibus persuadere moliti sunt, quod mundum istum fecerit Deus, eumque ipse providentissimus administret, de honestate virtutum, de amore patriæ, de fide amicitiæ, de bonis operibus atque omnibus ad mores probos pertinentibus rebus, quamvis nescientes ad quem finem, et quonam modo essent ista omnia referenda, propheticis, hoc est divinis vocibus, quamvis per homines, in illa Civitate populo commendata sunt, non argumentationum concertationibus inculcata ; ut non hominis ingenium, sed Dei eloquium contemnere formidaret, qui illa cognosceret.

CAPUT XLII.

Qua dispensatione providentiæ Dei Scripturæ sacræ veteris Testamenti ex Hebræo in Græcum eloquium translatæ sint, ut universis gentibus innotescerent.

Has sacras litteras etiam unus (*a*) Ptolemæorum regum Ægypti nosse studuit et habere. Nam post Alexandri Macedonis, qui etiam Magnus cognominatus est, mirificentissimam minimeque diuturnam potentiam, qua universam Asiam, immo pene totum orbem, partim vi et armis, partim terrore subegerat, quando inter cetera Orientis (*b*) etiam Judæam ingressus obtinuit ; eo mortuo Comites ejus, cum regnum illud amplissimum non pacifice inter se possessuri divisissent, sed potius dissipassent, bellis omnia vastaturi, Ptolemæos reges habere cœpit

---

(*a*) Omnes prope Mss. *Ptolomæorum* : et constanter *Ptolomæus*, loco *Ptolemæus*. — (*b*) Editi, *Orientis regna*. Abest *regna* a Mss.

emmena de Judée en Égypte un grand nombre de captifs (1). Son successeur, un autre Ptolémée, appelé Philadelphe, rendit la liberté aux captifs, et les renvoya dans leurs foyers. Il leur remit même des offrandes royales pour le temple de Dieu et fit prier Éléazar, alors grand-prêtre, de lui donner les Écritures que la renommée lui avait sans doute fait connaître comme divines, et qu'il désirait placer dans sa célèbre bibliothèque. Le grand-prêtre les lui fit parvenir, mais en hébreu ; alors ce prince demanda des interprètes et on lui en envoya soixante-douze, six de chacune des douze tribus, hommes très-versés dans les deux langues, l'hébreu et le grec. L'usage a prévalu d'appeler cette version, la version des Septante. On rapporte qu'il y eut dans le choix de leurs expressions un accord si merveilleux, si étrange et vraiment divin, que chacun d'eux ayant séparément accompli cette œuvre (car il plut au roi d'éprouver ainsi leur fidélité), il ne se trouva aucune différence entre eux ni pour le sens, ni pour la valeur, ni même pour l'ordre des mots; et comme s'il n'y eût eu qu'un seul interprète, tous ne firent qu'une seule et même version, parce qu'en effet l'Esprit-Saint en tous était un. Ils avaient reçu de Dieu ce don admirable, afin que ces Écritures fussent reconnues, non comme une œuvre humaine, mais comme une œuvre divine, et que leur autorité fut ainsi en plus grande vénération chez les Gentils, qui devaient un jour embrasser la foi, c'est ce que nous voyons accompli.

CHAPITRE XLIII.

De l'autorité de la version des Septante qui, sauf l'honneur réservé au texte primitif, l'hébreu, doit être préférée à toutes les autres versions.

Car bien qu'il y ait eu d'autres interprètes qui on fait passer d'hébreu en grec les oracles sacrés, comme Aquila, Symmaque, Théodotion, et aussi l'auteur anonyme d'une œuvre semblable, appelée pour cette raison la cinquième version, l'Église, toutefois, a reçu celle des Septante comme si elle était seule, et les chrétiens Grecs en font usage, la plupart ne sachant pas s'il en existe d'autres. Les Églises latines ont adopté la version des Septante traduite en latin. Toutefois, de notre temps, il s'est trouvé un prêtre, le savant Jérôme qui, très-versé dans les trois langues, a traduit les Écritures, non du grec, mais de l'hébreu en latin.

(1) Voyez Josèphe, *Antiq. Judaïques*, livre XII, chapitre II.

Ægyptus : quorum primus Lagi filius, multos ex Judæa captivos in Ægyptum transtulit. Huic autem succedens alius Ptolemæus, qui est appellatus Philadelphus, omnes quos ille adduxerat subjugatos, liberos redire permissit : insuper et dona regia in templum Dei misit, petivitque ab Eleazaro tunc pontifice, dari sibi Scripturas, quas profecto audierat fama prædicante divinas ; et ideo concupiverat habere in bibliotheca, quam nobilissimam fecerat. Has ei cum idem pontifex misisset Hebræas, post etiam ille interpretes postulavit : et dati sunt septuaginta duo, de singulis duodecim tribubus seni homines, linguæ utriusque doctissimi, Hebrææ scilicet atque Græcæ. Quorum interpretatio ut Septuaginta vocetur, jam obtinuit consuetudo. Traditur sane tam mirabilem ac stupendum planeque divinum in eorum verbis fuisse consensum, ut cum ad hoc opus separatim singuli sederint, (ita enim eorum fidem Ptolemæo placuit explorare,) in nullo verbo, quod idem significaret et tantumdem valeret, vel in verborum ordine, alter ab altero discreparet : sed tamquam unus esset interpres, ita quod omnes interpretati sunt, unum erat : quoniam re vera Spiritus erat unus in omnibus. Et ideo tam mirabile Dei munus acceperant, ut illarum Scripturarum, non tamquam humanarum, sed sicut erant, tamquam divinarum, etiam isto modo commendaretur auctoritas, credituris quandoque gentibus profutura, quod jam videmus effectum.

CAPUT XLIII.

De auctoritate Septuaginta interpretum, quæ, salvo honore Hebræi stili, omnibus sit interpretibus præferenda.

Nam cum fuerint et alii interpretes, qui ex Hebræa lingua in Græcam sacra illa eloquia transtulerunt, sicut Aquila, Symmachus, Theodotion ; sicut etiam illa est interpretatio, cujus auctor non apparet, et ob hoc sine nomine interpretis, Quinta editio noncupatur : hanc tamen quæ Septuaginta est, tamquam sola esset, sic recepit Ecclesia, eaque utuntur Græci populi Christiani, quorum plerique utrum alia sit aliqua ignorant. Ex hac Septuaginta interpretatione etiam in Latinam linguam interpretatum est, quod Ecclesiæ Latinæ tenent. Quamvis non defue-

C'est là un précieux travail, mais bien que les Juifs le reconnaissent fidèle et qu'ils prétendent que les Septante se sont trompés en beaucoup d'endroits, néanmoins, les Églises du Christ accordent la préférence à l'œuvre de tant d'hommes choisis exprès par le grand-prêtre Éléazar. Car, en supposant qu'ils n'eussent point reçu l'Esprit un, et certainement divin, mais qu'ils se fussent humainement concertés pour les termes de cette version, et que l'adhésion générale eût été déclarée nécessaire à l'œuvre commune, il serait encore vrai que l'interprétation d'un seul ne devait jamais leur être préférée. Mais l'assistance divine s'étant manifestée ici d'une manière si sensible, tout interprète fidèle des Saintes-Écritures, en quelque langue qu'il les traduise, doit être d'accord avec la version des Septante, ou s'il paraît s'écarter de leur sens, il faut croire qu'un profond mystère se cache sous la version prophétique. Car l'Esprit qui animait les prophètes lorsqu'ils écrivaient les saintes lettres, animait aussi les Septante lorsqu'ils les interprétaient. Et assurément, de son autorité divine, il a pu inspirer un autre sens, comme si le prophète eût exprimé l'un et l'autre, parce que l'un et l'autre serait toujours la parole du même esprit; il a pu encore employer d'autres expressions, en sorte que le même sens, sinon les mêmes termes, devint évident pour les esprits droits; enfin, il a bien pu aussi omettre et ajouter, pour faire voir que, dans ce travail, l'interprète n'était pas esclave de la lettre, et soumis à une parole purement humaine, mais sous la dépendance de l'autorité de Dieu, qui inspirait et dirigeait ses pensées. Quelques-uns ont pensé que le texte grec de la version des Septante devait être corrigé sur le texte hébreu, et cependant ils n'ont pas osé retrancher de la version des Septante ce qui n'était pas dans l'hébreu, ils ont seulement ajouté ce que les Septante avaient de moins, indiquant chaque verset ajouté par certains signes en forme d'étoiles qu'on appelle astérisques. Quant aux additions des Septante au texte hébreu, elles sont marquées également, en tête des versets, par des traits horizontaux semblables aux signes des onces. Et des exemplaires grecs et latins ainsi marqués, sont répandus partout en grand nombre. En dehors des omissions et des additions, s'il se trouve des expressions différentes, soit qu'il s'ensuive en apparence un sens différent, soit qu'elles présentent évidemment le même sens, bien qu'en d'autres termes, on ne peut s'en assurer qu'en

---

rit temporibus nostris presbyter Hieronymus, homo doctissimus, et omnium trium linguarum peritus, qui non ex Græco, sed ex Hebræo in Latinum eloquium easdem Scripturas converterit. Sed ejus tam litteratum laborem quamvis Judæi fateantur esse veracem, Septuaginta vero interpretes in multis errasse contendant : tamen Ecclesiæ Christi tot hominum auctoritati, ab Eleazaro tunc pontifice ad hoc tantum opus electorum, neminem judicant præferendum : quia etsi non in eis unus apparuisset Spiritus, sine dubitatione divinus, sed inter se verba interpretationis suæ Septuaginta docti more hominum contulissent, ut quod placuisset omnibus hoc maneret, nullus eis unus interpres debuit anteponi : cum vero tantum in eis signum divinitatis apparuit, profecto quisquis alius illarum Scripturarum ex Hebræa in quamlibet aliam linguam interpres est verax, aut congruit illis Septuaginta interpretibus, aut si congruere non videtur, altitudo ibi prophetica esse credenda est. Spiritus enim qui in Prophetis erat, quando illa dixerunt, idem ipse erat etiam in Septuaginta viris, quando illa interpretati sunt : qui profecto auctoritate divina et aliud dicere potuit, tamquam Propheta ille utrumque dixisset, quia utrumque idem Spiritus diceret; et hoc ipsum aliter, ut si non eadem verba, idem tamen sensus bene intelligentibus dilucesceret; et aliquid prætermittere, et aliquid addere, ut etiam hinc ostenderetur non humanam fuisse in illo opere servitutem, quam verbis debebat interpres, sed divinam potius potestatem, quæ mentem replebat et regebat interpretis. Nonnulli autem codices Græcos interpretationis Septuaginta ex Hebræis codicibus emendandos putarunt : nec tamen ausi sunt detrahere, quod Hebræi non habebant, et Septuaginta, posuerunt; sed tantummodo addiderunt quæ in Hebræis invenia, apud Septuaginta non erant; eaque signis quibusdam in stellarum modum factis, ad capita eorumdem versuum notaverunt, quæ signa asteriscos vocant. Illa vero quæ non habent Hebræi, habent autem Septuaginta, similiter ad capita versuum jacentibus virgulis, sicut scribuntur unciæ, signaverunt. Et multi codices has notas habentes usquequaque diffusi sunt (a) et Latini. Quæ autem non prætermissa vel addita, sed aliter dicta sunt, sive alium sensum faciant etiam ipsum non abhorrentem, sive alio modo

---

(a) Lov. Græci et Latini. Editi alii et Mss. non habent Græci.

conférant les deux textes. Si donc nous nous occupons seulement de rechercher, comme cela doit se faire pour les Saintes-Écritures, ce que l'Esprit de Dieu a voulu dire par l'organe de l'homme, tout ce qui est dans le texte hébreu et n'est pas dans les Septante, c'est qu'il a plu à l'Esprit de Dieu de le dire par les anciens prophètes et non par les derniers. Et tout ce qui est dans les Septante et n'est pas dans le texte hébreu, c'est que le même Esprit a mieux aimé le dire par les uns que par les autres, montrant ainsi qu'ils ont tous été prophètes. D'où il suit qu'il a fait dire ceci par Isaïe, cela par Jérémie, et telle autre chose par tel autre prophète; ou bien la même chose autrement par celui-ci, autrement par celui-là, selon qu'il l'a voulu. Et ce qui se trouve chez les uns comme chez les autres, c'est qu'un seul et même Esprit l'a voulu dire par les uns et par les autres, inspirant d'abord ceux-ci pour prophétiser, ensuite ceux-là pour interpréter prophétiquement. Et comme la vérité et l'accord des prédictions de ceux-là révèle en eux la présence de l'Esprit de paix et d'unité; ainsi, quand ces derniers, sans s'être concertés, publient comme d'une seule voix leur interprétation des Écritures, c'est encore le même Esprit d'unité qui se manifeste.

CHAPITRE XLIV.

Comment faut-il entendre ce qui est écrit au sujet de la ruine de Ninive, quand l'hébreu fixe un délai de quarante jours pour l'accomplissement de la menace, tandis que les Septante le réduisent à trois jours.

Mais dira-t-on, comment savoir si le prophète Jonas a dit aux Ninivites : « Dans trois jours Ninive sera détruite, ou : dans quarante jours? » (*Jonas,* III, 4.) Qui ne voit que le prophète envoyé pour frapper cette ville d'épouvante par la menace d'une ruine prochaine, n'a pu dire en même temps l'un et l'autre? Si ce triste événement devait arriver dans trois jours, ce n'était pas après quarante; s'il devait arriver dans quarante jours, ce n'était pas dans trois jours. Si donc l'on me demande quel est le délai fixé par Jonas, j'accorde la préférence au texte hébreu : dans quarante jours Ninive sera détruite. Car les Septante interprètes, venus longtemps après, ont pu dire autre chose qui, se rapportant au sujet, concourût à former un seul et même sens, bien que sous une autre figure, ce serait alors ; un avertissement au lecteur de s'élever, sans dédaigner l'autorité ni de l'hébreu ni des Septante, au-dessus de l'histoire pour découvrir les vérités mystérieuses qu'elle devait figurer. Car ces faits se sont réellement passés dans la ville de Ninive, mais ils

cumdem sensum explicare monstrentur, nisi utrisque codicibus inspectis nequeunt reperiri. Si igitur, ut oportet, nihil aliud intuecamur in Scripturis illis, nisi quid per homines dixerit Dei Spiritus, quidquid est in Hebræis codicibus, et non est apud interpretes Septuaginta, noluit ea per istos, sed per illos Prophetas Dei Spiritus dicere. Quidquid vero est apud Septuaginta, in Hebræis autem codicibus non est, per istos ea maluit, quam per illos, idem Spiritus dicere, sic ostendens utrosque fuisse Prophetas. Isto enim modo alia per Isaiam, alia per Jeremiam, alia per alium atque alium Prophetam, vel aliter eadem per hunc ac per illum dixit, ut voluit. Quidquid porro apud utrosque invenitur, per utrosque dicere voluit unus atque idem Spiritus : sed ita, ut illi præcederent prophetando, isti sequerentur prophetice illos interpretando : quia sicut in illis vera, et concordantia dicentibus unus pacis Spiritus fuit, sic et in istis non secum conferentibus, et tamen tamquam uno ore cuncta interpretantibus, idem Spiritus unus apparuit.

CAPUT XLIV.

Quid intelligendum sit de Ninivitarum excidio, cujus denuntiatio in Hebræo quadraginta dierum spatio tenditur, in Septuaginta autem tridui brevitate concluditur.

Sed ait aliquis, Quomodo sciam quid Jonas propheta dixerit Ninivitis, utrum, « Triduum, et Ninive evertetur, » an « Quadraginta dies? » (*Jon.* III, 4.) Quis enim non videat non potuisse tunc utrumque dicia Propheta, qui missus fuerat terrere comminatione imminentis exitii civitatem ? Cui si tertio die fuerat futurus interitus, non utique quadragesimo die : si autem quadragesimo, non utique tertio. Si ergo a me quæritur, quid horum Jonas dixerit, hoc puto potius quod legitur in Hebræo, « Quadraginta dies, et Ninive evertetur. » Septuaginta quippe longe posterius interpretati aliud dicere potuerunt, quod tamen ad rem pertineret, et in unum eumdemque sensum, quamvis sub altera significatione, con-

en représentaient d'autres qui s'étendent au-delà de cette ville. Ainsi, c'est un fait certain que le prophète resta trois jours dans le ventre de la baleine, et néanmoins Jonas en figure un autre qui demeurera trois jours dans les abîmes de l'enfer, et celui-là, c'est le Seigneur de tous les prophètes. Si donc on peut très-bien voir en cette ville la figure prophétique de l'Église des Gentils, tellement renversée par la pénitence qu'elle n'est plus ce qu'elle était ; comme le Christ a opéré cette merveille dans l'Église des Gentils, figurée par Ninive, ces quarante jours ou ces trois jours se rapportent au Christ lui-même ; les quarante jours représentent le même espace de temps qu'il devait passer avec ses disciples après sa résurrection, avant de monter au ciel ; les trois jours, qu'il ressuscitera le troisième jour. On dirait que les Septante interprètes et aussi prophètes veulent réveiller le lecteur qui se repose avec satisfaction sur le récit historique ; ils l'invitent, ce semble, à sonder les mystérieuses profondeurs de la prophétie, en lui tenant, pour ainsi dire, ce langage : Cherchez dans les quarante jours celui-là même que vous pourrez trouver dans les trois jours ; là, vous trouverez son Ascension, ici, sa résurrection. Il a donc parfaitement pu être désigné par les deux nombres ; dans une circonstance, par le prophète Jonas, dans l'autre par la prophétie des Septante, mais c'est toujours la parole d'un seul et même Esprit. Je ne veux pas, pour abréger, multiplier les exemples où les Septante paraissent s'écarter de la vérité du texte hébreu, et, mieux compris, se trouvent d'accord avec elle. Aussi, moi-même, pour suivre selon mon pouvoir les traces des Apôtres, qui rapportent indifféremment les témoignages prophétiques tirés des deux textes, l'hébreu et les Septante, j'ai cru devoir employer l'une et l'autre autorité, parce que l'une et l'autre est une et divine. Mais terminons, autant qu'il nous sera possible, ce qui nous reste à dire.

CHAPITRE XLV.

Après la restauration du temple, les Juifs n'ont plus de prophètes, et depuis cette époque jusqu'à la naissance du Christ, ce peuple est accablé de calamités, preuve que les promesses des prophètes avaient rapport à la construction d'un autre temple.

1. Dès que la nation juive cessa d'avoir des

---

curreret ; admoneretque lectorem, utraque auctoritate non spreta, ab historia sese adtollere ad ea requirenda, propter quæ significanda historia ipsa conscripta est. Gesta sunt quippe illa in Ninive civitate, sed aliquid etiam significaverunt, quod modum illius civitatis excedat : sicut gestum est, quod ipse Propheta in ventre ceti triduo fuit, et tamen alium significavit in profundo inferni triduo futurum, qui Dominus est omnium Prophetarum. Quapropter si per illam civitatem recte accipitur Ecclesia gentium prophetice figurata, eversa scilicet per pœnitentiam, ut qualis fuerat jam non esset ; hoc quoniam per Christum factum est in Ecclesia gentium, cujus illa Ninive figuram gerebat, sive per quadraginta dies, sive per triduum, idem ipse significatus est Christus ; per quadraginta scilicet, quia tot dies peregit cum discipulis suis post resurrectionem, et adscendit in cœlum ; per triduum vero, quia die tertio resurrexit : tamquam lectorem nihil aliud quam historiæ rerum gestarum inhærere cupientem, de somno excitaverint Septuaginta interpretes, iidemque Prophetæ, ad perscrutandam altitudinem prophetiæ, et quodam modo dixerint : In quadraginta diebus ipsum quære, in quo et triduum *(a)* potueris invenire ; illud in adscensione, hoc in ejus resurrectione reperies. Propter quod utroque numero significari convenientissime potuit, quorum unum per Jonam prophetam, alterum per Septuaginta interpretum prophetiam, tamen unus atque idem Spiritus dixit. Longitudinem fugio, ut non hæc per multa demonstrem, in quibus ab Hebraica veritate putantur Septuaginta interpretes discrepare, et bene intellecti inveniuntur esse concordes. Unde etiam ego pro meo modulo vestigia sequens Apostolorum, quia et ipsi ex utrisque, id est, ex Hebræis et ex Septuaginta, testimonia prophetica posuerunt, utraque auctoritate utendum putavi, quoniam utraque una atque divina est. Sed jam quæ restant, ut possumus, exsequamur.

CAPUT XLV.

Quod post instaurationem templi Prophetas Judæi habere destiterint, et exinde usque ad nativitatem Christi continuis adversitatibus sint afflicti, ut probaretur alterius templi ædificationem propheticis vocibus fuisse promissam.

1. Postea quam gens Judæa cœpit non habere

(a) Sic Mss. Editi vero, *poteris*.

prophètes, elle tomba certainement dans la décadence, et cependant c'était l'époque où, après la captivité de Babylone et le rétablissement du temple, elle espérait une situation meilleure. Ce peuple charnel entendait ainsi la prédiction suivante du prophète Aggée : « La gloire de cette dernière maison sera grande, elle surpassera celle de la première. » (*Agg.* II, 10.) Cette parole regarde le Nouveau Testament, comme le prophète le prouve un peu plus haut, en disant du Christ qu'il annonce en termes fort clairs : « Et je remuerai tous les peuples, et il viendra le Désiré de toutes les nations. » (*Ibid.* 8.) Les Septante interprètes, avec leur autorité prophétique, donnent à ce verset un autre sens qui convient mieux au corps qu'à la tête, c'est-à-dire à l'Église qu'à Jésus-Christ : « Ils viendront les élus du Seigneur de toutes les nations, » c'est-à-dire les hommes auxquels s'applique cette parole de Jésus dans l'Évangile : « Il y en a beaucoup d'appelés, mais peu d'élus. » (*Matth.* XXII, 14.) C'est en effet avec de tels élus parmi les nations, comme avec des pierres vivantes, que se bâtit, dans le Nouveau Testament, la maison de Dieu, bien plus glorieuse que ce temple construit par le roi Salomon, et relevé après la captivité. Depuis, les Juifs n'eurent donc plus de prophètes, et ils eurent beaucoup à souffrir, soit des rois étrangers, soit des Romains eux-mêmes, pour les empêcher de croire que la prophétie d'Aggée avait reçu son accomplissement dans la restauration du temple.

2. En effet, alors survient Alexandre qui les soumet à son empire; et bien qu'ils n'aient pas eu à se plaindre de leur farouche vainqueur, parce qu'ils n'osèrent pas lui résister, et qu'ils l'apaisèrent par une prompte soumission, cependant la gloire de cette maison est bien loin d'être ce qu'elle fut sous la libre domination de ses rois. Alexandre, il est vrai, immole des victimes dans le temple de Dieu, mais ce n'est pas là un acte de piété sincère, il ne se convertit pas au culte du Dieu véritable, il s'imagine au contraire dans son impiété superstitieuse, qu'il doit l'honorer avec les faux dieux. Après la mort d'Alexandre, Ptolémée, fils de Lagus, dont j'ai parlé plus haut, les emmène captifs en Égypte. Son successeur, Ptolémée Philadelphe, à qui nous devons la version des Septante, les renvoie avec bienveillance. Plus tard, ils furent épuisés par ces guerres rapportées aux livres des Machabées. Ils sont ensuite vaincus par le roi d'Alexandrie, Ptolémée, surnommé Epiphane, puis contraints par les persécutions violentes d'Antiochus, roi de Syrie, à honorer

---

Prophetas, procul dubio deterior facta est, eo scilicet tempore, quo se sperabat instaurato templo post captivitatem, quæ fuit in Babylonia, futuram esse meliorem. Sic quippe intelligebat populus ille carnalis, quod prænuntiatum est per Aggæum prophetam dicentem : « Magna erit gloria domus istius novissimæ, plus quam primæ. » (*Agg.* II, 10.) Quod de novo Testamento dictum esse, paulo superius demonstravit, ubi ait aperte Christum promittens : « Et movebo omnes gentes, et veniet desideratus cunctis gentibus. » (*Ibid.* VIII.) Quo loco Septuaginta interpretes alium sensum magis corpori quam capiti, hoc est, magis Ecclesiæ quam Christo convenientem prophetica auctoritate dixerunt : « Venient quæ electa sunt Domini de cunctis gentibus, » id est, homines, de quibus ipse Jesus in Evangelio : « Multi, inquit, vocati, pauci vero electi. » (*Matth.* XXII, 14.) Talibus enim electis gentium, domus Dei ædificatur per Testamentum novum lapidibus vivis, longe gloriosior, quam templum illud fuit, quod a rege Salomone constructum est, et post captivitatem instauratum. Propter hoc ergo Prophetas ex illo tempore habuit illa gens, et multis cladibus afflicta est ab alienigenis regibus, ipsisque Romanis, ne hanc Aggæi prophetiam in illa instauratione templi opinaretur impletam.

2. Non multo enim post adveniente Alexandro subjugata est; quando etsi nulla facta est vastatio, quoniam non sunt ausi ei resistere, et ideo placatum facillime subditi receperunt, non erat tamen gloria tanta domus illius, quanta fuit in suorum regum libera potestate. Hostias sane Alexander immolavit in Dei templo, non ad ejus cultum vera pietate conversus, sed impia vanitate cum diis eum falsis colendum putans. Deinde Ptolemæus Lagi filius, quod supra memoravi, post Alexandri mortem captivos inde in Ægyptum transtulit, quos ejus successor Ptolemæus Philadelphus benevolentissime inde dimisit : per quem factum est, quod paulo ante narravi, ut Septuaginta interpretum Scripturas haberemus. Deinde contriti sunt bellis, quæ in Machabæorum libris explicantur. Post hæc capti a rege Alexandriæ Ptolemæo, qui est appellatus Epiphanes; inde ab Antiocho rege Syriæ multis et gravissimis malis ad idola colenda compulsi, templumque ipsum repletum sacrilegis superstitionibus gentium, quod tamen dux eorum strenuissimus Judas, qui etiam Machabæus dictus est, Antiochi ducibus pulsis,

les idoles, leur temple même est profané par les sacrilèges superstitions des Gentils; mais un de leurs chefs, l'illustre Judas Machabée, ayant défait les généraux d'Antiochus, fit purifier le temple de ces abominations de l'idolâtrie.

3. Peu de temps après, un certain Alcimus usurpa, par ambition, le titre de grand-prêtre, bien qu'il fût étranger à la famille sacerdotale; c'était un crime. Environ cinquante ans plus tard, sans que dans cet intervalle, malgré quelques prospérités, ils eussent joui de la paix, Aristobule, le premier chez eux, s'empara du diadème, et fut tout à la fois roi et pontife. Depuis le retour de la captivité de Babylone et le rétablissement du temple, ils avaient eu, non des rois, mais des chefs ou princes, bien qu'un roi puisse être appelé prince à cause de la souveraineté du commandement, et chef, puisqu'il est à la tête des armées; cependant, n'importe quel prince ou chef ne saurait être appelé roi, comme le fut cet Aristobule. Son successeur, dans la double dignité de roi et de Pontife, fut Alexandre qui, dit-on, gouverna ses sujets avec cruauté. Après lui, sa femme Alexandra fut reine des Juifs, et depuis cette époque ils eurent à supporter de plus grandes adversités. En effet, les deux fils d'Alexandra, Aristobule et Hircan, se disputant la souveraineté, attirèrent sur le peuple d'Israël les forces romaines, car Hircan demanda leur secours contre son frère. Alors, déjà maîtresse de l'Afrique et de la Grèce, étendant au loin sa domination sur les autres parties du monde, mais pour ainsi dire impuissante à se soutenir elle-même, Rome était en quelque sorte accablée par sa propre grandeur. Elle en était arrivée à de violentes dissensions intérieures, puis aux guerres avec des alliés, enfin aux guerres civiles, et elle était tombée dans un tel état d'épuisement que le sort de la république allait bientôt passer aux mains des rois. Donc, Pompée, l'un des plus illustres généraux du peuple Romain, envahit la Judée, s'empare de la ville, ouvre le temple, non avec le respect d'un suppliant, mais par le droit du vainqueur; il pénètre dans le saint des saints, dont l'entrée n'était permise qu'au grand-prêtre; là, il se conduit en profanateur et non en adorateur. après avoir confirmé Hircan dans le souverain pontificat, et imposé à la nation vaincue Antipater pour gouverneur ou procurateur, il emmène avec lui Aristobule enchaîné. Dès lors les Juifs furent aussi tributaires des Romains. Cassius pille de nouveau le temple; et peu d'années après, les juifs méritent un roi étranger, Hérode, sous le règne duquel le Christ vint au monde. Car elle était arrivée cette plénitude des temps que l'Esprit prophétique avait annoncée par la bouche du patriarche Jacob:

ab omni illa idolatriæ contaminatione mundavit.

3. Non autem multo post Alcimus quidam per ambitionem, cum a genere sacerdotali esset alienus, quod nefas erat, pontifex factus est. Hinc jam post annos ferme quinquaginta, in quibus eis tamen pax non fuit, quamvis aliqua et prospere gresserint, primus apud eos Aristobolus assumpto diademate, et rex et pontifex factus est. Antea quippe, ex quo de Babyloniæ captivitate reversi sunt, templumque instauratum est, non reges, sed duces vel principes habuerunt : quamvis et qui rex est, possit dici princeps a principatu imperandi, et dux eo quod sit ductor exercitus : sed non continuo quicumque principes vel duces sunt, etiam reges dici possunt, quod iste Aristobolus fuit. Cui successit Alexander, etiam ipse rex et pontifex, qui crudeliter in suos regnasse traditur. Post hunc uxor ejus Alexandra regina Judæorum fuit, ex cujus tempore et deinceps mala sunt eos secuta graviora. Filii quippe hujus Alexandræ Aristobolus et Hircanus inter se de imperio dimicantes, vires adversus Israeliticam gentem provocavere Romanas. Hircanus namque ab eis contra fratrem poposcit auxilium. Tunc jam Roma subjugaverat Africam, subjugaverat Græciam, lateque etiam aliis orbis partibus imperans tamquam se ipsam ferre non valens, sua se quodam modo magnitudine fregerat. Pervenerat quippe ad seditiones domesticas graves, atque inde ad bella socialia, moxque civilia, tantumque se comminuerat atque adtriverat, ut ei mutandus reipublicæ status, quo regeretur regibus, immineret. Pompeius ergo populi Romani præclarissimus princeps, Judæam cum exercitu ingressus civitatem capit, templum reserat, non devotione supplicis, sed jure victoris, et ad sancta sanctorum, quo nisi summum sacerdotem non licebat intrare, non ut venerator, sed ut profanator accedit : confirmatoque Hircani pontificatu, et subjugatæ genti imposito custode Antipatro, quos tunc procuratores vocabant, vinctum secum Aristobolum ducit. Ex isto illo Judæi etiam tributarii Romanorum esse cœperunt. Postea Cassius etiam templum exspoliavit.

« Le prince, avait-il dit, ne fera pas défaut dans Juda, ni le chef dans sa famille, jusqu'à ce que vienne celui en qui repose la promesse, et il est l'attente des nations. » (*Gen.* XLIX, 10.) Les princes de la famille de Juda ne manquèrent donc pas aux Juifs, jusqu'à cet Hérode qui fut leur premier roi étranger. C'était donc le temps où devait venir celui en qui repose la promesse du Testament-Nouveau, et qui, en vertu de cette promesse, était l'attente des nations. Or, les nations ne pourraient être dans l'attente où nous les voyons de l'avénement de celui qui viendra les juger dans l'éclat de sa puissance, si elles ne croyaient d'abord en lui, lorsqu'il vient subir leur jugement dans l'humilité de la patience.

CHAPITRE XLVI.

De la naissance de Notre Sauveur, comme Verbe fait chair, et de la dispersion des Juifs par toute la terre, selon les prophéties.

Lors donc qu'Hérode régnait en Judée, et César Auguste étant empereur chez les Romains, après le renversement de la république et la pacification de l'univers sous ses auspices, le Christ naquit, selon la prophétie précédente, à Bethléem, de Juda (*Mich.* v, 2). Il se manifestait comme homme, en naissant humainement d'une Vierge, lui qui était le Dieu caché, fils de Dieu le Père. Ainsi l'avait prédit le prophète : « Voici qu'une Vierge concevra dans son sein et enfantera un fils : il sera appelé Emmanuel, c'est-à-dire : Dieu avec nous. » (*Isaïe*, VII, 14, *Matth.* I, 23.) Il fait reconnaître sa divinité par un grand nombre de miracles; l'Évangile en rapporte plusieurs qui en sont une preuve suffisante. Le premier de ces miracles est celui de sa merveilleuse naissance; le dernier est celui de son Ascension, lorsqu'il monta au ciel avec son corps ressuscité. Les Juifs qui l'ont fait mourir et qui ont refusé de croire en lui, parce que sa mort et sa ressurrection étaient nécessaires, deviennent alors plus malheureux sous le joug des Romains, chassés de leur patrie, où règne déjà une domination étrangère, enlevés et dispersés par toute la terre (car en quel lieu ne les trouve-t-on pas?) Ils nous rendent témoignage par leurs Écritures, que nous n'avons pas inventé les prophéties relatives au Christ. Plusieurs mêmes d'entre eux, réfléchissant sur ces prophéties avant sa Passion et surtout après sa Résurrection, crurent en lui; et c'est de ceux-là qu'un prophète a dit : « Quand le nombre des enfants d'Israël ressemblerait au sable de la mer, les restes seuls seront sauvés. »

Deinde post paucos annos etiam Herodem alienigenam regem habere meruerunt, quo regnante natus est Christus. Jam enim venerat plenitudo temporis significata prophetico Spiritu per os Patriarchæ Jacob, ubi ait : « Non deficiet princeps ex Juda, neque dux de femoribus ejus, donec veniat cui repositum est, et ipse exspectatio gentium. » (*Gen.* XLIX, 10.) Non ergo defuit Judæorum princeps ex Judæis, usque ad istum Herodem, quem primum acceperunt alienigenam regem. Tempus ergo jam erat, ut veniret ille cui repositum erat, quod novo promissum est Testamento, ut ipse esset exspectatio gentium. Fieri autem non posset, ut exspectarent gentes eum venturum, sicut eum cernimus exspectari, ut veniat ad faciendum judicium in claritate potentiæ, nisi prius in eum crederent, cum venit ad patiendum judicium in humilitate patientiæ.

CAPUT XLVI.

De ortu Salvatoris nostri, secundum quod Verbum caro factum est; et de dispersione Judæorum per omnes gentes, sicut fuerat prophetatum.

Regnante ergo Herode in Judæa, apud Romanos autem jam mutato reipublicæ statu, imperante Cæsare Augusto, et per eum orbe pacato, natus est Christus secundum præcedentem prophetiam in Bethleem Judæ (*Mich.* v, 2), homo manifestus ex homine virgine, Deus occultus ex Deo Patre. Sic enim Propheta prædixerat : « Ecce virgo in utero accipiet, et pariet filium, et vocabunt nomen ejus Emmanuel, quod est interpretatum : Nobiscum Deus. » (*Isai.* VII, 14, *Matth.* I, 23.) Qui ut in se commendaret Deum, miracula multa fecit; ex quibus quædam, quantum ad eum prædicandum satis esse visum est, scriptura Evangelica continet. Quorum primum est, quod tam mirabiliter natus est : ultimum autem, quod cum suo resuscitato a mortuis corpore adscendit in cœlum. Judæi autem, qui eum occiderunt, et in eum credere noluerunt, quia oportebat eum mori et resurgere, vastati infeliciusa Romanis, funditusque a suo regno, ubi jam eis alienigenæ dominabantur, eradicati dispersique per terras (quando quidem ubique non desunt), per Scripturas suas testimonio nobis sunt prophetias nos non finxisse de Christo; quas plurimi eorum considerantes, et ante passionem, et maxime post ejus resurrectionem crediderunt in eum, de quibus præ-

(*Vs.* x, 22.) Les autres, au contraire, sont tombés dans l'aveuglement, réalisant en eux ces paroles d'un autre prophète : « Que leur table soit devant eux comme un filet, qu'elle leur soit une juste rétribution de leurs crimes, et une pierre de scandale. Que leurs yeux soient tellement obscurcis qu'ils ne voient point, et que leur dos soit toujours courbé contre terre. » (*Ps.* LXVIII, 23 et 24.) Et par cela même qu'ils ne croient pas à nos Écritures, ils accomplissent ces leurs qu'ils lisent en aveugles, à moins de dire que les chrétiens ont inventé les prophéties relatives au Christ, et qu'on a fait paraître sous le nom des Sybilles ou d'autres personnages, sans qu'elles aient aucun rapport au peuple Juif. Pour nous, celles que nous trouvons dans les livres de nos ennemis, nous suffisent, et nous admettons ces livres dont ils sont les dépositaires et les gardiens, précisément à cause du témoignage qu'ils nous rendent, malgré eux, de leur dispersion chez tous les peuples, qu'importe en quel lieu l'Église du Christ ait établi son empire. Car, dans les Psaumes qu'ils ont entre les mains, se trouve une prophétie qui annonce à l'avance cet événement : « Le Seigneur me préviendra par sa miséricorde. Mon Dieu m'a fait voir ce qu'il prépare à mes ennemis; ne les faites pas périr, de peur que ce peuple n'oublie votre loi : dispersez-les par votre puissance. » (*Ps.* LVIII, 12.) Dieu a donc fait voir à l'Église par les Juifs, ses ennemis, les richesses de sa miséricorde, selon cette parole de l'Apôtre : « Leur crime a été, pour les Gentils, une occasion de salut. » (*Rom.* XI, 11.) Et le Seigneur ne les a pas fait périr, c'est-à-dire ne les a pas détruits comme Juifs, bien qu'ils aient été vaincus et opprimés par les Romains, de peur, qu'oubliant la loi de Dieu, le témoignage dont nous parlons n'eût plus aucune valeur. Aussi ces paroles du prophète : « Ne les faites pas périr, de peur que ce peuple n'oublie votre loi, » seraient de peu d'importance, s'il n'ajoutait : « Dispersez-les, » car, s'il était resté dans un seul endroit avec ce témoignage des Écritures, comme l'Église est répandue partout, elle n'aurait pas dans toutes les nations des témoins de ces prophéties qui annoncent Jésus-Christ.

CHAPITRE XLVII.

Si avant l'ère chrétienne, il y avait, en dehors du peuple d'Israël, des citoyens de la Cité céleste.

Si donc, il vient à notre connaissance, dans un temps, ou dans un autre, qu'un étranger à

---

b dictum est : « Si fuerit numerus filiorum Israel sicut arena maris, reliquiæ salvæ fient. » (*Isai.* x, 21.) Ceteri vero excæcati sunt, de quibus prædictum est : « Fiat mensa eorum (*a*) coram ipsis in laqueum, et in retributionem, et in scandalum. Obscurentur oculi eorum, ne videant; et dorsum illorum semper incurva. » (*Ps.* LXVIII, 23 et 24.) Proinde cum Scripturis nostris non credunt, complentur in eis suæ, quas cæci legunt : nisi forte quis dixerit illas prophetias Christianos finxisse de Christo, quæ Sibyllæ nomine, vel aliorum proferuntur, si quæ sunt, quæ non pertinent ad populum Judæorum. Nobis quidem illæ sufficiunt, quæ de nostrorum inimicorum codicibus proferuntur, quos agnoscimus propter hoc testimonium, quod nobis inviti perhibent eosdem codices habendo atque servando, per omnes gentes etiam ipsos esse dispersos, quaquaversum Christi Ecclesia dilatatur. Nam prophetia in Psalmis, quos etiam legunt, de hac re præmissa est, ubi scriptum est : « Deus meus, misericordia ejus præveniet me. Deus meus, demonstravit mihi (*b*) in inimicis meis, ne occideris eos, ne quando obliviscantur legem tuam : disperge eos in virtute tua. » (*Psal.* LVIII, 12.) Demonstraverit ergo Deus Ecclesiæ in ejus inimicis Judæis gratiam misericordiæ suæ, quoniam, sicut dicit Apostolus, « delictum illorum, salus gentibus. » (*Rom.* XI, 11.) Et ideo non eos occidit, id est, non in eis perdidit quod sunt Judæi, quamvis a Romanis fuerint devicti et oppressi, ne obliti legem Dei, ad hoc, de quo agimus, testimonium nihil valerent. Ideo parum fuit, ut diceret : « Ne occideris eos, ut quando obliviscantur legem tuam : » nisi etiam adderet, « Disperge eos : quoniam si cum isto testimonio Scripturarum in sua tantummodo terra, non ubique essent, profecto Ecclesia quæ ubique est, eos prophetiarum, quæ de Christo præmissæ, sunt, testes in omnibus gentibus habere non posset.

CAPUT XLVII.
An ante tempora Christiana aliqui fuerint extra Israeliticum genus, qui ad cœlestis Civitatis consortium pertinerent.

Quapropter quisquis alienigena, id est, non ex Is-

(*a*) Mss. omittunt, *coram ipsis.* — (*b*) Editi, *de inimicis.* At Mss. *in inimicis :* juxta Græc. LXX.

TOM. XXIV.

la postérité d'Israël et que ce peuple n'admet pas dans le canon des Saintes-Écritures, ait fait quelques prophéties sur le Christ, nous pouvons en parler par surcroît de preuves; non pas que nous ayons nécessairement besoin de ce témoignage, mais parce qu'il est probable que ce mystère a été révélé à des hommes appartenant à d'autres nations; on peut même croire qu'ils ont été pressés intérieurement de l'annoncer, soit par participation au don de prophétie, soit que, privés de cette grâce, ils aient été instruits par les mauvais anges, car nous savons que les démons eux-mêmes ont reconnu la présence du Christ, quand les Juifs la méconnaissaient. Et je ne pense pas que les Juifs, depuis l'élection de la race d'Israël, et la réprobation d'Esaü, osent prétendre exclusivement au titre de serviteurs de Dieu. Aucun autre peuple, il est vrai, n'a été appelé le peuple de Dieu; mais ils ne peuvent refuser d'admettre que, même chez les autres nations, plusieurs faisant partie de la société céleste, non terrestre, ont été de vrais Israelites et les citoyens de la patrie éternelle. S'ils s'obstinaient dans leurs prétentions, il serait facile de leur citer un exemple capable de les convaincre, celui de Job, cet homme juste et admirable qui n'était ni Juif, ni prosélyte, mais étranger à la nation d'Israël, originaire de l'Idumée, où il est né et où il est mort. Cependant la Sainte-Écriture fait de lui un tel éloge, qu'aucun homme de son temps ne saurait égaler sa justice et sa piété. Et bien que l'époque de sa vie ne soit pas indiquée dans les chronologies, nous conjecturons cependant, d'après son livre, qu'eu égard à son excellence les Israelites admettent dans leur canon, qu'il vivait trois générations après le patriarche Jacob. Or, à mon avis, ce seul exemple nous apprend providentiellement que, même parmi les autres nations, il a pu se trouver des hommes vivant selon Dieu, faisant leurs efforts pour lui plaire, et appartenant à la Jérusalem spirituelle. Néanmoins, nous devons croire que cette grâce n'a été accordée qu'à ceux, qui ont reçu d'en haut la révélation d'un seul médiateur de Dieu et des hommes, le Christ Jésus. Et de même qu'on nous l'annonce à nous-mêmes comme étant déjà venu, ainsi il était annoncé d'avance aux anciens justes comme devant venir dans sa chair, afin que la même et unique foi conduise par lui à Dieu tous ceux qui sont prédestinés à devenir la Cité de Dieu, la maison de Dieu, le temple de Dieu. Quant aux autres prophéties touchant la grâce de Dieu par le Christ Jésus, mais produites d'ailleurs, on pourrait penser qu'elles ont été inventées par les Chrétiens. Mais il n'y a rien

rael progenitus, nec ab illo populo in canonem sacrarum litterarum receptus, legitur aliquid prophetasse de Christo, si in nostram notitiam venit, aut venerit, ad cumulum a nobis commemorari potest : non quo necessarius sit, etiam si desit, sed quia non incongrue creditur fuisse et in aliis gentibus homines, quibus hoc mysterium revelatum est, et qui hoc etiam prædicare impulsi sunt, sive participes ejusdem gratiæ fuerint, sive expertes, sed per malos angelos docti sunt, quos etiam præsentem Christum, quem Judæi non agnoscebant, scimus fuisse confessos. Nec ipsos Judæos existimo audere contendere, neminem pertinuisse ad Deum, præter Israelitas, ex quo propago Israel esse cœpit, reprobato ejus fratre majore. Populus enim re vera, qui proprie Dei populus diceretur, nullus alius fuit : homines autem quosdam non terrena, sed cœlesti societate ad veros Israelitas supernæ cives patriæ pertinentes etiam in aliis gentibus fuisse, negare non possunt : quia si negant, facillime convincuntur de sancto et mirabili viro Job, qui nec indigena, nec proselytus, id est, advena populi Israel fuit ; sed ex gente Idumæa genus ducens, ibi ortus, ibidem mortuus est : qui divino sic laudatur eloquio, ut quod ad justitiam pietatemque attinet, nullus ei homo suorum temporum coæquetur. Quæ tempora ejus quamvis non inveniamus in Chronicis, colligimus tamen ex libro ejus, quem pro sui merito Israelitæ in auctoritatem canonicam receperunt, tertia generatione posteriorem fuisse quam Israel. Divinitus autem provisum fuisse non dubito, ut ex hoc uno sciremus etiam per alias gentes esse potuisse, qui secundum Deum vixerunt eique placuerunt, pertinentes ad spiritalem (a) Jerusalem. Quod nemini concessum fuisse credendum est, nisi cui divinitus revelatus est unus mediator Dei et hominum homo Christus Jesus ; qui venturus in carne sic antiquis sanctis prænuntiabatur, quemadmodum nobis venisse nuntiatus est, ut una eademque per ipsum fides omnes in Dei Civitatem, Dei domum, Dei templum prædestinatos perducat ad Deum. Sed quæcumque aliorum prophetiæ de Dei per Christum Jesum gratia proferuntur, possunt

(a) Nonnulli Mss. *ad spiritalem Israel.*

de plus fort pour convaincre nos adversaires et les rallier à la vrai foi, s'ils veulent discuter avec droiture que de leur montrer dans les livres tirés des exemplaires Juifs les prédictions divines se rapportant au Christ, car ce peuple a été expatrié et dispersé par toute la terre, pour servir de témoignage à l'Église du Christ qui a multiplié partout le nombre de ses enfants.

CHAPITRE XLVIII.

La prophétie d'Aggée annonçant que la gloire de la nouvelle maison de Dieu, surpasserait celle de l'ancienne n'a pas reçu son accomplissement dans la restauration du temple, mais dans l'Église du Christ.

Cette maison de Dieu est bien plus glorieuse que la première construite de bois, de pierres et de toutes sortes de métaux précieux. Aussi, ce n'est pas à la restauration du temple de Jérusalem que s'est accomplie la prophétie d'Aggée. Depuis cette époque, en effet, on n'y voit point briller le même éclat qu'au temple de Salomon. Bien plus, la gloire de cette maison s'éclipse évidemment et par la privation des prophéties, et par les désastres que subit cette nation jusqu'à sa ruine complète sous les Romains, comme l'attestent les témoignages cités plus haut. Cette maison, au contraire, inaugurant le Nouveau Testament, est d'autant plus illustre qu'elle est composée de pierres vivantes, bonifiées par la foi et la rénovation spirituelle. Mais elle a été figurée par la restauration du temple de Salomon, parce que le renouvellement de cet édifice signifie dans le langage prophétique l'autre Testament, c'est-à-dire le Nouveau. Aussi, quand Dieu dit par le prophète déjà cité : « Je donnerai la paix en ce lieu, » (*Agg.* II, 10.) il faut entendre ce qui est figuré par ce lieu. Et comme sa restauration est la figure de l'Église que le Christ devait fonder, ces paroles : « Je donnerai la paix en ce lieu, » ne signifient pas autre chose, sinon je donnerai la paix dans le lieu figuré par celui-ci. Toutes les figures, en effet, remplissent, en quelque sorte, le rôle de la chose figurée ; ainsi l'Apôtre dit : « La pierre était le Christ ; » (I. *Cor.* x, 4.) parce que la pierre dont il parle, signifie certainement le Christ. La gloire de cette maison du Nouveau Testament est donc plus grande que celle de la première maison de l'Ancien ; et elle paraîtra dans cet éclat supérieur au moment de sa dédicace. Car alors « viendra le désiré de toutes les nations » (*Agg.* II, 8.) comme s'ex-

---

putari a Christianis esse conflictæ. Ideo nihil est firmius ad convincendos quoslibet alienos, si de hac re contenderint, nostrosque (*a*) faciendos, si recte sapuerint, quam ut divina prædicta de Christo ea proferantur, quæ in Judæorum scripta sunt codicibus : quibus avulsis de sedibus propriis, et propter hoc testimonium toto orbe dispersis, Christi usquequaque crevit Ecclesia.

CAPUT XLVIII.

Prophetiam Aggæi, qua dixit majorem futuram gloriam domus Dei, quam primum fuisset, non in reædificatione templi, sed in Ecclesia Christi esse completam.

Hæc domus Dei majoris est gloriæ, quam fuerat illa prima lignis et lapidibus, ceterisque pretiosis rebus metallisque constructa. Non itaque Aggæi prophetia in templi illius instauratione completa est. Ex quo enim instauratum est, numquam ostenditur habuisse tantam gloriam, quantam habuit tempore Salomonis : immo potius ostenditur primum cessatione prophetiæ fuisse domus illius gloriam diminu- tam, deinde ipsius gentis cladibus tantis usque ad ultimum excidium, quod factum est a Romanis, sicut ea quæ supra sunt commemorata testantur. Hæc autem domus ad novum pertinens Testamentum, tanto utique majoris est gloriæ, quanto meliores sunt lapides vivi, quibus credentibus renovatisque construitur. Sed ideo per instaurationem templi illius significata est, quia ipsa renovatio illius ædificii significat eloquio prophetico alterum testamentum, quod appellatur novum. Quod ergo Deus dixit per memoratum Prophetam, « Et dabo pacem in loco isto : » (*Agg.* II, 10) per significantem locum, ille qui eo significatur, intelligendus est : ut quia illo loco instaurato significata est Ecclesia, quæ fuerat ædificanda per Christum, nihil aliud accipiatur, quod dictum est, « Dabo pacem in loco isto, » nisi dabo pacem in loco, quem significat locus iste. Quoniam omnia significantia videntur quodam modo earum rerum, quas significant, sustinere personas : sicut dictum est ab Apostolo, « Petra erat Christus : » (I. *Cor.* x, 4) quoniam petra illa, de qua hoc dictum est, significabat utique Christum. Major est itaque gloria domus hujus novi Testamenti, quam domus

---

(*a*) Editi, *nostrosque fulciendos.* Aptius, nisi fallimur, quod omnes Mss. habent, *nostrosque faciendos.*

prime le texte hébreu. En effet, à son premier avènement, il n'était pas encore le désiré de toutes les nations, puisqu'elles ignoraient celui qu'elles devaient désirer, ne croyant point en lui. Alors aussi, selon les Septante, dont la version est également prophétique : « Les élus du Seigneur viendront de toutes les nations. » Alors, en effet, les élus seuls viendront, ceux dont l'Apôtre dit : « Il nous a élus en lui avant le commencement du monde. » (*Ephés.* I, 4.) Car le Créateur a dit lui-même : « Il y en a beaucoup d'appelés, mais peu d'élus; » (*Matth.* XXII, 14) pour montrer qu'il ne s'agissait point de ceux qui, étant appelés, devaient être chassés de la salle du festin; mais des élus qui devaient former sa maison, dont la ruine ne sera plus à craindre jamais. Quant à présent, comme l'Église est remplie de ceux qui seront séparés de la même manière que la paille est séparée dans l'aire par le vanneur, la gloire de cette maison n'est pas si évidente qu'elle le sera au jour où chacun demeurera à jamais à sa place.

CHAPITRE XLIX.

Que dans l'Église d'ici-bas un grand nombre de réprouvés sont mêlés aux élus.

Dans ce siècle pervers, en ces jours mauvais, l'Église, par les humiliations présentes, prépare sa grandeur future; elle se forme dans la crainte, la souffrance, le travail, les tentations; sa seule joie est dans l'espérance, quand cette joie est pure, mais aussi les réprouvés sont mêlés en grand nombre aux élus. Les uns et les autres se trouvent, pour ainsi dire réunis dans le filet Évangélique (*Matth.* XIII, 47); et en ce monde, comme sur la mer, ils naviguent ensemble, pêle-mêle, jusqu'à ce qu'ils arrivent au rivage, où les méchants seront séparés des bons et où Dieu habitera dans les bons comme dans son temple, pour être tout en tous. (I. *Cor.* XV, 28.) Aussi, nous voyons maintenant s'accomplir cette parole du Psalmiste : « Je l'ai annoncé et je l'ai affirmé, leur multitude est innombrable. » (*Ps.* XXXIX, 10.) Elle s'accomplit depuis que le Christ, par la bouche de Jean, son précurseur d'abord, et ensuite par sa propre bouche, a dit : « Faites pénitence, car le royaume des cieux approche. » (*Ibid.* IV, 17.) Il choisit des disciples, qu'il appela aussi apôtres, ils étaient d'une basse naissance, sans considération et sans science (*Luc,* VI, 14), afin que toute leur grandeur et toutes leurs actions merveilleuses, n'eût d'autre principe et d'autre auteur que lui. Parmi eux, il y eut un pervers dont il tira bon profit, et pour accomplir le décret de sa passion

---

prioris veteris Testamenti : et tunc apparebit major, cum dedicabitur. Tunc enim « veniet desideratus cunctis gentibus, » (*Agg.* II, 8) sicut legitur in Hebræo. Nam prius ejus adventus nondum erat desideratus omnibus gentibus. Non enim quem deberent desiderare, sciebant, in quem non crediderant. Tunc etiam secundum Septuaginta interpretes, (quia et ipse propheticus sensus est,) « venient quæ electa sunt Domini de cunctis gentibus. » Tunc enim vere non venient nisi electa, de quibus dicit Apostolus, « Sicut elegit nos in ipso ante mundi constitutionem. » (*Ephes.* I, 4.) Ipse quippe architectus, qui dixit, « Multi vocati, pauci autem electi, » (*Matth.* XXII, 14) non de his (*a*) qui vocati sic venerunt, ut de convivio projicerentur, sed de electis demonstraturus est ædificatam domum, quæ nullam deinceps formidabit ruinam. Nunc autem, quando et hi replent ecclesias, quos tamquam in area ventilatio separabit, non apparet tanta gloria domus hujus, quanta tunc apparebit, quando quisquis ibi erit, semper erit.

CAPUT XLIX.

*De (*b*) indiscreta multiplicatione Ecclesiæ, qua in hoc sæculo multi reprobi miscentur electis.*

In hoc ergo maligno sæculo, in his diebus malis, ubi per humilitatem præsentem futuram comparat Ecclesia celsitudinem, et timorum stimulis, dolorum tormentis, laborum molestiis, tentationum periculis cruditur, sola spe gaudens, quando sanum gaudet, multi reprobi miscentur bonis; et utrique tamquam in sagenam Evangelicam colliguntur; (*Matth.* XIII, 47), et in hoc mundo, tamquam in mari, utrique inclusi retibus indiscrete natant, donec perveniatur ad littus, ubi mali segregentur a bonis, et in bonis tamquam in templo suo, sit Deus omnia in omnibus. (I. *Cor.* XV, 48.) Proinde vocem nunc agnoscimus ejus impleri, qui loquebatur in Psalmo, atque dicebat : « Annuntiavi, et locutus sum, multiplicati sunt super numerum. » (*Psal.* XXXIX, 10.) Hoc fit nunc, ex quo primum per os præcurso-

---

(*a*) Editi, *non de his dixit.* Abest *dixit* a Mss. — (*b*) Sic Mss. Editi autem, *De incerta.*

et pour apprendre à son Église à supporter les méchants. Et après avoir par lui-même, autant qu'il était nécessaire, répandu la semence de l'Évangile, il souffrit, mourut et ressuscita; nous montrant par sa passion, ce qu'il faudrait souffrir pour l'amour de la vérité, et par sa résurrection, ce que nous devons espérer dans la vie éternelle; sans parler de ce profond mystère par lequel il répandit son sang pour la rémission des péchés. Il passa encore quarante jours sur la terre à s'entretenir avec ses disciples, et sous leurs yeux s'éleva dans le ciel; (*Act.* I et II) dix jours après, il envoya l'Esprit-Saint promis. Alors, le signe merveilleux et surtout nécessaire de sa venue dans les cœurs animés par la foi, consistait dans le don des langues que parlaient tous ceux qui l'avaient reçu. Ainsi se trouvait figurée l'unité de l'Église catholique qui devait se répandre dans toutes les nations et par conséquent parler toutes les langues.

CHAPITRE L.

De la prédication de l'Évangile, dont la puissance trouve un nouvel éclat dans la persécution des apôtres.

Ensuite, selon cette prophétie : « La loi sortira de Sion, et la parole du Seigneur, de Jérusalem : » (*Is.* II, 3.) et selon cette prédiction du Seigneur Jésus lui-même, quand, après sa résurrection, apparaissant à ses disciples stupéfaits, « il éclaire leur intelligence pour leur faire comprendre les Écritures et leur dit : qu'il a été écrit et qu'ainsi il fallait que le Christ souffrît et qu'il ressuscitât le troisième jour; que la pénitence et la rémission des péchés devaient être prêchées à toutes les nations, en commençant par Jérusalem : » (*Luc,* XXIV, 46 et 47.) et encore selon cette réponse qu'il fit à leur demande touchant son dernier avénement : « Il ne vous appartient pas de savoir le temps ou le moment dont mon Père s'est réservé la connaissance; mais vous recevrez la vertu de l'Esprit-Saint qui descendra en vous; et vous serez mes témoins dans Jérusalem, dans toute la Judée, dans Samarie, et jusqu'aux extrémités de la terre : » (*Act.* I, 7 et 8) selon, dis-je, toutes ces prophéties, l'Église commença par Jérusalem; et lorsque la foi eût été reçue par le plus grand nombre en Judée et en Samarie, elle se répandit chez les autres nations par le ministère de ses apôtres qu'il avait préparés lui-même, comme des flambeaux, pour porter la lumière de l'Évangile, et qu'il avait embrasés de l'Esprit-

ris sui Joannis, deinde per os proprium annuntiavit, et locutus est, dicens : « Agite pœnitentiam, appropinquavit enim regnum cœlorum. » (*Matth.* III, 2.) Elegit discipulos, quos et Apostolos nominavit, humiliter natos, inhonoratos, illiteratos (*Matth.* IV, 17; *Luc.* VI, 14); ut quidquid magnum essent et facerent, ipse in eis esset et faceret. Habuit inter eos unum, quo malo utens bene, et suæ passionis dispositio impleret, et Ecclesiæ suæ tolerandorum malorum præberet exemplum. Seminato, quantum per ejus oportebat præsentiam corporalem, sancto Evangelio, passus est, mortuus est, resurrexit : passione ostendens quid sustinere pro veritate, resurrectione quid sperare in æternitate debeamus; excepta altitudine Sacramenti, qua sanguis ejus in remissionem peccatorum fusus est. Conversatus est in terra quadraginta dies cum discipulis suis, atque ipsis videntibus adscendit in cœlum (*Act.* I et II), et post dies decem misit promissum Spiritum-Sanctum (*a*) : cujus venientis in eos qui crediderant, tunc signum erat maximum et maxime necessarium, ut unusquisque eorum linguis omnium gentium loqueretur, ita significans unitatem catholicæ Ecclesiæ per omnes gentes futuram, ac sic linguis omnibus locuturam.

CAPUT L.

De prædicatione Evangelii, quæ per passiones prædicantium clarior et potentior facta est.

Deinde secundum illam prophetiam : « Ex Sion lex prodiet, et verbum Domini ex Jerusalem : » (*Is.* II, 3) et secundum ipsius Domini Christi prædicta, ubi post resurrectionem stupentibus eum discipulis suis « aperuit sensum, ut intelligerent Scripturas, et dixit eis : Quoniam sic scriptum est, et sic oportebat Christum pati, et resurgere a mortuis tertio die, et prædicari in nomine ejus pœnitentiam et remissionem peccatorum per omnes gentes, incipientibus ab Jerusalem. » (*Luc.* XXIV, 46 et 47.) Et ubi rursus eis de adventu ejus novissimo requirentibus respondit, atque ait : « Non est vestrum scire tempora (*b*) vel momenta, quæ Pater posuit in sua potestate : sed accipietis virtutem Spiritus-Sancti supervenientem in vos, et eritis mihi testes in Jerusalem, et in tota Judæa et Samaria, et usque in fines

---

(*a*) Editi addunt, *Patris sui :* non autem veteres libri. — (*b*) In Mss. non est, *vel momenta*.

Saint. Il leur avait dit : « Ne craignez point ceux qui peuvent tuer le corps, mais qui ne sauraient tuer l'âme. » (*Matth.* x, 28.) Et pour qu'ils ne fussent point glacés par la crainte, il les embrasa du feu de la charité. Enfin, ceux qui l'avaient vu et entendu avant sa passion et après sa résurrection, ne furent pas les seuls qui prêchèrent l'Evangile, mais il la fit porter dans tout l'univers par leurs successeurs, au milieu d'horribles persécutions, des supplices les plus variés et jusque sur les bûchers des martyrs. Dieu se déclarait en leur faveur par toutes sortes de signes merveilleux et par les dons du Saint-Esprit; et le peuple des Gentils, se convertissant à la foi de celui qui voulut être crucifié pour lui donner le bienfait de la rédemption, se portait en foule pour vénérer avec un zèle tout chrétien, ce sang des martyrs qu'il avait répandu avec une fureur satanique; et les rois eux-mêmes dont les lois désolaient l'Église, se soumettaient humblement à ce nom de salut qu'ils s'efforçaient par leurs cruautés d'effacer de la terre; dès lors aussi, ils commencèrent à détruire les faux dieux, quand auparavant, par honneur pour eux, ils persécutaient les adorateurs du vrai Dieu.

CHAPITRE LI.

La foi catholique s'affermit au milieu même des contradictions suscitées par les hérétiques.

1. Mais le démon, voyant qu'on abandonnait ses temples et que le genre humain tout entier se ralliait rapidement au nom du Médiateur qui était venu l'affranchir, suscita les hérétiques. En conservant le nom de Chrétiens, ils devinrent les adversaires de la doctrine chrétienne. Ils s'imaginaient peut-être qu'ils pouvaient demeurer dans la Cité de Dieu aussi bien et sans plus d'inconvénient, que les philosophes dans la Cité de la confusion, tout en professant des opinions entièrement opposées. Mais, dans l'Église du Christ, si ceux qui s'attachent à des opinions dangereuses et dépravées, s'opiniâtrent dans leurs sentiments, après avoir été repris; si, au lieu de rétracter ces erreurs qui renferment un venin mortel, ils persistent au contraire à les défendre, alors ce sont des hérétiques, et rejetés du sein de l'Église, ils sont regardés comme des ennemis qui éprouvent sa vertu. Leur malice même est ainsi utile aux catholiques, véritables membres du Christ, puisque Dieu se sert

terræ. » (*Act.* i, 7 et 8.) Primum se ab Jerusalem diffudit Ecclesia, et cum in Judæa atque Samaria plurimi credidissent, in alias gentes itum est, eis annuntiantibus Evangelium, quos ipse, sicut luminaria, et aptaverat verbo, et accenderat Spiritu-Sancto. Dixerat enim eis : « Nolite timere eos qui corpus occidunt, animam autem non possunt occidere. » (*Matth.* x, 28.) Qui ut frigidi timore non essent, igne caritatis ardebant. Denique per ipsos, non solum qui cum et ante passionem et post resurrectionem viderant et audierant, verum etiam post obitum eorum per posteros eorum, inter horrendas persecutiones et varios cruciatus ac funera Martyrum prædicatum est toto orbe Evangelium, contestante Deo signis, et ostentis, et variis virtutibus, et Spiritus-Sancti muneribus : ut populi gentium credentes in eum, qui pro eorum redemptione crucifixus est, Christiano amore venerarentur sanguinem Martyrum, quem diabolico furore fuderunt; ipsique reges, quorum legibus vastabatur Ecclesia, in nomini salubriter subderentur, quod de terra credeliter auferre conati sunt; et falsos deos inciperent persequi, quorum caussa cultores Dei veri fuerant antea persecuti.

CAPUT LI.

Quod etiam per hæreticorum dissensiones fides catholica roboretur.

1. Videns autem diabolus templa dæmonum deseri, et in nomen liberantis Mediatoris currere genus humanum, hæreticos movit, qui sub vocabulo Christiano doctrinæ resisterent Christianæ, quasi possent indifferenter sine ulla correptione haberi in Civitate Dei, sicut Civitas confusionis indifferenter habuit philosophos inter se diversa et adversa sentientes. Qui ergo in Ecclesia Christi morbidum aliquid pravumque sapiunt, si correpti ut sanum rectumque sapiant, resistunt contumaciter, suaque pestifera et mortifera dogmata emendare nolunt, sed defensare persistunt; hæretici fiunt, et foras exeuntes habentur in exercentibus inimicis. Etiam sic quippe veris illis catholicis membris Christi malo suo prosunt, dum Deus utitur et malis bene, et diligentibus eum omnia (*a*) cooperantur in bonum. (*Rom.* viii, 28.) Inimici enim omnes Ecclesiæ, quolibet errore cæcentur vel malitia depraventur, si accipiunt potestatem corporaliter affligendi, exer-

(*a*) Plures et probæ notæ Mss. *cooperatur*. Alludit ad locum Apostoli Rom. viii, ubi Græce est, συνεργεῖ : quod utrolibet modo verti potest, referendo ad θεόν, vel ad πάντα.

même des méchants pour une bonne fin, et que tout contribue à l'avantage de ceux qui l'aiment. (*Rom.* VIII, 28.) En effet, tous les ennemis de l'Église, n'importe quelle erreur les aveugle et quelle malice les corrompe, s'ils ont reçu le pouvoir de l'affliger corporellement, ont aussi pour but d'exercer sa patience; s'ils la combattent seulement par leurs erreurs, ils exercent sa sagesse; et comme les ennemis doivent être toujours aimés, ils exercent sa bienveillance, ou sa charité, soit par la persuasion de sa doctrine, soit par les salutaires terreurs de sa discipline. Aussi le diable, prince de la Cité impie, en excitant ses suppôts contre la Cité de Dieu, étrangère en ce monde, ne saurait lui nuire. Dieu ne la laisse point sans consolation dans l'adversité, de peur qu'elle ne s'abatte; ni sans épreuves dans la prospérité, de peur qu'elle ne se corrompe, établissant par sa Providence, l'équilibre entre ces deux états, qu'il modère l'un par l'autre; selon ce qui est dit dans le psaume : « Vos consolations ont réjoui mon âme, en proportion des afflictions de mon cœur. » (*Ps.* XCIII, 19.) C'est pour cela que l'Apôtre dit aussi : « Réjouissez-vous dans l'espérance et supportez patiemment les tribulations. » (*Rom.* XII, 12.)

2. Car il ne faut pas s'imaginer que cette autre parole du même auteur : « Tous ceux qui veulent vivre avec piété en Jésus-Christ, souffriront persécution, » (II. *Tim.* III, 12) puisse manquer de réalisation en aucun temps. En effet, si les violences du dehors sont apaisées, et c'est là une tranquillité réelle, très-propre à consoler les faibles surtout, les ennemis ne manquent pas au-dedans; ils sont même en grand nombre, torturant les âmes pieuses par leur conduite déréglée. C'est par leur faute que l'on blasphème le nom chrétien et catholique, et plus ce nom est cher à ceux qui veulent vivre avec piété en Jésus-Christ, plus ils s'affligent de ce qu'il n'est pas aimé selon leurs pieux désirs, et à cause de la perversité des ennemis du dedans. Les hérétiques eux-mêmes, s'imaginant posséder le nom de chrétiens, les sacrements, les Ecritures et la foi véritable, sont aussi un grand sujet d'affliction pour les âmes pieuses; car plusieurs qui voudraient embrasser le christianisme, restent forcément dans le doute, par suite des discordes causées par les hérétiques; de plus, ces hérétiques fournissent à ceux qui sont mal disposés une occasion de blasphémer le nom chrétien, parce qu'ils portent eux-mêmes ce nom. Ces dérèglements et ces erreurs font souffrir persécution à ceux qui veulent vivre avec

---

cent ejus patientiam; si tantummodo male sentiendo adversantur, exercent ejus sapientiam; ut autem etiam inimici diligantur, exercent ejus benevolentiam, aut etiam beneficentiam, sive (*a*) suadibili doctrina cum eis agatur, sive terribili disciplina. Ac per hoc diabolus princeps impiæ Civitatis, adversus peregrinantem in hoc mundo Civitatem Dei vasa propria commovendo, nihil ei nocere permittitur. Cui procul dubio et rebus prosperis consolatio, ut non frangatur adversis: et rebus adversis exercitatio, ut non corrumpatur prosperis, per divinam providentiam procuratur : atque ita temperatur utrumque ab alterutro, ut in Psalmo illam vocem non aliunde agnoscamus exortam : « Secundum multitudinem dolorum meorum in corde meo, consolationes tuæ jocundaverunt animam meam. » (*Psal.* XCIII, 19.) Hinc est et illud Apostoli : « Spe gaudentes, in tribulatione patientes. » (*Rom.* XII, 12.)

2. Nam et id, quod ait idem doctor : « Quicumque volunt in Christo pie vivere, persecutionem patientur. » (II. *Tim.* III, 12) nullis putandum est deesse posse temporibus. Quia et cum ab eis qui foris sunt non sævientibus, videtur esse tranquillitas, et re vera (*b*) est, plurimumque consolationis adfert, maxime infirmis; non tamen desunt, immo multi sunt intus, qui corda pie viventium suis perditis moribus cruciant : quoniam per eos blasphematur Christianum et catholicum nomen : quod quanto est carius eis, qui volunt pie vivere in Christo, tanto magis dolent, quod per malos intus positos sit, ut minus quam piorum mentes desiderant, diligatur. Ipsi quoque hæretici, cum (*c*) cogitantur habere nomen et sacramenta Christiana, et Scripturas, et professionem, magnum dolorem faciunt in cordibus piorum : quia et multi volentes esse Christiani, propter eorum dissentiones hæsitare coguntur, et multi maledici etiam in his inveniunt materiam blasphemandi Christianum nomen; quia et ipsi quoquo modo Christiani appellantur. Illis atque hujusmodi pravis moribus et erroribus hominum persecutionem patiuntur qui volunt in Christo pie vivere, etiam nullo infestante neque vexante corpus

---

(*a*) Sic Mss. Editi autem, *suasibili*. — (*b*) Er. et aliquot Mss. *et re vera utile est*. — (*c*) Editi, *cum Christianum cogitantur*, etc. Abest *Christianum* a Mss.

piété en Jésus-Christ, quand même personne ne s'acharnerait à tourmenter leurs corps. Ils souffrent cette persécution, non dans leurs corps, mais dans leurs cœurs. De là vient cette parole : « En proportion des afflictions de mon cœur ; » car il n'est pas dit : des afflictions de mon corps. De plus, comme les promesses divines sont immuables, et que, selon la parole de l'Apôtre : « Le Seigneur connaît ceux qui sont à lui, » (II. *Tim.* II, 19) car « il les a prédestinés dans sa prescience, pour être conformes à l'image de son Fils, » (*Rom.* VIII, 29) en sorte qu'aucun d'eux ne saurait périr, le Psalmiste ajoute : « Vos consolations ont réjoui mon âme. » Or, cette douleur qui afflige les âmes pieuses contristées par la conduite des mauvais ou des faux chrétiens, est très-utile à ceux qui la ressentent, parce qu'elle a pour principe la charité, et sous son influence, ils ne veulent ni la perte de leurs ennemis, ni qu'ils s'opposent au salut des autres. Enfin, ils sont grandement consolés quand ils s'amendent, et leur conversion excite dans les cœurs vertueux autant de joie qu'ils avaient ressenti de chagrin de leur perte. Ainsi, dans ce siècle et ces jours mauvais, non-seulement depuis l'avénement temporel du Christ et de ses apôtres, mais même depuis Abel, le premier juste tué par un frère impie, et jusqu'à la fin des siècles, l'Église poursuit son pélerinage au milieu des persécutions du monde et des consolations que Dieu lui ménage.

CHAPITRE LII.

S'il faut en croire, comme plusieurs le pensent, qu'après les dix persécutions passées, il n'y en aura point d'autre, à l'exception de la onzième, qui doit arriver au temps même de l'Antechrist.

1. Aussi, il me semble téméraire de dire ou de croire, comme plusieurs l'ont pensé ou le pensent encore, que l'Église n'aura plus à subir d'autres persécutions jusqu'à l'époque de l'Antechrist, en dehors des dix précédentes, sinon la onzième et dernière persécution, dont l'auteur sera l'Antechrist. La première, disent-ils, arriva sous Néron ; la seconde, sous Domitien ; la troisième, sous Trajan ; la quatrième, sous Antonin ; la cinquième, sous Sévère ; la sixième, sous Maximin ; la septième, sous Dèce ; la huitième, sous Valérien ; la neuvième, sous Aurélien ; la dixième, sous Dioclétien et Maximien. Or, ils pensent que les dix plaies d'Égypte envoyées avant la sortie du peuple de Dieu, sont la figure de ces dix persécutions, en sorte que celle de l'Antechrist ressemblerait à la onzième

---

illorum. Patiuntur quippe hanc persecutionem, non in corporibus, sed in cordibus. Unde illa vox est : « Secundum multitudinem dolorum meorum in corde meo. » Non enim ait : In corpore meo. Sed rursus quoniam cogitantur immutabilia divina promissa, et quod ait Apostolus : « Novit Dominus qui sunt ejus (II. *Tim.* II, 19), Quos enim præscivit, et prædestinavit conformes (*a*) imaginis Filii sui : » (*Rom.* VIII, 29) ex eis perire nullus potest : ideo sequitur in illo Psalmo, « Consolationes tuæ jocundaverunt animam meam. » Dolor autem ipse, qui sit in cordibus piorum, quos persequuntur mores Christianorum malorum sive falsorum, prodest dolentibus ; quoniam de caritate descendit, qua eos perire nolunt, nec impediré aliorum salutem. Denique magnæ consolationes fiunt etiam de correctionibus corum, quæ piorum animas tanta jocunditate perfundunt, quantis doloribus de sua perditione cruciaverunt. Sic in hoc sæculo, in his diebus malis, non solum a tempore corporalis præsentiæ Christi et Apostolorum ejus, sed ab ipso Abel, quem primum justum impius frater occidit, et deinceps usque in hujus sæculi finem, inter persecutiones mundi et consolationes Dei peregrinando procurrit Ecclesia.

CAPUT LII.

An credendum sit, quod quidam putant, impletis decem persecutionibus quæ fuerunt, nullam superesse, præter undecimam, quæ in ipso Antichristi tempore sit futura.

1. Proinde ne illud quidem temere puto esse dicendum, sive credendum, quod nonnullis visum est, vel videtur, non amplius Ecclesiam passuram persecutiones usque ad tempus Antichristi, quam quot jam passa est, id est, decem, ut undecima eademque novissima sit ab Antichristo. Primam quippe computant a Nerone (*b*) quæ facta est, secundam a Domitiano, a Trajano tertiam, quartam ab Antonino, a Severo quintam, sextam a Maximino, a Decio septimam, octavam a Valeriano, ab Aureliano nonam, decimam a Diocletiano et Maximiano. Plagas enim

---

(*a*) Editi, *conformes fieri.* Verbum *fieri* non est in Mss. nec in Græco textu Apostoli. — (*b*) Vind. Am. et aliquot Mss. omittunt, *quæ facta est.*

plaie, dont les Égyptiens furent frappés en poursuivant, à main armée, les Hébreux, car ils furent engloutis dans la mer rouge, tandis que le peuple de Dieu la traversa à pied sec. Mais, à mon avis, ce qui se passa en Égypte ne figurait point prophétiquement ces persécutions. Il est vrai que les partisans de cette opinion font à ce sujet des rapprochements d'une ingénieuse habileté, mais ils ne sont point appuyés sur l'Esprit prophétique, ce sont de pures conjectures ; et si l'esprit de l'homme parvient quelquefois à la vérité, quelquefois aussi, il se trompe.

2. Et que diront-ils de la persécution où le Seigneur lui-même fut crucifié ? A quel rang la placeront-ils ? Et s'ils croient devoir faire une exception pour celle-là et ne compter que celles qui regardent le corps, sans s'occuper de la tête elle-même ; que pensent-ils de la persécution qui, après l'Ascension du Christ, s'éleva dans Jérusalem ? Là, le bienheureux Etienne fut lapidé ; là, Jacques, frère de Jean, eut la tête tranchée ; là, l'Apôtre Pierre, avant de mourir, fut jeté en prison et délivré par un ange ; là, les frères furent chassés de Jérusalem et dispersés de tous côtés ; là, Saul, qui plus tard devint l'apôtre Paul, désolait l'Église ; et bientôt, pour la foi qu'il s'était efforcé de proscrire, il endurait les tourments qu'il avait fait souffrir aux fidèles, devenu lui-même l'objet de la persécution, soit dans la Judée, soit dans les autres contrées où l'ardeur de son zèle le portait à prêcher Jésus-Christ. Pourquoi donc commencer à Néron l'ère des persécutions, quand c'est par les supplices les plus atroces et qu'il serait trop long de rapporter en détail, que l'Église s'est propagée jusqu'au règne de ce prince ? S'ils veulent seulement compter les persécutions suscitées par les rois ; il était roi, cet Hérode qui, après l'Ascension du Seigneur, en organisa une si cruelle. D'ailleurs, celle de Julien qu'ils ne comptent pas, qu'en feront-ils ? Est-ce qu'il ne fut pas un persécuteur de l'Église, lui qui défendit aux chrétiens d'apprendre et d'enseigner les belles-lettres. C'est sous lui que Valentinien l'aîné, devenu ensuite empereur, fut privé de sa charge, pour avoir confessé la foi du Christ. Sans parler de ce qu'il se proposait de faire à Antioche où il avait fait arrêter un grand nombre de chrétiens pour les martyriser ; mais un jeune homme, d'une foi admirable, ayant été le premier soumis à la torture, chanta tout le long du jour des psaumes, au milieu des plus cruels supplices ; le

Ægyptiorum, quoniam decem fuerunt, antequam inde exire inciperet populus Dei (a), putant ad hunc intellectum esse referendas, ut novissima Antichristi persecutio, similis videatur, undecimæ plagæ, quæ Ægyptii, dum hostiliter sequerentur Hebræos, in mari rubro populo Dei per siccum transeunte perierunt. (*Exod.* XIV.) Sed ego illa re gesta in Ægypto, istas persecutiones prophetice significatas esse non arbitror : quamvis ab eis, qui hoc putant, exquisite et ingeniose illa singula his singulis comparata videantur, non prophetico Spiritu, sed conjectura mentis humanæ, quæ aliquando ad verum pervenit, aliquando fallitur.

2. Quid enim, qui hoc sentiunt, dicturi sunt de persecutione, qua ipse Dominus crucifixus est ? In quo eam numero posituri ? Si autem hac excepta existimant computandum, tamquam illæ numerandæ sint, quæ ad corpus pertinent, non qua ipsum caput est appetitum et occisum ; quid agent de illa, quæ postea quam Christus adscendit in cœlum, Jerosolymis facta est, ubi beatus Stephanus lapidatus est, ubi Jacobus frater Joannis gladio trucidatus, ubi apostolus Petrus ut occideretur inclusus et per Angelum liberatus, ubi fugati atque dispersi de Jerosolymis fratres, ubi Saulus, qui postea Paulus apostolus factus est, vastabat Ecclesiam ; ubi ipse quoque jam fidem, quam persequebatur, evangelizans, qualia faciebat, est passus, sive per Judæam, sive per alias gentes, quacumque Christum ferventissimus prædicabat ? Cur ergo eis a Nerone videtur ordiendum, cum ad Neronis tempora inter atrocissimas persecutiones, de quibus nimis longum est cuncta dicere, Ecclesia crescendo pervenerit ? Quod si a regibus factas persecutiones in numero existimant esse debere ; rex fuit Herodes, qui etiam post adscensum Domini gravissimam fecit. Deinde quid respondent etiam de Juliano, quem non numerant in decem ? An ipse non est Ecclesiam persecutus, qui Christianos liberales litteras docere ac discere vetuit ? Sub quo Valentinianus major, qui post eum tertius Imperator fuit, fidei Christianæ confessor exstitit, militiaque privatus est. Ut omittam quæ apud Antiochiam facere cœperat, nisi unius fidelissimi et constantissimi juvenis, qui multis, ut torquerentur, apprehensis, per totum diem primus est tortus, inter ungulas cruciatusque psallentis liberta-

(*a*) Sic putat Orosius in lib. VII, cap. XXVII.

tyran effrayé de tant de courage et de cette joie sereine, fit cesser les bourreaux, dans la crainte que la constance des autres ne tournât encore davantage à sa honte. Enfin, de nos jours, l'arien Valens, frère de Valentinien, n'a-t-il pas violemment persécuté l'Église catholique, en Orient? Que prétend-on? Est-ce que l'Église, répandue par tout le monde où elle multiplie ses fruits de salut, ne pourrait être persécutée par les rois, en certaines contrées, tandis qu'elle ne l'est point dans les autres? Peut-être ne faudra-t-il pas compter parmi les persécutions, celle que le roi des Goths organisa dans son royaume, avec une étonnante cruauté, contre les catholiques, dont plusieurs reçurent la couronne du martyre; comme nous l'avons appris par quelques-uns de nos frères, jeunes alors, mais qui se rappelaient bien en avoir été témoins? Que dirais-je maintenant de la Perse? Est-ce que la persécution allumée contre les chrétiens n'a pas été si violente, (supposé qu'elle soit éteinte à présent,) que plusieurs ont été obligés de s'enfuir et de se cacher dans les villes Romaines? Quand je réfléchis sur ces faits et d'autres semblables, il ne me paraît pas possible de déterminer le nombre des persécutions qui doivent servir d'épreuves à l'Église. Mais aussi il n'y aurait pas moins de témérité à prétendre que les rois doivent lui en faire subir d'autres, à l'exception de la dernière, dont, parmi nous, personne ne doute. Nous laisserons donc la question indécise, et sans prendre un parti, nous nous contenterons d'inviter les présomptueux à se défier de leurs affirmations.

CHAPITRE LIII.

Le temps de la dernière persécution est inconnu.

1. Quant à cette dernière persécution dont l'Antechrist sera l'auteur, le Sauveur Jésus la dissipera par sa présence. Car il est écrit « qu'il sera tué par le souffle de sa bouche, et qu'il sera anéanti par l'éclat de sa présence. » (II. *Thes.* II, 8.) Sur ce passage, on a coutume de faire cette question : Quand cela arrivera-t-il? Demande tout à fait inopportune. S'il nous eût été utile de le savoir, qui mieux que Dieu nous l'eût appris par ses disciples interrogeant leur maître à ce sujet? Car, devant lui, ils ne gardèrent pas le silence là-dessus, mais ils lui firent cette question : « Seigneur, sera-ce en ce temps que vous apparaîtrez, et quand rétablirez-vous le royaume d'Israël ? » Mais il leur répondit : « Il ne vous appartient pas de savoir

---

tem atque hilaritatem miratus horruisset, et in ceteris deformius erubescere timuisset. Postremo nostra memoria Valens supradicti Valentiniani frater Arianus, nonne magna persecutione per Orientis partes catholicam vastavit Ecclesiam ? Quale est autem, non considerare, Ecclesiam per totum mundum fructificantem atque crescentem posse in aliquibus gentibus persecutionem pati a regibus, et quando in aliis non patitur? Nisi forte non sit persecutio computanda, quando rex Gothorum in ipsa Gothia persecutus est Christianos crudelitate mirabili, cum ibi non essent nisi catholici, quorum plurimi martyrio coronati sunt : sicut a quibusdam fratribus, qui tunc illic pueri fuerant, et se ista vidisse incunctanter recordabantur, audivimus ? Quid modo in Perside? Nonne ita in Christianos ferbuit persecutio, (si tamen jam quievit,) ut fugientes inde nonnulli usque ad Romana oppida pervenerint? Hæc atque hujusmodi mihi cogitanti, non videtur esse definiendus numerus persecutionum, quibus exerceri oportet Ecclesiam. Sed rursus affirmare aliquas futuras a regibus, præter illam novissimam, de qua nullus ambigit Christianus, non minoris est temeritatis. Itaque hoc in medio relinquimus, neutram partem quæstionis hujus adstruentes, sive destruentes, sed tantummodo ab affirmandi quodlibet horum audaci præsumtione revocantes.

CAPUT LIII.

De tempore novissimæ persecutionis occulto.

1. Illam sane novissimam persecutionem, quæ ab Antichristo futura est, præsentia sua ipse exstinguet Jesus. Sic enim scriptum est, quod « cum interficiet spiritu oris sui, et evacuabit illuminatione præsentiæ suæ. » (II. *Thes.* II, 8.) Hic quæri solet, Quando istud erit; Importune omnino. Si enim hoc nobis nosse prodesset, a quo melius quam ab ipso Deo magistro interrogantibus discipulis diceretur? Non enim siluerunt inde apud eum; sed a præsente quæsierunt, dicentes : « Domine, si hoc tempore (*a*) præsentaberis, et quando regnum Israel ? » (*Act.* I,

---

(*a*) Editi, *si hoc in tempore repræsentabis regnum Israel?* Sed Augustinus, ut alibi jam est observatum, legere solet, *si hoc tempore præsentaberis, et quando regnum Israel?* Et sic habet hoc loco libet optimæ notæ Colbertinus.

es temps que mon Père s'est réservé. » (*Act.* I, 6.) Ils ne demandaient ni l'heure, ni le jour, ni l'année, mais le temps; et ils reçurent cette réponse. C'est donc en vain que nous nous efforçons de calculer et de déterminer les années qui doivent s'écouler jusqu'à la fin du monde, puisque la vérité même nous apprend qu'il ne nous appartient pas de le savoir. Et cependant les uns parlent de quatre cents, d'autres de cinq cents, et même de mille ans, à partir de l'Ascension du Seigneur jusqu'à son dernier avénement. Il serait long et bien inutile de rapporter les raisons sur lesquelles s'appuient ces opinions différentes. Ce ne sont, en effet, que des conjectures humaines, et personne n'apporte de témoignages certains tirés de l'autorité de l'Écriture canonique. Mais tous ces calculateurs ont eu les doigts coupés par celui qui, leur ordonnant de se tenir tranquilles désormais, a dit : « Il ne vous appartient pas de savoir les temps que mon Père a réservés à sa connaissance. »

2. Mais cette sentence est une sentence évangélique, il n'est donc pas étonnant qu'elle n'ait pas empêché les adorateurs des faux dieux d'attribuer aux démons qu'ils adorent comme des divinités, des réponses qui déterminent la durée de la religion chrétienne. Voyant que tant de cruelles persécutions, au lieu de la détruire, avaient au contraire contribué à sa propagation merveilleuse, ils imaginèrent je ne sais quels vers grecs cités comme la réponse d'un oracle; le Christ, il est vrai, est entièrement étranger à cette comédie sacrilége; mais ils supposent que Pierre aurait employé certains maléfices pour faire adorer le nom du Christ pendant trois cent soixante-cinq ans, et qu'après cet espace de temps, ce culte serait aboli. Belle invention pour des savants! Eh quoi! grands esprits, qui refusez de croire en Jésus-Christ, vous allez croire de pareilles rêveries! Vraiment, son disciple Pierre qui n'a point appris de son maître la magie, serait devenu magicien bien que le Christ fût étranger à ces sortiléges! Et Pierre aurait mieux aimé faire adorer par sa magie, le nom de son maître, que le sien! Et pour arriver à ce but, il se serait exposé à toutes sortes de périls, il se serait voué à la souffrance et il aurait même répandu son sang! Si Pierre le magicien a tant fait pour que le monde aimât ainsi le Christ, qu'a donc fait le Christ innocent pour être tant aimé de Pierre? Qu'ils se répondent à eux-mêmes, et s'ils en sont capables, qu'ils comprennent que c'est ici

---

6.) At ille : « Non est, inquit, vestrum scire tempora, quæ Pater in sua posuit potestate. » Non utique illi de hora, vel die, vel anno, sed de tempore interrogaverant, quando istud accepere responsum. Frustra igitur annos, qui huic sæculo remanent, computare ac definire conamur, cum hoc ipsum non esse nostrum ex ore Veritatis audiamus. Quos tamen alii quadringentos, alii quingentos, alii etiam mille ab adscensione Domini usque ad ejus ultimum adventum compleri posse dixerunt. Quemadmodum autem quisque eorum adstruat opinionem suam, longum est demonstrare, et non necessarium. Conjecturis quippe utuntur humanis, non ab eis certum aliquid de Scripturæ canonicæ auctoritate profertur. Omnium vero de hac re calculantium digitos resoluit, et quiescere jubet ille qui dicit : « Non est vestrum scire tempora, quæ Pater in sua posuit potestate. »

2. Sed hæc quia Evangelica sententia est, mirum non est non ea repressos fuisse deorum multorum falsorumque cultores, quo minus fingerent dæmonum responsis, quos tamquam deos colunt, definitum esse quanto tempore mansura esset religio Christiana. Cum enim viderent, nec tot tantisque persecutionibus eam potuisse consumi, sed his potius mira incrementa sumsisse, excogitaverunt nescio quos versus Græcos, tamquam consulenti cuidam, divino oraculo effusos, ubi Christum quidem ab hujus tamquam sacrilegii crimine faciunt innocentem, Petrum autem (*a*) maleficiis fecisse subjungunt, ut coleretur Christi nomen per trecentos-sexaginta-quinque annos, deinde completo memorato numero annorum, sine mora sumeret finem. O hominum corda doctorum! O ingenia (*b*) litterata digna credere ista de Christo, quæ credere non vultis in Christum, quod ejus discipulus Petrus ab eo magicas artes non didicerit, sed ipso innocente tamen ejus (*c*) maleficus fuerit, nomenque illius, quam suum, coli maluerit magicis artibus suis, magnis laboribus et periculis suis, postremo etiam effusione sanguinis sui! Si Petrus maleficus fecit, ut Christum sic diligeret mundus; quid fecit innocens Christus, ut eum sic di-

---

(*a*) Sic aliquot Mss. At editi, *maleficia fecisse*. — (*b*) In sola editione Lov. *litteratorum*, pro *litterato*. — (*c*) Editi, *ejus discipulus maleficus*. Abest *discipulus* a Mss.

le même chef-d'œuvre de la grâce céleste, produisant dans le monde l'amour du Christ pour la vie éternelle, dans Pierre le même amour, pour cette même vie éternelle qu'il devait recevoir du Christ, après la vie du temps dont il lui faisait le sacrifice. D'ailleurs, que sont donc ces dieux qui peuvent faire de telles prédictions, sans pouvoir les conjurer; qui se laissent vaincre par un seul maléfice, par un scélérat de magicien qui, disent-ils, a tué un enfant d'un an, l'a coupé en morceaux et l'a enseveli avec des cérémonies sacriléges? Que sont-ils, s'ils permettent qu'une secte ennemie subsiste pendant de si longues années, qu'elle triomphe de si horribles persécutions, non par la résistance, mais par la patience à les souffrir, et qu'elle renverse leurs idoles et leurs temples, entraînant dans la même ruine leurs sacrifices et leurs oracles? Enfin, quel est le Dieu de ceux-là, car ce n'est certes pas le nôtre, pour avoir été gagné ou forcé par un si grand crime à souscrire de pareilles conditions? Car, d'après ces vers, ce n'est pas à un démon, mais à un dieu que Pierre les a imposées par son art magique. Tel est le dieu de ceux qui ne reconnaissent pas le Christ.

CHAPITRE LIV.

De la sotte erreur des Païens qui supposent que la religion chrétienne ne doit pas durer plus de trois cent soixante-cinq ans.

Voilà, entre beaucoup d'autres raisons, ce que je dirais si cette fameuse année, promise par un oracle trompeur et sottement attendue, n'était pas encore passée. Mais comme depuis l'établissement du culte chrétien par la présence du Verbe fait chair et l'apostolat de ses disciples, il s'est écoulé déjà plus de trois cent soixante-cinq ans, qu'ai-je besoin d'ajouter pour réfuter ce mensonge? Car, si nous ne prenons pas la naissance du Christ pour point de départ de cet événement, puisque, dans son enfance, il n'avait pas encore de disciples, au moins se fit-il connaître sensiblement, et la religion chrétienne parut-elle; dès qu'il commença à en avoir, c'est-à-dire après avoir été baptisé dans le Jourdain, par saint Jean. Aussi, c'est bien à son sujet que les Prophètes avaient dit : « Il étendra sa domination d'une mer à l'autre, et depuis le fleuve jusqu'aux extrémités de la terre. » (*Ps.* LXXI, 8.) Mais, comme avant sa Passion et sa Résurrection d'entre les morts, la foi n'avait pas encore été annoncée à tous;

---

ligeret Petrus? Respondeant igitur ipsi sibi, et si possunt, intelligant illa superna gratia factum esse, ut propter æternam vitam Christum diligeret mundus, qua gratia factum est, ut et propter æternam vitam ab illo accipiendam, et usque ad temporariam mortem pro illo patiendam Christum diligeret Petrus. Deinde isti dii qui sunt, qui possunt ista prædicere, nec possunt avertere, ita succumbentes uni malefico, et uni sceleri magico, quo puer, ut dicunt, anniculus occisus, et dilaniatus, et ritu nefario sepultus est, ut sectam sibi adversariam tam prolixo tempore convalescere, tot tantarumque persecutionum horrendas crudelitates, non resistendo, sed patiendo superare, et ad suorum simulacrorum, templorum, sacrorum, oraculorum eversionem pervenire permitterent? Quis postremo est deus, non noster utique, sed ipsorum, qui vel illectus tanto scelere vel impulsus est ista præstare? Non enim alicui dæmoni, sed deo dicunt illi versus, hæc Petrum arte magica definisse. Talem deum habent, qui Christum non habent.

CAPUT LIV.

De stultissimo mendacio Paganorum, quo Christianam religionem non ultra trecentos-sexaginta-quinque annos mansuram esse finxerunt.

Hæc atque hujusmodi multa colligerem, si nondum annus ipse transisset, quem divinatio ficta promisit, et decepta vanitas credidit. Cum vero ex quo nominis Christi cultus per ejus in carne præsentiam et per Apostolos institutus est, ante aliquot annos anni trecenti-sexaginta-quinque completi sint, quid aliud quærimus, unde ista falsitas refellatur? Ut enim in Christi nativitate hujus rei non ponamus initium, quia infans et puer discipulos non habebat, tamen quando habere cœpit, procul dubio tunc innotuit per ejus corporalem præsentiam doctrina et religio Christiana, id est, postea quam in fluvio Jordane ministerio Joannis est baptizatus. Propter hoc enim de illo prophetia illa præcesserat, « Dominabitur a mari usque ad mare, et a flumine usque ad terminos orbis terræ. » (*Ps.* LXXI, 8.) Sed quoniam priusquam passus esset, et resurrexisset a mortuis, nondum fides omnibus fuerat definita, in resurrectione quip-

elle ne le fut, en effet, que par sa Résurrection, selon ces paroles de l'apôtre saint Paul aux Athéniens : « Il avertit maintenant tous les hommes, en quelque lieu qu'ils soient, de faire pénitence, parce qu'il a arrêté un jour pour juger le monde dans la justice par celui dont il a voulu établir la foi, en le ressuscitant d'entre les morts; » (*Act.* XVII, 30 et 31) il vaut mieux, pour résoudre cette question, commencer le calcul, à partir de cette époque. De plus, c'est alors que fut donné le Saint-Esprit, et il convenait, qu'après la Résurrection du Christ, ce divin Esprit descendît dans cette ville, d'où devait sortir la seconde loi, c'est-à-dire le Nouveau-Testament. La première sortit du Mont-Sinaï, par le ministère de Moïse, et c'est l'Ancien-Testament. Quant à celle-ci, dont le Christ devait être l'auteur, voici la parole prophétique qui l'annonce : « La loi sortira de Sion, et la parole du Seigneur de Jérusalem. » (*Is.* II, 3.) Aussi, le Christ a dit lui-même, qu'il fallait prêcher en son nom, la pénitence à toutes les nations, en commençant toutefois par Jérusalem. Le culte de ce nom a donc commencé en cette ville; c'est là qu'on a cru d'abord en Jésus-Christ, crucifié et ressuscité. Là, dans son illustre berceau, la foi fut si ardente, que plusieurs milliers d'hommes, convertis miraculeusement au nom du Christ, vendirent leurs biens pour les distribuer aux pauvres; par une résolution sainte qu'anime le feu de la charité, ils se vouent à la pauvreté volontaire; et, au milieu des Juifs furieux et altérés de sang, ils se tiennent prêts à combattre jusqu'à la mort pour l'amour de la vérité, non par la force des armes, mais par la force plus puissante de la patience. (*Act.* II, 41. *Ibid.* IV, 4 et 32.) Si ce fait ne peut être attribué à la magie, pourquoi douter que la même vertu divine ait pu l'opérer dans tout le monde, comme à Jérusalem? Mais si ce sont les maléfices de Pierre qui ont porté à adorer le nom du Christ, toute cette multitude si ardente pour crucifier le Sauveur, ou pour se moquer de lui sur la croix, il faut rechercher, depuis l'année même de cet événement, jusqu'où vont les trois cent soixante-cinq ans prédits par l'oracle. Le Christ est mort le huitième jour des calendes d'avril, sous le consulat des deux Géminus. Il est ressuscité le troisième jour, d'après le témoignage des Apôtres, témoins oculaires. Quarante jours après, il monta au ciel, et le dixième jour suivant, c'est-à dire le cinquantième, depuis sa Résurrection, il envoya l'Esprit-Saint. Alors, trois mille hommes embrassèrent sa foi, sur la prédication des Apôtres. Alors, commença le culte de son nom,

---

pe Christi definita est, (nam sic apostolus Paulus Atheniensibus loquitur, dicens, « Jam nunc annuntiat hominibus, omnes ubique agere pœnitentiam, eo quod statuit diem, judicare orbem in æquitate, in viro, in quo definivit fidem omnibus, ressuscitans illum a mortuis,) » (*Act.* XVII, 30 et 31) melius in hac quæstione solvenda inde initium sumimus : præsertim quia tunc datus est etiam Spiritus-sanctus, sicut eum dari post resurrectionem Christi oportebat in ea civitate, ex qua debuit incipere lex secunda, hoc est, Testamentum novum. Prima enim fuit ex monte Sina per Moysen, quo Testamentum vocatur vetus. De hac autem quæ per Christum danda erat, prædictum est, « Ex Sion prodiet lex, et verbum Domini ex Jerusalem. » (*Is.* II, 3.) Unde et ipse per omnes gentes dixit prædicari oportere in nomine suo pœnitentiam, sed tamen incipientibus ab Jerusalem. (*Luc.* XXIV, 47.) Ibi ergo exorsus est hujus nominis cultus, ut in Christum Jesum, qui crucifixus fuerat et resurrexerat, crederentur. Ibi hæc fides tam insignibus initiis (*a*) incanduit, ut aliquot hominum millia in Christi nomen mirabili alacritate conversa, venditis suis rebus ut egenis distribuerentur, proposito sancto et ardentissima caritate ad paupertatem voluntariam pervenirent, atque inter frementes et sanguinem sitientes Judæos, se usque ad mortem pro veritate certare, non armata potentia, sed potentiore patientia præpararent. (*Act.* II, 41. *cap.* IV, 4 et 32.) Hoc si nullis magicis artibus factum est, cur credere dubitant, eadem virtute divina per totum mundum id fieri potuisse qua hoc factum est? Si autem ut Jerosolymis sic ad cultum nominis Christi accenderetur tanta hominum multitudo, quæ illum in cruce, vel fixerat prensum, vel riserat fixum, jam maleficium illud fecerat Petrus, ex ipso anno quærendum est, quando trecenti-sexaginta-quinque completi sint. Mortuus est ergo Christus duobus Geminis Consulibus, octavo Kalendas Aprilis. Resurrexit tertia die, sicut Apostoli (*b*) sui etiam sensibus probaverunt. Deinde post quadraginta dies adscendit in cœlum : post decem dies, id est, quinquagesimo post suam resurrectionem die misit Spi-

---

(*a*) Lov. *incaluit* : dissentientibus editis aliis et Mss. — (*b*) Vind. Am. et plures Mss. *Apostoli sui.*

par la vertu de l'Esprit-Saint, selon notre foi et selon la vérité; ou, par les sortilèges de Pierre, soit que l'impiété le suppose, soit qu'elle le pense ainsi. Peu de temps après, s'opère un grand miracle : il y avait à la porte du temple, demandant l'aumône, un pauvre, boiteux de naissance, et tellement infirme qu'on était obligé de le porter chaque jour à cette place; mais, à la parole de Pierre, au nom de Jésus-Christ, le mendiant se relève guéri, cinq mille hommes se convertissent encore à ce prodige; ensuite, grâce à de rapides conquêtes, l'Église vit se multiplier le nombre des croyants. Ainsi, il est facile de préciser, même le commencement de ces années fameuses, puisqu'elles datent du jour où le Saint-Esprit fut envoyé, c'est-à-dire aux Ides de mai. Or, en calculant d'après les consulats, les trois cent soixante-cinq ans se trouvent révolus sous le consulat d'Honorius et d'Eutychien. Cependant, l'année suivante, sous le consulat de Manlius Théodore, quand déjà, selon l'oracle des démons, ou la fiction humaine, il ne devait plus y avoir de religion chrétienne; alors même, sans parler de ce qui pouvait se passer ailleurs, nous savons que dans la célèbre ville de Carthage, en Afrique, Gaudentius et Jovius, lieutenants de l'empereur Honorius, le quatorzième jour des calendes d'avril, renversèrent les temples des faux dieux, et brisèrent leurs idoles. Et depuis, jusqu'à cette heure, c'est-à-dire pendant près de trente ans, qui n'admire la propagation rapide du culte chrétien, surtout depuis qu'un grand nombre, détournés de la foi par cet étrange oracle, qu'ils regardaient comme l'expression de la vérité, en ont reconnu l'imposture, l'époque de l'accomplissement étant passée, et se sont convertis? Pour nous, chrétiens de nom et d'effet, nous ne croyons pas en Pierre, mais en Celui dont Pierre a eu la foi; nous n'avons pas été sous le charme des sortilèges de Pierre, mais nous avons été édifiés par sa prédication du nom de Jésus-Christ; nous n'avons pas été trompés par ses maléfices, mais aidés par ses bienfaits. Ce maître de Pierre, le Christ, dont la doctrine conduit à la vie éternelle, est aussi lui-même notre maître.

2. Mais, terminons ce livre, après avoir démontré suffisamment, ce me semble, le progrès temporel des deux Cités mêlées ici-bas, depuis le commencement jusqu'à la fin. La Cité terrestre s'est créée des dieux à sa fantaisie, elle a même rendu les honneurs divins à des hommes, leur offrant des sacrifices : mais la Cité céleste, étrangère en ce monde, ne fait pas de faux dieux, elle est établie par le vrai Dieu, dont

---

ritum-sanctum. Tunc tria millia hominum Apostolis eum prædicantibus crediderunt. Tunc itaque nominis illius cultus exorsus est, sicut nos credimus, et veritas habet, efficacia Spiritus sancti ; sicut autem finxit vanitas impia vel putavit, magicis artibus Petri. Paulo post etiam signo mirabili facto, quando ad verbum ipsius Petri quidam mendicus ab utero matris ita claudus (*Act*. III, 4), ut ab aliis portaretur, et ad portam templi, ubi stipem peteret, poneretur, in nomine Jesu Christi salvus exsilivit, quinque millia hominum crediderunt : ac deinde aliis atque aliis accessibus credentium crevit Ecclesia. Ac per hoc colligitur etiam dies, ex quo annus ipse sumsit initium, scilicet quando missus est Spiritus-sanctus, id est, per Idus Maias. Numeratis proinde Consulibus trecenti-sexaginta-quinque anni reperiuntur impleti per easdem Idus consulatu Honorii et Eutychiani. Porro sequenti anno, Consule Manlio Theodoro, quando jam secundum illud oraculum dæmonum aut figmentum hominum nulla esse debuit religio Christiana, quid per alias terrarum partes forsitan factum sit, non fuit necesse perquirere. Interim quod scimus, in civitate notissima et eminentissima Carthagine Africæ Gaudentinus et Jovius comites Imperatoris Honorii, quarto-decimo Kalendas Aprilis falsorum deorum templa everterunt, et simulacra fregerunt. Ex quo usque ad hoc tempus per triginta ferme annos quis non videat quantum creverit cultus nominis Christi, præsertim postea quam multi eorum Christiani facti sunt, qui tamquam vera illa divinatione revocabantur a fide, eamque completo eodem annorum numero inanem ridendamque viderunt ? Nos ergo qui sumus vocamurque Christiani, non in Petrum credimus, sed in quem credidit Petrus : Petri de Christo ædificati sermonibus, non carminibus venenati ; nec decepti maleficiis, sed beneficiis ejus adjuti. Ille Petri magister Christus in doctrina, quæ ad vitam ducit æternam, ipse est et magister noster.

2. Sed aliquando jam concludamus hunc librum, huc usque differentes, et quantum satis visum est demonstrantes, quisnam sit duarum Civitatum, cœlestis atque terrenæ, ab initio usque in finem permixtarum mortalis excursus. Quarum illa quæ terrena est, fecit sibi quos voluit, vel undecumque, vel etiam ex hominibus falsos deos, quibus sacrificando serviret : illa autem quæ cœlestis peregrinatur in terra, falsos deos non facit, sed a vero Deo ipsa fit,

elle est elle-même le véritable sacrifice. Toutes deux, néanmoins, ont une part égale aux biens et aux maux de la vie présente, seulement, elles diffèrent par la foi, l'espérance et l'amour, jusqu'à la complète séparation qu'opérera le dernier jugement; alors, l'une aussi bien que l'autre, sera arrivée à sa fin, dont le terme ne viendra jamais. C'est de cette fin des deux Cités que nous nous occuperons désormais.

LIVRE DIX-NEUVIÈME

Dans ce livre, saint Augustin traite du sort des deux cités; il énumère au sujet des biens et des maux, les diverses opinions des philosophes, qui ont vainement cherché à se former une béatitude dans cette vie en les réfutant longuement, il montre quel est le bonheur et la paix de la Cité céleste, c'est-à-dire du peuple chrétien; quelle félicité ce peuple peut goûter ici-bas, et celle qu'il doit espérer dans l'avenir.

CHAPITRE PREMIER.

Varron pense qu'on peut trouver parmi les philosophes, deux cent quatre-vingt-huit opinions diverses touchant le souverain bien.

1. Il me reste maintenant à traiter des fins des deux Cités; l'une terrestre et l'autre céleste; aussi, sans trop retarder la prochaine conclusion de mon ouvrage, je dois d'abord exposer les raisonnements des philosophes qui ont cru trouver le vrai bonheur dans cette misérable vie. Nous verrons donc clairement combien sont vaines leurs prétentions, comparées à l'espérance que Dieu lui-même nous a donnée du vrai bonheur, et à la réalité qu'il nous donnera un jour. Nous prendrons nos preuves, non pas seulement dans l'autorité des témoignages divins, mais aussi, à cause des païens, nous aurons recours aux arguments tirés de la raison. En effet, les philosophes ont eu entre eux de longues et nombreuses discussions, au sujet de la fin des biens et des maux. Traitant cette matière avec une très-sérieuse attention, ils se sont appliqués à découvrir quelle est pour

cujus verum sacrificium ipsa sit. Ambæ tamen temporalibus, vel bonis pariter utuntur, vel malis pariter affliguntur, diversa fide, diversa spe, diverso amore, donec ultimo judicio separentur, et percipiat unaquæque suum finem, cujus nullus est finis : de quibus ambarum finibus deinceps disserendum est.

LIBER DECIMUS-NONUS

In quo de finibus utriusque Civitatis, terrenæ ac cœlestis disputatur. Recensentur de bonorum et malorum finibus opiniones Philosophorum, qui beatitudinem in hac vita facere ipsi sibi frustra conati sunt : qui dum operosius refelluntur, ipsius Civitatis cœlestis, seu populi Christiani beatitudo et pax quænam sit, qualisve hic haberi, vel in futurum sperari possit, demonstratur.

CAPUT PRIMUM.

Quod in quæstione, quam de finibus bonorum et malorum philosophica disputatio ventilavit, ducentas octoginta et octo sectas esse posse, Varro perspexerit.

1. Quoniam de Civitatis utriusque, terrenæ scilicet et cœlestis, debitis finibus deinceps mihi video disputandum; prius exponenda sunt, quantum Operis hujus terminandi ratio patitur, argumenta mortalium, quibus sibi ipsi beatitudinem facere in hujus vitæ infelicitate moliti sunt, ut ab eorum rebus vanis spes nostra quid differat, quam Deus nobis dedit, et res ipsa, hoc est, vera beatitudo quam dabit, non tantum auctoritate divina, sed adhibita etiam ratione, qualem propter infideles possumus adhibere, clarescat. De finibus enim bonorum et malorum multa et multipliciter inter se philosophi disputarunt : quam quæstionem maxima intentione versan-

l'homme la source du bonheur. Car, pour nous, la fin du bien, c'est ce, en vue de quoi, nous désirons les autres choses, et qui est recherché pour soi-même; de même, la fin du mal, c'est ce pour quoi nous évitons tout le reste, et qui doit être évité pour soi-même. Aussi, nous n'appelons pas la fin du bien ce qui le fait cesser d'être, mais ce qui lui donne sa perfection et l'amène à la plénitude; et la fin du mal n'est pas ce qui l'anéantit, mais ce qui le porte à son plus haut degré, en le rendant plus funeste. Ainsi, ces deux fins sont le souverain bien et le souverain mal. C'est à les découvrir, aussi bien qu'à atteindre le souverain bien et à éviter le souverain mal, que, comme je l'ai dit, ceux qui se sont adonnés à l'étude de la sagesse, selon la vanité du siècle, ont employé de très-grands efforts; et quoiqu'ils soient tombés dans des erreurs diverses, cependant, retenus par l'instinct naturel, ils ne s'écartèrent pas tellement du chemin de la vérité, qu'ils ne plaçassent la fin des biens et des maux, les uns dans l'esprit, les autres dans le corps et d'autres dans tous les deux. De cette division, sortent comme trois grandes sectes générales. Mais Marcus Varron qui, dans son « livre sur la philosophie, » en a étudié avec autant de soin que de pénétration, les doctrines très-diverses, dit qu'on pourrait distinguer deux cent quatre-vingt-huit sectes. Quoique ce nombre n'existe pas réellement, on y arriverait très-facilement en tenant compte de certaines différences qu'il indique.

2. Voulant montrer brièvement comment il tire cette conclusion, je dois d'abord faire cette remarque, qu'il établit lui-même dans le livre cité. Il y a quatre choses que les hommes désirent comme par un instinct naturel, et sans y être portés ni par un maître, ni par aucun enseignement, ni par le secours de l'éducation, qui s'appelle discipline ou vertu, mais qui, certainement, est un résultat de l'étude. Ce sont ou la volupté, qui agit sur les sens d'une manière si agréable, ou le repos, qui délivre le corps de tout malaise, ou ces deux choses réunies qu'Épicure désigne sous le nom commun de volupté, ou en général les premiers biens de la nature, parmi lesquels il faut compter les précédents, et d'autres encore, pour le corps, l'intégrité des organes, et la santé parfaite; pour l'âme les facultés qui se trouvent plus ou moins développées dans toutes les intelligences. Ces quatre choses : la volupté, le repos, la réunion de l'un et de l'autre, les premiers dons de la nature, sont en nous de telle façon, qu'il faut rechercher pour elles la vertu que donne l'éducation, ou les rechercher pour la vertu, ou enfin les rechercher pour elles-mêmes. De là, naissent douze sectes; chacune des quatre premières se multipliant par trois. Si je le montre pour l'une, il sera facile de le voir également

---

tes, invenire conati sunt quid efficiat hominem beatum. Illud enim est finis boni nostri, propter quod appetenda sunt cetera, ipsum autem propter se ipsum : et illud finis mali, propter quod vitanda sunt cetera, ipsum autem propter se ipsum. Finem ergo boni nunc dicimus, non quo consumatur, ut non sit, sed quo perficiatur, ut plenum sit; et finem mali, non quo esse desinat, sed quo usque nocendo perducat. Fines itaque isti sunt, summum bonum, et summum malum. De quibus inveniendis, atque in hac vita summo bono adipiscendo, vitando autem summo malo, multum, sicut dixi, laboraverunt, qui studium sapientiæ in hujus sæculi vanitate professi sunt : nec tamen eos, quamvis diversis errantes modis, naturæ limes in tantum ab itinere veritatis deviare permisit, ut non alii in animo, alii in corpore, alii in utroque fines bonorum ponerent et malorum. Ex qua tripertita velut generalium distributione sectarum, Marcus Varro in libro de philosophia tam multam dogmatum varietatem diligenter et subtiliter scrutatus advertit, ut ad ducentas-octoginta-octo sectas, non quæ jam essent, sed quæ esse possent, adhibens quasdam differentias, facillime perveniret.

2. Quod ut breviter ostendam, inde oportet incipiam, quod ipse advertit, et posuit in libro memorato: quatuor esse quædam, quæ homines sine magistro, sine ullo doctrinæ adminiculo, sine industria vel arte vivendi, quæ virtus dicitur, et procul dubio discitur, velut naturaliter appetunt; aut voluptatem, qua delectabiliter movetur corporis sensus; aut quietem, qua fit ut nullam molestiam quisque corporis patiatur; aut utramque, quam tamen uno nomine voluptatis Epicurus appellat; aut universaliter prima naturæ, in quibus et hæc sunt, et alia, vel in corpore, ut membrorum integritas, et salus atque incolumitas ejus; vel in animo, ut sunt ea quæ vel parva, vel magna in hominum reperiuntur ingeniis. Hæc igitur quatuor, id est, voluptas, quies, utrumque, prima naturæ, ita sunt in nobis, ut vel virtus, quam postea doctrina inserit, propter hæc appetenda sit, aut ista propter virtutem, aut utraque propter se ipsa : ac per hoc

pour les autres. S'il s'agit de la volupté des sens, ou on la place au-dessous de la vertu, ou on la lui préfère, ou l'on veut accorder ces deux choses, donc trois sectes différentes. On la place au-dessous de la vertu, quand on la fait servir à la vertu. Ainsi, vivre pour la patrie, engendrer des enfants pour la patrie, ce sont des devoirs de vertu, qui ne s'accomplissent pas sans un plaisir sensuel ; car ce plaisir se trouve toujours dans l'action de boire et de manger, action nécessaire à la vie, comme aussi dans l'acte qui tend à la génération. Mais si la volupté est préférée à la vertu, alors on la recherche pour elle-même, et la vertu est rapportée au plaisir comme si elle n'avait d'autre but que de produire et d'entretenir la volupté sensuelle ; vie honteuse où la vertu est l'esclave de la volupté ; ou plutôt il n'y a point de vertu ; et cependant, cette abominable infamie a trouvé des philosophes pour la patronner et la défendre. Enfin, la volupté est unie à la vertu, quand on ne désire pas l'une à cause de l'autre, mais quand on les recherche toutes deux pour elles-mêmes. Ainsi, comme la volupté produit trois sectes différentes, selon qu'on la met au-dessus ou au-dessous de la vertu, ou qu'on met l'une et l'autre ensemble ; de même le repos ; de même la volupté et le repos réunis ; de même les premiers dons de la nature, forment aussi leur triple division. En effet, selon les diverses opinions, ou on les soumet à la vertu, ou on les lui préfère, ou on les y unit, et ainsi on arrive au nombre de douze sectes. Mais ce nombre même est doublé, par une différence que fournit la vie sociale. Car celui qui s'attache à l'une de ces sectes, n'est déterminé que par un motif purement personnel, ou bien il a en vue aussi quelque compagnon à qui il doit désirer le même bien qu'à lui-même. Ainsi, les douze premières sectes comprennent ceux qui ne s'attachent à chacune d'elles que pour eux-mêmes ; les douze autres sont formées de ceux qui adoptent telle ou telle doctrine, non-seulement pour eux, mais aussi pour les autres, dont ils veulent le bien comme le leur propre. Les nouveaux Académiciens ajoutent à ces vingt-quatre sectes, une autre différence qui en double encore le nombre, et la porte à quarante-huit. En effet, chacune de ces vingt-quatre sectes peut être embrassée et soutenue comme offrant une doctrine certaine ; ainsi, les stoïciens qui estiment que le bien où l'homme trouve son bonheur est seulement dans la vertu de l'âme ; d'autres peuvent n'y voir qu'une chose douteuse, tels que les nouveaux Académiciens qui admettaient la même doctrine, non pas comme certaine, mais

fiunt hinc duodecim sectæ : per hanc enim rationem singulæ triplicantur ; quod cum in una demonstravero, difficile non erit id in ceteris invenire. Cum ergo voluptas corporis animi virtuti aut subditur, aut præfertur, aut jungitur, tripertita variatur diversitate sectarum. Subditur autem virtuti, quando in usum virtutis assumitur. Pertinet quippe ad virtutis officium, et vivere patriæ, et propter patriam filios procreare : quorum neutrum fieri potest sine corporis voluptate. Nam sine illa nec cibus potusque sumitur, ut vivatur ; nec concumbitur, ut generatio propagetur. Cum vero præfertur virtuti, ipsa appetitur propter se ipsam, virtus autem assumenda creditur propter illam, id est, ut nihil virtus agat, nisi ad consequendam vel conservandam corporis voluptatem : quæ vita deformis est quidem, quippe ubi virtus servit dominæ voluptati ; quamvis nullo modo hæc dicenda sit virtus : sed tamen etiam ista horribilis turpitudo quosdam philosophos patronos et defensores suos habuit. Virtuti porro voluptas jungitur, quando neutra earum propter alteram, sed propter se ipsas ambæ appetuntur. Quapropter sicut voluptas vel subdita, vel prælata, vel juncta virtuti, tres sectas facit ; ita quies, ita utrumque, ita prima naturæ alias ternas inveniuntur efficere. Pro varietate quippe humanarum opinionum virtuti aliquando subduntur, aliquando præferuntur, aliquando junguntur, ac sic ad duodenarium sectarum numerum pervenitur. Sed iste quoque numerus duplicatur adhibita una differentia, sociali videlicet vitæ : quoniam quisquis sectator aliquam istarum duodecim sectarum, profecto aut propter se tantum id agit, aut etiam propter socium, cui debet hoc velle quod sibi. Quocirca duodecim sunt eorum, qui propter se tantum unamquamque tenendam putant ; et aliæ duodecim eorum, qui non solum propter se sic vel sic philosophandum esse decernunt, sed etiam propter alios, quorum bonum appetant sicut suum. Hæ autem sectæ viginti-quatuor iterum geminantur, addita differentia ex Academicis novis, et fiunt quadraginta-octo. Illarum quippe viginti-quatuor unamquamque sectarum potest quisque sic tenere ac defendere ut certam, quemadmodum defenderunt Stoici, quod hominis bonum, quo beatus esset, in animi tantummodo virtute consisteret : potest alius ut incertam, sicut defenderunt Academici novi, quod eis etsi non certum, tamen veri simile videbatur. Viginti-quatuor ergo fiunt per eos, qui eas velut

cependant, comme vraisemblable. De là, vingt-quatre sectes, composées de ceux qui s'y attachent, en les regardant comme dépositaires de la vérité certaine, et vingt-quatre autres composées de ceux qui croient ne tenir que la vraisemblance. Ajoutez que chacun peut suivre l'une de ces quarante-huit sectes, ou en vivant comme les autres philosophes, ou en imitant les Cyniques, et voilà que cette différence en porte le chiffre à quatre-vingt-seize. Enfin, on peut embrasser chacune de ces sectes et la défendre, ou en voulant conserver les avantages de la vie privée, comme ceux qui ne peuvent ou ne veulent se proposer d'autre but que l'étude; ou en restant dans le soin des affaires publiques, tels sont ceux qui, tout en se livrant aux études philosophiques, s'adonnent aussi avec beaucoup de soin à l'administration de l'état et des choses humaines; ou encore en alliant ensemble les charmes de la vie privée et le souci des affaires, comme ceux qui partagent le temps de leur vie entre le repos de l'étude et les nécessités de l'administration; aussi, avec ces modifications, le nombre des sectes est triplé, et on en a deux cent quatre-vingt-huit.

3. Ce qui précède, est le résumé, aussi court et aussi clair que possible, du livre de Varron; je n'ai fait que revêtir sa pensée de mes expressions. Or, comment, après avoir réfuté toutes les autres, il adopte la secte des anciens Académiciens, qui, dit-il, depuis Platon, fondateur de cette école, dite de la Vieille Académie, jusqu'à Polémon, son quatrième successeur, ont eu des doctrines certaines, par où ils se distinguent des nouveaux Académiciens, pour qui tout est douteux, et qui datent d'Archésilas, successeurs de Polémon; comment il établit que cette secte des anciens Académiciens est exempte de doute et d'erreur, c'est ce qu'il serait trop long de démontrer en détail; cependant, je dois en dire quelques mots. D'abord il laisse de côté toutes les distinctions qui multiplient les sectes; et la raison de cette élimination, c'est qu'il ne voit point la fin du bien dans ces distinctions. Il prétend qu'on ne peut pas qualifier de secte philosophique, celle qui n'est pas différente des autres sur le point qui détermine les fins des biens et des maux. En effet, l'étude de la philosophie n'a pas d'autre but que de rendre l'homme heureux, et le bonheur pour l'homme, c'est la fin du bien. On ne peut donc attribuer d'autre raison à la philosophie que la fin du bien; aussi, ne peut-on pas appeler secte philosophique, celle qui ne poursuit pas la fin

---

certas propter veritatem, et aliæ viginti-quatuor per eos, qui easdem quamvis incertas propter veri similitudinem sequendas putant. Rursus, quia unamquamque istarum quadraginta-octo sectarum potest quisque sequi habitu ceterorum philosophorum, itemque potest alius habitu Cynicorum, ex hac etiam differentia duplicantur, et nonaginta-sex fiunt. Deinde quia earum singulas quasque ita tueri homines possunt atque sectari, ut aut otiosam diligant vitam, sicut hi qui tantummodo studiis doctrinæ vacare voluerunt, atque valuerunt; aut negotiosam, sicut hi qui cum philosopharentur, tamen administratione reipublicæ regendique rebus humanis occupatissimi fuerunt; aut ex utroque genere temperatam, sicut hi qui partim erudito otio, partim necessario negotio, alternantia vitæ suæ tempora tribuerunt : propter has differentias potes etiam triplicari numerus iste sectarum, et ad ducentas-octoginta-octo perduci.

3. Hæc de Varronis libro, quantum potui, breviter ac dilucide posui, sententias ejus meis explicans verbis. Quomodo autem refutatis ceteris unam eligat, quam vult esse Academicorum veterum, quos a Platone institutos usque ad Polemonem, qui ab illo quartus ejus scholam tenuit, quæ (a) Academia dicta est, habuisse certa dogmata vult videri; et ob hoc distinguat ab Academicis novis, quibus incerta sunt omnia, quod philosophiæ genus ab Archesila cœpit successore Polemonis; eamque sectam, id est, veterum Academicorum, sicut dubitatione ita omni errore carere arbitretur. longum est per omnia demonstrare : nec tamen omni ex parte res omittenda est. Removet ergo prius illas omnes differentias, quæ numerum multiplicavere sectarum : quas ideo removendas putat, quia non in eis est finis boni. Neque enim existimat ullam philosophiæ sectam esse dicendam, quæ non eo distet a ceteris, quod diversos habeat fines bonorum et malorum. Quando quidem nulla est homini caussa philosophandi, nisi ut beatus sit : quod autem beatum facit, ipse est finis boni : nulla est igitur caussa philosophandi, nisi finis boni : quamobrem quæ nullum boni finem sectatur, nulla philosophiæ secta dicenda est. Cum ergo quæritur de sociali vita, utrum sit tenenda sapienti, ut summum bonum, quo fit homo beatus, ita velit et curet amici sui, quemadmodum suum,

(a) Plures Mss. *Academica*.

du bien. Si, par exemple, au sujet de la vie sociale, on demande s'il faut s'adjoindre un ami, pour s'occuper de lui procurer le souverain bien et le bonheur comme à soi-même, ou bien, si chacun ne doit en tout se proposer que son propre bonheur, cette question ne porte pas sur le souverain bien lui-même, mais sur le compagnon qu'il faut ou ne faut pas s'associer dans la participation du bien; et cela, non point pour soi, mais pour le compagnon dont on goûtera le bien comme le sien propre. De même, au sujet des nouveaux Académiciens, pour qui, tout est incertain, lorsque l'on demande, si réellement il faut penser comme eux dans les questions philosophiques, ou bien s'il faut admettre la certitude avec les autres philosophes, ce n'est pas la fin du bien à poursuivre qu'il s'agit de déterminer, mais il s'agit de savoir s'il faut ou ne faut pas douter de la vérité du bien lui-même, objet de nos recherches. C'est-à-dire, pour parler plus clairement, la question est de savoir s'il faut tendre au bien, de telle sorte, qu'on y tende avec la persuasion qu'il est réel, ou bien avec la pensée qu'il paraît réel, quoique, peut-être, il soit faux; mais, dans l'un et l'autre cas, c'est au même bien que l'on aspire. Enfin, on a vu des hommes qui, tout en recherchant des biens différents, la vertu, par exemple, ou la volupté, observaient cependant ce même genre de vie, qui les a fait appeler Cyniques. Aussi, quoi qu'il en soit de ce qui distingue les Cyniques des autres philosophes, cela n'a aucun rapport avec la nature du bien que les hommes ont à choisir et à pratiquer pour être heureux. Car, s'il en était autrement, le même genre de vie obligerait à poursuivre la même fin, et un genre de vie différent ne pourrait le permettre.

CHAPITRE II.

Comment, abstraction faite de toutes les distinctions, Varron arrive à une triple définition du souverain bien, ne s'arrêtant cependant qu'à une seule.

1. A l'égard de ces trois genres de vie, dont l'un consiste à contempler ou à rechercher infatigablement la vérité dans les loisirs d'une vie tranquille; l'autre à gérer activement les affaires publiques, et le troisième, à allier ensemble les deux premiers, si l'on demande lequel doit être préféré, ce qui est en question, ce n'est point de savoir quelle est la fin du bien, mais lequel des trois genres présente des difficultés ou des facilités pour atteindre ou garder la fin du bien. Car cette fin procure le bonheur, dès qu'elle est atteinte. Or, ni les loisirs de l'étude, ni le soin des affaires, ni le genre mixte ne sau-

---

an suæ tantummodo beatitudinis caussa faciat quidquid facit; non de ipso summo bono quæstio est, sed de assumendo vel non assumendo socio ad hujus participationem boni, non propter se ipsum, sed propter eumdem socium, ut ejus bono ita gaudeat, sicut gaudet suo. Item cum quæritur de Academicis novis, quibus incerta sunt omnia, utrum ita sint res habendæ, in quibus philosophandum est, an sicut aliis philosophis placuit, certas eas habere debeamus; non quæritur quid in boni fine sectandum sit, sed de ipsius boni veritate, quod sectandum videtur, utrum sit, nec ne, dubitandum : hoc est, ut id planius eloquar, utrum ita sectandum sit, ut qui sectatur, dicat esse verum ; an ita, ut qui sectatur, dicat verum sibi videri, etiamsi forte sit falsum; tamen uterque sectetur unum atque idem bonum. In illa etiam differentia quæ adhibetur ex habitu et consuetudine Cynicorum, quæritur quisnam si finis boni, sed utrum in illo habitu et consuetudine sit vivendum ei, qui verum sectatur bonum, quodlibet ei verum videatur esse atque sectandum.

(a) Sic Mss. Editi autem, *ex quo.*

Denique fuerunt, qui cum diversa sequerentur bona finalia, alii virtutem, alii voluptatem, eumdem tamen habitum et consuetudinem tenebant, ex (a) qua Cynici appellabantur. Ita illud quidquid est, unde philosophi Cynici discernuntur a ceteris, ad eligendum ac tenendum bonum, quo beati fierent, utique nil valebat. Nam si aliquid ad hoc interesset, profecto idem habitus eumdem finem sequi cogeret, et diversus habitus eumdem sequi finem non sineret.

CAPUT II.

Quomodo, remotis omnibus differentiis, quæ non sectæ, sed quæstiones sunt, ad tripertitam summi boni definitionem Varro perveniat, quarum tamen una sit eligenda.

In tribus quoque illis vitæ generibus, uno scilicet non segniter, sed in contemplatione vel inquisitione veritatis otioso, altero in gerendis rebus humanis negotioso, tertio ex utroque genere temperato, cum

raient donner aussi promptement le bonheur. Car beaucoup peuvent suivre chacun de ces genres de vie, et cependant se tromper dans la recherche de la bonne fin, qui rend l'homme heureux. Autre donc est la question des fins des biens et des maux, d'après laquelle se distingue chaque secte philosophique; et autres sont les questions de la vie sociale, du doute des Académiciens, de l'habillement et de la nourriture des Cyniques, des trois genres de vie, l'une paisible, l'autre active, et la troisième mixte; dans ces dernières, en effet, il ne s'agit nullement des fins des biens et des maux. C'est pourquoi, au moyen de cette quadruple distinction, de la vie sociale, des nouveaux Académiciens, des Cyniques, et des trois genres de vie, Marcus, étant arrivé au nombre de deux cent quatre-vingt-huit sectes, sans compter celles qu'on pourrait encore y ajouter, il les met ensuite toutes à l'écart, comme étant indifférentes à la question du souverain bien, et n'étant point en réalité de vraies sectes, et ne pouvant en prendre le nom; puis il revient aux deux premières, où l'on s'occupe de rechercher le bien qui peut rendre l'homme heureux, et il en forme une secte unique, en montrant la fausseté de toutes les autres. En éliminant d'abord les trois genres de vie, le nombre se réduit des deux tiers, et il reste quatre-vingt-seize sectes; puis, retranchant la distinction des Cyniques, il faut encore diminuer de moitié, et il n'y en a plus que quarante-huit. Oter aussi ce qui concerne les nouveaux Académiciens, nouvelle réduction de moitié, donc, vingt-quatre. A retrancher encore la différence tirée de la vie sociale, qui doublait le nombre des sectes, et il n'en reste plus que douze. Or, on ne peut donner la raison qui constitue ces douze sectes; car, dans toutes, on ne se propose d'autre but que de chercher les fins des biens et des maux; mais, en trouvant les fins des biens, par opposition, on trouve en même temps celles des maux. Or, pour arriver à ce nombre douze, quatre choses ont été multipliées par trois; le plaisir, le repos, l'un et l'autre réunis, et les premiers dons de la nature, appelés par Varron les biens primitifs. En effet, chacun de ces objets étant considéré séparément, par rapport à la vertu, ou comme inférieur, de sorte qu'on le recherche, non pour lui-même, mais en vue de la vertu; ou comme supérieur, de façon que l'acquisition et la pratique de la vertu y soit rapportée comme à son but; ou comme associé, de sorte que cet objet et la vertu soient également envisagés comme le but à atteindre; il en résulte, que le nombre quatre, étant répété trois fois,

---

quæritur quid horum sit potius eligendum, non finis boni habet controversiam ; sed quid horum trium difficultatem vel facilitatem afferat ad consequendum vel retinendum finem boni, id in ista quæstione versatur. Finis enim boni, cum ad eum quisque pervenerit, protinus beatum facit. In otio autem litterato, vel in negotio publico, vel quando utrumque vicibus agitur, non continuo quisque beatus est. Multi quippe in quolibet horum trium possunt vivere, et in appetendo boni fine quo fit homo beatus, errare. Alia est igitur quæstio de finibus bonorum et malorum, quæ unamquamque philosophorum sectam facit : et aliæ sunt quæstiones de sociali vita, de cunctatione Academicorum, de vestitu et victu Cynicorum, de tribus vitæ generibus, otioso, actuoso, et ex utroque modificato, quarum nulla est, in qua de bonorum et malorum finibus disputatur. Proinde quoniam Marcus Varro has quatuor adhibens differentias, id est, ex vita sociali, ex Academicis novis, ex Cynicis, ex isto vitæ genere tripertito ad sectas ducentas-octoginta-octo pervenit, et si quæ aliæ possunt similiter adjici; remotis eis omnibus, quoniam de sectando summo bono nullam inferunt quæstionem, et ideo sectæ nec sunt, nec vocandæ sunt, ad illas duodecim, in quibus quæritur quid sit bonum hominis, quo asseculo fit beatus, ut ex eis unam veram, cæteras falsas ostendat esse, revertitur. Nam remoto illo tripertito genere vitæ, duæ partes hujus numeri detrahuntur, et sectæ nonaginta-sex remanent. Remota vero differentia ex Cynicis addita, ad dimidium rediguntur, et quadraginta-octo fiunt. Auferamus etiam quod ex Academicis novis adhibitum est, rursus dimidia pars remanet, id est, viginti-quatuor. De sociali quoque vita quod accesserat, similiter auferatur, duodecim sunt reliquæ, quas ista differentia, ut viginti-quatuor fierent, duplicaverat. De his ergo duodecim nihil dici potest, cur sectæ non sint habendæ. Nihil quippe aliud in eis quæritur, quam fines bonorum et malorum. Inventis autem bonorum finibus, profecto e contrario sunt malorum. Hæ autem ut fiant duodecim sectæ, illa quatuor triplicantur. voluptas, quies, utrumque, et prima naturæ, quæ primigenia Varro vocat. Hæc quippe quatuor dum singillatim virtuti aliquando subduntur, ut non propter se ipsa, sed propter officium virtutis appetenda videantur, aliquando præferuntur, ut non propter se ipsa, sed propter hæc adipiscenda vel conservanda necessaria virtus pute-

on arrive au chiffre de douze sectes. Mais, de ces quatre objets, Varron en retranche trois, le plaisir, le repos, et l'un et l'autre réunis, non point qu'il les condamne, mais parce que les dons primitifs de la nature comprennent le plaisir et le repos. Est-il donc besoin de former trois catégories avec ces deux objets, à savoir, deux catégories, en considérant ces objets séparément, et une troisième en les réunissant? Ne suffit-il pas de savoir que les premiers dons de la nature les comprennent avec beaucoup d'autres choses? Reste donc trois sectes dont Varron traite minutieusement, pour déterminer quelle est celle qui doit être préférée. Car la saine raison ne permet pas d'en admettre plus d'une vraie, qu'elle soit du nombre des trois dont il s'agit, ou bien qu'elle se trouve quelque autre part, ce que nous examinerons dans la suite. Mais, avant tout, exposons aussi clairement et brièvement que possible, comment Varron arrête son choix sur l'une de ces trois sectes. Ce qui les distingue, c'est que l'on recherche les premiers dons de la nature, à cause de la vertu, ou la vertu, à cause des premiers dons de la nature, ou ces deux objets, la vertu et les premiers dons de la nature, pour eux-mêmes.

CHAPITRE III.

Parmi les trois sectes qui recherchent le souverain bonheur de l'homme, qu'elle est celle qui doit être préférée, selon Varron et conformément à la doctrine de la vieille Académie, enseignée par Antiochus.

Voici comment Varron s'efforce de démontrer quelle est de ces trois opinions la seule vraie et la seule à adopter. D'abord, comme la philosophie se propose de trouver le souverain bien, non d'un arbre, ni d'un animal, ni de Dieu, mais de l'homme, il faut expliquer ce qu'est l'homme lui-même. Dans l'homme il remarque deux substances, le corps et l'âme ; or, aucun doute que l'âme ne soit de ces deux substances, la meilleure et incomparablement la plus excellente. Mais l'âme seule est-elle tout l'homme, de sorte que le corps ne soit, à son égard, que comme le cheval est pour le cavalier? Or, le cavalier n'est pas homme et cheval, mais homme seulement, et toutefois, il est appelé cavalier à cause du rapport qu'il a avec le cheval. D'autre part, le corps seul est-il tout l'homme, étant à l'égard de l'âme, comme le breuvage est à la coupe? Car on n'appelle pas coupe, le vase lui-même avec la boisson qu'il contient, mais le

CAPUT III.

De tribus sectis summum hominis bonum quærentibus, quam eligendam Varro definiat, sequens veteris Academiæ, Antiocho auctore, sententiam.

1. Quid ergo istorum trium sit verum atque sectandum, isto modo persuadere conatur. Primum, quia summum bonum in philosophia non arboris, non pecoris, non Dei, sed hominis quæritur, quid sit ipse homo, quærendum putat. Sentit quippe in ejus natura duo esse quædam, corpus et animam : et horum quidem duorum melius esse animam, longeque præstabilius omnino non dubitat; sed utrum anima sola sit homo, ut ita sit ei corpus tamquam equus equiti (*a*). Eques enim non homo et equus, sed solus homo est : ideo tamen eques dicitur, quod aliquo modo se habeat ad equum. An corpus solum sit homo, aliquo modo se habens ad animam, sicut poculum ad potionem : non enim calix et potio, quam continet calix, simul dicitur poculum, sed calix solus; ideo tamen quod potioni continendæ sit ac-

tur, aliquando jungitur, ut propter se ipsa et virtus, et ista appetenda credantur; quaternarium numerum triplum reddent, et ad duodecim sectas perveniunt. Ex illis autem quatuor rebus Varro tres tollit, voluptatem scilicet, et quietem, et utrumque : non quod eas improbet, sed quod primigenia illa naturæ et voluptatem in se habeant, et quietem. Quid ergo opus est ex his duabus tria quædam facere, duo scilicet, cum singillatim appetuntur voluptas aut quies, et tertium, cum ambæ simul; quando quidem prima naturæ, et ipsas, et præter ipsas alia multa contineant? De tribus ergo sectis ei placet diligenter esse tractandum, quænam sit potius eligenda. Non enim veram plus quam unam vera ratio esse permittit, sive in his tribus sit, sive alicubi alibi, quod post videbimus. Interim de his tribus quomodo unam Varro eligat, quantum breviter aperteque possumus, disseramus. Istæ nempe tres sectæ ita fiunt, cum vel prima naturæ propter virtutem, vel virtus propter prima naturæ, vel utraque, id est, et virtus et prima naturæ propter se ipsa sunt expetenda.

(*a*) Hic in editis addidur, *quærendum putat* : pro quo in Mss. relinquitur subaudiendum, *dubitat*.

vase seul, et toutefois, ce nom lui est donné, à raison de la boisson qu'il est destiné à contenir. Enfin, n'est-il pas vrai que ni l'âme seule, ni le corps seul, ne sont tout l'homme, mais qu'il est composé de l'un et de l'autre, de sorte, que l'âme et le corps sont deux parties distinctes, constituant ensemble la nature humaine dans son intégrité? Ainsi, nous donnons le nom d'attelage à deux chevaux réunis, dont chacun, soit celui de droite, soit celui de gauche, n'est qu'une partie de l'attelage; ce nom ne convient point à un seul, quel qu'il soit, par rapport à son compagnon, mais il ne se donne qu'aux deux réunis. S'arrêtant à cette troisième opinion, Varron considère l'homme comme n'étant ni l'âme ni le corps séparément, mais l'âme et le corps tout à la fois. D'où il suit que le bien suprême qui assure le bonheur de l'homme, doit être la réunion des biens de chacune des deux substances, c'est-à-dire de l'âme et du corps. Il conclut donc, que les premiers biens de la nature, doivent être recherchés pour eux-mêmes, aussi bien que la vertu, cette manière de vivre que l'éducation greffe en quelque sorte sur la nature, et qui est le plus excellent des biens de l'âme. C'est pourquoi la vertu, ou l'art de bien diriger sa vie, recherche ces premiers dons de la nature, qui étaient déjà sans elle, et existaient avant le travail de l'éducation, elle les recherche dis-je pour eux-mêmes et avec elle-même, elle en use comme d'elle-même, se proposant de trouver dans tous jouissance et satisfaction; elle en jouit plus ou moins, selon la valeur respective de chacun, toutefois, elle les goûte tous; mais au besoin, elle sait en abandonner quelques-uns de moindre importance, si cela est nécessaire pour l'acquisition ou la conservation de ceux d'une importance plus grande. Mais, parmi tous les biens de l'âme et du corps, la vertu n'en met aucun absolument au-dessus d'elle-même. Car elle sait user sagement d'elle-même; et aussi de tous les autres avantages qui font le bonheur de l'homme. Or, quand elle manque, quelque nombreux que puissent être les autres biens, ils ne feront rien pour le bonheur de celui qui les possède; aussi on ne peut les appeler biens, le mauvais usage les empêchant d'être utiles. Donc, on appellera heureuse la vie dans laquelle se trouvent réunis et la vertu et les autres biens du corps et de l'âme dont la vertu ne peut se séparer; on dira qu'elle est plus heureuse, si elle possède quelques-uns ou plusieurs des avantages, sans lesquels la vertu peut exister; elle sera très-heureuse si elle est ornée, sans exception, de tous les avantages de l'âme et du corps. Car la vie et la vertu sont deux choses différentes; toute vie n'est pas vertueuse, mais seulement la vie sage; et une vie

---

commodatus. An vero nec anima sola, nec solum corpus, sed simul utrumque sit homo, cujus pars sit una, sive anima, sive corpus, ille autem totus ex utroque constet, ut homo sit : sicut duos equos junctos bigas vocamus, quorum sive dexter, sive sinister, pars est bigarum, unum vero eorum quoquo modo se habeat ad alterum, bigas non dicimus, sed ambos simul. Horum autem trium hoc eligit tertium, hominemque nec animam solam, nec solum corpus, sed animam simul et corpus esse arbitratur. Proinde summum bonum hominis, quo fit beatus, ex utriusque rei bonis constare dicit, et animæ scilicet et corporis. Ac per hoc prima illa naturæ propter se ipsa existimat expetenda, ipsamque virtutem quam doctrina inserit velut artem vivendi, quæ in animæ bonis est excellentissimum bonum. Quapropter eadem virtus, id est, ars agendæ vitæ, cum acceperit prima naturæ, quæ sine illa erant, sed tamen erant etiam quando eis doctrina adhuc deerat, omnia propter se ipsam appetit, simulque etiam se ipsam : omnibusque simul et se ipsa utitur, eo fine ut omnibus delectetur atque perfruatur, magis minus que, ut quæque inter se majora atque minora sunt, tamen omnibus gaudens, et quædam minora, si necessitas postulat, propter majora vel adipiscenda vel tenenda, contemnens. Omnium autem bonorum vel animi, vel corporis, nihil sibi virtus omnino præponit. Hæc enim bene utitur et se ipsa, et ceteris quæ hominem faciunt beatum, bonis. Ubi vero ipsa non est, quamlibet multa sint bona, non (a) bono ejus sunt, cujus sunt; ac per hoc jam nec ejus bona dicenda sunt, cui male utenti utilia esse non possunt. Hæc ergo vita hominis, quæ virtute et aliis animi et corporis bonis, sine quibus virtus esse non potest, fruitur, beata esse dicitur : si vero et aliis, sine quibus esse virtus potest, vel ullis, vel pluribus beatior : si autem prorsus omnibus, ut nullum omnino bonum desit, vel animi vel corporis, beatissima. Non enim hoc est vita, quod virtus; quoniam non omnis vita, sed sapiens vita virtus est : et tamen qualiscumque

(a) Editi, *non bona ejus sunt*. Melius Mss. *non bono*.

quelconque peut-être complètement dénuée de vertu; mais la vertu ne peut se concevoir sans une vie quelconque. C'est ce que l'on peut dire également de la mémoire et de la raison, et de toute autre faculté semblable. En effet, ces facultés existent dans l'homme avant toute éducation, mais l'éducation les présuppose nécessairement; ainsi en est-il de la vertu, qui est assurément le fruit de l'éducation. Mais l'habileté à la course, la beauté du corps, une force physique plus qu'ordinaire, et autres avantages de ce genre, sont des avantages de telle nature qu'ils peuvent se trouver sans la vertu, et la vertu sans eux; ce sont des avantages cependant; et selon nos philosophes, la vertu les ambitionne pour elle-même, elle s'en sert et elle en jouit comme il convient à son caractère.

2. Ils estiment encore heureuse cette vie sociale qui fait qu'on aime pour eux-mêmes les avantages des amis, comme les siens propres, souhaitant aux autres le même bien qu'à soi-même; et par amis, il faut entendre, soit ceux qui demeurent dans la même habitation, les époux, les enfants, et quiconque est de la maison, soit ceux qui restent dans le lieu de l'habitation, dans la ville, par exemple, les concitoyens; soit, en étendant nos vues à tout l'univers, les nations, qui forment la famille humaine; soit même, en entendant sous le nom de monde, le ciel et la terre, les esprits que l'on appelle dieux, et qui, dit-on, sont les amis de l'homme sage, ces esprits que nous désignons par un nom plus familier, les Anges. Les mêmes philosophes ne veulent admettre aucun doute au sujet des fins des biens et des maux, et c'est là, disent-ils, ce qui les distingue des nouveaux Académiciens; peu leur importe d'ailleurs, que tel ou tel, au sujet de ces fins, qu'ils regardent comme vraies, disserte, en imitant les Cyniques, dans la manière de vivre et de se vêtir, ou en adoptant tout autre façon. Or, parmi les trois genres de vie, le paisible, l'actif et le mixte, ils déclarent préférer ce dernier. Telles furent la pensée et la doctrine des anciens Académiciens, selon que l'enseigne Varron, après Antiochus, maître de Cicéron et le sien, que Cicéron, cependant nous représente en plusieurs endroits, plutôt comme un stoïcien que comme un disciple de l'Ancienne Académie. Mais, qu'importe pour nous cette question? Nous avons plutôt à examiner le fond des choses qu'à connaître dans quel degré d'estime les maîtres sont pour chacun de leurs disciples.

---

vita sine ulla virtute potest esse; virtus vero sine ulla vita non potest esse. Hoc et de memoria dixerim atque ratione, et si quid aliud tale est in homine. Sunt enim hæc et ante doctrinam, sine his autem non potest esse ulla doctrina : ac per hoc nec virtus, quæ utique discitur. Bene autem currere, pulchrum esse corpore, viribus ingentibus prævalere, et cetera hujusmodi talia sunt, ut et virtus sine hic esse possit, et ipsa sine virtute (a), bona sunt tamen; et secundum istos etiam ipsa propter se ipsam diligit virtus, utiturque illis et fruitur, sicut virtutem decet.

2. Hanc vitam beatam etiam socialem perhibent esse, quæ amicorum bona propter se ipsa diligat sicut sua, eisque propter ipsos hoc velit quod sibi; sive in domo sint, sicut conjux et liberi et quicumque domestici, sive in loco, ubi domus ejus est, sicuti est urbs, ut sunt hi qui cives vocantur; sive in toto orbe, ut sunt gentes, quas ei societas humana conjungit; sive in ipso mundo, qui censetur nomine cœli et terræ, sicut esse dicunt deos, quos volunt amicos esse homini sapienti, quos nos familiarius Angelos dicimus. De bonorum autem et e contrario malorum finibus negant ullo modo esse dubitandum, et hanc inter se et novos Academicos affirmant esse distantiam, nec eorum interest quidquam, sive Cynico, sive alio quolibet habitu et victu in his finibus, quos veros putant, quisque philosophetur. Ex tribus porro illis vitæ generibus, otioso, actuoso, et quod ex utroque compositum est, hoc tertium sibi placere asseverant. Hæc sensisse atque docuisse Academicos veteres, Varro asserit, auctore Antiocho magistro Ciceronis et suo, quem sane Cicero in pluribus fuisse Stoicum, quam veterem Academicum vult videri. Sed quid ai nos, qui potius de rebus ipsis judicare debemus, quam pro magno de hominibus quid quisque senserit scire?

(a) Editi, *et ipsa sine virtute bona sint : tamen et secundum istos etiam ipsa,* etc. Emendantur ex Mss.

CHAPITRE IV.

Du souverain bien et du souverain mal, selon les Chrétiens, contre les philosophes qui prétendent trouver le souverain bien en eux-mêmes.

1. Si l'on nous demande quelle est la réponse de la Cité de Dieu à toutes ces questions, et tout d'abord à celles des fins des biens et des maux, nous dirons que le souverain bien c'est la vie éternelle, et le souverain mal, la mort éternelle, et que nous devons bien régler notre vie pour obtenir la première et échapper à la seconde. C'est pourquoi il est écrit : que « le juste vit de la foi (*Hab.* II, 4. *Gal.* III, 11); car, nous ne voyons pas encore notre bien, il nous faut le chercher par la foi ; la bonne vie même ne dépend pas de nous, si notre foi et notre prière ne sont aidées par Celui qui nous a donné la foi elle-même, en vertu de laquelle nous attendons de lui notre secours. Or, ceux qui cherchent en cette vie les fins des biens et des maux, plaçant le souverain bien, soit dans le corps, soit dans l'âme, soit dans l'un et l'autre à la fois ; ou, pour parler plus clairement, soit dans le plaisir, soit dans la vertu, soit dans le plaisir et la vertu réunis ; soit dans le repos, soit dans la vertu, ou dans l'un et l'autre ; soit dans le plaisir et le repos, soit dans la vertu, ou dans ces trois choses ensemble ; soit dans les premiers dons de la nature, soit dans la vertu, ou dans ces dons avec la vertu ; ceux-là, dis-je, sont dans un aveuglement étonnant, en croyant trouver le bonheur ici-bas, et le trouver en eux-mêmes. A eux s'applique cette parole de dérision, que la souveraine vérité fait entendre par la bouche du prophète : « Le Seigneur connaît les pensées des hommes, »(*Ps.* XCIII, 11) parole que l'apôtre saint Paul rend en ces termes : « Le Seigneur connaît la vanité des pensées des sages. » (I. *Cor.* III, 20.)

2. Qui donc, en effet, malgré les ressources de la plus riche éloquence, pourrait exposer toutes les misères de cette vie? Quels cris de douleur ne fit pas entendre Cicéron pour se consoler de la mort de sa fille, et cependant, quel en fut le fruit? En effet, ces avantages, que l'on appelle les premiers dons de la nature, quand où et comment, en cette vie, peuvent-ils se trouver à l'abri de toutes les variations du sort ? Le corps du sage n'est-il pas exposé à toutes les douleurs qui répugnent au plaisir, à toutes les agitations qui répugnent au repos? Ainsi l'amputation des membres et la débilité, menacent l'intégrité physique : la beauté est détruite par la difformité, la santé par la faiblesse, les forces

CAPUT IV.

De summo bono et summo malo quid Christiani sentiant contra philosophos, qui summum bonum in se sibi esse dixerunt.

1. Si ergo quæratur a nobis, quid Civitas Dei de his singulis interrogata respondeat, ac primum de finibus bonorum malorumque quid sentiat, respondebit æternam vitam esse summum bonum, æternam vero mortem summum malum : propter illam proinde adipiscendam, istamque vitandam, recte nobis esse vivendum. Propter quod scriptum est : « Justus ex fide vivit. » (*Hab.* II, 4 ; *Gal.* III, 11.) Quoniam neque bonum nostrum jam videmus, unde oportet ut credendo quæramus ; neque ipsum recte vivere nobis ex nobis est, nisi credentes adjuvet et orantes, qui et ipsam fidem dedit, qua nos ab illo adjuvandos esse credamus. Illi autem qui in ista vita fines bonorum et malorum esse putaverunt, sive in corpore, sive in animo, sive in utroque ponentes summum bonum; atque ut id explicatius eloquar, sive in voluptate, sive in virtute, sive in utraque ; sive in quiete, sive in virtute, sive in utraque ; sive in voluptate simul et quiete, sive in virtute, sive in utrisque ; sive in primis naturæ, sive in virtute, sive in utrisque : hic beati esse, et a se ipsis beati fieri mira vanitate voluerunt. Irrisit hos Veritas per Prophetam dicentem : « Novit Dominus cogitationes hominum, » (*Psal.* XCIII, 11) vel sicut hoc testimonium posuit apostolus Paulus : « Dominus novit cogitationes sapientium, quoniam vanæ sunt. » (I. *Cor.* III, 20.)

2. Quis enim sufficit, quantovis eloquentiæ flumine, vitæ hujus miserias explicare? Quam lamentatus est Cicero in consolatione de morte filiæ, sicut potuit : sed quantum est quod potuit? Ea quippe quæ dicuntur prima naturæ, quando, ubi, quomodo tam bene se habere in hac vita possunt, ut non sub incertis casibus fluctuent? Quis enim dolor contrarius voluptati, quæ inquietudo contraria quieti, in corpus cadere sapientis non potest ; Membrorum certe amputatio vel debilitas hominis expugnat incolumitatem, deformitas, pulchritudinem, imbecillitas sanitem, vires lassitudo, mobilitatem torpor, aut tarditas : ecquid horum est, quod nequeat in carnem sapientis irruere? Status quoque corporis atque motus, cum decentes atque congruentes sunt,

par la fatigue, l'agilité par l'affaissement et la langueur : le sage n'est-il pas dans sa chair exposé à chacune de ces misères. Le port et le mouvement du corps, quant ils sont harmonieux et justes, comptent parmi les premiers dons de la nature, mais qu'en sera-t-il, si quelque maladie produit un tremblement dans tous les membres? Qu'en sera-t-il, si le dos se courbe de telle façon que les mains touchent la terre, et que l'homme soit réduit à une sorte de quadrupède? Ne sera-ce pas fini, et de la bonne tenue du corps, et de la grâce et de l'harmonie des mouvements? Et si nous parlons de ce que l'on appelle les biens primitifs de l'âme, parmi lesquels on place en première ligne, le sens et l'entendement, l'un pour la compréhension, l'autre pour la perception de la vérité, qu'en dirons-nous? Que restera-t-il du sens, si, pour ne citer que cet exemple, l'homme devient sourd et aveugle? Et la raison et l'intelligence, où prendront-elles leur retraite, où les trouvera-t-on comme endormies, si, par suite de quelque maladie, l'homme devient insensé? Les frénétiques disent et font beaucoup de choses absurdes, la plupart du temps étrangères et même contraires à leurs habitudes et à leurs bonnes dispositions; or, la vue d'un tel spectacle ou la pensée seule d'un pareil malheur, en y réfléchissant attentivement, nous permettra à peine de retenir nos larmes, si tant est que nous puissions les retenir. Que dirai-je de ceux qui subissent les assauts des démons? Où leur intelligence se trouve-t-elle cachée et comme ensevelie, lorsque le malin esprit agit à son gré sur leur âme et sur leur corps? Est-il cependant quelqu'un qui puisse prétendre que le sage soit ici-bas à l'abri d'une telle infortune? Puis comment et à quel degré peut se trouver la perception de la vérité, dans ce corps de chair, quand, selon l'oracle de la vérité, au livre de la Sagesse : « ce corps corruptible appesantit l'âme, et que cette terrestre demeure abat l'esprit par la multiplicité des pensées? » (*Sap.* IX, 15.) Or cet élan, ce besoin d'action, si l'on peut appeler ainsi dans notre langue, ce que les Grecs désignent par le mot ὁρμή, cet élan que l'on met aussi du nombre des premiers biens de la nature, n'est-il pas encore ce qui préside aux mouvements désordonnés des insensés, et à ces actions qui nous font frémir, résultats d'un sens perverti et d'une raison endormie?

3. Et la vertu même, qui n'est point un des premiers dons de la nature, puisqu'elle ne vient s'y ajouter que comme un fruit de l'éducation, la vertu qui se place au premier rang parmi les biens de l'homme, que fait-elle sur cette terre? N'est-elle pas en lutte continuelle contre les vices, non pas contre ceux de l'extérieur, mais contre ceux de l'intérieur, non point contre ceux qui nous sont étrangers, mais contre ceux

---

inter naturæ prima numerantur : sed quid si aliqua mala valetudo membra tremore concutiat? Quid si usque ad ponendas in terram manus dorsi spina curvetur, ut hominem quodam modo quadrupedem faciat? Nonne omnem statuendi corporis et movendi speciem decusque pervertet? Quid ipsius animi primigenia quæ appellantur bona, ubi duo prima ponunt propter comprehensionem perceptionemque veritatis, sensum et intellectum? Sed qualis quantusque remanet sensus, si, ut alia taceam, fiat homo surdus et cæcus? Ratio vero et intelligentia quo recedet, ubi sopietur, si aliquo morbo efficiatur insanus? Phrenetici multa absurda cum dicunt, vel faciunt, plerumque a bono suo proposito et moribus aliena, immo suo bono proposito moribusque contraria, sive illa cogitemus, sive videamus, si digne consideremus, lacrymas tenere vix possumus, aut forte nec possumus. Quid dicam de his, qui dæmonum patiuntur incursus? Ubi habent absconditam vel obrutam intelligentiam suam, quando secundum suam voluntatem et anima eorum et corpore malignus utitur spiritus? Et quis confidit hoc malum in hac vita evenire non posse sapienti? Deinde perceptio veritatis in hac carne qualis aut quanta est, quando, sicut legimus in veraci libro Sapientiæ : « Corpus corruptibile aggravat animam, et deprimit terrena inhabitatio sensum multa cogitantem? » (*Sap.* IX, 15.) Impetus porro vel actionis appetitus, si hoc modo recte Latine appellatur, ea quam Græci vocant ὁρμήν, quia et ipsam primis naturæ deputant bonis, nonne ipse est, quo geruntur etiam insanorum illi miserabiles motus, et facta quæ horremus, quando pervertitur sensus ratioque sopitur?

3. Porro ipsa virtus, quæ non est inter prima naturæ, quoniam eis postea doctrina introducente supervenit, cum sibi bonorum culmen vendicet humanorum, quid hic agit nisi perpetua bella cum vitiis, nec exterioribus, sed interioribus; nec alienis, sed plane nostris et propriis; maxime illa, quæ Græce σωφροσύνη, Latine temperantia nominatur, qua carnales frenantur libidines, ne in quæque flagitia mentem consentientem trahant? Neque enim nul-

qui nous sont le plus personnels? N'en est-il pas ainsi surtout de cette vertu que les Grecs appellent σωφροσυνη, et les Latins tempérance, et qui réprime les appétits charnels, pour empêcher l'âme de se laisser entraîner à toutes les ignominies? Car on ne peut douter que le vice ne soit en nous, quand on entend ce mot de l'Apôtre : « La chair convoite contre l'esprit *(Gal.* v, 17); or la vertu est l'ennemie du vice, selon cette autre parole du même Apôtre : « l'esprit convoite contre la chair. Car, ajoute-t-il, l'un et l'autre se combattent, de sorte que vous ne faites pas ce que vous voulez. » *(Ibid.)* Or, lorsque nous tendons au plus haut degré du souverain bien, que voulons-nous faire, sinon détruire en nous le vice et anéantir cet antagonisme entre les convoitises de la chair et les aspirations de l'esprit? Malgré notre bonne volonté, nous ne pouvons arriver en cette vie à ce résultat; mais du moins, avec l'aide de Dieu, faisons en sorte que l'esprit ne cède point aux désirs de la chair, et prenons garde de prêter jamais notre consentement au péché. Aussi tant que nous serons engagés dans cette guerre intérieure, gardons-nous bien de nous croire arrivés au bonheur que nous poursuivons comme fruit de notre victoire. Et quel est donc l'homme si vertueux et si sage, qu'il n'ait plus à combattre contre ses passions?

4. Que fait la vertu que l'on nomme prudence? N'emploie-t-elle pas une extrême vigilance à discerner les biens des maux, afin d'éviter toute erreur dans la poursuite des uns et la fuite des autres? Mais par là même elle témoigne que nous sommes au milieu des maux, ou qu'il y a des maux en nous. Cette vertu nous apprend que c'est un mal de se prêter à l'entraînement d'une passion pour pécher, et que c'est un bien d'y résister. Toutefois ce mal que la prudence nous enseigne à rejeter, et que la tempérance nous fait repousser, ni la prudence, ni la tempérance ne sauraient le détruire en cette vie. Que fait la justice, dont le propre est de rendre à chacun ce qui lui revient? Selon cette notion dans l'homme même, la justice de l'ordre naturel soumet l'esprit à Dieu, la chair à l'esprit, et par conséquent l'esprit et la chair à Dieu. Or n'est-il pas évident que tout son travail consiste à établir cet ordre, et qu'elle ne peut encore se reposer comme ayant atteint son but? En effet, l'esprit est d'autant moins soumis à Dieu, que Dieu remplit moins ses pensées, et la chair est d'autant moins soumise à l'esprit qu'elle s'insurge davantage contre lui. Aussi tant que nous restons en proie à cette faiblesse, à cette maladie, à cette langueur, comment oserions-nous nous dire en possession du salut? et sans le salut, où est pour nous le bonheur final? Et cette vertu que nous appelons la force, fût-elle accompagnée de la plus haute

---

lum est vitium, cum sicut dicit Apostolus : « Caro concupiscit adversus spiritum : » *(Gal.* v, 17) cui vitio contraria virtus est, cum sicut idem dicit : « Spiritus concupiscit adversus carnem. Hæc enim, inquit, invicem adversantur, ut non ea quæ vultis faciatis. » Quid autem facere volumus, cum perfici volumus finem summi boni, nisi ut caro adversus spiritum non concupiscat, nec sit in nobis hoc vitium, contra quod spiritus concupiscat? Quod in hac vita quamvis velimus, quoniam facere non valemus, id saltem in adjutorio Dei faciamus, ne carni concupiscenti adversus spiritum, spiritu succumbente cedamus, et ad perpetrandum peccatum nostra consensione pertrahamur. Absit ergo ut, quamdiu in hoc bello intestino sumus, jam nos beatitudinem, ad quam vincendo volumus pervenire, adeptos esse credamus. Et quis adeo sapiens, ut contra libidines nullum habeat omnino conflictum?

4. Quid illa virtus, quæ prudentia dicitur? Nonne tota vigilantia sua bona discernit a malis, ut in illis appetendis istisque vitandis nullus error obrepat? Ac per hoc et ipsa nos in malis, vel mala in nobis esse testatur. Ipsa enim docet nos, malum esse ad peccandum consentire, bonumque esse ad peccandum non consentire libidini. Illud tamen malum, cui nos non consentire docet prudentia, facit temperantia, nec prudentia, nec temperantia tollit huic vitæ. Quid justitia, cujus munus est sua cuique tribuere, (unde fit in ipso homine quidam justus ordo naturæ, ut anima subdatur Deo et animæ caro, ac per hoc Deo et anima et caro,) nonne demonstrat in eo se adhuc opere laborare potius, quam in hujus operis jam fine requiescere? Tanto quippe minus anima subditur Deo, quanto minus Deum in ipsis suis cogitationibus concipit ; et tanto minus animæ subditur caro, quanto magis adversus spiritum concupiscit. Quamdiu ergo nobis inest hæc infirmitas, hæc pestis, hic languor, quomodo nos jam salvos; et si nondum salvos, quomodo jam beatos illa finali beatitudine dicere audebimus? Jam vero illa virtus, cujus nomen est fortitudo, in quantacumque sapientia evidentissima testis est humanorum malorum,

sagesse, n'en est pas moins la démonstration très évidente de tous les maux qui exercent notre patience. Je ne puis comprendre comment les stoïciens ont l'audace de nier que ces maux soient réellement des maux, puisqu'ils avouent eux-mêmes que s'ils deviennent tels que le sage ne puisse ou ne doive les supporter, il sera forcé de se donner la mort et de quitter la vie présente. Telle est la stupidité de l'orgueil chez ces hommes qui prétendent trouver ici-bas la fin du bien, et se rendre heureux par eux-mêmes, que leur sage, du moins celui qu'ils dépeignent dans leur merveilleux égarement, lors même qu'il perdrait la vue, l'ouïe, la parole, l'usage de ses membres, lors même qu'il serait en proie à la douleur ou qu'il serait affligé de quelque mal que l'on puisse imaginer, au point d'être obligé de se donner la mort, ils oseraient encore le dire heureux au milieu de tant de maux! Vie vraiment heureuse, celle qui appelle la mort à son secours! si elle est heureuse, gardez-la donc; mais si vous voulez vous en débarrasser à cause des maux qui la remplissent, comment serait-elle heureuse? Ou comment n'appellerions-nous pas maux ces douleurs qui subjuguent le bien de la force, qui contraignent cette vertu non-seulement à céder, mais à tomber dans le délire au point de proclamer heureuse une vie dont elle veut que l'on se défasse? Est-il donc quelqu'un d'assez insensé pour ne pas comprendre que si la vie est heureuse, ce n'est pas le cas de s'en défaire? Mais si ces philosophes pensent qu'il faut se débarrasser de la vie afin d'éviter les misères qui pèsent sur elle, pourquoi, ne renonceraient-ils pas à leur orgueil, qui les empêche de la reconnaître comme misérable? Je vous le demande, est-ce par un acte de patience ou d'impatience que Caton se donna la mort? Il n'aurait pas pris cette détermination, s'il eût pu supporter sans impatience la victoire de César. Où donc est la force? Elle céda, elle succomba, elle fut vaincue au point d'abandonner, de fuir et de déserter une vie heureuse! Est-ce que déjà cette vie avait cessé d'être heureuse? Donc elle était malheureuse. Comment en effet n'aurait-ce pas été un mal ce qui rendait la vie misérable et obligeait à la fuir?

5. C'est pourquoi ceux qui conviennent qu'il y a là un mal réel, comme les Péripatéticiens et les anciens Académiciens, dont Varron soutient la doctrine, ceux-là parlent d'une manière plus sensée; toutefois ils sont dans une erreur étrange, quand ils prétendent que la vie est encore heureuse, alors même que les maux sont tels que, selon eux, celui qui les endure doit

quæ compellitur patientia tolerare. Quæ mala Stoici philosophi miror qua fronte mala non esse contendant, quibus fatentur, si tanta fuerint, ut ea sapiens vel non possit, vel non debeat sustinere, cogi eum mortem sibimet inferre, atque ex hac vita emigrare. Tantus autem superbiæ stupor est in his hominibus, hic se habere finem boni et a se ipsis fieri beatos putantibus, ut sapiens eorum, hoc est, qualem mirabili vanitate describunt, etiam si excæcetur, obsurdescat, obmutescat, membris debilitetur, doloribus crucietur, et si quid aliud talium malorum dici aut cogitari potest, incidat in eum, quo sibi mortem cogatur inferre, hanc in his malis vitam constitutam (*a*), eos non pudeat beatam vocare. O vitam beatam, quæ ut finiatur, mortis quærit auxilium! Si beata est, maneatur in ea (*b*) : si vero propter ista mala fugitur ab ea, quomodo est beata? Aut quomodo ista non sunt mala, quæ vincunt fortitudinis bonum, eamdemque fortitudinem non solum sibi cedere, verum etiam delirare compellunt, ut eamdem vitam et dicat beatam, et persuadeat esse fugiendam? Quis usque adeo cæcus est, ut non videat, quod si beata esset, fugienda non esset? Sed (*c*) si propter infirmitatis pondus, qua premitur, hanc fugiendam fatentur; quid igitur caussæ est, cur non etiam miseram fracta superbiæ cervice fateantur? Utrum, obsecro, Cato (*Cato Uticensis*) ille patientia, an potius impatientia se peremit? Non enim hoc fecisset, nisi victoriam Cæsaris impatienter tulisset. Ubi est fortitudo? Nempe cessit, nempe succubuit, nempe usque adeo superata est, ut vitam beatam derelinqueret, desereret, fugeret. An non erat jam beata? Misera ergo erat. Quomodo igitur mala non erant, quæ vitam miseram fugiendamque faciebant?

5. Quapropter etiam ipsi, qui mala ista esse confessi sunt, sicut Peripatetici, sicut veteres Academici, quorum sectam Varro defendit, tolerabilius quidem loquuntur : sed eorum quoque mirus est error, quod in his malis, etsi tam gravia sint, ut

---

(*a*) Mss. *eum non pudeat*. — (*b*) Omnes Mss. hæc omittunt, *si vero propter ista mala fugitur ab ea, quomodo est beata? Aut* : postque *maneatur in ea*, proxime jungunt, *Quomodo ista non sunt mala*, etc. — (*c*) Plures et probæ notæ Mss. *Sed aperta infirmitatis voce fugiendam fatentur : quid igitur caussæ est*, etc.

chercher à y échapper par une mort volontaire. « Ce sont des maux, dira-t-on, que les souffrances et les tortures de la douleur dans le corps; et ils méritent d'autant plus ce nom que les souffrances sont plus grandes; pour vous en délivrer, il faut quitter la vie. — Et quelle vie? je vous prie. — Cette vie, ajoute-t-on, qui porte le fardeau de maux si cruels. » Certes, elle est donc vraiment heureuse au milieu de tous ces maux, cette vie qu'ils vous obligent à quitter, comme vous le dites? L'appelez-vous heureuse, parce que la mort vous offre un moyen de vous délivrer de ces maux? Mais alors que diriez-vous si le jugement de Dieu vous obligeait à rester sous le poids de ces maux, s'il ne vous était point permis de mourir, et si vous ne pouviez un seul instant être affranchi de la douleur? Sans doute, alors du moins, vous diriez qu'une telle vie est malheureuse. Elle n'en est donc pas moins malheureuse parce que vous la quittez bientôt, puisque vous-mêmes vous la jugeriez ainsi si elle devait durer éternellement. Aussi on ne peut nier la réalité d'une misère, parce qu'elle est peu prolongée; mais il serait encore plus absurde de donner le nom de bonheur à cette misère, parce qu'elle dure peu. Ils ont donc une grande puissance ces maux qui, selon nos philosophes, obligent même le sage à détruire en lui ce qui constitue sa nature d'homme; quand d'autre part ils disent, et cela conformément à la vérité, que la voix de la nature commande pour ainsi dire surtout et avant tout, à l'homme de songer à ses propres intérêts, et, par une conséquence naturelle, d'éviter la mort, dans ce besoin violent, qu'il éprouve de s'aimer lui-même, voulant rester un être animé par l'union de son corps avec son âme. Il faut qu'elle soit bien forte la puissance de ces maux, pour étouffer ce sentiment naturel qui nous fait éviter la mort autant que nous le pouvons et par tous les moyens; et pour le vaincre de telle sorte que l'on désire, que l'on recherche cette mort qui nous répugne naturellement, et que l'on aille jusqu'au suicide, si elle ne peut venir par une autre voie. Il faut qu'elle soit grande la puissance de ces maux, pour rendre la force homicide; si toutefois on peut encore appeler force cette qualité qui succombe ainsi sous le poids des maux, et qui, ayant le devoir de diriger et de défendre l'homme, non-seulement ne peut plus le protéger par la patience, mais se trouve obligée de lui ôter la vie. A la vérité, le sage doit aussi subir la mort avec patience, mais quand elle lui vient d'une cause étrangère. Mais si, selon ces philosophes, il est contraint de se faire mourir lui-même, il faut bien avouer que ce sont des maux, et des maux insupportables

morte fugienda sint, ab ipso sibimet illata, qui hæc patitur, vitam beatam tamen esse contendunt. « Mala sunt, inquit, tormenta atque cruciatus corporis; et tanto sunt pejora, quanto potuerint esse majora; quibus ut careas, ex hac vita fugiendum est. Qua vita, obsecro? » Hac, inquit, quæ tantis aggravatur malis. Certe ergo beata est in eisdem ipsis malis, propter quæ dicis esse fugiendam? An ideo beatam dicis, quia licet tibi ab his malis morte discedere? Quid si ergo in eis aliquo judicio divino tenereris, nec permittereris mori, nec umquam sine illis esse (a) sinereris? Nempe tunc saltem miseram talem diceres vitam. Non igitur propterea misera non est, quia cito relinquitur : quando quidem si sempiterna sit, etiam abs te ipso misera judicatur. Non itaque propterea, quoniam brevis est, nulla miseria debet videri; aut quod est absurdius, quia brevis miseria est, ideo etiam beatitudo appellari. Magna vis est in eis malis, quæ cogunt hominem, secundum ipsos etiam sapientem, sibimet auferre quod homo est : cum dicant, et verum dicant, hanc esse naturæ primam quodam modo et maximam vocem, ut homo concilietur sibi, et propterea mortem naturaliter fugiat; ita sibi amicus, ut esse se animal, et in hac conjunctione corporis atque animæ vivere velit (b), vehementerque appetat. Magna vis est in eis malis, quibus iste naturæ vincitur sensus, quo mors omni modo omnibus viribus conatibusque vitatur; et ita vincitur, ut quæ vitabatur, optetur, appetatur; et si non potuerit aliunde contingere, ab ipso homine sibimet inferatur. Magna vis est in eis malis, quæ fortitudinem faciunt homicidam : si tamen adhuc dicenda est fortitudo, quæ ita his malis vincitur, hominem, quem sicut virtus regendum tuendumque suscepit, non modo non possit per patientiam custodire, sed ipsa insuper cogatur occidere. Debet quidem etiam mortem sapiens ferre patienter, sed quæ accidit aliunde. Secundum istos autem si eam sibi ipse inferre compellitur, profecto fatendum est eis, non solum mala, sed intolerabilia etiam mala esse,

---

(a) Sola editio Lov. *morte sinereris.* — (b) In Mss. *velit vehementer atque appetat.*

ceux qui le réduisirent à cette funeste détermination. Aussi on n'appellerait pas heureuse cette vie accablée de maux si graves et assujettie à des accidents si multipliés, si ceux qui parlent ainsi, voulaient se laisser convaincre par de bonnes raisons et céder à la vérité dans la recherche du bonheur, aussi bien qu'ils se laissent vaincre par la force des maux et cèdent à l'infortune en se donnant la mort; et s'ils ne se persuadaient pas que c'est dans cette vie mortelle qu'il faut jouir de la fin du souverain bien; dans cette vie, où les vertus elles-mêmes, le bien de l'homme assurément le plus précieux et le plus utile, attestent avec d'autant plus de vérité la réalité des misères, qu'elles sont des secours plus puissants contre les dangers, les fatigues et les douleurs. Car les vraies vertus, qui ne se trouvent que là où est la piété, ne prétendent pas exempter de toutes les misères les hommes qui les pratiquent; les vraies vertus sont trop ennemies du mensonge pour avoir cette prétention; mais elles tendent, par l'espoir de la vie future, à procurer le bonheur et le salut à la vie humaine, qui en ce monde est misérablement condamnée à des maux si grands et si nombreux. Car comment cette vie aurait-elle le bonheur, si elle n'a pas encore le salut? C'est pourquoi ce n'est pas des hommes qui ne connaissent ni la prudence, ni la force, ni la tempérance, ni la justice, mais de ceux qui pratiquent la vraie piété, et possèdent des vertus vraies, que parle l'apôtre saint Paul quand il dit : « Nous sommes sauvés en espérance. Or l'espérance qui se voit n'est plus espérance. Car qu'est-ce qui espère ce qu'il voit déjà? Mais si nous espérons ce que nous ne voyons pas, nous l'attendons avec patience. » (*Rom.* VIII, 24 et 29.) De même donc que nous sommes sauvés en espérance, ainsi sommes-nous heureux en espérance; et nous ne possédons, dans le présent, pas plus le bonheur que le salut, mais nous les attendons dans l'avenir; et nous attendons « avec patience, » parce que nous sommes enveloppés de maux qu'il faut supporter patiemment, jusqu'au jour où nous arriverons à cette fin qui réunit tous les biens, et qui dans ces biens nous procurera des jouissances ineffables : alors il n'y aura plus rien à supporter. Tel est le salut qui nous est réservé pour la vie future, ce sera en même temps la consommation de la béatitude. Les philosophes ne voulant pas croire à cette béatitude qui échappe à leurs yeux, s'efforcent de s'en façonner une très-fausse, au moyen de vertus aussi mensongères que superbes.

quæ hoc eum perpetrare compellunt. Vita igitur, quæ istorum tam magnorum tamque gravium malorum aut premitur oneribus, aut subjacet casibus, nullo modo beata diceretur, si homines qui hoc dicunt, sicut victi malis ingravescentibus, cum sibi ingerunt mortem, cedunt infelicitati, ita victi certis rationibus, cum quærunt beatam vitam, dignarentur cedere veritati, et non sibi putarent in ista mortalitate fine summi boni esse gaudendum; ubi virtutes ipsæ, quibus hic certe nihil melius atque utilius in homine reperitur, quanto majora sunt adjutoria contra vim periculorum, laborum, dolorum, tanto fideliora testimonia miseriarum. Si enim veræ virtutes sunt, quæ nisi in eis, quibus vera inest pietas, esse non possunt; non se profitentur hoc posse, ut nullas miserias patiantur homines, in quibus sunt : neque enim mendaces sunt veræ virtutes, ut hoc profiteantur; sed ut vita humana, quæ tot et tantis hujus sæculi malis esse cogitur misera, spe futuri sæculi sit beata, sicut et salva. Quomodo enim beata est, quæ nondum salva est? Unde et apostolus Paulus non de hominibus imprudentibus, impatientibus, intemperantibus et iniquis, sed de his qui secundum veram pietatem viverent, et ideo virtutes quas haberent, veras haberent, ait : « Spe enim salvi facti sumus. Spes autem quæ videtur, non est spes. Quod enim quis videt, quid sperat? Si autem quod non videmus speramus, per patientiam exspectamus. » (*Rom.* VIII, 24 et 25.) Sicut ergo spe salvi, ita spe beati facti sumus : et sicut salutem, ita beatitudinem, non jam tenemus præsentem, sed exspectamus futuram : et hoc « per patientiam; » quia in malis sumus, quæ patienter tolerare debemus, donec ad illa veniamus bona, ubi omnia erunt, quibus ineffabiliter delectemur; nihil erit autem, quod jam tolerare debeamus. Talis salus, quæ in futuro erit sæculo, ipsa erit etiam finalis beatitudo. Quam beatitudinem isti philosophi, quoniam non videntes nolunt credere, hic sibi conantur falsissimam fabricare, quanto superbiore, tanto mendaciore virtute.

CHAPITRE V.

La vie sociale, assurément très-désirable, est exposée souvent à bien des divisions.

Mais quand ils disent que la vie sociale doit être celle du sage, nous leur donnons bien plus volontiers notre approbation. En effet, cette Cité de Dieu, qui nous fournit déjà maintenant le dix-neuvième livre de notre ouvrage, comment se formerait-elle, comment se développerait-elle, comment atteindrait-elle ses fins légitimes, si les saints ne vivaient point en société? Mais qui saurait exposer la multitude et la grandeur des maux dont est remplie la société humaine dans la condition misérable de notre mortalité? Qui pourrait en donner une juste appréciation? Ecoutez ce mot d'un personnage de leurs auteurs comiques, c'est un mot qui répond au sentiment et obtient l'approbation de tout le monde : « J'ai épousé une femme, quelle misère! Des enfants sont venus, autres soucis. » Et quels ne sont pas, selon le même Térence, les misères de l'amour? Les injures, les soupçons, les inimitiés, la guerre, puis la paix de nouveau, n'est-ce pas là ce qui se retrouve partout dans les choses humaines? N'est-ce point là ce qui se rencontre la plupart du temps entre des amis liés par de légitimes affections? Le monde n'est-il pas rempli de ces désordres? D'une part les injures, les soupçons, les inimitiés, la guerre sont des maux certains, que nous sentons; mais la paix est un bien incertain, car nous ne connaissons pas les cœurs de ceux avec qui nous voudrions l'entretenir, et quand même nous saurions ce qu'ils sont aujourd'hui, nous ne savons pas ce qu'ils seront demain. Ainsi où se trouve ordinairement et où doit se trouver la plus étroite amitié, sinon entre ceux qui habitent sous le même toit? Et cependant qui peut y compter sincèrement? souvent des trames secrètes s'y opposent d'une manière si funeste! Et il en résulte une peine d'autant plus amère, que l'on goûtait une paix plus douce, une paix que l'on croyait fondée, alors qu'elle ne reposait que sur la plus perfide dissimulation. Aussi il est un mot de Cicéron (*Contre Verrès, liv.* Ier) qui doit pénétrer tous les cœurs pour leur arracher des gémissements : « Il n'y a point de piéges plus secrets, dit-il, que ceux qui se cachent sous la feinte du devoir, ou qui empruntent le nom de quelque étroite liaison. En effet, il est facile, avec un peu de précaution, d'éviter les embûches d'un adversaire déclaré; mais ce danger dissimulé, intime, domestique, n'existe pas seulement, mais il vous écrase avant que vous ayez pu l'a-

CAPUT V.

De sociali vita, quæ cum maxime expetenda sit, multis offensionibus sæpe subvertitur.

Quod autem socialem vitam volunt esse sapientis, nos multo amplius approbamus. Nam unde ista Dei Civitas, de qua hujus Operis ecce jam undevicesimum librum versamus in manibus, vel inchoaretur exortu, vel progrederetur excursu, vel apprehenderet debitos fines, si non esset socialis vita sanctorum? Sed in hujus mortalitatis ærumna quot et quantis abundet malis societas humana, quis enumerare valeat? quis æstimare sufficiat? Audiant apud Comicos suos hominem cum sensu atque consensu omnium hominum dicere : Duxi uxorem, quam ibi miseriam vidi? Nati filii, alia cura. Quid itidem illa, quæ in amore vitia commemorat idem Terentius, Injuriæ, suspiciones, inimicitiæ (*a*), bellum, pax rursum : nonne res humanas ubique impleverunt? nonne et in amicorum honestis amoribus plerumque contingunt? Nonne his usquequaque plenæ sunt res humanæ, ubi injurias, suspiciones, inimicitias, bellum, mala certa sentimus; pacem vero incertum bonum, quoniam corda eorum, cum quibus eam tenere volumus, ignoramus; et si nosse hodie possemus, qualia cras futura essent utique nesciremus. Qui porro inter se amiciores solent esse, vel debent, quam qui una etiam continentur domo? Et tamen quis inde securus est, cum tanta sæpe mala ex eorum occultis insidiis exstiterint; tanto amariora, quanto pax dulcior fuit; quæ vera putata est, cum astutissime fingeretur? Propter quod omnium pectora sic adtingit, ut cogat in gemitum quod ait Tullius. « Nullæ sunt occultiores insidiæ, quam hæ quæ latent in simulatione officii, aut in aliquo necessitudinis nomine. Nam eum qui palam est adversarius, facile cavendo vitare possis : hoc vero occultum, intestinum ac domesticum malum non (*b*) solum exsistit, verum etiam opprimit, antequam prospicere atque explorare potueris. » Propter quod etiam divina vox illa : « Et inimici, domestici ejus, » (*Matth.* x, 36) cum magno dolore cordis au-

---

(*a*) Hic apud Terentium additur, *induciæ*. — (*b*) Apud Ciceronem, *non modo non existit.*

percevoir et le reconnaître. » C'est pourquoi l'oracle divin vient aussi frapper douloureusement notre cœur : « L'homme a pour ennemis ceux de sa propre maison. » (*Matth* x, 36); car quand même il aurait assez de force d'âme pour supporter, et assez de sagesse et de vigilance pour écarter le piége tendu par une fausse amitié, l'homme honnête et bon devra nécessairement éprouver une sorte de torture cruelle en découvrant la malice et la méchanceté de ces amis perfides, soit qu'ils aient toujours été mauvais, tout en feignant la bonté, soit que chez eux la bonté ait fait place à la méchanceté. Si donc la demeure commune sous un même toit n'est point à l'abri de ces misères humaines, que dirons-nous de la Cité ? Plus elle est vaste, plus nombreuses seront devant les tribunaux les causes civiles et criminelles, alors même qu'il ne se produirait aucune sédition, je ne dirai pas seulement tumultueuse, mais plus souvent encore sanglante ; et qu'il n'y aurait aucune guerre civile, ce dont les villes libres peuvent quelquefois éviter la réalité, mais jamais le danger.

CHAPITRE VI.

Combien l'homme se trompe dans ses jugements, quand la vérité est cachée.

Que dirai-je des jugements humains auxquels ne peuvent pas toujours échapper les citoyens qui vivent dans les villes les plus pacifiques ? Combien ces jugements peuvent être regrettables et malheureux, les juges ne pouvant pénétrer la conscience de ceux sur le sort desquels ils doivent prononcer ! Ainsi pour découvrir la vérité, ils sont souvent réduits à torturer d'innocents témoins, au sujet d'une cause étrangère. Mais qu'en est-il, quand un homme est soumis à la torture pour une affaire personnelle ? on veut savoir s'il est coupable, et pour cela on le tourmente, et innocent il subit une peine très-certaine pour un crime incertain, non qu'on ait découvert qu'il soit coupable, mais parce que l'on ignore s'il est coupable. Et ainsi l'ignorance du juge fait souvent le malheur de l'innocent. Or voici une chose bien plus intolérable, bien plus déplorable, et qui devrait faire couler des torrents de larmes : lorsque le juge tourmente un accusé dans la crainte de faire périr par erreur un innocent, par suite de sa funeste ignorance, il fait mourir innocent et torturé, celui qu'il torturait pour ne pas le faire mourir innocent. C'est ce qui arrive quand celui-ci, aimant mieux, selon nos philosophes, renoncer à la vie que de supporter plus longtemps de telles rigueurs, se déclare coupable alors qu'il ne l'est pas. La condamnation prononcée et exécutée, le juge ne sait pas encore s'il a fait périr un innocent ou un coupable,

ditur : quia etsi quisque tam fortis sit, ut æquo animo perferat ; vel tam vigilans, ut provido consilio caveat, quæ adversus eum molitur amicitia simulata : eorum tamen hominum perfidorum malo, cum eos esse pessimos experitur, si ipse bonus est, graviter excruciatur necesse est ; sive semper mali fuerint, et se bonos finxerint, sive in istam malitiam ex bonitate mutati sint. Si ergo domus commune perfugium in his malis humani generis tuta non est, quid civitas, quæ quanto major est, tanto forum ejus litibus et civilibus et criminalibus plenius, etiamsi quiescant, non solum turbulentæ, verum sæpius et cruentæ seditiones, ac bella civilia, a quorum eventis sunt aliquando liberæ civitates, a periculis numquam ?

CAPUT VI.

De errore humanorum judiciorum, cum veritas latet.

Quid ipsa judicia hominum de hominibus, quæ civitatibus in quantalibet pace manentibus deesse non possunt, qualia putamus esse, quam misera, quam dolenda ? Quando quidem hi judicant, qui conscientias eorum, de quibus judicant, cernere nequeunt. Unde sæpe coguntur tormentis innocentium testium ad alienam caussam pertinentem quærere veritatem. Quid cum in sua caussa quisque torquetur ; et cum quæritur utrum sit nocens, cruciatur, et innocens luit pro incerto scelere certissimas pœnas ; non quia illud commisisse detegitur, sed quia non commisisse nescitur ? Ac per hoc ignorantia judicis plerumque est calamitas innocentis. Et quod est intolerabilius, magisque plangendum, rigandumque, si fieri posset, fontibus lacrymarum ; cum propterea judex torqueat accusatum, ne occidat nesciens innocentem, fit per ignorantiæ miseriam, ut et tortum et innocentem occidat, quem ne innocentem occideret torserat. Si enim secundum istorum sapientiam delegerit ex hac vita fugere, quam diutius illa sustinere tormenta ; quod non commisit, commisisse se dicit. Quo damnato et occiso, utrum

dans la personne de celui qu'il a soumis à la torture dans la crainte de faire mourir par erreur un innocent; ainsi, pour savoir la vérité, il a tourmenté un innocent, et il l'a fait mourir en restant dans son incertitude. Au milieu de ces obscurités que présente la vie sociale, un juge sage devra-t-il ou ne devra-t-il pas siéger? Il siégera assurément. C'est un devoir que lui impose rigoureusement la société, et il sait qu'il ne lui est pas permis de refuser cet office. Il sait que rien ne doit le lui interdire, ni parce que des témoins innocents, seront tourmentés dans une cause qui leur est étrangère; ni parce que des accusés, la plupart du temps vaincus par la douleur feront de faux aveux, et seront frappés innocents après avoir déjà subi la torture d'innocents; ni parce que, même sans avoir été condamnés à mort, ils succomberont dans les tourments ou à la suite des tourments; ni parce que les accusateurs eux-mêmes, voulant servir les intérêts de la société en poursuivant le crime, seront quelquefois condamnés par un juge trompé, lorsqu'ils ne pourront prouver ce qu'ils avancent, les témoins s'obstinant à mentir et l'accusé supportant la torture avec une constance inébranlable sans faire aucun aveu. Pour lui tous ces grands et nombreux inconvénients, ne sont point des péchés. Le juge sage en effet n'y est point entraîné par la volonté de nuire, mais par une suite fatale de l'ignorance, quand la société lui fait d'ailleurs un devoir de rendre la justice. C'est ce que nous appellerons une misère de l'homme, et ce que l'on ne peut imputer au sage comme un vice. Mais n'est-ce pas assez que son ignorance inévitable l'excuse de juger et de torturer des innocents? Faut-il encore qu'il soit heureux? Combien n'est-il pas plus noble et plus digne de lui, de reconnaître là une misère humaine, qu'il détestera en lui-même, et qui lui fera pousser vers Dieu ce cri inspiré par la sagesse : « Seigneur, délivrez-moi de mes nécessités! » (*Ps.* XXIV, 17).

CHAPITRE VII.

De la diversité des langues qui rompt l'unité de la société humaine, et du mal qui se trouve dans les guerres, lors même qu'elles sont justes.

Après la Cité ou la ville vient l'univers, qui fait un troisième degré dans la société; la maison d'abord, puis la ville, et enfin la terre entière; mais plus grande est la quantité des eaux amoncelées, plus grands sont les dangers; ainsi en est-il de l'univers. D'abord c'est la di-

---

nocentem an innocentem judex occiderit : adhuc nescit, quem ne innocentem nesciens occideret torsit : ac per hoc innocentem, et ut sciret torsit, et dum nesciret occidit. In his tenebris vitæ socialis, sedebit judex ille sapiens, an non sedebit? Sedebit plane. Constringit enim cum, et ad hoc officium pertrahit humana societas, quam deserere nefas ducit. Hoc enim nefas esse non ducit, quod testes innocentes in caussis torquentur alienis : quod hi qui arguuntur, vi doloris plerumque superati, et de se falsa confessi, etiam puniuntur innocentes, cum jam torti fuerint innocentes : quod etsi non morte puniantur, in ipsis vel ex ipsis tormentis plerumque moriuntur (*a*) : quod aliquando et ipsi qui arguunt, humanæ societati fortasse, ne crimina impunita sint, prodesse cupientes, et mentientibus testibus, reoque ipso contra tormenta durante immaniter, nec fatente, probare quod objiciunt non valentes, quamvis vera objecerint, a judice nesciente damnantur. Hæc tot et tanta mala non deputat esse peccata : non enim hæc facit sapiens judex nocendi voluntate, sed necessitate nesciendi; et tamen quia cogit humana societas, necessitate etiam judicandi. Hæc est ergo quam dicimus, miseria certe hominis, etsi non malitia sapientis. An vero necessitate nesciendi atque judicandi torquet insontes, punit insontes, et parum est illi quod non est reus, si non sit insuper et beatus? Quanto consideratius et homine dignius (*b*), agnoscit in ista necessitate miseriam, eamque in se odit, et si pie sapit, clamat ad Deum : « De necessitatibus meis erue me? » (*Psal.* XXIV, 17).

CAPUT VII.

De diversitate linguarum, qua societas hominum dirimitur; et de miseria bellorum, etiam quæ justa dicuntur.

Post civitatem vel urbem sequitur orbis terræ, in quo tertium gradum ponunt societatis humanæ, incipientes a domo, atque inde ad urbem, deinde ad orbem progrediendo venientes : qui utique, sicut

---

(*a*) Sola editio Lov. *Quid quod aliquando*, etc. — (*b*) Vind. Am. et Er. *Quanto consideratius et homine dignus, et hominem agnoscit in ista necessitate, eamque miseriam in se odit,* etc.

versité des langues qui rend l'homme étranger à l'homme. En effet, que deux hommes, dont l'un ignore le langage de l'autre, se rencontrent et se trouvent réunis inévitablement par une nécessité quelconque, ces deux hommes ayant la même nature formeront plus difficilement société entre eux, que des animaux muets lors même qu'ils sont d'espèces différentes. Car la diversité seule du langage empêchant la communication des sentiments, la parfaite similitude de nature ne peut former une société entre les hommes; et ainsi un homme préférera la compagnie de son chien à celle d'un autre homme étranger. Mais, dira-t-on, une Cité dominatrice a tout fait pour imposer aux peuples vaincus, non pas seulement son joug, mais l'empire pacifique de sa langue; ainsi les interprètes abondent, loin de faire défaut. Soit, mais ce bienfait à quel prix a-t-il été acheté? que de guerres longues et cruelles! que d'hommes sacrifiés! que de sang humain répandu! Et après tant de maux, le terme n'est pas encore arrivé. Car, à la vérité, il y a toujours eu et il y a toujours des ennemis, des nations étrangères, que l'on a combattues et que l'on combat sans cesse; mais toutefois l'étendue même de l'empire a engendré des guerres encore plus funestes : les guerres civiles et sociales; triste fléau qui ébranle le genre humain, soit que l'excès en amène enfin l'apaisement, soit que l'on redoute de les voir renaître. Maux sans nombre, maux de toute nature, dures et cruelles nécessités! si je voulais en parler comme le sujet le mérite, malgré l'impossibilité de le traiter comme la nature l'exigerait, quand pourrais-je mettre un terme à mon discours? Mais le sage, dira-t-on, n'entreprend que des guerres justes. Oublie-t-on donc que s'il se souvient qu'il est homme, il sera beaucoup plus attristé encore de se trouver en face de la nécessité qui lui impose les guerres justes : car si elles n'étaient pas justes, il ne devrait pas les entreprendre, et ainsi le sage ne ferait jamais la guerre. Car c'est l'injustice de la partie adverse qui fournit au sage l'occasion d'une guerre juste; et tout homme doit déplorer cette injustice, comme étant le fait de l'humanité, quand même elle n'engendrerait pas la nécessité de la guerre. Aussi quiconque voit avec douleur ces maux si grands, si lamentables, si cruels, doit avouer que c'est là une triste condition; mais quiconque les endure ou les considère sans en être péniblement touché, est assurément bien à plaindre de croire à son propre bonheur, car c'est qu'il a perdu tout sentiment humain.

aquarum congeries, quanto major est, tanto periculis plenior. In quo primum linguarum diversitas hominem alienat ab homine. Nam si duo sibimet invicem fiant obviam, neque præterire, sed simul esse aliqua necessitate cogantur, quorum neuter norit linguam alterius; facilius sibi animalia muta, etiam diversi generis, quam illi, cum sint homines ambo, sociantur. Quando enim quæ sentiunt, inter se communicare non possunt, propter solam linguæ diversitatem, nihil prodest ad consociandos homines tanta similitudo naturæ : ita ut libentius homo sit cum cane suo, quam cum homine alieno. At enim opera data est, ut imperiosa civitas non solum jugum, verum etiam linguam suam domitis gentibus per pacem societatis imponeret; per quam non deesset, immo et abundaret etiam interpretum copia. Verum est : sed hoc quam multis et quam grandibus bellis, quanta strage hominum, quanta effusione humani sanguinis comparatum est? Quibus transactis, non est tamen eorumdem malorum finita miseria. Quamvis enim non defuerint, neque hostes desint, exteræ nationes, contra quas semper bella gesta sunt, et geruntur : tamen etiam ipsa imperii latitudo peperit pejoris generis bella, socialia scilicet et civilia; quibus miserabilius quatitur genus humanum, sive cum belligeratur, ut aliquando conquiescant; sive cum timetur, ne rursus exsurgant. Quorum malorum multas et multiplices clades, duras et diras necessitates, ut si dignum est eloqui velim, quamquam nequaquam sicut res postulat possim; quis erit prolixæ disputationis modus? Sed sapiens, inquiunt, justa bella gesturus est. Quasi non, si se hominem meminit, multo magis dolebit justorum necessitatem sibi exstitisse bellorum : quia nisi justa essent, ei gerenda non essent, ac per hoc sapienti nulla bella essent. Iniquitas enim partis adversæ justa bella ingerit gerenda sapienti : quæ iniquitas utique homini est dolenda, quia hominum est, etsi nulla ex ea bellandi necessitas nasceretur. Hæc itaque mala tam magna, tam horrenda, tam sæva, quisquis cum dolore considerat, miseriam fateatur. Quisquis autem vel patitur ea sine animi dolore, vel cogitat, multo utique miserius ideo se putat beatum, quia et humanum perdidit sensum.

CHAPITRE VIII.

Que l'amitié des gens de bien ne peut être assurée, car les périls de la vie présente sont un sujet permanent de crainte.

A moins que nous ne nous laissions surprendre par une ignorance qui touche à la folie, pourtant bien commune dans cette misérable vie, et qui consiste à prendre un ennemi pour un ami, et un ami pour un ennemi, quoi donc, dans cette société humaine si remplie d'erreurs et de chagrins, pourra nous consoler en dehors d'une foi sincère et de la réciproque affection des véritables et fidèles amis? Mais plus ils sont nombreux, et plus nombreux sont les lieux où nous les possédons, plus aussi nos craintes s'étendent et se multiplient à la pensée qu'ils peuvent avoir à subir quelqu'un de ces maux, qui s'amoncellent ici-bas en si grand nombre. Nous ne craignons pas seulement pour eux la faim, la guerre, la maladie, la captivité, ou même, dans la captivité, des maux tels qu'ils dépassent toute imagination; mais une crainte plus pénible nous assiége, c'est que la perfidie, la malignité, la dépravation peuvent succéder à l'amitié. Que cela arrive, et nous y sommes d'autant plus exposés que nos amis sont plus nombreux et en divers endroits; que nous venions à l'apprendre, quels cruels déchirements éprouvera notre cœur? pour le dire il faut l'avoir éprouvé. Mieux vaudrait pour nous apprendre la mort de nos amis, malgré la douleur que nous en éprouverions encore. Car, comment pourrions-nous n'être pas affligés de la mort de ceux qui, durant leur vie, nous faisaient goûter les charmes de l'amitié? Que celui qui dans ce cas voudrait nous rendre insensibles, interdise aussi, s'il le peut, les entretiens de l'amitié, qu'il empêche ou qu'il ronge les liaisons que forme l'affection, qu'il brise avec une impitoyable stupidité, tous les liens que créent les relations de la société; ou bien qu'il nous dise que nous devons en user sans y goûter la moindre douceur. Si une telle entreprise n'est pas réalisable, comment pourrait-il se faire que la mort de celui dont la vie nous procura de douces jouissances, ne nous causât aucune amertume? De là le deuil, sorte de blessure ou de plaie qui attaque un cœur tendre, et qui se guérit par

CAPUT VIII.

Quod amicitia bonorum secura esse non possit, dum a periculis quæ in hac vita sunt, trepidari necesse sit.

Si autem non contingat quædam ignorantia similis dementiæ, quæ tamen in hujus vitæ misera conditione sæpe contingit, ut credatur vel amicus esse qui inimicus est, vel inimicus qui amicus est, quid nos consolatur in hac humana societate erroribus ærumnisque plenissima, nisi fides non ficta, et mutua dilectio verorum et bonorum amicorum? Quos quanto plures et in locis pluribus habemus, tanto longius latiusque metuimus, ne quis eis contingat mali de tantis malorum aggeribus hujus sæculi. Non enim tantummodo solliciti sumus, ne fame, ne bellis, ne morbis, ne captivitatibus affligantur, ne in eadem servitute talia patiantur, qualia nec cogitare sufficimus: verum etiam, ubi timor est multo amarior, ne in perfidiam, malitiam nequitiamque mutentur. Et quando ista contingunt, (tanto utique plura, quanto illi sunt plures (*a*), et in pluribus locis,) et in nostram notitiam perferuntur, quibus cor nostrum flagris uratur, quis potest, nisi qui talia sentit, advertere? Mortuos quippe audire mallemus: quamvis et hoc sine dolore non possimus audire. Quorum enim nos vita propter amicitiæ (*b*) solatia delectabat, unde fieri potest ut eorum mors nullam nobis ingerat mæstitudinem? Quam qui prohibet, prohibeat, si potest, amica colloquia, interdicat amicalem (*c*) vel intercidat affectum, omnium humanarum necessitudinum vincula mentis immiti stupore disrumpat; aut sic eis utendum censeat, ut nulla ex eis animum dulcedo perfundat. Quod si fieri nullo modo potest, etiam hoc quo pacto futurum est, ut ejus nobis amara mors non sit, cujus dulcis est vita? Hinc est enim et luctus (*d*), quoddam non inhumani cordis quasi vulnus, aut ulcus, cui sanando adhibentur officiosæ consolationes. Non enim propterea non est quod sanetur, quoniam quanto est animus melior, tanto in eo citius faciliusque sanatur. Cum igitur etiam de carissimorum mortibus, maxime quorum sunt humanæ societati officia necessaria nunc mitius, nunc asperius affligatur vita mortalium; mortuos tamen eos, quos diligimus, quam vel

---

(*a*) Hic plerique Mss. omittunt, *et in pluribus locis*. — (*b*) Vind. Am. Er. *amicitiæ specialis solatia*. Lov. *amicitiæ socialis solatia*. At Mss. nec habent *specialis*, nec *socialis*. — (*c*) In editis, *interdicat amicalem societatem, vel intercidat affectum*. Abest *societatem* a Mss. et verbum *amicalem* ad *affectum* refertur tamquam adjectivum ad substantivum. — (*d*) Ita plerique et meliores notæ Mss. Editi vero, *luctus quidam in humano corde*.

d'affectueuses consolations. Et de ce que cette plaie se guérit plus facilement et plus promptement dans un cœur mieux trempé, ce n'est pas une raison pour en nier la réalité. Ainsi quoique la mort de nos amis les plus chers, surtout de ceux dont les bons offices sont le plus nécessaires, nous cause une douleur tantôt moins cruelle, tantôt plus cruelle, cependant nous préférons voir mourir ceux que nous aimons, plutôt que de les voir devenir infidèles ou vicieux, c'est-à-dire morts dans leur âme même; c'est là une source abondante des maux dont la terre est remplie, d'où cette parole de l'Écriture : « La vie de l'homme sur la terre n'est-elle pas une tentation continuelle ? » (*Job.* VII, 1) d'où encore ce mot du Seigneur lui-même : « Malheur au monde à cause de ses scandales; » (*Matth.* XVIII, 7) et cet autre : « La charité s'est refroidie, parce que l'iniquité a abondé. » (*Ibid.* XXIV, 12.) Aussi nous félicitons les fidèles amis qui sont morts, et leur trépas, qui nous contriste, nous apporte encore une consolation plus solide, parce qu'ils n'ont point connu ces maux, qui ici-bas abattent ou corrompent les hommes les meilleurs, ou du moins les exposent à ce double danger.

CHAPITRE IX.

De l'amitié des saints Anges qui ne peut être évidente en cette vie, à cause des tromperies des démons qui ont séduit beaucoup d'hommes en leur persuadant d'adorer plusieurs divinités.

Passant de la terre au monde, mot par lequel ils comprennent la terre et le ciel, les philosophes mettent au quatrième degré la société des saints anges, qu'ils nous font un devoir d'honorer comme des divinités amies. Or nous n'avons point à craindre que de tels amis puissent nous causer de la peine par leur mort ou par leur dépravation; mais, autre misère de notre condition, leur commerce avec nous n'est pas le même que celui des hommes entre eux, et Satan, selon le mot de l'Écriture, se transforme quelquefois en ange de lumière (II. *Cor.* XI, 14), pour tenter ceux qui ont besoin d'être instruits de cette sorte, ou qui méritent d'être trompés; de là le besoin d'une grâce singulière de la miséricorde divine, pour éviter une illusion qui ferait prendre la fausse amitié des démons pour l'amitié vraie des bons anges, erreur d'autant plus funeste que les démons sont des ennemis plus rusés et plus perfides. Et qui donc a besoin de cette grâce de la miséricorde divine, si ce

---

a fide, vel a bonis moribus lapsos, hoc est, in ipsa anima mortuos audire seu videre mallemus : qua ingenti materia malorum plena est terra; propter quod scriptum est : « Numquid non tentatio est vita humana super terram ? » (*Job.* VII, 1.) Et propter quod ipse Dominus ait : « Væ mundo ab scandalis. » (*Matth.* XVIII, 7.) Et iterum : « Quoniam abundavit, inquit, iniquitas, refrigescet caritas multorum. » (*Matth.* XXIV, 12.) Ex quo fit, ut bonis amicis mortuis gratulemur, et cum mors eorum nos contristet, ipsa nos certius consoletur : quoniam malis caruerunt, quibus in hac vita etiam boni homines vel conteruntur, vel depravantur, vel in utroque periclitantur.

CAPUT IX.

De amicitia sanctorum Angelorum, quæ homini in hoc mundo non potest esse manifesta, propter fallaciam dæmonum, in quos inciderunt, qui multos sibi deos colendos putarunt.

In societate vero sanctorum Angelorum, quam philosophi illi, qui nobis deos amicos esse voluerunt, quarto constituerunt loco, velut ad mundum venientes ab orbe terrarum, ut sic quodam modo complecterentur et cœlum; nullo modo quidem metuimus, ne tales amici vel morte nos sua, vel depravatione contristent. Sed quia nobis non ea qua homines familiaritate miscentur, (quod etiam ipsum ad ærumnas hujus pertinet vitæ,) et aliquando satanas, sicut legimus, transfigurat se (*a*) velut Angelum lucis (II. *Cor.* XI, 14), ad tentandos eos quos ita vel erudiri opus est, vel decipi justum est; magna Dei misericordia necessaria est, ne quisquam cum bonos Angelos amicos se habere putat, habeat malos dæmones amicos fictos, eosque tanto nocentiores, quanto astutiores ac fallaciores patiatur inimicos. Et cui magna ista Dei misericordia necessaria est, nisi magnæ humanæ miseriæ, quæ ignorantia tanta premitur, ut facile istorum simulatione fallatur ? Et illos quidem philosophos in impia Civitate, qui deos sibi amicos esse dixerunt, in dæmones malignos incidisse certissimum est, quibus tota ipsa Civitas subditur, æternum cum eis habitura supplicium. Ex eorum quippe sacris, vel potius sacrilegiis, quibus eos colendos, et ex ludis immun-

---

(*a*) Editi, *in Angelum*. At Mss. *velut Angelum* : et sic passim August.

n'est le pauvre esprit humain, enveloppé de tant d'ignorance qu'il peut facilement être victime de leurs tromperies? Et ces philosophes de la Cité impie, qui ont cru à des divinités amies, sont certainement tombés dans le piége tendu par la malignité des démons, maîtres de la Cité tout entière, qui partagera leur éternel supplice. Et en effet, toutes les cérémonies sacrées, ou plutôt les sacriléges par lesquels on honore ces divinités, ces jeux immondes qu'elles ont inventés et qu'elles exigent, comme le moyen de gagner leurs faveurs par la représentation de leurs propres infamies, tout cela montre assez clairement quels dieux sont l'objet d'un tel culte.

CHAPITRE X.

Quel fruit les saints recueilleront de la victoire sur les tentations.

Or les saints et fidèles adorateurs du Dieu seul vrai et seul souverain ne sont pas à l'abri des piéges et des fréquentes attaques de ces esprits pervers. Car ce danger n'est point sans utilité dans ce lieu d'infirmité et dans les jours mauvais de notre mortalité; il nous fait soupirer plus ardemment après la sécurité qui nous est réservée dans le lieu de la paix parfaite et inaltérable. Là seront tous les dons de la nature, ces dons que l'Auteur de toutes les natures a accordés à la nôtre; ils seront non pas seulement excellents, mais éternels, ils seront non pas seulement pour l'âme, qui trouve dans la sagesse un remède à ses maux, mais aussi pour le corps renouvelé par la résurrection. Là, les vertus n'auront plus à s'exercer contre aucun vice ni aucun mal, mais, comme récompense de la victoire, elles jouiront d'une paix éternelle, qu'aucun ennemi ne saurait troubler. Telle est la béatitude finale, telle est la fin de la perfection, cette fin qui n'a pas elle-même de fin qui y mette un terme. Ici on nous dit heureux quand nous avons la paix, si légère qu'on puisse la goûter dans une vie juste; mais un tel bonheur n'est que misère en comparaison de celui que nous appelons la béatitude finale. Aussi dans notre mortalité, quand nous possédons cette paix, autant que le permet la vie présente, la vertu nous apprend à en faire un bon usage, si notre vie est bonne; mais en l'absence de cette paix, la vertu sait encore faire bon usage des maux que l'homme endure. Mais « la vraie vertu est celle » qui rapporte tous les avantages dont elle fait bon usage, et tout ce qu'elle fait dans le bon usage des biens et des maux, qui se rapporte elle-même à cette fin qui nous mettra en possession d'une paix si grande et si parfaite, qu'elle ne pourrait l'être davantage.

dissimis, ubi eorum crimina celebrantur, quibus eos placandos putaverunt, eisdem ipsis auctoribus et exactoribus talium tantorumque dedecorum, satis ab eis qui coluntur apertum est.

CAPUT X.

Quis fructus sanctis de superata hujus vitæ tentatione (a) paratus sit.

Sed neque sancti et fideles unius veri Dei summique cultores, ab eorum fallaciis et multiformi tentatione securi sunt. In hoc enim loco infirmitatis et diebus malignis etiam ista sollicitudo non est inutilis; ut illa securitas, ubi pax plenissima atque certissima est, desiderio ferventiore quæratur. Ibi enim erunt naturæ munera, hoc est, quæ naturæ nostræ ab omnium naturarum Creatore donantur, non solum bona, verum etiam sempiterna; non solum in animo, qui sanatur per sapientiam, verum etiam in corpore, quod resurrectione renovabitur. Ibi virtutes, non contra ulla vitia vel mala quæcumque certantes, sed habentes victoriæ præmium æternam pacem, quam nullus adversarius inquietet. Ipsa est enim beatitudo finalis, ipse perfectionis finis, qui consumentem non habet finem. Hic autem dicimur quidem beati, quando pacem habemus, quantulacumque hic haberi potest in vita bona: sed hæc beatitudo illi, quam finalem dicimus, beatitudini comparata, prorsus miseria reperitur. Hanc ergo pacem, qualis hic potest esse, mortales homines in rebus mortalibus quando habemus, si recte vivimus, bonis ejus recte utitur virtus: quando vero eam non habemus, etiam malis, quæ homo patitur, bene utitur virtus. Sed « tunc est vera virtus, » quando et omnia bona quibus bene utitur, et quidquid in bono usu bonorum et malorum facit, et se ipsam ad eum finem refert, ubi nobis talis et tanta pax erit, qua melior et major esse non possit.

(a) In Mss. *pariatur.*

CHAPITRE XI.

Du bonheur de la paix éternelle, où les saints trouvent leur fin, c'est-à-dire la vraie perfection.

Comme conclusion de ce qui précède, nous pouvons inférer que pour nous les fins des biens, c'est la paix, comme nous l'avons dit de la vie éternelle; d'autant plus que c'est à cette Cité de Dieu, objet de cette laborieuse étude, que s'adresse cette parole du Psalmiste : « Jérusalem, loue le Seigneur; Sion, loue ton Dieu; car il a affermi les verrous de tes portes, et il a béni tes enfants en toi, lui qui t'a donné la paix pour ta fin. » (*Ps.* CXLVII, 12.) Et en effet, quand les verrous des portes auront été affermis, personne n'entrera, personne ne sortira. Par conséquent les fins de cette Cité doivent ici s'entendre de cette paix, dont nous voulons prouver qu'elle est la paix finale. Du reste le nom mystique de la Cité elle-même, comme nous l'avons déjà remarqué, Jérusalem, signifie « Vision de la paix. » Mais ce terme de paix s'emploie aussi pour les choses de ce monde, où la vie éternelle n'existe pas; c'est pour cela qu'en parlant de la fin de notre Cité, qui constitue son souverain bien, nous préférons la désigner sous le nom de vie éternelle, plutôt que dans celui de paix. C'est de cette fin que parle l'Apôtre quand il dit : « Maintenant délivrés du péché, et devenus les serviteurs de Dieu, vous avez pour fruit votre sanctification, et pour fin la vie éternelle. » (*Rom.* VI, 22.) Mais d'autre part, ceux qui ne sont pas familiarisés avec le langage de la Sainte-Écriture, peuvent prendre ce terme de vie éternelle, aussi bien pour la vie des méchants, soit, selon quelques philosophes, au point de vue de l'immortalité de l'âme; soit, conformément à notre foi, au point de vue des châtiments sans fin infligés à ces méchants, qui ne pourraient être tourmentés éternellement, s'ils ne vivaient pas éternellement; il suit de là que pour être mieux compris de tous, en parlant de la fin où notre Cité doit trouver le souverain bien, nous dirons que c'est la paix dans la vie éternelle, ou la vie éternelle dans la paix. En effet, même dans les choses terrestres et passagères, la paix est un si grand bien, que l'on ne peut rien entendre de plus agréable, rien désirer de plus enviable, et enfin rien trouver de plus excellent. Et si nous nous arrêtons un peu plus longuement sur cette matière, je ne crois pas que nos lecteurs y trouvent de l'ennui, tant à raison de la fin de cette Cité, sujet de notre discours, qu'à

CAPUT XI.

De beatitudine pacis æternæ, in qua sanctis finis est, id est, vera perfectio.

Quapropter possumus dicere, (a) fines bonorum nostrorum esse pacem, sicut æternam esse diximus vitam : præsertim quia ipsi Civitati Dei, de qua nobis est ista operosissima disputatio, in sancto dicitur Psalmo : « Lauda Jerusalem Dominum, collauda Deum tuum Sion. Quoniam confirmavit seras portarum tuarum, benedixit filios tuos in te, qui posuit fines tuos pacem. » (*Ps.* CXLVII, 12.) Quando enim confirmatæ fuerint seræ portarum ejus, jam in illam nullus intrabit, nec ab illa ullus exibit. Ac per hoc fines ejus eam debemus hic intelligere pacem, quam volumus demonstrare finalem. Nam et ipsius Civitatis mysticum nomen, id est Jerusalem, quod et ante jam diximus : Visio pacis interpretatur. Sed quoniam pacis nomen etiam in his rebus mortalibus frequentatur, ubi utique non est vita æterna; propterea finem Civitatis hujus, ubi erit summum bonum ejus, æternam vitam maluimus commemorare quam pacem. De quo fine Apostolus ait : « Nunc vero liberati a peccato, servi autem facti Deo, habetis fructum vestrum in sanctificationem, finem vero vitam æternam. » (*Rom.* VI, 22.) Sed rursus quia vita æterna ab his qui familiaritatem non habent cum Scripturis sanctis, potest, accipi etiam malorum vita; vel secundum quosdam etiam philosophos, propter animæ immortalitatem; vel etiam secundum fidem nostram, propter pœnas interminabiles impiorum, qui utique in æternum cruciari non poterunt, nisi etiam vixerint in æternum : profecto finis Civitatis hujus, in quo summum habebit bonum, vel pax in vita æterna, vel vita æterna in pace dicendus est, ut facilius ab omnibus possit intelligi. Tantum est enim pacis bonum, ut etiam in rebus terrenis atque mortalibus nihil gratius soleat audiri, nihil desiderabilius concupisci, nihil postremo possit melius inveniri. De quo si aliquanto diutius loqui voluerimus, non erimus, quantum arbitror, onerosi

---

a) Er. et Lov. *finem*. Ceteri libri. *fines*.

cause de la douceur même de la paix, objet chéri de tous.

CHAPITRE XII.

Que la fureur des combattants et toutes les préoccupations des hommes tendent à la paix comme à leur fin, et qu'il n'y a aucune nature qui n'y aspire.

1. En observant sous n'importe quel aspect, les choses humaines et notre commune nature, chacun reconnaîtra avec moi que s'il n'est personne qui ne veuille jouir, il n'est personne non plus qui ne veuille vivre en paix. Et en effet ceux mêmes qui désirent la guerre, que désirent-ils sinon de vaincre? Ils veulent donc par la guerre arriver à une glorieuse paix. Car la victoire est-elle autre chose que la soumission de toute résistance? Et cette soumission c'est la paix. C'est donc en vue de la paix que se fait aussi la guerre, même par ceux qui cherchent à exercer leur valeur guerrière dans le commandement et dans l'action. Il est donc constant que la paix est un but désirable; car tout homme cherche la paix même par la guerre, et personne ne cherche la guerre par la paix. Car ceux mêmes qui veulent que la paix dont ils jouissent, soit troublée, n'en sont pas pour cela les ennemis, mais ils veulent la changer à leur gré. Ce n'est donc pas qu'ils veuillent que la paix n'existe pas, mais ils la veulent conforme à leurs désirs. Enfin ceux qui se séparent des autres par quelque sédition, ne peuvent arriver au résultat qu'ils poursuivent, à moins d'observer une sorte de paix avec les complices de leur révolte. Ainsi les voleurs pour troubler d'une manière plus redoutable et avec plus de sécurité la paix des autres, veulent être en paix avec leurs compagnons. Qu'il s'en trouve un d'une force extraordinaire, et qui, par défiance, n'admette aucun complice, qu'il soit seul à tendre des embûches et à vaincre, quand, après avoir renversé et massacré tous ceux qu'il a pu, il chasse devant lui son butin, alors il observe encore une apparence de paix avec ceux qu'il n'a pu faire mourir et à qui il veut cacher ses crimes. Chez lui, il veut la paix avec son épouse, avec ses enfants, et avec tous ceux que peut abriter le même toit; il aime en effet que tous lui obéissent au moindre signe; autrement il s'indigne, il réprime, il châtie; et au besoin il a recours à la violence pour rétablir la paix dans sa maison. Il sait bien qu'elle ne peut exister si, dans une même famille, il n'y a pas

legentibus, et propter finem Civitatis hujus de qua nobis sermo est, et propter ipsam dulcedinem pacis quæ omnibus cara est.

CAPUT XII.

Quod etiam bellantium sævitia omnesque hominum inquietudines ad pacis finem cupiant pervenire, sine cujus appetitu nulla natura sit.

1. Quod enim mecum quisquis res humanas naturamque communem utcumque intuetur agnoscit, sicut nemo est qui gaudere nolit, ita nemo est qui pacem habere nolit. Quando quidem et ipsi qui bella volunt, nihil aliud quam vincere volunt : ad gloriosam ergo pacem bellando cupiunt pervenire. Nam quid est aliud victoria, nisi subjectio repugnantium? quod cum factum fuerit, pax erit. Pacis igitur intentione geruntur et bella, ab his etiam qui virtutem bellicam student exercere imperando atque pugnando. Unde pacem constat belli esse optabilem finem. Omnis enim homo etiam belligerando pacem requirit : nemo autem bellum pacificando. Nam et illi qui pacem, in qua sunt, perturbari volunt, non pacem oderunt, sed eam pro arbitrio suo cupiunt commutari. Non ergo ut sit pax nolunt, sed ut ea sit quam volunt. Denique etsi per seditionem se ab aliis separaverint, cum eis ipsis conspiratis vel conjuratis suis nisi qualemcumque pacis speciem teneant, non efficiunt quod intendunt. Proinde latrones ipsi, ut vehementius et tutius infesti sint paci ceterorum, pacem volunt habere sociorum. Sed etsi unus sit tam præpollens viribus, et (*a*) conscios ita cavens, ut nulli socio se committat, solusque insidians et prævalens, quibus potuerit oppressis et exstinctis prædas agat, cum eis certe quos occidere non potest, et quos vult latere quod facit, qualemcumque umbram pacis tenet. In domo autem sua cum uxore et cum filiis, et si quos alios illic habet, studet profecto esse pacatus : eis quippe ad nutum obtemperantibus sine dubio delectatur. Nam si non fiat, indignatur, corripit, vindicat : et domus suæ pacem, si ita necesse sit, etiam sæviendo componit ; quam sentit esse non posse, nisi cuidam principio, quod ipse in domo sua est, cetera in eadem domestica societate subjecta sint. Ideoque si offeretur ei servitus plurium, vel civitatis vel gentis, ita ut sic ei

(*a*) Sola editio Lov. *consocios.*

une autorité qui domine tout ; et chez lui, cette autorité c'est lui-même. Si donc on lui offrait un pouvoir plus étendu, par exemple sur une ville, sur une nation, de sorte que tous lui obéissent comme il veut être obéi dans sa maison, ce ne serait plus un brigand qui se cache en embuscade, mais ce serait un roi fier de se montrer, sans pourtant rien perdre de sa cupidité et de sa dépravation. Chacun désire donc avoir la paix avec les siens, et veut pour cela les amener à vivre à son gré. Si l'on fait la guerre, c'est pour soumettre ceux que l'on combat, et pour leur imposer ensuite les conditions de la paix.

2. Mais supposons un homme comme celui que nous représentent les poètes dans leurs fictions, et qui, peut-être à cause de son caractère sauvage et intraitable, est appelé *à demi-homme plutôt qu'homme*. Il avait pour royaume la solitude d'une affreuse caverne, il était d'une méchanceté si extraordinaire, qu'elle lui valut son nom, puisqu'il s'appelait *Cacus* d'un mot grec qui signifie mauvais. Cet homme n'a point d'épouse pour entretenir avec lui de douces conversations, point d'enfants avec qui il puisse jouer dans leur bas âge, et à qui il puisse commander quand ils grandiront ; il ne connaît point les entretiens de l'amitié, ni ceux de son père Vulcain, dont le bonheur ne fut pas égal au sien, par cela seul, et ce n'est pas peu, que lui-même à son tour n'aura pas engendré un tel monstre ; il ne donne rien à personne, mais il pille tous ceux qu'il peut, leur enlevant ce qu'il veut, autant qu'il veut et qu'il peut ; toutefois dans sa caverne solitaire, dont le sol, selon la description du poète, est toujours fumant d'un sang nouvellement versé, cet homme ne voulait pas autre chose que la paix, il veut que personne ne puisse l'inquiéter, et que ni la violence, ni la terreur ne vienne troubler son repos. Enfin il désire avoir la paix dans son corps, et il se trouve d'autant mieux que cette paix est plus profonde. En effet, il exerce le commandement sur ses membres soumis ; et pour apaiser les réclamations de la nature qui se révolte contre lui par besoin, et la sédition de la faim qui porte son âme à se séparer et à se retirer de son corps, il prend, il tue, il dévore avec toute l'ardeur et la promptitude dont il est capable. Ainsi, malgré sa férocité et sa cruauté, c'est encore à la paix de sa vie et à sa conservation qu'il pourvoit d'une manière si farouche. Par conséquent s'il voulait entretenir la paix avec les autres hommes, comme il l'entretient avec lui-même dans sa caverne, on ne l'appellerait point ni mauvais, ni monstre, ni demi-homme. Oui, la forme repoussante de son corps, et la noire fumée qui s'exhale de sa poi-

---

servirent, quemadmodum sibi domi suæ serviri volebat ; non se jam latronem latebris conderet, sed regem conspicuum sublimaret, cum eadem in illo cupiditas et malitia permaneret. Pacem itaque cum suis omnes habere cupiunt, quos ad suum arbitrium volunt vivere. Nam et cum quibus bellum gerunt, suos facere, si possint, volunt, eisque subjectis leges suæ pacis imponere.

2. Sed faciamus aliquem, qualem canit poetica et fabulosa narratio ; quem fortasse, propter ipsam insociabilem feritatem, semihominem quam hominem dicere maluerunt. Quamvis ergo hujus regnum diræ speluncæ fuerit solitudo, (*a*) tamque malitia singularis, ut ex hac ei nomen inventum sit ; nam malus Græce κακός dicitur, quod ille vocabatur : nulla conjunx ei blandum ferret referretque sermonem, nullis filiis vel alluderet parvulis, vel grandiusculis imperaret, nullo amici colloquio frueretur, nec Vulcani patris, quo vel hinc tantum non parum felicior fuit, quia tale monstrum ipse non genuit : nihil cuiquam daret, sed a quo posset quidquid vellet, et quando posset (*b*) et quantum vellet auferret : tamen in ipsa sua spelunca solitaria, cujus, ut describitur, (Virgil. *Æneid.* viii.) semper recenti cæde tepebat humus, nihil aliud quam pacem volebat, in qua nemo illi molestus esset, nec ejus quietem vis ullius terrorve turbaret. Cum corpore suo denique pacem habere cupiebat : et quantum habebat, tantum illi bene erat. Quando quidem membris obtemperantibus imperabat : et ut suam mortalitatem adversum se ex indigentia rebellantem, ac seditionem famis ad dissociandam atque excludendam de corpore animam concitantem, quanta posset festinatione pacaret, rapiebat, necabat, vorabat : et quamvis immanis ac ferus, paci tamen suæ vitæ ac salutis immaniter et ferociter consulebat : ac per hoc si pacem, quam in sua spelunca atque in se ipso habere satis agebat, cum aliis etiam habere vellet, nec malus, nec monstrum, nec semihomo vocaretur. Aut si ejus corporis forma, et atrorum ignium vomi-

---

(*a*) Plures Mss. *tamquam*. — (*b*) Nonnulli Mss. *quæ vellet* : omisso *et*. Alii, *quem*, vel *quum*, vel certe *cum* ; paucis exceptis, qui cum editis habent. *et quantum vellet*.

trine, éloignent de lui toute société; mais c'est peut-être moins par le désir de nuire que contraint par le besoin de vivre, qu'il se livre à ses cruautés. Mais un tel homme n'a point existé, ou du moins, ce qui est plus probable, il ne fut pas tel que nous le dépeignent les fictions poétiques. Car sans ces imputations faites à Cacus, Hercule aurait obtenu moins d'éloges. Comme je l'ai dit, il faut donc plutôt croire que cet homme ou ce demi-homme n'a point existé, il en est ici comme d'un grand nombre de fables poétiques. Car les bêtes les plus farouches, dont il partageait la férocité, ce qui le fait appeler aussi demi-bête, ces bêtes conservent aussi leur espèce, par une sorte de paix, lorsqu'elles engendrent et se reproduisent, lorsqu'elles couvent et nourrissent leurs petits, quoique la plupart soient insociables et solitaires; je ne parle pas des moutons, des cerfs, des colombes, des étourneaux ou des abeilles, mais des lions, des renards, des aigles et des hiboux. En effet quel est le tigre qui, se dépouillant de sa férocité, ne prenne une voix pleine de douceur pour caresser ses petits? Et le milan, quelle que soit son inclination pour chercher seul sa proie, ne prendra-t-il pas une compagne, ne l'aidera-t-il pas à construire le nid, à couver les œufs, à nourrir les petits, et ne vivra t-il pas aussi pacifiquement possible en société domestique avec la mère de famille? Combien plus l'homme n'est-il pas comme entraîné par les lois de sa nature à faire alliance et à jouir de la paix, avec tous ses semblables, autant que cela est possible, puisque le méchant lui-même ne fait la guerre qu'en faveur de la paix des siens, et qu'il voudrait, s'il le pouvait, que tous fussent siens, pour avoir seul la domination sur tout et sur tous, et cela, en réduisant tous les hommes à faire la paix avec lui, par amour ou par crainte? Ainsi l'orgueil dans sa perversité vise à imiter Dieu. Il ne peut supporter l'égalité avec ses compagnons sous l'autorité divine, mais au lieu de cette autorité il veut leur imposer sa propre domination. Ainsi il hait la paix juste de Dieu, et il aime sa propre paix pleine d'iniquité. Mais il ne peut être sans aimer une paix quelconque; car il n'est pas de vice tellement contraire à la nature qu'il en détruise jusqu'aux derniers vestiges.

3. C'est pourquoi celui qui sait mettre le droit au-dessus de l'injustice, l'ordre au-dessus du désordre, regarde comme indigne de ce nom la prétendue paix des méchants, comparativement à la paix des gens de bien. Mais ce qui est mauvais doit encore nécessairement avoir la paix dans quelque partie, ou de quelque partie, ou avec quelque partie des choses dans lesquelles il existe, ou qui le constituent; autrement il ne serait pas. Si quelqu'un par exemple est suspendu la tête en bas, cette position du corps et

tus ab eo deterrebat hominum societatem; forte non nocendi cupiditate, sed vivendi necessitate sæviebat. Verum iste non fuerit, vel quod magis credendum est, talis non fuerit, qualis vanitate poetica describitur. Nisi enim nimis accusaretur Cacus, parum Hercules laudaretur. Talis ergo homo, sive semihomo, melius, ut dixi, creditur non fuisse : sicut multa figmenta poetarum. Ipsæ enim sævissimæ feræ, unde ille partem habuit feritatis, (nam et semiferus dictus est,) genus proprium quadam pace custodiunt, coeundo, gignendo, pariendo, fetus fovendo atque nutriendo, cum sint pleræque insociabiles et solivagæ : non scilicet ut oves, cervi, columbæ, sturni, apes; sed ut leones, vulpes, aquilæ, noctuæ. Quæ enim tigris non filiis suis mitis immurmurat, et pacata feritate blanditur? Quis milvus, quantumlibet solitarius rapinis circumvolet, non conjugium copulat, nidum congerit, ova confovet, pullos alit, et quasi cum sua matre-familias societatem domesticam quanta potest pace conservat? Quanto magis homo fertur quodam modo naturæ legibus ad ineundam societatem pacemque cum hominibus, quantum in ipso est, omnibus obtinendam; cum etiam mali pro pace suorum belligerent, omnesque, si possint, suos facere velint, ut uni cuncti et cuncta deserviant; quo pacto, nisi in ejus pacem, vel amando, vel timendo consentiant? Sic enim superbia perverse imitatur Deum. Odit namque cum sociis æqualitatem sub illo : sed imponere vult sociis dominationem suam pro illo. Odit ergo justam pacem Dei, et amat iniquam pacem suam. Non amare tamen qualemcumque pacem nullo modo potest. Nullum quippe vitium ita contra naturam est, ut naturæ deleat etiam extrema vestigia.

3. Itaque pacem iniquorum in pacis comparatione justorum ille videt nec pacem esse dicendam, qui novit præponere recta pravis et ordinata perversis. Quod autem perversum est, hoc etiam necesse est ut in aliqua et ex aliqua et cum aliqua rerum parte pacatum sit, in quibus est, vel ex quibus constat; alioquin nihil esset omnino. Velut si quisquam capite deorsum pendeat, perversus est utique situs

des membres est l'ordre renversé, car ce que la nature a fait pour être en haut, se trouve en bas, et ce qui doit être en bas est en haut, ce désordre trouble la paix de la chair et lui est pénible; mais l'âme est en paix avec le corps, elle travaille pour son bien-être, et de là vient la souffrance; mais si la douleur force l'âme à quitter le corps, tant que l'union des membres subsiste, la paix règne encore entre les parties qui restent, et c'est pourquoi il y a encore quelqu'un de pendu. Et ce corps terrestre tendant vers la terre et résistant au lien qui le tient suspendu, aspire ainsi à la paix qui lui est propre, et réclame en quelque sorte le lieu de son repos par la voix de sa pesanteur; déjà insensible et sans vie, il ne peut s'écarter de la loi naturelle de sa paix, soit qu'il la possède, soit qu'il y aspire. Si au moyen de certaines substances et de certains soins on empêche le cadavre de s'altérer et de se corrompre, une sorte de paix tient encore les parties réunies aux parties, et fait reposer toute la masse dans une sépulture convenable, et par conséquent paisible. Si l'on néglige l'embaumement, et que le cadavre soit abandonné aux lois de sa nature, alors il se produit comme un mouvement désordonné d'exhalaisons contraires, qui blessent nos sens; ces émanations qui résultent de la putréfaction, durent jusqu'à ce que chaque débris se soit réuni aux éléments qui lui conviennent, et ait ainsi séparément et peu à peu trouvé le lieu de sa paix. Cependant rien ne se soustrait aux lois établies par le Créateur et souverain Ordonnateur, qui préside à la paix universelle. Car, si du cadavre d'un animal plus grand, il se produit des êtres plus petits, tous ces petits corpuscules obéissent encore à la loi du Créateur, selon que l'exige la paix et le salut des petits êtres auxquels ils appartiennent; et quand même les chairs des cadavres sont dévorées par d'autres animaux, n'importe où elles soient emportées, n'importe à quels éléments elles soient réunies, n'importe en quoi elles soient converties et changées, ces chairs trouveront encore les mêmes lois qui se rencontrent partout pour le salut de chaque espèce d'êtres vivants, et pour réunir les substances qui se conviennent mutuellement.

corporis et ordo membrorum; quia id quod desuper esse natura postulat, subter est, et quod illa subter vult esse, desuper factum est; (a) conturbavit carnis pacem ista perversitas, et ideo est molesta : verumtamen anima corpori suo pacata est, et pro ejus salute satagit, et ideo est qui doleat; quæ si molestiis ejus exclusa discesserit, quam diu membrorum manet compago, non est sine quadam partium pace quod remanet, et ideo adhuc est qui pendeat. Et quod terrenum corpus in terram nititur, et vinculo quo suspensum est renititur, in suæ pacis ordinem tendit, et locum quo requiescat quodam modo ponderis voce poscit, jamque exanime ac sine ullo sensu, a pace tamen naturali sui ordinis non recedit, vel cum tenet eam, vel cum fertur ad eam. Si enim adhibeantur medicamenta, atque curatio, quæ formam cadaveris dissolvi dilabique non (b) sinat, adhuc pax quædam partes partibus jungit, totamque molem applicat terreno et convenienti, ac per hoc loco pacato. Si autem nulla adhibeatur cura condiendi, sed naturali cursui relinquatur, tamdiu quasi tumultuatur dissidentibus exhalationibus, et nostro inconvenientibus sensui : id enim est quod in putore sentitur, donec mundi conveniat elementis, et in eorum pacem particulatim paulatimque discedat. Nullo modo tamen inde aliquid legibus summi illius Creatoris Ordinatorisque subtrahitur, a quo pax universitatis administratur : quia etsi de cadavere majoris animantis animalia minuta nascantur, eadem lege Creatoris quæque corpuscula in salutis pace (c) suis animulis serviunt : etsi mortuorum carnes ab aliis animalibus devorentur, easdem leges per cuncta diffusas ad salutem generis cujusque mortalium, congrua ceu gruis pacificantes, quaquaversum trahantur, et rebus quibuscumque jungantur, et in res quaslibet convertantur et commutentur, inveniunt.

(a) Sic Mss. Editi vero, *conturbabit.* — (b) Sola editio Lov. *sinant.* — (c) Vind. et Am. *suis animalibus.* Nonnulli Mss. *sui animalis.*

CHAPITRE XIII.

De la paix universelle qui, parmi n'importe quels troubles, ne peut perdre le bénéfice de la loi de la nature. Car, sous un juste juge, tel est l'ordre observé que chacun parvient à ce qu'il a mérité par le choix de sa volonté.

1. Ainsi donc, la paix du corps, c'est la composition bien ordonnée de ses parties. La paix de l'âme privée de raison, c'est le repos bien réglé de ses appétits. La paix de l'âme raisonnable, c'est l'accord bien entendu de ses idées et de ses actions. La paix du corps et de l'âme, c'est la vie et la santé bien ordonnées de l'être animé. La paix de l'homme mortel et de Dieu, c'est l'obéissance bien ordonnée dans la foi sous la loi éternelle. La paix des hommes, c'est l'union des cœurs dans l'ordre. La paix du foyer, c'est la concorde entre tous ceux qui habitent sous le même toit, et qui les fait commander ou obéir chacun suivant son rang. La paix de l'État, c'est entre tous les citoyens le même accord qui les fait commander ou obéir également chacun selon sa place. La paix de la Cité céleste, c'est cette participation de tous à la jouissance de Dieu, et à la jouissance mutuelle de tous en Dieu, dans l'ordre le plus parfait et l'union des cœurs la plus intime. La paix universelle, c'est la tranquillité de l'ordre. L'ordre, c'est cette disposition qui assigne sa place à chacune des choses existantes, suivant la ressemblance ou la différence qui se trouve entre elles. Ainsi donc par là même qu'ils ne sont pas dans la paix en tant que plongés dans leur misère, les malheureux sont assurément privés de cette tranquilité de l'ordre, qui exclut toute espèce de trouble ; cependant parce que c'est de toute justice qu'ils soient malheureux et qu'ils l'ont bien mérité, même dans cette misère qui est la leur, ils ne peuvent être en opposition avec l'ordre. Sans doute, ils ne sont pas réunis aux bienheureux, ils en sont séparés, toutefois c'est en vertu de la loi de l'ordre. Se trouvant dans cette situation sans aucun trouble, ils sont mis en rapport avec l'élément où ils sont dans une proportion aussi juste que possible, et par là même il y a en eux une certaine tranquillité de l'ordre, et par conséquent une certaine paix. Mais ils sont malheureux, parce que tout en n'ayant rien à redouter dans cette sorte de certitude qui les fixe, cependant ils ne sont pas là où ils pourraient être tranquilles et ne pas souffrir, et ils sont plus malheureux encore s'ils ne sont pas en paix avec cette loi là même qui gouverne l'ordre naturel. Or lorsqu'ils sont en souffrance, c'est que dans la partie qui est le siége de leur souffrance, la paix s'est troublée. Au contraire la paix est encore dans cette par-

CAPUT XIII.

De pace universali, quæ inter quaslibet perturbationes privari non potest lege naturæ, dum sub justo judice ad id quisque pervenit ordinatione, quod meruit voluntate.

1. Pax itaque corporis, est ordinata temperatura partium. Pax animæ irrationalis, ordinata requies appetitionum. Pax animæ rationalis, ordinata cognitionis actionisque consensio. Pax corporis et animæ, ordinata vita et salus animantis. Pax hominis mortalis et Dei, (*a*) ordinata in fide sub æterna lege obedientia. Pax hominum, ordinata concordia. Pax domus, ordinata imperandi atque obediendi concordia cohabitantium. Pax civitatis, ordinata imperandi atque obediendi concordia civium. Pax cœlestis Civitatis, ordinatissima et concordissima societas fruendi Deo et invicem in Deo. Pax omnium rerum, tranquillitas ordinis. Ordo est parium disparium que rerum sua cuique loca tribuens dispositio. Proinde miseri, quia in quantum miseri sunt, utique in pace non sunt, tranquillitate quidem ordinis carent, ubi perturbatio nulla est : verumtamen quia merito justeque miseri sunt, in ea quoque ipsa sua miseria præter ordinem esse non possunt : non quidem conjuncti beatis, sed ab eis tamen ordinis lege sejuncti. Qui cum sine perturbatione (*b*) sunt, rebus in quibus sunt, quantacumque congruentia coaptantur : ac per hoc est in eis ordinis nonnulla tranquillitas ; inest ergo nonnulla pax. Verum ideo miseri sunt, quia etsi in aliqua securitate non dolent, non tamen ibi sunt, ubi securi esse ac dolere non debeant : miseriores autem, si pax eis cum ipsa lege non est, qua naturalis ordo administratur. Cum autem dolent, ex qua parte dolent, pacis perturbatio facta est : in illa vero adhuc pax est, in qua nec dolor urit, nec compago ipsa dissolvitur. Sicut ergo est quædam vita sine dolore, dolor autem sine aliqua vita esse non potest : sic est pax quædam sine ullo bello, bellum vero

---

(*a*) Editi, *et Dei immortalis*. Abest *immortalis* a Mss. — (*b*) Sic Mss. Editi vero, *non sint*.

tie où ni la douleur ne sévit, ni l'économie de l'ensemble ne se trouve en décomposition. De même donc qu'il y a une vie sans douleur, mais qu'il ne peut y avoir de douleur sans une certaine vie, de même il y a une paix sans guerre, mais il ne peut y avoir de guerre sans une sorte de paix, non pas en tant que la guerre est guerre, mais en tant qu'elle se fait par certains êtres et au milieu de certains autres qui ne pourraient exister d'aucune façon si une paix quelconque ne les faisait subsister.

2. Ainsi donc il y a une nature dans laquelle aucun mal ne se trouve, ni même ne peut se trouver. Mais une nature dans laquelle il n'y ait aucun bien, cela ne se peut pas. Par conséquent pas même la nature du diable en personne n'est un mal en tant que nature : c'est la perversité qui la rend mauvaise. Aussi « il ne s'est pas tenu dans la vérité, » (*Jean*, VIII, 44) mais il n'a pas échappé au jugement de la vérité. Il n'est pas demeuré dans la tranquillité de l'ordre, et toutefois il ne s'est pas pour cela soustrait au pouvoir du divin Ordonnateur. Le bien que Dieu a mis en lui, c'est-à-dire sa nature, ne le soustrait pas à la justice divine, en vertu de laquelle il est désigné pour le châtiment avec le rang qui lui convient; et ce n'est pas le bien qu'il a créé que Dieu poursuit en lui, mais bien le mal que le démon a commis.

Et en effet Dieu ne lui enlève pas tout ce qu'il a donné à sa nature, mais il lui ôte quelque chose, et lui laisse quelque chose, afin que le coupable reste et demeure pour pleurer ce qui lui est ôté. Et sa douleur elle-même témoigne du bien qui lui est ôté et de celui qui lui est laissé : car s'il ne lui avait été laissé quelque bien, il ne pourrait déplorer la perte de celui qui lui a été ôté. En effet, celui qui pèche est plus pervers s'il se réjouit d'avoir perdu la justice. Mais s'il ne retire aucun bien de ses tourments, celui qui est tourmenté pleure au moins la perte de son salut. Et parce que la justice et le salut sont l'une et l'autre un bien, et qu'il faut plutôt s'affliger que se réjouir de la perte d'un bien, (si toutefois on ne peut pas échanger le moindre pour avoir le meilleur, or l'équité de l'âme est meilleure que la santé du corps), assurément l'homme d'iniquité s'afflige de son supplice avec plus de raison qu'il ne s'est réjoui de ses fautes. De même donc que cette joie du bien renié dans le péché atteste le mal de la volonté, de même la douleur du bien perdu qui s'exhale dans le supplice, atteste le bien de la nature. Car celui qui pleure la perte de la paix de la nature, le fait en vertu de certains restes de cette paix qui lui rendent sa nature amie. Or, dans leur dernier supplice, c'est avec justice que les hommes d'iniquité et les impies

esse sine aliqua pace non potest; non secundum id quod bellum est sed secundum id quod ab eis vel in eis geritur, quæ aliquæ naturæ sunt : quod nullo modo essent, si non qualicumque pace subsisterent.

2. Quapropter natura est, in qua nullum malum est, vel etiam in qua nullum potest esse malum : esse autem natura, in qua nullum bonum sit, non potest. Proinde nec ipsius diaboli natura, in quantum natura est, malum est : sed perversitas eam malam facit. Itaque in veritate non stetit, sed veritatis judicium non evasit : (*Joan.* VIII, 44) (*a*) in ordinis tranquillitate non mansit, nec ideo tamen a potestate Ordinatoris effugit. Bonum Dei, quod illi est in natura, non eum subtrahit justitiæ Dei, qua ordinatur in pœna : nec ibi Deus bonum insequitur quod creavit, sed malum quod ille commisit. Neque enim totum aufert quod naturæ dedit; sed aliquid adimit, aliquid relinquit, ut sit qui doleat quod (*b*) adimit. Et ipse dolor testimonium est boni ademti et boni relicti. Nisi enim bonum relictum esset, bonum amissum dolere non posset. Nam qui peccat, pejor est, si lætatur in damno æquitatis. Qui vero cruciatur, si inde nihil adquirat boni, dolet damnum salutis. Et quoniam æquitas ac salus utrumque bonum est, bonique amissione dolendum est potius quam lætandum, (si tamen non sit compensatio melioris, melior est autem animi æquitas, quam corporis sanitas,) profecto convenientius injustus dolet in supplicio, quam lætatus est in delicto. Sicut ergo lætitia deserti boni in peccato testis est voluntatis malæ; ita dolor amissi boni in supplicio testis est naturæ bonæ. Qui enim dolet amissam naturæ suæ pacem, ex aliquibus reliquiis pacis id dolet, quibus fit, ut sibi amica natura sit. Hoc autem in extremo supplicio recte fit, ut iniqui et impii naturalium bonorum damna in cruciatibus defleant, sentientes eorum ablatorem justissimum Deum, quem contemserunt benignissimum largitorem. Deus ergo naturarum omnium sapientissimus conditor et justissi-

(*a*) Editi, *quia in ordinis*, etc. At Mss. non habent *quia*. — (*b*) Er. et Mss. *quod ademit*.

pleurent au milieu de leurs tourments la perte des biens naturels : ils comprennent l'exacte justice du Dieu qui les leur a retirés, lui dont ils ont méprisé l'immense libéralité lorsqu'il les leur a donnés. Dieu donc, créateur très-sage et ordonnateur très-juste, qui a fait le plus bel ornement des êtres terrestres en créant le genre humain, Dieu a départi aux hommes certains biens en rapport avec cette vie, à savoir : la paix temporelle mesurée d'après cette vie mortelle et consistant dans la conservation, l'intégrité et l'union de l'espèce, et tout ce qui est nécessaire pour défendre ou recouvrer cette paix, comme, par exemple, les éléments qui sont mis à la portée de nos sens, pour lesquels nos sens sont faits et avec lesquels ils s'harmonisent. Telle cette lumière visible, tel cet air respirable, telles ces eaux propres à être bues, et tout ce qui se rapporte à la nourriture, au vêtement, au traitement et à la parure du corps. Et de tels biens si fort appropriés à la paix des mortels, Dieu les a départis à cette condition trop juste, c'est que le mortel qui en aura bien usé en recevra de plus grands et de meilleurs : il entrera dans la paix même de l'immortalité, il arrivera à la gloire et aux honneurs qui sont en rapport avec cette paix, pour jouir dans la vie éternelle de Dieu et du prochain en Dieu. Quant à celui qui en aura usé mal, il les perdra sans recevoir les biens de la vie éternelle.

CHAPITRE XIV.

De l'ordre et de la loi soit du ciel soit de la terre par lesquels on travaille aux intérêts de la société humaine même en commandant, et on la sert également en veillant à ses intérêts.

Ainsi donc tout usage des choses temporelles se rapporte dans la Cité terrestre à la jouissance de la paix terrestre, et dans la Cité céleste il se rapporte à la jouissance de la paix éternelle. C'est pourquoi si nous étions des animaux privés de raison, nous ne désirerions rien autre chose que le tempérament bien ordonné des parties du corps et le repos des appétits, rien par conséquent au-delà de la tranquilité du corps et de la mesure des voluptés qui lui conviennent, en sorte que la paix du corps servit à celle de l'âme. Car si la paix du corps vient à manquer, la paix de l'âme privée de raison se trouve entravée, parce qu'elle ne peut arriver au repos des appétits. Mais ces deux choses concourent ensemble à cette paix qui existe entre l'âme et le corps, c'est-à-dire, à l'harmonie de la vie et de la santé. Car de même que les animaux montrent leur amour pour la paix du corps quand ils fuient la douleur, et qu'ils font preuve également d'amour pour la paix de l'âme quand, afin de satisfaire aux réclamations de leurs appétits, ils suivent les attraits de la volupté ; de même en fuyant la mort ils font voir combien ils aiment la paix, qui unit entre

mus ordinator, qui terrenorum ornamentorum maximum instituit mortale genus humanum, dedit hominibus quædam bona huic vitæ congrua, id est, pacem temporalem pro modulo mortalis vitæ in ipsa salute et incolumitate ac societate sui generis, et quæque huic paci vel tuendæ vel recuperandæ necessaria sunt, sicut ea quæ apte ac convenienter adjacent sensibus, lux *(a)* ista visibilis, auræ spirabiles, aquæ potabiles, et quidquid ad alendum, tegendum, curandum, ornandumque corpus congruit : eo pacto æquissimo, ut qui mortalis talibus bonis paci mortalium accommodatis recte usus fuerit, accipiat ampliora atque meliora, ipsam **scilicet** immortalitatis pacem, eique convenientem gloriam et honorem in vita æterna ad fruendum Deo, et proximo in Deo : qui autem perperam, nec illa accipiat, et hæc amittat.

CAPUT XIV.

De ordine ac lege, sive cœlesti, sive terrena, per quam societati humanæ etiam dominando consulitur, cui et consulendo servitur.

Omnis igitur usus rerum temporalium refertur ad fructum terrenæ pacis in Civitate terrena : in cœlesti autem Civitate refertur ad fructum pacis æternæ. Quapropter si irrationalia essemus animantia, nihil appeteremus præter ordinatam temperantiam partium corporis et requiem appetitionum : nihil ergo præter quietem carnis et copiam voluptatum, *(b)* ut pax corporis, prodesset paci animæ. Si enim desit pax corporis, impeditur etiam irrationalis pax animæ ; quia requiem appetitionum consequi non potest. Utrumque autem simul ei paci prodest, quam inter se habent anima et corpus, id est, ordinatæ vitæ ac salutis. Sicut enim pacem corporis

(a) Mss. *Lux, vox, auræ spirabiles.* — *(b)* Sola editio Lov. *Et pax.*

eux le corps et l'âme. Mais parce que l'homme est doué d'une âme raisonnable, tout ce qu'il a de commun avec les bêtes, il l'assujettit à la paix de l'âme raisonnable de manière à pouvoir se proposer et contempler une chose dans son esprit, et agir d'après ce qu'il a vu en lui-même, afin qu'il y ait dans toute sa personne accord fondé sur l'ordre entre la connaissance et l'action, ce que nous avions appelé la paix de l'âme. Car pour cela il doit ne vouloir être ni tourmenté par la douleur, ni troublé par le désir, ni dissous par la mort, afin d'arriver à quelque connaissance utile, et de régler d'après cette connaissance sa vie et ses mœurs. Toutefois de peur que cette ardeur d'apprendre et de connaître, en raison de la faiblesse de l'esprit humain, ne le fasse tomber en quelque malheureuse erreur, il a besoin de l'enseignement divin pour le suivre avec certitude, il a besoin de l'assistance divine pour y céder avec liberté. Et puisque tant qu'il est en ce corps mortel, il voyage loin du Seigneur (II. *Cor.* v, 6 et 7), alors il marche guidé par la foi et non par la claire-vue, et ainsi toute paix soit du corps, soit de l'âme, soit à la fois du corps et de l'âme, il la rapporte à cette paix qui doit être entre l'homme mortel et Dieu immortel, en sorte que son obéissance soit ordonnée dans la foi sous une loi éternelle. Or comme Dieu notre maître nous enseigne deux grands préceptes,

les premiers de tous, à savoir l'amour de Dieu et l'amour du prochain, et que dans ces deux préceptes l'homme trouve trois objets à aimer : Dieu, lui-même et le prochain ; comme d'un autre côté celui-là même qui aime Dieu ne se trompe pas dans l'amour qu'il se porte à lui-même, il en résulte qu'il doit également s'intéresser au prochain en vue de lui faire aimer Dieu, puisqu'il lui est ordonné d'aimer son prochain comme lui-même. Et c'est ainsi qu'il doit entendre l'intérêt de sa femme, de ses enfants, de ses domestiques, et celui de tous les hommes à qui il pourra être utile de la sorte ; et c'est ainsi qu'il doit vouloir que le prochain l'entende par rapport à lui-même, s'il en est besoin. De cette manière il sera tranquille du côté de tout homme autant qu'il dépendra de lui, et il jouira de cette paix humaine, que nous avons dit consister dans l'union des cœurs fondée sur l'ordre qui leur est propre, et cet ordre c'est que d'abord on ne nuise à personne, et ensuite qu'on se rende utile à celui à qui on peut l'être. Tout d'abord donc il a le soin de ceux qui lui appartiennent, car c'est à leur égard qu'il a en main les moyens les plus commodes et les plus faciles pour être utile, d'après les dispositions de la nature, et d'après les lois de la société humaine elle-même. De là ces paroles de l'Apôtre : « Quiconque n'a pas soin des siens et surtout de ceux de sa maison, celui-là

amare se ostendunt animantia, cum fugiunt dolorem ; et pacem animæ, cum propter explendas indigentias appetitionum voluptatem sequuntur : ita mortem fugiendo satis indicant quantum diligant pacem, qua sibi conciliantur anima et corpus. Sed quia homini rationalis anima inest, totum hoc quod habet commune cum bestiis, subdit paci animæ rationalis, ut mente aliquid contempletur, et secundum hoc aliquid agat, ut sit ei ordinata cognitionis actionisque consensio, quem pacem rationalis animæ dixeramus. Ad hoc enim velle debet nec dolore molestari, nec desiderio perturbari, nec morte dissolvi, ut aliquid utile cognoscat, et secundum eam cognitionem vitam moresque componat. Sed ne ipso studio cognitionis propter humanæ mentis infirmitatem in pestem alicujus erroris incurrat, opus habet magisterio divino, cui certus obtemperet, et adjutorio, ut liber obtemperet. Et quoniam quamdiu est in isto mortali corpore, peregrinatur a Domino (II. *Cor.* v, 6 *et* 7); ambulat per fidem, non per speciem : ac per hoc omnem pacem vel corporis, vel animæ, vel simul corporis et animæ, refert ad illam pacem, quæ homini mortali est cum Deo immortali ; ut ei sit ordinata in fide sub æterna lege obedientia. Jam vero quia duo præcipua præcepta, hoc est, dilectionem Dei et dilectionem proximi docet magister Deus ; in quibus tria invenit homo quæ diligat, Deum, se ipsum, et proximum ; atque ille in se diligendo non errat qui diligit Deum : consequens est, ut etiam proximo ad diligendum Deum consulat, quem jubetur sicut se ipsum diligere. Sic uxori, sic filiis, sic domesticis, sic ceteris quibus potuerit hominibus ; et ad hoc sibi a proximo, si forte indiget, consuli velit : ac per hoc erit pacatus, quantum in ipso est, omni homini, pace hominum, id est, ordinata concordia : cujus hic ordo est, primum ut nulli noceat, deinde ut etiam prosit cui potuerit. Primitus ergo inest ei suorum cura : ad eos quippe habet opportuniorem facilioremque aditum consulendi, vel naturæ ordine, vel ipsius societatis humanæ. Unde Apostolus dicit : « Quisquis autem suis, et maxime domesticis non providet, fidem denegat, et est infi-

renie sa foi et il est pire qu'un infidèle. » (I. Tim. v, 8.) De là résulte donc aussi la paix domestique, c'est-à-dire entre tous ceux qui habitent ensemble la concorde par laquelle ils commandent ou obéissent chacun suivant son rang. Car ceux-là commandent qui veillent aux intérêts des autres comme le mari à l'égard de la femme, les parents par rapport aux enfants, les maîtres par rapport aux serviteurs. Mais dans la maison du juste qui vit de la foi, et qui est encore comme un voyageur éloigné de cette Cité céleste, même ceux qui commandent se trouvent être les serviteurs de ceux à qui ils semblent commander. Car s'ils commandent, ce n'est pas par la passion de dominer, mais par le devoir qu'ils ont de veiller aux intérêts des autres, ce n'est pas par une vaine jalousie d'autorité, mais par une tendre sollicitude de prévoyance.

CHAPITRE XV.

De la liberté naturelle et de la servitude dont la première cause est le péché. En vertu de cette cause, l'homme de mauvaise volonté tout en n'étant pas l'esclave d'un autre homme, le devient de ses propres passions.

Voilà ce que prescrit l'ordre naturel; c'est dans ces conditions que Dieu a créé l'homme.

Car il a dit : « Qu'il domine sur les poissons de la mer, sur les oiseaux du ciel, et sur tous les animaux qui rampent sur la terre. » (*Gen.* I, 26.) La créature raisonnable qu'il a faite à son image, il a voulu qu'elle ne dominât que sur les créatures privées de raison; il n'a pas voulu que l'homme dominât sur l'homme, mais l'homme sur la bête. Aussi les premiers justes ont été établis pasteurs de troupeaux plutôt que Rois des hommes; de cette manière Dieu nous faisait connaître ce que demande l'ordre de la création, et ce qu'exige le châtiment dû au péché. En effet, on comprend que la peine de l'esclavage a été justement infligée au pécheur. Aussi nulle part dans les Écritures il n'est question d'esclave avant que le juste Noé ne flétrit de ce nom la coupable action de son fils. (*Gen.* IX, 25.) C'est donc le péché qui a mérité ce nom, et non pas la nature. Quant à l'origine du nom d'esclave tel qu'il s'exprime dans la langue latine, on pense qu'elle vient de ce que les vaincus condamnés à mourir par le droit de le guerre devenaient esclaves s'ils étaient conservés par les vainqueurs. Ils étaient appelés *servi* du mot latin *servare* conserver. Et cela même ne se rencontre pas sans la punition du crime. Car même lorsque d'un côté la guerre qui se fait est juste, de l'autre côté elle ne l'est pas, et c'est en faveur de l'injustice que l'on y

deli deterior. » (I. Tim. v, 8.) Hinc itaque etiam pax domestica oritur, id est, ordinata imperandi obediendique concordia cohabitantium. Imperant enim qui consulunt : sicut vir uxori, parentes filiis, domini servis. Obediunt autem quibus consulitur : sicut mulieres maritis, filii parentibus, servi dominis. Sed in domo justi viventis ex fide, et adhuc ab illa cælesti Civitate peregrinantis, etiam qui imperant serviunt eis, quibus videntur imperare. Neque enim dominandi cupiditate imperant, sed officio consulendi; nec principandi superbia, sed providendi misericordia.

CAPUT XV.

De libertate naturali, et de servitute, cujus prima caussa peccatum est, qua homo malæ voluntatis, etiamsi non est mancipium alterius hominis, servus est propriæ libidinis.

Hoc naturalis ordo præscribit, ita Deus hominem condidit. Nam : « Dominetur, inquit, piscium maris, et volatilium cœli, et omnium repentium quæ repunt super terram. » (*Gen.* I. 26.) Rationalem factum ad imaginem suam noluit nisi irrationalibus dominari : non hominem homini, sed hominem pecori. Inde primi justi, pastores pecorum, magis quam reges hominum constituti sunt : ut etiam sic insinuaret Deus, quid postulet ordo creaturarum, quid exigat meri'um peccatorum. Conditio quippe servitutis jure intelligitur imposita peccatori. Proinde nusquam Scripturarum legimus servum, ante quam hoc vocabulo Noe justus peccatum filii vindicaret. (*Gen.* IX, 25.) Nomen itaque istud culpa meruit, non natura. Origo autem vocabuli servorum in Latina lingua inde creditur ducta, quod hi qui jure belli possent occidi, a victoribus cum servabantur, servi fiebant, a servando appellati; quod etiam ipsum sine peccati merito non est. Nam et cum justum geritur bellum, pro peccato, et (*a*) e contrario dimicatur : et omnis victoria, cum etiam malis pro-

---

(*a*) Vind. Am. et aliquot Mss. *pro peccato e contrario.* Er. et alii quidam Mss. *pro peccato contrario.*

combat. Alors même quand elle est donnée au mauvais parti, toute victoire humilie les vaincus et cela par un juste jugement de Dieu ; elle arrête les crimes ou elle les châtie. Témoin Daniel (*Daniel*, IX, 5), cet homme de Dieu, alors que, réduit en captivité, il fait à Dieu l'aveu de ses péchés et des péchés de son peuple, et avec une religieuse douleur proclame que telle est la cause de cette captivité. La première cause de l'esclavage, c'est donc le péché ; c'est le péché qui a fait que l'homme fût assujetti à l'homme, et condamné au sort de l'esclave enchaîné ; et cela ne s'est fait que par le jugement de Dieu en qui il n'y a point d'injustice, et qui sait régler les châtiments d'après les crimes des coupables. Or, comme le dit Notre Divin Maître : « Quiconque commet le péché est l'esclave du péché ; » (*Jean*, VIII, 34) et ainsi un grand nombre sans doute de personnes soumises à la religion sont esclaves de maîtres injustes mais non pas libres cependant : « Car quiconque a été vaincu, est adjugé comme esclave au vainqueur. » (II. *Pierre*, II, 19.) Et assurément il y a moins de malheur à être esclave de l'homme qu'à l'être des passions, puisque la plus féroce domination qui ravage le cœur des mortels, c'est celle qu'exerce entre autres la passion de dominer, pour ne parler que de celle-là. Or en vertu de cet ordre de paix qui régit les hommes, et qui fait que les uns doivent obéir aux autres,

si l'humilité est utile à ceux qui sont esclaves, l'orgueil est funeste à ceux qui sont maîtres. Cependant suivant les lois de la nature dans laquelle Dieu a créé l'homme au commencement, nul n'est esclave de l'homme ou du péché. Mais le châtiment de la servitude est ordonné par la loi qui commande de respecter l'ordre de la nature, et qui défend de le troubler, en sorte que s'il n'y avait pas eu violation de cette loi, la répression apportée par le châtiment de la servitude n'aurait jamais existé. Voilà aussi pourquoi l'Apôtre (*Ephés.* VI, 5) exhorte les esclaves à être soumis à leurs maîtres, et à leur obéir de cœur et avec bonne volonté, et ainsi s'ils ne peuvent obtenir de leurs maîtres leur liberté, ils rendent du moins leur servitude libre en quelque sorte, accomplissant leur tâche non avec une crainte trompeuse, mais avec une affection sincère, jusqu'au jour où l'iniquité passera, où tout empire et toute domination humaine disparaîtra, et où Dieu sera tout en tous.

CHAPITRE XVI.

Du droit légitime de dominer.

En conséquence, bien que les justes nos pères aient eu des esclaves, ils travaillaient à procurer la paix domestique de telle manière, que relativement aux biens temporels ils fai-

---

venit, divino judicio victos humiliat, vel emendans peccata, vel puniens. Testis est homo Dei Daniel, cum in captivitate positus, peccata sua et peccata populi sui confitetur Deo (*Dan.* IX, 5), et hanc esse caussam illius captivitatis pio dolore testatur. Prima ergo servitutis caussa peccatum est ; ut homo homini conditionis vinculo subderetur : quod non sit nisi Deo judicante, apud quem non est iniquitas, et novit diversas pœnas meritis distribuere delinquentium. Sicut autem supernus Dominis dicit : « Omnis qui facit peccatum, servus est peccati : » (*Joan.* VIII, 34) ac per hoc multi quidem religiosi dominis iniquis, non tamen liberis serviunt : « A quo enim quis devictus est, huic et servus addictus est. » (II. *Petr.* II, 19.) Et utique felicius servitur homini, quam libidini ; cum sævissimo dominatu vaste corda mortalium, ut alias omittam, libido ipsa dominandi. Hominibus autem illo pacis ordine, quo alii alii subjecti sunt, sicut prodest humilitas servientibus, ita nocet superbia dominantibus. Nullus autem natura, in qua prius Deus hominem condidit,

servus est hominis, aut peccati. Verum et pœnalis servitus ea lege ordinatur, quæ naturalem ordinem conservari jubet, perturbari vetat : quia si contra eam legem non esset factum, nihil esset pœnali servitute coercendum. Ideoque Apostolus etiam servos monet subditos esse dominis suis (*Ephes.* VI, 5), et ex animo eis cum bona voluntate servire : ut scilicet si non possunt a dominis liberi fieri, suam servitutem ipsi quodam modo liberam faciant ; non timore subdolo, sed fideli dilectione serviendo, donec transeat iniquitas, et evacuetur omnis principatus, et potestas humana, et sit Deus omnia in omnibus.

CAPUT XVI.

De æquo jure dominandi.

Quocirca etiamsi habuerunt servos justi patres nostri, sic quidem administrabant domesticam pacem, ut secundum hæc temporalia bona, filiorum sortem a servorum conditione distinguerent ; ad

saient une distinction entre la condition de leurs enfants et celle de leurs esclaves; mais que quand il s'agissait du culte de Dieu en qui l'on doit espérer les biens éternels, ils veillaient avec une égale sollicitude sur tous les membres de leur maison. C'est ce que prescrit l'ordre naturel, au point que c'est là l'origine du nom de père de famille, nom tellement adopté dans les pays même les plus éloignés, que les maîtres injustes eux aussi aiment à s'entendre appeler de ce nom. Mais ceux qui sont de vrais pères de famille exercent leur sollicitude à l'égard de tous ceux qui composent leur famille, les traitant comme leurs fils, quand il s'agit dans leur maison de faire honorer Dieu et de se concilier ses faveurs. Car ils souhaitent et ils désirent arriver aux demeures célestes, où il ne sera plus nécessaire d'exercer l'autorité publique sur les mortels, parce qu'il ne sera plus nécessaire d'exercer la vigilance sur ceux qui dès lors seront heureux dans l'immortalité. Mais tant qu'on n'y arrive pas, les pères de famille ont plus de soucis à prendre en commandant, que les esclaves en obéissant. Et si dans la maison quelque rebelle vient troubler la paix domestique, il reçoit son châtiment soit par des paroles de blâme, soit par des peines corporelles, soit par toute autre sorte de punition juste et légitime, suivant les droits que donne la société humaine dans l'intérêt même du coupable, et pour le ramener à la paix dont il s'était éloigné. Car de même que ce n'est pas faire acte de bienfaisance que de prêter son concours pour arriver à faire perdre à un homme un bien plus grand, de même ce n'est pas faire acte de condescendance que de contribuer par une indulgence funeste à le faire tomber dans un plus grand mal. Il entre donc dans le devoir de celui qui ne veut pas nuire, non-seulement de ne causer de mal à personne, mais encore de s'opposer au péché ou de le punir, afin que celui auquel le châtiment est infligé se corrige par l'épreuve qu'il subit, ou du moins que les autres soient intimidés par l'exemple. Et par là même que la Cité trouve son origine dans la famille ou que celle-ci est une partie de la Cité, mais que toute origine se développe pour arriver à une fin quelconque de son ordre, et que toute partie se rapporte à l'intégrité du tout auquel elle appartient, il s'ensuit assez clairement que la paix domestique se rapporte ou fait arriver à la paix de la Cité; c'est-à-dire que l'union entre ceux qui habitent ensemble et par laquelle ils commandent ou obéissent chacun selon son rang, se rapporte ou fait arriver à l'union entre les citoyens, par laquelle également ils commandent ou obéissent chacun selon son rang. De là il résulte que le père de famille doit modeler sur la loi de la Cité les ordres d'après lesquels il veut régler sa mai-

Deum autem colendum, in quo æterna bona speranda sunt, omnibus domus suæ membris pari dilectione consulerent. Quod naturalis ordo ita præscribit, ut nomen patrum familias hinc exortum sit, et tam late vulgatum, ut inique etiam dominantes hoc se gaudeant appellari. Qui autem veri patresfamilias sunt, omnibus in familia sua tamquam filiis ad colendum et promerendum Deum consulunt; desiderantes atque optantes venire ad cœlestem domum, ubi necessarium non sit officium imperandi mortalibus, quia necessarium non erit officium consulendi jam in illa immortalitate felicibus : quo donec veniatur, magis debent patres quod dominantur, quam servi tolerare quod serviunt. Si quis autem in domo per inobedientiam domesticæ paci adversatur, corripitur, seu verbo, seu verbere, seu quolibet alio genere pœnæ justo atque licito, quantum societas humana concedit, pro ejus qui corripitur utilitate, ut paci unde dissiluerat coaptetur. Sicut enim non est beneficentiæ adjuvando efficere, ut bonum quod majus est amittatur; ita non est innocentiæ parcendo sinere, ut in malum gravius incidatur. Pertinet ergo ad innocentis officium, non solum nemini malum inferre, verum etiam cohibere a peccato, vel punire peccatum; ut aut ipse qui plectitur, corrigatur experimento, aut alii terreantur exemplo. Quia igitur hominis domus initium sive particula debet esse civitatis, omne autem initium ad aliquem sui generis finem, et omnis pars ad universi, cujus pars est, integritatem refertur; satis apparet esse consequens, ut ad pacem civicam pax domestica referatur, id est, ut ordinata imperandi obediendique concordia cohabitantium referatur ad ordinatam imperandi obediendique concordiam civium. Ita fit, ut ex lege civitatis præcepta sumere patrem-familias oporteat, quibus domum suam sic regat, ut sit paci (a) accommodata civitatis.

(a) Plerique Mss. *accommoda.*

CHAPITRE XVII.

D'où la Société céleste peut avoir la paix avec la Cité terrestre, et d'où peuvent venir les discordes entre elles.

Mais la famille des hommes qui ne vient pas de la foi recherche la paix de la terre, et veut la trouver dans les biens et dans les avantages de cette vie temporelle. Tandis que la famille de ceux qui vivent de la foi attend ces biens éternels qui nous sont promis pour la vie future; elle n'use des choses de la terre et des biens temporels que comme étrangère; elle ne veut pas se laisser prendre par eux, ni se laisser détourner de son but qui est Dieu; elle s'en sert seulement comme de moyens pour s'aider à supporter plus facilement en quoi que ce soit, sans l'augmenter, le poids de ce corps corruptible qui surcharge et appesantit l'âme. (*Sag.* IX, 15.) Ainsi donc, l'usage des choses nécessaires à cette vie mortelle est commun à ces deux sortes de monde, à ces deux familles; mais la fin dans cet usage est propre à chacun des deux respectivement, et elle est bien différente. Ainsi la Cité terrestre qui ne vit pas de la foi recherche la paix terrestre, et tel est le but qu'elle poursuit dans cette union des citoyens par laquelle les uns commandent et les autres obéissent; elle veut qu'il y ait entre eux par rapport à tout ce qui intéresse cette vie mortelle un certain accord des volontés humaines. Mais la Cité céleste, ou plutôt la portion de cette Cité qui accomplit encore le voyage de la vie mortelle et qui vit de la foi, a aussi besoin d'user de cette paix, jusqu'à ce que soient passés les jours de cette mortalité à laquelle il faut une telle paix. Aussi tant qu'au sein de la Cité terrestre elle vit captive et passe le temps de son exil, soutenue par la promesse de sa rédemption et par les dons spirituels qu'elle a déjà reçus comme gages de cette promesse, elle n'hésite pas à obéir aux lois de la Cité terrestre, d'après lesquelles s'administre tout ce qui est approprié au soutien de cette vie mortelle, et puisque la mortalité est commune à l'une et à l'autre société, elle veut, dans ce qui a rapport aux intérêts présents, conserver la bonne harmonie entre elle et la Cité terrestre. Mais celle-ci a eu certains sages qui sont condamnés par la doctrine que nous tenons de Dieu lui-même. Soit que ces sages aient donné libre carrière à leurs conjectures, soit qu'ils aient été trompés par les démons, ils en sont venus à croire qu'un grand nombre de dieux devaient intervenir dans les choses humaines. Ils ont supposé qu'à

CAPUT XVII.

Unde cælestis Societas cum terrena Civitate pacem habeat, et unde discordiam.

Sed domus hominum qui non vivunt ex fide, pacem terrenam ex hujus temporalis vitæ rebus commodisque sectatur. Domus autem hominum ex fide viventium, exspectat ea quæ in futurum æterna promissa sunt, terrenisque rebus ac temporalibus tamquam peregrina utitur, non quibus capiatur et avertatur quo tendit in Deum, sed quibus sustentetur ad facilius toleranda minimeque augenda onera corporis corruptibilis, quod aggravat animam. (*Sap.* IX, 15.) Idcirco rerum vitæ huic mortali necessariarum utrique hominibus (*a*) et utrique domui communis est usus; sed finis utendi cuique suus proprius, multumque diversus. Ita etiam terrena Civitas, quæ non vivit ex fide, terrenam pacem appetit; in coque defigit imperandi obediendique concordiam civium, ut sit eis de rebus ad mortalem vitam pertinentibus humanarum quædam compositio voluntatum. Civitas autem cælestis, vel potius pars ejus, quæ in hac mortalitate peregrinatur, et vivit ex fide etiam ista pace necesse est utatur, donec ipsa cui talis pax necessaria est, mortalitas transeat. Ac per hoc dum apud terrenam Civitatem, velut captivam vitam suæ peregrinationis agit, jam promissione redemptionis et dono spirituali tamquam pignore accepto, legibus terrenæ Civitatis, quibus hæc administrantur, quæ sustentandæ mortali vitæ accommodata sunt, obtemperare non dubitat : ut quoniam communis est ipsa mortalitas, servetur in rebus ad eam pertinentibus inter Civitatem utramque concordia. Verum quia terrena Civitas habuit quosdam suos sapientes, quos divina improbat disciplina, qui vel suspicati vel decepti a dæmonibus crederent multos deos conciliandos esse rebus humanis, ad quorum diversa quodam modo officia diversa subdita pertinerent, ad

---

(*a*) Editi addunt, *fidelibus et infidelibus*. Sed his prætermissis nemo non facile intelliget, *utrisque hominibus* dictum esse pro et iis qui ex fide, et iis qui non ex fide vivunt.

TOM. XXIV.   33

leurs différentes attributions étaient assujettis en quelque sorte les différents êtres de la terre. A l'un ils soumettaient le corps; à l'autre l'esprit; et dans le corps lui-même l'un avait le soin de la tête, l'autre celui du cou; et ainsi chaque partie avait son dieu correspondant. Egalement dans l'âme, l'un présidait à l'esprit, l'autre à la science, celui-ci à la colère, celui-là aux appétits sensuels. Et dans les choses mêmes qui concernent la vie matérielle, l'un avait le soin des troupeaux, l'autre celui du blé; celui-ci avait le soin du vin, celui-là était chargé de l'huile. Il y avait des dieux pour administrer les forêts; d'autres veillaient à l'argent. N'y en avait-il pas pour la navigation, pour la guerre, pour la victoire, pour les mariages, pour les enfantements, pour la fécondité, et autant d'autres qu'on peut compter de choses existantes? Au contraire la Cité céleste ne connaît qu'un seul Dieu qui mérite l'adoration. Avec une piété constante elle veut qu'il n'y ait que lui à honorer de ce culte qu'on appelle en grec *latrie,* et qui n'est dû qu'à Dieu. De cela il est arrivé que pour les lois religieuses elle n'a pu entrer en communauté avec la Cité terrestre. Il lui a donc fallu être en désaccord avec elle dans ces questions, et devenir un fardeau insupportable pour ceux qui pensaient différemment; force lui aurait été de se trouver constamment en butte à leurs colères, à leurs haines et à tout l'emportement de leurs persécutions, si quelquefois la crainte de la multitude qui la compose, si toujours le secours divin ne la protégeait contre les passions de ses ennemis. Dans le cours de son pèlerinage sur la terre, cette Cité céleste fait donc appel à toutes les nations pour y trouver des citoyens. Elle ne se met pas en peine de tout ce qui peut être différent dans les mœurs, dans les lois et dans les diverses institutions par lesquelles la paix terrestre s'acquière ou se conserve. Elle n'en viole, ni n'en détruit rien; bien plus elle les observe et s'y conforme. Et quoique ces institutions diffèrent suivant les différentes nations, cependant elles tendent toutes à une seule et même fin, c'est-à-dire, à la paix terrestre, pourvu qu'elles ne mettent pas obstacle à la religion qui enseigne qu'on doit adorer le seul souverain et vrai Dieu. Dans son pèlerinage sur cette terre, la Cité céleste use donc de la paix terrestre; et pour ce qui intéresse la nature mortelle des hommes, elle favorise et elle désire l'union des volontés humaines tant que celle-ci permet à la piété et à la religion de se conserver, et elle rapporte cette paix terrestre à la paix céleste. La paix céleste! C'est là la vraie paix; elle l'est si bien que pour la créature raisonnable on doit la tenir et la dire la seule paix! Cette paix, c'est

---

alium corpus, ad alium (*a*) animus, inque ipso corpore ad alium caput, ad alium cervix, et cetera singula ad singulos; similiter in animo ad alium ingenium, ad alium doctrina, ad alium ira, ad alium concupiscentia; inque ipsis rebus vitæ adjacentibus, ad alium pecus, ad alium triticum, ad alium vinum, ad alium oleum, ad alium silvæ, ad alium nummi, ad alium navigatio, ad alium bella atque victoriæ, ad alium conjugia, ad alium partus ac fecunditas, et ad alios alia cetera; cælestis autem Civitas unum Deum solum colendum nosset, eique tantummodo serviendum servitute illa, quæ Græce λατρεία dicitur, et non nisi Deo deberet, fideli pietate censeret : factum est, ut religionis leges cum terrena Civitate non posset habere communes, proque his ab ea dissentiare haberet necesse, atque oneri esse diversa sentientibus, eorumque iras et odia et persecutionum impetus sustinere, nisi cum animos adversantium aliquando terrore suæ multitudinis, et semper divino adjutorio propulsaret. Hæc ergo cælestis Civitas dum peregrinatur in terra, ex omnibus gentibus cives evocat, atque in omnibus linguis peregrinam colligit societatem; non curans quidquid in moribus, legibus, institutisque diversum est, quibus pax terrena vel conquiritur, vel tenetur; nihil eorum rescindens, nec destruens, immo etiam servans ac sequens : quod licet diversum in diversis nationibus, ad unum tamen cumdemque finem terrenæ pacis intenditur, si religionem qua unus summus et verus Deus colendus docetur, non impedit. Utitur ergo etiam cælestis Civitas in hac sua peregrinatione pace terrena, et de rebus ad mortalem hominum naturam pertinentibus, humanarum voluntatum compositionem, quantum salva pietate ac religione conceditur, tuetur atque appetit, eamque terrenam pacem refert ad cælestem pacem : quæ vere ita pax est, ut rationalis dumtaxat creaturæ sola pax habenda atque dicenda sit, ordinatissima scilicet et concordissima so-

---

(*a*) Editi, *ad alium animum* : et infra constanter accusandi casu, *cervicem, doctrinam, iram, concupiscentiam silvas,* etc. Castigantur ad Regium Ms.

cette grande union la plus conforme à l'ordre, et la plus intime par laquelle on jouit de Dieu d'abord, et ensuite les uns des autres en Dieu. Quand on en sera arrivé là, il n'y aura plus de vie mortelle, mais ce sera tout-à-fait et bien sûrement une vie digne de ce nom. Alors, il n'y aura plus ce corps animal qui par sa corruption appesantit l'âme (*Sag.* ix, 15), mais ce sera un corps spirituel débarrassé de toute misère et soumis absolument à la volonté. Cette paix, la société céleste en jouit déjà en accomplissant dans la foi son pèlerinage ici-bas. C'est de cette foi qu'elle vit dans la justice lorsqu'elle rapporte à la conquête de la paix du ciel tout ce qu'elle fait de bien envers Dieu et le prochain ; car sa vie est une vie sociale de toutes manières.

CHAPITRE XVIII.

Combien l'incertitude de la nouvelle Académie est différente de la fermeté de la foi chrétienne.

Quant à ce qui concerne cette différence que Varron a empruntée aux nouveaux Académiciens pour qui tout est incertain, la Cité de Dieu repousse absolument et avec horreur un tel doute comme une folie. Car sur les vérités qu'elle comprend d'esprit et de raison, quoique peut-être elle n'ait qu'une science restreint, à cause de ce corps corruptible qui appesantit l'âme, et parce que, suivant la parole de l'Apôtre : « Nous ne connaissons qu'en partie, » (I. *Cor.* xiii, 9) cependant cette science est on ne peut plus certaine. Et quand il y a évidence pour une chose ou pour une autre, elle croit aux sens que le corps met au service de l'âme ; car il se trompe bien plus misérablement celui qui prétend qu'il ne faut jamais croire à leur témoignage. Elle croit aussi aux Saintes-Écritures, anciennes et nouvelles que nous appelons canoniques et d'où est engendrée cette foi, qui est la vie du juste (*Hab.* ii, 4), et qui nous fait marcher sans hésitation en ce séjour d'exil où nous sommes loin du Seigneur. (II. *Cor.* v, 6.) Sans que cette foi soit compromise et perde rien de sa certitude, il est des choses que ni les sens ni la raison ne nous ont fait connaître, sur lesquelles les Écritures canoniques ne nous ont apporté aucune lumière, et qui ne sont parvenues à notre connaissance par aucun de ces témoignages dont il serait absurde de ne pas accepter les assertions. Là dessus notre doute ne peut être l'objet d'un juste reproche.

---

cietas fruendi Deo, et invicem in Deo: quo cum ventum fuerit, non erit vita mortalis, sed (*a*) plane certeque vitalis ; nec corpus animale, quod dum corrumpitur, aggravat animam, sed spiritale sine ulla indigentia ex omni parte subditum voluntati. (*Sap.* ix, 15.) Hanc pacem, dum peregrinatur in fide, habet ; atque ex hac fide juste vivit, cum ad illam pacem adipiscendam refert quidquid bonarum actionum gerit erga Deum et proximum, quoniam vita civitatis utique socialis est.

CAPUT XVIII.

Quam diversa sit Academiæ novæ ambiguitas a constantia fidei Christianæ.

Quod autem adtinet ad illam differentiam, quam de Academicis novis Varro adhibuit, quibus incerta sunt omnia, omnino Civitas Dei talem dubitationem tamquam dementiam detestatur, habens de rebus, quas mente atque ratione comprehendit, etiamsi parvam propter corpus corruptibile, quod aggravat animam, quoniam sicut dicit Apostolus : « Ex parte scimus, » tamen certissimam scientiam : creditque sensibus in rei cujusque evidentia, quibus per corpus animus utitur ; quoniam miserabilius fallitur, qui numquam putat eis esse credendum. Credit etiam Scripturis sanctis et veteribus et novis, quas Canonicas appellamus, unde fides ipsa concepta est, ex qua justus vivit (*Habac.* ii, 4) ; per quam sine dubitatione ambulamus, quamdiu peregrinamur a Domino (II. *Cor.* v, 6) : qua salva atque certa, de quibusdam rebus, quas neque sensu, neque ratione percepimus, neque nobis per Scripturam canonicam claruerunt, nec per testes quibus non credere absurdum est, in nostram notitiam pervenerunt, sine justa reprehensione dubitamus.

(*a*) Lov. *sed plene.*

CHAPITRE XIX.

De l'esprit et des mœurs du peuple chrétien.

Assurément, pourvu qu'elle n'y trouve rien de contraire aux divins préceptes, cette Cité est absolument indifférente aux habitudes et manières de vivre d'après lesquelles chacun s'attache à cette foi qui conduit à Dieu. Aussi elle ne force en rien les philosophes eux-mêmes qui se font chrétiens à changer leurs habitudes de vie ni leur manière d'être, quand elles ne portent aucun obstacle à la religion; mais elle les oblige seulement à changer leur faux enseignement. Aussi cette singularité que Varron a copiée sur les Cyniques, pourvu qu'elle ne dégénère ni en des actes honteux, ni en des excès contraires à la tempérance, l'Église ne s'en met nullement en peine. Mais de ces trois genres de vie : vie de loisir, vie d'action, vie tempérée de loisir et d'action, bien que chacun puisse sans manquer à la foi adopter pour sa manière de vivre le genre qu'il voudra, et arriver ainsi aux récompenses éternelles, toutefois il importe de voir ce qu'on peut en prendre pour satisfaire son amour de la vérité, et ce qu'il faut en consacrer aux offices de la charité. Nul en effet ne doit être tellement occupé de ses loisirs qu'en s'y livrant il ne songe plus à l'utilité du prochain ; il ne doit être non plus tellement jeté dans l'action qu'il oublie la contemplation de Dieu. Dans les loisirs, la liberté dont on goûte les charmes ne doit pas rester stérile, mais elle doit profiter à la recherche ou à la découverte de la vérité, en sorte que chacun y arrive au progrès, qu'il jouisse de ce qu'il a trouvé, et qu'il n'envie rien aux autres. Mais dans l'action, ce n'est ni aux dignités, ni à la puissance d'ici-bas qu'il faut s'attacher, car tout est vanité sous le soleil, mais il faut avoir en vue l'œuvre qui s'accomplit par les dignités et par la puissance, cette œuvre elle-même, pourvu qu'elle se fasse dans l'ordre et pour l'utilité publique, c'est-à-dire, qu'elle contribue au salut selon Dieu de ceux qui sont soumis à la puissance, c'est ce qui a été plus haut le sujet de notre discussion. (*Voir plus haut chap.* VI.) C'est pourquoi l'Apôtre fait cette déclaration : « Celui qui désire l'épiscopat, désire une bonne œuvre. » (I. *Tim.* III, 1.) Il a voulu expliquer ce que c'est que l'épiscopat; et faire voir que ce mot est le nom d'une œuvre à faire, et non d'un honneur à savourer. Car le mot grec, d'où ce nom tire son origine, marque que celui qui est préposé comme évêque surveille ceux sur lesquels il est préposé, c'est-à-dire, qu'il en prend le soin. En effet : *epi* (ἐπί) veut dire : *sur*; *scopos* (σκοπός) *attention*; par conséquent; *episcopein* (ἐπισκοπεῖν) et en latin; *superintendere*, veiller sur. Par là, il ne devra pas se regarder comme

---

CAPUT XIX.

De habitu et moribus populi Christiani.

Nihil sane ad istam pertinet Civitatem quo habitu vel more vivendi, si non est contra divina præcepta, istam fidem, qua pervenitur ad Deum, quisque sectetur : unde ipsos quoque philosophos, quando Christiani fiunt, non habitum vel consuetudinem victus, quæ nihil impedit religionem, sed falsa dogmata mutare compellit. Unde illam, quam Varro adhibuit ex Cynicis differentiam, si nihil turpiter atque intemperanter (*a*) agat, omnino non curat. Ex tribus vero illis vitæ generibus, otioso, actuoso, et ex utroque composito, quamvis salva fide quisque possit in qualibet eorum vitam ducere, et ad sempiterna præmia pervenire, interest tamen quid amore teneat veritatis, quid officio caritatis impendat. Nec sic quisque debet esse otiosus, ut in eodem otio uti-litatem non cogitet proximi; nec sic actuosus, ut contemplationem non requirat Dei. In otio non iners vacatio delectare debet; sed aut inquisitio, aut inventio veritatis : ut in ea quisque proficiat, et quod invenerit (*b*) teneat, et alteri non invideat. In actione vero non amandus est honor in hac vita, sive potentia; quoniam omnia vana sub sole : sed opus ipsum, quod per eumdem honorem vel potentiam fit, si recte atque utiliter fit id est, ut valeat ad eam salutem subditorum, quæ secundum Deum est : unde jam superius disputavimus. Propter quod ait Apostolus : « Qui episcopatum desiderat, bonum opus desiderat. » (I. *Tim.* III, 1.) Exponere voluit quid sit episcopatus; quia nomen est operis, non honoris. Græcum est enim, atque inde ductum vocabulum, quod ille qui præficitur, eis quibus præficitur superintendit, curam eorum scilicet gerens : ἐπί quippe, super; σκοπός vero, intentio est : ergo ἐπισκοπεῖν, si velimus, Latine superintendere possu-

---

(*a*) Sola editio Lov. *agant*. — (*b*) Plures Mss. *et quod invenerit, ne alteri invideat.*

un évêque celui-là qui aime à être au-dessus des fidèles, et non à être pour les fidèles. Ainsi donc l'application à l'étude dans le but de connaître la vérité n'est interdite à personne ; cette application est un emploi louable des loisirs qu'on a. Mais le poste supérieur sans lequel un peuple ne peut être gouverné, bien qu'on l'occupe et qu'on le remplisse comme il convient, ne peut cependant être brigué qu'au mépris de toutes les convenances. Aussi l'amour chrétien de la vérité recherche de saints loisirs ; la nécessité de l'amour chrétien fait qu'on se laisse imposer une charge réclamée par la justice. Si personne ne vient nous imposer ce fardeau, appliquons-nous à connaître et à contempler la vérité. Mais si on nous l'impose, acceptons-le par devoir de charité. Toutefois, ne renonçons pas pas entièrement aux charmes de la contemplation, de peur de nous priver de ses douceurs et de nous laisser accabler par la charge qu'il nous a fallu prendre.

CHAPITRE XX.

Pendant le temps de cette vie, les concitoyens des saints sont heureux en espérance.

Le Souverain bien de la Cité de Dieu étant donc la paix éternelle et parfaite, non pas celle que les mortels peuvent rencontrer dans leur passage de la naissance à la mort, mais celle dans laquelle ils se reposent étant devenus immortels et n'ayant absolument aucune adversité à subir désormais, qui oserait dire que cette vie n'est pas le plus haut degré du bonheur ? Qui donc en comparant à cette vie bienheureuse celle que nous passons ici-bas, fût-elle comblée des plus grands biens et de l'esprit et du corps et de la fortune extérieure, qui donc ne la jugerait pas toute pleine de misères ? Et cependant quiconque dirige cette vie d'ici-bas de manière à en rapporter l'usage à la fin de cette autre vie qu'il aime si ardemment, qu'il espère si fermement, celui-là peut-être appelé sans absurdité un homme heureux dès maintenant, heureux plutôt par l'espérance de cette autre vie que par la possession de celle-ci. En réalité cette vie qu'il possède dans l'espérance de celle à laquelle il aspire, c'est un faux bonheur et une grande misère, car elle n'a pas la jouissance des véritables biens de l'âme. En effet, ce n'est pas une vraie sagesse celle qui dans ses prudentes appréciations, dans ses courageuses actions, dans ses répressions modérées et dans ses justes répartitions ne dirige pas son intention vers cette fin où Dieu sera tout en tous (I. *Cor.* xv, 28), dans la certitude de l'éternité et dans la perfection de la paix.

---

mus dicere ; ut intelligat non se esse episcopum, qui præesse dilexerit, non prodesse. Itaque a studio cognoscendæ veritatis nemo prohibetur, quod ad laudabile pertinet otium : locus vero superior, sine quo regi populus non potest, etsi ita teneatur atque administretur ut decet, tamen indecenter appetitur. Quamobrem otium sanctum quærit caritas veritatis : negotium justum suscipit necessitas caritatis. Quam sarcinam si nullus imponit, percipiendæ atque intuendæ vacandum est veritati : si autem imponitur, suscipienda est propter caritatis necessitatem : sed nec sic omni modo veritatis delectatio deserenda est, ne subtrahatur illa suavitas, et opprimat ista necessitas.

CAPUT XX.
Quod cives sanctorum in vitæ hujus tempore spe beati sint.

Quamobrem summum bonum Civitatis Dei cum sit æterna pax atque perfecta, non per quam mortales transeunt nascendo atque moriendo, sed in qua immortales manent nihil adversi omnino patiendo ; quis est qui illam vitam vel beatissimam neget, vel in ejus comparatione istam, quæ hic agitur, quantislibet animi et corporis externarumque rerum bonis plena sit, non miserrimam judicet ? Quam tamen quicumque sic habet, ut ejus usum referat ad illius finem, quam diligit ardentissime, ac fidelissime sperat, non absurde dici etiam nunc beatus potius, quam re ista. Res vero ista sine spe illa, beatitudo falsa et magna miseria est : non enim veris animi bonis utitur. Quoniam non est vera sapientia, quæ intentionem suam in his quæ prudenter discernit, gerit fortiter, cohibet temperanter, justeque distribuit, non in illum dirigit finem, ubi erit Deus omnia in omnibus, æternitate certa et pace perfecta. (*Cor.* xv, 28.)

CHAPITRE XXI.

Suivant les définitions de Scipion rapportées dans le dialogue de Cicéron, y a-t-il jamais eu une République romaine ?

1. Il y a donc lieu maintenant d'expliquer et de prouver aussi brièvement et aussi clairement qu'il me sera possible, ce que j'ai promis au second livre de cet ouvrage (*Chap.* XXI) : C'est qu'aux termes des définitions employées par Scipion dans les livres de Cicéron sur la République, il n'y a jamais eu une République romaine. En effet, en deux mots il définit la République : C'est la chose du peuple. Si cette définition est vraie, il n'y a jamais eu une République romaine, parce que jamais le gouvernement de Rome n'a été la chose du peuple ; et cependant c'est là, suivant Scipion, la définition de la République. Mais voyons la raison, il a défini le peuple, l'ensemble de la multitude uni en un seul par l'accord de sentiments sur le droit, et par la communauté d'intérêts. Ce qu'il entend par l'accord de sentiments sur le droit, il l'explique dans le cours de la discussion. Par cela il montre que sans justice on ne peut administrer une République, et que par conséquent là où il n'y a pas une véritable justice, il ne peut y avoir de droit. Car ce qui se fait avec droit, se fait évidemment avec justice, et ce qui se fait avec injustice, ne peut se faire avec droit. Car on ne peut ni appeler des droits, ni regarder comme tels les iniques institutions des hommes, quand eux-mêmes disent que le droit est ce qui découle de la source de la justice, et qu'ils proclament faux ce qui se dit par des hommes à idées subversives : que le droit, c'est l'intérêt du plus fort (1). Ainsi donc, où il n'y a pas la vraie justice, il ne peut y avoir un ensemble d'hommes formant un seul tout par l'accord de leurs sentiments sur le droit. Par conséquent, il ne peut non plus y avoir de peuple, d'après cette définition de Scipion ou de Cicéron ; et s'il n'y a pas de peuple, il n'y a pas non plus chose du peuple, mais il y a chose d'une multitude quelconque qui ne mérite pas le nom de peuple. Et ainsi si la République est la chose du peuple, si on ne peut donner le nom de peuple à cette masse qui ne forme pas corps, et dont les sentiments sur le droit ne s'accordent pas entre eux, si enfin il n'y a point de droit là où il n'y a point de justice, on peut donc conclure sans nul doute, que là où il n'y a pas de justice, il n'y a pas non plus de République. Or la justice est cette vertu qui rend à chacun ce qui lui est dû. Quelle est donc chez l'homme cette justice qui soustrait l'homme lui-

(1) Cette définition du juste est donnée par Trasymaque et réfutée par Socrate (*Voir* PLATON, *Républ.* liv. 1er).

CAPUT XXI.

An secundum definitiones Scipionis, quæ in dialogo Ciceronis sunt, umquam fuerit Romana respublica.

1. Quapropter nunc est locus, ut quam potero breviter ac dilucide expediam, quod in secundo hujus Operis libro me demonstraturum esse promisi, secundum definitiones (*Cap.* XXI), quibus apud Ciceronem utitur Scipio in libris de republica, numquam rempublicam fuisse Romanam. Breviter enim rempublicam definit esse rem populi. Quæ definitio si vera est, numquam fuit Romana respublica quia numquam fuit res populi ; quam definitionem voluit esse reipublicæ. Populum enim esse definivit cœtum multitudinis, juris consensu et utilitatis communione sociatum. Quid autem dicat juris consensum, disputando explicat ; per hoc ostendens geri sine justitia non posse rempublicam : ubi ergo justitia vera non est, nec jus potest esse. Quod enim jure fit, profecto juste fit. Quod autem fit injuste, nec jure fieri potest. Non enim jura dicenda sunt vel putanda iniqua hominum constituta : cum illud etiam ipsi jus esse, dicant, quod de justitiæ fonte manaverit ; falsumque esse, quod a quibusdam non recte sentientibus dici solet id esse jus, quod ei qui plus potest, utile est. Quocirca ubi non est vera justitia, juris consensu sociatus cœtus hominum non potest esse ; et ideo nec populus, juxta illam Scipionis vel Ciceronis definitionem : et si non populus, nec res populi ; sed qualiscumque multitudinis, quæ populi nomine digna non est. Ac per hoc, si respublica res populi est, et populus non est qui consensu non sociatus est juris, non est autem jus, ubi nulla justitia est : procul dubio colligitur, ubi justitia non est, non esse rempublicam. Justitia porro ea virtus est, quæ sua cuique distribuit. Quæ igitur justitia est hominis, quæ ipsum hominem Deo vero tollit, et immundis dæmonibus subdit ? Hoccine est

même au vrai Dieu, et l'asservit aux esprits immondes? Est-ce là rendre à chacun ce qui lui est dû? L'homme qui ravit un fonds à celui qui l'a acheté, et le donne à un autre qui n'y a aucun droit est injuste, et l'homme qui se soustrait à l'autorité de Dieu, son créateur, et qui se met au service des mauvais esprits serait juste?

2. Assurément dans ces mêmes livres de la République, on discute très-vivement et très-fortement pour la justice contre l'injustice. Et comme auparavant on prenait parti pour l'injustice contre la justice, et que l'on disait qu'une République ne peut se conserver et s'accroître que par l'injustice, on avait posé pour principe incontestable qu'il est injuste que des hommes soient soumis à la domination d'autres hommes, et l'on avait ajouté que si cependant cette injustice n'était admise par la maîtresse cité dont le gouvernement est important, elle ne pourrait pas commander aux provinces. Mais du côté de la justice on répond que cela est juste, parce que la servitude est utile à de tels hommes et que le cas où elle leur est utile, c'est quand elle a lieu dans les conditions voulues, c'est-à-dire lorsque par elle on enlève aux méchants la liberté de commettre l'injustice. Ainsi domptés, ils seront plus heureux, parce que quand ils étaient livrés à eux-mêmes, ils étaient plus malheureux. Et pour corroborer cet argument, on invoque un exemple de haute valeur emprunté à la nature, et l'on dit; Pourquoi est-il ainsi établi que Dieu commande à l'homme; l'âme au corps, la raison à la passion et aux autres parties vicieuses de l'âme? Cet exemple démontre assez clairement que la servitude est utile à certains, mais que servir Dieu est utile à tous. L'âme qui sert Dieu commande légitimement au corps; et dans l'âme la raison soumise au Seigneur Dieu commande légitimement à la passion et aux autres vices. Ainsi au moment où l'homme ne sert pas Dieu, quelle justice faut-il admettre en lui? En effet, ne servant pas Dieu, l'âme ne peut en aucune façon commander justement au corps, ni la raison humaine aux vices. Et si dans un tel homme il n'y a aucune justice, il est hors de doute qu'il n'y en aura pas davantage dans une assemblée composée d'hommes semblables. Il n'y aura pas là, dans les sentiments sur le droit, cet accord qui fait d'une multitude d'hommes un peuple, dont la chose s'appelle la République. Que dirai-je de la communauté d'intérêts qui réunit dans les mêmes aspirations cette multitude d'hommes, suivant la définition, et lui donner le nom de peuple! Car quoique, si on y prend bien garde, il n'y ait aucun intérêt au cœur de ceux qui vivent dans l'impiété comme le font tous ceux qui ne servent pas Dieu, mais qui se rendent les esclaves des démons, de ces démons

---

sua cuique distribuere? An qui fundum aufert ei a quo emtus est, et tradit ei qui nihil in eo habet juris, injustus est, et qui se ipsum aufert dominanti Deo, a quo factus est, et malignis servit spiritibus, justus est?

2. Disputatur certe acerrime atque fortissime in eisdem ipsis de republica libris adversus injustitiam pro justitia. Et quoniam cum prius ageretur pro injustitiæ partibus contra justitiam, et diceretur nisi per injustitiam rempublicam stare augerique non posse; hoc veluti validissimum positum erat, injustum esse, ut homines hominibus dominantibus serviant; quam tamen injustitiam nisi sequatur imperiosa civitas, cujus est magna respublica, non cam posse provinciis imperare : responsum est a parte justitiæ, ideo justum esse, quod talibus hominibus sit utilis servitus, et pro utilitate eorum fieri cum recte fit, id est cum improbis aufertur injuriarum licentia; et domiti se melius habebunt, quia indomiti deterius se habuerunt : subditumque est, ut ista ratio firmaretur, veluti a natura sumtum nobile exemplum, atque dictum est : Cur igitur Deus homini, animus imperat corpori, ratio libidini ceterisque vitiosis animi partibus? Plane hoc exemplo satis edoctum est, quibusdam esse utilem servitutem; et Deo quidem ut serviatur, utile esse omnibus. Serviens autem Deo animus, recte imperat corpori, inque ipso animo ratio Domino Deo subdita, recte imperat libidini vitiisque ceteris. Quapropter ubi homo Deo non servit, quid in eo putandum est esse justitiæ; quando quidem Deo non serviens, nullo modo potest juste animus corpori aut humana ratio vitiis (a) imperare? Et si in homine tali non est ulla justitia, procul dubio nec in hominum cœtu, qui ex hominibus talibus constat. Non est hic ergo juris ille consensus, qui hominum multitudinem populum facit, cujus res dicitur esse respublica. Nam de utilitate quid dicam, cujus etiam communione

(a) Sola editio Lov. *vitiis ceteris*.

d'autant plus cruels qu'ils veulent qu'à eux, esprits impurs, on offre des sacrifices comme à des dieux, cependant je crois suffisant ce que nous avons dit de l'accord des sentiments sur le droit, pour montrer par cette définition qu'il n'y a point de peuple dont la chose puisse s'appeler la République, là où il n'y a point de justice. Et si on nous dit que ce n'est pas à des esprits impurs, mais à des dieux bons et saints que les Romains ont voué leurs services dans ce qu'ils appelaient leur République, nous faudra-t-il donc répéter ce que nous avons déjà dit assez, et même trop? Qui donc, après avoir lu les livres précédents de cet ouvrage, a pu venir jusqu'ici et douter encore sur ce point si clair que les Romains ont servi des démons pleins de malice et d'impuretés, à moins qu'il ne soit vraiment stupide à l'excès ou obstiné jusqu'au dernier degré de l'impudence? Or pour en finir, et ne plus rien dire de la valeur de ces dieux qu'ils honoraient par des sacrifices, il est écrit dans la loi du vrai Dieu : « Celui qui sacrifie à d'autres dieux que le seul Seigneur sera exterminé. » (*Exod.* XXII, 20.) Il a donc voulu qu'on ne sacrifiât ni aux dieux bons, ni aux dieux méchants, celui qui a fait ce précepte avec de si effrayantes menaces.

CHAPITRE XXII

Le Dieu des Chrétiens est-il le vrai Dieu? Est-ce à lui seul que l'on doit sacrifier.

Mais on peut nous répondre : Quel est ce Dieu, et quelle est la preuve qu'il méritait l'obéissance des Romains, en sorte que ceux-ci ne devaient honorer par des sacrifices aucun des autres dieux excepté lui? C'est la marque d'un profond aveuglement, de chercher encore quel est ce dieu. Ce Dieu, c'est celui dont les Prophètes ont prédit ce que nous voyons. C'est ce Dieu de qui Abraham reçut cette réponse : « En ta race toutes les nations seront bénies. » (*Gen.* XXII, 18.) Et l'accomplissement de cette parole dans la personne du Christ qui est issu de cette race selon la chair, qu'ils le veuillent ou qu'ils ne le veuillent pas, ils le reconnaissent ceux-là même qui sont demeurés les ennemis du nom de Jésus-Christ. C'est ce Dieu dont l'Esprit divin a parlé par la bouche de ceux dont j'ai, dans les livres précédents, rapporté les prédictions accomplies dans l'Église que nous voyons répandue sur toute la terre. C'est ce Dieu que Varron, le plus savant des Romains, pense être Jupiter, tout en ignorant ce dont il parle ; et cependant j'ai cru devoir rapporter

sociatus cœtus hominum, sicut se habet ista definitio, populus nuncupatur? Quamvis enim, si diligenter attendas, nec utilitas ulla viventium, qui vivunt impie; sicut vivit omnis qui non servit Deo, servitque dæmonibus, tanto magis impiis, quanto magis sibi cum sint immundissimi spiritus, tamquam diis sacrificari volunt : tamen quod de juris consensu diximus, satis esse arbitror, unde appareat per hanc definitionem non esse populum, cujus respublica esse dicatur in quo justitia non est. Si enim dicunt non spiritibus immundis, sed diis bonis atque sanctis in sua republica servisse Romanos ; numquid eadem toties repetenda sunt, quæ jam satis immo ultra quam satis est, diximus? Quis enim ad hunc locum per superiores hujus Operis libros pervenit, qui dubitare adhuc possit, malis et impuris dæmonibus servisse Romanos, nisi vel nimium stolidus, vel impudentissime contentiosus? Sed ut taceam quales sint, quos sacrificiis colebant ; in lege veri Dei scriptum est : « Sacrificans diis eradicabitur, nisi Domino tantum. » (*Exod.* XXII, 20.) Nec bonis igitur, nec malis diis sacrificari voluit, qui hoc cum tanta comminatione præcepit.

CAPUT XXII.

An verus sit Deus, cui Christiani serviunt, cui soli debeat sacrificari.

Sed responderi potest : Quid iste Deus est, aut unde dignus probatur, cui deberent obtemperare Romani, ut nullum deorum præter ipsum colerent sacrificiis? Magnæ cæcitatis est, adhuc quærere quis iste sit Deus. Ipse est Deus, cujus Prophetæ prædixerunt ista quæ cernimus. Ipse est Deus, a quo responsum accepit Abraham : « In semine tuo benedicentur omnes gentes. » (*Gen.* XXII, 22.) Quod in Christo fieri, qui secundum carnem de illo semine exortus est, iidem ipsi qui remanserunt hujus nominis inimici, velint nolintve, cognoscunt. Ipse est Deus, cujus divinus Spiritus per eos locutus est, quorum prædicta atque completa per Ecclesiam, quam videmus toto orbe diffusam, in libris superioribus posui. Ipse est Deus, quem Varro doctissimus Romanorum Jovem putat, quamvis nesciens quid loquatur : quod tamen ideo commemorandum putavi, quoniam vir tantæ scientiæ nec nullum istum Deum potuit existimare, nec

son sentiment là-dessus, en effet, un homme si savant n'a pu croire ni que ce Dieu n'existât pas, ni qu'il fût un dieu vulgaire. Car dans sa pensée c'était ce Dieu qu'il a regardé comme le Dieu souverain. Enfin, c'est ce Dieu que le plus savant des philosophes, bien qu'il fût l'ennemi le plus acharné des chrétiens, Porphyre proclame le Dieu grand suivant les oracles mêmes de ceux qu'il croit être des dieux.

CHAPITRE XXIII.

Réponses des oracles des dieux rapportées par Porphyre touchant Jésus-Christ.

1. Car dans les livres qu'il intitule ἐκ λογίων φιλοσοφίας (*de la philosophie des oracles*), et dans lesquels il énumère et enregistre de prétendues réponses des dieux sur des questions touchant à la philosophie, Porphyre raconte ceci. Je donne ses propres expressions telles qu'elles ont été traduites du grec en latin. Il dit : « A un homme qui demandait quel Dieu il lui faudrait conjurer pour pouvoir retirer sa femme du christianisme, Apollon répondit par ces vers. » Puis il rend comme il suit ce qu'il dit être les paroles d'Apollon : « Peut-être pourras-tu écrire et tracer des caractères dans l'eau, ou bien ouvrant des ailes légères voler dans les airs comme un oiseau, plutôt que tu ne pourras rappeler à son bon sens ta femme gâtée par l'impiété. Qu'elle continue donc comme il lui plaira à s'attacher à de vaines erreurs, et à célébrer dans des chants de douleur dictés par la plus profonde imposture, ce Dieu condamné par de justes juges, et sa mort ignominieuse entre celles que le fer a données. » Puis après ces vers d'Apollon traduits en prose latine, Porphyre ajoute : « Dans ces paroles assurément, l'oracle a révélé la mauvaise foi de leur croyance irrémédiable, en disant que les Juifs honorent plutôt Dieu que les chrétiens. » Ainsi donc voilà qu'après avoir déshonoré Jésus-Christ, il préfère les Juifs aux Chrétiens, et proclame que les Juifs honorent Dieu. Car c'est ainsi qu'il explique les vers d'Apollon où il est dit que le Christ a été mis à mort par de justes juges, ce qui revient à dire que les juges prononçant justement, le Christ a mérité son supplice. Je ne m'occupe pas de ce que l'oracle menteur d'Apollon a dit du Christ, de ce que

vilem. Hunc enim cum esse credidit, quem summum putavit Deum. Postremo ipse est Deus, quem doctissimus philosophorum, quamvis Christianorum acerrimus inimicus, etiam per eorum oracula, quos deos putat, Deum magnum Porphyrius confitetur.

CAPUT XXIII.

Quæ Porphyrius dicat oraculis deorum responsa esse de Christo.

1. Nam in libris quos (*a*) ἐκ λογίων φιλοσοφίας appellat, in quibus exsequitur atque conscribit rerum ad philosophiam pertinentium velut divina responsa, ut ipsa verba ejus, quemadmodum ex lingua Græca in Latinam interpretata sunt, ponam : « Interroganti, inquit, quem Deum placando revocare possit uxorem suam a Christianismo, hæc ait versibus Apollo. « Deinde verba velut Apollinis ista sunt : » Forte magis poteris in aqua impressis litteris scribere, aut adinflans pennas leves per aera ut avis volare, quam pollutæ revoces impiæ uxoris sensum (*b*). Pergat quomodo vult inanibus fallaciis perseverans (*c*), et lamentationibus fallacissimis mortuum Deum cantans, quem a judicibus recta sentientibus perditum, pessima in speciosis ferro juncta mors interfecit. » Deinde post hos versus Apollinis, qui non stante metro Latine interpretati sunt, subjunxit atque ait : « In his quidem (*d*) tergiversationem irremediabilis sententiæ eorum manifestavit, dicens : Quoniam Judæi suscipiunt Deum magis quam isti. » Ecce ubi decolorans Christum, Judæos præposuit Christianis, confitens quod Judæi suscipiant Deum. Sic enim exposuit versus Apollinis, ubi a judicibus recta sentientibus Christum dicit occisum, tamquam illis juste judicantibus, merito sit ille punitus. Viderit quid de

---

(*a*) In Mss. plerisque est, *eglogion philosophias :* pro quo perperam fuerat in excusis emendatum, θεολογίων φιλοσοφίας. Citant hos libros passim Theodoretus ac Eusebius hocce titulo, περὶ τῆς ἐκ λογίων φιλοσοφίας, id est, *de philosophia ex oraculis*, uti recte in Eusebii libro IV, præparat. Evang. cap. vi, non autem sicuti in ejusdem libro III, de demonstrat. Evang. cap. vi, et aliquoties apud Theodoretum male redditur, *de philosophia selectorum*. Inscriptionis caussam et operis argumentum aperit cum Augustinus hic perspicue, tum luculentissime Eusebius loco de præparat. Evang. nunc laudato. — (*b*) Corbeiensis Ms. *Peragat.* — (*c*) Regius vetus codex, *perseverans lamentari mortuum Deum et cantans*. Ceteri fere Mss. *perseverans et lamentari fallaciis mortuum Deum cantans :* excepto altero e Corbeiensibus, qui habet sic, *Pergat quomodo vult inanibus fallaciis mortuum Deum. Cantans quem*, etc. — (*d*) Veteres libri carent verbo, *tergiversationem :* et plures habent, *irremediabilem sententiam*. Alii, *irremediabili sententiæ*, vel, *irremediabile sententia*.

Porphyre lui-même en a cru, ou de ce qu'il en a inventé en faisant dire à l'oracle ce qu'il n'a pas dit, Porphyre peut s'en rendre compte ; quant à la manière dont il s'accorde avec lui-même et dont il fait accorder ces mêmes oracles entre eux, c'est ce que nous verrons plus tard. En attendant, il prétend que les Juifs, vrais champions de Dieu, ont porté un juste jugement sur le Christ qu'ils ont condamné à souffrir la mort la plus affreuse. Ainsi donc il aurait dû écouter le Dieu des Juifs auquel il rend témoignage, et tenir compte de cette parole qu'il a dite : « Celui qui offre des sacrifices à d'autres dieux qu'au Seigneur, celui-là sera exterminé. » (*Exod.* xxii, 20.) Mais arrivons à des aveux plus clairs encore, et écoutons-le sur la grandeur qu'il décerne au Dieu des Juifs. Aux questions qu'il adressa au même Apollon sur ce qu'il y a de meilleur, du Verbe c'est-à-dire de la raison ou de la loi : Apollon, dit-il, lui répondit par des vers. Ensuite il cite ces vers d'Apollon parmi lesquels je détache ceux-ci, pour m'en tenir à ce qui suffit à mon sujet :« ..... C'est en Dieu générateur, et roi avant tout, devant lequel tremblent le ciel, et la terre, et la mer, et les profondeurs des enfers. Devant lui les divinités elles-mêmes sont dans le frémissement et la crainte. C'est le Père si hautement honoré par les saints Hébreux dont il est la loi. » Suivant un tel oracle de son dieu Apollon, Porphyre confesse que le Dieu des Hébreux est si grand que les divinités elles-mêmes frémissent devant lui. Puis donc que ce Dieu a dit : « Celui qui sacrifie aux dieux sera exterminé; » je m'étonne que Porphyre n'ait pas frémi lui-même, et qu'en sacrifiant aux dieux, il n'ait pas craint d'être exterminé.

2. Ce philosophe dit aussi du bien de Jésus-Christ. Il paraît oublier cette insulte qu'il lui a faite et dont nous avons parlé tout-à-l'heure, ou bien c'est peut-être que ses dieux rêvent quand ils disent du mal de Jésus-Christ, et qu'une fois réveillés, ils le reconnaissent comme un être bon et le louent suivant ses mérites. Enfin, comme s'il allait publier quelque chose d'étonnant et d'incroyable, il dit : « Ce que je vais déclarer paraîtra sans doute à certains dépasser toute croyance. C'est que les dieux ont révélé que le Christ était un homme très-pieux, qu'il est passé dans les rangs des immortels, et qu'ils lui gardent le souvenir le plus favorable et le plus flatteur. Quant aux chrétiens, c'est différent, ils les déclarent souillés, infâmes et engagés dans l'erreur, et ils ont contre eux beaucoup de malédictions semblables. » Ensuite il cite ce qu'il

---

Christo vates mendax Apollinis dixerit, atque iste crediderit, aut fortasse vatem, quod non dixit, dixisse iste ipse confinxerit : quam vero sibi constet, vel ipsa oracula inter se faciat convenire, postea videbimus. Hic tamen Judæos, tamquam Dei susceptores, recte dicit judicasse de Christo, quod cum morte pessima excruciandum esse censuerint. Deus itaque Judæorum, cui perhibet testimonium, audiendus fuit, dicens : « Sacrificans diis eradicabitur, nisi Domino tantum. » (*Exod.* xxii, 40.) Sed ad manifestiora veniamus, et audiamus quam magnum Deum dicat esse Judæorum. Item ad ea quæ interrogavit Apollinem, quid melius, verbum sive ratio, an lex : Respondit, inquit, versibus, hæc dicens : Ac deinde subjicit Apollinis versus, in quibus et isti sunt, ut quantum satis est inde decerpam : « In Deum vero, inquit, (*a*) generatorem, et in regem ante omnia, quem tremit cœlum, et terra, atque mare, et infernorum abdita, et ipsa numina perhorrescunt : quorum lex est Pater, quem valde sancti honorant Hebræi. » Tali oraculo dei sui Apollinis, Porphyrus tam magnum Deum dixit Hebræorum, ut cum et ipsa numina perhorrescant. Cum ergo Deus iste dixerit, « Sacrificans diis eradicabitur, » miror quod ipse Porphyrius non perhorruerit, et sacrificans diis eradicari non formidaverit.

2. Dicit etiam bona philosophus iste de Christo, quasi oblitus illius, de qua paulo ante locuti sumus, contumeliæ suæ; aut quasi in somnis dii ejus maledixerint Christo, et evigilantes eum bonum esse cognoverint, digneque laudaverint. Denique tamquam mirabile aliquid atque incredibile prolaturus : « Præter opinionem, inquit, profecto quibusdam videatur esse quod dicturi sumus. Christum enim dii piissimum pronuntiaverunt et immortalem factum, et cum bona prædicatione ejus meminerunt : Christianos vero pollutos, inquit, et contaminatos, et errore implicatos esse dicunt, et multis talibus adversus eos blasphemiis utuntur. » Deinde subjicit velut deorum oracula blasphemantium Christianos. Et post hæc : « De Christo autem, inquit, interrogantibus si est Deus, ait Hecate : Quoniam quidem im-

---

(*a*) Sola editio Lov. *regem generatorem et regem ante omnia.* Versus ille apud Lactantium lib. de ira Dei cap. xxiii, sic habet Græce : Ἡδὲ θεὸν βασιλῆα καὶ γεννητῆρα πρὸ πάντων.

prétend être les malédictions des dieux rendant leurs oracles contre les chrétiens, et après cela il ajoute : « A ceux qui l'ont interrogée sur le Christ pour savoir s'il est Dieu, Hécate a répondu. La route que suit l'âme immortelle au sortir du corps, vous la connaissez ; si cette âme a fait schisme avec la sagesse, elle est toujours errante. L'âme que vous dites est celle de l'homme le plus excellent. Elle est honorée par une race opposée à la vérité. » Puis, après les paroles de cet oracle prétendu, Porphyre brodant sur le tout, s'exprime ainsi : « Hécate l'a donc appelé l'homme le plus juste, et elle déclare que son âme comme celle des autres justes a reçu l'immortalité, mais que les chrétiens montrent leur ignorance en l'adorant. Quant à ceux, dit-il, qui lui font cette question : Pourquoi a-t-il été condamné ? la déesse répond par son oracle : Le corps, il est vrai, a toujours été exposé aux tortures qui le brisent, mais l'âme des justes réside aux célestes demeures. Quant à cette âme, elle a été fatale aux autres âmes auxquelles les destins n'ont pas accordé d'obtenir les faveurs des dieux, ni d'arriver à la connaissance de Jupiter immortel. Elle a été pour elles la cause des erreurs où elles sont engagées. Pour cela donc, elles sont détestées des dieux, parce que pour ces âmes dont la destinée n'a pas été de connaître Dieu, ni de recevoir les faveurs divines, ce Jésus a été une cause fatale d'erreur. Quant à lui, il est juste, et il est retiré au ciel avec les justes. Vous ne l'outragerez donc point, mais vous prendrez en pitié la folie des hommes, car le danger qui vient de lui peut les précipiter si facilement ! »

3. Quel est l'homme assez insensé pour ne pas comprendre ou que ces oracles sont le fruit de l'imagination de cet homme rusé et ennemi acharné des chrétiens, ou qu'ils sont des réponses faites par d'impurs démons également animés contre les chrétiens ? Ils ont pour but en louant Jésus-Christ de se faire croire par là même, et de passer pour véridiques quand ils blâment les chrétiens, et ainsi, s'ils peuvent y arriver, de fermer la voie du salut éternel, dans laquelle il faut être chrétien. Leur adresse dans l'art de nuire, par laquelle ils savent se plier à mille formes, ne leur paraît point combattue par la croyance qu'on accordera à leurs louanges sur Jésus-Christ, pourvu cependant qu'on les croie aussi lorsqu'ils vilipendent les chrétiens. Leur but à l'égard de celui qui ajoutera foi aux louanges de Jésus-Christ et en même temps au blâme des chrétiens, c'est de faire qu'en se portant comme l'admirateur de Jésus-Christ, il ne veuille pas être chrétien, et qu'ainsi le Christ, bien que loué par lui, ne puisse cependant le délivrer de la tyrannie de ces démons. Ajoutons à cela qu'en louant Jé-

---

mortalis anima post corpus ut incedit, nosti, a sapientia autem abscissa semper errat, viri pietate præstantissimi est illa anima, hanc colunt aliena a se veritate. » Deinde post verba hujus quasi oraculi sua ipse contexens, « Piissimum igitur virum, inquit, eum dixit, et ejus animam, sicut et aliorum piorum, post obitum immortalitate (*a*) donatam, et hanc colere Christianos(*b*)ignorantes. Interrogantibus autem, inquit, Cur ergo damnatus est? Oraculo respondit dea : Corpus quidem debilitantibus tormentis semper oppositum est : anima autem piorum cœlesti sedi insidet. Illa vero anima aliis animalibus fataliter dedit, quibus fata non annuerunt deorum obtinere dona, neque habere Jovis immortalis agnitionem, errore implicari. Propterea ergo diis exosi : quia quibus fato non fuit nosse Deum, nec dona a diis accipere, his fataliter dedit iste errore implicari. Ipse vero pius, et in cœlum, sicut pii, concessit. Itaque hunc quidem non blasphemabis, misereberis autem hominum dementiam, ex eo in eis facile præcepsque periculum. »
3. Quis ita stultus est, ut non intelligat aut ab homine callido, eoque Christianis inimicissimo hæc oracula fuisse conficta, aut consilio simili ab impuris dæmonibus ista fuisse responsa ; ut scilicet quoniam laudant Christum, propterea credantur veraciter vituperare Christianos ; atque ita, si possint, intercludant viam salutis æternæ, in qua fit quisque Christianus? Suæ quippe nocendi astutiæ milleformi sentiunt non esse contrarium, si credatur eis laudantibus Christum, dum tamen credatur etiam vituperantibus Christianos ; ut eum qui utrumque crediderit, talem Christi faciant laudatorem, ne velit esse Christianus : ac sic quamvis ab illo laudatus, ab istorum tamen dæmonum dominatu cum non liberet Christus. Præsertim quia ita laudant Christum,

---

(*a*) Veteres libri, *immortalitate dignatam*. Apud Eusebium lib. III, de demonstrat. Evang. cap. VI. Græce est, ἀπολαυατισθῆναι. — (*b*) Sic Mss. Editi autem, *errantes*.

sus-Christ, ils le font de telle manière que quiconque croirait en lui, le regardant tel qu'ils le proclament ne serait pas un véritable chrétien, mais bien un hérétique à la manière de Photin qui ne verrait dans le Christ que l'homme et non pas le Dieu, et qui ainsi ne pourrait être sauvé par lui, ni éviter ou rompre les filets de ces esprits de mensonge. Pour nous, nous ne pouvons accepter sur le Christ ni les blâmes d'Apollon, ni les éloges d'Hécate. Car Apollon veut faire croire à l'iniquité dans le Christ qu'il proclame avoir été mis à mort par de justes juges. Hécate déclare que le Christ est un homme très-religieux, mais elle ne reconnaît en lui que l'homme. Toutefois une seule et même intention anime l'un et l'autre. Ils ne veulent pas que les hommes soient chrétiens, parce que s'ils ne le sont pas, ils ne pourront être soustraits à leur puissance. Mais que ce philosophe ou plutôt ceux qui croient à de pareils oracles, si oracles il y a, commencent déjà, s'ils le peuvent, à faire accorder Hécate et Apollon sur Jésus-Christ, de manière à ce que tous deux le blâment ou tous deux le louent de concert. Et quand ils pourraient le faire, nous n'en fuirions pas moins ces détracteurs ou ces panégyristes du Christ, comme de perfides démons. Mais puisque leur dieu et leur déesse sont en désaccord entre eux sur le Christ, l'un le blâmant, l'autre le louant, assurément si peu qu'on ait de bon sens, on ne croira pas aux calomnies qu'ils déversent sur les chrétiens.

4. Sans doute, au milieu de ces louanges à Jésus-Christ, Porphyre ou Hécate trouvant qu'il a été pour les chrétiens une source fatale d'erreur, énumère à sa guise les causes de cette même erreur. Mais avant de les exposer dans les termes mêmes, je demanderai d'abord si Jésus-Christ source fatale d'erreur pour les chrétiens l'était volontairement ou involontairement? si c'était volontairement, comment était-il juste? Et si c'était involontairement, comment était-il heureux? Mais passons maintenant aux causes de cette erreur même. « Il y a, dit-il, des esprits terrestres tout-à-fait petits; ils occupent un certain lieu et sont soumis à la puissance des esprits de malice. Les sages d'entre les Hébreux, et parmi eux, il faut compter Jésus, suivant les oracles d'Apollon cités plus haut, les Hébreux donc mettaient les justes en garde contre ces démons si pervers et ces esprits inférieurs, et ils défendaient tout commerce avec eux. Mais ils les portaient à rendre plutôt leurs hommages aux dieux célestes et surtout à Dieu le Père. « Tel est, dit-il, le commandement des dieux, et nous avons fait voir plus haut comment ils nous apprenaient à élever notre cœur vers Dieu, et com-

---

ut quisquis in eum talem crediderit, qualis ab eis prædicatur, Christianus verus non sit, sed Photinianus hæreticus, qui tantummodo hominem, non etiam Deum noverit Christum : et ideo per eum salvus esse non possit, nec istorum mendaciloquorum dæmonum laqueos vitare vel solvere. Nos autem neque Apollinem vituperantem Christum, neque Hecaten possumus approbare laudantem. Ille quippe tamquam iniquum Christum vult credi, quem a judicibus recta sentientibus dicit occisum : ista hominem piissimum, sed hominem tantum. Una est tamen et illius et hujus intentio, ut nolint homines esse Christianos ; quia nisi Christiani erunt, ab eorum erui potestate non poterunt. Iste vero philosophus, vel potius qui talibus adversus Christianos quasi oraculis credunt, prius faciant, si possunt, ut inter se de ipso Christo Hecate atque Apollo concordent, cumque aut ambo condemnent, aut ambo collaudent. Quod si facere potuissent, nihilo minus nos et vituperatores et laudatores Christi fallaces dæmones vitaremus. Cum vero eorum deus et dea inter se de Christo, ille vituperando, ista laudando dissentiant ; profecto eis blasphemantibus Christianos non credunt hominibus, si recte ipsi sentiant.

4. Sane Christum laudans, vel Porphyrius, vel Hecate, cum dicat eum ipsum dedisse fataliter Christianis, ut implicarentur errore, caussas tamen ejusdem, sicut putat, pandit erroris. Quas antequam ex verbis ejus exponam, prius quæro. Si fataliter dedit Christus Christianis erroris implicationem, utrum volens, an nolens dederit. Si volens, quomodo justus? Si nolens, quomodo beatus? Sed jam caussas ipsius audiamus erroris. « Sunt, inquit, spiritus terreni minimi loco (a) quodam malorum dæmonum potestati subjecti. Ab his sapientes Hebræorum, quorum unus iste etiam Jesus fuit, sicut audisti divina Apollinis (b), quæ superius dicta sunt ; ab his ergo Hebræi dæmonibus pessimis et minoribus spiritibus vetabant religiosos, et ipsis vacare prohibebant : venerari autem magis cœlestes deos, amplius autem venerari Deum Patrem. Hoc autem, inquit, et dii præcipiunt, et in superioribus ostendimus, quemad-

---

(a) Editi, *loco terreno*. Abest *terreno* a Mss. — (b) Hic in editis additur *oracula* : quod abest a Mss.

ment ils nous commandaient de l'adorer partout. Mais les ignorants et ceux dont la nature est impie, auxquels le destin n'a pas permis d'obtenir les faveurs des dieux, ni d'avoir la connaissance de Jupiter immortel, tous ceux-là n'écoutant ni les dieux ni les hommes divins n'ont voulu d'aucun Dieu. Quant aux démons dont on les détournait et aux hommes divins non-seulement ils ne les ont pas haïs, mais ils les ont adorés. Pour ce qui est de Dieu, ils font semblant de l'adorer, sans faire cela seul par quoi on l'adore. Car sans doute Dieu qui est le Père de tout n'a besoin de rien. Mais c'est pour nous un bien quand nous l'adorons par la justice, la chasteté et les autres vertus, quand nous faisons de notre vie une véritable prière vers lui, par l'imitation de ses perfections et la recherche de sa vérité. Car, dit-il, la recherche de la vérité purifie, l'imitation déifie en créant en nous l'amour qui nous élève jusqu'à lui. » Assurément il a bien parlé de Dieu le Père, et il a dit par quelle conduite on le doit honorer. Les livres prophétiques des Hébreux sont remplis de ces préceptes, quand ils blâment ou qu'ils louent la vie des saints (1). Mais pour ce qui regarde les chrétiens, il se trompe ou il calomnie autant que cela fait plaisir aux démons qu'il regarde comme dieux. Vraiment il est si difficile à chacun de se rappeler quelles turpitudes, quelles infamies en l'honneur de ces dieux se passaient et dans les théâtres et dans les temples, et en même temps de remarquer ce qui se lit, ce qui se dit, ce qu'on entend dans les Églises ou ce qu'on y offre au vrai Dieu, pour ensuite se bien rendre compte et comprendre où est l'édification et où est la ruine des mœurs! Mais qui donc l'a inspiré sinon l'esprit du démon? qui donc, sinon cet esprit, lui a dicté ce mensonge aussi gratuit et aussi grossier, que les démons, dont le culte était interdit par les Hébreux, sont adorés plutôt que haïs par les chrétiens? Mais ce Dieu que les sages Hébreux ont adoré défend même de sacrifier aux saints Anges du ciel et aux vertus de Dieu, bienheureux citoyens de la sainte Cité que nous vénérons et que nous aimons dans ce lieu de mortalité et de pèlerinage. Car dans la loi qu'il a donnée aux Hébreux son peuple, il prononce cette menace qu'il fait éclater comme le tonnerre :« Celui qui sacrifie aux dieux sera exter-

---

(1) Saint Augustin parle ici de la vie des saints personnages, qui, sur la terre, n'ont pas été totalement exempts de fautes. Il semble avoir en vue les deux préceptes : éviter le mal, mal qui est blâmable même chez les disciples de Jésus-Christ, et celui de faire le bien, bien pour lequel ils sont dignes de louanges.

---

modum animum advertere ad Deum monent, et illum colere ubique imperant. Verum indocti et impiæ naturæ, quibus vere fatum non concessit a diis dona obtinere, neque habere Jovis immortalis notionem, non audientes et deos et divinos viros, deos quidem omnes recusaverunt, prohibitos autem dæmones (a) et hos non odisse, sed revereri. Deum autem simulantes colere, ea sola per quæ Deus adoratur, non agunt. Nam Deus quidem, ut pote omnium Pater, nullius indiget : sed nobis est bene, cum cum per justitiam et castitatem aliasque virtutes adoramus, ipsam vitam precem ad ipsum facientes, per imitationem et inquisitionem de ipso. Inquisitio enim purgat, inquit : imitatio deificat affectionem ad ipsum operando. » Bene quidem prædicavit Deum Patrem, et quibus sit colendus moribus dixit. Quibus præceptis prophetici libri pleni sunt Hebræorum, quando sanctorum vita sive (b) vituperatur, sive laudatur. Sed in Christianis tantum errat, aut tantum calumniatur, quantum volunt dæmones, quos opinatur deos, quasi cuiquam difficile sit recolere, quæ turpia, quæ dedecora erga deorum obsequium in theatris agebantur et templis; et adtendere quæ legantur, dicantur, audiantur in ecclesiis, vel Deo vero quid offeratur ; et hinc intelligere ubi ædificium, et ubi ruina sit morum. Quis autem huic dixit vel inspiravit, nisi diabolicus spiritus, tam vanum apertumque mendacium, quod dæmones ab Hebræis coli prohibitos revereantur potius, quam oderint Christiani? Sed Deus ille quem coluerunt sapientes Hebræorum, etiam cœlestibus sanctis Angelis et Virtutibus Dei, quos beatissimos tamquam cives in hac nostra peregrinatione mortali veneramur et amamus, sacrificari vetat, intonans in lege sua, quam dedit populo suo Hebræo, et valde minaciter dicens : « Sacrificans diis eradicabitur. » (Exod. xxii, 20.) Et ne quisquam putaret dæmonibus pessimis, terrenisque spiritibus, quos iste dicit

---

(a) Sic omnes Mss. Editi vero, non solum nullis odiis insequi, sed etiam revereri delegerunt. Deum autem simulantes se colere. — (b) Plures Mss. sive imperatur. Hanc lectionem probat Ludov. Vives, alteram improbat; nam Propheta, inquit, sanctorum vitam non vituperant.

miné. » (*Exod.* XXII, 20.) Et de peur qu'on ne pense qu'il s'agit ici seulement des démons malfaisants et des esprits terrestres inférieurs, parce que l'Écriture-Sainte les appelle des dieux non pour les Hébreux mais pour les nations, ce qui est évident par la traduction qu'ont faite les Septante du Psaume où il est dit : que tous les dieux des nations sont des démons (*Ps.* XCV, 5); de peur donc qu'on ne pense que cette défense regarde les démons, mais qu'il est permis de sacrifier aux esprits célestes, soit à tous, soit à quelques-uns, l'Écriture ajoute : *Nisi Domino soli* : Excepté au Seigneur seulement. Car il ne faut pas par ce mot : *soli* entendre le soleil, comme si le soleil était le Seigneur à qui l'on doit sacrifier. Ce n'est pas là le sens, on peut très-facilement s'en rendre compte par le texte grec.

5. Ce Dieu donc auquel un tel philosophe rend un si beau témoignage, le Dieu des Hébreux a donné à son peuple une loi écrite dans sa langue, dans la langue hébraïque. Cette loi n'est pas obscure, elle n'est pas inconnue, mais elle est déjà répandue parmi toutes les nations, qui y lisent ces paroles : « Celui qui sacrifie à d'autres dieux que le Seigneur sera exterminé. » (*Exod.* XXII, 20.) Qu'est-il besoin de chercher tant de témoignages là-dessus dans cette loi de Dieu, et dans les prophètes qu'il a inspirés? Mais que dis-je? Il n'y a pas à les y chercher, car ils ne sont ni obscurs, ni rares, mais ils sont clairs et nombreux; il ne s'agit que de les recueillir et de les apporter dans cette discussion que j'ai entreprise. Par ces témoignages, il nous apparaîtra plus clair que le jour, que le Dieu véritable et souverain a voulu qu'on n'offrît de sacrifices à personne autre qu'à lui. Voici l'un de ces témoignages : il est court, et en même temps il est grand; il est menaçant mais il est vrai, car il est prononcé par ce Dieu que les plus savants d'entre les païens élèvent si haut : Qu'on l'écoute, qu'on le redoute et qu'on respecte la défense qu'il renferme, de peur que la rebellion ne soit suivie de l'extermination. « Celui qui sacrifie, dit-il, à d'autres dieux que le Seigneur sera exterminé. » Ce n'est pas qu'il ait besoin de quoi que ce soit qui nous appartienne, mais c'est qu'il nous est avantageux de lui appartenir. De là vient qu'on chante dans les livres sacrés des Hébreux : « J'ai dit au Seigneur : Vous êtes mon Dieu, parce que vous n'avez pas besoin de mes biens. » (*Ps.* XV, 2.) Mais pour lui, le plus riche et le meilleur sacrifice, c'est nous, c'est-à-dire, sa Cité, dont nous célébrons le mystère par ces oblations que les fidèles connaissent

---

minimos vel minores, ne sacrificetur esse præceptum; quia et ipsi in Scripturis sanctis dicti sunt dii, non Hebræorum, sed gentium; quod evidenter in Psalmo Septuaginta interpretes posuerunt, dicentes : « Quoniam omnes dii gentium dæmonia : » (*Psal.* XCV. 5) ne quis ergo putaret istis quidem dæmoniis prohibitum, cœlestibus autem vel omnibus, vel aliquibus sacrificari esse permissum, mox addidit, « nisi Domino soli, » id est, nisi Domino tantum : ne forte in eo quod ait, « nisi Domini soli, » Dominum solem credat esse quispiam, cui sacrificandum (*a*) putat : quod non ita esse intelligendum, in scripturis Græcis facillime reperitur.

5. Deus igitur Hebræorum, cui tam magnum tantus etiam iste philosophus perhibet testimonium, legem dedit Hebræo populo suo, Hebræo sermone conscriptam, non obscuram et incognitam, sed omnibus jam gentibus diffamatam, in qua lege scriptum est : « Sacrificans diis eradicabitur, nisi Domino tantum. » (*Exod.* XXII, 20.) Quid opus est in hac ejus lege, ejusque Prophetis de hac re multa perquirere? Immo non perquirere, non enim abstrusa vel rara sunt; sed aperta et crebra colligere, et in hac disputatione mea ponere : quibus luce clarius apparet, nulli omnino nisi tantum sibi Deum verum et summum voluisse sacrificari. Ecce une unum breviter, immo granditer, minaciter, sed veraciter dictum ab illo Deo, quem tam (*b*) excellenter eorum doctissimi prædicant, audiatur, timeatur, impleatur, ne inobedientes eradicatio consequatur. « Sacrificans, inquit, diis eradicabitur, nisi Domino tantum : » non quo rei egeat alicujus, sed quia nobis expedit, ut res ejus simus (*c*). Hinc enim canitur in sacris litteris Hebræorum : « Dixi Domino, Deus meus es tu, quoniam bonorum meorum non eges. » (*Psal.* XV, 2.) Hujus autem præclarissimum atque optimum sacrificium nos ipsi sumus (*d*), hoc est Civitas ejus, cujus rei mysterium celebramus oblationibus nostris, quæ fidelibus notæ sunt, sicut in libris præcedentibus disputavimus. Cessaturas enim

---

(*a*) Lov. *putet*. Editi autem alii et Mss. *putat*. Addit Augustinus facillime reperiri in scripturis Græcis quomodo locus ille sit intelligendus, quia in eis non ambigue dictum est Exod. XXII, 20, κυρίῳ μόνῳ. — (*b*) Plures Mss. *tam excellentem*. — (*c*) Vind. Am. et Mss. *huic*. — (*d*) Vind. Am. et Er. *Hæc est*.

bien, comme nous en avons raisonné dans les livres précédents. Car l'abolition des victimes que les Juifs offraient comme figures de l'avenir, et l'oblation d'un seul sacrifice qui devait s'accomplir chez les nations de l'Orient à l'Occident, comme en effet elle s'y accomplit déjà sous nos yeux, les Prophètes des Hébreux les ont prédites, et en ont fait retentir les oracles divins. Nous avons recueilli quelques-uns de ces oracles dans la mesure qui nous a paru suffisante, et nous en avons parsemé cet ouvrage. Ainsi donc là où n'est pas une justice telle, que selon sa grâce, le Dieu unique et souverain commande à une cité obéissante de ne sacrifier à personne qu'à lui-même, et que par suite dans tous les hommes, appartenant à la même Cité et obéissant à Dieu, l'esprit commande au corps constamment, et la raison aux passions suivant l'ordre légitime ; en sorte que une multitude et un peuple de juste absolument comme un seul juste, vivent de cette foi dont l'action s'opère par l'amour, en vertu duquel l'homme aime Dieu comme Dieu doit être aimé et le prochain comme lui-même ; partout, dis-je, où ne se trouve pas une telle justice, assurément il n'y faut pas chercher une association d'hommes unis ensemble par un accord existant entre eux sur un droit reconnu, et par la communauté d'intérêts. Si pourtant il n'y a pas cela, il n'y a point non plus de peuple, en supposant vraie cette définition du peuple que nous avons citée de Scipion. Par conséquent, il n'y a pas non plus de république, parce qu'il n'y a point de chose du peuple, là où il n'y a pas de peuple.

CHAPITRE XXIV.

Suivant quelle définition on convient que non-seulement les Romains, mais encore les autres États peuvent prétendre justement aux noms de peuple et de république.

Mais si on retire cette définition, et qu'on en donne une autre pour déterminer le sens du nom de peuple ; si, par exemple on dit : Le peuple est l'association d'une multitude raisonnable, qui s'unit pour jouir en commun et de concert des choses qu'elle aime, assurément pour voir ce qu'est chaque peuple, il faut examiner quelles sont les choses qu'il aime. Toutefois quelles que soient les choses qu'il aime, si l'association est la réunion d'une multitude non de brutes, mais de créatures raisonnables, et si elle a pour but la jouissance en commun et de concert des choses qu'elle aime, on peut sans absurdité la nommer un peuple, peuple d'autant meilleur qu'il est uni dans l'amour de choses meilleures, peuple d'autant plus mauvais qu'il est uni dans l'amour de choses plus mauvaises. D'après cette dernière définition le peuple Romain est un peuple, et sa chose ou son gouvernement sans nul doute est une républi-

---

victimas, quos in umbra futuri offerebant Judæi, in unum sacrificium gentes a solis ortu usque ad occasum, sicut jam fieri cernimus, oblaturas, per Prophetas Hebræos oracula increpuere divina : ex quibus quantum satis visum est, nonnulla protulimus, et huic jam operi adspersimus. Quapropter ubi non est ista justitia, ut secundum suam gratiam civitati obedienti Deus imperet unus et summus, ne cuiquam sacrificet, nisi tantum sibi ; et per hoc in omnibus hominibus ad eamdem civitatem pertinentibus atque obedientibus Deo, animus etiam corpori, atque ratio vitiis, ordine legitimo fideliter imperet ; ut quemadmodum justus unus, ita cœtus populusque justorum vivat ex fide, quæ operatur per dilectionem, qua homo diligit Deum, sicut diligendus est Deus, et proximum sicut semetipsum : ubi ergo non est ista justitia, profecto non est cœtus hominum juris consensu et utilitatis communione sociatus. Quod si non est, utique populus non est, si vera est hæc populi definitio. Ergo nec respublica est : quia res populi non est, ubi ipse populus non est.

CAPUT XXIV.

Qua definitione constet populi et reipublicæ nuncupationem recte sibi non solum Romanos, sed etiam regna alia vindicare.

Si autem populus non isto, sed alio definiatur modo, velut si dicatur : Populus est cœtus multitudinis rationalis, rerum quas diligit concordi communione sociatus : profecto ut videatur qualis quisque populus sit, illa sunt intuenda quæ diligit. Quæcumque tamen diligat, si cœtus est multitudinis, non pecorum, sed rationalium creaturum, et eorum quæ diligit communione concordi sociatus est, non absurde populus nuncupatur ; tanto utique melior, quanto in melioribus ; tantoque deterior, quanto est in deterioribus concors. Secundum istam definitionem nostram Romanus populus, populus

que. Mais qu'a aimé ce peuple aux premiers temps de son origine, et dans ceux qui l'ont suivi, et par quelles mœurs en est-il venu aux plus sanglantes séditions, et de là à des guerres sociales et civiles, de manière que cette concorde même, qui est en quelque sorte le salut d'un peuple, a été brisée et absolument détruite? L'histoire là-dessus a donné son témoignage, et sur ce sujet nous avons établi nombre de faits aux livres précédents. (*Livre Ier, chapitre* XXX, *et livres* II *et* III *etc.*) Toutefois je ne dirai pas pour cela que le peuple Romain n'était pas un peuple, ni que sa chose ou son gouvernement n'était pas une république, tant que subsista une association quelconque de la multitude raisonnable unie de concert dans la commune jouissance des choses qu'elle aimait. Or ce que j'ai dit de ce peuple et de cette république, je le dis et le pense naturellement des Athéniens, et en général de tous les Grecs quels qu'ils aient été; je le dis et le pense également des Égyptiens et de cette ancienne Babylone des Assyriens, tant que tous ces peuples ou ces républiques ont possédé un gouvernement ou une domination quelconque, petite ou grande. Car généralement la Cité des impies qui n'obéit pas à Dieu, lorsqu'il commande de ne sacrifier qu'à lui et que par là il veut voir en elle l'âme commander au corps et la raison aux vices suivant les règles de la conscience et de la foi, cette Cité est privée de la vraie justice.

CHAPITRE XXV.

On ne peut trouver de vraies vertus, là où il n'y a pas de vraie religion.

En effet quelque louable autorité que l'âme semble exercer sur le corps comme aussi la raison sur les vices, si l'âme et la raison ne sont pas au service de Dieu, de la manière que Dieu lui-même l'a voulu et ordonné, elles ne commandent nullement au corps et aux vices suivant les règles de la justice. Car, dites-moi, quelle espèce de souveraine l'âme peut elle être à l'égard du corps et des vices, quand elle ignore le vrai Dieu, qu'elle n'est point soumise à son empire, mais qu'elle est livrée à la corruption de démons dont la dépravation ne connaît pas de limites. (*Voyez livre* XIII, *de la Trinité, chapitre* XX, *et livre* XIV, *chapitre* I.) Les vertus donc qu'elle s'imagine posséder et par lesquelles elle commande au corps et aux vices pour acquérir ou conserver un avantage quelconque, ces vertus, à moins qu'elle ne les rapporte à Dieu, sont elles-mêmes des vices plutôt que des vertus. La raison, c'est que tout en passant aux yeux de quelques-uns pour de vraies et de belles vertus, comme elles se rapportent à elles-mêmes et ne sont pas recherchées pour une autre fin, elles ne sont alors qu'enflure et orgueil, et par conséquent ne doivent pas être appréciées comme des vertus, mais bien comme

---

ille dilexerit, et quibus moribus ad cruentissimas seditiones, atque inde ad socialia atque civilia bella perveniens, ipsam concordiam, quæ salus quodam modo est populi, ruperit atque corruperit, testatur historia : de qua in præcedentibus libris multa posuimus. Nec ideo tamen vel ipsum non esse populum, vel ejus rem dixerim non esse rempublicam, quamdiu manet qualiscumque multitudinis rationalis cœtus, rerum quas diligit concordi communione sociatus. Quod autem de isto populo et de ista republica dixi, hoc de Atheniensium vel quorumcumque Græcorum, hoc de Ægyptiorum, hoc de illa priore Babylone Assyriorum, quando in rebus suis publicis imperia vel parva vel magna tenuerunt, et de alia quacumque aliarum gentium intelligat dixisse atque sensisse, Generaliter quippe Civitas impiorum, cui non imperat Deus obedienti sibi, ut sacrificium non offerat, nisi tantummodo sibi, et per hoc in illa et animus corpori, ratioque vitiis recte ac fideliter imperet caret justitiæ veritate.

CAPUT XXV.

Quod non possint ibi veræ esse virtutes, ubi non est vera religio.

Quamlibet enim videatur animus corporis, et ratio vitiis laudabiliter imperare; si Deo animus et ratio ipsa non servit, sicut sibi serviendum esse ipse Deus præcepit, nullo modo corpori vitiisque recte imperat. Nam qualis corporis atque vitiorum potest esse mens domina, veri Dei nescia, nec ejus imperio subjugata, sed vitiosissimis dæmonibus corrumpentibus prostituta? Proinde virtutes, quas sibi habere videtur, per quas imperat corpori et vitiis ad quodlibet adipiscendum vel tenendum, nisi ad Deum retulerit, etiam ipsæ vitia sunt potius quam virtutes. Nam licet, a quibusdam tunc veræ et honestæ putentur esse virtutes, cum ad se ipsas referuntur, nec propter aliud expetantur; etiam tunc inflatæ ac su-

des vices. Car de même que ce qui fait vivre la chair ne vient pas de la chair, mais est au-dessus d'elle, de même ce qui fait vivre l'homme dans la béatitude ne vient pas de l'homme, mais est au-dessus de l'homme. Et ce que je dis ne s'applique pas à l'homme seul, il faut l'appliquer encore à toute Puissance et à toute Vertu céleste.

CHAPITRE XXVI.

De la paix du peuple qui s'est soustrait à l'autorité de Dieu. Le peuple de Dieu sanctifie l'usage de cette paix en la faisant contribuer au culte de Dieu pendant les jours de son pèlerinage en ce monde.

En conséquence, de même que la vie de la chair, c'est l'âme; de même la vie bienheureuse de l'homme, c'est Dieu. C'est de lui que parlent les Saintes lettres des Hébreux en ce passage : « Bienheureux le peuple dont Dieu est le Seigneur. » (*Ps.* CXLIII, 15.) Malheureux donc est le peuple qui s'est soustrait à son action. Cependant ce peuple-là lui-même se complaît dans une certaine paix à lui, qu'il ne faut pas repousser. Sans doute, il n'en jouira pas jusqu'à la fin, parce qu'il en abuse avant la fin. Mais en attendant, qu'il l'ait pendant cette vie, il y va aussi de notre intérêt, parce que tant que les deux Cités sont mêlées ensemble, nous usons nous aussi de la paix de Babylone. Babylone, dont le peuple de Dieu est affranchi de telle manière qu'en attendant il y passe les jours de pèlerinage. Voilà pourquoi (I. *Tim.* II, 2) l'Apôtre avertit l'Église de prier pour ses rois et pour ceux qui y sont élevés en dignité. Et il ne se contente pas de cela, il en donne la raison : « C'est afin, dit-il, que nous passions notre vie dans la paix et la tranquillité en toute piété et en toute charité. » Et quand le prophète Jérémie annonçait d'avance à l'ancien peuple de Dieu sa captivité future, et lui commandait au nom du Seigneur d'aller avec soumission dans le pays de Babylone, et d'y rendre à son Dieu l'hommage de cette patience qui lui était demandée, il l'avertissait de prier aussi lui-même pour elle, et il lui disait : « Dans sa paix sera votre paix. » (*Jérém.* XXIX, 7.) Assurément il s'agit de la paix temporelle qui ne peut exister que jusqu'à l'autre vie, et qui est commune aux bons et aux méchants.

---

perbæ sunt : et ideo non virtutes (*a*), sed vitia judicanda sunt. Sicut enim non est a carne, sed super carnem, quod carnem facit vivere : sic non est ab homine, sed super hominem, quod hominem facit beate vivere ; nec solum hominem, sed etiam quamlibet Potestatem Virtutem que cœlestem.

CAPUT XXVI.

De pace populi alienati a Deo, qua utitur ad pietatem populus Dei, dum in hoc peregrinus est mundo.

Quocirca ut vita carnis anima est, ita beata vita hominis Deus est, de quo dicunt sacræ litteræ Hebræorum : « Beatus populus, cujus est Dominus Deus ipsius. » (*Ps.* CXLIII, 15.) Miser igitur populus ab isto alienatus Deo. Diligit tamen ipse etiam quamdam pacem suam non improbandam, quam quidem non habebit in fine, quia non ea bene utitur ante finem. Hanc autem ut interim habeat in hac vita (*b*), nostra etiam interest : quoniam quamdiu permixtæ sunt ambæ Civitates, utimur et nos pace Babylonis : ex qua ita per fidem Dei populus liberatur, ut apud hanc interim peregrinetur. Propter quod et Apostolus admonuit Ecclesiam, ut oraret pro regibus ejus atque sublimibus, addens et dicens ; « ut quietam et tranquillam vitam agamus cum omni pietate et (*c*) caritate. » (I. *Tim.* II, 2.) Et propheta Jeremias cum populo Dei veteri venturam prænuntiaret captivitatem, et divinitus imperaret ut obedienter in Babyloniam irent, Deo suo etiam ista patientia servientes, monuit et ipse ut oraretur pro illa, dicens : « Quia in ejus est pace pax vestra, » (*Jerem.* XXIX, 7) utique interim temporalis, quæ bonis malisque communis est.

(*a*) Sola editio Lov. *et ideo non virtutes virtutes, sed vitia,* etc. — (*b*) Mss. *nostri.* — (*c*) Regius Ms. *et castitate :* juxta Vulgar. et juxta Græc. καὶ σεμνότητι.

CHAPITRE XXVII.

Paix de ceux qui servent Dieu. On ne peut arriver à la perfection de cette paix, ni en jouir sans trouble dans le cours de cette vie temporelle.

Or, la paix qui nous est propre, nous l'avons avec Dieu sur la terre par la foi, et nous l'aurons avec lui dans l'éternité par la claire vue. (II. *Cor.* v, 7.) Mais la paix d'ici-bas, soit celle qui nous est commune avec le monde, soit celle qui nous est propre, c'est une paix telle qu'elle console notre misère plutôt qu'elle ne nous apporte les joies de la félicité. Il en est de même de notre justice : bien qu'elle soit réelle à cause de la fin à laquelle elle se rapporte qui est celle du véritable bien, cependant elle est telle en cette vie, qu'elle consiste plutôt dans la rémission des péchés que dans la perfection des vertus. Témoin la prière de toute la Cité de Dieu, tandis qu'elle accomplit sur cette terre les jours de son pèlerinage. Car par la voix de tous ses membres, elle adresse ce cri à Dieu : « Remettez-nous nos dettes, comme nous remettons à nos débiteurs. » (*Matth.* vi, 12.) Et l'efficacité de cette prière n'est pas pour ceux qui ont une foi morte, une foi sans œuvres (*Jacq.* ii, 17 et 26); mais bien pour ceux dont la foi opère par l'amour. (*Gal.* v, 6.) Et parce que tout en étant soumise à Dieu, cependant tant que nous sommes dans la mortalité de ce corps corruptible qui appesantit l'âme, (*Sag.* ix, 15) la raison n'exerce pas un empire parfait sur les vices, les justes ont besoin de faire à Dieu une telle prière. Car assurément quoiqu'on se rende maître des vices, on n'y arrive pas sans lutte. Et d'ailleurs dans ce séjour d'infirmité, même chez celui qui lutte avec courage, ou même qui règne sur les vices comme sur des ennemis vaincus et soumis, ne se glisse-t-il pas encore quelque mauvais principe, qui le fait pécher sinon par l'action qu'il est toujours facile d'arrêter, du moins par la parole qui s'échappe, par la pensée qui a des ailes. Aussi tant que l'on règne sur les vices la paix n'est pas complète, parce que ceux qui résistent, ne se réduisent que dans des combats non exempts de danger; et ceux qui sont réduits, ne laissent pas les joies du triomphe au vainqueur, s'il rentre ensuite dans le repos et dans la sécurité, mais il faut encore qu'il les maintienne de toute la force de son pouvoir, et avec toute la vigilance que réclame la crainte d'un retour. Au milieu de toutes ces tentations dont les divines Écritures disent ces quelques mots : « Est-ce que la vie humaine sur la terre n'est pas une tentation continuelle? » (*Job.* vii, 1.) qui donc serait assez téméraire pour se flatter qu'il vit

CAPUT XXVII.

De pace servientium Deo, cujus perfecta tranquillitas in hac temporali vita non potest apprehendi.

Pax autem nostra propria, et hic est cum Deo per fidem, et in æternum erit cum illo per speciem. (II. *Cor.* v, 7.) Sed hic sive illa communis, sive nostra propria, talis est pax, ut solatium miseriæ sit potius quam beatitudinis gaudium. Ipsa quoque nostra justitia, quamvis vera sit propter (*a*) veri boni finem ad quem refertur, tamen tanta est in hac vita, ut potius peccatorum remissione constet, quam perfectione virtutum. Testis est oratio totius Civitatis Dei, quæ peregrinatur in terris. Per omnia quippe membra sua clamat ad Deum : « Dimitte nobis debita nostra, sicut et nos dimittimus debitoribus nostris. » (*Matth.* vi, 12.) Nec pro eis est efficax hæc oratio, quorum fides sine operibus mortua est (*Jacob.* ii, 17 et 26) : sed pro eis quorum fides per dilectionem operatur. (*Gal.* v, 6.) Quia enim Deo quidem subdita, in hac tamen conditione mortali, et corpore corruptibili quod aggravat animam (*Sap.* ix, 15), non perfecte vitiis ratio imperat, ideo necessaria est justis talis oratio. Nam profecto quamquam imperetur, nequaquam sine conflictu vitiis imperatur. Et utique aliquid subrepit in hoc loco infirmitatis etiam bene confligenti, sive hostibus talibus victis subditisque dominanti, unde si non facili operatione, certe labili locutione aut volatili cogitatione peccetur. Et ideo quamdiu vitiis imperatur, plena pax non est : quia et illa quæ resistunt, periculoso debellantur prœlio; et illa quæ victa sunt, nondum securo triumphantur otio, sed adhuc sollicito premuntur imperio. In his ergo tentationibus, de quibus omnibus in divinis eloquiis breviter dictum est : « Numquid non tentatio est vita humana super terram? » (*Job.* vii, 1.) quis ita vivere præsumat, ut dicere Deo : « Dimitte nobis debita nostra, » non

---

(*a*) Veteres libri, *propter eorum boni finem.*

de manière à n'avoir pas besoin de dire à Dieu : « Remettez-nous nos dettes? » Celui là ne serait-il pas aveuglé par l'orgueil? En vérité, il n'est pas grand, mais c'est un homme que l'enflure et le vent de la superbe ont fait sortir de ses proportions. C'est avec justice que Dieu lui résiste, lui qui donne sa grâce aux humbles. Aussi est-il écrit : « Dieu résiste aux superbes, mais il donne sa grâce aux humbles. » *(Jacq.* IV, 6; I. *Pierre,* V, 5.) Ici-bas donc la justice consiste pour chacun de nous en ce que Dieu commande à l'homme obéissant, que l'âme commande au corps, et la raison aux vices même rebelles soit en les soumettant, soit en les combattant; elle consiste encore à solliciter de Dieu lui-même et la grâce pour le bien qu'on veut faire, et le pardon pour le mal qu'on a fait, puis aussi à s'acquitter du devoir de la reconnaissance pour les biens qu'on a reçus. Mais dans cette paix finale, but et objet de toute justice ici-bas, notre nature guérie par l'immortalité et l'incorruptibilité perdra ses vices, elle ne sera entraînée à la résistance envers nous par aucune cause soit étrangère, soit venant d'elle-même; et la raison n'aura plus besoin d'exercer aucun empire sur les vices, parce qu'il n'y en aura plus. Mais Dieu commandera à l'homme, l'âme au corps, et on éprouvera autant de douceur et de facilité à obéir, que de félicité à vivre et à régner. Et cela durera toujours pour tous et pour chacun, ce sera l'éternité et cette éternité sera certaine, et ainsi la paix de cette béatitude ou la béatitude de cette paix sera le souverain bien.

CHAPITRE XXVIII.

A quelle fin doit aboutir la mort des impies.

Quant à ceux qui n'appartiennent pas à cette Cité de Dieu, ils auront en partage au contraire une misère éternelle qu'on appelle aussi une seconde mort. Et cela avec raison (*Apoc.* II, XX et XXI), car on ne peut pas dire ni qu'il y aura la vie de l'âme, puisque l'âme y sera repoussée de la participation à la vie de Dieu, ni qu'il y aura non plus la vie du corps, puisque le corps y sera éternellement en proie à toutes sortes de douleurs. Et par là même cette seconde mort sera plus cruelle, parce que la mort ne pourra y mettre fin. Mais comme la misère est opposée au bonheur, la mort à la vie, la guerre également est opposée à la paix. Par suite, de même qu'on a hautement signalé et glorifié la paix qui réjouit le séjour des bons, de même on demande avec raison quelle sorte de guerre il faut au contraire se représenter au séjour des

---

necesse habeat, nisi homo elatus? Nec vero magnus, sed inflatus ac tumidus, cui per justitiam resistit, qui gratiam largitur humilibus. Propter quod scriptum est : « Deus superbis resistit, humilibus autem dat gratiam. » (*Jacob.* IV, 6; I. *Petr.* V, 5.) Hic itaque in unoquoque justitia est, ut obedienti Deus homini, animus corpori, ratio autem vitiis etiam repugnantibus imperet, vel subigendo, vel resistendo; atque ut ab ipso Deo petatur et meritorum gratia, et **venia** delictorum, ac de acceptis bonis gratiarum **actio** persolvatur. In illa vero pace finali, quo referenda, et cujus adipiscendæ caussa habenda est ista justitia, quoniam sanata immortalitate atque incorruptione natura vitia non habebit, nec unicuique nostrum vel ab alio vel a se ipso quidquam repugnabit, non opus erit ut ratio vitiis, quæ nulla erunt, imperet: sed imperabit Deus homini, animus corpori; tantaque obediendi ibi erit suavitas et facilitas, quanta vivendi regnandique felicitas. Et hoc illic in omnibus (*a*) atque in singulis æternum erit, æternumque esse certum erit : et ideo pax beatitudinis hujus, vel beatitudo pacis hujus, summum bonum erit.

CAPUT XXVIII.

In quem finem venturus sit exitus impiorum.

Eorum autem qui non pertinent ad istam Civitatem Dei, erit e contrario miseria sempiterna, quæ etiam secunda mors dicitur : quia nec anima ibi vivere dicenda est ; quæ a vita Dei alienata erit; nec corpus, quod æternis doloribus subjacebit. (*Apoc.* II et XX, et XXI.) Ac per hoc ideo durior ista secunda mors erit, quia finiri morte non poterit. Sed quoniam sicut miseria beatitudini, et mors vitæ, ita bellum paci videtur esse contrarium ; merito quæritur, sicut pax in bonorum finibus prædicata est atque laudata, quod vel quale bellum in finibus malorum e contrario possit intelligi. Verum qui hoc

---

(*a*) Editi, *omnibus hominibus*. Abest *hominibus* a Mss.

méchants. Mais que celui qui fait cette question considère bien ce qu'il y a de nuisible et de pernicieux dans la guerre, et il verra qu'il n'y a rien autre que le combat et la lutte des choses entre elles. Quelle guerre peut-on donc imaginer plus cruelle et plus triste que celle où la volonté est tellement opposée à la souffrance endurée, et la souffrance à la volonté, qu'aucune des deux ne remporte de victoire pour mettre fin à de telles inimitiés? Quelle guerre plus cruelle et plus triste que celle où la violence de la douleur engage une lutte si acharnée avec la nature du corps, que ni l'une ni l'autre ne se cèdent et qu'elles se font résistance mutuellement? Ici bas en effet, quand une pareille lutte s'engage, ou la douleur l'emporte et alors la mort ôte tout sentiment, ou la nature triomphe et la santé chasse la douleur. Mais là au séjour des méchants la douleur demeure pour torturer, et la nature demeure également pour souffrir ; ni l'une, ni l'autre ne cède et ne succombe, afin que le châtiment ne cède pas non plus, et qu'il n'ait pas de fin. Comme à ces deux termes, l'un désirable, l'autre redoutable, où aboutissent les bons et les méchants, le jugement est le passage nécessaire ; autant que Dieu me le permettra, je parlerai du jugement dans le livre suivant.

LIVRE VINGTIÈME

Du jugement dernier et des témoignages, tant du Nouveau que de l'Ancien Testament, établissant que ce jugement aura lieu.

CHAPITRE PREMIER.

Bien que Dieu exerce ses jugements en tous temps, dans ce livre on ne traitera directement que du jugement dernier.

1. Puisqu'il nous reste à parler, avec le secours de la grâce de Dieu, du jour du dernier jugement, et à en établir la vérité contre les impies et les incrédules, nous poserons d'abord, comme assises de l'édifice, la pierre fondamentale des témoignages divins. Ceux qui les récusent ne leur opposent, malgré tous leurs efforts, que de pauvres raisonnements humains, faux et trompeurs : ils prétendent que les témoi-

quærit, adtendat quid in bello noxium perniciosumque sit, et videbit nihil aliud esse, quam inter se rerum adversitatem atque conflictum. Quod igitur bellum grevius et amarius cogitari potest, quam ubi voluntas sic adversa est passioni, et passio voluntati, ut nullius earum victoria tales inimicitiæ finiantur ; et ubi sic confligit cum ipsa natura corporis vis doloris, ut neutrum alteri cedat? Hic enim quando contingit iste conflictus, aut dolor vincit, et sensum mors adimit : aut natura (a) vincit et dolorem sanitas tollit. Ibi autem et dolor permanet, ut affligat ; et natura perdurat, ut sentiat : quia utrumque ideo non deficit, ne pœna deficiat. Ad hos autem fines bonorum et malorum, illos expetendos, istos cavendos, quoniam per judicium transibunt ad illos boni, ad istos mali ; de hoc judicio, quantum Deus donaverit, in consequenti volumine disputabo.

LIBER VIGESIMUS

De judicio novissimo, deque testimoniis cum novi, tum veteris Instrumenti, quibus denuntiatur futurum.

CAPUT PRIMUM.

Quod quamvis omni tempore Deus judicet, in hoc tamen libro de novissimo ejus judicio sit proprie disputandum.

1. De die ultimi judicii Dei, quod ipse donaverit, locuturi, cumque asserturi adversus impios et incredulos, tamquam in ædificii fundamento prius ponere testimonia divina debemus. Quibus qui nolunt credere humanis ratiunculis falsis atque fallacibus contravenire conantur, ad hoc ut aut aliud significare contendant quod adhibetur testimonium de litteris sacris, aut omnino divinitus esse dictum negent. Nam nullum existimo esse mortalium, qui cum ea,

---

(a) Lov. *aut natura perdurans.* Editi alii et Mss. carent verbo *perdurans.*

gnages tirés des saintes lettres ont une autre signification, ou bien qu'ils n'ont nullement l'autorité divine qu'on leur prête. Car il n'y a personne, je pense, qui, les entendant dans leur sens propre, et croyant à l'inspiration divine des écrivains sacrés, ne leur accorde son assentiment; soit qu'il le confesse de bouche, soit que certains vices le portent à rougir ou à craindre de le confesser, soit enfin que, par une opiniâtreté semblable au délire, il s'efforce de défendre même avec acharnement, ce qu'il sait et croit être faux, contre ce qu'il sait et croit être vrai.

2. Donc, toute l'Église du vrai Dieu fait profession de croire qu'un jour le Christ doit descendre du ciel pour juger les vivants et les morts, et c'est ce que nous appelons le dernier jour du jugement divin, c'est-à-dire la fin des temps. Car on ne sait combien de jours doit durer ce jugement; mais l'Écriture emploie ordinairement le mot jour au lieu de temps, et celui qui lit même avec négligence ces saints livres ne peut l'ignorer. Or, quand nous parlons du jour du jugement de Dieu, nous ajoutons un mot, le dernier jour ou le jour final, car dès maintenant il juge, et dès le commencement du genre humain il a jugé, quand il chassa du paradis et éloigna de l'arbre de vie nos premiers parents coupables d'une faute grave. (*Gen.* III, 23.) Certes, il a aussi exercé un jugement quand il condamna les anges prévaricateurs, dont le prince, après avoir été son propre séducteur, séduisit les hommes par jalousie. (II. *Pierre*, II, 4.) Et ce n'est pas sans un juste et profond jugement de Dieu que, dans les régions de l'air ou sur la terre, la vie des démons et des hommes est si misérable, si remplie d'erreurs et de souffrances. Mais quand même personne n'eût péché, ce serait encore par un bon et équitable jugement, que la créature raisonnable demeurerait à jamais unie à son Dieu dans l'éternelle béatitude. De plus, en dehors de ce jugement général que Dieu exerce sur les démons et sur les hommes, en les condamnant à la misère à cause des premiers péchés, il juge encore chacun en particulier sur ses œuvres propres, qui dépendent de son libre arbitre. Car les démons le prient de ne pas les tourmenter (*Matth.* VIII, 29); et c'est avec justice qu'il les épargne, ou qu'ils subissent le châtiment dû à leur perversité. Pour les hommes, ils expient leurs fautes, souvent publiquement, toujours du moins en secret, par les peines que la justice de Dieu leur inflige, soit en cette vie, soit après la mort. Cependant nul homme ne fait bien, s'il n'est aidé par la grâce divine; nul démon, nul homme ne

---

sicut dicta sunt, intellexerit, et a summo ac vero Deo per animas sanctas dicta esse crediderit, non eis cedat atque consentiat : sive id etiam ore fateatur, sive aliquo vitio fateri erubescat, aut metuat; vel etiam pervicacia simillima insaniæ, id quod falsum esse novit aut credit, contra id quod verum esse novit aut credit, etiam contentiosissime defendere moliatur.

2. Quod ergo in confessione ac professione tenet omnis Ecclesia Dei veri, Christum de cœlo esse venturum ad vivos ac mortuos judicandos, hunc divini judicii ultimum diem dicimus, id est, novissimum tempus. Nam per quot dies hoc judicium tendatur, incertum est : sed Scripturarum more sanctarum diem poni solere pro tempore, nemo qui illas litteras quamlibet negligenter legerit, nescit. Ideo autem cum diem judicii Dei dicimus, addimus ultimum vel novissimum; quia et nunc judicat, et ab humani generis initio judicavit, dimittens de paradiso (*Gen.* III, 23), et a ligno vitæ separans primos homines peccati magni perpetratores : immo etiam quando angelis peccantibus non pepercit, quorum princeps homines a se ipso (*a*) subversus invidendo subvertit, procul dubio judicavit. (II. *Petr.* II, 4.) Nec sine illius alto justoque judicio, et in hoc aerio cœlo, et in terris, et dæmonum et hominum miserrima vita est erroribus ærumnisque plenissima. Verum etsi nemo peccasset, non sine bono rectoque judicio universam rationalem creaturam perseverantissime sibi Domino suo cohærentem in æterna beatitudine retineret. Judicat etiam, non solum universaliter de genere dæmonum atque hominum, ut miseri sint propter primorum meritum peccatorum; sed etiam de singulorum operibus propriis, quæ geruunt arbitrio voluntatis. Nam et dæmones ne torqueantur, precantur (*Matth.* VIII, 29) : nec utique injuste vel parcitur eis, vel pro sua quique improbitate torquentur. Et homines plerumque aperte, semper occulte, luunt pro suis factis divinitus pœnas, sive in hac vita, sive post mortem : quamvis nullus hominum agat recte, nisi divino adjuvetur auxilio; nullus dæmonum aut hominum agat inique, nisi divino eodemque justissimo judicio permittatur. Sicut enim ait Apostolus : « Non est iniquitas apud

---

(*a*) Vind. Am. et plerique Mss. *subversos* : minus bene.

fait mal, si Dieu par un juste jugement ne le lui permet. « Car, dit l'Apôtre, il n'y a point d'injustice en Dieu. » (*Rom.* IX, 14.) Et ailleurs : « Les jugements de Dieu sont impénétrables, et ses voies incompréhensibles. » (*Ibid.* XI, 33.) Je ne traiterai donc pas en ce lieu des jugements de Dieu, au commencement et dans le cours des siècles, mais seulement, et avec son secours, du jugement dernier, quand le Christ descendra du ciel pour juger les vivants et les morts. Et c'est ce que nous appelons le jour du jugement proprement dit ; car alors ces plaintes de l'ignorance sur la prospérité du méchant et les malheurs de l'homme juste n'auront plus lieu. Alors il sera parfaitement clair que la véritable et complète félicité reviendra aux seuls bons, comme la souveraine misère aux seuls méchants, selon leurs mérites.

CHAPITRE II.

Le jugement de Dieu, bien que nous ne puissions le comprendre, s'exerce même au milieu des contrastes que présente l'humanité.

Ici-bas nous apprenons à souffrir avec égalité d'âme les maux dont les bons ne sont pas exempts, et à ne pas faire grand cas des biens qui sont aussi le partage des méchants. Ainsi, dans les mystères mêmes de la justice de Dieu, se trouvent des enseignements salutaires. Nous ne savons pas, en effet, par quel jugement de Dieu, cet homme de bien est pauvre, et ce méchant est riche ; celui-ci dans la joie, quand il nous paraît, par ses mauvaises mœurs, mériter des adversités ; celui-là dans la tristesse, quand sa bonne vie nous porte à croire qu'il est digne d'être heureux. L'innocent sort du tribunal, non-seulement sans être vengé, mais flétri par la sentence qui le condamne ; il succombe, ou par l'iniquité du juge, ou sous le poids des faux témoignages ; au contraire, le criminel, son ennemi, se retire impuni, et même il insulte sa victime. L'impie jouit d'une bonne santé, le juste se consume dans la langueur ; des jeunes gens robustes vivent de rapine, d'autres, incapables même d'une parole blessante, sont affligés de toutes sortes de maladies douloureuses ; des enfants riches d'espérance pour le bien de l'humanité, sont ravis par une mort prématurée, et d'autres qui ne paraissent pas seulement dignes de voir le jour, ont une très-longue vie ; l'homme couvert de crimes monte au faîte des honneurs, et celui qui vit sans reproche demeure enseveli dans l'obscurité, et beaucoup d'autres choses semblables ; qui d'ailleurs pourrait les recueillir et les énumérer toutes ? Encore, si dans cet état de choses absurde en apparence, il y avait une uniformité régulière ; si dans cette vie, où « l'homme, »selon la parole du Psalmiste, « n'est que vanité, et où ses jours

---

Deum. » (*Rom.* IX, 14.) Et sicut ipse alibi dicit : « Inscrutabilia sunt judicia Dei, et investigabiles viæ ejus. » (*Rom.* XI, 33.) Non igitur in hoc libro de illis primis, nec de istis mediis Dei judiciis, sed de ipso novissimo judicio, quantum ipse tribuerit, disputabo, quando Christus de cœlo venturus est vivos judicaturus et mortuos. Iste quippe dies judicii proprie jam vocatur, eo quod nullus ibi erit imperitæ querelæ locus, cur injustus ille sit felix, et cur justus ille infelix. Omnium namque tunc non nisi bonorum vera et plena felicitas, et omnium non nisi malorum digna et summa infelicitas apparebit.

CAPUT II.

De varietate rerum humanarum, cui non potest dici deesse judicium Dei, quamvis nequeat vestigari.

Nunc autem et mala æquo animo ferre discimus, quæ patiuntur et boni ; et bona non magnipendere, quæ adipiscuntur et mali. Ac per hoc etiam in his rebus, in quibus non apparet divina justitia, salutaris est divina doctrina. Nescimus enim quo judicio Dei bonus ille sit pauper, malus ille sit dives : iste gaudeat, quem pro suis perditis moribus cruciari debuisse mæroribus arbitramur, contristetur ille, quem vita laudabilis gaudere debuisse persuadet : exeat de judicio non solum inultus, verum etiam damnatus innocens, aut iniquitate judicis pressus, aut falsis obrutus testimoniis ; et contrario sceletus adversarius ejus non solum impunitus, verum etiam vindicatus insultet : impius optime valeat, pius languore tabescat : latrocinentur sanissimi juvenes ; et qui nec verbo quemquam lædere potuerunt, diversa morborum atrocitate affligantur : infantes utiles rebus humanis immatura morte rapiantur ; et qui videntur nec nasci debuisse, diutissime insuper vivant : plenus criminibus sublimetur honoribus, et hominum sine querela tenebræ ignobilitatis abscondant : et cetera hujusmodi, quæ quis colliget, quis enumerat ? Quæ si haberent in ipsa velut absurdi-

passent comme l'ombre » (*Ps.* CXLIII, 2), ces biens passagers et terrestres étaient le partage des méchants seuls, si les bons étaient seuls soumis à l'adversité, on pourrait attribuer cet ordre à la justice du jugement de Dieu ; là même apparaîtrait sa générosité, puisqu'aux hommes à jamais exclus des biens éternels, véritable source du bonheur, il laisserait à cause de leur malice l'illusion, ou leur donnerait par sa miséricorde la consolation des biens temporels ; tandis que les bons exempts des supplices éternels, seraient affligés ici-bas pour expier leurs fautes, si légères qu'elles soient, ou pour perfectionner leurs vertus par l'épreuve. Or maintenant, non-seulement le mal est le partage des bons, et le bien celui des méchants, ce qui parait injuste ; mais encore, il arrive souvent du mal aux méchants et du bien aux bons ; en sorte que les jugements de Dieu sont plus impénétrables et ses voies plus incompréhensibles. (*Rom.* XI, 33.) Donc, bien que nous ne sachions par quel jugement Dieu veut et permet qu'il en soit ainsi, lui qui est la souveraine vertu, la souveraine sagesse et la souveraine justice, sans aucune infirmité, ni témérité, ni injustice ; toutefois il nous est salutaire d'apprendre à ne pas faire grand cas des biens ou des maux qui sont, comme nous le voyons, communs aux bons et aux méchants ; à ne rechercher que les biens propres aux bons, et à ne fuir surtout que les maux propres aux méchants. Et quand nous serons arrivés à ce jugement de Dieu, dont le temps est proprement appelé le jour du jugement et quelquefois le jour du Seigneur, alors non-seulement les jugements de ce dernier jour, mais ceux du commencement et ceux qui seront rendus dans le cours des siècles jusqu'à la fin des temps, apparaîtront dans toute leur justice. Alors aussi, sera manifeste la suprême justice de ce jugement de Dieu qui, presque toujours, cache au sens et à l'intelligence des mortels la justice des jugements présents. Toutefois, ce que les fidèles n'ignorent point, c'est que ces mystérieux secrets ne violent aucunement la justice.

CHAPITRE III.

Comment Salomon, au livre de l'Ecclésiaste, traite de tout ce qui, ici-bas, est commun aux bons et aux méchants.

Salomon, le plus sage des rois d'Israël, qui régna dans Jérusalem, commence ainsi le livre de l'*Ecclésiaste*, admis par les Juifs eux-mêmes

---

tate constantiam, ut in hac vita, in qua « homo, » sicut sacer Psalmus eloquitur, « vanitati similis factus est, et dies ejus velut umbra præтereunt, » (*Ps.* CXLII, 2) non nisi mali adipiscerentur transitoria bona ista atque terrena, nec nisi boni talia paterentur mala, posset hoc referri ad justum Dei judicium, vel etiam benignum ; ut qui non erant assecuturi bona æterna, quæ faciunt beatos, temporalibus vel deciperentur pro malitia sua, vel pro Dei misericordia consolarentur bonis ; et qui non erant passuri æterna tormenta, temporalibus vel pro suis quibuscumque et quantuliscumque peccatis affligerentur, vel propter implendas virtutes exercerentur malis. Nunc vero quando non solum in malo sunt boni, et in bono mali, quod videtur injustum, verum etiam plerumque et malis mala eveniunt, et bonis bona proveniunt : magis inscrutabilia fiunt judicia Dei, et investigabiles viæ illius. (*Rom.* XI, 33.) Quamvis ergo nesciamus quo judicio Deus ista vel faciat, vel fieri sinat, apud quem summa virtus est et summa sapientia summaque justitia, nulla infirmitas, nulla temeritas, nulla iniquitas : salubriter tamen discimus non magnipendere seu bona, seu mala, quæ videmus esse bonis malisque communia ; et illa bona quærere, quæ bonorum, atque illa mala maxime fugere, quæ propria sunt malorum. Cum vero ad illud Dei judicium venerimus, cujus tempus jam proprie dies judicii, et aliquando dies Domini nuncupatur ; non solum quæcumque tunc judicabuntur, verum etiam quæcumque ab initio judicata, et quæcumque usque ad illud tempus adhuc judicanda sunt, apparebunt esse justissima. Ubi hoc quoque manifestabitur, quam justo judicio Dei fiat, ut nunc tam multa ac pene omnia justa judicia Dei sensus mentesque mortalium lateant ; cum tamen in hac re piorum fidem non lateat, justum esse quod latet.

CAPUT III.

Quid in libro Ecclesiaste Salomon de his, quæ in hac vita et bonis et malis sunt communia, disputarit.

Nempe Salomon sapientissimus rex Israel, qui regnavit in Jerusalem, librum qui vocatur Ecclesiastes, et a Judæis quoque habetur in sacrarum canone litterarum, sic exorsus est : « Vanitas (*a*) vanitan-

---

(*a*) Editi, *vanitatum*. At Mss. constanter habent, *vanitantium*. Confer. lib. I, Retract. cap. VII, n. 3.

dans le canon des Saintes-Écritures : « Vanité des vanités, dit l'Ecclésiaste; vanité des vanités, et tout n'est que vanité. Que revient-il à l'homme de tout le travail qu'il entreprend sous le soleil? » (*Eccl.* I, 2 *et* 3.) Et rapportant tout à cette sentence, il énumère les afflictions et les erreurs de cette vie; il montre le temps qui se précipite et se dérobe sans cesse, ne laissant rien de solide, rien de stable; mais dans cette vanité de toutes choses sous le soleil, ce qu'il déplore surtout, c'est que, la sagesse l'emportant sur la folie, comme la lumière l'emporte sur les ténèbres; et les yeux du sage étant à sa tête, tandis que l'insensé marche en aveugle, une même destinée les poursuit cependant tous en cette vie qui passe sous le soleil. (*Eccl.* II, 13.) Il veut sans doute faire allusion à ces maux communs aux bons et aux méchants. Il ajoute même que les bons souffrent comme s'ils étaient méchants, et que les méchants prospèrent comme s'ils étaient bons : « Il est, dit-il, une autre vanité sur la terre; le malheur tombe sur des justes comme s'ils avaient fait les œuvres des impies, tandis que les méchants reçoivent des récompenses comme s'ils avaient fait les œuvres des justes. Je dis que c'est encore là une vanité. » (*Eccl.* VIII, 14.) C'est à nous faire bien connaître cette vanité que cet homme si sage consacre tout son livre, sans doute pour nous inspirer le désir de cette vie où la vanité n'est plus sous le soleil, mais la vérité, sous celui qui a fait le soleil. Est-ce que, sans un juste jugement de Dieu, l'homme, devenu semblable à la vanité même, irait se perdre dans cette vanité? Cependant, dans les jours de sa vanité, il importe grandement qu'il résiste ou qu'il se soumette à la vérité, qu'il soit l'ennemi ou le disciple de la piété véritable, non pour obtenir les biens de cette vie ou pour en éviter les maux passagers, mais à cause du jugement futur, car alors, aux bons les biens, aux méchants les maux qui ne finiront point. Enfin, le sage termine ainsi son livre : « Crains Dieu, et garde ses commandements; c'est là tout l'homme. Car Dieu fera paraître à son jugement toutes les œuvres, même celles du plus méprisable, soit bonnes, soit mauvaises. » (*Eccl.* XII, 13 *et* 14.) Que pourrait-on dire de plus court, de plus vrai, de plus salutaire? Crains Dieu, dit-il, et observe ses commandements; c'est là tout l'homme. En effet, tout homme qui est, est certainement cela : l'observateur des commandements de Dieu; et qui n'est pas cela, n'est rien. Il n'est pas réformé selon l'image de la vérité, celui qui demeure semblable à la vanité. Car toute œuvre, c'est-à-dire tout ce que fait l'homme en cette

---

tium, dixit Ecclesiastes; vanitas vanitantium, et omnia vanitas. Quæ homini abundantia in omni labore suo, quo laborat sub sole? » (*Eccle.* I, 2 et 3.) Et cum ex hac sententia connecteret cetera, commemorans ærumnas erroresque vitæ hujus, et vanescentes interea temporum lapsus, ubi nihil solidum, nihil stabile retinetur; in ea rerum vanitate sub sole, illud etiam deplorat quodam modo, quod cum sit abundantia sapientiæ super insipientiam (*Eccle.* II, 13), sicut abundantia lucis super tenebras, sapientisque oculi sint in capite ipsius, et stultus in tenebris ambulet; unus tamen incursus incurrat omnibus, utique in hac vita quæ sub sole agitur : significans videlicet ea mala, quæ bonis et malis videmus esse communia. Dicit etiam illud, quod et boni patiantur mala, tamquam mali sint, et mali tamquam boni sint, adipiscantur bona, ita loquens : « Est, inquit, vanitas, quæ facta est super terram; quia sunt justi, super quos venit sicut factum impiorum; et sunt impii, super quos venit sicut factum justorum. Dixi quoniam hoc quoque vanitas. »(*Eccle.* VIII, 14.) In hac vanitate, cui quantum satis visum est, intimandæ, totum istum librum vir sapientissimus deputavit; non utique ob aliud, nisi ut eam vitam desideremus, quæ vanitatem non habet sub hoc sole, sed veritatem sub illo qui fecit hunc solem : in hac ergo vanitate, numquid nisi justo Dei rectoque judicio similis eidem vanitati factus vanesceret homo? In diebus tamen vanitatis suæ interest plurimum, utrum resistat, an obtemperet veritati, et utrum sit expers veræ pietatis, an particeps : non propter vitæ hujus vel bona adquirenda, vel mala vitanda vanescendo transeuntia; sed propter futurum judicium, per quod erunt et bonis bona, et malis mala, sine fine mansura. Denique iste sapiens hunc librum sic conclusit, ut diceret : « Deum time, et mandata ejus custodi, quia hoc est omnis homo : quia omne hoc opus Deus adducet in judicium in omni despecto, sive bonum, sive malum. » (*Eccle.* XII, 13 et 14.) Quid brevius, verius, salubrius dici potuit? « Deum, inquit, time, et mandata ejus custodi; quia hoc est omnis homo. » Quicumque enim est, hoc est, custos utique mandatorum Dei : quoniam qui hoc non est, nihil est. Non enim ad veritatis imaginem reformatur, remanens in similitudine vanitatis. « Quia omne hoc opus, » id est, quod ab homine sit in hac vita, « sive bonum, sive malum, Deus adducet in judi-

vie, soit bonne, soit mauvaise, Dieu la fera paraître à son jugement, même celle du plus méprisable, c'est-à-dire de celui qui est considéré ici-bas comme le plus méprisable, et par conséquent ne paraît pour ainsi dire pas aux yeux des hommes; car celui-là, Dieu le voit, et il ne détourne de lui ni ses regards ni son jugement.

CHAPITRE IV.

Pour traiter du jugement dernier, il faut d'abord produire les témoignages du Nouveau-Testament, ceux de l'Ancien viendront après.

Quant aux témoignages du jugement dernier que je veux emprunter aux Saintes Écritures, il faut d'abord les choisir dans les livres du Nouveau-Testament, et ensuite dans ceux de l'Ancien. Car, bien que l'Ancien ait la priorité du temps, le Nouveau a celle d'excellence, le premier ne servant qu'à annoncer le second. Nous rapporterons donc d'abord, les témoignages nouveaux, et pour rendre nos preuves plus solides, nous les appuierons sur les anciens livres. L'Ancien-Testament comprend la loi et les Prophètes; le Nouveau, l'Évangile et les Épîtres des Apôtres. Or, l'Apôtre dit : « Par la loi, nous avons eu la connaissance du péché.

Mais maintenant, sans la loi, la justice de Dieu se manifeste, attestée néanmoins par la Loi et les Prophètes; et la justice de Dieu est communiquée, par la foi en Jésus-Christ, à tous ceux qui croient. » (*Rom.* III, 20, *etc.*) Or, cette justice de Dieu appartient au Nouveau-Testament, et elle tire ses preuves des anciens livres, c'est-à-dire de la Loi et des Prophètes. Il faut donc d'abord établir la cause, ensuite nous introduirons les témoins. Et c'est Jésus-Christ lui-même qui nous apprend à observer cet ordre, en disant : « Tout docteur instruit dans le royaume de Dieu, est semblable à un père de famille qui tire de son trésor ce qui est nouveau et ce qui est ancien. » (*Matth.* XIII, 52.) Il n'a pas dit : ce qui est ancien et ce qui est nouveau, ce qu'il eût dit assurément s'il n'eût préféré le mérite au temps.

CHAPITRE V.

Des paroles du Sauveur, qui annoncent le jugement futur à la fin du siècle.

1. Le Sauveur lui-même, reprochant à certaines villes où il avait opéré de grands miracles, leur incrédulité, et leur préférant des cités étrangères, disait : « Je vous le déclare, au jour du jugement, Tyr et Sidon seront traitées moins

cium, in omni despecto, » id est, in omni etiam qui contemtibilis hic videtur, et ideo nec videtur, quoniam Deus et ipsum videt, nec cum despicit, nec cum judicat præterit.

CAPUT IV.

Quod ad disserendum de novissimo judicio Dei, novi primum Testamenti, ad deinde veteris testimonia prolaturus sit.

Hujus itaque ultimi judicii Dei testimonia de Scripturis sanctis quæ ponere institui, prius eligenda sunt de libris Instrumenti novi, postea de veteris. Quamvis enim vetera priora sint tempore, nova tamen anteponenda sunt dignitate; quoniam illa vetera præconia sunt novorum. Nova igitur ponentur prius, quæ ut firmius probemus, assumentur et vetera. In veteribus habentur Lex et (*a*) Prophetæ, in novis Evangelium et Apostolicæ litteræ. Ait autem Apostolus : « Per legem enim cognitio peccati. Nunc autem sine lege justitia Dei manifestata est,

testificata per Legem et Prophetas : justitia autem Dei, per fidem Jesu Christi in omnes qui credunt.(*b*)» (*Rom.* III, 20, etc.) Hæc justitia Dei ad novum pertinet Testamentum, et testimonium habet a veteribus libris, hoc est, a lege et prophetis. Prius ergo ipsa caussa ponenda est, et postea testes introducendi. Hunc et ipse Jesus Christus ordinem servandum esse demonstrans : « Scriba, inquit, eruditus in regno Dei, similis est viro patri-familias, proferenti de thesauro suo nova et vetera. » (*Matth.* XIII, 52.) Non dixit, vetera et nova : quod utique dixisset, nisi maluisset meritorum ordinem servare quam temporum.

CAPUT V.

Quibus sententiis Domini Salvatoris divinum judicium futurum in fine sæculi declaretur.

1. Ergo ipse Salvator cum objurgaret civitates, in quibus virtutes magnas fecerat, neque crediderant, et eis alienigenas anteponeret : « Verumtamen, in-

---

(*a*) Sola editio Lov. *prophetiæ*. — (*b*) In ante editis, *qui credunt in eum*. Abest *in eum* a Mss. et a Græco textu Apostoli.

rigoureusement que vous. » (*Matth.* XI, 22.) Et peu après, s'adressant à une autre ville : « En vérité, dit-il, je le déclare, au jour du jugement, la terre de Sodome sera traitée moins rigoureusement que toi. » (*Ibid.* XI, 24.) Par ces paroles, il annonce évidemment le jour du jugement futur. Et ailleurs : Les Ninivites, dit-il, se lèveront au jugement contre cette génération pour la condamner; car ils ont fait pénitence à la voix de Jonas, et il y a ici plus que Jonas. La reine du midi se lèvera au jugement contre cette génération pour la condamner; car elle est venue des extrémités de la terre entendre la sagesse de Salomon; et il y a plus ici que Salomon. (*Matth.* XII, 41 *et* 42.) Nous trouvons dans ce passage l'enseignement de deux vérités : le jugement à venir, et au même instant, la résurrection des morts. Car les Ninivites et la reine du midi étaient certainement morts quand le Sauveur parlait ainsi, il annonce donc qu'ils ressusciteront pour le jour du jugement. Et il ne dit pas : se lèveront pour les condamner, en ce sens qu'ils seront eux-mêmes juges, mais parce que leur seule présence fera voir la justice de la condamnation des autres.

2. Dans un autre endroit, parlant du mélange actuel des bons et des méchants, puis de leur séparation future au jour du jugement, le Sauveur emploie la parabole d'un champ semé de bon grain, où l'on répand ensuite de l'ivraie, et l'expliquant à ses disciples, il dit : « Celui qui sème la bonne semence, c'est le fils de l'homme; le champ, c'est le monde; le bon grain, ce sont les fils du royaume; l'ivraie, ce sont les fils des méchants. L'ennemi qui l'a semé, c'est le diable; la moisson, c'est la consommation du siècle; les moissonneurs, ce sont les Anges. Comme donc on ramasse l'ivraie pour la jeter au feu, ainsi il en sera à la consommation du siècle. Le fils de l'homme enverra ses Anges, et ils retrancheront de son royaume, tous les scandales et tous les artisans d'iniquité pour les jeter dans la fournaise ardente; c'est là qu'il y aura des pleurs et des grincements de dents. Alors les justes brilleront comme le soleil dans le royaume de leur Père. Que celui qui a des oreilles pour entendre, entende. » (*Matth.* XIII, 37, *etc.*) A la vérité, il ne nomme pas ici le jugement, ou le jour du jugement, mais il l'exprime bien plus clairement par les choses mêmes, et annonce qu'il se fera à la fin du siècle.

3. Il dit encore à ses disciples : « En vérité, je vous le dis, vous qui m'avez suivi, au jour de la régénération, quand le Fils de l'homme

---

quit, dico vobis, Tyro et Sidoni remissius erit in die judicii quam vobis. » (*Matth.* XI, 22.) Et paulo post alteri civitati : « Amen, inquit, dico vobis, quia terræ Sodomorum remissius erit in die judicii quam tibi. » (*Ibid.* 24.) Hic evidentissime prædicat diem judicii esse venturum. Et alio loco : « Viri Ninivitæ, inquit, surgent in judicio cum generatione ista, et condemnabunt eam; quia pœnitentiam egerunt in prædicatione Jonæ, et ecce plus quam Jonas hic. Regina Austri surget in judicio cum generatione ista, et condemnabit eam; quia venit a finibus terræ audire, sapientiam Salomonis, et ecce plus quam Salomon hic. » (*Matth.* XII, 41 *et* 42.) Duas hoc loco res discimus, et venturum esse judicium, et cum mortuorum resurrectione venturum. De Ninivitis enim et regina Austri quando ista dicebat, de mortuis sine dubio loquebatur, quos tamen in die judicii resurrecturos esse prædixit. Nec ideo dixit, « condemnabunt, » quia ipsi judicabunt : sed quia ex ipsorum comparatione isti merito damnabuntur.

2. Rursus alio loco, cum de hominum bonorum et malorum nunc permixtione, postea separatione, quæ utique die judicii futura est, loqueretur, adhibuit similitudinem de tritico seminato et superseminatis zizaniis, eamque suis exponens discipulis : « Qui seminat, inquit, bonum semen, est Filius hominis : ager autem est (*a*) mundus : bonum vero semen hi sunt filii regni; zizania autem filii sunt nequam : inimicus autem qui seminavit ea, est diabolus : messis autem consummatio sæculi est, messores vero Angeli sunt. Sicut ergo colliguntur zizania, et igni comburuntur; sic erit in consummatione sæculi. Mittet Filius hominis Angelos suos, et colligent de regno ejus omnia scandala, et eos qui faciunt iniquitatem, et mittent eos in caminum ignis : ibi erit fletus et stridor dentium. Tunc justi fulgebunt sicut sol in regno Patris eorum. Qui habet aures audiendi, audiat. » (*Matth.* XIII, 37, *etc.*) Hic quidem judicium vel diem judicii non nominavit, sed multo cum clarius ipsis rebus expressit, et in fine sæculi futurum esse prædixit.

3. Item discipulis suis : « Amen, inquit, dico vobis, quod vos qui secuti estis me, in regeneratione, cum sederit Filius hominis in sede majestatis suæ, sedebitis et vos super sedes duodecim, judicantes

---

(*a*) Editi, *est hic mundus :* et infra, *hi filii sunt nequam.* At Mss. non habent *hic,* neque *hi.*

sera assis sur le trône de sa majesté, vous siégerez aussi sur douze trônes, et vous jugerez douze tribus d'Israël. » (*Matth.* XIX, 28.) Nous apprenons ici que Jésus jugera le monde avec ses disciples. Aussi, dit-il ailleurs aux Juifs : « Si je chasse les démons au nom de Béelzébub, au nom de qui vos enfants les chassent-ils? C'est pourquoi ils seront eux-mêmes vos juges. » (*Matth.* XII, 27.) Et ce n'est pas à dire qu'il y aura seulement douze hommes pour juger avec lui, parce qu'il ne parle que de douze trônes; car le nombre douze signifie en quelque sorte la multitude des juges, à cause des deux parties du nombre septénaire, qui représente ordinairement l'universalité; et ces deux parties, trois et quatre, multipliées l'une par ' autre, égalent douze; car trois fois quatre et quatre fois trois font douze; sans parler de toute autre raison que pourrait fournir le nombre douze, à l'appui de ce que j'avance. Autrement, comme l'apôtre saint Matthias fut ordonné à la place du traître Judas (*Ac.* I, 26), il arriverait que l'apôtre saint Paul, lui qui a surpassé tous les autres par ses travaux (I. *Cor.* XV, 10), n'aurait point de trône pour juger. Cependant, il déclare qu'il a sa place marquée parmi les juges, avec les autres saints, en disant : « Ne savez-vous pas que nous jugerons les Anges? » (I. *Cor.* VI, 3.)

Le nombre douze est encore employé dans le même sens vis-à-vis de ceux qui doivent être jugés. Car il ne faudrait pas croire qu'en vertu de ces paroles : Pour juger les douze tribus d'Israël, la tribu de Lévi, la treizième tribu, ne subirait point de jugement, ou que le peuple juif serait seul jugé, et non les autres peuples. Et, en disant : Au jour de la régénération, le Sauveur, sans aucun doute, a voulu parler de la résurrection des morts. Car notre chair sera régénérée par l'incorruptibilité, comme notre âme est régénérée par la foi.

4. J'omets beaucoup d'autres passages qui semblent se rapporter au dernier jugement, mais qui, examinés avec plus d'attention paraissent ambigus ou susceptibles d'une autre interprétation; ainsi, ils pourraient se rapporter ou à cet avénement du Sauveur, qui s'accomplit tous les jours dans son Église, c'est-à-dire dans ses membres, en particulier et peu à peu, car l'Église tout entière est son corps; ou à la ruine de la Jérusalem terrestre, car souvent Notre-Seigneur parle de cette catastrophe, comme s'il s'agissait de la fin du monde et du jour du dernier jugement; et l'on serait assurément exposé à confondre, si l'on ne comparait ensemble ce qui a été dit à ce sujet par les trois évangélistes saint Matthieu, saint Marc et saint Luc; car, où

duodecim tribus Israel. » (*Matth.* XIX, 28.) Hic discimus cum suis discipulis judicaturum Jesum. Unde et alibi Judæis dixit : Si ego in Beelzebub ejicio dæmonia, filii vestri in quo ejiciunt? Ideo ipsi judices vestri erunt. » (*Matth.* XII, 27.) Nec quoniam super duodecim sedes sessuros esse ait, duodecim solos homines cum illo judicaturos putare debemus. Duodenario quippe numero, universa quædam significata est judicantium multitudo, propter duas partes numeri septenarii, quo significatur plerumque universitas : quæ duæ partes, id est, tria et quatuor, altera per alteram multiplicatæ duodecim faciunt. Nam et quatuor ter, et tria quater duodecim sunt : et si qua alia hujus duodenarii numeri, quæ ad hoc valeat, ratio reperitur. (*V. Enar. in Psal.* XLIX, *n.* 9.) Alioquin quoniam in locum Judæ traditoris apostolum Matthiam legimus ordinatum (*Act.* I, 26); apostolus Paulus, qui plus illis omnibus laboravit, ubi ad judicandum sedeat, non habebit (I. *Cor.* XV, 10) : qui profecto cum aliis sanctis ad numerum judicum se pertinere demonstrat, cum dicit : « Nescitis quia angelos judicabimus? » (I. *Cor.* VI, 3.) De ipsis quoque judicandis in hoc numero duodenario similis caussa est. Non enim quia dictum est, « judicantes duodecim tribus Israel, » tribus Levi, quæ tertia decima est, ab eis judicanda non erit, aut solum illum populum, non etiam ceteras gentes judicabunt. Quod autem ait, « in regeneratione, » procul dubio mortuorum resurrectionem nomine voluit regenerationis intelligi. Sic enim caro nostra regenerabitur per incorruptionem, quemadmodum est anima nostra regenerata per fidem.

4. Multa prætereo, quæ de ultimo judicio ita dici videntur, ut diligenter considerata reperiantur ambigua, vel magis ad aliud pertinentia; sive scilicet ad cum Salvatoris adventum, quo per totum hoc tempus in Ecclesia sua venit, hoc est, in membris suis, particulatim atque paulatim, quoniam tota corpus est ejus; sive ad excidium terrenæ Jerusalem : quia et de illo cum loquitur, plerumque sic loquitur, tamquam de fine sæculi atque de illo die judicii novissimo et magno loquatur: ita ut dignosci non possit omnino, nisi ea quæ apud tres Evangelistas Matthæum, Marcum, et Lucam de hac re similiter dicta sunt inter se omnia conferantur. Quædam quippe alter obscurius, alter explicat planius, ut ea quæ ad unam rem pertinentia dicuntur, appareat unde di-

la parole de l'un est plus obscure, celle de l'autre est plus claire et l'explique, ainsi on voit mieux ce qui a rapport au même objet. C'est ce que j'ai fait, autant que possible, dans ma lettre à l'évêque de Salone, Hésychius, d'heureuse mémoire. Cette lettre a pour titre : *De la fin du siècle* (1).

5. Il me reste à parler de ce passage qu'on lit dans l'Évangile selon saint Matthieu, sur la séparation des bons et des méchants que le Christ en personne fera au dernier jugement : « Quand le Fils de l'homme, dit le Sauveur, viendra dans sa majesté, accompagné de tous ses Anges, alors il siégera sur le trône de sa gloire; devant lui seront rassemblées toutes les nations, et il les séparera les unes des autres comme un pasteur sépare les brebis et les boucs, et il placera les brebis à sa droite et les boucs à sa gauche. Alors le Roi dira à ceux qui seront à sa droite : Venez, les bénis de mon Père, venez posséder le royaume qui vous a été préparé dès le commencement du monde. Car j'ai eu faim, et vous m'avez donné à manger; j'ai eu soif, et vous m'avez donné à boire; j'étais étranger, et vous m'avez recueilli; j'étais nu et vous m'avez couvert; infirme, et vous m'avez visité; j'étais en prison, et vous êtes venu me voir. Alors les justes diront : Seigneur, quand donc vous avons-nous vu avoir faim, pour vous donner à manger, et avoir soif, pour vous donner à boire? Quand vous avons-nous vu sans logement, pour vous recueillir: ou sans vêtement, pour vous couvrir? Quand vous avons-nous vu malade, ou en prison, pour vous visiter? Et le Roi leur répondra : En vérité, je vous le dis, toutes les fois que vous l'avez fait aux moindres de mes frères, c'est à moi que vous l'avez fait. Alors il dira à ceux qui seront à sa gauche : Retirez-de moi, maudits; allez au feu éternel qui a été préparé pour le diable et ses anges. » (*Matth.* xxv, 31 *etc.*) Puis, il leur reproche de n'avoir pas fait toutes ces œuvres dont il vient de louer ceux qui sont à sa droite. Et comme ces malheureux lui demandent aussi quand ils l'ont vu réduit à une telle misère; il leur répond que tout ce qu'on n'a pas fait aux moindres des siens, c'est à lui-même qu'on a manqué de le faire; et il conclut en ces termes : « Et ceux ci iront au supplice éternel, et les justes à la vie éternelle. » Saint Jean l'évangéliste déclare formellement que le Sauveur a annoncé le jugement futur pour le jour de la résurrection des morts. Car, après avoir dit : « Le Père ne juge personne, mais il a remis le pouvoir de juger au Fils, afin que tous honorent le Fils comme ils honorent le Père : celui qui n'honore pas

---

(1) Voyez tome VI de cette édition, lettre cxcix.

---

cantur. Quod facere utcumque curavi in quadam epistola, quam rescripsi ad beatæ memoriæ virum Hesychium, Salonitanæ urbis episcopum cujus epistolæ titulus est : *De fine sæculi.*

5. Proinde jam illud hic dicam, quod in Evangelio secundum Matthæum de separatione bonorum et malorum legitur per judicium præsentissimum atque novissimum Christi. « Cum autem venerit, inquit, Filius hominis in majestate sua, et omnes Angeli cum eo, tunc sedebit super sedem majestatis suæ, et congregabuntur ante eum omnes gentes, et separabit eos ab invicem, sicut pastor segregat oves ab hædis : et statuet oves quidem a dextris suis, hædos autem a sinistris. Tunc dicet Rex his, qui a dextris ejus erunt: Venite benedicti Patris mei, possidete paratum vobis regnum a constitutione mundi. Esurivi enim, et didistis mihi manducare; sitivi, et dedistis mihi bibere: hospes eram, et collegistis me; nudus, et cooperuistis me; infirmus, et visitastis me; in carcere eram, et venistis ad me. Tunc respondebunt ei justi, dicentes : Domine, quando vidimus te esurientem, et pavimus : sitientem, et dedimus tibi potum? Quando autem te vidimus hospitem, et collegimus te; aut nudum, et cooperuimus te? Aut quando te vidimus infirmum, aut in carcere, et venimus ad te? Et respondens Rex dicet illis : Amen dico vobis, quamdiu uni fecistis de his fratribus meis minimis, mihi fecistis. Tunc dicet, inquit, et his qui a sinistris erunt, discedite a me maledicti in ignem æternum, qui paratus est diabolo et angelis ejus. » (*Matth.* xxv, 31, etc.) Deinde similiter etiam his enumerat, quod illa non fecerint, quæ dextros fecisse memoravit. Similiterque interrogantibus, quando cum viderint in horum indigentia constitutum : quod minimis suis factum non est, sibi factum non fuisse respondet; sermonemque concludens : « Et hi, inquit, in supplicium æternum ibunt, justi autem in vitam æternam. » Joannes vero evangelista apertissime narrat eum in resurrectione mortuorum futurum prædixisse judicium. Cum enim dixisset : « Neque enim Pater judicat quemquam, sed judicium omne dedit Filio, ut omnes honorificent Filium, sicut honorificant Patrem : qui non honorificat Filium, non honorifi-

le Fils, n'honore point le Père qui l'a envoyé; » il ajoute aussitôt : « En vérité, en vérité, je vous le dis, celui qui entend ma parole et croit à Celui qui m'a envoyé, a la vie éternelle; et il ne viendra point en jugement, car il est déjà passé de la mort à la vie. » (*Jean*, v, 22, *etc*.) Il assure ici que ses fidèles ne viendront point en jugement; comment donc seront-ils alors séparés des méchants et placés à sa droite, si ce n'est qu'ici jugement signifie condamnation? Car, en vérité, ils n'encourront point un tel jugement ceux qui entendent sa parole, et croient à Celui qui l'a envoyé.

CHAPITRE VI.

Ce qu'il faut entendre par la première résurrection et par la seconde.

1. Ensuite il ajoute : « En vérité, en vérité, je vous le dis, l'heure vient, et elle est déjà venue, où les morts entendront la voix du Fils de Dieu ; et ceux qui l'auront entendue, vivront. Car de même que le Père a la vie en lui, il a donné aussi au Fils le droit d'avoir la vie en lui-même. » (*Jean*, v, 25 *et* 26.) Il ne parle pas encore de la seconde résurrection, c'est-à-dire de celle des corps, qui doit arriver à la fin du monde, mais de la première, qui a lieu maintenant; aussi, pour la distinguer, dit-il :« L'heure vient et elle est déjà venue. »Or, cette résurrection présente, n'est pas celle des corps, mais celle des âmes; car les âmes ont aussi leur mort par l'impiété et le crime. Ceux-là sont morts de cette mort dont le Seigneur dit : « Laissez les morts ensevelir leurs morts; » (*Matth*. VIII, 22) c'est-à-dire que les morts, selon l'âme, ensevelissent les morts, selon le corps. Aussi, c'est pour ces morts, quant à l'âme, par l'impiété et le crime, qu'il dit :« L'heure vient, et elle est déjà venue où les morts entendront la voix du Fils de Dieu, et ceux qui l'auront entendue, vivront. »Il dit : ceux qui auront entendu, pour ceux qui auront obéi, qui auront cru, qui auront persévéré jusqu'à la fin. Il ne fait ici aucune différence des bons et des méchants; car il est bon pour tous d'entendre sa voix et de vivre, en passant de la mort de l'impiété à la vie de la piété. Et c'est de cette mort de l'âme dont l'apôtre parle, en disant : « Donc tous sont morts et il est mort pour tous, afin que ceux qui vivent, ne vivent plus désormais pour eux-mêmes, mais pour celui qui est mort et ressuscité en leur faveur.» (II. *Cor*. v, 14 *et* 15.) Ainsi tous, sans aucune exception, sont morts par le péché, soit péché

---

cat Patrem, qui misit illum : » protinus addidit : « Amen, amen dico vobis, quia qui verbum meum audit, et credit ei qui me misit, habet vitam æternam ; et in judicium non (*a*) veniet, sed transiit a morte in vitam. » (*Joan*. v, 22, etc.) Ecce hic dixit fideles suos in judicium non venire. Quomodo ergo per judicium separabuntur a malis, et ad ejus dexteram stabunt , nisi quia hoc loco judicium pro damnatione posuit ? In tale quippe judicium non venient, qui audiunt verbum ejus, et credunt ei qui misit illum.

CAPUT VI.
Quæ sit prima resurrectio, quæ secunda.

1. Deinde adjungit, et dicit : « Amen, amen dico vobis, quia venit hora, et nunc est, quando mortui audient vocem Filii Dei ; et qui audierint, vivent. Sicut enim Pater habet vitam in semetipso, sic dedit et Filio habere vitam in semetipso. » (*Joan*. v, 25 et 26.) Nondum de secunda resurrectione, id est corporum, loquitur, quæ in fine futura est ; sed de prima, quæ nunc est. Hanc quippe ut distingueret, ait : « Venit hora, et nunc est. » Non autem ista corporum, sed animarum est. Habent enim et animæ mortem suam in impietate atque peccatis : secundum quam mortem mortui sunt, de quibus idem Dominus ait : « Sine mortuos sepelire suos ; » (*Matth*. VIII, 22) ut scilicet in anima mortui, in corpore mortuos sepelirent. Propter istos ergo impietate et iniquitate in anima mortuos : « Venit, inquit, hora, et nunc est, quando mortui audient vocem Filii Dei ; et qui audierint, vivent. » Qui audierint dixit, qui obedierint, qui crediderint, et usque in finem perseveraverint. Nec fecit hic ullam differentiam bonorum et malorum. Omnibus enim bonum est audire vocem ejus, et vivere (*b*), ad vitam pietatis ex impietatis morte transeundo. De qua morte ait apostolus Paulus : « Ergo omnes mortui sunt, et pro omnibus mortuus est (*c*), ut qui vivunt, jam non sibi vivant, sed ei qui pro ipsis mortuus est, et resurrexit. » (II. *Cor*. v, 14 et 15.) Omnes itaque mortui sunt in peccatis, nemine prorsus excepto,

---

(*a*) Hic plures Mss. *non venit, sed transiit*. At editi *non veniet, sed transiet*. In aliis postea locis non sibi constant. Confer Tract. XXII, in Job. — (*b*) Sic Vind. Am. et Mss. At Lov. *et ad vitam pietatis ex impietatis morte transire*. — (*c*) Editi *mortuus est unus*. Abest *unus* a Mss.

originel, soit par des péchés volontaires que l'ignorance, la malice et l'iniquité ajoutent à la première faute; et pour tous ces morts, il est mort un seul vivant, c'est-à-dire sans avoir aucun péché, afin que ceux qui vivent par la rémission des péchés, ne vivent plus d'eux-mêmes, mais de celui qui est mort pour tous, à cause de nos péchés, et qui est ressuscité pour notre justification; afin aussi que croyant en celui qui justifie l'impie, et étant passés de l'impiété à la justice, comme de la mort à la vie, nous puissions avoir part à la première résurrection, qui est la résurrection actuelle. Et à cette première résurrection appartiennent seulement ceux qui participeront à la béatitude éternelle; car le Seigneur nous enseignera bientôt qu'à la seconde appartiendront et les bienheureux et les réprouvés. La première est la résurrection de miséricorde, la seconde est celle de la justice. Aussi le psalmiste s'écrie-t-il : « Je célébrerai par mes chants, votre miséricorde et votre justice. » (*Ps.* c, 1.)

2. C'est du jugement dernier qu'il est question dans les paroles suivantes : « Et il lui a donné le pouvoir de juger, parce qu'il est le Fils de l'homme. » (*Jean*, v, 27.) Le Sauveur déclare ici qu'il viendra juger en cette même chair qu'il avait prise pour être jugé. Ainsi doivent s'entendre ces mots : « Parce qu'il est le Fils de l'homme. » Ensuite il ajoute précisément dans notre sujet : « N'en soyez point surpris; car l'heure vient où tous ceux qui sont dans les tombeaux entendront sa voix; et tous ceux qui auront fait le bien, sortiront pour ressusciter à la vie, et ceux qui auront fait le mal, pour ressusciter au jugement. » (*Jean*, v, 28 et 29.) C'est bien encore à présent ce jugement pris dans le sens de condamnation, comme nous l'avons vu plus haut, quand il dit : « Celui qui entend ma parole et croit à Celui qui m'a envoyé, a la vie éternelle, et ne viendra point en jugement, car il est déjà passé de la mort à la vie; » (*Ibid.* v, 24) c'est-à-dire, qu'ayant part à la première résurrection, au moyen de laquelle on passe à présent de la mort à la vie, il ne tombera pas dans la damnation qu'il rend par le mot jugement, et de même ici, dans ces paroles : « Ceux qui auront fait le mal, ressusciteront au jugement, » (*Ibid.* v, 29) c'est-à-dire à la damnation. Que celui donc qui ne veut pas être condamné à la seconde résurrection, ressuscite à la première. Car, « l'heure vient, et elle est déjà venue, où les morts entendront la voix du Fils de Dieu; et ceux qui l'auront entendue vivront, »

---

sive originalibus, sive etiam voluntate additis vel ignorando, vel sciendo, nec faciendo quod justum est : et pro omnibus mortuis vivus mortuus est unus, id est, nullum habens omnino peccatum : ut qui per remissionem peccatorum vivunt, jam non sibi vivant, sed ei qui (*a*) pro omnibus mortuus est propter peccata nostra, et resurrexit propter justificationem nostram; ut credentes in eum qui justificat impium, ex impietate justificati, tamquam ex morte vivificati, ad primam resurrectionem, quæ nunc est (*b*), pertinere possimus. Ad hanc enim primam non pertinent, nisi qui beati erunt in æternum : ad secundam vero, de qua mox locuturus est, et beatos pertinere docebit, et miseros. Ista est misericordiæ, illa judicii. Propter quod in Psalmo scriptum est : « Misericordiam et judicium cantabo tibi, Domine. » (*Ps.* c, 1.)

2. De quo judicio consequenter adjunxit, atque ait : « Et potestatem dedit ei judicium facere, quia Filius hominis est. » (*Joan.* v, 27.) Hic ostendit, quod in ea carne veniet judicaturus, in qua venerat judicandus. Ad hoc enim ait, « quoniam Filius hominis est. » Ac deinde subjungens admonuit nos : « Nolite, inquit, mirari hoc, quia venit hora, in qua omnes qui in monumentis sunt, audient, vocem (*c*) ejus; et procedent qui bona fecerunt, in resurrectionem vitæ; qui vero mala egerunt, in resurrectionem judicii. » (*Ibid.* 28 et 29.) Hoc est illud judicium, quod paulo ante, sicut nunc, pro damnatione posuerat, dicens : « Qui verbum meum audit, et credit ei qui misit me, habet vitam æternam, et in judicium non veniet, sed transiit a morte in vitam : » (*Ibid.* 24) id est, pertinendo ad primam resurrectionem, qua nunc transitur a morte ad vitam, in damnationem non veniet, quam significavit appellatione judicii, sicut etiam hoc loco, ubi ait : « Qui vero mala egerunt, in resurrectionem judicii, » (*Ibid.* 29) id est, damnationis. Resurgat ergo in prima, qui non vult in secunda resurrectione damnari. « Venit enim hora, et nunc est, quando mor-

---

(*a*) In pluribus Mss. non habetur, *pro omnibus*. — (*b*) Am. et Er. *quæ nunc est animarum*. Ceteri libri carent voce *animarum*, quæ exponendi hujus loci caussa addita est, Sic paulo post n. 2, cædem editiones, et Vind. *quæ nunc transitur a morte animarum ad vitam virtutum*: ubi Lov. et Mss. habent tantum, *quæ nunc transitur a morte ad vitam*. — (*c*) Sic Mss. Editi vero, *vocem Filii Dei*.

(*Ibid.* v, 25) c'est-à-dire, ne tomberont point dans la damnation appelée la seconde mort, où, après la seconde résurrection, qui est celle des corps, seront précipités ceux qui ne ressuscitent pas à la première, à la résurrection des âmes. Et il ajoute : « L'heure viendra, (mais il ne dit pas : elle est déjà venue, car ce n'est que pour la fin du siècle, c'est-à-dire au grand et suprême jugement de Dieu,) où tous ceux qui sont dans les tombeaux entendront sa voix et sortiront. » (*Ibid.* v, 28.) Il ne dit pas, comme au sujet de la première résurrection : « Et ceux qui l'auront entendue vivront. » Car tous ne vivront pas alors, de cette vie du moins qui en mérite seule le nom, parce qu'elle est bienheureuse ; et toutefois, sans une certaine vie, ils ne sauraient entendre, ni sortir de leurs tombeaux à la résurrection de leur chair. Or, il nous apprend pourquoi tous ne vivront pas : Ceux qui ont fait le bien, ajoute-t-il, sortiront pour ressusciter à la vie ; voilà ceux qui vivront : mais ceux qui ont fait le mal, ressusciteront pour le jugement ; et ceux-là ne vivront pas, car ils mourront de la seconde mort ; ils ont fait le mal, puisqu'ils ont mal vécu ; et ils ont mal vécu, puisqu'ils ne sont pas ressuscités à la première résurrection, à la résurrection des âmes, qui a lieu présentement ; ou s'ils sont ressuscités, ils n'ont pas persévéré jusqu'à la fin. Ainsi donc, comme il y a deux régénérations : l'une selon la foi, qui s'accomplit maintenant par le baptême ; l'autre selon la chair, qui s'accomplira au dernier jugement, par l'incorruptibilité et l'immortalité ; ainsi il y a deux résurrections : l'une, celle des âmes, qui s'accomplit d'abord et dans le temps présent, pour préserver les âmes de la seconde mort ; l'autre, celle des corps, non des âmes, qui s'accomplira ensuite, non pas en ce temps, mais à la fin du siècle, au dernier jugement, dont la sentence enverra ceux-ci dans la seconde mort, ceux-là dans la vie qui ne connaît point de mort.

CHAPITRE VII.

De ce qui est écrit dans l'Apocalypse de saint Jean, par rapport aux deux résurrections et aux mille ans. Quel sens on peut donner à ce passage.

1. Le même évangéliste, saint Jean, dans son Apocalypse, parle de ces deux résurrections. Mais plusieurs des nôtres, faute de comprendre son mystérieux langage sur la première résurrection, l'ont traduit en fables ridicules. Voici ce que dit l'apôtre saint Jean dans son livre : « Et je vis descendre du ciel un ange qui avait la clef de l'abîme et une chaîne dans sa main ; et

---

tui audient vocem Filii Dei: et qui audierint, vivent, » (*Ibid.* 25) id est, in damnationem non venient, quæ secunda mors dicitur : in quam mortem, post secundam, quæ corporum futura est, resurrectionem, præcipitabuntur, qui in prima, quæ animarum est, non resurgunt. « Veniet enim hora, » (ubi non ait, « et venit est ; » quia in fine sæculi erit, hoc est in ultimo et maximo judicio Dei,) « quando omnes qui in monumentis sunt, audient vocem ejus, et procedent. » (*Ibid.* 28.) Non dixit quemadmodum in prima, « et qui audierint, vivent. » Non enim omnes vivent, ea scilicet vita, quæ quoniam beata est, sola vita dicenda est. Nam utique non sine qualicumque vita possent audire, et de monumentis resurgente carne procedere. Quare autem non omnes vivent, in eo quod sequitur, docet : « Qui bona, inquit, fecerunt, in resurrectionem vitæ, » hi sunt qui vivent : « qui vero mala egerunt, in resurrectionem judicii, » hi sunt qui non vivent; quia secunda morte morientur. Mala quippe egerunt, quoniam male vixerunt : male autem vixerunt, quia in prima, quæ nunc est, animarum resurrectione non revixerunt, aut in eo quod revixerant, non in finem usque manserunt. Sicut ergo duæ sunt regenerationes, de quibus jam supra locutus sum, una secundum fidem, quæ nunc fit per baptismum ; alia secundum carnem, quæ fiet in ejus incorruptione atque immortalitate per judicium magnum atque novissimum : ita sunt et resurrectiones duæ, una prima, quæ et nunc est, et animarum est, quæ venire non permittit in mortem secundam ; alia secunda, quæ nunc non est, sed in sæculi fine futura est, nec animarum, sed corporum est, quæ per ultimum judicium alios mittet in secundam mortem, alios in eam vitam, quæ non habet mortem.

CAPUT VII.

De duabus resurrectionibus et de mille annis quid in Apocalypsi Joannis scriptum sit, et quid de eis rationabiliter sentiatur.

1. De his duabus resurrectionibus idem Joannes evangelista in libro qui dicitur Apocalypsis, eo modo locutus est, ut eorum prima a quibusdam nostris non intellecta, insuper etiam in quasdam ridiculas fabulas verteretur. Ait quippe in libro memorato Joannes apostolus : « Et vidi Angelum descenden-

il saisit le dragon, l'antique serpent, appelé aussi le **Diable** et **Satan**, et il le lia pour mille ans, et il le précipita dans l'abîme; et il ferma et scella sur lui l'abîme, afin qu'il ne séduisit plus les nations, jusqu'à ce que les mille ans fussent passés; après quoi il doit être délié pour peu de temps. Et je vis des trônes, et plusieurs y prirent place, et la puissance de juger leur fut donnée. Et les âmes de ceux qui ont été tués pour avoir rendu témoignage à Jésus et à la parole de Dieu, et ceux qui n'ont point adoré la bête ni son image, qui n'ont point été marqués de son sceau sur le front ou dans la main, régnèrent mille ans avec Jésus. Les autres n'ont point vécu jusqu'à la fin des mille ans. Voilà la première résurrection. Heureux et saint, celui qui participe à cette première résurrection. La seconde mort n'aura point d'empire sur eux; mais ils seront prêtres de Dieu et du Christ, et ils régneront mille ans avec lui. » (*Apoc.* XX, 1, *etc.*) Ceux qui, par suite de ces paroles, ont pu croire que la première résurrection serait corporelle, se sont laissés surprendre principalement par ce chiffre de mille ans, comme si ce temps devait être pour les saints le sabbat nouveau, un saint repos après les labeurs de six mille ans, écoulés depuis la création de l'homme et son exil du paradis dont, en punition du grand crime, il échangera les joies contre les chagrins de cette misérable vie; alors, selon qu'il est écrit : « Devant le Seigneur, un jour est comme mille ans et mille ans comme un jour ; » (II. *Pierre*, III, 8) six mille ans étant passés comme six jours, les derniers mille ans seraient comme le septième jour, jour du sabbat, ou sabbat des saints, qui ressusciteraient pour le célébrer. Cette opinion serait presque tolérable, si la présence du Seigneur devait donner à ce sabbat des saints quelques délices spirituelles. J'avais même autrefois adopté ce sentiment. Mais comme on prétend que les loisirs sans fin des ressuscités se passeront en festins charnels, où non-seulement on ne gardera aucune mesure, mais où les orgies païennes seront dépassées, cette opinion ne saurait plus convenir qu'aux gens charnels. Les hommes spirituels appellent ceux qui la partagent χιλιαστας mot grec que l'on peut traduire littéralement par Millénaires.

---

tem de cœlo, habentem clavem abyssi, et catenam (*a*) in manu sua, et tenuit draconem illum serpentem antiquum, qui cognominatus est diabolus et satanas, et alligavit illum mille annis, et misit illum in abyssum; et clausit, et signavit super eum, ut non seduceret jam gentes, donec finiantur mille anni : post hæc oportet eum solvi brevi tempore. Et vidi sedes, et sedentes super eas, et judicium datum est (*b*). Et animæ occisorum propter testimonium Jesu, et propter verbum Dei, et si qui non adoraverunt bestiam, nec imaginem ejus, nec acceperunt inscriptionem in fronte aut in manu sua, et regnaverunt cum Jesu mille annis : reliqui eorum non vixerunt, donec finiantur mille anni. Hæc resurrectio prima est. Beatus et sanctus est, qui habet in hac prima resurrectione partem. In istis secunda mors non habet potestatem; sed erunt sacerdotes Dei et Christi, et regnabunt cum eo mille annis. » (*Apoc.* XX, 1, etc.) Qui propter hæc hujus libri verba prima resurrectionem futuram suspicati sunt corporalem, inter cetera maxime numero annorum mille permoti sunt, tamquam oporteret in sanctis eo modo veluti tanti temporis fieri sabbatismum, vacatione scilicet sancta post labores annorum sex millium, ex quo creatus est homo, et magni illius peccati merito in hujus mortalitatis ærumnas de paradisi felicitate dimissus est, ut quoniam scriptum est : » Unus dies apud Dominum sicut mille anni, et mille anni sicut dies unus, » (II. *Petr.* III, 8) sex annorum millibus tamquam sex diebus impletis, sequatur velut sabbati septimus in eis mille postremis, ad hoc scilicet sabbatum celebrandum resurgentibus sanctis. Quæ opinio esset utcumque tolerabilis, si aliquæ deliciæ spiritales in illo sabbato adfuturæ sanctis per Domini præsentiam crederentur. Nam etiam nos hoc (*c*) opinati fuimus aliquando. Sed cum eos qui tunc resurrexerint, dicant immoderatissimis carnalibus epulis vacaturos, in quibus cibus sit tantus ac potus, ut non solum nullam modestiam teneant, sed modum quoque ipsius incredulitatis excedant : nullo modo ista possunt nisi a carnalibus credi. Illi autem qui spiritales sunt, istos ista credentes χιλιαστας, appellant Græco vocabulo; quos, verbum e verbo exprimentes, nos possumus Milliarios nuncupare. Eos autem longum est refellere ad singula ; sed potius, quemadmodum Scriptura hæc accipienda sit, jam debemus ostendere.

(*a*) In Apocalypsi, cap. XX, *et catenam magnam in manu sua*. — (*b*) Editi, *datum est illis, et animas occisorum*, etc. Sic plane. Vulgata et Græca lectio Apoc. XX. Attamen Mss. omnes hic omittunt *illis*, habentque *Et animæ* : atque hanc ipsam lectionem exponet postea Augustinus, cap. IX. — (*c*) Sicuti videre est in Sermone CCLIX, qui alias ex Sirmondianis fuit XIX.

Il serait long de les réfuter en détail, il vaut mieux montrer quel est le sens de ce passage de l'Écriture.

2. Notre-Seigneur Jésus-Christ dit lui-même : « Personne ne peut entrer dans la maison du fort et lui enlever ses vases, s'il n'a auparavant lié le fort. » (*Marc.* III, 27.) Par le fort il veut faire entendre le diable, qui a pu tenir le genre humain captif; par les vases qu'il devait lui enlever, ses fidèles futurs, que l'ennemi retenait dans les liens du crime et de l'impiété. Pour lier ce fort, l'apôtre, dans l'Apocalypse, vit donc un ange descendre du ciel, ayant la clef de l'abîme et une chaîne dans sa main. Et il saisit le dragon, cet antique serpent, appelé aussi le diable et Satan, et il le lia pour mille ans (*Apoc.* XX, 1); c'est-à-dire qu'il l'empêcha de séduire et de dominer ses élus, en enchaînant sa puissance. Quant aux mille ans, on peut je crois, les entendre de deux manières : ou ceci se passe aux derniers mille ans, c'est-à-dire aux sixième millénaire, comme au sixième jour, dont la dernière révolution s'accomplit maintenant pour être suivie du sabbat qui n'aura pas de soir, ou de l'éternel repos des saints; et alors, c'est la dernière partie de ce jour millénaire qui doit durer jusqu'à la fin du siècle, que l'Écriture appelle mille ans, prenant, d'après une figure usitée, la partie pour le tout; ou bien par ce nombre, elle entend toutes les années de ce siècle, afin de représenter avec un nombre parfait la plénitude des temps. Car le nombre mille est le carré solide de dix; dix multipliés dix fois font cent, figure carrée, mais plane; pour l'élever en hauteur et la rendre solide, il faut encore multiplier cent par dix, ce qui fait mille. Et si cent désigne quelquefois l'universalité des nombres, puisque Notre-Seigneur permet à celui qui abandonne tout pour le suivre, que dès cette vie il recevra le centuple (*Matth.* XIX, 29, *Marc.* X, 30), parole que l'Apôtre semble expliquer ainsi : comme n'ayant rien, et possédant tout (II. *Cor.* VI, 10); car il avait été dit bien auparavant (*Prov.* XVII): « Le monde entier est le trésor de l'homme fidèle,» combien plus cette universalité des nombres sera-t-elle figurée par le nombre mille, qui est le solide du carré de dix? Aussi on ne saurait donner un meilleur sens à ces paroles du psaume : « Il s'est souvenu dans le cours des

---

2. Ait ipse Dominus Jesus Christus, « Nemo potest introire in domum fortis, et vasa ejus eripere, nisi prius alligaverit fortem : » (*Marc.* III, 27.) diabolum volens intelligi fortem, quia ipse genus humanum potuit tenere captivum ; vasa vero ejus, quæ fuerat erepturus, fideles suos futuros, quos ille in diversis peccatis atque impietatibus possidebat. Ut ergo alligaretur hic fortis, propterea vidit iste Apostolus in Apocalypsi « Angelum descendentem de cœlo, habentem clavem abyssi, et catenam in manu sua. Et tenuit, inquit, draconem illum serpentem antiquum, qui cognominatus est diabolus et satanas, et alligavit cum mille annis, » (*Apoc.* XX, 1 etc.) hoc est, ejus potestatem ab eis seducendis ac possidendis, qui fuerant liberandi, cohibuit atque frenavit. Mille autem anni, duobus modis possunt, quantum mihi occurrit, intelligi : aut quia in ultimis annis mille ista res agitur, id est, sexto annorum milliario tamquam sexto die, cujus nunc spatia posteriora habet volvuntur; secuturo deinde sabbato, quod non habet vesperam, requie scilicet sanctorum, quæ non habet finem : ut hujus milliarii tamquam diei novissimam partem, quæ (*a*) remanebat usque ad terminum sæculi, mille annos appellaverit; eo loquendi modo, quo pars significatur a toto : aut certe mille annos pro annis omnibus hujus sæculi posuit; ut perfecto numero notaretur ipsa temporis plenitudo. Millenarius quippe numerus denarii numeri quadratum soliduin reddit. Decem quippe decies ducta, fiunt centum ; quæ jam (*b*) figura quadrata, sed plana est. Ut autem in altitudinem surgat, et solida fiat, rursus centum decies multiplicantur, et mille sunt. Porro si centum ipsa pro universalitate aliquando ponuntur, quale illud est, quod Dominus omnia sua dimittenti et cum sequenti promisit, dicens : « Accipiet in hoc sæculo centuplum : » (*Matth.* XIX, 29 ; *Marc.* X, 30) quod exponens quodam modo Apostolus, ait : « Quasi nihil habentes, et omnia possidentes : » (II. *Cor.* VI, 10) quia et (*c*) ante jam dictum erat : « Fidelis hominis totus mundus divitiarum est : » (*Prov.* XVII) quanto magis mille pro universitate ponuntur, ubi est soliditas

---

(*a*) Ita Mss. At editi, *remanebit*. — (*b*) Lov. *non figura quadrata*. Abest *non* a ceteris libris. — (*c*) Ibi particula *ante*, non superiora verba Pauli indicat, sicuti visum est non nemini, sed superiora tempora. Id enim quod affertur, *Fidelis hominis totus mundus divitiarum est*, dictum fuit a Salomone in Proverbiis, ibique cap. XVII, post versum 6. legitur apud LXX, non apud Vulgatam. Citatur a Clemente Alexandrino II. Stromatum, et ab aliis Veteribus.

TOM. XXIV.

siècles de son alliance et de la promesse qu'il a faite pour mille générations, » (*Ps.* CIV, 8), c'est-à-dire pour toutes les générations.

3. Et il précipite dans l'abîme. Cet abîme, où le diable est jeté, figure la multitude des impies dont les cœurs sont remplis d'une profonde malice contre l'Église de Dieu; non que le diable n'y fut déjà, mais alors, banni du milieu des fidèles, il entre dans une possession plus complète des impies. Car il est encore davantage sous l'empire du démon, celui qui, après s'être éloigné de Dieu, poursuit ses serviteurs d'une haine toute gratuite. Et il ferma et scella sur lui l'abîme, afin qu'il ne séduisît plus les nations jusqu'à ce que les mille ans fussent passés. Il ferma c'est-à-dire il lui ôta toute possibilité de sortir, ou d'enfreindre sa défense; le mot ajouté : il scella, me paraît une déclaration de la volonté divine de dérober à notre connaissance ceux qui appartiennent ou qui n'appartiennent pas au démon. C'est là, en effet, un mystère impénétrable durant cette vie : on ne sait si celui qui paraît debout ne tombera point, et si celui qui paraît tombé ne se relèvera point. Or, le diable est lié et enchaîné dans sa prison, pour l'empêcher de poursuivre son métier de séducteur parmi les nations qui appartiennent au Christ, et qu'il dominait autrefois. Car, selon la parole de l'Apôtre, Dieu a choisi ces nations, avant le commencement du monde, pour les arracher à la puissance des ténèbres et les transférer dans le royaume du Fils de sa charité. (*Eph.* I, 4, *Col* I, 13.) Et quel fidèle peut ignorer que, maintenant encore, il séduit les nations non prédestinées à la vie éternelle et qu'il les entraîne avec lui dans d'éternels supplices? Que l'on ne s'étonne donc pas si souvent il séduit ceux mêmes qui, régénérés en Jésus-Christ, marchent dans les voies de Dieu. Car le Seigneur connaît ceux qui sont à lui (II. *Tim.* II, 19); et de ceux-là, il n'en séduit aucun jusqu'à le perdre dans la damnation éternelle. Le Seigneur les connaît, comme Dieu, et pour lui l'avenir n'a pas de secrets; ce n'est pas comme l'homme qui ne voit que l'homme présent, (s'il voit toutefois celui dont il ne voit pas le cœur), sans savoir ce qu'il sera plus tard, et qui ne se voit pas lui-même. Ainsi le diable est lié et enfermé dans l'abîme, afin qu'il ne séduise plus les nations dont se compose l'Église, nations qu'il dominait par ses séductions avant la naissance de l'Église. Et il n'est pas dit, afin qu'il ne séduise plus personne, mais afin qu'il ne séduise plus les nations, sous le nom des-

---

ipsius denariæ quadraturæ? Unde nec illud melius intelligitur, quod in Psalmo legitur : « Memor fuit in sæculum testamenti sui, verbi quod mandavit in mille generationes. » (*Psal.* CIV, 8) id est, in omnes.

3. « Et misit illum, inquit, in abyssum : » utique diabolum misit in abyssum. Quo nomine significata ex multitudo innumerabilis impiorum, quorum in malignate adversus Ecclesiam Dei multum profunda sunt corda : non quia ibi diabolus ante non erat; sed ideo dicitur illuc missus, quia exclusus a credentibus plus cœpit impios possidere. Plus namque possidetur a diabolo, qui non solum alienatus est a Deo, verum etiam gratis odit servientes Deo. « Et clausit, inquit, et signavit super eum, ut jam non seduceret gentes, donec finiantur mille anni. Clausit super eum, « dictum est, interdixit ei ne possit exire, id est, vetitum transgredi. « Signavit » autem, quod addidit, significasse mihi videtur, quia occultum esse voluit, qui pertineant ad partem diaboli, et qui non pertineant. Hoc quippe in sæculo isto prorsus latet : quia et qui videtur stare, utrum sit casurus; et qui videtur jacere, utrum sit surrectu-
rus, incertum est. Ab eis autem gentibus seducendis hujus interdicti vinculo et claustro diabolus prohibetur atque cohibetur, quas pertinentes ad Christum seducebat antea, vel tenebat. Has enim Deus elegit ante mundi constitutionem eruere de potestate tenebrarum, et transferre in regnum Filii (*a*) caritatis suæ (*Ephes.* I, 2; (*Coloss.* I, 13), sicut Apostolus ait. Nam seducere illum gentes etiam nunc, et secum trahere in æternam pœnam, sed non prædestinatas in æternam vitam, quis fidelis ignorat? Nec moveat, quod sæpe diabolus seducit etiam illos, qui jam regenerati in Christo, vias ingrediuntur Dei, « Novit enim Dominus qui sunt ejus : » (II. *Tim.* II, 19) ex his in æternam damnationem neminem illo seducit. Sic enim novit eos Dominus, ut Deus, quem nihil latet etiam futurorum; non ut homo, qui hominem ad præsens videt, (si tamen videt, cujus cor non videt,) qualis autem postea sit futurus, nec se ipsum videt. Ad hoc ergo ligatus est diabolus, et inclusus in abysso, ut jam non seducat gentes, ex quibus constat Ecclesia, quas antea seductas tenebat, ante quam esset Ecclesia. Nec enim dictum est, ut non seduceret aliquem; sed « ut non seduceret, inquit,

---

(*a*) Ita plures probæ notæ Mss. At editi, *claritatis suæ*.

quelles il a sans doute voulu faire entendre l'Église; jusqu'à ce que les mille ans fussent passés, c'est-à-dire jusqu'à l'expiration du sixième jour millénaire, ou jusqu'à la fin de toutes les années que ce siècle doit parcourir.

4. Il ne faut pas non plus entendre ces paroles : « afin qu'il ne séduise plus les nations, jusqu'à ce que les mille ans soient terminés, » comme s'il devait ensuite séduire les seules nations dont se compose l'Église prédestinée, quand, pour l'affranchir de ses séductions, il fut chargé de chaînes et enfermé. Mais, ou cette locution, assez en usage dans l'Écriture, a le même sens que dans ce verset du psaume : « Ainsi nos yeux sont fixés vers le Seigneur notre Dieu, jusqu'à ce qu'il ait pitié de nous; » (*Ps.* CXXII, 2) car, lorsque le Seigneur aura exercé sa miséricorde, ses serviteurs ne cesseront pas pour cela de tourner leurs yeux vers lui; ou bien, tel est l'ordre de ces paroles : « Et il ferma, et il scella l'abîme sur lui, jusqu'à ce que les mille ans fussent passés; « quant à la phrase incidente : « afin qu'il ne séduisît plus les nations, » il faut la dégager de l'ensemble et l'entendre à part, comme si elle venait à la suite de la phrase qui alors serait ainsi conçue : « Et il ferma et scella l'abîme sur lui jusqu'à ce que les mille ans fusssent passés, afin qu'il ne séduisît plus les nations ; ou encore : afin qu'il ne séduise plus les nations, l'abîme est fermé jusqu'à ce que les mille ans soient passés.

CHAPITRE VIII.

De la captivité et de la délivrance du diable.

1. « Après quoi, dit l'Apôtre, il doit être délié pour peu de temps. » (*Apoc.* XX, 3.) Si, pour le diable, c'est être lié et enfermé que de ne pouvoir séduire l'Église, sa délivrance sera donc de le pouvoir? Loin de nous cette pensée ! Jamais il ne séduira l'Église élue et prédestinée avant la création du monde, l'Église dont il est dit :« Le Seigneur connaît ceux qui sont à lui; » (I. *Tim.* II, 19) et cependant, à l'époque même de la délivrance du diable, cette Église sera, comme depuis son établissement, comme elle a été et comme elle sera toujours ici-bas, dans ses enfants qui lui naissent sans interruption pour succéder à ceux qui meurent. Car, un peu plus loin, l'Apôtre dit que le diable, délivré de sa prison, séduira les nations de la terre et les entraînera dans la guerre contre l'Église; et que le nombre de ses ennemis égalera le sable de la mer. « Et ils s'élancèrent, dit-il, sur

toute l'étendue de la terre, et ils environnèrent le camp des saints et la Cité bien-aimée : et Dieu fit descendre un feu du ciel, qui les dévora; et le diable, leur séducteur, fut jeté dans un étang de feu et de soufre, avec la bête et le faux prophète, et ils y seront tourmentés jour et nuit dans les siècles des siècles. » (*Apoc.* XX, 8.) Mais ce passage a rapport au jugement dernier, si je le cite, c'est afin que personne ne s'imagine, que, dans ce peu de temps où le diable sera déchaîné, il n'y aura plus d'Église sur terre, soit qu'il ne la trouve plus au jour de sa liberté, soit qu'il l'anéantisse par toutes sortes de persécutions. Ainsi donc, pour résumer tout le temps qu'embrasse ce livre, c'est-à-dire depuis le premier avènement du Christ jusqu'à la fin du siècle, époque du second avènement; la captivité du diable, pendant cette période que l'Apôtre exprime par mille ans, ne consiste pas dans son impuissance à séduire l'Église, puisqu'il ne saurait la séduire, même étant délié. Et cependant, si pour lui être lié, c'est ne pas avoir la puissance ou la permission de séduire, être délié, ne sera-ce pas recouvrer cette puissance ou cette permission? A Dieu ne plaise qu'il en soit ainsi ! La captivité du diable consiste à ne pas avoir la liberté d'exercer toutes les tentations dont il est capable, par force ou par ruse pour séduire les hommes, soit en les entraînant violemment à son parti, soit en les faisant tomber frauduleusement dans ses pièges. Si cette permission lui était donnée pendant un si long espace de temps et vu l'extrême infirmité d'un grand nombre, plusieurs seraient exposés à des épreuves que Dieu ne leur a pas réservées; de plus, il ferait perdre la foi aux fidèles, et il empêcherait les autres de l'embrasser. Afin qu'il n'en soit point ainsi, il est lié.

2. Mais il sera délié, quand il ne restera qu'un peu de temps. Car l'Écriture n'accorde que trois ans et six mois au démon et à ses suppôts pour l'exercice de toutes leurs violences; mais tels seront ceux qu'il doit combattre, que toute sa rage et toutes ses ruses ne pourront les faire succomber. Or, s'il n'était jamais délié, sa maligne puissance serait moins évidente; la patience de la Cité sainte et fidèle, moins éprouvée; et tout le bien que Dieu par sa puissance sait tirer d'un si grand mal, moins sensible. Car, alors même qu'il est chassé du for intérieur qui croit en Dieu (1), il n'a pas

(1) Saint Augustin fait ici allusion à ces paroles de l'Apôtre, aux Éphésiens :« Afin que se fortifie en vous, par l'Esprit de Dieu, l'homme intérieur, et que le Christ habite dans vos cœurs par la foi. »

---

ducebat eos, missus est in stagnum ignis et sulphuris, ubi et bestia et (*a*) pseudopropheta; et cruciabuntur die ac nocte in sæcula sæculorum. » (*Apoc.* xx, 8, etc.) Sed hoc jam ad judicium novissimum pertinet, quod nunc propterea commemorandum putavi, ne quis existimet eo ipso parvo tempore, quo solvetur diabolus, in hac terra Ecclesiam non futuram, illo hic eam vel non inveniente, cum fuerit solutus, vel absumente, cum fuerit modis omnibus persecutus. Non itaque per totum hoc tempus, quod liber iste complectitur, a primo scilicet adventu Christi usque in sæculi finem, quo erit secundus ejus adventus, ita diabolus alligatur, ut ejus hæc ipsa sit alligatio, per hoc intervallum, quod mille annorum numero appellat, non seducere Ecclesiam: quando quidem illam nec solutus utique seducturus est. Nam præfecto si ei alligari est, non posse seducere, sive non permitti; quid erit solvi, nisi posse seducere, sive permitti? Quod absit ut fiat : sed alligatio diaboli, est non permitti (*b*) exercere totam tentationem, quam potest vel vi vel dolo ad seducendos homines, in partem suam cogendo violenter, fraudulenterve fallendo. Quod si permitteretur in tam longo tempore et tanta infirmitate multorum, plurimos quales Deus id perpeti non vult, et fideles dejiceret, et ne crederent impediret, quod ne faceret, alligatus est.

2. Tunc autem solvetur, quando et breve tempus erit. Nam tribus annis et sex mensibus legitur totis suis suorumque viribus sæviturus : et tales erunt, cum quibus ei belligerandum est, ut vinci tanto ejus impetu insidiisque non possint. Si autem numquam solveretur, minus appareret ejus maligna potentia, minus sanctæ Civitatis fidelissima patientia probaretur ; minus denique perspiceretur, quam magno ejus malo tam bene fuerit usus Omnipotens : qui eum nec omnino abstulit a tentatione sanctorum, quomvis ab eorum interioribus (*c*) hominibus, ubi in Deum creditur, foras missum, ut forinsecus ejus oppugnatione proficerent; et in eis qui sunt

(*a*) Editi, *et pseudoprophetu*. Castigantur ex Mss. — (*b*) Plerique Mss. *exerere.* — (*c*) Lov. *interioribus omnibus.* Verius editi alii et Mss. *interioribus hominibus.*

perdu tout pouvoir de tenter les saints; afin que ses attaques extérieures multiplient leurs progrès dans la vertu; toutefois, il est lié dans ses partisans, de peur que le libre exercice de toute sa méchanceté sur cette foule d'infirmes qui doivent remplir l'Église, ne ruine la foi des fidèles, et ne détourne des voies de la piété ceux qui ne croient pas encore; et il sera délié à la fin des temps, afin que la Cité de Dieu reconnaisse, à la gloire de son Rédempteur, devenu encore son protecteur et son libérateur, de quel terrible adversaire elle a triomphé. Et que sommes-nous, en comparaison des saints et des fidèles d'alors, quand la liberté d'un tel ennemi est nécessaire à leur épreuve, tandis que nous avons tant de peines à le combattre, bien qu'il soit enchaîné? Toutefois, même de notre temps, et cela ne saurait être douteux, il a été et il est encore plusieurs soldats du Christ, si prudents et si forts, que, fussent-ils vivants au jour de la délivrance du diable, leur profonde sagesse déjouerait toutes ses perfidies et leur invincible patience resterait victorieuse de toutes ses attaques.

3. Or, cette captivité du démon ne remonte pas seulement à l'époque où l'Église, sortant de la terre de Judée, commença à se répandre de nations en nations; mais elle existe encore à présent, et elle existera jusqu'à la fin du siècle, heure de sa délivrance. Car, même maintenant, les hommes abjurent l'infidélité, où il les retenait, pour embrasser la foi, et jusqu'à la fin ils se convertiront ainsi; et le fort est lié à chaque recrue qui lui est enlevée comme un de ses vases; et cependant, l'abîme où il est enfermé, n'a pas été comblé par la mort des persécuteurs qui vivaient au début de sa captivité; mais d'autres leur ont succédé et leur succèderont jusqu'à la fin du siècle; ceux-là ont de la haine pour les chrétiens, et, chaque jour, c'est en leurs cœurs aveuglés, comme dans un profond abîme, qu'ils renferment l'ennemi. Or, dans ces trois dernières années plus six mois, époque, où, rendu à la liberté, il exercera toute sa fureur, quelques infidèles se convertiront-ils encore à la foi? c'est une question. Comment, en effet, cette parole serait-elle justifiée : « Qui peut entrer dans la maison du fort et lui enlever ses vases, s'il n'a auparavant lié le fort; » (*Matth.* XII, 29) si on lui enlève ses vases bien qu'il soit délié? Ce texte semble nous forcer à croire qu'en ce peu de temps, personne ne viendra se joindre au peuple chrétien, mais que le diable fera la guerre à ceux qui se trouveront déjà chrétiens; parmi eux, si quelques uns sont vaincus et le suivent, c'est qu'ils n'étaient

---

ex parte ipsius, alligavit, ne quantam posset effundendo et exercendo malitiam, innumerabiles infirmos ex quibus Ecclesiam multiplicari et impleri oportebat, alios credituros, alios jam credentes, a fide pietatis hos deterreret, hos frangeret (*a*); et solvet in fine, ut quam fortem adversarium Dei Civitas superaverit, cum ingenti gloria sui redemptoris adjutoris, liberatoris, adspiciat. In eorum sane, qui tunc futuri sunt, sanctorum atque fidelium comparatione quid sumus? Quando quidem ad illos probandos tantus solvetur inimicus, cum quo nos ligato tantis periculis dimicamus. Quamvis et hoc temporis intervallo quosdam milites Christi tam prudentes et fortes fuisse atque esse, non dubium est, ut etiam si tunc in ista mortalitate viverent, quando ille solvetur, omnes insidias ejus atque impetus et caverent sapientissime, et patientissime sustinerent.

3. Hæc autem alligatio diaboli non solum facta est, ex quo cœpit Ecclesia præter Judæam terram in nationes alias aliasque dilatari; sed etiam nunc sit, et fiet usque ad terminum sæculi, quo solvendus est. Qua et nunc homines ab infidelitate, in qua ipse eos possidebat, convertuntur ad fidem, et usque in illum finem sine dubio convertentur : et utique unicuique (*b*) iste fortis tunc alligatur, quando ab illo tamquam vas ejus eripitur : et abyssus ubi inclusus est, non in eis consumta est, quando sunt mortui, qui tunc erant quando esse cœpit inclusus; sed successerunt eis alii nascendo, atque succedunt, donec finiatur hoc sæculum, qui oderint Christianos, in quorum quotidie, velut in abysso, cæcis et profundis cordibus includatur. Utrum autem etiam illis ultimis tribus annis et mensibus sex, quando solutus totis viribus sæviturus est, aliquis in qua non fuerat, sit accessurus ad fidem, nonnulla quæstio est. Quomodo enim stabit quod dictum est : « Quis intrat in domum fortis, ut vasa ejus eripiat, nisi prius alligaverit fortem, » (*Matth.* XII, 29) si etiam soluto eripiuntur? Ac per hoc ad hoc cogere videtur ista sententia, ut credamus illo, licet exiguo, tempore neminem accessurum esse populo Christiano, sed cum eis qui jam Christiani reperti fuerint, dia-

---

(*a*) Vind. et Am. *et solveretur*. Er. et Lov. *Et solvetur*. At Mss. *et solvet* : scilicet Omnipotens qui cum alligavit.
— (*b*) In editis, *unicuique fidelium*. Abest *fidelium*, a plerique Mss.

pas du nombre des enfants de Dieu prédestinés. Car ce n'est pas en vain que le même apôtre saint Jean, l'auteur de l'Apocalypse, a dit de plusieurs, dans ses épîtres : « Ils sont sortis d'entre nous, mais ils n'étaient pas avec nous; car, s'ils eussent été avec nous, ils y seraient certainement demeurés. » (I. *Jean*, II, 19.) Mais qu'arrivera-t-il des petits-enfants? Car il serait par trop extraordinaire qu'alors il n'y eût point d'enfants de chrétiens sans être baptisés, ou qu'il n'en naisse aucun dans ces jours, ou enfin auxquels les parents ne s'empresseraient pas de procurer la grâce de la régénération. Et, en ce cas, comment ces vases seraient-ils enlevés au démon déchaîné, puisque personne ne peut entrer dans sa maison et lui enlever ses vases, s'il n'a été enchaîné auparavant? Croyons donc plutôt que, même alors, ni les apostasies, ni les conversions ne manqueront à l'Église; mais que les pères, pour le baptême de leurs enfants, et les nouveaux convertis, seront si remplis de force qu'ils triompheront de ce fort, même déchaîné; c'est-à-dire que toutes ses ruses plus perfides, et tous ses efforts plus violents que jamais, viendront se briser contre la vigilance de leur sagesse et la force de leur patience; ainsi, malgré sa liberté, ses vases lui seront ravis. Et néanmoins cette maxime de l'Évangile n'aura pas été vaine : « qui n'entre dans la maison du fort pour lui enlever ses vases, si auparavant le fort n'a été lié ? » (*Matth*. XII, 29.) En effet, cet ordre a été observé, comme hommage à la vérité de la parole divine; le fort a d'abord été enchaîné, et, après lui avoir enlevé ses vases, l'Église, se répandant au loin et se rattachant dans toutes les nations et les forts et les faibles, s'est tellement multipliée que, sa foi affermie par l'accomplissement des promesses de Dieu, elle peut espérer désormais avoir assez de force pour enlever ses vases au démon, même délié. Car, s'il faut avouer que la charité d'un grand nombre doit se refroidir au spectacle de l'iniquité triomphante (*Matth*. XXIV, 12), et que, plusieurs dont les noms ne sont pas écrits au livre de vie, succomberont sous les persécutions violentes et les ruses inconnues jusqu'alors du diable déchaîné; il faut croire aussi qu'il se trouvera en ce temps-là des chrétiens fidèles, et que même plusieurs venus du dehors, aidés de la grâce de Dieu et de la considération des Écritures qui prédisent la fin du monde dont ils sentiront déjà l'approche, seront plus disposés alors à croire ce qu'ils ne croyaient pas et plus forts pour vaincre le diable déchaîné. Ainsi, il n'au-

---

bolum pugnaturum : ex quibus etiam si aliqui victi secuti eum fuerint, non eos ad prædestinatum filiorum Dei numerum pertinere. Neque enim frustra idem Joannes apostolus, qui et hanc Apocalypsim scripsit, in epistola sua de quibusdam dicit : « Ex nobis exierunt, sed non erant ex nobis : nam si fuissent ex nobis, mansissent utique nobiscum. » (I. *Joan*. II, 19.) Sed quid (*a*) fiet de parvulis ? Nimium quippe incredibile est, nullos jam natos et nondum baptizatos præoccupari Christianorum filios illo tempore infantes, nullos etiam ipsis nasci jam diebus; aut si erunt, non eos a parentibus suis ad lavacrum regenerationis modo quocumque perduci. Quod si fiet, quo pacto soluto jam diabolo vasa ista eripientur, in cujus domum nemo intrat, ut vasa ejus eripiat, nisi prius alligaverit eum ? Immo vero id potius est credendum, nec qui cadant de Ecclesia, nec qui accedant Ecclesiæ illo tempore defuturos : sed profecto tam fortes et parentes pro baptizandis parvulis suis, et hi qui tunc primitus credituri sunt, ut illum fortem vincant etiam non ligatum, id est, omnibus, qualibus antea numquam, vel artibus insidiantem, vel urgentem viribus, et vigilanter intelligant, et toleranter ferant; ac sic illi etiam non ligato eripiantur. Nec ideo falsa erit Evangelica illa sententia. « Quis intrat in domum fortis, ut vasa ejus eripiat, nisi prius alligaverit fortem ? » Secundum enim sententiæ ejus veritatem, ordo iste servatus est, ut prius alligaretur fortis, ereptisque vasis ejus, longe lateque in omnibus gentibus sive firmis et infirmis ita multiplicaretur Ecclesia, ut ex ipsa rerum divinitus prædictarum et impletarum robustissima fide, etiam soluto vasa possit auferre. Sicut enim fatendum est, multorum refrigescere caritatem (*Matth*. XXIV, 12), cum abundat iniquitas, et inusitatis maximisque persecutionibus atque fallaciis diaboli jam soluti, eos qui in libro vitæ scripti non sunt, esse multos cessuros : ita cogitandum est, non solum quos bonos fideles illud tempus inveniet, sed nonnullos etiam qui foris adhuc erunt, adjuvante Dei gratia per considerationem Scripturarum, in quibus et alia et finis ipse prænuntiatus est, quem venire jam sentiunt; ad credendum quod non credebant, futuros esse firmiores, et ad vincendum etiam non ligatum diabolum fortiores. Quod si ita erit, propterea præcessisse dicenda est ejus alliga-

(*a*) Mss. *fit*.

rait été lié d'abord, que pour être dépouillé ensuite, soit enchaîné, soit libre; car, c'est à ce sujet qu'il a été dit : « Qui entrera dans la maison du fort pour lui enlever ses vases, si d'abord il n'a été lié? »

CHAPITRE IX.

Comment les saints régneront-ils avec le Christ pendant mille ans; en quoi ce règne diffère-t-il du règne éternel?

Pendant les mille ans de l'enchaînement du diable, les saints règneront certainement avec le Christ, et il faut entendre ces mille ans du temps qui s'écoulera entre son premier et son second avénement. En effet, si, en outre de ce royaume, au sujet duquel le Christ dira à la fin du monde : « Venez, les bénis de mon Père, possédez le royaume qui vous a été préparé, » (*Matth.* xxv, 34) les saints à qui il a dit : « Voici que je suis avec vous jusqu'à la consommation des siècles, (*Matth.* xxviii, 20) ne régnaient déjà maintenant avec le Christ, quoique d'une manière moins parfaite, l'Église ne serait pas appelée son royaume, le royaume des cieux. N'est-ce pas dans le temps actuel que le royaume des cieux est enseigné à ce docteur dont j'ai parlé plus haut, et qui tira de son trésor des choses anciennes et nouvelles? (*Matth.* xiii, 52.) N'est-ce pas de l'Église que doit être séparée par les moissonneurs l'ivraie, que le père de famille a laissé croître avec le froment, jusqu'au temps de la moisson? C'est ce que le Sauveur explique en disant : « Le temps de la moisson, c'est la fin du monde; les moissonneurs sont les Anges. Comme donc on cueille l'ivraie et qu'on la jette au feu pour la consumer, il en arrivera de même à la fin du monde; le Fils de l'homme enverra ses Anges et ils enlèveront de ce royaume tous les scandales. » (*Ibid.* 39 *et suiv.*) Est-il question de ce royaume où il n'y a pas de scandales? nullement. L'ivraie sera donc séparée de ce royaume qui est son église. Il dit encore : « Celui qui violera l'un de ces moindres commandements et qui apprendra aux hommes à les violer, sera regardé dans le royaume des cieux comme le dernier; mais celui qui les accomplira et les enseignera, sera grand dans le royaume des cieux. » (*Matth.* v, 19. Nous voyons par ces paroles que le Christ place dans le royaume des cieux et celui qui viole les préceptes qu'il enseigne, car violer c'est ne pas observer, ne pas faire, et celui qui les accomplit et les enseigne, avec cette différence toutefois, que celui-là sera le dernier et celui-ci plus élevé. Il ajoute aussitôt après : Je vous le dis, si votre justice ne surpasse celle des Scribes et des Pharisiens» (*Ibid.* 20) c'est-à-dire la justice de ceux qui n'obser-

---

tio, ut et ligati et soluti expoliatio sequeretur : quoniam de hac re dictum est : « Quis intrabit in domum fortis, ut vasa ejus eripiat, nisi prius alligaverit fortem ? »

CAPUT IX.

Quod sit regnum sanctorum cum Christo per mille annos, et in quo discernatur a regno æterno.

1. Interea dum mille annis ligatus est diabolus, (*Apoc.* xx, 4) sancti (*a*) regnant cum Christo etiam ipsis mille annis eisdem sine dubio, et eodem modo intelligendis, id est, isto jam tempore prioris ejus adventus. Excepto quippe illo regno, de quo in fine dicturus est, « Venite benedicti Patris mei, possidete paratum vobis regnum, » (*Matth.* xxv, 34) nisi alio aliquo modo, longe quidem impari, jam nunc regnarent cum illo sancti ejus, quibus ait, « Ecce ego vobiscum sum usque in consummationem sæculi; » (*Matth.* xxviii, 20) profecto non etiam nunc diceretur Ecclesia regnum ejus, regnumve cœlorum. Nam utique isto tempore in regno Dei eruditur scriba ille qui profert de thesauro suo nova et vetera (*Matth.* xiii, 52), de quo supra locuti sumus. Et de Ecclesia collecturi sunt zizania messores illi, quæ permisit cum tritico simul crescere usque ad messem : quod exponens ait, « Messis est finis sæculi, messores autem Angeli sunt. Sicut ergo colliguntur zizania, et igni comburuntur; sic erit in consummatione sæculi : mittet Filius hominis Angelos suos, et colligent de regno ejus omnia scandala. » (*Ibid.* xxxix, *etc.*) numquid de regno illo, ibi nulla sunt scandala? De isto ergo regno ejus, quod est hic Ecclesia, colligentur. Item dicit, « Qui solverit unum de mandatis istis minimis, et docuerit sic homines, minimus vocabitur in regno cœlorum : qui autem fecerit, et sic docuerit, magnus vocabit in regno cœlorum. » (*Matth.* v, 19.) Utrumque dicit in regno cœlorum, et qui non facit mandata quæ docet, hoc est enim solvere, non servare, non facere; et illum qui facit, et sic docet : sed istum minimum, illum magnum, continuo secutus adjungit, « Dico enim vobis, quia

---

(*a*) Editi, *sancti Dei.* At Mss. omittunt *Dei.*

vent pas ce qu'ils enseignent, car il avait dit ailleurs, au sujet de ces hommes : « ils disent et ne font pas ce qu'ils disent; » (*Matth.* XXIII, 3) « Si donc votre justice ne surpasse leur justice, » c'est-à-dire si, pour éviter de violer la loi, vous ne faites pas ce que vous enseignez, « vous n'entrerez pas dans le royaume des cieux. » Il faut donc établir une distinction entre le royaume des cieux, où se trouvent en même temps, et celui qui enfreint ce qu'il enseigne et celui qui l'observe, quoique l'un y soit plus petit et l'autre plus grand, et le royaume des cieux où n'est reçu que celui qui accomplit les préceptes. Par conséquent, le royaume dont ces deux hommes font partie, c'est l'Église, telle qu'elle est aujourd'hui; et le royaume où un seul est admis, c'est l'Église telle qu'elle sera un jour, quand les impies en seront retranchés. L'Église est donc, dès à présent, et le royaume du Christ et le royaume des cieux. C'est pourquoi ses saints règnent avec lui, même maintenant, d'une manière différente, il est vrai, qu'ils règneront un jour; mais l'ivraie ne règne pas avec le Christ, bien qu'elle croisse dans l'Église avec le froment. Car ceux-là, régnant avec lui, font ce que dit l'Apôtre : « Si vous êtes ressuscités avec Jésus-Christ, recherchez ce qui est dans le ciel, où Jésus-Christ est assis à la droite de Dieu; n'ayez de goût que pour les choses du ciel et non pour celles de la terre. » (*Col.* III, 1 et 2.) C'est encore de ces chrétiens qu'il a dit que leur conversation est dans les cieux. (*Philip.* III, 20.) En effet, ceux-là règnent avec lui qui vivent de telle façon dans son royaume qu'ils sont eux-mêmes son royaume. Mais comment seraient le royaume du Christ ceux qui, pour ne rien dire de plus, recherchent ici-bas leurs intérêts et non ceux de Jésus-Christ?

2. Voici ce que dit le livre de l'Apocalypse au sujet de ce royaume militant où nous luttons encore contre l'ennemi, tantôt vaincus par les vices, tantôt triomphants de leurs séductions jusqu'au moment où nous entrerons dans ce paisible royaume, où nous n'aurons plus à redouter d'attaquer; et comment il parle de cette première résurrection qui s'accomplit maintenant. Après avoir dit que le diable sera enchaîné pendant mille ans, et qu'il sera délié pendant un temps très-court, l'apôtre saint Jean, résumant ce que fait l'Église ou ce qui se passe dans son sein pendant ces mille ans, dit : « J'ai vu des trônes et des hommes qui y étaient assis et il leur fut donné le pouvoir de juger. » (*Apoc.* XX, 4.) Il ne faut pas imaginer que ces

---

nisi abundaverit justitia vestra super Scribarum et Pharisæorum (*ibid.* 20), id est, super (*a*) justitiam eorum qui solvunt quod docent. De Scribis enim et Pharisæis dicit alio loco. « Quoniam dicunt, et non faciunt. » (*Matth.* XXIII, 3.) Nisi ergo super eos abundaverit justitia vestra, id est, ut vos non solvatis, sed facialis potius quo docetis : « non intrabitis, inquit, in regnum cœlorum. » Alio modo igitur intelligendum regnum cœlorum, ubi ambo sunt, et ille scilicet qui solvit quod docet, et ille qui facit; sed ille minimus (*b*), iste magnus : alio modo autem regnum cœlorum dicitur, quo non intrat nisi ille qui facit. Ac per hoc ubi utrumque genus est, Ecclesia est, qualis nunc est : ubi autem illud solum erit, Ecclesia est, qualis tunc erit, quando malus in ea non erit. Ergo Ecclesia et nunc est regnum Christi, regnumque cœlorum. Regnant itaque cum illo etiam nunc sancti ejus, aliter quidem, quam tunc regnabunt : nec tamen cum illo regnant zizania, quamvis in Ecclesia cum tritico crescant. Regnant enim cum illo qui faciunt quod Apostolus ait, « Si resurrexistis cum Christo, quæ sursum sunt sapite, ubi Christus est, in dextera Dei sedens : quæ sursum sunt quærite, non quæ super terram. » (*Col.* III, 1 et 2.) De qualibus item dicit, quod eorum conversatio sit in cœlis. » (*Philip.* III, 20.) Postremo regnant cum illo, qui eo modo sunt in regno ejus, ut sint etiam ipsi regnum ejus. Quomodo autem sunt regnum Christi, qui, ut alia taceam, quamvis ibi sint donec colligantur in fine sæculi de regno ejus omnia scandala, tamen illic sua quærunt, non quæ Jesu Christi ? » (*Philip.* II, 21.)

2. De hoc ergo regno militiæ, in quo adhuc cum hoste confligitur, et aliquando repugnatur (*c*) repugnantibus vitiis, aliquando cedentibus imperatur, donec veniatur ad illud pacatissimum regnum, ubi sine hoste regnabitur, et de hac prima resurrectione quæ nunc est, liber iste sic loquitur. Cum enim dixisset, alligari diabolum mille annis, et postea solvi brevi tempore; mox recapitulando quid in istis mille annis agat Ecclesia vel agatur in ea, « Et vidit, inquit, sedes et sedentes super eas, et judicium datum est. » (*Apoc.* XX, 4.) Non hoc putandum est de ultimo judicio dici : sed sedes præpositorum, et ipsi

---

(*a*) Omnes Mss. *super eos qui solvunt.* — (*b*) Mss. *ille magnus.* — (*c*) Plures Mss. *pugnantibus vitiis. Et mox iidem aliique omnes, aliquando cadentibus.*

paroles s'appliquent au jugement dernier; mais elles désignent les trônes des évêques et les évêques eux-mêmes, à qui est confiée la charge de gouverner l'Église. Quant au pouvoir de juger qui leur est donné, il semble qu'on ne peut mieux l'entendre que de celui-ci : « Ce que vous lierez sur la terre sera lié au ciel, et ce que vous délierez sur la terre sera délié au ciel. » (*Matth.* xviii, 18.) C'est ce qui fait dire à l'Apôtre : « Pourquoi entreprendrais-je de juger ceux qui sont hors de l'Église; n'est-ce pas de ceux qui sont dans l'Église que vous avez droit de juger? » (I. *Cor.* v, 12.) « Je vois encore, dit saint Jean, les âmes de ceux qui ont versé leur sang pour rendre témoignage à Jésus et à la parole de Dieu. » (*Apoc.* xx, 4.) Il faut sous-entendre ici ce qu'il dit plus loin : « Ils ont régné avec Jésus pendant mille ans, » c'est-à-dire les âmes des martyrs qui ne sont pas encore réunis à leurs corps. Car les âmes des justes qui sont morts, ne sont pas séparées de l'Église qui, même maintenant, est le royaume du Christ. Autrement, on n'en ferait pas mémoire à l'autel de Dieu, dans la communion du corps du Seigneur, et il ne servirait à rien dans le danger de mort de recourir à son baptême, de peur de quitter cette vie sans l'avoir reçu, ou à la réconciliation, s'il est arrivé qu'on soit séparé de ce même corps par la sentence qui condamne à la pénitence, ou par une conscience criminelle. Pourquoi, en effet, agit-on ainsi, sinon parce que les fidèles, même après leur mort, ne laissent pas d'être ses membres? Et ces âmes, bien que séparées de leur corps, règnent toutefois avec le Christ pendant l'espace de mille ans. Aussi est-il dit dans ce livre et ailleurs : « Heureux sont ceux qui meurent dans le Seigneur. Dès maintenant, dit l'Esprit, ils se seposeront de leurs travaux, car leurs œuvres les suivront. » *(Apoc.* xiv, 13.) L'Église règne donc dès maintenant avec le Christ dans la personne de ceux qui vivent et qui sont morts; car, comme dit l'Apôtre : « Jésus-Christ est mort afin d'avoir un empire souverain sur les vivants et sur les morts. » *(Rom.* xiv, 9.) Saint Jean, il est vrai, ne fait mention que des âmes des martyrs, parce que ceux-là règnent principalement avec Jésus-Christ après leur mort, qui ont combattu jusqu'à la fin de leur vie pour la vérité; cependant, en prenant la partie pour le tout, nous pouvons entendre que les autres morts appartiennent aussi à l'Église, qui est le royaume de Jésus-Christ.

3. Quant à ce qui suit : « Et ceux qui n'ont point adoré la bête, ni son image, ni reçu son caractère sur leur front ou aux mains, » *(Apoc.* xx, 4) nous devons l'entendre des vivants et des morts. Bien que nous devions examiner avec

---

præpositi intelligendi sunt, per quos Ecclesia nunc gubernatur. Judicium autem datum nullum melius accipiendum videtur, quam in quod dictum est : « Quæ ligaveritis in terra, ligata erunt et in cœlo ; et quæ solveritis in terra, soluta erunt et in cœlo. » (*Matth.* xviii, 18.) Unde Apostolus : « Quid enim mihi est, inquit, de his qui foris sunt judicare? Nonne de his qui intus sunt vos judicatis? (I. *Cor.* v, 12.) Et animæ, inquit, occisorum propter testimonium Jesu, et propter verbum Dei : » *(Apoc.* xx, 4) subauditur quod postea dicturus est, « regnaverunt cum Jesu mille annis, » animæ scilicet Martyrum nondum sibi corporibus suis redditis. Neque enim piorum animæ mortuorum separantur ab Ecclesia, quæ etiam nunc est regnum Christi. Alioquin nec ad altare Dei fieret eorum memoria in communicatione corporis Christi ; nec aliquid prodesset ad ejus in periculis baptismum currere, ne sine illo finiatur hæc vita ; nec ad reconciliationem, si forte per pœnitentiam malamve conscientiam quisque ab eodem corpore separatus est. Cur enim fiunt ista, nisi quia fideles, etiam defuncti, membra ejus sunt? Quamvis ergo cum suis corporibus nondum, jam tamen eorum animæ regnant cum illo, dum isti mille anni decurrunt. Unde in hoc eodem libro et alibi legitur : « beati mortui, qui in Domino moriuntur, a modo et jam dicit Spiritus, ut requiescant a laboribus suis ; nam opera eorum sequuntur illos. » *(Apoc.* xiv, 13.) Regnat itaque cum Christo nunc primum Ecclesia in vivis et mortuis. « Propterea » enim, sicut dicit Apostolus, « mortuus est Christus, ut et vivorum et mortuorum dominetur. » *(Rom.* xiv, 9.) Sed ideo tantummodo Martyrum animas commemoravit, quia ipsi præcipue regnant mortui, qui usque ad mortem pro veritate certaverunt. Sed (*a*) a parte totum etiam ceteros mortuos intelligimus pertinentes ad Ecclesiam, quod est regnum Christi.

3. Quod vero sequitur : « Et si qui non adoraverunt bestiam, nec imaginem ejus, nec acceperunt inscriptionem in fronte, aut in manu sua : » *(Apoc.* xx, 4) simul de vivis ac mortuis debemus accipere. Quæ sit porro ista bestia, quamvis sit diligentius in-

---

(*a*) Id est, Sed figura qua a parte totum accipitur.

soin quelle est cette bête, cependant, ce n'est pas s'éloigner de la rectitude de la foi, de penser que c'est la Cité impie et le peuple infidèle qui est opposé au peuple fidèle et à la Cité de Dieu. Mais son image me semble être l'hypocrisie de ceux qui semblent faire profession de la foi et qui vivent dans l'infidélité. Ils feignent, en effet, d'être ce qu'ils ne sont pas; et s'ils portent le nom de Chrétiens, ce n'est pas qu'ils en retracent le véritable portrait, mais seulement la trompeuse image. Cette bête, figure non-seulement les ennemis déclarés du nom du Christ et de sa glorieuse Cité, mais encore l'ivraie qui, à la fin du monde, sera arrachée de l'Église, son royaume. Quels sont ceux qui n'adorent ni la bête, ni son image, sinon ceux qui, suivant la recommandation de saint Paul « ne sont point attachés à un même joug avec les infidèles? » (II. *Cor.* VI, 14.) Ils ne l'adorent pas, c'est-à-dire ils ne lui obéissent pas, ils ne lui sont pas soumis; ils n'ont pas reçu son caractère, c'est-à-dire la marque du crime, ni sur leur front, à cause de leur profession, ni dans leurs mains, à cause de leurs œuvres. Etrangers donc à tous ces maux, soit qu'ils vivent encore dans cette chair mortelle, soit qu'ils aient quitté cette vie, ils règnent déjà maintenant avec le Christ d'une manière propre à leur condition actuelle, pendant cet espace de temps qui est figuré par les mille ans.

4. « Les autres morts, dit encore saint Jean, ne sont point rentrés dans la vie, » (*Apoc*, XX, 5) car l'heure est venue que les morts entendront la voix du Fils de Dieu, et que ceux qui l'entendront vivront (*Jean*, V, 25); mais les autres morts ne vivront pas. Quant à ce qu'il ajoute : « Jusqu'à ce que les mille ans soient accomplis, » il faut entendre qu'ils n'ont pas vécu lorsqu'ils devaient vivre, c'est-à-dire qu'ils n'ont pas passé de la mort à la vie. Aussi, quand viendra le jour de la résurrection des corps, ils sortiront de leurs sépulcres, non pour la vie, mais pour le jugement, c'est-à-dire pour la damnation, que l'on appelle la seconde mort. Car, jusqu'à ce que les mille ans soient accomplis, quiconque n'aura pas vécu, c'est-à-dire quiconque, pendant ce temps où doit s'opérer la première résurrection, n'aura pas entendu la voix du Fils de Dieu et n'aura pas passé de la mort à la vie, au jour de la seconde résurrection, qui sera celle de la chair, il passera avec son corps dans la seconde mort. Saint Jean ajoute, en effet : « c'est la première résurrection. Heureux et saint est celui qui aura part à la première résurrection, » (*Apoc*. XX, 5 *et* 6) c'est-à-dire qui y participera. Or, celui-là y par-

---

quirendum, non tamen abhorret a fide recta, ut ipsa impia Civitas intelligatur, et populus infidelium contrarius populo fideli et Civitati Dei. Imago vero ejus simulatio ejus mihi videtur, in eis videlicet hominibus, qui velut fidem profitentur, et infideliter vivunt. Fingunt enim se esse quod non sunt, vocanturque non veraci effigie, sed fallaci imagine Christiani Ad eamdem namque bestiam pertinent non solum aperte inimici nominis Christi et ejus gloriosissimæ Civitatis, sed etiam zizania, quæ de regno ejus, quod est Ecclesia, in fine sæculi colligenda sunt. Et qui sunt qui non adorant bestiam nec imaginem ejus, nisi qui faciunt quod ait Apostolus : « Ne sitis jugum ducentes cum infidelibus ? » (II. *Cor.* VI, 14.) Non adorant enim, id est, non consentiunt, subjiciuntur : neque accipiunt inscriptionem, notam scilicet criminis, in fronte, propter professionem; in manu, propter operationem. Ab his igitur malis alieni, sive adhuc in ista mortali carne viventes, sive defuncti, regnant cum Christo jam nunc, quodam modo huic tempori congruo, per totum hoc intervallum, quod numero mille significatur annorum.

(*a*) Vind. Am. et Mss. *audiunt*.

4. « Reliqui eorum, inquit, non vixerunt. » (*Ap*. XX.) Hora enim nunc est, cum mortui (*a*) audient vocem Filii Dei; et qui audierint, vivent (*Joan*. V, 25) : reliqui vero, eorum non vivent. Quod vero subdidit, « donec finiantur mille anni : » intelligendum est, quod eo tempore non vixerunt, quo vivere debuerunt, ad vitam scilicet de morte transeundo. Et ideo cum dies venerit, quo fiat et corporum resurrectio, non ad vitam de monumentis procedent, sed ad judicium; ad damnationem scilicet, quæ secunda mors dicitur. Donec enim finiantur mille anni, quicumque non vixerit, id est, isto toto tempore quo agitur prima resurrectio, non audierit vocem Filii Dei, et ad vitam de morte transierit; profecto in secunda resurrectione, quæ carnis est, in mortem secundam cum ipsa carne transibit. Sequitur enim, et dicit : « Hæc resurrectio prima est. Beatus et sanctus qui habet in hac prima resurrectione partem » (*Apoc*. XX, 5 et 6), id est, particeps ejus est. Ipse est autem particeps ejus, qui non solum a morte, quæ in peccatis est, reviviscit, verum etiam in eo quod revixerit, permanebit. « In istis,

ticipe qui, non-seulement quitte la mort du péché, mais encore persévère dans cet état de résurrection. « La seconde mort, dit-il, n'aura pas de pouvoir sur eux; » mais elle en aura sur ceux dont il a dit plus haut : « les autres morts ne sont pas rentrés dans la vie jusqu'à ce que mille ans soient accomplis; » par ce que, dans cet espace de temps, quelle qu'ait été la durée de leur vie, ils n'auront pas quitté la mort où les retenait leur impiété, afin de participer à la première résurrection, afin aussi que la seconde mort n'ait pas de pouvoir sur eux.

CHAPITRE X.

Ce que l'on doit répondre à ceux qui pensent que la résurrection regarde seulement les corps et non les âmes.

Il en est qui pensent que les corps seuls ressuscitent et qui, pour cette raison, prétendent que cette première résurrection, dont parle saint Jean, doit s'entendre des corps. En effet, disent-ils, se relever ne convient qu'à ce qui tombe; or, les corps tombent en mourant, car on les appelle cadavres, du mot *cadere*, tomber. Donc, concluent-ils, il ne peut y avoir de résurrection que pour les corps et non pour les âmes. Mais que répondront-ils à l'Apôtre qui admet aussi une résurrection de l'âme? Car ceux-là étaient ressuscités selon l'homme intérieur et non pas selon l'extérieur, à qui il dit : « Si vous êtes ressuscité avec Jésus-Christ, ne goûtez plus les choses du siècle. » (*Col.* III, 1.) C'est dans le même sens qu'il dit ailleurs : « Afin que, comme Jésus-Christ est ressuscité d'entre les morts par la gloire de son Père, nous marchions aussi dans une nouvelle vie. » (*Rom.* VI, 4.) Et encore : « Levez-vous, vous qui dormez, sortez d'entre les morts, et Jésus-Christ vous éclairera. » (*Éphés.* V, 14.) Quant à la conclusion qu'ils tirent de ce principe : se relever n'appartient qu'à ce qui tombe, qu'il ne peut y avoir de résurrection que pour les corps et non pour les âmes, car c'est le propre de tomber, que ne comprennent-ils ces paroles : « Ne vous retirez pas de lui de peur de tomber; » (*Rom.* XIV, 4) « que celui qui croit être ferme prenne garde de tomber? » (I. *Cor.* V, 18.) à mon avis, c'est l'âme et non le corps qui doit se précautionner contre cette chûte. Si donc, ce qui tombe peut se relever, il faut avouer que les âmes tombent aussi, et évidemment qu'elles se relèvent. Après avoir dit que : « la seconde mort n'a pas de pouvoir sur eux. » Saint Jean ajoute : « mais ils seront prêtres de Dieu et du Christ, et ils règneront avec lui pendant mille ans. » (*Apoc.* XX, 6.)

inquit, secunda mors non habet potestatem. » Habet ergo in reliquis, de quibus superius ait : « Reliqui eorum non vixerunt, donec finiantur mille anni : » quoniam isto toto temporis intervallo, quod mille annos vocat, quantumcumque in eo quisque eorum vixit in corpore, non revixit a morte, in qua eum tenebat impietas, ut sic reviviscendo primæ resurrectionis particeps fieret, atque in eo potestatem secunda mors non haberet.

CAPUT X.

Quid respondendum sit eis, qui putant resurrectionem ad sola corpora, non etiam ad animas pertinere.

Sunt qui putant resurrectionem dici non posse nisi corporum : ideoque istam quoque in corporibus primam futuram esse contendunt. Quorum enim est, inquiunt, cadere, eorum est resurgere. Cadunt autem corpora moriendo : nam et a cadendo cadavera nuncupantur. Non ergo animarum inquiunt, resurrectio potest esse, sed corporum. Sed qui contra Apostolum dicunt, qui eam resurrectionem appellat? Nam secundum interiorem, non secundum exteriorem hominem utique resurrexerant, quibus ait : « Si resurrexistis cum Christo, quæ sursum sunt sapite. » (*Colos.* III, 1.) Quem sensum verbis aliis alibi posuit, dicens : « Ut quemadmodum Christus a mortuis resurrexit per gloriam Patris, sit et nos in novitate vitæ ambulemus. » (*Rom.* VI, 4.) Hinc est et illud : « Surge qui dormis, et exsurge a mortuis, et illuminabit te Christus. » (*Eph.* V, 14.) Quod autem dicunt, non posse resurgere, nisi qui cadunt; et ideo putant resurrectionem ad corpora, non ad animas pertinere, quia corporum est cadere : cur non audiunt : « Non recedatis ab illo, ne cadatis; et : Suo Domino stat aut cadit : (*Rom.* XIV, 4) : et : Qui putat stare, videat ne cadat? » (I. *Cor.* X, 12) Puto enim quod in anima, non in corpore casus iste cavendus est. Si igitur cadentium est resurrectio, cadunt autem et animæ; profecto et animas resurgere confitendum est. Quod autem cum dixisset : « In istis secunda mors non habet potestatem; » adjunxit atque ait : « Sed erunt sacerdotes Dei et Christi, et regnabunt cum eo mille annis : » (*Apoc.* XX, 6) non utique de solis episcopis et presbyteris dictum est, qui proprie jam vocantur in Ecclesia sacerdotes : sed sicut omnes Christianos dicimus propter mysti-

Ces paroles ne s'appliquent pas seulement aux évêques et aux prêtres qui, à proprement parler, sont revêtus du sacerdoce de l'Église; mais de même que tous les Chrétiens sont ainsi appelés parce qu'ils ont reçu l'onction mystique du chrême, de même, tous sont appelés prêtres parce qu'ils sont les membres du prêtre par excellence, et l'apôtre saint Pierre appelle les fidèles le peuple saint, le sacerdoce royal. » (*Pierre*, II, 9.) Nous voyons ici que saint Jean insinue, quoique brièvement et en passant, que le Christ est Dieu, quand il dit : « Prêtres de Dieu et du Christ, (1) c'est-à-dire du Père et du Fils, bien que, comme Fils de l'homme, à cause de la forme d'esclave qu'il avait prise, le Christ ait été en même temps prêtre pour l'éternité, selon l'ordre de Melchisédech, comme je l'ai dit plusieurs fois dans le cours de cet ouvrage.

CHAPITRE XI.

De Gog et de Magog que le diable rendu à la liberté, excitera vers la fin du monde à persécuter l'Église.

« Après que les mille ans seront accomplis, continue saint Jean, Satan sera délié et il sortira de sa prison; il séduira les nations qui sont aux quatre coins du monde, Gog et Magog, et il les assemblera pour combattre. Leur nombre égalera celui du sable de la mer. » (*Apoc.* XX, 7.) Il séduira alors, pour entraîner à la guerre; jusque là il séduisait par tous les moyens qui étaient en son pouvoir, pour entraîner à toutes sortes de prévarications. Il est dit « qu'il sortira, » il sortira de ces retraites où il nourrissait ses haines, pour susciter une persécution ouverte. Cette persécution qui aura lieu aux approches du jugement dernier, sera la dernière; elle sévira contre l'Église dans tout l'univers, c'est-à-dire que la Cité de Dieu tout entière sera persécutée par la Cité tout entière du démon, partout où ces deux Cités seront répandues. Car ces peuples qui sont ici indiqués sous les noms de Gog et de Magog, ne désignent pas quelques peuples barbares, situés dans certaines contrées déterminées; ce ne sont pas non plus, comme quelques-uns l'ont pensé, les Gètes et les Massagètes, à cause de la similitude de la première lettre de ces noms, ou d'autres peuples étrangers et non soumis à la domination romaine.

(1) Les martyrs confessaient ouvertement que le Christ est Dieu, quand, recevant l'ordre de sacrifier aux fausses divinités, ils répondaient qu'ils n'offraient de sacrifice qu'à un seul Dieu et au Christ. C'est ainsi que la bienheureuse Crispine qui souffrit le martyre à Thébeste, le jour des nones de Décembre, sous les consuls Maximilien et Dioclétien, répondit, comme le rapportent les actes de son martyre : « Je n'ai jamais sacrifié et je ne sacrifie qu'à un seul Dieu et à Notre Seigneur Jésus-Christ, son fils, qui est né et qui a souffert. » Le martyr saint Mammaire qui fut martyrisé à la même époque, répondit aussi : « Je n'offre pas de sacrifices aux démons mais à un seul Dieu, » etc. Et un peu après, il ajouta : « Nous sacrifions au Seigneur Jésus qui a fait le ciel et la terre, la mer et tout ce qu'ils renferment, nous croyons en lui et nous le servons par ce qu'il est Dieu. » Les païens eux-mêmes rapportaient aux apôtres cette foi en Jésus-Christ et le culte qu'on lui rend, comme on le voit plus haut. liv. XVIII, chap. LIII, et liv. I, de *l'Accord des Évangélistes*, chap. VII. Et chose digne digne d'être remarquée, Pontius, dans la vie de saint Cyprien, qu'il écrivit, appelle le saint martyr : « Le pontife de Dieu et du Christ. »

cum chrisma, sic omnes sacerdotes, quoniam membra sunt unius sacerdotis. De quibus apostolus Petrus : « Plebs, inquit, sancta, regale sacerdotium. » (1. *Pet*. II, 9.) Sane, licet breviter atque transcunter, insinuavit Deum esse Christum, dicendo : « Sacerdotes Dei et Christi, » hoc est, Patris et Filii; quamvis propter formam servi, sicut filius hominis, ita etiam sacerdos Christus effectus sit in æternum, secundum ordinem Melchisedec. (*Ps*. CIX, 4.) De quare in hoc Opere non semel diximus.

CAPUT XI.

De Gog et Magog, quos ad persequendam Ecclesiam Dei solutus prope finem sæculi diabolus incitabit.

« Et cum finiti fuerint, inquit, mille anni, solvetur satanas de custodia sua, et exibit ad seducendas nationes, quæ sunt in quatuor angulis terræ, Gog et Magog, et trahet eos in bellum, quorum numerus est ut arena maris. » (*Apoc.* XX, 7.) Ad hoc ergo tunc seducet, ut in hoc bellum trahat. Nam antea modis quibus poterat, per mala multa et varia seducebat. « Exibit autem dictum est, in apertam persecutionem de latebris erumpet odiorum. Hæc enim erit novissima persecutio, novissimo imminente judicio, quam sancta Ecclesia toto terrarum orbe patietur, universa scilicet Civitas Christi ab universa diaboli Civitate, quantacumque erit utraque super terram. Gentes quippe istæ, quas appellat Gog et Magog, non sic sunt accipiendæ, tamquam sint aliqui in aliqua parte terrarum barbari constituti, sive quos quidam suspicantur Getas et Massagetas, propter litteras horum nominum primas, sive ali-

En effet, il est dit sont dans tout l'univers, puisqu'on lit : « Les nations qui sont aux quatre coins du monde, » et l'Apôtre ajoute qu'elles sont « Gog et Magog. » Or, voici l'interprétation que j'ai trouvée (1) : Gog signifie « le toit » et Magog « ce qui vient du toit; » comme si l'on disait : la maison et celui qui sort de la maison. Les nations sont donc comme l'abîme où le diable est tenu renfermé, et c'est lui qui en sort : les nations sont le toit; et le diable, ce qui sort du toit. Mais si nous appliquons seulement aux nations ces deux expressions, et non l'une aux nations et l'autre au diable, ces nations sont le toit, parce qu'elles renferment et couvrent en quelque sorte l'antique ennemi ; elles sont aussi ce qui vient du toit, quand elles sortiront de cette retraite pour donner libre cours à leur haine. Quant à ce que dit saint Jean : « qu'elles se répandirent sur toute la terre, et qu'elles environnèrent le camp des saints et la ville bien-aimée, » il ne faut pas entendre qu'elles sont venues ou qu'elles viendront en tel endroit en particulier, comme si le camp des saints et la Cité bien-aimée de Dieu devait être un lieu spécifié, car cette Cité n'est autre que l'Église du Christ, répandue sur toute la terre; par conséquent, partout où elle sera, elle qui doit être dans toutes les nations, comme l'indiquent ces mots : « toute l'étendue de la terre, » là sera le camp des saints, là sera la Cité chérie de Dieu, là elle sera environnée par tous ses ennemis, car eux-mêmes seront dans toutes les nations; c'est-à-dire qu'elle sera serrée, pressée, enfermée en d'extrêmes tribulations, et elle ne cessera pas d'être militante, car elle est désignée par le nom de camp.

CHAPITRE XII.

Le feu qui descendit du ciel sur les impies et les dévora. désigne-t-il le supplice éternel qui leur est réservé?

Quant à ce que saint Jean ajoute que « le feu descendit du ciel et les dévora, » (*Apoc.* xx, 9) nous ne devons pas croire qu'il s'agit ici du dernier supplice, qui commencera pour les impies lorsque le Souverain Juge leur dira : « Retirez-vous de moi, maudits, allez au feu éternel. » (*Matth.* xxv, 41.) Car en ce moment, ils seront précipités dans le feu, et ce n'est pas le feu qui descendra du ciel sur eux. Ce feu qui descend du ciel peut très-bien figurer la fer-

(1) Saint Augustin a trouvé cette interprétation dans saint Jérôme sur Ézéchiel, chap. xxxviii.

---

quos alios alienigenas, et a Romano jure sejunctos. Toto namque orbe terrarum significati sunt isti esse, cum dictum est : « Nationes quæ sunt in quatuor angulis terræ : » easque subjecit esse « Gog et Magog. » Quorum interpretationem nominum esse comperimus Gog tectum, Magog de tecto : tanquam domus, et ipse qui procedit de domo. Gentes igitur sunt, in quibus diabolum velut in abysso superius intellegebamus inclusum; et ipse de illis quodam modo sese efferens et procedens : ut illæ sint tectum, ipse de tecto. Si autem utrumque referamus ad gentes, non unum horum ad illas, alterum ad diabolum : et tectum ipsæ sunt, quia in eis nunc includitur et quodam modo tegitur inimicus antiquus; et de tecto ipsæ erunt, quando in apertum odium de operto eruptura sunt. Quod vero ait : « Et adscenderunt super terræ latitudinem, et cinxerunt castra sanctorum et dilectam Civitatem : » non utique ad unum locum venisse, vel venturi esse significati sunt, quasi aliquo uno loco futura sint castra sanctorum et dilecta Civitas; cum hæc non sit nisi Christi Ecclesia toto terrarum orbe diffusa : ac per hoc ubicumque tunc erit, quæ in omnibus gentibus erit, quod significatum est nomine latitudinis terræ, ibi erunt castra sanctorum, ibi erit dilecta Deo Civitas ejus; ibi ab omnibus inimicis suis, quia et ipsi in omnibus gentibus cum illa erunt, persecutionis illius immanitate cingetur, hoc est, in angustias tribulationis arctabitur, urgebitur, concludetur; nec (*a*) militiam suam deseret, quæ vocabulo est appellata castrorum.

CAPUT XII.

An ad ultimum supplicium pertineat impiorum, quod descendisse ignis de cœlo, et eosdem comedisse memoratur.

Quod vero ait : « Et descendit ignis (*b*) de cœlo, et comedit eos : » (*Apoc.* xx, 9) non extremum putandum est id esse supplicium, quod erit, cum dicetur : « Discedite a me maledicti in ignem æternum. » (*Matth.* xxv, 41.) Tunc quippe in ignem

(*a*) Editio Lov. *malitiam*. Emendatur ex editis aliis et Mss. — (*b*) Hic omissum est, *a Deo* : quod tamen eo loco Apocalypsis legebat Augustinus : nam id mox. quomodo illic intelligendum sit. exponit.

meté des saints, fermeté qu'ils opposeront à leurs persécuteurs pour ne pas céder à leur volonté. Car le firmament, c'est le ciel, et cette fermeté qui leur viendra du ciel, allumera dans le cœur des impies un zèle plein de violence, parce qu'ils ne pourront entraîner les saints dans le parti de l'Antechrist. Voilà le feu qui les dévorera et ce feu vient « de Dieu ; » parce que c'est la grâce qui donne aux saints cette force qui les rend invincibles, et qui fera le tourment de leurs ennemis. Car, de même qu'il y a un zèle louable, puisqu'il est dit : « le zèle de votre maison me consume, » (*Ps.* LXVIII, 10) et il y a aussi un zèle répréhensible, car il est dit dans Isaïe : « Le zèle s'est emparé de la foule ignorante, et c'est maintenant le feu qui consume les impies. » (*Is.* XXVI, 11 *selon les Sept.*) Il dit : « maintenant » c'est-à-dire sans parler du feu du dernier jugement. Ou bien si l'Apôtre a voulu désigner par ce feu qui descend du ciel et consume les impies, la plaie dont seront frappés les persécuteurs de l'Église que le Christ trouvera encore vivants sur la terre, quand il renversera l'Antechrist d'un souffle de sa bouche. (II. *Thess.* II, 8.) Ce supplice ne sera pas le dernier réservé aux impies ; le dernier supplice est celui qu'ils subiront après la résurrection des corps.

CHAPITRE XIII.

Le temps de la persécution de l'Antechrist doit-il être compté dans les mille ans ?

Cette dernière persécution qui sera soulevée par l'Antechrist durera trois ans et six mois, ainsi que nous l'avons dit d'après l'Apocalypse et le prophète Daniel. Or, ce temps appartient-il aux mille ans de l'enchaînement du diable et du règne des saints avec le Christ, ou doit-il y être ajouté comme n'en faisant pas partie ? Ce n'est pas sans raison qu'on hésite à trancher la question. En effet, si nous disons que ce temps fait partie des mille ans, il se trouvera que le règne des saints dépasse la durée de la captivité du diable, car assurément, les saints régneront avec leur Roi, surtout pendant cette persécution, triomphants de tant de maux qu'ils auront à souffrir, quand le diable mis en liberté les persécutera de toutes manières. Comment donc alors l'Écriture assigne-t-elle, dans ce passage, la durée de mille ans et à l'enchaînement du diable et au règne des saints, puisque la délivrance du diable doit cesser trois ans et demi avant que ne cessent les mille ans du règne des saints avec le Christ ? Si, au contraire, nous disons que ce temps si court de la persécution

mittentur ipsi, non ignis de cœlo veniet super ipsos. Hic autem bene intelligitur « ignis de cœlo, » de ipsa firmitate sanctorum, qua non cessuri sunt sævientibus, ut eorum faciant voluntatem. Firmamentum enim est cœlum, cujus firmitate illi cruciabuntur ardentissimo zelo ; quoniam non poterunt adtrahere in partes Antichristi sanctos Christi. Et ipse erit ignis qui comedet eos, et hoc « a Deo : » quia Dei munere insuperabiles fiunt sancti, unde excruciantur inimici. Sicut enim in bono positum est : « Zelus domus tuæ comedit me : » (*Ps.* LXVIII, 10) ita e contrario : « Zelus occupavit plebem ineruditam, et nunc ignis contrarios comedet. » (*Isai.* XXVI, II. *Sec.* LXX.) « Et nunc » utique, excepto scilicet ultimi illius igne judicii. Aut si eam plagam, qua percutiendi sunt Ecclesiæ persecutores, veniente jam Christo, quos viventes inveniet super terram, quando interficiet Antichristum spiritu oris sui (II. *Thes.* II, 8), ignem appellavit descendentem de cœlo, eosque comedentem (*Apoc.* XX, 9), neque hoc ultimum supplicium erit impiorum, sed illud quod facta corporum resurrectione passuri sunt

CAPUT XIII.

An (a) tempus persecutionis Antichristi mille annis annumerandum sit.

Hæc persecutio novissima, quæ futura est ab Antichristo, (sicut jam diximus, quia et in hoc libro superius, et apud Danielem prophetam positum est,) tribus annis et sex mensibus erit. Quod tempus, quamvis exiguum, utrum ad mille annos pertineat, quibus et diabolum ligatum dicit, et sanctos regnare cum Christo : an eisdem annis hoc parvum spatium superaddatur, atque sit extra, merito ambigitur. Quia si dixerimus ad eosdem annos hoc pertinere, non tanto tempore, sed prolixiore cum Christo regnum sanctorum reperietur extendi, quam diabolus alligari. Profecto enim sancti cum suo Rege etiam in ipsa præcipue persecutione regnabunt mala tanta vincentes, quando jam diabolus non erit alligatus, ut eos persequi omnibus viribus possit. Quomodo ergo ista Scriptura eisdem mille annis utrumque determinat, diaboli scilicet alligationem, regnumque

(*a*) Ita Mss. At editi, *An ante tempus persecutionis Antichristi mille anni annumerandi sint.*

ne doit pas être compris dans les mille ans, mais qu'il faut l'ajouter à leur accomplissement, pour que l'on puisse comprendre ces paroles de saint Jean : « Lorsque les mille ans seront accomplis, Satan sera délivré de sa captivité, » paroles qui viennent à la suite de celles-ci : « Les prêtres de Dieu et du Christ régneront avec lui mille ans, » il s'ensuit alors que l'enchaînement du diable et le règne des saints devront cesser dans le même temps, et que le temps de la persécution n'appartient pas aux mille ans du règne des saints et de la captivité de Satan, mais qu'il doit être surajouté et compté en dehors. Mais cette supposition nous force d'avouer que les saints ne régneront pas avec le Christ pendant cette persécution. Or, qui osera avancer que ses membres ne régneront pas avec lui, quand ils lui seront unis de la manière la plus étroite, et dans le temps que la gloire de leur résistance sera d'autant plus grande, et la couronne de leur martyre d'autant plus brillante, que la lutte qu'ils auront à soutenir sera plus énergique. Ou bien si, à cause des tribulations qu'ils auront à souffrir, on ne peut dire qu'ils régneront ; il s'ensuit que tous les saints qui, dans les temps antérieurs, pendant les mille ans, ont passé par les tribulations, n'ont pas régné avec le Christ pendant ces temps de leurs épreuves; il s'ensuit encore que ceux dont l'auteur de l'Apocalypse a vu les âmes, et qui ont été tués pour rendre témoignage à Jésus et à la parole de Dieu, ne régnaient pas avec Jésus-Christ quand ils souffraient la persécution, et qu'ils n'étaient pas le royaume du Christ, eux qui lui étaient unis d'une manière si excellente. C'est là une absurdité manifeste dont on ne saurait trop s'éloigner. Il est certain que les âmes victorieuses de ces glorieux martyrs, leurs travaux et leurs douleurs ayant cessé par la séparation d'avec leurs corps, ont régné et règnent avec le Christ jusqu'à la fin des mille ans, pour régner ensuite après qu'elles auront été réunies à leurs corps devenus immortels. Ainsi, pendant ces trois ans et demi, les âmes de ceux qui ont été tués pour lui rendre témoignage, celles qui auparavant ont quitté leurs corps, et celles qui en seront séparées dans cette dernière persécution, régneront avec lui jusqu'à la fin du monde et jusqu'à l'avénement de ce royaume où la mort n'exerce pas son empire. En conséquence, les années du règne des saints avec le Christ dépasseront celles de l'enchaînement et de la cap-

---

sanctorum, cum trium annorum et sex mensium intervallo prius desinat alligatio diaboli, quam regnum sanctorum in his mille annis cum Christo? Si autem dixerimus parvum persecutionis hujus hoc spatium non computandum in mille annis, sed eis impletis potius adjiciendum ; ut proprie possit intelligi, quod cum dixisset : « Sacerdotes Dei et Christi regnabunt cum eo mille annis, » adjecit : « Et cum finiti fuerint mille anni, solvetur satanas de custodia sua; » isto enim modo et regnum sanctorum et vinculum diaboli simul cessatura esse significat, ut deinde persecutionis illius tempus nec ad sanctorum regnum, nec ad custodiam satanæ, quorum utrumque in mille annis est, pertinere, sed superadditum et extra computandum esse credatur : cogemur fateri sanctos in illa persecutione regnaturos non esse cum Christo. Sed quis audeat dicere, tunc cum illo non regnatura sua membra, quando ei maxime atque fortissime cohærebunt, et quo tempore quanto erit acrior impetus belli, tanto major gloria non (a) cedendi, tanto densior corona martyrii ? Aut si propter tribulationes, quas passuri sunt, non dicendi sunt regnaturi ; consequens erit, ut etiam superioribus diebus in eisdem mille annis quicumque tribulabantur sanctorum, eo ipso tempore tribulationis suæ cum Christo non regnasse dicantur : ac per hoc et illi, quorum animas auctor libri hujus vidisse se scribit occisorum propter testimonium Jesu et propter verbum Dei, non regnabant cum Christo quando patiebantur persecutionem ; et ipsi regnum Christi non erant, quos Christus excellentius possidebat. Absurdissimum id quidem et omni modo aversandum. Sed certe animæ victrices gloriosissimorum Martyrum, omnibus doloribus ac laboribus superatis atque finitis, postea quam mortalia membra posuerunt, cum Christo utique regnaverunt et regnant, donec finiantur mille anni, ut postea receptis etiam corporibus jam immortalibus regnent. Proinde tribus illis annis atque dimidio, animæ occisorum pro ejus martyrio, et quæ antea de corporibus exierunt, et quæ ipsa novissima persecutione sunt exituræ, regnabunt cum illo, donec finiatur mortale sæculum, et ad illud regnum, ubi mors non erit, transeatur. Quocirca cum Christo regnantium sanctorum plures anni erunt, quam vinculi diaboli est custodiæ : quia illi cum suo rege Dei Filio, jam diabolo non ligato etiam per tres illos annos ac semissem, regnabunt. Remanet igitur, ut cum audimus : « Sacerdotes Dei et Christi regnabunt cum illo mille annis, et cum finiti fuerint mille

---

(a) Vind. Am. Er. et plures Mss. *non cedendi.*

tivité du diable, car ils régneront avec le Fils de Dieu, leur Roi, pendant ces trois ans et demi que le diable sera rendu à la liberté. Il reste donc que, en lisant ces paroles : « Les prêtres de Dieu et du Christ régneront avec lui pendant mille ans, et quand cette période de temps sera accomplie, Satan sera délivré de sa captivité, » nous devons comprendre ou qu'elles désignent la fin de la captivité du diable, et non celle du règne des saints, de sorte que pour les saints et Satan, la période de temps n'aurait pas la même durée, le règne des saints s'étendant au-delà de l'enchaînement du diable; ou du moins, que ce court espace de trois ans et six mois ne mérite pas d'être compté, soit que le temps de la captivité de Satan l'ait en moins, soit que le règne des saints l'ait en plus. Au seizième livre de cet ouvrage, j'ai montré que l'Écriture, dans un autre passage, ne compte que quatre cents ans, bien que ce nombre soit dépassé; on trouve souvent dans les Saintes Lettres de semblables exemples, comme chacun peut le remarquer.

CHAPITRE XIV.

De la damnation du diable, de la résurrection corporelle de tous les morts et du jugement dernier.

Après avoir parlé de la dernière persécution, saint Jean résume en quelques mots ce que le diable et la Cité ennemie avec son chef devront souffrir au dernier jugement. « Le diable, dit-il, qui les séduisait, fut jeté dans l'étang de feu et de soufre, où la bête et le faux prophète seront tourmentés jour et nuit, dans les siècles des siècles. » (*Apoc.* XX, 9 et 10.) Nous avons dit plus haut que la bête pouvait très-bien signifier la Cité impie elle-même, et que le faux prophète était ou l'Antechrist ou son image, c'est-à-dire l'hypocrisie. L'apôtre raconte ensuite comment lui fut révélé le jugement dernier qui aura lieu à la seconde résurrection, à la résurrection des corps. « Alors je vis un grand trône blanc et quelqu'un assis dessus devant la face duquel la terre et le ciel s'enfuirent, et il n'en resta pas même la place. » (*Ibid.* 11.) Il ne dit pas : je vis un grand trône blanc et quelqu'un assis dessus, et devant sa face le ciel et la terre s'enfuirent; car cela ne se passa pas en ce moment, c'est-à-dire avant le jugement des vivants et des morts; mais il dit qu'il vit assis sur un trône quelqu'un devant la face de qui le ciel et la terre s'enfuirent : ce qui indique que cela eut lieu plus tard. Car après le jugement ce ciel et cette terre cesseront d'être, quand apparaîtront un ciel nouveau et une terre nouvelle.

---

anni, solvetur satanas de custodia sua; » (*Apoc.* XX, 6) aut non regni hujus sanctorum intelligamus annos mille finiri, sed vinculi diaboli atque custodiæ; ut annos mille, id est, annos omnes suos quæque pars habeat diversis ac propris prolixitatibus finiendos, ampliore sanctorum regno, breviore diaboli vinculo : aut certe, quoniam trium annorum et sex mensium brevissimum spatium est, computari noluisse credatur, sive quod minus satanæ vinculum, sive quod amp'ius videtur regnum habere sanctorum : sicut de quadringentis annis in sextodecimo hujus Operis volumine disputavi ; quoniam plus (*a*) aliquid erant, et tamen quadringenti sunt nuncupati : et talia sæpe reperiuntur in litteris sacris, si quis advertat.

CAPUT XIV.

De damnatione diaboli cum suis, et per recapitulationem de resurrectione corporea omnium mortuorum, et de judicio ultimæ retributionis.

Post hanc autem commemorationem novissimæ persecutionis, breviter complectitur totum, quod ultimo jam judicio diabolus, et cum suo principe Civitas inimica passura est. Dicit enim : « Et diabolus qui seducebat eos, missus est in stagnum ignis et sulphuris, quo (*b*) pseudopropheta et cruciabuntur die ac nocte in sæcula sæculorum. »(*Apoc.* XX, 9 et 10.) Bestiam bene intelligi ipsam impiam Civitatem, supra jam diximus. Pseudo vero propheta ejus aut Antichristus est, aut imago illa, id est, figmentum de quo ibi locuti sumus. Post hæc ipsum novissimum judicium, quod erit in secunda resurrectione mortuorum, quæ corporum est, recapitulando narrans, quomodo fuerit sibi revelatum : « Et vidi, inquit, thronum magnum et candidum, et sedentem super eum, cujus a facie fugit cælum et terra, et locus eorum inventus non est. » (*Ibid.* 11.) Non ait : Vidi thronum magnum et candidum, et sedentem super eum, et ab ejus facie fugit cœlum et terra ; quoniam non tunc factum est, id est, ante quam esset de vivis et mortuis judicatum : sed eum se vidisse dixit in throno sedentem, a cujus facie fugit cœlum et terra; sed postea. Peracto quippe judi-

---

(*a*) In quibusdam Mss. *plus aliqui erant.* — (*b*) Sic Mss. juxta Græc. Editi vero, *et pseudopropheta excruciabuntur.* Porro particula *et* proxime ante verbum *cruciabuntur*, deest quidem in impressis editionis Vulgatæ, sed in antiquis tamen Corbeiensibus Bibliis Latinis reperitur.

Ce monde passera par le changement et non l'anéantissement de toutes choses. Aussi l'Apôtre dit-il : « la figure de ce monde passe; pour moi je désire vous voir dégagés de soins et d'inquiétudes. » (I. *Cor.* vii, 31 et 32.) C'est donc la figure qui passe et non la nature. Saint Jean, après avoir dit qu'il avait vu assis sur un trône quelqu'un devant la face duquel le ciel et la terre s'enfuirent, ajoute : « Je vis ensuite les morts, grands et petits, qui comparurent devant le trône, et des livres furent ouverts; puis on en ouvrit encore un autre qui était le livre de la vie de chacun, et les morts furent jugés sur ce qui était écrit dans ces livres, selon leurs œuvres. » (*Apoc.* xx, 12.) Il dit qu'on ouvrit des livres, puis un livre, et il explique quel est ce livre : « C'est, dit-il, le livre de la vie de chacun. » Les livres dont il parle en premier lieu, sont les livres saints anciens et nouveaux qui rappellent les préceptes que l'on devait observer, et par ce livre qui est la vie de chacun, il faut entendre l'ensemble des actions qui auront été en opposition ou en conformité avec ces préceptes divins. Si l'on prend à la lettre, et dans un sens matériel ce qui est dit de ce livre, qui pourra en apprécier la grandeur ou la longueur? Ou encore combien de temps faudra-t-il pour parcourir ce livre qui contiendra la vie toute entière de tous les hommes? Le nombre des anges égalera-t-il celui des hommes et chaque homme aura-t-il un ange qui lui fera la lecture de sa vie? Mais il n'y aura pas qu'un seul livre pour tous, chacun aura le sien : c'est ce que l'Écriture veut nous faire entendre quand elle dit : « et un autre livre fut ouvert. » Ce sera une certaine vertu divine qui rappellera à la mémoire de chacun ses œuvres bonnes ou mauvaises, les lui fera voir par une intuition instantanée, afin que cette connaissance accuse ou justifie la conscience, et c'est ainsi que tous seront jugés. Or, cette vertu divine a reçu le nom de livre; car c'est en elle que, d'une certaine façon, on lit tout ce qu'elle rappelle. Pour montrer quels morts, petits et grands, seront jugés, saint Jean ajoute, en revenant sur ce qu'il avait omis ou plutôt différé : « Et la mer rendit les morts qui étaient ensevelis dans ses eaux; la mort et l'enfer rendirent aussi les morts qu'ils avaient et chacun fut jugé selon ses œuvres. » (*Ibid.* 13.) Ceci sans aucun doute eut lieu avant que les morts ne fussent jugés, bien que le récit n'en vienne qu'à la suite, l'apôtre étant revenu, comme je l'ai dit, sur ce qu'il avait omis. Maintenant il rétablit l'ordre

cio tunc esse desinet hoc cœlum et hæc terra, quando incipiet esse cœlum novum et terra nova. Mutatione namque rerum, non omni modo interitu transibit hic mundus, Unde et Apostolus ait : « Præterit enim figura hujus mundi, volo vos esse sollicitudine esse. » (I. *Cor.* vii, 31 et 32.) Figura ergo præterit, non natura. Cum ergo se Joannes vidisse dixisset sedentem super thronum, a cujus facie, quod postea futurum est, fugit cœlum et terra : « Et vidi, inquit, mortuos magnos et pusillos, et aperti sunt libri; et alius liber apertus est, qui est vitæ uniuscujusque; et judicati sunt mortui ex ipsis scripturis librorum secundum facta sua. »(*Apoc.* xx, 12.) Libros dixit esse apertos, et librum : sed librum cujusmodi non tacuit; « qui est, inquit, vitæ uniuscujusque. » Ergo illi libri, quos priore loco posuit, intelligendi sunt sancti et veteres et novi, ut in illis ostenderetur quæ Deus fieri sua mandata jussisset : in illo autem qui est vitæ uniuscujusque, quid horum quisque non fecisset, sive fecisset. Qui liber si carnaliter cogitetur, quis ejus magnitudinem, aut longitudinem valeat æstimare? Aut quanto tempore legi poterit liber, in quo scriptæ sunt universæ vitæ universorum? An tantus Angelorum numerus aderit, quantus hominum erit, et vitam suam quisque ab Angelo sibi adhibito audiet recitari? Non ergo unus liber erit omnium, sed singuli singulorum. Scriptura vero ista unum volens intelligi : « Et alius, inquit, liber apertus est. » Quædam igitur vis est intelligenda divina, qua fiet ut cuique opera sua, vel bona vel mala, cuncta in memoriam revocentur, et mentis intuitu mira celeritate cernantur; ut accuset, vel excuset scientia conscientiam ; atque ita simul et omnes et singuli judicentur. Quæ nimirum vis divina, libri nomen accepit. In ea quippe quodam modo legitur, quidquid (*a*) ea faciente recolitur. Ut autem ostendat, qui mortui judicandi sint, pusilli et magni, recapitulando dicit tamquam ad id rediens, quod prætereat, potiusve distulerat : « Et exhibuit mare mortuos qui in eo erant, et mors et infernus reddiderunt mortuos quos in se habebant. » (*Ibid.* 13.) Hoc procul dubio prius factum est, quam essent mortui judicati : et tamen illud prius dictum est. Hoc est ergo quod dixi, recapitulando eum ad id rediisse quod intermiserat. Nunc autem ordinem tenuit, atque ut explicaretur ipse ordo, commodius etiam de

(*a*) Ita Mss, At editi, *quidquid a faciente*.

TOM. XXIV.

et pour en donner une explication plus claire, il remet à sa place le jugement dont il avait déjà parlé. En effet, après avoir dit : et la mer rendit les morts qui étaient ensevelis sous ses eaux, et la mer et l'enfer rendirent aussi les morts qu'ils avaient, il ajoute, (ce qu'il avait placé auparavant) « et chacun fut jugé selon ses œuvres » c'est ce qu'il avait dit plus haut par ces paroles : « et les morts furent jugés suivant leurs actions. »

CHAPITRE XV.

Quels sont les morts que la mer rend pour être jugés, ou ceux que la mort et l'enfer ont rendus.

Mais quels sont ces morts qui étaient dans la mer et que celle-ci fait sortir de ses abîmes? Est-ce que ceux qui meurent dans la mer ne sont pas dans l'enfer? ou leurs corps sont-ils conservés dans la mer ; ou, ce qui serait encore plus absurde, parmi ces morts, la mer ne renferme-t-elle que les bons et l'enfer, les méchants? qui pourrait les croire? Mais c'est avec une grande vraisemblance que certains auteurs croient que la mer dont il est ici parlé, est le siècle. Lorsque saint Jean donne à entendre que ceux que le Christ trouvera sur la terre encore dans leur corps, seront jugés avec ceux qui doivent ressusciter, il appelle ces morts : les uns bons, et ce sont ceux à qui il est dit : « Vous êtes morts et votre vie est cachée avec le Christ en Dieu ; » (*Coloss.* III, 3) et les autres méchants et ce sont ceux à qui on dit : « Laissez les morts ensevelir les morts. » (*Matth.* VIII, 22.) Ils peuvent encore être appelés morts, parce qu'ils portent des corps mortels ; ce qui fait dire à l'Apôtre : « le corps, à la vérité, est mort à cause du péché; mais l'esprit est vivant à cause de la justice. » (*Rom.* VIII, 10.) Il montre que, dans tout homme vivant et revêtu de ce corps, ces deux choses se trouvent : et un corps qui est mort et un esprit qui est vie. Il ne dit pas, un corps mortel, mais « mort; » quoique un peu plus loin, il appelle les corps « mortels » suivant le langage ordinaire. (*Ibid.* 11.) La mort rendit donc les morts qu'elle renfermait, c'est-à-dire ce siècle rendit les hommes qui l'habitent parce qu'ils n'avaient pas encore quitté la vie. « La mort et l'enfer rendirent les morts qu'ils avaient ; » la mer les rendit, parcequ'ils se présenteront tels qu'ils sont; mais la mort et l'enfer les rendirent, parce qu'ils les rappelèrent à la vie qu'ils avaient déjà quittée, et ce n'est peut-être pas en vain qu'il ne suffirait pas de dire « la mort ou l'enfer; » l'apôtre les nomme

---

judicatis mortuis, quod jam dixerat, suo repetivit loco. Cum enim dixisset : » Et exhibuit mare mortuos qui in eo erant, et mors et infernus reddiderunt mortuos quos in se habebant : » mox addidit quod paulo ante posuerat : » Et judicati sunt singuli secundum facta sua. » Hoc est enim quod supra dixerat : « Et judicati sunt mortui secundum facta sua. »

CAPUT XV.

Qui sint mortui, quos ad judicium exhibuit mare, vel quos mors et inferi reddiderunt.

Sed qui sunt mortui, quos exhibuit mare, qui in eo erant? Neque enim qui in mari moriuntur, non sunt in inferno, aut corpora eorum servantur in mari; aut, quod est absurdius, mare habebat bonos mortuos, et infernus malos. Quis hoc putaverit? Sed profecto convenienter quidam hoc loco mare pro isto sæculo positum accipiunt. Cum ergo et quos hic inveniet Christus in corpore constitutos, simul significaret cum iis qui resurrecturi sunt judicandos, etiam ipsos mortuos appellavit, et bonos quibus dicitur : « Mortui enim estis, et vita vestra abscondita est cum Christo in Deo; » (*Colos.* III, 3) et malos de quibus dicitur : « Sine mortuos sepelire mortuos suos. » (*Matth.* VIII, 22.) Possunt mortui etiam propter hoc dici, quod mortalia gerunt corpora : unde Apostolus : « Corpus quidem, inquit, mortuum est propter peccatum; spiritus autem vita est propter justitiam : » (*Rom.* VIII, 10) utrumque in homine vivente, atque in hoc corpore constituto esse demonstrans, et corpus mortuum, et spiritum vitam. Nec tamen dixit corpus mortale, sed mortuum : quamvis eadem paulo post etiam mortalia corpora (*Ibid.* 11), sicut usitatius vocantur, appellet. Hos ergo mortuos exhibuit mare, qui in eo erant, id est, exhibuit homines hoc sæculum, quicumque in eo erant, quia nondum obierant. « Et mors et infernus, inquit, reddiderunt mortuos, quos in se habebant. » Mare exhibuit, quia sicut inventi sunt, adfuerunt : mors vero et infernus reddiderunt, quoniam vitæ, de qua jam exierant, revocarunt. Nec frustra fortasse non satis fuit ut diceret « mors, » aut « infernus; » sed utrumque dictum est : mors, propter bonos, qui tantummodo mortem perpeti potuerunt, non et infernum ; infernus autem propter malos, qui etiam pœnas apud inferos pendunt. Si

tous deux : la mort, à cause des bons qui ont pu subir la mort et non l'enfer ; et l'enfer, à cause des méchants qui y sont punis. En effet, s'il ne semble pas absurde de croire que les saints des temps anciens qui crurent à l'avènement futur du Christ, furent placés dans les enfers, quoique dans un lieu très-éloigné du supplice des impies, jusqu'à ce qu'ils en fussent retirés par le sang du Christ et par le Christ lui-même qui y descendit ; assurément les fidèles, qui ont été rachetés par l'effusion de ce sang divin, ne sauraient être dans l'enfer, jusqu'à ce jour où, réunis à leurs corps, ils recevront la récompense qu'ils ont méritée. Après avoir dit : « Et chacun sera jugé suivant ses œuvres, » saint Jean expose brièvement quel fut ce jugement, « et la mort et l'enfer furent jetés dans l'étang de feu. » (*Apoc.* xx, 14.) La mort et l'enfer signifient le diable qui est l'auteur de la mort et des supplices de l'enfer, et toute la société des démons. C'est ce qu'il avait déjà dit auparavant plus clairement : « et le diable qui les séduisait, fut envoyé dans l'étang de feu et de soufre. » (*Ibid.* 9.) Ce qu'il avait dit d'une manière plus obscure : « Où seront la bête et le faux prophète, » il le dit ici en termes plus nets : « Ceux qui n'ont pas été trouvés écrits dans le livre de vie, ont été envoyés dans l'étang de feu. » (*Ibid.* 15.) Ce livre n'a pas pour objet de fixer les souvenirs de Dieu et de lui éviter quelque oubli ; mais il signifie la prédestination de ceux à qui la vie éternelle sera donnée. En effet, nous ne sommes pas ignorés de Dieu et il ne lit pas dans ce livre pour apprendre ; mais plutôt sa prescience à leur égard, qui ne peut être trompée, est le livre de vie dans lequel ils sont écrits, c'est-à-dire connus à l'avance.

CHAPITRE XVI.

Du ciel nouveau et de la terre nouvelle.

L'apôtre saint Jean a annoncé le jugement des méchants, il lui reste à parler du jugement des bons ; il a déjà exposé ce que le Seigneur avait dit en ces quelques mots : « Ils iront au supplice éternel ; » il lui reste à expliquer ce qui suit : « et les justes à la vie éternelle. » (*Matth.* xxv, 46.) « Après cela, dit-il, je vis un ciel nouveau et une terre nouvelle. Car le premier ciel et la première terre avaient disparu et la mer n'était plus. » (*Apoc.* xxi, 1.) Ceci arrivera dans l'ordre qu'il a indiqué plus haut, quand il vit assis sur un trône celui devant la face duquel s'enfuirent le ciel et la terre. Car, après que ceux qui n'étaient pas inscrits dans

---

enim non absurde credi videtur, antiquos etiam sanctos, qui venturi Christi tenuerunt fidem, locis quidem a tormentis impiorum remotissimis, sed apud inferos fuisse, donec eos inde sanguis Christi et ad ea loca descensus erueret, profecto deinceps boni fideles effuso illo pretio jam redemti, prorsus inferos nesciunt, donec etiam receptis corporibus, bona recipiant quæ merentur. Cum autem dixisset : « Et judicati sunt singuli secundum facta sua : » (*Apoc.* xx, 12) breviter subjecit, quemadmodum fuerint judicati : « Et mors et infernus, inquit, missi sunt in stagnum ignis : » (*Ibid.* 13) his significans diabolum, quoniam mortis est auctor et infernarum pœnarum, universamque simul dæmonum societatem. Hoc est enim quod supra evidentius præoccupando jam dixerat : « Et diabolus qui seducebat eos, missus est in stagnum ignis et sulphuris. » (*Ibid.* 9.) Quod ibi vero obscurius adjunxerat, dicens : « Quo et bestia, et pseudopropheta : » hic apertius : « Et qui non sunt inventi, inquit, in libro vitæ scripti, missi sunt in stagnum ignis. » (*Ibid.* 15.) Non Deum liber iste commemorat, ne oblivione fallatur : sed prædestinationem significat eorum, quibus æterna dabitur vita. Neque enim nescit eos Deus, et in hoc libro legit, ut sciat : sed potius ipsa ejus præscientia de illis, quæ falli non potest, liber est vitæ, in quo sunt scripti, id est, ante præcogniti.

CAPUT XVI.

De cœlo novo, et terra nova.

Finito autem judicio, quo prænuntiavit judicandos malos, restat ut etiam de bonis dicat. Jam enim explicavit quod breviter a Domino dictum est : « Ibunt isti in supplicium æternum : » sequitur, ut explicet quod etiam ibi connectitur : « Justi autem in vitam æternam. (*Matth.* xxv, 46.) Et vidi, inquit, cœlum novum, et terram novam. Nam primum cœlum et terra (*a*) prima recesserunt, et mare jam non est. » (*Apoc.* xxi, 1.) Isto fiet ordine, quod superius præoccupando jam dixit, vidisse se super thronum sedentem, a cujus facie fugit cœlum et terra. (*Apoc.* xx, 11.) Judicatis quippe his, qui scripti non sunt

---

(*a*) In omnibus Mss. deest, *prima*.

le livre de vie, auront été jugés et qu'ils auront été jetés au feu éternel, (quelle est la nature de ce feu, dans quel lieu du monde ou de l'espace sera-t-il? personne ne le sait que celui auquel le saint Esprit l'aura révélé,) alors la figure de ce monde passera dans l'embrâsement du feu, comme elle a déjà passé dans le déluge des eaux. Les qualités des éléments corruptibles qui étaient en rapport avec nos corps sujets à la corruption, seront entièrement détruites par cette conflagration du monde, et leur substance jouira de ces qualités qui, par un merveilleux changement, conviennent à des corps immortels; et ainsi le monde renouvelé et amélioré sera en harmonie parfaite avec les hommes renouvelés même dans leur corps. Quant à ce que l'apôtre ajoute : « et la mer n'est plus; » sera-t-elle desséchée par les ardeurs de cet embrâsement, ou bien sera-t-elle aussi renouvelée et dans un état plus parfait? je ne saurais le dire. Car nous lisons qu'il y aura un ciel nouveau et une terre nouvelle; mais je ne me souviens pas d'avoir lu quelque part qu'il y aura une mer nouvelle. On lit, il est vrai, dans ce même livre, ces paroles : « Comme une mer de verre, et semblable à du cristal; » (*Apoc.* IV, 6 et XV, 2) mais dans cet endroit, il n'est pas question de la fin du monde et l'apôtre ne dit pas simplement « la mer, » mais « comme une mer. » Toutefois comme les prophètes aiment à parler dans un sens allégorique et à voiler en quelque sorte leurs discours, l'apôtre a pu dire ici que « la mer ne sera plus » dans le même sens qu'il avait dit que la mer avait rendu ses morts, » et a pu vouloir faire entendre que ce siècle, assez semblable à une mer orageuse et agitée, cessera d'exister.

CHAPITRE XVII.

De la glorification éternelle de l'Eglise après la fin du monde.

« Je vis ensuite, poursuit saint Jean, la nouvelle Jérusalem qui, venant de Dieu, descendait du ciel; elle était ornée comme une épouse qui se pare pour son époux. Et j'entendis une grande voix qui venait du trône et qui disait : Voici le tabernacle de Dieu avec les hommes; il demeurera avec eux, ils seront son peuple, et Dieu demeurant lui-même au milieu d'eux, sera leur Dieu. Dieu essuiera toutes les larmes de leurs yeux et la mort ne sera plus; il n'y aura plus là ni pleurs ni cris, ni affliction, parce que le premier état sera passé. Alors celui qui était assis sur le trône, dit : je vais renouveler toutes choses. » (*Apoc.* XXI, 2 et suiv.) Saint Jean dit

in libro vitæ, et in æternum ignem missis, (qui ignis cujusmodi, et in qua mundi vel rerum parte futurus sit, hominem scire arbitror neminem, nisi forte cui Spiritus divinus ostendit,) tunc figura hujus mundi mundanorum ignium conflagratione præteribit sicut factum est mundanarum aquarum inundatione diluvium. Illa itaque, ut dixi, conflagratione mundana elementorum corruptibilium qualitates, quæ corporibus nostris corruptibilibus congruebant, ardendo penitus interibunt; atque ipsa substantia eas qualitates habebit quæ corporibus immortalibus mirabili mutatione conveniant : ut scilicet mundus in melius innovatus, apte accommodetur hominibus etiam carne in melius innovatis. Quod autem ait : « Et mare jam non est : » utrum maximo illo ardore siccetur, an et ipsum vertatur in melius, non facile dixerim. Cœlum quippe novum et terram novam futuram legimus : de mari autem novo aliquid me uspiam legisse, non recolo, nisi quod in hoc eodem libro reperitur, « tamquam mare vitreum simile crystallo. » (*Apoc.* IV, 6, et XV, 2.) Sed tunc non de isto fine sæculi loquebatur : nec proprie dixisse videtur mare, sed « tamquam mare. » Quamvis et nunc, sicut amat prophetica locutio propriis verbis translata miscere, ac sic quodam modo velare quod dicitur, potuit de illo mari dicere : « Et mare jam non est : » de quo supra dixerat : « Et exhibuit mare mortuos, qui in eo erant. » (*Apoc.* XX, 13.) Jam enim tunc non erit hoc sæculum vita mortalium turbulentum et procellosum, quod maris nomine figuravit.

CAPUT XVII.

De Ecclesiæ glorificatione sine fine post (a) *finem.*

« Et Civitatem, inquit, magnam Jerusalem novam vidi descendentem de cœlo a Deo, aptatam, quasi novam nuptam ornatam marito suo. Et audivi vocem magnam de throno dicentem, Ecce tabernaculum Dei cum hominibus, et habitabit cum eis, et ipsi erunt populus ejus, et ipse Deus erit cum eis. Et absterget Deus ab oculis eorum omnem lacrymam; et mors jam non erit, neque luctus, neque

(a) Ita Mss. Editi vero, *post mortem.*

que cette Cité descend du ciel, parce que c'est la grâce céleste qui l'a édifiée; c'est pour cela que Dieu lui dit par Isaïe : « Je suis le Seigneur qui t'ai créée. » (*Isaïe*, XLV, *selon les Sept.*) Et à la vérité, elle est descendue du Ciel dès son origine, depuis que, la grâce de Dieu étant communiquée par le bain de la régénération dans le saint Esprit qui est envoyé du Ciel, le nombre de ses citoyens s'accroît dans le cours des siècles. Mais au jugement dernier qui sera rendu par Jésus-Christ, fils de Dieu, sa gloire apparaîtra si éclatante et si vive qu'il ne lui restera aucune trace de vieillesse, puisque les corps eux-mêmes, de corruptibles qu'ils étaient deviendront incorruptibles, et passeront de la mortalité à l'immortalité. Ce serait une trop grande témérité d'appliquer cet état glorieux aux mille ans de son règne avec son roi, quand l'apôtre dit d'une manière si claire : « Dieu essuiera toutes les larmes de leurs yeux et la mort ne sera plus; il n'y aura plus aussi ni pleurs, ni cris, ni affliction. » Qui donc serait assez insensé et assez aveuglé par l'obstination pour oser affirmer que, dans les épreuves de cette vie mortelle, non-seulement le peuple saint, mais encore aucun des saints qui vit, a vécu ou vi-

vra sur cette terre, ne versera de larmes ou ne ressentira de douleur, quand, au contraire, l'homme verse d'autant plus de pleurs dans la prière, qu'il est plus saint et plus rempli de saints désirs? N'est-ce pas un citoyen de la Jérusalem d'en haut qui s'écrie : « Mes larmes m'ont servi de pain la nuit et le jour. » (*Ps.* XLI, 4.) J'inonderai toutes les nuits mon lit de mes pleurs, » (*Ps.* VI, 7) et encore : Mes gémissements ne vous sont point cachés; » (*Ps.* XXXVII, 10) et : « Ma douleur a été renouvelée ? » (*Ps.* XXXVIII, 3.) Ou bien ceux-là ne sont-ils pas ses enfants qui gémissent sous la pesanteur de leur corps, ne désirant pas d'en être dépouillés, mais d'être revêtus par dessus, en sorte que ce qu'il y a de mortel en eux soit absorbé par la vie? (II. *Cor.* V, 4.) Est-ce que ceux-là n'en font pas partie qui, ayant reçu les prémices de l'Esprit-Saint, gémissent intérieurement en attendant l'effet de l'adoption divine, la rédemption et la délivrance de leur corps? (*Rom.* VIII, 23.) Est-ce que l'apôtre saint Paul n'appartenait pas à la Jérusalem céleste, surtout quand il ressentait pour les Israélites, ses frères, une tristesse profonde, et que son cœur était déchiré sans cesse par une vive douleur? (*Rom.* IX, 2.) Et

---

clamor, sed nec ullus dolor, quia priora abierunt. Et dixit sedens in throno : Ecce nova facio omnia. » (*Apoc.* XXI, 2 *etc.*) De cœlo descendere ista Civitas dicitur, quoniam cœlestis est gratia, qua Deus eam fecit. Propter quod ei dicit etiam per Isaiam : « Ego sum Dominus (*a*) faciens te. » (*Isai.* XLV, 8, *sec.* LXX.) Et de cœlo quidem ab initio sui descendit, ex quo per hujus sæculi tempus, gratia Dei de super veniente per lavacrum regenerationis (*b*) in Spiritu sancto misso de cœlo subinde cives ejus accrescunt. Sed per judicium Dei, quod erit novissimum per ejus Filium Jesum Christum, tanta ejus et tam nova de Dei munere claritas apparebit, ut nulla remaneant vetustatis vestigia : quando quidem et corpora ad incorruptionem atque immortalitatem novam ex vetere corruptione atque mortalitate transibunt. Nam hoc de isto tempore accipere, quo (*c*) regnat cum Rege suo mille annis, impudentiæ nimiæ mihi videtur : cum apertissime dicat : « Absterget Deus omnem lacrymam ab oculis eorum; et mors jam non erit, neque luctus, neque clamor, sed nec ullus dolor. » Quis vero tam sit absurdus, et obstinatissima contentione vesanus, qui audeat affirmare in hujus

mortalitatis ærumnis, non dico populum sanctum, sed unumquemque sanctorum, qui hanc vel ducat, vel ducturus sit, vel duxerit vitam, nullas habentem lacrymas et dolores; cum potius quanto quisque est sanctior et desiderii sancti plenior, tanto sit ejus in orando fletus uberior ? An non est vox (*d*) Civis supernæ Jerusalem, « Factæ, sunt mihi lacrymæ meæ panis die ac nocte ? » (*Psal.* XLI, 4.) Et : « Lavabo per singulas noctes lectum meum, in lacrymis meis stratum meum rigabo. » (*Psal.* VI, 7.) Et : « Gemitus meus non est absconditus a te. » (*Psal.* XXXVI, 10.) Et : « Dolor meus renovatus est. » (*Psal.* XXXVII, 3.) Aut vero non ejus filii sunt, qui ingemiscunt gravati, in quo nolunt exspoliari, sed supervestiri, ut absorbeatur mortale (*e*) a vita ? (II. *Cor.* V, 4.) Nonne ipsi sunt, qui primitias habentes Spiritus, in semetipsis ingemiscunt, adoptionem exspectantes redemptionem corporis sui ? (*Rom.* VIII, 23.) An ipse apostolus Paulus non erat supernus Jerosolymitanus, vel non multo magis hoc erat, quando pro Israelitis fratribus carnalibus suis tristitia illi erat magna, et continuus dolor cordi ejus ? (*Rom.* IX, 2.) Quando autem mors non erit in ista Civitate, nisi quando dicetur : « Ub

---

(*a*) Sequitur editionem LXX, quæ Græce habet, ὁ κτίσας σε, ubi Vulgata Latine, *creavi eum.* — (*b*) Plures Mss. omittunt *in.* — (*c*) Editi, *regnant.* At Mss. *regnat* : refertur ad Civitatem cœlestem. — (*d*) Sic Mss. At editi loco *civis*, habent *civitatis* : minus bene. — (*e*) Editi *mortale hoc.* Abest *hoc* a Mss.

quand la mort sera-t-elle bannie de la Cité sainte, si ce n'est quand on dira : « O mort, où est ta victoire? où est ton aiguillon? or, le péché est l'aiguillon de la mort? (I. Cor. xv, 55 et 56.) Assurément le péché n'y sera plus quand on pourra dire : « Où est-il? » Mais maintenant, ce n'est pas le dernier des citoyens de cette Cité, c'est saint Jean lui-même qui s'écrie dans son épître : « Si nous disons que nous n'avons pas de péché, nous nous trompons nous-mêmes et la vérité n'est pas en nous. » (I. Jean, I, 8.) Il est vrai que dans le livre de l'Apocalypse il y a beaucoup de passages obscurs, afin d'exercer l'intelligence du lecteur, et ils sont en petit nombre ceux dont la clarté peut servir à découvrir, même avec l'étude, le sens des autres, parce que l'Apôtre revient souvent sur les mêmes choses, les expliquant de différentes manières et paraissant traiter d'autres sujets quand, tout en variant ses explications, il abonde dans le même sens. Mais quant à ces paroles : « Dieu essuiera toutes larmes de leurs yeux, et la mort ne sera plus; il n'y aura plus là aussi ni pleurs, ni cris, ni afflictions, » elles s'appliquent avec tant d'évidence au siècle futur, à l'immortalité et à l'éternité des saints, (car c'est alors seulement, et là seulement que toutes ces choses n'existeront plus,) que nous ne devons chercher ou lire nulle part ailleurs dans la Sainte Écriture de passages clairs, si celui-là nous paraît obscur.

CHAPITRE XVIII.

Ce que l'apôtre saint Pierre a annoncé touchant le dernier jugement de Dieu.

Voyons maintenant ce que l'apôtre Pierre a écrit sur ce jugement : « Dans les premiers temps, dit-il, il viendra des imposteurs artificieux qui suivront leurs propres passions, et qui diront : qu'est devenue la promesse de son avènement? car, depuis que nos pères sont dans le sommeil de la mort, toutes choses demeurent au même état qu'elles étaient au commencement du monde. Mais c'est par une ignorance volontaire qu'ils ne considèrent pas que les cieux furent faits d'abord par la parole de Dieu, aussi bien que la terre, qui sortit du sein de l'eau et qui subsiste par l'eau; et que cependant ce fut par ces mêmes choses que le monde d'alors périt, étant submergé par le déluge des eaux. Or, les cieux et la terre d'à présent sont gardés avec soin par la même parole et sont réservés pour être brûlés par le feu, au jour du jugement et de la ruine des impies. Mais il y a une chose que vous ne devez pas igno-

---

est mors contentio tua? Ubi est mors aculeus tuus? Aculeus autem mortis est peccatum. » (I. Cor. xv, LV et LVI,) Quod tunc utique non erit, quando dicetur : « Ubi est? » Nunc vero non quilibet (*b*) infimus civis illius Civitatis, sed idem ipse Joannes in epistola sua clamat : « Si dixerimus, quia peccatum non habemus, nos ipsos seducimus, et veritas in nobis non est. » (I. Joan. i, 8.) Et in hoc quidem libro, cujus nomen est Apocalypsis, obscure multa dicuntur, ut mentem legentis exerceant, et pauca in eo sunt, ex quorum manifestatione indagentur cetera cum labore : maxime quia sic eadem multis modis repetit, ut alia atque alia dicere videatur; cum aliter atque aliter hæc ipsa dicere vestigetur. Verum in his verbis, ubi ait : « Absterget Deus omnem lacrymam ab oculis eorum ; et mors jam non erit, neque luctus, neque clamor, sed nec ullus dolor : » tanta luce dicta sunt de sæculo futuro et immortalitate atque æternitate sanctorum, (tunc enim solum, atque ibi solum ista non erunt), et nulla debemus in litteris sacris quærere vel legere manifesta, si hæc putaverimus obscura.

(*a*) Plerique Mss. *infimus*.

CAPUT XVIII.

Quid apostolus Petrus de novissimo Dei judicio prædicarit.

Nunc jam videamus, quid etiam apostolus Petrus de hoc judicio scripserit : « Venient, inquit, in novissimo dierum illusione illudentes, secundum proprias concupiscentias suas euntes, et dicentes. Ubi est promissum præsentiæ ipsius? Ex quo enim patres dormierunt, sic omnia perseverant ab initio creaturæ. Latet enim illos hoc volentes, quia cœli erant olim et terra de aqua, et per aquam constituta Dei verbo; per quæ, qui tunc erat mundus, aqua inundatus deperiit. Qui autem nunc sunt cœli et terra, eodem verbo repositi sunt, igni reservandi in diem judicii, et perditionis hominum impiorum. Hoc unum vero non lateat vos, carissimi, quia unus dies apud Dominum, sicut mille anni ; et mille anni, sicut dies unus. Non tardat Dominus promissum, sicut quidam tarditatem existimant : sed patienter fert propter vos, nolens aliquem perire, sed omnes

rer, mes bien-aimés : c'est qu'aux yeux du Seigneur, un jour est comme mille ans, et mille ans comme un jour. Ainsi, le Seigneur n'a point retardé l'accomplissement de sa promesse, comme quelques-uns se l'imaginent : mais c'est qu'il exerce envers vous sa patience, ne voulant point qu'aucun périsse, mais que tous retournent à lui par la pénitence. Or, le jour du Seigneur viendra comme un voleur; et alors, dans le bruit d'une effroyable tempête, les cieux passeront, les éléments embrasés se dissoudront, et la terre sera brûlée avec tout ce qu'elle contient. Puis donc que toutes ces choses doivent périr, quels devez-vous être et quelle doit être la sainteté de votre vie et la piété de vos actions? Attendant et désirant avec ardeur l'avènement du jour du Seigneur, où l'ardeur du feu dissoudra les cieux et fera fondre les éléments. Car nous attendons, selon sa promesse, de nouveaux cieux et une nouvelle terre, où la justice habitera. (II. *Pierre*, III, 3 et suiv.) L'apôtre ne dit rien dans ce passage au sujet de la résurrection des morts; mais il s'étend assez longuement sur la destruction de ce monde. En rapportant ce qui s'est passé avant le déluge, ne semble-t-il pas nous exhorter en quelque sorte à croire que ce monde doit périr à la fin des temps? Car il dit qu'à cette époque le monde qui existait alors, a été détruit. Ce ne fut pas seulement le globe terrestre qui périt, mais encore les cieux, c'est-à-dire ces cieux aériens dont l'eau, en s'élevant, avait rempli l'espace. Donc l'air tout entier, ou presque tout entier, cet air qui est la région où règnent les vents, (région que l'apôtre appelle ciel ou plutôt les cieux, mais les cieux inférieurs, et non ceux ou le soleil, la lune et les étoiles sont établis,) fut changé en vapeur d'eau et périt ainsi avec la terre, dont la face primitive fut détruite par le déluge. « Mais, dit l'apôtre, les cieux et la terre d'aujourd'hui ont été rétablis par la même parole et sont réservés au feu pour le jour du jugement et de la ruine des impies. » Il suit de là que ce ciel, cette terre, c'est-à-dire ce monde qui a été rétabli au lieu de celui qui a péri par le déluge, est réservé pour le feu, au jour du jugement et de la perte des impies. Car il n'hésite pas, à raison du grand changement qui s'opérera dans les hommes, à dire qu'ils seront perdus, bien que leur nature doive demeurer dans des peines éternelles. Quelqu'un demandera peut-être : si ce monde doit être embrasé aussitôt après le jugement et avant la création du nouveau ciel et d'une nouvelle terre, où seront les saints à l'époque de cet embrasement, puisqu'étant revêtus de corps il est nécessaire qu'ils soient dans un lieu corporel? Nous pouvons répondre qu'ils seront dans les parties supérieures que les flammes ne pourront atteindre, comme l'eau du déluge n'a pu les envahir; car leurs

in pœnitentiam converti. Veniet autem dies Domini ut fur, in quo cœli magno impetu transcurrent : elementa autem ardentia resolventur; et terra, et quæ in ipsa sunt opera exurentur. Ilis ergo omnibus pereuntibus, quales oportet esse vos in sanctis conversationibus exspectantes, et properantes ad præsentiam diei Domini, per quam cœli ardentes solventur, et elementa ignis ardore decoquentur? Novos vero cœlos, et terram novam, secundum promissa ipsius, exspectamus, in quibus justitia inhabitat. » (II. *Petri*. III, 3, *etc.*) Nihil hic dixit de resurrectione mortuorum : sed sane de perditione mundi hujus satis. Ubi etiam commemorans factum ante diluvium, videtur admonuisse quodam modo, quatenus in fine hujus sæculi mundum istum periturum esse credamus. Nam et illo tempore perisse dixit, qui tunc erat, mundum : nec solum orbem terræ, verum etiam cœlos, quos utique istos aerios intelliginus, quorum locum ac spatium tunc aqua crescendo superaverat. Ergo totus, aut pene totus aer iste ventosus, (quod cœlum vel potius cœlos vocat, sed istos utique imos, non illos supremos, ubi sol, et luna, et sidera constituta sunt), conversus fuerat in humidam qualitatem; atque hoc modo cum terra perierat, cujus terræ utique prior facies fuerat deleta diluvio. « Qui autem nunc sunt, inquit, cœli et terra, eodem verbo repositi sunt, igni reservandi in diem judicii et perditionis hominum impiorum. » Proinde qui cœli, et quæ terra, id est, qui mundus, pro eo mundo qui diluvio periit, ex eadem aqua repositus est, ipse igni novissimo reservatur in diem judicii et perditionis hominum impiorum. Nam et hominum, propter magnam quamdam commutationem, non dubitat dicere perditionem futuram; cum tamen eorum, quamvis in æternis pœnis, sit mansura natura. Quærat forsitan aliquis, si post factum judicium mundus iste ardebit, ante quam pro illo cœlum novum, et terra nova reponatur, eo ipso tempore conflagrationis ejus ubi erunt sancti, quum eos habentes corpora in aliquo corporali loco esse necesse sit. Possumus respondere, futuros eos esse in superioribus partibus, quo ita non adscendet flamma

corps seront doués de qualités qui leur permettront de se transporter où ils voudront. Au reste, devenus immortels et incorruptibles, ils n'auront rien à craindre de cet embrasement, ainsi que les corps mortels et corruptibles des trois jeunes gens purent vivre intacts dans la fournaise ardente (*Daniel*, III, 24.)

CHAPITRE XIX.

Ce que l'apôtre saint Paul a écrit aux Thessaloniciens. De l'apparition de l'Antechrist qui sera suivie du jour du Seigneur.

Je suis obligé d'omettre ici beaucoup de passages tirés de l'Évangile et des épîtres des apôtres, pour renfermer cet ouvrage dans de justes limites. Toutefois je ne peux passer sous silence ce que l'apôtre saint Paul écrit aux fidèles de Thessalonique. « Nous vous conjurons, mes frères, leur dit-il, par l'avènement de Notre-Seigneur Jésus-Christ et par notre réunion avec lui, de ne pas vous laisser légèrement ébranler dans votre premier sentiment, et de ne pas vous troubler en croyant sur quelque prophétie prétendue, ou sur quelque discours ou quelque lettre, qu'on supposerait venir de nous, que le jour du Seigneur soit prêt d'arriver. Que personne ne vous séduise en quelque manière que ce soit; car il ne viendra point que l'apostat ne soit arrivé auparavant et qu'on ait vu paraître cet homme de péché, cet enfant de perdition, cet ennemi de Dieu qui s'élèvera au-dessus de tout ce qui est Dieu ou qui est adoré, jusqu'à s'asseoir dans le temple de Dieu, voulant lui-même passer pour Dieu. Ne vous souvient-il pas que je vous ai dit ces choses lorsque j'étais encore avec vous? Et vous savez bien ce qui empêche qu'il ne vienne afin qu'il paraisse en son temps. Car le mystère d'iniquité se forme dès à présent. Seulement que celui qui tient, tienne jusqu'à ce qu'il soit détruit, et alors se découvrira l'impie, que le Seigneur Jésus détruira par un souffle de sa bouche et qu'il perdra par l'éclat de sa présence ; cet impie qui doit venir accompagné de la puissance de Satan, avec toutes sortes de miracles, de signes et de prodiges trompeurs, et avec toutes les illusions qui peuvent porter à l'iniquité ceux qui périssent ; parce qu'ils n'ont pas reçu et aimé la vérité pour être sauvés. C'est pourquoi Dieu leur enverra des illusions si efficaces qu'ils croiront au mensonge ; afin que tous ceux qui n'ont pas cru la vérité, et qui ont consenti à l'iniquité, soient condamnés. » (II. *Thess.* II, 1 et suiv.)

---

illius incendii, quemadmodum nec unda diluvii. Talia quippe illis inerunt corpora, ut illic sint, ubi esse voluerint. Sed nec ignem conflagrationis illius pertimescent immortales atque incorruptibiles facti : sicut virorum trium corruptibilia corpora atque mortalia, in camino ardenti vivere illæsa potuerunt. (*Dan.* III, 24.)

CAPUT XIX.

Quid apostolus Paulus Thessalonicensibus scripserit, et de manifestatione Antichristi, cujus tempus dies Domini subsequetur.

1. Multas Evangelicas Apostolicasque sententias de divino isto judicio novissimo video mihi esse prætereundas, ne hoc volumen in nimiam longitudinem (*a*) provolvatur : sed nullo modo est prætereundus apostolus Paulus, qui scribens ad Thessalonicenses : « Rogamus, inquit, vos fratres, per adventum Domini nostri Jesu Christi, et nostræ congregationis in ipsum, ut non cito moveamini mente, neque terreamini, neque per spiritum, neque per verbum, neque per epistolam tamquam per nos missam, quasi instet dies Domini : ne quis vos seducat ullo modo. Quoniam nisi venerit refuga primum, et revelatus fuerit homo peccati, filius interitus, qui adversatur et superextollitur supra omne quod dicitur Deus, aut quod colitur; ita ut in templo Dei sedeat (*b*), ostentans se tamquam sit Deus. Non retinetis in memoria, quod adhuc quum essem apud vos, hæc dicebam vobis? Et nunc quid detineat scitis, ut reveletur in suo tempore. Jam enim mysterium iniquitatis operatur. Tantum qui modo tenet teneat, donec de medio fiat : et tunc revelabitur iniquus (*c*), quem Dominus Jesus interficiet spiritu oris sui, et evacuabit illuminatione præsentiæ suæ eum, cujus est præsentia secundum operationem satanæ, in omni virtute, et signis, et prodigiis mendacii, et in omni seductione iniquitatis, his qui pereunt ; pro eo quod dilectionem veritatis non receperunt, ut salvi fierent. Et ideo mittet illis Deus operationem erroris, ut credant mendacio, et judicentur omnes qui non crediderunt veritati, sed consenserunt iniquitati. (II. *Thess.* II, 1, *etc.*)

(*a*) Aliquot Mss. *protendatur.* — (*b*) Plures e veteribus libris, *ostendens.* — (*c*) In excusis, *iniquus ille.* Abest *ille* a Mss. et a Græco textu Apostoli.

2. Il est certain que l'apôtre parle ici de l'Antechrist, et que le jour du jugement, qu'il nomme le jour du Seigneur, n'arrivera pas avant l'avénement de celui qu'il appelle l'apostat, celui qui doit se retirer du Seigneur Dieu. Si on peut donner ce nom à tous les impies, à plus forte raison, celui-ci mérite-t-il de le porter. Mais dans quel temple doit-il s'asseoir? On ne sait pas si ce sera sur les ruines du temple de Salomon ou dans l'Église; car l'Apôtre ne dirait pas « le temple de Dieu » s'il s'agissait d'un temple d'idole ou d'un temple du démon. C'est de là que plusieurs ont pensé que, sous le nom d'Antechrist, il fallait entendre, non le chef lui-même, mais le corps tout entier, c'est-à-dire cette multitude d'hommes qui forme son parti et dont il est le chef; et ils croient que l'on doit suivre la version grecque et lire, non pas « dans le temple de Dieu, » mais « en temple de Dieu, » comme si lui-même était le temple de Dieu qui est l'Église. C'est ainsi que l'on dit : il s'assied en ami, c'est-à-dire comme un ami, et qu'on emploie toute autre locution semblable. Quant à ce qu'il dit : « vous savez ce qui le retient, » c'est-à-dire ce qui retarde sa venue, « afin qu'il paraisse en son temps, » vous le savez; et parce qu'ils le savaient, l'Apôtre ne parle pas ouvertement. Mais pour nous qui ignorons ce qui leur était connu, malgré nos désirs et nos efforts, nous ne pouvons saisir la pensée de l'Apôtre. Ce qu'il ajoute rend surtout le sens encore plus obscur : que signifient, en effet, ces paroles : « le mystère d'iniquité se forme dès à présent; seulement que celui qui tient, tienne jusqu'à ce qu'il soit détruit, et alors se découvrira l'impie? » J'avoue l'ignorer. Toutefois je rapporterai les conjectures que j'ai pu lire ou entendre.

3. Il en est qui pensent que ces paroles s'appliquent à l'empire Romain (1), et que l'apôtre saint Paul n'a pas voulu se servir des termes plus clairs, de peur d'être accusé de faire des vœux contre l'empire romain que l'on espérait devoir être éternel. Ces paroles : « le mystère d'iniquité se forme dès à présent » devraient selon d'autres s'entendre de Néron dont les œuvres semblaient être celles de l'Antechrist : c'est ce qui a donné lieu à quelques-uns de penser qu'il ressusciterait un jour et qu'il serait l'Antechrist. D'autres, au contraire (2), croient qu'il n'a pas été tué, mais qu'il a été enlevé afin qu'on le crût mort, et mis dans un lieu secret, conservant la vigueur de l'âge qu'il avait à

(1) Voyez saint Jérôme sur Daniel, chap. xi, et Sevère Sulpice, hist. liv. II.
(2) Voyez Suétone sur Néron et Tacite, hist. liv. II.

2. Nulli dubium est, cum de Antichristo ista dixisse (*a*), diemque judicii (hunc enim appellat diem Domini), non esse venturum, nisi ille prior venerit, quem refugam vocat, utique a Domino Deo. Quod si de omnibus impiis merito dici potest, quanto magis de isto? Sed in quo templo Dei (*b*) sit sessurus, incertum est : utrum in illa ruina templi, quod a Salomone rege constructum est, an vero in Ecclesia. Non enim templum alicujus idoli aut dæmonis, templum Dei Apostolus diceret. Unde nonnulli, non ipsum principem, sed universum quodam modo corpus ejus, id est, ad eum pertinentem hominum multitudinem simul cum ipso suo principe hoc loco intelligi Antichristum voluit : rectiusque putant etiam Latine dici, sicut in Græco est, non « in templo Dei, » sed εἰς τὸν ναὸν τοῦ θεοῦ « in templum Dei sedeat, » tamquam ipse sit templum Dei, quod est Ecclesia : sicut dicimus : Sedet in amicum, id est, velut amicus; vel si quid aliud isto locutionis genere dici solet. Quod autem ait : « Et nunc quid detineat scitis, » id est, quid sit in mora, quæ caussa sit dilationis ejus, « ut reveletur in suo tempore, » scitis : quoniam scire illos dixit, aperte hoc dicere noluit. Et ideo nos qui nescimus quod illi sciebant, pervenire cum labore ad id quod sensit Apostolus, cupimus, nec valemus : præsertim quia et illa quæ addidit, hunc sensum faciunt obscuriorem. Nam quid est : « Jam enim mysterium iniquitatis operatur. Tantum qui modo tenet teneat, donec de medio fiat; et tunc revelabitur iniquus? » Ergo prorsus quid dixerit, me fateor ignorare. Suspiciones tamen hominum, quas vel audire, vel legere potui, non tacebo.

3. Quidam putant hoc de imperio dictum fuisse Romano; propterea Paulum apostolum non id aperte scribere voluisse, ne calumniam videlicet incurreret, quod Romano imperio male optaverit, cum speraretur æternum : ut hoc quod dixit : « Jam enim mysterium iniquitatis operatur, » Neronem voluerit intelligi cujus jam facta velut Antichristi videban-

(*a*) Editi, *dieque judicii*. *Hunc enim*, etc. Emendantur ex Mss. — (*b*) Editi, *ut Deus sit sessurus*. Abest *ut Deus* a Mss.

l'époque de sa mort supposée, jusqu'à ce qu'il paraisse en son temps et soit rétabli sur le trône. Je ne saurais approuver l'étonnante présomption de ceux qui ont formé ces conjectures. Toutefois, il ne me semble pas absurde d'appliquer à l'empire romain ces paroles : « seulement que celui qui tient, tienne jusqu'à ce qu'il soit détruit, » si on les entend dans ce sens : seulement que celui qui commande maintenant, commande jusqu'à ce qu'il soit détruit. « Et alors se découvrira l'impie : » sans nul doute, ceci regarde l'Antechrist. Mais d'autres appliquent ces paroles : « et vous savez bien ce qui empêche qu'il ne vienne, » et ces autres : « le mystère d'iniquité se forme dès à présent, » aux méchants et aux hypocrites qui sont dans l'Église, jusqu'à ce qu'ils soient en assez grand nombre pour former un peuple puissant à l'Antechrist : et ce serait là le mystère d'iniquité qui paraît caché. Ils pensent aussi que l'Apôtre exhorte les fidèles à persévérer dans leur foi, quand il leur dit : « que celui qui tient, tienne, jusqu'à ce qu'il sorte, c'est-à-dire jusqu'à ce que le mystère d'iniquité qui est maintenant caché, sorte du milieu de l'Église. Car, selon eux, ce que dit saint Jean l'évangéliste dans son épître, se rapporte à ce mystère : « Mes enfants, c'est ici la dernière heure, et comme vous avez ouï dire que l'Antechrist doit venir, il y a dès maintenant plusieurs antechrists : ce qui nous fait connaître que nous sommes à la dernière heure. Ils sont sortis d'avec nous, mais ils n'étaient pas de nous; car s'ils eussent été des nôtres, ils seraient demeurés avec nous. » (I. Jean, II, 18 et 19.) De même donc, disent-ils, qu'avant la fin, à cette heure que saint Jean appelle la dernière, plusieurs hérétiques à qui il donne le nom d'Antechrist, sont sortis de l'Église; de même, à cette époque, en sortiront tous ceux qui n'appartiendront pas au Christ, mais à ce dernier Antechrist, et c'est alors qu'il paraîtra.

4. Les uns expliquent d'une manière les paroles obscures de l'Apôtre; les autres d'une autre; mais il n'est pas douteux qu'il ait dit que le Christ ne viendra pour juger les vivants et les morts, qu'après que l'Antechrist, son adversaire, sera venu pour séduire ceux qui sont morts spirituellement, quoique ce soit par un jugement caché de Dieu qu'ils seront séduits. « Car, selon qu'il est dit, il viendra accompagné de la puissance de Satan, avec toutes sortes de miracles, de signes et de prodiges trompeurs, et avec toutes les illusions qui peuvent porter à l'iniquité ceux qui périssent. » Alors Satan sera délié, et par l'Antechrist il opérera de lui-même

---

tur. Unde nonnulli ipsum resurrecturum, et futurum Antichristum suspicantur. Alii vero nec occisum putant, sed subtractum potius, ut putaretur occisus; et vivum occultari in vigore ipsius ætatis, in qua fuit, cum crederetur exstinctus, donec suo tempore reveletur, et restituatur in regnum. Sed multum mihi mira est hæc opinantium tanta præsumtio. Illud tamen quod ait Apostolus: « Tantum qui modo tenet teneat, donec de medio fiat : » non absurde de ipso Romano imperio creditur dictum, tamquam dictum sit : Tantum qui modo imperat imperet, donec de medio fiat, id est, de medio tollatur. « Et tunc revelabitur iniquus : » quem significari Antichristum, nullus ambigit. Alii vero et quod ait : « Quid detineat scitis; et mysterium operari iniquitatis, » non putant dictum, nisi de malis et fictis, qui sunt in Ecclesia, donec perveniant ad tantum numerum, qui Antichristo magnum populum faciat; et hoc esse mysterium iniquitatis, quia videtur occultum. Hortari autem Apostolum fideles, ut in fide quam tenent, tenaciter perseverent, dicendo : « Tantum qui modo tenet teneat, donec de medio fiat : » hoc est, donec exeat de medio Ecclesiæ mysterium iniquitatis, quod nunc occultum est. Ad ipsum enim mysterium pertinere arbitrantur, quod ait in epistola sua Joannes evangelista : « Pueri, novissima hora est : et sicut audistis, quod Antichristus sit venturus; nunc autem Antichristi multi facti sunt : unde cognoscimus quod novissima sit hora. Ex nobis exierunt : sed non erant ex nobis. Quod si fuissent ex nobis, permansissent utique nobiscum. » (I. Joa. II, 18 et 19.) Sicut ergo ante finem in hac hora, inquiunt, quam Joannes novissimam dicit, exierunt multi hæretici de medio Ecclesiæ, quos multos dicit Antichristos : ita omnes tunc inde exibunt, qui non ad Christum, sed ad illum novissimum Antichristum pertinebunt, et tunc revelabitur.

4. Alius ergo sic, alius autem sic Apostoli obscura verba conjectant : quod tamen eum dixisse non dubium est, non veniet ad vivos et mortuos judicandos Christus, nisi prius venerit ad seducendos in anima mortuos adversarius ejus Antichristus; quamvis ad occultum jam judicium Dei pertineat, quod ab illo seducentur. « Præsentia quippe ejus erit, » sicut dictum est, « secundum operationem satanæ, in omni virtute, et signis; et prodigiis mendacii, et in omni seductione iniquitatis, his qui pereunt. » Tunc enim solvetur satanas, et per illum Antichri-

des œuvres merveilleuses mais trompeuses. On ne saurait dire si ces signes et ces prodiges sont appelés trompeurs parce que Satan trompera les sens des hommes par des prestiges; et qu'ainsi il paraîtra faire ce qu'il ne fera pas; ou bien si c'est parceque ces prodiges, bien que réels, entraîneront au mensonge ceux qui, croyant qu'ils ne peuvent être accomplis que par la puissance divine, ne connaîtront pas ce que peut le diable, en ce moment surtout où il sera doué d'un pouvoir plus grand que celui qu'il a jamais eu. Ainsi, quand le feu tomba du ciel et dévora en un instant les serviteurs et les troupeaux du saint homme Job, quand un tourbillon impétueux renversa sa maison et ensevelit sous les ruines ses enfants, il n'y eut pas là de prestiges; et toutefois c'était l'œuvre de Satan à qui Dieu avait donné ce pouvoir. C'est alors qu'on verra dans quel sens ces signes et ces prodiges sont appelés trompeurs. Mais quelle que soit la nature de ces prodiges, ceux-là seront séduits, qui auront mérité de l'être : « parce que, dit l'Apôtre, ils n'ont pas reçu et aimé la vérité pour être sauvés. » Il ne fait point difficulté d'ajouter : « c'est pourquoi, Dieu leur enverra des illusions, afin qu'ils croient au mensonge. » Dieu, en effet, enverra, parce qu'il permettra au diable d'opérer toutes ces choses; il le permettra par un juste jugement, quoique l'Antechrist agisse par un dessein injuste et pervers : « afin, dit-il, que tous ceux qui n'ont point cru la vérité et qui ont consenti à l'iniquité, soient condamnés. » Par conséquent, jugés ils seront séduits et ils seront jugés parce qu'ils se seront laissé séduire. Mais jugés, ils seront séduits par un jugement de Dieu mystérieusement juste et justement caché, qu'il a toujours exercé depuis le péché de la créature raisonnable; et ceux qui auront été séduits seront jugés en dernier lieu et publiquement par Jésus-Christ, qui jugera en toute justice, lui qui a été jugé avec la dernière injustice.

CHAPITRE XX.

Ce que saint Paul enseigne dans sa première épitre aux Thessaloniciens au sujet de la résurrection des morts.

1. Dans ce passage, l'Apôtre ne parle pas de la résurrection des morts; mais dans la première lettre qu'il écrivit aux fidèles de Thessalonique, il leur dit : « Nous ne voulons pas, mes frères, que vous soyez dans l'ignorance touchant ceux qui dorment; afin que vous ne vous attristiez pas, comme font les autres hommes

---

stum in omni sua virtute mirabiliter quidem, sed mendaciter operabitur (*a*). Quæ solet ambigi, utrum propterea dicta sint signa et prodigia mendacii, quoniam mortales sensus per phantasmata decepturus est; ut quod non facit, facere videatur : an quia illa ipsa, etiamsi erunt vera prodigia, ad mendacium pertrahent credituros non ea potuisse fieri nisi divinitus fieri, virtutem diaboli nescientes; maxime quando tantam, quantam numquam habuit, (*b*) acceperit potestatem. Non enim quando de cœlo ignis cecidit, et tantam familiam cum tantis gregibus pecorum sancti Job uno impetu absumsit, et turbo irruens et domum dejiciens filios ejus occidit (*Job.* i), phantasmata fuerunt : quæ tamen fuerunt opera satanæ, cui Deus dederat hanc potestatem. Propter quid horum ergo dicta sint prodigia et signa mendacii, tunc potius apparebit. Sed propter quodlibet horum dictum sit, seducentur eis signis atque prodigiis, qui seduci merebuntur : « pro eo quod dilectionem veritatis, inquit, non receperant, ut salvi fierent. » Nec dubitavit Apostolus addere, et dicere : « Ideo mittet illis Deus operationem erroris, ut credant mendacio. » Deus enim mittet : quia Deus diabolum facere ista permittet, justo ipse judicio, quamvis faciat ille iniquo malignoque consilio. « Ut judicentur, inquit, omnes, qui non crediderunt veritati, sed consenserunt iniquitati. » Proinde judicati seducentur, et seducti judicabuntur. Sed judicati seducentur illis judiciis Dei occulte justis, juste occultis, quibus ab initio peccati rationalis creaturæ numquam judicare cessavit : seducti autem judicabuntur novissimo manifestoque judicio per Jesum Christum, justissime judicaturum, injustissime judicatum.

CAPUT XX.

Quid idem Apostolus in prima ad eosdem epistola de resurrectione mortuorum docuerit.

1. Sed hic Apostolus tacuit de resurrectione mortuorum : ad eosdem autem scribens in epistola prima : « Nolumus, inquit, ignorare vos, fratres, de dormientibus, ut non contristemini, sicut et ceteri, qui spem non habent. Nam si credimus, quod Jesus mortuus est, et resurrexit : ita et Deus eos qui dormierunt per Jesum, adducet cum eo. Hoc enim

---

(*a*) Ia Mss. At editi, *Quod*. — (*b*) Sic Vind. Am. et Mss. At Er. et Lov. *accipiet*.

qui n'ont pas d'espérance. Car, si nous croyons que Jésus est mort et ressuscité, nous devons croire aussi que Dieu amènera avec Jésus ceux qui seront endormis avec lui. Aussi nous nous déclarons, comme l'ayant appris du Seigneur, que nous qui vivons et qui sommes réservés pour son avénement, nous ne préviendrons point ceux qui sont déjà dans le sommeil de la mort. Car aussitôt que le signal aura été donné par la voix de l'Archange et par le son de la trompette de Dieu, le Seigneur lui-même descendra du ciel et ceux qui seront morts en Jésus-Christ ressusciteront les premiers. Puis nous autres qui sommes vivants et qui seront demeurés jusqu'alors, nous serons emportés avec eux dans les nuées pour aller au-devant du Seigneur au milieu de l'air; et ainsi nous vivrons pour jamais avec le Seigneur. » (I. *Thess.* IV, 13 et suiv.) Ces paroles de l'apôtre enseignent clairement que la résurrection des morts aura lieu, lorsque Notre-Seigneur-Jésus-Christ viendra juger les vivants et les morts.

2. Mais on demande quelquefois (1) : ceux que le Christ trouvera vivants et que l'Apôtre personnifie en lui-même et en ceux qui vivaient avec lui, seront-ils exempts de la mort? ou bien dans l'instant qu'ils seront transportés sur les nuées, avec les ressuscités, à la rencontre du Christ qui paraîtra dans les airs, passeront-ils avec une merveilleuse rapidité par la mort à l'immortalité? Car on ne saurait dire qu'il soit impossible que, dans l'instant où ils seront élevés dans les airs, ils ne pensent y mourir et revivre. Il ne faut pas, en effet, entendre cette parole : « et ainsi nous serons toujours avec le Seigneur, » dans ce sens que toujours nous resterons avec le Seigneur dans l'air; car loin d'y demeurer, il ne fera qu'y passer, on ira au-devant de lui quand il viendra, mais non dans le lieu où il demeurera : ces paroles doivent être prises dans ce sens, que partout où nous serons avec lui, nous y serons avec nos corps immortels. Que ceux que le Christ trouvera vivants, meurent et reçoivent l'immortalité dans ce court espace de temps, l'Apôtre semble l'indiquer, quand il dit : « Tous nous revivrons dans le Christ » (I. *Cor.* XV, 22) et dans un autre endroit, en parlant de la résurrection des corps : « Ce que vous semez ne revit pas, s'il ne meurt. » Comment donc, ceux que le Christ trouvera vivants revivront-ils par l'immortalité s'ils ne meurent pas, quand il est dit : « ce que vous semez ne revit pas, s'il ne meurt? ou si, à proprement parler, on ne peut déclarer semés que les corps des hommes qui, après leur mort, retournent dans la terre, suivant la sentence

(1) Voyez l'épître XCIII à Mercator.

vobis dicimus in verbo Domini, quia non viventes, qui reliqui sumus in adventum Domini, non prævniemus eos qui ante dormierunt : quoniam ipse Dominus in jussu, et in voce Archangeli, et in tuba Dei descendet de cœlo; et mortui in Christo resurgent primo : deinde nos viventes, qui reliqui sumus, simul cum illis rapiemur in nubibus in obviam Christo in aera; et ita semper cum Domino erimus. » (I. *Thess.* IV, 13, etc.) Hæc verba Apostolica resurrectionem mortuorum futuram, quando veniet Dominus Christus, utique ad vivos et mortuos judicandos, præclarissime ostendunt.

2. Sed quæri solet, utrum illi quos hic viventes inventurus est Christus, quorum personam in se atque illos qui tunc secum vivebant, transfigurabat Apostolus, numquam omnino morituri sunt; an ipso temporis puncto, quo cum resurgentibus rapientur in nubibus in obviam Christo in aera, ad immortalitatem per mortem mira celeritate transibunt. Neque enim dicendum est, fieri non posse, ut dum per aera in sublime portantur, in illo spatio et moriantur, et reviviscant. Quod enim ait : « Et ita semper cum Domino erimus : » non sic accipiendum est, tamquam in aere nos dixerit semper cum Domino esse mansuros; quia nec ipse utique ibi manebit, quia veniens transiturus est. Venienti quippe ibitur obviam, non manenti : sed « ita cum Domino erimus, » id est, sic erimus (*a*) habentes corpora sempiterna, ubicumque cum illo fuerimus. Ad hunc autem sensum, quo existimemus etiam illos, quos hic vivos inventurus est Dominus, in ipso parvo spatio et passuros mortem et accepturos immortalitatem, ipse Apostolus nos videtur urgere ubi dicit : « In Christo omnes vivificabuntur : » (I. *Cor.* XV, 22) cum alio loco de ipsa loquens resurrectione corporum dicat : « Tu quod seminas, non vivificatur nisi (*b*) moriatur. » (*Ibid.* XXXVI.) Quomodo igitur, quos viventes hic Christus inveniet, per immortalitatem in illo vivificabuntur, etsi non moriantur; cum videamus propter hoc esse dictum : « Tu quod seminas, non vivificatur, nisi moriatur? » Aut si recte non dicimus seminari, nisi ea corpora homi-

(*a*) In editi, *semper habentes*. Abest *semper* a Mss. — (*b*) Editi, *nisi prius moriatur*. Particula *prius* non est in Mss, nec in Græco textu Apostoli.

portée contre le père du genre humain : « Tu es terre et tu retourneras dans la terre. » Il faut avouer que les paroles de l'Apôtre et celles de la Genèse ne regardent pas ceux que le Christ trouvera encore vivants, quand il viendra; parce qu'étant enlevés dans les airs, on ne peut dire qu'ils sont semés, car ils ne vont pas en terre et n'en sortent pas, soit qu'ils ne passent pas par la mort, soit qu'ils ne meurent que très-peu de temps au milieu des airs.

3. Mais voici qu'une autre question se présente à propos de ce que dit l'Apôtre aux Corinthiens, au sujet de la résurrection des corps, « que tous nous ressusciterons, » ou, d'après d'autres versions, « que tous nous dormirons. » Comme la résurrection ne peut avoir lieu, si la mort n'a précédé, et ce sommeil ne peut-être que celui de la mort, comment tous ou dormiront-ils, ou ressusciteront-ils, s'il en est un si grand nombre que le Christ trouvera dans leurs corps qui ne dormiront pas et ne ressusciteront pas? Si nous croyons que les saints qui seront encore vivants lors de l'avènement du Christ et seront transportés à sa rencontre, doivent sortir de leurs corps mortels dans l'instant de leur enlèvement, et rentrer aussitôt dans leurs corps doués de l'immortalité, les paroles de l'Apôtre ne nous offrent aucune difficulté, soit qu'il dise : « Ce que vous semez ne revit pas, s'il ne meurt; » soit qu'il dise : « Tous nous ressusciterons, ou tous nous dormirons; » car ils ne revivront par l'immortalité qu'après avoir passé par la mort, ne fut-ce qu'un instant très-court; ils ressusciteront donc puisque le sommeil a précédé, bien qu'il ait été de très-courte durée. Pourquoi nous semblerait-il incroyable que cette multitude de corps fût, en quelque sorte, semée dans l'air, et ressuscitât dans l'incorruptibilité et dans l'immortalité, quand nous croyons, d'après les paroles si claires de l'Apôtre, que la résurrection aura lieu en un clin d'œil, et que la poussière des anciens cadavres sera changée en corps immortels avec une si grande facilité et une si admirable rapidité? Ne pensons pas que ces saints ne doivent pas subir l'effet de cette sentence : « Tu es terre et tu retourneras en terre, » si leurs corps ne sont pas confiés à la terre, et s'ils meurent et ressuscitent dans l'instant de leur enlèvement dans les airs; car, « tu iras en terre » signifie : tu retourneras après la mort en ce que tu étais avant d'avoir la vie, c'est-à-dire, mort, tu seras ce que tu étais avant d'être animé. En effet, Dieu souffla sur un peu de terre un souffle de vie, lorsque

num, quæ moriendo quoquo modo revertuntur in terram; sicut sese habet etiam illa in transgressorem patrem generis humani divinitus prolata sententia : « Terra es, et in terram ibis : » (*Gen.* III, 19) fatendum est istos, quos nondum de corporibus egressos, cum veniet Christus, inveniet, et istis verbis Apostoli, et illis de Genesi non teneri : quoniam sursum in nubibus rapti, non utique seminantur; quia nec eunt in terram, nec redeunt; sive nullam prorsus experiantur mortem, sive paululum in aere moriantur.

3. Sed aliud rursus occurrit, quod idem dixit Apostolus, cum de resurrectione corporum ad Corinthios loqueretur : « Omnes resurgemus, » (I. *Cor.* xv, 51) vel sicut alii codices habent : « Omnes dormiemus. » Cum ergo nec resurrectio fieri possit, nisi mors præcesserit; nec dormitionem possimus illo loco intelligere, nisi mortem; quomodo omnes vel dormient, vel resurgent, si tam multi, quos in corpore inventurus est Christus, nec dormient, nec resurgent? Si ergo sanctos, qui reperientur Christo veniente viventes, eique in obviam rapientur, crediderimus in eodem raptu de mortalibus corporibus exituros, et ad eadem mox immortalia redituros, nullas in verbis Apostoli patiemur angustias, sive ubi dicit : « Tu quod seminas, non vivificatur, nisi moriatur; » sive ubi dicit : « Omnes resurgemus, » aut « Omnes dormiemus : » quia nec illi per immortalitatem vivificabuntur, nisi, quamlibet paululum, tamen ante moriantur; ac per hoc et a resurrectione non erunt alieni, quam (*a*) dormitio præcedit, quamvis brevissima, non tamen nulla. Cur autem nobis incredibile videatur, illam multitudinem corporum in aere quodam modo seminari, atque ibi protinus immortaliter atque incorruptibiliter revivisccre, cum credamus, quod idem ipse Apostolus apertissime dicit, in ictu oculi futuram resurrectionem, et in membra sine fine victura tanta facilitate tamque inæstimabili velocitate rediturum antiquissimorum cadaverum pulverem? Nec ab illa sententia, qua homini dictum est :« Terra es, et in terram ibis, » (*Gen.* III, 19) futuros illos sanctos arbitremur immunes, si eorum morientium in terram non recident corpora, sed sicut in ipso raptu morientur, ita et resurgent, dum ferentur in aera. « In terram » quippe « ibis, » In hoc ibis amissa vita, quod eras ante quam sume-

(*a*) Mss. *quam dormitione præcedunt.*

l'homme fut fait âme vivante. C'est comme s'il lui eût dit : tu es une terre animée, ce que tu n'étais pas; tu seras une terre inanimée comme tu l'étais. Ce que sont les corps des morts avant qu'ils tombent en pourriture, les corps de ces saints le deviendront, si ils meurent et en quelque lieu qu'ils meurent, quand ils seront privés de la vie qu'ils recouvreront aussitôt. Ainsi donc, ils retourneront en terre, puisque d'hommes vivants ils seront terre, de même que va en cendre ce qui devient cendre, en vétusté ce qui vieillit, en vase de terre, l'argile qui devient vase. Comment tout cela se fera-t-il ? notre faible raison ne peut sur ce point que former des conjectures; ce n'est qu'alors que nous pourrons le savoir. Toutefois, si nous voulons être chrétiens, nous devons croire que cette résurrection, qui aura lieu quand le Christ viendra juger les vivants et les morts, s'accomplira dans la chair. Mais notre foi n'est pas vaine parce que nous ne pourrons comprendre comment elle doit se faire. Maintenant, selon notre promesse, nous devons exposer, autant qu'il sera besoin, ce que les anciens livres prophétiques ont annoncé touchant le jugement dernier. Toutefois je ne pense pas qu'il soit nécessaire de le faire avec autant d'étendue, si le lecteur a eu soin de suivre ce que nous avons dit jusqu'ici.

CHAPITRE XXI.

Témoignages du prophète Isaïe concernant la résurrection et le jugement.

1. « Les morts, » dit le prophète Isaïe, « ressusciteront, et ceux qui étaient dans les sépulcres. Et tous ceux qui sont sur la terre se réjouiront : car la rosée qui émane de vous est leur santé. Mais la terre des impies tombera. » (*Is.* XXVI, 19.) La première partie de ce verset regarde la résurrection des bienheureux. Mais la terre des impies tombera, doit s'entendre des corps des méchants qui tomberont dans cet abîme de damnation. Quant à la résurrection des justes, un examen sérieux et approfondi de ce passage nous convaincra qu'il faut rapporter à la première ces paroles : « Les morts ressusciteront » et à la seconde les suivantes : « Ressusciteront aussi, ceux qui étaient dans les sépulcres. » Et les justes, qu'à son événement le Seigneur trouvera vivants, sont ici clairement désignés. « Et tous ceux qui sont sur la terre se

---

res vitam : id est, hoc eris exanimatus, quod eras ante quam esses animatus. Terræ quippe insufflavit Deus in faciem flatum vitæ, cum factus est homo in animam vivam : tamquam diceretur : Terra es animata, quod non eras; terra eris exanimis, sicut eras. Quod sunt et ante quam putrescant omnia corpora mortuorum : quod erunt et illa, si morientur, ubicumque moriantur, cum vita carebunt, quam continuo receptata sunt. Sic ergo ibunt in terram, quia, ex vivis hominibus terra erunt ; quemadmodum it in cinerem, quod fit cinis ; it in vetustatem, quod fit vetus; it in testam, quod ex luto fit testa : et alia sexcenta sic loquimur. Quomodo autem sit futurum quod nunc pro nostræ ratiunculæ viribus utcumque conjicimus, tunc erit potius, ut nosse possimus. Resurrectionem quippe mortuorum futuram (*a*) esse in carne, quando Christus venturus est vivos judicaturus et mortuos, oportet, si Christiani esse volumus, ut credamus. Sed non ideo de hac re inanis est fides nostra, si quemadmodum futura sit, perfecte comprehendere non valemus. Verum jam, sicut supra promisimus, de hoc judicio Dei novissimo etiam prophetici veteres libri quid prænuntiaverint, quantum satis esse videbitur, debemus ostendere : quæ, sicut arbitror, non tanta mora necesse erit tractari et exponi, si istis, quæ præmisimus lector curaverit adjuvari.

CAPUT XXI.

Quid Isaias propheta de mortuorum resurrectione et de retributione judicii sit locutus.

1. Propheta Isaias : « Resurgent, inquit, mortui, et resurgent qui in sepulcris erant : et lætabuntur omnes qui sunt in terra ; vos enim qui abs te est, sanitas illis est : terra vero impiorum cadet. » (*Is.* XXVI, 19.) Totum illud superius ad resurrectionem pertinet beatorum. Quod autem ait : « Terra vero impiorum cadet, » bene intelligitur dictum, corpora vero impiorum ruina damnationis excipiet. Jam porro de bonorum resurrectione quod dictum est, diligentius et distinctius velimus intueri, ad primam referendum est quod dictum est, « Resurgent mortui ; ad secundam vero quod sequitur, « Et resurgent qui in sepulcris erant. » Jam si et illos inquiramus sanctos, quos hic vivos inventurus est Dominus, eis congrue deputabitur quod adjunxit : « Et lætabuntur omnes qui sunt in terra ; ros enim quii abs te est, sanitas illis est. »

(*a*) Mss. *futuram et in carne.*

réjouiront : car la rosée qui émane de vous est leur santé. » Par la santé nous entendons ici très-bien l'immortalité. En effet la santé parfaite est celle qui pour se soutenir n'a pas besoin du remède quotidien des aliments. Enfin parlant encore du jour du jugement, encourageant les bons par l'espérance, frappant les méchants de terreur, le prophète s'exprime ainsi : « Voici ce que dit le Seigneur : Je me détourne sur eux comme un fleuve de paix, comme un torrent inondant la gloire des nations. Leurs enfants seront portés sur leurs épaules et caressés sur les genoux. Comme une mère console son enfant, je vous consolerai et ce sera dans Jérusalem que vous recevrez cette consolation : Vous verrez, et votre cœur se réjouira, et vos os germeront comme l'herbe. On reconnaîtra la main du Seigneur sur ses fidèles serviteurs, et ses menaces tomberont sur les rebelles. Car le Seigneur va venir comme le feu, et ses chars comme la tempête pour exercer sa vengeance dans sa colère et tout livrer aux flammes. Car toute la terre sera jugée par le feu du Seigneur et toute chair par son glaive. Plusieurs seront blessés par le Seigneur. » (*Is.* LXVI, 12.) Ce fleuve de paix promis aux justes est certainement une abondance de paix, la plus grande qui puisse être. C'est de cette paix que nous jouirons à la fin, paix dont nous avons amplement parlé au livre précédent. C'est ce fleuve que le prophète déclare que le Seigneur fera détourner sur ceux à qui il promet une si grande félicité ; c'est-à-dire que dans cette région de la félicité qui est le ciel, tout sera inondé des eaux de ce fleuve. Mais parce que cette paix donne même aux corps l'incorruptibilité et l'immortalité, c'est pour cela qu'il dit que ce fleuve se détournera sur eux pour s'élancer des hauteurs dans les abîmes et rendre les hommes égaux aux anges. Par Jérusalem, il ne faut pas entendre celle qui est esclave avec ses enfants, mais avec l'apôtre, « celle qui est libre, notre mère qui est éternelle dans les cieux. » (*Gal.* IV, 26.) C'est là que nous serons consolés après les travaux et les ennuis de cette vie mortelle, et portés sur ses épaules et sur ses genoux comme de petits enfants. Béatitude inconnue, qui environne des soins les plus caressants notre enfance novice. C'est là que nous verrons, et que notre cœur se réjouira. Que verrons-nous ? il ne le dit pas. Mais que pourrait-ce être, si ce n'est Dieu ? Puisqu'il faut que la promesse de l'évangile s'accomplisse en nous : « Bienheureux ceux qui ont le cœur pur, car ils verront Dieu. » (*Matt.* V, 18.) Et encore toutes ces choses que nous ne

---

Sanitatem loco isto, immortalitatem rectissime accipimus. Ea namque est plenissima sanitas, quæ non reficitur alimentis tamquam quotidianis medicamentis. Item de Judicii die spem prius dans bonis, deinde terrens malos, idem Propheta sic loquitur : « Hæc dicit Dominus, Ecce ego declino in eos ut flumen pacis, et ut torrens inundans gloriam gentium. Filii eorum super humeros portabuntur, et super genua consolabuntur. Quemadmodum si quem mater consoletur, ita ego vos consolabor ; et in Jerusalem consolabimini : et videbitis, et gaudebit cor vestrum, et ossa vestra sicut herba exorientur. Et cognocetur manus Domini colentibus cum : et comminabitur contumacibus. Ecce enim Dominus ut ignis veniet, et ut tempestas currus ejus, reddere in indignatione vindictam, et vastationem in flamma ignis. In igne enim Domini judicabitur omnis terra, et in gladio ejus omnis caro : multi vulnerati erunt a Domino. » (*Is.* LXVI, 12, *etc.*) In bonorum promissione (*a*) flumen pacis profecto abundantiam pacis illius debemus accipere, qua major esse non possit. Hac utique in fine rigabimur : de qua in præcedenti libro abundanter locuti sumus. Hoc flumen se in eos declinare dicit, quibus tantam beatitudinem pollicetur, ut intelligamus in illius felicitatis regione, quæ in cœlis est, hoc flumine omnia satiari. Sed quia et terrenis corporibus pax incorruptionis atque immortalitatis (*b*) inde influet, ideo declinare se dicit hoc flumen, ut de supernis quodam modo etiam inferiora perfundat, et homines æquales Angelis reddat. Jerusalem quoque non illam quæ servit cum filiis suis, sed liberam matrem nostram intelligamus, secundum Apostolum, æternam in cælis. (*Gal.* IV, 6) Ibi post labores ærumnarum curarumque mortalium consolabimur, tamquam parvuli ejus in humeris genibusque portati. Rudes enim nos et novos blandissimis adjutoriis insolita nobis illa beatitudo suscipiet. Ibi videbimus, et gaudebit cor nostrum. Nec expressit quid videbimus : sed quid, nisi Deum ? Ut impleatur in nobis promissum Evangelicum, « Beati mundo corde, quoniam ipsi Deum videbunt ; » (*Matth.* V, 8) et omnia illa, quæ nunc non videmus, credentes autem, pro modulo capaci-

---

(*a*) Ita Mss. Editi vero, *In bonorum promissione se declinare dicit, ut flumen pacis, quod profecto abundantiam pacis illius debemus accipere.* — (*b*) Editi, *vim influet.* Melius Mss. *inde influet.*

voyons pas maintenant, mais que nous croyons, et dont l'idée que nous nous formons dans les étroites limites de notre intelligence est infiniment au-dessous de ce qu'elles sont en effet, vous verrez, dit-il, et votre cœur se réjouira. Ici vous croyez, là vous verrez.

2. Mais pour prévenir toute erreur sur cette parole : votre cœur se réjouira, et nous détourner de croire que ces biens de la Jérusalem céleste ne regardent que l'esprit, il ajoute : Et vos os germeront comme l'herbe. Mots qui comprennent la résurrection des corps comme pour réparer une omission. Car elle ne se fera pas quand nous aurons vu, mais nous verrons quand elle sera arrivée. En effet le prophète avait déjà parlé d'un ciel nouveau et d'une nouvelle terre, souvent et de diverses manières, dans ses prédictions de la félicité promise aux saints à la fin des temps : « Il y aura dit-il, un ciel nouveau, et une terre nouvelle; et ils ne se souviendront plus du passé, et la mémoire n'en troublera point leurs cœurs; mais ils ne trouveront que des sujets de joie et d'allégresse dans cet heureux séjour. Je ferai de Jérusalem une fête, et de mon peuple, la joie même. Je ferai de Jérusalem mes délices, et mon peuple sera ma joie, et l'on n'entendra plus désormais la voix des pleurs, » (*Is.* LXV, 17) et plusieurs autres prédictions que certains esprits veulent rattacher à ce règne charnel de mille ans. Car il met ici les expressions figurées avec les autres, suivant la coutume des prophètes, afin qu'un esprit droit par d'utiles et salutaires efforts, y trouve un sens spirituel; mais la paresse charnelle la lenteur de l'esprit sans culture et sans exercice ne soupçonne rien à découvrir sous l'écorce littérale. C'en est assez sur les paroles du prophète qui précèdent. Revenant au texte dont nous nous sommes un instant éloignés : « Vos os, dit le prophète, germeront comme l'herbe. » Pour montrer qu'il ne parle ici que de la résurrection des gens de bien, il ajoute : « On reconnaîtra la main du Seigneur envers ceux qui le servent. » Qu'est-ce à dire, sinon la main de celui qui distingue ceux qui le servent de ceux qui le méprisent. Et ses menaces tomberont sur les rebelles, ou suivant une autre version, sur les incrédules. Ce ne sera plus le temps des menaces; mais les menaces proférées aujourd'hui auront alors leur accomplissement. « Car voilà le Seigneur qui vient comme le feu, et ses chars comme la tempête, pour exercer sa vengeance dans sa colère et livrer tout aux flammes. Car toute la terre sera jugée par le feu du Seigneur, et toute chair par

---

tatis humanæ, longe minus quam sunt atque incomparabiliter cogitamus. « Et videbitis, inquit, et gaudebit cor vestrum. » Hic creditis, ibi videbitis.
2. Sed quoniam dixit, « Et gaudebit cor vestrum : » ne putaremus illa bona Jerusalem ad nostrum tantummodo spiritum pertinere; « Et ossa, inquit, vestra ut herba exorientur : » (*Is.* LXVI, 14) ubi resurrectionem corporum strinxit, velut quod non dixerat reddens : neque enim cum viderimus, (*a*) fiet; sed cum fuerit facta, videbimus. Nam et de cœlo novo ac terra nova jam supra dixerat, dum ea quæ sanctis promittuntur in fine, sæpe ac multiformiter diceret : « Erit, inquit, cœlum novum et terra nova, et non erunt memores priorum, nec (*b*) adscendent in cor ipsorum : sed lætitiam et exultationem invenient in ea. Ecce ego faciam Jerusalem exultationem, et populum meum lætitiam; et exultabo in Jerusalem, et lætabor in populo meo; et ultra non audietur in illa vox fletus : » (*Is.* LXV, 17, *etc.*) et cetera, quæ quidam (*c*) ad carnales illos mille annos referre conantur. Locutiones enim tropicæ propriis prophetico more miscentur : ut ad intellectum spiritalem intentio sobria cum quodam utili ac salubri labore perveniat : pigritia vero carnalis, vel ineruditæ atque inexercitatæ tarditas mentis contenta litteræ superficie, nihil putat interius requirendum. Hæc de propheticis verbis, quæ ante istum locum scripta sunt, satis dixerim. In hoc autem loco, unde ad illa digressi sumus, ut herba exorientur, (*Is.* LXVI, 14) ut resurrectionem quidem carnis, sed (*d*) tamen bonorum, se nunc commemorare monstraret, adjunxit : « Et cognoscetur manus Domini colentibus eum. » Quid est hoc, nisi manus distinguentis cultores suos a contemptoribus suis? De quibus sequentia contexens : « Et comminabitur, inquit, increduis, » sive, ut ait alius interpres, « incredulis. » Nec tunc comminabitur : sed quæ nunc dicuntur minaciter, tunc efficaciter implebuntur. « Ecce enim Dominus, inquit, ut ignis veniet, et ut tempestas currus ejus, reddere in indignatione vindictam, et vastationem in flamma ignis. In igne enim Domini judicabitur omnis terra,

---

(*a*) Editi, *sicut, sed cum fuerit facta.* At Mss. *fiet, sed cum fuerit facta,* subaudi, resurrectio. — (*b*) In Mss. hic et infra, liv. XXII, cap. III, *nec adscendet.* Apud LXX, ἐπέλθῃ. — (*c*) Sola editio Lov. mutato vocum ordine habet, *quæ quidam carnales ad illos,* etc., quasi ipsos auctores interpretationis hujus dicat Augustinus carnales. — (*d*) Ita Mss. Editi vero, *sed tantum bonorum.*

son glaive : seront blessés par le Seigneur. « Feu, tempête, glaive, par lesquels il désigne les peines du jugement. Et le Seigneur qui vient comme le feu n'est-ce pas contre ceux pour lesquels son avènement doit être un supplice? Ses chars mis au pluriel, peuvent sans inconvénient s'entendre du ministère des anges. Quand il ajoute que toute la terre et toute chair seront jugées par le feu du Sauveur et son glaive, il n'y faut pas comprendre les saints et les spirituels, mais seulement ces hommes charnels et terrestres dont il est dit : « qu'ils n'ont de goût que pour les choses de la terre, » (*Ph.* III, 16.) et « n'avoir de goût que selon la chair, c'est la mort,»(*Rom.* VIII, 6) et ceux que Dieu appelle chair quand il dit : « Mon esprit ne demeurera plus parmi ces gens-ci, parce qu'ils ne sont que chair. » (*Gen.* VI, 3.) Quant à ce que dit ici le prophète, que plusieurs seront blessés par le Seigneur, cette blessure sera la seconde mort. On peut prendre en bonne part le feu, le glaive et la blessure : puisque Notre-Seigneur a dit « qu'il était venu apporter le feu sur la terre; » (*Luc.* XII, 49) et les disciples virent « comme des langues de feu qui se divisèrent quand le Saint-Esprit descendit sur eux; » (*Act.* II, 3) et Notre-Seigneur dit encore « qu'il n'est pas venu apporter la paix sur la terre, mais le glaive. » (*Matth.* x, 34.) Et l'écriture appelle « la parole de Dieu un glaive à deux tranchants » (*Hab.* XIV, 12) à cause des deux testaments. Et dans le cantique des cantiques la sainte Église s'écrie que « l'amour l'a blessée, qu'elle est atteinte d'une flèche de l'amour. » (*Cant.* IV, 9.) Mais comme ici nous lisons que le Seigneur doit venir pour exercer ses vengeances, nulle équivoque sur le sens de ses paroles.

3. Puis désignant en un mot ceux qui seront consumés par ce jugement, marquant les pécheurs et les impies sous la figure des viandes défendues dans l'ancienne loi dont ils ne se sont pas abstenus, il revient à la grâce du Nouveau-Testament depuis le premier avènement du Sauveur jusqu'au jugement dernier dont nous parlons où il amène et conclut sa prophétie. Dans son récit le Seigneur dit qu'il viendra pour assembler toutes les nations; qu'elles obéiront à sa voix et qu'elles seront témoins de sa gloire. Car, comme dit l'apôtre : « Tous ont péché, et ont besoin de la gloire de Dieu. » (*Rom.* III, 23.) Isaïe, ajoute qu'il fera de si grands miracles parmi eux, qu'ils les porteront à croire en lui; qu'il enverra plusieurs élus d'entre eux aux nations étrangères, aux îles lointaines qui n'ont jamais entendu parler de lui, ni vu sa gloire; qu'ils annonceront son évangile aux na-

et in gladio ejus omnis caro : multi vulnerati erunt a Domino. » (*Ibid.* 15 *et* 16.) Sive igne, sive tempestate, sive gladio, pœnam judicii significat : quando quidem ipsum Dominum quasi ignem dicit esse venturum, eis profecto quibus pœnalis ejus erit adventus. Currus vero ejus, (nam pluraliter dicti sunt,) angelica ministeria non inconvenienter accipimus. Quod autem ait, omnem terram et omnem carnem in ejus igne et in gladio judicari, non etiam hic spiritales intelligamus et sanctos, sed terrenos atque carnales, de qualibus dictum est : « Qui terrena sapiunt ; et : Sapere secundum carnem, mors est : » (*Philip.* III, 19. *Rom.* VIII, 6) et quales omnino caro appellantur a Domino, ubi dicit : « Non permanebit spiritus meus in hominibus istis, quoniam caro sunt. » (*Gen.* VI, 3.) Quod vero hic positum est : « Multi vulnerati erunt a Domino : » isto vulnere fiet mors secunda. Potest quidem et ignis, et gladius, et vulnus accipi in bono. Nam et ignem Dominus velle se dixit mittere in mundum. (*Luc.* XIV, 49. *Act.* II, 3.) Et visæ sunt illis linguæ divisæ velut ignis, quando venit Spiritus-sanctus. Et : « Non veni, » inquit idem Dominus, « pacem mittere in terram, sed gladium. » (*Matth.* x, 34. *Hebr.* IV, 12.) Et sermonem Dei dicit Scriptura gladium bis acutum : propter aciem geminam testamentorum duorum. Et in Cantico canticorum (*Cant.* II, 3, *sec.* LXX), caritate se dicit sancta Ecclesia vulneratam, velut amoris impetu sagittatam. Sed hic cum legimus vel audimus ultorem Dominum esse venturum, quemadmodum hæc intelligenda sint, clarum est.

3. Deinde breviter commemoratis eis, qui per hoc judicium consumentur (*Is.* LXVI, 17, *etc.*); sub figura ciborum in Lege veteri vetitorum, a quibus se non abstinuerunt, peccatores impiosque significans, recapitulat ab initio gratiam novi Testamenti a primo Salvatoris adventu usque ad ultimum judicium, de quo nunc agimus, perducens finiensque sermonem. Narrat namque Dominum dicere se venire, ut congreget omnes gentes, easque venturas et visuras gloriam ejus. « Omnes enim, » sicut dicit Apostolus, « peccaverunt, et egent gloria Dei. (*Rom.* III, 23.) Et relicturum se dicit super eos signa, quæ utique mirantes credant in eum : et emissurum ex illis salvatos in gentes diversas, et in longinquas insulas, quæ non audierunt nomen ejus, neque viderunt gloriam ejus; et annuntiaturos gloriam ejus, in gentibus; et adducturos fratres istorum, quibus loque-

tions, et qu'ils amèneront les frères de ceux à qui il parle, les frères des Israélites choisis à la même foi en Dieu le père ; qu'ils amèneront au Seigneur des présents sur des chevaux, sur des chariots, c'est-à-dire par le ministère soit des anges, soit des hommes de Dieu, et qu'ils les amèneront dans la Cité sainte de Jérusalem, qui maintenant est répandue par toute la terre dans les fidèles. Car les hommes croient où ils sont aidés de Dieu : et ils viennent où ils croient. Or le Seigneur les compare aux enfants d'Israël, qui lui offrent des victimes dans son temple avec des cantiques de louange, ce que l'Église pratique déjà partout ; et il leur promet qu'il se choisira parmi eux des prêtres et des lévites, ce que nous voyons aussi s'accomplir. Car nous voyons qu'on choisit les prêtres et les lévites, non selon la race et le sang, comme cela avait lieu dans le sacerdoce selon l'ordre d'Aaron ; mais comme il convient sous la nouvelle alliance, où Jésus-Christ est le pontif souverain selon l'ordre de Melchisédech, consultant les mérites que la grâce se plaît à répandre dans leurs cœurs ; ministres dont il ne faut pas juger par la dignité qu'obtiennent souvent ceux qui en sont indignes, mais par la sainteté qui ne peut être commune aux bons et aux méchants.

4. Après avoir ainsi parlé de cette miséricorde de Dieu sur son Église, dont les effets sont si visibles et si connus, il promet à chacun les fins où il arrivera, lorsque le dernier jugement aura séparé les bons des méchants. Voici ce que le Seigneur dit par son prophète, ou le prophète de la part du Seigneur : « Car comme le nouveau ciel et la nouvelle terre demeureront en ma présence, ainsi votre semence et votre nom demeureront devant moi ; et ainsi de mois en mois, de sabbat en sabbat toute chair viendra m'adorer à Jérusalem, dit le Seigneur ; et ils sortiront et verront les membres des hommes prévaricateurs. Leur ver ne mourra point, et le feu qui les brûlera ne s'éteindra point, et ils serviront de spectacle à toute chair. » (*Is.* LXVI, 22.) C'est par où le prophète finit son livre, c'est par là que le monde doit finir. Quelques versions, au lieu des membres des hommes, portent les cadavres des hommes, entendant évidemment par là la peine corporelle des damnés ; quoique d'ordinaire on n'appelle cadavre qu'un corps sans âme, tandis que les corps dont il parle se-

batur, id est, in fide sub Deo Patre fratres Israelitarum electorum : adducturos autem ex omnibus gentibus munus Domino in jumentis et vehiculis, (quæ jumenta et vehicula bene intelliguntur adjutoria esse divina, per cujusque generis ministeria Dei, vel angelica, vel humana,) in Civitatem sanctam Jerusalem, quæ nunc in sanctis fidelibus est diffusa per terras. Ubi enim divinitus adjuvantur, ibi credunt : et ubi credunt, ibi veniunt. Comparavit autem illos Dominus, tamquam per similitudinem, filiis Israel offerentibus ei suas hostias cum psalmis in domo ejus ; quod ubique jam facit Ecclesia : et promisit ab ipsis se accepturum sibi Sacerdotes et Levitas ; quod nihilo minus fieri nunc videmus. Non enim ex genere carnis et sanguinis, sicut erat primum secundum ordinem Aaron ; sed sicut oportebat in Testamento novo, ubi secundum ordinem Melchisedec summus sacerdos est Christus (*Psal.* CIX, 5), pro cujusque merito quod in eum gratia divina contulerit, Sacerdotes et Levitas eligi nunc videmus : qui non isto nomine, quod sæpe assequuntur indigni, sed ea quæ non est bonis malisque communis, sanctitate pensandi sunt.

4. Hæc cum de ista, quæ nunc impertitur Ecclesiæ, perspicua nobisque notissima Dei miseratione dixisset ; promisit et fines ad quos per ultimum judicium facta bonorum malorumque discretione venietur, dicens per Prophetam, vel de Domino dicens ipse Propheta : « Quomodo enim cœlum novum et terra nova manebit coram me, dixit Dominus, sic stabit semen vestrum et nomen vestrum : et erit mensis ex mense, et sabbatum ex sabbato. (*a*) Veniet omnis caro in conspectu meo adorare in Jerusalem, dixit Dominus : et egredientur, et videbunt membra hominum qui prævaricati sunt in me. Vermis eorum non morietur, et ignis eorum non extinguetur, et erunt visui omni carni. » (*Is.* LXVI, 22, *etc.*) Ad hoc iste Propheta terminavit librum, ad quod terminabitur sæculum. Quidam sane non interpretati sunt « membra hominum, » sed « cadavera virorum, » per cadavera significantes evidentem corporum pœnam : quamvis cadaver nisi caro exanimis, non soleat nuncupari ; illa vero animata erunt corpora, alioquin nulla poterunt sentire tormenta : nisi forte quia mortuorum erunt corpora, id est eorum, qui in secundam mortem cadent, ideo non absurde etiam cadavera dici possunt. Unde est et illud, quod ab eodem Propheta dictum jam supra posuit : « Terra vero impiorum cadet. » Quis autem non videat a

(*a*) In editis, *et veniet*. Abest *et* a Mss.

ront animés, autrement ils ne pourraient souffrir. Comme il s'agit ici des corps d'hommes morts, mais morts une seconde fois, on peut peut-être sans absurdité les appeler cadavres. D'où vient cette parole du prophète que j'ai déjà citée : « La terre des impies tombera. » Qui ne sait que cadavre vient d'un mot latin qui signifie tomber. Au reste il est clair que par les hommes, il entend aussi les femmes, puisque personne n'oserait dire que les femmes pécheresses n'auront point part à ce supplice. Le nom du sexe supérieur d'où la femme a été tirée, désigne les deux sexes. Mais ce qui importe surtout à notre sujet, c'est que le prophète dit en parlant des justes : « Toute chair viendra. » Parce que ce peuple sera composé de toutes les nations ; non pas que tous les hommes y seront réunis ; car le plus grand nombre sera dans les tourments ; mais, je le répète, comme les justes sont désignés par le mot chair et les méchants par celui de membres ou de cadavres, concluons qu'après la résurrection de la chair que ces expressions rendent si évidente, le jugement viendra qui séparera les bons des méchants.

CHAPITRE XXII.

Isaïe dit : « Les bons sortiront pour voir les supplices des méchants. » Quelle sera cette sortie ?

Mais comment les bons sortiront-ils pour voir les supplices des méchants ? Dirons-nous que par un déplacement de leurs corps ils quitteront les heureuses demeures pour se rendre au séjour de leurs peines, et être témoins de leurs souffrances ? Non, ils sortiront parce qu'ils connaîtront. Je veux dire que, ceux qui souffriront seront dehors. Notre-Seigneur n'appelle-t-il pas ces endroits les ténèbres extérieures ? En opposition à l'entrée du bon serviteur, dont il est dit : « Entrez dans la joie de votre Seigneur ; » (*Matth.* xxv, 21) afin qu'on ne croie pas que les méchants y entrent pour être connus ; mais que ce sont plutôt les saints qui, en quelque façon, sortent vers eux par la connaissance de leur malheur. Car ils n'ignoreront pas ce qui se passe au-dehors. Ceux qui seront dans les tourments ne connaîtront pas ce qui se passe au-dedans, dans la joie du Seigneur ; mais ceux qui la posséderont, sauront ce qui se passera dehors dans ces ténèbres extérieures. Voilà pourquoi on dit : ils sortiront ; car, ce qui

---

cadendo esse appellata cadavera ? « Virorum » autem pro eo posuisse illos interpretes, quod est « hominum, » manifestum est. Neque enim quisquam dicturus est, prævaricatrices feminas in illo supplicio non futuras : sed ex potiore, præsertim de quo femina facta est, uterque sexus accipitur. Verum quod ad rem maxime pertinet, cum et in bonis dicitur, « Veniet omnis caro : » quia ex omni genere hominum populus iste constabit ; non enim omnes homines ibi erunt, quando in pœnis plures erunt : sed, ut dicere cœperam, cum et in bonis caro, et in m lis membra vel cadavera nominantur ; profecto post resurrectionem carnis, cujus fides his rerum vocabulis omnino firmatur, illud (*a*) quo boni et mali suis finibus dirimentur, futurum esse judicium declaratur.

CAPUT XXII.

Qualis futura sit egressio sanctorum ad videndas pœnas malorum.

Sed quomodo egredientur boni ad videndas pœnas malorum ? Numquid corporis motu beatas illas relicturi sunt sedes, et ad loca pœnalia perrecturi, ut malorum tormenta conspiciant præsentia corporali ? Absit : sed egredientur per scientiam. Hoc enim verbo significatum est, eos qui cruciabuntur extra futuros. Propter quod et Dominus ea loca tenebras exteriores vocat : quibus contrarius est ille ingressus (*Matth.* xxv, 30), de quo dicitur servo bono, « Intra in gaudium Domini tui : » (*Ibid.* 21) ne illuc mali putentur ingredi, ut scientur ; sed ad illos potius velut egredi scientia, qua eos cognituri sunt, boni ; quia id quod extra est cognituri sunt. Qui enim erunt in pœnis, quid agatur intus in gaudio Domini nescient : qui vero erunt in illo gaudio, quid agatur foris in illis tenebris exterioribus scient. Ideo dictum est, « egredientur » quia eos etiam (*b*) qui foris ab eis erunt, utique non latebunt. Si enim hæc Prophetæ nondum facta nosse potuerunt, per hoc quod erat Deus, quantulumcumque erat, in eorum mortalium mentibus ; quomodo immortales sancti jam facta tunc nescient, cum Deus erit omnia in omnibus ? (I. *Cor.* xv, 28.) Stabit ergo in illa beatitudine sanctorum semen et nomen : semen, silicet de quo Joannes ait : « Et semen ejus in ipso manet ; » (I.

(*a*) Sic Er. et plures Mss. At Vind. Am. et Lov. *quod*. — (*b*) Aliquot Mss. *quæ*.

se passera au-dehors, n'échappera pas à leur connaissance. Car si les prophètes ont pu connaître ces choses avant qu'elles ne fussent arrivées, parce que Dieu se communiquait tant soit peu à leur esprit; comment les saints immortels pourront-ils les ignorer, lorsque « Dieu sera tout en tous? » (I. *Cor.* xv, 28.) Le nom et la semence des saints subsisteront dans cette béatitude. Cette semence dont parle saint Jean : « Et sa semence demeure en lui. » (*Job.* III, 9.) Le nom, car Isaïe dit : « Je leur donnerai un nom éternel, » et il sera ainsi de mois en mois, de sabbat en sabbat, comme de lune en lune et de repos en repos. » (*Is.* LXV, 5) Et les saints seront l'un et l'autre, lorsque de ces ombres anciennes et passagères ils entreront dans ces lumières nouvelles et éternelles. Quant aux supplices des damnés, ce feu inextinguible, ce ver qui ne saurait mourir, on les explique diversement. Les uns rapportent tous deux au corps et les autres à l'âme. D'autres disent que le feu tourmentera le corps, et que le ver est la figure des supplices de l'âme, ce qui est plus probable. Mais ce n'est pas ici le lieu de parler de cette différence. L'objet de ce livre est le jugement dernier où se fera la séparation des bons et des méchants. Pour leurs récompenses ou leurs châtiments, nous en parlerons ailleurs plus amplement.

CHAPITRE XXIII.

Prophétie de Daniel sur la persécution de l'Antechrist, sur la justice de Dieu et le règne des saints.

1. Voici la prophétie de Daniel, sur le jugement dernier, qu'il fait précéder de l'avénement de l'Antechrist et qu'il conduit jusqu'au règne éternel des saints. Ayant, dans une vision prophétique, aperçu quatre bêtes, figures de quatre royaumes, et le quatrième conquis par un certain roi qui est l'Antechrist, il vit le royaume éternel du Fils de l'homme, c'est-à-dire, de Jésus-Christ : « Mon esprit, dit-il, fut saisi d'horreur, moi Daniel, dans tout mon être, et cette vision me remplit d'un trouble inconnu. Je me suis approché d'un de ceux qui étaient présents, et lui ai demandé la vérité de tout ce que je voyais, et il me l'apprit. (*Dan.* VII, 15.) Alors le prophète raconte ce qu'il entend de la bouche de celui qu'il vient d'interroger, et parle comme sous sa dictée : « Ces quatre grandes bêtes sont quatre royaumes qui se formeront sur la terre, qui ensuite seront détruits; l'empire passera aux saints du Très-Haut, et ils le conserveront jusque dans le siècle, et le siècle des siècles. Je m'informai soigneusement de la quatrième bête, différente des autres et plus

Joan. III, 9) nomen vero, de quo per hunc Isaiam dictum est : « Nomen æternum dabo eis. Et erit eis mensis ex mense et sabbatum ex sabbato, tamquam luna ex luna et requies ex requie : » (*Is.* LVI, 5. *Is.* LXVI, 23) quorum utrumque ipsi erunt, cum ex his umbris veteribus et temporalibus in illa lumina nova ac sempiterna transibunt. In pœnis autem malorum et inextinguibilis ignis et vivacissimus vermis, ab aliis atque aliis aliter atque aliter est expositus. Alii quippe utrumque ad corpus, alii utrumque ad animum retulerunt : alii proprie ad corpus ignem, tropice ad animum vermem, quod credibilius esse videtur. Sed nunc de hac differentia non est (*a*) temporis disputare. De judicio namque ultimo, quo fiet dirremtio bonorum et malorum, hoc volumen implere suscepimus : de ipsis vero præmiis et pœnis alias diligentius disserendum est.

CAPUT XXIII.

Quæ prophetaverit Daniel de persecutione Antichristi, et de judicio Dei, regnoque sanctorum.

1. Daniel de hoc ultimo judicio sic prophetat, ut Antichristum prius quoque venturum esset prænuntiet, atque ad æternum regnum sanctorum perducat narrationem suam. Cum enim visione prophetica quatuor bestias significantes quatuor regna vidisset; ipsumque quartum a quodam rege superatum, qui Antichristus agnoscitur; et **post** hæc æternum regnum filii hominis, qui intelligitur Christus : « Horruit, inquit, spiritus meus, ego Daniel in (*b*) habitudine mea, et visus capitis mei conturbabant me. Et accessi, inquit, ad unum de flantibus, et veritatem quærebam ab eo de his omnibus, et dixit mihi veritatem. « *Dan.* VII, 15, etc..) Deinde, quid audierit ab illo, a quo de omnibus his quæsivit, tanquam eo sibi exponente, sic loquitur : « Hæ quatuor bestiæ magnæ, quatuor regna surgent in terra, quæ auferentur, et accipient regnum sancti Altissimi : et obtinebunt illud usque in sæculum, et usque in sæculum sæculorum. Et quærebam, inquit, diligenter de bestia quarta, quæ erat differens præ omni bestia, terribilis amplius : dentes ejus ferrei, et ungues ejus ærei, manducans et comminuens, et reliqua pedibus suis conculcans : et de cornibus ejus decem quæ

(*a*) Editi, *non est hujus temporis.* Abest *hujus* a Mss. — (*b*) Editi, *hebetudine.* Verius Mss. *habitudine :* nam apud LXX, Græce est, ἕξει..

terrible : ses dents étaient de fer, ses ongles d'airain. Elle mangeait et lacérait tout, et foulait le tout aux pieds. Je questionnai sur les dix cornes qu'elle avait à la tête, sur une autre qui en sortit et fit tomber trois des premières ; cette corne avait des yeux et une bouche qui annonçait de grandes choses, et elle était plus grande que les autres. Je m'aperçus que cette corne faisait la guerre aux saints et l'emportait sur eux jusqu'à l'arrivée de l'Ancien des jours, qui donna le royaume aux saints du Très-Haut. » Le temps était venu, les saints furent mis en possession du royaume. » Daniel nous expose ses questions et voici les réponses de celui à qui il s'adresse : « La quatrième bête sera un quatrième royaume qui s'élèvera sur tous les royaumes de la terre ; il dévorera la terre, il la foulera, il la brisera. Ses dix cornes sont autant de rois, après lesquels il en viendra un plus méchant que tous ceux qui l'ont précédé ; il humiliera trois rois et il blasphèmera contre le Très-Haut, et il écrasera ses saints. Il croira pouvoir changer les temps et les lois. On le laissera régner un temps, des temps et la moitié d'un temps. Puis le jugement viendra qui lui ôtera toute autorité, qui l'exterminera et le perdra pour toujours. Alors le royaume, la puissance, la grandeur de tous les rois qui sont sous les cieux seront le partage des saints du Très-Haut. Son royaume sera éternel, et toutes les puissances le serviront et lui obéiront. Il s'arrêta là. Cependant, moi Daniel, j'étais extrêmement troublé, mon visage en fut tout changé ; mais je n'oubliai aucune de ses paroles. » Quelques-uns ont appliqué ces quatre royaumes à ceux des Assyriens, des Perses, des Macédoniens et des Romains. Ceux qui veulent connaître sur quel fondement ils s'appuient, peuvent consulter les commentaires du prêtre Jérôme sur Daniel, qui sont écrits avec soin et érudition. Mais, fût-on moitié endormi, on ne peut révoquer en doute que Daniel ne dise clairement que la tyrannie de l'Antechrist contre les fidèles, quoique de peu du durée, doive précéder le dernier jugement et le règne éternel des saints. On nous apprend plus bas que le temps, que les temps, et la moitié d'un temps signifient ici un an, deux ans et la moitié d'un an, c'est-à-dire trois ans et demi. Or le nombre des jours exprimé plus bas dissipe toute obscurité, et, ailleurs, le nombre des mois le fait disparaître. Il est vrai que les temps semblent marquer un temps indéfini, mais en hébreu on peut interpréter deux temps à cause du duel que n'ont pas les Latins, que possèdent les Grecs, et qu'on dit exister aussi dans la langue hébraïque.

erant in capite ejus, et de altero quod adscendit, et excussit de prioribus tria : cornu illud in quo erant oculi, et os loquens magna : et visus ejus major ceteris. Videbam, et cornu illud faciebat bellum cum sanctis : et prævalebat ad ipsos, donec venit vetustus dierum, et regnum dedit sanctis Altissimi : et tempus pervenit, et regnum obtinuerunt sancti. » Hæc Daniel quæsisse se dixit. Deinde quid audierit, continuo subjungens : « Et dixit, » inquit, id est, ille a quo quæsierat, respondit, et dixit : « Bestia quarta, quartum regnum erit in terra, quod prævalebit omnibus regnis ; et manducabit omnem terram, et conculcabit eam, et concidet. Et decem cornua ejus, decem reges surgent : et post eos surget alius, qui superabit (a) malis omnes, qui ante eum fuerunt ; et tres reges humiliabit, et verba adversus Altissimum loquetur ; et sanctos Altissimi conteret. Et suspicabitur mutare tempora et legem : et dabitur in manu ejus usque ad tempus, et tempora, et dimidium temporis. Et judicium sedebit, et principatum (b) removebunt ad exterminandum et perdendum usque in finem ; et regnum, et potestas, et magnitudo regum, qui sub omni cœlo sunt, data est sanctis Altissimi. Et regnum ejus regnum sempiternum : et omnes principatus ipsi servient, et obaudient. Huc usque, inquit, finis sermonis. Ego Daniel, multum cogitationes meæ conturbabant me, et forma mea immutata est super me, et verbum in corde meo conservavi. » Quatuor illa regna exposuerunt quidam Assyriorum, Persarum, Macedonum, et Romanorum. Quam vero convenienter id fecerint, qui nosse desiderant, legant presbyteri Hieronymi librum in Danielem, satis diligenter eruditeque conscriptum Antichristi tamen adversus Ecclesiam sævissimum regnum, licet exiguo spatio temporis sustinendum, donec Dei ultimo judicio regnum sancti accipiant sempiternum, qui vel dormitans hæc legit, dubitare non sinitur. Tempus quippe et tempora et dimidium temporis, annum unum esse et duos et dimidium, ac per hoc tres annos et semissem, etiam numero dierum posterius posito dilucescit, aliquando in Scripturis et mensium numero declaratur. Viden-

(a) Editi, *suis malis*. Abest *suis* a Mss. et a Lxx. — (b) Editi, *removebit*. At Mss. *removebunt*. Græce est μεταστήσουσι.

Temps est donc pris ici pour deux temps. Sur les dix rois désignés comme dix hommes, je ne sais s'il faut les entendre de dix vrais rois que l'Antechrist doit trouver à sa venue, je crains de me tromper; il n'y aura peut-être pas à sa venue imprévue autant de rois dans tout l'empire romain. Que savons-nous si ce nombre n'est pas mis là pour signifier l'universalité de tous les rois qui doivent précéder son avénement. Souvent par le nombre mille, cent, sept et d'autres encore qu'il est inutile de rappeler ici, l'écriture entend la totalité.

2. Daniel dit ailleurs : « Le temps viendra d'une persécution telle qu'on n'en a point vu depuis l'origine du monde. En ce temps-là tous ceux qui se trouveront inscrits dans le livre de vie seront sauvés; plusieurs de ceux qui dorment sous un amas de terre ressusciteront; les uns pour la vie éternelle et les autres pour une éternité d'opprobres et de confusion. Les savants auront l'éclat du firmament et beaucoup de justes brilleront comme les étoiles. » (*Dan.* XII, 1.) Ce passage ressemble beaucoup à celui de l'évangile où il est parlé de la résurrection des corps. Car ceux que l'évangile représente dans les sépulcres, le prophète les dit endormis « sous un amas de terre, » ou suivant d'autres interprètes, dans « la poussière de la terre. » Là il est dit qu'ils sortiront, ici, qu'ils ressusciteront. Dans l'évangile : ceux qui auront fait le bien pour ressusciter à la vie; ceux qui auront mal vécu pour ressusciter au jugement. Et dans le prophète : les uns ressusciteront pour la vie éternelle, les autres pour un opprobre et une confusion éternelle. Et qu'on ne dise pas que l'Évangéliste et le Prophète diffèrent l'un de l'autre, parce que celui-là dit : tous ceux qui sont dans les sépulcres, et que celui-ci dit : plusieurs de ceux qui sont sous un monceau de terre; car quelquefois l'écriture met plusieurs pour tous; Dieu dit à Abraham : « je vous rendrai le père de plusieurs nations; » (*Gen.* XVII, 5.) et ailleurs il lui dit : « Dans votre postérité toutes les nations seront bénies.» (*Gen.* XXII, 18.) Et sur cette même résurrection il est dit, peu après, au même Daniel : « Venez, reposez-vous, il reste encore des jours jusqu'à la consommation des siècles; vous vous reposerez et ressusciterez pour posséder votre héritage à la fin des temps. » (*Dan.* XII, 13.)

---

tur enim tempora indefinite hic dicta lingua Latina : sed per dualem numerum dicta sunt, quem Latini non habent. Sicut autem Græci, ita hunc dicuntur habere et Hebræi. Sic ergo dicta sunt tempora, tamquam dicerentur duo tempora. Vereri me sane fateor, ne in decem regibus, quos tamquam decem homines videtur inventurus Antichristus, forte fallamur, atque ita ille inopinatus adveniat, non existentibus tot regibus in orbe Romano. Quid enim si numero isto denario universitas regum significata est, post quos ille venturus est; sicut millenario, centenario, septenario significatur plerumque universitas, et aliis atque aliis numeris quos nunc commemorare non est necesse ?

2. Alio loco idem Daniel : « Et erit, inquit, tempus tribulationis, qualis non fuit ex quo nata est gens super terram usque ad tempus illud. Et in tempore illo salvabitur populus tuus omnis qui inventus fuerit scriptus in libro. Et multi dormientium in terræ aggere exsurgent : hi in vitam æternam, et hi in opprobrium et in confusionem æternam. Et intelligentes fulgebunt sicut claritas firmamenti, et ex justis multis sicut stellæ in sæcula. » (*Dan.* XII, 1, *etc.*) Et adhuc sententiæ illi Evangelicæ est locus iste simillimus, de resurrectione dumtaxat mortuorum corporum. Nam qui illic dicti sunt esse « in monumentis » (*Joan.* V, 28), ipsi hic « dormientes in terræ aggere, » vel sicut alii interpretati sunt, « in terræ pulvere. » Et sicut ibi, « procedent, » dictum est : ita hic, « exsurgent. » Sicut ibi : « Qui bona fecerunt, in resurrectionem vitæ; qui autem mala egerunt, in resurrectionem judicii : » ita et isto loco : « Hi in vitam æternam, et hi in opprobrium et in confusionem æternam. » Non autem diversum putetur, quod cum ibi positum sit : « Omnes qui sunt in monumentis, » hic non ait Propheta : « Omnes, sed Multi dormientium in terræ aggere. » Ponit enim aliquando Scriptura pro omnibus multos. Propterea et Abrahæ dictum est : « Patrem multarum gentium posui te : » (*Gen.* XVII, 5) cui tamen alio loco : « In semine, inquit, tuo benedicentur omnes gentes. » (*Gen.* XXII, 18.) De tali autem resurrectione huic quoque ipsi prophetæ Danieli paulo post dicitur : « Et tu veni, et requiesce : adhuc enim dies in completionem consummationis, et requiesces, et resurges in sorte tua in fine dierum. » (*Dan.* XII, 13.

CHAPITRE XXIV.

Ce que dit David dans ses Psaumes de la fin du monde et du jugement dernier.

1. Les Psaumes parlent souvent du jugement dernier, mais en passant et en peu de mots. N'omettons pas cependant ce que David y dit clairement touchant la fin du monde : « Au commencement, Seigneur, vous avez créé la terre; les cieux sont votre ouvrage; ils périront, mais vous demeurerez; ils vieilliront comme un vêtement; vous les changerez comme un manteau, et ils seront changés. Mais vous, vous êtes toujours le même et vos années ne finiront point. » (*Ps.* CI, 26.) Pourquoi Porphyre, qui loue la piété des Hébreux de ce qu'ils adorent le grand et le vrai Dieu, terrible même à ses divinités, accuse-t-il, suivant les oracles de ses dieux, les chrétiens d'une extrême folie parce qu'ils disent que le monde périra ? Et cependant dans les saintes lettres des Hébreux on dit au Dieu, devant qui toutes les divinités tremblent de l'aveu d'un si grand philosophe : « Les cieux sont l'ouvrage de vos mains, et ils périront. » Quand les cieux périront, qui sont la partie du monde la plus haute et la plus sûre, est-ce que le monde ne périra pas ? Si ce sentiment déplaît à Jupiter et qu'il blâme les chrétiens d'après l'autorité grave d'un oracle, d'être trop crédules, pourquoi ne traite-t-il pas de folie la sagesse des Hébreux qui l'ont inséré dans leurs livres sacrés? Que si cette sagesse, qui plaît tant à Porphyre, qu'il la fait vanter par les oracles de ses dieux, nous atteste la destruction future des cieux ; quel est donc cet excès d'erreur et d'imposture qui déteste dans les articles de foi des chrétiens, avec ou plus que tout le reste, le dogme de la fin du monde, dont la ruine peut seule entraîner celle des cieux. Et dans ces livres sacrés, qui sont incontestablement les nôtres, qui ne nous sont pas communs avec les Hébreux, c'est-à-dire dans les évangiles et les épîtres des apôtres, on lit que « la figure de ce monde passe, que le monde passe, que le ciel et la terre passeront, » (I. *Cor.* VII, 31; I. *Jean*, II, 17) expressions moins fortes, il est vrai, que celle-ci : périront. De même dans l'épitre de saint Pierre où il est dit que le monde, qui existait alors, périt par le déluge, il est aisé de voir quelle est la partie du monde que l'apôtre a voulu désigner, comment elle a péri, et quels sont les cieux renouvelés et qui sont réservés pour être brûlés au jour du jugement et

CAPUT XXIV.

In Psalmis Davidicis quæ de fine sæculi hujus et novissimo Dei judicio prophetentur.

1. Multa de judicio novissimo dicuntur in Psalmis, sed eorum plura transeunter et strictim. Hoc tamen quod de fine hujus sæculi apertissime dictum est ibi, nequaquam silentio præteribo. « Principio terram tu fundasti Domine, et opera manuum tuarum sunt cœli. Ipsi peribunt, tu autem permanes : et omnes sicut vestimentum veterascent, et sicut opertorium mutabis eos, et mutabuntur ; tu autem idem ipse es, et anni tui non deficient. » (*Psal.* CI, 26, *etc.*) Quid est quod Porphyrius, cum pietatem laudet Hebræorum, qua magnus et verus et ipsis numinibus terribilis ab eis colitur Deus, Christianos ob hoc arguit maximæ stultitiæ, etiam ex oraculis deorum suorum, quod istum mundum dicunt esse periturum? Ecce in litteris pietatis Hebræorum dicitur Deo, quem confitente tanto philosopho, etiam ipsa numina perhorrescunt : « Opera manuum tuarum sunt cœli, ipsi peribunt. » Numquid quando cœli peribunt, mundus, cujus iidem cœli superior pars est, et tutior, non peribit? Si hæc sententia Jovi displicet, cujus, ut scribit iste philosophus, velut gravioris auctoritatis oraculo in Christianorum credulitate culpatur; cur non similiter sapientiam, tamquam stultitiam, culpat Hebræorum, in quorum libris piissimis invenitur? Porro si in illa sapientia (*a*), quæ Porphyrio tam multum placet, ut eam deorum quoque suorum vocibus prædicet, legitur cœlos esse perituros ; cur usque adeo vana est ista fallacia, ut in fide Christianorum, vel inter cetera, vel præ ceteris hoc detestentur, quod in ea periturus creditur mundus, quo utique nisi pereunte cœli non possunt perire ? Et in litteris quidem sacris, quæ propriæ nostræ sunt, non Hebræis nobisque communes, id est, in Evangelicis et Apostolicis libris legitur : « Præterit figura hujus mundi : » (I. *Cor.* VII, 31) legitur : « Mundus transit : » (I. *Joan.* II, 17) legitur : « Cœlum et terra transibunt. » Sed puto quod « præterit, transit, transibunt, » aliquanto mitius dicta sunt, quam « peribunt. » (*Matth.* XXIV, 35.) In epistola quoque Petri apostoli (II. *Petri* III, 6,) ubi aqua inundatus, qui tunc erat, perisse dictus est

---

(*a*) Editi, *sapientia Judæorum.* Abest *Judæorum* a Mss.

de la ruine des méchants. Et pour ce qu'il dit un peu après : « Le jour du Seigneur viendra comme un larron, et alors les cieux passeront avec grand fracas; les éléments embrasés se dissoudront, et la terre et tout ce qu'elle contiendra sera consumée par le feu. » Il ajoute : « Puisque tout doit périr, quelles doivent être les dispositions de votre cœur ? » on peut bien entendre par ces cieux, ceux qu'il dit renouvelés et réservés pour le feu; et par les éléments, qui doivent être la proie des flammes, ceux qui occupent la partie basse du monde, séjour des révolutions et des tempêtes, dans laquelle il dit que les cieux ont été renouvelés, laissant intacte et sans dommage la voûte céleste où sont attachés les astres. Car pour ce qui est écrit : que les étoiles tomberont du ciel, on peut leur donner une autre interprétation et meilleure, cela prouve plutôt que les cieux demeureront puisque les étoiles en doivent tomber. Ou cette expression est figurée, ce qui paraît plus probable, ou cela se doit entendre de quelque phénomène dans cette partie inférieure des cieux ; comme celui dont parle Virgile, quand il dit : On vit une étoile courir en traçant un long sillon de lumière et aller se perdre dans la forêt d'Ida.

Ce que j'ai rapporté du psaume semble n'excepter aucun des cieux de la ruine qu'il annonce. Car il dit : « Les cieux sont l'ouvrage de vos mains, et ils périront. » Tous sont son œuvre; tous doivent périr. Ils ne chercheront point à expliquer ces paroles du psaume par celles de saint Pierre qu'ils haïssent tant, ni dire que comme cet apôtre a entendu la partie pour le tout quand il dit que le monde périt par le déluge, de même David n'a voulu parler que de la partie basse des cieux quand il a dit que les cieux périront. On ne cherchera pas à concilier ces témoignages de peur d'approuver le sentiment de l'apôtre saint Pierre, et d'accorder au dernier embrasement autant d'intensité qu'il en donne au déluge, puisqu'ils soutiennent qu'il est impossible que tout le genre humain périsse par les eaux ou par le feu ; ils sont donc forcés de dire que leurs dieux ont loué la sagesse des Hébreux parce qu'ils n'avaient pas lu ce psaume.

2. C'est encore du jugement dernier qu'il est question dans le quarante neuvième psaume, quand David dit : « Dieu viendra visiblement, notre Dieu, et il ne se taira pas. Un feu dévorant marchera devant lui, et autour de lui une effroyable tempête. Il appellera le ciel en haut,

---

mundus, satis clarum est, et quæ pars mundi a toto significata, et quatenus perisse dicta sit, et qui cœli repositi igni reservandi in diem judicii et perditionis hominum impiorum. Et in eo quod paulo post ait : « Veniet dies Domini ut fur, in quo cœli magno impetu transcurrent, elementa autem ardentia resolventur, et terra, et quæ in ipsa sunt opera exurentur ; » ac deinde subjecit : « His omnibus pereuntibus quales oportet vos esse ? » possunt illi cœli intelligi perituri, quos dixit repositos igni reservandos; et ea elementa accipi arsura, quæ in hac ima mundi parte subsistunt procellosa et turbulenta, in qua eosdem cœlos dixit esse repositos, salvis illis superioribus, et in sua integritate manentibus, in quorum firmamento sunt sidera constituta. (*Matth*. XXIV, 29.) Nam et illud quod scriptum est, stellas de cœlo esse casuras, præter quod potest multo probabilius et aliter intelligi, magis ostendit mansuros esse illos cœlos : si tamen stellæ inde casuræ sunt; cum vel tropica sit locutio, quod est credibilius, vel in isto imo cœlo futurum sit (*a*), utique mirabilius quam nunc fit. Unde et illa Virgiliana Stella facem ducens multa cum luce cucurrit, et Idæa se condidit silva (*Æneid*. II.) Hoc autem quod de Psalmo commemoravi, nullum cœlorum videtur relinquere, quod periturum esse non dixerit. Ubi enim dicitur : « Opera manuum tuarum sunt cœli, ipsi peribunt ; » quam nullum eorum ab opere Dei, tam nullum eorum a perditione secernitur. Non enim dignabuntur de Petri apostoli locutione (*b*) quem vehementer oderant, Hebræorum defendere pietatem, deorum suorum oraculis approbatam ; ut saltem ne totus mundus periturus esse credatur, sic a toto pars accipiatur, in eo quod dictum est, « Ipsi peribunt, » cum soli cœli infimi sint perituri ; quemadmodum in Apostolica illa epistola a toto pars accipitur, quod diluvio perisse dictus est mundus, quamvis sola ejus cum suis cœlis pars ima perierit. Sed quia hoc, ut dixi, non dignabuntur, ne vel apostoli Petri approbent sensum, vel tantum concedant conflagrationi novissimæ, quantum dicimus valuisse diluvium, qui nullis aquis, nulli flammis totum genus humanum posse perire contendunt restat ut dicant, quod propterea dii eorum Hebræam sapientiam laudaverunt, quia istum Psalmum non legerant.

2. In Psalmo etiam quadragesimo-nono de judicio Dei novissimo intelligitur dictum : « Deus manifestus veniet, Deus noster, et non silebit, Ignis in cons-

---

(*a*) Sola editio Lov. *futurum sit aliquid*. — (*b*) Plerique Mss. *quam*.

et la terre afin de discerner son peuple. Rassemblez sous ses ailes ses justes qui préfèrent l'observation de sa loi aux sacrifices. » Nous voyons ici notre seigneur Jésus-Christ qui viendra, nous l'espérons, juger les vivants et les morts. Car il viendra visiblement juger les bons et les méchants, lui qui est déjà venu caché pour être injustement jugé par les méchants. Il viendra, dis-je, visiblement et il ne se taira pas. C'est-à-dire qu'il parlera en juge après avoir paru caché devant son juge quand il fut conduit à la mort, comme une brebis qu'on mène à la boucherie, et comme un agneau muet devant celui qui le tond. Nous en voyons la prédiction dans Isaïe, et l'accomplissement dans l'évangile. Nous avons déjà dit comment il faut expliquer les expressions de feu et de tempête quand nous avons parlé de ce passage. (I. *Thes.* iv, 16.) Mais il appellera le ciel en haut. Ce sont les saints et les justes qui sont ce ciel. Le psalmiste veut dire comme l'apôtre que nous serons emportés dans les nues au-devant de Jésus-Christ au plus haut des airs. Car, à la lettre, comment le haut est-il appelé ciel, comme s'il pouvait être ailleurs? Quant à ce qui suit : « Et la terre, pour faire la séparation de son peuple. »Si l'on ne sous entend qu'il appellera, sans ajouter en haut, la foi ne s'oppose pas à ce qu'on entende par le ciel, ceux qui doivent juger le monde avec lui, et par la terre, ceux qui doivent être jugés. Et alors ces paroles : il appellera le ciel en haut, ne veulent plus dire qu'il enlèvera les saints dans les airs, mais qu'il leur donnera des sièges où ils auront à juger. Ou encore : il appellera le ciel en haut, c'est-à-dire, les anges au plus haut des cieux pour descendre ensuite avec eux et juger le monde. Il appellera aussi la terre, où les hommes qui doivent être jugés sur la terre. Si on doit sous-entendre, en parlant de la terre, les deux mots : il appellera, et encore en haut, en sorte que l'on devra dire : il appellera le ciel en haut et aussi la terre; à mon avis, croyons que ce sont les hommes qui seront emportés dans les airs au-devant du Christ, qu'il appelle ciel à cause de leurs âmes, et terre à cause de leurs corps. Mais qu'est-ce que discerner son peuple? C'est séparer, par le jugement, les bons des méchants, comme les brebis d'avec les boucs. Ensuite se tournant vers les anges il leur dit « : Assemblez près de lui ses saints. » C'est certainement aux anges qu'une si belle mission

---

pectu ejus ardebit, et in circumitu ejus tempestas valida. Advocabit cœlum sursum, et terram discernere populum suum. Congregate illi justos ejus, qui disponunt testamentum ejus super sacrificia »(*Psal.* xlix, 3, *etc.*) Hoc nos de Domino nostro Jesu Christo intelligimus, quem de cœlo speramus esse venturum ad vivos et mortuos judicandos. Manifestus enim veniet inter justos et injustos judicaturus juste, qui prius venit occultus ab injustis judicandus injuste. Ipse, inquam, « manifestus veniet, et non silebit, id est, in voce judicis evidens apparebit, qui prius cum venisset occultus, ante judicem siluit, quando sicut ovis ad immolandum ductus est, et sicut agnus coram tondente fuit sine voce, quemadmodum de illo per Isaiam legimus prophetatum (*Isai.* liii, 7), et in Evangelio videmus impletum (*Matth.* xxvi, 63.) De igne vero et tempestate, cum in Isaiæ prophetia tale aliquid tractaremus, quomodo essent hæc intelligenda, jam diximus. Quod vero dictum est : « Advocabit cœlum sursum : » (I. *Thess.* iv, 16) quoniam sancti et justi recte cœlum appellantur; nimirum hoc est, quod ait Apostolus : « Simul cum illis rapiemur in nubibus in obviam Christo in aera. Nam secundum litteræ superficiem, quomodo sursum advocatur cœlum, quasi possit esse nisi sursum ? Quod autem adjunctum est : « Et terram discernere populum suum, » si tantummodo subaudiatur « advocabit, » id est, advocabit et terram, nec subaudiatur « sursum, » hunc videtur habere sensum secundum rectam fidem, ut cœlum intelligatur in eis qui cum illo sunt judicaturi, et terra in eis qui judicandi sunt ut « advocabit cœlum sursum, » non hic intelligamus, Rapiet in aera; sed, in judiciarias sedes eriget. Potest et illud intelligi : « Advocabit cœlum sursum, » advocabit Angelos in supernis et excelsis locis, cum quibus descendat ad faciendum judicium : advocabit « et terram, » id est, homines in terra utique judicandos. Si autem utrumque subaudiendum est, cum dicitur, « et terram, » id est, et « advocabit, et sursum; » ut iste sit sensus, Advocabit cœlum sursum, et terram advocabit sursum : nihil melius intelligi existimo, quam (*a*) homines qui rapientur in obviam Christo in aera, sed cœlum dictum propter animas, terram propter corpora. « Discernere » porro « populum suum, » quid est, nisi per judicium separare bonos a malis, tamquam oves ab hœdis? Deinde conversio sermonis ad Angelos facta est : « Congregate illi justos ejus. » Profecto

(*a*) In omnibus Mss. *quam omnes,*

sera confiée. Mais quels sont ces justes? « Ceux qui préfèrent l'observation de la loi aux sacrifices. » C'est en cela que consiste la vie des saints. Car, où les œuvres de miséricorde sont préférables aux sacrifices, suivant l'oracle de Dieu qui dit : « Je préfère la miséricorde aux sacrifices, » (*Os.* VI, 6) ou cette expression, au-dessus des sacrifices, signifie les œuvres de miséricorde qui servent à apprécier Dieu, comme on dit qu'une action terrestre se passe sur la terre. Je me souviens d'avoir parlé de ces œuvres dans le dixième livre de cet ouvrage. Ces œuvres sont l'obéissance au Testament de Dieu, parce qu'elles sont accomplies en vue des promesses renfermées dans le Nouveau-Testament. C'est pour cela qu'au jugement dernier, quand Jésus-Christ aura assemblé ses saints et les aura mis à sa droite, il leur dira : « Venez, les bénis de mon père; prenez possession du royaume qui vous est préparé dès le commencement du monde. Car j'ai eu faim et vous m'avez donné à manger ; » (*Matth.* XXV, 34) et ce qui suit au sujet des autres bonnes œuvres dont il fait l'énumération, et de la récompense éternelle que leur décernera le jugement dernier.

CHAPITRE XXV.

Prophétie de Malachie sur le jugement dernier, et qui sont ceux qui doivent être purifiés par les peines expiatoires.

Le prophète Malachie, ou Malachi, appelé aussi Ange, que quelques uns, que les Hébreux, au rapport de saint Jérôme, croient être le même qu'Esdras, dont plusieurs écrits font partie des livres canoniques, parle ainsi du jugement dernier : « Le voici qui vient, dit le Seigneur tout-puissant; et qui pourra soutenir le jour de son avénement? qui soutiendra son regard? Il se présente comme le feu d'une fournaise ardente, et comme l'herbe du foulon. Il va s'asseoir comme un fondeur qui affine et épure l'or et l'argent; il purifiera les enfants de Lévi, il les fondra comme l'or et l'argent : et ils offriront au Seigneur des victimes dans la justice. Et le Seigneur agréera le sacrifice de Juda et de Jérusalem comme autrefois, dans les premières années. Je m'approcherai de vous comme juge, je serai un prompt témoin contre les artisans de maléfices et d'adultères, contre ceux qui jurent en mon nom pour affirmer le mensonge,

enim per angelicum ministerium tanta res peragenda est. Si autem quærimus, quos justos ei congregaturi sunt Angeli : « Qui disponunt, inquit, testamentum ejus super sacrificia. » Hæc est omnis vita justorum, disponere testamentum Dei super sacrificia. Aut enim opera misericordiæ sunt « super sacrificia, » id est, sacrificiis præponenda, juxta sententiam Dei dicentis : « Misericordiam (*a*) volo quam sacrificium : » (*Os.* VI, 6) aut si « super sacrificia, » in sacrificiis intelligitur dictum, quomodo super terram fieri dicitur quod sit utique in terra : profecto ipsa opera misericordiæ sunt sacrificia quibus (*b*) placetur Deo, sicut in libro hujus Operis decimo me disseruisse reminiscor : in quibus operibus disponunt justi testamentum Dei, quia propter promissiones quæ novo ejus Testamento continentur, hæc faciunt. Unde congregatis sibi justis suis, et ad suam dexteram constitutis, novissimo utique judicio, dicturus est Christus : « Venite benedicti Patris mei, possidete paratum vobis regnum a constitutione mundi. Esurivi enim, et dedistis mihi manducare : » (*Matth.* XXV, 34) et cetera quæ ibi proferuntur de bonorum operibus bonis, et de eorum præmiis sempiternis per ultimam sententiam (*c*) judicantis.

CAPUT XXV.

De prophetia (*d*) *Malachiæ, qua Dei judicium ultimum declaratur, et quorumdam dicitur per purificatorias pœnas facienda mundacia.*

Propheta Malachias, sive Malachi, qui et Angelus dictus est, qui etiam Esdras sacerdos, cujus alia in canonem scripta recepta sunt, ab aliquibus creditur, (nam de illo hanc esse Hebræorum opinionem dicit (*Proœm. in Malachiam.* HIERONIMUS,) judicium novissimum prophetat, dicens : « Ecce venit, dicit Dominus omnipotens : et quis sustinebit diem introitus ejus, aut quis ferre poterit ut adspiciat eum ? Quia ipse ingreditur quasi ignis conflatorii, et quasi herba lavantium : et sedebit conflans, et emundans, sicut aurum et sicut argentum, et emundabit filios Levi, et fundet eos sicut aurum et argentum : et erunt Domino offerentes hostias in justitia. Et placebit Domino sacrificium Juda et Jerusalem, sicut diebus pristinis, et sicut annis prioribus. Et accedam ad vos in judicio, et ero testis velox super maleficos, et super adulteros, et super eos qui jurant in nomine

(*a*) Editi. *magis volo.* At Mss. carent particulo *magis,* quæ nec est in LXX. — (*b*) Nonnulli Mss. *placetur Deus* — (*c*) Sola editio Lov. *judicandis.* — (*d*) Mss. *Malachihelis.* Et iidem initio capitis, *Propheta Malachihel, sive Malachi* : et quidam, *sive Malachim.* Editiones Vind. Am. et Er. *Malachiel, sive Malachias.*

qui retiennent le salaire de l'ouvrier, qui se servent de leur pouvoir pour opprimer les veuves, outragent les orphelins, dénient la justice à l'étranger, et ne me craignent pas, dit le Seigneur tout-puissant. Car je suis le Seigneur votre Dieu, et je ne change pas. » (*Matth.* III, 1.) De ce passage ne doit-on pas conclure qu'il y aura pour plusieurs, des peines purifiantes? Peut-on, en effet, entendre autre chose par ces paroles : « Qui soutiendra l'éclat de son avénement, ou qui pourra supporter ses regards? Car il sera comme le feu d'une fournaise ardente et comme l'herbe des foulons; il s'assiéra comme le fondeur qui purifie l'or et l'argent; et il purifiera les enfants de Lévi; et il les affinera comme on affine l'or et l'argent. » Isaïe fait la même prédiction : « Le Seigneur nettoiera les impuretés des fils et des filles de Sion, et ôtera le sang du milieu d'eux par un esprit de justice et de feu. » (*Is.* IV, 4.) A moins qu'on ne prétende qu'ils seront purifiés et affinés par la séparation des méchants au jugement dernier; que la séparation et la damnation des uns sera la purification des autres, assurés qu'ils sont de n'être plus jamais mêlés avec les méchants. Et lorsqu'il dit : « Il purifiera les enfants de Lévi et les affinera comme l'or et l'argent; ils offriront des victimes au Seigneur dans la justice, et le sacrifice de Juda et de Jérusalem plaira au Seigneur. » Ceux qu'il purifiera seront désormais agréables au Seigneur par des sacrifices de justice; ils seront par là purifiés de toute iniquité par où ils déplaisaient à Dieu. Ils seront eux-mêmes quand ils seront purifiés, des hosties d'une justice pleine et entière. En cet état, que pourraient-ils offrir à Dieu de plus agréable qu'eux-mêmes? Mais pour traiter avec plus de soin la question des peines purifiantes, attendons. Par les enfants de Lévi, de Juda et de Jérusalem, il faut entendre l'Église de Dieu, composée non-seulement des Juifs, mais des autres nations; non telle qu'elle est maintenant, puisqu'en cet état nous ne pouvons nous dire « exempts de péché, sans nous séduire nous-mêmes, et sans mensonge; » (I. *Jean*, I, 8) mais telle qu'elle sera, quand elle aura été purifiée par le Jugement dernier comme le grain par le van, et par le feu, pour ceux à qui ce châtiment aura été nécessaire. Personne ne sera plus obligé d'offrir des sacrifices pour ses péchés. Tous ceux qui le font, certainement se reconnaissent coupables, et ils sacrifient pour obtenir leur pardon.

---

meo mendaciter, et qui fraudant (*a*) mercedem mercenario, et opprimunt per potentiam viduas, et percutiunt pupillos, et pervertunt judicium advenæ, et qui non timent me, dicit Dominus omnipotens. Quoniam ego Dominus Deus vester, et non mutor. » (*Malach.* III, 1, etc.) Ex his quæ dicta sunt, videtur evidentius apparere in illo judicio quasdam quorumdam purgatorias pœnas futuras. Ubi enim dicitur, « Quis sustinebit diem introitus ejus, aut quis ferre poterit, ut adspiciat eum? Quia ipse ingreditur quasi ignis conflatorii, et quasi herba lavantium : et sedebit conflans, et emundans, sicut aurum et sicut argentum et emundabit filios Levi, et fundet eos sicut aurum et sicut argentum : » quid aliud intelligendum est? Dicit tale aliquid et Isaias : « Lavabit Dominus sordes filiorum et filiarum Sion, et sanguinem emundabit de medio eorum spiritu judicii et spiritu combustionis. » (*Is.* IV, 4.) Nisi forte sic eos dicendum est emundari a sordibus, et eliquari quodam modo, cum ab eis mali per pœnale judicium separantur, ut illorum segregatio atque damnatio purgatio sit istorum, quia sine talium de cetero permixtione victuri sunt. Sed cum dicit : « Et emundabit filios Levi, et fundet eos sicut aurum et argentum, et erunt Domino offerentes hostias in justitia, et placebit Domino sacrificium Juda et Jerusalem; » utique ostendit eos ipsos, qui emundabuntur, deinceps in sacrificiis justitiæ Domino esse placituros, ac per hoc ipsi a sua injustitia mundabuntur, in qua Domino displicebant. Hostiæ porro in plena perfectaque justitia, cum mundati fuerint, ipsi erunt, Quid enim acceptius Deo tales offerunt, quam se ipsos? Verum ista quæstio de purgatoriis pœnis, ut diligentius pertractetur, in tempus aliud differenda est. Filios autem Levi et Juda et Jerusalem, ipsam Dei Ecclesiam debemus accipere, non ex Hebræis tantum, sed ex aliis etiam gentibus congregatam : nec talem, qualis nunc est, ubi « si dixerimus, quia peccatum non habemus, nos ipsos seducimus, et veritas in nobis non est : » (I. *Joan*. I, 8) sed qualis tunc erit, velut area per ventilationem, ita per judicium purgata novissimum; eis quoque igne mundatis, quibus talis mundatio necessaria est; ita ut nullus omnino sit, qui offerat sacrificium pro peccatis suis. Omnes enim qui sic offerunt, profecto in peccatis sunt, pro quibus dimittendis offerunt, ut cum obtulerint, acceptumque Deo fuerit tunc dimittantur.

(*a*) Er. et Lov. *mercede mercenarios*. At Vind. Am. et Mss. *mercedem mercenario*. Græce LXX. μισθὸν μισθωτοῦ.

CHAPITRE XXVI.

Des sacrifices que les saints offriront à Dieu, qu'il aura pour agréables comme ceux d'autrefois et des premiers jours.

1. Dieu voulant faire connaître que sa Cité sera exempte de tout péché, dit que les enfants de Lévi offriront des sacrifices dans la justice, non dans l'état du péché, ni pour le péché. D'où « le sacrifice de Juda et de Jérusalem plaira au Seigneur, comme autrefois, et dans les premiers temps. » (*Mal.* III, 4.) Que les Juifs ne se promettent donc pas le retour des sacrifices de l'Ancien-Testament, puisqu'ils sont abolis. Car alors ce n'était pas dans la justice, mais dans l'état du péché qu'ils sacrifiaient, puisque c'était d'abord et principalement pour le péché qu'ils le faisaient ; (*Lév.* XVI, 6) jusque-là que le prêtre lui-même, que nous devons certes croire plus juste que les autres, « avait coutume, d'après l'ordre de Dieu, d'offrir d'abord pour ses péchés et ensuite pour ceux du peuple. » (*Héb.* VII, 27.) Nous sommes donc obligés d'expliquer ce qu'il faut entendre par : « Comme autrefois, dès les premiers temps. » C'est peut-être le temps où les premiers hommes furent dans le paradis ; vierges alors de toute tache et de toute souillure, ils s'offraient à Dieu comme les plus pures victimes. Mais, depuis qu'à cause de leur prévarication, ils en ont été chassés, et qu'en eux la nature humaine a été condamnée, personne, excepté le Médiateur et les enfants baptisés, « n'est exempt de péché, pas même l'enfant d'un jour. » (*Job.* XIV, 4.) Objecterez-vous que ceux-là offrent véritablement des sacrifices purs parce qu'ils le font avec foi, car le juste vit de la foi, quoi qu'il soit reconnu qu'il se trompe lui-même, s'il se dit exempt de péché, et il ne le dit pas « parce qu'il vit de la foi ; » (*Rom.* I, 17) ce temps de la foi ne peut se comparer au dernier jour, où ceux qui offriront des victimes auront été purifiés par le feu du Jugement dernier. Parce qu'il faut croire qu'après cette punition, les justes ne seront coupables d'aucun péché, on ne peut comparer à cet égard ce temps qu'à celui où les premiers hommes, avant leur infidélité, menaient, dans le paradis, une vie pleine de bonheur et d'innocence. C'est ce qu'on peut entendre par ces paroles : « Comme autrefois, dès les premiers jours. » Car Isaïe, après la promesse d'un nouveau ciel et d'une nouvelle terre, entr'autres révélations sur le bonheur des

saints qu'il expose sous des énigmes ou des allégories auxquelles nous n'avons pas voulu nous arrêter pour éviter la longueur, dit : « Les jours de mon peuple, seront comme les jours de l'arbre de vie. » (*Is.* LXV, 22.) Qui a lu les Saintes Lettres, et ignore où était planté l'arbre de vie, dont les hommes furent privés quand, par leur désobéissance, ils furent chassés du paradis et que Dieu préposa à la garde de cet arbre un ange d'un aspect terrible et avec une épée flamboyante.

2. Si vous voulez que ces jours de l'arbre de vie, dont parle le Prophète, soient ceux de l'Église qui s'écoulent maintenant, et que l'arbre de vie soit la figure prophétique de Jésus-Christ, parce qu'il est la sagesse de Dieu dont Salomon dit : « Il est un arbre de vie pour tous ceux qui l'embrassent ; » (*Prov.* III, 18) que les premiers hommes n'aient pas demeuré plusieurs années dans le paradis, d'où ils furent si tôt chassés, qu'ils n'engendrèrent que dans l'exil, si bien qu'on ne peut trouver aucune analogie à ce temps-là avec ces paroles : « comme autrefois, dans les premiers temps ; » j'y consens. Je passe à d'autres questions : on ne peut les approfondir toutes : c'est assez de montrer la vé-

rité d'un certain nombre. D'ailleurs, j'ai une autre interprétation à donner de ce passage : N'allez pas croire que cette magnifique promesse ramenant les jours anciens et les premières années, se borne aux sacrifices des Juifs. Car ces victimes de l'ancienne loi, que Dieu voulait être toutes pures et sans aucun défaut, représentaient les hommes vertueux, sans taches, tels que Jésus-Christ. Comme après le jugement, quand les saints auront été purifiés par le feu, si cela était nécessaire, on ne trouvera plus aucun péché dans aucun saint, et ainsi ils s'offriront eux-mêmes dans la justice, purs et sans défaut. Ils seront alors comme aux anciens jours, lorsque l'offrande de victimes sans taches représentait, comme une ombre, le sacrifice futur. La pureté du corps, exigée de ces animaux immolés, se trouvera dans la chair immortelle et dans l'âme des saints.

3. Ensuite, regardant ceux qui ne doivent point être purifiés, mais condamnés, le Prophète dit : « Je m'approcherai de vous pour vous juger, et j'arriverai assez tôt pour servir de témoin contre les artisans de maléfices et d'adultères, et d'autres crimes » (*Matth.* III, 5.) dont il fait l'énumération, il ajoute : Parce que je suis le Sei-

---

telligitur hoc significatum esse, cum dictum est, « Sicut diebus pristinis, et sicut annis prioribus. » Nam et per Isaiam postea quam cœlum novum et terra nova promissa est, inter cetera, quæ ibi de sanctorum beatitudine per allegorias et ænigmata exsequitur, quibus expositionem congruam reddere nos prohibuit vitandæ longitudinis cura, « Secundum dies, inquit, ligni vitæ erunt dies populi mei. » (*Is.* LXV, 22.) Quis autem sacras litteras attigit, et ignorat ubi Deus plantaverit lignum vitæ, a cujus cibo separatis illis hominibus, quando eos sua de paradiso ejecit iniquitas, eidem ligno circumposita est ignea terribilisque custodia ? (*Gen.* III.)

2. Quod si quisquam illos dies ligni vitæ, quos commemoravit propheta Isaias, istos qui nunc aguntur Ecclesiæ Christi dies esse contendit, ipsumque Christum lignum vitæ prophetice dictum, quia ipse est Sapientia Dei, de qua Salomon ait, « Lignum vitæ est omnibus amplectentibus eam ; » (*Prov.* III, 18) nec annos egisse aliquos in paradiso illos primos homines, unde tam cito ejecti sunt, ut nullum ibi gignerent filium ; et ideo non posse illud tempus intelligi in eo quod dictum est, « Sicut diebus pristinis, et sicut annis prioribus : » istam prætereo

quæstionem, ne cogat (quod prolixum est) cuncta discutere, ut aliquid horum veritas (*a*) manifestata confirmet. Video quippe alterum sensum, ne dies pristinos et annos priores carnalium sacrificiorum nobis pro magno munere per Prophetam promissos fuisse credamus. Hostiæ namque illæ veteris Legis in quibusque pecoribus (*b*) immaculatæ ac sine ullo prorsus vitio jubebantur offerri, et significabant homines sanctos, qualis solus inventus est Christus, sine ullo omnino peccato. Proinde quia post judicium, cum fuerint etiam igne mundati, qui ejusmodi mundatione sunt digni, in omnibus sanctis nullum invenietur omnino peccatum, atque ita se ipsos offerent in justitia, ut tales hostiæ omni modo immaculatæ ac sine ullo vitio sint futuræ, erunt profecto sicut pristinis diebus et sicut annis prioribus, quando in umbra hujus rei futuræ mundissimæ offerebantur hostiæ. Hæc erit namque munditia tunc in immortali carne ac mente sanctorum, quæ figurabatur in illarum corporibus hostiarum.

3. Deinde propter eos qui non mundatione, sed damnatione sunt digni : « Et accedam, inquit, ad vos in judicium, et ero testis velox super maleficos et super adulteros, » (*Malach.* III, 5) et cetera, qui-

---

(*a*) Vind. Am. Er. et plures Mss. *manifesta*. — (*b*) Sic Mss. At editi, *immaculatis absque ullo*, etc.

gneur votre Dieu, et je ne change pas. Comme s'il disait : Quand vos crimes vous changent en pis et ma grâce en mieux, moi je ne change pas. Il dit qu'il servira de témoin, parce qu'à sa barre il n'en appelle aucun. Il se dit prompt, ou parce qu'il doit venir tout d'un coup et inopinément, quand on le croyait encore bien éloigné, soit à cause de la brièveté de l'arrêt qui, en peu de mots, convaincra les consciences. Comme il est écrit : « Les pensées de l'impie déposeront contre lui. » (*Sap.* I, 9.) Et l'Apôtre : « Les pensées des hommes les accuseront ou les excuseront au jour où Dieu jugera par Jésus-Christ de tout ce qui est caché dans leurs cœurs. » (*Rom.* II, 15.) Le Seigneur se dit prompt témoin parce qu'en un instant il se rappellera ce qui doit convaincre et mériter punition.

CHAPITRE XXVII.

De la séparation des bons et des méchants, effet du jugement dernier.

Ce que j'ai dit du même prophète Malachie en traitant une autre question au dix-huitième livre, regarde aussi le jugement dernier. « Ils seront mon héritage, dit le Seigneur tout-puissant, au jour où j'agirai, et je les choisirai avec la prédilection qu'a un père pour un fils obéissant. Vous changerez alors de sentiment et vous verrez quelle différence il y a entre le juste et l'injuste, entre celui qui sert Dieu et celui qui ne le sert pas. Voilà qu'un jour viendra semblable à une fournaise ardente et il les consumera. Tous les étrangers et tous les pécheurs seront comme de la paille, et le jour qui s'approche les embrasera, dit le Seigneur tout-puissant, sans qu'il reste d'eux ni branches ni racines. C'est pour vous qui craignez mon nom, que le soleil se lèvera, et vous trouverez le salut à l'ombre de ses ailes. Vous sortirez et vous bondirez comme de jeunes taureaux libres du joug, et vous foulerez aux pieds les méchants et ils ne seront que de la cendre sous vos pas, dit le Seigneur tout-puissant. » (*Mal.* III, 18) Quand cette différence des peines et des récompenses qui sépare les méchants des bons, qui ne se voit pas sous le soleil qui nous éclaire en cette vie pleine de vanité, brillera sous le soleil de justice dans l'éclat de la vie future, alors sera le jugement tel qu'il n'y en eût jamais.

---

bus damnabilibus enumeratis criminibus, addidit, « Quoniam ego Dominus Deus vester, et non mutor : » tamquam diceret : Cum vos mutaveritis et in deterius culpa vestra, et in melius gratia mea, ego non mutor. Testem vero se dicit futurum, quia in judicio suo non indiget testibus : eumque velocem, sive quia repente venturus est, eritque judicium ipso inopinato ejus adventu celerimum, quod tardissimum videbatur ; sive quia ipsas convincet sine ulla sermonis prolixitate conscientias. « In cogitationibus enim, » sicut scriptum est, « impii interrogatio erit. » (*Sap.* I, 9.) Et Apostolus, « Cogitationibus, inquit, accusantibus, vel etiam excusantibus in die qua judicabit Deus occulta hominum, secundum Evangelium meum per Jesum Christum. » (*Rom.* II, 15 et 16.) Etiam sic ergo Dominus futurus testis intelligendus est velox, cum sine mora revocaturus est in memoriam, unde convincat puniatque conscientiam.

CAPUT XXVII.
De separatione bonorum et malorum, per quam novissimi judicii discretio declaratur.

Illud etiam, quod aliud agens in octavo-decimo libro ex isto Propheta posui, ad judicium novissimum pertinet, ubi ait, « Erunt mihi, dicit Dominus omnipotens, in die qua ego facio in adquisitionem : et eligam eos sicut eligit homo filium suum qui servit ei : et (*c*) convertemini, et videbitis quid sit inter justum et iniquum, et inter servientem Deo et eum qui non servit ei. (*Malach.* IV, 1, *etc.*) Quia ecce dies venit ardens sicut clibanus, et comburet eos, et erunt omnes alienigenæ, et universi qui faciunt iniquitatem, stipula : et succendet eos dies veniens, dicit Dominus omnipotens : et non relinquetur in eis radix, neque ramus. Et orietur vobis, qui timetis nomen meum, sol justitiæ, et sanitas in pennis ejus; et egrediemini, et salietis sicut vituli de vinculis relaxati : et conculcabitis iniquos, et erunt cinis sub pedibus vestris, dicit Dominus omnipotens. » (*Malach.* III, 17 et 18.) Hæc distantia præmiorum atque pœnarum justos dirimens ab injustis, quæ sub isto sole in hujus vitæ vanitate non cernitur, quando sub illo sole justitiæ in illius vitæ manifestatione clarebit, tunc profecto erit judicium quale numquam fuit.

(*a*) Editi ac plerique Mss. *et convertar*. Emendantur ad veterem librum Corbeiensem : nam et apud LXX, legitur, καὶ ἐπιστραφήσεσθε : et in Vulgata, *et convertemini*.

CHAPITRE XXVIII.

Donnez un sens spirituel à la loi de Moïse, ou vous vous rendrez coupables de murmures par votre sensualité.

Malachie ajoute : « Souvenez-vous de la loi que j'ai donnée pour tout Israël, à Moïse, mon serviteur, sur la montagne de Choreb. » Il rapproche donc avec raison les commandements et le jugement, après avoir montré quelle différence doit exister entre les observateurs de la loi et ceux qui l'auront méprisée. Il veut aussi que les Juifs sachent l'interpréter spirituellement et y découvrent ce Christ, ce juge qui doit faire le discernement des bons et des méchants. Ce n'est pas en vain que le Seigneur dit aux Juifs : « Si vous croyiez Moïse, vous me croiriez aussi; car c'est de moi qu'il a parlé. » (*Is.* v, 46.) En effet, c'est en prenant trop à la lettre la loi et les promesses terrestres qu'elle fait, ne sachant pas qu'elles ne sont que la figure des récompenses éternelles, qu'ils se sont laissés aller aux murmures, et ont dit : « C'est une folie de servir Dieu; quel avantage retirons-nous d'avoir gardé ses commandements, et de nous être humiliés en la présence du Dieu tout-puissant.

N'avons-nous pas raison de dire que le bonheur est pour les étrangers et la prospérité pour les méchants? » (*Mal.* III, 14.) Par ces paroles le Prophète est amené à annoncer le jugement Dernier, où les méchants ne jouiront pas même de l'ombre du bonheur, mais paraîtront dans l'évidence de toute leur misère, tandis que les bons, au contraire, exempts de toute peine, jouiront d'une félicité éternelle et dont tous seront témoins. Le Prophète avait déjà rapporté des plaintes de ce genre : « Quiconque fait le mal est agréable au Seigneur; il n'y a que ceux-là qui lui plaisent. » (*Mal.* II, 17.) C'est en interprétant trop à la lettre la loi de Moïse, qu'ils en vinrent à murmurer contre Dieu. C'est pour cela aussi qu'au psaume soixante-douzième David dit : « Qu'il a été ébranlé, qu'il a tellement trébuché qu'il a failli tomber, parce qu'il enviait le sort des méchants en voyant la paix dont ils jouissaient : » ce qui lui faisait ajouter : « Est-ce que Dieu le sait? est-ce que le Très-Haut en a connaissance? » Puis : « C'est donc en vain que j'ai conservé mon cœur pur et aussi mes mains? » Pour résoudre cette question qui lui paraissait si difficile, du bonheur des méchants en cette vie et des tribulations des justes, il dit :

CAPUT XXVIII.

De lege Moysi spiritaliter intelligenda, ne in damnabilia murmura carnalis sensus incurrat.

Quod vero subjungit idem propheta, « Mementote legis Moysi servi mei, quam mandavi ei in Choreb ad omnem Israel : » (*Malach.* IV, 4) præcepta et judicia opportune commemorat, post declaratum tam magnum futurum inter observatores legis contemtoresque discrimen ; simul etiam ut discant legem spiritaliter intelligere, et inveniant in ea Christum, per quem judicem facienda est inter bonos et malos ipsa discretio. Non enim frustra idem Dominus ait Judæis, « Si crederetis Moysi, crederetis et mihi; de me enim ille scripsit. » (*Joan.* V, 46.) Carnaliter quippe accipiendo legem, et ejus promissa terrena rerum cœlestium figuras esse nescientes, in illa murmura corruerunt, ut dicere auderent, « Vanus est qui servit Deo : et quid amplius, quia custodivimus mandata ejus, et quia ambulavimus (*a*) supplices ante faciem Domini omnipotentis? Et nunc nos beatos dicimus alienos, et ædificantur omnes qui faciunt iniquitatem. » (*Malach.* III, 14 et 15.) Quibus eorum verbis quodam modo Propheta compulsus est novissimum (*b*) prænuntiare judicium, ubi mali nec saltem falso sint beati, sed apertissime appareant miserrimi ; et boni nulla temporali quidem miseria laborent, sed clara ac sempiterna beatitudine perfruantur. Dixerat quippe istorum talia quædam verba etiam superius dicentium, « Omnis qui facit malum, bonus est in conspectu Domini, et tales ei placent. » (*Malach.* II, 17.) Ad hæc, inquam, contra Deum murmura pervenerunt, legem Moysi carnaliter accipiendo. Unde et ille in Psalmo septuagesimo-secundo, pene commotos dicit fuisse pedes suos, et effusos gressus suos, utique in lapsum, quia zelavit in peccatoribus, pacem peccatorum intuens; ita ut inter cetera diceret : « Quomodo scivit Deus, et si est scientia in Altissimo ? » (*Psal.* LXXII, 11.) Diceret etiam, « Numquid vane justificavi cor meum, et lavi (*c*) in innocentibus manus meas? » (*Ibid.* 13.) Ut autem solveret hanc difficillimam quæstionem, quæ fit, cum videntur boni esse miseri, et felices mali :

(*a*) Lov. *simplices*. Ceteri libri editi et Mss. *supplices* : juxta LXX. ἱκέται. (*b*) Sic Am. Er. et plures Mss. At Vind. et Lov. *pronuntiare*. — (*c*) Lov. *inter innocentes* : et paulo post, *intelligam in novissimo*. Sed Aug. legere solet, *in novissima*, et *in innocentibus* : habentque ita Mss.

C'est en vain que je cherche une solution, jusqu'à ce que je sois admis dans le sanctuaire de Dieu, et que je voie la fin. Car, au Jugement Dernier, il n'en sera pas ainsi. Nous verrons tout, autrement qu'aujourd'hui, quand la misère des méchants et le bonheur des justes brilleront aux yeux de tous.

CHAPITRE XXIX.

Arrivée d'Elie avant le jugement. Conversion des Juifs par ses prédications dévoilant ce qu'il y avait de caché dans les écritures.

Malachie ayant averti les Juifs de ne pas oublier la loi de Moïse, parce qu'il prévoyait qu'ils seraient encore longtemps avant de l'interpréter spirituellement, comme il le fallait, ajoute aussitôt : « Et voilà que je vous enverrai Elie de Thesbé avant que ce grand et terrible jour du Seigneur ne paraisse ; il tournera le cœur du père vers le fils, et le cœur de l'homme vers son prochain pour que, à mon arrivée, je ne sois pas obligé de détruire toute la terre. » (*Mal.* IV, 5.) Les fidèles croient et disent qu'à la fin du monde, ayant le jugement dernier, à la prédication de ce grand et admirable prophète Elie, les Juifs croiront au véritable Messie, en notre Christ. Notre espérance est bien fondée quand nous l'attendons comme précurseur de l'arrivée du Sauveur comme juge ; car on peut avec raison croire qu'il est encore vivant. L'Écriture dit ouvertement qu'il a été enlevé de terre sur un char de feu. Quand il sera venu, il fera connaître l'esprit de la loi aux Juifs qui ne l'entendent que charnellement, et il tournera le cœur du père vers le fils, où plutôt les cœurs des pères vers leurs enfants, les Septante ont mis un singulier pour un pluriel. Le sens est donc que les fils, qui sont les Juifs, entendront la loi comme les pères qui sont les prophètes au nombre desquels se trouve Moïse. La conversion des pères aux enfants aura lieu quand la croyance des pères ne différera pas de celle des enfants, et le cœur des enfants sera tourné vers leurs pères quand ceux-là seront d'accord avec ceux-ci. Les Septante ajoutent que le cœur de l'homme se tournera vers son prochain. Il n'est pas de proximité plus intime que celle du père et du fils. On peut donner à ces paroles des Septante, traducteurs inspirés, un sens plus relevé, et dire qu'Élie tournera le cœur de Dieu le père vers le Fils, non en faisant qu'il l'aime, mais en instruisant les Juifs de cet amour, et les portant par là à aimer notre Christ qu'ils haïssaient auparavant. Maintenant aux yeux des Juifs Dieu a détourné son

---

« Hoc, inquit, labor est ante me, donec introeam in sanctuarium Dei, et intelligam in novissima. » (*Ibid.* 16 *et* 17.) Judicio quippe novissimo non sic erit : sed in aperta iniquorum miseria, et aperta felicitate justorum, longe quam nunc est aliud apparebit.

CAPUT XXIX.

De adventu Eliæ ante judicium, cujus prædicatione Scripturarum secreta reserante Judæi convertentur ad Christum.

Cum autem admonuisset, ut meminissent legis Moysi : quoniam prævidebat eos, multo adhuc tempore non eam spiritaliter, sicut oportuerat, accepturos, continuo subjecit : « Et ecce ego mittam vobis Eliam Thesbiten, ante quam veniat dies Domini magnus et illustris, qui convertet cor patris ad filium, et cor hominis ad proximum suum, ne forte veniens percutiam terram penitus. » (*Mal.* IV, 5 *et* 6.) Per hunc Eliam magnum mirabilemque prophetam exposita sibi lege, ultimo tempore ante judicium, Judæos in Christum verum, id est, in Christum nostrum esse credituros, celeberrimum est in sermonibus cordibusque fidelium. Ipse quippe ante adventum judicis Salvatoris non immerito speratur esse venturus : quia etiam nunc vivere non immerito creditur. Curru namque igneo raptus est de rebus humanis, quod evidentissime sancta Scriptura testatur. (IV. *Reg.* II, 11.) Cum venerit ergo, exponendo legem spiritaliter, quam nunc Judæi carnaliter sapiunt, « convertet cor patris ad filium, » id est, cor patrum ad filios : singularem quippe pro numero plurali interpretes Septuaginta posuerunt. Et est sensus, ut etiam filii sic intelligant legem id est Judæi, quemadmodum patres eam intellexerunt, id est Prophetæ, in quibus erat et ipse Moyses. Sic enim cor patrum convertetur ad filios, cum intelligentia patrum perducetur ad intelligentiam filiorum ; (*juxta Vulgatam.*) « et cor filiorum ad patres eorum, » dum in id quod senserunt illi, consentient et isti : ubi Septuaginta dixerunt, « et cor hominis ad proximum suum. » Sunt enim inter se valde proximi patres et filii. Quamquam in verbis Septuaginta interpretum, qui prophetice interpretati sunt, potest sensus alius idemque electior inveniri ; ut intelligatur Elias cor Dei Patris conversurus ad Filium : non utique agendo ut Pater diligat Filium, sed docendo quod Pater diligat Filium ; ut et Judæi,

cœur de notre Christ; du moins, ils croient. Mais le cœur de Dieu sera pour eux retourné vers son Fils, quand par le changement de leurs cœurs, ils apprendront l'amour du Père pour son Fils. Pour ce qui suit : et le cœur de l'homme vers son prochain; c'est Élie tournant le cœur de l'homme vers Jésus-Christ homme, puisque étant Dieu il n'a pas craint de devenir notre prochain sous la forme d'esclave. Et Élie agira ainsi « pour qu'à mon arrivée je ne détruise pas toute la terre. » Ceux-là sont terre, qui n'ont de goût que pour elle, comme les Juifs charnels qui murmurent en disant, que les méchants sont agréables à Dieu et que c'est une folie de le servir.

CHAPITRE XXX.

L'ancien testament ne dit pas évidemment que le Christ viendra en personne pour juger au dernier jour; mais d'après quelques passages où Dieu parle, on ne peut douter que ce ne soit le Christ.

1. Les Saintes-Écritures renferment beaucoup de passages ayant trait au jugement dernier; il serait trop long de les rapporter. Qu'il nous suffise de l'avoir prouvé par les citations prises dans l'ancien et le nouveau Testament. Mais l'ancien ne prouve pas aussi clairement que le nouveau que c'est Jésus-Christ qui doit le faire. Parce que quand le Seigneur dit qu'il viendra, ou qu'il y est dit que le Seigneur doit venir, il ne s'ensuit pas que ce soit le Christ; car le Seigneur est Père, Fils et Saint-Esprit. Cependant, essayons de le démontrer. D'abord quand Jésus-Christ parle comme Dieu dans les livres prophétiques, on voit que c'est lui qui parle, et quand les expressions ne sont pas si claires, quand il est question que Dieu viendra pour juger, au dernier jour, on peut croire que c'est le Christ. Isaïe prouve merveilleusement ce que j'avance. Car Dieu dit par son prophète : « Écoute-moi, Jacob et Israël que j'appelle. Je suis le premier et je suis le dernier. Ma main a fondé la terre et ma droite a affermi le ciel. Je les appellerai, et ils s'assembleront autour de moi, et ils m'écouteront. Qui a fait ces prédictions? Parce que je vous aime, j'ai accompli vos volontés

---

quem prius oderant, diligent eumdem, qui noster est (*a*), Christum. Judæis enim nunc aversum cor habet Deus a Christo nostro, quia hoc putant. Eis ergo tunc cor ejus convertetur ad Filium, cum ipsi converso corde didicerint dilectionem Patris in Filium. Quod vero sequitur : « et cor hominis ad proximum suum, » id est, convertet Elias et cor hominis ad proximum suum; quid melius intelligitur, quam cor hominis ad hominem Christum? Cum enim sit in forma Dei Deus noster, formam servi accipiens esse dignatus est etiam proximus noster. Hoc ergo faciet Elias. « Ne forte, inquit, veniam, et percutiam terram penitus. » (*Mal.* II, 17 *et* III, 14.) Terra sunt enim, qui terrena sapiunt; sicut Judæi carnales usque nunc : ex quo vitio contra Deum murmura illa venerunt : « Quia mali ei placent, et vanus est qui servit Deo.

CAPUT XXX.

Quòd in libris veteris Testamenti cum Deus legitur judicaturus, non evidenter Christi persona monstretur; sed ex quibusdam testimoniis, ubi Dominus Deus loquitur, appareat non dubie quod ipse sit Christus.

1. Multa alia sunt Scripturarum testimonia divinarum de novissimo judicio Dei; quæ si omnia colligam, nimis longum erit. Satis ergo sit, quod et novis et veteribus litteris sacris hoc prænuntiatum esse probavimus. Sed veteribus per Christum futurum esse judicium, id est, judicem Christum de cœlo esse venturum, non tam, quam novis, evidenter expressum est : propterea quia cum ibi dicit Dominus Deus se esse venturum, vel Dominum Deum dicitur esse venturum, non consequenter intelligitur Christus. Dominus enim Deus et Pater est, et Filius, et Spiritus-sanctus : neque hoc tamen intestatum relinquere nos oportet. Primo itaque demonstrandum est, quemadmodum Jesus Christus tamquam Dominus Deus loquatur in propheticis libris, et tamen Jesus Christus evidenter appareat : ut et quando sic non apparet, et tamen ad illud ultimum judicium Dominus Deus dicitur esse venturus, possit Jesus Christus intelligi. Est locus apud Isaiam prophetam, qui hoc quod dico evidenter ostendit. Deus enim per Prophetam : « Audi me, inquit, Jacob et Israel quem ego voco. Ego sum primus, et ego in sempiternum : et manus mea fundavit terram, et dextera mea firmavit cœlum. Vocabo eos, et stabunt simul, et congregabuntur omnes, et audient. Quis (*b*) eis nuntiavit hæc? Diligens te, feci voluntatem tuam

---

(*a*) Editi scriptis dissentientes habent, *Christus* : et infra post *Christo nostro*, sic prosequuntur : *quia non putant eum Deum esse, neque Dei Filium. Eis ergo*, etc. — (*b*) Sic Vind. Am. Er. juxta Græc. LXX, At Lov. *Quis annuntiavit hæc*, omisso *eis* : cujus loco Mss. plures habent *ei*.

TOM. XXIV.   38

sur Babylone, et exterminé la race des Chaldéens. J'ai parlé et j'ai appelé, j'ai conduit ses pas et l'ai fait réussir dans ses entreprises. Approchez-vous de moi et écoutez moi. Dès le commencement j'ai parlé ouvertement. J'étais présent à tous ces événements. Et maintenant le Seigneur Dieu m'a envoyé et son Esprit. » (*Is.* XLVIII, 12.) C'est lui-même qui parlait tout à l'heure comme Dieu et pourtant on ne saurait pas que c'est Jésus-Christ s'il n'eut ajouté : et maintenant le Seigneur Dieu m'a envoyé et son Esprit. Il parle ici comme serviteur de l'avenir et du passé : c'est ainsi que le même prophète dit :« Il a été conduit à la mort comme une brebis. » Il ne dit pas : il sera conduit; mais il se sert d'un passé pour un futur. C'est ainsi que parlent ordinairement les Prophètes.

2. Il y a un autre passage dans Zacharie qui montre à ne pouvoir s'y tromper que la Toute-Puissance a envoyé le Tout-Puissant. Qui envoie? qui est envoyé? c'est Dieu le Père qui envoie son Fils. Car il dit : « Voici ce que dit le Seigneur Tout-Puissant : après la gloire, il m'a envoyé vers les nations qui vous ont pillé ; car vous toucher, c'est toucher la prunelle de son œil ; j'étendrai ma main sur eux, et ils deviendront la proie de ceux qui étaient leurs esclaves; et vous connaîtrez que c'est le Dieu Tout-Puissant qui m'a envoyé. » (*Zach.* II, 8.) Le Seigneur dit donc que le Tout-Puissant l'a envoyé; c'est aussi le Christ qui parle aux brebis de la maison d'Israël, qui avaient péri; comme il dit dans l'Évangile : « Je n'ai été envoyé qu'aux brebis perdues de la maison d'Israël » (*Matth.* XV, 24) qu'il compare ici à la prunelle de l'œil de Dieu, à cause de son amour ineffable. Au nombre de ces brebis sont les Apôtres. Mais après sa résurrection glorieuse, car auparavant, d'après le témoignage de l'Évangéliste, Jésus n'était pas encore glorifié; il fut envoyé aux nations dans la personne de ses apôtres. De là l'accomplissement de la parole du Psalmiste : «Vous me délivrerez des rébellions de ce peuple, vous me placerez à la tête des nations, »afin que les spoliateurs et les tyrans d'Israël deviennent à leur tour non-seulement les esclaves, mais encore la dépouille d'Israël. C'est ce qu'il avait promis à ses apôtres : « Je vous ferai pêcheurs d'hommes, » et à l'un d'eux : « Désormais vous prendrez les hommes. » (*Luc.* V, 10.) Dépouilles heureuses, semblables à celles qu'on enlève au

---

super Babylonem, ut auferrem semen Chaldæorum. Et locutus sum, et ego vocavi : adduxi eum, et prosperam feci viam ejus. Accedite ad me, et audite hæc. Non a principio locutus sum in abscondito : quando fiebant, ibi eram. Et nunc Dominus Deus misit me, et Spiritus ejus. » (*Is.* XLVIII, 12, *etc.*) Nempe ipse est, qui loquebatur sicut Dominus Deus : nec tamen intelligeretur Jesus Christus, nisi addidisset : « Et nunc Dominus Deus misit me, et Spiritus ejus. » Hoc enim dixit secundum formam servi, de re futura utens præteriti temporis verbo : quemadmodum apud eumdem Prophetam legitur : « Sicut ovis ad immolandum ductus est. » (*Is.* LIII, 7, *sec.* LXX.) Non enim ait, ducetur : sed pro eo quod futurum erat, præteriti temporis verbum posuit. Et assidue (*a*) prophetia sic loquitur.

2. Est et alius locus apud Zachariam, qui hoc evidenter ostendit, quod omnipotentem misit omnipotens : quis quem, nisi Deus Pater Deum Filium ? Nam ita scriptum est : « Hæc dicit Dominus omnipotens, Post gloriam misit me super gentes, quæ spoliaverunt vos; quia qui tetigerit vos, quasi qui tangit pupillam oculi ejus. Ecce ego inferam manum meam super eos, et erunt spolia his qui servierant eis ; et cognoscetis quia Dominus omnipotens misit me. » (*Zach.* II, 8 *et* 9.) Ecce dicit Dominus omnipotens, a Domino omnipotente se missum. Quis hic audeat intelligere nisi Christum loquentem, scilicet ovibus quæ perierant domus Israel? Ait namque in Evangelio : « Non sum missus, nisi ad oves quæ perierunt domus Israel : » (*Matth.* XV, 24) quas hic comparavit pupillæ oculi Dei, propter excellentissimum dilectionis affectum ; ex quo genere ovium etiam ipsi Apostoli fuerunt. Sed post gloriam resurrectionis utique suæ, quæ ante quam fieret, ait Evangelista : (*b*) « Jesus nondum erat glorificatus; » (*Joan.* VII, 39) etiam super gentes missus est in Apostolis suis ; ac sic impletum est quod in Psalmo legitur : « Erues me de contradictionibus populi, constitues me in caput gentium : » (*Psal.* XVII, 44) ut qui spoliaverant Israelitas, quibusque Israelitæ servierant, quando sunt gentibus subditi, non vicissim eodem modo spoliarentur, sed ipsi spolia fierent Israelitarum. Hoc enim Apostolis promiserat, dicens : « Faciam vos piscatores hominum. » (*Matth.* IV, 19.) Et uni eorum : « Ex hoc jam, inquit, homines

---

(*a*) Er. et Lov. *propheta*. Editi vero alii et Mss. *prophetia*. — (*b*) Ita Mss. Editi vero, *ait Evangelista Joannes, Nondum erat Spiritus datus, quia Jesus nondum erat glorificatus.*

fort armé, mais chargé de chaines par une main plus forte que la sienne.

3. Et le Seigneur dit encore par le même prophète : « En ce jour-là j'exterminerai toutes les nations qui s'élèveront contre Jérusalem, et je répandrai sur la maison de David et sur les habitants de Jérusalem l'Esprit de grâce et de prières, et ils tourneront les yeux vers moi qu'ils ont insulté; et ils se lamenteront sur moi comme sur un fils bien aimé et ils succomberont à leur douleur comme s'ils pleuraient un fils unique. » (*Zach.* xii, 9.) Il n'y a que Dieu qui puisse exterminer toutes les nations ennemies de la sainte Cité de Jérusalem, qui marchent contre elle, c'est-à-dire, qui lui sont contraires, ou encore qui viennent sur elle pour la subjuguer. Qui peut, si ce n'est Dieu, répandre sur la maison de David et les habitants cet Esprit de grâce et de miséricorde. C'est là l'ouvrage de Dieu et attribué à Dieu par son prophète; et cependant Jésus-Christ montre que ce Dieu si grand et si admirable dans ses œuvres est lui-même quand il ajoute : « Ils tourneront les yeux vers moi qu'ils ont insulté et ils se lamenteront comme sur un fils bien aimé et ils succomberont à leur douleur comme s'ils pleuraient sur un fils uni-que. » Car en ce jour, les Juifs, eux-mêmes qui doivent recevoir l'Esprit de grâce et de miséricorde se repentiront d'avoir insulté le Christ dans sa passion, quand ils le verront venir dans sa majesté et qu'ils seront forcés de reconnaître ce Jésus dont leurs pères ont tourné en ridicule l'humilité. Ce n'est pas tout, leurs pères eux-mêmes qui auront à se reprocher un tel sacrilège, le verront après leur résurrection, non pour se repentir, mais pour être punis. Ce n'est donc pas à eux que s'adresse cette parole : « Je répandrai sur la maison de David et sur les habitants de Jérusalem l'Esprit de grâce et de miséricorde, et ils jetteront sur moi les yeux parce qu'ils m'ont insulté; » mais à ceux de leurs descendants qui alors ajouteront foi aux paroles d'Elie. C'est ainsi que nous disons aux Juifs : vous avez fait mourir le Christ quoique ce soient leurs pères qui ont été coupables de ce déicide; de même ils pleureront d'avoir en quelque sorte fait ce qu'on ne peut reprocher qu'à leurs pères. Quoique fidèles et doués de cet Esprit de grâce et de miséricorde, ils ne puissent partager la peine méritée par l'impiété de leurs parents, ils regretteront le crime de leurs pères comme s'ils l'avaient commis eux-mêmes. Ce

eris capiens. » (*Luc.* v, 10.) Spolia ergo (*a*) fierent, sed in bonum, tamquam erepta vasa illi forti, sed fortius alligato.

3. Item per eumdem Prophetam Dominus loquens : « Et erit, inquit, in die illa, quæram auferre omnes gentes quæ veniunt contra Jerusalem, et effundam super domum David, et super habitatores Jerusalem Spiritum gratiæ et misericordiæ; et adspicient ad me, pro eo quod insultaverunt; et plangent super eum planctum quasi super carissimum, et dolebunt dolore quasi super unigenitum. » (*Zach.* xii, 9 *et* 10.) Numquid nisi Dei est auferre omnes gentes inimicas sanctæ Civitatis Jerusalem, quæ « veniunt contra » eam, id est, contrariæ sunt ei, vel, sicut alii sunt interpretati, « veniunt super » eam, id est, ut eam sibi subjiciant : aut super domum David effundere, et super habitatores ejusdem Civitatis Spiritum gratiæ et misericordiæ? Hoc utique Dei est, et ex persona Dei dicitur per Prophetam : et tamen hunc Deum tam magna et tam divina facientem sese Christus ostendit, adjungendo atque dicendo : « Et adspicient ad me, pro eo quod insultaverunt; et plangent super eum planctum quasi super carissimum » (sive « dilectum), et dolebunt dolore quasi super unigenitum. » Pænitebit quippe in die illa Judæos, etiam eos qui accepturi sunt Spiritum gratiæ et misericordiæ, quod in ejus passione insultaverint Christo, cum ad eum adspexerint in sua majestate venientem, eumque esse cognoverint, quem prius humilem in suis parentibus illuserunt : quamvis et ipsi parentes eorum tantæ illius impietatis auctores resurgentes videbunt eum, sed puniendi jam, non adhuc corrigendi. Non itaque hoc loco ipsi intelligendi sunt, ubi dictum est : « Et effundam super domum David et super habitores Jerusalem Spiritum gratiæ et misericordiæ; et adspicient ad me, pro eo quod insultaverunt : » sed tamen de illorum stirpe (*b*) venientes, qui per Eliam illo tempore sunt credituri. Sed sicut dicimus Judæis : Vos occidistis Christum, quamvis hoc parentes eorum fecerint : sic et isti se dolebunt fecisse quodam modo, quod fecerunt illi, ex quorum stirpe descendunt. Quamvis ergo accepto Spiritu gratiæ et misericordiæ jam fideles non damnabuntur cum impiis parentibus suis; dolebunt tamen tamquam ipsi fecerint, quod ab illis factum est. Non igitur dolebunt reatu criminis, sed pietatis affectu. Sane ubi dixerunt Septuaginta interpretes : « Et ad-

(*a*) Sic Vind. et Mss. At Am. Er. et Lov. *fient*. — (*b*) Sola editio Lov. *venient*.

qui causera leur peine, ce n'est pas la faute en elle même, mais la piété filiale. Les Septante ont dit : « Ils jetteront les yeux sur moi qu'ils ont insulté. » Mais l'hébreu traduit littéralement s'exprime ainsi : « Ils jetteront les yeux sur moi qu'ils ont percé. » Paroles qui rappellent plus évidemment le crucifiement de Notre-Seigneur Jésus-Christ. Mais le mot insulte, que les Septante ont employé, s'applique à toutes les circonstances de la passion. En effet cessent-ils un instant de l'insulter quand ils se saisissent de lui, quand ils lui lient les mains, qu'ils le traînent de tribunal en tribunal, qu'ils le revêtent d'un manteau ridicule, qu'ils le couronnent d'épines, qu'ils le frappent sur la tête avec un roseau, que par dérision ils l'adorent le genou en terre, qu'il est chargé de sa croix, et qu'il y est attaché. En adoptant l'une et l'autre expression : « insulté et percé, » nous reconnaissons plus encore la vérité de la passion de Notre-Seigneur.

4. Donc, quand dans les Saintes-Écritures on lit que Dieu doit venir pour présider au jugement dernier, même quand il n'y est pas personnellement désigné, on doit entendre le Christ; parce que, quoique le Père doive juger, il ne le fera que par l'avénement du Fils de l'homme. En effet, quand le Père serait présent, « il ne juge personne puisqu'il a donné au Fils le droit de prononcer tout jugement. » Le Fils viendra juger comme homme parce qu'il a été jugé comme homme. De quel autre Dieu parlerait-il par le prophète Isaïe sous les noms de Jacob et d'Israël auxquels Jésus est redevable de son humanité quand il dit : « Jacob est mon serviteur, je le protégerai, Israël est mon favori, mon cœur l'a choisi. J'ai répandu sur lui mon esprit, il jugera les nations. Il ne criera pas, il ne se taira pas, et du dehors on n'entendra pas sa voix. Il ne brisera pas le roseau déjà rompu, il n'éteindra pas la mèche qui fume encore; mais ses jugements seront conformes à la vérité; il jettera un grand éclat, et il ne le perdra pas jusqu'à ce qu'il juge la terre; et toutes les nations espéreront en son nom. » (*Isaïe*, XLII, 1.) Dans l'hébreu on ne lit ni Jacob, ni Israël, mais les Septante voulant nous indiquer comment il fallait comprendre ici le mot serviteur, à cause de cette forme d'esclave sous laquelle le Très-Haut a daigné se montrer, l'ont désigné par le nom de l'homme dont la postérité lui a transmis cette forme d'esclave. L'Esprit-Saint lui a été donné sous la forme de colombe, comme l'assure l'évangile. Il a prononcé le jugement aux nations en leur prédisant l'avenir qu'elles ne connaissaient pas. Il était si doux qu'il ne cria pas,

spicient ad me, pro eo quod insultaverunt : » sic interpretatum est ex Hebræo (*Sic Vulgata.*) « Et adspicient ad me, quem confixerunt. » Quo quidem verbo evidentius Christus apparet crucifixus. Sed illa insultatio, quam Septuaginta ponere maluerunt, ejus universæ non defuit passioni. Nam et detento, et alligato, et adjudicato, et opprobrio ignominiosæ vestis induto, et spinis coronato, et calamo in capite percusso, et irridenter fixis genibus adorato, et crucem suam potanti, et in ligno jam pendenti utique insultaverunt. Proinde interpretationem non sequentes unam, sed utramque jungentes, cum et « insultaverunt, et confixerunt » legimus, plenius veritatem Dominicæ passionis agnoscimus.

4. Cum ergo in propheticis litteris ad novissimum judicium faciendum Deus legitur esse venturus, etsi ejus alia distinctio non ponatur; tantummodo propter ipsum judicium Christus debet intelligi : quia etsi Pater judicabit, per adventum Filii hominis judicabit. Nam ipse per suæ præsentiæ manifestationem « non judicat quemquam, sed omne judicium dedit Filio : » (*Joan.* v, 22.) qui manifestabitur homo judicaturus, sicut homo est judicatus. Quis est enim alius, de quo item Deus loquitur per Isaiam sub nomine Jacob et Israel, de cujus semine corpus accepit? quod ita scriptum est : « Jacob puer meus, suscipiam illum : Israel electus meus, assumsit eum anima mea. Dedi Spiritum meum in illum, judicium gentibus proferet. Non clamabit, neque cessabit, neque audietur foris vox ejus. Calamum quassatum non conteret, et linum fumans non extinguet; sed in veritate proferet judicium. Refulgebit, et non confringetur, donec ponat in terra judicium; et in nomine ejus gentes sperabunt. » (*Is.* XLII, 1, *etc.*) In Hebræo non legitur « Jacob et Israel : » sed quod ibi legitur « servus meus, » nimirum Septuaginta interpretes volentes admonere quatenus id accipiendum sit, quia scilicet propter formam servi dictum est, in qua se Altissimus humillimum præbuit, ipsius hominis nomen ad eum significandum posuerunt, de cujus genere eadem servi forma suscepta est. Datus est in eum Spiritus-sanctus, quod et columbæ specie (*Matth.* III, 15), Evangelio teste, monstratum est. Judicium gentibus protulit, quia prænuntiavit futurum, quod gentibus erat occultum. Mansuetudine non clamavit, nec tamen in prædicanda veritate cessavit. Sed non est audita foris vox ejus, nec auditur; quando quidem ab eis qui foris

et pourtant il ne cessa pas de prêcher la vérité. Mais sa voix n'a pas été entendue et ne l'est pas encore par ceux qui, retranchés de son corps, ne lui obéissent pas. Et les Juifs eux-mêmes, ses persécuteurs, qu'il compare à un roseau rompu, car leurs forces les ont abandonnés, à une lampe fumante, car ils ont perdu la lumière, il ne les a ni brisés, ni éteints; mais il leur a fait grâce parce qu'il ne venait pas les juger; au contraire pour être jugé par eux. Il prononça son jugement selon la vérité en leur annonçant l'heure du châtiment s'ils persistaient dans leur péché. Sa figure s'est transfigurée sur la montagne, et son nom a retenti dans tout l'univers. Il n'a été ni brisé, ni broyé puisque ses persécuteurs n'ont pu obtenir qu'il cessât d'être en lui-même, ou en son Église. Donc ne s'est pas vérifiée, ne se vérifiera jamais cette parole de ses ennemis : « Quand mourra-t-il? quand périra son nom? Jusqu'à ce qu'il établisse la justice sur la terre. » (*Ps.* XL, 6) Ce secret que nous cherchions, nous l'avons trouvé. C'est ce jugement dernier qu'il publiera sur la terre quand il sera descendu du ciel. Ces dernières paroles : « Les nations espéreront en lui » sont déjà accomplies. Puisqu'on ne peut nier cette vérité, qu'on croie donc ce qu'on ne nie que par impudence. Qui aurait pu espérer que ceux qui ne veulent pas croire dans le Christ, sont témoins comme nous, et qu'ils grincent les dents et se dessèchent de ce qu'ils ne peuvent nier? Qui aurait cru que toutes les nations mettraient en lui leur espoir quand on se saisissait de sa personne, qu'on le liait, qu'on le frappait l'insultait, le crucifiait et que ses disciples eux-mêmes étaient ébranlés dans la foi qu'ils commençaient d'avoir en lui? Ce qu'un seul larron espéra sur la croix, les nations répandues par toute la terre l'espèrent aujourd'hui et ont pris pour signe cette croix sur laquelle il est mort, afin d'éviter la mort éternelle.

5. Ainsi personne ne peut douter, encore moins nier que le jugement dernier, ainsi qu'en parlent les Saintes-Écritures, ne soit présidé par Jésus. Peut-être quelques esprits d'un entêtement et d'un aveuglement incroyables refuseront-ils de se soumettre à ces témoignages, qui ont déjà prouvé leur vérité à toute la terre. Quels sont les signes qui doivent arriver à ce jugement, ou non loin de là? Les voici : l'arrivée d'Élie de Thesbé, la conversion des Juifs, la persécution de l'Antechrist, le jugement du Christ, la résurrection des morts, la séparation des bons et des méchants, l'embrasement du monde et son renouvellement. Croyons que

---

ab ejus corpore præcisi sunt, non illi obeditur : ipsosque suos persecutores Judæos, qui calamo quassato perdita integritate, et lino fumanti amisso lumine comparati sunt, non contrivit, nec exstinxit; quia pepercit eis, qui nondum venerat eos judicare, sed ab eis judicari. In veritate sane judicium protulit, prædicens eis quando puniendi essent, si in sua malignitate persisterent. Refulsit in monte facies ejus, in orbe fama ejus : nec confractus, sive contritus est, quia neque in se, neque in Ecclesia sua, ut esse desisteret, persecutoribus cessit. Et ideo non est factum, nec fiet, quod inimici ejus dixerunt, vel dicunt : « Quando morietur, et peribit nomen ejus. Donec ponat in terra judicium. » (*Psal.* XL, 6. *Is.* XLII, 4.) Ecce manifestatum est quod absconditum quærebamus. Hoc enim est novissimum judicium, quod ponet in terra, cum venerit ipse de cœlo. De quo jam videmus impletum, quod hic ultimum positum est : « Et in nomine ejus gentes sperabunt. » Per hoc certe quod negari non potest, etiam illud credatur quod impudenter negatur. Quis enim speraret, quod etiam hi qui nolunt adhuc credere in Christum, jam nobiscum vident, et quoniam negare non possunt, dentibus suis frendent, et tabescunt? Quis, inquam, speraret gentes in Christi nomine speraturas, quando tenebatur, ligabatur, cædebatur, illudebatur, crucifigebatur; quando et ipsi discipuli spem perdiderant, quam in illo habere jam cœperant? Quod tunc vix unus latro speravit in cruce, nunc sperant gentes longe lateque diffusæ; et ne in æternum moriantur, ipsa in qua ille mortuus est, cruce signantur.

5. Nullus igitur vel negat vel dubitat, per Jesum Christum tale quale istis sacris Litteris prænuntiatur, futurum esse novissimum judicium, nisi qui eisdem Litteris, nescio qua (*a*) incredibili animositate seu cæcitate, non credit, quæ jam veritatem suam orbi demonstravere terrarum. In illo itaque judicio vel circa illud judicium has res didicimus esse venturas, Eliam Thesbiten, fidem Judæorum, Antichristum persecuturum, Christum judicaturum, mortuorum resurrectionem, bonorum malorumque diremptionem, mundi conflagrationem, ejusdemque renovationem. Quæ omnia quidem ventura esse credendum est : sed quibus modis, et quo ordine veniant, magis tunc docebit rerum experientia quam

---

(*a*) Ita Mss. Editi vero, *incredula*.

tout cela doit arriver; mais comment? Dans quel ordre? C'est ce qu'apprendra l'expérience mieux que la raison humaine. Je pense cependant que tous ces événements arriveront dans l'ordre que j'ai exposé.

6. Pour achever cet ouvrage il nous reste encore deux livres à traiter ; nous espérons le faire, avec la grâce de Dieu ; nous l'avons promis. Le premier traitera du supplice des méchants ; le second du bonheur des justes. J'y réfuterai, selon les forces que Dieu me donnera, les frivoles objections de ces malheureux qui croient pouvoir, dans leur sagesse, détruire les prophéties et les promesses du Seigneur et méprisent comme de ridicules erreurs les aliments salutaires de la foi. Pour ceux qui sont sages selon Dieu, ils trouvent la preuve de tout ce qui paraissant incroyable maintenant, est cependant attesté par les Saintes-Écritures, toujours trouvées fidèles dans la toute-puissante véracité de Dieu. Ils savent qu'elles ne peuvent nous tromper, et que ce que l'infidèle croit impossible, Dieu peut facilement le faire.

---

nunc ad perfectum hominum intelligentia valet consequi. Existimo tamen eo quo a me commemorata sunt ordine esse ventura.

6. Duo nobis ad hoc opus pertinentes reliqui sunt libri, ut adjuvante Domino promissa compleamus : quorum unus erit de malorum supplicio, alius de felicitate justorum : in quibus maxime, sicut Deus donaverit, argumenta refellentur humana, quæ contra prædicta ac promissa divina sapienter sibi miseri *(a)* rodere videntur, et salubris fidei nutrimenta velut falsa et ridenda contemnunt. Qui vero secundum Deum sapiunt, omnium quæ incredibilia videntur hominibus, et tamen Scripturis sanctis, quarum jam veritas multis modis asserta est, continentur, maximum argumentum tenent veracem Dei omnipotentiam, quem certum habent nullo modo in eis potuisse mentiri, posse facere quod impossibile est infideli.

(a) Editi veteribus libris dissentientes, *reddere*.

FIN DU TOME VINGT-QUATRIÈME.

TABLE DES MATIÈRES DU TOME VINGT-QUATRIÈME

LIVRE NEUVIÈME.

Sommaire. — *Après avoir montré dans le livre précédent qu'il fallait rejeter le culte des démons, qui, eux-mêmes, par des preuves multipliées, se révèlent comme des esprits mauvais; saint Augustin, dans ce livre, s'adresse à ceux qui établissent une distinction entre les démons, disant que les uns sont bons et les autres méchants. Il établit que cette différence n'existe nullement, et démontre qu'on ne saurait attribuer à aucun d'eux, mais au Christ, le pouvoir de remplir les fonctions de médiateur entre Dieu et les hommes* 1

Chapitre I. — Récapitulation du livre précédent ; sujet qu'on doit traiter dans celui-ci 1
— II. — Si parmi les démons, auxquels les dieux sont supérieurs, il s'en rencontre de bons, qui puissent aider l'homme à parvenir au véritable bonheur 2
— III. — Ce que dit des démons Apulée; il leur attribue l'intelligence sans leur accorder aucune vertu. 3
— IV. — Sentiments des Péripatéticiens et des Stoïciens au sujet des passions qui agitent l'âme. 4
— V. — Les passions qui peuvent affecter l'âme des chrétiens, ne les entraînent pas au vice, mais leur fournissent l'occasion de pratiquer la vertu. 6
— VI. — A quelles passions, de l'aveu d'Apulée, sont soumis ces démons qui, selon lui, protègent les hommes auprès des dieux 8
— VII. — Les Platoniciens prétendent que les poètes diffament les dieux, lorsqu'ils les montrent opposés les uns aux autres ; ce qui, suivant eux, ne convient qu'aux démons 9
— VIII. — Comment Apulée définit les dieux célestes, les hommes et les démons intermédiaires. 10
— IX. — L'intercession des démons peut-elle procurer aux hommes la faveur des dieux . . . 11
— X. — Plotin croit que dans ce corps éternel, les démons sont plus misérables que les hommes dans un corps mortel. 13
— XI. — Opinion des Platoniciens, qui prétendent qu'après la mort les hommes deviennent des démons. 13
— XII. — De trois attributs contraires, qui, selon les Platoniciens, distinguent la nature des dieux de celle des hommes. 14
— XIII. — Les démons, s'ils ne sont associés ni au bonheur des dieux, ni à la misère des hommes, peuvent-ils être les intermédiaires entre les uns et les autres? 15
— XIV. — Les hommes, étant mortels, peuvent-ils jouir d'une véritable béatitude ? 17
— XV. — De Jésus-Christ homme-Dieu, médiateur entre Dieu et les hommes 18
— XVI. — Les Platoniciens ont-ils raison d'enseigner que les dieux du ciel, pour ne pas contracter de souillures terrestres, évitent le commerce des hommes ; que c'est par l'entremise des démons que ces derniers obtiennent l'amitié des dieux ? 19
— XVII. — Pour obtenir la vie bienheureuse, les hommes avaient besoin d'un médiateur tel que Jésus-Christ, et non tel que le serait un démon. 22
— XVIII. — La perfidie des démons, tout en promettant de conduire les hommes à Dieu, ne cherche qu'à les éloigner du chemin de la vérité. 23
— XIX. — Le nom de *démons* pris en mauvaise part même par ceux qui les adorent. . . . 24
— XX. — Que la science rend les démons orgueilleux. 24
— XXI. — De quelle manière le Seigneur a voulu être connu des démons. 25
— XXII. — Différence entre la science des saints anges et celle des démons. 26

CHAPITRE XXIII. — C'est à tort que les païens appellent dieux les démons; cependant, souvent l'Écriture applique ce nom aux saints anges et aux hommes justes 27

LIVRE DIXIÈME.

SOMMAIRE. — *Dans ce livre, le saint évêque d'Hippone enseigne que les bons anges ne veulent point pour eux de ces honneurs divins, appelés culte de Latrie, lequel consiste en des sacrifices; que ce culte n'appartient qu'au seul Dieu véritable, dont les anges eux-mêmes sont les serviteurs. Il discute ensuite contre Porphyre sur la manière dont l'âme est purifiée et délivrée* 29

CHAPITRE I. — Les Platoniciens admettent que Dieu seul est l'auteur de la béatitude des hommes et des anges; si ces derniers désirent, comme le veulent ces philosophes, qu'on leur rende le culte de *Latrie*, qui n'est dû qu'à Dieu 29
— II. — Sentiment de Plotin sur l'illumination des âmes 32
— III. — Quoique reconnaissant Dieu comme créateur de toutes choses, les Platoniciens ont méconnu le culte qui lui est dû, en rendant des honneurs divins aux anges bons ou mauvais 33
— IV. — Que c'est au seul vrai Dieu qu'on doit offrir des sacrifices 35
— V. — Dieu n'a pas besoin de sacrifices; s'il en a permis dans l'ancienne loi, c'était comme figure des sacrifices intérieurs qu'il demande 35
— VI. — Du sacrifice véritable et parfait 37
— VII. — Les saints anges qui nous aiment ne réclament pas nos hommages, ils désirent au contraire que nous les adressions à Dieu 39
— VIII. — Miracles que Dieu a opérés pour confirmer la foi des fidèles dans les promesses qu'il avait faites par le ministère des anges 40
— IX. — Rites magiques employés dans le culte des démons; Porphyre, instruit dans cette science semble blâmer les uns et approuver les autres 41
— X. — De la Théurgie qui, par l'invocation des démons, promet à l'âme une purification illusoire 43
— XI. — Lettre de Porphyre à Anébonte, prêtre égyptien, dans laquelle il demande des éclaircissements sur la diversité des démons 44
— XII. — Des miracles que le vrai Dieu opère par le ministère des saints anges 47
— XIII. — Dieu invisible s'est souvent fait voir, non selon son essence, mais de la manière dont il pouvait être vu par ceux qui ont joui de cette faveur 48
— XIV. — Toutes choses étant entre les mains de la Providence du seul vrai Dieu, on peut l'honorer, non-seulement pour les biens éternels, mais même pour les biens temporels . 49
— XV. — Comment la Providence de Dieu se sert du ministère des saints anges 50
— XVI. — En ce qui concerne la vie bienheureuse, sont-ce les anges qui exigent pour eux les honneurs divins, ou ceux qui réclament ces honneurs pour Dieu seul, qui méritent notre confiance 51
— XVII. — De l'Arche d'alliance et des miracles opérés pour confirmer la loi, et établir l'autorité des promesses divines 54
— XVIII. — Réfutation de ceux qui prétendent qu'on ne doit pas croire les livres saints, au sujet des miracles faits en faveur du peuple de Dieu 55
— XIX. — La vraie religion enseigne pourquoi les sacrifices visibles sont offerts au seul Dieu véritable et invisible 56
— XX. — Que le Médiateur entre Dieu et les hommes a voulu être lui-même le sacrifice souverain et véritable 57
— XXI. — Pouvoir donné aux démons; il sert à la glorification des saints, qui triomphent de ces esprits, non en leur offrant des sacrifices, mais en restant fidèles à Dieu 58
— XXII. — D'où vient aux saints leur pouvoir sur les démons; comment le cœur est purifié 59
— XXIII. — Des *Principes*, par lesquels, selon les Platoniciens, s'opère la purification de l'âme 60
— XXIV. — Du seul et véritable Principe, qui purifie et renouvelle la nature humaine . . . 61
— XXV. — Que tous les saints qui ont vécu, soit du temps de la loi, soit avant, ont été justifiés par la foi au mystère de Jésus-Christ 62

TABLE DES MATIÈRES.

Chapitre XXVI. — Faiblesse de Porphyre hésitant entre la confession du vrai Dieu et le culte des démons 65
— XXVII. — Impiété de Porphyre, dépassant même les erreurs d'Apulée 66
— XXVIII. — Pourquoi Apulée n'a point connu la véritable sagesse qui est le Christ ; cause de son aveuglement. 68
— XXIX. — De l'Incarnation de Notre Seigneur Jésus-Christ que l'impiété des Platoniciens rougit de reconnaître. 69
— XXX. — Enseignements de Platon que Porphyre a rejetés et qu'il a réformés 72
— XXXI. — Réfutation de l'erreur des Platoniciens qui prétendent que l'âme est coéternelle à Dieu. 74
— XXXII. — Voie universelle de délivrance pour les âmes, vainement cherchée par Porphyre, et découverte seulement par la grâce du Christ. 75

LIVRE ONZIÈME.

Sommaire. — *Ici commence la seconde partie de l'ouvrage qui traite de la naissance, des progrès et du sort qui attend chacune des deux Cités, la Cité terrestre et la Cité céleste. Dans ce livre, saint Augustin montre le commencement de ces Cités, dû à la séparation des bons et des mauvais anges ; à ce sujet, il parle de l'origine du monde, racontée dans la Sainte Écriture, au commencement du Livre de la Genèse* 81

Chapitre I. — Seconde partie de cet ouvrage ; on commence à traiter de l'origine et de la fin des deux Cités. 81
— II. — De la connaissance de Dieu. C'est seulement par Jésus-Christ, médiateur entre Dieu et les hommes, qu'on peut arriver à cette connaissance. 82
— III. — De l'autorité des Écritures canoniques inspirées par le Saint-Esprit 83
— IV. — Condition du monde ; elle n'est pas étrangère au temps, elle n'a point été réglée par un nouveau dessein de Dieu, comme s'il avait voulu par la suite ce qu'il n'avait point voulu au commencement. 84
— V. — On ne doit pas plus admettre de temps infinis avant la création, que d'espaces infinis dans le monde. 86
— VI. — Le monde et le temps ont eu le même commencement, on ne peut dire que l'un ait précédé l'autre. 87
— VII. — De la nature de ces jours, qui ont eu leur soir et leur matin avant la création du soleil 88
— VIII. — Comment il faut entendre ce repos, dans lequel entra le Créateur au septième jour, après avoir achevé l'œuvre des six jours. 90
— IX. — Ce qu'il faut penser de la condition des anges, d'après les témoignages de l'Écriture. 90
— X. — De la sainte et immuable Trinité, Père, Fils et Saint-Esprit, un seul Dieu, en qui l'attribut ne diffère pas de la substance. 92
— XI. — Si l'on doit croire que cette félicité, dont les saints Anges ont joui aussitôt leur création, était aussi partagée par les Anges qui n'ont pas persévéré dans la justice. . . . 95
— XII. — Comparaison du bonheur des justes, qui ne possèdent pas encore l'effet des promesses divines, avec celui de nos premiers parents, avant leur péché. 96
— XIII. — Tous les anges ont-ils été créés dans une égale félicité, ceux qui tombèrent plus tard ignorant alors leur chute future ? Les anges fidèles n'ont ils reçu l'assurance de leur persévérance qu'après la chute des mauvais anges ? 97
— XIV. — Ce que signifie cette parole dite à propos du démon : qu'il n'a point persévéré dans la vérité, parceque la vérité n'est point en lui 98
— XV. — Comment interpréter ce qui est écrit : « Que le démon pèche dès le commencement. » 99
— XVI. — Des degrés et des différences des créatures. Autre est l'ordre d'utilité, autre est l'ordre de raison. 100
— XVII. — Le mal n'appartient point à la nature, il est contre nature : la volonté, non le Créateur, est cause efficiente du péché. 101
— XVIII. — De la beauté de l'ensemble ; la divine disposition des choses rend cette beauté plus éclatante par l'opposition des contraires. 101

TABLE DES MATIÈRES.

Chapitre XIX. — Comment il faut entendre ce qui est écrit : « Dieu sépara la lumière des ténèbres. » 102
— XX. Comment il est dit après la séparation de la lumière et des ténèbres : « Dieu vit que la lumière est bonne. » 103
— XXI. — De la science éternelle et de l'immuable volonté de Dieu ; toutes ses œuvres lui ont plu avant l'exécution comme après. 104
— XXII. — De ceux qui trouvent à reprendre dans cet ensemble des créatures que nous attribuons à un Dieu bon, et veulent qu'il existe des natures mauvaises par essence . . . 105
— XXIII. — Redressement d'une erreur dans la doctrine d'Origène. 107
— XXIV. — De la Sainte Trinité. — Toutes les œuvres de Dieu ont quelque chose qui nous rappelle ce mystère. 109
— XXV. — Division de la philosophie en trois parties 110
— XXVI. — L'image de l'auguste Trinité se trouve dans la nature de l'homme, même avant qu'il soit admis au bonheur céleste. 112
— XXVII. — La substance, la science et leur amour 113
— XXVIII. — Si cet amour même par lequel nous aimons et l'être et la connaissance, nous le devons aimer d'autant plus que nous avons de plus ressemblance avec la divine Trinité. . 114
— XXIX. — De la science des anges ; ils connaissent la Trinité dans sa substance même, ils voient les causes premières de la création dans la science de son auteur, avant de la considérer en chaque chose créée. 116
— XXX. — De la perfection du nombre six, le premier qui se forme de ses parties. 117
— XXXI. — Du septième jour, en lequel sont la plénitude et le repos. 118
— XXXII. — Il en est qui veulent que la création des anges soit antérieure à celle du monde ; ce qu'il faut penser de cette opinion. 119
— XXXIII. — Deux sociétés d'Anges ; leur différence et leur opposition ; on les a convenablement distinguées par les noms de lumière et de ténèbres. 120
— XXXIV. — Certaine opinion veut qu'en la création du firmament, les eaux séparées signifient les anges. — De ceux qui croient que les eaux n'ont pas été créées 122

LIVRE DOUZIÈME.

Sommaire. — *Au début de ce livre, le saint recherche, au sujet des anges, d'où est venue aux uns une volonté bonne, aux autres une volonté mauvaise, quelle a été la cause du bonheur des anges restés fidèles, et du malheur de ceux qui se sont révoltés. Il parle ensuite de la création de l'homme, il montre qu'il n'est point éternel, qu'il a été créé dans le temps, et qu'il n'a d'autre auteur que Dieu même* 124

Chapitre I. — Les anges bons ou mauvais ont une même nature. 124
— II. — Aucune nature, par ce qui constitue son essence, ne saurait être contraire à Dieu. . . 126
— III. — Le mal, tout en étant contraire à Dieu, ne saurait lui nuire ; mais il nuit aux natures muables et sujettes aux changements 127
— IV. — Que la nature des animaux, et même celle des êtres privés de vie, est bonne en elle-même et conforme à l'ordre général 128
— V. — Toutes les natures en elles-mêmes, et tous les changements qu'elles subissent montrent la sagesse du Créateur. 129
— VI, — Cause de la félicité des bons anges et de la misère des mauvais 130
— VII. — Il ne faut point chercher la cause efficiente de la mauvaise volonté. 132
— VIII. — Amour déréglé de la volonté, qui abandonne un bien immuable, pour s'attacher à un bien sujet au changement. 133
— IX. — Le Créateur de la nature des saints anges, est-il aussi l'auteur de leur bonne volonté, par la charité qu'a répandue en eux le Saint-Esprit. 134
— X. — Fausseté de ces traditions qui donnent aux temps passés tant de milliers d'années . . 136
— XI. — De ceux qui pensent que le monde n'est pas éternel, mais qui supposent des mondes immuables en un seul et même monde, se détruisant et renaissant sans cesse à des époques périodiques. 138
— XII. — Ce qu'il faut répondre à ceux qui demandent pourquoi l'homme a été créé si tard. 138

TABLE DES MATIÈRES.

Chapitre XIII. — De la révolution imaginaire inventée par quelques philosophes, au moyen de laquelle, les siècles ayant terminé leur cours périodique, tout dans la nature se renouvelle régulièrement dans le même ordre et la même forme. 140

— XIV. — Dieu n'a pas créé l'homme dans le temps, par une résolution nouvelle, ni par un changement de volonté 142

— XV. — S'il était nécessaire, pour que Dieu fût toujours Seigneur, qu'il y eût toujours des créatures soumises à son domaine, et comment, s'il y en a toujours eu, ne lui sont-elles point coéternelles ?. 143

— XVI. — Comment il faut entendre la promesse de la vie éternelle, que Dieu a faite à l'homme avant les temps éternels. 146

— XVII. —Comment les desseins immuables de la Providence divine sont justifiés par la vraie foi, contre les raisonnements de ceux qui prétendent que les œuvres de Dieu, renouvelées éternellement, se reproduisent à travers les siècles par les mêmes révolutions . . . 146

— XVIII. — Contre ceux qui disent que l'infini échappe à la science de Dieu. 148

— XIX. — Les siècles des siècles. 150

— XX. — De l'impiété de ceux qui prétendent que les âmes admises à jouir de la béatitude suprême et véritable, doivent perpétuellement, au milieu des révolutions séculaires, revenir aux misères et aux peines de cette vie. 151

— XXI. — De la création du premier homme et de celle du genre humain en lui seul 154

— XXII. — Dieu a prévu le péché du premier homme ; il a prévu en même temps que tout un peuple fidèle sortirait de sa race, et serait associé aux anges par sa divine grâce . . . 155

— XXIII. — De la nature de l'âme humaine créée à l'image de Dieu 156

— XXIV. — Si on peut dire que les anges ont créé un seul être, même le plus petit. 156

— XXV. — Dieu seul est l'auteur de toute la nature et de la forme essentielle de tous les êtres. 157

— XXVI. — De l'opinion des Platoniciens qui prétendent que les anges créés par Dieu sont eux-mêmes créateurs des corps humains. 159

— XXVII. — Du premier homme est sorti tout le genre humain, dont Dieu a prévu qu'une partie mériterait d'être récompensée, tandis que l'autre serait réprouvée. 160

LIVRE TREIZIÈME.

Sommaire. — *Le saint établit que la mort, à laquelle les hommes sont condamnés, vient du péché d'Adam.* . . 161

Chapitre I. — De la chute du premier homme, cause de la mort. 161

— II. — De la mort de l'âme chaque fois qu'elle est vaincue et de celle du corps. 161

— III. — Si la mort qui, par suite du péché de nos premiers parents, a été le partage de tous les hommes, est aussi pour les bons, la peine du péché. 163

— IV. — Pourquoi ceux qui par la grâce de la génération, sont purifiés du péché, ne sont pas exempts de la mort, c'est-à-dire de la peine du péché. 164

— V. — De même que les méchants font un mauvais usage de la loi qui est bonne, ainsi les bons font un bon usage de la mort qui est mauvaise 165

— VI. Le mal souverain de la mort est la rupture de l'union entre l'âme et le corps 166

— VII. — De la mort que ceux qui ne sont pas baptisés reçoivent pour la confession du nom de Jésus-Christ. 167

— VIII. — Les saints en acceptant la première mort par amour pour la vérité, sont délivrés de la seconde. 168

— IX. — Le temps de la mort qui est la privation du sentiment, est-ce celui pendant lequel on meurt, ou celui qui suit la mort ?. 168

— X. — La vie des hommes est plutôt une mort qu'une vie 169

— XI. — Peut-on être à la fois mort et vivant ?. 170

— XII. — De quelle mort Dieu menaça nos premiers parents, s'ils transgressaient son commandement. 173

— XIII. — Quelle fut la première peine de la désobéissance de nos premiers parents 173

— XIV. — En quel état Dieu avait créé l'homme ; comment il en est déchu par sa volonté. . . 174

— XV. — Adam pécheur abandonna Dieu avant d'en être abandonné. La première mort de l'âme consiste dans la séparation de Dieu 174

CHAPITRE XVI. — Contre les philosophes qui pensent que la séparation de l'âme et du corps n'est point une peine, s'appuyant sur Platon qui prétend que le Dieu souverain a promis aux dieux inférieurs de ne jamais les priver de leurs corps, ... 175
— XVII. — Contre ceux qui prétendent que les corps terrestres ne peuvent devenir incorruptibles et éternels. 177
— XVIII. — Des corps terrestres qui, selon les philosophes, ne peuvent arriver au ciel, parce-que ce qui est terrestre retombe naturellement vers la terre. 179
— XIX. — Contre ceux qui ne croient pas que, sans le péché, nos premiers parents eussent été immortels. 181
— XX. — La chair des saints, qui repose maintenant dans l'espérance de la résurrection, sera réparée et dans un état plus parfait que celle de nos premiers parents avant le péché. . . 183
— XXI. — On peut très-bien donner un sens spirituel à ce qui est dit du paradis terrestre, séjour de nos premiers parents, pourvu que l'on conserve la vérité du récit historique . . 184
— XXII. — Les corps des saints après la résurrection seront spirituels, et cependant leur chair ne sera pas changée en esprit. 185
— XXIII. — Ce qu'il faut entendre par le corps animal et le corps spirituel ; ou bien de ceux qui meurent en Adam et qui sont vivifiés en Jésus-Christ 186
— XXIV. — Quel sens faut-il donner au souffle qui a créé le premier homme avec son âme vivante, et à celui du Seigneur sur ses disciples, lorsqu'il leur dit : « Recevez le Saint-Esprit. » 190

LIVRE QUATORZIÈME.

SOMMAIRE. — *Saint Augustin parle de nouveau du péché du premier homme ; il établit que c'est de lui que viennent les défauts d'une vie charnelle et les affections vicieuses ; mais surtout il démontre que de cette source découle le vice honteux de l'impureté comme un juste châtiment de la désobéissance. Il recherche comment, si l'homme n'eût pas péché, la race humaine se fût propagée sans aucune passion charnelle* 196

CHAPITRE I. — Par la désobéissance du premier homme, tous les hommes devaient subir à jamais la seconde mort, si la grâce de Dieu n'en avait délivré un grand nombre 196
— II. — De la vie de la chair ; elle ne consiste pas seulement dans les vices qui se rapportent aux voluptés du corps, mais aussi dans les vices de l'esprit 197
— III. — La cause du péché est dans l'âme et non dans la chair ; la corruption de la chair par suite du péché, n'est pas un péché, mais le châtiment du péché. 199
— IV. — Qu'est-ce que vivre selon l'homme, et vivre selon Dieu 201
— V. — L'opinion des Platoniciens sur la nature de l'âme et du corps est plus supportable que celle des Manichéens ; cependant on doit la rejeter également parce qu'elle attribue au corps les vices de l'âme 203
— VI. — Les affections de l'âme, bonnes ou mauvaise, dépendent de la nature de la volonté humaine. 204
— VII. — La Sainte-Écriture emploie indifféremment l'amour et la dilection en bonne et mauvaise part 205
— VIII. — Des trois passions que les Stoïciens admettent dans l'âme du sage ; ils en excluent la douleur ou tristesse que sa force d'âme ne lui permet pas d'éprouver 207
— IX. — Des troubles de l'âme qui, dans la vie des justes, deviennent des affections saintes. 210
— X. — Si nos premiers parents dans le paradis furent exempts de passions, avant d'avoir commis le péché 214
— XI. — De la chute du premier homme ; sa nature avait été créée bonne, Dieu, qui en est l'auteur, peut seul la réparer 216
— XII. — De l'énormité du premier péché commis par Adam 218
— XIII. — Le péché d'Adam a été précédé d'une volonté mauvaise 219
— XIV. — De l'orgueil du péché qui fut plus coupable que le péché lui-même 222
— XV. — De la justice du châtiment infligé à nos premiers parents, en raison de leur désobéissance. 222
— XVI. — De la convoitise ; ce nom convient à plusieurs vices ; il désigne cependant plus spécialement les mouvements de la concupiscence 225
— XVII. — Nos premiers parents ne connurent qu'après le péché, la honte de leur nudité . . 225

TABLE DES MATIÈRES.

Chapitre XVIII. — De la honte attachée à l'acte de la génération, même dans l'union conjugale . . . 227
— XIX. — Les mouvements impétueux de la colère et de la concupiscence n'existaient point avant le péché, lorsque la nature était saine ; ils sont si vicieux qu'il est besoin du frein de la sagesse pour les dominer 228
— XX. — De l'impudente et vaine effronterie des Cyniques 229
— XXI. — La bénédiction donnée avant le péché pour la propagation de la race humaine, n'a pas été détruite par la prévarication d'Adam ; la concupiscence s'y est jointe avec ses infirmités 230
— XXII. — Du lien conjugal institué et béni de Dieu dès l'origine 231
— XXIII. — Si l'homme, conservant son innocence, eût engendré même dans le paradis, ou s'il eût perdu la chasteté dans la lutte contre les mouvements de la concupiscence . . . 232
— XXIV. — Les hommes innocents auraient été récompensés de leur obéissance, en restant dans le paradis, et alors les organes de la génération eussent été soumis, comme les autres, à l'empire de la volonté 234
— XXV. — Le vrai bonheur ne se trouve pas en cette vie 236
— XXVI. — La félicité du paradis aurait pu être complète sans la honte de la concupiscence . 237
— XXVII. — La perversité des pécheurs, anges ou hommes, ne trouble point l'ordre de la Providence divine 239
— XXVIII. — De la différence des deux Cités 240

LIVRE QUINZIÈME.

Sommaire. — *Après avoir traité dans les quatre livres précédents de l'origine des deux Cités, le saint docteur, dans les quatre livres suivants, va raconter les progrès de ces mêmes Cités. Il développe ce sujet de manière à exposer les principaux chapitres de l'histoire sainte qui s'y rapportent. Dans ce quinzième livre il expose ce qu'on lit dans la Genèse, depuis Caïn et Abel jusqu'au déluge* 241

Chapitre I. — Des deux sociétés humaines, qui dès l'origine marchent à des fins différentes . . . 241
— II. — Des enfants de la chair et des enfants de la promesse 243
— III. — La stérilité de Sara fécondée par la grâce de Dieu 244
— IV. — De la guerre et de la paix dans la Cité terrestre 245
— V. — Le premier fondateur de la Cité terrestre fut un fratricide ; le fondateur de Rome imita son impiété en se rendant coupable du meurtre de son frère 246
— VI. — Langueurs auxquelles sont soumis ici-bas, en punition du péché, les citoyens de la Cité de Dieu eux-mêmes, et dont Dieu, le souverain médecin, les délivre 248
— VII. — Opiniâtreté de Caïn, la parole de Dieu même ne put le détourner de son crime . . . 249
— VIII. — Comment Caïn a pu bâtir une ville dès le commencement du monde 253
— IX. — De la longévité des hommes, de leur taille et de leur force extraordinaire avant le déluge 255
— X. — Différences apparentes entre l'Hébreu et les Septante pour le nombre des années . . . 256
— XI. — Des années de Mathusalem qui aurait vécu encore quatorze ans après le déluge . . . 257
— XII. — De l'opinion de ceux qui révoquent en doute la longévité des hommes des premiers temps 259
— XIII. — S'il faut accorder plus d'autorité à l'Hébreu qu'aux Septante dans la supputation des années 261
— XIV. — Les années anciennes étaient égales en durée à celles d'aujourd'hui 263
— XV. — S'il est croyable que les premiers hommes aient gardé la continence jusqu'à l'âge où l'Écriture rapporte qu'ils ont eu des enfants 265
— XVI. — De la légitimité des mariages entre proches parents, il n'en fût pas de même dans la suite 268
— XVII. — Les deux enfants d'un même père deviennent les fondateurs et les princes des deux Cités 271
— XVIII. — Ce qui est figuré en Abel, Seth et Enos s'applique à Jésus-Christ et à son corps, c'est-à-dire à l'Église 272
— XIX. — Ce que signifie la translation d'Enoch 273
— XX. — Comment la postérité de Caïn est renfermée en huit générations depuis Adam, et comment Noé se trouve le dixième descendant aussi d'Adam 274

TABLE DES MATIÈRES.

Chapitre XXI. — Pourquoi l'Écriture après avoir parlé d'Enoch, fils de Caïn, continue-t-elle le récit de cette race jusqu'au déluge, tandis qu'après avoir parlé d'Enos, fils de Seth, elle remonte jusqu'au chef de l'humanité. 278
— XXII. — De la déchéance des enfants de Dieu séduits par des femmes étrangères, et méritant de périr tous, à l'exception de huit personnes, dans les eaux du déluge. 280
— XXIII. — Faut-il croire que les Anges, substances spirituelles, épris d'amour pour la beauté des femmes, ont contracté alliance avec elles, et que c'est de cette union que sont nés les géants. 281
— XXIV. — Comment faut-il entendre ces paroles du Seigneur, par rapport à ceux qui devaient périr dans le déluge : « Leurs jours seront de vingt ans. » 283
— XXV. — La colère de Dieu ne trouble en rien sa souveraine et immuable tranquillité. . . . 286
— XXVI. — L'arche que Noé reçut l'ordre de construire est, en tout point la figure du Christ et de l'Église. 287
— XXVII. — Il ne faut pas être de l'avis de ceux qui ne voient dans l'arche et le déluge qu'un récit purement historique sans signification mystérieuse, ou bien de pures figures sans réalité. 288

LIVRE SEIZIÈME.

Sommaire. — *Dans la première partie de ce livre, du premier au douzième chapitre, saint Augustin traite du développement des deux Cités, selon les livres saints, depuis Noé jusqu'à Abraham. Dans la seconde partie, en s'occupant seulement de la Cité céleste, il expose son développement depuis Abraham jusqu'aux rois d'Israël* 296

Chapitre I. — Trouve-t-on, après le déluge, depuis Noé jusqu'à Abraham quelques familles vivant selon Dieu 296
— II. — Ce qui a été prophétiquement figuré par les fils de Noé. 297
— III. — Générations issues des trois fils de Noé. 300
— IV. — De la diversité des langues et des commencements de Babylone. 303
— V. — De la descente du Seigneur pour confondre ceux qui construisaient la tour. . . . 305
— VI. — Quel est le langage dont Dieu se sert pour parler aux anges. 306
— VII. — Si les animaux de toute espèce, qui peuplent les îles les plus éloignées de la terre, sont sortis de l'arche où ils auraient été préservés du déluge. 308
— VIII. — Si certaines races d'hommes monstrueuses appartiennent à la postérité d'Adam ou des fils de Noé. 308
— IX. — S'il faut croire qu'à la partie de la terre opposée à la nôtre, il y a des antipodes . . . 311
— X. — Généalogie de Sem ; la Cité de Dieu se continue dans sa race jusqu'à Abraham . . 312
— XI. — La langue primitive de l'homme, langue appelée ensuite hébraïque, du nom d'Héber, se conserva dans sa postérité, même après la division des langues 314
— XII. — De l'époque où se forme avec Abraham le nouveau tissu de la sainte généalogie. . . 317
— XIII. — Pour quelle raison dans l'émigration de Tharé, qui quitta la Chaldée pour passer en Mésopotamie, l'Écriture ne fait aucune mention de son fils Nachor 318
— XIV. — Des années de Tharé qui termina sa vie à Charra. 319
— XV. — Du temps de la promesse et comment Abraham sortit de Charra selon l'ordre de Dieu. 320
— XVI. — De l'ordre et de la nature des promesses de Dieu à Abraham 322
— XVII. — Des trois grandes monarchies et surtout de celle des Assyriens, qui était la plus florissante au temps d'Abraham 323
— XVIII. — Dieu parle une seconde fois à Abraham, il promet à lui et à sa race la terre de Chanaan 324
— XIX. — Dieu protège en Égypte la chasteté de Sara, qu'Abraham faisait passer pour sa sœur. 325
— XX. — La séparation d'Abraham et de Lot se fait d'un commun accord. 325
— XXI. — Troisième promesse de Dieu qui assure à Abraham et à sa postérité la possession perpétuelle de la terre de Chanaan 326
— XXII. — Victoire d'Abraham sur les ennemis des Sodomites ; il délivre Lot de leurs mains ; il est béni par le prêtre Melchisédech. 327

TABLE DES MATIÈRES.

CHAPITRE XXIII. — Parole du Seigneur à Abraham; il lui promet une postérité aussi nombreuse que les étoiles; le patriarche, bien qu'encore incirconcis est justifié par sa foi 328
— XXIV. — De la signification du sacrifice qu'Abraham reçut l'ordre d'offrir, après avoir demandé à être éclairé sur ce qu'il croyait. 329
— XXV. — Agar, servante de Sara, devient la concubine d'Abraham par la volonté même de Sara. 332
— XXVI. — De l'alliance de Dieu avec Abraham; il lui promet que la stérile Sara lui donnera un fils; il l'établit père des nations et confirme sa promesse par le signe de la circoncision 333
— XXVII. — De l'enfant mâle qui, n'étant pas circoncis le huitième jour, perd la vie, pour avoir violé l'alliance de Dieu. 335
— XXVIII. — Du changement des noms d'Abraham et de Sarra; fécondité miraculeuse. . . . 337
— XXIX. — Des trois hommes ou anges sous la figure desquels le Seigneur apparut à Abraham au chêne de Mambré. 338
— XXX. — Lot sauvé de Sodome; destruction de cette ville par le feu du ciel; la chasteté de Sara n'a rien à souffrir de la passion d'Abimelech 340
— XXXI. — Naissance d'Isaac selon la promesse; le nom qu'il reçut lui vient du rire de son père et de sa mère. 340
— XXXII. — Obéissance et foi d'Abraham éprouvées par l'ordre qu'il reçoit de sacrifier son fils; mort de Sara. 341
— XXXIII. — Rebecca, petite-fille de Nachor, épouse Isaac 343
— XXXIV. — Ce qu'il faut entendre par l'union d'Abraham avec Céthura, après la mort de Sara. 344
— XXXV. — Quel est le sens de la réponse du Seigneur, au sujet des deux jumeaux encore renfermés dans le sein de leur mère, Rébecca. 345
— XXXVI. — Isaac, chéri de Dieu, en considération de son père, reçoit les mêmes promesses et les mêmes bénédictions qu'avait méritées Abraham 346
— XXXVII. — De ce que figuraient mystiquement Esaü et Jacob 347
— XXXVIII. — Jacob est envoyé en Mésopotamie pour s'y marier; vision qu'il a dans ce voyage, pendant son sommeil; des quatre femmes qu'il eût, bien qu'il n'en demandait qu'une. 349
— XXXIX. Pourquoi Jacob fut-il aussi appelé Israël 351
— XL. — Comment dit-on que Jacob est entré en Égypte avec soixante-quinze personnes, quand la plupart de ceux dont on cite les noms, n'étaient pas encore nés? 351
— XLI. — De la bénédiction que Jacob promit à son fils Juda 353
— XLII. — Bénédiction des deux fils de Joseph 354
— XLIII. — Des temps de Moïse, de Jésus Navé, des juges et des rois jusqu'à David 355

LIVRE DIX-SEPTIÈME.

SOMMAIRE. — *Dans ce livre sont développés les progrès de la Cité de Dieu, du temps des rois et des prophètes, depuis Samuel et David jusqu'à Jésus-Christ; le saint expose les prophéties faites du temps des rois, contenues dans les psaumes et les livres de Salomon, au sujet du Christ et de son Église* 358

CHAPITRE I. — De toutes les prophéties. 358
— II. — En quel temps s'accomplit la promesse de Dieu touchant la terre de Chanaan, qui fut l'héritage même des Israélites charnels 359
— III. — De la triple signification des prophéties qui se rapportent tantôt à la Jérusalem de la terre, tantôt à celle du ciel, et d'autres fois à l'une et à l'autre Cité 360
— IV. — Ce que figurait le changement survenu dans le royaume et le sacerdoce d'Israël; de la prophétie d'Anne, mère de Samuel, représentant l'Église. 363
— V. — Des paroles prophétiques adressées au grand-prêtre Héli, par un homme de Dieu, par lesquelles était signifiée l'abolition du sacerdoce d'Aaron 371
— VI. — Le sacerdoce et le royaume des Juifs ayant été abolis, malgré les paroles qui en annonçaient la permanence, figuraient un autre sacerdoce et un autre royaume qui devaient durer éternellement. 376

TABLE DES MATIÈRES.

Chapitre VII. — De la division du royaume d'Israël : elle figurait d'avance la séparation éternelle qui devait exister entre les Israélites spirituels et les Israélites charnels. 378
— VIII. — Les promesses faites à David touchant son fils, ne peuvent nullement s'appliquer à Salomon, mais se trouvent parfaitement réalisées en Jésus-Christ. 381
— IX. — La prophétie touchant le Christ et renfermée dans le psaume quatre-vingt-huitième, est semblable à celle du prophète Nathan, rapportée au livre des Rois 383
— X. — Les événements du royaume de la Jérusalem terrestre ne s'accordent pas avec la promesse de Dieu, pour nous apprendre que la vérité de la promesse se rapporte à la gloire d'un autre roi et d'un autre royaume. 385
— XI. — La substance du peuple de Dieu est dans le Christ par l'entremise de la chair ; seul il a eu le pouvoir de retirer son âme de l'enfer. 386
— XII. — A qui faut-il attribuer ces réclamations au sujet des promesses, selon qu'elles sont exprimées dans ces paroles du Psaume : « Où sont, Seigneur, vos anciennes miséricordes ? » 387
— XIII. — Si les promesses de véritable paix peuvent être rapportées aux temps du règne de Salomon. 390
— XIV. — De l'étude des Psaumes 391
— XV. Si toutes les prophéties contenues dans les Psaumes sur le Christ et l'Église, peuvent entrer dans le plan de cet ouvrage 392
— XVI. — Dans le psaume quarante-quatrième, les prophéties relatives au Christ et à l'Église, sont faites ou clairement, ou en figures. 392
— XVII. — Des prophéties relatives au Sacerdoce et à la passion de Jésus-Christ dans le psaume cent neuvième et dans le vingt et unième 395
— XVIII. — Des psaumes troisième, quarantième, quinzième et soixante-septième qui prophétisent la mort et la résurrection du Seigneur. 397
— XIX. — Du psaume soixante-huitième qui prédit l'opiniâtre aveuglement des Juifs 399
— XX. — Du règne et des mérites de David ; de son fils Salomon, de ses prophéties relatives au Christ, soit que nous les trouvions dans les livres qui sont seulement joints à ses œuvres, soit dans ceux qui sont certainement de lui 400
— XXI. — Des rois de Juda et d'Israël après Salomon. 403
— XXII. — Idolatrie de Jéroboam 404
— XXIII. — Captivité de Babylone et retour des Juifs. 405
— XXIV. — Des derniers prophètes chez les Juifs 406

LIVRE DIX-HUITIÈME.

Sommaire. — *Il parle du développement de la Cité terrestre, depuis le temps d'Abraham jusqu'à la fin du monde, la comparant à la cité céleste. Il mentionne les prophéties au sujet du Christ, tant celles des Sibylles que celles surtout des saints prophètes qui ont écrit depuis la fondation de Rome, Osée, Amos, Isaïe, Michée, et ceux qui les suivirent* 407

Chapitre I. — Résumé des dix-sept livres précédents 407
— II. — Des temps et des rois de la Cité terrestre. Leur concordance avec les temps de la Cité céleste, depuis la naissance d'Abraham. 408
— III. — Sous le règne de ces rois d'Assyrie et de Sicyone, Isaac, le fils de la promesse, naît d'Abraham centenaire, et le même Isaac engendra par Rebecca, deux jumeaux, Esaü et Jacob 410
— IV. — Du temps de Jacob et de son fils Joseph 412
— V. — Du roi des Argiens, Apis, qui reçut en Égypte les honneurs divins sous le nom de Sérapis 412
— VI. — Sous quel roi des Argiens ou des Assyriens, arrive la mort de Jacob en Égypte . . . 413
— VII. — Sous quels rois mourut Joseph en Égypte 414
— VIII. — A quels rois se rapporte la naissance de Moïse, et quel était le culte des dieux à cette époque. 414
— IX. — Quand fut fondée la ville d'Athènes, et quelle est l'origine de ce nom, d'après Varron. 416
— X. — Ce que Varron nous apprend du nom de l'Aréopage et du déluge de Deucalion . . . 417

TABLE DES MATIÈRES.

- XI. — A quelle époque Moïse fit sortir le peuple de l'Égypte, et sous quels rois mourut Jésus Navé, son successeur. 418
- XII. — Sacrifices des faux dieux établis par les rois de la Grèce, depuis la sortie d'Israël de l'Égypte, jusqu'à la mort de Jésus Navé. 419
- XIII. — Inventions fabuleuses qui se rapportent au temps des juges. 421
- XIV. — Des poètes théologiens 423
- XV. — Fin du royaume des Argiens; en même temps chez les Laurentins apparaît Picus, fils de Saturne, qui, le premier, monta sur le trône de son père. 423
- XVI. — Diomède, après la ruine de Troie, est mis au rang des dieux ; la tradition rapporte que ses compagnons furent changés en oiseaux 424
- XVII. — Incroyables métamorphoses d'hommes rapportées par Varron. 425
- XVIII. — Ce qu'il faut penser de ces métamorphoses qui paraissent être des artifices du démon 426
- XIX. — Énée vient en Italie au temps où Labdon était juge chez les Hébreux 428
- XX. — Suite des rois d'Israël après les juges 429
- XXI. — Des rois du Latium, dont le premier, Énée, et le douzième, Aventinus, furent mis au rang des dieux. 430
- XXII. — La fondation de Rome répond au temps de la chute de l'empire des Assyriens et du règne d'Ézéchias en Judée 431
- XXIII. — La sibylle d'Érythrée, renommée entre toutes les autres sibylles, à cause de la clarté de ses prophéties sur le Christ. 432
- XXIV. — Sous le règne de Romulus, sept sages se rendirent célèbres; à la même époque, les dix tribus d'Israël furent emmenées en captivité par les Chaldéens. Après sa mort, Romulus reçoit les honneurs divins 435
- XXV. — Philosophes célèbres au temps du règne de Tarquin l'Ancien chez les Romains, et de Sédécias chez les Hébreux, lors de la prise de Jérusalem, et de la destruction du temple 436
- XXVI. — Fin de la captivité des Juifs, après une durée de soixante dix ans; les Romains sont aussi délivrés, à la même époque, de la domination des rois 436
- XXVII. — Des prophètes qui, dans leurs oracles, firent plusieurs prédictions au sujet de la vocation des Gentils; c'était vers le temps de la naissance de l'empire romain et de la chute du royaume d'Assyrie 437
- XXVIII. — Des prophéties d'Osée et d'Amos qui se rapportent à l'Évangile du Christ . . . 438
- XXIX. — Des prophéties d'Isaïe sur le Christ et l'Église. 439
- XXX. — Des prophéties de Michée, de Jonas et de Joël qui ont rapport au Nouveau Testament 441
- XXXI. — Prophéties d'Abdias, Nahum et Habacuc relatives au salut du monde par Jésus-Christ. 442
- XXXII. — De la prophétie renfermée dans la prière et le cantique d'Habacuc 444
- XXXIII. — Des prophéties de Jérémie et de Sophonie, sur le Christ et la vocation des Gentils 448
- XXXIV. — Des prophéties de Daniel et d'Ézéchiel, relatives au Christ et à l'Église. . . . 449
- XXXV. — Des prédictions des trois prophètes, Aggée, Zacharie et Malachie 450
- XXXVI. — D'Esdras et des livres des Machabées 454
- XXXVII. — Les prophéties sont plus anciennes que la philosophie païenne 454
- XXXVIII. — L'Église n'a pas inscrit au canon des Saintes Écritures certains écrits des prophètes, en raison de leur trop grande antiquité, dans la crainte que l'erreur ne se glissât au lieu de la vérité 455
- XXXIX. — Des caractères hébraïques qui sont aussi anciens que la langue 457
- XL. — Vaines prétentions des Égyptiens sur l'antiquité de leur science qu'ils font remonter à cent mille ans.. 458
- XLI. — Diversité des opinions chez les philosophes ; accord des Écrivains canoniques. . . 458
- XLII. — La divine Providence a permis la traduction des Écritures de l'Ancien Testament de l'Hébreu en Grec, pour en répandre la connaissance chez tous les peuples 461
- XLIII. — De l'autorité de la version des Septante qui, sauf l'honneur réservé au style primitif, l'Hébreu, doit être préférée à toutes les autres versions 462

Chapitre XLIV. — Comment faut-il entendre ce qui est écrit au sujet de la ruine de Ninive, quand l'Hébreu fixe un délai de quarante jours pour l'accomplissement de la menace, tandis que les Septante la réduisent à trois jours ... 464
— XLV. — Après la restauration du temple, les Juifs n'ont plus de prophètes, et depuis cette époque jusqu'à la naissance du Christ, ce peuple est accablé de calamités, preuve que les promesses des prophètes avaient rapport à la construction d'un autre temple ... 465
— XLVI. — De la naissance de Notre Sauveur, comme Verbe fait chair, et de la dispersion des Juifs par toute la terre, selon les prophéties ... 468
— XLVII — Si, avant l'ère chrétienne, il y avait en dehors du peuple d'Israël, des citoyens de la Cité céleste ... 469
— XLVIII. — La prophétie d'Aggée annonçant que la gloire de la nouvelle maison de Dieu, surpasserait celle de l'ancienne, n'a pas reçu son accomplissement dans la restauration du temple, mais dans l'Église du Christ. ... 471
— XLIX. — Que dans l'Église d'ici-bas un grand nombre de réprouvés sont mêlés aux élus. . 472
— L. — De la prédication de l'évangile dont la puissance trouve un nouvel éclat dans la persécution des apôtres. ... 473
— LI. — La foi catholique s'affermit au milieu même des contradictions suscitées par les hérétiques 474
— LII. — S'il faut croire, comme plusieurs le pensent, qu'après les dix persécutions passées, il n'y en aura point d'autres, à l'exception de la onzième qui doit arriver au temps même de l'Antechrist 476
— LIII. — Le temps de la dernière persécution est inconnu ... 478
— LIV. — De la sotte erreur des Païens qui supposent que la religion chrétienne ne doit pas durer plus de trois cent soixante-cinq ans. ... 480

LIVRE DIX-NEUVIÈME.

Sommaire. — *Dans ce livre, saint Augustin traite du sort des deux Cités; il énumère, au sujet des biens et des maux, les diverses opinions des philosophes, qui ont vainement cherché à se former une béatitude dans cette vie; en les réfutant longuement, il montre quel est le bonheur et la paix de la Cité céleste, c'est-à-dire du peuple chrétien; quelle félicité ce peuple peut goûter ici-bas, et celle qu'il doit espérer dans l'avenir* ... 483

Chapitre I. — Varron pense qu'on peut trouver parmi les philosophes, deux cent quatre-vingt-huit opinions diverses touchant le souverain bien. ... 483
— II. — Comment, abstraction faite de toutes les distinctions, Varron arrive à une triple définition du souverain bien, ne s'arrêtant cependant qu'à une seule. ... 487
— III. — Parmi les trois sectes qui recherchent le souverain bonheur de l'homme, quelle est celle qui doit être préférée, selon Varron et conformément à la doctrine de la vieille Académie enseignée par Antiochus ... 489
— IV. — Du souverain bien et du souverain mal, selon les Chrétiens, contre les philosophes qui prétendent trouver le souverain bien en eux-mêmes ... 492
— V. — La vie sociale, assurément très-désirable, est exposée souvent à bien des divisions, à cause de diverses offenses ... 498
— VI. — Combien l'homme se trompe dans ses jugements, quand la vérité est cachée ... 499
— VII. — De la diversité des langues qui rompt l'unité de la société humaine, et du mal qui se trouve dans les guerres, lors même qu'elles sont justes ... 500
— VIII. — Que l'amitié des gens de bien ne peut être assurée, car les périls de la vie présente sont un sujet permanent de crainte ... 502
— IX. — De l'amitié des saints anges qui ne peut être évidente en cette vie, à cause des tromperies des démons qui ont séduit beaucoup d'hommes en leur persuadant d'adorer plusieurs divinités. ... 503
— X. — Quels fruits les saints recueillent de la victoire sur les tentations. ... 504
— XI. — Du bonheur de la paix éternelle, où les saints trouvent leur fin, c'est-à-dire la vraie perfection ... 505
— XII. — Que la fureur des combattants, et toutes les occupations des hommes tendent à la paix comme à leur fin, et qu'il n'y a aucune nature qui n'y aspire ... 506

TABLE DES MATIÈRES.

Chapitre XIII. — De la paix universelle qui, parmi n'importe quels troubles, ne peut perdre le bénéfice de la loi de la nature. Car, sous un juste juge, tel est l'ordre observé que chacun parvient à ce qu'il a mérité par le choix de sa volonté. 510
— XIV. — De l'ordre et de la loi, soit du ciel, soit de la terre, par lesquels on travaille aux intérêts de la société humaine, même en commandant, et on la sert également en veillant à ses intérêts 512
— XV. — De la liberté naturelle et de la servitude dont la première cause est le péché. En vertu de cette cause, l'homme de mauvaise volonté, tout en n'étant pas l'esclave d'un autre homme, le devient de ses propres passions 514
— XVI. — Du droit légitime de dominer. 515
— XVII. — D'où la Société céleste peut avoir la paix avec la Cité terrestre, et d'où peuvent venir leurs discordes entre elles 517
— XVIII. — Combien l'incertitude de la nouvelle Académie est différente de la fermeté de la foi chrétienne 519
— XIX. — De l'esprit et des mœurs du peuple chrétien 520
— XX. — Pendant le temps de cette vie, les concitoyens des saints sont heureux en espérance. 521
— XXI. — Suivant les définitions de Scipion rapportées dans le dialogue de Cicéron, y a-t-il jamais eu une République romaine?. 522
— XXII. — Le Dieu des Chrétiens est-il le vrai Dieu? Est-ce à lui seul que l'on doit sacrifier? 524
— XXIII. — Réponses des oracles des dieux rapportées par Porphyre touchant Jésus-Christ. . 525
— XXIV. — Suivant quelle définition on convient que non-seulement les Romains, mais encore les autres États, peuvent prétendre justement aux noms de peuple et de république. . 531
— XXV. — On ne peut trouver de vraies vertus, là où il n'y a pas de vraie religion 532
— XXVI. — De la paix du peuple qui s'est soustrait à l'autorité de Dieu. Le peuple de Dieu sanctifie l'usage de cette paix en la faisant contribuer au culte de Dieu pendant les jours de son pèlerinage en ce monde 533
— XXVII. — Paix de ceux qui servent Dieu. On ne peut arriver à la perfection de cette paix, et en jouir sans trouble dans le cours de cette vie temporelle 534
— XXVIII. — A quelle fin doit aboutir la mort des impies 535

LIVRE VINGTIÈME.

Sommaire. — *Du jugement dernier et des témoignages, tant du Nouveau que de l'Ancien Testament, établissant que ce jugement aura lieu* 536

Chapitre I. — Bien que Dieu exerce ses jugements en tous temps, dans ce livre on ne traitera directement que du jugement dernier 536
— II. — Le jugement de Dieu, bien que nous ne puissions le comprendre, s'exerce même au milieu des contrastes que présente l'humanité 538
— III. — Comment Salomon, au livre de l'Ecclésiaste, traite de tout ce qui, ici-bas, est commun aux bons et aux méchants. 539
— IV. — Pour traiter du jugement dernier, il faut d'abord produire les témoignages du Nouveau Testament, ceux de l'Ancien viendront après 541
— V. — Des paroles du Sauveur, qui annoncent le jugement futur à la fin du siècle 541
— VI. — Ce qu'il faut entendre par la première résurrection et par la seconde. 543
— VII. — De ce qui est écrit dans l'Apocalypse de saint Jean, par rapport aux deux résurrections et aux mille ans. Quel sens on peut donner à ce passage. 547
— VIII. — De la captivité et de la délivrance du diable 554
— IX. — Comment les saints régneront-ils avec le Christ pendant mille ans; en quoi ce règne diffère-t-il du règne éternel?. 555
— X. — Ce que l'on doit répondre à ceux qui pensent que la résurrection regarde seulement les corps et non les âmes. 559
— XI. — De Gog et de Magog que le diable rendu à la liberté, excitera vers la fin du monde à persécuter l'Église. 560
— XII. — Le feu qui descendit du ciel sur les impies et les dévora, désigne-t-il le supplice éternel qui leur est réservé?. 561
— XIII. — Le temps de la persécution de l'Antechrist doit-il être compté dans les mille ans? . 562

TABLE DES MATIÈRES.

Chapitre XIV. — De la damnation du diable, de la résurrection corporelle de tous les morts et du jugement dernier. 564
— XV. — Quels sont les morts que la mer rend pour être jugés, ou ceux que la mort et l'enfer ont rendus. 566
— XVI. — Du ciel nouveau et de la terre nouvelle. 567
— XVII. — De la glorification éternelle de l'Église après la fin du monde. 568
— XVIII. — Ce que l'apôtre saint Pierre a annoncé touchant le dernier jugement de Dieu. . . 570
— XIX. — Ce que l'apôtre saint Paul a écrit aux Thessaloniciens. De l'apparition de l'Antechrist qui sera suivie du jour du Seigneur. 572
— XX. — Ce que saint Paul enseigne dans sa première épître aux Thessaloniciens au sujet de la résurrection des morts. 575
— XXI. — Ce que dit le prophète Isaïe au sujet de la résurrection des morts et du jugement. . 578
— XXII. — Isaïe dit : Les bons sortiront pour voir les supplices des méchants. Quelle sera cette sortie ?. 583
— XXIII. — Prophétie de Daniel sur la persécution de l'Antechrist, sur la justice de Dieu et le règne des saints. 584
— XXIV. — Ce que dit David dans ses psaumes sur la fin du monde et le jugement dernier. . 587
— XXV. — Prophétie de Malachie sur le jugement dernier, et qui sont ceux qui doivent être purifiés par les peines expiatoires. 590
— XXVI. — Des sacrifices que les saints offriront à Dieu, qu'il aura pour agréables comme ceux d'autrefois et des premiers jours. 592
— XXVII. — De la séparation des bons et des méchants, effet du jugement dernier. 594
— XXVIII. — Donnez un sens spirituel à la loi de Moïse, ou vous vous rendrez coupables de murmures par votre sensualité. 595
— XXIX. — Arrivée d'Élie avant le jugement. Conversion des Juifs par ses prédications dévoilant ce qu'il y avait de caché dans les écritures. 596
— XXX. — L'ancien Testament ne dit pas évidemment que le Christ viendra en personne pour juger au dernier jour ; mais d'après quelques passages où Dieu parle, on ne peut douter que ce ne soit le Christ. 597

FIN DE LA TABLE DU TOME VINGT-QUATRIÈME.

Saint-Amand. — Imp. de Destenay

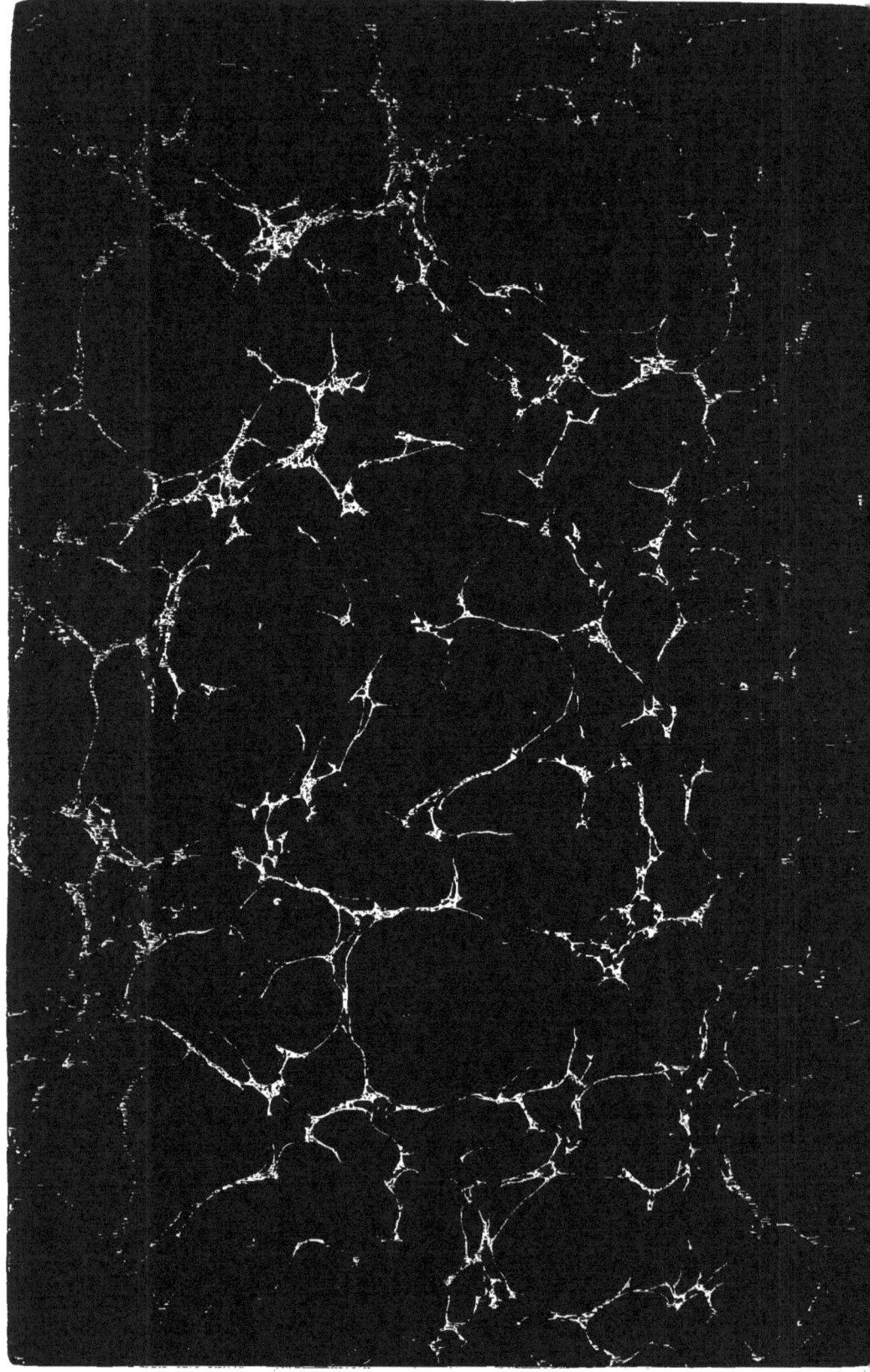

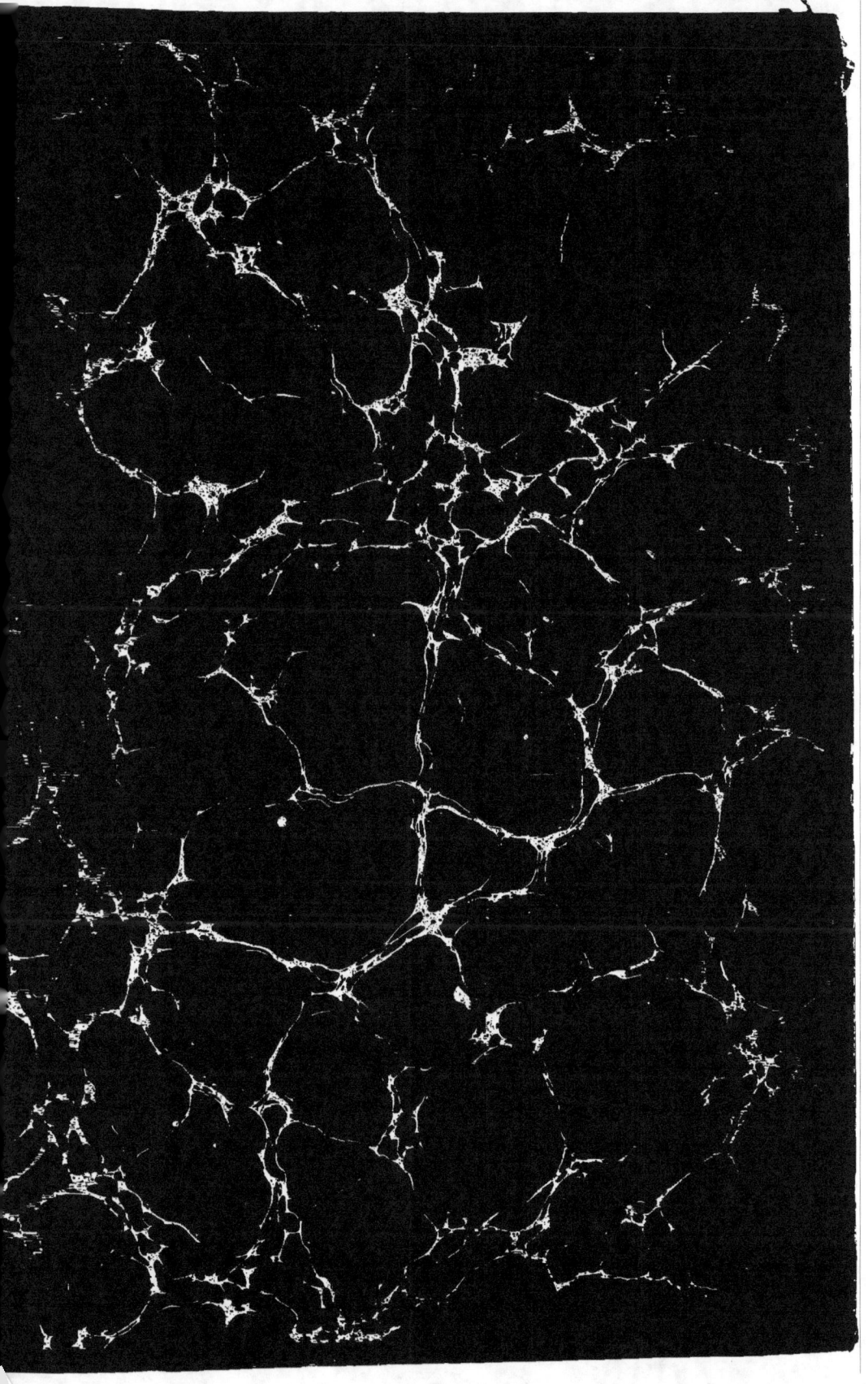